LITURGIA DAS HORAS

LITURGIA DAS HORAS

OFÍCIO DIVINO

RENOVADO CONFORME O DECRETO
DO CONCÍLIO VATICANO II
E PROMULGADO PELO PAPA PAULO VI

Tradução para o BRASIL
da
segunda edição típica

LITURGIA DAS HORAS

SEGUNDO O RITO ROMANO

III

Tempo Comum
1ª – 17ª SEMANA

Editora Vozes
Paulinas
Paulus
Editora Ave-Maria
Edições CNBB

APROVAÇÃO

O texto da Liturgia das Horas, apresentado por Editora Vozes, Paulinas, Paulus e Editora Ave-Maria, concorda com os originais aprovados pela Comissão Episcopal de Textos Litúrgicos (CETEL) e confirmados pela Congregação do Culto Divino e Disciplina dos Sacramentos.

Rio de Janeiro, 24 de junho de 1994,
Solenidade de São João Batista

Frei Alberto Beckhäuser, OFM
Coordenador de Traduções e Edições
de Textos Litúrgicos da CNBB

Impressão e acabamento
PAULUS

1ª edição, 1996 (encadernado)
14ª reimpressão, 2025 - corrigida

2ª edição, 2004 (luxo)
10ª reimpressão, 2025 - corrigida

SUMÁRIO

Promulgação 6
Apresentação 7
Decreto da Sagrada Congregação para o Culto Divino
11 de abril de 1971 9
Calendário Romano Geral 19
Próprio do Tempo. 31
Ordinário 581
Saltério distribuído em Quatro Semanas 613
Completas. 1159
Salmodia complementar. 1178
Próprio dos Santos 1185
Comuns 1475
Ofício dos fiéis defuntos 1753
Apêndice 1787

PROMULGAÇÃO

Na qualidade de Presidente da Conferência Nacional dos Bispos do Brasil, tendo em vista a nova versão brasileira da Liturgia das Horas, aprovada pela Comissão Episcopal de Textos Litúrgicos (CETEL) e confirmada pela Congregação do Culto Divino e Disciplina dos Sacramentos mediante o Protocolo nº CD 1223/92, levamos ao conhecimento de todos e promulgamos os referidos atos para que produzam todos os seus efeitos a partir do dia 16 de abril de 1995, Páscoa do Senhor.

Brasília, Páscoa do Senhor, 11 de abril de 1993.

Luciano Pedro Mendes de Almeida, SJ
Presidente da Conferência Nacional dos Bispos do Brasil

APRESENTAÇÃO

A Liturgia das Horas, fruto da reforma e da renovação litúrgica do Concílio Vaticano II, nos é apresentada em quatro volumes, segundo a sua edição típica, de modo mais perfeito e manuseável.

A riquíssima Introdução Geral, que é um verdadeiro tratado de oração, torna dispensável ressaltar o valor desta coleção de quatro volumes. É o "livro da oração pública e comum do povo de Deus", da qual o clero tem especial responsabilidade na sua celebração.

Aqui encontrarão os salmos, os cânticos, sublinhados pelas antífonas, as leituras breves da Palavra de Deus, os responsórios e versículos. Os mais belos hinos da tradição da Igreja, mais ainda, e, sobretudo, as leituras bíblicas e patrísticas, sendo que essas são um verdadeiro tesouro de espiritualidade. Bem usada, a Liturgia das Horas dispensa livros de meditação e pode nutrir substancialmente a vida espiritual e ação apostólica de quem dela faz uso.

A presente edição da Liturgia das Horas requer uso inteligente e criativo. Para isso muito ajudará o canto, combinado com momentos de silêncio e a diversificada recitação dos salmos.

Longo foi o percurso para se chegar à tradução deste livro. Primeiro, foi aprovada em Roma a tradução dos Salmos, e só há pouco tempo, a dos textos bíblicos e patrísticos. A Assembleia dos Bispos vacilou muito tempo, entre o "tu" e o "vós", como tratamento dado a Deus, e, posteriormente, sobre o uso da terceira pessoa. Tudo isto causou muitas delongas.

O texto latino, base para a tradução das leituras, foi, por determinação da Sé Apostólica, o da Neovulgata.

Como tudo neste mundo, a obra não é perfeita, nem poderia ser. Vão surgir críticas fundamentadas ou não. Não se desconheça o trabalho heroico e anônimo de cerca de dez colaboradores, assessores ou não da Linha 4, que passaram muitas horas a fio debruçados sobre esta tarefa, inclusive sacrificando horas de sono.

Só podemos desejar que esta Oração oficial da Igreja seja usada e valorizada pelo povo de Deus.

Páscoa de 1993.

D. Clemente José Carlos Isnard
Presidente da Comissão Episcopal de Liturgia

CONGREGAÇÃO DO CULTO DIVINO E DISCIPLINA DOS SACRAMENTOS

Prot. n. CD 1223/92

PARA AS DIOCESES DO BRASIL

Por solicitação do Exmo. Sr. Dom Clemente José Carlos Isnard, OSB, Bispo de Nova Friburgo, Presidente da Comissão Episcopal Brasileira de Liturgia, feita em requerimento datado de 23 de junho de 1992, em virtude das faculdades concedidas a esta Congregação pelo Sumo Pontífice JOÃO PAULO II, de bom grado confirmamos a tradução portuguesa da Liturgia das Horas conforme consta em exemplar a nós enviado.

No texto a ser impresso, inclua-se integralmente este Decreto pelo qual se concede a confirmação pedida à Sé Apostólica.

Além disso, sejam enviados a esta Congregação dois exemplares do texto impresso.

Revogam-se as disposições em contrário.

Dado na Sede da Congregação do Culto Divino e Disciplina dos Sacramentos, a 8 de julho de 1992.

ANTÔNIO M. Card. JAVIERRE
Prefeito

† *Geraldo M. Agnelo*
Arcebispo Secretário

SAGRADA CONGREGAÇÃO PARA O CULTO DIVINO

Prot. n. 1000/71

DECRETO

A Igreja celebra a Liturgia das Horas no decorrer do dia, conforme antiga tradição. Assim, ela cumpre o mandato do Senhor de orar sem cessar e, ao mesmo tempo, canta os louvores a Deus Pai e interpela pela salvação do mundo.

Por isso, o Concílio Vaticano II valorizou o costume que a Igreja conservava. No desejo de renová-lo, ela procurou rever esta oração, a fim de que os padres e os outros membros da Igreja pudessem rezá-la melhor e mais perfeitamente, nas condições da vida de hoje (cf. Constituição sobre a Sagrada Liturgia *Sacrosanctum Concilium,* n. 84).

O trabalho de renovação está agora terminado e foi aprovado pelo Papa Paulo VI através da Constituição Apostólica *Laudis Canticum* de 1º de novembro de 1970. Esta Congregação para o Culto Divino elaborou, em latim, o livro para a celebração da Liturgia das Horas, conforme o rito romano, agora o publica e o declara edição típica.

Revogam-se as disposições em contrário.

Da sede da Sagrada Congregação para o Culto Divino, no Domingo da Páscoa da Ressurreição do Senhor, 11 de abril de 1971.

ARTURUS Card. TABERA
Prefeito

A. BUGNINI
Secretário

CONGREGAÇÃO PARA O CULTO DIVINO

Prot. n. 1814/84

DECRETO

A Liturgia das Horas, restaurada no ano de 1971 em conformidade com o decreto do Sacrossanto Concílio Vaticano II, é a oração da Igreja, pela qual são santificados, por cânticos de louvor, ações de graças e orações, tanto o curso completo das horas do dia, como a totalidade das atividades humanas (cf. *Instrução geral da Liturgia das Horas*, nos. 2 e 11). Esta forma de oração requer que suas riquezas espirituais sejam mais profundamente penetradas por uma compreensão interior dos textos utilizados tradicionalmente na oração comunitária da Igreja de Rito Romano.

Para melhor alcançar tal finalidade, uma segunda edição da Liturgia das Horas, que sai catorze anos depois da primeira, apresenta como característica própria o texto da edição da "Nova Vulgata *Bibliorum Sacrorum*", a qual, em virtude de norma prescrita pela Constituição Apostólica *Scripturarum Thesaurus* do Papa João Paulo II, do dia 25 de abril de 1979, substitui obrigatoriamente o texto da versão Vulgata até então utilizada.

As particularidades próprias à presente edição serão expressamente descritas a seguir:

1) A tradução da Nova Vulgata foi usada nas leituras bíblicas do Ofício das Leituras, ou seja, das Vigílias, e também nas leituras breves de Laudes, Vésperas, nas Orações das Nove, das Doze e das Quinze Horas e Completas, assim como em todos os Cânticos do Antigo e do Novo Testamento.

2) Alguns textos bíblicos existentes na primeira edição não se encontram na tradução da Nova Vulgata, ou nela se revestem

de um novo significado de modo a não mais corresponderem ao fim para o qual foram outrora escolhidos. Esses textos não são mais apresentados, mas em seu lugar foram escolhidos outros mais apropriados.

3) O texto dos Salmos, mais uma vez revisto na edição da Nova Vulgata, é reproduzido na mesma forma nesta Liturgia das Horas.

4) Os Responsórios do Ofício das Leituras foram revistos tendo em conta o texto da Nova Vulgata, a não ser que, por acaso, razões peculiares de composição, tradição, melodia musical ou rubricas litúrgicas excluam mudanças do texto.

5) Foram reintroduzidas, nos Domingos e Solenidades, novas antífonas para o *Benedictus* e o *Magnificat* em conformidade com o texto dos Evangelhos de onde foram extraídas.

6) A redação dos hinos mereceu muito cuidado e polimento.

7) Tanto as leituras bíblicas mais longas como os Salmos e os Cânticos do Antigo e do Novo Testamento trazem, em cada versículo, a numeração bíblica comum.

8) Na presente edição, os salmos vêm designados por dois números. O primeiro é o que sempre usaram tanto a tradução grega, denominada Septuaginta, como a antiga Vulgata, e também os Santos Padres e a Liturgia. Em segundo lugar, colocado entre parênteses, vem o número próprio ao texto hebraico e que muitas vezes é usado, em nossos dias, nas edições dos textos e trabalhos bíblicos.

9) Em apêndice foram acrescentados outros textos, como sejam fórmulas de bênçãos solenes e de atos penitenciais, tirados do Missal Romano.

As notas acima indicadas e algumas pequenas mudanças que foram introduzidas tiveram ainda por finalidade favorecer àquela delicada e proveitosa compreensão das ligações existentes entre a celebração da Liturgia das Horas e a da Sagrada Eucaristia, e também entre ambas e o ano litúrgico, o qual "encerra força peculiar e eficácia sacramental. Através dele, o próprio Cristo, quer nos seus ministros quer na memória dos Santos, e principalmente nas de sua Mãe, continua a sua via de imensa misericórdia, de tal modo que os fiéis de Cristo, não só comemoram e meditam os mistérios da Redenção, mas entram mesmo em contato com eles, comungam neles e por eles vivem" (*Cerimonial dos Bispos*, n. 231).

O Sumo Pontífice João Paulo II aprovou com sua Autoridade Apostólica esta segunda edição da Liturgia das Horas, e a Congregação do Culto Divino agora a promulga, bem como declara ser ela a edição típica. Por conseguinte, esta mesma edição, feita em latim, entra em vigor logo ao sair. Quanto às edições em língua vernácula, feitas sobre esta segunda edição, passarão a vigorar no dia determinado pelas respectivas Conferências Episcopais.

Nada havendo em contrário.

Dado na sede da Congregação do Culto Divino, no dia 7 de abril de 1985, Domingo da Páscoa na Ressurreição do Senhor.

† *Agostinho Mayer, OSB*
Arcebispo titular de Satriano
pró-prefeito

† *Vergílio Noè*
Arcebispo titular de Voncaria
secretário

TABELA DOS DIAS LITÚRGICOS

Segundo as normas universais sobre o ano litúrgico e o calendário, n. 59-61

A precedência entre os dias litúrgicos, no que se refere à sua celebração, rege-se unicamente pela tabela seguinte:

I

1. Tríduo Pascal da Paixão e Ressurreição do Senhor.
2. Natal do Senhor, Epifania, Ascensão e Pentecostes.
   Domingos do Advento, da Quaresma e da Páscoa.
   Quarta-feira de Cinzas.
   Dias da Semana Santa, de Segunda a Quinta-feira inclusive.
   Dias dentro da oitava da Páscoa.
3. Solenidades do Senhor, da Bem-aventurada Virgem Maria e dos Santos inscritos no Calendário geral.
   Comemoração de todos os fiéis defuntos.
4. Solenidades próprias, a saber:
   a) Solenidade do Padroeiro principal do lugar ou da cidade.
   b) Solenidade da Dedicação e do aniversário de Dedicação da igreja própria.
   c) Solenidade do Titular da igreja própria.
   d) Solenidade do Titular, do Fundador, ou do Padroeiro principal da Ordem ou Congregação.

II

5. Festas do Senhor inscritas no Calendário geral.
6. Domingos do Tempo do Natal e domingos do Tempo Comum.
7. Festas da Bem-aventurada Virgem Maria e dos Santos do Calendário geral.
8. Festas próprias, a saber:
   a) Festa do Padroeiro principal da diocese.
   b) Festa do aniversário de Dedicação da igreja catedral.
   c) Festa do Padroeiro principal da região ou província, da nação ou de um território mais amplo.

d) Festa do Titular, do Fundador, do Padroeiro principal da Ordem ou Congregação e da província religiosa, salvo o prescrito no n. 4.
e) Outras festas próprias de uma Igreja.
f) Outras festas inscritas no Calendário de alguma diocese ou Ordem ou Congregação.

9. Os dias de semana do Advento, de 17 a 24 de dezembro inclusive.
Dias dentro da oitava do Natal.
Dias de semana da Quaresma.

III

10. Memórias obrigatórias do calendário geral.
11. Memórias obrigatórias próprias, a saber:
    a) Memórias do Padroeiro secundário do lugar, da diocese, da região ou província, da nação, de um território mais amplo, da Ordem ou Congregação e da província religiosa.
    b) Outras memórias obrigatórias próprias de uma Igreja.
    c) Outras memórias obrigatórias inscritas no Calendário de uma Diocese, Ordem ou Congregação.
12. Memórias facultativas, que podem contudo ser celebradas também nos dias de que fala o n. 9, segundo o modo descrito nas Instruções sobre a Missa e o Ofício. Do mesmo modo, as memórias obrigatórias, que costumam ocorrer nos dias de semana da Quaresma, poderão ser celebradas como memórias facultativas.
13. Os dias de semana do Advento até 16 de dezembro inclusive.
Os dias de semana do Tempo do Natal, de 2 de janeiro até o sábado depois da Epifania.
Os dias de semana do Tempo Pascal, de segunda-feira depois da oitava da Páscoa até o sábado antes de Pentecostes inclusive.
Os dias de semana do Tempo Comum.

A OCORRÊNCIA E A CONCORRÊNCIA DAS CELEBRAÇÕES

Se várias celebrações ocorrem no mesmo dia, celebra-se aquela que ocupa lugar superior na tabela dos dias litúrgicos.

Entretanto, a solenidade impedida por um dia litúrgico que goze de precedência seja transferida para o dia livre mais próximo, fora dos dias fixados na tabela de precedência, nos n. 1-8, observado o que se prescreve no n. 5 das Normas do Ano Litúrgico. Omitem-se nesse ano as outras celebrações.

Se no mesmo dia devem celebrar-se as Vésperas do Ofício corrente e as Vésperas do dia seguinte, prevalecem as Vésperas da celebração que ocupa lugar superior na tabela dos dias litúrgicos; em caso de igualdade, porém, celebram-se as Vésperas do dia corrente.

TABELA DOS TEMPOS
e das principais festas móveis do ano litúrgico

Ano do Senhor	Ciclo Anual	Ciclo Ferial	Quarta-feira de Cinzas	Páscoa	Ascensão (no Brasil)	Pentecostes	SS. Sacramento do Corpo e Sangue de Cristo	Semanas do Tempo Comum				Primeiro domingo do Advento
								Antes da Quaresma		Depois do Tempo Pascal		
								Até o dia	Até a semana	Do dia	Da semana	
2018	g	B-C	14 fev.	1 abril	13 maio	20 maio	31 maio	13 fev.	6	21 maio	7	2 dez.
2019	f	C-A	6 março	21 abril	2 jun.	9 junho	20 junho	5 março	8	10 junho	10	1 dez.
2020*	e-d	A-B	26 fev.	12 abril	24 maio	31 maio	11 junho	24 fev.	7	1 junho	9	29 nov.
2021	c	B-C	17 fev.	4 abril	16 maio	23 maio	3 junho	16 fev.	6	24 maio	8	28 nov.
2022	b	C-A	2 março	17 abril	29 maio	5 junho	16 junho	1 março	8	6 junho	10	27 nov.
2023	A	A-B	22 fev.	9 abril	21 maio	28 maio	8 junho	21 fev.	7	29 maio	8	3 dez.
2024*	f-g	B-C	14 fev.	31 março	12 maio	19 maio	30 maio	13 fev.	6	20 maio	7	1 dez.
2025	e	C-A	5 março	20 abril	1 jun.	8 junho	19 junho	4 março	8	9 junho	10	30 nov.
2026	d	A-B	18 fev.	5 abril	17 maio	24 maio	4 junho	17 fev.	6	25 maio	8	29 nov.
2027	c	B-C	10 fev.	28 março	9 maio	16 maio	27 maio	9 fev.	5	17 maio	7	28 nov.
2028*	A-b	C-A	1 março	16 abril	28 maio	4 junho	15 junho	29 fev.	8	5 junho	9	3 dez.
2029	g	A-B	14 fev.	1 abril	13 maio	20 maio	31 maio	13 fev.	6	21 maio	7	2 dez.
2030	f	B-C	6 março	21 abril	2 jun.	9 junho	20 junho	5 março	8	10 junho	10	1 dez.
2031	e	C-A	26 fev.	13 abril	25 maio	1 junho	12 junho	25 fev.	7	2 junho	9	30 nov.
2032*	c-d	A-B	11 fev.	28 março	9 maio	16 maio	27 maio	10 fev.	5	17 maio	7	28 nov.
2033	b	B-C	2 março	17 abril	29 maio	5 junho	16 junho	1 março	8	6 junho	10	27 nov.

*Ano bissexto.

LETRA DOMINICAL

Cada um dos dias do ano é precedido de uma destas letras: **A,b,c,d,e,f,g**, que representam os sete dias da semana (cf. Calendário Geral, nas páginas seguintes, col. I). Entre essas letras, chama-se dominical aquela que em cada ano indica o domingo.

Por exemplo, ao ano de 2022 corresponde a letra dominical **b** (cf. Tabela dos tempos, col. II); portanto, todos os dias assinalados com esta letra são domingos: 2,9,16,23,30 de janeiro etc.

No ano bissexto, porém, há duas letras dominicais: a primeira indica os domingos até dia 24 de fevereiro, e a segunda desde 25 de fevereiro até ao fim do ano.

Por exemplo, no ano 2020, correspondem-lhe as letras **e,d**. A letra **e** indica os domingos até 24 de fevereiro: 5,12,19,26 de janeiro etc. A segunda letra dominical indica os domingos depois de 25 de fevereiro: 1,8,15,22,29 de março etc.

LETRA DO CICLO DOMINICAL

Na Tabela dos tempos e das principais festas móveis do ano litúrgico (cf. col. III) coloca-se também a letra do Ciclo das leituras bíblicas para os domingos e festas que indicam quais as antífonas do Cântico evangélico (*Benedictus*, *Magnificat*) a serem tomadas.

A primeira letra refere-se ao ano civil, por exemplo: 2022 é ano C; a segunda letra refere-se ao ano litúrgico que começa com o 1º Domingo do Advento. Por exemplo: 27 de novembro de 2022 é Ano A.

Calendário Romano Geral – Com o próprio do Brasil

JANEIRO

A	1	Oitava do Natal: SANTA MARIA, MÃE DE DEUS	Solenidade
b	2	S. Basílio e S. Gregório de Nazianzo, bispos e doutores da Igreja	Memória
c	3	*Santíssimo Nome de Jesus*	
d	4		
e	5		
f	6		
g	7	*S. Raimundo de Penyafort*, presb.*	
A	8		
b	9		
c	10		
d	11		
e	12		
f	13	*St. Hilário, bispo e doutor da Igreja*	
g	14		
A	15		
b	16		
c	17	Sto. Antão, abade	Memória
d	18		
e	19		
f	20	*S. Fabiano, papa e mártir* / *S. Sebastião, mártir*	
g	21	Sta. Inês, virgem e mártir	Memória
A	22	*S. Vicente, diácono e mártir*	
b	23		
c	24	S. Francisco de Sales, bispo e doutor da Igreja	Memória
d	25	CONVERSÃO DE SÃO PAULO, APÓSTOLO	Festa
e	26	S. Timóteo e S. Tito, bispos	Memória
f	27	*Sta. Ângela Mérici, virgem*	
g	28	Sto. Tomás de Aquino, presb. e doutor da Igreja	Memória
A	29		
b	30		
c	31	S. João Bosco, presb.	Memória

Domingo entre os dias 2 e 8 inclusive:
EPIFANIA DO SENHOR — Solenidade

Domingo entre os dias 9 e 13 inclusive:
BATISMO DO SENHOR — Festa

* Quando não se indica o grau da celebração, é Memória facultativa.
As comemorações marcadas, em vermelho não constam no *Próprio dos Santos*, considerar o ofício correspondente no *Comuns*.

FEVEREIRO

d	1		
e	2	APRESENTAÇÃO DO SENHOR	Festa
f	3	S. Brás, bispo e mártir	
		Sto. Oscar, bispo	
g	4		
A	5	Sta. Águeda, virgem e mártir	Memória
b	6	Stos. Paulo Miki e companheiros, mártires	Memória
c	7		
d	8	S. Jerônimo Emiliani, presbítero	
		Santa Josefina Bakhita, virgem	Memória
e	9		
f	10	Santa Escolástica, virgem	Memória
g	11	Nossa Senhora de Lourdes	
A	12		
b	13		
c	14	S. Cirilo, monge, e S. Metódio, bispo	Memória
d	15		
e	16		
f	17	Os Sete Santos Fundadores dos Servitas	
g	18		
A	19		
b	20		
c	21	S. Pedro Damião, bispo e doutor da Igreja	
d	22	CÁTEDRA DE SÃO PEDRO, APÓSTOLO	Festa
e	23	S. Policarpo, bispo e mártir	Memória
f	24		
g	25		
A	26		
b	27	S. Gregório de Narek, abade e doutor da Igreja	
c	28		

MARÇO

d	1		
e	2		
f	3		
g	4	S. Casimiro	Memória
A	5		
b	6		
c	7	Sta. Perpétua e Sta. Felicidade, mártires	Memória
d	8	*S. João de Deus, religioso*	
e	9	*Sta. Francisca Romana, religiosa*	
f	10		
g	11		
A	12		
b	13		
c	14		
d	15		
e	16		
f	17	*S. Patrício, bispo*	
g	18	*S. Cirilo de Jerusalém, bispo e doutor da Igreja*	
A	19	S. JOSÉ, ESPOSO DE NOSSA SENHORA	Solenidade
b	20		
c	21		
d	22		
e	23	*S. Turíbio de Mogrovejo, bispo*	
f	24		
g	25	ANUNCIAÇÃO DO SENHOR	Solenidade
A	26		
b	27		
c	28		
d	29		
e	30		
f	31		

ABRIL

g	1		
A	2	S. Francisco de Paula, eremita	
b	3		
c	4	Sto. Isidoro, bispo e doutor da Igreja	
d	5	S. Vicente Ferrer, presb.	
e	6		
f	7	S. João Batista de La Salle, presb.	Memória
g	8		
A	9		
b	10		
c	11	Sto. Estanislau, bispo e mártir	Memória
d	12		
e	13	S. Martinho I, papa e mártir	
f	14		
g	15		
A	16		
b	17		
c	18		
d	19		
e	20		
f	21	Sto. Anselmo, bispo e doutor da Igreja	
g	22		
A	23	S. Jorge, mártir	
		S. Adalberto, bispo e mártir	
b	24	S. Fidélis de Sigmaringa, presb. e mártir	
c	25	S. MARCOS, EVANGELISTA	Festa
d	26		
e	27		
f	28	S. Pedro Chanel, presb. e mártir	
		S. Luís Grignion de Montfort, religioso	
g	29	Sta. Catarina de Sena, virgem e doutora da Igreja	Memória
A	30	S. Pio V, papa	

MAIO

b	1	*S. José Operário*	
c	2	Sto Atanásio, bispo e doutor da Igreja	Memória
d	3	S. FILIPE E S. TIAGO, APÓSTOLOS	Festa
e	4		
f	5		
g	6		
A	7		
b	8		
c	9		
d	10	*S. João de Ávila, presb. e doutor da Igreja*	
e	11		
f	12	*S. Nereu e Sto. Aquiles, mártires*	
		S. Pancrácio, mártir	
g	13	*N. Sra. de Fátima*	
A	14	S. MATIAS, APÓSTOLO	Festa
b	15		
c	16		
d	17		
e	18	*S. João I, papa e mártir*	
f	19		
g	20	*S. Bernardino de Sena, presb.*	
A	21		
b	22		
c	23		
d	24		
e	25	*S. Beda, o Venerável, presb. e doutor da Igreja*	
		S. Gregório VII, papa	
		Sta. Maria Madalena de Pazzi, virgem	
f	26	S. Filipe Néri, presb.	Memória
g	27	*Sto. Agostinho de Cantuária, bispo*	
A	28		
b	29	*São Paulo VI, papa*	
c	30		
d	31	VISITAÇÃO DE NOSSA SENHORA	Festa

7º Domingo da Páscoa: **ASCENSÃO DO SENHOR** — Solenidade
1º Domingo depois de Pentecostes: **SS. TRINDADE** — Solenidade
Quinta-feira depois do domingo da SS. TRINDADE:
   SS. CORPO E SANGUE DE CRISTO — Solenidade

JUNHO

e	1	S. Justino, mártir	Memória
f	2	*S. Marcelino e S. Pedro, mártires*	
g	3	Stos. Carlos Lwanga e seus companheiros, mártires	Memória
A	4		
b	5	S. Bonifácio, bispo e mártir	Memória
c	6	Bem-avent. Virgem Maria, Mãe da Igreja	Memória
		S. Norberto, bispo	
d	7		
e	8	*Sto. Efrém, diác. e doutor da Igreja*	
f	9	São José de Anchieta, presb.	Memória
g	10		
A	11	S. Barnabé, apóstolo	Memória
b	12		
c	13	Sto. Antônio de Pádua (de Lisboa), presb. e doutor da Igreja	Memória
d	14		
e	15		
f	16		
g	17		
A	18		
b	19	*S. Romualdo, abade*	
c	20		
d	21	S. Luís Gonzaga, religioso	Memória
e	22	*S. Paulino de Nola, bispo*	
		S. João Fisher, bispo, e São Tomás More, mártires	
f	23		
g	24	NASCIMENTO DE S. JOÃO BATISTA	Solenidade
A	25		
b	26		
c	27	*S. Cirilo de Alexandria, bispo e doutor da Igreja*	
d	28	Sto. Irineu, bispo, mártir e doutor da Igreja	Memória
e	29	S. PEDRO E S. PAULO, APÓSTOLOS	Solenidade
f	30	*Santos Protomártires da Igreja de Roma*	

Sexta-feira depois do 2º Domingo depois de Pentecostes:
    SAGRADO CORAÇÃO DE JESUS — Solenidade

Sábado depois do 2º Domingo depois de Pentecostes:
    Imaculado Coração da Virgem Maria — Memória

JULHO

g	1		
A	2		
b	3	S. TOMÉ, APÓSTOLO	Festa
c	4	*Sta. Isabel de Portugal*	
d	5	*Sto. Antônio Maria Zacaria, presb.*	
e	6	*Sta. Maria Goretti, virgem e mártir*	
f	7		
g	8	*Sto. Agostinho Zhao Rong, presb., e comp. mártires*	
A	9	Sta. Paulina do Coração Agonizante de Jesus, virgem	Memória
b	10		
c	11	S. Bento, abade	Memória
d	12		
e	13	*Sto. Henrique*	
f	14	*S. Camilo de Lellis, presb.*	
g	15	S. Boaventura, bispo e doutor da Igreja	Memória
A	16	NOSSA SENHORA DO CARMO	Festa
b	17	Bv. Inácio de Azevedo, presb., e seus companheiros, mártires	Memória
c	18		
d	19		
e	20		
f	21	*S. Lourenço de Bríndisi, presb. e doutor da Igreja*	
g	22	STA. MARIA MADALENA	Festa
A	23	*Sta. Brígida, religiosa*	
b	24		
c	25	S. TIAGO Maior, APÓSTOLO	Festa
d	26	S. Joaquim e Sant'Ana, pais de Nossa Senhora	Memória
e	27		
f	28		
g	29	Santos Marta, Maria e Lázaro	Memória
A	30	*S. Pedro Crisólogo, bispo e doutor da Igreja*	
b	31	Sto. Inácio de Loyola, presb.	Memória

AGOSTO

c	1	Sto. Afonso Maria de Ligório, bispo e doutor da Igreja	Memória
d	2	*Sto. Eusébio de Vercelli, bispo*	
		S. Pedro Julião Eymard, presbítero	
e	3		
f	4	S. João Maria Vianney, presb.	Memória
g	5	*Dedicação da Basílica de Santa Maria Maior*	
A	6	TRANSFIGURAÇÃO DO SENHOR	Festa
b	7	*S. Sisto II, papa, e seus companheiros, mártires*	
		S. Caetano, presb.	
c	8	S. Domingos, presb.	Memória
d	9	Sta. Teresa Benedita da Cruz, virgem e mártir	
e	10	S. LOURENÇO, DIÁCONO E MÁRTIR	Festa
f	11	Sta. Clara, virgem	Memória
g	12	Santa Joana Francisca de Chantal, religiosa	Memória
A	13	*S. Ponciano, papa, e Sto. Hipólito,*	
		presb., mártires	
b	14	S. Maximiliano Maria Kolbe, presb. e mártir	Memória
c	15	ASSUNÇÃO DE NOSSA SENHORA **	Solenidade
d	16	*Sto. Estêvão da Hungria*	
e	17		
f	18		
g	19	*S. João Eudes, presb.*	
A	20	S. Bernardo, abade e doutor da Igreja	Memória
b	21	S. Pio X, papa	Memória
c	22	Nossa Senhora, Rainha	Memória
d	23	STA. ROSA DE LIMA, VIRGEM	Festa
e	24	S. BARTOLOMEU, APÓSTOLO	Festa
f	25	*S. Luís de França*	
		S. José de Calasanz, presb.	
g	26		
A	27	Sta. Mônica	Memória
b	28	Sto. Agostinho, bispo e doutor da Igreja	Memória
c	29	Martírio de S. João Batista	Memória
d	30		
e	31		

** Ou no domingo seguinte.

SETEMBRO

f	1		
g	2		
A	3	S. Gregório Magno, papa e doutor da Igreja	Memória
b	4		
c	5		
d	6		
e	7		
f	8	NATIVIDADE DE NOSSA SENHORA	Festa
g	9	*S. Pedro Claver, presbítero*	
A	10		
b	11		
c	12	*Santíssimo Nome de Maria*	
d	13	S. João Crisóstomo, bispo e doutor da Igreja	Memória
e	14	EXALTAÇÃO DA SANTA CRUZ	Festa
f	15	Nossa Senhora das Dores	Memória
g	16	S. Cornélio, papa, e S. Cipriano, bispo, mártires	Memória
A	17	*S. Roberto Belarmino, bispo e doutor da Igreja*	
		Santa Hildegarda de Bingen, virgem e doutora da Igreja	
b	18		
c	19	*S. Januário, bispo e mártir*	
d	20	Sto. André Kim Taegón, presb., e S. Paulo Chóng Hasang e seus companheiros, mártires	Memória
e	21	S. MATEUS, APÓSTOLO E EVANGELISTA	Festa
f	22		
g	23	São Pio de Pietrelcina, presbítero	Memória
A	24		
b	25		
c	26	*S. Cosme e S. Damião, mártires*	
d	27	S. Vicente de Paulo, presb.	Memória
e	28	*S. Venceslau, mártir*	
		S. Lourenço Ruiz, e seus companheiros, mártires	
f	29	S. MIGUEL, S. GABRIEL E S. RAFAEL ARCANJOS	Festa
g	30	S. Jerônimo, presb. e doutor da Igreja	Memória

OUTUBRO

A	1	Sta. Teresinha do Menino Jesus, virgem e doutora da Igreja	Memória
b	2	Stos. Anjos da Guarda	Memória
c	3	Stos. André, Ambrósio, prebs., e companheiros mártires	Memória
d	4	S. Francisco de Assis	Memória
e	5	S. Benedito, o Negro, religioso *Santa Faustina Kowalska, virgem*	
f	6	S. Bruno, presb.	
g	7	Nossa Senhora do Rosário	Memória
A	8		
b	9	*S. Dionísio, bispo, e seus companheiros, mártires* *S. João Leonardi, presb.*	
c	10		
d	11	*São João XXIII, papa*	
e	12	NOSSA SENHORA DA CONCEIÇÃO APARECIDA	Solenidade
f	13		
g	14	*S. Calisto I, papa e mártir*	
A	15	Sta. Teresa de Jesus, virgem e doutora da Igreja	Memória
b	16	*Sta. Edviges, religiosa* *Sta. Margarida Maria Alacoque, virgem*	
c	17	Sto. Inácio de Antioquia, bispo e mártir	Memória
d	18	S. LUCAS, EVANGELISTA	Festa
e	19	*S. João de Brébeuf e Sto. Isaac Jogues, presbíteros, e seus companheiros, mártires* *S. Paulo da Cruz, presb.*	
f	20		
g	21		
A	22	*São João Paulo II, papa*	
b	23	*S. João de Capistrano, presb.*	
c	24	*Sto. Antônio Maria Claret, bispo*	
d	25	Santo Antônio de Sant'Ana Galvão, religioso	Memória
e	26		
f	27		
g	28	S. SIMÃO E S. JUDAS, APÓSTOLOS	Festa
A	29		
b	30		
c	31		

NOVEMBRO

d	1	TODOS OS SANTOS	Solenidade
e	2	COMEMORAÇÃO DE TODOS OS FIÉIS DEFUNTOS	
f	3	*S. Martinho de Lima, religioso*	
g	4	S. Carlos Borromeu, bispo	Memória
A	5		
b	6		
c	7		
d	8		
e	9	DEDICAÇÃO DA BASÍLICA DO LATRÃO	Festa
f	10	S. Leão Magno, papa e doutor da Igreja	Memória
g	11	S. Martinho de Tours, bispo	Memória
A	12	S. Josafá, bispo e mártir	Memória
b	13		
c	14		
d	15	*Sto. Alberto Magno, bispo e doutor da Igreja*	
e	16	*Sta. Margarida da Escócia*	
		Sta. Gertrudes, virgem	
f	17	Sta. Isabel da Hungria	Memória
g	18	*Dedicação das Basílicas de S. Pedro e de S. Paulo, Apóstolos*	
A	19	S. Roque González, Sto. Afonso Rodríguez e S. João Del Castillo, presb. e mártires	Memória
b	20		
c	21	Apresentação de Nossa Senhora	Memória
d	22	Sta. Cecília, virgem e mártir	Memória
e	23	*S. Clemente I, papa e mártir*	
		S. Columbano, abade	
f	24	Sto. André Dung-Lac, presb., e seus companheiros, mártires	Memória
g	25	*Santa Catarina de Alexandria, virgem e mártir*	
A	26		
b	27		
c	28		
d	29		
e	30	STO. ANDRÉ, APÓSTOLO	Festa

Último domingo do Tempo comum:
NOSSO SENHOR JESUS CRISTO, REI DO UNIVERSO   Solenidade

DEZEMBRO

f	1		
g	2		
A	3	S. Francisco Xavier, presb.	Memória
b	4	*S. João Damasceno, presb. e doutor da Igreja*	
c	5		
d	6	*S. Nicolau, bispo*	
e	7	Sto. Ambrósio, bispo e doutor da Igreja	Memória
f	8	IMACULADA CONCEIÇÃO DE N. SENHORA	Solenidade
g	9	*São João Diego*	
A	10	*Bem-aventurada Virgem Maria de Loreto*	
b	11	*S. Dâmaso I, papa*	
c	12	NOSSA SENHORA DE GUADALUPE	Festa
d	13	Sta. Luzia, virgem e mártir	Memória
e	14	S. João da Cruz, presb. e doutor da Igreja	Memória
f	15		
g	16		
A	17		
b	18		
c	19		
d	20		
e	21	*S. Pedro Canísio, presb. e doutor da Igreja*	
f	22		
g	23	*S. João Câncio, presb.*	
A	24		
b	25	NATAL DO SENHOR	Solenidade
c	26	STO. ESTÊVÃO, O PRIMEIRO MÁRTIR	Festa
d	27	S. JOÃO, APÓSTOLO E EVANGELISTA	Festa
e	28	OS STOS. INOCENTES, MÁRTIRES	Festa
f	29	*S. Tomás Becket, bispo e mártir*	
g	30		
A	31	*S. Silvestre I, papa*	

Domingo dentro da oitava do Natal, ou
    na sua falta, dia 30: SAGRADA FAMÍLIA   Festa

PRÓPRIO DO TEMPO

ORAÇÕES DOMINICAIS E COTIDIANAS

Nos domingos do Tempo Comum, em todas as Horas do Ofício do Tempo, diz-se a oração conclusiva que corresponde ao número do domingo.

Nos dias de semana, a oração do Ofício das Leituras é a oração própria do Domingo precedente ou qualquer outra tomada da série seguinte:

1

Ó Deus, atendei como Pai às preces do vosso povo; dai-nos a compreensão dos nossos deveres e a força de cumpri-los. Por nosso Senhor Jesus Cristo, vosso Filho, na unidade do Espírito Santo.

2

Deus eterno e todo-poderoso, que governais o céu e a terra, escutai com bondade as preces do vosso povo e dai ao nosso tempo a vossa paz. Por nosso Senhor Jesus Cristo, vosso Filho, na unidade do Espírito Santo.

3

Deus eterno e todo-poderoso, dirigi a nossa vida segundo o vosso amor, para que possamos, em nome do vosso Filho, frutificar em boas obras. Por nosso Senhor Jesus Cristo, vosso Filho, na unidade do Espírito Santo.

4

Concedei-nos, Senhor nosso Deus, adorar-vos de todo o coração, e amar todas as pessoas com verdadeira caridade. Por nosso Senhor Jesus Cristo, vosso Filho, na unidade do Espírito Santo.

5

Velai, ó Deus, sobre a vossa família, com incansável amor; e como só confiamos na vossa graça, guardai-nos sob a vossa proteção. Por nosso Senhor Jesus Cristo, vosso Filho, na unidade do Espírito Santo.

6

Ó Deus, que prometestes permanecer nos corações sinceros e retos, dai-nos, por vossa graça, viver de tal modo, que possais habitar em nós. Por nosso Senhor Jesus Cristo, vosso Filho, na unidade do Espírito Santo.

7

Concedei, ó Deus todo-poderoso, que, procurando conhecer sempre o que é reto, realizemos vossa vontade em nossas palavras e ações. Por nosso Senhor Jesus Cristo, vosso Filho, na unidade do Espírito Santo.

8

Fazei, ó Deus, que os acontecimentos deste mundo decorram na paz que desejais, e vossa Igreja vos possa servir, alegre e tranquila. Por nosso Senhor Jesus Cristo, vosso Filho, na unidade do Espírito Santo.

9

Ó Deus, cuja providência jamais falha, nós vos suplicamos humildemente: afastai de nós o que é nocivo, e concedei-nos tudo o que for útil. Por nosso Senhor Jesus Cristo, vosso Filho, na unidade do Espírito Santo.

10

Ó Deus, fonte de todo o bem, atendei ao nosso apelo e fazei-nos, por vossa inspiração, pensar o que é certo e realizá-lo com vossa ajuda. Por nosso Senhor Jesus Cristo, vosso Filho, na unidade do Espírito Santo.

11

Ó Deus, força daqueles que esperam em vós, sede favorável ao nosso apelo, e, como nada podemos em nossa fraqueza, dai-nos sempre o socorro da vossa graça, para que possamos querer e agir conforme vossa vontade, seguindo os vossos mandamentos. Por nosso Senhor Jesus Cristo, vosso Filho, na unidade do Espírito Santo.

12

Senhor, nosso Deus, dai-nos por toda a vida a graça de vos amar e temer, pois nunca cessais de conduzir os que firmais no vosso amor. Por nosso Senhor Jesus Cristo, vosso Filho, na unidade do Espírito Santo.

13

Ó Deus, pela vossa graça, nos fizestes filhos da luz. Concedei que não sejamos envolvidos pelas trevas do erro, mas brilhe em nossas vidas a luz da vossa verdade. Por nosso Senhor Jesus Cristo, vosso Filho, na unidade do Espírito Santo.

14

Ó Deus, que pela humilhação do vosso Filho reerguestes o mundo decaído, enchei os vossos filhos e filhas de santa alegria, e dai aos que libertastes da escravidão do pecado o gozo das alegrias eternas. Por nosso Senhor Jesus Cristo, vosso Filho, na unidade do Espírito Santo.

15

Ó Deus, que mostrais a luz da verdade aos que erram para retomarem o bom caminho, dai a todos os que professam a fé rejeitar o que não convém ao cristão, e abraçar tudo o que é digno desse nome. Por nosso Senhor Jesus Cristo, vosso Filho, na unidade do Espírito Santo.

16

Ó Deus, sede generoso para com os vossos filhos e filhas e multiplicai em nós os dons da vossa graça, para que, repletos de fé, esperança e caridade, guardemos fielmente os vossos mandamentos. Por nosso Senhor Jesus Cristo, vosso Filho, na unidade do Espírito Santo.

17

Ó Deus, sois o amparo dos que em vós esperam e, sem vosso auxílio, ninguém é forte, ninguém é santo; redobrai de amor para conosco, para que, conduzidos por vós, usemos de tal modo os bens que passam, que possamos abraçar os que não passam. Por nosso Senhor Jesus Cristo, vosso Filho, na unidade do Espírito Santo.

18

Manifestai, ó Deus, vossa inesgotável bondade para com os filhos e filhas que vos imploram e se gloriam de vos ter como criador e guia, restaurando para eles a vossa criação, e conservando-a renovada. Por nosso Senhor Jesus Cristo, vosso Filho, na unidade do Espírito Santo.

19

Deus eterno e todo-poderoso, a quem ousamos chamar de Pai, dai-nos cada vez mais um coração de filhos, para alcançarmos um dia a herança prometida. Por nosso Senhor Jesus Cristo, vosso Filho, na unidade do Espírito Santo.

20

Ó Deus, preparastes para quem vos ama bens que nossos olhos não podem ver; acendei em nossos corações a chama da caridade para que, amando-vos em tudo e acima de tudo, corramos ao encontro das vossas promessas que superam todo desejo. Por nosso Senhor Jesus Cristo, vosso Filho, na unidade do Espírito Santo.

21

Ó Deus, que unis os corações dos vossos fiéis num só desejo, dai ao vosso povo amar o que ordenais e esperar o que prometeis, para que, na instabilidade deste mundo, fixemos os nossos corações onde se encontram as verdadeiras alegrias. Por nosso Senhor Jesus Cristo, vosso Filho, na unidade do Espírito Santo.

22

Deus do universo, fonte de todo bem, derramai em nossos corações o vosso amor e estreitai os laços que nos unem convosco para alimentar em nós o que é bom e guardar com solicitude o que nos destes. Por nosso Senhor Jesus Cristo, vosso Filho, na unidade do Espírito Santo.

23

Ó Deus, Pai de bondade, que nos redimistes e adotastes como filhos e filhas, concedei aos que creem no Cristo a verdadeira liberdade e a herança eterna. Por nosso Senhor Jesus Cristo, vosso Filho, na unidade do Espírito Santo.

24

Ó Deus, criador de todas as coisas, volvei para nós o vosso olhar e, para sentirmos em nós a ação do vosso amor, fazei que vos sirvamos de todo o coração. Por nosso Senhor Jesus Cristo, vosso Filho, na unidade do Espírito Santo.

25

Ó Pai, que resumistes toda a lei no amor a Deus e ao próximo, fazei que, observando o vosso mandamento, consigamos chegar um dia à vida eterna. Por nosso Senhor Jesus Cristo, vosso Filho, na unidade do Espírito Santo.

26

Ó Deus, que mostrais vosso poder sobretudo no perdão e na misericórdia, derramai sempre em nós a vossa graça, para que, caminhando ao encontro das vossas promessas, alcancemos os bens que nos reservais. Por nosso Senhor Jesus Cristo, vosso Filho, na unidade do Espírito Santo.

27

Ó Deus eterno e todo-poderoso, que nos concedeis no vosso imenso amor de Pai mais do que merecemos e pedimos, derramai sobre nós a vossa misericórdia, perdoando o que nos pesa na consciência e dando-nos mais do que ousamos pedir. Por nosso Senhor Jesus Cristo, vosso Filho, na unidade do Espírito Santo.

28

Ó Deus, sempre nos preceda e acompanhe a vossa graça para que estejamos sempre atentos ao bem que devemos fazer. Por nosso Senhor Jesus Cristo, vosso Filho, na unidade do Espírito Santo.

29

Deus eterno e todo-poderoso, dai-nos a graça de estar sempre ao vosso dispor, e vos servir de todo o coração. Por nosso Senhor Jesus Cristo, vosso Filho, na unidade do Espírito Santo.

30

Deus eterno e todo-poderoso, aumentai em nós a fé, a esperança e a caridade e dai-nos amar o que ordenais para conseguirmos o que prometeis. Por nosso Senhor Jesus Cristo, vosso Filho, na unidade do Espírito Santo.

31

Ó Deus de poder e misericórdia, que concedeis a vossos filhos e filhas a graça de vos servir como devem, fazei que corramos livremente ao encontro das vossas promessas. Por nosso Senhor Jesus Cristo, vosso Filho, na unidade do Espírito Santo.

32

Deus de poder e misericórdia, afastai de nós todo obstáculo para que, inteiramente disponíveis, nos dediquemos ao vosso serviço. Por nosso Senhor Jesus Cristo, vosso Filho, na unidade do Espírito Santo.

33

Senhor nosso Deus, fazei que a nossa alegria consista em vos servir de todo o coração, pois só teremos felicidade completa, servindo a vós, criador de todas as coisas. Por nosso Senhor Jesus Cristo, vosso Filho, na unidade do Espírito Santo.

34

Levantai, ó Deus, o ânimo dos vossos filhos e filhas, para que, aproveitando melhor as vossas graças, obtenham de vossa paternal bondade mais poderosos auxílios. Por nosso Senhor Jesus Cristo, vosso Filho, na unidade do Espírito Santo.

1ª SEMANA DO Tempo Comum

I Semana do Saltério

Onde a solenidade da Epifania do Senhor é celebrada no domingo que ocorre no dia 7 ou 8 de janeiro, o Ofício da Festa do Batismo do Senhor é celebrado na segunda-feira seguinte. Neste caso, o Tempo Comum começa na terça-feira.

SEGUNDA-FEIRA

Ofício das Leituras

Primeira leitura
Início do Livro do Eclesiástico 1,1-25

O mistério da sabedoria divina

¹Toda a sabedoria vem do Senhor Deus.
Ela esteve e está sempre com Ele.
²Quem pode contar a areia do mar,
as gotas de chuva, os dias do tempo?
³Quem poderá medir a altura do céu,
a extensão da terra, a profundeza do abismo?
⁴Antes de todas as coisas foi criada a sabedoria,
a inteligência prudente vem da eternidade.
⁵Fonte da sabedoria é a Palavra de Deus
no mais alto dos céus
e seus caminhos são os mandamentos eternos.
⁶A quem foi revelada a raiz da sabedoria?
Quem conheceu as capacidades do seu engenho?
⁷A ciência da sabedoria, a quem foi revelada?
E quem compreendeu sua grande experiência?
⁸Só um é o altíssimo, criador onipotente,
rei poderoso e a quem muito se deve temer,
assentado em seu trono e dominando tudo, Deus.
⁹Ele é quem a criou no Espírito Santo:
Ele a viu, a enumerou e mediu;
¹⁰ele a derramou sobre todas as suas obras

e em cada ser humano, segundo a sua bondade.
Ele a concede àqueles que o temem.
¹¹O temor do Senhor é glória e honra,
alegria e coroa de exultação.
¹²O temor do Senhor alegra o coração,
dá contentamento, gozo e vida longa.
¹³Para quem teme ao Senhor tudo acabará bem,
será abençoado no dia da sua morte.
¹⁴O amor de Deus é uma sabedoria digna de ser honrada.
¹⁵Mas aqueles a quem ele se mostrou
amam-no ao contemplá-lo e ao proclamar suas grandezas.
¹⁶O princípio da sabedoria é temer o Senhor,
com os fiéis, no seio materno, ela foi criada.
Com os homens de verdade, ela vive eternamente,
e com a sua raça ela vive fielmente.
¹⁷O temor do Senhor é a religiosidade da ciência.
¹⁸A religiosidade guarda e justifica o coração,
e lhe dá a alegria e o gozo.⁽¹⁹⁾
²⁰A plenitude da sabedoria é temer o Senhor,
com seus frutos sacia os fiéis;
²¹enche de tesouros toda a sua casa,
e com seus produtos, as despensas.
²²A coroa da sabedoria é temer o Senhor,
o qual faz florir a paz e a saúde:
²³uma e outra são dons de Deus.
²⁴Ela faz chover a ciência e a luz da prudência,
exalta a glória daqueles que a possuem.
²⁵A raiz da sabedoria é temer o Senhor,
e seus ramos são uma longa vida.

Responsório Eclo 1,7a.10.1a.9a

R. A **quem** foi reve**la**da e mos**tra**da a ciência da **sa**bedo**ri**a?
    Cri**ou**-a o Se**nhor**, Deus Al**tíssi**mo
    e a espa**lhou** sobre **to**das as **coi**sas.

* E a concede àqueles que o amam.
V. Vem de **Deus** toda a **sabedoria**:
   pelo Espírito **San**to a cri**ou**. * E a con**ce**de.

Segunda leitura
Da Carta aos Coríntios, de São Clemente I, papa

(Nn. 59.2-60,4; 61,3: Funk 1, 135-141)   (Séc. I)

Fonte da sabedoria, a Palavra de Deus nas alturas

Com orações e súplicas incessantes, pedimos ao Criador de todas as coisas que conserve íntegro o número de seus eleitos em todo o mundo, por meio de seu amado Filho, Jesus Cristo. Por ele, fomos chamados das trevas para a luz, da ignorância para o conhecimento de seu nome glorioso. Concedei-nos, Senhor, a graça de esperar em vosso nome, princípio de toda criatura. Abertos os olhos de nosso coração, conheçamos a vós somente, *altíssimo entre os altíssimos, santo a repousar entre os santos. Vós humilhais a arrogância dos soberbos. Arrasais os planos dos pagãos.* Elevais os humildes e humilhais os poderosos, fazeis os ricos e os pobres. Levais à morte, salvais e vivificais, único benfeitor dos espíritos e Deus de toda a carne. Vós contemplais os abismos e observais as obras dos homens. Sois o auxílio dos que estão em perigo, *salvador dos desesperados,* criador e guarda de todas as almas. Multiplicais os povos pela terra e, entre todos, escolheis aqueles que vos amam, por Jesus Cristo, vosso Filho amado, por quem nos renovais, santificais e cobris de honra.

Nós vos rogamos, Senhor, que sejais o nosso "sustentáculo e auxílio". Libertai os nossos que estão atribulados. Compadecei-vos dos pequeninos. Levantai os caídos. Sustentai os indigentes. Sarai os doentes. Fazei voltar os que se desgarram de vosso povo. Dai de comer aos famintos. Tirai da prisão nossos cativos. Erguei os fracos, confortai os medrosos. Todas as *nações vos conheçam, porque só vós sois Deus,* e conheçam igualmente a Jesus Cristo, vosso

Filho, e com elas também *nós, o vosso povo e as ovelhas do vosso rebanho.*

Por vossas obras manifestastes a perene constituição do mundo. Vós, Senhor, criastes o globo terrestre. Sois fiel para com todas as gerações, justo nos julgamentos, admirável de força e de magnificência. Sois cheio de sabedoria ao criar e prudente em firmar as coisas criadas. Sois bom em tudo quanto é visível, fiel para com aqueles que em vós confiam, benigno e misericordioso. Perdoai nossas infidelidades e injustiças, nossos pecados e delitos.

Não acuseis de pecado vossos servos e vossas servas, mas purificai-nos em vossa verdade e *conduzi nossos passos para caminharmos com piedade, justiça e simplicidade de coração, fazendo tudo o que é bom e agradável* a vossos olhos e diante de nossos pastores. Sobretudo, Senhor, *mostrai-nos vossa face* e possamos nós *gozar dos bens* na paz à sombra de *vossa mão poderosa;* por *vosso braço estendido* sejamos livres de todo pecado; guardai-nos daqueles que nos odeiam sem motivo.

Dai-nos concórdia e paz, a nós e a todos os habitantes da terra, como as destes a nossos antepassados, que piedosamente *vos invocavam na fé e na verdade.* Unicamente vós podeis agir assim e ainda maiores benefícios realizar em nosso favor. Nós vos louvamos pelo pontífice e protetor de nossas vidas, Jesus Cristo. Por ele glória e majestade a vós agora, por todas as gerações e por todos os tempos. Amém.

Responsório
Sl 76(77),14b-16

R. Haverá **deus** que se comp**ar**e ao nosso **Deus?**
  * Sois o **Deus** que oper**as**tes maravilhas.
V. Vosso po**der** manifes**tas**tes entre os **pov**os,
  com vosso **br**aço redi**mis**tes vosso **pov**o. * Sois o **Deus**.

Oração
Ó Deus, atendei como Pai às preces do vosso povo; dai-nos a compreensão dos nossos deveres e a força de cumpri-los.

Por nosso Senhor Jesus Cristo, vosso Filho, na unidade do Espírito Santo.

TERÇA-FEIRA

Ofício das Leituras

Primeira leitura
Do Livro do Eclesiástico 11,12-30

Confiar somente em Deus

¹²Há homens fracos que precisam de ajuda,
carentes de bens e ricos de miséria,
¹³mas o Senhor os observa com benevolência
e os reergue de sua humilhação.
Ele levanta a sua cabeça
e muitos se admiram disso.
¹⁴Bem e mal, vida e morte,
pobreza e riqueza, tudo vem do Senhor.
¹⁵A sabedoria, a ciência
e o conhecimento da lei vêm do Senhor;
vêm dele a caridade e a prática das boas obras.
¹⁶O erro e as trevas são criados para os pecadores;
os que se comprazem no mal, no mal envelhecem.
¹⁷O dom de Deus permanece com os justos
e a sua benevolência terá sempre sucesso.
¹⁸Há quem se enriquece por avareza,
mas esta será a recompensa
¹⁹daquele que disser: "Agora posso descansar,
agora vou comer dos meus bens";
²⁰não sabe quando virá aquele dia,
em que a morte se aproximar,
e deixará tudo a outros, e morrerá.
²¹Permanece firme na tua tarefa, ocupa-te bem dela
e envelhece na tua profissão.
²²Não admires a conduta dos pecadores,

mas confia em Deus e permanece no teu trabalho.
²³Pois é fácil aos olhos de Deus
enriquecer um pobre, num instante.
²⁴A bênção de Deus é a recompensa do justo,
num instante faz aparecer o seu sucesso.
²⁵Não digas: "De que coisa tenho necessidade?
De agora em diante que é que ainda me falta?"
²⁶Não digas: "Tenho de tudo o bastante,
de agora em diante que desgraça me poderá atingir?"
²⁷No dia feliz não te esqueças dos males,
e no dia infeliz não te esqueças do bem;
²⁸pois é fácil para Deus, no dia da morte,
retribuir a cada um segundo os seus atos.
²⁹O tempo de desventura faz esquecer as delícias,
e é na sua última hora
que as obras de um homem são reveladas.
³⁰Antes da morte não louves homem algum,
pois no seu fim é que se conhece o homem.

Responsório   Eclo 11,19.10; cf. Lc 12,17.18

R. Por as**sim** falar o **ri**co: Alcan**cei** o meu re**pou**so,
 vou **a**gora desfru**tar**, eu sozinho, de meus **bens**,
 * Não re**fle**te que a **mor**te se apro**xi**ma e ao mor**rer**,
 deixa **tu**do para os **ou**tros.
V. Diz o **ri**co para **si**: Ponho a**bai**xo meus celeiros
 e fa**rei** outros maiores para a**li** armaze**nar**
 os meus **bens** que acumu**lei**. * Não re**fle**te.

Segunda leitura
Da Regra mais longa, de São Basílio Magno, bispo
        (Resp. 2,1: PG 31,908-910)   (Séc. IV)

Possuímos inata capacidade de amar

O amor de Deus não é matéria de ensino nem de prescrições. Não aprendemos de outrem a alegrar-nos com a luz, ou a desejar a vida, ou a amar os pais ou educadores. Assim

– ou melhor, com muito mais razão –, não se encontra o amor de Deus na disciplina exterior. Mas, quando é criado, o ser vivo, isto é, o homem, a força da razão foi, como semente, inserida nele, uma força que contém em si a capacidade e a inclinação de amar. Logo que entra na escola dos divinos preceitos, o homem toma conhecimento desta força, apressando-se em cultivá-la com ardor, nutri-la com sabedoria e levá-la à perfeição, com o auxílio de Deus.

Sendo assim, queremos provar vosso empenho em atingir este objetivo. Pela graça de Deus e contando com as vossas preces, nós nos esforçaremos, segundo a capacidade dada pelo Espírito Santo, por suscitar a centelha do amor divino escondida em vós.

Antes de mais nada, nós dele recebemos antecipadamente a força e a capacidade de pôr em prática todos os mandamentos que Deus nos deu. Por isso não nos aflijamos como se nos fosse exigido algo de incomum, nem nos tornemos vaidosos pensando que damos mais do que havíamos recebido. Se usarmos bem destas forças, levaremos uma vida virtuosa; no entanto, mal empregadas, cairemos no pecado.

Ora, o pecado se define como o mau uso, o uso contrário à vontade de Deus daquilo que ele nos deu para o bem. Pelo contrário, a virtude, como Deus a quer, é o desenvolvimento destas faculdades que brotam da consciência reta, segundo o preceito do Senhor.

O mesmo diremos da caridade. Ao recebermos o mandamento de amar a Deus, já possuímos capacidade de amar, plantada em nós desde a primeira criação. Não há necessidade de provas externas: cada qual por si e em si mesmo pode descobri-la. De fato, nós desejamos, naturalmente, as coisas boas e belas, embora, à primeira vista, algumas pareçam boas e belas a uns e não a outros. Amamos também, sem ser necessário que nos ensinem nossos parentes e amigos e temos espontaneamente grande amizade por nossos benfeitores.

O que haverá, pergunto então, de mais admirável do que a beleza divina? Que coisa pode haver mais suave e deliciosa do que a meditação da magnificência de Deus? Que desejo será mais veemente e violento do que aquele inserido por Deus na alma liberta de toda impureza e que lhe faz dizer do fundo do coração: *Estou ferida de amor?* É, na verdade, totalmente indescritível o fulgor da beleza de Deus.

Responsório   Sl 17(18),2b-3b
R. Eu vos **amo**, ó S**enhor**, sois minha **força**,
 * Minha **ro**cha, meu re**fú**gio e Salva**dor**!
V. Ó meu **Deus**, sois o ro**che**do que me a**briga**,
    sois meu es**cu**do e prote**ção**: Em vós es**pero**!
 * Minha **ro**cha.

Oração

Ó Deus, atendei como Pai às preces do vosso povo; dai-nos a compreensão dos nossos deveres e a força de cumpri-los. Por nosso Senhor Jesus Cristo, vosso Filho, na unidade do Espírito Santo.

QUARTA-FEIRA

Ofício das Leituras

Primeira leitura
Do Livro do Eclesiástico   24,1b-33

A sabedoria na criação e na história de Israel

¹ᵇA Sabedoria faz o seu próprio elogio,
e em Deus será honrada
e no meio do seu povo, glorificada.
²Abre a boca na assembleia do Altíssimo
e se exalta diante do Poderoso.
³É glorificada no meio do seu povo,

é admirada na grande reunião dos santos.
⁴É louvada entre a multidão dos escolhidos,
é abençoada com os abençoados de Deus.
Ela disse:
⁵"Saí da boca do Altíssimo,
primogênita entre todas as criaturas.
⁶Eu fiz levantar no céu uma luz indefectível
e cobri toda a terra como que de uma nuvem.
⁷Habitava nas alturas do céu
e meu trono estava numa coluna de nuvens.
⁸Sozinha percorri a abóbada celeste
e penetrei nas profundezas dos abismos.
⁹Firmei o pé sobre as ondas do mar e toda a terra,
¹⁰e sobre todos os povos e nações
estendeu-se meu domínio.
¹¹Tive sob os meus pés, com o meu poder sobre
os corações de todos, grandes e pequenos.
Entre todos eles procurei um lugar de repouso,
uma propriedade, onde pudesse estabelecer-me.
¹²Então o Criador do universo me deu suas ordens.
Aquele que me criou marcou o lugar da minha casa,
¹³e me disse: 'Arma tua tenda em Jacó,
toma posse da tua herança em Israel
e no meio do meu povo finca raízes'.
¹⁴Desde o princípio, antes de todos os séculos,
Ele me criou, e nunca mais vou deixar de existir;
¹⁵na morada santa ofereci culto em sua presença,
assim coloquei minha casa em Sião,
repousei na Cidade santa,
e em Jerusalém está a sede do meu poder.
¹⁶Lancei raízes num povo glorioso,
no domínio do Senhor, na sua herança,
e fixei minha morada na assembleia dos santos.
¹⁷Cresci alto como o cedro no Líbano,
como o cipreste nas montanhas do Hermon.

¹⁸Cresci alto como a palmeira do Engadi,
como as roseiras de Jericó.
¹⁹Elevei-me como uma formosa oliveira nos campos;
cresci alto como um plátano junto às águas nas praças.
²⁰Como o cinamomo e a giesta aromática,
como a mirra escolhida exalei perfume;
²¹como o gálbano, o ônix e o estoraque,
como a exalação de incenso no tabernáculo.
²²Estendi os ramos como o terebinto,
e meus ramos são ramos majestosos e belos.
²³Como a videira, brotei sarmentos encantadores
e minhas flores deram frutos de glória e riqueza.
²⁴Sou a mãe do belo amor e do temor,
do conhecimento e da santa esperança.
²⁵Em mim se encontra toda a graça
do caminho e da verdade,
em mim toda a esperança da vida e da virtude.
²⁶Vinde até mim, vós que me desejais
e saciai-vos com meus frutos!
²⁷Minha doutrina é mais doce que o mel,
e minha posse, mais suave que o favo.
²⁸A memória de meu nome durará
por todas as gerações
²⁹Aqueles que comem de mim, terão ainda fome;
e aqueles que bebem de mim, terão ainda sede.
³⁰Quem me obedece não terá de que se envergonhar,
e os que trabalham comigo, não pecarão.
³¹Aqueles que me tornam conhecida,
terão a vida eterna".
³²Tudo isto é o livro da aliança do Deus Altíssimo,
³³a Lei, que Moisés nos prescreveu,
como herança para as assembleias de Jacó.

Responsório Jo 14,6; Eclo 24,14
R. Sou o **Caminho**, a **Ver**da**de** e a **Vida**;
  * Nin**guém** vem ao **Pai**, senão por **mim**.
V. Eu, a **sabedoria**, fui criada,
  desde o início, ainda **antes** dos séculos,
  e ja**mais** deixarei de existir. * Nin**guém**.

Segunda leitura
Do Tratado contra as heresias, de Santo Irineu, bispo
(Livr. 4,6,3.5.7: SCh 100,442.446.448-454) (Séc. II)

A manifestação do Filho é o conhecimento do Pai

Ninguém pode conhecer o Pai sem o Verbo de Deus, isto é, sem o Filho que o revela. Também não se conhece o Filho sem a vontade do Pai. O Filho faz a vontade do Pai, pois o Pai o envia. O Filho é enviado e vem a nós. Assim o Pai, que é para nós invisível e incognoscível, torna-se conhecido por seu próprio Verbo. Ora, só o Pai conhece seu Verbo, como o manifestou o Senhor. Por isto o Filho nos leva ao conhecimento do Pai mediante a sua própria encarnação. Com efeito, a manifestação do Filho é o conhecimento do Pai. Na verdade, tudo nos é revelado pelo Verbo.

O Pai revelou o Filho para se dar a conhecer a todos por meio dele. Mais ainda: a fim de acolher, em toda justiça, para a ressurreição eterna, os que nele creem. Crer nele é viver segundo sua vontade.

De fato, o Verbo já revela o Deus criador pela própria criação; pelo mundo, o Senhor que o construiu; pela criatura plasmada, o artífice que a plasmou; e pelo Filho, o Pai que o gerou. Destas coisas todos falam do mesmo modo, mas não creem todos do mesmo modo. Pela lei e os profetas, o Verbo, igualmente, anunciava-se a si e ao Pai. Todo o povo do mesmo modo o ouviu, mas não creram todos do mesmo modo. Pelo Verbo, tornado visível e palpável, o Pai se revelou, embora nem todos cressem nele do mesmo modo. Todos, porém, viram o Pai no Filho. A realidade invisível que se manifestava no Filho era o Pai, e a realidade visível na qual o Pai se revelou era o Filho.

O Filho tudo perfaz do princípio ao fim para o Pai, e sem ele ninguém pode conhecer a Deus. O conhecimento do Pai é o Filho. O conhecimento do Filho pertence ao Pai e é revelado pelo Filho. Por este motivo, o Senhor dizia: *Ninguém conhece o Filho a não ser o Pai; nem o Pai a não ser o Filho e aqueles a quem o Filho revelar.* Revelar não se refere apenas ao futuro como se o Verbo só tivesse começado a revelar o Pai quando nasceu de Maria. De fato, o Verbo se encontra universalmente e em todo o tempo. No início, sendo o Filho presente à sua criatura, ele revela o Pai a todos a quem o Pai quer, quando quer e como quer. Em tudo e por tudo, há um só Deus, o Pai, e um só Verbo, o Filho, e um só Espírito e uma única salvação para todos os que nele creem.

Responsório   Jo 1,18; Mt 11,27b
R. Ninguém ja**mais** viu a **Deus**,
  * Mas o **F**ilho Uni**g**ênito, que es**tá** junto do **Pai**, este o **deu** a conhe**cer**.
V. Nin**g**uém conhece o **Pai**, a não **ser** o próprio **Filho** e **aque**le a quem o **Filho** o quiser revelar.* Mas o **Filho**.

Oração

Ó Deus, atendei como Pai às preces do vosso povo; dai-nos a compreensão dos nossos deveres e a força de cumpri-los. Por nosso Senhor Jesus Cristo, vosso Filho, na unidade do Espírito Santo.

QUINTA-FEIRA

Ofício das Leituras

Primeira leitura
Do Livro do Eclesiástico 42,15-43,13

Toda a criação canta a glória de Deus

⁴²,¹⁵Vou agora recordar as obras do Senhor,
vou descrever aquilo que vi.
Pelas palavras do Senhor foram feitas as suas obras,
de acordo com a sua vontade realizou-se o seu julgamento.
¹⁶O sol brilhante contempla todas as coisas,
e a obra do Senhor está cheia da sua glória.
¹⁷Os santos do Senhor não são capazes
de descrever todas as suas maravilhas.
O Senhor todo-poderoso as confirmou,
para que tudo continuasse firme para a sua glória.
¹⁸Ele sonda o abismo e o coração,
e penetra em todas as suas astúcias.
¹⁹Pois o Altíssimo possui toda a ciência
e fixa o olhar nos sinais dos tempos;
Ele manifesta o passado e o futuro
e revela as coisas ocultas.
²⁰Nenhum pensamento lhe escapa
e nenhuma palavra lhe fica escondida.
²¹Pôs em ordem as maravilhas da sua sabedoria,
pois só Ele existe antes dos séculos e para sempre.
²²Nada lhe foi acrescentado, nada tirado,
e Ele não precisa de conselheiro algum.
²³Como são desejáveis todas as suas obras,
brilhando como centelha que se pode contemplar.
²⁴Tudo isso vive e permanece sempre,
e em todas as circunstâncias tudo lhe obedece.
²⁵Todas as coisas existem aos pares, uma frente à outra,
e Ele nada fez de incompleto:

²⁶uma coisa completa a bondade da outra.
Quem, pois, se fartará de contemplar a sua glória?
⁴³,¹Formosura das alturas, firmamento de pureza,
eis o aspecto do céu numa visão de glória.
²O sol que aparece proclama, ao sair,
que coisa maravilhosa é a obra do Altíssimo!
³Ao meio-dia resseca a terra:
quem poderá resistir ao seu calor?
Se alguém acende a fornalha para os trabalhos a fogo
⁴o sol esquenta as montanhas três vezes mais:
exala vapores ardentes
e, dardejando seus raios, ofusca os olhos.
⁵É grande o Senhor que o fez
e que, com suas palavras, lhe acelera o curso.
⁶Também a lua, sempre pontual em suas fases,
indica as épocas e é um sinal do tempo.
⁷É a lua que assinala as festas,
diminuindo a claridade até desaparecer.
⁸É dela que o mês recebe o seu nome,
enquanto cresce maravilhosamente em suas mudanças.
⁹Ela é farol dos exércitos do alto,
rebrilhando no firmamento do céu.
¹⁰Beleza do céu é o brilho das estrelas,
ornamento que resplende nas alturas do Senhor.
¹¹Às ordens do Santo ficarão, segundo o seu decreto,
sem jamais abandonarem seus postos de vigia.
¹²Olha o arco-íris e bendize quem o fez,
magnificamente belo em seu esplendor:
¹³ele envolve o céu com um círculo de glória,
e as mãos do Altíssimo o estendem.

Responsório   Ap 4,11; Est 4,17d.17c

R. Vós sois **digno**, Se**nhor** nosso **Deus**,
    de rece**ber** honra, **gló**ria e po**der**,

* Porque **to**das as **coi**sas criastes
e é por **vos**sa vontade que **ex**istem
e subsistem por**que** vós man**dais**.
V. Vós **fiz**estes o **céu** e a **ter**ra
e **tu**do o que está sob os **céus**;
vós **sois** o Se**nhor** do universo. * Porque **to**das.

Segunda leitura

Do Discurso contra os gentios, de Santo Atanásio, bispo

(Nn. 40-42: PG 25,79-83) (Séc. IV)

O Verbo do Pai tudo orna, dispõe e contém

O Pai santíssimo de Cristo – sem comparações, mais excelente do que toda a criatura –, como ótimo criador, tudo governa, dispõe e faz convenientemente o que lhe parece justo, por sua sabedoria e por seu Verbo, Cristo, nosso Senhor e Salvador. Assim é bom que tudo tenha sido e venha a ser feito como vemos. Que ele o tenha querido assim, ninguém pode duvidar. Porque, se o movimento dos seres criados se fizesse desordenadamente e o mundo girasse ao acaso, com toda a razão se negaria crédito ao que declaramos. Mas, se com medida, sabedoria e ciência o mundo foi criado e enriquecido de toda beleza, não há como fugir que este criador e aperfeiçoador é o próprio Verbo de Deus.

Afirmo que o Verbo do Deus do universo e de todo o bem é o Deus vivo e eficaz que existe por si próprio. Distinto de todo o criado, ele é o próprio e único Verbo do Pai de bondade, por cuja providência o mundo inteiro, por ele feito, é iluminado. Ele, que é o bom Verbo do bom Pai, estabeleceu a ordem de todas as coisas, uniu entre si os contrários, compondo assim grande harmonia. Este único e unigênito é Deus: a bondade que procede do Pai, como de fonte do bem, e adorna, dispõe e mantém todo o universo.

Aquele que por seu eterno Verbo tudo fez, fazendo existir as criaturas cada qual conforme a própria natureza, não permitiu que elas se movessem arbitrariamente, a fim de que não retornassem ao nada; por isso, ele, que é o bem, por meio do seu Verbo, Deus como ele, governa e conserva toda a criação. Deste modo, a criação, iluminada pelo governo, providência e administração do Verbo, pode permanecer firme e manter-se coesa. Portanto, a criação, obra do Verbo do Pai – Verbo que é o próprio ser – dele participa e é por ele auxiliada, a fim de não cessar de existir, o que aconteceria, caso não fosse guardada pelo Verbo, que é a *imagem do Deus invisível, primogênito de toda criatura.* Por ele e nele tudo existe, tanto as coisas visíveis quanto as invisíveis. Ele é também a cabeça da Igreja, como ensinam os ministros da verdade nas Sagradas Escrituras.

Por conseguinte, este todo-poderoso e santíssimo Verbo do Pai, penetrando em tudo, desdobra por toda a parte as suas forças, e ilumina todas as coisas visíveis e invisíveis. Em si mesmo contém e abraça todas, de modo que não deixa nada alheio a seu poder, mas em tudo e por tudo, a cada um em particular e a todos em conjunto concede a vida e a proteção.

Responsório Cf. Pr 8,22-30
R. No princípio, ainda antes da origem da terra,
    ainda antes de Deus ter formado os abismos,
    ainda antes que as fontes das águas brotassem,
  * Ainda antes de Deus ter fundado as montanhas
    e erguido as colinas, o Senhor me criou.
V. Quando os céus ele armava, ali eu estava,
    estava com ele compondo o universo.* Ainda antes.

Oração
Ó Deus, atendei como Pai às preces do vosso povo; dai-nos a compreensão dos nossos deveres e a força de cumpri-los. Por nosso Senhor Jesus Cristo, vosso Filho, na unidade do Espírito Santo.

SEXTA-FEIRA

Ofício das Leituras

Primeira leitura
Do Livro do Eclesiástico   43,14-37

O louvor divino na criação

¹⁴Por sua ordem, [o Altíssimo] faz cair a neve
e lança os relâmpagos de seu julgamento.
¹⁵Por causa disso é que se abrem seus tesouros
e as nuvens esvoaçam como pássaros.
¹⁶Em sua grandeza condensa as nuvens
e as pedras de granizo se fragmentam.
A voz do seu trovão aterroriza a terra
¹⁷e ante a sua visão as montanhas se abalam.
Por sua vontade sopra o vento do sul,
¹⁸assim como o furacão do norte e os ciclones.
¹⁹Espalha a neve como pássaros que descem,
e ela cai como gafanhotos que pousam.
²⁰A beleza de sua alvura arrebata o olhar,
e o coração se sente extasiado ao vê-la cair.
²¹Despeja sobre a terra a geada, como sal,
e ela enrijece como pontas de espinhos.
²²O vento frio do norte põe-se a soprar,
fazendo condensar-se o gelo sobre a água;
e sobre toda a massa líquida se estende,
como de uma couraça revestindo a água.
²³Esse vento devora as montanhas e abrasa o deserto,
e consome o verdor das plantas como fogo.
²⁴A névoa úmida é pronto remédio para tudo isso;
e o orvalho, que chega após o verão, traz alegria.
²⁵O Senhor, com seu desígnio, aplacou o oceano
e nele plantou as ilhas.
²⁶Os que navegam sobre o mar descrevem seus perigos,
e ficamos admirados com o que ouvimos a respeito:

²⁷ há nele coisas estranhas e maravilhosas,
animais de toda espécie e monstros marinhos.
²⁸ para o Senhor, porém, seu mensageiro chega à meta
e por sua palavra tudo se coaduna.
²⁹ poderíamos dizer muitas coisas e não chegaríamos ao fim:
Eis o resumo das palavras: "Ele é tudo".
³⁰ Onde acharíamos força para glorificá-lo?
Ele é o Grande, acima de todas as suas obras.
³¹ O Senhor é terrível e soberanamente grande,
e admirável é seu poder.
³² Glorificando o Senhor, exaltai-o quanto puderdes,
pois estará sempre ainda mais acima,
porque é admirável a sua grandeza³³⁾
³⁴ Para exaltá-lo redobrai as forças,
e não vos canseis, pois não chegareis ao fim.
³⁵ Quem o viu para podê-lo descrever?
Quem o louvará assim como ele é?
³⁶ Há muitos mistérios maiores ainda,
porque vemos poucas dentre as suas obras.
³⁷ O Senhor fez todas as coisas.
Ele dá a sabedoria àqueles que vivem com piedade.

Responsório   Cf. Eclo 43,29.30
R. Para **dar**mos glória a **Deus**, nós di**re**mos muitas **coi**sas
   e nos **fal**tam as pa**la**vras;
 * O re**su**mo das pa**la**vras se en**con**tra nesta **fra**se:
   Ele es**tá** em todo **ser**.
V. Que po**de**mos nós di**zer** para **dar**mos glória a **Deus**?
   pois é ele o Onipo**ten**te muito a**ci**ma de suas **o**bras.
 * O re**su**mo.

Segunda leitura

Do Discurso contra os gentios, de Santo Atanásio, bispo.

(Nn. 42-43: PG 25,83-87) (Séc. IV)

*Todas as coisas compõem pelo Verbo
uma divina harmonia*

Nada há absolutamente de quanto existe que não tenha sido feito nele e por ele. O Teólogo no-lo ensina pelas palavras: *No princípio era o Verbo e o Verbo estava junto de Deus e o Verbo era Deus. Tudo foi feito por ele, e sem ele nada se fez* (Jo 1,1).

O musicista, com uma harpa bem afinada, combina artisticamente os sons graves com os agudos e os médios, de modo a produzir uma só harmonia. Assim também, a Sabedoria de Deus, empunhando todo o universo como uma harpa, conjuga as coisas aéreas com as terrenas e as celestes com as aéreas, ligando o todo com suas partes. Assim, dirigindo tudo por um aceno de sua vontade, produz um só universo, um universo com sua ordem cheia de beleza e de harmonia. Entretanto ele mesmo, Verbo de Deus, permanece sempre imóvel junto do Pai, enquanto tudo se move dentro da força da respectiva natureza, segundo o agrado do Pai. Por seu dom, tudo vive e se mantém conforme sua natureza, compondo assim, por ele, uma admirável harmonia, verdadeiramente divina. Só por comparação podemos entender uma realidade tão imensa! Por exemplo: num coro numeroso, com muitos homens, mulheres, crianças, velhos e adolescentes, sob a direção de um só, todos cantam conforme sua capacidade e estado, homem como homem, criança como criança, velho como velho, jovem como jovem. No entanto, todos formam uma só harmonia. Outro exemplo: como nossa alma, ao mesmo tempo, move nossos sentidos segundo suas propriedades. Na presença de alguma coisa, todos eles se movimentam: os olhos veem, os ouvidos escutam, as mãos tocam, o olfato percebe, o paladar prova e mesmo os outros membros muitas vezes agem, por exemplo, os pés caminham. Assim acontece nas coisas naturais. Estas são imagens, embora fraquíssimas, que nos ajudam a perceber as realidades mais altas.

Na verdade, num instante, um só aceno do Verbo de Deus rege todas as coisas ao mesmo tempo, de forma que cada ser realiza o que lhe é próprio e todos, em conjunto, perfazem uma só harmonia.

Responsório   Tb 12,6b

R. Bendi**zei** o Deus do **céu** e procla**mai**,
na presença de **to**dos os vi**ven**tes,
os **bens** que ele **nos** tem conce**di**do.
* Can**tai** e bendi**zei** seu santo **no**me!
V. A ação de **Deus** manifes**tai** devida**men**te
e **nun**ca vos can**seis** de dar-lhe **graças**. * Can**tai**.

Oração

Ó Deus, atendei como Pai às preces do vosso povo; dai-nos a compreensão dos nossos deveres e a força de cumpri-los. Por nosso Senhor Jesus Cristo, vosso Filho, na unidade do Espírito Santo.

SÁBADO

Ofício das Leituras

Primeira leitura
Do Livro do Eclesiástico   44,1b-2.16-45,6

Elogio dos patriarcas: de Henoc a Moisés

⁴⁴,¹ᵇVamos fazer o elogio dos homens famosos,
nossos antepassados através das gerações.
²O Senhor criou uma imensa glória
e mostrou sua grandeza desde os tempos antigos.
¹⁶Henoc agradou a Deus e foi arrebatado ao paraíso,
para levar a conversão às nações.

¹⁷Noé foi reconhecido como o perfeito justo,
no tempo da cólera,
tornou-se o assegurador da reconciliação;
¹⁸graças a ele ficou um resto na terra,
quando houve o dilúvio.
¹⁹Nele foram estabelecidas alianças eternas,
para que ninguém mais fosse aniquilado pelo dilúvio.
²⁰Abraão, grande pai de uma multidão de nações,
não teve mácula em sua glória.
Ele observou a lei do Altíssimo
e fez uma aliança com ele.
²¹Estabeleceu esta aliança na sua carne
e foi reconhecido fiel na prova.
²²Por isso, com juramento Deus lhe prometeu
abençoar todas as nações em sua descendência,
multiplicá-la como o pó da terra
²³e exaltar sua posteridade como as estrelas,
dar-lhe em herança o país,
de um mar a outro,
desde o Rio até às extremidades da terra.
²⁴Também a Isaac renovou o juramento,
por causa de Abraão, seu pai.
²⁵O Senhor renovou-lhe a bênção de todos os homens,
fez repousar a aliança sobre a cabeça de Jacó.
²⁶Confirmou-o com suas bênçãos
e deu-lhe o país em herança;
dividiu-o em partes
e o distribuiu entre as doze tribos.
²⁷Fez sair dele um homem de misericórdia
que encontrou favor aos olhos de todos.
⁴⁵,¹Moisés, amado por Deus e pelos homens,
cuja memória é uma bênção,
²Deus o fez semelhante aos santos em glória
e tornou-o poderoso para o terror dos inimigos.
Pela palavra de Moisés fez cessar prodígios

³ e glorificou-o em presença dos reis;
deu-lhe mandamentos para o seu povo
e fez-lhe ver a sua glória.
⁴ Por sua fidelidade e humildade ele o santificou,
escolheu-o entre todos os viventes;
⁵ fez-lhe ouvir a sua voz
e introduziu-o na nuvem;
⁶ deu-lhe, face a face, os mandamentos,
uma lei de vida e de inteligência,
para ensinar a Jacó suas prescrições
e seus decretos a Israel.

Responsório
Cf. Dt 6,3a; 7,9; 6,5

R. Israel, ouve e presta atenção,
e obedece ao que ordena o Senhor.
* Saberás que é ele o Deus forte,
Deus fiel que mantém a Aliança
e o amor para aqueles que o amam.
V. Amarás o Senhor, o teu Deus, de todo o teu coração,
de todo o teu entendimento
e com todas as forças da alma. * Saberás.

Segunda leitura
Da Carta aos Coríntios, de São Clemente I, papa

(Nn. 31-33: Funk 1,99-103)   (Séc. I)

Desde o início, Deus a todos justificou pela fé

    Com decisão firmemo-nos na bênção de Deus e procuremos ver quais os caminhos desta bênção. Com toda a atenção repassemos no espírito aquilo que desde o início se fez. Por que motivo foi abençoado nosso pai Abraão? Não foi por ter realizado a justiça e a verdade pela fé? Isaac, cheio de confiança, embora soubesse o que ia acontecer, de bom grado deixou-se oferecer em sacrifício. Jacó, com humildade, afastou-se de sua terra por causa do irmão, e partiu para junto de Labão a quem serviu. Por isso lhe foram dados os doze cetros de Israel.

Se alguém considerar honestamente, um a um, os dons concedidos através de Abraão, entenderá a sua grandeza. Porque dele vêm todos os sacerdotes e levitas que servem ao altar de Deus; dele, segundo a carne, veio o Senhor Jesus; dele vieram os reis, príncipes e chefes de cada família de Judá. Isto sem que as outras tribos tenham menor honra, pois o Senhor prometeu a Abraão: *A tua posteridade será numerosa como as estrelas do céu.* Todos esses alcançaram glória e majestade, não por obras ou ações justas que tenham praticado, mas por vontade do Senhor. Por isso, também nós, chamados por esta vontade, no Cristo Jesus, não nos justificamos a nós mesmos por causa de nossa sabedoria, ou inteligência, ou piedade, ou ações que tenhamos feito pela santidade do coração, mas apenas pela fé, pela qual Deus onipotente a todos justificou desde o início. A ele a glória pelos séculos dos séculos. Amém.

Que faremos então, irmãos? Vamos deixar de lado as boas obras e largar a caridade? De jeito nenhum! Que o Senhor não o permita! Mas com zelo e alegre coragem apressemo-nos em realizar tudo o que é bom. Pois o Realizador e Senhor de tudo se alegra com suas obras. Por seu altíssimo e imenso poder estendeu os céus e com incompreensível sabedoria os adornou. Separou a terra das águas que a rodeavam, e, sobre o imóvel fundamento de sua vontade, a firmou. Por sua ordem, os animais que a recobrem começaram a existir. Também, tendo criado o mar e tudo o que nele vive, abraça-os com seu poder.

Acima de tudo, suas puras e santas mãos formaram a criatura por excelência, dotada de inteligência: o homem, selo de sua imagem. Pois assim falou Deus: *Façamos o homem à nossa imagem e semelhança;* e Deus *criou o homem, homem e mulher os criou.* Terminadas todas essas obras, louvou-as e as abençoou, dizendo: *Crescei e multiplicai-vos.*

Reparemos que todos os justos se adornaram de boas obras, e o próprio Senhor, adornando-se, alegrou-se com a beleza de sua criação. Diante, pois, de tal modelo, caminhemos atentos à sua vontade e façamos com todas as nossas forças a obra da justiça.

Responsório   Cf. Dn 9,4b; Rm 8,28
R. O Se**nhor** é o Deus **forte** e **fiel,**
   que **guar**da a Ali**ança** e o **amor**
   para **todos aque**les que o **amam**
 * E **guar**dam, fiéis, seus pre**ceitos.**
V. Sabemos que **tu**do con**corre**
   para o **bem** dos que amam a **Deus.** * E **guar**dam.

Oração

Ó Deus, atendei como Pai às preces do vosso povo; dai-nos a compreensão dos nossos deveres e a força de cumpri-los. Por nosso Senhor Jesus Cristo, vosso Filho, na unidade do Espírito Santo.

2º DOMINGO DO Tempo Comum

II Semana do Saltério

I Vésperas

Cântico evangélico, ant.

Ano A Eis aqui o Cordeiro de Deus,
O que tira o pecado do mundo. Aleluia.

Ano B Ao ouvirem a palavra de João,
os dois discípulos seguiram a Jesus,
e disseram-lhe: Ó Mestre, onde moras?
Vinde e vede, disse a eles o Senhor.

Ano C Celebrou-se um casamento em Caná da Galileia,
e Jesus com sua mãe achavam-se presentes.

Oração

Deus eterno e todo-poderoso, que governais o céu e a terra, escutai com bondade as preces do vosso povo e dai ao nosso tempo a vossa paz. Por nosso Senhor Jesus Cristo, vosso Filho, na unidade do Espírito Santo.

Ofício das Leituras

Primeira leitura
Início do Livro do Deuteronômio   1,1.6-18

Últimas palavras de Moisés em Moab

¹Eis as palavras que Moisés dirigiu a todo Israel, do outro lado do Jordão, no deserto, na Arabá que se estende defronte de Suf, entre Farã, Tofel, Labã, Haserot e Dizaab: ⁶"O Senhor nosso Deus falou-nos em Horeb, dizendo: 'Já é longa a vossa permanência neste monte. ⁷Preparai-vos para partir. Ide na direção da montanha dos amorreus e na de todos os seus vizinhos, na Arabá, na Montanha, na Sefela, no Negueb e junto à costa marítima, na terra dos cananeus e no Líbano, até ao grande rio, o Eufrates. ⁸Eis que vos en-

trego este país. Entrai e tomai posse da terra, que o Senhor jurou dar aos vossos pais, Abraão, Isaac e Jacó, a eles e aos seus descendentes depois deles'. ⁹Eu vos disse naquela ocasião: Sozinho, eu não posso cuidar de vós. ¹⁰O Senhor vosso Deus vos multiplicou a tal ponto, que sois hoje tão numerosos como as estrelas do céu. ¹¹Que o Senhor, Deus de vossos pais, vos aumente mil vezes mais e vos abençoe, conforme prometeu. ¹²Eu não aguento mais levar sozinho o peso de vossos negócios, trabalhos e contestações. ¹³Escolhei de cada tribo homens sábios, inteligentes e experimentados, para que eu os estabeleça como vossos chefes. ¹⁴Vós então me respondestes: 'Está bem o que pretendes fazer'. ¹⁵Tomei então entre os chefes de vossas tribos homens sábios e experimentados e os constituí vossos chefes: comandantes de mil, de cem, de cinquenta e de dez, bem como magistrados, segundo as tribos. ¹⁶Naquele tempo dei aos vossos juízes a seguinte ordem: 'Ouvi vossos irmãos, julgai com justiça as questões de cada um, tanto com seu irmão como com o estrangeiro. ¹⁷Não façais acepção de pessoas em vossos julgamentos; ouvi tanto os pequenos como os grandes, sem temor de ninguém, porque a Deus pertence o juízo. Mas se houver algum caso que for muito difícil para vós, apresentai-o a mim e eu o ouvirei'. ¹⁸Foi assim que naquele tempo vos ordenei tudo o que devíeis fazer".

Responsório   Dt 10,17; 1,17b

R. Vosso **Deus** é o Se**nhor**, Deus dos **deu**ses,
   o Deus **gran**de, o Deus **for**te e te**mí**vel,
* Que não **faz** distin**ção** de pes**so**as,
   nem se **dei**xa com**prar** por pre**sen**tes.
V. Ouvi**reis** o pe**que**no e o **gran**de,
   não fa**reis** distin**ção** de pes**so**as,
   pois per**ten**ce a **Deus** o jul**gar**. * Que não **faz**.

Segunda leitura

Da Carta aos Efésios, de Santo Inácio de Antioquia, bispo e mártir

(Nn. 2,2-5,2: Funk 1, 175-177) (Séc. I)

Na concórdia da unidade

De todos os modos vos convém glorificar a Jesus Cristo que vos glorifica, para que, perfeitamente unidos na obediência, sujeitos ao bispo e ao presbitério, vos santifiqueis em tudo.

Não vos dou ordens, como se fosse alguém. Mesmo carregado de cadeias por causa do nome de Cristo, ainda não sou perfeito em Jesus Cristo. Só agora começo a ser discípulo e vos falo como a condiscípulos. Eu é que deveria ser ungido por vossa fé, exortações, paciência, serenidade. A caridade, porém, não me permite calar a vosso respeito; resolvi por isto adiantar-me e exortar-vos a serdes bem unidos ao pensamento de Deus. Jesus Cristo, nossa vida inseparável, é o pensamento do Pai, da mesma forma como os bispos, em toda a extensão da terra, são o pensamento de Jesus Cristo.

Convém, pois, que vos encontreis com o pensamento do bispo, como aliás já o fazeis. Na verdade, vosso inesquecível presbitério, digno de Deus, está unido ao bispo como as cordas à cítara. Deste modo, em vosso consenso e caridade, ressoa Jesus Cristo. Cada um de vós, igualmente, forme um coro, uníssono na concórdia, recebendo a melodia de Deus na unidade, para cantardes a uma só voz por Jesus Cristo ao Pai. Este vos ouvirá e reconhecer-vos-á por vossa atitude como membros de seu Filho. É, na verdade, útil para vós estar na imaculada unidade, a fim de que participeis sempre de Deus.

Se eu, em tão curto tempo, fiz tão grande amizade, não humana mas espiritual, com vosso bispo, como vos considero felizes por lhe estardes unidos à semelhança da Igreja a Jesus Cristo e como Jesus Cristo ao Pai; para que de tudo resulte a unidade! Ninguém se engane: se alguém não estiver junto do altar, ficará privado do pão de Deus. Se a oração de um ou dois tem tamanha força, quanto mais a oração do bispo e de toda a Igreja!

Responsório Ef 4,1.3-4

R. **Ex**or**to-vos, pois,** no **Se**nh**or,**
que vi**vais** dig**na**men**te, ir**mã**os,**
na vo**ca**ção, a que **fos**tes cha**ma**dos:
 * So**lí**citos **se**de em guar**dar**
a uni**da**de que **vem** do Es**pí**rito,
pelo laço da **paz** que nos une.
V. Há um **cor**po so**men**te e um Es**pí**rito,
é **u**ma so**men**te a espe**ran**ça
da vo**ca**ção, a que **fos**tes cha**ma**dos. * So**lí**citos.

HINO Te Deum, p. 589.

Laudes

Cântico evangélico, ant.

Ano A Foi **es**te o teste**mu**nho que Jo**ão** deu do **Se**nh**or:**
O que vi**rá** depois de **mim**, já exis**tia** antes de **mim**.

Ano B Os dis**cí**pulos foram **ver** onde **é** que ele mo**ra**va;
e fi**ca**ram com Je**sus** du**ran**te aquele **dia**.

Ano C Disse a **Mãe** de Je**sus** aos ser**ven**tes:
Fa**zei tu**do o que ele dis**ser**!
E Je**sus** orde**nou** que en**ches**sem
a**que**las seis **ta**lhas com **á**gua,
que **foi** transfor**ma**da em **vi**nho.

Oração

Deus eterno e todo-poderoso, que governais o céu e a terra, escutai com bondade as preces do vosso povo e dai ao nosso tempo a vossa paz. Por nosso Senhor Jesus Cristo, vosso Filho, na unidade do Espírito Santo.

II Vésperas

Cântico evangélico, ant.

Ano A Do **céu**, o Espírito **Santo**
em **for**ma de **pom**ba des**ceu**,
e **sobre** Je**sus** repou**sou**:
Eis quem ba**ti**za com o Espírito **Santo**.

Ano B Disse An**dré** a Simão **Pedro**:
Encon**tra**mos o Messias.
E a Je**sus** o condu**ziu**.

Ano C Nas **bo**das de Ca**ná** da Gali**lei**a,
Je**sus** inici**ou** os seus si**nais**,
e as**sim** manifes**tou** a sua **gló**ria,
e **ne**le acredi**ta**ram seus dis**cí**pulos.

SEGUNDA-FEIRA

Ofício das Leituras

Primeira leitura
Do Livro do Deuteronômio   4,1-8.32-40

Discurso de Moisés ao povo

Naqueles dias, Moisés falou ao povo, dizendo:
¹"Agora, Israel, ouve as leis e os decretos que eu vos ensino a cumprir, para que, fazendo-o, vivais e entreis na posse da terra prometida que o Senhor Deus de vossos pais vos vai dar. ²Nada acrescenteis, nada tireis, à palavra que vos digo, mas guardai os mandamentos do Senhor vosso Deus que vos prescrevo. ³Vossos olhos viram tudo o que o Senhor fez contra Baal-Fegor, como ele exterminou do meio de vós todos os seus adoradores; ⁴ao passo que vós, que fostes fiéis ao Senhor vosso Deus, estais vivos até hoje. ⁵Eis que vos ensinei leis e decretos conforme o Senhor meu Deus

me ordenou, para que os pratiqueis na terra em que ides entrar e da qual tomareis posse. ⁶Vós os guardareis, pois, e os poreis em prática, porque neles está vossa sabedoria e inteligência perante os povos, para que, ouvindo todas estas leis, digam: Na verdade, é sábia e inteligente esta grande nação! ⁷Pois, qual é a grande nação cujos deuses lhe são tão próximos como o Senhor nosso Deus, sempre que o invocamos? ⁸E que nação haverá tão grande que tenha leis e decretos tão justos, como esta lei que hoje vos ponho diante dos olhos?

³²Interroga os tempos antigos que te precederam, desde o dia em que Deus criou o homem sobre a terra, e investiga de um extremo ao outro dos céus se houve jamais um acontecimento tão grande, ou se ouviu algo semelhante. ³³Existe, porventura, algum povo que tenha ouvido a voz de Deus falando-lhe do meio do fogo, como tu ouviste, e tenha permanecido vivo? ³⁴Ou terá vindo algum Deus escolher para si um povo entre as nações, por meio de provações, de sinais e prodígios, por meio de combates, com mão forte e braço estendido, e por meio de grandes terrores, como tudo o que por ti o Senhor vosso Deus fez no Egito, diante de teus próprios olhos? ³⁵A ti foi dado ver tudo isso, para que reconheças que o Senhor é na verdade Deus, e que não há outro Deus fora ele. ³⁶Do céu ele te fez ouvir sua voz para te instruir, e sobre a terra te fez ver o seu grande fogo; e do meio do fogo ouviste suas palavras, ³⁷porque amou teus pais e, depois deles, escolheu seus descendentes. Ele te fez sair do Egito por seu grande poder, ³⁸para expulsar, diante de ti, nações maiores e mais fortes do que tu, e para te introduzir na terra deles e dá-la a ti como herança, como tu estás vendo hoje.

³⁹Reconhece, pois, hoje, e grava-o em teu coração, que o Senhor é o Deus lá em cima no céu e cá embaixo na terra, e que não há outro além dele. ⁴⁰Guarda suas leis e seus mandamentos que hoje te prescrevo, para que sejas feliz, tu

e teus filhos depois de ti, e vivas longos dias sobre a terra que o Senhor teu Deus te vai dar para sempre".

Responsório   Cf. Dt 4,1; 31,19.20; Sl 80(81),9
R. Israel, ouve os preceitos do Senhor,
    grava-os bem no coração, como num livro,
 * E então eu te darei aquela terra
    onde correm leite e mel, diz o Senhor.
V. Ouve, meu povo, porque vou te advertir!
    Israel, ah! se quisesses me escutar! * E então.

Segunda leitura
Da Carta aos Efésios, de Santo Inácio de Antioquia, bispo e mártir

(Nn. 13-18,1: Funk 1, 183-187)   (Séc. I)

Tende fé em Cristo e caridade

Esforçai-vos por vos reunir mais frequentemente para dar graças a Deus e louvá-lo. Pois quando vos congregais com maior frequência, as forças de Satanás são abaladas e pela concórdia de vossa fé é vencida a morte que ele traz consigo. Nada é preferível à paz que acaba com toda guerra, celeste e terrena. Nada vos faltará, se tiverdes em Jesus Cristo perfeita fé e caridade, que são o princípio e o termo da vida: o princípio é a fé; a caridade, o termo. As duas, bem unidas, são o próprio Deus; tudo o mais que pertença à perfeição humana lhes está ligado. Ninguém que professe a fé pode pecar, nem o que possui a caridade consegue odiar. *Conhece-se a árvore por seus frutos.* Igualmente, o que se declara de Cristo, será reconhecido por suas obras. Não se trata agora de declarações, mas de perseverança na virtude da fé até o fim. Melhor é calar-se e ser do que falar e não ser. Coisa boa é ensinar, se quem diz o pratica. Pois só um é o mestre que *disse e tudo foi feito;* mas também, tudo quanto ele fez em silêncio é digno do Pai. Quem possui a palavra de Jesus pode, em verdade, ouvir o seu silêncio, a fim de ser perfeito, agir como fala e ser conhecido quando silencia. Ao Senhor nada se esconde, até nossos segredos mais íntimos que lhe estão próximos. Façamos, então, todas as coisas, em sua presença, visto que somos os seus templos. Que ele seja em nós o nosso Deus, ele que é e aparecerá a nossos olhos na justa medida do nosso amor. *Não vos enganeis,* meus irmãos, os perturbadores da família *não herdarão o Reino de Deus.* Se pereceram aqueles que assim agiam, segundo a carne, quanto mais aquele que corromper a fé em Deus com doutrinas falsas, pela qual Jesus Cristo foi crucificado? Este tal, tornado impuro, irá para o fogo inextinguível, juntamente com quem o escutar. Na cabeça o Senhor recebeu a unção do óleo para que a Igreja espalhe o perfume da incorrupção. Não aceiteis a unção de péssimo odor da doutrina do príncipe deste mundo. Que não aconteça levar-vos cativos para longe da vida prometida! Por que não somos todos verdadeiramente prudentes, nós, os que recebemos o conhecimento de Deus, isto é, Jesus Cristo? Por que loucamente perecer, por não reconhecermos o dom enviado pelo Senhor?

Meu espírito está pregado na cruz, escândalo para os incrédulos, salvação e vida eterna para nós.

Responsório
Cl 3,17; 1Cor 10,31b
R. O que fizerdes em palavras ou em obras,
 * Fazei-o em nome de Jesus, Nosso Senhor,
 dando graças a Deus Pai por meio dele.
V. Fazei tudo para a glória de Deus. * Fazei-o

Oração
Deus eterno e todo-poderoso, que governais o céu e a terra, escutai com bondade as preces do vosso povo e dai ao nosso tempo a vossa paz. Por nosso Senhor Jesus Cristo, vosso Filho, na unidade do Espírito Santo.

TERÇA-FEIRA

Ofício das Leituras

Primeira leitura
Do Livro do Deuteronômio 6,4-25

A lei do amor

Naqueles dias, Moisés falou ao povo, dizendo: ⁴"Ouve, Israel, o Senhor, nosso Deus, é o único Senhor. ⁵Amarás o Senhor teu Deus com todo o teu coração, com toda a tua alma e com todas as tuas forças. ⁶E trarás gravadas em teu coração todas estas palavras que hoje te ordeno. ⁷Tu as repetirás com insistência aos teus filhos e delas falarás quando estiveres sentado em tua casa, ou andando pelos caminhos, quando te deitares, ou te levantares. ⁸Tu as prenderás como sinal em tua mão e as colocarás como um sinal entre os teus olhos; ⁹tu as escreverás nas entradas da tua casa e nas portas da tua cidade.

¹⁰Quando o Senhor te introduzir na terra que prometeu com juramento a teus pais, Abraão, Isaac e Jacó, que te daria, com cidades grandes e belas que não edificaste, ¹¹casas cheias de toda espécie de bens que não acumulaste, cisternas já escavadas que não cavaste, vinhas e oliveiras que não plantaste; e quando comeres e te fartares, ¹²então, cuida bem de não esqueceres o Senhor que te tirou do Egito, da casa da escravidão. ¹³Temerás o Senhor teu Deus, a ele servirás e só pelo seu nome jurarás.

¹⁴Não seguirás outros deuses, dentre os deuses dos povos vizinhos, ¹⁵porque o Senhor teu Deus, que mora no meio de ti, é um Deus ciumento. Não suceda que a cólera do Senhor teu Deus, inflamando-se contra ti, venha a exterminar-te da face da terra. ¹⁶Não tenteis o Senhor vosso Deus, como o tentastes em Massa. ¹⁷Guardai os preceitos do Senhor vosso Deus, os mandamentos e as leis que vos dá. ¹⁸Faze o que é reto e bom aos olhos do Senhor para que sejas

feliz e possas entrar e tomar posse da boa terra, da qual o Senhor jurou a teus pais [19]que haveria de expulsar todos os teus inimigos, como ele mesmo disse.

[20]Quando amanhã teu filho te perguntar: 'Que significam estes mandamentos, estas leis e estes decretos que o Senhor nosso Deus nos prescreveu?', [21]então lhe responderás: 'Nós éramos escravos do Faraó e o Senhor nos tirou do Egito com mão poderosa, [22]e fez à nossa vista grandes sinais e prodígios terríveis contra o Egito, contra o Faraó e toda a sua casa. [23]Ele nos tirou de lá, para nos conduzir à terra que jurou dar a nossos pais. [24]O Senhor mandou que cumpríssemos todas essas leis e temêssemos o Senhor nosso Deus, para que fôssemos sempre felizes e nos conservássemos vivos, como o somos hoje. [25]E ele será misericordioso para conosco, se guardarmos e observarmos todos os seus mandamentos diante do Senhor nosso Deus, como ele nos mandou'".

Responsório   Sl 18(19),8.9b; Rm 13,8b.10b
R. A **lei** do Senhor **Deus** é perfeita, confor**to** para a a**lma**.
  O teste**mu**nho do Se**nhor** é fiel, sabedo**ria** dos humil**des**.
 * O manda**men**to do Se**nhor** é brilhan**te**,
  para os **o**lhos é uma **luz**.
V. A**que**le que **a**ma ao **pró**ximo, tem cum**pri**do a **lei**;
  pois se **cum**pre a **lei** plena**men**te atra**vés** do **a**mor.
 * O manda**men**to.

Segunda leitura
Da Carta aos Coríntios, de São Clemente I, papa
        (Nn. 49-50: Funk 1,123-125)   (Séc. I)

Quem poderá falar sobre o vínculo da caridade de Deus?

Quem tem a caridade em Cristo, que cumpra os mandamentos de Cristo! Quem poderá descrever o laço da caridade de Deus? Quem conseguirá discorrer sobre a perfeição de sua beleza? É indizível a profundeza a que nos leva a caridade, nossa união com Deus. *A caridade cobre uma multidão de pecados,* a caridade tudo suporta, tudo tolera com paciência. Não há nada de sórdido nem de soberbo na caridade. A caridade não tolera a divisão, não provoca revolta. A caridade tudo faz na concórdia. Na caridade todos os eleitos de Deus são perfeitos. Sem a caridade nada é aceito por Deus. Na caridade Deus nos assumiu para si. Pela caridade que tem para conosco, nosso Senhor Jesus Cristo, obediente à vontade divina, por nós entregou o seu sangue, a sua carne, por nossa carne, a sua alma, por nossa alma.

Bem vedes, caríssimos, como é grande e admirável a caridade e impossível descrever toda a sua perfeição. Quem merecerá ser encontrado nela, a não ser aqueles que Deus quiser tornar dignos? Oremos, pois, e peçamos-lhe misericórdia, a fim de estarmos na caridade, sem culpa e sem qualquer interesse puramente humano. Passaram todas as gerações desde Adão até a presente. Mas aqueles que, pela graça de Deus, atingiram a perfeição da caridade, alcançam um lugar sagrado e serão manifestados na vinda do Reino de Cristo. Porque está escrito: *Entrai por um pouco de tempo em vossos aposentos, até que passe minha cólera e meu furor; e lembrar-me-ei dos dias bons e erguer-vos-ei de vossos sepulcros.*

Caríssimos, se cumprirmos os preceitos do Senhor na concórdia e na caridade somos muito felizes, porque por elas nossos pecados serão perdoados. Como está escrito: *Feliz aquele cuja iniquidade foi perdoada, cujo pecado foi absolvido. Feliz o homem a quem o Senhor não argúi de falta, e em cujos lábios não há engano.* A proclamação desta felicidade atinge os que, por Jesus Cristo, nosso Senhor, são eleitos de Deus; a quem seja a glória pelos séculos sem fim. Amém.

Responsório 1Jo 4,16.7a
R. Conhecemos e **cremos** no **amor**,
  que **Deus** manifesta por **nós**.

* Pois **quem** permanece no **amor,**
  em **Deus** permanece e Deus **nele.**
V. Amemo-nos, **pois** uns aos **outros,**
  porque o **amor** vem de **Deus.** * Pois **quem**.

Oração

Deus eterno e todo-poderoso, que governais o céu e a terra, escutai com bondade as preces do vosso povo e dai ao nosso tempo a vossa paz. Por nosso Senhor Jesus Cristo, vosso Filho, na unidade do Espírito Santo.

QUARTA-FEIRA

Ofício das Leituras

Primeira leitura
Do Livro do Deuteronômio   7,6-14; 8,1-6

Israel, o povo escolhido

Naqueles dias, Moisés falou ao povo, dizendo:
⁷,⁶"Tu és um povo consagrado ao Senhor teu Deus. O Senhor teu Deus te escolheu dentre todos os povos da terra, para seres o seu povo preferido. ⁷O Senhor se afeiçoou a vós e vos escolheu, não por serdes mais numerosos que os outros povos – na verdade sois o menor de todos – ⁸mas, sim, porque o Senhor vos amou e quis cumprir o juramento que fez a vossos pais. Foi por isso que o Senhor vos fez sair com mão poderosa, e vos resgatou da casa da escravidão, das mãos do Faraó, rei do Egito. ⁹Saberás, pois, que o Senhor teu Deus é o único Deus, um Deus fiel, que guarda a aliança e a misericórdia até mil gerações, para aqueles que o amam e observam seus mandamentos; ¹⁰mas castiga diretamente aquele que o odeia, fazendo-o perecer; e não o deixa esperar, mas dá-lhe imediatamente o castigo merecido. ¹¹Guarda, pois, os mandamentos, as leis e os decretos que hoje te prescrevo, pondo-os em prática.

¹²Se ouvires estes preceitos, e os guardares e praticares, o Senhor teu Deus também guardará a teu respeito a aliança e a misericórdia que jurou a teus pais; ¹³ele te amará, te abençoará e te multiplicará; abençoará o fruto do teu ventre e o fruto do teu solo, teu trigo, teu vinho novo e teu azeite; as crias das tuas vacas e a prole das tuas ovelhas, na terra que te dará como jurou a teus pais. ¹⁴Serás mais abençoado do que todos os povos. Não haverá no meio de ti quem seja estéril, macho ou fêmea, tanto entre os homens como entre os teus rebanhos".

⁸,¹"Tem cuidado em pôr em prática os mandamentos que hoje te prescrevo, para que vivas e te multipliques, e entres na posse da terra que o Senhor prometeu com juramento a teus pais. ²Lembra-te de todo o caminho por onde o Senhor teu Deus te conduziu, esses quarenta anos, no deserto, para te humilhar e te pôr à prova, para saber o que tinhas no teu coração, e para ver se observarias ou não seus mandamentos. ³Ele te humilhou, fazendo-te passar fome e alimentando-te com o maná que nem tu nem teus pais conheciam, para te mostrar que nem só de pão vive o homem, mas de toda palavra que sai da boca do Senhor. ⁴As vestes que usavas não se desgastaram, nem teus pés incharam durante esses quarenta anos. ⁵Portanto, reconhece em teu coração, que o Senhor teu Deus te educava, como um homem educa seu filho, ⁶para que guardes os mandamentos do Senhor teu Deus, e andes em seus caminhos e o temas.

Responsório   1Jo 4,10b.16a; cf. Is 63,8b.9b
R. Deus **Pai** nos **amou**, por pri**mei**ro,
    e envi**ou**-nos seu **Fi**lho Uni**gê**nito,
    como **ví**tima por **nos**sos peca**dos**.
 * Conhe**ce**mos e **cre**mos no a**mor**,
    que **Deus** mani**fes**ta por **nós**.
V. O Se**nhor** se fez o **nos**so Salva**dor**;
    ele **mes**mo nos re**miu** em seu a**mor**. * Conhe**ce**mos.

Segunda leitura
Da Constituição Dogmática *Lumen Gentium* sobre a Igreja, do Concílio Vaticano II

(N. 2.16) (Séc. XX)

Eis que salvarei o meu povo

O Pai eterno criou todo o universo por totalmente livre e secreto desígnio de sua sabedoria e bondade. Decretou elevar os homens à participação da vida divina. Quando caíram na pessoa de Adão, jamais os abandonou, oferecendo-lhes sempre os auxílios para a salvação, em vista de Cristo, o Redentor, *que é a imagem do Deus invisível, o primogênito de toda criatura.* Antes dos tempos, o Pai *conheceu* todos os eleitos e *os predestinou a se tornarem conformes à imagem de seu Filho, para que este fosse o primogênito entre muitos irmãos.*

Determinou, pois, congregar na santa Igreja os que creem em Cristo. Desde a origem do mundo foi a Igreja prefigurada. Admiravelmente preparada na história do povo de Israel e na antiga Aliança, foi constituída agora, nestes tempos que são os últimos, e manifestada pela efusão do Espírito. No fim dos tempos, será gloriosamente consumada. Então, como se lê nos santos padres, todos os justos desde Adão, do justo Abel até o último eleito, serão reunidos na Igreja universal junto ao Pai.

Aqueles, porém, que ainda não receberam o Evangelho, por diversos modos se ordenam ao Povo de Deus.

Em primeiro lugar, aquele povo a quem foram dados os testamentos e as promessas e do qual nasceu Cristo segundo a carne. Por causa dos patriarcas, segundo a eleição, é um povo caríssimo; pois os dons e a vocação de Deus são irrevogáveis.

O plano da salvação ainda abrange aqueles que reconhecem o Criador. Entre estes destacam-se os muçulmanos que, professando manter a fé abraâmica, adoram conosco o Deus único, misericordioso, juiz dos homens no último dia.

Deus também não está longe dos outros homens, que procuram o Deus desconhecido em sombras e imagens, porque é ele quem dá a todos a vida, a respiração e tudo o mais. O Salvador quer que todos os homens se salvem.

Portanto, os que, sem culpa, ignoram o Evangelho de Cristo e sua Igreja, mas buscam a Deus com coração sincero, tentando, sob o influxo da graça, cumprir por obras a sua vontade conhecida através dos ditames da consciência, podem conseguir a salvação eterna. A divina Providência não nega os auxílios necessários à salvação aos que, sem culpa, ainda não chegaram ao expresso conhecimento de Deus e se esforçam, não sem a divina graça, por levar uma vida reta. A Igreja julga tudo quanto de bom e de verdadeiro neles se encontra como uma preparação evangélica, dada por Aquele que ilumina todo homem, para que enfim tenham a vida.

Responsório   Ef 1,9b-10; Cl 1,19-20a

R. Na plenitude dos tempos, quis o Pai reunir
   todas as coisas no Cristo,
 * Tanto as coisas da terra, como as coisas do céu.
V. Pois, foi do agrado de Deus Pai que a plenitude
   habitasse no seu Cristo plenamente;
   aprouve-lhe também, por meio dele,
   reconciliar consigo mesmo as criaturas. * Tanto.

Oração

Deus eterno e todo-poderoso, que governais o céu e a terra, escutai com bondade as preces do vosso povo e dai ao nosso tempo a vossa paz. Por nosso Senhor Jesus Cristo, vosso Filho, na unidade do Espírito Santo.

QUINTA-FEIRA

Ofício das Leituras

Primeira leitura
Do Livro do Deuteronômio   9,7-21.25-29

Os pecados do povo e a intercessão de Moisés

Naqueles dias, Moisés falou ao povo, dizendo:
⁷"Lembra-te, não te esqueças de que modo provocaste a ira do Senhor teu Deus no deserto. Desde o dia em que saíste do Egito até chegares a este lugar, foste rebelde ao Senhor. ⁸Já em Horeb o provocastes e ele, irado, vos quis exterminar. ⁹Quando subi à montanha para receber as tábuas de pedra, as tábuas da aliança que o Senhor havia concluído convosco, fiquei lá quarenta dias e quarenta noites, sem comer pão nem beber água. ¹⁰Então o Senhor me deu as duas tábuas de pedra escritas com o dedo de Deus, nas quais estavam todas as palavras que o Senhor vos tinha dito na montanha, do meio do fogo, quando todo o povo estava reunido. ¹¹E, passados quarenta dias e outras tantas noites, o Senhor me deu as duas tábuas de pedra, as tábuas da aliança, ¹²e me disse: 'Levanta-te, desce imediatamente daqui, porque pecou o povo que tiraste do Egito. Depressa se desviaram do caminho que lhes prescrevi, fazendo para si uma imagem fundida'. ¹³E o Senhor tornou a dizer-me: 'Já vi que este é um povo de cabeça dura. ¹⁴Deixa-me destruí-lo e apagar o seu nome debaixo dos céus. Mas de ti farei uma nação mais poderosa e mais numerosa do que este povo'. ¹⁵Pus-me, então, a descer a montanha que estava toda em fogo, trazendo em minhas mãos as duas tábuas da aliança. ¹⁶E olhando, percebi que havíeis pecado contra o Senhor, vosso Deus. Tínheis feito um bezerro fundido, não tardando a afastar-vos do caminho que o Senhor vos traçara. ¹⁷Tomei, então, as duas tábuas e com minhas mãos arremessei-as ao chão, quebrando-as ante os vossos olhos. ¹⁸Depois prostrei-me na presença do Se-

nhor, como da primeira vez, durante quarenta dias e quarenta noites, sem comer pão nem beber água, por causa dos pecados que havíeis cometido, fazendo o que desagrada ao Senhor, provocando-o à ira. [19]Temi, então, sua indignação e sua cólera, com que o Senhor vos ameaçava, a ponto de vos querer exterminar. Mas ainda desta vez o Senhor me ouviu. [20]O Senhor também estava fortemente irritado contra Aarão e queria fazê-lo perecer, mas então eu intercedi também em favor de Aarão. [21]Quanto à obra do vosso pecado, o bezerro que tínheis feito, agarrei-o e atirei-o ao fogo. Depois de esmigalhá-lo bem, até reduzi-lo ao pó, lancei o pó à água da torrente que desce da montanha.

[25]E estive prostrado diante do Senhor, quarenta dias e quarenta noites, durante os quais lhe rogava humildemente que não vos exterminasse como tinha ameaçado. [26]E orando, disse: Senhor Deus, não destruas o teu povo e a tua herança que tu resgataste com a tua grandeza, e tiraste do Egito com mão forte.[27]Lembra-te de teus servos Abraão, Isaac e Jacó; não olhes para a obstinação deste povo, nem para a sua impiedade e seu pecado; [28]para que os habitantes do país donde nos tiraste não digam: 'O Senhor não podia introduzi-los na terra que lhes tinha prometido. Tirou-os daqui, porque os odiava, para fazê-los morrer no deserto'. [29]Eles, no entanto, são teu povo e tua herança, que tiraste do Egito com teu grande poder e teu braço estendido".

Responsório
Cf. Ex 32,11.13.14; 33,17

R. Moisés pediu e suplicou na presença do Senhor:
Por que, Senhor, vos irritais assim contra o vosso povo?
Acalmai a vossa ira e lembrai-vos de Abraão,
de Isaac e de Jacó a quem jurastes dar a terra
onde correm leite e mel!
* E o Senhor se arrependeu do mal que ameaçara
fazer contra o seu povo.
V. O Senhor disse a Moisés: Tu tens todo o meu favor
e te conheço mais que a todos. * E o Senhor.

Segunda leitura
Da Carta de São Fulgêncio de Ruspe, bispo
(Epist. 14,36-37: CCL 91,429-431)   (Séc. VI)

Cristo, sempre vivo, intercede por nós

Antes do mais, chama-nos a atenção que, na conclusão das orações, dizemos: "por nosso Senhor Jesus Cristo, vosso Filho" e nunca: "pelo Espírito Santo". Não é sem motivo que a Igreja católica o repete, por causa do mistério do *mediador entre Deus e os homens, Jesus Cristo homem, sacerdote segundo a ordem de Melquisedec, que com seu próprio sangue entrou uma vez por todas no santuário, não feito por mãos de homens, figura do verdadeiro,* mas no próprio céu, onde está à direita de Deus e intercede por nós.

Contemplando esta função pontifical, diz o Apóstolo: *Por ele ofereçamos sempre o sacrifício de louvor, o fruto dos lábios daqueles que confessam seu nome.* Por conseguinte, por ele oferecemos o sacrifício de louvor e da prece, pois, mediante a sua morte, fomos reconciliados, nós os inimigos. Por ele, que se dignou tornar-se sacrifício em nosso favor, o nosso sacrifício pode ser bem aceito diante de Deus. São Pedro adverte-nos, dizendo: *E vós, quais pedras vivas, entrais na edificação deste edifício espiritual, no sagrado sacerdócio, oferecendo vítimas espirituais agradáveis a Deus, por Jesus Cristo.* É esta a razão que nos faz dizer: "Por nosso Senhor Jesus Cristo".

Quando se menciona o sacerdote, que vem à mente a não ser o mistério da encarnação do Senhor? Mistério do Filho de Deus que, embora *de condição divina, aniquilou-se a si mesmo, assumindo a forma de escravo;* em sua humilhação, *fez-se obediente até à morte;* a *saber, feito um pouco menor do que os anjos,* possuindo, embora, a igualdade com Deus Pai. O Filho se diminuiu, permanecendo igual ao Pai, porquanto se dignou assemelhar-se aos homens. Tornou-se o menor, quando se aniquilou a si mesmo, tomando a forma de servo. A diminuição de Cristo é seu aniquilamento, mas o aniquilamento consiste na aceitação da forma de servo.

Cristo, permanecendo na forma de Deus o unigênito de Deus, a quem juntamente com o Pai oferecemos sacrifícios, tomou a forma de servo, tornando-se sacerdote. Assim, por ele, podemos oferecer um sacrifício vivo, santo e agradável a Deus. Nunca nos seria possível oferecer tal sacrifício se Cristo não se houvesse tornado, ele mesmo, sacrifício para nós. Nele, a própria natureza do gênero humano é o verdadeiro sacrifício de salvação.

Com efeito, quando nos apresentamos para oferecer, mediante nosso eterno sacerdote e senhor, nossas orações, afirmamos ter ele a verdadeira carne de nossa raça. O Apóstolo já dissera: *Todo pontífice é escolhido dentre os homens e a favor dos homens é constituído para as coisas que dizem respeito a Deus, a oferecer dons e sacrifícios pelos pecados.* Quando, porém, dizemos: "Vosso Filho" e acrescentamos: "que convosco vive e reina na unidade do Espírito Santo", comemoramos aquela unidade naturalmente existente entre o Pai, o Filho e o Espírito Santo. Daí se deduz ser o Cristo o que exerce a função sacerdotal para nós, o mesmo a quem pertence, por natureza, a unidade com o Pai e o Espírito Santo.

Responsório
Hb 4,16.15a

R. Confiantes acheguemo-nos ao trono onde está a graça,
 * Para obter misericórdia, e o auxílio encontrar
   como ajuda oportuna.
V. Pois, não temos um pontífice que não possa condoer-se das fraquezas que nós temos. * Para obter.

Oração
Deus eterno e todo-poderoso, que governais o céu e a terra, escutai com bondade as preces do vosso povo e dai ao nosso

tempo a vossa paz. Por nosso Senhor Jesus Cristo, vosso Filho, na unidade do Espírito Santo.

SEXTA-FEIRA

Ofício das Leituras

Primeira leitura

Do Livro do Deuteronômio 10,12–11,9.26-28

Deus é a única escolha

Naqueles dias, Moisés falou ao povo, dizendo:

¹⁰,¹² "E agora, Israel, o que é que o Senhor teu Deus te pede? Apenas que o temas e andes em seus caminhos; que ames e sirvas ao Senhor teu Deus, com todo o teu coração e com toda a tua alma, ¹³ e que guardes os mandamentos e preceitos do Senhor, que hoje te prescrevo, para que sejas feliz. ¹⁴ Vê: é ao Senhor teu Deus que pertencem os céus, o mais alto dos céus, a terra e tudo o que nela existe. ¹⁵ No entanto, foi a teus pais que o Senhor se afeiçoou e amou; e, depois deles, foi à sua descendência, isto é, a vós, que ele escolheu entre todos os povos, como hoje está provado.

¹⁶ Abri, pois, o vosso coração, e não endureçais mais vossa cerviz, ¹⁷ porque o vosso Deus é o Deus dos deuses e Senhor dos senhores, o Deus grande, poderoso e terrível, que não faz acepção de pessoas nem aceita suborno. ¹⁸ Ele faz justiça ao órfão e à viúva, ama o estrangeiro e lhe dá alimento e roupa. ¹⁹ Portanto, amai os estrangeiros, porque vós também fostes estrangeiros na terra do Egito. ²⁰ Temerás o Senhor teu Deus e só a ele servirás; a ele te apegarás e jurarás por seu nome. ²¹ Ele é o teu louvor, ele é o teu Deus, que fez por ti essas coisas grandes e terríveis que viste com teus próprios olhos. ²² Ao descerem para o Egito, teus pais eram apenas setenta pessoas, e agora o Senhor teu Deus te fez tão numeroso como as estrelas do céu.

¹¹,¹Ama, pois, a teu Deus e cumpre todos os dias o que de ti pede, as suas leis, os seus preceitos e os seus mandamentos.

²Reconhecei hoje – pois não falo agora a vossos filhos, que não sabem e não viram – o ensinamento do Senhor, vosso Deus; reconhecei-lhe a grandeza, a mão forte e o braço estendido; ³os sinais e as obras que fez no meio do Egito contra o Faraó, rei do Egito, e contra toda a sua terra; ⁴o que fez com o exército egípcio, com os cavalos e os carros, arremessando sobre eles as águas do mar Vermelho, quando vos perseguiam, e o Senhor os destruiu até hoje; ⁵o que fez por vós no deserto até chegardes a este lugar; ⁶o que fez com Datã e Abiram, filhos de Eliab, filho de Rúben, quando a terra abriu a boca e os tragou junto com as casas, tendas e tudo que lhes pertencia, no meio de todo o Israel.

⁷Porque fostes vós que vistes com os olhos todos estes grandes prodígios que o Senhor fez. ⁸Guardai, pois, todos os seus mandamentos que hoje vos prescrevo para que sejais fortes e de fato entreis e conquisteis a terra em que ides entrar para dela tomar posse, ⁹e para que vivais longos anos sobre a terra que o Senhor jurou dar a vossos pais, a eles e à sua descendência, uma terra onde corre leite e mel.

²⁶Eis que ponho diante de vós bênção e maldição; ²⁷a bênção, se obedecerdes aos mandamentos do Senhor vosso Deus, que hoje vos prescrevo; ²⁸a maldição, se desobedecerdes aos mandamentos do Senhor vosso Deus e vos afastardes do caminho que hoje vos prescrevo, para seguirdes outros deuses que não conhecíeis".

Responsório   1Jo 4,19; 5,3; 2,5a

R. Amemos, porque **Deus**, por pri**mei**ro, nos **a**mou.
   Amar a **Deus** consiste **nis**so:
   obser**var** seus manda**men**tos.
* E os manda**men**tos do **Se**nhor
   não são difíceis de guar**dar**.

V. É perfeito o amor de **Deus**, em quem **guar**da sua palavra.
* E os manda**men**tos.

Segunda leitura
Dos Capítulos sobre a perfeição espiritual, de Diádoco de Foticeia, bispo

(Cap. 12.13.14: PG 65,1171-1172)   (Séc. V)

Só a Deus amarás

Não pode amar a Deus quem ama a si mesmo. Pelo contrário, quem não se prefere por causa das incomparáveis riquezas do amor de Deus, este ama a Deus. Daí decorre que jamais busque a própria glória, mas a glória de Deus. Pois quem se ama, procura sua glória, mas quem ama a Deus, ama a glória de seu Criador.

É próprio da alma sensível ao amor e a Deus procurar sempre a glória de Deus, deleitando-se em realizar todos os preceitos com submissão. Porque a Deus, por causa de sua magnificência, convém a glória. Ao homem, porém, convém a submissão que nos faz familiares de Deus. Quando procedemos assim, nós nos alegraremos com a glória do Senhor e, a exemplo de João Batista, começaremos a dizer sem nunca cessar: *É preciso que ele cresça e que nós diminuamos.*

Conheci uma pessoa que, embora chorando por não amar a Deus como quereria, de tal forma o amava que seu espírito era constantemente presa do veemente desejo de que Deus nela encontrasse sua glória, ela mesma era como nada. Quem vive assim não será louvado por palavras, mas se conhecerá por quem de fato é. Pelo imenso desejo humilde, nem pensava em sua dignidade, apesar de servir a Deus conforme prescreve a lei para os sacerdotes. Pela intensa vontade de amar a Deus, começou a esquecer-se de seus títulos, ocultando na profunda caridade para com Deus, pela humildade de espírito, a glória de sua posição, a ponto de sentir-se sempre servo inútil, indiferente a seu valor, ansiando pela humildade. Também nós assim deveríamos proceder, fugindo de toda honra e glória, por causa das inestimáveis riquezas do amor para com o Deus que verdadeiramente nos ama.

Quem ama a Deus no íntimo do coração é por ele conhecido. Pois de toda a caridade de Deus que alguém guarda no fundo da alma, nesta mesma medida o ama. Por isso, vem a amar com extremos a luz do conhecimento, a ponto de senti-la até nos ossos. Já não se conhece mais a si mesmo. Está todo transformado pela caridade.

Aquele que chegou a este ponto, vive, sim, mas como se não vivesse; vive no corpo, mas, pela caridade, peregrina nos eternos caminhos para Deus. Abrasado o coração pelo fogo da caridade, facho ardente de desejo, une-se a Deus, liberto de todo apego a si mesmo pela caridade de Deus: *Se somos arrebatados fora de nós, é por Deus: se somos sóbrios, é para vós,* como diz o Apóstolo.

Responsório
Jo 3,16; 1Jo 4,10a.19b

R. Tanto **Deus** amou o **mundo**, que lhe **deu** seu Filho **único**,
 * Para **que**, quem nele **crer**, não pereça para **sempre**,
 mas possua a vida eterna.
V. O **amor** consiste **nisto**:
 Não fomos **nós** que a Deus **amamos**,
 mas foi **Deus** que nos **amou**; por **primeiro**, nos **amou**.
 * Para **que**.

Oração
Deus eterno e todo-poderoso, que governais o céu e a terra, escutai com bondade as preces do vosso povo e dai ao nosso tempo a vossa paz. Por nosso Senhor Jesus Cristo, vosso Filho, na unidade do Espírito Santo.

SÁBADO

Ofício das Leituras

Primeira leitura
Do Livro do Deuteronômio 16,1-17

As festas a serem celebradas

Naqueles dias, Moisés falou ao povo, dizendo:
¹ "Guarda o mês de Abib, celebrando a Páscoa do Senhor teu Deus. Pois foi precisamente no mês de Abib que o Senhor teu Deus te fez sair do Egito durante a noite. ² Farás o sacrifício pascal ao Senhor teu Deus, imolando alguma cria de ovelha ou vaca, no lugar que o Senhor teu Deus escolher para que nele habite o seu nome. ³ Não comerás com ele pão fermentado; durante sete dias comerás sem fermento o pão da aflição, porque saíste às pressas do Egito, para que assim, durante a vida toda, te lembres do dia em que saíste do Egito. ⁴ Nesses sete dias, não se verá fermento em toda a extensão do teu território. Da vítima imolada à tarde do primeiro dia, nada ficará para a manhã seguinte. ⁵ Não poderás sacrificar a Páscoa em qualquer de tuas cidades que o Senhor teu Deus te vai dar. ⁶ Somente no lugar que o Senhor teu Deus tiver escolhido para que nele habite o seu nome, é que sacrificarás a Páscoa, à tarde, ao pôr do sol, hora da tua partida do Egito. ⁷ Assarás e comerás a vítima no lugar que o Senhor teu Deus tiver escolhido. E, na manhã seguinte, voltarás para as tuas tendas. ⁸ Durante seis dias comerás pães ázimos e no sétimo dia, porque é a assembleia do Senhor teu Deus, não fareis trabalho algum.

⁹ Contarás sete semanas, iniciando a contagem das semanas com o dia em que se começa a meter a foice no trigo. ¹⁰ Celebrarás então a festa das Semanas em honra do Senhor teu Deus, com ofertas espontâneas que farás na medida em que o Senhor teu Deus te houver abençoado. ¹¹ E te alegrarás na presença do Senhor teu Deus, com teu filho e tua filha,

teu servo e tua serva e o levita que mora dentro de tua cidade, assim como o estrangeiro, o órfão e a viúva que habitam em teu meio, no lugar que o Senhor teu Deus escolher para nele habitar o seu nome. [12]Lembra-te de que foste escravo no Egito e observa e faze as coisas que te são ordenadas.

[13]Celebrarás a festa dos Tabernáculos durante sete dias, uma vez recolhido o fruto da eira e do lagar. [14]E te banquetearás nesta festa, tu, teu filho e tua filha, teu servo e tua serva, assim como o levita, o estrangeiro, o órfão e a viúva que habitam em tua cidade. [15]Durante sete dias celebrarás a festa em honra do Senhor teu Deus, no lugar que o Senhor tiver escolhido. É que o Senhor teu Deus te abençoou em todas as tuas colheitas e em todo o trabalho de tuas mãos; por isso, te entregarás completamente à alegria.

[16]Três vezes ao ano, todos os teus homens deverão apresentar-se perante o Senhor teu Deus, no lugar que ele tiver escolhido: na festa dos Ázimos, na festa das Semanas e na festa dos Tabernáculos. Ninguém aparecerá perante o Senhor de mãos vazias, [17]mas cada um oferecerá segundo o que tiver e segundo a bênção que o Senhor teu Deus te houver concedido".

Responsório   Cf. Dt 16,14.15; Na 2,1

R. Tu **has** de te ale**grar** em tua **festa**,
   tu **mesmo** com teu **filho** e tua **filha**,
   o **levita** e tam**bém** o estran**geiro**,
   o **órfão** e igual**mente** a vi**úva**.
 * O Se**nhor** te aben**çoará** e esta**rás** na ale**gria**.
V. Sobre os **montes**, eis os **passos** de quem **traz** a boa-**nova**
   e anuncia-nos a **paz**!
   Come**mora**, alegre**mente**, as tuas **festas**, ó **Judá**!
 * O Se**nhor**.

Segunda leitura
Do Tratado contra as heresias, de Santo Irineu, bispo
(Lib. 4,18,1-2.4.5: SCh 100,596-598.606.610-612)
(Séc. II)

A oblação pura da Igreja

Sacrifício puro e aceito por Deus é a oblação da Igreja, tal como o Senhor lhe ensinou a oferecer em todo o mundo. Não por necessitar de nosso sacrifício, mas porque o ofertante se enche de glória quando seu dom é aceito. Pela dádiva a um rei manifesta-se a homenagem e afeição. Querendo o Senhor que, com simplicidade e inocência, oferecêssemos nossos dons, deu-nos o preceito: *Se estás para fazer tua oferta diante do altar e te lembrares que teu irmão tem alguma coisa contra ti, deixa lá a tua oferta diante do altar e vai primeiro reconciliar-te com teu irmão;* só então, vem fazer a tua oferta. Faz-se, pois, mister oferecer a Deus as primícias de suas criaturas, como Moisés também já dissera: *Não te apresentarás de mãos vazias diante do Senhor, teu Deus.* Quando o homem quer manifestar a Deus sua gratidão, oferece-lhe os próprios dons por ele mesmo dados e recebe a honra que dele provém.

Nenhuma das oblações é rejeitada: oblações lá e oblações aqui; sacrifícios entre o povo, sacrifícios na Igreja. A forma, porém, de tal maneira mudou, que já não mais por servos são oferecidos, mas por filhos. Um só e o mesmo é o Senhor; há, contudo, o caráter próprio à oblação dos filhos, de modo que as oblações são sinal da liberdade possuída. Para Deus não há nada vão, nem sem significado ou motivo. Por isto, o seu povo lhe consagrava os dízimos. Mas depois, aqueles que receberam a graça da liberdade põem à disposição do Senhor tudo quanto possuem, dando com alegria e generosidade e não apenas as coisas de menor valor, pela esperança que têm das maiores; como aquela viúva tão pobre que pôs no cofre de Deus tudo o que possuía.

Cumpre, então, fazermos oblações a Deus e em tudo sermos gratos ao Criador, com mente pura e fé sincera, na firme esperança, na caridade fervorosa, oferecendo-lhe as primícias da criação, criação que lhe pertence. E a Igreja é a única a fazer ao Criador esta oblação pura, que provém de sua criação, oferecendo-a em ação de graças. Pois lhe oferecemos o que já é seu, proclamando como é justo a comunhão e a unidade e confessando a ressurreição da carne e do espírito. O pão que vem da terra, ao receber a invocação de Deus, já não é mais pão comum mas a Eucaristia, feita de dois elementos, o terreno e o celeste; do mesmo modo, por receberem a Eucaristia, já não são corruptíveis nossos corpos; possuem a esperança da ressurreição.

Responsório   Cf. Hb 10,1.14; Ef 5,2b
R. Sendo apenas uma **sombra** dos **bens** que hão de **vir**
   e **não** a realidade, apesar dos sacrifícios
   sem cessar oferecidos, a lei nunca poderia
   conduzir à perfeição os que deles participam.
 * Jesus **Cristo**, ao contrário, com uma **única** oblação
   conduziu à perfeição, uma vez por todo o sempre,
   os que ele santifica.
V. Jesus **Cristo** nos **amou** e se entregou por nós a **Deus**
   como oferta e sacrifício de perfume agradável.
 * Jesus **Cristo**.

Oração

Deus eterno e todo-poderoso, que governais o céu e a terra, escutai com bondade as preces do vosso povo e dai ao nosso tempo a vossa paz. Por nosso Senhor Jesus Cristo, vosso Filho, na unidade do Espírito Santo.

3º DOMINGO DO Tempo Comum

III Semana do Saltério

I Vésperas

Cântico evangélico, ant.

Ano A Conver**tei**-vos, nos **diz** o S**enhor**,
Está **próximo** o **Reino** dos **Céus**.

Ano B Diri**giu**-se Je**sus** à Gali**leia**,
o Evangelho de **Deus** anunci**ando**:
Conver**tei**-vos e **cre**de no Evan**gelho**,
pois o **Reino** de **Deus** está che**gan**do!

Ano C Je**sus**, então, vol**tou** pela **for**ça do Es**pí**rito.
Nas sina**go**gas ensi**na**va e **to**dos o acla**ma**vam.

Oração

Deus eterno e todo-poderoso, dirigi a nossa vida segundo o vosso amor, para que possamos, em nome do vosso Filho, frutificar em boas obras. Por nosso Senhor Jesus Cristo, vosso Filho, na unidade do Espírito Santo.

Ofício das Leituras

Primeira leitura
Do Livro do Deuteronômio   18,1-22

Os levitas. Os verdadeiros e os falsos profetas

Naqueles dias, Moisés falou ao povo, dizendo:
¹ "Os sacerdotes levíticos e toda a tribo de Levi não terão parte na herança com todo o Israel; viverão dos sacrifícios oferecidos ao Senhor e da sua herança. ² Nada receberão dos bens de seus irmãos: o próprio Senhor é a sua herança, como ele lhes disse. •

³ Eis os direitos dos sacerdotes sobre o povo, sobre aqueles que oferecem em sacrifício um boi ou uma ovelha: darão ao sacerdote o quarto dianteiro, as mandíbulas e o

estômago; ⁴a ele se darão também as primícias do trigo, do vinho e do azeite, bem como as primícias da tosquia das ovelhas. ⁵Pois foi ele que o Senhor, teu Deus, escolheu dentre todas as tribos para estar com seus filhos em sua presença e exercer o ministério em nome do Senhor, para sempre.

⁶Quando um levita sair de qualquer cidade de Israel, para onde emigrou, e de livre e espontânea vontade vier para o lugar escolhido pelo Senhor, ⁷exercerá o ministério em nome do Senhor, seu Deus, como todos os seus irmãos levitas que ali estiverem servindo ao Senhor. ⁸Receberá a mesma porção de alimentos que os outros, além daquilo que lhe é devido na sua cidade por sucessão paterna.

⁹Quando tiveres entrado na terra que o Senhor, teu Deus, te vai dar, não imites as práticas abomináveis daquelas nações. ¹⁰Nem haja em teu meio quem faça passar pelo fogo seu filho ou sua filha, nem quem consulte adivinhos, ou observe sonhos ou agouros, nem quem use malefícios, ¹¹nem quem recorra à magia, consulte oráculos ou adivinhos, nem quem indague dos mortos a verdade. ¹²Porque o Senhor abomina todas estas coisas, e por tais maldades deserdará estes povos à tua entrada. ¹³Tu, sê perfeito e sem mancha com o Senhor, teu Deus. ¹⁴Estes povos, cuja terra vais possuir, consultam feiticeiros e adivinhos: tu, porém, foste instruído de outro modo pelo Senhor, teu Deus.

¹⁵O Senhor, teu Deus fará surgir para ti, da tua nação e do meio de teus irmãos, um profeta como eu: a ele deverás escutar. ¹⁶Foi exatamente o que pediste ao Senhor, teu Deus, no monte Horeb, quando todo o povo estava reunido, dizendo: 'Não quero mais escutar a voz do Senhor, meu Deus, nem ver este grande fogo, para não acabar morrendo'. ¹⁷Então o Senhor me disse: 'Está bem o que disseram. ¹⁸Farei surgir para eles, do meio de seus irmãos, um profeta semelhante a ti. Porei em sua boca as minhas palavras e ele lhes comunicará tudo o que eu lhe mandar. ¹⁹Eu mesmo pedirei contas a quem não escutar as palavras que ele pronunciar em meu

nome. [20] Mas o profeta que tiver a ousadia de dizer em meu nome alguma coisa que não lhe mandei ou se falar em nome de outros deuses, esse profeta deverá morrer'. [21] E se perguntares: 'Como posso distinguir a palavra que não vem do Senhor?', [22] nisto terás um sinal: se não acontecer o que aquele profeta disse em nome do Senhor, o Senhor não disse tal coisa, mas foi o profeta que o inventou por presunção do seu espírito; e por isso não o temerás".

Responsório   Dt 18,18; Lc 20.13b; cf. Jo 6,14b
R. Farei surgir para o meu povo um profeta,
   colocarei minhas palavras em seus lábios;
 * Anunciará todas as coisas que eu disser.
V. O meu Filho muito amado enviarei.
   É este realmente o profeta,
   que todos esperavam vir ao mundo.* Anunciará.

Segunda leitura
Da Constituição *Sacrosanctum Concilium* sobre a Sagrada Liturgia, do Concílio Vaticano II
               (N. 7-8.106)   (Séc. XX)
Cristo sempre presente em sua Igreja

Cristo está sempre presente em sua Igreja, principalmente nas ações litúrgicas. Está presente no sacrifício da missa, tanto na pessoa do ministro, pois quem o oferece agora, através do ministério dos sacerdotes, é aquele mesmo que se ofereceu na cruz, como, mais intensamente ainda, sob as espécies eucarísticas. Está presente pela sua virtude nos sacramentos, pois quando alguém batiza é Cristo quem batiza. Está presente por sua palavra, pois é ele quem fala, quando se lê a Sagrada Escritura na Igreja. Está presente, enfim, na oração e salmodia da Igreja, ele que prometeu: *Onde dois ou três se reúnem em meu nome, aí estou no meio deles*.

De fato, nesta obra tão grandiosa em que Deus é perfeitamente glorificado e são santificados os homens, Cristo une estreitamente a si sua esposa diletíssima, a Igreja, que invoca seu Senhor e, por ele, presta culto ao eterno Pai.

Portanto, com razão, considera-se a liturgia como o exercício do múnus sacerdotal de Jesus Cristo, onde os sinais sensíveis significam e, do modo específico a cada um, realizam a santificação do homem. Assim, pelo Corpo místico de Jesus Cristo, isto é, sua Cabeça e seus membros, se perfaz o culto público integral. Por este motivo, toda celebração litúrgica, por ser ato do Cristo sacerdote e de seu Corpo, a Igreja, é a ação sagrada por excelência, cuja eficácia nenhuma outra obra da Igreja iguala no mesmo título e grau.

Participando da liturgia terrena saboreamos antecipadamente a liturgia que se celebra na santa cidade, a Jerusalém celeste, para onde nos dirigimos como peregrinos, lá onde Cristo *se assenta à direita de Deus, ministro do santuário e do verdadeiro tabernáculo.* Juntamente com todos os exércitos celestes, cantamos hinos de glória ao Senhor. Venerando a memória dos santos, esperamos ter parte em sua companhia. Finalmente, estamos *na expectativa do Salvador, nosso Senhor Jesus Cristo, que aparecerá, Ele, nossa vida, e nós também apareceremos com Ele na glória.*

A Igreja, seguindo a tradição dos apóstolos cuja origem remonta ao próprio dia da ressurreição, celebra o mistério pascal cada oito dias, que por isto se chama dia do Senhor ou domingo. Neste dia devem os fiéis reunir-se para escutar a Palavra de Deus e participar da Eucaristia, a fim de se lembrarem da paixão, ressurreição e glória do Senhor Jesus, dando graças a Deus que *os recriou para a esperança viva pela ressurreição de Jesus Cristo, dentre os mortos.* Assim é o domingo a festa primordial e, como tal, seja apresentado e inculcado à piedade dos fiéis para que se lhes torne dia de alegria e de descanso dos trabalhos. Todas as outras celebrações, a não ser que sejam realmente de máxima importância, não passem à sua frente porque é o fundamento e o cerne de todo o ano litúrgico.

Responsório

R. Cristo **reza** por **nós**: é o **nosso** sacer**dote**;
   Cristo **reza** em **nós**: é a **nossa** ca**beça**;
   nós re**zamos** a **Ele**: **Ele é** nosso **Deus**.
 * Reconhe**çamos** em **Cristo** a nossa **voz**,
   reconhe**çamos** em **nós** a voz de **Cristo**.
V. Ao fa**larmos** a **Deus**, na ora**ção**,
   não devemos do **Filho** separá- lo.* Reconheçamos.

HINO Te Deum, p. 589.

Laudes

Cântico evangélico, ant.

Ano A Pas**san**do junto ao **mar** da Gali**leia**,
       viu **Jesus** os dois ir**mãos** André e **Pedro**
       a lan**çar** a rede ao **mar**, e os cha**mou**.
       E, dei**xan**do sem de**mora** sua **rede**,
       os dis**cí**pulos segui**ram** a **Jesus**.

Ano B Disse a eles Jesus: Vinde co**migo**,
       e pesca**dores** de **ho**mens vos fa**rei**.

Ano C O Espírito de **Deus** repousa sobre **mim**,
       e envi**ou**-me a anunci**ar** aos **pobres** o Evan**gelho**.

Oração

Deus eterno e todo-poderoso, dirigi a nossa vida segundo o vosso amor, para que possamos, em nome do vosso Filho, frutificar em boas obras. Por nosso Senhor Jesus Cristo, vosso Filho, na unidade do Espírito Santo.

II Vésperas

Cântico evangélico, ant.
Ano A Jesus pregava a Boa-nova, o Reino anunciando,
e curava toda espécie de doença entre o povo.

Ano B Deixando suas redes, sem demora,
seguiram ao Senhor e Redentor.

Ano C Jesus, tendo fechado o livro,
deu-o ao servente e começou a lhes dizer:
Em mim cumpriu-se hoje, a vossos olhos,
a Escritura que acabastes de ouvir.

SEGUNDA-FEIRA

Ofício das Leituras

Primeira leitura
Do Livro do Deuteronômio   24,1-25,4

Preceitos em relação ao próximo

Naqueles dias, Moisés falou ao povo, dizendo:
¹"Se um homem toma uma mulher e se casa com ela e esta depois não lhe agrada, porque viu nela algo de inconveniente, ele lhe escreverá uma certidão de divórcio e assim despedirá a mulher. ²Tendo saído da casa do marido, a mulher poderá casar com outro homem. ³Mas, se o segundo marido também se desgostar dela e lhe escrever uma certidão de divórcio e a mandar embora de casa, ou se ele morrer, ⁴o primeiro marido não a poderá tomar novamente como esposa, depois de ela se ter tornado impura, porque seria uma abominação perante o Senhor. Não deves levar ao pecado o país que o Senhor, teu Deus, te dará como herança.
⁵Se um homem é recém-casado, não irá à guerra nem lhe será imposto nenhum cargo, mas ficará livre em casa durante um ano, para se alegrar com a mulher que desposou.
⁶Não receberás como penhor as duas mós do moinho, nem mesmo a mó superior, porque seria tomar como penhor a própria vida.

⁷Se alguém for apanhado em flagrante sequestrando um dos seus irmãos, dentre os filhos de Israel, e que o tenha vendido e recebido o preço, tal sequestrador será morto. Assim extirparás o mal do teu meio.

⁸Evita com muito cuidado contrair a praga da lepra, mas farás tudo o que os sacerdotes levíticos te ensinarem, conforme eu lhes mandei, e cumpre tudo à risca. ⁹Lembra-te do que o Senhor, teu Deus, fez a Maria, no caminho, quando saístes do Egito.

¹⁰Se emprestares alguma coisa ao teu próximo, não lhe invadirás a casa para te garantires algum penhor. ¹¹Esperarás do lado de fora que o devedor te traga o penhor. ¹²Se for pobre, não te deitarás com o penhor em tua casa. ¹³Devolve-lhe o penhor ao pôr do sol, para que ele possa deitar-se com seu manto e te abençoe. Isto será para ti uma obra justa perante o Senhor, teu Deus.

¹⁴Não negarás a paga a um trabalhador indigente e pobre, seja ele um irmão teu seja um estrangeiro que mora no país, numa das tuas cidades. ¹⁵Dá-lhe no mesmo dia o seu salário, antes do pôr do sol, pois ele é pobre, e o salário significa o seu sustento. De contrário, clamaria ao Senhor contra ti e tu virás a ser culpado de um pecado.

¹⁶Os pais não serão mortos pela culpa dos filhos, nem os filhos pela culpa dos pais: cada um será morto pelo seu próprio pecado.

¹⁷Não leses o direito do estrangeiro nem do órfão nem tomes como penhor as roupas da viúva. ¹⁸Lembra-te de que foste escravo no Egito, e que o Senhor teu Deus te fez sair de lá. Por isso te ordeno que procedas assim. ¹⁹Se, ao fazer a colheita em teu campo, esqueceres um feixe de trigo, não voltes para buscá-lo. Deixa-o para o estrangeiro, o órfão e a viúva, a fim de que o Senhor teu Deus te abençoe em todo o trabalho de tuas mãos. ²⁰Quando tiveres colhido o fruto das oliveiras, não voltarás para colher o que ficou nas árvores. Deixa-o para o estrangeiro, o órfão e a viúva. ²¹Quando

tiveres vindimado a tua vinha, não deves colher os cachos que ficaram. Deixa-os para o estrangeiro, o órfão e a viúva. ²²Lembra-te de que tu também foste escravo no Egito. Por isso te ordeno que procedas assim.

²⁵,¹Quando dois homens tiverem uma questão judicial e forem apresentar-se ao tribunal para o julgamento, seja absolvido o justo e condenado o culpado. ²Se o culpado merecer a pena do açoite, o juiz o fará deitar-se por terra e mandará açoitá-lo em sua presença, com um número de golpes proporcional ao delito. ³Contanto, porém, que os golpes não passem de quarenta, para que não aconteça que, sendo açoitado mais vezes, as feridas sejam tantas que teu irmão fique desonrado a teus olhos. ⁴Não atarás a boca do boi que pisa o teu trigo para o debulhar".

Responsório   Cf. Mc 12,32-33; Eclo 35,4b-5a
R. Ó **Mestre**, estás **certo** em di**zer**
   que **Deus** é um **só** e não há **outro**
   e a**má**-lo de **to**do o co**ra**ção;
 * E amar ao **pró**ximo **como** a si **mesmo**
   vale **mais** do que **todo** holo**caus**to,
   vale **mais** do que **todo** sacri**fí**cio.
V. Quem **faz** miseri**cór**dia, ofe**rece** um sacri**fí**cio;
   quem se a**fas**ta da mal**da**de, tem o a**gra**do do Se**nhor**.
 * E amar.

Segunda leitura
Da Constituição pastoral *Gaudium et spes* sobre a Igreja no mundo de hoje, do Concílio Vaticano II

(N. 48)   (Séc. XX)

Santidade do matrimônio e da família

O homem e a mulher que, pela aliança conjugal, já *não são dois, mas uma só carne,* em íntima união das pessoas e das atividades, prestam-se mútuo auxílio e serviço e dia por dia fazem a experiência de sua unidade cada vez mais plena.

Esta união profunda, recíproca doação de duas pessoas, e o bem dos filhos exigem a total fidelidade dos cônjuges e a indissolubilidade.

O Cristo Senhor abençoou largamente este amor multiforme, brotado da fonte do amor divino, tendo por modelo sua união com a Igreja.

Assim como outrora Deus tomou a iniciativa da aliança de amor e de fidelidade com seu povo, agora o Salvador dos homens, Esposo da Igreja, vem pelo sacramento do matrimônio ao encontro dos esposos cristãos. Com eles permanece, dando-lhes a força de, tal como amou a Igreja e se entregou por ela, se entregarem um ao outro, amando-se com perpétua fidelidade. O genuíno amor conjugal é assumido no amor divino e sua norma e riqueza são a força redentora de Cristo e a ação salvífica da Igreja. Deste modo os cônjuges cristãos são eficazmente conduzidos a Deus, fortalecidos e ajudados na sublime missão de pai e de mãe. É esta a razão de haver um sacramento particular para confortar e consagrar os deveres e a dignidade do estado conjugal cristão. Munidos desta força, cumprem sua missão conjugal e familiar, cheios do Espírito de Cristo que impregna sua vida inteira com a fé, a esperança e a caridade, progridem sempre mais na própria perfeição e na mútua santificação e podem assim, os dois juntos, dar glória a Deus.

Os filhos, bem como todos os que com eles convivem, vendo e seguindo o exemplo dos pais e a oração familiar, encontram mais fácil o caminho de humanidade, de salvação e de santidade. Os esposos, investidos da dignidade e da missão de paternidade e maternidade, esforçar-se-ão por cumprir com amor a tarefa da educação, principalmente da formação religiosa que lhes cabe em primeiro lugar.

Como membros vivos da família, os filhos contribuem a seu modo para a santificação dos pais. Com gratidão, afeto e confiança, correspondem aos benefícios recebidos dos pais. Assistem-nos filialmente nas adversidades e na solidão da velhice.

Responsório   Ef 5,32.25b.33b
R. É **gran**de este mis**té**rio;
    isto **é**, a rela**ção** entre **Cris**to e a **Igre**ja.
 * Cristo **amou** a sua **Igre**ja e por **ela** se entre**gou**.
V. Cada **um** ame sua es**po**sa como **a**ma a si **mes**mo;
    e a mu**lher**, por sua **vez**, res**pei**te o seu ma**ri**do.
 * Cristo.

Oração

Deus eterno e todo-poderoso, dirigi a nossa vida segundo o vosso amor, para que possamos, em nome do vosso Filho, frutificar em boas obras. Por nosso Senhor Jesus Cristo, vosso Filho, na unidade do Espírito Santo.

TERÇA-FEIRA

Ofício das Leituras

Primeira leitura
Do Livro do Deuteronômio   26,1-19

Profissão de fé dos filhos de Abraão

Naqueles dias, falou Moisés ao povo, dizendo:
¹"Quando tiveres entrado na terra que o Senhor, teu Deus, te vai dar por herança e tomares posse dela, estabelecendo-te aí, ²tomarás das primícias de todos os frutos do teu solo, colhidos no país que o Senhor, teu Deus, te dará, e, pondo-os numa cesta, irás ao lugar que o Senhor teu Deus tiver escolhido para que nele habite o seu nome. ³E tu te apresentarás ao sacerdote em exercício e lhe dirás: 'Reconheço, hoje, perante o Senhor teu Deus, que entrei na terra que o Senhor jurou a nossos pais que nos ia dar'. ⁴O sacerdote receberá de tuas mãos a cesta e a colocará diante do altar do Senhor, teu Deus. ⁵Dirás, então, na presença do Senhor, teu

Deus: 'Meu pai era um arameu errante, que desceu ao Egito com um punhado de gente e ali viveu como estrangeiro. Ali se tornou um povo grande, forte e numeroso. ⁶Os egípcios nos maltrataram e oprimiram, impondo-nos uma dura escravidão. ⁷Clamamos, então, ao Senhor, o Deus de nossos pais, e o Senhor ouviu a nossa voz e viu a nossa opressão, a nossa miséria e a nossa angústia. ⁸E o Senhor nos tirou do Egito com mão poderosa e braço estendido, no meio de grande pavor, com sinais e prodígios. ⁹E conduziu-nos a este lugar e nos deu esta terra, onde corre leite e mel. ¹⁰Por isso, agora trago os primeiros frutos da terra que tu me deste, Senhor'. Depois de colocados os frutos diante do Senhor, teu Deus, tu te inclinarás em adoração diante dele. ¹¹Então tu te alegrarás com o levita e o estrangeiro que mora no teu meio, por todos os bens que o Senhor, teu Deus, te deu a ti e à tua família.

¹²Quando tiveres acabado de separar o dízimo de todos os produtos do terceiro ano, que é o ano do dízimo, tu o colocarás à disposição do levita, do estrangeiro, do órfão e da viúva, para que tenham na tua cidade o que comer com fartura. ¹³Dirás, então, perante o Senhor, teu Deus: 'Retirei de minha casa o que era consagrado e dei ao levita e ao estrangeiro, ao órfão e à viúva, conforme o mandamento que me deste. Não transgredi os teus mandamentos nem os esqueci. ¹⁴Não comi nada disso em meu luto, não consumi nada em estado de impureza, não dei nada aos mortos. Obedeci à voz do Senhor, meu Deus, e em tudo fiz como me mandaste. ¹⁵Olha do alto da tua morada santa, de lá dos céus, e abençoa o teu povo Israel e esta terra que nos deste, como juraste a nossos pais, uma terra onde corre leite e mel'.

¹⁶Hoje, o Senhor teu Deus te manda cumprir esses preceitos e decretos. Guarda-os e observa-os com todo o teu coração e com toda a tua alma. ¹⁷Tu escolheste hoje o Senhor para ser o teu Deus, para seguires os seus caminhos, e guardares seus preceitos, mandamentos e decretos, e para obedeceres à sua voz. ¹⁸E o Senhor te escolheu, hoje, para

que sejas para ele um povo particular, como te prometeu, a fim de observares todos os seus mandamentos. ¹⁹Assim ele te fará ilustre entre todas as nações que criou, e te tornará superior em honra e glória, a fim de que sejas o povo santo do Senhor teu Deus, como ele disse".

Responsório   1Pd 2,9a.10; cf. Dt 7,7.8
R. Meus irmãos, sois o povo conquistado por Deus;
   vós, outrora, não-povo, sois agora, deveras,
   o povo de Deus.
 * Outrora excluídos da misericórdia,
   agora alcançastes a graça de Deus.
V. O Senhor vos escolheu, porque ele vos amou;
   o Senhor vos libertou da escravidão do Faraó.
 * Outrora.

Segunda leitura
Da Regra mais longa, de São Basílio Magno, bispo
              (Resp. 2,2-4: PG 31,914-915)   (Séc. IV)
Que retribuiremos ao Senhor por tudo quanto nos deu?

Que palavra poderá verdadeiramente descrever os dons de Deus? São tantos que não se podem enumerar. São de tal grandeza que um só deles bastaria para merecer toda a nossa gratidão para com o Doador. Há um que a nós, seres racionais e inteligentes, seria forçosamente impossível esquecê-lo, e pelo qual jamais o louvaríamos condignamente: Deus criou o homem à sua imagem e semelhança. Honrou-o, assim, com a reflexão. Só a ele, dentre todas as criaturas, deu a razão. Concedeu-lhe o gozo da indizível beleza do paraíso e o constituiu rei de toda a terra. Enganado o homem pela serpente, caído no pecado e pelo pecado na morte e nos sofrimentos que a acompanham, nem por isto Deus o abandonou; mas pela lei, que lhe serviria de auxílio no princípio, colocou anjos para guardá-lo e dele cuidar. Enviou profetas para denunciarem os vícios e ensinarem a virtude. Susteve por ameaças o ímpeto do mal, e estimulou por promessas a prontidão para o bem. Não poucas vezes, declarou antecipadamente, em relação a várias pessoas, qual o fim dos bons e o dos maus a fim de advertir os outros. A tantos benefícios, porém, respondemos com a nossa rebeldia. Ele, contudo, não se afastou de nós.

A bondade do Senhor não nos abandonou. Nem mesmo pela estupidez com que desprezamos seus dons conseguimos destruir seu amor em nós, embora desdenhássemos nosso benfeitor. Ao contrário, fomos libertos da morte e chamados de novo à vida por nosso Senhor Jesus Cristo. Maior motivo ainda de admiração por tanta bondade vem de que: *Sendo ele de condição divina não se prevaleceu de sua igualdade com Deus, mas aniquilou-se a si mesmo assumindo a forma de escravo.*

E não só, *mas tomou sobre si nossas misérias, carregou nossas fraquezas, por nós foi ferido para curar-nos por suas chagas;* e ainda, *redimiu-nos da maldição, fazendo-se por nós maldição,* sofrendo morte infamíssima para nos reconduzir à vida gloriosa. Não se contentou em chamar os mortos à vida, quis ainda conceder-nos a glória de sua divindade e preparar-nos um descanso eterno cuja imensa alegria supera qualquer imaginação.

O que, então, retribuiremos ao Senhor *por tudo quanto nos deu?* Ele é tão bom que não cobra remuneração, mas se satisfaz com ser amado em vista de seus dons. Quando penso em tudo isto, para dizer o que sinto, fico horrorizado e cheio de espanto, pois, por minha leviandade e preocupação com coisas vãs, posso perder o amor de Deus e ser uma vergonha e um opróbrio para Cristo.

Responsório   Sl 102(103),2.4; Gl 2,20c
R. Bendize, ó minha alma, ao Senhor,
  não te esqueças de nenhum de seus favores;

* Ele **sal**va tua **vi**da do se**pul**cro
  e te **cer**ca de carinho e compai**xão**
V. Cristo me **amou** e, por **mim**, se entre**gou**.
* Ele **sal**va.

Oração

Deus eterno e todo-poderoso, dirigi a nossa vida segundo o vosso amor, para que possamos, em nome do vosso Filho, frutificar em boas obras. Por nosso Senhor Jesus Cristo, vosso Filho, na unidade do Espírito Santo.

QUARTA-FEIRA

Ofício das Leituras

Primeira leitura
Do Livro do Deuteronômio   29,1-5.9-28

Maldição sobre os transgressores da aliança

Naqueles dias: ¹Moisés convocou todo Israel e lhe disse: "Vós vistes tudo o que a vossos olhos o Senhor fez no Egito ao Faraó, a todos os seus servidores e a todo o seu país: ²as grandiosas provas que os vossos olhos viram, os grandes sinais e prodígios. ³Até hoje, porém, o Senhor não vos deu um coração que entenda, olhos que vejam e ouvidos que ouçam. ⁴Por quarenta anos, vos conduzi através do deserto, sem que vossas vestes envelhecessem pelo uso nem vosso calçado se gastasse em vossos pés. ⁵Não comestes pão nem bebestes vinho ou licor, para reconhecerdes que eu, o Senhor, sou vosso Deus.

⁹Vós todos estais hoje na presença do Senhor, vosso Deus, os chefes, as tribos, os anciãos e os magistrados, todos os homens de Israel, ¹⁰crianças, mulheres e o estrangeiro que se acha dentro do acampamento, desde o lenhador até o carregador de água, ¹¹para entrares na aliança do Senhor teu Deus, aliança e juramento que o Senhor teu Deus faz hoje contigo, ¹²para estabelecer-te hoje como seu povo e ele será

teu Deus, segundo te prometera, jurando a teus pais, a Abraão, Isaac e Jacó.

¹³Mas não faço esta aliança e este juramento apenas convosco. ¹⁴Faço-o com todos, também com os que hoje estão conosco na presença do Senhor, nosso Deus, como os que agora não estão aqui conosco. ¹⁵Sabemos como moramos no Egito e como passamos por entre os povos, por onde haveis passado. ¹⁶Vós vistes as abominações e os ídolos de madeira e de pedra, prata e ouro que há entre eles. ¹⁷Não haja, pois, entre vós homens ou mulheres, família ou tribo, cujo coração se afaste hoje do Senhor nosso Deus, para ir servir os deuses destes povos. Não haja entre vós raça de gente que espalhe veneno e absinto; ¹⁸gente que, ao ouvir as palavras desta maldição, se bendiga em seu coração, dizendo: 'Terei paz, mesmo que persista na dureza de meu coração', de modo que o embriagado arraste a quem tem sede. ¹⁹O Senhor não o perdoará mas se inflamará de cólera e ciúme contra ele e sobre ele cairão todas as maldições, escritas neste livro. O Senhor riscará seu nome debaixo do céu, ²⁰e o separará dentre todas as tribos de Israel para entregá-lo à desventura, conforme as maldições desta aliança, escritas no livro desta Lei.

²¹As gerações vindouras, os filhos que depois de nós nascerem e os estrangeiros que vierem de terras longínquas, hão de dizer à vista das pragas e calamidades com que o Senhor castigará esta terra ²²– terra de enxofre e sal, toda ela calcinada, onde nada se planta, nem germina, onde erva alguma cresce, cheia de escombros como Sodoma e Gomorra, Adama e Seboim, que o Senhor destruiu em seu furor – ²³vendo isto dirão todos os povos: 'Por que o Senhor tratou assim esta terra? Por que esta ira e tão grande furor?' ²⁴E se responderá: 'Foi porque abandonaram a aliança do Senhor, o Deus de seus pais, que com eles fez quando os libertou do Egito, ²⁵e foram servir a deuses estranhos, prostrando-se diante deles, deuses que não conheciam nem lhes tinha dado.

²⁶Acendeu-se, então, o furor do Senhor contra esta terra a ponto de lançar sobre ela todas as maldições que estão escritas neste livro. ²⁷O Senhor os arrancou desta terra com cólera, com furor, com grande indignação e os atirou em outras terras, como se vê hoje'.

²⁸As coisas ocultas pertencem ao Senhor nosso Deus, mas as reveladas são para nós e nossos filhos para sempre, a fim de praticarmos todas as palavras desta lei".

Responsório   Cf. Gl 3,13-14; cf. Dt 8,14b
R. Cristo **fez**-se por **nós** maldição
 a **fim** de que a **bênção** de Abra**ão**
 se estenda também aos gentios.
* Para que, pela fé, recebamos,
 o Espírito a **nós** prometido.
V. O **Senhor** retirou-nos do Egito,
 libertou-nos da escravidão. * Para que.

Segunda leitura
Dos Sermões sobre o Cântico dos Cânticos, de São Bernardo, abade

(Sermo 61,3-5: Opera omnia 2,150-151)   (Séc. XII)

Onde abundou o delito, superabundou a graça

Onde encontrar repouso tranquilo e firme segurança para os fracos, a não ser nas chagas do Salvador? Ali permaneço tanto mais seguro, quanto mais poderoso é ele para salvar. O mundo agita, o corpo dificulta, o demônio arma ciladas; não caio, porque estou fundado sobre rocha firme. Pequei e pequei muito; a consciência abala-se, mas não se perturba, pois me lembro das chagas do Senhor. *Ele foi ferido por causa de nossas iniquidades.* Que pecado tão mortal que a morte de Cristo não apague? Se vier à mente tão poderoso e eficaz remédio, não haverá mal que possa aterrorizar.

Por isso, muito errou quem disse: *Tão grande é o meu pecado que não merece perdão*. Mostra com isso não ser membro de Cristo nem lhe interessar o mérito de Cristo, por apoiar-se no próprio merecimento, declarar coisa sua o que pertence a outro, como acontece com um membro em relação à cabeça.

Quanto a mim, vou buscar o que me falta confiadamente nas entranhas do Senhor, tão cheias de misericórdia, que não lhe faltam fendas por onde se derrame. Cavaram suas mãos e seus pés, traspassaram seu lado; por estas fendas é-me permitido sugar *o mel da pedra, o óleo do rochedo duríssimo,* quero dizer, *provar e ver quão suave é o Senhor.*

Ele alimentava pensamentos de paz e eu não sabia. *Pois quem conheceu o pensamento do Senhor? Ou quem foi seu conselheiro?* Mas o cravo que penetra tornou-se-me a chave que abre a fim de ver a vontade do Senhor. Que verei através das fendas? Clama o cravo, clama a chaga que Deus está em Cristo reconciliando o mundo consigo. A espada atravessou sua alma e tocou seu coração; é-lhe agora impossível deixar de compadecer-se de minhas misérias.

Abre-se o íntimo do coração pelas chagas do corpo, abre-se o magno sacramento da piedade, abrem-se *as entranhas de misericórdia de nosso Deus* que induziram o *Oriente, vindo do alto a visitar-nos*. Qual o íntimo que se revela pelas chagas? Como poderia brilhar de modo mais claro do que em vossas chagas, que vós, Senhor, sois suave e manso e de imensa misericórdia? Maior compaixão não há do que entregar sua vida por réus de morte e condenados.

Em vista disso, meu mérito é a misericórdia do Senhor. Nunca me faltam méritos enquanto não lhe faltar a comiseração. Se forem numerosas as misericórdias do Senhor, eu muitos méritos terei. Que acontecerá se me torno bem consciente dos meus muitos pecados? *Onde abundou o delito, superabundou a graça.* E se *as misericórdias de Deus são de sempre e para sempre, também eu cantarei eternamente as misericórdias do Senhor. Acaso é minha a justiça? Senhor, lembrar-me-ei unicamente de vossa justiça. Vossa, sim, e minha; porque vós vos fizestes para mim justiça de Deus.*

Responsório   Is 53,5; 1Pd 2,24

R. Foi ferido por nossos pecados
e esmagado por nossos delitos;
sobre ele caiu o castigo,
que traria a paz para nós.
* Por suas chagas nós fomos curados.
V. Carregou sobre si nossas culpas
em seu corpo no lenho da cruz,
para que mortos aos nossos pecados,
na justiça de Deus nós vivamos.
* Por suas chagas.

Oração

Deus eterno e todo-poderoso, dirigi a nossa vida segundo o vosso amor, para que possamos, em nome do vosso Filho, frutificar em boas obras. Por nosso Senhor Jesus Cristo, vosso Filho, na unidade do Espírito Santo.

QUINTA-FEIRA

Ofício das Leituras

Primeira leitura
Do Livro do Deuteronômio   30,1-20

Promessa de perdão depois do exílio

Naqueles dias Moisés falou ao povo, dizendo: ¹"Quando te sobrevierem todas estas coisas – a bênção e a maldição que propus diante de ti – então tu as meditarás no fundo do teu coração, no meio das nações para onde o Senhor, teu Deus, te houver espalhado, ²tu te converterás a ele com teus filhos, e obedecerás aos seus mandamentos com todo o teu coração e com toda a tua alma, conforme tudo o que hoje te ordeno. ³O Senhor, teu Deus, te fará voltar do cativeiro e se compadecerá de ti, e te reunirá de todos os povos entre os quais te havia dispersado. ⁴Ainda que tenhas sido lançado para os confins do céu, de lá te reunirá o Senhor, teu Deus, e lá te irá buscar. ⁵Ele te introduzirá na terra que teus pais possuíram e tu a obterás, e fará com que sejas mais feliz e em maior número que eles.

⁶O Senhor, teu Deus circuncidará o teu coração e o coração de teus descendentes, para que ames o Senhor teu Deus com todo o teu coração e com toda a tua alma, e assim possas viver. ⁷O Senhor, teu Deus mandará todas essas maldições contra os teus inimigos, contra os que te tiverem perseguido. ⁸E tu voltarás a obedecer à voz do Senhor, observarás todos os seus mandamentos que hoje te prescrevo. ⁹O Senhor, teu Deus te fará prosperar em todas as tuas obras, no fruto do teu ventre, nas crias do teu gado, e na fecundidade da tua terra, e na abundância de todas as coisas. Porque o Senhor voltará a comprazer-se em ti e a cumular-te de todos os bens, como o fazia com teus pais, ¹⁰contanto que ouças a voz do Senhor, teu Deus, e observes todos os seus mandamentos e preceitos, que estão escritos nesta lei, e te convertas para o Senhor, teu Deus com todo o teu coração e com toda a tua alma.

¹¹Na verdade, este mandamento que hoje te dou não é difícil demais, nem está fora do teu alcance. ¹²Não está no céu, para que possas dizer: 'Quem subirá ao céu por nós para apanhá-lo? Quem no-lo ensinará para que o possamos cumprir?' ¹³Nem está do outro lado do mar, para que possas alegar: 'Quem atravessará o mar por nós para apanhá-lo? Quem no-lo ensinará para que o possamos cumprir?' ¹⁴Ao contrário, esta palavra está bem ao teu alcance, está em tua boca e em teu coração, para que a possas cumprir.

¹⁵Vê que eu hoje te proponho a vida e a felicidade, a morte e a desgraça. ¹⁶Se obedeceres aos preceitos do Senhor, teu

Deus, que eu hoje te ordeno, amando ao Senhor, teu Deus, seguindo seus caminhos e guardando seus mandamentos, suas leis e seus decretos, viverás e te multiplicarás, e o Senhor, teu Deus, te abençoará na terra em que vais entrar, para possuí-la. [17]Se, porém, o teu coração se desviar e não quiseres escutar, e se, deixando-te levar pelo erro, adorares deuses estranhos e os servires, [18]eu vos anuncio hoje que certamente perecereis. Não vivereis muito tempo na terra onde ides entrar, depois de atravessar o Jordão, para ocupá-la.

[19]Tomo hoje o céu e a terra como testemunhas contra vós, de que vos propus a vida e a morte, a bênção e a maldição. Escolhe, pois, a vida, para que vivas, tu e teus descendentes, [20]amando ao Senhor teu Deus, obedecendo à sua voz e apegando-te a ele – pois ele é a tua vida e prolonga os teus dias –, a fim de que habites na terra que o Senhor jurou dar a teus pais Abraão, Isaac e Jacó".

Responsório
Jr 29,13-14a; Mt 7,7b

V. Vós **haveis** de me bus**car** e me acha**reis**,
se, de **todo** o cora**ção**, me procu**rar**des.
* Por **vós** vou me dei**xar** ser encon**trado**,
diz o Se**nhor**, e vos tra**rei** do cati**veiro**.
V. Procu**rai** e vós **en**contra**reis**,
ba**tei** e **abrir**-se-vos-á. * Por **vós**.

Segunda leitura
Dos Sermões de João, o Pequeno, bispo de Nápoles

(Sermo 7: PLS 4,785-786) (Séc. XIV)

Ama o Senhor e anda por seus caminhos

O Senhor é minha luz e minha salvação: a quem temerei? Grande servo é este que sabia de que maneira era iluminado, donde lhe vinha a luz e quem o iluminava. Via a luz, não esta que declina à tarde; mas aquela *que os olhos não veem*. As almas iluminadas por esta luz não caem no pecado, não tropeçam nos vícios.

O Senhor disse: *Caminhai enquanto tendes a luz em vós*. De que luz falava ele? Não seria de si mesmo? Ele que afirmou: *Eu, a luz, vim ao mundo,* para que aqueles que veem não vejam e os cegos recebam a luz. E ele, o Senhor, nossa luz, sol de justiça, que refulgiu em sua Igreja católica, espalhada por toda a terra. O Profeta, figurando-a, clamava: *O Senhor é minha luz e minha salvação; a quem temerei?*

O homem interiormente iluminado não vacila, não abandona o caminho, tudo tolera. Vê ao longe a pátria, por isso suporta as adversidades. Não se entristece com as vicissitudes terrenas, mas em Deus se fortalece. Humilha o seu coração, é constante, e a sua humildade o torna paciente. A verdadeira luz que *ilumina todo homem que vem a este mundo* se dá aos que temem a Deus, inunda a quem quer, onde quer, revelando-se a quem o Filho quiser.

Quem está sentado nas trevas e na sombra da morte, nas trevas do mal e nas sombras dos pecados, ao ver surgir a luz, horroriza-se, desdiz-se, arrepende-se, envergonha-se e exclama: *O Senhor é minha luz e minha salvação; a quem temerei*. Grande salvação, meus irmãos! Ela não teme a fraqueza, o cansaço não lhe faz medo, não conhece dor. Digamos, então, com toda a força, não só de boca mas de coração: *O Senhor é minha luz e minha salvação; a quem temerei?* Se é ele quem ilumina, ele quem salva, a quem poderei temer? Venham as sombrias sugestões, o Senhor é minha luz. Podem vir, não poderão ir mais longe. Assediam nosso coração, não conseguem vencê-lo. Venham os cegos desejos, *o Senhor é minha luz*. Nossa força está em que ele se dá a nós e nós nos entregamos a ele. Correi ao médico enquanto podeis fazê-lo: não aconteça que não seja mais possível quando o quiserdes.

Responsório
Sb 9,10.4a

R. Dai-me, Senhor, a sabedoria,
que está convosco em vosso trono!
* Que ela me ensine o que agrada a vossos olhos!
V. Enviai-a lá dos vossos santos céus,
mandai-a vir de vosso trono glorioso. * Que ela.

Oração

Deus eterno e todo-poderoso, dirigi a nossa vida segundo o vosso amor, para que possamos, em nome do vosso Filho, frutificar em boas obras. Por nosso Senhor Jesus Cristo, vosso Filho, na unidade do Espírito Santo.

SEXTA-FEIRA

Ofício das Leituras

Primeira leitura
Do Livro do Deuteronômio
31,1-15.23

Últimas palavras de Moisés

Naqueles dias: ¹Moisés dirigiu-se a todo Israel com as seguintes palavras: ²"Tenho hoje cento e vinte anos e já não posso deslocar-me. Além do mais, o Senhor me disse: 'Não atravessarás este rio Jordão'. ³É o Senhor teu Deus que irá à tua frente; ele mesmo, à tua vista, destruirá todas essas nações, para que ocupes suas terras. Josué passará adiante de ti, como disse o Senhor. ⁴E o Senhor fará com esses povos o que fez com Seon e Og, reis dos amorreus, e com suas terras, que ele destruiu. ⁵Quando, pois, o Senhor os entregar a vós, fareis com eles exatamente o que vos ordenei. ⁶Sede fortes e valentes; não vos intimideis nem tenhais medo deles, pois o Senhor teu Deus é ele mesmo o teu guia, e não te deixará nem te abandonará".

⁷Depois Moisés chamou Josué e, diante de todo Israel, lhe disse: "Sê forte e corajoso, pois tu introduzirás este povo na terra que o Senhor sob juramento prometeu dar a seus

pais, e és tu que lhe darás a posse dela. ⁸O Senhor, que é o teu guia, marchará à tua frente, estará contigo e não te deixará nem te abandonará. Por isso, não temas nem te acovardes".

⁹Moisés escreveu esta lei e entregou-a aos sacerdotes, filhos de Levi, que carregavam a arca da aliança do Senhor, e a todos os anciãos de Israel. ¹⁰E ordenou-lhes, dizendo: "No fim de cada sete anos, ao chegar o ano da remissão, na festa dos Tabernáculos, ¹¹quando todo Israel vier apresentar-se diante do Senhor, teu Deus, no lugar que ele tiver escolhido, lerás as palavras desta lei perante todo Israel para que as ouça. ¹²Reúne o povo, tanto homens como mulheres, as crianças e os estrangeiros que se acham em tuas cidades, para que ouçam e aprendam a temer o Senhor vosso Deus, e estejam sempre atentos a cumprir todas as palavras desta lei. ¹³E os seus filhos, que nada sabem agora, deverão ouvi-la para aprenderem a temer o Senhor vosso Deus, todo o tempo que viverdes sobre a terra da qual ides tomar posse, depois de passado o Jordão".

¹⁴Então o Senhor disse a Moisés: "Eis que está próximo o dia da tua morte. Chama Josué e apresentai-vos na Tenda da Reunião, para que eu lhe dê as minhas ordens". Foram, pois, Moisés e Josué apresentar-se na Tenda da Reunião. ¹⁵E o Senhor ali apareceu numa coluna de nuvem, que se pôs à entrada da Tenda.

²³E o Senhor ordenou a Josué filho de Nun, dizendo: "Sê forte e corajoso. Pois tu introduzirás os filhos de Israel na terra que lhes prometi, e eu estarei contigo".

Responsório   Dt 31,7b; Pr 3,26

R. Sê **forte** e cora**jo**so,
    porque o **Senhor** é o teu **Deus**!
 * É ele o teu **guia** e esta**rá** sempre con**tigo**.
    Coragem! E não **temas**!
V. A teu **la**do ele esta**rá** e teus **pés** prote**gerá**
    contra os **la**ços traiçoeiros. * É **e**le.

Segunda leitura

Do Comentário sobre os Salmos, de São João Fisher, bispo e mártir

(Ps. 101: Opera Omnia, ed. 1597, pp. 1588-1589)

(Séc. XVI)

As maravilhas de Deus

Primeiramente, Deus, realizando muitos portentos e prodígios, libertou o povo de Israel da escravidão do Egito. Deu-lhe passagem a pé enxuto através do mar Vermelho. Sustentou-o com o pão vindo do céu, maná e codornizes. Da pedra duríssima fez jorrar água abundante para os sedentos. Deu-lhe vitória sobre os inimigos que lhe moviam guerra. Fez com que o Jordão, contrariando o seu ímpeto, retrocedesse por algum tempo. Repartiu entre as tribos e as famílias a terra prometida. Concedeu-lhes tudo isto com amor e generosidade. No entanto, ingratamente, aqueles homens esquecidos de tudo, desleixando e mesmo repudiando o culto a Deus, não poucas vezes se emaranharam no inominável crime da idolatria.

Depois, também a nós, *quando ainda pagãos íamos atrás dos ídolos mudos, ao sabor de nossas inclinações,* ele nos cortou da oliveira selvagem da gentilidade e, quebrados os ramos naturais, nos enxertou na verdadeira oliveira do povo judaico, tornando-nos participantes da graça fecunda de sua raiz. Por fim, nem *sequer poupou ao próprio Filho, mas o entregou por todos nós como sacrifício e oblação de suave odor, a fim de nos remir e de tornar puro e aceitável para si um povo.*

Todos estes fatos, absolutamente certos, não são apenas provas de seu amor e de sua generosidade para conosco, mas também acusações. Pois, ingratos, ou melhor, ultrapassando todos os limites de ingratidão, nem damos atenção ao seu amor nem reconhecemos a grandeza dos benefícios. Rejeitamos e temos por desprezível o liberal doador de tão grandes bens. A imensa misericórdia que ele demonstrou incessantemente para com os pecadores não nos comove nem nos leva a adotar uma norma de vida conforme seu mandamento santo.

Tudo isto bem merece ser escrito para as gerações futuras, em perpétua memória. E assim todos aqueles que no futuro receberem o nome de cristão, reconhecendo a infinita bondade de Deus para conosco, não deixem nunca de celebrá-lo com louvores divinos.

Responsório   Sl 67(68),27; 95(96),1

R. Bendizei o nosso **Deus** em fes**ti**vas assem**ble**ias!
* Bendi**zei** nosso Se**nhor**, descen**den**tes de Israel!
V. Can**tai** ao Senhor **Deus** um canto **no**vo,
    can**tai** ao Senhor **Deus**, ó terra in**tei**ra!
* Bendi**zei**.

Oração

Deus eterno e todo-poderoso, dirigi a nossa vida segundo o vosso amor, para que possamos, em nome do vosso Filho, frutificar em boas obras. Por nosso Senhor Jesus Cristo, vosso Filho, na unidade do Espírito Santo.

SÁBADO

Ofício das Leituras

Primeira leitura
Do Livro do Deuteronômio   32,48-52; 34,1-12

A morte de Moisés

³²,⁴⁸Naquele mesmo dia o Senhor falou a Moisés, dizendo: ⁴⁹"Sobe ao monte Abarim – o monte Nebo que está no país de Moab, em frente de Jericó – e contempla a terra de Canaã, cuja posse vou dar aos filhos de Israel. ⁵⁰Morrerás neste monte que vais subir, e serás reunido aos teus antepassados, como teu irmão Aarão morreu no monte Hor, e ali se

reuniu aos seus. ⁵¹Pois pecastes, os dois, contra mim entre os filhos de Israel, junto às águas de Meriba, em Cades, no deserto de Sin, e não santificastes o meu nome no meio deles. ⁵²Verás defronte de ti a terra que darei aos filhos de Israel, mas não entrarás nela".

³⁴,¹Moisés subiu das estepes de Moab ao monte Nebo, ao cume do Fasga que está defronte de Jericó. E o Senhor mostrou-lhe todo o país, desde Galaad até Dã, ²o território de Neftali, a terra de Efraim e Manassés, toda a terra de Judá até ao mar ocidental, ³o Negueb e a região do vale de Jericó, cidade das palmeiras, até Segar. ⁴O Senhor lhe disse: "Eis aí a terra pela qual jurei a Abraão, Isaac e Jacó, dizendo: Eu a darei à tua descendência. Tu a viste com teus olhos, mas nela não entrarás". ⁵E Moisés, servo do Senhor, morreu ali, na terra de Moab, conforme a vontade do Senhor. ⁶E ele o sepultou no vale, na terra de Moab, defronte de Bet-Fegor. E ninguém sabe até hoje onde fica a sua sepultura. ⁷Ao morrer, Moisés tinha cento e vinte anos. Sua vista não tinha enfraquecido, nem seu vigor se tinha esmorecido. ⁸Os filhos de Israel choraram Moisés nas estepes de Moab, durante trinta dias, até que terminou o luto por Moisés.

⁹Josué, filho de Nun, estava cheio do espírito de sabedoria, porque Moisés lhe tinha imposto as mãos. E os filhos de Israel lhe obedeceram e agiram, como o Senhor tinha ordenado a Moisés.

¹⁰Em Israel nunca mais surgiu um profeta como Moisés, a quem o Senhor conhecesse face a face, ¹¹nem quanto aos sinais e prodígios que o Senhor lhe mandou fazer na terra do Egito, contra o Faraó, os seus servidores e todo o seu país, ¹²nem quanto à mão poderosa e a tantos e tão terríveis prodígios, que Moisés fez à vista de todo Israel.

Responsório   Jo 1,14bc. 16a. 17; Eclo 24,33
R. A **Pala**vra se fez **car**ne
   e habi**tou** entre **nós**, cheia de **gra**ça e de ver**da**de,

e de **su**a pleni**tu**de todos **nós** partici**pa**mos;
por**que** a lei foi **da**da por **mei**o de Moisés,
* Mas a gra**ç**a e a ver**da**de nos vieram por Je**sus**.
V. Moisés deu-nos a **lei** e os pre**ce**itos da jus**ti**ça
como a he**ran**ça de Jacó. * Mas a **gra**ça.

Segunda leitura

Da Constituição Pastoral *Gaudium et spes* sobre a Igreja no mundo de hoje, do Concílio Vaticano II

(N. 18-22) (Séc. XX)

O mistério da morte

Em face da morte, o enigma da condição humana atinge o seu ponto máximo. O homem não apenas é atormentado com a dor e o progressivo declínio do corpo, mas com muito maior força pelo temor da destruição perpétua. Pelo acertado instinto de seu coração, afasta com horror e rejeita a ideia da total ruína e da morte definitiva de sua pessoa. A semente de eternidade que traz em si, irredutível à pura matéria, insurge-se contra a morte. Todas as conquistas da técnica, por mais úteis que sejam, não conseguem acalmar a angústia humana, pois o prolongamento biológico da vida não pode satisfazer o desejo inelutavelmente presente em seu coração de viver sempre.

Já que diante da morte toda imaginação fracassa, a Igreja, instruída pela Revelação, afirma ter sido o homem criado por Deus para uma finalidade feliz, para além dos limites da miséria terrena. E não só, mas a fé cristã ensina que a morte corporal, que lhe seria poupada se não houvesse pecado, será vencida quando o homem recuperar a salvação, perdida por culpa sua, pelo onipotente e compadecido Salvador. Com efeito, Deus chamou e continua a chamar o homem a aderir com sua natureza integral à perpétua comunhão na incorruptível vida divina. Cristo conseguiu esta vitória, libertando o homem da morte por meio de sua morte e ressurgindo para a vida. Para quem reflete, a fé baseada em sólidos argumentos oferece uma resposta a sua ansiedade sobre a sorte futura. Ao mesmo tempo dá a possibilidade de comunicar-se com os caros irmãos já arrebatados pela morte em Cristo, despertando a esperança de possuírem eles, desde agora, a verdadeira vida junto de Deus.

Certamente incumbe ao cristão o dever urgente de lutar contra o mal através de muitas tribulações e de aceitar a morte; mas unido ao mistério pascal, configurado à morte de Cristo, firme na esperança, chegará à ressurreição.

Tudo isto vale para os cristãos e também para todos os homens de boa vontade em cujos corações a graça age invisivelmente. Tendo, pois, Cristo morrido por todos, e sendo uma só a vocação última do homem, isto é, a divina, devemos afirmar que o Espírito Santo oferece a todos a possibilidade, de modo só conhecido por Deus, de se associarem ao mistério pascal.

De tal valia e tão grande é o mistério do homem, que se esclarece pela Revelação cristã aos fiéis. Por conseguinte, por Cristo e em Cristo, ilumina-se o enigma da dor e da morte que, fora de seu Evangelho, nos esmaga. Cristo ressuscitou, por sua morte destruiu a morte e deu-nos a vida para que, filhos no Filho, clamemos no Espírito: *Abá, Pai!*

Responsório   Sl 26(27),1; 22(23),4ab

R. O **Senhor** é minha **luz** e salva**ção**;
de **quem** eu terei **medo**?
* O **Senhor** é a prote**ção** da minha **vida**;
perante **quem** eu treme**rei**?
V. Mesmo que eu **passe** pelo **vale** tene**broso**,
nenhum **mal** eu teme**rei**. * O **Senhor**.

Oração

Deus eterno e todo-poderoso, dirigi a nossa vida segundo o vosso amor, para que possamos, em nome do vosso Filho, frutificar em boas obras. Por nosso Senhor Jesus Cristo, vosso Filho, na unidade do Espírito Santo.

4º DOMINGO DO Tempo Comum

IV Semana do Saltério

I Vésperas

Cântico evangélico, ant.

Ano A Jesus, vendo as multidões, subiu ao monte,
E a ele se achegaram seus discípulos.
Ele, então, pôs-se a falar e os ensinava:
Felizes os pobres em espírito,
porque deles é o Reino dos Céus!

Ano B Todo o povo se admirava da doutrina de Jesus,
porque ele ensinava, possuindo autoridade.

Ano C Todos eles se admiravam
das palavras proferidas pelos lábios do Senhor.

Oração

Concedei-nos, Senhor nosso Deus, adorar-vos de todo o coração, e amar todas as pessoas com verdadeira caridade. Por nosso Senhor Jesus Cristo, vosso Filho, na unidade do Espírito Santo.

Ofício das Leituras

Primeira leitura

Início da Primeira Carta de São Paulo aos Tessalonicenses
1,1-2,12

Solicitude de Paulo pela Igreja de Tessalônica

1,1 Paulo, Silvano e Timóteo, à Igreja dos tessalonicenses, reunida em Deus Pai e no Senhor Jesus Cristo: a vós, graça e paz!

²Damos graças a Deus por todos vós, lembrando-vos sempre em nossas orações. ³Diante de Deus, nosso Pai, recordamos sem cessar a atuação da vossa fé, o esforço da vossa caridade e a firmeza da vossa esperança em nosso

Senhor Jesus Cristo. ⁴Sabemos, irmãos amados por Deus, que sois do número dos escolhidos. ⁵Porque o nosso Evangelho não chegou até vós somente por meio de palavras, mas também mediante a força que é o Espírito Santo; e isso, com toda a abundância. Sabeis de que maneira procedemos entre vós, para o vosso bem.

⁶E vós vos tornastes imitadores nossos, e do Senhor, acolhendo a Palavra com a alegria do Espírito Santo, apesar de tantas tribulações. ⁷Assim vos tornastes modelo para todos os fiéis da Macedônia e da Acaia. ⁸Com efeito, a partir de vós, a Palavra do Senhor não se divulgou apenas na Macedônia e na Acaia, mas a vossa fé em Deus propagou-se por toda parte. Assim, nós já nem precisamos de falar, ⁹pois as pessoas mesmas contam como vós nos acolhestes e como vos convertestes, abandonando os falsos deuses, para servir ao Deus vivo e verdadeiro, ¹⁰esperando dos céus o seu Filho, a quem ele ressuscitou dentre os mortos: Jesus, que nos livra do castigo que está por vir.

²,¹Bem sabeis, irmãos, que nossa ida até vós não foi em vão. ²Apesar de maltratados e ultrajados em Filipos, como sabeis, encontramos em Deus a coragem de vos anunciar o Evangelho, em meio a grandes lutas. ³A nossa exortação não se baseia no erro, na ambiguidade ou no desejo de enganar. ⁴Ao contrário, uma vez que Deus nos achou dignos para que nos confiasse o Evangelho, falamos não para agradar aos homens, mas a Deus, que examina os nossos corações. ⁵Bem sabeis que nunca usamos palavras de adulação, nem procedemos movidos por disfarçada ganância. Deus é testemunha disso. ⁶E também não procuramos elogios humanos, nem da parte de vós, nem de outros, ⁷embora pudéssemos fazer valer a nossa autoridade de apóstolos de Cristo. Foi com muita ternura que nos apresentamos a vós, como uma mãe que acalenta os seus filhinhos. ⁸Tanto bem vos queríamos, que desejávamos dar-vos não somente o Evangelho de Deus, mas, até, a própria vida; a tal ponto chegou a nossa

* E **con**gregará seus **el**eitos
  de **todos** os **can**tos do **mun**do,
  dos **con**fins mais distantes da terra
  aos extremos mais altos dos céus.
V. Quando o **F**ilho do **ho**mem vier,
  ele **há** de enviar os seus anjos
  ao **to**que da **gran**de trombeta. * E **con**gregará.

Segunda leitura
Do Tratado contra as heresias, de Santo Irineu, bispo
(Lib. 3,19,1.3-20,1: SCh 34,332.336-338)   (Séc. II)

Primícias da ressurreição em Cristo

O Verbo de Deus se fez homem. O Filho de Deus tornou-se Filho do homem para que o homem, unido ao Verbo de Deus, recebesse a adoção e se tornasse filho de Deus.

Nunca poderíamos obter a incorrupção e a imortalidade a não ser unindo-nos à incorrupção e à imortalidade. Mas como poderíamos realizar esta união sem que antes a incorrupção e a imortalidade se tornassem aquilo que somos, a fim de que o corruptível fosse absorvido pela incorrupção e o mortal pela imortalidade e, deste modo, pudéssemos receber a adoção de filhos?

O Filho de Deus, nosso Senhor, Verbo do Pai, tornou-se Filho do homem. Filho do homem porque pertencia ao gênero humano, tendo nascido de Maria, que era filha de pais humanos e ela mesma uma criatura humana.

O próprio Senhor nos deu um sinal que se estende do mais profundo da terra ao mais alto dos céus. Um sinal que não foi pedido pelo homem, pois nem sequer ele poderia pensar que uma virgem, permanecendo virgem, pudesse conceber e dar à luz um filho. Nem mesmo supor que este filho, Deus-conosco, descesse ao mais baixo da terra, em busca da ovelha perdida – que ele próprio criara – e subisse às alturas para oferecer ao Pai aquele mesmo homem que viera encontrar, realizando, deste modo, em si próprio, as primícias de ressurreição do homem. De fato, assim como a cabeça ressuscitou dos mortos, assim todo o corpo (dos homens que participam de sua vida, passado o tempo do castigo da desobediência) ressuscitará, unido por suas junturas e articulações, firme no crescimento em Deus, possuindo cada membro sua posição adequada. São muitas as mansões na casa do Pai porque muitos são os membros do corpo.

Tendo falhado o homem, Deus foi magnânimo, pois previa a vitória que pelo Verbo lhe seria restituída. Porque a força se perfez na fraqueza, revelou-se então a benignidade de Deus e seu esplêndido poder.

Responsório 1Cor 15,20.22.21

R. O **Senhor** ressur**giu** dentre os **mor**tos
como o **fru**to co**lhi**do pri**mei**ro.
* Assim **co**mo em A**dão** todos **mor**rem,
terão **to**dos a **vi**da em **Cris**to.
V. Por um **ho**mem nos **vei**o a **mor**te
e, por **ou**tro, a res**sur**rei**ção**. * Assim **co**mo.

Oração

Concedei-nos, Senhor nosso Deus, adorar-vos de todo o coração, e amar todas as pessoas com verdadeira caridade. Por nosso Senhor Jesus Cristo, vosso Filho, na unidade do Espírito Santo.

QUARTA-FEIRA

Ofício das Leituras

Primeira leitura
Da Primeira Carta de São Paulo aos Tessalonicenses

5,1-28

Maneira de viver dos filhos da luz

¹Quanto ao tempo e à hora, meus irmãos, não há por que vos escrever. ²Vós mesmos sabeis perfeitamente que o dia do Senhor virá como ladrão, de noite. ³Quando as pessoas disserem: "Paz e segurança!", então de repente sobrevirá a destruição, como as dores de parto sobre a mulher grávida. E não poderão escapar. ⁴Mas vós, meus irmãos, não estais nas trevas, de modo que esse dia vos surpreenda como um ladrão. ⁵Todos vós sois filhos da luz e filhos do dia. Não somos da noite, nem das trevas. ⁶Portanto, não durmamos, como os outros, mas sejamos vigilantes e sóbrios.

⁷Aqueles que dormem, é de noite que dormem, e os que se embriagam, é de noite que se embriagam. ⁸Mas nós, que somos do dia, sejamos sóbrios, revestidos da couraça da fé e do amor, com o capacete da esperança de sermos salvos. ⁹Deus não nos destinou para a ira, mas para alcançarmos a salvação, por meio de nosso Senhor Jesus Cristo. ¹⁰Ele morreu por nós, para que, quer vigiando nesta vida, quer adormecidos na morte, alcancemos a vida junto dele. ¹¹Por isso, exortai-vos e edificai-vos uns aos outros como já costumais fazer.

¹²Pedimo-vos, irmãos, que tenhais consideração para com aqueles que entre vós se sacrificam para vos dirigir no Senhor e para vos admoestar; ¹³tende para com eles a mais alta estima, com amor, por motivo do seu trabalho. Vivei em paz entre vós. ¹⁴Nós vos exortamos também, irmãos: corrigi aqueles que vivem de maneira desordenada, encorajai os pusilânimes, sustentai os fracos, sede pacientes para com todos. ¹⁵Atentai a que ninguém retribua o mal pelo mal, mas procurai sempre o bem entre vós e para com todos. ¹⁶Estai sempre alegres! ¹⁷Rezai sem cessar. ¹⁸Dai graças em todas as circunstâncias, porque esta é a vosso respeito a vontade de Deus em Jesus Cristo. ¹⁹Não apagueis o espírito! ²⁰Não desprezeis as profecias, ²¹mas examinai tudo e guardai o que for bom. ²²Afastai-vos de toda espécie de maldade!

⁲³ Que o próprio Deus da paz vos santifique totalmente, e que tudo aquilo que sois – espírito, alma, corpo – seja conservado sem mancha alguma para a vinda de nosso Senhor Jesus Cristo! ²⁴ Aquele que vos chamou é fiel; ele mesmo realizará isso.
²⁵ Irmãos, orai por nós.
²⁶ Saudai a todos os irmãos com o beijo santo. ²⁷ Eu vos conjuro, pelo Senhor: que esta carta seja lida a todos os irmãos. ²⁸ Que a graça de nosso Senhor Jesus Cristo esteja convosco.

Responsório
1Ts 5,9-10; Cl 1,13

R. Deus **não** nos desti**nou** à sua **ira**,
 mas **sim** para alcan**çar**mos reden**ção**
 atra**vés** de Jesus **Cristo**, Senhor **nos**so.
* **Ele deu** a sua **vi**da por nós **to**dos,
 a **fim** de que com ele nós vi**va**mos.
V. Do im**pé**rio das **tre**vas arran**cou**-nos
 e transpor**tou**-nos para o **Rei**no de seu **Filho**,
 para o **Rei**no de seu **Filho** bem-a**ma**do. * **Ele deu.**

Segunda leitura
Dos Capítulos sobre a Perfeição Espiritual, de Diádoco de Foticeia, bispo
 (Cap. 6.26.27.30: PG 65,1160. 1175-1176)   (Séc. V)

*A ciência do discernimento dos espíritos
vem da percepção da inteligência*

A luz da verdadeira ciência está em discernir sem errar o bem e o mal. Feito isto, a via da justiça que leva a mente a Deus, sol da justiça, introduz então a inteligência naquele infinito fulgor do conhecimento, que lhe faz procurar daí em diante, com segurança, a caridade.

Os que combatem precisam manter sempre o espírito fora das agitações perturbadoras para discernir os pensamentos que surgem: guardar os bons, vindos de Deus, no tesouro da memória; expulsar os maus e demoníacos dos antros da natureza. O mar, quando tranquilo, deixa os pescadores verem até o fundo, de sorte que quase nenhum peixe lhes escape; mas, agitado pelos ventos, ele esconde na turva tempestade aquilo que se via tão facilmente no tempo sereno. Assim, toda a perícia dos pescadores se vê frustrada.

Somente, porém, o Espírito Santo tem o poder de purificar a mente. Se o forte não entrar para espoliar o ladrão, nunca se libertará a presa. É necessário, portanto, alegrar em tudo o Espírito Santo pela paz da alma, mantendo em nós sempre acesa a lâmpada da ciência. Quando ela não cessa de brilhar no íntimo da mente, conhecem-se os ataques cruéis e tenebrosos dos demônios, o que mais ainda os enfraquece sendo eles manifestados por aquela santa e gloriosa luz.

Por esta razão diz o Apóstolo: *Não apagueis o Espírito,* isto é, não causeis tristeza ao Espírito Santo por maldades e maus pensamentos, para que não aconteça que ele deixe de proteger-vos com seu esplendor. Não que o eterno e vivificante Espírito Santo possa extinguir-se, mas é a sua tristeza, quer dizer, seu afastamento que deixa a mente escura sem a luz do conhecimento e envolta em trevas.

O sentido da mente é o paladar perfeito que distingue as realidades. Pois como pelo paladar, sentido corporal, sabemos discernir sem erro o bom do ruim quando estamos com saúde e desejamos as coisas delicadas, assim nossa mente, começando a adquirir a saúde perfeita e a mover-se sem preocupações, poderá sentir abundantemente a consolação divina e conservar, pela ação da caridade, a lembrança do gosto bom para aprovar o que for ainda melhor, conforme ensina o Apóstolo: *Isto peço: que vossa caridade cresça sempre mais na ciência e na compreensão, para discernirdes o que é ainda melhor.*

Responsório
Cf. Tb 4,19a; 14,8b.

R. Bendize em todo o tempo ao Senhor Deus
   e pede que oriente os teus caminhos.
* E teus planos permaneçam sempre nele.
V. Empenha-te em fazer o que lhe agrada
   fielmente e com toda a tua força. * E teus.

Oração

Concedei-nos, Senhor nosso Deus, adorar-vos de todo o coração, e amar todas as pessoas com verdadeira caridade. Por nosso Senhor Jesus Cristo, vosso Filho, na unidade do Espírito Santo.

QUINTA-FEIRA

Ofício das Leituras

Primeira leitura
Início da Segunda Carta de São Paulo aos Tessalonicenses
1,1-12

Saudação e ação de graças

¹Paulo, Silvano e Timóteo, à Igreja dos tessalonicenses reunida em Deus nosso Pai e no Senhor Jesus Cristo: ²a vós, graça e paz da parte de Deus Pai e do Senhor Jesus Cristo.

³Devemos agradecer sempre por vós, irmãos, com toda justiça, porque progredis sempre mais na fé e porque aumenta a caridade que tendes uns para com os outros. ⁴Assim, nos gloriamos nas Igrejas de Deus por causa da vossa perseverança e da vossa fé em todas as perseguições e sofrimentos que suportais. ⁵Estes constituem um sinal do justo juízo de Deus, pois servem para serdes julgados dignos do Reino de Deus, pelo qual também estais sofrendo. ⁶É justo, de fato, que Deus retribua aflição por aflição aos vossos perseguidores, ⁷e que a vós, oprimidos, ele dê o repouso, juntamente conosco, por ocasião da manifestação do Senhor Jesus, que virá do céu com os anjos do seu poder, ⁸em fogo flamejante,

para se vingar daqueles que não conhecem a Deus e não obedecem ao Evangelho de nosso Senhor Jesus. ⁹O castigo deles será a ruína eterna, longe da face do Senhor e do brilho de sua majestade, ¹⁰quando ele vier, naquele dia, para ser glorificado na pessoa dos seus santos e para ser admirado na pessoa de todos os que tiverem crido. Ora, vós crestes no nosso testemunho.

¹¹Assim, não cessamos de rezar por vós, para que o nosso Deus vos faça dignos da sua vocação. Que ele, por seu poder, realize todo o bem que desejais e torne ativa a vossa fé. ¹²Assim o nome de nosso Senhor Jesus Cristo será glorificado em vós, e vós nele, em virtude da graça do nosso Deus e do Senhor Jesus Cristo.

Responsório   Cf. 2Ts 1,10a; Sl 144(145),13b
R. Virá, naquele **dia**, o Se**nhor**
    para **ser** glori**fi**cado nos seus **san**tos.
* E será admirado nas pessoas
    de **to**dos os que **ne**le acreditaram.
V. O Se**nhor** é amor fi**el** em sua pa**la**vra,
    é santi**da**de em toda **o**bra que ele **faz**. * E será.

Segunda leitura
Das Catequeses de São Cirilo, bispo de Jerusalém
(Cat. 13,1.3.6.23: PG 33,771-774.779.802) (Séc. IV)
Seja-te a cruz um gozo, mesmo em tempo de perseguição

Toda ação de Cristo é glória da Igreja católica. Contudo, a glória das glórias é a cruz. Paulo, muito bem instruído, disse: *Longe de mim gloriar-me a não ser na cruz de Cristo.*

Foi uma coisa digna de admiração que ele tenha recuperado a vista àquele cego de nascença em Siloé. Mas o que é isto em vista dos cegos do mundo inteiro? Foi estupendo e acima das forças da natureza ressuscitar Lázaro após quatro dias de morto. Mas a um só foi dada essa graça; e os outros todos, em toda a terra, mortos pelo pecado? Foi maravilhoso alimentar com cinco pães, qual fonte, a cinco mil homens. Mas e aqueles que em toda a parte sofrem a fome da ignorância? Foi magnífico libertar a mulher ligada há dezoito anos por Satanás; mas que é isto se considerarmos a todos nós, presos pelas cadeias de nossos pecados?

Pois bem, a glória da cruz encheu de luz os que estavam cegos pela ignorância, libertou os cativos do pecado, remiu o universo inteiro.

Não nos envergonhemos da cruz do Salvador. Muito pelo contrário, dela tiremos glória. Pois a palavra da cruz é escândalo para os judeus e loucura para os gentios, para nós, no entanto, é salvação. Para aqueles que se perdem é loucura; para nós, que fomos salvos, é força de Deus. Não era um simples homem quem por nós morria; era o Filho de Deus feito homem.

Outrora o cordeiro, morto segundo a instituição mosaica, afastava para longe o devastador. Porém, o Cordeiro de Deus, que tira o pecado do mundo, não poderá muito mais libertar dos pecados? O sangue de um cordeiro irracional manifestava a salvação. Sendo assim, não trará muito maior salvação o sangue do Unigênito?

O Cordeiro não entregou a vida coagido, nem foi imolado à força, mas por sua plena vontade. Ouve o que ele disse: *Tenho o poder de entregar minha vida; e tenho o poder de retomá-la.* Chegou, portanto, com toda a liberdade à paixão, alegre com a excelente obra, jubiloso pela coroa, felicitando-se com a salvação do homem. Não se envergonhou da cruz pois trazia a salvação para o mundo. Não era um homem qualquer aquele que padecia, era o Deus encarnado a combater pelo prêmio da obediência.

Por conseguinte, não te seja a cruz um gozo apenas em tempo de paz. Também em tempo de perseguição guarda a mesma fidelidade, não aconteça seres tu amigo de Jesus durante a paz e inimigo durante a guerra. Agora recebes a remissão dos pecados e és enriquecido com os generosos dons espirituais de teu rei. Rebentando a guerra, luta por ele valorosamente.

Jesus foi crucificado em teu favor, ele não tinha pecado. Tu, por tua vez, não te deixarás crucificar por aquele que em teu benefício foi pregado na cruz? Não estarás fazendo nenhum favor porque primeiro recebeste. Entretanto, mostras tua gratidão pagando a dívida a quem por ti foi crucificado no Gólgota.

Responsório
1Cor 1,18.23

R. A linguagem da **cruz** é lou**cura**
para a**que**les que **vão** se per**der**;
* Para a**que**les, po**rém**, que se **salvam**,
para **nós**, é a **força de Deus**.
V. **Nós** anun**cia**mos o **Cris**to,
o **Cris**to, o **Cru**cifi**ca**do,
que é es**cân**dalo **para** os ju**deus**
e **para** os gentios é lou**cura**. * Para a**que**les.

Oração

Concedei-nos, Senhor nosso Deus, adorar-vos de todo o coração, e amar todas as pessoas com verdadeira caridade. Por nosso Senhor Jesus Cristo, vosso Filho, na unidade do Espírito Santo.

SEXTA-FEIRA

Ofício das Leituras

Primeira leitura
Da Segunda Carta de São Paulo aos Tessalonicenses

2,1-17

O dia do Senhor

¹No que se refere à vinda de nosso Senhor Jesus Cristo e à nossa união com ele, nós vos pedimos, irmãos: ²não deixeis tão facilmente transtornar a vossa cabeça, nem vos alarmeis por causa de alguma revelação, ou carta atribuída

a nós, afirmando que o Dia do Senhor está próximo. ³Que ninguém vos engane de modo algum. É preciso que venha primeiro a apostasia e que se revele o homem da impiedade, o filho da perdição, ⁴aquele que se ergue e se levanta contra tudo o que se chama Deus ou que se adora, a ponto de se assentar em pessoa no templo de Deus e de se proclamar Deus.

⁵Não vos lembrais que disto eu vos falava quando ainda estava no meio de vós? ⁶E agora, vós sabeis o que o retém, para que apenas seja revelado a seu tempo. ⁷Pois o mistério da impiedade já está em ação; basta que seja afastado aquele que o retém atualmente.

⁸Então se manifestará o Ímpio, a quem o Senhor Jesus destruirá com o sopro de sua boca e aniquilará com o esplendor de sua vinda. ⁹Quanto à vinda do Ímpio, assinalada pela atividade de Satanás, ela se manifestará com toda sorte de obras portentosas, milagres e prodígios enganadores ¹⁰e com todas as seduções da injustiça para aqueles que se perdem, por não terem acolhido o amor da verdade, que os teria salvado. ¹¹É por isso que Deus lhes envia um poder de sedução, que os faz crer na mentira, ¹²a fim de serem julgados todos aqueles que não creram na verdade, mas se comprazeram na injustiça.

¹³Quanto a nós, devemos continuamente dar graças a Deus por vossa causa, irmãos amados do Senhor, pois Deus vos escolheu desde o começo, para serdes salvos pelo Espírito que santifica e pela fé na verdade. ¹⁴Deus vos chamou para que, por meio do nosso Evangelho, alcanceis a glória de nosso senhor Jesus Cristo.

¹⁵Assim, portanto, irmãos, ficai firmes e conservai firmemente as tradições que vos ensinamos, de viva voz ou por carta. ¹⁶Nosso Senhor Jesus Cristo e Deus nosso Pai, que nos amou em sua graça e nos proporcionou uma consolação eterna e feliz esperança, ¹⁷animem os vossos corações e vos confirmem em toda a boa ação e palavra.

Responsório   Mt 24,30; 2Ts 2,8a

R. Nos **céus** se mostra**rá**, o si**nal** do Filho do **Ho**mem
  * E hão de **ver** o Filho do **Ho**mem
    vir das **nu**vens com po**der** e com **gran**de majes**ta**de.
V. Vai, en**tão**, apare**cer** aquele **ím**pio a quem Je**sus**
    Nosso Se**nhor** destrui**rá** com o **so**pro de sua **bo**ca.
  * E hão de **ver**.

Segunda leitura
Das Homilias, de um autor espiritual do IV século

(Hom. 18,7-11: PG 34,639-642)

Oxalá sejais plenificados com toda a plenitude de Cristo!

Todos os que são considerados dignos de se tornarem filhos de Deus e renascerem do alto no Espírito Santo, trazendo em si a Cristo – que os ilumina e os regenera – são guiados de diversos modos pelo Espírito e conduzidos invisivelmente pela graça, tendo no coração a paz espiritual.

Às vezes, desfazem-se em lágrimas e gemidos pela humanidade, pelo gênero humano elevam preces e choram, ardendo de afeto por todos os homens.

Outras vezes, de tal maneira se inflamam pelo Espírito, com tamanho entusiasmo e amor, que, se possível fosse, acolheriam em seu coração todos os homens, sem distinção entre bons e maus.

Entretanto, outros, pela humildade dos seus espíritos, colocam-se abaixo de todos, julgando-se os mais abjetos e desprezíveis.

Por vezes, são guardados pelo Espírito numa alegria inefável.

Ora, eles são como um valente, que, revestido com toda a armadura do rei, desce para o combate e luta contra os fortes inimigos e os vence. Assim o homem espiritual, munido com as celestes armas do Espírito, ataca os adversários e, no fim da peleja, calca-os aos pés.

Ora, em absoluto silêncio, repousa a alma em paz e sossego, entregue unicamente ao gozo espiritual e a uma paz indizível, no perfeito contentamento.

Por vezes, por certa compreensão e sabedoria inefável e conhecimento secreto do Espírito, é instruído pela graça sobre coisas que a língua não consegue dizer.

De outras vezes, é como qualquer outra pessoa.

E assim a graça habita e age de várias maneiras na alma, renovando-a conforme a vontade divina, provando-a de modos diferentes para torná-la íntegra, irrepreensível e pura diante do Pai do céu.

Oremos, então, também nós a Deus, oremos no amor e imensa esperança de que ele nos concederá a celeste graça do dom do Espírito. A nós também o próprio Espírito nos governe e leve a realizar toda a vontade divina e nos restaure com a riqueza de sua paz a fim de que, conduzindo-nos e fazendo-nos viver sempre mais em sua graça e progresso espiritual, nos tornemos dignos de alcançar a perfeita plenitude de Cristo, segundo disse o Apóstolo: *Para que sejais plenificados com toda a plenitude de Cristo.*

Responsório
1Jo 2,20.27; Jl 2,23ab

V. Vós **ten**des, ir**mãos**, do **San**to a unção;
   em **vós** perma**ne**ça a unção rece**bi**da;
 * E **não** preci**sais** que al**guém** vos en**si**ne,
   pois a **sua** un**ção** vos faz **sá**bios em **tu**do.
V. Exul**tai** e ale**grai**-vos no Se**nhor**, vosso **Deus**,
   porque ele vos **deu** o Doutor da justiça. * E **não**.

Oração
Concedei-nos, Senhor nosso Deus, adorar-vos de todo o coração, e amar todas as pessoas com verdadeira caridade. Por nosso Senhor Jesus Cristo, vosso Filho, na unidade do Espírito Santo.

SÁBADO

Ofício das Leituras

Primeira leitura
Da Segunda Carta de São Paulo aos Tessalonicenses
3,1-18

Exortações e conselhos

¹Quanto ao mais, irmãos, rezai por nós, para que a Palavra do Senhor seja divulgada e glorificada como foi entre vós. ²Rezai também para que sejamos livres dos homens maus e perversos – pois nem todos têm a fé! ³Mas o Senhor é fiel; ele vos confirmará e vos guardará do mal.

⁴O Senhor nos dá a certeza de que vós estais seguindo e sempre seguireis as nossas instruções. ⁵Que o Senhor dirija os vossos corações ao amor de Deus e à firme esperança em Cristo.

⁶Nós vos ordenamos, irmãos, em nome de nosso Senhor Jesus Cristo, que vos afasteis de todo irmão que se comporta de maneira desordenada e contrária à tradição que de nós receberam. ⁷Bem sabeis como deveis seguir o nosso exemplo, pois não temos vivido entre vós na ociosidade. ⁸De ninguém recebemos de graça o pão que comemos. Pelo contrário, trabalhamos com esforço e cansaço, de dia e de noite, para não sermos pesados a ninguém. ⁹Não que não tivéssemos o direito de fazê-lo, mas queríamos apresentar-nos como exemplo a ser imitado. ¹⁰Com efeito, quando estávamos entre vós, demos esta regra: "Quem não quer trabalhar, também não deve comer". ¹¹Ora, ouvimos dizer que entre vós há alguns que vivem à toa, muito ocupados em não fazer nada. ¹²Em nome do Senhor Jesus Cristo, ordenamos e exortamos a estas pessoas que, trabalhando, comam na tranquilidade o seu próprio pão. ¹³E vós mesmos, irmãos, não vos canseis de fazer o bem. ¹⁴Se alguém desobedece ao que dizemos nesta carta, assinalai-o e suspendei qualquer

relação com ele, para que se envergonhe. ¹⁵No entanto, não o considereis como inimigo, mas corrigi-o como a um irmão.

¹⁶Que o Senhor da paz, ele próprio, vos dê a paz, sempre e em toda a parte. O Senhor esteja com todos vós. ¹⁷Esta saudação é de meu próprio punho, de Paulo. Assim é que assino todas as minhas cartas; é a minha letra. ¹⁸A graça de nosso Senhor Jesus Cristo esteja com todos vós.

Responsório
Cf. 1Ts 2,13b; cf. Ef 1,13a
R. Quando **vós** acolhes**tes** a Pala**v**ra de **Deus**,
 * **V**ós **não** acolhes**tes** palavras humanas,
 mas, de **fato**, acolhes**tes** a Pala**v**ra de **Deus**.
V. Escu**tas**tes a Palavra da ver**da**de,
 o Evangelho da **vo**ssa salva**ção**.* Vós **não**.

Segunda leitura
Da Constituição Pastoral *Gaudium et spes* sobre a Igreja no mundo de hoje, do Concílio Vaticano II

(N. 35-36)   (Séc. XX)

A atividade humana

A atividade humana origina-se no homem e para o homem se ordena. De fato, ao trabalhar, o homem não apenas modifica os seres e a sociedade, mas aperfeiçoa-se a si também. Aprende muitas coisas, desenvolve suas faculdades, sai de si mesmo e se supera.

Este crescimento, se bem entendido, vale muito mais que toda a riqueza que possa ajuntar. O homem vale mais pelo que é do que pelo que tem.

Igualmente, tudo quanto os homens fazem para obter maior justiça, fraternidade mais larga e uma ordem mais humana nas relações sociais, tem maior valor do que os progressos técnicos. Estes podem proporcionar base material para a promoção humana, mas, por si sós, não conseguem realizá-la.

Esta é, pois, a norma da atividade humana: que corresponda ao genuíno bem da humanidade, de acordo com o desígnio de Deus, e permita ao homem, como indivíduo ou como membro da sociedade, a plena realização de sua vocação.

Contudo, muitos contemporâneos parecem temer um vínculo muito estreito entre a atividade humana e a religião. Veem nisso um perigo para a autonomia das pessoas, das sociedades e das ciências. Se por autonomia das realidades terrenas entendemos que toda criatura e as sociedades gozam de leis e de valores próprios, que o homem deve gradualmente reconhecer, utilizar e organizar, tal exigência de autonomia é plenamente legítima. Não só é exigida pelos homens de hoje, mas concorda com a vontade do Criador. Em virtude mesmo da criação todas as coisas possuem consistência própria, verdade, bondade, leis e ordens específicas. Deve o homem respeitá-las reconhecendo os métodos próprios de cada ciência e técnica.

Seja-nos, portanto, permitido deplorar certas atitudes existentes mesmo entre cristãos, insuficientemente advertidos da legítima autonomia da ciência, que levaram, pelas tensões e controvérsias suscitadas, muitos espíritos a julgar que a fé e a ciência se opõem.

Se, porém, por "autonomia das realidades temporais" se entende que as criaturas não dependem de Deus e que o homem pode usar delas sem qualquer referência ao Criador, quem reconhece a Deus não pode deixar de perceber a que ponto é falsa esta afirmação. Porque, sem o Criador, a criatura se reduz a nada.

Responsório   Dt 2,7; 8,5b
R. O **Se**nhor te aben**ço**ou e o tra**ba**lho de tuas **mã**os;
vigi**ou** sobre teus **pas**sos, cami**nhan**do no de**ser**to,
tantos **a**nos em se**gui**da.

* O **Senhor** contigo esteve, coisa al**gu**ma te fal**tou**.
V. Como um **pai** educa o **fi**lho, o **Senhor** te edu**cou**.
* O **Senhor**.

Oração

Concedei-nos, Senhor nosso Deus, adorar-vos de todo o coração, e amar todas as pessoas com verdadeira caridade. Por nosso Senhor Jesus Cristo, vosso Filho, na unidade do Espírito Santo.

5º DOMINGO DO Tempo Comum

I Semana do Saltério

I Vésperas

Cântico evangélico, ant.

Ano A Vós **sois** o sal da **ter**ra; se o **sal** perde o sa**bor**,
com **que** será sal**ga**do?, diz Je**sus** a seus dis**cí**pulos.

Ano B À **tar**de, de**pois** de o sol se **pôr**,
trouxeram-lhe **to**dos os en**fer**mos,
e **e**le curou **mui**tos que estavam
opri**mi**dos com as doenças mais di**ver**sas.

Ano C Je**sus** subiu na **bar**ca e ao **po**vo ele ensi**na**va.

Oração

Velai, ó Deus, sobre a vossa família, com incansável amor; e como só confiamos na vossa graça, guardai-nos sob a vossa proteção. Por nosso Senhor Jesus Cristo, vosso Filho, na unidade do Espírito Santo.

Ofício das Leituras

Primeira leitura
Início da Carta de São Paulo aos Gálatas   1,1-12

O Evangelho de Paulo

¹ Eu, Paulo, apóstolo – não por iniciativa humana, nem por intermédio de nenhum homem, mas por Jesus Cristo e por Deus Pai que o ressuscitou dos mortos – ² e todos os irmãos que estão comigo, às Igrejas da Galácia. ³ A graça e a paz estejam convosco da parte de Deus Pai e de Nosso Senhor Jesus Cristo, ⁴ que se entregou por nossos pecados, para nos livrar da maldade do século presente, segundo a vontade de nosso Deus e Pai, ⁵ a quem seja dada a glória pelos séculos dos séculos. Amém.

⁶Admiro-me de terdes abandonado tão depressa aquele que vos chamou, na graça de Cristo, e de terdes passado para um outro Evangelho. Não que haja outro Evangelho, mas algumas pessoas vos estão perturbando e querendo mudar o Evangelho de Cristo. ⁸Pois bem, se alguém – mesmo que nós ou um anjo vindo do céu – vos pregar um Evangelho diferente daquele que vos pregamos, seja excomungado. ⁹Como já dissemos e agora repito: Se alguém vos pregar um Evangelho diferente daquele que recebestes, seja excomungado. ¹⁰Será que eu estou buscando a aprovação dos homens ou a aprovação de Deus? Ou estou procurando agradar aos homens? Se eu ainda estivesse preocupado em agradar aos homens, não seria servo de Cristo.

¹¹Irmãos, asseguro-vos que o Evangelho pregado por mim não é conforme a critérios humanos. ¹²Com efeito, não o recebi nem aprendi de homem algum, mas por revelação de Jesus Cristo.

Responsório   Gl 1,3-4a. 10c

R. A vós a **graça** e a **paz** que vem de **Deus**,
   o nosso **Pai** e de Jesus **Cristo**, Senhor **nos**so.
  *Que a si **mes**mo se entre**gou** por nossas **cul**pas.
V. Se aos **ho**mens eu quisesse agra**dar**,
   não se**ria** mais um **ser**vo de **Jesus**.
  *Que a si **mes**mo.

Segunda leitura
Do Comentário sobre a Carta aos Gálatas, de Santo Agostinho, bispo

(Praefatio: PL 35,2105-2107)   (Séc. V)
Compreendamos a graça de Deus

O Apóstolo escreve aos gálatas com a intenção de fazê-los compreender que a graça de Deus neles atua de tal modo que não mais estão sob a lei. Ao ser proclamada a graça do Evangelho, não faltou quem dentre os judeus, mesmo se dizendo cristão, não tivesse entendido o imenso benefício da graça e teimasse em manter-se sob o jugo da lei que o Senhor Deus impusera não aos servidores da justiça, mas aos servidores do pecado. Esta lei era justa para homens injustos a fim de mostrar-lhes o pecado, mas não para tirá-lo. Nada, com efeito, apaga o pecado a não ser a graça da fé que age pela caridade.

De fato, certos judeus queriam impor aos gálatas, já possuidores da graça, o peso da lei, afirmando de nada lhes aproveitar o Evangelho, a não ser que se deixassem circuncidar e adotassem os outros ritos judaicos puramente carnais.

Por esta razão começaram a suspeitar de Paulo, que lhes havia pregado o Evangelho, julgando-o infiel à doutrina dos outros apóstolos que obrigavam os gentios a viverem como judeus. O apóstolo Pedro cedera ao escândalo de tais homens e deixara-se levar à simulação, como se pensasse, também ele, que aos gentios de nada serviria o Evangelho, se não cumprissem os preceitos onerosos da lei. O apóstolo Paulo afasta-o dessa simulação como conta nesta Carta. Trata-se aqui da mesma questão que na Carta aos Romanos. Contudo nesta última parece haver outra coisa, pois acaba com uma contenda e tranquiliza a situação entre os partidários dos judeus e os gentios que haviam aceitado a fé.

Em nossa Carta, porém, dirige-se àqueles que estavam abalados por causa da autoridade daqueles judeus que os constrangiam aos preceitos da lei. Já haviam começado a dar-lhes crédito, pensando que o apóstolo Paulo não lhes havia pregado toda a verdade por não querer deixá-los circuncidar-se. Por isso começa logo assim: *Espanto-me por terdes tão depressa passado daquele que vos chamou à glória de Cristo para um outro Evangelho.*

Nesta introdução sugeriu em poucas palavras o ponto em questão. Embora na própria saudação, quando diz ser apóstolo, *não da parte dos homens nem por homem algum*

– expressão que não se encontra em nenhuma outra carta – mostre claramente serem esses tais conselheiros não da parte de Deus, mas dos homens; e ser injusto considerá-lo inferior aos outros apóstolos, quanto à autoridade do testemunho evangélico, já que sabia ser apóstolo não da parte de homens nem por um homem, mas por Jesus Cristo e Deus Pai.

Responsório   Gl 3,24-25.23
R. A lei foi **nos**so educa**dor**, que nos gui**ou** até o **Cris**to,
a **fim** de que nós **fôs**semos justifi**ca**dos pela **fé**.
 * Ao che**gar**, porém, a **fé**, não es**ta**mos mais su**jei**tos
ao an**ti**go educa**dor**.
V. Mas **an**tes que che**gas**se a época da **fé**,
nós **é**ramos guar**da**dos, tute**la**dos sob a **lei**
para a **fé** que chega**ria**. * Ao che**gar**.

HINO Te Deum, p. 589.

Laudes

Cântico evangélico, ant.

Ano A Vós **sois** a luz do **mun**do;
brilhe aos **ho**mens vossa **luz**.
Vendo eles vossas **o**bras, deem **gló**ria ao Pai ce**les**te!

Ano B **Je**sus levan**tou**-se bem **ce**do,
diri**giu**-se a um lu**gar** reti**ra**do,
e **aí** dedi**cou**-se à ora**ção**.

Ano C Ó **Mes**tre, traba**lha**mos toda a **noi**te
e **na**da conse**gui**mos apa**nhar**;
ao teu **man**do, lança**rei** de novo as **re**des.

Oração

Velai, ó Deus, sobre a vossa família, com incansável amor; e como só confiamos na vossa graça, guardai-nos sob a vossa proteção. Por nosso Senhor Jesus Cristo, vosso Filho, na unidade do Espírito Santo.

II Vésperas

Cântico evangélico, ant.

Ano A Que **bri**lhe a vossa **luz** como uma **lâm**pada
no candee**i**ro colo**ca**da,
a **fim** de ilumi**nar** a todos **quan**tos
estão **den**tro de **ca**sa.

Ano B Diziam Si**mão** e os **seus** compa**nhei**ros:
Todo o **po**vo te **bus**ca!
Je**sus** respon**deu**:
Vamos a **ou**tros lu**ga**res, às al**dei**as vi**zi**nhas,
para a**li**, também, pre**gar**, pois para **is**so é que **vim**!

Ano C Afas**tai**-vos de **mim**, Senhor Je**sus**,
porque **eu** sou um **ho**mem peca**dor**!
Si**mão**, não tenhas **me**do, nem re**cei**o!
De **gen**te se**rás** um pesca**dor**!

SEGUNDA-FEIRA

Ofício das Leituras

Primeira leitura
Da Carta de São Paulo aos Gálatas   1,13-2,10

Vocação e apostolado de Paulo

Irmãos: [1,13]Certamente ouvistes falar como foi outrora a minha conduta no judaísmo, com que excessos perseguia e devastava a Igreja de Deus [14] e como progredia no judaísmo mais do que muitos judeus de minha idade, mostrando-me extremamente zeloso das tradições paternas. [15]Quando, porém, aquele que me separou desde o ventre materno e me chamou por sua graça [16] se dignou revelar-me o seu Filho, para que eu o pregasse entre os pagãos, não consultei carne nem sangue [17] nem subi, logo, a Jerusalém para estar com os que eram apóstolos antes de mim. Pelo contrário, parti para a Arábia e, depois, voltei ainda a Damasco.

[18]Três anos mais tarde, fui a Jerusalém para conhecer Cefas e fiquei com ele quinze dias. [19]E não estive com nenhum outro apóstolo, a não ser Tiago, o irmão do Senhor. [20]Escrevendo estas coisas, afirmo diante de Deus que não estou mentindo. [21]Depois, fui para as regiões da Síria e da Cilícia. [22]Ainda não era pessoalmente conhecido das Igrejas da Judeia que estão em Cristo. [23]Apenas tinham ouvido dizer que "aquele que, antes, nos perseguia, está agora pregando a fé que, antes, procurava destruir". [24]E glorificavam a Deus por minha causa.

[2,1]Quatorze anos mais tarde, subi, de novo, a Jerusalém, com Barnabé, levando também Tito comigo. [2]Fui lá, por causa de uma revelação. Expus-lhes o Evangelho que tenho pregado entre os pagãos – o que fiz em particular aos líderes da Igreja, para não acontecer estivesse eu correndo em vão ou tivesse corrido em vão. [3]Mas nem Tito, meu companheiro, embora pagão, foi obrigado a circuncidar-se, [4]e isso, não obstante a presença de falsos irmãos, intrusos, que sorrateiramente se introduziram entre nós, para espionar a liberdade que temos em Cristo Jesus, com o fim de nos escravizarem. [5]A essas pessoas não fizemos concessão, nem por um momento, para que a verdade do Evangelho continuasse íntegra, no vosso meio. [6]Quanto aos líderes da Igreja – o que tenham sido outrora não me interessa; Deus não faz acepção de pessoas – eles não me impuseram nada de novo. [7]Pelo contrário, viram que a evangelização dos pagãos foi confiada a mim, como a Pedro foi confiada a evangelização dos judeus. [8]De fato, aquele que preparou Pedro para o apostolado entre os judeus preparou-me também a mim para o apostolado entre os pagãos. [9]Reconhecendo a graça que me foi dada, Tiago, Cefas e João, considerados as colunas da Igreja, deram-nos a mão, a mim e a Barnabé, como sinal de nossa comunhão recíproca. Assim ficou confirmado que nós

iríamos aos pagãos e eles iriam aos judeus. ¹⁰O que nos recomendaram foi somente que nos lembrássemos dos pobres. E isso procurei fazer sempre, com toda a solicitude.

Responsório Cf. 1Cor 15,10; Gl 2,8

R. Pela **graça** do **Se**nhor sou o que **sou**,
 * E a sua **graça** para **mim** não foi in**ú**til;
   está co**mi**go e para **sem**pre fica**rá**.
V. **A**quele, que esta**va** atu**an**do em **Pe**dro
   na miss**ão** dos circun**ci**sos,
   atu**ou** também em **mim** entre os genti**os**.
 * E a sua **gra**ça.

Segunda leitura

Do Brevilóquio de São Boaventura, bispo

(Prologus: Opera omnia 5,201-202) (Séc. XIII)

*Do conhecimento de Jesus Cristo
emana a compreensão de toda a Sagrada Escritura*

A fonte da Sagrada Escritura não está na investigação humana, mas na divina revelação que brota *do Pai das luzes, de quem toda paternidade no céu e na terra recebe o nome.* Desse Pai, por seu Filho Jesus Cristo, vem a nós o Espírito Santo e por este Espírito Santo, que reparte e distribui os dons a quem quer, é-nos dada a fé: *pela fé Cristo habita em nossos corações.* Ela é o conhecimento de Jesus Cristo, donde se origina a firmeza e a compreensão de toda a Sagrada Escritura.

Por conseguinte, é impossível a alguém propor-se conhecer a Sagrada Escritura antes de receber a fé em Cristo em si, infundida como lâmpada, porta e mesmo fundamento de toda ela. Enquanto estamos peregrinando longe do Senhor, a fé é o fundamento que sustenta, a lâmpada que orienta, a porta que introduz a todas as iluminações espirituais. Além do que nos é necessário medir pela medida da fé até mesmo a sabedoria que nos é dada por Deus, a fim de *não saber mais do que convém, mas com sobriedade e cada um conforme a medida da fé a ele concedida por Deus.*

Não é um resultado ou um fruto qualquer o benefício da Sagrada Escritura, em que estão as palavras de vida eterna. Ela foi escrita não apenas para que crêssemos, mas para que possuíssemos a vida eterna, onde veremos, amaremos e teremos satisfeitos todos os nossos desejos.

Sendo assim, aprenderemos verdadeiramente a *incomparável* ciência da caridade e seremos repletos *de toda a plenitude de Deus*. Nesta plenitude, esforça-se a Sagrada Escritura por introduzir-nos segundo a verdade da citada afirmação apostólica. Com este fim e nesta intenção deve-se perscrutar, ensinar e também ouvir a Sagrada Escritura.

Para alcançarmos esse fruto e meta, avançando pelo reto caminho das Escrituras, cumpre começar do princípio. É necessário que nos aproximemos do Pai das luzes com fé pura, dobrando os joelhos do coração para que, por seu Filho, no Espírito Santo, nos conceda o verdadeiro conhecimento de Jesus Cristo e, com o conhecimento, também o seu amor. Conhecendo-o, então, e amando-o, firmes na fé e arraigados na caridade, poderemos entender *a largura, a extensão, a altura e a profundidade* da Sagrada Escritura e por esta ciência chegar àquele intensíssimo conhecimento e desmedido amor da Santíssima Trindade. A ela atendem os desejos dos santos e nela se encontra a plenitude de toda a verdade e de todo o bem.

Responsório   Lc 24,27.25b

R. **Começando** por Moisés e passando os profetas,
  * **Jesus** lhes explicava a Escritura a seu respeito.
V. Ó **homens** insensatos e de **len**to coração,
   para **crer** em tudo a**qui**lo,
   que os profetas predisseram! * **Jesus.**

Oração

Velai, ó Deus, sobre a vossa família, com incansável amor; e como só confiamos na vossa graça, guardai-nos sob a vossa proteção. Por nosso Senhor Jesus Cristo, vosso Filho, na unidade do Espírito Santo.

TERÇA-FEIRA

Ofício das Leituras

Primeira leitura
Da Carta de São Paulo aos Gálatas   2,11-3,14

O justo vive da fé

Irmãos: ²,¹¹ Quando Cefas chegou a Antioquia, opus-me a ele abertamente, pois ele merecia censura. ¹² Com efeito, antes que chegassem alguns da comunidade de Tiago, ele tomava refeição com os gentios. Mas, depois que eles chegaram, Cefas começou a esquivar-se e a afastar-se, por medo dos circuncidados. ¹³ E os demais judeus acompanharam-no nessa dissimulação, a ponto de até Barnabé se deixar arrastar pela hipocrisia deles. ¹⁴ Quando vi que não estavam procedendo direito, de acordo com a verdade do Evangelho, disse a Cefas, diante de todos: "Se tu, que és judeu, vives como pagão e não como judeu, como podes obrigar os pagãos a viverem como judeus?" ¹⁵ Nós somos judeus, de nascimento, e não pecadores como os pagãos. ¹⁶ Sabendo que ninguém é justificado por observar a Lei de Moisés, mas por crer em Jesus Cristo, nós também abraçamos a fé em Jesus Cristo. Assim fomos justificados pela fé em Cristo e não pela prática da Lei, porque pela prática da Lei ninguém será justificado.

¹⁷ Mas, se buscando a nossa justificação em Cristo continuamos em nossos pecados como antes, não estaria Cristo, então, ao serviço do pecado? – De modo algum! ¹⁸ Na verdade, se eu reconstruo o que destruí, então, sim, eu me

torno transgressor. ¹⁹Aliás, foi em virtude da Lei que eu morri para a Lei, a fim de viver para Deus. Com Cristo, eu fui pregado na cruz. ²⁰Eu vivo, mas não eu, é Cristo que vive em mim. Esta minha vida presente, na carne, eu a vivo na fé, crendo no Filho de Deus, que me amou e por mim se entregou. ²¹Eu não desprezo a graça de Deus. Ora, se a justiça vem pela Lei, então Cristo morreu inutilmente.

³·¹Ó gálatas insensatos, quem é que vos fascinou? Diante de vossos olhos, não foi acaso representado, como que ao vivo, Jesus Cristo crucificado? ²Só isto quero saber de vós: Recebestes o Espírito pela prática da Lei ou pela fé através da pregação? ³Sois assim tão insensatos? A ponto de, depois de terdes começado pelo espírito, quererdes terminar pela carne? ⁴Foi acaso em vão que sofrestes tanto? Se é que foi mesmo em vão! ⁵Aquele que vos dá generosamente o Espírito e realiza milagres entre vós, faz isso porque praticais a Lei ou porque crestes, através da pregação?

⁶Como Abraão creu em Deus, e isto lhe valeu ser declarado justo, ⁷ficai pois cientes que os que creem é que são verdadeiros filhos de Abraão. ⁸E a Escritura, prevendo que Deus justificaria as nações pagãs pela fé, anunciou, muito antes, a Abraão: "em ti serão abençoadas todas as nações". ⁹Portanto, os crentes são abençoados com o crente Abraão. ¹⁰Aliás, todos os que põem sua confiança na prática da Lei estão ameaçados pela maldição, porque está escrito: "Maldito quem não cumprir perseverantemente tudo o que está escrito no livro da Lei". ¹¹Pela Lei ninguém se justifica perante Deus, isto é evidente porque o justo vive da fé. ¹²E a Lei não se funda na fé mas no cumprimento: Aquele que cumpre a Lei, por ela viverá. ¹³Cristo resgatou-nos da maldição da Lei, fazendo-se maldição por nós, pois está escrito: Maldito todo aquele que é suspenso no madeiro. ¹⁴Assim a bênção de Abraão se estendeu aos pagãos em Cristo Jesus e pela fé recebemos a promessa do Espírito.

Responsório
Gl 2,16.21b

R. Nenhum **ser** se torna **jus**to pela **prá**tica da **lei**,
    mas pela **fé** em Jesus **Cris**to.
 * Nós, tam**bém**, cremos em **Cris**to
    a **fim** de nos tor**nar**mos justificados pela **fé**,
    não pela **prá**tica da **lei**.
V. Se, pela **lei**, vem a justiça,
    então, em **vão**, morreu o **Cris**to. * Nós, tam**bém**.

Segunda leitura
Das Homilias sobre o Gênesis, de Orígenes, presbítero
(Hom. 8,6.8.9: PG 12,206-209) (Séc. III)

O sacrifício de Abraão

Abraão tomou a lenha do sacrifício e colocou-a sobre os ombros de seu filho Isaac. Tomou na mão o fogo e o cutelo, e foram ambos juntos. Ora, Isaac, carregando a lenha para o próprio holocausto, é uma figura de Cristo carregando sua cruz. No entanto levar a lenha para o holocausto é ofício de sacerdote. Torna-se então ele mesmo a vítima e o sacerdote. O que se segue: *e foram ambos juntos* refere-se a essa realidade, porque Abraão, como sacrificador, leva o fogo e o cutelo; mas Isaac não vai atrás e sim a seu lado, para que se veja que, juntamente com ele, exerce igual sacerdócio.

E depois? *Disse Isaac a seu pai Abraão: Pai!* Neste momento, uma palavra assim parece uma tentação. Como terá abalado o coração paterno esta palavra do filho que ia ser imolado! Mesmo endurecido pela fé, Abraão responde com voz branda: *Que queres, filho? E ele: Vejo o fogo e a lenha, mas onde está a ovelha para o holocausto? Abraão respondeu: Deus providenciará uma ovelha para o holocausto, meu filho.*

Impressiona-me a resposta cuidadosa e prudente de Abraão. Não sei o que via em espírito, pois responde olhando para o futuro e não para o presente: Deus mesmo providenciará uma ovelha. Assim fala do futuro ao filho que indaga pelo presente. O Senhor providenciava para si um cordeiro em Cristo.

Abraão estendeu a mão para pegar a faca e imolar o filho. O anjo do Senhor chamou-o do céu, dizendo: Abraão, Abraão. Respondeu ele: Eis-me aqui. Tornou o anjo: Não toques no menino nem lhe faças nenhum mal. Agora sei que temes a Deus. Comparemos estas palavras com as do Apóstolo a respeito de Deus: *Ele não poupou seu Filho, mas entregou-o por todos nós.* Vede Deus rivalizando com os homens em magnífica generosidade. Abraão, mortal, ofereceu a Deus o filho mortal, que não morreria então. Deus entregou à morte por todos o Filho imortal.

Olhando Abraão para trás, viu um carneiro preso pelos chifres entre os espinhos. Dissemos acima, creio, que Isaac figurava Cristo e, no entanto, também o carneiro parece figurar Cristo. É muito importante ver como ambos se relacionam a Cristo: Isaac que não foi morto e o carneiro que o foi. Cristo é o Verbo de Deus, mas o *Verbo se fez carne.*

Padece, portanto, Cristo, mas na carne; morre enquanto homem do qual o carneiro é figura; já dizia João: *Eis o Cordeiro de Deus que tira os pecados do mundo.* O Verbo, porém, permanece incorrupto, isto é, Cristo segundo o espírito; a imagem deste é Isaac. Por isto ele é vítima e também pontífice segundo o espírito. Pois aquele que oferece a vítima ao Pai, segundo a carne, este mesmo é oferecido no altar da cruz.

Responsório   Jo 19,16-17a; Gn 22,6a

R. Eles prenderam a Jesus e o conduziram.
 * E, carregando a sua cruz, Jesus saiu,
   para o lugar chamado Gólgota ou Calvário.
V. Abraão pegou a lenha do holocausto
   e a colocou sobre seu filho, Isaac.
 * E, carregando.

Oração

Velai, ó Deus, sobre a vossa família, com incansável amor; e como só confiamos na vossa graça, guardai-nos sob a vossa proteção. Por nosso Senhor Jesus Cristo, vosso Filho, na unidade do Espírito Santo.

QUARTA-FEIRA

Ofício das Leituras

Primeira leitura
Da Carta de São Paulo aos Gálatas 3,15-4,7

A função da lei

³,¹⁵ Irmãos, falo como homem: um testamento humano feito legitimamente não pode ser anulado nem modificado. ¹⁶ Ora, as promessas foram feitas a Abraão e à sua descendência. Não diz: "e a seus descendentes", como se fossem muitos, mas fala de um só: e a teu descendente que é Cristo. ¹⁷ Afirmo, portanto: o testamento autenticado por Deus não pode ser anulado, de modo que a promessa seja anulada por uma Lei, que veio quatrocentos e trinta anos depois. ¹⁸ Pois, se a herança se obtivesse pela Lei, já não proviria da promessa. Ora, Deus concedeu a graça a Abraão pela promessa.

¹⁹ Então, por que a Lei? É um apêndice acrescentado devido às transgressões, promulgado por anjos, em mão de um mediador, até que viesse o Descendente, a quem fora feita a promessa. ²⁰ Ora, não há intermediário, tratando-se de uma pessoa só, e Deus é um só. ²¹ Então, a Lei seria contra as promessas de Deus? – De modo algum! Com efeito, se tivesse sido dada uma lei capaz de comunicar a vida, então a justiça viria realmente da Lei. ²² A Escritura pôs todos e tudo sob o jugo do pecado, a fim de que, pela fé em Jesus Cristo, se cumprisse a promessa em favor dos que creem.

²³ Antes que se inaugurasse o regime da fé, nós éramos guardados, como prisioneiros, sob o jugo da Lei. Éramos

guardados para o regime da fé, que estava para ser revelado. ²⁴Assim, a Lei foi como um pedagogo que nos conduziu até Cristo, para que fôssemos justificados pela fé. ²⁵Mas, uma vez inaugurado o regime da fé, já não estamos na dependência desse pedagogo. ²⁶Com efeito, vós todos sois filhos de Deus pela fé em Jesus Cristo. ²⁷Vós todos que fostes batizados em Cristo vos revestistes de Cristo. ²⁸O que vale não é mais ser judeu nem grego, nem escravo nem livre, nem homem nem mulher, pois todos vós sois um só, em Jesus Cristo. ²⁹Sendo de Cristo, sois então descendência de Abraão, herdeiros segundo a promessa.

⁴,¹Enquanto o herdeiro é menor de idade, ele não se diferencia em nada de um escravo, embora já seja dono de todos os bens. ²É que ele depende de tutores e curadores até à data marcada pelo pai. ³Assim, nós também, quando éramos menores, estávamos escravizados aos elementos do mundo. ⁴Quando se completou o tempo previsto, Deus enviou o seu Filho, nascido de uma mulher, nascido sujeito à Lei, ⁵a fim de resgatar os que eram sujeitos à Lei e para que todos recebêssemos a filiação adotiva. ⁶E porque sois filhos, Deus enviou aos nossos corações o Espírito do seu Filho, que clama: Abá, ó Pai! ⁷Assim já não és mais escravo, mas filho; e se és filho, és também herdeiro: tudo isso, por graça de Deus.

Responsório Gl 3,27.28; cf. Ef 4,24
R. No **Cris**to bati**za**dos, revesti**mo**-nos de **Cris**to.
   Já não **há** judeu nem **gre**go,
 * Todos **nós** somos um **só** em Jesus **Cris**to, Senhor **nos**so.
V. Revesti-vos do homem **no**vo que, à i**ma**gem do Se**nhor**,
   foi criado na justi**ça** e santi**da**de verda**dei**ra.
 * Todos **nós**.

Segunda leitura
Das Cartas de Santo Ambrósio, bispo
(Ep. 35,4-6.13: PL 16 [ed. 1845],1078-1019.1081) (Séc. IV)

Somos herdeiros de Deus, co-herdeiros de Cristo

Quem, diz o Apóstolo, faz morrer pelo espírito as obras da carne, viverá. Não admira que viva, pois quem tem o Espírito de Deus se torna filho de Deus. E verdadeiro filho de Deus porque não recebe o espírito de servidão, mas de adoção dos filhos, a ponto de dar o Espírito Santo a nosso espírito o testemunho de que somos filhos de Deus. Este testemunho vem do Espírito Santo, pois é ele mesmo quem clama em nossos corações: *"Abá, meu Pai!"*, como se lê na Carta aos Gálatas. Grande testemunho é sermos filhos de Deus, porque somos assim *herdeiros de Deus, co-herdeiros de Cristo.* Co-herdeiro é aquele que é conglorificado com ele; e conglorificado é quem, sofrendo por ele, padece com ele.

Para estimular-nos à paixão, Paulo acrescenta que tudo quanto sofremos é pouco e sem proporção às recompensas dos futuros bens que se revelarão em nós. Recriados à imagem de Deus, mereceremos ver sua glória face a face.

Para aumentar a grandeza da futura revelação, o Apóstolo acrescenta que também as criaturas estão na expectativa desta revelação dos filhos de Deus, apesar de agora estarem submetidas, não por própria vontade, mas na esperança. Esperam de Cristo a paga de seus serviços. Isto é, serem libertas da escravidão da corrupção, a fim de que também elas sejam incluídas na liberdade da glória dos filhos de Deus. Deste modo haverá uma única liberdade, a liberdade das criaturas e dos filhos de Deus, quando se revelar sua glória. Na verdade agora, demorando tanto a revelação, toda criatura geme, enquanto aguarda ansiosa nossa adoção e redenção gloriosas, dando já à luz o espírito de salvação, no desejo de libertar-se da sujeição à vaidade.

O sentido é muito claro: possuindo as primícias do Espírito, eles gemem, na expectativa da adoção de filhos. Esta adoção é a redenção de todo o corpo, quando, como filho adotivo de Deus, verá face a face aquele divino e eterno Bem. Há a adoção de filhos na Igreja do Senhor, quando o Espírito clama: *Abá, Pai,* tal como se diz aos Gálatas. Contudo só será perfeita no momento em que todos ressuscitem incorruptos, belos, gloriosos, todos os que merecerem contemplar a face de Deus. Só então a condição humana se sentirá verdadeiramente remida. Por isso rejubila-se o Apóstolo ao dizer: *Pela esperança somos salvos.* A esperança salva à semelhança da fé, da qual se diz: *Tua fé te salvou.*

Responsório
Rm 8,17b; 5,9

R. De **Deus** somos her**de**iros e de **Cris**to co-her**de**iros.
* Se, com **Cris**to, pade**ce**mos, com **e**le nós se**re**mos, tam**bém**, glorifi**ca**dos.
V. Justifi**ca**dos por seu **san**gue, por **e**le nós se**re**mos salvos da **i**ra, que há de **vir**. * Se, com **Cris**to.

Oração

Velai, ó Deus, sobre a vossa família, com incansável amor; e como só confiamos na vossa graça, guardai-nos sob a vossa proteção. Por nosso Senhor Jesus Cristo, vosso Filho, na unidade do Espírito Santo.

QUINTA-FEIRA

Ofício das Leituras

Primeira leitura
Da Carta de São Paulo aos Gálatas
4,8-31

Herança divina e liberdade da nova Aliança

Irmãos: ⁸Outrora, quando não conhecíeis a Deus, servistes a falsos deuses. ⁹Agora, porém, que já conheceis a Deus, ou, melhor, que já sois conhecidos por Deus, como podeis voltar a elementos fracos e pobres e, de novo, servir a eles? ¹⁰Observais dias, meses, estações, anos! ¹¹Fazeis-me recear que me tenha afadigado inutilmente por vós!

¹²Irmãos, eu vos suplico: sede como eu, pois eu também me tornei como vós. Vós não me ofendestes em coisa alguma. ¹³Sabeis muito bem que foi uma doença que me deu ocasião de vos evangelizar, a primeira vez. ¹⁴E em razão dessa minha doença, que era para vós uma provação, não me desprezastes nem rejeitastes, mas, ao contrário, me recebestes como um anjo de Deus, como o próprio Jesus Cristo.

¹⁵Onde estão, pois, as felicitações que vós dirigíeis uns aos outros? Com efeito, eu mesmo posso testemunhar que se fosse possível, teríeis arrancado os próprios olhos para mos dar. ¹⁶Será que me tornei vosso inimigo, por vos dizer a verdade? ¹⁷Não é sincero o interesse de alguns por vós. Na verdade, o que estão querendo é separar-vos de mim, para que vos apegueis a eles. ¹⁸É coisa excelente gozar da vossa estima, baseada no bem e na constância, e não apenas quando estou presente entre vós. ¹⁹Meus filhos, por vós sinto de novo as dores do parto, até Cristo ser formado em vós. ²⁰Gostaria de estar presente entre vós e, assim, de viva voz, poder modificar a minha linguagem, pois estou perplexo a vosso respeito.

²¹Dizei-me, vós que quereis sujeitar-vos à Lei: Não ouvis o que diz a Lei? ²²Com efeito, está escrito que Abraão teve dois filhos, um da escrava e outro da livre. ²³Mas o filho da escrava nasceu segundo a carne, e o filho da livre nasceu em virtude da promessa. ²⁴Esses fatos têm um sentido alegórico, pois essas mulheres representam as duas alianças: a primeira, Hagar, vem do monte Sinai; ela gera filhos para a escravidão. ²⁵De fato, Hagar – ela lembra o monte Sinai que se encontra na Arábia – corresponde à atual Jerusalém, que é escrava com os seus filhos. ²⁶Porém, a Jerusalém celeste é livre, e é a nossa mãe. ²⁷Pois está escrito:

"Rejubila, estéril, que não dás à luz,
prorrompe em gritos de alegria,
tu que não sentes as dores do parto,
porque os filhos da mulher abandonada
são mais numerosos do que os da mulher preferida".

²⁸E vós, irmãos, como Isaac, sois filhos da promessa. ²⁹Mas, como naquele tempo o filho segundo a carne perseguia o filho segundo o espírito, assim acontece também agora. ³⁰Porém, o que diz a Escritura? "Expulsa a escrava e o seu filho, pois de modo algum o filho da escrava será herdeiro, junto com o filho da livre". ³¹Portanto, irmãos, não somos filhos de uma escrava; somos filhos da mulher livre.

Responsório   Cf. Gl 4,28.31; 5.1a; 2Cor 3,17
R. Somos filhos da Promessa à semelhança de Isaac;
   somos filhos, não da escrava, e sim, da mulher livre.
 * Jesus nos libertou a fim de sermos livres.
V. O Senhor é Espírito, e onde está o seu Espírito,
   aí está a liberdade. * Jesus.

Segunda leitura

Do Comentário sobre a Carta aos Gálatas, de Santo Agostinho, bispo

(Nn. 37.38: PL 35,2131-2132)   (Séc. V)

Forme-se Cristo em vós

Diz o Apóstolo: *Sede como eu*. Embora judeu por nascimento, desprezo em meu espírito as prescrições segundo a carne. *Porque também eu, como vós, sou homem*. Em seguida, com delicadeza, ele os faz reconsiderar sua caridade, para que não o tratem como inimigo. Assim fala: *Irmãos, suplico-vos, não me ofendestes em nada*. Como se dissesse: "Não julgueis que desejo ofender-vos".

Por isto diz ainda: *Filhinhos*, para que o imitem como pai. *A quem*, continua, *dou de novo à luz até que Cristo se forme em vós*. Fala principalmente na pessoa da santa mãe Igreja, pois declara em outro lugar: *Tornei-me pequenino entre vós, como mãe que acalenta seus filhos.*

No crente, Cristo se forma, pela fé, no homem interior, chamado à liberdade da graça, manso e humilde de coração, que não se envaidece pelos méritos de suas obras, que são nulas. Se ele começa a ter algum mérito, deve-o à própria graça. A este pode chamar seu mínimo e identificá-lo consigo aquele que disse: *O que fizestes a um dos mínimos meus, a mim o fizestes*. Cristo é formado naquele que recebe a forma de Cristo. Recebe a forma de Cristo quem adere a Cristo com espiritual amor.

Disto decorre que, imitando-o, se torne o que ele é, na medida que lhe é possível. *Quem diz estar em Cristo,* fala João, *deve caminhar como também ele caminhou.*

Visto como os homens são concebidos pelas mães para se formar e, uma vez formados, são dados à luz do nascimento, surpreendem-nos as palavras: *De novo dou à luz até que Cristo se forme em vós*. Temos de entender este novo parto como a aflição dos cuidados que ele suporta por aqueles pelos quais sofre até que Cristo nasça. De novo sofre as dores do parto por causa da sedução perigosa que os perturba. Semelhante solicitude a respeito deles, que o faz dizer estar em dores do parto, pode continuar *até que cheguem à medida da idade perfeita de Cristo, de maneira que já não se deixem levar por todo vento de doutrina*. Não está solícito, portanto, em relação à fé inicial deles, pois já haviam nascido, mas quanto a seu fortalecimento e perfeição. Assim é que ele diz: *A quem de novo dou à luz, até que Cristo se forme em vós*. Com outras palavras refere-se ao mesmo sofrimento: *Os meus cuidados de todos os dias, a solicitude por todas as Igrejas. Quem se enfraquece sem que eu também me torne fraco? Quem tropeça, que eu não me ponha a arder?*

Responsório

Ef 4,15;Pr 4,18

R. Vivendo a verdade no amor,
* Cresçamos em tudo naquele
  que é o Cabeça: o Cristo Jesus.
V. O caminho do justo é como a luz da aurora,
  que vai clareando, até ser dia perfeito. * Cresçamos

Oração

Velai, ó Deus, sobre a vossa família, com incansável amor; e como só confiamos na vossa graça, guardai-nos sob a vossa proteção. Por nosso Senhor Jesus Cristo, vosso Filho, na unidade do Espírito Santo.

SEXTA-FEIRA

Ofício das Leituras

Primeira leitura
Da Carta de São Paulo aos Gálatas 5,1-25

A liberdade na vida dos fiéis

Irmãos: ¹É para a liberdade que Cristo nos libertou. Ficai pois firmes e não vos deixeis amarrar de novo ao jugo da escravidão. ²Eis que eu, Paulo, vos digo que Cristo não será de nenhum proveito para vós, se vos deixardes circuncidar. ³Mais uma vez, atesto a todo homem circuncidado que ele está obrigado a observar toda a Lei. ⁴Vós que procurais a vossa justificação na Lei, rompestes com Cristo, decaístes da graça. ⁵Quanto a nós, que nos deixamos conduzir pelo Espírito, é da fé que aguardamos a justificação, objeto de nossa esperança. ⁶Com efeito, em Jesus Cristo, o que vale é a fé agindo pela caridade; observar ou não a circuncisão não tem valor algum.

⁷Corríeis tão bem! Quem vos impediu de obedecerdes à verdade? ⁸Essa influência não pode vir daquele que vos chama! ⁹Um pouco de fermento fermenta a massa toda! ¹⁰Confio em vós, no Senhor, que não pensareis de maneira

diferente. Porém, aquele que vos perturba, seja quem for, terá o merecido castigo. [11]Quanto a mim, irmãos, se ainda prego a observância da circuncisão, por que então sou perseguido? Mas, neste caso, ficaria esvaziado o escândalo da cruz. [12]Oxalá se mutilassem de vez aqueles que vos inquietam!

[13]Sim, irmãos, fostes chamados para a liberdade. Porém, não façais dessa liberdade um pretexto para servirdes à carne. Pelo contrário, fazei-vos escravos uns dos outros, pela caridade.

[14]Com efeito, toda a Lei se resume neste único mandamento: "Amarás o teu próximo como a ti mesmo". [15]Mas, se vos mordeis e vos devorais uns aos outros, cuidado para não serdes consumidos uns pelos outros.

[16]Eu vos ordeno: Procedei segundo o Espírito. Assim, não satisfareis aos desejos da carne. [17]Pois a carne tem desejos contra o espírito, e o espírito tem desejos contra a carne. Há uma oposição entre carne e espírito, de modo que nem sempre fazeis o que gostaríeis de fazer.

[18]Se, porém, sois conduzidos pelo Espírito, então não estais sob o jugo da Lei. [19]São bem conhecidas as obras da carne: fornicação, libertinagem, devassidão, [20]idolatria, feitiçaria, inimizades, contendas, ciúmes, iras, intrigas, discórdias, facções, [21]invejas, bebedeiras, orgias, e coisas semelhantes a estas. Eu vos previno, como aliás já o fiz: os que praticam essas coisas não herdarão o Reino de Deus. [22]Porém, o fruto do Espírito é: caridade, alegria, paz, longanimidade, benignidade, bondade, lealdade, [23]mansidão, continência. Contra estas coisas não existe lei.

[24]Os que pertencem a Jesus Cristo crucificaram a carne com suas paixões e seus maus desejos. [25]Se vivemos pelo Espírito, procedamos também segundo o Espírito, corretamente.

Responsório   Gl 5,18.22a.25
R. Se, pelo Espírito, **sois** conduzidos,
    não es**tais** submetidos à **lei**.
* O **fru**to do Espírito é **amor**, alegria, bondade e **paz**.
V. Se vivemos, ir**mãos**, pelo Espírito,
    cami**nhe**mos tam**bém** pelo Espírito. * O **fru**to.

Segunda leitura
Dos Sermões de São Leão Magno, papa

(Sermo in Nativitate Domini 7,2.6: PL 54,217-218.220-221
(Séc. V)

Toma consciência da dignidade de tua natureza

Tendo nascido, Nosso Senhor Jesus Cristo, verdadeiro homem, que jamais deixou de ser Deus verdadeiro, iniciou em si uma nova criação. Na figura do seu nascimento, ele entregou ao gênero humano um princípio segundo o espírito. Que inteligência poderá compreender este mistério? Que lábios o poderão contar? A iniquidade voltou à inocência, a velhice, à novidade, filhos alheios são adotados como próprios, e estranhos têm parte na herança!

Acorda, ó homem; toma consciência da dignidade de tua natureza. Recorda-te de teres sido feito à imagem de Deus que, embora corrompida em Adão, foi recriada em Cristo. Portanto, usa de modo justo das criaturas visíveis, como gozas da terra, do mar, do céu, do ar, das fontes, dos rios e tudo quanto neles achas de belo e de admirável. Por tudo dá louvor e glória ao Criador!

Aprecia com os sentidos do corpo a luz material. Com toda a intensidade do espírito abraça aquela verdadeira *luz que ilumina todo homem que vem a este mundo* e à qual se refere o Profeta: *Aproximai-vos dele e sereis iluminados e vossos rostos não se cobrirão de confusão*. Se somos templo de Deus e se o Espírito de Deus habita em nós, o que qualquer fiel possui no coração é muito maior do que tudo quanto se admira no céu.

Caríssimos, não vos estamos sugerindo ou aconselhando a desprezardes as obras de Deus ou a julgardes haver algo contrário à vossa fé nos bens criados pelo Deus de bondade. Nós vos exortamos, porém, a usardes com medida e discernimento da beleza de toda criatura e dos valores do universo, *pois Aquilo que se vê é temporário,* como diz o Apóstolo, *quanto ao que não se vê, é eterno.* Por conseguinte, nascidos para as realidades presentes, renascidos, porém, para as futuras não nos entreguemos aos bens temporais, mas estejamos atentos aos eternos. Para percebermos mais de perto nossa esperança, pensemos sobre o que a graça divina trouxe à nossa natureza. Ouçamos o Apóstolo: *Estais mortos e vossa vida está escondida com Cristo em Deus. Quando Cristo, vossa vida, aparecer, então também vós aparecereis com ele na glória.* Ele que vive e reina com o Pai e o Espírito Santo por todos os séculos dos séculos. Amém.

Responsório   Sl 143(144),9; 117(118),28
R. Um canto **novo**, meu **Deus**, vou can**tar**-vos;
 * Nas dez **cor**das da **har**pa, louvar-vos.
V. Vós sois meu **Deus**, eu vos ben**di**go e agradeço!
 Vós sois meu **Deus**, eu vos exalto com louvores!
 * Nas dez **cor**das.

Oração
Velai, ó Deus, sobre a vossa família, com incansável amor; e como só confiamos na vossa graça, guardai-nos sob a vossa proteção. Por nosso Senhor Jesus Cristo, vosso Filho, na unidade do Espírito Santo.

SÁBADO

Ofício das Leituras

Primeira leitura
Da Carta de São Paulo aos Gálatas 5,25-6,18

Conselhos sobre a caridade e o zelo

Irmãos: ⁵,²⁵ Se vivemos pelo Espírito, procedamos também segundo o Espírito, corretamente. ²⁶ Não busquemos vanglória, provocando-nos ou invejando-nos uns aos outros.

⁶,¹ No caso de alguém ser surpreendido numa falta, vós, que sois espirituais, corrigi esse tal, em espírito de mansidão. E que cada um de vós vigie sobre si mesmo, para não ser surpreendido também por alguma tentação. ² Carregai os fardos uns dos outros: assim cumprireis a lei de Cristo. ³ Pois, se alguém julga ser uma pessoa importante, quando na verdade não é nada, está se iludindo a si mesmo. ⁴ Cada qual examine a sua própria maneira de agir e, então, poderá ter de que se gloriar, mas somente em relação a si mesmo e não em relação a outrem. ⁵ Pois cada qual tem que carregar o seu próprio fardo.

⁶ Aquele que recebe o ensinamento da Palavra torne quem o instrui participante de todos os seus bens. ⁷ Não vos iludais, de Deus não se zomba, pois o que o homem tiver semeado, é isso que vai colher. ⁸ Quem semeia na sua própria carne, da carne colherá corrupção. Quem semeia no espírito, do espírito colherá a vida eterna. ⁹ Não desanimemos de fazer o bem, pois no tempo devido haveremos de colher, sem desânimo. ¹⁰ Portanto, enquanto temos tempo, façamos o bem a todos, principalmente aos irmãos na fé.

¹¹ Vede com que grandes letras eu vos escrevo, de próprio punho. ¹² Os que desejam sobressair na ordem da carne, esses é que vos obrigam à circuncisão, unicamente para não serem perseguidos por causa da cruz de Cristo. ¹³ Pois nem eles mesmos que são circuncidados observam a Lei,

mas querem que vos circuncideis para se gloriarem na vossa carne. ¹⁴Quanto a mim, que eu me glorie somente da cruz do Senhor nosso, Jesus Cristo. Por ele, o mundo está crucificado para mim, como eu estou crucificado para o mundo.

¹⁵Pois nem a circuncisão, nem a incircuncisão têm valor, o que conta é a criação nova. ¹⁶E para todos os que seguirem esta norma, como para o Israel de Deus: paz e misericórdia.

¹⁷Doravante, que ninguém me moleste, pois eu trago em meu corpo as marcas de Jesus.

¹⁸Irmãos, a graça do Senhor nosso, Jesus Cristo, esteja convosco. Amém!

Responsório   Gl 6,7b-8; Jo 6,63a
R. O que o homem semear, isso, também, há de ceifar:
    quem semear na sua carne, colherá a corrupção;
  * Quem no Espírito semear, colherá a vida eterna.
V. Quem dá vida é o Espírito; para nada serve a carne.
  * Quem no Espírito.

Segunda leitura
Dos Sermões do Bem-aventurado Isaac, abade do mosteiro de Stella
(Sermo 31: PL 194,1292-1293)   (Séc. XII)

A supremacia da caridade

Por que, irmãos, somos tão pouco solícitos em buscar ocasiões de salvação uns para os outros? Tão pouco cuidadosos em mais ajudarmo-nos mutuamente onde a necessidade for maior em carregar os fardos dos irmãos? O Apóstolo a isto nos exorta dizendo: *Carregai os fardos uns dos outros e cumprireis assim a lei de Cristo;* e em outro lugar: *Suportando-vos reciprocamente na caridade.* É esta, na verdade, a lei de Cristo.

Se há em meu irmão – seja por indigência seja por fraqueza corporal ou de educação – alguma coisa de incorrigível, por que não a suporto com paciência, e não a levo de bom grado? Pois está escrito: *Seus filhos serão levados aos ombros e consolados no regaço?* Não será porque me falta aquela caridade que tudo sofre, que é paciente para suportar e benigna para amar?

Certamente esta é a lei de Cristo, dele que *assumiu verdadeiramente nossas enfermidades* pela paixão *e suportou nossas dores* pela compaixão, amando os que carregava, carregando os que amava.

Quem ataca o irmão em necessidade, quem põe armadilhas de qualquer tipo à sua fraqueza, está, sem dúvida alguma, sujeito à lei do demônio e a obedece. Sejamos então compassivos uns pelos outros, amantes da fraternidade, pacientes com as fraquezas, perseguidores dos vícios.

Toda vida que se preocupa sinceramente com o amor de Deus e, por ele, com o amor do próximo, é mais aprovada por Deus, sejam quais forem suas observâncias ou seus usos religiosos. A caridade é aquela em vista da qual tudo se deve fazer ou não fazer, mudar ou não mudar. É ela o princípio e o fim que devem regular tudo. Nada é culpável quando feito por ela e em conformidade com ela.

Oxalá ela nos seja concedida por aquele a quem não podemos agradar sem ela, pois sem ele nada absolutamente podemos, ele que vive e reina, Deus, pelos séculos infindos. Amém.

Responsório 1Jo 3,11; Gl 5,14a
R. É **esta** a men**sag**em que ou**vis**tes desde o **iní**cio:
* **Amai**-vos uns aos **outros**.
V. Toda a **lei** se encerra **nisso**: * **Amai**-vos.

Oração

Velai, ó Deus, sobre a vossa família, com incansável amor; e como só confiamos na vossa graça, guardai-nos sob a vossa proteção. Por nosso Senhor Jesus Cristo, vosso Filho, na unidade do Espírito Santo.

6º DOMINGO DO Tempo Comum
II Semana do Saltério

I Vésperas

Cântico evangélico, ant.

Ano A Quem praticar e ensinar a minha **Lei**,
no **Rei**no dos **Céus** há de ser **gran**de.

Ano B Se **que**res, ó Se**nhor**, tu **po**des me cu**rar**!
Je**sus** lhe respon**deu**: Eu **que**ro, sê cu**rado**!

Ano C Felizes de **vós**, que sois **po**bres,
porque **vos**so é o **Rei**no de **Deus**!
Felizes de **vós**, os fa**min**tos,
pois **to**dos se**reis** saciados!

Oração

Ó Deus, que prometestes permanecer nos corações sinceros e retos, dai-nos, por vossa graça, viver de tal modo, que possais habitar em nós. Por nosso Senhor Jesus Cristo, vosso Filho, na unidade do Espírito Santo.

Ofício das Leituras

Primeira leitura
Início do Livro dos Provérbios   1,1-7.20-33

Exortação para escolher a sabedoria

¹ Provérbios de Salomão, filho de Davi, rei de Israel:
² para aprender a sabedoria e a disciplina,
para compreender as sentenças de prudência,
³ para adquirir o conhecimento da doutrina,
a justiça, o direito e a equidade,
⁴ para ensinar sagacidade aos simples,
saber e reflexão aos jovens.
⁵ Que o sábio escute, e aumente o seu saber,
e que o prudente adquira a arte de dirigir,

⁶para penetrar provérbios e sentenças obscuras,
os ditos dos sábios e os seus enigmas.
⁷O temor do Senhor é o princípio do saber:
os insensatos desprezam sabedoria e disciplina.
²⁰A Sabedoria prega pelas ruas,
levanta a voz nas praças,
²¹grita nas encruzilhadas,
e anuncia nas portas da cidade:
²²"Até quando, ingênuos, amareis a ingenuidade,
e vós, insolentes, vos empenhareis na insolência,
e vós, insensatos, odiareis o saber?
²³Convertei-vos à minha exortação:
eis que derramarei o meu espírito
e vos comunicarei minhas palavras.
²⁴Porque vos chamei, e recusastes,
estendi a minha mão e não fizestes caso,
²⁵recusastes todos os meus conselhos
e não aceitastes minhas exortações;
²⁶por isso hei de rir de vossa desgraça,
zombarei quando vos chegar o espanto.
²⁷Quando vos sobrevier o terror como tempestade,
quando vossa desgraça chegar como um redemoinho,
quando caírem sobre vós a tribulação e a angústia!"
²⁸Então, me invocarão, e não os escutarei,
me buscarão, e não me encontrarão!
²⁹Porque odiaram o saber
e não escolheram o temor do Senhor;
³⁰não aceitaram os meus conselhos
e recusaram todas as minhas exortações.
³¹Comerão, pois, o fruto do seu comportamento,
e ficarão fartos dos seus conselhos!
³²Sua rebelião ingênua os levará à morte,
sua tola segurança acabará com eles.
³³Mas quem me escuta viverá sem medo,
tranquilo e sem temer nenhum mal.

Responsório   Rm 12,16b; 1Cor 3,18b-19a; 1,23a.24b

R. Não vos **con**si**der**eis como **sáb**ios;
   se al**guém** dentre **vós** se jul**gar**
   ser **sáb**io aos **o**lhos do **mun**do,
   torne-se es**tul**to a **fim** de ser **sáb**io;
* Pois a **sab**edo**ri**a do **mun**do é lou**cu**ra aos **o**lhos de **Deus**.
V. É **Cris**to que **a**nuncia**mos**, Jesus Cristo, o **Cru**cifi**ca**do,
   poder e **sab**edo**ri**a de **Deus**. * Pois a **sab**edo**ri**a.

Segunda leitura

Do Comentário sobre o Diatéssaron, de Santo Efrém, diácono

(1,18-19: SCh 121,52-53)   (Séc. IV)

A Palavra de Deus, fonte inexaurível de vida

Que inteligência poderá penetrar uma só de vossas palavras, Senhor? Como sedentos a beber de uma fonte, ali deixamos sempre mais do que aproveitamos. A Palavra de Deus, diante das diversas percepções dos discípulos, oferece múltiplas facetas. O Senhor coloriu com muitos tons sua palavra. Assim, quem quiser conhecê-la, pode nela contemplar aquilo que lhe agrada. Nela escondeu inúmeros tesouros, para que neles se enriqueçam todos os que a eles se aplicarem.

A Palavra de Deus é a árvore da vida a oferecer-te por todos os lados o fruto abençoado, à semelhança do rochedo fendido no deserto que, por todo lado, jorrou a bebida espiritual. *Comiam*, diz o Apóstolo, do *alimento espiritual e bebiam da bebida espiritual.*

Se, portanto, alguém alcançar uma parcela desse tesouro, não pense que este seja o único conteúdo desta palavra, mas considere que encontrou apenas uma porção do muito nela contido. Se só esta parcela esteve a seu alcance, não diga que essa palavra seja pobre e estéril, nem a despreze. Pelo contrário, visto que não pode abraçá-la totalmente, dê graças por sua riqueza. Alegra-te por seres vencido, não te entristeças por te ultrapassar. O sedento enche-se de gozo ao beber e não se aborrece por não poder esgotar a fonte. Vença a fonte a tua sede, mas não vença a tua sede a fonte. Pois, se tua sede se sacia sem que a fonte se esgote, quando estiveres novamente sedento, dela poderás beber. Se, porém, saciada tua sede também se secasse a fonte, tua vitória redundaria em mal.

Dá graças, então, pelo que recebeste. Pelo que ainda restou e transbordou não te entristeças. Aquilo que recebeste e a que chegaste é a tua parte. O que sobrou é tua herança. Se, por fraqueza tua, em uma hora não consegues entender, em outras horas, se perseverares, poderás recebê-lo. Não te esforces, com maligna intenção, por beber de um só trago aquilo que não pode ser tomado de uma vez. Não desistas, por indolência, de tomá-lo aos poucos.

Responsório   1Pd 1,25; cf. Br 4,1
R. A **Palavra** do Se**nhor** perma**nec**e eterna**men**te;
 * E **esta** é a Palavra que vos **foi** anunciada.
V. Ela é o **livro** dos pre**cei**tos do Se**nhor** e a lei e**ter**na;
 e **to**dos os que a **seguem**, plena **vi**da hão de **ter**.
 * E esta.
HINO Te Deum, p. 589.

Laudes

Cântico evangélico, ant.

Ano A Se **não** supe**rar** vossa justiça
 a **dos** fari**seus** e dos es**cri**bas,
 no **Rei**no dos **Céus** não entrareis!

Ano B Jesus teve **pe**na do le**pro**so,
 esten**deu** sua **mão** e o to**cou**;
 e ele **logo** ficou purificado.

Ano C Felizes de **vós** que cho**rais**,
 porque have**reis** de sor**rir**!

Oração

Ó Deus, que prometestes permanecer nos corações sinceros e retos, dai-nos, por vossa graça, viver de tal modo, que possais habitar em nós. Por nosso Senhor Jesus Cristo, vosso Filho, na unidade do Espírito Santo.

II Vésperas

Cântico evangélico, ant.

Ano A Se estás para fazer ao Senhor a tua oferta,
e diante do altar
te lembrares que o irmão tem algo contra ti,
reconcilia-te com ele, e faze, então, a tua oferta!

Ano B Não digas nada a ninguém,
mas vai mostrar-te ao sacerdote
para servir de testemunho.
Mas o homem foi embora
e começou a divulgar e a espalhar esta notícia.

Ano C Felizes haveis de ser,
quando os homens vos odiarem
por causa do Filho do Homem.
Alegrai-vos naquele dia
e exultai, porque será grande
nos céus vossa recompensa!

SEGUNDA-FEIRA

Ofício das Leituras

Primeira leitura
Do Livro dos Provérbios   3,1-20

Como encontrar a sabedoria

Meu filho, não esqueças as minhas instruções,
e guarda no coração os meus preceitos;
porque te trarão, certamente, duradouros dias e anos
de vida e paz.

³ O amor e a fidelidade não te abandonem,
ata-os ao pescoço,
inscreve-os nas tábuas do teu coração,
⁴ e alcançarás graça e bom sucesso
diante de Deus e dos homens.
⁵ Confia no Senhor com todo o teu coração,
não te fies em tua própria inteligência;
⁶ em todos os teus caminhos, reconhece-o,
e ele conduzirá teus passos.
⁷ Não sejas sábio aos teus próprios olhos;
teme ao Senhor e evita o mal.
⁸ Será a saúde para a tua carne
e refrigério para os teus ossos.
⁹ Honra ao Senhor com a tua riqueza,
e com as primícias de todos os teus frutos;
¹⁰ e os teus celeiros estarão cheios de trigo,
os teus lagares transbordarão de vinho novo.
¹¹ Meu filho, não desprezes a disciplina do Senhor,
nem te canses quando ele te corrige;
¹² porque o Senhor repreende os que ele ama,
como um pai, o filho preferido.
¹³ Feliz o homem que encontrou a sabedoria,
o homem que alcançou a prudência!
¹⁴ Ganhá-la vale mais do que a prata,
e o seu lucro mais do que o ouro.
¹⁵ É mais valiosa do que as pérolas;
nada que desejas a iguala.
¹⁶ Em sua direita: longos anos;
em sua esquerda: riquezas e honra!
¹⁷ Os seus caminhos são deliciosos,
todas as suas veredas são de paz.
¹⁸ É uma árvore de vida para os que a colhem
e felizes são os que a retêm.
¹⁹ O Senhor alicerçou a terra com a sabedoria,
e firmou o céu com a inteligência;

²⁰ por seu saber foram abertos os abismos,
e as nuvens destilam o orvalho.

Responsório
Pr 3,11.12; Hb 12,7b

R. Não rejeites as lições do Senhor **Deus**,
nem desanimes, quando ele te corrige;
* Pois o Senhor corrige aqueles a quem ama,
como um **pai** corrige o **f**ilho preferido.
V. Deus nos **tr**ata como **f**ilhos, meus ir**mãos**;
e qual o **pai** que não corrige o seu **f**ilho?
* Pois o Senhor.

Segunda leitura
Dos Sermões de São Bernardo, abade
(Sermo de diversis 15: PL 183,577-579) (Séc. XII)

A busca da sabedoria

Trabalhemos pelo alimento que não se perde. Trabalhemos na obra de nossa salvação. Trabalhemos na vinha do Senhor, para merecermos receber o salário de cada dia. Trabalhemos na sabedoria, pois esta diz: *Quem trabalha em mim, não pecará. O campo é o mundo,* diz a Verdade. Cavemos nele, pois aí está um tesouro escondido. Vamos desenterrá-lo! E assim a sabedoria, que se extrai de coisas ocultas. Todos nós a buscamos, todos nós a desejamos.

Foi dito: *se quereis procurá-la, procurai. Convertei-vos e vinde!* Queres saber do que te converter? *Afasta-te de tuas vontades.* Mas se não encontro em minhas vontades, onde então encontrarei a sabedoria? Minha alma deseja-a ardentemente; se vier a encontrá-la, isto não me basta. Cumpre pôr *em meu seio uma medida boa, apertada, sacudida e transbordante.* Tens razão. *Feliz é o homem que encontra a sabedoria e que está cheio de prudência.* Procura-a, pois, enquanto podes encontrá-la; e enquanto está perto, chama-a!

Queres saber como está perto a sabedoria? *Perto está a palavra, no teu coração e na tua boca;* mas somente se a procurares de coração reto. No coração encontrarás a sabedoria, e a prudência fluirá de teus lábios. Cuida, porém, de tê-la em abundância e que não te escape como num vômito.

Na verdade, se encontraste a sabedoria, encontraste mel. Não comas demasiado, para que, saciado, não o vomites. Come de modo a sempre teres fome. A própria sabedoria o diz: *Aqueles que me comem, ainda têm fome.* Não julgues já teres muito. Não te sacies para que não vomites e te seja retirado aquilo que pareces possuir, por teres desistido de procurar antes do tempo. Pelo fato de a sabedoria poder ser encontrada enquanto está perto, não se deve deixar de buscá-la e invocá-la. De outro modo, como disse ainda Salomão: *assim como não faz bem a alguém tomar o mel em demasia, assim quem perscruta a majestade, sente-se oprimido pela glória.*

Feliz o homem que encontra a sabedoria. Feliz, ou, antes, muito mais feliz *quem mora na sabedoria.* Talvez Salomão queira aqui significar a superabundância. São três as razões de fluírem em tua boca a sabedoria e a prudência: se houver nos lábios primeiro a confissão da própria iniquidade; segundo a ação de graças e o canto de louvor; terceiro a palavra de edificação. Na verdade *pelo coração se crê para a justiça, pela boca se confessa para a salvação.* De fato, começando a falar, o justo se acusa. Depois, engrandece ao Senhor. Em terceiro, se até este ponto transborda a sabedoria, deve edificar o próximo.

Responsório Sb 7,10ab.11a; 8,2ac
R. Amei a **sabedo**ria mais que a sa**ú**de e a be**le**za
e resol**vi** conservá-la, como a **luz** que me **guia**.
*Junto com **ela** vieram todos os **bens** para **mim**.
V. Eu a bus**quei** e a a**mei**, desde a i**da**de de **jo**vem,
apaixo**na**do fi**quei** de **su**a beleza. *Junto com ela.

Oração

Ó Deus, que prometestes permanecer nos corações sinceros e retos, dai-nos, por vossa graça, viver de tal modo, que possais habitar em nós. Por nosso Senhor Jesus Cristo, vosso Filho, na unidade do Espírito Santo.

TERÇA-FEIRA

Ofício das Leituras

Primeira leitura
Do Livro dos Provérbios   8,1-5.12-36

Louvor da Sabedoria eterna

¹ A sabedoria não chama?
a inteligência não levanta a voz?
² Nos montículos, ao longo do caminho,
de pé nas encruzilhadas,
³ junto às portas na entrada da cidade,
nos portões de saída ela grita:
⁴ "A vós, homens, eu chamo,
dirijo-me aos filhos dos homens.
⁵ Os ingênuos aprendam a sagacidade,
os insensatos adquiram bom senso;
¹² Eu, a sabedoria, moro com a prudência,
tenho companhia com a reflexão.
¹³ O temor do Senhor odeia o mal.
Detesto o orgulho e a soberba,
o mau caminho e a boca falsa.
¹⁴ Eu possuo o conselho e a prudência,
são minhas a inteligência e a fortaleza;
¹⁵ é por mim que reinam os reis,
e os príncipes decretam leis justas;
¹⁶ por mim governam os governadores,
e os poderosos dão sentenças justas.
¹⁷ Eu amo os que me amam,

e os que madrugam por mim hão de me encontrar.
¹⁸Comigo estão a riqueza e a honra,
a prosperidade e a justiça.
¹⁹O meu fruto é melhor do que o ouro puro,
o meu lucro vale mais do que a prata.
²⁰Eu caminho pela estrada da justiça
e ando pelas veredas do direito,
²¹para levar o bem aos que me amam,
e encher os seus tesouros.
²²O Senhor me possuiu como primícias de seus caminhos,
antes de suas obras mais antigas;
²³desde a eternidade fui constituída,
desde o princípio, antes das origens da terra.
²⁴Fui gerada quando não existiam os abismos,
quando não havia os mananciais das águas,
²⁵antes que fossem estabelecidas as montanhas,
antes das colinas fui gerada.
²⁶Ele ainda não havia feito as terras e os campos,
nem os primeiros vestígios de terra do mundo.
²⁷Quando preparava os céus, ali estava eu,
quando traçava a abóbada sobre o abismo,
²⁸quando firmava as nuvens lá no alto
e reprimia as fontes do abismo,
²⁹quando fixava ao mar os seus limites
– de modo que as águas não ultrapassassem suas bordas –
e lançava os fundamentos da terra,
³⁰eu estava ao seu lado como mestre de obras;
eu era seu encanto, dia após dia,
brincando, todo o tempo, em sua presença,
³¹brincando na superfície da terra,
e alegrando-me em estar com os filhos dos homens.
³²Agora, meus filhos, escutai-me:
felizes os que seguem os meus caminhos;
³³ouvi minhas instruções, e tornai-vos sábios
e não as desprezeis.

³⁴ Feliz o homem que me escuta,
velando em minhas portas cada dia,
guardando a minha entrada!
³⁵ Quem me achar, encontrará a vida
e gozará das delícias do Senhor.
³⁶ Quem me ofender, arruína-se a si mesmo:
os que me odeiam amam a morte.

Responsório   Pr 8,22; Jo 1,1
R. O Senhor me possuía no princípio de suas vias,
 * E já antes de ter feito qualquer obra mais antiga.
V. A Palavra, no princípio, estava com Deus
e a Palavra era Deus. * E já antes.

Segunda leitura
Dos Sermões contra os Arianos, de Santo Atanásio, bispo

(Oratio 2,78.81-82: PG 26,311.319)   (Séc. IV)

*O conhecimento do Pai
através da Sabedoria criadora e humana*

A unigênita Sabedoria de Deus é quem cria e dá realidade a tudo. *Tudo,* como se disse, *fizeste na sabedoria;* e também: *A terra está repleta de tua criação.*

Para que as coisas não apenas existissem, mas existissem boamente, aprouve a Deus doar-se, por meio de sua Sabedoria, a todas as suas criaturas, imprimindo-lhes alguma coisa da semelhança e da beleza de si mesmo em todas e em cada uma. Deste modo tornou claro serem todas as criaturas ornadas de sabedoria e obras dignas de Deus.

Assim como nossa palavra ou verbo é a imagem do Verbo, o Filho de Deus, também a sabedoria posta em nós é a sua imagem da sabedoria do Verbo de Deus, isto é, da própria Sabedoria. Na sabedoria posta em nós, tendo a capacidade de saber e de compreender, nós nos tornamos aptos a receber a Sabedoria criadora e, por ela, a conhecer o seu Pai. *Porque quem tem o Filho,* diz ele, *tem também o*

Pai, e: *Quem me recebe, recebe aquele que me enviou*. Por conseguinte, já que uma forma criada da Sabedoria existe em nós e em tudo, é justo que a verdadeira e criadora Sabedoria reconheça pertencer-lhe esta forma e diga: *O Senhor me criou em suas obras*.

Mas *porque*, como já explicamos, *o mundo não conheceu a Deus pela sabedoria, foi do agrado de Deus salvar os que creem pela estupidez da pregação*. Já não mais, como nos tempos antigos, Deus quis ser conhecido pela imagem e sombra da sabedoria existente nas coisas criadas, mas quis que a verdadeira Sabedoria, ela mesma, assumisse a carne, se fizesse homem e padecesse a morte da cruz, a fim de que nela firmados pela fé, todos os que creem pudessem ser salvos de então em diante.

Portanto, é a Sabedoria de Deus, a mesma que anteriormente, por sua própria imagem impressa nas criaturas – e por isso a chamamos sabedoria criada – se fazia conhecer não somente a si, como ainda, através de si, o seu Pai. Depois, ela ainda, que é o Verbo, fez-se carne, como disse São João e, destruída a morte e libertada nossa raça, manifestou-se a si mesma e, em si, também ao Pai, de modo ainda mais claro. Daí estas palavras: *Dá-lhes que te conheçam a ti, único verdadeiro Deus, e ao que enviaste, Jesus Cristo*.

Por isto, a terra inteira está cheia de seu conhecimento. Na verdade, um só é o conhecimento que temos do Pai através do Filho e do Filho a partir do Pai. O Pai alegra-se com a única e mesma alegria com que o Filho se delicia no Pai, dizendo: *Era eu que fazia sua alegria, em sua presença, cada dia, eu me deliciava*.

Responsório Cl 2,6.9; Mt 23,10b

R. **Meus irmãos**, como acol**hestes** Jesus **Cristo** por **Senhor**, assim **nele caminhai**.
* **Nele** habita, corporal**mente**, a divina plenitu**de**.

V. Vosso Mestre é um so**men**te, é Jesus **Cris**to, o **Se**nhor.
* Nele **ha**bita.

Oração

Ó Deus, que prometestes permanecer nos corações sinceros e retos, dai-nos, por vossa graça, viver de tal modo, que possais habitar em nós. Por nosso Senhor Jesus Cristo, vosso Filho, na unidade do Espírito Santo.

QUARTA-FEIRA

Ofício das Leituras

Primeira leitura
Do Livro dos Provérbios   9,1-18

Sabedoria e insensatez

¹A Sabedoria construiu sua casa,
levantou sete colunas.
²Imolou suas vítimas, misturou o vinho
e preparou a sua mesa.
³Enviou as empregadas para proclamarem,
dos pontos mais altos da cidade:
⁴"Quem for simples, venha a mim!"
Ao ignorante ela diz:
⁵"Vinde todos comer do meu pão
e beber do vinho que misturei!
⁶Deixai a ingenuidade e tereis vida plena!
Segui o caminho do entendimento!"
⁷Quem corrige o zombador obtém insultos,
quem repreende o ímpio atrai desonra.
⁸Não repreendas o zombador, porque te odiará:
repreende o sábio e ele te agradecerá.
⁹Dá conselhos ao sábio, e ele será mais sábio,
ensina o justo, e aprenderá ainda mais.
¹⁰O começo da sabedoria é o temor do Senhor,
e o conhecimento do Santo é prudência.

¹¹Por mim se prolongarão os teus dias,
e teus anos serão multiplicados.
¹²Se fores sábio, o serás para teu proveito;
se te tornas enganador, somente tu o pagarás.
¹³A senhora Loucura é agitada,
é ingênua, nada conhece.
¹⁴Senta-se à porta da sua casa,
num assento que domina a cidade,
¹⁵para chamar os que passam na rua
e os que seguem o seu caminho:
¹⁶"Quem for simples, venha a mim!"
Ao ignorante ela diz:
¹⁷"A água roubada é mais doce,
o pão escondido é mais saboroso."
¹⁸E não sabem que em sua casa estão as sombras,
e seus convidados, no fundo do inferno!

Responsório   Cf. Lc 14,16-17; Pr 9,5
R. Certo **ho**mem deu uma **cei**a e a **mui**tos convi**dou**.
  Chegando a **ho**ra do jan**tar**, mandou seu **ser**vo avi**sar**
  que viessem os convi**da**dos, di**zen**do a cada **um**:
  * Vinde, **tu**do já está **pron**to!
V. O meu **pão**, vinde co**mer**, bebei meu **vi**nho mistu**ra**do.
  * Vinde, **tu**do.

Segunda leitura
Do Comentário sobre o Livro dos Provérbios, de Procópio
de Gaza, bispo
            (Cap. 9: PG 87-1,1299-1303)   (Séc. VI)

*A Sabedoria de Deus misturou o vinho
e pôs a mesa para nós*

   A Sabedoria construiu para si uma casa. O poder por si
subsistente de nosso Deus e Pai preparou para si próprio uma
casa: o universo onde ele habita por sua virtude. No universo

colocou também o homem que ele criou à sua imagem e semelhança, composto de natureza visível e invisível.

Ergueu, então, sete colunas. O Espírito Santo deu os seus sete dons ao homem depois de criado e conformado a Cristo, para que cresse em Cristo e observasse seus mandamentos. Por estes dons, o homem espiritual chega à perfeição e se fortalece, pelo enraizamento na fé, na participação da vida sobrenatural. Sua fortaleza é dinamizada pela ciência, enquanto que sua ciência se manifesta pela fortaleza.

Assim, a natural nobreza do espírito humano é elevada pelo dom da fortaleza, e predisposta a procurar com fervor e a desejar inteiramente as vontades divinas, pelas quais tudo foi criado. Pelo dom do conselho, torna-se capaz de distinguir entre o que é falso e as santíssimas vontades de Deus, incriadas e imortais. Deste modo tornamo-nos capazes de as meditar, ensinar e cumprir. Pelo dom da prudência, enfim, somos levados a aprovar e aceitar estas mesmas vontades e não outras. Estas três virtudes exaltam o natural esplendor do espírito.

Misturou em sua taça o vinho e preparou a mesa. Neste homem, em quem, como em uma taça, mesclam-se a natureza espiritual e a corpórea, Deus uniu à ciência das coisas o conhecimento dele próprio como o criador de tudo. Este dom da inteligência, tal qual o vinho, faz o homem embriagar-se de tudo quanto se refere a Deus. Sendo assim, graças a ele, que é o pão celeste, nutrindo as almas pela virtude e inebriando e deleitando pela doutrina, a Sabedoria dispõe tudo como as iguarias do celeste banquete para os que dele desejam participar.

Enviou os seus servos, chamando-os em alta voz à sua mesa, dizendo. Enviou os apóstolos, a serviço de sua divina vontade na proclamação do Evangelho, que provindo do Espírito está acima de toda a lei, quer escrita, quer natural, a fim de chamar todos a si. Nele próprio, como numa taça, mediante o mistério da encarnação, fez-se a mistura admirável das naturezas divina e humana, de maneira pessoal, isto é hipostática, sem confusão. Enfim, pelos apóstolos ele proclama: *Quem é insensato, venha a mim.* Quem é insensato, porque julga em seu coração que Deus não existe, abandone a impiedade, venha a mim pela fé, e saiba que sou eu o criador de tudo e Senhor.

Aos carentes de sabedoria ele diz: Vinde, comei comigo o meu pão e bebei o vinho que misturei para vós. Tanto àqueles que não têm obras da fé quanto aos mais perfeitos em sua doutrina ele chama: "Vinde, comei o meu corpo que à semelhança do pão dos fortes vos nutre; e bebei o meu sangue, que como vinho de doutrina celeste vos deleita e conduz à deificação; pois de modo admirável misturei o sangue à divindade para vossa salvação".

Responsório   Pr 9,1-2b; Jo 6,56

R. A sabedoria construiu a sua casa,
lavrou as suas sete colunas.
* Pôs a mesa com seu vinho misturado.
V. Quem come a minha carne e bebe o meu sangue,
em mim permanece e eu fico nele. * Pôs a mesa.

Oração

Ó Deus, que prometestes permanecer nos corações sinceros e retos, dai-nos, por vossa graça, viver de tal modo, que possais habitar em nós. Por nosso Senhor Jesus Cristo, vosso Filho, na unidade do Espírito Santo.

QUINTA-FEIRA
Ofício das Leituras

Primeira leitura
Do Livro dos Provérbios   10,6-32

Sentenças várias

⁹Bênçãos do Senhor sobre a cabeça do justo,
mas na boca dos ímpios mora a violência.

⁷ A memória do justo é bendita,
o nome dos ímpios apodrece.
⁸ O coração sábio aceita o mandamento,
o insensato corre para a ruína.
⁹ Quem caminha na integridade caminha seguro,
quem perverte os seus caminhos será descoberto.
¹⁰ Quem olha com altivez, causa pesares,
e o tolo falador parte para a própria perdição.
¹¹ A boca do justo é fonte de vida,
mas na boca dos ímpios mora a violência.
¹² O ódio provoca rixas,
o amor cobre todas as ofensas.
¹³ Nos lábios do prudente existe sabedoria,
mas a vara é para as costas de quem não tem coração.
¹⁴ Os sábios entesouram o saber,
mas a boca do insensato é um perigo iminente.
¹⁵ A fortuna do rico é a sua fortaleza,
o terror dos pobres é a sua indigência.
¹⁶ O salário do justo conduz à vida,
o ganho do ímpio produz o pecado.
¹⁷ Quem observa a disciplina caminha para a vida,
quem despreza a correção se extravia.
¹⁸ Os lábios do mentiroso encobrem o ódio,
quem difunde a calúnia é insensato.
¹⁹ No muito falar não faltará pecado,
mas quem modera seus lábios é prudente.
²⁰ A boca do justo é prata finíssima,
o coração dos ímpios nada vale.
²¹ Os lábios do justo ensinam a muitos,
os insensatos morrem por falta de entendimento.
²² É a bênção do Senhor que enriquece,
e nada lhe acrescenta o nosso esforço.
²³ É alegria para o insensato entregar-se ao crime,
para o inteligente, porém, é cultivar a sabedoria.

²⁴Ao ímpio acontece o que ele teme,
mas ao justo se lhe dá o que deseja.
²⁵Quando vem a tormenta, desaparece o ímpio,
mas o justo está firme para sempre.
²⁶Como vinagre para os dentes e fumaça para os olhos,
assim é o preguiçoso para quem o envia.
²⁷O temor do Senhor prolonga os dias,
mas os anos dos ímpios serão abreviados.
²⁸A esperança dos justos é alegria,
o anseio dos ímpios fracassa.
²⁹O caminho do Senhor é fortaleza para o íntegro,
e é terror para os malfeitores.
³⁰O justo jamais será abalado,
mas os ímpios não habitarão a terra.
³¹A boca do justo exprime a sabedoria,
mas a língua enganosa será cortada.
³²Os lábios do justo destilam cordialidade,
mas a boca dos ímpios, perversidade.

Responsório   Sl 36(37),30-31a; 111(112),6b.7a

R. O **jus**to tem nos **lá**bios o que é **sá**bio,
   sua **lín**gua tem pa**la**vras de jus**ti**ça;
 * Traz a Ali**an**ça de seu **Deus** no cora**ção**.
V. Sua lem**bran**ça perma**ne**ce eterna**men**te,
   ele não **te**me rece**ber** notícias **más**. * Traz.

Segunda leitura

Dos Comentários sobre os Salmos, de Santo Ambrósio, bispo

(Ps. 36,65-66: CSEL 64,123-125)   (Séc. IV)

Abre tua boca à Palavra de Deus

Esteja sempre em nosso coração e em nossos lábios a meditação da sabedoria! Proclame a tua língua o direito, e a lei de Deus more em teu coração. Assim te diz a Escritura: *Falarás sobre eles assentado em casa, andando pelos caminhos, dormindo, levantando-te.* Falemos do Senhor Jesus, porque ele é a Sabedoria e a Palavra, pois é o Verbo de Deus. Também está escrito: *Abre tua boca à Palavra de Deus.* Exala-a quem faz ressoar seus ditos e medita suas palavras. Dele falemos sempre. Falamos sobre a sabedoria, é ele! Falamos da virtude: é ele! Falamos de justiça, ainda é ele! Falamos de paz, é ele também! Falamos sobre a verdade, a vida, a redenção, sempre ele!

Está escrito: *Abre tua boca à Palavra de Deus.* Abre tu, ele fala. Por esta razão, diz Davi: *Ouvirei o que falará em mim o Senhor,* e o próprio Filho de Deus: *Abre tua boca, eu a encherei.* Nem todos, porém, como Salomão, podem alcançar a perfeição da sabedoria. Nem todos, como Daniel. Em todos, no entanto, segundo suas possibilidades se infunde o espírito da sabedoria, em todos os que são fiéis. Se crês, tens o espírito da sabedoria. Por isso medita sempre, fala das realidades de Deus, *sentado em casa.* Dizendo "casa", podemos entender a Igreja; ou "casa", o mais íntimo em nós, onde falamos dentro de nós. Fala com prudência, para te livrares do pecado, não caias por falar demais. Assentado, fala contigo mesmo como um juiz. Fala em caminho, não fiques à toa nunca. Falas no caminho, se em Cristo falas, Cristo é o caminho. No caminho fala a ti, fala a Cristo. Escuta de que modo lhe falarás: *Quero que os homens orem em todo lugar, levantando mãos puras, sem cólera nem disputas.* Fala, ó homem, dormindo, e que não te surpreenda o sono da morte. Ouve como falarás dormindo: *Não entregarei ao sono meus olhos e minhas pálpebras à sonolência, enquanto não encontrar um lugar para o Senhor, uma tenda para o Deus de Jacó.*

Quando te ergues ou te reergues fala-lhe para cumprir o que te foi ordenado. Ouve como Cristo te desperta. Tua alma diz: *A voz de meu irmão faz-me ouvir à porta* e Cristo diz: *Abre-me, minha irmã esposa.* Escuta como despertas a

Cristo. Diz a alma: *Eu vos conjuro, filhas de Jerusalém, a despertar e ressuscitar a caridade.* A caridade é Cristo.

Responsório　　　　　　　　　　1Cor 1,30b.31; Jo 1,16

R. Jesus **Cris**to tor**nou**-se para **nós**
sabedo**ria** de **Deus**, a mais su**blime**,
santi**da**de, jus**ti**ça e reden**ção**.
* Para **que**, como **diz** a Escri**tu**ra:
Quem se gloria, no Se**nhor** que se glorie.
V. De **sua** plenitu**de** nós **te**mos rece**bi**do,
e **gra**ça sobre **gra**ça. * Para **que**.

Oração

Ó Deus, que prometestes permanecer nos corações sinceros e retos, dai-nos, por vossa graça, viver de tal modo, que possais habitar em nós. Por nosso Senhor Jesus Cristo, vosso Filho, na unidade do Espírito Santo.

SEXTA-FEIRA

Ofício das Leituras

Primeira leitura
Do Livro dos Provérbios

　　　　　　　　15,8-9.16-17.25-26.29.33; 16,1-9; 17,5

O ser humano diante do Senhor

¹⁵,⁸Os sacrifícios dos ímpios são abominação para o Senhor,
mas as súplicas dos justos lhe dão contentamento.
⁹O caminho do ímpio é abominação para o Senhor,
mas ele ama o que busca a justiça.
¹⁶Mais vale o pouco com temor do Senhor,
do que grandes tesouros com inquietação.
¹⁷Mais vale um prato de verdura com amor,
do que um boi cevado, com ódio.
²⁵O Senhor destrói a casa dos soberbos,
e conserva firme a herança da viúva.

²⁶ Os maus projetos são abominação para o Senhor,
mas as palavras benevolentes lhe são agradáveis.
²⁹ O Senhor fica longe dos ímpios,
mas ouve a oração dos justos.
³³ O temor do Senhor é uma escola de sabedoria,
antes da honra está a humildade.
¹⁶,¹ O homem faz seus projetos,
mas a resposta vem do Senhor.
² Todos os caminhos do homem são puros a seus olhos,
mas o Senhor é quem avalia os espíritos.
³ Recomenda ao Senhor tuas tarefas,
e teus projetos se realizarão.
⁴ O Senhor fez tudo em vista de um fim,
e até o ímpio para o dia da infelicidade.
⁵ O Senhor detesta todo o coração arrogante;
cedo ou tarde não ficará impune.
⁶ Pela misericórdia e verdade expia-se a culpa,
pelo temor do Senhor evita-se o mal.
⁷ Quando o Senhor aprova os caminhos de um homem,
ele o reconcilia até mesmo com seus inimigos.
⁸ Mais vale o pouco com justiça,
do que muitos bens sem equidade.
⁹ O coração do homem projeta o seu caminho,
mas é o Senhor que dirige os seus passos.
¹⁷,⁵ Quem zomba do pobre insulta o seu Criador,
quem ri de um infeliz não ficará impune.

Responsório Dt 6,12b.13a; Pr 15,33

R. Não te **esqueças** de **Deus**, teu S**e**nhor,
que te ti**rou** do Egito.
  * Teme**rás** ao S**e**nhor, o teu **Deus**, servi**rás** só a **ele**.
V. A escola da sabedo**ri**a é o te**mor** do Se**nhor**.
  A humil**da**de vem **antes** da **gló**ria. * Teme**rás**.

Segunda leitura

Dos Tratados sobre a Primeira Carta de São João, de Santo Agostinho, bispo

(Tract. 4,6: PL 35,2008-2009) (Séc. V)

Tende para Deus o desejo do coração

O que nos foi prometido? *Seremos semelhantes a ele porque nós o veremos como é.* A língua o disse como pôde. O coração imagine o restante. O que pôde dizer, até mesmo João, em comparação daquele que é? O que poderíamos nós dizer, homens tão longe do valor do próprio João?

Recorramos por isso, para sua unção, para aquela unção que ensina no íntimo o que não conseguimos falar. Já que não podeis ver agora, prenda-vos o desejo. A vida inteira do bom cristão é desejo santo. Aquilo que desejas, ainda não o vês. Mas, desejando, adquires a capacidade de ser saciado ao chegar a visão.

Se queres, por exemplo, encher um recipiente e sabes ser muito o que tens a derramar, alargas o bojo seja da bolsa, do odre, ou de outra coisa qualquer. Sabes a quantidade que ali porás e vês ser apertado o bojo. Se o alargares ele ficará com maior capacidade. Deste mesmo modo Deus, com o adiar, amplia o desejo. Por desejar, alarga-se o espírito. Alargando-se, torna-se capaz.

Desejemos pois, irmãos, porque havemos de ser saciados. Vede Paulo como alarga o coração, para poder conter o que vem depois: *Não que já tenha recebido ou já seja perfeito; irmãos, não julgo ter conseguido o prêmio.*

Que fazes então nesta vida, se ainda não conseguiste? *Uma coisa só, esquecido do que ficou para trás, lanço-me para a frente, para a meta, corro para a palma da vocação suprema.* Diz lançar-se e correr para a meta. Sentia-se incapaz de captar *o que os olhos não viram, os ouvidos não ouviram, nem subiu ao coração do homem.*

É esta a nossa vida: exercitamo-nos pelo desejo. O santo desejo nos exercita, na medida em que cortamos nosso desejo do amor do mundo. Já falamos algumas vezes do vazio que deve ser cheio. Vais ficar repleto de bem, esvazia-te do mal.

Imagina que Deus te quer encher de mel. Se estás cheio de vinagre, onde pôr o mel? É preciso jogar fora o conteúdo do jarro e limpá-lo, ainda que com esforço, esfregando-o, para servir a outro fim.

Digamos mel, digamos ouro, digamos vinho, digamos tudo quanto dissermos e quanto quisermos dizer, há uma realidade indizível: chama-se Deus. Dizendo Deus, o que dissemos? Esta única sílaba é toda a nossa expectativa. Tudo o que conseguimos dizer, fica sempre aquém da realidade. Dilatemo-nos para ele, e ele, quando vier, encher-nos-á. *Seremos semelhantes a ele; porque o veremos como é.*

Responsório Sl 36(37),4-5a
R. Coloca no Senhor tua alegria,
 * E ele dará o que pedir teu coração.
V. Deixa aos cuidados do Senhor o teu destino;
 confia nele e com certeza ele agirá. * E ele dará.

Oração
Ó Deus, que prometestes permanecer nos corações sinceros e retos, dai-nos, por vossa graça, viver de tal modo, que possais habitar em nós. Por nosso Senhor Jesus Cristo, vosso Filho, na unidade do Espírito Santo.

SÁBADO

Ofício das Leituras

Primeira leitura
Do Livro dos Provérbios 31,10-31

Elogio da mulher virtuosa

¹⁰Uma mulher forte, quem a encontrará?
Ela vale muito mais do que as joias.
¹¹Seu marido confia nela plenamente,
e não terá falta de recursos.
¹²Ela lhe dá só alegria e nenhum desgosto,
todos os dias de sua vida.
¹³Procura lã e linho,
e com habilidade trabalham as suas mãos.
¹⁴É semelhante ao navio do mercador
que importa de longe a provisão.
¹⁵Ela se levanta, ainda de noite,
para alimentar a família e dar ordens às empregadas.
¹⁶Examina um terreno e o compra,
e com o ganho das suas mãos planta uma vinha.
¹⁷Cinge a cintura com firmeza,
e redobra a força dos seus braços.
¹⁸Sabe que os negócios vão bem,
e de noite sua lâmpada não se apaga.
¹⁹Estende a mão para a roca
e seus dedos seguram o fuso.
²⁰Abre suas mãos ao necessitado
e estende suas mãos ao pobre.
²¹Se neva, não teme pela casa,
porque todos os criados vestem roupas forradas.
²²Tece roupas para o seu uso,
e veste-se de linho e púrpura.
²³Seu marido é respeitado, no tribunal,
quando se assenta entre os anciãos da cidade.

²⁴Fabrica tecidos para vender,
e fornece cinturões ao comerciante.
²⁵Fortaleza e dignidade são seus adornos
e sorri diante do futuro.
²⁶Abre a boca com sabedoria,
e sua língua ensina com bondade.
²⁷Supervisiona o andamento da sua casa,
e não come o pão na ociosidade.
²⁸Seus filhos levantam-se para felicitá-la,
seu marido, para fazer-lhe elogios:
²⁹"Muitas mulheres são fortes,
tu, porém, a todas ultrapassas!"
³⁰O encanto é enganador e a beleza é passageira;
a mulher que teme ao Senhor, essa sim, merece louvor.
³¹Proclamem o êxito de suas mãos,
e na praça louvem-na as suas obras!

Responsório　　　　　　　Cf. Pr 31,17.18; cf. Sl 45(46),6
R. Eis **aqui** a **mulher** que é per**fei**ta,
　　revestida da **força** de **Deus**.
　* Sua **luz** não se a**pa**ga de **noi**te.
V. O **Se**nhor a sus**ten**ta com a **luz** de sua **face**.
　　Quem a **po**de aba**lar**? Deus está junto a ela. * Sua **luz**.

Segunda leitura
De uma Alocução a um grupo de recém-casados, de Pio XII, papa
(Discorsi e Radiomessaggi, 11 mart. 1942: 3,385-390)
(Séc. XX)

A esposa, o sol da família

A família tem o brilho de um sol que lhe é próprio: a esposa. Ouvi o que a Sagrada Escritura afirma e sente a respeito dela: *A graça da mulher dedicada é a delícia do marido. Mulher santa e pudica é graça primorosa. Como o sol que se levanta nas alturas do Senhor, assim o encanto da boa esposa na casa bem-ordenada* (Eclo 26,16.19.21).

Realmente, a esposa e mãe é o sol da família. É sol por sua generosidade e dedicação, pela disponibilidade constante e pela delicadeza e atenção em relação a tudo quanto possa tornar agradável a vida do marido e dos filhos. Irradia luz e calor do espírito. Costuma-se dizer que a vida de um casal será harmoniosa quando cada cônjuge, desde o começo, procura não a sua felicidade, mas a do outro. Todavia, este nobre sentimento e propósito, embora pertença a ambos, constitui principalmente uma virtude da mulher. Por natureza, ela é dotada de sentimentos maternos e de uma sabedoria e prudência de coração que a faz responder com alegria às contrariedades; quando ofendida, inspira dignidade e respeito, à semelhança do sol que ao raiar alegra a manhã coberta pelo nevoeiro e, quando se põe, tinge as nuvens com seus raios dourados.

A esposa é o sol da família pela limpidez do seu olhar e o calor da sua palavra. Com seu olhar e sua palavra penetra suavemente nas almas, acalmando-as e conseguindo afastá-las do tumulto das paixões. Traz o marido de volta à alegria do convívio familiar e lhe restitui a boa disposição, depois de um dia de trabalho ininterrupto e muitas vezes esgotante, seja nos escritórios ou no campo, ou ainda nas absorventes atividades do comércio ou da indústria.

A esposa é o sol da família por sua natural e serena sinceridade, sua digna simplicidade, seu distinto porte cristão; e ainda pela retidão do espírito, sem dissipação, e pela fina compostura com que se apresenta, veste e adorna, mostrando-se ao mesmo tempo reservada e amável. Sentimentos delicados, agradáveis expressões do rosto, silêncio e sorriso sem malícia e um condescendente sinal de cabeça: tudo isso lhe dá a beleza de uma flor rara mas simples que, ao desabrochar, se abre para receber e refletir as cores do sol.

Ah, se pudésseis compreender como são profundos os sentimentos de amor e de gratidão que desperta e grava no coração do pai e dos filhos, semelhante perfil de esposa e de mãe!

Responsório — Eclo 26,16a.19.21

R. A **graça** da mu**lher**, que é dedi**ca**da,
   alegra o seu ma**ri**do.
 * **Graça sobre graça é a mulher**,
   que é sen**sa**ta e virtu**o**sa.
V. Como o **sol** que se le**van**ta no hori**zon**te
   e re**ful**ge nas al**tu**ras,
   as**sim** são as vir**tu**des da mu**lher**,
   orna**men**to de sua **ca**sa. * **Graça.**

Oração

Ó Deus, que prometestes permanecer nos corações sinceros e retos, dai-nos, por vossa graça, viver de tal modo, que possais habitar em nós. Por nosso Senhor Jesus Cristo, vosso Filho, na unidade do Espírito Santo.

7º DOMINGO DO Tempo Comum

III Semana do Saltério

I Vésperas

Cântico evangélico, ant.
Ano A Amai os **vos**sos ini**mi**gos, diz Je**sus**.
Orai por **quem** vos per**se**gue e ca**lu**nia,
e se**reis fi**lhos do **vos**so Pai ce**les**te.

Ano B Trou**xe**ram a Jesus um para**lí**tico.
Vendo a **fé** daqueles **ho**mens, ele **dis**se:
Meu **fi**lho, estão perdo**a**dos teus pe**ca**dos.

Ano C Como **vós** dese**jais** que os **ou**tros vos **fa**çam,
fa**zei** vós tam**bém** o **mes**mo com **e**les.

Oração

Concedei, ó Deus todo-poderoso, que, procurando conhecer sempre o que é reto, realizemos vossa vontade em nossas palavras e ações. Por nosso Senhor Jesus Cristo, vosso Filho, na unidade do Espírito Santo.

Ofício das Leituras

Primeira leitura
Início do Livro do Eclesiastes   1,1-18

Inanidade de todas as coisas

¹ Palavras do Eclesiastes, filho de Davi, rei de Jerusalém.
² "Vaidade das vaidades,
diz o Eclesiastes,
vaidade das vaidades! Tudo é vaidade."
³ Que proveito tira o homem
de todo o trabalho
com o qual se afadiga debaixo do sol?
⁴ Uma geração passa, outra lhe sucede,
enquanto a terra permanece sempre a mesma.

⁵O sol se levanta, o sol se deita,
apressando-se para voltar ao seu lugar,
donde novamente torna a levantar-se.
⁶Dirigindo-se para o sul e voltando para o norte,
ora para cá, ora para lá,
vai soprando o vento,
para retomar novamente o seu curso.
⁷Todos os rios correm para o mar,
e contudo o mar não transborda;
voltam ao lugar de onde saíram
para tornarem a correr.
⁸Tudo é penoso,
difícil para o homem explicar.
A vista não se cansa de ver,
nem o ouvido se farta de ouvir.
⁹O que foi, será;
o que aconteceu, acontecerá:
¹⁰não há nada de novo debaixo do sol.
Uma coisa da qual se diz: "Eis aqui algo de novo",
também esta já existiu nos séculos que nos precederam.
¹¹Não há memória do que aconteceu no passado,
nem também haverá lembrança do que acontecer,
entre aqueles que viverão depois.

¹²Eu, o Eclesiastes, fui rei de Israel em Jerusalém. ¹³Coloquei todo o coração em investigar e em explorar com a sabedoria tudo o que se faz debaixo do sol. É uma tarefa ingrata que Deus deu aos filhos dos homens para com ela se ocuparem. ¹⁴Examinei todas as obras que se fazem debaixo do sol. Pois bem, tudo é vaidade e frustração!
¹⁵O que é torto não se pode endireitar;
o que faz falta não se pode contar.

¹⁶Pensei em meu coração: "aqui estou eu engrandecido com tanta sabedoria acumulada que ultrapassa a dos meus predecessores em Jerusalém". Minha mente alcançou muita sabedoria e conhecimento. ¹⁷Coloquei todo o empenho em

compreender a sabedoria e o conhecimento, a tolice e a loucura, e compreendi que tudo isso é também frustração.
¹⁸ Muita sabedoria, muito desgosto;
quanto mais conhecimento, mais sofrimento.

Responsório   Ecl 1,14; 4,14; 1Tm 6,7
R. Vi **tu**do o que é **fei**to de**bai**xo do **sol**
e é **tu**do vai**da**de e an**gús**tia de es**pí**rito.
* Como **nu** nasce o **ho**mem
do **ven**tre ma**ter**no,
as**sim** voltar**á**, sem **na**da po**der** consigo le**var**.
V. Nós **na**da trou**xe**mos, ao **vir** a este **mun**do,
e **na**da po**de**mos le**var** ao deix**á**-lo.* Como **nu**.

Segunda leitura
Dos Capítulos sobre a Caridade, de São Máximo Confessor, abade

(Centuria 1, cap. 1,4-5.16-17.23-24.26-28.30-40:
PG 90,962-967)   (Séc. VIII)

Sem a caridade, tudo é vaidade das vaidades

A caridade é a boa disposição do espírito, que nada coloca acima do divino conhecimento. Ninguém poderá jamais alcançar uma caridade permanente de Deus, se estiver preso pelo espírito a qualquer coisa terrena.

Quem ama a Deus antepõe o conhecimento e a ciência dele a toda sua criatura. Nele pensa incessantemente com íntimo desejo e amor.

Se todas as coisas que existem têm Deus por criador e por ele foram feitas, então Deus, que assim as criou, como não será incomparavelmente de maior valor? Quem abandona a Deus, o bem insuperável, e se entrega ao que é pior, dá provas de considerar Deus abaixo da criação.

Quem me ama, diz o Senhor, guardará meus mandamentos. É este o meu mandamento: que vos ameis uns aos outros. Portanto, quem não ama o próximo, não guarda o mandamento. Quem não guarda o mandamento, também não pode amar o Senhor.

Feliz o homem que é capaz de amar igualmente todos os homens.

Quem ama a Deus, ama também sem exceção o próximo. Sendo assim, não consegue guardar seu dinheiro, mas gasta-o divinamente, dando a quem quer que dele precise.

Quem, à imitação de Deus, dá esmolas, não faz diferença nas necessidades corporais entre bons e maus, porém a todos igualmente distribui em vista da indigência real. Contudo, em atenção à boa vontade, prefere o virtuoso e diligente ao mau.

A caridade não se revela apenas nas esmolas em dinheiro. Muito mais em partilhar a doutrina e em prestar serviços corporais.

Quem, verdadeiramente, de coração, rejeita as coisas mundanas e, sem fingimento, se entrega aos serviços de caridade para com o próximo, este, bem depressa liberto dos vícios e paixões, torna-se participante do amor e ciência de Deus.

Quem encontrou em si a caridade divina, sem cansaço, sem fadiga, segue o Senhor, seu Deus, conforme o admirável Jeremias, mas com fortaleza de ânimo suporta todo labor, opróbrio e injúria, sem nada pensar de mal.

Não digas, diz o profeta Jeremias, *somos o templo do Senhor.* Tu também não digas: "A fé nua, sem mais, em nosso Senhor Jesus Cristo, pode conceder-me a salvação". Isto não pode ser se não lhe unires também o amor por ele mediante as obras. Quanto à simples fé: *Os demônios também creem e tremem.*

Obra de caridade é prestar de boa vontade benefícios ao próximo como também a longanimidade e a paciência; e ainda, usar das coisas com discernimento.

Responsório Cf. Jo 13,34; 1Jo 2,10a.3
R. Eu vos **dou** novo prece**i**to:
  Que uns aos **outros** vos am**ei**s como **eu** vos tenho am**a**do.
  * Quem **ama** a seu ir**mão** permanece na **luz**.
V. Meus ir**mãos**, nisto sabemos que a **Cris**to conhece**mos**:
  Se guard**a**mos seus prece**i**tos. * Quem **ama**.

HINO Te Deum, p. 589.

Laudes

Cântico evangélico, ant.

Ano A O Pai **faz** seu sol nas**cer**
       sobre os **maus** e sobre os **bons**,
       e igual**men**te faz cho**ver**
       sobre os **jus**tos e os in**jus**tos.

Ano B A **fim** de que sai**bais** que o **Fi**lho do **Ho**mem
       sobre a **ter**ra tem po**der** de perdo**ar** os pe**ca**dos,
       disse a ele: Eu te **man**do:
       Fica em **pé**, toma o teu **lei**to e **vai** para tua **ca**sa!

Ano C Não jul**gueis** e não se**reis** também jul**ga**dos;
       na me**di**da em que jul**gar**des vosso ir**mão**,
       também **vós**, pelo **Se**nhor, sereis jul**ga**dos.

Oração

Concedei, ó Deus todo-poderoso, que, procurando conhecer sempre o que é reto, realizemos vossa vontade em nossas palavras e ações. Por nosso Senhor Jesus Cristo, vosso Filho, na unidade do Espírito Santo.

II Vésperas

Cântico evangélico, ant.

Ano A Sede per**fei**tos, como o **vos**so Pai ce**les**te é per**fei**to.

Ano B En**tão** o paralítico to**mou** a sua **ma**ca,
       levan**tou**-se e cami**nhou**, dando **gló**rias ao **Se**nhor.
       Vendo **is**to a multi**dão**, com te**mor**, louvou a **Deus**.

Ano C Perdoai, e vos será perdoado.
Dai aos outros, e a vós será dado.
Com a mesma medida com que a outros medirdes,
medidos sereis.

SEGUNDA-FEIRA

Ofício das Leituras

Primeira leitura
Do Livro do Eclesiastes   2,1-3.12-26

Inanidade dos prazeres e da sabedoria humana

¹Eu disse a mim mesmo:
"Pois bem, eu te farei experimentar a alegria
e gozar a felicidade!"
Mas também isso é vaidade.
²Do riso, eu disse: "Tolice",
e da alegria: "Para que serve?"
³Ponderei seriamente entregar meu corpo ao vinho,
mantendo meu coração sob a influência da sabedoria,
e render-me à insensatez,
para averiguar o que convém aos filhos dos homens fazer
debaixo do céu durante os breves dias da sua vida.
¹²Pus-me então a examinar a sabedoria,
a tolice e a insensatez:
"Que fará o sucessor do rei?
O que já haviam feito".
¹³Observei que a sabedoria
é mais proveitosa do que a insensatez,
assim como a luz aproveita mais que as trevas.
¹⁴O sábio tem os olhos no rosto,
o insensato caminha nas trevas.
Porém, compreendi que ambos terão a mesma sorte.
¹⁵Por isso disse a mim mesmo:
"A sorte do insensato será também a minha;
para que então busquei mais sabedoria?"

E concluí comigo mesmo:
"Isso também é vaidade".
¹⁶ Não há lembrança duradoura do sábio,
e nem do insensato,
pois nos anos vindouros tudo será esquecido:
tanto morre o sábio como o ignorante.
¹⁷ E por isso detesto a vida,
pois vejo que é mal que se faz debaixo do sol:
tudo é vaidade e frustração.
¹⁸ Detesto todo o trabalho
com que me afadigo debaixo do sol,
pois tenho de deixar tudo ao meu sucessor,
¹⁹ e quem sabe se ele será sábio ou insensato?
Todavia, ele será dono
de todo o trabalho com que me afadiguei
com habilidade debaixo do sol;
e isso também é vaidade.
²⁰ E meu coração ficou desenganado
de todo o trabalho com que me afadiguei debaixo do sol.
²¹ Enfim, um homem que trabalhou com inteligência, competência e sucesso,
vê-se obrigado a deixar tudo em herança a outro
que em nada colaborou.
Também isso é vaidade e grande desgraça.
²² De fato, que resta ao homem
de todos os trabalhos e preocupações
que o desgastam debaixo do sol?
²³ Toda a sua vida é sofrimento,
sua ocupação, um tormento.
Nem mesmo de noite repousa o seu coração.
Também isso é vaidade.
²⁴ Nada é melhor para o homem do que comer e beber,
desfrutando do produto do seu trabalho;
e vejo que também isso vem da mão de Deus,
²⁵ pois quem pode comer e deliciar-se
sem que isso venha de Deus?

²⁶ Ao homem do seu agrado
ele dá sabedoria, conhecimento e alegria;
mas ao pecador impõe como tarefa
ajuntar e acumular para dar a quem Deus quiser.
Isso também é vaidade e frustração.

Responsório   Ecl 2,26; 1Tm 6,10

R. Ao homem que lhe agrada, Deus dá sabedoria,
ciência e alegria; mas dá ao pecador
aflições e vãos cuidados de juntar e acumular.
* Também isto é vaidade e é vã preocupação.
V. A raiz dos males todos é a cobiça do dinheiro;
e alguns, nessa ambição, a si mesmos se afligem
com tormentos numerosos. * Também isto.

Segunda leitura

Das Homilias sobre o Eclesiastes, de São Gregório de Nissa, bispo

(Hom. 5: PG 44,683-686)   (Séc. IV)

Os olhos dos sábios estão em sua cabeça

Se a alma levantar os olhos para sua cabeça, que é Cristo – conforme comparação de Paulo – considere-se feliz pela viva agudeza de seu olhar, porquanto tem os olhos ali onde não existe a escuridão do mal. O grande Paulo, e quem quer que seja igualmente grande, tem os olhos na cabeça, como também os têm todos os que vivem, se movem e são em Cristo. Pois como não é possível que veja trevas quem está na luz, também não pode acontecer que quem tem olhos em Cristo, os fixe em alguma coisa vã.

Quem, pois, tem os olhos na cabeça, entendendo cabeça por princípio de tudo, tem olhos em toda virtude (Cristo é a virtude absoluta e perfeita), na verdade, na justiça, na incorruptibilidade, em todo bem. *Os olhos do sábio estão em sua cabeça; o insensato, porém, caminha nas trevas*. Quem não põe sua lâmpada sobre o candelabro, mas coloca-a debaixo do leito, faz com que a luz seja trevas.

Ao contrário, quão numerosos são aqueles que, por suas lutas, se enriquecem com as realidades supremas, vivem na contemplação da verdade e, no entanto, são tidos por cegos e inúteis, tais como Paulo a gloriar-se, dizendo-se insensato por causa de Cristo. A prudência e sabedoria dele não se preocupavam nunca com aquilo que é objeto de nossos cuidados. Diz ele: *Nós, estultos por Cristo,* como se dissesse: "Nós, cegos em relação às coisas daqui de baixo, porque olhamos para cima e temos os olhos na cabeça". Por este motivo era sem teto e sem mesa, pobre, peregrino, nu, sofrendo fome e sede.

Quem não o julgaria infeliz, vendo-o preso e açoitado como um infame, após o naufrágio, ser levado pelas ondas do mar alto, e conduzido daqui para ali em cadeias? E, no entanto, embora tratado desta maneira entre os homens, não despregou os olhos, mantendo-os sempre em Cristo, Cabeça, e dizia: *Quem nos separará da caridade de Cristo, que está em Cristo Jesus? aflição, angústia, perseguição, fome, nudez, perigos, espada?* Como se dissesse: "Quem arrancará meus olhos da Cabeça e os voltará para aquilo que se calca aos pés?"

A nós também nos exorta a agir de modo semelhante quando ordena ter gosto pelas coisas do alto; não é isto o mesmo que dizer termos os olhos em Cristo, Cabeça?

Responsório
Sl 122(123),2; Jo 8,12b

R. Como os **o**lhos dos escra**v**os estão **fi**tos
nas **mãos** do seu se**nhor**,
* **As**sim os nossos **o**lhos, no **Se**nhor,
até de **nós** ter pie**da**de.

V. Eu **sou** a luz do **mun**do: **A**quele que me **se**gue
não ca**mi**nha entre as **tre**vas, mas **te**rá a luz da **vi**da.
* **As**sim.

Oração

Concedei, ó Deus todo-poderoso, que, procurando conhecer sempre o que é reto, realizemos vossa vontade em nossas palavras e ações. Por nosso Senhor Jesus Cristo, vosso Filho, na unidade do Espírito Santo.

TERÇA-FEIRA

Ofício das Leituras

Primeira leitura
Do Livro do Eclesiastes 3,1-22

Diversidade do tempo

¹Tudo tem seu tempo.
Há um momento oportuno
para tudo que acontece debaixo do céu.
²Tempo de nascer e tempo de morrer;
tempo de plantar e tempo de colher a planta.
³Tempo de matar e tempo de salvar;
tempo de destruir e tempo de construir.
⁴Tempo de chorar e tempo de rir;
tempo de lamentar e tempo de dançar.
⁵Tempo de atirar pedras e tempo de as amontoar;
tempo de abraçar e tempo de se separar.
⁶Tempo de buscar e tempo de perder;
tempo de guardar e tempo de esbanjar.
⁷Tempo de rasgar e tempo de costurar;
tempo de calar e tempo de falar.
⁸Tempo de amar e tempo de odiar;
tempo de guerra e tempo de paz.
⁹Que proveito tira o trabalhador de seu esforço?
¹⁰Observei a tarefa que Deus impôs aos homens, para que nela se ocupassem. ¹¹As coisas que ele fez são todas boas no tempo oportuno. Além disso, ele dispôs que fossem permanentes; no entanto o homem jamais chega a conhecer o princípio e o fim da ação que Deus realiza. ¹²E compreendi que nada de melhor há para o homem a não ser alegrar-se e fazer o bem durante a sua vida. ¹³E que o homem coma e beba, desfrutando do produto de todo o seu trabalho, isso é

dom de Deus. ¹⁴Compreendi que tudo o que Deus faz é para sempre. A isso nada se pode acrescentar, e disso nada se pode tirar. Deus assim faz para que o temam. ¹⁵O que existe, já havia existido; o que existirá, já existe, pois Deus renova o que passou.

¹⁶Observo outra coisa debaixo do sol: no lugar do direito encontra-se o delito, no lugar da justiça encontra-se a iniquidade; ¹⁷e penso: ao justo e ao ímpio Deus julgará, porque aqui há um tempo para todo o propósito e um lugar para cada ação.

¹⁸Quanto aos homens penso assim: Deus os põe à prova para mostrar-lhes que são como animais. ¹⁹Pois a sorte do homem e a dos animais é idêntica: como morre um, assim morre o outro, e ambos têm o mesmo sopro de vida; o homem não leva vantagem sobre os animais, porque tudo é vaidade. ²⁰Tudo caminha para um mesmo lugar: tudo vem do pó e tudo volta ao pó.

²¹Quem sabe se o alento do homem sobe para o alto e se o alento do animal desce para baixo, para a terra? ²²Observo que nada de melhor há para o homem do que alegrar-se com suas obras: essa é a sua porção. Pois quem o fará voltar para saber o que vai acontecer depois dele?

Responsório 1Cor 7,29b.31; Ecl 3,1
R. Meus ir**mãos**, o tempo é **bre**ve.
 Os que se a**le**gram sejam, **pois**,
 como se **não** se alegras**sem**;
 os que **u**sam deste **mun**do, como se **de**le não u**sas**sem.
 * Porque **pas**sa a apa**rên**cia perec**í**vel deste **mun**do.
V. Para **tu**do há um **tem**po, e cada **coi**sa sob o **céu**
 tem a **su**a dura**ção**. * Porque **pas**sa.

Segunda leitura
Das Homilias sobre o Eclesiastes, de São Gregório de Nissa, bispo

(Hom. 6: PG 44,702-703) (Séc. IV)

Há um tempo de dar à luz e um tempo de morrer

Há um tempo de dar à luz e um tempo de morrer. Muito bem expressa no princípio de suas palavras a necessária ligação ao unir a morte ao nascimento. Pois obrigatoriamente a morte segue o parto e toda geração vai dar na dissolução.

Há um tempo de dar à luz e um tempo de morrer. Oxalá que a mim também suceda nascer em tempo desejado e morrer também em tempo oportuno. Ninguém irá pensar que o Eclesiastes se refere ao nascimento involuntário e à morte natural, como se nisso houvesse uma reta ação virtuosa. Não é pela vontade da mulher que existe o parto, nem a morte depende do livre-arbítrio dos que morrem. Nunca se definirá como virtude ou vício aquilo que não está em nosso poder. É preciso, portanto, compreender o parto num tempo querido e a morte num tempo oportuno.

Quanto a mim, parece-me que um parto é perfeito e não abortivo quando, no dizer de Isaías, alguém concebe pelo temor de Deus e pela alma em dores de parto gera sua salvação. Pois somos, de certo modo, pais de nós mesmos, nos concebemos e nos damos à luz a nós mesmos.

Assim nos acontece, porque acolhemos Deus em nós, feitos filhos de Deus, filhos da virtude, filhos do Altíssimo. Mas também nos damos à luz como abortivos e nos tornamos imperfeitos e imaturos, quando não se formou em nós, segundo diz o Apóstolo, *a forma de Cristo*. É preciso ser íntegro e perfeito o homem de Deus.

Se, pois, está claro como se nasce em tempo, também é claro para todos de que maneira se morre em tempo; para São Paulo, todo tempo era oportuno para uma boa morte. Em seus escritos declara, quase como um protesto: *Morro todos os dias para vossa glorificação,* e ainda: *Por ti somos entregues à morte cotidianamente.* E nós também tivemos uma sentença de morte dentro de nós mesmos.

Não é difícil entender de que maneira Paulo morre diariamente, ele que nunca vive para o pecado, que sempre faz morrer seus membros carnais e traz em si a morte do corpo de Cristo, que sempre está crucificado com Cristo e nunca vive para si mas em si tem o Cristo vivo. Esta é, parece-me, a morte oportuna, aquela que obtém a verdadeira vida.

Foi dito: *Eu dou a morte e faço viver,* para que não haja dúvida que é um verdadeiro dom de Deus o morrer para o pecado e o ser vivificado pelo Espírito. Pelo fato mesmo de dar a morte, a palavra divina promete vivificar.

Responsório   Dt 32,39b; Ap 1,18c
R. Sou **eu** que tiro a **vi**da, sou **eu** quem faz **vi**ver;
   eu **fi**ro e eu mesmo **cu**ro;
   * E nin**guém** pode esca**par** de minha **mão**, diz o Se**nhor**.
V. Tenho as **cha**ves dos a**bis**mos e a vi**tó**ria sobre a **mor**te.
   * E nin**guém**.

Oração

Concedei, ó Deus todo-poderoso, que, procurando conhecer sempre o que é reto, realizemos vossa vontade em nossas palavras e ações. Por nosso Senhor Jesus Cristo, vosso Filho, na unidade do Espírito Santo.

QUARTA-FEIRA

Ofício das Leituras

Primeira leitura
Do Livro do Eclesiastes   5,9-6,8

Inanidade das riquezas

⁵·⁹Quem ama o dinheiro, nunca dele está farto; quem ama a riqueza não tira proveito dela. Isso também é vaidade.

¹⁰ Onde os bens se multiplicam, aumentam também aqueles que os devoram; que vantagem tem o dono, a não ser ficar olhando sua riqueza?
¹¹ Coma muito ou coma pouco,
o sono de quem trabalha é tranquilo;
mas a abundância do rico
não o deixa dormir.

¹² Há um mal doloroso que vejo debaixo do sol: as riquezas que o dono acumula para a sua própria desgraça. ¹³ Num mau negócio ele perde as riquezas e, se gerou um filho, este fica de mãos vazias. ¹⁴ Nu como saiu do ventre materno, assim voltará como veio: nada retirou do seu trabalho que possa levar na sua mão. ¹⁵ Isso também é um mal doloroso: ele vai-se embora assim como veio; e que proveito tirou de tanto trabalho? Apenas vento! ¹⁶ Consome todos os seus dias nas trevas, em muitos desgostos, doença e tristeza. ¹⁷ Eis o que observei: é algo bom, agradável, comer e beber, e gozar cada um a felicidade em todo o trabalho que se faz debaixo do sol, durante os dias da vida que Deus concede ao homem. Pois esta é a sua porção. ¹⁸ Se a um homem Deus concede riquezas e recursos que o tornam capaz de sustentar-se, de receber a sua porção e desfrutar do seu trabalho, isso é um dom de Deus. ¹⁹ Ele não se lembrará muito dos dias que viveu, pois Deus enche de alegria o seu coração.

⁶,¹ Há outro mal que observei debaixo do sol e que é grave para os seres humanos: ² um homem a quem Deus concedeu riquezas, recursos e honra, e nada lhe falta de tudo o que poderia desejar; Deus, porém, não lhe permite usufruir dessas coisas, pois é um estrangeiro que delas desfrutará; isto é vaidade e sofrimento cruel. ³ Um homem que tiver gerado cem filhos e vivido por muitos anos, por muitos que sejam os dias de sua vida, se não puder saciar-se de seus bens, e nem sequer ter sepultura, dele eu digo: seria melhor que fosse um aborto, ⁴ o qual chega em vão e se vai para as

trevas, e na escuridão é sepultado o seu nome; ⁵ele não viu nem conheceu o sol, e tem mais sossego do que um tal homem. ⁶E mesmo que esse homem vivesse dois mil anos, sem experimentar a felicidade, não vão todos para o mesmo lugar?
⁷Todo o trabalho do homem é para a sua boca
e, no entanto, ele nunca está satisfeito.
⁸Que vantagem tem o sábio sobre o insensato, e qual a do pobre que sabe enfrentar a vida?

Responsório   Pr 30,8; Sl 30(31),15a.16a

R. Afastai para longe de mim,
    ó Senhor, a perfídia e a mentira!
 * Não me deis nem pobreza ou riqueza,
    mas somente o que me é necessário.
V. A vós, porém, ó meu Senhor, eu me confio,
    eu entrego em vossas mãos o meu destino.
    * Não me deis.

Segunda leitura

Do Comentário sobre o Eclesiastes, de São Jerônimo, presbítero
(PL 23,1057-1059)   (Séc. V)

Procurai as coisas do alto

Recebeu alguém de Deus riquezas e bens e a possibilidade de gozar deles, de tomar sua porção e de alegrar-se em seu trabalho, também isso é dom de Deus. Não terá muito que pensar nos dias de sua vida, visto que Deus o ocupa com a alegria do coração. Em comparação daquele que se sacia de suas posses nas trevas das preocupações e, com grande tédio da vida, acumula as coisas perecíveis, declara ser preferível aquele que desfruta coisas presentes. Este, pelo menos, sente-se feliz em usá-las; para aquele, porém, apenas o peso das inquietações. E diz por que é um dom de Deus poder gozar das riquezas. É porque *não terá muito que pensar nos dias de sua vida.*

Com efeito, Deus o ocupa com a alegria de seu coração: não terá tristeza, não se afligirá com pensamentos, levado pela alegria e o prazer das coisas diante de si. Contudo, melhor ainda é entender, com o Apóstolo, o alimento e a bebida espirituais, dados por Deus, e ver a bondade de todo seu esforço, porque com enorme trabalho e desejo vamos poder contemplar os bens verdadeiros. É esta a nossa porção, alegrarmo-nos em nosso desejo e fadiga. Que é um bem, sem dúvida, mas *até que Cristo, nossa vida, se manifeste,* ainda não é a plenitude do bem. *Todo o trabalho do homem é para sua boca e, no entanto, seu espírito não se sacia. Qual é a vantagem do sábio sobre o insensato? Qual a do pobre, se não de saber como caminhar em face da vida?*

O fruto de todo trabalho dos homens neste mundo é consumido pela boca, mastigado e desce ao estômago para ser digerido. E por muito pouco tempo deleita o paladar, pois dá prazer somente enquanto está na boca.

Além disto, não se sacia a alma de quem comeu. Primeiro, porque deseja comer, de novo, pois quer o sábio, quer o tolo, não pode viver sem alimento, e a preocupação do pobre é sustentar seu mirrado corpo para não morrer à míngua. Segundo, porque a alma não encontra utilidade alguma na refeição do corpo, o alimento é comum ao sábio e ao ignorante, e o pobre vai aonde percebe haver recursos.

Todavia é preferível entender a expressão do autor do Eclesiástico que, instruído nas Escrituras celestes, concentra todo o trabalho *em sua boca, e sua alma não se sacia* por desejar sempre aprender. Nisso tem mais o sábio do que o insensato; porque, embora se sinta pobre (aquele pobre que o Evangelho declara feliz), caminha para alcançar a vida, seguindo pela estrada apertada e difícil que a ela conduz. É pobre de obras más, porém, sabe onde mora Cristo, a vida.

Responsório
Cf. Eclo 23,4-6.1.3b

R. Ó Senhor, meu Pai e Deus de minha vida,
não me deixeis entregue às más cogitações!
Não me deis olhos altivos e orgulhosos!
Afastai-me, ó Senhor, do mau desejo!
* Ó Senhor, não me entregueis à irreverência,
nem me dominem os desejos impudentes!
V. Oh! não me abandoneis, Senhor meu Deus!
Que não cresça, ó Senhor, minha ignorância
e não se multipliquem os meus erros! * Ó Senhor.

Oração

Concedei, ó Deus todo-poderoso, que, procurando conhecer sempre o que é reto, realizemos vossa vontade em nossas palavras e ações. Por nosso Senhor Jesus Cristo, vosso Filho, na unidade do Espírito Santo.

QUINTA-FEIRA

Ofício das Leituras

Primeira leitura
Do Livro do Eclesiastes
6,11–7,28

Não queiras saber mais do que o necessário

⁶,¹¹Quanto mais palavras, tanto mais vaidade; qual o lucro para o homem? ¹²Quem sabe o que convém ao homem durante a sua vida, nos poucos dias de sua existência efêmera, que passam como sombra? Quem dirá ao homem o que vai acontecer no mundo depois dele?
⁷,¹Mais vale o bom nome do que o bom perfume;
o dia da morte do que o dia do nascimento.
²Mais vale visitar uma casa em luto
do que ir a uma casa em festa;
porque esse é o fim de todo o homem,
e deste modo, quem está vivo refletirá.
³Mais vale a tristeza do que o riso,

pois pode-se ter a face triste e o coração alegre.
⁴O coração dos sábios está na casa em luto,
o coração dos insensatos está na casa em festa.
⁵Mais vale a repreensão do sábio
do que o canto dos insensatos;
⁶pois assim como os gravetos crepitam sob o caldeirão,
assim é a risada do insensato.
E isso também é vaidade.
⁷A calúnia enlouquece o sábio,
e o suborno corrompe o seu coração.
⁸Mais vale o fim de uma coisa do que o seu começo,
mais vale a paciência do que a arrogância.

⁹Não fiques irritado depressa, pois a irritação mora no meio dos insensatos. ¹⁰Não digas: "Por que os tempos passados eram melhores do que os de agora?" Pois não é a sabedoria que te inspira essa pergunta. ¹¹A sabedoria é boa como uma herança, e é vantajosa para aqueles que veem o sol. ¹²Pois o abrigo da sabedoria é como o abrigo do dinheiro, e a vantagem do conhecimento é que a sabedoria faz viver os que a possuem. ¹³Vê a obra de Deus: quem poderá endireitar o que ele entortou? ¹⁴Em tempo de felicidade, sê feliz, e, no dia da desgraça, reflete: Deus fez tanto um como o outro, por isso o homem nada pode descobrir do seu futuro.

¹⁵Já vi de tudo em minha vida de vaidade: O justo perecer na sua justiça e o ímpio sobreviver na sua maldade.
¹⁶Não sejas demasiadamente justo
e nem te tornes sábio demais:
por que destruir-te?
¹⁷Não sejas demasiadamente ímpio
e nem te tornes insensato:
para que morrer antes do tempo?

¹⁸É bom que agarres um sem soltar o outro, pois quem teme a Deus encontrará um e outro. ¹⁹A sabedoria torna o sábio mais forte do que dez chefes numa cidade. ²⁰Não existe um homem tão justo sobre a terra que faça o bem sem jamais pecar. ²¹Não dês atenção a todas as palavras que dizem;

assim não ouvirás teu servo amaldiçoar-te. ²²Pois tua consciência sabe que tu também amaldiçoaste os outros muitas vezes.

²³Coloquei tudo à prova pela sabedoria; pensei: "Vou tornar-me sábio". ²⁴Mas a sabedoria está fora de meu alcance. O que aconteceu está longe, muito profundo! Quem o achará?

²⁵Dediquei-me de todo o coração a conhecer, a raciocinar e a pesquisar a sabedoria e a reflexão, para reconhecer a impiedade como algo insensato e o erro como imprudência. ²⁶E descobri que a mulher é mais amarga do que a morte, pois ela é um armadilha, seu coração é uma rede e seus abraços, cadeias. Quem agrada a Deus livra-se dela, mas o pecador a ela se prende. ²⁷Eis o que encontrei, diz o Eclesiastes, ao examinar coisa por coisa para chegar a uma conclusão; ²⁸estive pesquisando e nada concluí:
entre mil encontrei apenas um homem,
porém, entre todas as mulheres,
não encontrei uma sequer.

Responsório   Pr 20,9; Ecl 7,20; 1Jo 1,8.9
R. Quem **po**de entre **nós** afir**mar**:
   é **pu**ro o **meu** cora**ção**, estou **lim**po de **to**do pe**ca**do?
 * Não há **jus**to al**gum** nesta **ter**ra
   que pra**ti**que o **bem** e não **pe**que.
V. Se dis**ser**mos que **nós** não pe**ca**mos,
   a nós **mes**mos, ir**mãos**, enga**na**mos;
   Se, po**rém**, confes**sar**mos as **cul**pas,
   nosso **Deus** que é **jus**to e fi**el**
   nos per**doa**rá nossas **fal**tas. * Não há.

Segunda leitura
Das Instruções de São Columbano, abade
(Instr. 1 de Fide, 3-5: Opera, Dublin, 1957, pp. 62-66)
(Séc. VII)
A insondável profundidade de Deus

Deus está em todo lugar, imenso e próximo em toda parte, conforme o testemunho dado por ele mesmo: *Eu sou o Deus próximo e não o Deus de longe.* Não busquemos, então, longe de nós a morada de Deus, que temos dentro de nós, se o merecermos. Habita em nós como a alma no corpo, se formos seus membros sadios, mortos ao pecado. Então verdadeiramente mora em nós aquele que disse: *E habitarei neles e entre eles andarei.* Se, portanto, formos dignos de tê-lo em nós, em verdade seremos vivificados por ele, como membros vivos seus: *nele,* assim diz o Apóstolo, *vivemos, nos movemos e somos.*

Quem, pergunto eu, investigará o Altíssimo em sua inefável e incompreensível essência? Quem sondará as profundezas de Deus? Quem se gloriará de conhecer o Deus infinito que tudo enche, tudo envolve, penetra em tudo e ultrapassa tudo, tudo contém e esquiva-se a tudo? *Aquele que ninguém jamais viu como é.* Por isto, não haja a presunção de indagar sobre a impenetrabilidade de Deus, o que foi, como foi, quem foi. São realidades indizíveis, inescrutáveis, ininvestigáveis; simplesmente, mas com todo o ardor, crê que Deus é como será, do modo como foi, porque Deus é imutável.

Quem, pois, é Deus? Pai, Filho e Espírito Santo, um só Deus. Não perguntes mais sobre Deus; porque os que querem conhecer a imensa profundidade, têm antes de considerar a natureza. Com razão compara-se o conhecimento da Trindade à profundeza do mar, conforme diz o Sábio: *E a imensa profundidade, quem a alcançará?* Do modo como a profundeza do mar é invisível ao olhar humano, assim a divindade da Trindade é percebida como incompreensível pelo entendimento humano. Por conseguinte, se alguém quiser conhecer aquele em quem deverá crer, não julgue compreender melhor falando do que crendo; ao ser investigada, a sabedoria da divindade foge para mais longe do que estava.

Procura, portanto, a máxima ciência não por argumentos

e discursos, mas por uma vida perfeita; não pela língua, mas pela fé que brota da simplicidade do coração, não adquirida por doutas conjeturas da impiedade. Se, por doutas investigações procurares o inefável, *irá para mais longe de ti* do que estava; se, pela fé, *a sabedoria estará à porta,* onde se encontra; e onde mora poderá ser vista ao menos em parte. Mas em verdade até certo ponto também será atingida, quando se crer no invisível, mesmo sem compreendê-lo; deve-se crer em Deus por ser invisível, embora em parte o coração puro o veja.

Responsório
Sl 35(36),6-7a; Rm 11,33

R. Vosso **amor** chega aos **céus**, ó S**e**nhor,
   chega às **nu**vens a vo**ss**a verd**a**de.
 *Como as **a**ltas mont**a**nhas et**e**rnas,
   é a **vo**ss**a** justiça, S**e**nhor;
   e os **vo**ss**o**s juízos sup**e**ram
   os **a**bismos prof**u**ndos dos **ma**res.
V. Ó prof**u**ndid**a**de de **ta**ntas riqu**e**zas
   da sabed**o**ria e ciência de **De**us!
   Como **são** insond**á**veis os **se**us julgam**e**ntos!
  *Como as **a**ltas.

Oração

Concedei, ó Deus todo-poderoso, que, procurando conhecer sempre o que é reto, realizemos vossa vontade em nossas palavras e ações. Por nosso Senhor Jesus Cristo, vosso Filho, na unidade do Espírito Santo.

SEXTA-FEIRA

Ofício das Leituras

Primeira leitura
Do Livro do Eclesiastes 8,5-9,10

A consolação do sábio

⁸'⁵ Quem observa o mandamento nenhum mal sofrerá; o coração do sábio conhece o tempo e o julgamento. ⁶ Pois, para todas as coisas, há um tempo e um julgamento. A infelicidade do homem é grande ⁷ porque ele não sabe o que vai acontecer: quem pode anunciar-lhe como há de ser? ⁸ O homem não tem poder sobre o vento, nem para reter o vento; ninguém tem poder sobre o dia da morte, e nessa guerra não há trégua; nem a impiedade salvará quem a pratica.

⁹ Vi essas coisas todas, ao aplicar a minha atenção a tudo o que se faz debaixo do sol, enquanto um homem domina outro para arruiná-lo. ¹⁰ Vi também os ímpios serem levados à sepultura; retirados do lugar santo, caíram no esquecimento, na cidade, por assim terem agido. Isso também é vaidade. ¹¹ Uma vez que não se executa logo a sentença contra as obras más, o coração dos filhos dos homens está sempre voltado para praticar o mal. ¹² Um pecador prolonga a sua vida, mesmo que cometa cem vezes o mal; mas eu sei também que acontece o bem aos que temem a Deus, porque têm o temor diante de si. ¹³ Não acontece o bem ao ímpio e, como a sombra, não irá prolongar seus dias, porque não tem o temor de Deus. ¹⁴ Há outra vaidade que se faz sobre a terra: há justos que são tratados conforme a conduta dos ímpios e há ímpios que são tratados conforme a conduta dos justos. Mas eu julgo isso vão. ¹⁵ E eu exalto a alegria, pois não existe nada de bom para o homem debaixo do sol, a não ser o comer, o beber e o alegrar-se; é isso que o acompanha no seu trabalho nos dias da vida que Deus lhe dá debaixo do sol. ¹⁶ Após aplicar meu coração a conhecer a sabedoria e a observar a tarefa que se realiza sobre a terra, pois os olhos

do homem não veem repouso nem de dia nem de noite, ¹⁷observei toda a obra de Deus e vi que o homem não é capaz de descobrir toda a obra que se realiza debaixo do sol; por mais que o homem trabalhe pesquisando, ele não a descobrirá; e mesmo que um sábio diga que conhece, nem por isso é capaz de a descobrir.

⁹,¹Em tudo isso eu refleti com atenção e curiosamente entendi que os justos e os sábios, com suas obras, estão nas mãos de Deus. O homem não conhece o amor nem o ódio; ambos estão diante dele. ²Assim, todos têm um só destino,
tanto o justo como o ímpio,
o bom como o mau,
o puro como o impuro,
o que sacrifica como o que não sacrifica.
O justo como o pecador,
o que jura como o que evita o juramento.

³Este é o mal que existe em tudo o que se faz debaixo do sol: que o mesmo destino toca a todos. O coração dos filhos dos homens está cheio de maldade e de tolice enquanto vivem; e depois, o seu fim é junto aos mortos. ⁴Ainda há esperança para quem está ligado aos vivos, pois um cão vivo vale mais do que um leão morto. ⁵Os vivos sabem ao menos que irão morrer; os mortos, porém, não sabem, e nem terão recompensa, porque a sua memória cairá no esquecimento. ⁶Seu amor, ódio e inveja terminaram, e eles nunca mais participarão no que se faz debaixo do sol.
⁷Vai, come teu pão com alegria
e bebe gostosamente o teu vinho,
porque Deus já aceitou as tuas obras.
⁸Que tuas vestes sejam brancas em todo o tempo
e nunca falte óleo perfumado sobre a tua cabeça.
⁹Goza da vida em companhia da mulher que amas em todos os dias da vida passageira; porque esta é a tua porção na vida e no trabalho que suportas debaixo do sol. ¹⁰Tudo o que te vem à mão para fazer, faze-o com empenho, pois na

mansão dos mortos, para onde vais, não existe obra, nem reflexão, nem sabedoria e nem ciência.

Responsório 1Cor 2,9-10; Ecl 8,17a

R. Os olhos não viram, os ouvidos não ouviram
e nem suspeitou a mente humana,
o que Deus preparou para aqueles que o amam.
* Deus, porém, revelou-nos
pelo Espírito Santo, que tudo perscruta,
também os mistérios profundos de Deus.
V. Ninguém pode entender toda a obra de Deus.
* Deus.

Segunda leitura
Do Comentário sobre o Eclesiastes, de São Gregório de Agrigento, bispo
(Lib. 8,6: PG 98,1071-1074) (Séc. VI)

Exulte minha alma no Senhor

Vem, come com alegria teu pão e bebe com coração feliz o teu vinho, porque tuas obras já agradaram a Deus.

A explicação mais simples e óbvia desta frase parece ser uma justa exortação que nos dirige o Eclesiastes: abraçando um tipo de vida simples e apegados à instrução de uma fé sincera para com Deus, comamos o pão com alegria e bebamos o vinho de coração feliz; sem resvalar para as palavras maldosas, nem nos comportar com duplicidade. Pelo contrário, pensemos sempre o que é reto, e, quanto nos seja possível, auxiliemos com misericórdia e liberalidade os necessitados e mendigos, isto é, atentos aos desejos e ações com que o próprio Deus se deleita.

No entanto, o sentido místico nos leva a mais altos pensamentos e ensina-nos a ver aqui o pão celeste e sacramental que desceu do céu e trouxe a vida ao mundo. Ensina-nos também, com o coração feliz, a beber o vinho espiritual, aquele vinho que jorrou do lado da verdadeira vide, no momento da paixão salvífica. Destes fala o Evangelho de nossa salvação: *Tendo Jesus tomado o pão, abençoou-o e disse* a seus santos discípulos e apóstolos: *Tomai e comei: isto é meu corpo que por vós é repartido para a remissão dos pecados;* o mesmo fez com o cálice e disse: *Bebei todos dele; este é o meu sangue da nova Aliança, que por vós e por muitos é derramado em remissão dos pecados.* Aqueles que comem deste pão e bebem o vinho sacramental, na verdade enchem-se de alegria, exultam e podem exclamar: *Deste alegria a nossos corações.*

Ainda mais – julgo eu – este pão e este vinho designam, no livro dos Provérbios, a sabedoria de Deus, subsistente por si mesma, Cristo, o nosso salvador, quando diz: *Vinde, comei do meu pão e bebei do vinho que preparei para vós;* indicando assim a mística participação do Verbo. Aqueles que são dignos desta participação, trazem em todo o tempo vestes ou obras não menos luminosas do que a luz, realizando o que o Senhor diz no Evangelho: *Que vossa luz brilhe diante dos homens, para que vejam vossas obras boas e glorifiquem vosso Pai que está nos céus.* Igualmente se percebe que em suas cabeças corre sempre o óleo, isto é, o Espírito da verdade que os protege e defende contra todo dano do pecado.

Responsório
Sl 15(16),8b-9a.5a

R. Tenho **sempre** o **Senhor** ante meus **olhos**,
 pois se o **tenho** a meu **lado** não va**ci**lo.
 * Eis por**que** meu cora**ção** está em **festa**
 e minha **alma** reju**bi**la de ale**gria**.
V. Ó **Senhor**, sois minha he**rança** e minha **taça**.
 * Eis por**que**.

Oração
Concedei, ó Deus todo-poderoso, que, procurando conhecer sempre o que é reto, realizemos vossa vontade em nossas palavras e ações. Por nosso Senhor Jesus Cristo, vosso Filho, na unidade do Espírito Santo.

SÁBADO

Ofício das Leituras

Primeira leitura
Do Livro do Eclesiastes   11,7–12,1-14

Sentenças acerca da velhice

¹¹,⁷Doce é a luz
e é agradável aos olhos ver o sol.
⁸Por mais anos que o homem viva
e por mais que os desfrute a todos,
deve lembrar-se
de que os anos sombrios serão muitos,
e tudo que acontecer será ilusão.
⁹Alegra-te, jovem, na tua adolescência,
e que o teu coração repouse no bem
nos dias da tua juventude;
segue as aspirações do teu coração
e os desejos dos teus olhos;
fica sabendo, porém,
que de tudo isso Deus te pedirá contas.
¹⁰Tira a tristeza do teu coração,
e afasta a malícia do teu corpo,
pois a adolescência e a juventude são vaidade.
¹²,¹Lembra-te do teu Criador nos dias da juventude,
antes que venham os dias da desgraça
e cheguem os anos dos quais dirás:
"Não sinto prazer neles";
²— antes que se obscureçam o sol, a luz,
a lua e as estrelas,
e voltem as nuvens depois da chuva;
³quando os guardas da casa começarem a tremer,
e se curvarem os homens robustos;
quando as poucas mulheres cessarem de moer,
e ficarem turvas as vistas das que olham pelas janelas

⁴e se fecharem as portas que dão para a rua;
quando enfraquecer o ruído do moinho,
e os homens se levantarem ao canto dos pássaros,
e silenciarem as vozes das canções,
⁵e houver medo das alturas e sobressaltos no caminho,
enquanto a amendoeira floresce,
o gafanhoto se arrasta
e a alcaparra perde o seu gosto,
porque o homem se encaminha para a morada eterna,
e os que choram já rondam pelas ruas;
⁶– antes que se rompa o cordão de prata
e se despedace a taça de ouro,
a jarra se parta na fonte,
a roldana se arrebente no poço,
⁷– antes que volte o pó à terra, de onde veio,
e o sopro de vida volte a Deus que o concedeu.
⁸Vaidade das vaidades, diz o Eclesiastes,
tudo é vaidade.

⁹Além de ser sábio, o Eclesiastes também ensinava a ciência ao povo. Estudou, examinou e formulou muitos provérbios. ¹⁰O Eclesiastes aplicou-se a descobrir sentenças bem formuladas, cujo teor exato é transcrito nestas sentenças autênticas. ¹¹As sentenças dos sábios são como aguilhões, e aquelas que constam em coleções são como pregos bem fincados: tal é a dádiva do único Pastor. ¹²Um último aviso, filho meu: escrever livros e mais livros não tem limite, e o muito estudo desgasta o corpo. ¹³Em conclusão, e depois de ouvido tudo: teme a Deus e guarda seus mandamentos, porque isso diz respeito a cada homem. ¹⁴Deus julgará todas as ações, boas ou más, mesmo as ocultas.

Responsório   Sl 70(71),17.9a; cf. Sl 15(16),11
R. Vós me ensi**nas**tes desde a **mi**nha juven**tu**de
   e até **ho**je canto as **vos**sas maravi**lhas**.
 * Não me dei**xeis** quando che**gar** minha vel**hi**ce!

V. Junto a **vós**, felici**da**de sem **lim**ites,
delícia **eter**na e ale**gri**a ao vosso **la**do.
* Não me dei**xeis**.

Segunda leitura
Do Comentário sobre o Eclesiastes, de São Gregório de Agrigento, bispo

(Lib. 10, 2: PG 98,1138-1139) (Séc. VI)

Aproximai-vos de Deus e ficareis luminosos

Suave, diz o Eclesiastes, é *esta luz* e extremamente bom, para nossos olhos penetrantes, é contemplar o sol esplêndido. Pois sem a luz o mundo não teria beleza, a vida não seria vida. Por isto, já de antemão, o grande contemplador de Deus, Moisés, disse: *E Deus viu a luz e declarou-a boa.* Porém é conveniente para nós pensar naquela grande, verdadeira e eterna luz que *ilumina a todo homem que vem a este mundo,* quer dizer, Cristo, salvador e redentor do mundo, que, feito homem, quis assumir ao máximo a condição humana. Dele fala o profeta Davi: *Cantai a Deus, salmodiai a seu nome, preparai o caminho para aquele que se dirige para o ocaso; Senhor é seu nome; e exultai em sua presença.*

Suave declarou o Sábio ser a luz e prenunciou ser bom ver com seus olhos o sol da glória, aquele sol que no tempo da divina encarnação disse: *Eu sou a luz do mundo; quem me segue não caminha nas trevas, mas terá a luz da vida.* E outra vez: *Este o juízo: a luz veio ao mundo.* Desta maneira, pela luz do sol, gozo de nossos olhos corporais, anunciou o Sol da justiça espiritual, tão suave àqueles que foram encontrados dignos de conhecê-lo. Viam-no com seus próprios olhos, com ele viviam e conversavam, como um homem qualquer, embora não fosse um qualquer. Era, de fato, verdadeiro Deus que deu vista aos cegos, fez os coxos andar, os surdos ouvir, limpou os leprosos, aos mortos devolveu a vida.

Todavia, mesmo agora é realmente delicioso vê-lo com olhos espirituais e contemplar demoradamente sua simples e divina beleza. Além disso, é delicioso, pela união e comunicação com ele, tornar-se luminoso, ter o espírito banhado de doçura e revestido de santidade, adquirir o entendimento e vibrar de uma alegria divina que se estenda a todos os dias da presente vida. O sábio Eclesiastes bem o indicou quando disse: *Por muitos anos que viva o homem, em todos eles se alegrará.* É evidente que o Autor de toda alegria o é para os que veem o Sol de justiça. Dele disse o profeta Davi: *Exultem diante da face de Deus, gozem na alegria;* e também: *Exultai, ó justos, no Senhor; aos retos convém o louvor.*

Responsório   Sl 33(34),4.6; Cl 1,12b-13a

R. Comigo engrandecei o Senhor Deus,
exaltemos todos juntos o seu nome!
* Contemplai a sua face e alegrai-vos
e vosso rosto não se cubra de vergonha!
V. Demos graças a Deus Pai onipotente,
que nos chama a partilhar, na sua luz,
da herança a seus santos reservada
e do império das trevas arrancou-nos.
* Contemplai.

Oração

Concedei, ó Deus todo-poderoso, que, procurando conhecer sempre o que é reto, realizemos vossa vontade em nossas palavras e ações. Por nosso Senhor Jesus Cristo, vosso Filho, na unidade do Espírito Santo.

8º DOMINGO DO Tempo Comum

IV Semana do Saltério

I Vésperas

Cântico evangélico, ant.

Ano A Olhai para as aves do céu:
Não semeiam nem recolhem em celeiros,
e o vosso Pai celeste as alimenta.
Não valeis muito mais do que elas?

Ano B Enquanto os convivas têm o esposo consigo,
não poderão jejuar, nos diz o Senhor.

Ano C Tira primeiro a trave que está no teu olho;
e verás claramente a fim de tirar
o cisco que está no olho do irmão.

Oração

Fazei, ó Deus, que os acontecimentos deste mundo decorram na paz que desejais, e vossa Igreja vos possa servir, alegre e tranquila. Por nosso Senhor Jesus Cristo, vosso Filho, na unidade do Espírito Santo.

Ofício das Leituras

Primeira leitura
Início do Livro de Jó   1,1-22

Jó é privado dos seus bens

¹Havia na terra de Hus um homem chamado Jó: era um homem íntegro e reto que temia a Deus e se afastava do mal. ²Nasceram-lhe sete filhos e três filhas. ³Possuía também sete mil ovelhas, três mil camelos, quinhentas juntas de bois, quinhentas jumentas e servos em grande quantidade. Era, pois, o maior de todos os homens do Oriente.

⁴ Seus filhos costumavam dar festas um dia em casa de um, um dia em casa de outro, e convidavam suas três irmãs para comer e beber com eles. ⁵ Terminados os dias de festa, Jó mandava-os chamar para purificá-los; de manhã cedo, ele oferecia um holocausto a favor de cada um, pois dizia: "Talvez meus filhos tenham cometido pecado, maldizendo a Deus em seu coração". Assim costumava Jó fazer todas as vezes.

⁶ Um dia, foram os filhos de Deus apresentar-se ao Senhor; entre eles também Satanás. ⁷ O Senhor, então, disse a Satanás: "Donde vens?" – "Venho de dar umas voltas pela terra", respondeu ele. ⁸ O Senhor disse-lhe: "Reparaste no meu servo Jó? Na terra não há outro igual: é um homem íntegro e correto, teme a Deus e afasta-se do mal".

⁹ Satanás respondeu ao Senhor: "Mas será por nada que Jó teme a Deus? ¹⁰ Porventura não levantaste um muro de proteção ao redor dele, de sua casa e de todos os seus bens? Tu abençoaste tudo o que ele fez, e seus rebanhos cobrem toda a região. ¹¹ Mas, estende a mão e toca em todos os seus bens; e eu garanto que ele te lançará maldições no rosto!" ¹² Então o Senhor disse a Satanás: "Pois bem, de tudo o que ele possui, podes dispor, mas não estendas a mão contra ele". E Satanás saiu da presença do Senhor.

¹³ Ora, num dia em que os filhos e filhas de Jó comiam e bebiam vinho na casa do irmão mais velho, ¹⁴ um mensageiro veio dizer a Jó: "Estavam os bois lavrando e as mulas pastando a seu lado, ¹⁵ quando, de repente, apareceram os sabeus e roubaram tudo, passando os criados ao fio da espada. Só eu consegui escapar para trazer-te a notícia".

¹⁶ Estava ainda falando, quando chegou outro e disse: "Caiu do céu o fogo de Deus e matou ovelhas e pastores, reduzindo-os a cinza. Só eu consegui escapar para trazer-te a notícia". ¹⁷ Este ainda falava, quando chegou outro e disse: "Os caldeus, divididos em três bandos, lançaram-se sobre os camelos e levaram-nos consigo, depois de passarem os

criados ao fio da espada. Só eu consegui escapar para trazer-te a notícia".

¹⁸Este ainda falava, quando chegou outro e disse: "Teus filhos e tuas filhas estavam comendo e bebendo vinho na casa do irmão mais velho, ¹⁹quando um furacão se levantou das bandas do deserto e se lançou contra os quatro cantos da casa, que desabou sobre os jovens e os matou. Só eu consegui escapar para trazer-te a notícia".

²⁰Então, Jó levantou-se, rasgou o manto, rapou a cabeça, caiu por terra e, prostrado, disse: ²¹"Nu eu saí do ventre de minha mãe e nu voltarei para lá. O Senhor deu, o Senhor tirou; como foi do agrado do Senhor, assim foi feito. Bendito seja o nome do Senhor!"

²²Apesar de tudo isso, Jó não cometeu pecado nem se revoltou contra Deus.

Responsório   Jo 2,10b; 1,21

R. Se ga**nha**mos o **bem** da **mão** do **Senhor**,
   não devemos, tam**bém**, o **mal** aceitar?
 * O Se**nhor** no-lo **deu**, o Se**nhor** o ti**rou**;
   e foi **feito** as**sim**, como a **ele** agra**dou**:
   Que seja ben**di**to o **no**me de **Deus**!
V. Ao nas**cer**, saí **nu** do **ven**tre ma**ter**no,
   e **nu** igualmen**te** eu **hei** de vol**tar**. * O Se**nhor**.

Segunda leitura

Dos Livros "Moralia" sobre Jó, de São Gregório Magno, papa

(Lib. 1,2.36: PL 75,529-530.543-544)   (Séc. VI)

Homem simples e reto, temente a Deus

Há quem seja simples demais, a ponto de não saber o que é reto. Afasta-se, porém, da pura simplicidade quem não se eleva à virtude da retidão, pois, enquanto não aprende a ser precavido pela retidão, não consegue permanecer na inocência pela simplicidade. Daí a exortação de Paulo aos discípulos: *Quero que sejais sábios no bem, simples no mal.* E ainda: *Não vos façais crianças pelo entendimento, mas sede pequeninos na malícia.*

Daí que a mesma Verdade preceitue aos discípulos: *Sede prudentes como serpentes e simples como pombas.* Ela uniu estas duas coisas indispensáveis na advertência: por um lado a astúcia da serpente previna a simplicidade da pomba e por outro lado a simplicidade da pomba tempere a astúcia da serpente.

Daí não manifestar o Espírito Santo sua presença apenas pela figura da pomba, mas também pela do fogo. Pela figura da pomba mostrou a simplicidade, pela figura do fogo, o zelo. Manifesta-se pela pomba e pelo fogo, porque aqueles que dele estão cheios, guardam a mansidão da simplicidade e, assim, não impedem que se acenda o zelo da retidão contra as culpas dos delinquentes.

Simples e reto, temendo a Deus e afastando-se do mal. Quem deseja chegar à pátria eterna, mantém-se, sem dúvida alguma, simples e reto: simples nas obras e reto na fé; simples nas boas obras que realiza em plano inferior, e reto nas superiores, que sente no íntimo. Existem ainda alguns que não são simples no bem que praticam, buscando não uma retribuição interior, mas o aplauso exterior. Deles bem falou certo sábio: *Ai do pecador que entra no país por dois caminhos.* Entra por dois caminhos o pecador quando a obra que pratica é de Deus; a sua intenção, porém, é mundana.

Com razão se diz: *Temendo a Deus e afastando-se do mal,* porque a Santa Igreja dos eleitos começa com temor os caminhos da simplicidade e da retidão e consuma-os na caridade. Afastar-se totalmente do mal é começar a não mais pecar por amor de Deus. De fato, enquanto algum faz o bem por temor, ainda não se afastou completamente do mal, pois peca justamente porque quereria pecar, se o pudesse fazer impunemente.

8º Domingo do Tempo Comum

Por conseguinte, quando se diz que Jó teme a Deus, também se afirma que se afasta do mal. Se o amor segue o temor, é esmagada toda a culpa na consciência pelo firme propósito da vontade.

Responsório　　　　　　　　　　　　　Hb 13,21; 2Mc 1,4

R. Que Deus **Pai** vos torne **ap**tos,
　 meus ir**mãos,** a todo **bem** para fa**zer** sua **von**tade.
　* Que em **vós** ele realize o que a**gra**da aos seus **o**lhos
　　atra**vés** de Jesus **Cris**to.
V. Abra os **vos**sos cora**ções** à sua **lei** e a seus pre**cei**tos.
　* Que em **vós**.
HINO Te Deum, p. 589.

Laudes

Cântico evangélico, ant.

Ano A　Não fi**queis** preocu**pa**dos em di**zer**:
　　　　O que ha**ve**mos de co**mer** ou de be**ber**?
　　　　Pois bem **sa**be o vosso **Pai** que está nos **céus**,
　　　　que **vós** neces**si**tais de tudo **is**so.

Ano B　Ao **teu** cora**ção** eu **hei** de fa**lar**:
　　　　Eu **vou** despo**sar**-te com fideli**da**de,
　　　　e **tu** sabe**rás** quem **é** o Se**nhor**!

Ano C　A boa **ár**vore não **po**de dar maus **fru**tos;
　　　　e a má **ár**vore não **po**de dar bons **fru**tos.

Oração

Fazei, ó Deus, que os acontecimentos deste mundo decorram na paz que desejais, e vossa Igreja vos possa servir, alegre e tranquila. Por nosso Senhor Jesus Cristo, vosso Filho, na unidade do Espírito Santo.

II Vésperas

Cântico evangélico, ant.

Ano A Diz Jesus: Procurai em primeiro lugar
o Reino de Deus e a sua justiça,
e tudo o mais vos será acrescentado.

Ano B Não se põe vinho novo em odres velhos;
mas vinho novo em odres novos, diz Jesus.

Ano C O homem bom tira o que é bom
do tesouro de bondade
que ele tem no coração.
Porque a boca fala do que está no coração.

SEGUNDA-FEIRA

Ofício das Leituras

Primeira leitura
Do Livro de Jó 2,1-13

Coberto de chagas, Jó é visitado pelos amigos

¹Num outro dia em que os filhos de Deus vieram apresentar-se novamente ao Senhor; entre eles veio também Satanás. ²O Senhor perguntou a Satanás: "Donde vens?" Ele respondeu, dizendo: "Venho de dar umas voltas pela terra".
³O Senhor disse a Satanás: "Reparaste no meu servo Jó. Na terra não há outro igual: é um homem íntegro e correto, que teme a Deus e se afasta do mal; sem motivo algum, tu me instigaste contra ele para aniquilá-lo, mas ele persevera em sua integridade". ⁴Satanás respondeu ao Senhor e disse: "Pele por pele! Para salvar a vida o homem dá tudo o que tem. ⁵Mas estende a mão sobre ele, fere-o na carne e nos ossos e então verás que ele vai lançar maldições no teu próprio rosto". ⁶"Pois bem! – disse o Senhor a Satanás – faze o que quiseres com ele, mas poupa-lhe a vida".
⁷E Satanás saiu da presença do Senhor. Ele feriu Jó com chagas malignas desde a planta dos pés até ao alto da cabeça.

⁸Então Jó apanhou um caco de telha para se raspar e sentou-se no meio da cinza. ⁹Sua mulher disse-lhe:
"Persistes ainda em tua integridade?
Amaldiçoa a Deus e morre duma vez!"
¹⁰Ele respondeu:
"Falas como uma insensata.
Se recebemos de Deus os bens,
não deveríamos receber também os males?"

Apesar de tudo isso, Jó não cometeu pecado com seus lábios. ¹¹Três amigos de Jó, Elifaz de Temã, Baldad de Suás e Sofar de Naamat, ao saberem da desgraça que havia sofrido, partiram de sua terra e se reuniram para compartilhar sua dor e consolá-lo. ¹²Quando levantaram os olhos, a certa distância, não o reconheceram mais. Levantando a voz, puseram-se a chorar; rasgaram seus mantos e, a seguir, lançaram poeira sobre suas cabeças. ¹³Sentaram-se no chão ao lado dele, durante sete dias e sete noites, sem dizer-lhe uma palavra, vendo como era atroz seu sofrimento.

Responsório   Sl 37(38),2a.3a.4a.12a
R. Repreen**dei**-me, Se**nhor**, mas sem **ira**:
    Vossas **flechas** em **mim** pene**traram**.
 * Nada **resta** de **são** no meu **cor**po,
    pois com **mui**to ri**gor** me tra**tastes**!
V. Compan**hei**ros e a**migos** se a**fastam**,
    fogem **lon**ge de **mi**nhas f**eridas**. * Nada **resta**.

Segunda leitura
Dos Livros "Moralia" sobre Jó, de São Gregório Magno, papa

(Lib. 3,15-16: PL 75,606-608)   (Séc. VI)

*Se da mão de Deus recebemos os bens,
por que não suportaremos os males?*

Paulo, considerando em seu íntimo as riquezas da sabedoria e vendo-se externamente um corpo corruptível, exclama: *Temos este tesouro em vasos de barro!* No santo Jó, o vaso de barro sofre no exterior as rupturas das úlceras. Por dentro, porém, continua íntegro o tesouro. Por fora é ferido de chagas. Por dentro, a perene nascente do tesouro da sabedoria derrama-se em palavras santas: *Se da mão de Deus recebemos os bens, por que não suportaremos os males?* Para ele, os bens são os dons de Deus, tanto os temporais quanto os eternos, enquanto que os males são os flagelos do momento. Diz o Senhor pelo Profeta: *Eu, o Senhor, e não há outro, faço a luz e crio as trevas, produzo a paz e crio os males.*

Faço a luz e crio as trevas: quando, pelos flagelos, são criadas exteriormente as trevas do sofrimento, no íntimo, pela correção, acende-se a luz do espírito. *Produzo a paz e crio os males.* Voltamos à paz com Deus quando os bens criados, porém, mal desejados, por serem males para nós, se transformam em flagelos. Pela culpa, estamos em discórdia com Deus. Portanto, é justo que, pelos flagelos, retornemos à paz com ele. Quando os bens criados começam a causar-nos sofrimento, o espírito assim castigado procura humildemente a paz com o Criador.

É preciso considerar com muita atenção, nas palavras de Jó, contra a opinião de sua mulher, a justeza do seu raciocínio. *Se recebemos da mão do Senhor os bens, por que não suportaremos os males?* Grande conforto na tribulação é, em meio às contrariedades, lembrarmo-nos dos dons concedidos por nosso Criador. E não nos abatemos, em face da dor, se logo nos ocorrer à mente o dom que a reanima. Sobre isto está escrito: *Nos dias bons, não te esqueças dos maus, e nos dias maus lembra-te dos bons.*

Quem recebe os bens da vida, mas durante os bons tempos deixa inteiramente de temer os flagelos, cai na soberba através da alegria. Quem é atormentado pelos flagelos e nestes dias maus não se consola com os dons recebidos, perde, com o mais profundo desespero, o equilíbrio do espírito.

Assim sendo, é necessário unir os dois, de modo que um sempre se apoie no outro: que a lembrança dos bens modere o sofrimento dos flagelos e que a suspeita e o medo dos flagelos estejam a mordiscar a alegria dos bens.

O santo homem com suas chagas, para aliviar o espírito oprimido em meio às dores dos flagelos, pensa na doçura dos dons: Se recebemos da mão do Senhor os bens, por que não haveremos de suportar os males?

Responsório   Jó 2,10b; 1,21-22
R. Se ganhamos o bem da mão do Senhor,
   não devemos, também, o mal aceitar?
 * O Senhor no-lo deu, o Senhor o tirou;
   e foi feito assim, como a ele agradou:
   Que seja bendito o nome de Deus!
V. Em tudo isso Jó não pecou com seus lábios,
   nem falou contra Deus qualquer coisa insensata.
 * O Senhor.

Oração

Fazei, ó Deus, que os acontecimentos deste mundo decorram na paz que desejais, e vossa Igreja vos possa servir, alegre e tranquila. Por nosso Senhor Jesus Cristo, vosso Filho, na unidade do Espírito Santo.

TERÇA-FEIRA

Ofício das Leituras

Primeira leitura
Do Livro de Jó   3,1-26

Lamentos de Jó

¹Depois disso, Jó abriu a boca e amaldiçoou o seu dia,
²dizendo:
³"Maldito o dia em que nasci
e a noite em que fui concebido.

⁴ Esse dia, que se torne trevas;
que Deus do alto não se ocupe dele,
que sobre ele não brilhe a luz!
⁵ Que o obscureçam as trevas e as sombras da morte,
que uma nuvem pouse sobre ele,
e seja envolvido pela amargura!
⁶ Sim, que dele se apodere a escuridão,
que não se some aos dias do ano,
que não entre na conta dos meses!
⁷ Que aquela noite fique estéril
e não seja digna de louvor.
⁸ Que a amaldiçoem os que amaldiçoam o dia,
os entendidos em conjurar contra Leviatã!
⁹ Que se escureçam as estrelas da sua aurora,
que espere pela luz que não vem,
que não veja o despontar da aurora.
¹⁰ Por que não fechou sobre mim
a porta do ventre que me trouxe,
para esconder à minha vista tanta miséria?
¹¹ Por que não morri desde o ventre materno,
ou não expirei ao sair das entranhas?
¹² Por que me acolheu um regaço
e uns seios me amamentaram?
¹³ Estaria agora deitado e poderia descansar,
dormiria e teria repouso,
¹⁴ com os reis e ministros do país,
que construíram para si sepulcros grandiosos;
¹⁵ ou com os nobres, que amontoaram
ouro e prata em seus palácios.
¹⁶ Ou, então, enterrado como aborto,
eu agora não existiria,
como crianças que nem chegaram a ver a luz.
¹⁷ Ali acaba o tumulto dos ímpios,
ali repousam os que esgotaram as forças.
¹⁸ Assim também os prisioneiros ficam tranquilos

sem ouvir a voz do capataz.
¹⁹Confundem-se pequenos e grandes,
e o escravo livra-se do seu senhor.
²⁰Por que foi dado à luz um infeliz
e vida àqueles que têm a alma amargurada?
²¹Eles desejam a morte que não vem
e a buscam mais que um tesouro;
²²eles se alegrariam por um túmulo
e gozariam ao receberem sepultura.
²³Por que, então, foi dado à luz o homem
a quem seu próprio caminho está oculto,
a quem Deus cercou de todos os lados?
²⁴Por alimento só tenho os soluços
e os gemidos vêm-me, como água.
²⁵Sucede-me o que mais temia,
o que mais me aterrava, acontece-me.
²⁶Não tenho sossego nem paz, não tenho descanso;
sobrevém-me a perturbação".

Responsório   Jó 3,24-26; 6,13
R. O alimento, para mim, são meus suspiros
   são quais águas caudalosas, meus gemidos;
   porque o temor que eu receava aconteceu
   e o pavor que eu temia realizou-se.
 * Sobre mim caiu, Senhor, a vossa ira.
V. Não há socorro para mim em minhas forças,
   afastaram-se de mim os meus amigos. * Sobre mim.

Segunda leitura
Dos Livros das Confissões, de Santo Agostinho, bispo
           (Lib. 10,1,1-2,2; 5.7: CCL 27,155.158)   (Séc. V)
Seja eu quem for, sou a ti manifesto, Senhor

Que eu te conheça, ó conhecedor meu! Que eu também te conheça *como sou conhecido!* Tu, ó força de minha alma, entra dentro dela, ajusta-a a ti, para a teres e possuíres *sem mancha nem ruga*. Esta é a minha esperança e por isso falo. Nesta esperança, alegro-me quando sensatamente me alegro. Tudo o mais nesta vida tanto menos merece ser chorado quanto mais é chorado, e tanto mais seria de chorar quanto menos é chorado. *Eis que amas a verdade,* pois *quem a faz, chega-se à luz.* Quero fazê-la no meu coração, diante de ti, em confissão, com minha pena, diante de muitas testemunhas.

A ti, Senhor, a cujos olhos está a nu o abismo da consciência humana, que haveria de oculto em mim, mesmo que não quisesse confessá-lo a ti? Eu te esconderia a mim mesmo, e nunca a mim diante de ti. Agora, porém, quando os meus gemidos testemunham que eu me desagrado de mim mesmo, enquanto tu refulges e agradas, és amado e desejado, que eu me envergonhe de mim mesmo, rejeite-me e te escolha! Nem a ti nem a mim seja eu agradável, a não ser por ti.

Seja eu quem for, sou a ti manifesto e declarei com que proveito o fiz. Não o faço por palavras e vozes corporais, mas com palavras da alma e clamor do pensamento. A tudo o teu ouvido escuta. Quando sou mau, confessá-lo a ti nada mais é do que não o atribuir a mim. Quando sou bom, confessá-lo a ti nada mais é do que não o atribuir a mim. *Porque tu, Senhor, abençoas o justo,* antes, porém, o *justificas quando ímpio.* Na verdade minha confissão, ó meu Deus, faz-se diante de ti em silêncio e não em silêncio porque cala-se o ruído, clama o afeto.

Tu me julgas, Senhor, porque nenhum dos homens conhece *o que há no homem a não ser o espírito do homem que nele está.* Há, contudo, no homem algo que nem o próprio espírito do homem, que nele está, conhece. Tu, porém, Senhor, conheces tudo dele, pois tu o fizeste. Eu, na verdade, embora diante de ti me despreze e me considere pó e cinza, conheço algo de ti que ignoro de mim.

É certo que *agora vemos como em espelho e obscuramente, ainda não face a face.* Por isto enquanto eu peregrino longe de ti, estou mais presente a mim do que a ti e, no entanto, sei que és totalmente impenetrável, ao passo que ignoro a que tentações posso ou não resistir. Mas aí está a esperança, porque és fiel e não permites sermos tentados acima de nossas forças e dás, com a tentação, a força para suportá-la.

Confessarei aquilo que de mim conheço, confessarei o que desconheço. Porque o que sei de mim, por tua luz o sei; e o que de mim não sei, continuarei a ignorá-lo até que minhas trevas se mudem em meio-dia diante de tua face.

Responsório   Sl 138(139),1b.2b.7
R. Ó Se**nhor**, vós me son**dais** e conhe**ceis**,
 * De **lon**ge pene**trais** meus pensa**men**tos.
V. Em que lu**gar** me ocul**tarei** de vosso es**pí**rito?
 E para **on**de fugi**rei** de vossa **face**? * De **lon**ge.

Oração

Fazei, ó Deus, que os acontecimentos deste mundo decorram na paz que desejais, e vossa Igreja vos possa servir, alegre e tranquila. Por nosso Senhor Jesus Cristo, vosso Filho, na unidade do Espírito Santo.

QUARTA-FEIRA

Ofício das Leituras

Primeira leitura
Do Livro de Jó   7,1-21

O tédio da vida leva Jó a recorrer a Deus

Em resposta, disse Jó:
¹"Não é acaso uma luta a vida do homem sobre a terra?
Seus dias não são como dias de um mercenário?
²Como um escravo suspira pela sombra,

como um assalariado aguarda sua paga,
³ assim tive por ganho meses de decepção,
e couberam-me noites de sofrimento.
⁴ Se me deito, penso:
Quando poderei levantar-me?
E, ao amanhecer, espero novamente a tarde
e me encho de sofrimentos até ao anoitecer.
⁵ Meu corpo cobre-se de vermes e crostas,
a pele rompe-se e supura.
⁶ Meus dias correm mais rápido do que a lançadeira do tear
e se consomem sem esperança.
⁷ Lembra-te de que minha vida é apenas um sopro
e meus olhos não voltarão a ver a felicidade!
⁸ Os olhos de quem me via, já não me verão;
teus olhos pousarão sobre mim e deixarei de existir.
⁹ Como a nuvem passa e desaparece,
assim quem desce à mansão dos mortos jamais subirá daí,
¹⁰ não voltará à sua casa,
sua morada não mais o verá.
¹¹ Por isso, não vou controlar minha língua;
vou falar com espírito angustiado
e queixar-me com a alma amargurada.
¹² Por acaso, eu sou monstro marinho ou dragão,
para que me cerques com guardas?
¹³ Se eu disser: Meu leito me consolará
e minha cama suportará comigo o sofrimento,
¹⁴ então me assustas com sonhos,
e me aterrorizas com pesadelos
¹⁵ Preferiria morrer sufocado.
Antes a morte que meus tormentos.
¹⁶ Basta! Não quero viver eternamente;
deixa-me, pois meus dias são apenas um sopro!
¹⁷ Que é o homem, para que faças tanto caso dele,
lhe dês tanta atenção,
¹⁸ o vigies cada manhã

e o proves a cada momento?
¹⁹ Há quanto tempo já não afastas de mim o olhar
e não me deixas nem engolir a saliva?
²⁰ Se pequei, que mal te fiz com isso,
sentinela dos homens?
Por que me tomas por alvo,
e cheguei a ser um peso para mim?
²¹ Por que não perdoas a minha falta
e não absolves a minha culpa?
Eu vou deitar-me no pó;
tu me procurarás e eu já não existirei."

Responsório   Jó 7,5.7a.6

R. Podri**dão** e poeira co**bri**ram minha **car**ne,
   minha **pe**le se**cou**, ra**chou** e enru**gou**.
* Lem**brai**-vos, Se**nhor**, minha **vi**da é um **so**pro.

V. Meus **di**as se **pas**sam
   com **mais** rapi**dez** do que **a** lança**dei**ra;
   se **vão** desfa**zen**do sem **u**ma espe**ran**ça.
* Lem**brai**-vos.

Segunda leitura
Dos Livros das Confissões, de Santo Agostinho, bispo

(Lib. 10,26.37- 29,40; CCL 27,174-176)   (Séc. V)

Em tua imensa misericórdia, toda a minha esperança

Onde te encontrei, Senhor, para te conhecer? Não estavas certamente em minha memória antes que eu te conhecesse.

Onde então te encontrei para te conhecer, a não ser em ti, acima de mim? Não é propriamente um lugar. Afastamo-nos, aproximamo-nos e não é um lugar. Em toda parte, ó Verdade, presides a todos que vêm com diferentes consultas.

Com clareza respondes, porém, nem todos ouvem com clareza. Todos perguntam o que querem e nem sempre ouvem o que querem. Ótimo servo teu é quem não espera ouvir de ti o que desejaria, mas antes quer aquilo que de ti ouve.

Tarde te amei, ó beleza tão antiga e tão nova, tarde te amei! Estavas dentro e eu fora te procurava. Precipitava-me eu disforme, sobre as coisas formosas que fizeste. Estavas comigo, contigo eu não estava. As criaturas retinham-me longe de ti, aquelas que não existiriam se não estivessem em ti. Chamaste e gritaste e rompeste a minha surdez. Cintilaste, resplandeceste e afugentaste minha cegueira. Exalaste perfume, aspirei-o e anseio por ti. Provei, tenho fome e tenho sede. Tocaste-me e abrasei-me no desejo de tua paz.

Quando me uno a ti com todo o meu ser, não há em mim dor nem fadiga. Viva será minha vida, toda repleta de ti. Agora ergues o que de ti está repleto. Como ainda não estou pleno de ti, sou um peso para mim. Lutam minhas lamentáveis alegrias com as tristezas deleitáveis. De que lado estará a vitória, não sei.

Ai de mim, Senhor! Tem piedade de mim. Lutam minhas más tristezas com as boas alegrias e não sei quem vencerá. Ai de mim, Senhor! Tem piedade de mim! Ai de mim! Bem vês que não escondo minhas chagas. És o médico; eu, o doente. És misericordioso; eu, o miserável.

Não é verdade que a *vida humana na terra é uma tentação?* Quem deseja pesares e dificuldades? Ordenas tolerá-los, não amá-los. Ninguém ama aquilo que tolera, mesmo se gosta de tolerar. Embora alegre-se por tolerar, prefere não ter que tolerá-lo. Na adversidade desejo a felicidade; na felicidade temo a adversidade. Que meio termo haverá onde a vida humana não seja uma tentação? Ai da felicidade do mundo, uma e duas vezes, pelo temor da adversidade e pela caducidade da alegria! Ai das adversidades do mundo, pelo desejo da felicidade! A adversidade é dura e faz naufragar a tolerância. Não é verdade que *é uma tentação a vida humana sobre a terra?* Em tua imensa misericórdia ponho toda a minha esperança.

Responsório
Lc 19,10

R. Muito **tar**de vos **a**mei, ó Be**le**za sempre an**ti**ga,
ó Be**le**za sempre **no**va, muito **tar**de vos **a**mei!
* Vós cha**mas**tes e gri**tas**tes e rom**pes**tes-me a sur**dez**.
V. Veio o **Fi**lho do **Ho**mem bus**car**
e sal**var** o que es**ta**va perdido. * Vós cha**mas**tes.

Oração

Fazei, ó Deus, que os acontecimentos deste mundo decorram na paz que desejais, e vossa Igreja vos possa servir, alegre e tranquila. Por nosso Senhor Jesus Cristo, vosso Filho, na unidade do Espírito Santo.

QUINTA-FEIRA

Ofício das Leituras

Primeira leitura
Do Livro de Jó
11,1-20

Discurso de Sofar sobre a opinião corrente

¹ Sofar de Naamat tomou a palavra e disse:
² "O falador ficará sem resposta?
Vamos dar razão a quem muito fala?
³ Tua vã linguagem calará os homens?
Zombarás sem que ninguém te repreenda?
⁴ Disseste: Minha doutrina é pura,
sou inocente aos teus olhos.
⁵ Mas se Deus quiser falar
e abrir os lábios para te responder,
⁶ se te revelar os segredos da Sabedoria,
que desconcertam todo o entendimento,
então saberás que Deus muita culpa te perdoa.
⁷ Acaso podes sondar a profundeza de Deus,
e atingir a perfeição do Todo-Poderoso?
⁸ É mais alta que o céu: que poderás fazer?
Mais profunda que o abismo: que poderás saber?

⁹E mais vasta que a terra,
mais extensa que o mar.
¹⁰Se ele intervém para encerrar e convocar a assembleia,
quem pode impedi-lo?
¹¹Ele conhece a falsidade dos homens;
vê a maldade e não presta atenção?
¹²Mas o homem estúpido começará a ser sábio:
ao nascer, é parecido com um burro que se vai domesticar.
¹³Se dirigires teu coração a Deus
e estenderes as mãos para ele,
¹⁴se afastares das tuas mãos a maldade
e não alojares a injustiça em tua tenda,
¹⁵poderás levantar teu rosto sem mancha,
serás inabalável e nada temerás;
¹⁶e esquecerás tuas desgraças
ou as recordarás como a água que passou;
¹⁷tua vida ressurgirá como o meio-dia,
a escuridão será como a manhã;
¹⁸terás segurança na esperança,
e se vivias perturbado, dormirás tranquilo;
¹⁹repousarás sem sobressaltos
e muitos procurarão o teu favor.
²⁰Quanto aos ímpios, os seus olhos ficam cegos,
o seu refúgio não existe,
a sua esperança é um sopro que se extingue".

Responsório   2Cor 4,8-9a.10

R. Somos, em **tu**do, atribu**la**dos, mas **não** angustiados;
dificul**ta**dos em ex**tre**mo, mas **não** desespe**ra**dos;
 * Nós **so**mos perse**gui**dos, mas **não** abando**na**dos.
V. Trazemos **sem**pre em nosso **cor**po a ago**ni**a de Je**sus**,
para **que** a sua **vi**da se re**ve**le em nosso **cor**po.
 * Nós **so**mos.

Segunda leitura
Dos Livros "Moralia" sobre Jó, de São Gregório Magno, papa

(Lib. 10,7-8.10: PL 75,922.925-926)　　(Séc. VI)

Múltipla é a lei do Senhor

Nesta passagem, o que se deve entender por lei de Deus a não ser a caridade? Pois por meio dela sempre se pode encontrar na mente como traduzir na prática os preceitos de Deus. Sobre esta lei de Deus, é dito pela palavra da Verdade: *Este é o meu mandamento, que vos ameis uns aos outros.* Desta lei fala Paulo: *A plenitude da lei é o amor.* E ainda: *Carregai os fardos uns dos outros e cumprireis assim a lei de Cristo.* O que de melhor se pode entender por lei de Cristo senão a caridade, vivida na perfeição, quando suportamos os fardos dos irmãos por amor?

No entanto, esta mesma lei pode-se dizer ser múltipla, porque com zelosa solicitude a caridade se estende a todas as ações virtuosas. Começando por dois preceitos, ela vai atingir muitos outros. Paulo soube enumerar a multiplicidade desta lei ao dizer: *A caridade é paciente, é benigna; não é invejosa, não se ensoberbece, não age mal; não é ambiciosa, não busca o que é seu, não se irrita, não pensa mal, não se alegra com a iniquidade, mas rejubila com a verdade.*

Na verdade é *paciente* a caridade, pois tolera com serenidade as afrontas recebidas. É *benigna* porque retribui os males com bens generosos. *Não é invejosa* porque, nada cobiçando neste mundo, não tem por onde invejar os êxitos terrenos. *Não se ensoberbece;* deseja ansiosamente a retribuição interior, por isso não se exalta com os bens exteriores. *Não age mal,* pois somente se dilata com o amor a Deus e ao próximo, por isto ignora tudo quanto se afasta da retidão.

Não é ambiciosa porque, cuidando ardentemente de si no íntimo, não cobiça fora, de modo algum, as coisas alheias. *Não busca o que é seu,* pois tudo quanto possui aqui considera-o transitório e alheio, sabendo que nada lhe é próprio a não ser aquilo que permanece sempre com ela. *Não se irrita,* pois, quando insultada, não se deixa levar por sentimentos de vingança, já que por grandes trabalhos espera prêmios ainda maiores. *Não pensa mal,* porque, firmando o espírito no amor da pureza, arranca pela raiz todo ódio e não admite na alma mancha nenhuma.

Não se alegra com a iniquidade: o seu único anseio consiste no amor para com todos sem se alegrar com a perda dos adversários. *Rejubila, porém, com a verdade* porque, amando os outros como a si próprio, enche-se de gozo ao ver neles o que é reto como se se tratasse do progresso próprio. É múltipla, portanto, a lei de Deus.

Responsório
Rm 13,8.10b; Gl 5,14

R. Não de**vais** coisa al**gu**ma a nin**guém**
　a não **ser** o amor **mú**tuo;
　pois **a**que**le** que **a**ma o seu **pró**ximo,
　tem cum**pri**do a **lei**.
* Pois a**mar** é cum**prir** plena**men**te a **lei** do Se**nhor**.
V. Esta **fra**se con**tém** toda a **lei**:
　Ama o **pró**ximo **co**mo a ti **mes**mo. * Pois a**mar**.

Oração
Fazei, ó Deus, que os acontecimentos deste mundo decorram na paz que desejais, e vossa Igreja vos possa servir, alegre e tranquila. Por nosso Senhor Jesus Cristo, vosso Filho, na unidade do Espírito Santo.

SEXTA-FEIRA

Ofício das Leituras

Primeira leitura
Do Livro de Jó   12,1-25

*Jó explica o domínio que Deus exerce
sobre a sabedoria humana*

¹ Jó tomou a palavra e disse:
² "Realmente vós sois a voz do povo
e convosco a sabedoria vai morrer.
³ Mas eu também sei refletir,
não sou inferior a vós;
quem ignora tudo isso?
⁴ Aquele que se torna
objeto de irrisão dos seus amigos, como eu,
esse invoca a Deus, e ele o ouvirá,
pois zombam da integridade do justo.
⁵ Vergonha para a infelicidade – dizem os que são felizes –
um golpe a mais para quem vacila!
⁶ Nas tendas dos ladrões reina a paz,
e estão seguros os que desafiam a Deus,
pensando que o têm na mão.
⁷ Pergunta aos animais e eles te ensinarão,
às aves do céu e elas te informarão;
⁸ fala à terra e ela te instruirá,
os peixes do mar te hão de narrar.
⁹ Com tantos mestres, quem não reconhecerá
que tudo isso é obra da mão de Deus?
¹⁰ Em sua mão está a alma de todo o ser vivo
e o espírito de todo o homem carnal.
¹¹ O ouvido não distingue as palavras
e o paladar não saboreia as iguarias?
¹² Não está a sabedoria nos cabelos brancos
e a prudência com os anciãos?

¹³Ora, ele possui sabedoria e fortaleza,
dele é o conselho e o entendimento.
¹⁴O que ele destrói, ninguém o reconstrói;
se ele prender, não haverá quem o solte;
¹⁵se retiver a chuva, virá a seca;
se a soltar, a terra se inundará.
¹⁶Ele possui força e sabedoria,
a ele pertencem o enganado e o que engana.
¹⁷Despoja os conselheiros
e fere os juízes com loucura.
¹⁸Desamarra o cinturão dos reis
e cinge-os com uma corda.
¹⁹Faz os sacerdotes andarem descalços
e abate os bem-instalados.
²⁰Tira a palavra aos confiantes
e priva de sensatez os anciãos.
²¹Derrama o desprezo sobre os nobres
e afrouxa o cinturão dos fortes.
²²Descobre o que há de mais oculto nas trevas
e ilumina a sombra da morte.
²³Engrandece as nações, e também as arruína;
multiplica os povos, e depois os suprime.
²⁴Tira o juízo aos chefes de um povo
e deixa-os errar num deserto sem estradas,
²⁵cambalear nas trevas, sem luz,
e tropeçar como bêbados".

Responsório   Jó 12,13.14; 23,13
R. A sabedoria e o poder estão em Deus,
   entendimento e conselho lhe pertencem.
 * Se ele prender, não há quem possa libertar,
   se destruir, não há quem possa edificar.
V. Se ele decidir alguma coisa,
   então, quem poderá dissuadi-lo?
   O que ele deseja, isso fará. * Se ele prender.

Segunda leitura
Dos Livros "Moralia" sobre Jó, de São Gregório Magno, papa

(Lib. 10,47-48: PL 75,946-947) (Séc. VI))

Testemunha interior

Quem é escarnecido por seu amigo, como eu, invocará a Deus que o atenderá. Com frequência o espírito fraco, ao receber o bafejo da fama humana por suas boas ações, deixa-se levar para as alegrias exteriores, chegando a interessar-se menos pelo que deseja interiormente. Deleita-se, então, languidamente no que ouve de fora. Alegra-se mais por ser chamado de bem-aventurado do que por sê-lo de fato. Esperando com avidez as palavras de elogio, abandona o que começa a ser. Separa-se de Deus justamente naquilo que deveria ser louvado em Deus.

Às vezes, ao contrário, o homem firma-se com constância no agir reto e, no entanto, é maltratado pelas zombarias humanas. Faz coisas admiráveis e só encontra opróbrios. Podendo exteriorizar-se pelos louvores, é repelido pelas afrontas e volta-se para dentro de si mesmo. Em seu íntimo, enche-se de tanto maior força em Deus quanto não encontra fora onde repousar. Fixa toda a sua esperança no Criador e, entre as zombarias ruidosas invoca sua única testemunha, a interior. Torna-se assim o espírito aflito, tanto mais próximo de Deus quanto mais estranho aos aplausos humanos. Expande-se sem cessar em oração e, premido no exterior, com mais nitidez se purifica para penetrar nos bens interiores. É com razão, pois, que aqui se diz: *Quem é escarnecido pelo amigo, como eu, invocará a Deus que o atenderá,* porque quando os maus censuram a intenção dos bons, revelam que testemunha desejam para seus atos. O espírito ferido mune-se de força pela oração e alcança ouvir dentro de si as palavras do alto por ter-se separado do louvor humano.

É de notar a justeza do inciso: *como eu;* pois há alguns que são depreciados pelas críticas humanas, mas que não são atendidos pelos ouvidos divinos. Porque a zombaria provocada pela culpa não importa em nenhum mérito da virtude.

Ri-se da simplicidade do justo: a sabedoria deste mundo está em esconder as maquinações do coração, velar o sentido das palavras, mostrar como verdadeiro o que é falso, demonstrar ser errado aquilo que é verdadeiro.

Pelo contrário, a sabedoria dos justos consiste em nada fingir por ostentação; declarar o sentido das palavras; amar as coisas verdadeiras tais como são; evitar as falsas; fazer o bem gratuitamente; preferir tolerar de bom grado o mal a fazê-lo; não procurar vingança contra a injúria; reputar lucro a afronta, em bem da verdade. Zomba-se, porém, desta simplicidade dos justos porque para os prudentes deste mundo a virtude da pureza de coração é tida por loucura. Tudo quanto se faz com inocência, eles reputam tolice e aquilo que a verdade aprova nas ações, soa falso à sabedoria humana.

Responsório   Sl 118(119),104b.105; Jó 6,68b

R. Eu odeio os caminhos da mentira;
 * Vossa palavra é a luz para os meus passos,
   é uma lâmpada luzente em meu caminho.
V. Senhor, a quem nós iremos?
   Tu tens as palavras da vida eterna.
 * Vossa palavra.

Oração

Fazei, ó Deus, que os acontecimentos deste mundo decorram na paz que desejais, e vossa Igreja vos possa servir, alegre e tranquila. Por nosso Senhor Jesus Cristo, vosso Filho, na unidade do Espírito Santo.

SÁBADO

Ofício das Leituras

Primeira leitura
Do Livro de Jó 13,13-14,6

Jó apela para o julgamento de Deus

Respondeu Jó, dizendo aos amigos:
13,13 Fica calado, agora sou eu quem vai falar,
aconteça o que acontecer.
¹⁴ Por que lacero minha carne com os meus dentes?
Por que trago minha vida nas minhas mãos?
¹⁵ Ainda que ele me mate, nele esperarei;
na sua presença defenderei o meu caminho.
¹⁶ Isto já seria a minha salvação,
pois nenhum ímpio comparece diante dele.
¹⁷ Escutai atentamente minhas palavras,
ouvi o que vou declarar.
¹⁸ Preparei a minha defesa,
e sei que sou inocente.
¹⁹ Quem quer disputar comigo?
De antemão, estou pronto para calar-me e para morrer!
²⁰ Faze-me apenas duas concessões,
e não me esconderei de tua presença:
²¹ afasta de mim a tua mão
e não me amedrontes com teu terror;
²² depois acusa-me e eu te responderei,
ou falarei eu e tu me hás de replicar.
²³ Quantos são os meus pecados e minhas culpas?
Mostra-me as minhas faltas e pecados.
²⁴ Por que escondes tua face
e me tratas como teu inimigo?
²⁵ Ostentas teu poder contra uma folha
que é levada pelo vento,
e persegues uma folha ressequida.

²⁶Pois ditas contra mim sentenças amargas,
e me obrigas a assumir os pecados da minha juventude,
²⁷prendes os meus pés ao cepo,
vigias todos os meus caminhos
e examinas as minhas pegadas.
²⁸Sou como um odre que se deve consumir,
como um vestido roído pela traça.
¹⁴,¹O homem, nascido de mulher,
tem a vida curta e cheia de tormentos.
²É como a flor que se abre e logo murcha,
foge como sombra sem parar.
³E é sobre alguém assim que abres os olhos
e o levas a julgamento contigo?
⁴Quem fará sair o puro do impuro?
Ninguém!
⁵Se os seus dias já estão determinados
e sabes o número de seus meses,
se lhe fixaste um limite intransponível,
⁶afasta dele teus olhos, para que descanse,
para que possa terminar o seu dia como assalariado.

Responsório
Cf. Jo 13,20.21; cf. Jr 10,24

R. Não me escon**dais**, ó Se**nhor**, vossa **face**
  e de **mim** afas**tai** vossa **mão**;
 * Não me apa**vo**re o **vos**so te**rror**.
V. Corri**gi**-me, Se**nhor**, com cle**mência**,
  corri**gi**-me, Se**nhor**, sem fu**ror**,
  pois a **na**da me **re**duzi**rí**eis! * Não me.

Segunda leitura
Dos Tratados de São Zeno de Verona, bispo
(Tract. 15,2: PL 11,441-443)   (Séc. IV)

Jó prefigurava Cristo

Tanto quanto se pode entender, irmãos caríssimos, Jó prenunciava a figura de Cristo, o que é provado por uma comparação: Jó é chamado de justo por Deus. Ora, Cristo é a justiça de cuja fonte bebem todos os bem-aventurados. Dele se disse: *Levantar-se-á para vós o sol da justiça.* Jó é dito veraz. O Senhor, que declara no Evangelho: *Eu sou o caminho e a verdade,* é a própria verdade.

Jó foi rico. E quem mais rico do que o Senhor? Dele são todos os servos ricos, dele o mundo inteiro e toda a natureza, no testemunho do Santo Davi: *Do Senhor é a terra e sua plenitude, o orbe da terra e todos quantos nele habitam.* O diabo tentou Jó por três vezes. De modo semelhante, narra o Evangelista, por três vezes o mesmo diabo esforçou-se por tentar o Senhor. Jó perdeu os bens que possuía. O Senhor, por nosso amor, abandonou os bens celestes e fez-se pobre para enriquecer-nos. O diabo, furioso, matou os filhos de Jó. E aos profetas, filhos de Deus, o louco povo fariseu assassinou. Jó manchou-se pelas úlceras. O Senhor, assumindo a carne de todo o gênero humano, apareceu manchado com as sujeiras dos pecadores.

Jó foi instigado pela esposa a pecar. A sinagoga quis obrigar o Senhor a seguir a depravação dos anciãos. Apresentam-se os amigos de Jó a insultá-lo. E ao Senhor insultaram os sacerdotes que deviam cultuá-lo. Jó senta-se no monturo coberto de vermes. Também o Senhor no verdadeiro monturo, isto é, na lama desse mundo se demorou rodeado de homens estuantes de crimes e paixões, os verdadeiros vermes. Jó recuperou tanto a saúde quanto a riqueza. E o Senhor, ressuscitando, concedeu não só a saúde, mas a imortalidade aos que nele creem e recuperou o domínio sobre toda a natureza, segundo suas próprias palavras: *Tudo me foi dado por meu Pai.* Jó teve filhos em substituição aos primeiros. O Senhor também gerou, depois dos filhos dos profetas, os santos apóstolos. Jó, feliz, descansou em paz. O Senhor, porém, permanece o bendito eternamente, antes dos séculos, nos séculos e por todos os séculos dos séculos.

Responsório
Hb 12,1c-2a; cf. 2Cor 6,4-5

R. Corramos persistentes ao combate a nós proposto;
 * De olhos fixos em Jesus, o autor da nossa fé
   e que a leva à perfeição.
V. Mostremo-nos, irmãos, com grande paciência
   no sofrer, nas privações, na penúria,
   nas angústias, nos açoites e prisões.
 * De olhos fixos.

Oração

Fazei, ó Deus, que os acontecimentos deste mundo decorram na paz que desejais, e vossa Igreja vos possa servir, alegre e tranquila. Por nosso Senhor Jesus Cristo, vosso Filho, na unidade do Espírito Santo.

9º DOMINGO DO Tempo Comum

I Semana do Saltério

I Vésperas

Cântico evangélico, ant.

Ano A Não é **aque**le que me **diz**: Senhor, **Senhor,**
que no **Reino** dos **Céus** irá en**trar,**
mas quem **faz** a vontade do meu **Pai.**

Ano B O **sábado** foi **feito** para o **homem,**
e **não** foi feito o **ho**mem para o **sábado.**

Ano C Tendo ouvido fa**lar** de Je**sus,** o cen**tu**rião envi**ou**
al**guns** anci**ãos** dos ju**deus,**
pe**din**do que viesse cu**rar**
o seu **ser**vo a quem **mui**to esti**ma**va.

Oração

Ó Deus, cuja providência jamais falha, nós vos suplicamos humildemente: afastai de nós o que é nocivo, e concedei-nos tudo o que for útil. Por nosso Senhor Jesus Cristo, vosso Filho, na unidade do Espírito Santo.

Ofício das Leituras

Primeira leitura
Do Livro de Jó   28,1-28

Só em Deus está a sabedoria

Disse Jó:
¹ "A prata tem suas minas,
o ouro, um lugar onde é depurado.
² O ferro é extraído da terra,
o bronze é extraído de uma pedra fundida.
³ Foi posto um limite às trevas,
e sonda-se até aos extremos
a gruta escura e tenebrosa.

⁴Estrangeiros perfuram as grutas
em lugares não frequentados;
eles oscilam suspensos, longe dos homens.
⁵A terra, que produz o pão,
por baixo é devorada pelo fogo.
⁶Suas pedras são jazidas de safiras,
seus torrões contêm pepitas de ouro.
⁷Tais caminhos não são conhecidos do abutre,
nem os viu o olho do falcão;
⁸as feras arrogantes não os percorreram,
nem o leão os atravessa.
⁹O homem estende a mão sobre as pedreiras,
derruba as montanhas pela base;
¹⁰fura galerias nas rochas,
com olhar atento a tudo o que é precioso;
¹¹explora as nascentes dos rios,
e traz à luz o que está oculto.
¹²Mas a sabedoria, de onde provém?
Em que lugar está a inteligência?
¹³O homem não sabe o seu preço,
nem ela se encontra na terra dos mortais.
¹⁴Diz o abismo: 'Ela não está em mim';
responde o mar: 'Não está comigo'.
¹⁵Não se compra com o ouro mais fino,
nem se troca a peso de prata,
¹⁶não se paga com ouro de Ofir,
nem com ônix precioso ou safira.
¹⁷Não a igualam nem o ouro, nem o vidro,
não se paga com vasos de ouro fino;
¹⁸não conta o coral nem o cristal,
melhor seria pescar a sabedoria do que pérolas!
¹⁹Não se iguala ao topázio da Etiópia
nem se compra com o ouro mais puro.
²⁰De onde vem, pois, a sabedoria?
Onde está a sede da inteligência?

²¹Está oculta aos olhos dos mortais
e até às aves do céu ela se esconde.
²²A perdição e a morte confessam:
'O barulho de sua fama chegou até nós'.
²³Só Deus conhece o caminho para ela,
só ele sabe o seu lugar,
²⁴pois ele contempla os limites do mundo
e vê quanto há debaixo do céu.
²⁵Quando indicou ao vento o seu peso
e regulou a medida das águas,
²⁶quando impôs uma lei à chuva
e uma rota para o relâmpago e o trovão,
²⁷ele a viu e avaliou,
ele a penetrou e examinou.
²⁸E disse ao homem:
'O temor do Senhor, eis a sabedoria;
fugir do mal, eis a inteligência'."

Responsório
1Cor 2,7; 1,30a

R. **Irmãos**, em mis**té**rio fa**la**mos,
   da **sabedo**ria de **Deus**,
 * Que **Deus** desti**nou** de ante**mão**,
   já **an**tes de o **tem**po exis**tir**,
   a **fim** de nos glori**ficar**.
V. Es**tais** no Se**nhor** Jesus **Cris**to,
   o **qual** se tor**nou** para **nós** a sa**bedo**ria de **Deus**.
 * Que **Deus**.

Segunda leitura
Dos Livros das Confissões, de Santo Agostinho, bispo

(Lib. 1,1.1-2.2; 5,5: CCL 27,1-3)   (Séc. V)

*Inquieto está o nosso coração,
enquanto não repousa em ti*

Grande és tu, Senhor, e sumamente louvável: grande é a tua força, e a tua sabedoria não tem limites! Ora, o homem, esta parcela da criação, quer te louvar, este mesmo homem carregado com sua condição mortal, carregado com o testemunho de seu pecado e com o testemunho de que resistes aos soberbos. Ainda assim, quer louvar-te o homem, esta parcela de tua criação! Tu próprio o incitas para que sinta prazer em louvar-te. Fizeste-nos para ti e inquieto está nosso coração, enquanto não repousa em ti.

Dá-me, Senhor, saber e compreender o que vem primeiro: o invocar-te ou o louvar-te? Começar por conhecer-te ou por invocar-te? Mas quem te invocará sem te conhecer? Por ignorância, poderá invocar alguém em lugar de outro. Será que é melhor seres invocado, para seres conhecido? *Como, porém, invocarão aquele em quem não creem?* ou *como terão fé, sem anunciante?*

Louvarão o Senhor aqueles que o procuram. Quem o procura encontra-o e tendo-o encontrado, louva-o. Buscar-te-ei, Senhor, invocando-te; e invocar-te-ei, crendo em ti. Tu nos foste anunciado; invoca-te, Senhor, a minha fé, aquela que me deste, que me inspiraste pela humanidade de teu Filho, pelo ministério de teu pregador. Invocarei o meu Deus, o meu Deus e Senhor: mas como? Porque ao invocá-lo eu o chamarei para dentro de mim. Que lugar haverá em mim, aonde o meu Deus possa vir? Aonde virá Deus em mim, o Deus que fez o céu e a terra? Há, então, Senhor, meu Deus, algo em mim que te possa conter? O céu e a terra, que fizeste e nos quais me fizeste, são eles capazes de te conter? Ou, se sem ti nada existiria de quanto existe, é porque tudo quanto existe te contém?

Portanto eu, que também existo, que tenho de pedir tua vinda em mim, em mim que não existiria se não estivesses em mim? Ainda não estou nas profundezas da terra e, no entanto, ali também estás. Pois, *mesmo que desça às profundezas da terra, ali estás.* Não existiria, pois, meu Deus, de forma alguma existiria, se não estivesses em mim. Ou melhor, não existiria eu se não existisse em ti, *de quem tudo, por quem tudo, em quem todas as coisas existem?* É assim, Senhor, é assim mesmo. Para onde te chamo, se já estou em ti? Ou donde virás para mim? Para onde me afastarei, fora do céu e da terra, para que lá venha a mim o meu Deus, que disse: *Eu encho o céu e a terra?*

Quem me dera descansar em ti! Quem me dera vires a meu coração, inebriá-lo a ponto de esquecer os meus males, e abraçar-te a ti, meu único bem! Que és para mim? Perdoa-me, se falo. Que sou eu a teus olhos, para que me ordenes amar-te e, se não o fizer, te indignares e ameaçares com imensas desventuras? É acaso pequena desventura não te amar?

Ai de mim! Dize-me, por compaixão, Senhor meu Deus, o que és tu para mim. *Dize à minha alma: Sou tua salvação.* Dize de forma a que ela te escute. Os ouvidos de meu coração estão diante de ti, Senhor. Abre-os e *dize à minha alma: Sou tua salvação.* Correrei atrás destas palavras e segurar-te-ei. Não escondas de mim tua face. Morra eu, para que não morra, e assim possa contemplá-la!

Responsório   Sl 72(73),25-26; 34(35),3b
R. Para **mim**, o que há no **céu** fora de **vós**?
   Se estou con**vos**co, nada **mais** me atrai na **ter**ra!
   Mesmo que o **cor**po e o cora**ção** vão se gas**tan**do,
 * Deus é o **apoi**o e o funda**men**to da minh'**al**ma,
   é minha **par**te e minha he**ran**ça para **sem**pre.
V. Senhor, dizei-me: Sou a **tu**a salva**ção**! * Deus é.
HINO Te Deum, p. 589.

Laudes

Cântico evangélico, ant.
Ano A Quem es**cu**ta minhas pala**vras**
       e as prati**ca**, é compa**ra**do
       ao homem **sá**bio e previ**den**te

que constrói a sua casa
sobre rocha inabalável.

Ano B Jesus respondeu aos fariseus:
O Filho do Homem é Senhor até do sábado.

Ano C Senhor, eu não sou digno
de que entreis em minha casa,
mas dizei uma palavra e meu servo será salvo!

Oração

Ó Deus, cuja providência jamais falha, nós vos suplicamos humildemente: afastai de nós o que é nocivo, e concedei-nos tudo o que for útil. Por nosso Senhor Jesus Cristo, vosso Filho, na unidade do Espírito Santo.

II Vésperas

Cântico evangélico, ant.

Ano A As enchentes e os ventos investiram
contra a casa do homem sábio. E não caiu,
pois estava construída sobre a rocha.

Ano B Jesus disse ao homem que tinha a mão seca:
Estende a tua mão! E ele a estendeu,
e sua mão foi curada.

Ano C Jesus se admirou da fé do centurião
e disse: Eu vos digo que nem mesmo em Israel
encontrei tamanha fé. E voltando para casa,
os enviados encontraram o empregado já curado.

SEGUNDA-FEIRA

Ofício das Leituras

Primeira leitura
Do Livro de Jó   29,1-10; 30,1.9-23

Jó lamenta a sua aflição

²⁹,¹ Jó continuou a falar, dizendo:
² "Quem me dera voltar aos tempos de antigamente,
aos dias em que Deus me protegia,
³ quando a sua lâmpada brilhava sobre a minha cabeça
e a sua luz me guiava na escuridão:
⁴ tal era eu nos dias de minha adolescência,
quando Deus protegia a minha tenda,
⁵ quando o Todo-Poderoso ainda estava comigo
e meus filhos me rodeavam,
⁶ quando banhava meus pés com leite
e a rocha me dava rios de azeite.
⁷ Quando me dirigia à porta da cidade
e me sentava na praça,
⁸ os jovens, ao ver-me, se retiravam,
os anciãos se levantavam e ficavam de pé,
⁹ os chefes interrompiam suas conversas,
e punham a mão sobre a boca;
¹⁰ a voz dos líderes se calava
e sua língua se colava ao céu da boca.
³⁰,¹ Mas agora zombam de mim
os mais jovens do que eu,
a cujos pais teria recusado
deixar com os cães do meu rebanho.
⁹ Agora sou alvo de suas zombarias,
o tema do seu desdém.
¹⁰ Cheios de horror por mim, ficam afastados
e atrevem-se a cuspir-me no rosto.
¹¹ Porque Deus deteve meu arco e me abateu,
eles perdem toda a compostura diante de mim.

¹² À minha direita levantam-se os vadios,
olham se estou tranquilo
e abrem contra mim caminhos de desgraça;
¹³ desfazem minha estrada,
trabalham para minha ruína
e não há quem os detenha;
¹⁴ penetram por uma larga brecha, ao assalto,
no meio dos escombros.
¹⁵ Os terrores estão soltos contra mim,
minha segurança se dissipa como vento,
minha salvação é varrida como nuvem.
¹⁶ A minha alma agora se dissolve:
os dias de aflição apoderaram-se de mim,
¹⁷ de noite as dores penetram nos meus ossos,
não dormem as chagas que me corroem.
¹⁸ Ele me agarra com violência pela roupa,
segura-me pela beira da túnica,
¹⁹ ele me lança no lodo
e sou confundido com a poeira e a cinza.
²⁰ Clamo por ti, e não me respondes;
insisto, e não te importas comigo.
²¹ Tu te tornaste meu carrasco
e me atacas com teu braço musculoso.
²² Tu me levantas e me fazes cavalgar o vento
e me sacodes com a tempestade.
²³ Estou vendo que me entregas à morte,
ao lugar de encontro de todos os mortais.

Responsório   Jó 30,17.19; 7,16b
R. As **dores**, de **noi**te, trans**pas**sam meus **os**sos;
   não **dor**mem os **ma**les que es**tão** me roen**do**.
 * Com**pa**ro-me à **la**ma e **sou** seme**lhan**te à **cin**za e ao **pó**.
V. Pou**pai**-me, Se**nhor**!
   Meus **di**as de **vi**da são um **so**pro de **na**da. * Com**pa**ro-me.

Segunda leitura
Das Instruções de São Doroteu, abade
(Doct. 7, De accusatione sui ipsius, 1-2: PG 88,1695-1699)
(Séc. VI)

*O motivo de toda perturbação
vem de que ninguém se acusa a si mesmo*

Indaguemos, irmãos, por que acontece tantas vezes que, ao escutar alguém uma palavra desagradável, vai-se sem qualquer aborrecimento, como se não a houvesse ouvido; enquanto que, em outras ocasiões, mal a ouve, logo se perturba e se aflige? Donde será esta diferença? Terá um motivo só ou vários? Noto haver muitas razões e causas, mas uma é a principal que gera as outras, como alguém já disse. Isto provém por vezes da própria situação em que se encontra a pessoa. Se está em oração ou contemplação, sem dificuldade suporta o irmão injurioso e continua tranquilo. Outras vezes, pelo grande afeto que sente por um irmão, tudo tolera com toda a paciência pela amizade que lhe tem. De outras também, por desprezo, quando faz pouco caso e desdenha quem tenta perturbá-lo, nem se digna olhar para ele como ao mais desprezível de todos, nem dar-lhe uma palavra em resposta, nem mesmo referir a outrem suas injúrias e maledicências.

Não se perturbar ou afligir-se, como disse, vem de que se despreza e não se faz caso do que dizem. Ao contrário, aborrecer-se e incomodar-se com as palavras do irmão resulta de não se encontrar em boas condições ou de odiar esse irmão. Existem muitas outras razões para este fato, ditas de diversos modos. Mas a causa de toda perturbação, se bem a procurarmos, está em que ninguém se acusa a si mesmo.

Daí provém todo aborrecimento e aflição. Daí não termos às vezes nenhum sossego. Nem é de se admirar porque, como aprendemos de homens santos, não nos foi dado outro caminho para a tranquilidade. Que assim é, nós o vimos em muitos. Negligentes e amantes da vida cômoda, esperamos e acreditamos andar pelo caminho reto, apesar de impacientíssimos em tudo, sem nunca querer acusar-nos a nós mesmos.

É isto o que acontece. Por mais virtudes que alguém possua, ainda mesmo inúmeras e infinitas, se abandonar este caminho, jamais terá sossego, mas sempre estará perturbado ou perturbará a outros e perderá todo o trabalho.

Responsório 1Jo 1,8.9; Pr 28,13

R. Se dissermos que **nós** não pe**ca**mos,
a nós **mes**mos, ir**mãos**, enga**na**mos.
* Se, po**rém**, confes**sar**mos as **cul**pas,
nosso **Deus**, que é **jus**to e fi**el**,
nos per**doa**rá nossas **fal**tas.
V. Quem es**con**de seus **pró**prios pe**ca**dos,
ja**mais** será **bem** suce**di**do. * Se, po**rém**.

Oração

Ó Deus, cuja providência jamais falha, nós vos suplicamos humildemente: afastai de nós o que é nocivo, e concedei-nos tudo o que for útil. Por nosso Senhor Jesus Cristo, vosso Filho, na unidade do Espírito Santo.

TERÇA-FEIRA

Ofício das Leituras

Primeira leitura
Do Livro de Jó 31,1-8.13-23.35-37

Jó procede sempre segundo a justiça

Disse Jó: [1] Eu fiz um pacto com meus olhos
de não olhar para uma virgem.
[2] Que recompensa me reserva Deus lá do alto,
que herança tem para mim o Todo-Poderoso lá dos céus?
[3] Acaso a desgraça não é destinada aos criminosos
e o infortúnio aos malfeitores?

⁴Será que ele não vê os meus caminhos,
não conta todos os meus passos?
⁵Se caminhei com a mentira,
se acertei passo com a falsidade,
⁶que Deus me pese numa balança exata
e reconhecerá a minha integridade.
⁷Se os meus passos se desviaram do caminho,
e o meu coração seguiu as atrações dos olhos,
e se apegou alguma mancha às minhas mãos,
⁸que outro coma o que eu semeei,
e que arranquem as minhas plantações!
¹³Se violei o direito do escravo ou da escrava,
quando reclamavam comigo,
¹⁴que farei quando Deus se levantar,
que vou responder-lhe quando me interrogar?
¹⁵Aquele que me criou no ventre,
não os fez também a eles?
Quem nos formou a nós não é um só?
¹⁶Se fui insensível às necessidades dos pobres,
se deixei a viúva consumir-se em pranto,
¹⁷se comi minha fatia de pão sozinho,
sem reparti-lo com o órfão;
¹⁸– eu, a quem, desde minha infância,
Deus criou como um pai,
e desde o seio de minha mãe me guiou –;
¹⁹se vi um mendigo sem roupas,
um pobre sem cobertor,
²⁰e não me agradeceram os seus ombros
aquecidos com a lã de minhas ovelhas;
²¹se levantei a mão contra o órfão,
vendo-me apoiado no Tribunal,
²²que meu ombro se desloque,
e que meu braço se quebre no cotovelo!
²³Porque o castigo de Deus era o meu terror,
e eu não posso subsistir diante da sua majestade.

⁳⁵Quem dera houvesse alguém que me ouvisse!
Esta é a minha palavra:
que me responda o Todo-Poderoso!
A acusação redigida por meu adversário,
³⁶eu a poria sobre os meus ombros,
eu a pregaria como um diadema;
³⁷eu lhe daria conta de meus passos
e dele me aproximaria, como um príncipe".

Responsório   Jó 31,3; Pr 15,3; Jo 31,4
R. Não será para o injusto a desgraça?
   Não será para o iníquo o fracasso?
 * O olhar do Senhor está sempre
   observando os maus e os bons.
V. Não conhece, o Senhor, meus caminhos?
   E não conta, o Senhor, os meus passos? * O olhar.

Segunda leitura
Das Instruções de São Doroteu, abade
   (Doct. 13, De accusatione sui ipsius, 2-3: PG 88,1699)
                                         (Séc. VI)

A falsa paz espiritual

Quem se acusa a si mesmo, por mais que lhe venham importunações, danos, opróbrios, afrontas da parte de quem quer que seja, tudo recebe com serenidade e, julgando-se merecedor de tudo isso, sem que possa perturbar-se de modo algum. Quem mais tranquilo do que este homem?

Talvez haja quem objete: "E se, quando um irmão me aflige, procuro e não vejo ter-lhe dado motivo para isto, por que então hei de me acusar?"

Na verdade, se alguém com temor de Deus se examina com cuidado, nunca se julgará, de todo, inocente e verá que o motivo está em algum ato seu, palavra ou gesto. Se em nada se achou culpado, talvez em outra ocasião o tenha aborrecido em coisa parecida ou diferente. Ou ainda, quem sabe, maltratou outro irmão. Com razão deve sofrer por isto ou por outros pecados, tão numerosos, que cometeu. Perguntará alguém por que se acusar quando, quieto e sossegado, é molestado por palavras ou gestos ofensivos de um irmão. Não podendo suportar nada disso, julga-se com direito de se irritar. Pecaria, se porventura não se desse esse encontro e essa palavra?

Isto é ridículo e é claro que não se apoia em motivo algum. Não foi por ter dito uma palavra qualquer que se lhe suscitou a paixão da cólera, mas, antes, revelou a paixão oculta que o minava; dela, se quiser, faça penitência. Este tal se fez semelhante a um pão branco, belo e todo limpo, que, ao ser cortado, mostra estar sujo por dentro.

Do mesmo modo, se alguém se julga quieto e pacífico, tem, no entanto, uma paixão que não vê. Chega um irmão, lança uma palavra desagradável e imediatamente lhe jorra de dentro o pus e a sujeira oculta. Se quiser alcançar a misericórdia, faça penitência, purifique-se, esforce-se por progredir e reconheça que, em vez de retrucar à injúria, deveria agradecer ao irmão ocasião de tão grande utilidade. Depois disso, não se afligirá tanto com as tentações, pois quanto mais progredir, tanto mais lhe parecerão leves. A alma se fortalece à medida em que caminha, faz-se mais corajosa em suportar todas as coisas duras que lhe advêm.

Responsório Cf. Jó 9,2.14; 15,15

R. Eu bem **sei** que ninguém **po**de ter ra**zão**,
se, com **Deus**, ele qui**ser** se confron**tar**.
 * Quem sou **eu** para po**der** lhe respon**der**,
para esco**lher** meus argu**men**tos contra **ele**?
V. Nem **mes**mo em seus **san**tos Deus con**fi**a
e a seus **o**lhos não são **pu**ros nem os **céus**.
 * Quem sou **eu**.

Oração

Ó Deus, cuja providência jamais falha, nós vos suplicamos humildemente: afastai de nós o que é nocivo, e concedei-nos tudo o que for útil. Por nosso Senhor Jesus Cristo, vosso Filho, na unidade do Espírito Santo.

QUARTA-FEIRA

Ofício das Leituras

Primeira leitura
Do Livro de Jó　　　　　　　　　　　　　32,1-6; 33,1-22

Eliú fala do mistério de Deus

³²,¹ Aqueles três homens não responderam mais a Jó, porque ele teimava em considerar-se justo. ² Então inflamou-se a ira de Eliú, filho de Baraquel, de Buz, da família de Ram; indignou-se contra Jó, porque ele pretendia justificar-se diante de Deus. ³ Indignou-se também contra os três amigos, porque não acharam resposta, contentando-se em deixar a culpa a Jó. ⁴ Enquanto falavam com Jó, Eliú esperava, porque eram mais velhos do que ele; ⁵ mas ao ver que nenhum dos três tinha algo a mais para responder, encheu-se de indignação. ⁶ Então Eliú, filho de Baraquel, de Buz, interveio dizendo:

"Sou ainda jovem de idade
e vós sois idosos;
por isso, intimidado, não me atrevia
a expor-vos o meu conhecimento.
³³,¹ E agora, Jó, escuta as minhas palavras,
presta atenção ao meu discurso.
² Eis que abro a boca,
em minha boca vai falar a minha língua.
³ Meu coração dirá palavras de conhecimento
e meus lábios falarão com franqueza.
⁴ Foi o Espírito de Deus que me fez,
e o sopro do Todo-Poderoso que me animou.
⁵ Contesta-me, se podes;
prepara-te, apresenta-te diante de mim!

⁶Diante de Deus eu sou igual a ti,
também eu, formado do barro.
⁷Por isso, o temor de mim não deverá intimidar-te,
nem minha mão pesar sobre ti.
⁸Disseste em minha presença,
ouço ainda o eco de tuas palavras:
⁹'Sou puro, não tenho culpa;
sou inocente, não tenho iniquidade.
¹⁰E contudo, ele encontra pretextos contra mim
e me considera seu inimigo;
¹¹coloca meus pés no tronco
e vigia todos os meus passos'.
¹²Não tens razão nisto, eu te digo,
porque Deus é maior do que o homem.
¹³Como te atreves a acusá-lo,
ele que não responde palavra por palavra?
¹⁴Deus fala de um modo
e depois de outro modo, e não prestamos atenção.
¹⁵Em sonho ou visão noturna,
quando o sono profundo desce sobre os homens
adormecidos em seu leito:
¹⁶então lhes abre os ouvidos,
e os aterroriza com aparições,
¹⁷para afastar o homem de suas obras más
e livrá-lo do orgulho,
¹⁸para impedir sua alma de cair na sepultura
e sua vida de cruzar o canal da morte.
¹⁹Ele o corrige também no leito, com o sofrimento,
quando os ossos tremem sem parar,
²⁰a ponto de detestar o pão
e ter repugnância do alimento;
²¹sua carne se consome, até desaparecer,
expondo-se os ossos, que antes não se viam;
²²sua alma aproxima-se da sepultura,
e sua vida da morada da morte."

Responsório
Rm 11,33-34

R. Ó **profundida**de de **tan**tas ri**quez**as
da **sa**bed**oria** e ci**ên**cia de **Deus!**
 * Como **são** inson**dá**veis os **seus** julg**amen**tos
 e impenet**rá**veis os cam**inhos** de **Deus!**
V. Quem, **pois**, conhe**ceu** o **seu** pens**amen**to?
Ou **quem** se tor**nou** o **seu** conse**lheiro**? * Como **são**.

Segunda leitura

Dos Livros "Moralia" sobre Jó, de São Gregório Magno, papa

(Lib. 23,23-24: PL 76, 265-266)   (Séc. VI)

A verdadeira ciência foge da soberba

Ouve, Jó, minhas palavras e escuta tudo o que digo. A ciência dos arrogantes tem isto de próprio, que eles não sabem comunicar com humildade o que ensinam e não conseguem apresentar com simplicidade as coisas boas que sabem. Vê-se bem, pelo modo como ensinam, que se colocam, por assim dizer, em lugar muito elevado e olham de cima para os discípulos, postos embaixo, à distância, e não se dignam examinar juntos a questão mas apenas se impor. Com razão disse deles o Senhor pelo Profeta: *Vós os governáveis com severidade e tirania.* Governam, na verdade, com severidade e tirania os que não se apressam em corrigir seus súditos, expondo-lhes serenamente as razões, mas em dobrá-los com aspereza e predomínio.

Bem ao contrário, a verdadeira ciência foge pelo pensamento, com tanto maior ímpeto desse vício da soberba, quanto com maior ardor persegue com as setas de suas palavras o próprio mestre da soberba. Cuida de não apregoar por suas atitudes o vício que procura extirpar do coração dos ouvintes, mediante as palavras sagradas. Esforça-se por mostrar a humildade, que é a mestra e a mãe de todas as virtudes, tanto com as palavras quanto com a vida. Deste modo procura transmiti-la aos discípulos da verdade, mais por seu modo de ser do que pelas palavras.

Por isso, Paulo, falando aos tessalonicenses, como que esquecido das alturas de seu apostolado, disse: *Fizemo-nos pequenos no meio de vós.* Também o apóstolo Pedro ao dizer: *Preparados sempre a dar satisfação a quem vos pede explicações sobre a esperança que tendes,* afirma o dever de, na própria ciência da doutrina, manter a virtude do que ensina, acrescentando: *Mas com modéstia e temor, em boa consciência.*

Quando Paulo diz ao discípulo: *Ordena e ensina com toda a autoridade,* não fala de um domínio, mas se refere ao dever de persuadir pela autoridade da vida. Com autoridade se ensina aquilo que se vive antes de dizê-lo, pois não se tem confiança na doutrina quando a consciência impede a fala. Por conseguinte, Paulo não lhe sugeriu a força de palavras soberbas, mas a confiança da vida reta. Sobre o Senhor está escrito: *Ensinava como quem tinha poder, não como os escribas e fariseus.* De modo singular e essencial foi ele o único a pregar o bem com autoridade, porque nunca cometeu mal algum por fraqueza. Com efeito, pelo poder da divindade, possuía o que nos ministrou pela inteireza de sua humanidade.

Responsório   1Pd 5,5b; Mt 11,19b

R. Reves**ti**-vos, todos **vós**,
    de humil**da**de uns para os **out**ros,
   * Pois aos so**ber**bos Deus re**sis**te,
    mas aos hu**mil**des dá sua **gra**ça.
V. Apren**dei** de mim que **sou**
    de cora**ção** humilde e **man**so
    e acha**reis** paz e re**pou**so
    para os **vos**sos cora**ções**. * Pois.

Oração

Ó Deus, cuja providência jamais falha, nós vos suplicamos humildemente: afastai de nós o que é nocivo, e concedei-nos tudo o que for útil. Por nosso Senhor Jesus Cristo, vosso Filho, na unidade do Espírito Santo.

QUINTA-FEIRA

Ofício das Leituras

Primeira leitura
Do Livro de Jó   38,1-30

Deus confunde Jó

¹ O Senhor respondeu a Jó,
do meio da tempestade, e disse:
² "Quem é este que obscurece meus desígnios
com palavras sem sentido?
³ Cinge, pois, os teus rins, como um herói,
vou te interrogar e tu me responderás.
⁴ Onde estavas, quando lancei os fundamentos da terra?
Fala, se é que sabes tanto!
⁵ Quem lhe pôs as medidas, se sabes?
Ou quem estendeu a régua sobre ela?
⁶ Onde se encaixam suas bases,
ou quem assentou a sua pedra angular,
⁷ entre as aclamações dos astros da manhã
e o aplauso de todos os filhos de Deus?
⁸ Quem fechou o mar com portas,
quando ele jorrou com ímpeto do seio materno:
⁹ quando eu lhe dava nuvens por vestes
e névoas espessas por faixas;
¹⁰ quando marquei seus limites
e coloquei portas e trancas,
¹¹ e disse: 'Até aqui chegarás, e não além;
aqui cessa a arrogância de tuas ondas?'

¹² Alguma vez na vida deste ordens à manhã,
ou indicaste à aurora o seu lugar,
¹³ para que ela apanhe a terra pelos quatro cantos,
e sejam dela sacudidos os malfeitores?
¹⁴ A terra se torna argila compacta,
e tudo se apresenta em trajes de gala,
¹⁵ mas recusa-se a luz aos malfeitores
e quebra-se o braço rebelde.
¹⁶ Chegaste perto das nascentes do Mar,
ou pousaste no fundo do Oceano?
¹⁷ Foram-te franqueadas as portas da Morte,
ou viste os portais das Sombras?
¹⁸ Examinaste a extensão da Terra?
Conta-me, se sabes tudo isso!
¹⁹ Qual é o caminho para a morada da luz,
e onde fica o lugar das trevas?
²⁰ Poderias alcançá-las em seu domínio
e reconhecer o acesso à sua morada?
²¹ Deverias sabê-lo, pois já tinhas nascido
e grande é o número dos teus anos!
²² Entraste nos depósitos da neve,
visitaste os reservatórios do granizo,
²³ que reservo para o tempo da calamidade,
para os dias de guerra e de batalha?
²⁴ Por que caminho se divide o relâmpago,
se difunde o vento leste sobre a terra?
²⁵ Quem abriu um canal para o aguaceiro
e o caminho para o relâmpago e o trovão,
²⁶ para que chova em terras despovoadas,
na estepe inabitada pelo homem,
²⁷ para que se sacie o deserto desolado
e brote erva na estepe?
²⁸ Será que a chuva tem pai?
Quem gera as gotas do orvalho?
²⁹ De que seio saiu o gelo?

Quem deu à luz a geada do céu,
³⁰quando a água se endurece como pedra
e se torna sólida a superfície do abismo?"

Responsório
Rm 9,20; Jó 38,3

R. Ó **ho**mem, quem és **tu** para a **Deus** contradi**zer**?
* Por a**ca**so, pode a **o**bra pergun**tar** a quem a **fez**:
  Por que as**sim** tu me fi**zes**te?
V. Cinge os **rins** como um va**len**te,
  pois te **vou** interro**gar** e tu **vais** me respon**der**:
* Por a**ca**so.

Segunda leitura
Dos Livros "Moralia" sobre Jó, de São Gregório Magno, papa

(Lib. 29,2-4: PL 76,478-480) (Séc. VI)

A Igreja adianta-se qual o despontar da aurora

A madrugada ou aurora é o tempo da passagem das trevas para a luz. Portanto, é muito justo dar estes nomes à Igreja de todos os eleitos. Pois, conduzida da noite da infidelidade à luz da fé, qual aurora depois das trevas, ela se abre para o dia com o esplendor da caridade celeste. O Cântico dos Cânticos bem o diz: *Quem é esta que se adianta qual aurora nascente?* Indo em busca dos prêmios da vida celeste, a Santa Igreja é chamada aurora porque abandonou as trevas dos pecados e começou a refulgir com a luz da justiça.

Sobre esta qualidade de ser madrugada ou aurora, temos algo a pensar com mais sagacidade. A aurora e a madrugada anunciam ter passado a noite, no entanto, ainda não mostram toda a claridade do dia: repelem aquela, acolhem este, e, enquanto isto, as trevas e a luz se misturam. Que somos nós nesta vida, nós que seguimos a verdade, a não ser aurora ou madrugada? Já havendo realizado algo que pertence à luz, no entanto, ainda não nos libertamos inteiramente das trevas.

Pelo Profeta foi dito a Deus: *Diante de ti, nenhum vivente é justo.* E em outro lugar: *Em muitas coisas falhamos todos.*

Por isto, quando Paulo diz: *Passou a noite;* não acrescenta logo: Chegou o dia, mas: *O dia se aproximou.* Ao dizer que, passada a noite, o dia não veio mas se aproximou, demonstra, sem qualquer dúvida, estar ainda na aurora, depois das trevas e antes do sol.

A Santa Igreja dos eleitos será então plenamente dia quando já não houver nela sombra de pecado. Será então plenamente dia quando for clara pelo perfeito ardor da luz em seu íntimo. Bem se mostra estar a aurora como que de passagem, nas palavras: *E mostrastes à aurora seu lugar.* Aquele a quem se mostra seu lugar é chamado daqui para ali, é claro. Qual é então o lugar da aurora, a não ser a perfeita claridade da visão eterna? Quando, conduzida, lá chegar, nada mais lhe restará das passadas trevas da noite. A aurora apressa-se em alcançar seu lugar, no testemunho do Salmista: *Minha alma tem sede do Deus vivo; quando irei e aparecerei diante da face de Deus?* A este lugar já conhecido a aurora apressava-se a chegar, quando Paulo dizia ter o desejo de morrer e estar com Cristo. E de novo: *Para mim, viver é Cristo e morrer, um lucro.*

Responsório   Fl 1,3.6.9

R. Dou **graç**as ao meu **Deus** quando de **vós** eu me re**cor**do.
 * Tenho cer**te**za abso**lu**ta de que, **A**que**le** que em **vós** inici**ou** a boa **o**bra, também **há** de condu**zi**-la
   à perfei**ção** até o **di**a do Se**nhor**, Cristo **Je**sus.
V. Que a **vos**sa cari**da**de se enri**que**ça sempre **mais**
 de ci**ên**cia e compreen**são**. * Tenho certeza.

Oração

Ó Deus, cuja providência jamais falha, nós vos suplicamos humildemente: afastai de nós o que é nocivo, e concedei-nos tudo o que for útil. Por nosso Senhor Jesus Cristo, vosso Filho, na unidade do Espírito Santo.

SEXTA-FEIRA

Ofício das Leituras

Primeira leitura
Do Livro de Jó   40,1-14; 42,1-6

Jó submete-se à majestade divina

⁴⁰,¹O Senhor falou a Jó, e disse:
²"O adversário do Todo-Poderoso quer lutar?
O censor de Deus quererá responder?"
³Jó respondeu ao Senhor, dizendo:
⁴"Fui precipitado.
Que te posso responder?
Porei minha mão sobre a boca.
⁵Falei uma vez, não replicarei;
uma segunda vez, mas não falarei mais".
⁶O Senhor respondeu a Jó do meio da tempestade e disse:
⁷"Cinge os teus rins como um herói;
vou-te interrogar, e tu me responderás.
⁸Tu te atreves a anular o meu julgamento,
ou a condenar-me, para seres justificado?
⁹Se tens um braço como o de Deus
e podes trovejar com voz semelhante à dele,
¹⁰reveste-te de glória e majestade,
cobre-te de fausto e de esplendor;
¹¹derrama o ardor de tua ira
e, com um simples olhar, abate o arrogante;
¹²humilha com o olhar qualquer soberbo
e esmaga os ímpios no chão;
¹³enterra-os todos juntos no pó
e amarra a cada qual na prisão.
¹⁴Então eu também te louvarei,
porque a tua direita te poderá dar a salvação".

⁴²,¹ Jó respondeu ao Senhor, dizendo:
² "Reconheço que podes tudo
e que para ti nenhum pensamento é oculto.
³ – Quem é esse que ofusca a Providência,
sem nada entender? –
Falei, pois, de coisas que não entendia,
de maravilhas que ultrapassam a minha compreensão.
⁴ Escuta-me, que vou falar:
eu te perguntarei e tu me responderás.
⁵ Conhecia o Senhor apenas por ouvir falar,
mas, agora, eu o vejo com meus olhos.
⁶ Por isso me retrato
e faço penitência no pó e na cinza".

Responsório Jó 42,5-6; 39,35.34

R. Até **ho**je, Se**nhor**, só de ou**vir** vos co**nhe**ço,
mas **ag**ora vos **ve**jos com os **meus** próprios **o**lhos;
e por **is**so agora, Se**nhor**, me re**tra**to,
 * E me **pe**nitencio no **pó** e na **cin**za.
V. Fa**lei** uma **vez**, ox**a**lá não fa**la**ra,
fa**lei** outra **vez** e **não** mais fala**rei**.
Com a **mão** vou ta**par** minha **bo**ca, Se**nhor**.
 * E me **pe**nitencio.

Segunda leitura
Dos Tratados de Balduíno de Cantuária, bispo
(Tract. 6: PL 204,466-467)   (Séc. XII)

O Senhor é quem discerne os pensamentos
e as intenções do coração

O Senhor conhece os pensamentos e as intenções de nosso coração. Quanto a si, conhece-os todos, sem dúvida alguma; quanto a nós, conhece aqueles que sua graça nos faz devidamente discernir. O espírito que há no homem não conhece tudo que existe no homem, e percebe a respeito de seus pensamentos quais os que deve ou não aceitar. Contudo, nem sempre julga conforme a realidade. O que vê pelos olhos da mente não o discerne com exatidão, por causa da fraqueza da vista.

É frequente que, pela própria imaginação ou por outra pessoa ou pelo tentador, se apresente algo sob a aparência de piedade que, aos olhos de Deus, não merece o prêmio da virtude. Pois existem simulacros das verdadeiras virtudes e também dos vícios, que iludem os olhos do coração. Como por artifícios, de tal forma pressionam a penetração do espírito que muitas vezes lhe parece ver o bem onde não existe ou o mal onde não está. Faz isto parte de nossa miséria e ignorância, muito triste e muito de se lamentar e temer.

Está escrito: *Caminhos há que parecem retos ao homem, cujo fim leva ao inferno.* Para evitar esse perigo, São João nos adverte: *Provai os espíritos a ver se são de Deus.* Quem poderá provar se os espíritos são de Deus, se não lhe for dado por Deus o discernimento dos mesmos, para que possa examinar com precisão e verdadeiro juízo os pensamentos, afetos e intenções espirituais? Na verdade a discrição é a mãe de todas as virtudes, necessária a cada um, seja para a orientação da vida de outros, seja para o governo e correção da sua.

É reto o pensamento do que há a fazer, se dirigido pela vontade de Deus, se a intenção é simplesmente dirigida para ele. Desta forma todo o corpo de nossa vida ou de qualquer ação nossa será luminoso, sendo simples os olhos. O olho simples é olho e é simples porque pelo julgamento reto vê o que deve fazer e, pela intenção pura, age com simplicidade naquilo que nunca deveria fazer-se com duplicidade. O julgamento reto não admite o erro; a intenção pura exclui o fingimento. Este é o verdadeiro discernimento: a junção do reto juízo e da pura intenção.

Tudo isto se há de fazer à luz da discrição, como em Deus e diante de Deus.

Responsório
Mq 6,8; Sl 36(37),3

R. Vou mostrar-te, ó homem, o que é **bom**
e o que **é** que o **Senhor** pede de **ti**:
* Que apenas pratiques a justiça,
que ames o amor e a bondade
e que diante de Deus sejas humilde.
V. Confia no Senhor e faze o bem
e sobre a terra habitarás em segurança.
* Que apenas.

Oração

Ó Deus, cuja providência jamais falha, nós vos suplicamos humildemente: afastai de nós o que é nocivo, e concedei-nos tudo o que for útil. Por nosso Senhor Jesus Cristo, vosso Filho, na unidade do Espírito Santo.

SÁBADO

Ofício das Leituras

Primeira leitura
Do Livro de Jó   42,7-16

Deus reabilita Jó diante dos seus adversários

⁷Quando o Senhor acabou de dirigir a Jó estas palavras, disse a Elifaz de Temã: "Estou indignado contra ti e os teus dois companheiros, porque não falastes corretamente de mim, como o fez meu servo Jó. ⁸Tomai, pois, sete novilhas e sete carneiros e dirigi-vos ao meu servo Jó. Oferecei-os em holocausto, e ele intercederá por vós. Em atenção a ele, não vos tratarei como merece a vossa temeridade, por não terdes falado corretamente de mim, como o fez meu servo Jó". ⁹Elifaz de Temã, Baldad de Suás e Sofar de Naamat fizeram como o Senhor lhes ordenou, e ele atendeu às orações de Jó.

¹⁰Então o Senhor mudou a sorte de Jó, quando intercedeu por seus companheiros, e duplicou todos os seus bens.

¹¹Vieram visitá-lo todos os seus irmãos e irmãs e os antigos conhecidos; comeram com ele em sua casa, consolaram-no e confortaram-no pela desgraça que o Senhor lhe tinha enviado; cada qual lhe ofereceu uma quantia de dinheiro e um anel de ouro.

¹²O Senhor abençoou a Jó no fim de sua vida mais do que no princípio; ele possuía agora catorze mil ovelhas, seis mil camelos, mil juntas de bois e mil jumentas. ¹³Teve outros sete filhos e três filhas: ¹⁴a primeira chamava-se "Rola", a segunda "Cássia", e a terceira "Azeviche". ¹⁵Não havia em toda a terra mulheres mais belas que as filhas de Jó. Seu pai lhes destinou uma parte da herança, entre os seus irmãos. ¹⁶Depois destes acontecimentos, Jó viveu cento e quarenta anos, e viu seus filhos e os filhos de seus filhos até a quarta geração. E Jó morreu velho e repleto de anos.

Responsório
Cf. Jó 42,7.8

R. Disse **Deus** a Eli**faz**: por que **tu** e teus **ami**gos, **falan**do sobre **mim**, não fa**las**tes reta**men**te, como **fez** meu servo **Jó**?
 * Ele por **vós** suplicará.
V. Olha**rei** para seu **ros**to, para que **vos**sa insensa**tez** não vos **se**ja imputada. * Ele por **vós**.

Segunda leitura
Do Comentário sobre João, de Santo Tomás de Aquino, presbítero

(Cap. 14, lect. 2) (Séc. XIII)

O caminho para chegar à verdadeira vida

O caminho é o próprio Cristo, conforme ele próprio disse: *Eu sou o caminho*. E com muita razão, pois *temos por ele acesso junto ao Pai*.

Porque, porém, este caminho não está distante do seu termo, mas unido a ele, Cristo acrescenta: *Verdade e vida;* de sorte que é ao mesmo tempo o caminho e o termo. É o caminho, segundo a humanidade; é o termo, segundo a divindade. Assim, como homem, diz: *Eu sou o caminho;* e, como Deus, acrescenta: *A verdade e a vida.* Por estas duas realidades indica bem o término deste caminho.

O término deste caminho é a meta do desejo dos homens e o homem deseja principalmente duas coisas: primeiro, o conhecimento da verdade, o que lhe é próprio; segundo, a permanência no ser, o que é comum a todos os seres. Cristo é o caminho que leva ao conhecimento da verdade, porque é ele mesmo a Verdade: *Conduze-me, Senhor, à tua verdade e entrarei em teu caminho.* Cristo é também o caminho que faz chegar à vida; é ele próprio a vida: *Fizeste-me conhecer os caminhos da vida.*

Por este motivo designou o término do caminho como verdade e vida: ambas se referem a Cristo. Em primeiro lugar, porque ele é a vida: *Nele era a vida;* em seguida, porque ele é a verdade: *Era a luz dos homens.* Ora, a luz é a verdade.

Se, portanto, indagas por onde passar, acolhe a Cristo, o próprio caminho: *É este o caminho, caminhai por ele.* E Agostinho disse: *Caminha pelo homem e chegarás a Deus.* É melhor claudicar no caminho do que caminhar com desembaraço fora dele. Pois quem manqueja no caminho, conquanto demore, chegará ao termo. Quem, ao contrário, vai por fora do caminho, embora correndo, se afasta, cada vez mais, do termo.

Se agora perguntas para onde ir, adere a Cristo, que é a verdade, meta de nossa caminhada: *Minha boca meditará tua verdade.* Se buscas permanecer, adere a Cristo, a própria vida: *Quem me encontra, encontra a vida e haurirá a salvação vinda do Senhor.*

Adere, por conseguinte, a Cristo, se queres ter segurança; não te desviarás, porque ele é o caminho. Os que a ele aderem, não andam fora, mas no caminho reto. Também não podem enganar-se, pois, com efeito, é ele a verdade e ensina toda a verdade, conforme suas mesmas palavras: *Para isto nasci e vim aqui, para dar testemunho à verdade.* E ainda, nada te perturbará, porque ele mesmo é a vida e o que dá a vida: *Eu vim para que tenham a vida e a tenham em abundância.*

Responsório   Jó 42,10b.11ab.12a; 1Cor 10,13b

R. Deu o Senhor a Jó em dobro tudo quanto tinha antes, e seus irmãos e suas irmãs o consolaram e confortaram.
* O Senhor o abençoou, mais no fim que no princípio.
V. Deus é fiel e não permite que passeis por provações, que vão além das vossas forças,
mas fará com que tireis proveito até na tentação.
* O Senhor.

Oração

Ó Deus, cuja providência jamais falha, nós vos suplicamos humildemente: afastai de nós o que é nocivo, e concedei-nos tudo o que for útil. Por nosso Senhor Jesus Cristo, vosso Filho, na unidade do Espírito Santo.

10º DOMINGO DO Tempo Comum

II Semana do Saltério

I Vésperas

Cântico evangélico, ant.
Ano A Saindo dali,
Jesus viu um homem chamado Mateus,
sentado à banca, cobrando imposto,
e o chamou: Vem comigo! E ele o seguiu.

Ano B Se eu expulso os demônios pela força de Deus,
o Reino dos Céus já chegou até vós.

Ano C Quando o Senhor viu a viúva, ficou compadecido
e disse-lhe: Não chores!

Oração

Ó Deus, fonte de todo o bem, atendei ao nosso apelo e fazei-nos, por vossa inspiração, pensar o que é certo e realizá-lo com vossa ajuda. Por nosso Senhor Jesus Cristo, vosso Filho, na unidade do Espírito Santo.

Ofício das Leituras

Primeira leitura
Do Livro do Eclesiástico   46,1-12

Elogio de Josué e de Caleb

¹ Valente na guerra, assim foi Josué, filho de Nun,
sucessor de Moisés no ofício profético,
ele que, fazendo jus ao nome,
² se mostrou grande para salvar os eleitos de Deus,
para castigar os inimigos revoltados
e instalar Israel em seu território.
³ Como era majestoso quando, de braços levantados,
brandia a espada contra as cidades!
⁴ Quem antes dele teve a sua firmeza,

ele que conduziu as guerras do Senhor?
⁵Não foi por ordem sua que o sol parou
e que um só dia se tornou como dois?
⁶Invocou o Altíssimo poderoso,
enquanto os inimigos o atacavam por todas as partes
e o grande Senhor o ouviu,
lançando pedras de granizo com um poder extraordinário.
⁷Caiu sobre a nação inimiga
e na encosta destruiu os adversários,
⁸para que as nações conhecessem a força de suas armas
e soubessem que estavam combatendo contra o Senhor.
Ele seguia sempre o Todo-poderoso,
⁹e no tempo de Moisés manifestou a sua misericórdia,
assim como Caleb, filho de Jefoné,
opondo-se à multidão,
impedindo o povo de pecar,
fazendo cessar a murmuração maligna.
¹⁰Só eles dois foram poupados
entre seiscentos mil homens de infantaria,
para serem introduzidos na sua herança,
na terra onde correm leite e mel.
¹¹E o Senhor deu a Caleb força,
que o acompanhou até à velhice,
para subir as colinas do país
que a sua descendência guardaria em herança,
¹²a fim de que todos os filhos de Israel vissem
como é bom seguir o Senhor.

Responsório
Eclo 46,5.3.4

R. Josué rezou a **Deus**, o Altíssimo pode**ro**so,
ata**can**do os ini**mi**gos em **to**dos os lu**ga**res;
* E o **gran**de e santo **Deus**
aten**deu**-o, com uma **chu**va de gra**ni**zo vio**len**to.

V. Quem foi tão **fir**me antes **d**ele
e não **foi** por ordem **d**ele, que o **sol** ficou parado?
* E o **gran**de.

Segunda leitura
Início da Carta aos Romanos, de Santo Inácio de Antioquia, bispo e mártir

(Inscriptio, 1,1-2,2: Funk 1,213-215)   (Séc. I)

Não quero agradar aos homens, mas a Deus

De Inácio, dito Teóforo, à Igreja que alcançou a misericórdia, na magnificência do Pai Altíssimo e de Jesus Cristo, seu Filho único; à dileta Igreja, iluminada pela vontade daquele que tudo quer, segundo a caridade de Jesus Cristo, nosso Deus; à Igreja que preside na região dos romanos, digna de Deus, digna de honra, digna de receber felicitações, digna de louvor, digna de ver cumpridos seus votos; à Igreja que preside à universal assembleia da caridade, possuidora da lei de Cristo, assinalada com o nome do Pai. A ela saúdo em nome de Jesus Cristo, Filho do Pai. A todos os que, de corpo e alma, estão unidos pelos preceitos dele, inexaurivelmente repletos pela graça de Deus e limpos de todo matiz estranho, desejo abundante e incontaminada salvação em Jesus Cristo, nosso Deus.

Em minhas preces junto do Senhor, pedia a graça de contemplar vossos rostos dignos de Deus. Agora, acorrentado em Cristo Jesus continuarei pedindo a mesma graça, e espero ir saudar-vos e, se for a vontade de Deus, fazer-me digno de chegar ao fim. Já é, aliás, princípio estabelecido: se conseguir a graça, receberei, seguramente, o meu quinhão. Tenho medo de que vossa caridade me venha a prejudicá-lo. Para vós é fácil fazer o que quereis; para mim é difícil alcançar a Deus, se me não poupardes.

Não quero que agradeis aos homens, mas a Deus, como já o fazeis. Quanto a mim, jamais encontrarei outro tempo mais oportuno de entrar de posse de Deus; quanto a vós, seria o silêncio vossa ação mais meritória. Porque se calardes meu nome, tornar-me-ei Palavra de Deus. Se, ao contrário, amardes minha vida carnal, de novo serei apenas som. Não me concedais mais do que ser imolado a Deus, enquanto o altar está preparado. Então, em coro na caridade, cantareis ao Pai em Cristo Jesus, ao Deus que se dignou encontrar o bispo da Síria, chamando-o do nascente ao poente. É bom passar do mundo para Deus, para nele nascer.

Responsório   Fl 1,21; Gl 6,14
R. Para **mim** viver é **Cris**to e mo**rrer** é uma van**ta**gem;
 * **Mi**nha **gló**ria é a **cruz** do Se**nhor Cris**to **Je**sus.
V. Por **quem** o mundo es**tá** crucifi**ca**do para **mim**
 e **eu** também es**tou** crucifi**ca**do para o **mun**do.
 * **Mi**nha **gló**ria.
HINO Te Deum, p. 589.

Laudes

Cântico evangélico, ant.
Ano A Cobra**do**res de im**pos**tos e muitos **ou**tros peca**do**res
 assen**ta**ram-se à **me**sa com **Je**sus e seus dis**cí**pulos.

Ano B Quando um **ho**mem **for**te e ar**ma**do
 monta **guar**da à sua **ca**sa,
 todos seus **bens** ficam seguros.

Ano C Levan**ta**-te, **jo**vem, te or**de**no!
 E sen**tou**-se o que es**tive**ra **mor**to.
 E ele, en**tão**, pôs-se a fa**lar**.
 E **Je**sus o entre**gou** à sua **mãe**.

Oração

Ó Deus, fonte de todo o bem, atendei ao nosso apelo e fazei-nos, por vossa inspiração, pensar o que é certo e realizá-lo com vossa ajuda. Por nosso Senhor Jesus Cristo, vosso Filho, na unidade do Espírito Santo.

II Vésperas

Cântico evangélico, ant.

Ano A Misericórdia é que eu quero;
eu não quero sacrifício.
Eu não vim chamar os justos,
vim chamar os pecadores.

Ano B Quem faz a vontade do meu Pai,
é meu irmão, minha irmã e minha mãe.

Ano C Um grande profeta surgiu entre nós,
e Deus visitou o seu povo, aleluia.

SEGUNDA-FEIRA

Ofício das Leituras

Primeira leitura
Início do Livro de Josué   1,1-18

*Josué, chamado por Deus,
exorta o povo à unidade*

¹Após a morte de Moisés, o servo do Senhor, falou o Senhor a Josué, filho de Nun, ministro de Moisés, dizendo: ²"Moisés, meu servo, morreu. Agora, levanta-te e atravessa o rio Jordão, tu e todo este povo, para a terra que vou dar aos filhos de Israel. ³Eu vos darei todo lugar que pisar a planta de vossos pés, conforme prometi a Moisés. ⁴O vosso território se estenderá do deserto e do Líbano ao grande rio, o Eufrates, por todo o país dos hititas, e até ao Grande Mar na direção do sol poente. ⁵Ninguém te poderá resistir enquanto viveres. Como estive com Moisés, assim estarei contigo. Não te deixarei nem te abandonarei.

⁶Sê forte e corajoso, pois tu farás este povo herdar a terra que jurei dar a seus pais. ⁷Apenas sê forte e muito corajoso e cuida em agir segundo toda a lei que Moisés, meu servo,

te prescreveu. Não te desvies nem para a direita nem para a esquerda, a fim de que tenhas êxito por onde quer que andes. ⁸Não cesses de falar deste livro da lei. Medita nele dia e noite, para que procures agir conforme tudo o que nele está escrito. Então farás prosperar teus empreendimentos e serás bem sucedido. ⁹Não te ordenei que sejas forte e corajoso? Não temas e não te acovardes, pois o Senhor teu Deus estará contigo por onde quer que andes".

¹⁰Josué ordenou então aos oficiais do povo: "Passai pelo acampamento e ordenai ao povo: ¹¹Preparai víveres, pois dentro de três dias ireis atravessar o Jordão para tomar posse da terra que o Senhor vosso Deus vos dá como propriedade".

¹²Josué falou então aos rubenitas, aos gaditas e à meia-tribo de Manassés: ¹³"Lembrai-vos da ordem que Moisés, o servo do Senhor, vos deu: o Senhor vosso Deus vos concede repouso e vos dá esta terra. ¹⁴Vossas mulheres, vossas crianças e vosso gado permanecerão na terra que Moisés vos deu na Transjordânia. Vós, porém, todos os valentes guerreiros, passareis na frente de vossos irmãos, em ordem de batalha, para ajudá-los, ¹⁵até que o Senhor conceda repouso aos vossos irmãos assim como a vós, para que eles também tomem posse da terra que o Senhor vosso Deus lhes dá; depois voltareis para a terra de vossa propriedade, e tomareis posse daquela que Moisés, o servo do Senhor, vos deu na Transjordânia, ao sol nascente".

¹⁶Eles responderam a Josué: "Faremos tudo quanto nos ordenaste e iremos para onde quer que nos envies. ¹⁷Assim como em tudo obedecemos a Moisés, também obedeceremos a ti. Basta que o Senhor teu Deus esteja contigo, assim como esteve com Moisés. ¹⁸Todo aquele que se rebelar contra tuas ordens e não obedecer às tuas palavras em tudo o que nos tiveres ordenado, será morto. Apenas sê forte e corajoso!"

Responsório   Js 1,4b.9; cf. Dt 31,20a
R. Disse o Senhor a Josué:
Como estive com Moisés, estarei, assim, contigo.
* Tem coragem e sê forte;
guiarás meu povo à terra onde correm leite e mel.
V. Não temas, nem te espantes, pois contigo estarei, onde quer que tu andares, nunca hei de abandonar-te e jamais te deixarei. * Tem coragem.

Segunda leitura
Da Carta aos Romanos, de Santo Inácio de Antioquia, bispo e mártir
(3,1-5,3: Funk 1,215-219)   (Séc. I)

Não seja eu cristão de nome, mas, de fato

A ninguém jamais seduzistes, mas ensinastes a outros. Quanto a mim também quero que continue firme o que ensinais e prescreveis. Pedi apenas para mim as forças interiores e exteriores, a fim de que não só fale, mas o queira; para que não só seja chamado de cristão, mas reconhecido como tal. Se me reconhecerem, então serei chamado cristão e minha fé será manifesta, quando não mais aparecer aos olhos do mundo. Nada do que é aparente é bom. Pois o nosso Deus, Jesus Cristo, ele mesmo, de novo vivo no Pai, agora se manifesta sempre mais. O cristianismo não é resultado de persuasão, mas de grandeza, quando é objeto de ódio para o mundo.

Tenho escrito a todas as Igrejas e a todas elas faço saber que com alegria morro por Deus, contanto que vós não mo impeçais. Suplico-vos: não demonstreis por mim uma benevolência intempestiva. Deixai-me ser alimento das feras, porque, através delas, pode-se alcançar a Deus. Sou trigo de Deus: que seja eu triturado pelos dentes das feras para tornar-me puro pão de Cristo!

Instigai, ao contrário, os animais para que neles encontre o meu sepulcro e nada reste de meu corpo para não ser pesado a ninguém, depois de adormecer. Então serei verdadeiro discípulo de Cristo, quando o mundo não mais vir sequer o meu corpo. Suplicai a Deus por mim, que por este meio me torne uma hóstia para Deus. Não vos dou ordens como Pedro e Paulo. Eles são apóstolos, eu, um condenado; eles, livres, eu, escravo até agora. Mas se eu sofrer, serei um liberto de Jesus Cristo e nele ressurgirei livre. Agora algemado, aprendo a nada cobiçar. Desde a Síria até Roma venho lutando, com as feras, de dia e de noite, por terra e mar, amarrado a dez leopardos, isto é, ao grupo de soldados. Eles, ao receberem benefício tornam-se ainda piores. Aprendo mais com suas injúrias, mas *só por isso não sou justificado*.

Quem me dera alegrar-me com as feras preparadas para mim! Desejo-as bem velozes. Afagá-las-ei para que me devorem depressa. Não aconteça comigo como a alguns nos quais nem sequer, medrosas, tocaram. Se elas resistirem e não quiserem, eu as obrigarei à força. Perdoai-me! Eu sei o que me convém. Agora começo a ser discípulo. Que nada, tanto das coisas visíveis quanto das invisíveis, segure o meu espírito, a fim de que eu possa alcançar a Jesus Cristo. Que o fogo, a cruz, um bando de feras, os dilaceramentos, os cortes, a deslocação dos ossos, o esquartejamento, as feridas pelo corpo todo, os duros tormentos do diabo venham sobre mim para que eu ganhe unicamente a Jesus Cristo!

Responsório   Gl 2,19-20
R. Pela **Lei** eu mor**ri** para a **Lei**, a **fim** de vi**ver** para **Deus**.
   Vivo **agora** esta **vida** na **fé** no **Filho** de **Deus**, Jesus **Cristo**.
 * Que me **amou** e por **mim** se entre**gou**.
V. Estou pre**ga**do com **Cristo** na **cruz**.
   Eu **vivo**, po**rém**, já não **eu**,
   mas **Cristo** é que **vive** em **mim**.
 * Que me **amou**.

Oração

Ó Deus, fonte de todo o bem, atendei ao nosso apelo e fazei-nos, por vossa inspiração, pensar o que é certo e realizá-lo com vossa ajuda. Por nosso Senhor Jesus Cristo, vosso Filho, na unidade do Espírito Santo.

TERÇA-FEIRA

Ofício das Leituras

Primeira leitura
Do Livro de Josué   2,1-24

Pela fé, a prostituta Raab
acolhe pacificamente os espiões

Naqueles dias: ¹Josué, filho de Nun, enviou secretamente de Setim dois espiões, dizendo: "Ide reconhecer a terra e a cidade de Jericó". Eles foram e entraram na casa de uma prostituta chamada Raab, e lá se hospedaram. ²Então foram avisar o rei de Jericó: "Eis que esta noite vieram aqui alguns filhos de Israel para espionar a terra". ³O rei de Jericó mandou dizer a Raab: "Faze sair os homens que vieram a ti e entraram em tua casa, pois são espiões e vieram reconhecer todo o país". ⁴A mulher, porém, tomou os dois homens e os escondeu. Depois disse: "Os homens de fato vieram a mim, mas eu não sabia de onde eram. ⁵Quando as portas da cidade iam ser fechadas, ao escurecer, os homens saíram e não sei para onde foram. Persegui-os depressa, e os alcançareis". ⁶Ela, porém, os fizera subir ao terraço de sua casa e os escondera entre os feixes de linho que ali estavam. ⁷Os homens os perseguiram pelo caminho que dá para os vaus do Jordão e, logo que os perseguidores saíram, as portas da cidade foram fechadas.

⁸Antes que os espias se deitassem, a mulher subiu até eles, no terraço, e disse: ⁹"Eu sei que o Senhor vos entregou este país, que o terror se apoderou de nós e que todos os

habitantes do país tremeram diante de vós. [10] Pois ouvimos dizer que o Senhor fez secar as águas do mar Vermelho à vossa frente, quando saístes do Egito, e o que fizestes aos dois reis dos amorreus que estavam do outro lado do Jordão, Seon e Og, que vós exterminastes. [11] Quando ouvimos isto, tivemos grande medo, o nosso coração desfaleceu, e nenhum de nós tem ânimo diante de vossa presença; porque o Senhor vosso Deus é Deus lá em cima no céu, e aqui embaixo na terra. [12] Agora, jurai-me pelo Senhor que, assim como eu usei de misericórdia convosco, assim vós atuareis com a casa de meu pai; e que me dareis um sinal seguro [13] de que salvareis meu pai, minha mãe, meus irmãos e minhas irmãs, e todos os seus, e de que nos livrareis da morte". [14] Os homens disseram-lhe: "Nossa vida em troca da tua, contanto que não denuncies a nossa missão. Quando o Senhor nos entregar este país, agiremos contigo com misericórdia e lealdade". [15] Ela, então, os fez descer com uma corda pela janela, pois a casa onde morava se encontrava sobre a muralha. [16] E disse-lhes: "Ide para a montanha, para que os perseguidores não caiam sobre vós; ficai lá escondidos três dias, até que os perseguidores voltem; depois continuareis o vosso caminho".

[17] Os homens disseram-lhe: "Eis como iremos manter este juramento a que nos obrigaste: [18] quando entrarmos no país, amarrarás este cordão de fio escarlate na janela por onde nos fizeste descer, e reunirás em tua casa teu pai, tua mãe, teus irmãos e toda a família de teu pai. [19] Se alguém sair para fora da porta de tua casa, o seu sangue lhe cairá sobre a cabeça, e nós seremos inocentes; mas o sangue de todo aquele que estiver contigo em tua casa caia sobre a nossa cabeça, se alguém nele puser a mão. [20] Contudo, se traíres esta palavra, se denunciares a nossa missão, estaremos livres do juramento a que nos obrigaste". [21] Ela respondeu: "Seja conforme as vossas palavras". E, deixando-os partir, amarrou o cordão de fio escarlate na janela.

²²Eles partiram, então, para a montanha, lá permanecendo três dias, até que os perseguidores voltassem. Estes procuraram-nos por todo o caminho, mas nada encontraram. ²³Os dois homens desceram então da montanha e, atravessando o Jordão, vieram até Josué, filho de Nun, e contaram-lhe tudo o que lhes havia acontecido. ²⁴E disseram-lhe: "O Senhor entregou toda esta terra em nossas mãos, e todos os seus habitantes estão tremendo de medo por nossa causa".

Responsório   Tg 2,24-26; Hb 11,31
R. Justificada é a pessoa pelas obras
   e **não** unicamente pela **fé**.
   Não **foi** por suas **o**bras que Ra**ab**
   tornou-se **jus**ta ao aco**lher** os espi**ões**,
   fazendo-os vol**tar** por outra **via**?
 * Como o **cor**po sem es**pí**rito é **mor**to,
   as**sim** também é **mor**ta a fé sem **o**bras.
V. Ra**ab**, a mere**triz**, por sua **fé**,
   não pere**ceu** com os que ha**viam** resis**tido**
   porque escon**deu** os espi**ões** em sua **ca**sa.
 * Como o **cor**po.

Segunda leitura
Da Carta aos Romanos, de Santo Inácio de Antioquia, bispo e mártir

(6,1-9,3: Funk 1,219-223)   (Séc. I)

Meu amor está crucificado

Nem as delícias do mundo nem os reinos terrestres me interessam. Mais vale para mim morrer em Cristo Jesus do que imperar até os confins da terra. Procuro aquele que morreu por nós: quero aquele que por nós ressuscitou; Meu nascimento está iminente. Perdoai-me, irmãos! Não me impeçais de viver, não desejeis que eu morra, pois desejo ser de Deus. Não me entregueis ao mundo nem me fascineis com o que é material. Deixai-me contemplar a luz pura, onde, lá chegando, serei homem. Concedei-me ser imitador da paixão de meu Deus. Se alguém o possui no coração, entenderá o que quero e terá compaixão de mim, sabendo que ânsia me atormenta.

O príncipe deste mundo deseja arrebatar-me e corromper meu amor para com Deus. Nenhum de vós, aí presentes, o ajude. Ponde-vos antes de meu lado, ou melhor, do lado de Deus. Com efeito, não podeis pronunciar o nome de Jesus Cristo, enquanto cobiçais o mundo.

Não more em vós a inveja. Mesmo que eu em pessoa vos rogasse algo diferente, não me escuteis. Crede antes no que vos escrevo. Vivo, vos escrevo, desejando morrer. Meu amor está crucificado. Não há em mim fogo que busque alimentar-se da matéria, apenas uma água viva e murmurante dentro de mim, dizendo-me em segredo: "Vem para o Pai!" Não sinto prazer com o alimento corruptível nem com as volúpias deste mundo. Quero o pão de Deus, a carne de Jesus Cristo, que nasceu da linhagem de Davi. E quero a bebida, o seu sangue, que é a caridade incorruptível.

Não quero mais viver como os homens. Isto acontecerá se vós quiserdes. Querei-o, rogo-vos, para que sejais vós também queridos. Com poucas palavras dirijo-me a vós. Acreditai-me: Jesus Cristo vos manifestará que digo a verdade, ele que é a boca verdadeira pela qual o Pai verdadeiramente falou. Pedi vós por mim, para que o consiga. Não por motivos carnais, mas segundo a vontade de Deus foi que vos escrevi. Se for martirizado, vós me quisestes bem. Se for rejeitado, vós me odiastes.

Lembrai-vos em vossas orações da Igreja da Síria, que tem Deus em meu lugar. Em lugar do bispo, Jesus Cristo e a vossa caridade a governarão. Envergonho-me de ser contado entre seus membros, pois não sou digno disto, já que sou o último deles e como que um aborto. Na verdade, alcançarei a misericórdia de ser alguém se possuir a Deus. Saúdam-vos o meu espírito e a caridade das Igrejas que me recebem em nome de Jesus Cristo e não como um passante qualquer. De fato, as Igrejas, que não se acham no caminho por onde vou passando, antecipam-se a meu encontro em cada cidade.

Responsório   Cl 1,24.29
R. Eu me alegro por sofrer,
  * E completo em minha carne
    o que falta aos sofrimentos
    de Cristo por seu corpo, que é a sua Igreja.
V. Esforço-me e luto, amparado por Jesus,
   cuja força poderosa opera dentro em mim.
  * E completo.

Oração

Ó Deus, fonte de todo o bem, atendei ao nosso apelo e fazei-nos, por vossa inspiração, pensar o que é certo e realizá-lo com vossa ajuda. Por nosso Senhor Jesus Cristo, vosso Filho, na unidade do Espírito Santo.

QUARTA-FEIRA

Ofício das Leituras

Primeira leitura
Do Livro de Josué   3,1-17; 4,14-19; 5,10-12

O povo atravessa o Jordão e celebra a Páscoa

Naqueles dias: ³,¹Josué levantou-se de madrugada e desfez o acampamento. Saindo de Setim, chegaram ao Jordão, ele e os filhos de Israel, e ali se detiveram antes de atravessar. ²Ao cabo de três dias os oficiais passaram pelo acampamento, ³dando esta ordem ao povo: "Quando virdes a arca da aliança do Senhor vosso Deus e os sacerdotes-levitas que a levam, deixareis o lugar em que estais e a seguireis. ⁴Todavia, que haja uma distância de uns mil metros entre vós e ela; não vos aproximeis dela. Assim sabereis qual o caminho que devereis seguir, uma vez que nunca passastes por este caminho". ⁵Josué disse ao povo: "Purificai-vos, porque amanhã o Senhor realizará maravilhas em vosso meio". ⁶Aos sacerdotes Josué ordenou: "Tomai a arca da aliança e passai à frente do povo". Eles tomaram a arca da aliança e caminharam adiante do povo.

⁷O Senhor disse a Josué: "Hoje começarei a exaltar-te diante de todo Israel, para que saibas que estou contigo assim como estive com Moisés. ⁸Tu, ordena aos sacerdotes que levam a arca da aliança, dizendo-lhes: Quando chegardes à beira das águas do Jordão, ficai parados ali". ⁹Depois Josué disse aos filhos de Israel: "Aproximai-vos para ouvir as palavras do Senhor vosso Deus". ¹⁰E acrescentou: "Nisto sabereis que o Deus vivo está no meio de vós e que ele expulsará da vossa presença os cananeus, os hititas, os heveus, os fereseus, os gergeseus, os amorreus e os jebuseus. ¹¹Eis que a arca da aliança do Senhor de toda a terra vai atravessar o Jordão adiante de vós. ¹²Preparai doze homens das tribos de Israel, um de cada tribo. ¹³E logo que os sacerdotes, que levam a arca do Senhor de toda a terra, tocarem com a planta dos pés as águas do Jordão, elas se dividirão: as águas da parte de baixo continuarão a correr, mas as que vêm de cima pararão, formando uma barragem".

¹⁴Quando o povo levantou acampamento para passar o rio Jordão, os sacerdotes que levavam a arca da aliança puseram-se à frente de todo o povo. ¹⁵Quando chegaram ao rio Jordão e os pés dos sacerdotes se molharam nas águas da margem – pois o Jordão transborda e inunda suas margens durante todo o tempo da colheita –, ¹⁶então as águas, que vinham de cima, pararam, formando uma grande barragem até Adam, cidade que fica ao lado de Sartã, e as que estavam na parte de baixo desceram para o mar da Arabá, o mar Salgado, até secarem completamente. Então o povo atravessou, frente a Jericó. ¹⁷E os sacerdotes que levavam a arca da aliança do Senhor conservaram-se firmes sobre a terra seca,

no meio do rio, e ali permaneceram até que todo Israel acabasse de atravessar o rio Jordão a pé enxuto.

⁴,¹⁴Naquele dia o Senhor engrandeceu Josué à vista de todo Israel, para que o respeitassem todos os dias de sua vida, assim como haviam respeitado Moisés. ¹⁵O Senhor disse então a Josué: ¹⁶"Ordena aos sacerdotes, que levam a arca do testemunho, que subam do Jordão". ¹⁷E Josué ordenou aos sacerdotes: "Subi do Jordão". ¹⁸Assim que os sacerdotes, que levavam a arca da aliança do Senhor, subiram e começaram a pisar a terra seca, as águas do Jordão voltaram para o seu leito e correram como antes, cobrindo inteiramente as margens.

¹⁹O povo subiu do Jordão no décimo dia do primeiro mês e acampou em Guilgal, na extremidade oriental de Jericó.

⁵,¹⁰Os israelitas ficaram acampados em Guilgal e celebraram a Páscoa no dia catorze do mês, à tarde, na planície de Jericó. ¹¹No dia seguinte à Páscoa, comeram dos produtos da terra, pães sem fermento e grãos tostados, nesse mesmo dia. ¹²O maná cessou no dia seguinte, quando comeram dos produtos da terra. Os israelitas não mais tiveram o maná. Naquele ano comeram dos frutos da terra de Canaã.

Responsório   Js 4,22-25; Sl 113(114),5
R. Israel atravessou o rio Jordão,
   pois Deus tinha secado suas águas,
   como antes tinha feito ao mar Vermelho;
 * Para que todas as nações do universo
   conheçam a mão forte do Senhor.
V. Ó mar, o que tens tu, para fugir?
   E tu, Jordão, por que recuas deste modo?
 * Para que todas.

Segunda leitura

Das Homilias sobre o Livro de Josué, de Orígenes, presbítero

(Hom. 4,1: PG 12,842-843) (Séc. III)

A travessia do Jordão

No Jordão, a arca da aliança era o guia do povo de Deus. A fileira dos sacerdotes e levitas pára, e as águas, como que em reverência aos ministros de Deus, refreiam seu curso e amontoam-se abrindo caminho livre para o povo de Deus. Não te admires de que estes fatos, acontecidos com o povo antigo, se refiram a ti, cristão, que pelo sacramento do batismo atravessaste o rio Jordão. A palavra divina te promete coisas ainda maiores e mais elevadas: oferece-te mesmo a travessia pelos ares. Escuta o que Paulo diz acerca dos justos: *Seremos arrebatados nas nuvens, ao encontro de Cristo nos ares, e assim estaremos com o Senhor para sempre.* Não há nada que amedronte o justo. Todas as criaturas o servem. Ouve ainda como pelo Profeta Deus lhe promete: *Se passares pelo fogo, a chama não te queimará, porque eu sou o Senhor, teu Deus.* Todo lugar acolhe o justo e toda criatura lhe presta o devido serviço. E não julgues que estas coisas se deram antigamente e que em ti, que as escutas, nada de semelhante acontece. Todas se perfazem em ti de modo místico. De fato, tu que, abandonando há pouco as trevas da idolatria, desejas aproximar-te da lei divina, deixas primeiro o Egito.

Quando te inscreveste no número dos catecúmenos e começaste a obedecer aos preceitos da Igreja, atravessaste o mar Vermelho. Assim, levado às paradas do deserto, tu te entregas diariamente à audição da lei divina e à contemplação do rosto de Moisés, com o véu já retirado pela glória do Senhor. Se depois te achegares à fonte do místico batismo e, na presença dos sacerdotes e levitas, fores iniciado naqueles veneráveis e magníficos mistérios conhecidos por aqueles a quem de direito, então depois de ter atravessado o Jordão, também pelo ministério sacerdotal, entrarás na terra prometida. Nesta, depois de Moisés, acolher-te-á Jesus e ele próprio se fará teu guia na nova caminhada.

Tu, porém, lembrado de tantas e tão grandes maravilhas de Deus, como o mar que se dividiu para ti e a água do rio que parou diante de ti, voltado para eles dirás: *Que houve, ó mar, que fugiste? E tu, Jordão, que voltaste para trás? Montes, por que saltais como cabritos e as colinas como cordeirinhos?* A palavra divina responderá: *Diante da face do Senhor abalou-se a terra, diante da face do Deus de Jacó, que muda a pedra em lago e o rochedo em fontes de água.*

Responsório   Sb 17,1a; 19,22a; Sl 76(77),20a
R. Como são **gran**des, ó S**enhor**, vossos ju**í**zos,
   e indi**zí**veis, ó S**enhor**, vossas pa**la**vras!
 * Engrande**ces**tes e hon**ras**tes vosso **po**vo.
V. **Abriu**-se em pleno **mar** vosso ca**mi**nho
   e vossa es**tra**da pelas **á**guas mais pro**fun**das.
 * Engrande**ces**tes.

Oração

Ó Deus, fonte de todo o bem, atendei ao nosso apelo e fazei-nos, por vossa inspiração, pensar o que é certo e realizá-lo com vossa ajuda. Por nosso Senhor Jesus Cristo, vosso Filho, na unidade do Espírito Santo.

QUINTA-FEIRA

Ofício das Leituras

Primeira leitura
Do Livro de Josué   5,13-6,21
Conquista da cidade fortificada dos inimigos

Naqueles dias: [5,13] Estando Josué nos arredores da cidade de Jericó, levantou os olhos e viu diante de si um homem de pé, com uma espada desembainhada na mão. Josué foi até ele e perguntou: "Tu és dos nossos ou dos inimigos?" ¹⁴ Ele respondeu: "Não. Sou o chefe do exército do Senhor, e acabo de chegar". Então Josué prostrou-se com o rosto por terra e o adorou. Depois perguntou-lhe: "O que diz o meu Senhor ao seu servo?" ¹⁵ O chefe do exército do Senhor respondeu a Josué: "Tira as sandálias dos pés, pois o lugar que pisas é sagrado". E Josué fez o que lhe foi ordenado.

⁶,¹ Jericó estava fechada e fortificada por causa dos filhos de Israel, e ninguém ousava sair nem entrar.
² O Senhor disse então a Josué: "Vê. Eu entreguei à tua mão Jericó, com seu rei e todos os seus homens valentes. ³ Vós, todos os homens de guerra, dai a volta em redor da cidade, uma vez por dia. Assim fareis durante seis dias. ⁴ Sete sacerdotes levarão sete trombetas de chifre de carneiro diante da arca. No sétimo dia dareis sete voltas à cidade, e os sacerdotes tocarão as trombetas. ⁵ E, quando o som das trombetas se fizer mais demorado e penetrante, e vos ferir os ouvidos, todo o povo levantará numa só voz um grande clamor, e cairão os muros da cidade até aos fundamentos, e cada um entrará pelo lugar que estiver à sua frente".

⁶ Então Josué, filho de Nun, chamou os sacerdotes e lhes disse: "Tomai a arca da aliança, e que sete sacerdotes tomem sete trombetas e vão adiante da arca do Senhor". ⁷ E disse ao povo: "Ide e rodeai a cidade, e quem estiver armado passe à frente da arca do Senhor".

⁸ Logo que Josué acabou de falar, os sete sacerdotes tocaram as sete trombetas diante da arca da aliança do Senhor. ⁹ Todo o exército armado marchava à frente dos sacerdotes que tocavam as trombetas, e o resto da multidão seguia atrás da arca, e o som das trombetas retumbava por toda a parte. ¹⁰ Josué tinha ordenado ao povo, dizendo: "Não griteis nem façais ouvir a vossa voz e nenhuma palavra saia de vossa boca, até ao dia em que eu vos disser: 'Gritai!' Então gritareis". ¹¹ Assim, a arca do Senhor deu, naquele dia,

uma volta à cidade e, retornando ao acampamento, pernoitou ali.

¹²No dia seguinte, Josué levantou-se ainda de noite, os sacerdotes tomaram a arca do Senhor, e sete deles ¹³tomaram as sete trombetas de chifre de carneiro e marcharam diante da arca do Senhor, andando e tocando; e o povo armado ia adiante deles, e o resto da multidão seguia a arca, e as trombetas ressoavam. ¹⁴E rodearam uma vez a cidade, no segundo dia, e voltaram para o acampamento. Assim fizeram durante seis dias.

¹⁵Mas, no sétimo dia, levantando-se de madrugada, deram sete voltas à cidade, conforme o mesmo cerimonial; somente naquele dia rodearam a cidade sete vezes. ¹⁶Quando os sacerdotes tocaram as trombetas na sétima volta, Josué disse ao povo: "Gritai, porque o Senhor vos entregou a cidade. ¹⁷E a cidade, com tudo o que nela houver, seja condenada ao extermínio, em honra do Senhor. Somente Raab, a prostituta, será conservada com vida, bem como todos os que estiverem com ela em sua casa, porque escondeu os mensageiros que enviamos. ¹⁸Quanto a vós, guardai-vos de tocar alguma daquelas coisas consagradas ao extermínio, para que não sejais culpados de um grande pecado, pois tornaríeis o acampamento de Israel condenado ao extermínio, levando-o à desordem. ¹⁹Mas tudo o que se encontrar de ouro e prata, de utensílios de cobre e de ferro, seja consagrado ao Senhor e depositado no seu tesouro".

²⁰O povo lançou então um grande grito e as trombetas ressoaram. E, logo que a voz e o som chegaram aos ouvidos da multidão, desabaram de repente as muralhas, e cada um entrou pelo lugar que estava à sua frente, e tomaram a cidade. ²¹E mataram tudo o que nela havia, homens e mulheres, crianças e velhos, bois, ovelhas e jumentos, tudo foi passado ao fio da espada.

Responsório
Cf. Is 25,1ab.2ad; Hb 11,30

R. Ó **Senhor**, vós sois meu **Deus**,
   quero exal**tar** o vosso **nome**;
* Pois redu**zis**tes a ci**da**de a um se**pul**cro
  e nunca **mais** ela será reconstruída.
V. Foi pela **fé** que as muralhas de Jeri**có** desmoro**na**ram,
   por sete **dias** sitiadas.* Pois reduzistes.

Segunda leitura

Das Homilias sobre o Livro de Josué, de Orígenes, presbítero

(Hom. 6,4: PG 12,855-856)   (Séc. III)

A tomada de Jericó

Jericó, sitiada, tem de ser tomada. Como será vencida Jericó? Não se desembainha a espada contra ela, não se arremete o aríete, nem se vibram as lanças. Somente se tocam as trombetas sacerdotais, e os muros de Jericó desabam. Com frequência vemos nas Escrituras o nome de Jericó empregado como figura do mundo. No Evangelho, quando se narra que o homem desceu de Jerusalém para Jericó e caiu nas mãos dos ladrões, sem qualquer dúvida, refere-se àquele Adão que do paraíso foi lançado ao exílio do mundo. Também os cegos em Jericó, aos quais Jesus restituiu a vista, eram figura daqueles que neste mundo são vítimas da cegueira da ignorância e para os quais veio o Filho de Deus. Portanto, esta Jericó, este mundo, irá cair. Pois a consumação dos tempos já foi bem anunciada pelos Santos Livros.

Como se dará sua consumação? Por que meios? *Ao som das trombetas,* lê-se. De que trombetas? Paulo esclarece. Escuta-o: *Soará a trombeta e os mortos em Cristo ressurgirão incorruptos e o Senhor mesmo, ao sinal dado, à voz do arcanjo e da trombeta de Deus, descerá do céu.* Então Jesus, nosso Senhor, vencerá com trombetas Jericó e jogá-la-á por terra, de tal forma que só se salve a meretriz e sua casa. *Virá,* diz ele, nosso Senhor Jesus, e virá ao som das trombetas.

Salvará aquela única que recebeu seus exploradores, que, tendo acolhido na fé e na obediência seus apóstolos, os colocou nos aposentos de cima. Unirá, então, esta meretriz à casa de Israel. Contudo não repitamos nem lhe lembremos a antiga culpa. Outrora meretriz, agora, porém, é virgem casta e foi unida a um só varão casto, o Cristo. Ouve o que o Apóstolo diz dela: *Decidiu isso: a um só varão, Cristo, apresentar-vos como virgem casta.* Pertencia também a ela aquele que dizia: *Fomos também nós outrora insensatos, incrédulos, inconstantes, escravos de múltiplos desejos e volúpias.*

Queres ainda mais acuradamente saber como a meretriz já não o é mais? Escuta Paulo de novo: *Assim também éreis vós, mas fostes lavados, fostes santificados no nome de nosso Senhor, Jesus Cristo, e no Espírito de nosso Deus.* Para poder escapar e não perecer com Jericó, ela recebeu dos exploradores eficacíssimo sinal de salvação, uma fita escarlate. Na verdade, pelo sangue de Cristo, esta Igreja toda inteira se salvará, no mesmo Jesus Cristo, nosso Senhor, a quem a glória e o império pelos séculos dos séculos. Amém.

Responsório — Is 49,22bc.26cd; Jo 8,28a

R. Com a **mão** irei fa**zer** um si**nal** para as na**ções**,
 levan**tar** meu estan**dar**te para os **po**vos aler**tar**;
* E todo **mun**do sabe**rá** que só **eu** sou o Se**nhor**,
 teu Reden**tor**, teu Salva**dor**, o Poderoso de Jacó.
V. Quando ti**ver**des levan**ta**do
 numa **cruz** o Filho do **Ho**mem,
 sa**be**reis porque "Eu **sou**". * E todo **mun**do.

Oração

Ó Deus, fonte de todo o bem, atendei ao nosso apelo e fazei-nos, por vossa inspiração, pensar o que é certo e realizá-lo com vossa ajuda. Por nosso Senhor Jesus Cristo, vosso Filho, na unidade do Espírito Santo.

SEXTA-FEIRA

Ofício das Leituras

Primeira leitura
Do Livro de Josué   10,1-14; 11,15-17

O povo de Deus toma posse da terra

¹⁰,¹ Adonisedec, rei de Jerusalém, ouvindo dizer que Josué tinha tomado Hai e a tinha arrasado – pois tratara Hai e seu rei como havia tratado Jericó e seu rei – e que os gabaonitas tinham feito a paz com Israel e viviam com os israelitas, ² encheu-se de medo. Porque Gabaon era uma cidade tão importante quanto as cidades reais, maior do que a cidade de Hai, e todos os seus guerreiros eram muito valentes. ³ Adonisedec enviou então esta mensagem a Oam, rei de Hebron, a Faran, rei de Jarmut, a Jáfia, rei de Laquis, e a Dabir, rei de Eglon, dizendo: ⁴ "Vinde ter comigo e ajudai-me a atacar Gabaon, porque fez a paz com Josué e com os filhos de Israel". ⁵ Tendo-se unido, os cinco reis amorreus – o rei de Jerusalém, o rei de Hebron, o rei de Jarmut, o rei de Laquis e o rei de Eglon – subiram com seus exércitos, acamparam junto a Gabaon e atacaram-na.

⁶ Então os habitantes de Gabaon mandaram dizer a Josué, que estava acampado em Guilgal: "Não abandones os teus servidores. Vem depressa salvar-nos e socorrer-nos, porque se coligaram contra nós todos os reis amorreus que habitam na montanha". ⁷ E Josué subiu de Guilgal, tendo consigo todo o seu exército de homens valentíssimos. ⁸ O Senhor disse a Josué: "Não os temas! Porque os entreguei em tuas mãos; nenhum deles te poderá resistir". ⁹ Josué marchou toda a noite desde Guilgal e caiu de improviso sobre eles. ¹⁰ E o Senhor os desbaratou diante de Israel, que lhes infligiu uma grande derrota perto de Gabaon e os perseguiu pelo caminho que sobe de Bet-Horon, batendo-os até Azeca e Maceda. ¹¹ Quando eles fugiam dos filhos de Israel e estavam na

descida de Bet-Horon, o Senhor fez cair do céu grandes pedras em cima deles até Azeca, e foram mais numerosos os que morreram com a chuva de pedras, do que os mortos à espada pelos filhos de Israel.

¹² Então Josué falou ao Senhor, no dia em que ele entregou os amorreus nas mãos dos filhos de Israel, e disse, na presença deles:
"Sol, pára sobre Gabaon.
E tu, lua, sobre o vale de Aialon!"
¹³ E o sol deteve-se e a lua parou, até que o povo se vingasse de seus inimigos.

Não é o que está escrito no Livro do Justo? Parou pois o sol no meio do céu e não se apressou a se pôr pelo espaço de quase um dia. ¹⁴ Nem houve nem antes nem depois dia como aquele, em que o Senhor obedeceu à voz de um homem, pois o Senhor lutava por Israel.

¹¹,¹⁵ Conforme o Senhor tinha ordenado a Moisés, seu servo, também Moisés ordenou a Josué, e ele assim o fez: não deixou de cumprir uma só palavra de tudo o que o Senhor tinha ordenado a Moisés.

¹⁶ Foi assim que Josué tomou esta terra: a região montanhosa, o Negueb, toda a terra de Gósen, a planície, a Arabá, o monte de Israel e suas campinas, ¹⁷ desde o monte Calvo, que se ergue para o lado de Seir, até Baal-Gad, no vale do Líbano, ao pé do monte Hermon. Tomou também todos os seus reis, feriu-os e os matou.

Responsório   Ez 34,13.15
R. Eu **hei** de congre**gar** minhas o**ve**lhas dentre os **po**vos
    e as recondu**zi**rei ao pa**ís** de sua o**ri**gem.
 * Nos **mon**tes de Israel, eu as apascenta**rei**,
    junto aos **ri**os e às cor**ren**tes
    e em **to**dos os luga**res** habita**dos** desta **ter**ra.
V. Eu **mes**mo i**rei** apascen**tar** minhas o**ve**lhas
    e as fa**rei** repousar.* Nos **mon**tes.

Segunda leitura
Dos Comentários sobre os Salmos, de Santo Ambrósio, bispo

(Ps. 1,4.7-8: CSEL 64,4-7)　　　　(Séc. IV)

O suave livro dos salmos

Embora toda a divina Escritura exale a graça de Deus, o mais suave é o Livro dos Salmos. Moisés, que escreveu os feitos dos patriarcas em simples prosa, quando fez passar através do mar Vermelho o povo dos pais para imperecível admiração, vendo afogados o faraó e seus exércitos, sentiu inflamar-se seu engenho, pois conseguira portentos acima de suas forças, e elevou triunfal cântico ao Senhor. Maria, também, tomou o pandeiro e assim exortava as outras, entoando: *Cantemos ao Senhor, que se cobriu de glória e de honra; lançou ao mar cavalo e cavaleiro.*

A história instrui, a lei ensina, a profecia anuncia, a correção castiga, a moral persuade. Ora, no Livro dos Salmos há proveito para todos e remédio para a salvação do homem. Quem o lê, tem remédio especial para as chagas das paixões. Quem quiser lutar como em ginásio de almas e estádio de virtudes, onde estão preparados diversos gêneros de luta, escolha para si aquele que julgar mais adequado para mais facilmente alcançar a coroa.

Se alguém quiser recordar e imitar os feitos gloriosos dos antepassados, encontrará compendiada num salmo toda a história de nossos pais, podendo assim enriquecer o tesouro da memória numa breve leitura. Se alguém perscruta a força da lei que está toda no vínculo da caridade *(quem ama o próximo, cumpriu a lei),* leia então, nos salmos, com quanto amor um só se expôs aos mais graves perigos para repelir o opróbrio de todo o povo. Donde se reconhece não ser a glória da caridade menor do que o triunfo da virtude.

Que direi sobre o dom da profecia? Aquilo que outros anunciaram por enigmas, só a este, aparece clara e abertamente a promessa de que o Senhor Jesus nasceria de sua linhagem, conforme lhe falou: *Porei sobre teu trono o fruto de tuas entranhas.* Por conseguinte, nos salmos não apenas nasce Jesus para nós, mas ainda aceita a salvífica paixão de seu corpo, adormece, ressurge, sobe aos céus, assenta-se à direita do Pai. O que homem algum ousaria dizer, só este profeta anunciou e depois o próprio Senhor o manifestou no seu Evangelho.

Responsório   Sl 56(57),8-9
R. Meu cora**ção** está **pron**to, meu **Deus**,
   está **pron**to o **meu** cora**ção**.
 * Vou can**tar** e to**car** para **vós**.
V. Desper**ta**, minh'**al**ma, desper**ta**,
   desper**tem** a **har**pa e a **li**ra,
   eu i**rei** acor**dar** a au**ro**ra!* Vou can**tar**.

Oração
Ó Deus, fonte de todo o bem, atendei ao nosso apelo e fazei-nos, por vossa inspiração, pensar o que é certo e realizá-lo com vossa ajuda. Por nosso Senhor Jesus Cristo, vosso Filho, na unidade do Espírito Santo.

SÁBADO

Ofício das Leituras

Primeira leitura
Do Livro de Josué   24,1-7.13-28

Renovação da Aliança na Terra Prometida

Naqueles dias:[1] Josué reuniu em Siquém todas as tribos de Israel e convocou os anciãos, os chefes, os juízes e os magistrados, que se apresentaram diante de Deus.[2] Então Josué falou a todo o povo:

"Assim diz o Senhor, Deus de Israel: Vossos pais, Taré, pai de Abraão e de Nacor habitaram outrora do outro lado do rio Eufrates e serviram a deuses estranhos. ³Mas eu tirei Abraão, vosso pai, dos confins da Mesopotâmia, e o conduzi através de toda a terra de Canaã, e multipliquei a sua descendência. ⁴Dei-lhe Isaac, e a este dei Jacó e Esaú. E a Esaú, um deles, dei em propriedade o monte Seir; Jacó, porém, e seus filhos desceram para o Egito. ⁵Em seguida, enviei Moisés e Aarão e castiguei o Egito com prodígios que realizei em seu meio, e depois disso vos tirei de lá. ⁶Fiz, portanto, que vossos pais saíssem do Egito, e assim chegastes ao mar. Os egípcios perseguiram vossos pais, com carros e cavaleiros, até ao mar Vermelho. ⁷Vossos pais clamaram então ao Senhor, e ele colocou trevas entre vós e os egípcios. Depois trouxe sobre estes o mar, que os recobriu. Vossos olhos viram todas as coisas que eu fiz no Egito e habitastes no deserto muito tempo.

¹³Eu vos dei uma terra que não lavrastes, cidades que não edificastes, e nelas habitais, vinhas e olivais que não plantastes, e comeis de seus frutos. ¹⁴Agora, pois, temei ao Senhor e servi-o com um coração íntegro e sincero, e lançai fora os deuses a quem vossos pais serviram na Mesopotâmia e no Egito, e servi ao Senhor. ¹⁵Contudo, se vos parece mal servir ao Senhor, escolhei hoje a quem quereis servir: se aos deuses a quem vossos pais serviram na Mesopotâmia, ou aos deuses dos amorreus, em cuja terra habitais. Quanto a mim e à minha família, nós serviremos ao Senhor".

¹⁶E o povo respondeu, dizendo: "Longe de nós abandonarmos o Senhor, para servir a deuses estranhos. ¹⁷Porque o Senhor, nosso Deus, ele mesmo, é quem nos tirou, a nós e a nossos pais, da terra do Egito, da casa da escravidão. Foi ele quem realizou esses grandes prodígios diante de nossos olhos, e nos guardou por todos os caminhos por onde peregrinamos, e no meio de todos os povos pelos quais passamos. ¹⁸O Senhor expulsou diante de nós todas as nações, especialmente os amorreus, que habitavam a terra em que entramos.

Portanto, nós também serviremos ao Senhor, porque ele é o nosso Deus".

[19] Então Josué disse ao povo: "Não podeis servir ao Senhor, pois ele é um Deus santo, um Deus ciumento, que não suportará vossas transgressões e pecados. [20] Se abandonardes o Senhor e servirdes a deuses estranhos, ele se voltará contra vós, e vos tratará mal e vos aniquilará, depois de vos ter tratado bem" [21] O povo, porém, respondeu a Josué: "Não! É ao Senhor que serviremos". [22] Josué então disse ao povo: "Sois testemunhas contra vós mesmos de que escolhestes o Senhor para servi-lo". E eles responderam: "Sim! Somos testemunhas!". [23] "Sendo assim", disse Josué, "tirai do meio de vós os deuses estranhos e inclinai os vossos corações para o Senhor, Deus de Israel". [24] O povo disse a Josué: "Serviremos ao Senhor, nosso Deus, e seremos obedientes aos seus preceitos".

[25] Naquele dia, Josué estabeleceu uma aliança com o povo, e lhes propôs preceitos e leis em Siquém. [26] Josué escreveu estas palavras no Livro da Lei de Deus. A seguir, tomou uma grande pedra e levantou-a ali, debaixo do carvalho que havia no santuário do Senhor. [27] Então Josué disse a todo o povo: "Esta pedra que estais vendo servirá de testemunha contra vós, pois ela ouviu todas as palavras que o Senhor vos disse, para que depois não possais renegar o Senhor, vosso Deus". [28] Em seguida, Josué despediu o povo, para que fosse cada um para suas terras.

Responsório   Js 24,16.24; 1Cor 8,5-6a

R. Longe de **nós** aband**o**n**ar**mos o Se**nhor**,
    para ser**vir** a outros **deu**ses estrang**ei**ros!
* Servi**re**mos ao Se**nhor**, o nosso **Deus**,
    e have**re**mos de se**guir** os seus pre**cei**tos.
V. Embora **haja** os que **são** chamados **deu**ses,
    e são **mui**tos quer na **ter**ra, quer no **céu**,
    para **nós**, porém, e**xis**te um só **Deus**. * Servi**re**mos.

Segunda leitura
Dos Comentários sobre os Salmos, de Santo Ambrósio, bispo

(Ps. 1,9-12: CSEL 64,7.9-10) (Séc. IV)

Salmodiarei com o espírito, salmodiarei com a mente

O que há de mais agradável que um salmo? Davi já bem dizia: *Louvai ao Senhor, porque é bom o salmo; a nosso Deus, alegre e belo louvor.* E é verdade! O salmo é a bênção para o povo, a glória de Deus, o louvor da multidão, o aplauso de todos, a palavra do universo, a voz da Igreja, a canora confissão da fé, a devoção cheia de valor, a alegria da liberdade, o clamor do regozijo, a exultação da alegria. O salmo abranda a ira, desfaz a preocupação, consola na tristeza. Ele é a proteção noturna, o diurno ensinamento, um escudo no temor, uma festa na santidade, a imagem da tranquilidade, o penhor de paz e de concórdia, fazendo, à semelhança da cítara, um só cântico de muitas e diferentes vozes. Na aurora do dia, ressoa o salmo. Repercute o salmo ao cair da noite.

Rivalizam no salmo a doutrina e a graça: ao mesmo tempo canta-se para deleite e aprende-se para instrução. O que é que não te ocorre ao ler os salmos?

Neles leio: *Cântico para o amado* e logo me inflamo de desejo da sagrada caridade. Neles encontro a graça das revelações, os testemunhos da ressurreição, os dons da promessa. Por eles aprendo a evitar o pecado, desaprendo de envergonhar-me da penitência pelas minhas faltas.

O que é o salmo senão o instrumento das virtudes com que o venerável Profeta, tangendo-o com a palheta do Espírito Santo, faz ressoar pelo mundo a doçura da música celeste? Ao mesmo tempo em que ele, coordenando por meio de liras e cordas, isto é, das coisas mortas, a distinção dos diversos sons, dirigia o cântico do divino louvor para as realidades supremas. Ensinava com isso, em primeiro lugar, que devíamos morrer ao pecado e, em seguida, discernir em nossa vida mortal as várias obras de virtude pelas quais nossa gratidão se eleva até Deus.

Davi ensinou que devemos cantar no íntimo de nós mesmos, salmodiar no íntimo, como Paulo cantava, pois dizia: *Orarei com o espírito, orarei com a mente; salmodiarei com o espírito, salmodiarei com a mente.* Ensinou também que devíamos ordenar nossa vida e seus atos para a visão das realidades superiores, a fim de que o gosto pela doçura não excite os instintos do corpo, com os quais não se redime nossa alma, ao contrário se torna pesada. E, no entanto, o santo Profeta lembra-se de salmodiar para a redenção de sua alma, quando diz: *Salmodiarei a ti, ó Deus, na cítara, Santo de Israel; ao cantar a ti jubilarão meus lábios e minha alma que remiste.*

Responsório   Sl 91(92),2.4
R. Como é **bom** agrade**cer**mos ao Se**nhor**.
 * E cantar **sal**mos de lou**vor** ao Deus Al**tís**simo!
V. Ao som da **li**ra de dez **cor**das e da **har**pa,
   e com **can**to acompa**nha**do ao som da **cí**tara.
 * E cantar **sal**mos.

Oração

Ó Deus, fonte de todo o bem, atendei ao nosso apelo e fazei-nos, por vossa inspiração, pensar o que é certo e realizá-lo com vossa ajuda. Por nosso Senhor Jesus Cristo, vosso Filho, na unidade do Espírito Santo.

11º DOMINGO DO Tempo Comum

III Semana do Saltério

I Vésperas

Cântico evangélico, ant.

Ano A Vendo aquelas multidões abatidas e cansadas, como ovelhas sem pastor, Jesus teve compaixão.

Ano B O Reino de Deus é como um homem
que na terra lançou sua semente.
Quer durma, quer vele, noite e dia,
a semente germina e vai crescendo.

Ano C A mulher pecadora banhou com as lágrimas
os pés do Senhor e os ungiu com perfume.

Oração

Ó Deus, força daqueles que esperam em vós, sede favorável ao nosso apelo, e, como nada podemos em nossa fraqueza, dai-nos sempre o socorro da vossa graça, para que possamos querer e agir conforme vossa vontade, seguindo os vossos mandamentos. Por nosso Senhor Jesus Cristo, vosso Filho, na unidade do Espírito Santo.

Ofício das Leituras

Primeira leitura
Do Livro dos Juízes   2,6-3,4

Visão de conjunto do tempo dos Juízes

Naqueles dias: ²,⁶ Josué despediu o povo, e os filhos de Israel partiram, cada qual para a sua herança, a fim de ocupar o território. ⁷ Serviram ao Senhor todos os dias da vida de Josué e dos anciãos que lhe sobreviveram ainda por largo tempo, e que tinham visto todas as obras grandiosas que o Senhor fizera em favor de Israel. ⁸ Josué, filho de Nun, servo do Senhor, morreu com cento e dez anos, ⁹ e o sepultaram no território da sua herança, em Tamnat-Hares, na montanha de Efraim, ao norte do monte Gaás. [10] Toda aquela geração foi-se unir a seus pais e, depois dela, vieram outros, que não conheceram o Senhor nem as obras que ele tinha feito em favor de Israel.

[11] Então os filhos de Israel fizeram o que desagrada ao Senhor, servindo a deuses cananeus. [12] Abandonaram o Senhor, o Deus de seus pais, que os havia tirado do Egito, e seguiram outros deuses dos povos que em torno deles habitavam, e os adoraram, provocando assim a ira do Senhor. [13] Afastaram-se do Senhor, para servir a Baal e a Astarte. [14] Por isso acendeu-se contra Israel a ira do Senhor, que os entregou nas mãos dos salteadores que os saqueavam, e os vendeu aos inimigos que habitavam nas redondezas. E eles não puderam resistir aos seus adversários. [15] Em tudo o que desejassem empreender, a mão do Senhor estava contra eles para sua desgraça, como lhes havia dito e jurado. A sua aflição era extrema.

[16] Então o Senhor mandou-lhes juízes, que os livrassem das mãos dos saqueadores. [17] Eles, porém, nem aos seus juízes quiseram ouvir, e continuavam a prostituir-se com outros deuses, adorando-os. Depressa se afastaram do caminho seguido por seus pais, que haviam obedecido aos mandamentos do Senhor; não procederam como eles. [18] Sempre que o Senhor lhes mandava juízes, o Senhor estava com o juiz, e os livrava das mãos dos inimigos enquanto o juiz vivia, porque o Senhor se deixava comover pelos gemidos dos aflitos. [19] Mas, quando o juiz morria, voltavam a cair e portavam-se pior que seus pais, seguindo outros deuses, servindo-os e adorando-os. Não desistiram de suas obras perversas nem da sua conduta obstinada.

[20] O Senhor encolerizou-se contra Israel e disse: "Já que este povo transgrediu a aliança que estabeleci com seus pais, e não quiseram escutar a minha voz, [21] também eu não expulsarei diante deles nenhuma das nações que Josué dei-

xou ao morrer. ²²Por meio delas, quero provar Israel, para ver se segue ou não pelo caminho do Senhor, como fizeram seus pais".

²³Por isso o Senhor deixou ficar aquelas nações, e não as quis expulsar logo nem as entregou nas mãos de Josué.

³,¹Estas são as nações que o Senhor deixou para provar por meio delas Israel, e todos os que não tinham conhecido as guerras de Canaã, ²para que depois os filhos de Israel aprendessem a combater contra os inimigos, eles que não tinham experiência de guerra: ³os cinco príncipes filisteus e todos os cananeus, os sidônios e os heveus que habitavam as montanhas do Líbano, desde o monte Baal-Hermon até à entrada de Emat. ⁴Estas nações ficaram para provar Israel e saber se obedeceria ou não aos mandamentos do Senhor, promulgados a seus pais por meio de Moisés.

Responsório   Sl 105(106),40a.41a.44; Jz 2,16

R. Acendeu-se a ira de Deus contra o seu povo
e entregou-os entre as mãos dos infiéis;
* Mas o Senhor tinha piedade do seu povo
quando ouvia o seu grito na aflição.
V. E juízes suscitou-lhes o Senhor
para os livrar de entre as mãos dos opressores.
* Mas o Senhor.

Segunda leitura

Do Tratado sobre a Oração do Senhor, de São Cipriano, bispo e mártir

(Nn. 4-6: CSEL 3,268-270)   (Séc. III)

Brote a oração do coração humilde

Haja ordem na palavra e na súplica dos que oram, tranquilos e respeitosos. Pensemos estar na presença de Deus. Sejam agradáveis aos olhos divinos a posição do corpo e a moderação da voz. Porque se é próprio do irreverente soltar a voz em altos brados, convém ao respeitoso orar com modéstia. Por fim, ensinando-nos, ordenou o Senhor orarmos em segredo, em lugares apartados e escondidos, até nos quartos, no que auxilia a fé por sabermos estar Deus presente em toda a parte, ouvir e ver a todos e na plenitude de sua majestade penetrar até no mais oculto. Assim está escrito: *Eu sou Deus próximo e não Deus longínquo. Se se esconder o homem em antros, acaso não o verei eu? Não encho o céu e a terra?* E de novo: *Em todo lugar os olhos de Deus veem os bons e os maus.*

Quando nos reunimos com os irmãos e celebramos com o sacerdote de Deus o sacrifício divino, temos de estar atentos à reverência e à disciplina devidas. Não devemos espalhar a esmo nossas preces com palavras desordenadas, nem lançar a Deus com tumultuoso palavrório os pedidos, que deveriam ser apresentados com submissão, porque Deus não escuta as palavras e sim o coração. Com efeito, não se faz lembrado por clamores Aquele que vê os pensamentos, como o Senhor mesmo provou ao dizer: *Que estais pensando de mal em vossos corações?* E em outro lugar: *E saibam todas as Igrejas que eu sou quem perscruta os rins e o coração.*

Ana, no Primeiro Livro dos Reis, como figura da Igreja, tem esta atitude, ela que suplicava a Deus não aos gritos, mas silenciosa e modesta, no mais secreto do coração. Falava por prece oculta e fé manifesta, falava não com a voz mas com o coração, pois sabia ser assim ouvida pelo Senhor. Obteve plenamente o que pediu porque o suplicou com fé. A Escritura divina declara: *Falava em seu coração, seus lábios moviam-se, mas não se ouvia som algum e o Senhor a atendeu.* Lemos também nos salmos: *Rezai em vossos corações e compungi-vos em vossos aposentos.* Através de Jeremias ainda o mesmo Espírito Santo inspira e ensina: *No coração deves ser adorado, Senhor.*

O orante, irmãos caríssimos, não ignora por certo como o publicano orou no templo, com o fariseu. Não com olhos orgulhosos levantados para o céu nem de mãos erguidas com jactância, mas batendo no peito, confessando os pecados ocultos em seu íntimo, implorava o auxílio da misericórdia divina. Porque o fariseu se comprazia em si mesmo, mais mereceu ser santificado aquele que rogava sem firmar a esperança da salvação na presunção de sua inocência, já que ninguém é inocente; rezava, porém, reconhecendo seus pecados; e atendeu ao orante aquele que perdoa aos humildes.

Responsório

R. Consideremos a maneira de estarmos
na presença do Senhor e de seus anjos,
* E assim salmodiemos de tal modo,
que nossa mente e nossa voz sejam concordes.

V. Saibamos nós ser atendidos na oração
não por múltiplas palavras proferidas,
mas, por termos coração purificado
e o pranto da sincera conversão. * E assim.

HINO Te Deum, p. 589.

Laudes

Cântico evangélico, ant.

Ano A Enviando os doze Apóstolos,
o Senhor recomendou-lhes:
Ide às ovelhas extraviadas da casa de Israel.

Ano B O Reino dos Céus, diz Jesus,
se assemelha a um grão de mostarda;
este grão é a menor das sementes;
quando cresce se torna hortaliça,
a maior entre todas as outras.

Ano C Seus muitos pecados estão perdoados,
porque muito amou.
A quem pouco se perdoa, demonstra pouco amor.

Oração

Ó Deus, força daqueles que esperam em vós, sede favorável ao nosso apelo, e, como nada podemos em nossa fraqueza, dai-nos sempre o socorro da vossa graça, para que possamos querer e agir conforme vossa vontade, seguindo os vossos mandamentos. Por nosso Senhor Jesus Cristo, vosso Filho, na unidade do Espírito Santo.

II Vésperas

Cântico evangélico, ant.

Ano A O Evangelho do **Rei**no anunci**ai**.
Dai de **graça** o que de **graça** rece**bes**tes.

Ano B **Je**sus anunci**a**va a Pa**la**vra
por **mei**o de **mui**tas par**á**bolas.
Por**ém**, estando a **sós** com os dis**cí**pulos,
expli**ca**va-lhes **to**das as **coi**sas.

Ano C Jesus **dis**se à mu**lher** peca**do**ra:
Vai em **paz**, tua **fé** te sal**vou**!

SEGUNDA-FEIRA

Ofício das Leituras

Primeira leitura
Do Livro dos Juízes   4,1-24

Débora e Barac

Naqueles dias: ¹ Os filhos de Israel tornaram a fazer o mal na presença do Senhor, depois da morte de Aod, ² e o Senhor entregou-os nas mãos de Jabin, rei de Canaã, que reinava em Hasor. O general do seu exército se chamava Sísara e habitava em Haroset-Goim. ³ Os filhos de Israel clamaram ao Senhor, porque Jabin tinha novecentos carros de ferro e, já havia vinte anos, oprimia duramente Israel.

⁴Ora, naquele tempo, a profetisa Débora, mulher de Lapidot, era quem julgava Israel. ⁵Ela costumava sentar-se sob a palmeira que levava o seu nome, entre Ramá e Betel, nas montanhas de Efraim. E os filhos de Israel subiam até ela em todos os seus litígios. ⁶Ela mandou chamar Barac, filho de Abinoem, natural de Cedes de Neftali, e lhe disse: "Por ordem do Senhor Deus de Israel, vai e conduze o exército ao monte Tabor, e toma contigo dez mil combatentes dos filhos de Neftali e dos filhos de Zabulon. ⁷Quando estiveres junto da torrente do Quison, conduzirei a ti Sísara, general do exército de Jabin, com seus carros e todas as suas tropas, e o entregarei em tuas mãos". ⁸Barac disse-lhe: "Se vieres comigo, irei. Se não vieres comigo, não irei". ⁹Ela respondeu: "Está bem, eu irei contigo. Contudo, não será tua a glória da expedição que fazes, porque o Senhor entregará Sísara nas mãos de uma mulher".

Então Débora levantou-se e partiu com Barac para Cedes. ¹⁰E ele, convocando Zabulon e Neftali, marchou com dez mil combatentes, tendo Débora em sua companhia. ¹¹Ora, o quenita Héber tinha-se separado dos outros quenitas, filhos de Hobab, sogro de Moisés, e tinha erguido suas tendas junto ao carvalho de Saanim, perto de Cedes.

¹²Anunciaram a Sísara que Barac, filho de Abinoem, tinha avançado até ao monte Tabor. ¹³Então Sísara reuniu todos os novecentos carros de ferro e fez marchar todo o exército que estava com ele, desde Haroset-Goim até à torrente do Quison.

¹⁴Débora disse a Barac: "Levanta-te, porque hoje é o dia em que o Senhor entregou Sísara em tuas mãos. E ele mesmo é o teu guia". Barac desceu do monte Tabor, e os dez mil homens com ele. ¹⁵O Senhor aterrorizou Sísara, com todos os seus carros e todas as suas tropas, que caíram ao fio da espada, perante Barac, de maneira que Sísara, saltando do seu carro, fugiu a pé. ¹⁶Barac foi perseguindo os carros que

fugiam e o exército até Haroset-Goim, e todo o exército de Sísara foi morto, sem escapar um só.

¹⁷ Entretanto, Sísara chegou a pé à tenda de Jael, mulher do quenita Héber, pois havia paz entre Jabin, rei de Hasor, e a casa de Héber, o quenita. ¹⁸ Jael saiu ao encontro de Sísara e lhe disse: "Entra, meu Senhor; entra, não temas". Ele entrou na tenda e ela o cobriu com um manto. ¹⁹ "Dá-me de beber um pouco de água", disse ele, "pois tenho sede". Ela abriu um odre de leite, deu-lhe de beber e o cobriu de novo. ²⁰ E Sísara disse-lhe: "Fica à entrada da tenda, e se vier alguém perguntando: Há alguém aqui?, responderás: "Não há ninguém". ²¹ Mas Jael pegou um dos cravos da tenda, empunhou um martelo e, aproximando-se dele pé ante pé, cravou-lho nas têmporas, atravessando-o até à terra. E Sísara, que dormia profundamente, morreu. ²² E, nesse instante, chegou Barac, que vinha em perseguição de Sísara, e Jael saiu-lhe ao encontro, dizendo: "Vem, e te mostrarei o homem que procuras". Ele entrou e viu Sísara caído e morto, com o cravo espetado nas têmporas.

²³ Naquele dia Deus humilhou Jabin, rei de Canaã, diante dos filhos de Israel, ²⁴ que se foram tornando cada vez mais fortes contra Jabin, rei de Canaã, até que de todo o destruíram.

Responsório   1Cor 1,27b.29; 2Cor 12,9a; 1Cor 1,28b

R. Deus escolheu o que é fraco para o mundo
   a fim de confundir o que é forte,
   e assim ninguém se vanglorie diante dele,
 * Pois na fraqueza é que a força mais se mostra.
V. Deus escolheu aquelas coisas que não são,
   a fim de destruir todas que são.* Pois na fraqueza.

Segunda leitura

Do Tratado sobre a Oração do Senhor, de São Cipriano, bispo e mártir

(Nn. 8-9: CSEL 3,271-272) (Séc. III)

Nossa oração é pública e universal

Antes do mais, o Doutor da paz e Mestre da unidade não quis que cada um orasse sozinho e em particular, como rezando para si só. De fato, não dizemos: *Meu Pai que estais nos céus;* nem: *Meu pão dai-me hoje.* Do mesmo modo não se pede só para si o perdão da dívida de cada um ou que não caia em tentação e seja livre do mal, rogando cada um para si. Nossa oração é pública e universal e quando oramos não o fazemos para um só, mas para o povo todo, já que todo o povo forma uma só coisa.

O Deus da paz e Mestre da concórdia, que ensinou a unidade, quis que assim orássemos, um por todos, como ele em si mesmo carregou a todos.

Os três jovens, lançados na fornalha ardente, observaram esta lei da oração, harmoniosos na prece e concordes pela união dos espíritos. A firmeza da Sagrada Escritura o declara e, narrando de que maneira eles oravam, apresenta-os como exemplo a ser imitado em nossas preces, a fim de nos tornarmos semelhantes a eles. Então, diz ela, os três jovens, como por uma só boca, cantavam um hino e bendiziam a Deus. Falavam como se tivessem uma só boca e Cristo ainda não lhes havia ensinado a orar.

Por isto a palavra foi favorável e eficaz para os orantes. De fato, a oração pacífica, simples e espiritual, mereceu a graça do Senhor. Do mesmo modo vemos orar os apóstolos e os discípulos, depois da ascensão do Senhor. *Eram perseverantes, todos unânimes na oração com as mulheres e Maria, a mãe de Jesus, e seus irmãos.* Perseveravam unânimes na oração, manifestando tanto pela persistência como pela concórdia de sua oração, que *Deus que os faz habitar unânimes* na casa, só admite na eterna e divina casa aqueles cuja oração é unânime. De alcance prodigioso, irmãos diletíssimos, são os mistérios da oração dominical! Mistérios numerosos, profundos, enfeixados em poucas palavras, porém, ricas em força espiritual, encerrando tudo o que nos importa alcançar!

Rezai assim, diz ele: *Pai nosso, que estais nos céus.*

O homem novo, renascido e, por graça, restituído a seu Deus, diz, em primeiro lugar, *Pai!*, porque já começou a ser filho. *Veio ao que era seu e os seus não o receberam. A todos aqueles que o receberam, deu-lhes o poder de se tornarem filhos de Deus, aqueles que creem em seu nome.* Quem, portanto, crê em seu nome e se fez filho de Deus, deve começar por aqui, isto é, por dar graças e por confessar-se filho de Deus ao declarar ser Deus o seu Pai nos céus.

Responsório   Sl 21(22),23; 56(57),10

R. Anuncia**rei** o vosso **no**me a meus ir**mãos**,
 * E no **mei**o da assem**blei**a hei de lou**var**-vos.
V. Vou lou**var**-vos, Se**nhor**, entre os **po**vos,
   dar-vos **gra**ças por **en**tre as na**ções**. * E no **mei**o.

Oração

Ó Deus, força daqueles que esperam em vós, sede favorável ao nosso apelo, e, como nada podemos em nossa fraqueza, dai-nos sempre o socorro da vossa graça, para que possamos querer e agir conforme vossa vontade, seguindo os vossos mandamentos. Por nosso Senhor Jesus Cristo, vosso Filho, na unidade do Espírito Santo.

TERÇA-FEIRA

Ofício das Leituras

Primeira leitura
Do Livro dos Juízes   6,1-6.11-24

Vocação de Gedeão

Naqueles dias: ¹Os filhos de Israel tornaram a fazer o mal diante do Senhor, que os entregou durante sete anos nas mãos dos madianitas. ²E foram muito oprimidos por eles. E, por medo dos madianitas, fizeram trincheiras nas montanhas, covas e fortins. ³Quando os filhos de Israel acabavam de semear, vinham os madianitas, os amalecitas e outros povos orientais ⁴os quais, acampando nos seus campos, pisavam todas as sementeiras até à entrada de Gaza. E não deixavam para os israelitas nada do necessário para a vida, nem ovelhas, nem bois, nem jumentos. ⁵Pois vinham com todos os seus rebanhos e tendas, e à maneira de gafanhotos cobriam tudo com uma multidão inumerável de homens e de camelos, destruindo tudo quanto tocavam.

⁶Assim, por causa de Madiã, Israel ficou reduzido à miséria. ⁷Então os filhos de Israel clamaram ao Senhor, pedindo auxílio contra os madianitas. ⁸E ele mandou-lhes um profeta, para lhes dizer: "Assim fala o Senhor Deus de Israel: Eu vos fiz sair do Egito e vos tirei da casa da escravidão. ⁹Libertei-vos das mãos dos egípcios e de todos os inimigos que vos afligiam: Expulsei-os diante de vós e vos entreguei suas terras. ¹⁰E eu vos disse: 'Eu sou o Senhor vosso Deus. Não temais os deuses dos amorreus, em cuja terra habitais'. Mas não quisestes ouvir a minha voz". ¹¹Veio então o anjo do Senhor e sentou-se debaixo de um carvalho que havia em Efra, e pertencia a Joás, da família de Abiezer. Gedeão, seu filho, estava sacudindo e limpando o trigo na eira, para o esconder dos madianitas, ¹²quando o anjo do Senhor lhe apareceu e disse: "O Senhor está contigo, valente guerreiro!" ¹³Gedeão respondeu: "Se o Senhor está conosco, peço-te, Senhor, que me digas por que nos aconteceu tudo isto? Onde estão aquelas tuas maravilhas que nossos pais nos contaram, dizendo: 'O Senhor nos tirou do Egito'? Mas agora o Senhor nos abandonou e nos entregou nas mãos dos madianitas". ¹⁴Então o Senhor voltou-se para ele e disse: "Vai, e com essa força que tens livra Israel da mão dos madianitas. Sou eu que te envio". ¹⁵Gedeão replicou-lhe: "Dize-me, te peço, meu senhor, como poderei eu libertar

Israel? Minha família é a mais humilde de Manassés, e eu sou o último na casa de meu pai". ¹⁶O Senhor lhe respondeu: "Eu estarei contigo, e tu derrotarás os madianitas como se fossem um só homem". ¹⁷E Gedeão prosseguiu: "Se achei graça diante de ti, dá-me um sinal de que és tu que falas comigo. ¹⁸Não te afastes daqui, até que eu volte, com uma oferenda para te apresentar". E o Senhor respondeu: "Ficarei aqui até voltares".

¹⁹Gedeão retirou-se, preparou um cabrito e, com uma medida de farinha, fez pães ázimos. Pôs a carne num cesto e o caldo numa vasilha, levou tudo para debaixo do carvalho e lhe apresentou. ²⁰O anjo do Senhor lhe disse: 'Toma a carne e os pães ázimos, coloca-os sobre esta pedra e derrama por cima o caldo". E Gedeão assim fez. ²¹O anjo do Senhor estendeu a ponta da vara que tinha na mão e tocou na carne e nos pães ázimos. Levantou-se então um fogo da pedra e consumiu a carne e os pães. E o anjo do Senhor desapareceu da sua vista. ²²Percebendo que era o anjo do Senhor, Gedeão exclamou: "Ai de mim, Senhor Deus, porque vi o anjo do Senhor face a face!" ²³Mas o Senhor lhe disse: "A paz esteja contigo, não tenhas medo: não morrerás!" ²⁴Então Gedeão construiu ali mesmo um altar ao Senhor e o chamou: "O Senhor é paz", altar que ainda existe em Efra dos filhos de Abiezer.

Responsório Is 45,3cd.4ab; Jz 6,14b; cf. Is 45,6
R. Sou **eu** o Se**nhor**, que pelo **no**me te **cha**mo,
   por meu **ser**vo Jacó e Israel, meu elei**to**.
* Vai! E, **nes**ta tua **for**ça, liber**ta** Israel.
V. Para que **to**dos conheçam que sou **eu** o Se**nhor**,
   e não **te**nho rival. * Vai!

Segunda leitura

Do Tratado sobre a Oração do Senhor, de São Cipriano, bispo e mártir

(Nn. 11-12: CSEL 3,274-275) (Séc. III)

Santificado seja o vosso nome

Quanta indulgência do Senhor, quanta consideração por nós e quanta riqueza de bondade em querer que realizássemos nossa oração, na presença de Deus, chamando-o de Pai, e que, da mesma forma que Cristo é Filho de Deus, também nós recebamos o nome de filhos de Deus. Nenhum de nós ousaria chamá-lo Pai na oração, se ele próprio não nos permitisse orar assim. Irmãos diletíssimos, cumpre-nos ter sempre em mente e saber que, quando damos a Deus o nome de Pai, temos de agir como filhos: como a nossa alegria está em Deus Pai, também ele encontre sua alegria em nós.

Vivamos quais templos de Deus, para que se veja que em nós habita o Senhor. Não seja a nossa ação indigna do Espírito, pois se já começamos a ser espirituais e celestes, pensemos e façamos somente coisas celestes e espirituais, conforme disse o próprio Senhor Deus: *Àqueles que me glorificam, eu os glorificarei e àqueles que me desprezam, os desprezarei*. Também o santo Apóstolo escreveu em uma epístola: *Não vos possuís, pois fostes comprados por alto preço. Glorificai e levai a Deus em vosso corpo*.

Em seguida dizemos: *Santificado seja o vosso nome*, não que desejemos ser Deus santificado por nossas orações, mas que peçamos ao Senhor seja seu nome santificado em nós. Aliás, por quem seria Deus santificado, ele que santifica? Mas já que disse: *Sede santos porque eu sou santo,* pedimos e rogamos que nós, santificados pelo batismo perseveremos no que começamos a ser. Cada dia pedimos o mesmo. A santificação cotidiana é necessária para nós pois, cada dia, falhamos e temos de purificar nossos delitos por assídua santificação.

O Apóstolo descreve qual seja a santificação que, pela condescendência de Deus, nos é dada: *Nem fornicadores nem idólatras, adúlteros, nem efeminados, sodomitas, nem ladrões nem fraudulentos, nem ébrios, maldizentes, nem usurpadores alcançarão o Reino de Deus. Na verdade fostes tudo isto, mas fostes lavados, fostes justificados, santificados, em nome do Senhor Jesus Cristo e no Espírito de nosso Deus.* Diz-nos santificados no nome do Senhor Jesus Cristo e no Espírito de nosso Deus. Oramos para que esta santificação permaneça em nós. Se o Senhor e nosso juiz advertiu aquele que curara e vivificara de não mais pecar, para que não lhe adviesse coisa pior, fazemos este pedido por contínuas orações, suplicamos dia e noite a fim de que, por sua proteção, nos seja guardada a santificação vivificante que procede da graça de Deus.

Responsório   Ez 36,23a.25a.26a.27b; Lv 11,44b

R. Eu irei santificar o meu nome grandioso.
 Eu hei de derramar sobre vós uma água pura;
 dar-vos-ei um novo espírito e um novo coração.
 Eu hei de derramar o meu Espírito em vós
 * E farei que caminheis obedecendo aos meus preceitos
  e guardeis a minha lei.
V. Sou o Senhor e vosso Deus: Sede santos, pois sou santo.
 * E farei.

Oração

Ó Deus, força daqueles que esperam em vós, sede favorável ao nosso apelo, e, como nada podemos em nossa fraqueza, dai-nos sempre o socorro da vossa graça, para que possamos querer e agir conforme vossa vontade, seguindo os vossos mandamentos. Por nosso Senhor Jesus Cristo, vosso Filho, na unidade do Espírito Santo.

QUARTA-FEIRA

Ofício das Leituras

Primeira leitura
Do Livro dos Juízes 6,33-7,8.16-22

Gedeão vence com um minúsculo exército

Naqueles dias: ⁶,³³ Entretanto, todos os madianitas, os amalecitas e os povos orientais coligaram-se e, atravessando o rio Jordão, acamparam no vale de Jezrael. ³⁴ O espírito do Senhor apoderou-se de Gedeão, e ele tocou a trombeta e convocou a casa de Abiezer para que o seguisse. ³⁵ E enviou mensageiros por toda a tribo de Manassés, que também o seguiu. Do mesmo modo enviou mensageiros às tribos de Aser, Zabulon e Neftali, que foram juntar-se a ele.

³⁶ E Gedeão disse a Deus: "Se realmente vais salvar Israel por minha mão, como prometeste, ³⁷ vou estender este manto de lã na eira. Se o orvalho cair sobre a lã e o resto do solo ficar seco, reconhecerei nisto que salvarás Israel por minha mão, como prometeste". ³⁸ E assim aconteceu. Levantando-se de noite, espremeu o manto e encheu uma concha de água. ³⁹ Gedeão tornou a dizer a Deus: "Não se inflame a tua cólera contra mim, se eu ainda fizer outra prova, pedindo um sinal no manto. Peço que só o manto fique seco, e toda a terra molhada de orvalho". ⁴⁰ E naquela noite o Senhor fez o que Gedeão lhe tinha pedido: só o manto ficou enxuto, enquanto que havia orvalho em toda a terra.

⁷,¹ Levantando-se bem cedo Jerobaal, isto é, Gedeão, e toda a tropa foram acampar junto à fonte de Harad. O acampamento de Madiã ficava ao norte, do lado da colina de Moré, no vale.

² O Senhor disse a Gedeão: "Levas gente demais contigo para que eu entregue Madiã em suas mãos. Israel poderia gloriar-se às minhas custas, dizendo: 'Foi minha mão que me salvou'. ³ Portanto, dá este aviso a todo mundo: 'Quem es-

tiver com medo e tremendo, que se retire'". Tendo-os Gedeão submetido à prova, vinte e dois mil homens da tropa voltaram e dez mil ficaram.

⁴E o Senhor tornou a falar a Gedeão: "Há ainda gente demais. Faze-os descer até à água. Lá os selecionarei para ti. Quando eu te disser 'este vai contigo', ele irá". ⁵Gedeão fez o povo descer até à água. E o Senhor lhe disse: "Quem lamber a água como o cão faz com a língua, põe-no de um lado; e quem se ajoelhar para beber, põe-no do outro lado". ⁶Os que lamberam a água, levando à boca com as mãos, foram trezentos. Todo o resto do povo ajoelhou-se para beber água. ⁷O Senhor disse a Gedeão: "Com os trezentos homens que lamberam a água eu vos salvarei, entregando os madianitas em tuas mãos. E todo o resto do povo, vá cada um para casa". ⁸Gedeão, tomando provisões e trombetas na proporção dos homens escolhidos, ordenou que o restante dos israelitas se retirasse para as suas tendas, e reteve consigo os trezentos homens para o combate. Ora, o acampamento dos madianitas estava abaixo deles, no vale.

¹⁶Então Gedeão dividiu os trezentos homens em três batalhões e entregou a todos trombetas e cântaros vazios, com uma tocha acesa dentro. ¹⁷E disse-lhes: "Fazei o mesmo que me virdes fazer. Vou entrar pelo lado mais avançado do acampamento, e imitai o que eu vou fazer. ¹⁸Quando eu tocar a trombeta que tenho na mão, e comigo os do meu grupo, tocai também as vossas trombetas ao redor do acampamento, e gritai todos juntos: 'Pelo Senhor e por Gedeão!'".

¹⁹E Gedeão, com os cem homens que o acompanhavam, entrou pelo lado mais avançado do acampamento, no início do turno de guarda da meia-noite, no momento em que se fazia a troca das sentinelas. E começaram a tocar as trombetas e a quebrar os cântaros, que levavam na mão. ²⁰Então os três grupos tocaram as trombetas e quebraram os cântaros. Segurando as tochas com a mão direita e as trombetas com a esquerda, tocavam e gritavam: "Pelo Senhor e por Ge-

deão!"[21] E cada um conservou-se em seu posto ao redor do acampamento. Imediatamente, todo o acampamento dos madianitas se pôs em desordem, e, dando grandes gritos, eles fugiram,[22] enquanto os trezentos homens continuavam tocando as trombetas. E o Senhor fez com que, em todo o acampamento, voltassem a espada uns contra os outros e debandassem até Bet-Seta, na direção de Sartã, até ao limite de Abel-Meula, perto de Tebat.

Responsório 1Cor 1,27b-29; Lc 1,52
R. Deus escolheu o que é fraco para o mundo,
 a fim de confundir o que é forte;
 escolheu o que há de vil e desprezível,
 escolheu perante o mundo o que não é,
 a fim de destruir aquilo que é,
* E assim, ninguém se vanglorie diante dele.
V. Derruba os poderosos de seus tronos
 e eleva os humildes.* E assim.

Segunda leitura
Do Tratado sobre a Oração do Senhor, de São Cipriano, bispo e mártir

(Nn. 13-15: CSEL 3,275-278) (Séc. III)

Venha a nós o vosso Reino.
Seja feita a vossa vontade

A oração continua. *Venha a nós o vosso Reino.* Pedimos que o Reino de Deus se torne presente a nós, da mesma forma que solicitamos seja em nós santificado o seu nome. Porque, quando é que Deus não reina? Ou quando para ele começou o Reino que sempre existiu e nunca deixará de ser? Pedimos a vinda de nosso Reino, prometido por Deus e adquirido pelo sangue e paixão de Cristo, a fim de que nós que fomos, outrora, escravos do mundo, reinemos depois, conforme ele nos anunciou, pelo Cristo glorioso, ao dizer: *Vinde, benditos de meu Pai, tomai posse do Reino que vos está preparado desde a origem do mundo.*

Pode-se igualmente, irmãos diletíssimos, entender que o próprio Cristo é o Reino de Deus, cuja vinda pedimos todos os dias. Estamos ansiosos por ver esta vinda o mais depressa possível. Sendo ele a ressurreição, pois nele ressurgimos, assim também se pode pensar que ele é o Reino de Deus, pois nele reinaremos. Pedimos, é claro, o Reino de Deus, o Reino celeste, já que há um reino terrestre. Mas quem já renunciou ao mundo está acima desse reino terrestre e de suas honrarias.

Acrescentamos ainda: *Seja feita a vossa vontade assim na terra como no céu.* Não para que Deus faça o que quer, mas para que possamos fazer o que Deus quer.

Pois quem impedirá a Deus de fazer tudo quanto quiser? Mas porque o diabo se opõe a que nossa vontade e ações em tudo obedeçam a Deus, oramos e pedimos que se faça em nós a vontade de Deus. Que se faça em nós é obra da vontade de Deus, isto é, resultado de seu auxílio e proteção, porque ninguém é forte por suas próprias forças. Com efeito, é a indulgência e a misericórdia de Deus que o protegem. Finalmente, manifestando a fraqueza de homem, diz o Senhor: *Pai, se possível, afaste-se de mim este cálice* e, dando aos discípulos o exemplo de renunciar à própria vontade e de aceitar a de Deus, acrescentou: *Contudo não o que eu quero, mas o que tu queres.*

A vida humilde, a fidelidade inabalável, a modéstia nas palavras, a justiça nas ações, a misericórdia nas obras, a disciplina nos costumes; o não fazer injúrias; o tolerar as recebidas; o manter a paz com os irmãos; o amar a Deus de todo o coração; o amá-lo por ser Pai; o temê-lo por ser Deus; o nada absolutamente antepor a Cristo, pois também ele não antepôs coisa alguma a nós; o aderir inseparavelmente à sua caridade; o estar ao pé de sua cruz com coragem e confiança, quando se tratar de luta por seu nome e sua honra, o mostrar firmeza ao confessá-lo por palavras, e, no interrogatório, o manter a confiança naquele por quem combatemos, e, na morte, o conservar a paciência que nos coroará, tudo isto é querer ser co-herdeiro de Cristo, é cumprir o preceito de Deus, é realizar a vontade do Pai.

Responsório
Mt 7,21b; Mc 3,35

R. **Aque**le que **faz** a **von**tade
de meu **Pai** que está lá nos **céus**,
* No **Reino** dos **Céus** entrará.
V. Quem **faz** a **von**tade de meu **pai**,
é meu **irmão**, minha **irmã** e minha **mãe**.* No **Reino**.

Oração

Ó Deus, força daqueles que esperam em vós, sede favorável ao nosso apelo, e, como nada podemos em nossa fraqueza, dai-nos sempre o socorro da vossa graça, para que possamos querer e agir conforme vossa vontade, seguindo os vossos mandamentos. Por nosso Senhor Jesus Cristo, vosso Filho, na unidade do Espírito Santo.

QUINTA-FEIRA

Ofício das Leituras

Primeira leitura
Do Livro dos Juízes 8,22-23.30-32; 9,1-15.19-20

O povo de Deus tenta proclamar um rei

Naqueles dias: ⁸,²² Os homens de Israel disseram a Gedeão: "Sê nosso príncipe, tu, teu filho e teu neto, porque nos livraste das mãos dos madianitas". ²³ Ele respondeu: "Nem eu nem meu filho vos dominaremos. O nosso chefe será o Senhor".

³⁰ E Gedeão teve setenta filhos, que saíram dele, porque tinha muitas mulheres. ³¹ Uma de suas concubinas, que esta-

va em Siquém, deu-lhe também um filho, a quem ele mesmo deu o nome de Abimelec. ³²E morreu Gedeão, filho de Joás, numa boa velhice, e foi sepultado no sepulcro de Joás, seu pai, em Efra de Abiezer.

⁹,¹Abimelec, filho de Jerobaal, foi a Siquém encontrar-se com os irmãos de sua mãe e com todos os parentes dela, e disse-lhes: ²"Falai assim a todos os habitantes de Siquém: O que é melhor para vós? Serdes dominados por setenta homens, todos eles filhos de Jerobaal, ou por um homem só? Lembrai-vos também de que eu sou osso de vossos ossos e carne de vossa carne". ³Os irmãos de sua mãe repetiram todas estas palavras aos habitantes de Siquém, e inclinaram o coração deles para Abimelec, dizendo: "É nosso irmão". ⁴Deram-lhe setenta siclos de prata do templo de Baal Berit, com os quais Abimelec contratou alguns homens miseráveis e aventureiros, que o seguiram. ⁵Depois ele foi à casa de seu pai em Efra, e matou seus setenta irmãos, os filhos de Jerobaal, todos homens, sobre uma única pedra. Restou somente Joatão, filho mais novo de Jerobaal, porque se escondera. ⁶Então todos os habitantes de Siquém e os de Bet-Melo se reuniram junto a um carvalho que havia em Siquém e proclamaram rei a Abimelec.

⁷Informado disso, Joatão foi postar-se no cume do monte Garizim e se pôs a gritar em alta voz, dizendo: "Ouvi-me, moradores de Siquém, e que Deus vos ouça. ⁸Certa vez, as árvores resolveram ungir um rei para reinar sobre elas, e disseram à oliveira: 'Reina sobre nós'. ⁹Mas ela respondeu: 'Iria eu renunciar ao meu azeite, com que se honram os deuses e os homens, para me balançar acima das árvores?' ¹⁰Então as árvores disseram à figueira: 'Vem e reina sobre nós'. ¹¹E ela lhes respondeu: 'Iria eu renunciar à minha doçura e aos saborosos frutos, para me balançar acima das outras árvores?' ¹²As árvores disseram então à videira: 'Vem e reina sobre nós'. ¹³E ela lhes respondeu: 'Iria eu renunciar

ao meu vinho, que alegra os deuses e os homens, para me balançar acima das outras árvores?' ¹⁴Por fim, todas as árvores disseram ao espinheiro: 'Vem tu reinar sobre nós'. ¹⁵O espinheiro respondeu-lhes: 'Se deveras me constituís vosso rei, vinde e repousai à minha sombra; mas se não o quereis, saia fogo do espinheiro e devore os cedros do Líbano!'. ¹⁹Se, pois, com lealdade e retidão agistes com Jerobaal e sua família no dia de hoje, alegrai-vos com Abimelec e que ele se alegre convosco. ²⁰Mas, se não é assim, saia fogo de Abimelec e devore os habitantes de Siquém e de Bet-Melo. Saia fogo dos habitantes de Siquém e de Bet-Melo e devore Abimelec".

Responsório   Jz 8,23; Ap 5,13b
R. Eu **não** reinarei sobre **vós**
   nem meu **filho** será vosso **rei**.
 * É o Se**nhor** que será vosso **rei**.
V. Ao que **está** assenta**do** no **trono** e ao Cor**deiro**,
   honra, **glória** e lou**vor** e po**der** pelos **séculos**.
 * É o Se**nhor**.

Segunda leitura
Do Tratado sobre a Oração do Senhor, de São Cipriano, bispo e mártir
         (Nn. 18.22: CSEL 3,280-281.283-284)   (Séc. III)

Depois do pão, pedimos o perdão dos pecados

Continuando a oração, fazemos o pedido: *O pão nosso de cada dia nos dai hoje.* Pode-se entendê-lo tanto espiritual como naturalmente. De ambos os modos Deus se serve para nossa salvação. Cristo é o pão da vida e este pão não é de todos, é nosso. *Assim como dizemos Pai nosso,* por ser Pai dos que entendem e creem, assim dizemos *pão nosso,* porque Cristo é o pão dos que comem o seu corpo. Pedimos a dádiva deste pão, todos os dias; não aconteça que nós, que estamos em Cristo e diariamente recebemos sua Eucaristia como alimento de salvação, sobrevindo alguma falta mais grave, nos abstenhamos e sejamos privados de comungar o pão celeste e venhamos a nos separar do corpo de Cristo, porque são suas as palavras: *Eu sou o pão da vida, que desci do céu. Se alguém comer deste pão viverá eternamente. O pão que eu darei é a minha carne para a vida do mundo.*

Assim, dizendo ele que viverá eternamente quem comer deste pão, como é evidente que vivem aqueles que pertencem ao seu corpo e recebem a Eucaristia nas devidas disposições, é de se temer, pelo contrário, que se afaste da salvação aquele que se abstém do corpo de Cristo, conforme a advertência do Senhor: *Se não comerdes da carne do Filho do homem e não beberdes de seu sangue, não tereis a vida em vós.* Por este motivo, pedimos que nos seja dado diariamente nosso pão, o Cristo, para que não nos apartemos de sua santificação e de seu corpo, nós os que permanecemos e vivemos em Cristo.

Em seguida, também suplicamos pelos nossos pecados: *E perdoai as nossas dívidas, assim como nós perdoamos aos nossos devedores.* Depois do pão, pedimos o perdão dos pecados.

Quão necessária, providencial e salvadora a advertência de sermos pecadores, e obrigados a rogar a Deus pelos pecados! Porque, quando recorre à indulgência de Deus, a alma se lembra de sua condição. Para que ninguém esteja contente consigo, como se fosse inocente e pela soberba se perca mais completamente, quando se lhe ordena pedir todos os dias perdão pelos pecados, cada um toma consciência de que diariamente peca.

Assim também João, em sua carta, nos adverte: *Se dissermos que não temos pecado, enganamo-nos a nós mesmos e a verdade não estará em nós. Se porém confessarmos nossas culpas, o Senhor, justo e fiel, perdoar-nos-á os pecados.* Em sua carta reuniu as duas coisas: o dever de rogar pelos pecados e, rogando, suplicar a indulgência. Por isso diz que o Senhor é fiel, mantendo a sua promessa de perdoar as culpas, pois quem nos ensinou a orar por nossas dívidas e pecados também prometeu, logo em seguida, a misericórdia paterna e o perdão.

Responsório Sl 30(31),2a.4; 24(25),18

R. **Sen**hor, eu ponho em **vós** minha espe**rança**;
que eu não **fi**que envergo**nha**do eterna**men**te;
sois **vós** a minha **ro**cha e forta**le**za.
* Por vossa **hon**ra, orien**tai**-me e condu**zi**-me.
V. Conside**rai** minha mi**sé**ria e sofri**men**to
e conce**dei** vosso per**dão** aos meus pe**ca**dos.
* Por vossa **hon**ra.

Oração

Ó Deus, força daqueles que esperam em vós, sede favorável ao nosso apelo, e, como nada podemos em nossa fraqueza, dai-nos sempre o socorro da vossa graça, para que possamos querer e agir conforme vossa vontade, seguindo os vossos mandamentos. Por nosso Senhor Jesus Cristo, vosso Filho, na unidade do Espírito Santo.

SEXTA-FEIRA

Ofício das Leituras

Primeira leitura
Do Livro dos Juízes 13,1-25
Anúncio do nascimento de Sansão

Naqueles dias: ¹Os filhos de Israel tornaram a fazer o mal na presença do Senhor e ele entregou-os nas mãos dos filisteus, durante quarenta anos.

²Ora, havia um homem de Saraá, da tribo de Dã, chamado Manué, cuja mulher era estéril. ³O anjo do Senhor apareceu à mulher e disse-lhe: 'Tu és estéril e não tiveste filhos, mas conceberás e darás à luz um filho. ⁴Toma cuidado de

não beberes vinho nem licor, de não comeres coisa alguma impura, ⁵pois conceberás e darás à luz um filho. Sua cabeça não será tocada por navalha, porque ele será consagrado ao Senhor desde o ventre materno, e começará a libertar Israel das mãos dos filisteus".

⁶A mulher foi dizer ao seu marido: "Veio visitar-me um homem de Deus, cujo aspecto era terrível como o de um anjo do Senhor. Não lhe perguntei de onde vinha nem ele me revelou o seu nome. ⁷Ele disse-me: 'Conceberás e darás à luz um filho. De hoje em diante, toma cuidado para não beberes vinho nem licor, e não comeres nada de impuro, pois o menino será consagrado a Deus, desde o ventre materno até ao dia da sua morte'".

⁸Então Manué orou ao Senhor, dizendo: "Peço-te, Senhor, que o homem de Deus que enviaste venha de novo e nos diga o que fazer com o menino que vai nascer". ⁹Deus escutou a oração de Manué, e o anjo do Senhor veio de novo encontrar-se com a mulher, que se achava no campo. Porém Manué, seu marido, não estava com ela. ¹⁰A mulher correu, depressa, a avisar seu marido, dizendo: "O homem que se encontrou comigo outro dia apareceu-me de novo". ¹¹Manué levantou-se e seguiu sua mulher. Chegando junto do homem, perguntou-lhe: "És tu o homem que falou com esta mulher?" Ele respondeu: "Sou eu mesmo". ¹²Manué perguntou: "Quando a tua palavra se cumprir, de que maneira havemos de criar esse menino e o que devemos fazer por ele?" ¹³O anjo do Senhor respondeu a Manué: "Abstenha-se tua mulher de tudo o que lhe disse, ¹⁴não coma nada do que nascer da videira, não beba vinho nem licor, não coma nada de impuro, em suma, faça tudo o que lhe prescrevi".

¹⁵Manué disse ao anjo do Senhor: "Peço-te, fica conosco enquanto te vamos preparar um cabrito". ¹⁶O anjo do Senhor respondeu a Manué: "Mesmo que me faças ficar, não provarei da tua comida. Mas, se queres fazer um holocausto, oferece-o ao Senhor". Sem saber que se tratava do anjo do

Senhor, ¹⁷Manué perguntou-lhe: "Qual é o teu nome, para que, quando tua palavra se cumprir, possamos te honrar?" ¹⁸E o anjo do Senhor lhe disse: "Por que perguntas o meu nome? Ele é misterioso!" ¹⁹Manué tomou o cabrito e a oblação e ofereceu sobre a rocha um sacrifício ao Senhor que faz maravilhas. Manué e sua mulher ficaram observando. ²⁰Enquanto as chamas se elevavam de cima do altar para o céu, com as chamas do altar subiu também o anjo do Senhor. À vista disso, Manué e sua mulher caíram com o rosto em terra, ²¹e o anjo do Senhor não lhes apareceu mais. Manué compreendeu logo que era o anjo do Senhor, ²²e disse à mulher: "Certamente vamos morrer, porque vimos a Deus". ²³Mas sua mulher lhe disse: "Se o Senhor nos quisesse matar, não teria aceito de nossas mãos o holocausto e a oblação; não nos teria deixado ver tudo isso que acabamos de ver nem ouvir o que ouvimos".

²⁴Ela deu à luz um filho e deu-lhe o nome de Sansão. O menino cresceu e o Senhor o abençoou. ²⁵O espírito do Senhor começou a agir nele no Campo de Dã, entre Saraá e Estaol.

Responsório   Lc 1,13b.15b; Jz 13,3a.5
R. Disse o anjo a Zacarias:
   Isabel, a tua esposa, dar-te-á à luz um filho,
   ao qual tu chamarás com o nome de João;
   não haverá de beber vinho nem bebida inebriante;
   ele há de ser cheio do Espírito Santo,
   desde o seio materno,
 * Pois será nazareu do Senhor.
V. O anjo do Senhor apareceu
   à esposa de Manué e lhe falou:
   Conceberás e darás à luz um filho;
   não tocará em sua cabeça a navalha.* Pois será.

Segunda leitura

Do Tratado sobre a Oração do Senhor, de São Cipriano, bispo e mártir

(Nn. 23-24 : CSEL 3,284-285)   (Séc. III)

Nós, filhos de Deus, permaneçamos na paz de Deus

Cristo acrescentou claramente uma lei que nos obriga a determinada condição: que peçamos a remissão das dívidas, se nós mesmos perdoarmos aos nossos devedores, sabendo que não podemos alcançar o perdão pedido a não ser que façamos o mesmo em relação aos que nos ofendem. Por esta razão, diz em outro lugar: *Com a mesma medida com que medirdes, sereis medidos.* E aquele servo que, perdoado de toda a dívida por seu senhor, mas não quis perdoar o companheiro, foi lançado ao cárcere. Por não ter querido ser indulgente com o companheiro, perdeu a indulgência com que fora tratado por seu senhor.

Cristo propõe o perdão com preceito mais forte e censura ainda mais vigorosa: *Quando fordes orar, perdoai se tendes algo contra outro, para que vosso Pai, que está nos céus, vos perdoe os pecados. Se, porém, não perdoardes, também vosso Pai, que está nos céus, não vos perdoará os pecados.* Não te restará a menor desculpa no dia do juízo, quando serás julgado de acordo com tua própria sentença e o que tiveres feito, o mesmo sofrerás.

Deus ordenou que sejamos pacíficos, concordes e *unânimes em sua casa.* Mandou que sejamos tais como nos tornou pelo segundo nascimento; assim também ele nos quer renascidos e perseverantes. Deste modo nós, filhos de Deus, permaneçamos na paz de Deus e os que possuem um só Espírito tenham uma só alma e um só coração.

Deus não aceita o sacrifício do que vive em discórdia e ordena deixar o altar e ir primeiro reconciliar-se com o irmão, para que, com preces pacíficas, possa Deus ser aplacado. Maior serviço para Deus é a nossa paz e concórdia fraterna e o povo que foi feito uno pela unidade do Pai, do Filho e do Espírito Santo.

Nos sacrifícios que Abel e Caim foram os primeiros a oferecer, Deus não olhava os dons, mas os corações, de forma que lhe agradava pelo dom aquele que lhe agradava pelo coração. Abel, pacífico e justo, sacrificando com inocência a Deus, ensinou os outros a depositar seus dons no altar com temor de Deus, simplicidade de coração, empenho de justiça e de concórdia. Aquele que assim procedeu no sacrifício de Deus tornou-se merecidamente sacrifício para Deus. Sendo o primeiro a dar a conhecer o martírio, iniciou pela glória de seu sangue a paixão do Senhor, por ter mantido a justiça e a paz do Senhor. Esses serão, no fim, coroados pelo Senhor; esses, no dia do juízo, triunfarão com o Senhor.

Quanto aos discordantes, aos dissidentes, aos que não mantêm a paz com os irmãos, mesmo que sejam mortos pelo nome de Cristo, não poderão, conforme o testemunho do santo Apóstolo e da Sagrada Escritura, escapar do crime de desunião fraterna, pois está escrito: *Quem odeia seu irmão é homicida.* Não chega ao Reino dos Céus nem vive com Deus um homicida. Não pode estar com Cristo quem preferiu a imitação de Judas à de Cristo.

Responsório   Ef 4,1.3.4b; Rm 15,5b.6a
R. **Exorto**-vos, **pois**, no **Senhor**,
   que vi**vais** dignamente, irmãos,
   na vocação a que fostes chamados.
   Solícitos sede em guardar
   a unidade que vem do Espírito,
   pelo laço da paz que nos une.
* É uma somente a esperança
   da vocação a que fostes chamados.
V. Deus vos conceda o mesmo sentir,
   para que, de um só coração
   e unidos em uma só voz
   possais dar honra e glória ao Senhor. *É uma.

Oração

Ó Deus, força daqueles que esperam em vós, sede favorável ao nosso apelo, e, como nada podemos em nossa fraqueza, dai-nos sempre o socorro da vossa graça, para que possamos querer e agir conforme vossa vontade, seguindo os vossos mandamentos. Por nosso Senhor Jesus Cristo, vosso Filho, na unidade do Espírito Santo.

SÁBADO

Ofício das Leituras

Primeira leitura
Do Livro dos Juízes   16,4-6.16-31

Traição de Dalila e morte de Sansão

Naqueles dias: ⁴Sansão enamorou-se de uma mulher que habitava no vale de Sorec, cujo nome era Dalila.⁵ Então os chefes filisteus foram procurá-la e disseram-lhe: "Seduze Sansão e descobre donde vem a sua grande força, e como poderíamos vencê-lo e subjugá-lo. Se fizeres isto, te daremos, cada um, mil e cem siclos de prata".

⁶Dalila perguntou então a Sansão: "Diz-me, eu te rogo, donde vem a tua grande força, e com que deves ser amarrado para seres subjugado?"

¹⁶Como ela o importunasse e insistisse cada dia com suas lamúrias, ele ficou desalentado e mortalmente deprimido. ¹⁷Então, abrindo-lhe inteiramente o coração, disse: "A navalha jamais passou sobre a minha cabeça, porque sou consagrado a Deus desde o ventre de minha mãe. Se a minha cabeça for rapada, minha força me abandonará, ficarei fraco e serei como os outros homens".

¹⁸Dalila, percebendo que ele lhe havia contado todo o seu segredo, mandou chamar os chefes dos filisteus, dizendo: "Vinde todos aqui, porque desta vez Sansão me contou todo o seu segredo". Eles acorreram, trazendo

o dinheiro que haviam prometido. ¹⁹Dalila fez Sansão adormecer sobre os seus joelhos, chamou um homem, que cortou as sete tranças de Sansão. Ele foi enfraquecendo e, de repente, a sua força o abandonou. ²⁰Então Dalila gritou: "Sansão, os filisteus estão aqui!" Despertando do sono, ele pensou: "Sairei desta como das outras vezes e me livrarei", sem saber que o Senhor o tinha abandonado. ²¹Os filisteus agarraram-no e, em seguida, furaram-lhe os olhos. Depois, levaram-no a Gaza, preso com duas correntes de bronze, e puseram-no na prisão, a mover a mó do moinho.

²²Entretanto, começaram a crescer os cabelos que tinham sido cortados. ²³Os chefes dos filisteus reuniram-se para oferecer um grande sacrifício ao seu deus Dagon, e para festejar. E diziam:
"Nosso deus nos entregou nas mãos Sansão,
o nosso inimigo".
²⁴O povo também, vendo isto, louvava o seu deus e fazia coro:
"Nosso deus entregou em nossas mãos
nosso adversário,
que devastava nossa terra
e matou a muitos dos nossos".

²⁵Quando já estavam alegres, disseram: "Chamai Sansão, para nos divertir". Tiraram-no do cárcere e ele dançava diante deles. Como o tivessem colocado entre as colunas, ²⁶Sansão disse ao menino que o levava pela mão: "Deixa que eu toque as colunas que sustentam o edifício e me encoste nelas para descansar um pouco". ²⁷Ora, a casa estava repleta de homens e mulheres. Achavam-se ali todos os chefes dos filisteus, e cerca de três mil pessoas de ambos os sexos que do teto estavam vendo Sansão que os divertia. ²⁸Então ele invocou o Senhor, dizendo: "Senhor Deus, lembra-te de mim! E dá-me, ó Deus, só mais uma vez a força que eu tinha, para me vingar dos filisteus, fazendo-os pagar, de uma só vez, a perda de meus dois olhos". ²⁹E, apalpando as duas

colunas centrais que sustentavam o templo, apoiou-se contra uma com a direita e contra a outra com a esquerda, e disse: ³⁰ "Morra eu com os filisteus!" Então, sacudindo com grande força as colunas, fez o edifício desabar sobre todos os chefes e o resto da multidão que ali estava. E foram muito mais numerosos os que Sansão matou ao morrer, do que os que tinha matado antes quando vivo. ³¹ Os parentes e toda a sua família vieram e levaram o cadáver, sepultando-o entre Saraá e Estaol, no túmulo de seu pai Manué. Sansão fora juiz de Israel durante vinte anos.

Responsório   Sl 42(43), 1a; 30(31),4a; Jz 16,28b
R. Fazei justiça, meu **Deus**, e defen**dei**-me
    contra a **gen**te impie**do**sa.
* Sois **vós** minha **ro**cha e forta**le**za.
V. Lem**brai**-vos de **mim**, ó Senhor **Deus**,
    e **dai**-me a **for**ça de outrora. * Sois **vós**.

Segunda leitura
Do Tratado sobre a Oração do Senhor, de São Cipriano, bispo e mártir
(Nn. 28-30: CSEL 3,287-289)   (Séc. III)

*Não apenas com palavras,
mas ainda com atos se deve orar*

Não é de admirar, irmãos caríssimos, que a oração, tal como Deus a ensinou, enfeixe, por seu ensinamento, toda a nossa prece numa breve palavra de salvação. Já pelo profeta Isaías isto tinha sido predito, quando, cheio do Espírito Santo, falava da majestade e bondade de Deus: *Verbo que completa e abrevia na justiça, porque Deus fará uma palavra abreviada em todo o orbe da terra*. Pois a Palavra de Deus, nosso Senhor Jesus Cristo, veio para todos e, reunindo doutos e ignorantes, sexos e idades, lhes deu preceitos salutares, resumindo de tal maneira seus mandamentos, que a memória dos discípulos não sentisse dificuldade com o ensinamento celeste, mas rapidamente aprendesse o que era necessário à simples fé.

Do mesmo modo, ao ensinar-nos o que seja a vida eterna, condensou o mistério da vida com grande e divina brevidade, dizendo: *Esta é a vida eterna, que te conheçam a ti, único e verdadeiro Deus, e a quem enviaste, Jesus Cristo.* E ainda, querendo salientar os primeiros e maiores preceitos da lei e dos profetas, diz: *Ouve, Israel. O Senhor, teu Deus, é um só Senhor;* e *Amarás o Senhor, teu Deus, com todo o teu coração, com toda a tua alma e com todas as tuas forças. Este é o primeiro; e o segundo é semelhante a este: Amarás o teu próximo como a ti mesmo. Destes dois mandamentos dependem toda a lei e os profetas.* E de novo: *Tudo quanto quiserdes que vos façam os homens, fazei-o a eles. Isto é a lei e os profetas.*

Deus não nos ensinou a orar apenas com palavras, mas também com atos. Ele próprio com frequência orou e suplicou, mostrando-nos com seu exemplo o que temos de fazer. Está escrito: *Ele se afastava para os lugares solitários e adorava.* E ainda: *Saiu para o monte a fim de orar e passou a noite inteira em oração a Deus.*

O Senhor orava e pedia não para si – que pediria, o inocente, para si? – mas por nossos delitos, como ele mesmo o declarou ao dizer a Pedro: *Eis que Satanás procurava joeirar-vos como trigo. Mas eu roguei por ti, para que tua fé não desfaleça.* E pouco depois rogou ao Pai por todos, dizendo: *Não rogo apenas por estes, mas também por aqueles que irão crer em mim pelas palavras deles, a fim de que todos sejam um, como tu, Pai, estás em mim e eu em ti, para que também eles estejam em nós.*

Imensa benignidade e piedade de Deus para nossa salvação! Não contente de redimir-nos com seu sangue, ainda quis com tanta generosidade rogar por nós. Considerai o desejo daquele que rogou, para que do mesmo modo como o Pai e o Filho são um, assim também nós permaneçamos na mesma unidade.

Responsório   Sl 24(25),1-2a.5

R. Senhor, meu **Deus**, a vós elevo a minha **alma**.
 * Em vós confio: que eu não seja envergonhado!
V. Vossa verdade me oriente e me conduza,
 porque sois o Deus da minha salvação;
 em vós espero, ó Senhor, todos os dias.
 * Em vós confio.

Oração

Ó Deus, força daqueles que esperam em vós, sede favorável ao nosso apelo, e, como nada podemos em nossa fraqueza, dai-nos sempre o socorro da vossa graça, para que possamos querer e agir conforme vossa vontade, seguindo os vossos mandamentos. Por nosso Senhor Jesus Cristo, vosso Filho, na unidade do Espírito Santo.

12º DOMINGO DO Tempo Comum

IV Semana do Saltério

I Vésperas

Cântico evangélico, ant.

Ano A O que eu **di**go a **vós** em se**gre**do,
publi**cai**-o **so**bre os telha**dos**.

Ano B Sal**vai**-nos, ó Se**nhor**, que pere**ce**mos!
Orde**nai**, e volta**rá** a tranquili**da**de!

Ano C E **vós**, quem di**zeis** que eu **sou**?
Simão **Pe**dro en**tão** respon**deu**:
Tu **és** o Ungido de **Deus**!

Oração

Senhor, nosso Deus, dai-nos por toda a vida a graça de vos amar e temer, pois nunca cessais de conduzir os que firmais no vosso amor. Por nosso Senhor Jesus Cristo, vosso Filho, na unidade do Espírito Santo.

Ofício das Leituras

Primeira leitura

Do Primeiro Livro de Samuel   16,1-13

Davi é ungido rei

Naqueles dias, ¹o Senhor disse a Samuel: "Até quando ficarás chorando por causa de Saul, se eu mesmo o rejeitei para que não reine mais sobre Israel? Enche o chifre de óleo e vem, para que eu te envie à casa de Jessé de Belém, pois escolhi um rei para mim entre os seus filhos". ²Samuel ponderou: "Como posso ir? Se Saul o souber, vai-me matar". O Senhor respondeu: "Tomarás contigo uma novilha da manada, e dirás: 'Vim para oferecer um sacrifício ao Senhor'. ³Convidarás Jessé para o sacrifício. Eu te mostrarei o que deves fazer, e tu ungirás a quem eu te designar".

⁴ Samuel fez o que o Senhor lhe disse, e foi a Belém. Os anciãos da cidade vieram-lhe ao encontro, e perguntaram: "É de paz a tua vinda?" ⁵ "Sim, é de paz", respondeu Samuel. "Vim para fazer um sacrifício ao Senhor. Purificai-vos e vinde comigo, para que eu ofereça a vítima". Ele purificou então Jessé e seu filhos e convidou-os para o sacrifício.

⁶ Assim que chegaram, Samuel viu a Eliab, e disse consigo: "Certamente é este o ungido do Senhor!" ⁷ Mas o Senhor disse-lhe: "Não olhes para a sua aparência nem para a sua grande estatura, porque eu o rejeitei. Não julgo segundo os critérios do homem: o homem vê as aparências, mas o Senhor olha o coração". ⁸ Então Jessé chamou Abinadab e apresentou-o a Samuel, que disse: 'Também não é este que o Senhor escolheu". ⁹ Jessé trouxe-lhe depois Sarna, e Samuel disse: "A este tampouco o Senhor escolheu". ¹⁰ Jessé fez vir seus sete filhos à presença de Samuel, mas Samuel disse: "O Senhor não escolheu a nenhum deles".

¹¹ E acrescentou: "Estão aqui todos os teus filhos?" Jessé respondeu: "Resta ainda o mais novo, que está apascentando as ovelhas". E Samuel ordenou a Jessé: "Manda buscá-lo, pois não nos sentaremos à mesa, enquanto ele não chegar". ¹² Jessé mandou buscá-lo. Era ruivo, de belos olhos e de formosa aparência. E o Senhor disse: "Levanta-te, unge-o: é este!" ¹³ᵃ Samuel tomou o chifre com óleo e ungiu Davi na presença de seus irmãos. E a partir daquele dia, o espírito do Senhor se apoderou de Davi.

Responsório   Sl 88(89),20bc.22a.21

R. Coloquei uma coroa na cabeça de um herói
e do meio deste povo escolhi o meu eleito.
* Estará sempre com ele minha mão onipotente.
V. Encontrei e escolhi a Davi, meu servidor,
e o ungi para ser rei com meu óleo consagrado.
* Estará.

Segunda leitura

Do Tratado sobre a Santíssima Trindade, de Faustino Luciferano, presbítero

(Nn. 39-40: CCL 69,340-341) (Séc. IV)

Cristo, rei e sacerdote para sempre

Nosso Salvador tornou-se, segundo a carne, verdadeiro Cristo, por ser verdadeiro rei e verdadeiro sacerdote. Ele é ambas as coisas, para que não viesse a faltar algo ao Salvador. Ouvi como é rei: *Eu, porém, fui por ele constituído rei sobre Sião, seu santo monte.* Ouvi como também é sacerdote, pelo testemunho do Pai: *Tu és sacerdote eternamente, segundo a ordem de Melquisedec.* O primeiro na lei a tornar-se sacerdote pela unção do crisma foi Aarão. Contudo não se diz: "segundo a ordem de Aarão", para que não se julgasse provir de sucessão o sacerdócio do Salvador. Com efeito, o sacerdócio de Aarão mantinha-se pela sucessão. O sacerdócio do Salvador, porém, não passa a outro por sucessão porque ele é o sacerdote que permanece para sempre, conforme o que está escrito: *Tu és sacerdote, segundo a ordem de Melquisedec.*

Portanto o Salvador, segundo a carne, é rei e sacerdote ao mesmo tempo. Não foi ungido rei e sacerdote corporal mas espiritualmente. Entre os israelitas, os reis e sacerdotes, ungidos corporalmente com a unção do óleo, eram ou reis ou sacerdotes. Não ambos em um só: mas um era rei e outro, sacerdote. Unicamente a Cristo se devia a perfeição e plenitude de ambos, a ele que viera consumar a lei.

Embora não possuísse cada um deles as duas regalias ao mesmo tempo, por serem ungidos corporalmente com o óleo real ou o óleo sacerdotal, ambos eram chamados *cristas*. O Salvador, porém, o verdadeiro Cristo, foi ungido pelo Espírito Santo, a fim de cumprir-se o que dele se escreveu: *Por isso Deus, o teu Deus, te ungiu com o óleo da alegria de preferência a teus companheiros.* Foi ungido mais que os companheiros de seu nome, quando recebeu o óleo da alegria, que outro não é senão o Espírito Santo.

Sabemos que isto é verdade pelo próprio Salvador. De fato, quando tomou e abriu o livro de Isaías, leu: *O Espírito do Senhor está sobre mim porque me ungiu,* declarou estar se realizando esta profecia ali aos ouvidos dos presentes. Pedro, o príncipe dos apóstolos, também afirma ser o próprio Espírito Santo aquele crisma com que é ungido o Salvador, quando, nos Atos dos Apóstolos, fala ao fidelíssimo e misericordioso centurião. Entre outras coisas, ele diz: *Começando da Galileia depois do batismo, pregado por João, Jesus Nazareno, a quem Deus ungiu com o Espírito Santo e poder, passou fazendo portentos e maravilhas e libertando todos os possessos do demônio.* Prestai pois atenção! Diz Pedro que esse Jesus, segundo a humanidade, foi ungido pelo *Espírito Santo e poder.* Por isto, com toda a verdade esse Jesus, segundo a carne, é Cristo, pois pela unção do Espírito Santo foi feito rei e sacerdote para sempre.

Responsório　　　　　　　　　　　　　　　　　　Cf. Hb 6,20
R. Considerai como é grande
Aquele que vem para salvar as nações:
 * É o Rei da justiça
sem princípio de dias e de vida sem fim.
V. Vai à frente de nós penetrando nos céus,
para sempre é pontífice,
conforme a ordem de Melquisedec. * É o Rei.
HINO Te Deum, p. 589.

Laudes

Cântico evangélico, ant.
Ano A **Até os cabelos de vossa cabeça
estão todos contados. Não temais, diz Jesus.**

Ano B O Senhor se levantou, repreendeu o mar e o vento:
Acalma-te e cala-te! E se fez grande bonança.

Ano C O Filho do Homem deverá sofrer muito,
será condenado e na cruz morrerá;
e depois de três dias ressuscitará.

Oração

Senhor, nosso Deus, dai-nos por toda a vida a graça de vos amar e temer, pois nunca cessais de conduzir os que firmais no vosso amor. Por nosso Senhor Jesus Cristo, vosso Filho, na unidade do Espírito Santo.

II Vésperas

Cântico evangélico, ant.

Ano A Quem de mim der testemunho ante os homens,
darei dele o testemunho ante meu Pai.

Ano B Os discípulos, com medo,
perguntavam uns aos outros:
Quem é este? Até o vento e o mar lhe obedecem!

Ano C Quem quiser me seguir, renuncie a si mesmo,
e, tomando sua cruz, acompanhe meus passos.

SEGUNDA-FEIRA

Ofício das Leituras

Primeira leitura
Do Primeiro Livro de Samuel 17,1-10.32.38-51

Davi trava combate com Golias

Naqueles dias: ¹Os filisteus mobilizaram suas tropas para a guerra, reuniram-se em Soco de Judá, acampando entre Soco e Azeca, em Efes-Domim. ²Saul e os homens de Israel reuniram-se e assentaram acampamento no vale do Terebinto, pondo-se em linha de combate contra os filisteus.

³ Os filisteus tomaram posição de um lado, sobre um monte, ao passo que Israel estava do outro lado, sobre outro monte; havia um vale entre eles.

⁴ Das fileiras dos filisteus saiu um homem guerreiro, chamado Golias, natural de Gat, que tinha quase três metros de altura. ⁵ Trazia na cabeça um capacete de bronze e vestia uma couraça de escamas, que pesava mais de cinquenta quilos. ⁶ Tinha perneiras de bronze e um escudo de bronze cobria seus ombros. ⁷ A haste da sua lança era da grossura de um cilindro de tear e a ponta de ferro pesava seis quilos. E um escudeiro o precedia. ⁸ Ele tomou posição e gritou para as fileiras de Israel: "Por que viestes dispostos para a batalha? Não sou eu filisteu e vós os escravos de Saul? Escolhei entre vós um homem e que ele desça para nos batermos só nós dois! ⁹ Se ele puder lutar comigo e me matar, seremos vossos escravos. Mas se eu conseguir vencê-lo e matá-lo, então sereis vós nossos escravos, e nos servireis". ¹⁰ E o filisteu acrescentou: "Lanço hoje este desafio ao exército de Israel: Dai-me um homem para lutarmos juntos!"

³² Davi disse a Saul: "Ninguém desanime por causa desse filisteu!

Eu, teu servo, lutarei contra ele".

³⁸ Saul revestiu Davi com a sua armadura, pôs-lhe na cabeça um capacete de bronze e armou-o com uma couraça. ³⁹ Davi, cingindo a espada de Saul sobre as suas roupas, tentou caminhar, mas em vão, porque não estava acostumado. E disse a Saul: "Assim eu não posso andar, porque nunca usei isto". E tirou a armadura. ⁴⁰ Em seguida, tomou o seu cajado, escolheu no regato cinco pedras bem lisas e colocou-as no seu alforje de pastor, que lhe servia de bolsa para guardar pedras. Depois, com a sua funda na mão, avançou contra o filisteu.

⁴¹ Este, que se vinha aproximando mais e mais, precedido do seu escudeiro, ⁴² quando pôde ver bem Davi, desprezou-o, porque era muito jovem, ruivo e de bela aparência. ⁴³ E

lhe disse: "Sou por acaso um cão, para vires a mim com um cajado?" E o filisteu amaldiçoou Davi em nome de seus deuses. ⁴⁴E acrescentou: "Vem, e eu darei a tua carne às aves do céu e aos animais da terra!" ⁴⁵Davi respondeu: "Tu vens a mim com espada, lança e escudo; eu, porém, vou a ti em nome do Senhor Todo-poderoso, o Deus dos exércitos de Israel que tu insultaste! ⁴⁶Hoje mesmo, o Senhor te entregará em minhas mãos, e te abaterei e te cortarei a cabeça, e darei o teu cadáver e os cadáveres do exército dos filisteus às aves do céu e aos animais da terra, para que toda a terra saiba que há um Deus em Israel. ⁴⁷E toda esta multidão de homens conhecerá que não é pela espada nem pela lança que o Senhor concede a vitória; porque o Senhor é o árbitro da guerra, e ele vos entregará em nossas mãos".

⁴⁸Logo que o filisteu avançou e marchou em direção a Davi, este saiu das linhas de formação e correu ao encontro do filisteu. ⁴⁹Davi meteu, então, a mão no alforje, apanhou uma pedra e arremessou-a com a funda, atingindo o filisteu na fronte com tanta força, que a pedra se encravou na sua testa e o gigante tombou com o rosto em terra. ⁵⁰E assim Davi venceu o filisteu, ferindo-o de morte com uma funda e uma pedra. E, como não tinha espada na mão, ⁵¹correu para o filisteu, chegou junto dele, arrancou-lhe a espada da bainha e acabou de matá-lo, cortando-lhe a cabeça. Vendo morto o seu guerreiro mais valente, os filisteus fugiram.

Responsório   Cf. 1Sm 17,37; cf. Sl 56(57),4c.5a
R. O **Sen**hor, que me arran**cou** da **bo**ca do le**ão**
   e das **gar**ras de outras **fe**ras,
 * Tam**bém** me livra**rá** das **mãos** dos ini**mi**gos.
V. Deus me en**vi**e sua **gra**ça e ver**da**de
   e me en**vi**e dos **céus** sua a**ju**da:
   eu me en**con**tro em **mei**o a le**ões**,
   que fa**min**tos devoram os **ho**mens. * Tam**bém**.

Segunda leitura

Do Tratado sobre a verdadeira imagem do cristão, de São Gregório de Nissa, bispo

(PG 46,254-255) (Séc. IV)

O cristão, outro Cristo

Paulo sabe quem é Cristo, mais acuradamente do que todos. Com efeito, por suas atitudes mostrou como deve ser quem recebe o nome do Senhor, porque o imitou tão exatamente que revelou em si mesmo o próprio Senhor. Por tal imitação cheia de amor, transferiu seu espírito para o Exemplo, de modo que não mais parecia ser Paulo e sim Cristo, como ele mesmo bem o diz, reconhecendo a graça em si: *Quereis uma prova daquele que em mim fala, o Cristo*. E mais: *Vivo eu, já não eu, mas é Cristo quem vive em mim*.

Manifestou então para nós que força possui este nome de Cristo, ao dizer que Cristo é a Virtude de Deus, a Sabedoria de Deus e deu-lhe os nomes de Paz, Luz inacessível onde Deus habita, Expiação, Redenção, máximo Sacerdote e Páscoa, Propiciação pelas almas, Esplendor da glória e Figura de sua substância, Criador dos séculos, Alimento e Bebida espirituais, Pedra e Água, Fundamento da fé e Pedra angular, Imagem do Deus invisível, grande Deus, Cabeça do Corpo da Igreja, Primogênito da nova criação, Primícias dos que adormeceram, Primogênito entre os mortos, Primogênito entre muitos irmãos, Mediador entre Deus e os homens, Filho unigênito coroado de glória e de honra, Senhor da glória, Princípio das coisas e Rei da justiça, e ainda de Rei da paz, Rei de tudo, Possuidor do domínio sobre o Reino que não tem limites.

Com esses e outros nomes do mesmo gênero designou o Cristo, nomes tão numerosos que não se pode contá-los com facilidade. Se forem combinadas e enfeixadas as significações de cada um, eles nos mostrarão o admirável valor e majestade deste nome, Cristo, que é impossível de traduzir-se por palavras, mas pode ser demonstrado, na medida em que conseguimos entendê-lo com nosso espírito.

Por ter a bondade de nosso Senhor nos concedido o primeiro, o maior e o mais divino de todos os nomes, o nome de Cristo, nós somos chamados "cristãos". É necessário, então, que se vejam expressos em nós todos os outros nomes que explicam o nome do Senhor, para não sermos falsamente ditos "cristãos"; mas o testemunhemos com nossa vida.

Responsório   Sl 5,12; 88(89),16b-17a
R. **Exul**te de ale**gria** todo a**que**le que em **vós** se re**fu**gia;
   sob a **vos**sa prote**ção** se rego**zi**jem
   * Os que **a**mam vosso **no**me.
V. Segui**rão** pelo ca**mi**nho, sempre à **luz** de vossa **face**!
   Exulta**rão** de ale**gria**, em vosso **no**me dia a **di**a.
   * Os que **a**mam.

Oração

Senhor, nosso Deus, dai-nos por toda a vida a graça de vos amar e temer, pois nunca cessais de conduzir os que firmais no vosso amor. Por nosso Senhor Jesus Cristo, vosso Filho, na unidade do Espírito Santo.

TERÇA-FEIRA

Ofício das Leituras

Primeira leitura
Do Primeiro Livro de Samuel   17,57-18,9.20-30

Inveja de Saul contra Davi

Naqueles dias: ¹⁷,⁵⁷Quando Davi voltou da vitória sobre o filisteu, tendo ainda na mão a cabeça de Golias, Abner levou-o à presença de Saul. ⁵⁸Saul perguntou-lhe: "Quem é o teu pai, jovem?" E Davi respondeu: "Eu sou filho de Jessé de Belém, teu servo".

¹⁸,¹Quando Davi terminou de falar com Saul, Jônatas se sentiu profundamente ligado a Davi, e se lhe afeiçoou como a si próprio. ²Saul o engajou naquele dia, não o deixando voltar para a casa do pai. ³Jônatas concluiu uma aliança com Davi, pois o amava como a si próprio. ⁴Jônatas tirou o manto que vestia, e o entregou a Davi, dando-lhe igualmente a armadura e mesmo a espada juntamente com o arco e o cinturão. ⁵Davi partia em expedição, saindo-se bem em todos os encargos que Saul lhe dava. Por isso Saul o pôs à testa dos homens de guerra, tornando-se assim bem visto por todo o povo e mesmo pelos cortesãos de Saul.

⁶Quando Davi voltou, depois de ter matado o filisteu, as mulheres de todas as cidades de Israel saíram ao encontro do rei Saul, dançando e cantando alegremente ao som de tamborins e címbalos. ⁷E, enquanto dançavam, diziam em coro:
"Saul matou mil,
mas Davi matou dez mil".

⁸Saul ficou muito encolerizado com isto e não gostou nada da canção, dizendo: "A Davi deram dez mil, e a mim somente mil. Que lhe falta ainda, senão a realeza?" ⁹E, a partir daquele dia, não olhou mais para Davi com bons olhos.

²⁰Micol, a outra filha de Saul, amava Davi. Quando o contaram a Saul, ele alegrou-se, porque pensava consigo: ²¹"Vou dar-lhe Micol, para que ela lhe seja uma armadilha e ele caia nas mãos dos filisteus". Por isso disse a Davi pela segunda vez: 'Tu serás hoje meu genro". ²²E ordenou a seus servos que dissessem em segredo a Davi: "Achaste graça aos olhos do rei e todos os seus servos te amam. Portanto, aceita ser o genro do rei". ²³Os servos do rei repetiram estas palavras aos ouvidos de Davi, mas este respondeu: "Porventura, vos parece coisa pequena ser genro do rei? Tanto mais que sou pobre e de condição humilde". ²⁴Os servos de Saul lhe comunicaram: "Assim respondeu Davi". ²⁵Saul replicou: "Assim falareis a Davi: O rei não quer outro pagamento a

não ser cem prepúcios de filisteus, para se vingar dos inimigos do rei". Deste modo, Saul tencionava entregar Davi nas mãos dos filisteus.

²⁶Então os servos transmitiram estas palavras a Davi, e este achou boa a proposta de se tornar genro do rei. ²⁷Antes que expirasse o prazo fixado, Davi partiu com seus homens, matou duzentos filisteus, entregando ao rei o número completo de prepúcios, a fim de se tornar seu genro.

Então Saul deu-lhe como esposa sua filha Micol. ²⁸E Saul compreendeu muito bem que o Senhor estava com Davi, e que Micol, sua filha, o amava. ²⁹Por isso Saul teve ainda mais medo de Davi, tornando-se seu inimigo para sempre. ³⁰Os chefes dos filisteus fizeram incursões, mas todas as vezes que se punham em campo, Davi tinha mais êxito do que todos os homens de Saul, de modo que o seu nome se tornou muito famoso.

Responsório   Sl 55(56),2.4b.14ab
R. Tende **pe**na e compai**xão** de mim, ó **Deus**,
pois há **tan**tos que me **cal**cam sob os **pés**
e agres**sor**es me o**pri**mem todo **dia**.
* Porei em **vós** a minha in**tei**ra confi**an**ça.
V. Porque da **mor**te arran**cas**tes minha **vi**da
e não dei**xas**tes os meus **pés** escorregarem.
* Porei em **vós**.

Segunda leitura
Do Tratado sobre a verdadeira imagem do cristão, de São Gregório de Nissa, bispo
(PG 46,283-286)   (Séc. IV)
Por toda a nossa vida manifestemos Cristo

São três as coisas que manifestam e distinguem a vida cristã: a ação, a palavra e o pensamento. Das três, tem o primeiro lugar o pensamento. Em seguida, a palavra, que nos revela o pensamento concebido e impresso no espírito.

Depois do pensamento e da palavra vem, na ordem, a ação, realizando por fatos o que o espírito pensou. Portanto, se alguma coisa na vida nos induz a agir ou a pensar ou a falar, é necessário que o nosso pensamento, a nossa palavra e a nossa ação sejam orientados para a regra divina daqueles nomes que descrevem a Cristo, de modo a nada pensarmos, nada dizermos e nada fazermos que se afaste do seu alto significado.

Então, o que terá de fazer aquele que se tornou digno do grande nome de Cristo, a não ser examinar diligentemente os próprios pensamentos, palavras e ações, julgando se cada um deles tende para Cristo ou se lhe são estranhos? De muitas maneiras operamos este magnífico discernimento. Tudo quanto fazemos, pensamos ou falamos com alguma perturbação, de nenhum modo está de acordo com Cristo, mas traz a marca e a figura do inimigo, que mistura a lama das perturbações à pérola da alma para deformar e apagar o esplendor da joia preciosa.

O que, porém, está livre e puro de toda afeição desordenada, relaciona-se com o Autor e Príncipe da tranquilidade, o Cristo. Quem dele bebe, como de fonte pura e não poluída, as suas ideias e os seus sentimentos, revelará em si a semelhança com o princípio e a origem, tal como a água na própria fonte é igual à que corre no límpido regato e à que brilha na jarra.

De fato, é uma só e mesma a pureza de Cristo e a que se encontra em nossos espíritos. Mas a pureza de Cristo brota da fonte, enquanto que a nossa dela flui e chega até nós, trazendo consigo a beleza dos pensamentos para a vida. Portanto, a coerência do homem interior e do exterior aparece harmoniosa, quando os pensamentos que provêm de Cristo guiam e movem a modéstia e a honestidade de nossa vida.

Responsório
Cl 3,17; Rm 14,7

R. O que fizerdes em palavras ou em obras,
* Fazei-o em nome de Jesus, nosso Senhor.
V. Ninguém vive e ninguém morre para si. * Fazei-o.

Oração

Senhor, nosso Deus, dai-nos por toda a vida a graça de vos amar e temer, pois nunca cessais de conduzir os que firmais no vosso amor. Por nosso Senhor Jesus Cristo, vosso Filho, na unidade do Espírito Santo.

QUARTA-FEIRA

Ofício das Leituras

Primeira leitura
Do Primeiro Livro de Samuel   19,8-10; 20,1-17

Amizade entre Davi e Jônatas

Naqueles dias: [19,8]Tendo recomeçado a guerra, Davi saiu a combater contra os filisteus, infligindo-lhes uma grande derrota. E eles fugiram diante dele. [9]Um espírito maligno mandado pelo Senhor veio novamente sobre Saul. Ele estava sentado em sua casa, e tinha uma lança na mão, enquanto Davi tocava harpa. [10]Saul, então, arremessou-lhe a lança, procurando cravá-lo na parede; Davi porém desviou-se e a lança foi cravar-se na parede. Davi esquivou-se e fugiu naquela mesma noite.

[20,1]Davi fugiu de Naiot em Ramá e foi ter com Jônatas, dizendo-lhe: "Que fiz eu? Que crime cometi, e que mal fiz a teu pai, para que ele queira matar-me?" [2]Jônatas respondeu: "Não, tu não morrerás! Meu pai não faz coisa alguma grande ou pequena, sem me dizer. Por que me ocultaria isso? Não é possível!" [3]Mas Davi jurou, dizendo: "Teu pai sabe muito bem que gozo do teu favor, e por isso pensa: 'Jônatas não o deve saber, para não ficar magoado'. E, contudo, pela

vida do Senhor e pela tua vida, estou apenas a um passo da morte".

⁴Jônatas respondeu a Davi: "Que queres que eu faça? Farei por ti tudo o que me disseres". Disse-lhe Davi: ⁵"Amanhã é lua nova, e eu deveria jantar, conforme o costume, à mesa do rei. Deixa-me partir para me esconder no campo, até depois de amanhã à tarde. ⁶Se teu pai der pela minha ausência, tu lhe dirás que Davi te pediu licença para ir depressa a Belém, sua cidade natal, onde toda a sua família oferece o seu sacrifício anual. ⁷Se ele disser que está bem, então o teu servo não corre perigo. Mas, se ao contrário ele ficar irado, fica sabendo que ele está resolvido a matar-me. ⁸Faze este favor ao teu servo já que fizeste um pacto comigo em nome do Senhor. Se tenho alguma culpa, mata-me tu mesmo, mas não me faças comparecer diante de teu pai". ⁹Jônatas disse-lhe: "Deus te livre de tal desgraça! Se eu souber que, de fato, meu pai resolveu matar-te, podes estar certo de que te avisarei". ¹⁰E Davi perguntou: "Mas quem me informará se teu pai te responder com aspereza?"

¹¹Jônatas disse a Davi: "Vamos sair para o campo". E foram ambos para o campo. ¹²Então Jônatas disse: "Pelo Senhor Deus de Israel, se eu, amanhã ou depois, conseguir saber se as disposições de meu pai são favoráveis a Davi, e se eu não te mandar dizer imediatamente, ¹³então o Senhor me castigue com todo o seu rigor! Mas se persistir a má vontade de meu pai contra ti, eu te avisarei, sem dúvida, a respeito disso. Poderás, então, partir e ficar tranquilo. E o Senhor esteja contigo, como esteve com meu pai! ¹⁴Mais tarde, se eu ainda for vivo, tu me tratarás de acordo com a misericórdia do Senhor. Mas, se eu morrer, ¹⁵terás sempre compaixão da minha casa, mesmo quando o Senhor exterminar um por um os inimigos de Davi da face da terra". ¹⁶Foi assim que Jônatas fez aliança com a casa de Davi, dizendo: "Que o Senhor livre Davi das mãos dos inimigos!" ¹⁷Em

seguida, Jônatas tornou a jurar a Davi por causa da amizade que lhe tinha porque o amava como a si mesmo.

Responsório
Pr 17,17; 1Jo 4,7b

R. Amigo verdadeiro é aquele que ama sempre,
 * E o irmão se reconhece nas horas de angústia.
V. Todo aquele que ama, é nascido de Deus
 e conhece a Deus. * E o irmão.

Segunda leitura
Do Tratado sobre a amizade espiritual, do beato Elredo, abade

(Lib. 3: PL 195,692-693) (Séc. XII)

Verdadeira, perfeita e eterna amizade

Jônatas, jovem de grande nobreza, sem olhar para a coroa régia nem para o futuro reinado fez um pacto com Davi, igualando assim, pela amizade, o súdito ao senhor. Deu preferência a Davi, mesmo quando este foi expulso por seu pai, o rei Saul, tendo de se esconder no deserto, como condenado à morte, destinado à espada. Jônatas então humilhou-se para exaltar o amigo perseguido: *Tu*, são suas palavras, *serás rei e eu serei o segundo depois de ti.*

Que espelho estupendo da verdadeira amizade! Admirável! O rei, furioso contra o servo, excitava todo o país contra um possível rival do reino. Assim, acusava sacerdotes de traição, trucidando-os por uma simples suspeita. Percorria as matas, esquadrinhava os vales, cercava com suas tropas os montes e penhascos, fazendo todos prometerem tornar-se vingadores da indignação real.

Entretanto, Jônatas, o único que poderia ter razão de invejar, só ele julgou dever resistir a seu pai, oferecendo a paz ao amigo, aconselhando-o em tão grande adversidade, preferindo a amizade ao reino: *Tu serás rei e eu serei o segundo depois de ti.* Em contraste, vede como o pai estimulava a inveja do adolescente contra o amigo, apertava-o com repreensões, amedrontava-o com ameaças de ser despojado do reino, prometendo privá-lo da nobreza.

Quando pronunciou sentença de morte contra Davi, Jônatas não abandonou o amigo. *Por que deve morrer Davi? que culpa tem? que fez ele? Tomou sua vida em suas mãos e feriu o filisteu e tu te alegraste. Por que então irá morrer?* A tais palavras, louco de cólera, o rei tentou transpassar Jônatas, com a lança contra a parede, ameaçando aos gritos: *Filho de mãe indigna, bem sei que gostas dele para vergonha tua, confusão e infâmia de tua mãe.* Depois vomitou todo o veneno sobre o coração do jovem, acrescentando incentivo à sua ambição, alimento à inveja, estímulo à rivalidade e à amargura: *Enquanto viver o filho de Isaí, não se estabelecerá o teu reino.*

Quem não se abalaria com tais palavras? Quem não se encheria de inveja? Que amor, que agrado, que amizade elas não corromperiam, não diminuiriam, não fariam esquecer? Jônatas, o moço cheio de afeição, guardou o pacto da amizade, forte contra as ameaças, paciente contra o furor, desprezou o reino por causa da amizade, esquecido das glórias, bem lembrado da graça. *Tu serás rei e eu serei o segundo depois de ti.*

Esta é a verdadeira, perfeita, estável e eterna amizade, aquela que a inveja não corrompe, suspeita alguma diminui, não se desfaz pela ambição. Assim provada, não cede; assim batida, não cai; assim sacudida por tantas censuras, mostra-se inabalável e, provocada por tantas injúrias, permanece imóvel. *Vai,* então, *e faze tu o mesmo.*

Responsório Eclo 6,14-17

R. **O amigo fiel é refúgio seguro.**
   * Quem achou tal amigo, encontrou um tesouro.
V. Quem teme ao Senhor,
   também há de ter uma boa amizade,
   porque tal ele é, tal será seu amigo. * Quem achou.

Oração

Senhor, nosso Deus, dai-nos por toda a vida a graça de vos amar e temer, pois nunca cessais de conduzir os que firmais no vosso amor. Por nosso Senhor Jesus Cristo, vosso Filho, na unidade do Espírito Santo.

QUINTA-FEIRA

Ofício das Leituras

Primeira leitura
Do Primeiro Livro de Samuel   21,2-10; 22,1-5

Fuga de Davi

Naqueles dias: ²¹,²Davi dirigiu-se a Nobe, para junto do sacerdote Aquimelec. Este foi ao encontro de Davi, cheio de apreensão, e perguntou-lhe: "Por que estás só? Não há ninguém contigo?" ³Davi respondeu ao sacerdote Aquimelec: "O rei me deu uma tarefa, recomendando-me com insistência: "Ninguém deve saber nada a respeito do encargo que te confio e imponho". Por isso eu combinei com os meus servos um encontro em certo lugar. ⁴Agora, se tens à mão cinco pães, entrega-os a mim, ou qualquer coisa que tenhas disponível".

⁵O sacerdote replicou a Davi nestes termos: "Não tenho à mão pão comum, mas só pão consagrado. Poderás tomá-lo, se teus servos se abstiveram do contacto com mulheres". ⁶Davi respondeu ao sacerdote, dizendo: "Seguramente, tivemos que renunciar a mulheres; como acontece quando eu parto em expedição, os meus servos estão limpos. Embora se trate de um empreendimento profano, hoje, com maior razão, seus corpos estão puros". ⁷Então o sacerdote entregou-lhe o pão consagrado, porque não havia ali senão os pães da proposição, que tinham sido tirados da presença do Senhor para serem substituídos por pães quentes.

⁸Ora, achava-se ali, naquele dia, retido na presença do Senhor, um dos servos de Saul, chamado Doeg, o edomita, o mais forte dos pastores de Saul.

⁹Davi ainda perguntou a Aquimelec: "Tens aqui à mão uma lança ou uma espada? Nem sequer tive tempo de pegar na minha lança e nas minhas armas, porque era urgente o encargo do rei". ¹⁰O sacerdote respondeu: "Tenho a espada de Golias, o filisteu, que tu mataste no vale do Terebinto. Está embrulhada num pano, atrás do efod. Se quiseres, leva-a contigo, pois aqui não há nenhuma outra". E Davi disse: "Não há outra melhor. Dá-me a espada!"

²²,¹Davi partiu dali e refugiou-se na caverna de Odolan. Quando seus irmãos e toda a sua gente souberam disso, foram juntar-se a ele. ²Com Davi agruparam-se todos os miseráveis, todos os devedores insolventes e toda sorte de revoltados e descontentes. Ele tornou-se o seu chefe. Eram cerca de quatrocentos homens.

³De lá, Davi dirigiu-se para Masfa de Moab, e disse ao rei de Moab: "Permite que meu pai e minha mãe fiquem convosco, até que eu saiba o que Deus quer de mim". ⁴Então deixou-os junto do rei de Moab, e ficaram com ele durante todo o tempo em que Davi permaneceu no seu refúgio.

⁵Mas o profeta Gad disse a Davi: "Não fiques no teu refúgio. Parte e vai para a terra de Judá". E Davi partiu e foi para o bosque de Haret.

Responsório   Rm 7,6; Mc 2,25.26
R. Agora, porém, libertos da lei
   e mortos para aquilo que nos mantinha cativos,
 * Seja o nosso serviço
   na novidade do espírito, não na velhice da letra.
V. Nunca lestes como agiram
   Davi e os companheiros necessitados e com fome?
   Como ele entrou na casa do Senhor e comeu os pães
   que somente aos sacerdotes era lícito comer?
 * Seja o nosso.

Segunda leitura
Das Homilias, de São Gregório de Nissa, bispo
 (Orat. 6 De beatitudinibus: PG 44,1263-1266) (Séc. IV)

Deus é um rochedo inacessível

O que costuma acontecer a quem do alto de um monte olha para o vasto mar lá embaixo, isto mesmo se dá com o meu espírito em relação à altíssima Palavra do Senhor: dessa altura olho para a inexplicável profundidade de seu sentido.

A mesma vertigem que se pode sentir em alguns lugares da costa, quando se olha desde uma grande elevação a cavaleiro das ondas para o mar profundo, do alto saliente de um penhasco que, do lado do mar, parece cortado pelo meio do vértice até a base mergulhada nas profundezas, sobrevém a meu espírito suspenso a grande palavra proferida pelo Senhor: *Bem-aventurados os puros de coração, porque verão a Deus*. Deus se oferece à visão daqueles que têm o coração purificado. *Deus, ninguém jamais o viu*, diz o grande João. Confirma esta asserção, Paulo, aquele espírito sublime: *A quem homem algum vê nem pode ver*. Eis aqui o penhasco, escorregadio, despenhadeiro sem fundo, talhado a pique, que não oferece em si nenhum ponto de apoio para a inteligência da criatura! O próprio Moisés sentiu-se esmagado pela palavra: *Não há*, diz ele, *quem veja a Deus e continue a viver*. Ele sentenciou que este penhasco é inacessível, porque nunca nossa mente pode lá chegar, por mais que se esforce por alcançá-lo, erguendo-se até ele.

Ora, ver a Deus é gozar a vida eterna. No entanto, que Deus não possa ser visto, as colunas da fé, João, Paulo e Moisés, o afirmam. Percebes a vertigem que arrasta logo o espírito para as profundezas do conteúdo desta questão? De fato, se Deus é a vida, quem não vê a Deus não vê a vida. Mas que não se possa ver a Deus, tanto os profetas quanto os apóstolos, levados pelo Espírito divino, o atestam. Em que angústias, portanto, se debate a esperança dos homens?

Contudo, o Senhor vem erguer e sustentar a esperança vacilante, assim como fez a Pedro, a ponto de afundar, firmando-o na água tornada resistente ao caminhar, para que ele não se afogasse.

Portanto, se a mão do Verbo se estender para nós, que vacilamos no abismo de nossas especulações, colocando-nos em outra perspectiva, perderemos o medo e, já seguros, abraçaremos o Verbo que nos conduz como que pela mão, dizendo: *Bem-aventurados os puros de coração porque eles verão a Deus.*

Responsório   Jo 1,18; Sl 144(145),3

R. Ninguém ja**mais** viu a **Deus**,
  * Mas o **F**ilho Unigênito que **está** junto do **Pai**,
  este o **deu** a conhe**cer**.
V. Grande é o S**e**nhor e muito **di**gno de louv**or**es,
  e ning**ué**m pode me**dir** sua grand**e**za. * Mas o **F**ilho.

Oração

Senhor, nosso Deus, dai-nos por toda a vida a graça de vos amar e temer, pois nunca cessais de conduzir os que firmais no vosso amor. Por nosso Senhor Jesus Cristo, vosso Filho, na unidade do Espírito Santo.

SEXTA-FEIRA

Ofício das Leituras

Primeira leitura
Do Primeiro Livro de Samuel   25,14-2 4.28-39

Davi e Abigail

Naqueles dias: ¹⁴Abigail, mulher de Nabal, foi informada por um dos seus servos, que lhe disse: "Davi mandou mensageiros, do deserto, para saudar nosso amo, mas ele recebeu-os mal. ¹⁵No entanto, esses homens trataram-nos sempre muito bem, e nunca fomos molestados por eles; nem nos causaram prejuízo algum, durante todo o tempo em que vivemos juntos no deserto. ¹⁶ Pelo contrário, serviram-nos de muro de defesa, dia e noite, enquanto estivemos com eles apascentando os rebanhos. ¹⁷ Vê, pois, o que tens a fazer, porque a ruína de nosso amo e de toda a sua casa é coisa decidida, tanto mais que ele é um malvado, com quem não se pode falar".

¹⁸ Então Abigail apressou-se a tomar duzentos pães, dois odres de vinho, cinco cordeiros preparados, cinco medidas de trigo torrado, cem tortas de uvas secas, duzentas de figos secos, colocando tudo sobre jumentos. ¹⁹ E disse aos seus servos: "Ide na frente, e eu seguirei atrás de vós". Mas não disse nada a seu marido. ²⁰ Ia ela montada num jumento, descendo por um caminho secreto da montanha, quando topou com Davi e seus homens, que vinham em sentido inverso; e foi ao encontro deles. ²¹ Davi vinha dizendo: "Na verdade, foi em vão que eu guardei tudo o que esse homem possuía no deserto, sem que lhe fosse tirada coisa alguma, e ele me paga o bem com o mal! ²² Deus trate com todo o seu rigor a Davi, se, de toda a gente de Nabal, eu deixar com vida até amanhã, um só que seja do sexo masculino!"

²³ Quando Abigail avistou Davi, desceu prontamente do seu jumento, fez a Davi uma profunda reverência e prostrou-se diante dele com o rosto em terra. ²⁴ Assim prostrada aos seus pés, disse-lhe: "Recaia sobre mim, meu senhor, esta culpa! Deixa falar a tua escrava e ouve as suas palavras. ²⁸ Perdoa a culpa da tua escrava. O Senhor dará à casa do meu senhor uma existência estável, porque tu, meu senhor, combates as guerras de Deus. Que não se encontre em ti culpa alguma em todos os dias da tua vida. ²⁹ Se alguém te perseguir ou conspirar contra a tua vida, a existência do meu senhor ficará guardada no cofre da vida, junto do Senhor, teu Deus, enquanto a vida de teus inimigos será lançada para longe, como a pedra de uma funda. ³⁰ E quando o Senhor tiver feito

ao meu senhor todo o bem que lhe prometeu, e te houver estabelecido chefe sobre Israel, ³¹não terás, meu senhor, no coração este pesar nem este remorso de teres derramado sangue sem motivo e de teres feito justiça por tua própria mão. E quando o Senhor te tiver feito bem, meu senhor, lembra-te da tua escrava".

³²Davi respondeu a Abigail: "Bendito seja o Senhor, Deus de Israel, que te mandou hoje ao meu encontro! Bendita seja a tua prudência, ³³e bendita sejas tu mesma, que me impediste hoje de derramar sangue e de fazer vingança pela minha mão! ³⁴Mas, pelo Senhor, Deus de Israel, que me impediu de te fazer o mal, se não tivesses vindo tão depressa ao meu encontro, de hoje para amanhã, dos que vivem na casa de Nabal, nem um só do sexo masculino teria ficado com vida". ³⁵Então Davi aceitou da sua mão tudo o que ela tinha trazido, dizendo-lhe: "Volta em paz para a tua casa. Fiz o que me pediste por consideração para contigo".

³⁶Abigail voltou para junto de Nabal. Ele estava justamente dando um banquete em casa, um verdadeiro festim de rei. Nabal tinha o coração alegre e estava completamente embriagado. Por isso ela nada lhe disse, nem pouco nem muito, até o dia seguinte. ³⁷Mas, pela manhã, depois que Nabal tinha curtido o seu vinho, sua mulher contou-lhe tudo. Então o coração dele congelou-se no peito, ficando como petrificado. ³⁸Dez dias depois, Nabal, ferido pelo Senhor, morreu.

³⁹Quando Davi soube da notícia da morte de Nabal, exclamou: "Bendito seja o Senhor, que vingou o ultraje que Nabal me fez, e que me impediu de fazer-lhe mal! O Senhor fez cair sobre sua cabeça a sua própria maldade!" Então Davi enviou mensageiros a Abigail com a proposta de ela se tornar sua mulher.

Responsório 1Sm 25,32a.33b; Mt 5,7

R. Bendito **seja** o Senhor **Deus** de Israel
que **hoje** te envi**ou** ao meu en**con**tro!
* Não me dei**xaste**, hoje, **san**gue derra**mar**
e vin**gar**-me pelas **mi**nhas **próprias mãos**.
V. Fe**lizes** os misericordi**osos**,
pois, tam**bém**, alcança**rão** miseri**cór**dia.
* Não me dei**xaste**.

Segunda leitura
Das Homilias, de São Gregório de Nissa, bispo

(Orat. 6: De beatitudinibus: PG 44,1266-1267) (Séc. IV)

A esperança de ver a Deus

A promessa de Deus é tão grande que supera o limite máximo da felicidade. O que poderá alguém desejar a mais acima deste bem, quando possui tudo naquele a quem vê? Com efeito, ver, conforme as Escrituras, significa ter. Por exemplo: *Vejas os bens de Jerusalém* é o mesmo que *encontres* tais bens. E dizendo: *Seja repelido o ímpio, não veja a glória do Senhor,* o Profeta quer significar por não veja que não seja participante.

Por conseguinte, quem vê a Deus possui tudo quanto há de bom pelo fato de ver. Possui a vida sem fim, a eterna incorruptibilidade, a felicidade imortal, o reino sem fim, a alegria contínua, a verdadeira luz, a palavra espiritual e suave, a glória intangível, a perpétua exultação. Em suma, possui todos os bens.

Decerto é enorme e imensamente valioso o que a promessa da felicidade propõe pela esperança. Contudo, como foi dito, o modo de ver a Deus repousa na pureza do coração. Neste ponto novamente o meu espírito tonteia, duvidando que esta pureza do coração consista em coisas que estejam fora de nosso alcance e que superem de muito nossa natureza. Pois se, por um lado, Deus pode ser visto através desta pureza, por outro lado, contudo, nem Moisés nem Paulo o viram. Com efeito, eles mesmos afirmam que nem eles nem outro qualquer podem ver a Deus. Sendo assim, aquela felicidade agora proposta pelo Verbo parece coisa que nem se pode realizar nem sequer imaginar.

Que vantagem, pois, temos em saber de que modo se vê a Deus, se não temos a capacidade para tanto? Seria o mesmo que falar a alguém sobre a felicidade de se morar no céu, porque lá se contempla o que na terra não se vê. De certo, quando se mostrasse algum caminho para ir ao céu, teria alguma utilidade para os ouvintes conhecer quanta felicidade existe em lá estar. Mas enquanto não for possível a subida, o que nos importa saber da felicidade celeste? Porventura serviria de alguma coisa senão para nos afligir e nos inquietar o ter conhecimento de que coisas estamos privados e impedidos de atingir? Será que o Senhor nos exorta a algo que supera nossa natureza e a grandeza do preceito ultrapassa as forças humanas?

Não é assim, pois ele não ordena serem pássaros aqueles que não têm asas, nem a viverem dentro da água os que destinou à vida terrestre. Se, portanto, em tudo o mais a lei se ajusta à capacidade dos que a recebem e não obriga a coisa alguma acima da natureza, entendamos que também aqui será tudo conforme e não há que desesperar daquilo que nos é mostrado como felicidade.

De fato, nem João nem Paulo nem Moisés nem outros como eles ficaram privados desta sublime beatitude, oriunda da visão de Deus. De fato, nem dela está privado aquele que disse: *Está guardada para mim a coroa da justiça que me dará o justo Juiz;* nem aquele que reclinou a cabeça no peito de Jesus; nem, igualmente, aquele que ouviu da voz divina: *Eu te conheci mais que a todos.*

Por conseguinte, se não há dúvida de que são felizes aqueles que afirmaram estar a contemplação de Deus acima de nossas forças e se a felicidade consiste na visão de Deus e se a Deus vê quem tem o coração puro, então é claro que a pureza de coração, que torna o homem feliz, não está entre as coisas que nos são impossíveis.

De fato, os que pretendem basear-se em Paulo, para declarar que a visão de Deus está acima de nossas forças, têm contra si a Palavra do Senhor, que promete acesso à visão de Deus pela pureza do coração.

Responsório   Sl 62(63),2bc; 16(17),15
R. A minh'alma tem sede de vós,
 * Minha carne, também, vos deseja.
V. Eu verei, justificado, a vossa face
 e, ao despertar, me saciará vossa presença.
 * Minha carne.

Oração

Senhor, nosso Deus, dai-nos por toda a vida a graça de vos amar e temer, pois nunca cessais de conduzir os que firmais no vosso amor. Por nosso Senhor Jesus Cristo, vosso Filho, na unidade do Espírito Santo.

SÁBADO

Ofício das Leituras

Primeira leitura
Do Primeiro Livro de Samuel   26,5-25

Davi mostra-se magnânimo para com Saul

Naqueles dias: ⁵Davi foi até ao acampamento de Saul, observou bem o lugar onde ele dormia, assim como o de Abner, filho de Ner, chefe do seu exército, viu que Saul estava deitado no meio das barricadas, e que a tropa acampava ao seu redor. ⁶Davi perguntou a Aquimelec, o hitita, e a Abisai, filho de Sarvia, irmão de Joab: "Quem quer vir comigo ao acampamento de Saul? Abisai respondeu: "Eu vou contigo".

⁷Davi e Abisai dirigiram-se de noite até ao acampamento, e encontraram Saul deitado e dormindo no meio das barricadas, com a sua lança à cabeceira, fincada no chão. Abner e seus soldados dormiam ao redor dele. ⁸Abisai disse a Davi: "Deus entregou hoje em tuas mãos o teu inimigo. Vou cravá-lo em terra com uma lançada, e não será preciso repetir o golpe". ⁹Mas Davi respondeu: "Não o mates! Pois quem poderia estender a mão contra o ungido do Senhor, e ficar impune?" ¹⁰E acrescentou: "Pela vida do Senhor! Só o Senhor ferirá: ele morrerá quando chegar a hora, ou então tombará na batalha. ¹¹Mas Deus me livre de estender a mão contra o ungido do Senhor! Agora, toma a lança que está à sua cabeceira, e a bilha de água, e vamos embora". ¹²Então Davi apanhou a lança e a bilha de água que estavam junto da cabeceira de Saul, e foram-se embora. Ninguém os viu, ninguém se deu conta de nada, ninguém despertou, pois todos dormiam um profundo sono que o Senhor lhes tinha enviado.

¹³Davi atravessou para o outro lado, parou no alto do monte, ao longe, deixando um grande espaço entre eles. ¹⁴Então bradou para a tropa e para Abner, filho de Ner: "Abner, não respondes?" Este respondeu, dizendo: "Quem és tu, que te atreves a gritar ao rei?" ¹⁵Davi replicou a Abner: "Tu és homem e ninguém pode competir contigo em Israel. Por que então não guardaste melhor o teu senhor e rei? É que veio alguém do povo para matar o rei, teu senhor. ¹⁶Não foi nada bom o que fizeste! Pela vida do Senhor, vós mereceis a morte, já que não cuidastes do vosso rei e senhor, do ungido do Senhor. E agora olha onde está a lança do rei, onde o cantil de água junto à sua cabeceira!" ¹⁷Com isto Saul reconheceu a voz de Davi e disse: "Então não é esta a tua voz, meu filho Davi?" E este respondeu: "Sim, é a minha voz, meu senhor e rei". ¹⁸E acrescentou: "Por que então vossa Majestade anda atrás do seu servo? Pois o que fiz eu, ou qual o crime que minha mão praticou? ¹⁹Seja lá o que for, ouça

meu senhor e rei as palavras do seu servo. Se foi o Senhor que te instigou contra mim, seja ele aplacado por um sacrifício. Mas se foram homens, sejam malditos diante do Senhor, pois me desterraram neste dia, não me deixando participar da herança do Senhor, e dizendo: 'Vai servir a deuses estranhos'. [20]Ora bem: Não caia o meu sangue na terra longe da face do Senhor. Realmente o rei de Israel saiu a campo para apanhar uma simples pulga, como se persegue uma perdiz nos montes".

[21]E Saul disse: "Estou em falta contigo. Volta, meu filho Davi! Não tornarei a te fazer mal, porque minha vida foi hoje tão preciosa aos teus olhos. De fato, eu procedi insensatamente, e cometi graves erros". [22]Davi respondeu: "Aqui está a lança do rei. Venha cá um dos teus servos buscá-la! [23]O Senhor retribuirá a cada um conforme a sua justiça e a sua fidelidade. Pois ele te havia entregue hoje em meu poder, mas eu não quis estender a minha mão contra o ungido do Senhor. [24]Assim como a tua vida, hoje, foi muito valiosa aos meus olhos, assim seja a minha vida aos olhos do Senhor, de modo que ele me livre de toda a angústia". [25]Saul respondeu a Davi: "Bendito sejas, meu filho Davi, pois farás grandes coisas e serás bem sucedido em tudo". Então Davi continuou o seu caminho, e Saul voltou para a sua casa.

Responsório   Sl 53(54),5ab.3.8a.4a

R. Contra **mim** orgulho**s**os se in**sur**gem
e vio**len**tos perse**guem**-me a **vi**da;
por vosso **nome**, sal**vai**-me, Se**nhor**,
* Por vossa **força**, fa**zei**-me jus**ti**ça!
V. Quero ofer**tar**-vos o **meu** sacri**fí**cio
de cora**ção** e com **mui**ta ale**gri**a.
Ó meu **Deus**, aten**dei** minha **pre**ce
e escu**tai** as palavras que eu **di**go. * Por vossa.

Segunda leitura
Das Homilias de São Gregório de Nissa, bispo
(Orat. 6 De beatitudinibus: PG 44, 1270-1271)   (Séc. IV)

Deus pode ser encontrado no coração do homem

Na vida humana, a saúde do corpo é boa coisa, mas o que torna feliz não é saber em que consiste a saúde, mas viver com saúde. Com efeito, se alguém, muito entretido em elogiar a saúde, toma alimentos que causam maus humores e doenças, de que lhe aproveitam, quando fica doente, os louvores à saúde? De modo semelhante entendamos a palavra que nos foi proposta, pois o Senhor não diz que a felicidade não está em conhecer algo sobre Deus, mas ter Deus em si. *Bem-aventurados os que têm coração puro porque verão, eles próprios, a Deus.*

Não me parece que Deus vá colocar-se perante quem o contempla por ter purificado os olhos da alma, mas que talvez a magnificência desta palavra nos sugira aquilo que expressou mais claramente a outros: *O Reino de Deus está dentro de vós.* Por aí ficamos sabendo como quem purificou seu coração de todo o criado e de toda paixão má verá em sua própria beleza a imagem da natureza divina.

Creio que o Verbo incluiu, nestas poucas palavras que disse, o seguinte conselho: "Ó vós, homens, que tendes algum empenho em contemplar o verdadeiro bem, quando ouvirdes falar da majestade divina exaltada acima dos céus, de sua glória inefável, de sua indizível beleza, não vos deixeis levar pelo desespero por não poderdes ver o que desejais!"

Se, por uma vida intensa e diligente, lavares de novo as sujeiras que mancham e escurecem o coração, resplandecerá em ti a divina beleza. Como acontece com o ferro, preto antes, retirada a ferrugem pelo polimento, começa a mostrar seu brilho ao sol, assim o homem interior, a quem o Senhor dá o nome de coração, quando limpar as manchas de ferrugem que surgiram em sua forma pela corrupção, recuperará a semelhança com sua principal forma original e se tornará bom. Pois o semelhante ao bom é bom.

Por consequência, quem se vê a si, em si vê a quem deseja. Deste modo é feliz quem tem o coração puro porque, olhando sua pureza, pela imagem descobre a forma principal. Aqueles que veem o sol refletido num espelho, embora não tenham os olhos fixos no céu, não veem menos seu esplendor do que aqueles que olham diretamente para o próprio sol; da mesma forma, também vós, embora sem possuirdes a capacidade de contemplar a luz inacessível, se voltardes à beleza e à graça da imagem que vos foi dada no início, em vós mesmos tereis o que procurais.

A pureza, a ausência das paixões desregradas e o afastamento de todo o mal é a divindade. Se, portanto, se encontrarem em ti, Deus estará totalmente em ti. Quando, pois, teu espírito estiver puro de todo vício, liberto de todo mau desejo e longe de toda nódoa, serás feliz pela agudeza e luminosidade do olhar, porque aquilo que os impuros não podem ver, tu, limpo, o perceberás. Retirada dos olhos da alma a escuridão da matéria, pela serenidade pura contemplarás claramente a beatificante visão. E esta, o que é? Santidade, pureza, simplicidade, todo o esplendor da luminosa natureza divina, pelos quais Deus se deixa ver.

Responsório   Jo 14,6a.9b; 6,47b
R. Eu **sou** o Ca**mi**nho, a Ver**da**de e a **Vi**da;
 * Quem me **vê**, vê o **Pai**.
V. Quem acre**di**ta em **mim**, tem a **vi**da e**ter**na. * Quem.

Oração
Senhor, nosso Deus, dai-nos por toda a vida a graça de vos amar e temer, pois nunca cessais de conduzir os que firmais no vosso amor. Por nosso Senhor Jesus Cristo, vosso Filho, na unidade do Espírito Santo.

13º DOMINGO DO Tempo Comum

I Semana do Saltério

I Vésperas

Cântico evangélico, ant.

Ano A Quem não **to**ma sua **cruz** e não me **se**gue,
não é **di**gno de **mim**, diz o Se**nhor**.

Ano B Dizia a mu**lher** para **si**:
se eu to**car**, nem que **se**ja na **or**la
de seu **man**to, eu **hei** de ser **sal**va.

Ano C As rapo**sas** pos**su**em as **to**cas,
e as **a**ves do **céu**, os seus **ni**nhos;
mas o **Fi**lho do **Ho**mem não **tem**
onde **pos**sa apoi**ar** a ca**be**ça.

Oração

Ó Deus, pela vossa graça, nos fizestes filhos da luz. Concedei que não sejamos envolvidos pelas trevas do erro, mas brilhe em nossas vidas a luz da vossa verdade. Por nosso Senhor Jesus Cristo, vosso Filho, na unidade do Espírito Santo.

Ofício das Leituras

Primeira leitura
Do Primeiro Livro de Samuel   28,3-25

Saul consulta a necromante de Endor

Naqueles dias: ³ Samuel tinha morrido e todo Israel o tinha pranteado. Enterraram-no em sua cidade natal, Ramá. Saul tinha eliminado do país os necromantes e os adivinhos.

⁴ Então os filisteus se reuniram e avançaram, acampando em Sunam. Em vista disto Saul mobilizou todo Israel e pôs acampamento em Gelboé.⁵ Mas quando Saul avistou o acampamento dos filisteus, foi tomado de medo e seu cora-

ção tremeu fortemente. ⁶Saul consultou ao Senhor, mas ele não deu resposta nem por sonhos nem pela sorte e tampouco através dos profetas.

⁷Então Saul ordenou aos seus servos: "Procurai-me uma mulher entendida em evocar os mortos, pois quero ir a ela e consultá-la". Os seus homens lhe responderam: "Olha, há uma mulher assim em Endor". ⁸Saul se disfarçou, vestindo outras roupas, e se pôs a caminho com dois homens. Chegaram à casa da mulher de noite. Então ele disse: "Por favor, adivinha para mim por meio da necromancia e evoca-me aquele que eu te disser!" ⁹A mulher lhe respondeu: "Olha, tu bem sabes o que fez Saul: ele exterminou do país os necromantes e adivinhos. Por que me armas um laço? Para me matar?" ¹⁰Saul lhe jurou pelo Senhor nestes termos: "Pela vida do Senhor, não incorrerás em nenhuma culpa por causa disto". ¹¹Então a mulher perguntou: "A quem devo evocar?" E ele respondeu: "Evoca-me Samuel".

¹²Mas quando a mulher avistou a Samuel, exclamou em voz alta e disse a Saul: "Por que me enganaste? Tu és Saul!"

¹³O rei lhe replicou: "Não tenhas medo! Vamos, o que estás vendo?" A mulher respondeu a Saul: "Estou vendo um espírito subindo das profundezas da terra". ¹⁴Ele lhe disse: Qual é a sua aparência?" Ela respondeu: "É um homem velho que está subindo, envolto num manto". Então Saul reconheceu que era realmente Samuel e caiu com o rosto por terra, prostrando-se para ele. ¹⁵Samuel, porém, disse a Saul: "Por que perturbas o meu repouso, evocando-me?" Saul respondeu: "Vejo-me numa situação desesperada. É que os filisteus me fazem guerra e Deus se retirou de mim, não me tendo respondido nem por boca dos profetas nem por sonhos. Por isso te chamei, para me indicares o que devo fazer". ¹⁶Samuel replicou: "Por que ainda me consultas, quando o Senhor se retirou de ti, tornando-se teu adversário? ¹⁷O Senhor cumpriu o que tinha falado por meu intermédio. O Senhor arrancou da tua mão a realeza e a deu ao teu

companheiro Davi. [18] Já que não obedeceste ao Senhor e não levaste a cabo a sua cólera ardente contra Amalec, por isso o Senhor hoje te fez isto. [19] O Senhor entregará contigo também a Israel nas mãos dos filisteus, e amanhã tu e teus filhos estareis comigo. O Senhor entregará nas mãos dos filisteus também o exército de Israel.

[20] Ao ouvir isto, Saul caiu como fulminado, estatelando-se no chão. É que estava profundamente apavorado com as palavras de Samuel. Além disso estava sem forças porque não tinha comido nada todo o dia e toda a noite. [21] Então a mulher se acercou de Saul e quando viu que ele estava completamente espantado, lhe disse: "Eis que tua criada prestou ouvidos à tua voz, mesmo com risco da própria vida, obedecendo às ordens que me deste. [22] Portanto presta também ouvidos à voz da tua criada: Vou apresentar-te um pedaço de pão para comeres, para que tenhas forças, quando retomares o teu caminho". [23] Mas ele recusou, dizendo: "Não quero comer!" Quando, porém, os seus servos e também a mulher insistiram com ele, acedeu, levantando-se do chão e assentando-se no divã. [24] Ora, a mulher tinha em casa uma vitela gorda. Cameou-a depressa, tomou farinha e amassou, fazendo pães ázimos. [25] Em seguida apresentou a Saul e seus homens e eles comeram. Depois retomaram o caminho de volta ainda na mesma noite.

Responsório   1Cr 10,13.14

R. As **infidelidades** de **Saul** causaram sua **morte**,
   por **não** ter observado as **ordens** do **Senhor**.
 * O **Senhor** transferiu o seu **reino** a **Davi**.
V. Por **ter** consultado a necromante adivinha
   e não **ter** confiado no **Senhor**, o seu **Deus**.
 * O **Senhor**.

13º Domingo do Tempo Comum

Segunda leitura
Das Homilias de Paulo VI, papa
(Hom. em Manila, pronunciada a 29 de novembro de 1970)
(Séc. XX)

Pregamos a Cristo até os confins da terra

Ai de mim se não evangelizar! Por ele, pelo próprio Cristo, para tanto fui enviado. Eu sou apóstolo e também testemunha. Quanto mais distante o país, quanto mais difícil a missão, com tanto mais veemência *a caridade me aguilhoa*. É meu dever pregar seu nome: Jesus é *Cristo, o Filho do Deus vivo*. É aquele que nos revelou o Deus invisível, *ele, o primogênito de toda criatura, ele, em quem tudo existe*. É o mestre redentor dos homens: por nós nasceu, morreu e ressuscitou.

É ele o centro da história e do universo. Ele nos conhece e ama, o companheiro e o amigo em nossa vida, o homem das dores e da esperança. Ele é quem de novo virá, para ser o nosso juiz, mas também – como confiamos – a eterna plenitude da vida e nossa felicidade.

Jamais cessarei de falar sobre ele. Ele é a luz, é a verdade, mais ainda, é *o caminho, a verdade e a vida*. É o pão e a fonte de água viva, saciando a nossa fome e a sede. É o pastor, o guia, o modelo, a nossa força, o nosso irmão. Assim como nós, mais até do que nós, ele foi pequenino, pobre, humilhado, trabalhador, oprimido, sofredor. Em nosso favor falou, fez milagres, fundou novo Reino onde os pobres são felizes, onde a paz é a origem da vida em comum, onde são exaltados e consolados os de coração puro e os que choram, onde são saciados os que têm fome de justiça, onde podem os pecadores encontrar perdão e onde todos se reconhecem irmãos.

Vede, este é o Cristo Jesus, de quem já ouvistes falar, em quem muitíssimos de vós já confiam, pois sois cristãos. A vós, portanto, ó cristãos, repito seu nome, a todos o anuncio: Cristo Jesus é o princípio e o fim, o alfa e o ômega, o rei do mundo novo, a misteriosa e suprema razão da história humana e de nosso destino. É ele o mediador e como que a ponte entre a terra e o céu. É ele, o Filho do homem, maior e mais perfeito do que todos por ser o eterno, o infinito, Filho de Deus e Filho de Maria, bendita entre as mulheres, sua mãe segundo a carne, nossa mãe pela comunhão com o Espírito do Corpo místico.

Jesus Cristo, não vos esqueçais, é a nossa inalterável pregação. Queremos ouvir seu nome até os confins da terra e por todos os séculos dos séculos!

Responsório　　　　　2Tm 1, 10b; Jo 1,16; Cl 1,16b.17
R. Jesus Cristo Salvador destruiu o mal e a morte;
fez brilhar pelo Evangelho
a luz e a vida imperecíveis.
 * Todos nós recebemos de sua plenitude
graça após graça.
V. Porque nele é que tudo foi criado;
antes de toda criatura ele existe
e é por ele que subsiste o universo. * Todos nós.
HINO Te Deum, p. 589.

Laudes

Cântico evangélico
Ano A　Quem vos recebe, a mim recebe;
quem me recebe, diz Jesus,
recebe o Pai que me enviou.

Ano B　Jesus disse, então, à mulher:
Vai em paz, tua fé te salvou!

Ano C　Deixa que os mortos enterrem os mortos!
Tu, porém, vai e prega o Reino de Deus.

Oração

Ó Deus, pela vossa graça, nos fizestes filhos da luz. Concedei que não sejamos envolvidos pelas trevas do erro, mas brilhe em nossas vidas a luz da vossa verdade. Por nosso Senhor Jesus Cristo, vosso Filho, na unidade do Espírito Santo.

II Vésperas

Cântico evangélico, ant.

Ano A Em verdade eu vos digo:
Quem der, em meu nome,
a um destes pequeninos
nem que seja um copo d'água,
por ser ele meu discípulo,
há de ter sua recompensa.

Ano B A criança não morreu, está dormindo.
Tomou-a pela mão e exclamou:
Levanta-te, menina, eu te ordeno!

Ano C Quem põe a mão no arado e olha para trás,
não serve para o Reino de Deus, diz o Senhor.

SEGUNDA-FEIRA

Ofício das Leituras

Primeira leitura
Dos Livros de Samuel   1Sm 31,1-4; 2Sm 1,1-16

A morte de Saul

Naqueles dias, ³¹,¹os filisteus estavam em guerra com Israel. Os israelitas fugiram diante dos filisteus e, feridos de morte, caíram na montanha de Gelboé. ²Os filisteus perseguiram de perto a Saul e seus filhos, massacrando Jônatas, Abinadab e Melquisua, filhos de Saul.

³Então se travou uma peleja encarniçada em torno de Saul, e os flecheiros o atingiram com as flechas. Ferido mortalmente pelos flecheiros, ⁴ordenou Saul ao escudeiro: "Desembainha a espada e traspassa-me com ela! Não ve-

nham esses incircuncisos e me traspassem, abusando de mim!" Mas o escudeiro não quis saber, porque tinha muito receio. Então Saul tomou a espada e se precipitou sobre ela.

¹Depois da morte de Saul, Davi regressou da derrota que infligiu aos amalecitas, e esteve dois dias em Siceleg. ²No terceiro dia, apareceu um homem, que vinha do acampamento de Saul, com as vestes rasgadas e a cabeça coberta de pó. Ao chegar perto de Davi, prostrou-se por terra e fez-lhe uma profunda reverência. ³Davi perguntou-lhe: "Donde vens?" Ele respondeu: "Salvei-me do acampamento de Israel". ⁴"Que aconteceu?", perguntou-lhe Davi. "Conta-me tudo!" Ele respondeu: "As tropas fugiram da batalha, e muitos do povo caíram mortos. Até Saul e o seu filho Jônatas pereceram!"

⁵Davi disse ao jovem mensageiro: "Como sabes que Saul e seu filho Jônatas morreram?" ⁶E o jovem mensageiro respondeu: "Estava por acaso, no monte Gelboé, quando encontrei Saul apoiado na sua lança, enquanto os carros e os cavaleiros se aproximavam dele. ⁷Olhando para trás, ele me viu, chamou-me e eu lhe disse: "Aqui estou". ⁸"Quem és tu?" perguntou-me ele. E eu respondi: "Sou um amalecita". ⁹E ele continuou: "Aproxima-te e mata-me, porque já estou em agonia e ainda me encontro cheio de vida". ¹⁰Então aproximei-me dele e acabei de matá-lo, pois via que não poderia sobreviver depois da derrota. Tomei o diadema que ele tinha na cabeça e o bracelete do seu braço e trouxe-os para ti, meu senhor: aqui estão".

¹¹Então Davi tomou suas próprias vestes e rasgou-as, e todos os que estavam com ele fizeram o mesmo. ¹²Lamentaram-se, choraram e jejuaram até à tarde, por Saul e por seu filho Jônatas, e por causa do povo do Senhor e da casa de Israel, porque haviam tombado pela espada.

¹³Davi disse ao jovem mensageiro: "Donde és tu?" Ele respondeu: "Sou filho de um estrangeiro, de um amalecita". ¹⁴Davi disse-lhe: "Como não temeste estender a mão para

matar o ungido do Senhor?" ¹⁵E, chamando um dos seus homens, Davi ordenou-lhe: "Aproxima-te e mata-o!" Este assim o fez. ¹⁶Davi disse, então: "Que teu sangue recaia sobre a tua cabeça! A tua própria boca deu testemunho contra ti, quando disseste: Matei o ungido do Senhor".

Responsório 2Sm 1,21.19
R. Ó **mon**tes de Gelbo**é**, sobre **vós** nunca mais **des**çam nem o or**va**lho, nem a **chu**va.
  * Aí tom**ba**ram na ba**ta**lha os he**róis** de Isra**el**.
V. Que o Se**nhor** visite os **mon**tes, que es**tão** ao derre**dor**, mas pas**san**do, deixe a**trás** esses **mon**tes de Gelbo**é**.
  * Aí tom**ba**ram.

Segunda leitura
Dos Sermões de Santo Agostinho, bispo
 (Serm. 47,1.2.3.6, De ovibus: CCL 41,572-573.575-576)
(Séc. V)

É ele o Senhor, nosso Deus;
nós, povo de suas pastagens

As palavras que cantamos contêm nossa declaração: somos ovelhas de Deus, *porque ele é o Senhor nosso Deus, que nos fez*. Ele é o nosso Deus, *nós somos o povo de suas pastagens e as ovelhas de suas mãos*. Não foram os pastores que fizeram suas ovelhas, não foram eles que criaram os animais que levam a pastar. Mas o Senhor, nosso Deus, por ser Deus e criador, foi ele mesmo que fez para si as ovelhas que possui e que apascenta. Não foi um a criar aquelas que ele apascenta, nem outro a apascentar as que criou!

Declaramos, pois, neste cântico, que somos as suas ovelhas, o povo de suas pastagens, as ovelhas de suas mãos. Ouçamos agora o que nos diz, a nós, a suas ovelhas. Primeiro, ele falava aos pastores; agora, porém, fala às ovelhas. Postos entre os pastores, nós ouvíamos as suas palavras com tremor, e vós, com segurança. Que acontece nestas palavras de hoje? Será que por alternância, nós com segurança, vós, com tremor? Absolutamente não. Primeiro porque, se somos pastores, o pastor ouve com tremor não apenas o que é dito aos pastores, mas também o que se diz às ovelhas. Se ouve tranquilo o que se diz às ovelhas, pouco se importa com elas. Em seguida, e já o dissemos à vossa caridade, há duas coisas a considerar em nós: uma, que somos cristãos; outra que somos prelados. Por sermos prelados, somos contados entre os pastores, se formos bons. Por sermos cristãos, convosco também somos ovelhas. Portanto, quer fale o Senhor aos pastores, quer fale às ovelhas, temos de ouvir tudo com tremor, sem que diminua a solicitude de nosso coração.

Ouçamos então, irmãos, a razão pela qual o Senhor castiga as ovelhas más e o que promete às suas. *E vós, assim diz, sois minhas ovelhas.* Antes do mais, que felicidade ser do rebanho de Deus, tão grande que se alguém nela pensar, irmãos, até mesmo nas lágrimas e nas tribulações de agora, lhe vem imensa alegria. De quem foi dito: *Que apascentas Israel,* é aquele mesmo de quem se diz: *Não cochilará nem há de dormir quem guarda Israel.* Por conseguinte, ele vigia sobre nós acordados, vigia sobre nós adormecidos. Se, pois, o rebanho de um homem se sente seguro pelo pastor homem, que segurança não deve ser a nossa por ser Deus mesmo que nos apascenta, e não apenas porque nos alimenta, mas também porque nos fez?

Vós, ovelhas minhas, assim diz o Senhor Deus: eis que distingo entre ovelha e ovelha, entre bodes e cabritos. Que fazem aqui no rebanho de Deus os cabritos? Nas mesmas pastagens, nas mesmas fontes e, no entanto, cabritos destinados à esquerda se misturam aos da direita. São tolerados antes de ser separados. Provam a paciência das ovelhas à semelhança da paciência de Deus. Ele fará, sim, a separação, uns à esquerda, outros à direita.

Responsório
Jo 10,27-28; Ez 34,15

R. Conheço as minhas ovelhas
e elas me ouvem, me seguem;
dou a elas a vida eterna.
* E jamais deixarei que pereçam.
E ninguém vai roubá-las de mim.
V. Eu mesmo irei apascentar minhas ovelhas
e as farei repousar. * E jamais.

Oração

Ó Deus, pela vossa graça, nos fizestes filhos da luz. Concedei que não sejamos envolvidos pelas trevas do erro, mas brilhe em nossas vidas a luz da vossa verdade. Por nosso Senhor Jesus Cristo, vosso Filho, na unidade do Espírito Santo.

TERÇA-FEIRA

Ofício das Leituras

Primeira leitura
Do Segundo Livro de Samuel
2,1-11; 3,1-5

Davi é ungido rei de Judá, em Hebron

Naqueles dias: ²·¹Davi consultou o Senhor, dizendo: "Devo subir a alguma das cidades de Judá?" O Senhor respondeu: "Sobe". Davi perguntou: "Para onde irei?" E a resposta foi: "Para Hebron". ²Davi pôs-se a caminho de Hebron com suas duas mulheres, Aquinoan de Jezrael e Abigail, viúva de Nabal do Carmelo. ³Davi levou também os homens que estavam com ele, cada um com sua família, e fixaram-se nas povoações de Hebron. ⁴Vieram os homens de Judá e ali ungiram Davi como rei de Judá.

Davi soube, então, que os homens de Jabes de Galaad haviam sepultado Saul. ⁵Mandou-lhes mensageiros, dizendo: "Sede benditos pelo Senhor, porque praticastes este ato de piedade para com o vosso soberano Saul, dando-lhe sepultura! ⁶Que o Senhor, por sua vez, se mostre bom e fiel para convosco. Eu também vos beneficiarei por esta ação que fizestes. ⁷Tende coragem e sede homens valorosos, porque, ainda que tenha morrido Saul, vosso senhor, a casa de Judá me ungiu como seu rei".

⁸Ora, Abner, filho de Ner, chefe do exército de Saul, tomou Isbaal, filho de Saul, e levou-o a Maanaim. ⁹Lá o constituiu rei de Galaad, de Aser, de Jezrael, de Efraim e Benjamim, e de todo o Israel. ¹⁰Isbaal, filho de Saul, tinha quarenta anos quando se tornou rei de Israel, e reinou durante dois anos. Só a casa de Judá seguia Davi. ¹¹Sete anos e seis meses reinou Davi sobre a casa de Judá em Hebron.

³,¹Houve então uma guerra prolongada entre a casa de Saul e a casa de Davi. Mas à medida que o poder de Davi se fortificava, o de Saul enfraquecia cada vez mais.

²Davi teve vários filhos em Hebron: o primogênito foi Amnon, nascido de Aquinoam de Jezrael; ³O segundo foi Queleab, nascido de Abigail, viúva de Nabal do Carmelo; o terceiro foi Absalão, filho de Maaca, filha de Tolmai, rei de Gesur; ⁴o quarto foi Adonias, filho de Hagit; o quinto Safatias, nascido de Abital, ⁵e o sexto Jetraam, nascido de Egla, esposa de Davi. Foram estes os filhos que nasceram a Davi em Hebron.

Responsório   Gn 49,10.8ac
R. Nunca **há** de se afas**tar** o **ce**tro de Ju**dá**,
   nem o bas**tão** dentre seus **pés**.
   * Até que **venha** o Prome**ti**do, o Espe**ra**do das na**ções**.
V. Ó Ju**dá**, os teus ir**mãos** te louva**rão**,
   inclinar-se-**ão** a ti os **filhos** de **teu pai**.
   * Até que **venha**.

Segunda leitura

Dos Sermões de Santo Agostinho, bispo
 (Serm. 47,12-14, De ovibus: CCL 41,582-584)   (Séc. V)

*Se quisesse agradar aos homens,
não seria servo de Cristo*

É esta a nossa glória: *o testemunho de nossa consciência*. Há homens de juízo temerário, detratores, maldizentes, murmuradores, suspeitosos do que não veem, procurando acusar o que nem mesmo suspeitam. Contra gente assim, o que nos resta a não ser o testemunho de nossa consciência? Mas, irmãos, também em relação àqueles a quem queremos agradar, não procuramos nossa glória nem a devemos buscar, mas a salvação deles, de modo que não se extraviem aqueles que nos seguem, se andarmos bem. Sejam nossos imitadores, se o formos de Cristo. Se não formos imitadores de Cristo, que eles o sejam! Pois o Senhor apascenta o seu rebanho e junto com todos os bons pastores, ele é o único, porque todos estão nele.

Por isso, não temos em vista nosso proveito quando buscamos agradar aos homens, mas queremos alegrar-nos com eles, alegrarmo-nos por sentirem prazer com o bem, para vantagem deles, não para nossa honra. Claramente se percebe contra quem disse o Apóstolo: *Se quisesse agradar aos homens, não seria servo de Cristo.* Também se percebe a favor de quem ele disse: *Agradai a todos em tudo, assim como também eu lhes agrado em tudo*. Ambas as coisas puras, ambas sem perturbação. Quanto a ti, come e bebe tranquilamente; mas não pises os pastos, nem turves as águas.

Na verdade, também ouviste nosso Senhor Jesus Cristo, o Mestre dos apóstolos: *Brilhem vossas obras diante dos homens, para que vejam o bem que fazeis e glorifiquem vosso Pai que está nos céus.* Ele vos fez assim: *Nós, gente de suas pastagens e ovelhas de suas mãos*. Louvor a ele que te fez bom, se és bom, e não a ti que, por ti mesmo só poderias ser mau. Por que queres torcer a verdade, de modo que quando fazes algum bem, queres ser elogiado e, quando fazes o mal, queres que o Senhor seja criticado? De fato, aquele que disse: *Brilhem vossas obras diante dos homens,* é o mesmo que, na mesma exortação, declarou: *Não façais vossa justiça diante dos homens.* Como no Apóstolo, também no Evangelho estes ditos te parecem contraditórios. Se, porém, não turvares a água de teu coração, aí encontrarás o acordo das Escrituras e terás paz também com elas.

Esforcemo-nos, pois, irmãos, não apenas para sermos bons, mas ainda para convivermos bem com os homens. Não procuremos apenas ter uma boa consciência, mas, na medida em que permitirem nossas limitações, vigilantes sobre a fragilidade humana, empenhemo-nos em nada fazer que levante dúvidas para o irmão mais fraco. Não aconteça que, comendo ervas boas e bebendo águas límpidas espezinhemos as pastagens de Deus e as ovelhas fracas comam a erva pisada e bebam a água turva.

Responsório Fl 2,3-4; 1Ts 5,14b.15b
R. Comple**tai** minha ale**gri**a, tendo os **mes**mos senti**men**tos e o **mes**mo amor fra**ter**no, com **to**da a humil**da**de, conside**ran**do os de**mais** superiores a vós **mes**mos.
 * Tenha em **vis**ta cada **um**, não seus **pró**prios inte**res**ses, sim, po**rém**, o bem dos **ou**tros.
V. Ampa**rai** os que são **fra**cos, sede com **to**dos paci**en**tes. Bus**cai** constante**men**te o bem dos **ou**tros e de **to**dos.
 * Tenha em **vis**ta.

Oração
Ó Deus, pela vossa graça, nos fizestes filhos da luz. Concedei que não sejamos envolvidos pelas trevas do erro, mas brilhe em nossas vidas a luz da vossa verdade. Por nosso Senhor Jesus Cristo, vosso Filho, na unidade do Espírito Santo.

QUARTA-FEIRA

Ofício das Leituras

Primeira leitura
Do Segundo Livro de Samuel 4,2-5,7

Davi reina sobre Israel. Conquista de Jerusalém

Naqueles dias: ²Isbaal tinha ao seu serviço dois chefes de guerrilha: um chamava-se Baana e o outro Recab, filhos de Remon, de Berot, da tribo de Benjamin. Berot pertencia também a Benjamin, ³embora seus habitantes se tivessem refugiado em Getaim e residido ali como forasteiros até hoje.

⁴Jônatas, filho de Saul, tinha um filho aleijado dos dois pés. Ele tinha cinco anos quando chegou de Jezrael a notícia da morte de Saul e de Jônatas. Sua ama fugiu com ele, mas na precipitação da fuga o menino caiu e ficou manco. O seu nome era Meribaal.

⁵Os filhos de Remon de Berot, Recab e Baana, puseram-se a caminho e chegaram à casa de Isbaal na hora mais quente do dia, quando ele estava dormindo a sesta; ⁶e a porteira da casa adormecera limpando o trigo. Então Recab e seu irmão Baana entraram no interior da casa e o feriram na virilha e fugiram. ⁷Tendo penetrado na casa, onde Isbaal repousava no seu leito, feriram-no de morte e cortaram-lhe a cabeça. Tomaram-na consigo e andaram toda a noite pelo caminho da Arabá.

⁸E levaram a cabeça de Isbaal a Davi, em Hebron, dizendo-lhe: "Aqui tens a cabeça de Isbaal, filho de Saul, teu inimigo, que te queria matar. O Senhor vingou hoje o rei, meu senhor, de Saul e de sua descendência". ⁹Mas Davi respondeu a Recab e a seu irmão Baana, filhos de Remon, de Berot: "Pela vida do Senhor que me livrou de toda a angústia! ¹⁰Ao homem que me veio anunciar a morte de Saul, pensando dar-me uma boa notícia, eu o prendi e o matei em Siceleg, e dei-lhe assim a recompensa por sua boa-nova.

¹¹Quanto mais agora, que homens malvados mataram um homem inocente dentro de sua casa, no seu leito, não vingarei eu o seu sangue derramado pelas vossas mãos e não vos exterminarei da terra?" ¹²Em seguida, Davi deu ordens aos seus homens, e eles os mataram. E, cortando-lhes as mãos e os pés, penduraram-nos perto da piscina de Hebron. Quanto à cabeça de Isbaal, sepultaram-na no túmulo de Abner, em Hebron.

⁵,¹Todas as tribos de Israel vieram encontrar-se com Davi em Hebron e disseram-lhe: "Aqui estamos. Somos teus ossos e tua carne. ²Tempo atrás, quando Saul era nosso rei, eras tu que dirigias os negócios de Israel. E o Senhor te disse: Tu apascentarás o meu povo Israel e serás o seu chefe". ³Vieram, pois, todos os anciãos de Israel até ao rei em Hebron. O rei Davi fez com eles uma aliança em Hebron, na presença do Senhor, e eles o ungiram rei de Israel. ⁴Davi tinha trinta anos quando começou a reinar, e reinou quarenta anos: ⁵sete anos e seis meses sobre Judá, em Hebron, e trinta e três anos em Jerusalém, sobre todo o Israel e Judá.

⁶Davi marchou então com seus homens para Jerusalém, contra os jebuseus que habitavam aquela terra. Estes disseram a Davi: "Não entrarás aqui, pois serás repelido por cegos e coxos". Com isso queriam dizer que Davi não conseguiria entrar lá. ⁷Davi, porém, tomou a fortaleza de Sião, que é a cidade de Davi.

Responsório   Sl 2,2.6.1
R. Por que os **reis** de toda a **ter**ra se re**ú**nem
   e cons**pi**ram os go**ver**nos todos **jun**tos
   contra o **Deus** onipo**ten**te e o seu Ungido?
 * Fui eu **mes**mo que esco**lhi** este meu **Rei**,
   e em Si**ão**, meu monte **san**to, o consa**grei**.
V. Por que os **po**vos agi**ta**dos se re**vol**tam,
   por que **tra**mam as na**ções** projetos **vãos**?
 * Fui eu **mes**mo.

Segunda leitura
Do livro O Caminho da Perfeição, de Santa Teresa, virgem

(Cap. 30,1-5: Oeuvres complètes. Desclée de Brouwer, Paris, 1964,467-468) (Séc. XVI)

Venha a nós o vosso Reino

Quem haverá, por mais irrefletido que seja, que, desejando fazer um pedido a uma pessoa importante, não discuta consigo mesmo como lhe falará, de forma a lhe agradar e não o aborrecer? Pensará também no que lhe irá pedir e para que fim, sobretudo quando se trata de coisa tão importante, como a que nosso bom Jesus nos ensina a pedir. Na minha opinião, é isso o mais fundamental.

Não poderíeis, Senhor meu, englobar tudo numa palavra e dizer: "Dai-nos, ó Pai, o que for conveniente e adequado?" Assim nada mais seria preciso dizer a quem tudo conhece com perfeição.

Isto na verdade, ó eterna Sabedoria, seria suficiente entre vós e vosso Pai, e foi assim que orastes no Horto de Getsêmani. Vós lhe manifestastes vossa vontade e temor, mas vos conformastes totalmente à sua vontade. Quanto a nós, Senhor meu, sabeis não sermos tão conformados assim, como o fostes à vontade do Pai. Por esta razão, cumpre pedir coisa por coisa. Deste modo, refletiremos antes se nos convém o que pedimos. Em caso contrário, deixemos de pedi-lo. De fato, somos assim: se não nos for concedido o que pedimos, este nosso livre-arbítrio não aceitará o que o Senhor nos der. Porque, embora seja o melhor quanto o Senhor nos der, se não vemos logo o dinheiro na mão, nunca pensamos ser ricos.

Por isso Jesus nos ensina a dizer as palavras com que pedimos a vinda de seu Reino: *Santificado seja o vosso nome, venha a nós o vosso Reino.* Admirai, minhas filhas, a profunda sabedoria de nosso Mestre! Considero eu aqui – e para nós é bom entender – o que pedimos com este Reino. A majestade de Deus via que não podíamos santificar ou glorificar como seria bom este santo nome do Pai eterno, de acordo com o pouquinho que podemos, a menos que sua Majestade não providenciasse, dando-nos aqui o seu Reino. Por isso o bom Jesus pôs um pedido ao lado do outro. Para entendermos o que pedimos e quanto interessa pedirmos, importuna e ardentemente, e, além disso, fazer tudo que estiver a nosso alcance para satisfazer àquele que no-lo dará, quero expor-vos aqui o que sobre isso compreendo.

O supremo bem que me parece existir no Reino dos Céus é que já não se dá valor às coisas da terra. Sendo assim, há um alegrar-se da alegria de todos, uma paz perpétua, uma satisfação imensa em si mesmos por ver que todos engrandecem ao Senhor e bendizem seu nome, sem ninguém mais o ofender com seus pecados. Todos o amam e em seu coração não anseiam nada mais do que amá-lo, nem podem deixar de amá-lo, porque o conhecem. É assim que o deveríamos amar também aqui, embora não o possamos com toda esta perfeição e em sua essência. Pelo menos, nós o amaríamos muito mais do que o amamos, se melhor o conhecêssemos.

Responsório   Cf. Mt 7,7-8

R. Aquele que aos filhos dá o que é bom,
   nos incita a pedir e a procurar
   e a bater à sua porta sem cessar.
 * Quanto mais fielmente nós crermos,
   esperarmos com mais decisão
   e com ardor mais intenso quisermos,
   tanto mais nós seremos capazes
   de receber o que é bom do Senhor.
V. Na questão referida se trata
   mais de gemidos do que de discursos,
   mais de lágrimas do que de palavras.
 * Quanto mais.

Oração

Ó Deus, pela vossa graça, nos fizestes filhos da luz. Concedei que não sejamos envolvidos pelas trevas do erro, mas brilhe em nossas vidas a luz da vossa verdade. Por nosso Senhor Jesus Cristo, vosso Filho, na unidade do Espírito Santo.

QUINTA-FEIRA

Ofício das Leituras

Primeira leitura
Do Segundo Livro de Samuel 6,1-23

A arca é levada a Jerusalém

Naqueles dias: ¹ Davi reuniu de novo a elite de Israel, num total de trinta mil homens. ² E puseram-se a caminho, ele e todo o povo que o acompanhava, rumo a Baala de Judá, para trazer de lá a arca de Deus, sobre a qual é invocado o nome do Senhor Todo-poderoso, que está sentado sobre querubins. ³ Colocaram a arca de Deus num carro novo, tirando-a da casa de Abinadab, situada na colina. Oza e Aio, filhos de Abinadab, conduziam o carro novo. ⁴ Oza ia ao lado da arca de Deus e Aio ia adiante. ⁵ Davi e toda a casa de Israel dançavam diante do Senhor com todo o entusiasmo, cantando ao som de cítaras, harpas, pandeiros, sistros e címbalos.

⁶ Mas, ao chegar à eira de Nacon, Oza estendeu a mão para a arca do Senhor e segurou-a, porque os bois tinham escorregado e ela ia cair. ⁷ Então o Senhor inflamou-se de cólera contra Oza, e feriu-o por causa da sua temeridade, de modo que ele morreu ali mesmo, perto da arca de Deus. ⁸ Davi ficou triste pelo fato de o Senhor se ter lançado contra Oza; por isso aquele lugar recebeu o nome de "Investida de Oza", nome que leva até hoje. ⁹ Naquele dia, Davi teve grande medo do Senhor, e disse: "Como entrará a arca do Senhor em minha casa?" ¹⁰ E não permitiu que a levassem

para a sua casa na cidade de Davi; mas ordenou que a trasladassem para a casa de Obed-Edom, de Gat. ¹¹Ficou a arca do Senhor três meses na casa de Obed-Edom, de Gat, e o Senhor abençoou-o com toda a sua família.

¹²Informaram o rei Davi: "O Senhor abençoou a família de Obed-Edom e todos os seus bens por causa da arca de Deus". Então Davi pôs-se a caminho e transportou festivamente a arca de Deus da casa de Obed-Edom para a cidade de Davi. ¹³A cada seis passos que davam, os que transportavam a arca do Senhor sacrificavam um boi e um carneiro. ¹⁴Davi, cingido apenas com um efod de linho, dançava com todas as suas forças diante do Senhor. ¹⁵Davi e toda a casa de Israel conduziram a arca do Senhor, soltando gritos de júbilo e tocando trombetas. ¹⁶Ora, quando a arca do Senhor entrou na cidade de Davi, Micol, filha de Saul, estava olhando pela janela. Vendo o rei Davi dançar e pular diante do Senhor, desprezou-o em seu coração.

¹⁷Introduziram a arca do Senhor e depuseram-na em seu lugar, no centro da tenda que Davi tinha armado para ela. Em seguida, ele ofereceu holocaustos e sacrifícios pacíficos na presença do Senhor. ¹⁸Assim que terminou de oferecer os holocaustos e os sacrifícios pacíficos, Davi abençoou o povo em nome do Senhor Todo-poderoso. ¹⁹E distribuiu a toda a multidão de Israel, a cada um dos homens e das mulheres, um pão de forno, um bolo de tâmaras e uma torta de uvas. Depois todo o povo foi para casa.

²⁰Quando Davi voltou, para abençoar a família, Micol, filha de Saul, foi-lhe ao encontro e disse: "Que bela figura fez hoje o rei de Israel, desnudando-se aos olhares das servas dos seus servidores, como o faria um bobo qualquer!" ²¹Mas Davi respondeu: "É diante do Senhor que eu danço! Bendito seja o Senhor, que me escolheu de preferência a teu pai e a toda a tua família, para me fazer o chefe do seu povo, de Israel. ²²Eu dançarei diante do Senhor e estou disposto a humilhar-me ainda mais, mesmo que pareça mesquinho aos meus olhos. Mas da parte das servas de que falas ganharei

estima". ²³ E Micol, filha de Saul, não teve mais filhos até ao dia da sua morte.

Responsório Sl 131(132),8.9; Sl 23(24),7.9

R. Subi, Senhor, para o lugar de vosso pouso,
  subi vós com vossa arca poderosa.
  * Que se vistam de alegria os vossos santos
  e os vossos sacerdotes de justiça.
V. Ó portas, levantai vossos frontões!
  Elevai-vos bem mais alto, antigas portas,
  a fim de que o Rei da glória possa entrar.
  * Que se vistam.

Segunda leitura

Homilia aos neófitos sobre o Salmo 41, de São Jerônimo, presbítero

(CCL 78,542-544)   (Séc. V)

Entrarei no lugar do admirável tabernáculo

Como o cervo deseja as fontes das águas, assim minha alma te deseja, ó Deus. Como aqueles cervos desejam as fontes das águas, assim os nossos cervos que, afastando-se do Egito e do século, afogaram o faraó em suas águas e mataram todo o seu exército no batismo, depois da morte do diabo, desejam as fontes da Igreja, isto é, o Pai, o Filho e o Espírito Santo.

Que o Pai seja dito fonte, encontramos em Jeremias: *Afastaram-me a Mim, fonte de água viva, e cavaram para si cisternas rachadas que não podem reter as águas.* Sobre o Filho, lemos em certo lugar: *Abandonaram a fonte da sabedoria.* E sobre o Espírito Santo: *Quem beber da água que eu lhe der, dele brotará uma fonte de água que jorra para a vida eterna,* que logo o evangelista explica tratar-se do Espírito Santo nesta palavra do Salvador. Prova-se assim claramente que as três fontes da Igreja são o mistério da Trindade.

A esta Trindade aspira o fiel, aspira o batizado que diz: *Minha alma tem sede de Deus, fonte viva.* Não quer ver a Deus apenas de leve, mas com todo o ardor, todo abrasado em sede. Com efeito, antes do batismo, os futuros cristãos falavam entre si e diziam: *Quando irei e me apresentarei diante da face de Deus?* Agora obtiveram o que pediam: vieram e ficaram diante da face de Deus, apresentaram-se ante o altar, perante o mistério do Salvador.

Admitidos no Corpo de Cristo e renascidos na fonte da vida, proclamam com confiança: *Entrarei no lugar do admirável tabernáculo, até a casa de Deus.* A casa de Deus é a Igreja, é ela o admirável tabernáculo, nele mora *a voz da exultação e do louvor, o ruído dos convivas.*

Dizei, portanto, vós que agora, guiados por nós, vos revestistes de Cristo, fostes retirados pela Palavra de Deus do mar deste mundo como um peixinho preso pelo anzol. Em nós, porém, a natureza se transformou, pois enquanto os peixes morrem, quando retirados das águas, a nós os apóstolos nos tiraram e pescaram do mar deste mundo para que de mortos passemos a vivos. Enquanto estávamos no século, com os olhos nas profundezas, nossa vida se passava no lodo. Depois de erguidos das ondas, começamos a ver o sol, começamos a olhar a verdadeira luz; e deslumbrados pela imensa alegria dizemos a nossa alma: *Espera em Deus porque o louvarei, a ele, salvação de minha face e meu Deus.*

Responsório   Sl 26(27),4

R. Ao Se**nhor** eu peço a**pe**nas uma **coi**sa
   e é só **is**so que eu de**se**jo:
 * **Ha**bi**tar** no santu**á**rio do Se**nhor**,
   por **to**da a minha **vi**da.
V. Sabore**ar** a suavi**da**de do Se**nhor**
   e contem**plá**-lo no seu **tem**plo. * **Ha**bi**tar**.

Oração

Ó Deus, pela vossa graça, nos fizestes filhos da luz. Concedei que não sejamos envolvidos pelas trevas do erro, mas brilhe em nossas vidas a luz da vossa verdade. Por nosso Senhor Jesus Cristo, vosso Filho, na unidade do Espírito Santo.

SEXTA-FEIRA

Ofício das Leituras

Primeira leitura
Do Segundo Livro de Samuel 7,1-25

Profecia messiânica de Natã

Naqueles dias:[1] Tendo-se o rei Davi instalado já em sua casa e tendo-lhe o Senhor dado a paz, livrando-o de todos os seus inimigos,[2] ele disse ao profeta Natã: "Vê: eu resido num palácio de cedro, e a arca de Deus está alojada numa tenda!"[3] Natã respondeu ao rei: "Vai e faze tudo o que diz o teu coração, pois o Senhor está contigo".

[4] Mas, naquela mesma noite, a Palavra do Senhor foi dirigida a Natã nestes termos:[5] "Vai dizer ao meu servo Davi: 'Assim fala o Senhor: Porventura és tu que me construirás uma casa para eu habitar?[6] Pois eu nunca morei numa casa, desde que tirei do Egito os filhos de Israel, até ao dia de hoje, mas tenho vagueado em tendas e abrigos.[7] Por todos os lugares onde andei com os filhos de Israel, disse, porventura, a algum dos chefes de Israel, que encarreguei de apascentar o meu povo: Por que não me edificastes uma casa de cedro?'[8] Dirás pois, agora, ao meu servo Davi: Assim fala o Senhor Todo-poderoso: Fui eu que te tirei do pastoreio, do meio das ovelhas, para que fosses o chefe do meu povo, Israel.[9] Estive contigo em toda parte por onde andaste, e exterminei diante de ti todos os teus inimigos, fazendo o teu nome tão célebre como o dos homens mais famosos da terra.[10] Vou preparar

um lugar para o meu povo, Israel: eu o implantarei, de modo que possa morar lá sem jamais ser inquietado. Os homens violentos não tornarão a oprimi-lo como outrora, ¹¹no tempo em que eu estabelecia juízes sobre o meu povo, Israel. Concedo-te uma vida tranquila, livrando-te de todos os teus inimigos. E o Senhor te anuncia que te fará uma casa. ¹²Quando chegar o fim dos teus dias e repousares com teus pais, então, suscitarei, depois de ti, um filho teu, e confirmarei a sua realeza. ¹³Será ele que construirá uma casa para o meu nome, e eu firmarei para sempre o seu trono real. ¹⁴Eu serei para ele um pai e ele será para mim um filho. Se ele proceder mal, eu o castigarei com vara de homens e com golpes dos filhos dos homens. ¹⁵Mas não retirarei dele a minha graça, como a retirei de Saul, a quem expulsei da minha presença. ¹⁶Tua casa e teu reino serão estáveis para sempre diante de mim, e teu trono será firme para sempre".

¹⁷Natã comunicou a Davi todas essas palavras e toda essa revelação.

¹⁸Então, o rei Davi foi assentar-se diante do Senhor, e disse: "Quem sou eu, Senhor Deus, e o que é a minha família, para que me tenhas conduzido até aqui? ¹⁹Mas, como isto te parecia pouco, Senhor Deus, ainda fizeste promessas à casa do teu servo para um futuro distante. Porque esta é a lei do homem, Senhor Deus! ²⁰O que poderia Davi acrescentar, agora? Tu conheces o teu servo, Senhor Deus. ²¹Conforme a tua palavra e segundo o teu coração fizeste todas essas grandes coisas, manifestando-as ao teu servo. ²²Por isso és grande, Senhor Deus. Pois não há ninguém igual a ti, e não há outro Deus além de ti, segundo tudo o que ouvimos com nossos próprios ouvidos. ²³E que nação há na terra semelhante ao teu povo, Israel, a quem seu Deus veio resgatar para que se tornasse o seu povo, dando-lhe renome, operando em seu favor grandes e terríveis prodígios, e expulsando nações com seus deuses da presença do povo que libertaste do Egito? ²⁴Estabeleceste o teu povo, Israel, para que ele seja para sempre o teu povo; e tu, Senhor, te tornaste o seu Deus.

²⁵ Agora, Senhor Deus, cumpre para sempre a promessa que fizeste ao teu servo e à sua casa, e faze como disseste!

Responsório   Lc 1,30-33; Sl 131 (132),11
R. O anjo Gabriel a Maria anunciou:
   Tu hás de conceber um Menino e dar à luz;
   O Senhor vai dar-lhe o trono,
   de seu pai o rei Davi;
 * Reinará eternamente sobre a casa de Jacó.
V. O Senhor fez a Davi um juramento,
   uma promessa que jamais renegará.
   Um herdeiro que é fruto de teu ventre
   sobre o trono, em teu lugar, colocarei.* Reinará.

Segunda leitura
Do livro sobre a predestinação dos santos, de Santo Agostinho, bispo

(Cap. 15,30-31: PL 44,981-983)   (Séc. V)

Jesus Cristo, da linhagem de Davi segundo a carne

Esplêndida luz da predestinação e da graça é o próprio Salvador, *o mediador entre Deus e os homens, o homem Cristo Jesus.* Para que isto acontecesse, como o adquiriu a natureza humana que nele existe? Com que precedentes méritos de obras ou de fé? Respondam-me, por favor: aquele homem, para ser assumido na unidade de pessoa pelo Verbo coeterno com o Pai e ser o Filho unigênito de Deus, o que fez para merecê-lo? Qual o bem que precedeu? Que fez antes, que acreditou, que pediu, para chegar a esta indizível excelência? Na verdade, não foi pela ação do Verbo, ao assumi-lo, que este mesmo homem, desde que começou a existir, começou a ser o Filho único de Deus? Manifeste-se assim a nós, em nossa Cabeça, a fonte de graça, donde ela se vai difundir por todos os membros segundo a medida de cada um.

Com efeito, a graça pela qual, no início de sua fé, um homem se torna cristão, é a mesma pela qual esse homem, desde sua origem, foi feito Cristo. Assim pelo mesmo Espírito renasceu aquele cristão e nasceu este o Cristo. Pelo Espírito, faz-se em nós a remissão dos pecados, por esse mesmo Espírito que fez com que o Cristo não tivesse pecado algum. Deus teve a presciência de que faria tais coisas. Esta é, portanto, a predestinação dos santos, aquela que refulge ao máximo no Santo dos santos. Quem poderá negá-la se compreende com justeza as palavras da verdade? Pois foi nos ensinado que o próprio Senhor da glória, enquanto homem feito Filho de Deus, foi predestinado.

Jesus foi predestinado: ele, que haveria de ser filho de Davi segundo a carne, haveria de ser também, segundo a virtude, Filho de Deus segundo o Espírito de santidade, porque nasceu do Espírito Santo e da Virgem Maria. É esta a singular assunção do homem pelo Deus Verbo que se realizou de modo inefável, a fim de que o Filho de Deus e, ao mesmo tempo, filho do homem, a saber, filho do homem por causa da humanidade assumida e filho de Deus por causa daquele que assumia – fosse verdadeira e propriamente dito o Deus unigênito. Que não acontecesse termos de crer numa quaternidade e não na Trindade!

A natureza humana foi predestinada a tão imensa, sublime e máxima elevação que não tem por onde mais se elevar, assim como a própria divindade não encontrou meios de se rebaixar mais por nós do que aceitando a natureza do homem, com a fraqueza da carne, até à morte da cruz. Assim como foi predestinado o Único para ser nossa Cabeça, assim também, embora muitos, nós somos predestinados para sermos seus membros. Calem-se aqui os méritos humanos, mortos por Adão, e reine aquela que reina, a graça de Deus por Jesus Cristo, nosso Senhor, único Filho de Deus, um só Senhor. Quem quer que encontre em nossa Cabeça méritos anteriores àquela singular geração, busque em nós, seus membros, os méritos precedentes à múltipla regeneração.

Responsório
Cf. Gl 4,4-5; Ef 2,4; Rm 8,3

R. A plenitude dos tempos já chegou:
Deus enviou o seu Filho à nossa terra,
duma Virgem, nascido sob a lei.
* Para salvar os que estavam sob a lei.
V. Pelo amor infinito com que Deus nos amou,
enviou-nos seu Filho
numa carne semelhante à carne do pecado.
* Para salvar.

Oração

Ó Deus, pela vossa graça, nos fizestes filhos da luz. Concedei que não sejamos envolvidos pelas trevas do erro, mas brilhe em nossas vidas a luz da vossa verdade. Por nosso Senhor Jesus Cristo, vosso Filho, na unidade do Espírito Santo.

SÁBADO

Ofício das Leituras

Primeira leitura
Do Segundo Livro de Samuel   11,1-17.26-27

O pecado de Davi

¹No ano seguinte, na época em que os reis costumavam partir para a guerra, Davi enviou Joab com os seus oficiais e todo o Israel, e eles devastaram o país dos amonitas e sitiaram Rabá. Mas Davi ficou em Jerusalém.
²Ora, um dia, ao entardecer, levantando-se Davi de sua cama, pôs-se a passear pelo terraço de sua casa e avistou dali uma mulher que se banhava. Era uma mulher muito bonita. ³Davi procurou saber quem era essa mulher e disseram-lhe que era Betsabeia, filha de Eliam, mulher do hitita Urias. ⁴Então Davi enviou mensageiros para que a trouxessem. Ela veio e ele deitou-se com ela, quando ela acabava de se purificar de sua impureza menstrual. ⁵Em seguida, Betsabeia

voltou para casa. Como ela concebesse, mandou dizer a Davi: "Estou grávida".

⁶Davi mandou esta ordem a Joab: "Manda-me Urias, o hitita". E ele mandou Urias a Davi. ⁷Quando Urias chegou, Davi pediu-lhe notícias de Joab, do exército e da guerra. ⁸E depois disse-lhe: "Desce à tua casa e lava os pés". Urias saiu do palácio do rei e, em seguida, este enviou-lhe um presente real. ⁹Mas Urias dormiu à porta do palácio com os outros servos do seu amo, e não foi para casa.

¹⁰E contaram a Davi, dizendo-lhe: "Urias não foi para sua casa". Davi perguntou-lhe: "Não voltaste porventura de uma viagem? Por que não desceste à tua casa?" ¹¹Urias respondeu a Davi: "A arca, Israel e Judá habitam debaixo de tendas, e o meu senhor Joab e os servos do meu senhor dormem sobre a terra dura, e eu deveria ir para minha casa, comer e beber e dormir com minha mulher? Pela tua vida e pela saúde da tua alma, não farei tal coisa!" ¹²Davi disse então a Urias: "Fica aqui ainda hoje, e amanhã te mandarei de volta". E Urias ficou em Jerusalém naquele dia e no dia seguinte. ¹³Davi convidou-o para comer e beber à sua mesa e o embriagou. Mas, ao entardecer, ele retirou-se e foi-se deitar no seu leito, em companhia dos servos do seu senhor, e não desceu para a sua casa.

¹⁴Na manhã seguinte, Davi escreveu uma carta a Joab e mandou-a pelas mãos de Urias. ¹⁵Dizia nela: "Colocai Urias na frente, onde o combate for mais violento, e abandonai-o para que seja ferido e morra". ¹⁶Joab, que sitiava a cidade, colocou Urias no lugar onde ele sabia estarem os guerreiros mais valentes. ¹⁷Os que defendiam a cidade saíram para atacar Joab, e morreram alguns do exército, da guarda de Davi. E morreu também Urias, o hitita.

²⁶Ao saber da morte de seu marido, a mulher de Urias o chorou. ²⁷Terminados os dias de luto, Davi mandou buscá-la e recolheu-a em sua casa. Tomou-a por esposa e ela deu-lhe um filho. Mas o procedimento de Davi desagradou ao Senhor.

Responsório   Cf. 2Sm 12,9; Ex 20,2.13.15. 17 b
R. Feriste à espada a Urias, o hitita,
e tomaste por esposa a mulher que fora dele.
 * Por que tu desprezaste a Palavra do Senhor
a fim de praticar o que é mau ante seus olhos?
V. Eu sou o teu Senhor, eu te fiz sair do Egito.
Não matarás, não furtarás e não cobiçarás
a mulher que é de teu próximo. * Por que.

Segunda leitura
Das Catequeses de São Cirilo, bispo de Jerusalém
     (Cat. 1,2-3.5-6: PG 33,371.375-378)   (Séc. IV)

Confessa no tempo propício

Se há aqui alguém escravo do pecado, prepare-se pela fé para o nobre renascimento de filhos por adoção. Rejeitada a péssima escravidão dos pecados e obtida a felicíssima servidão do Senhor, seja considerado digno de alcançar a herança do Reino celeste. Portanto despi, pela confissão, o homem velho que se vai corrompendo ao sabor dos desejos maus, a fim de revestirdes o homem novo, que se renova pelo conhecimento daquele que o criou. Adquiri pela fé a segurança do Espírito Santo de serdes acolhidos nas mansões eternas. Aproximai-vos do místico sinal para que possais ser favoravelmente reconhecidos pelo Soberano. Juntai-vos ao santo e racional rebanho de Cristo. Postos um dia de parte à sua direita, entrareis assim na posse da vida preparada por herança para vós.

Com a aspereza dos pecados aderentes como pêlos, estão à esquerda aqueles que não se achegam à graça de Deus concedida por Cristo no banho da regeneração. Refiro-me aqui não à regeneração dos corpos, mas ao novo nascimento espiritual da alma. Os corpos são gerados pelos pais visíveis; a alma é gerada de novo pela fé, porque o *Espírito sopra onde quer*. Então, se te tornares digno, poderás ouvir: *Muito bem, servo bom e fiel,* quando não se encontrar em ti qualquer impureza de fingimento na consciência.

Se algum dos que aqui estão espera provocar a graça de Deus, engana-se e desconhece o valor das coisas. Tem, ó homem, alma sincera e livre de disfarce, por causa daquele que perscruta corações e rins.

O tempo agora é tempo de confissão. Confessa o que cometeste por palavra, ou ação, de noite ou de dia. Confessa no tempo propício e recebe no dia da salvação o tesouro celeste.

Limpa tua jarra para conter graça mais abundante, pois a remissão dos pecados é dada igualmente a todos, mas, a comunicação do Espírito Santo é concedida a cada um segundo a fé. Se trabalhares pouco, receberás pouco; se fizeres muito, grande será a recompensa. Corre em teu próprio proveito, vê o que te convém.

Se tens algo contra outro, perdoa. Tu te aproximas para receber o perdão dos pecados; é necessário perdoar a quem te ofendeu.

Responsório
Pr 28,13; 1Jo 1,9

R. Quem esconde seus próprios pecados
   jamais será bem sucedido;
 * Quem, porém, os confessa e os deixa,
   misericórdia ele há de alcançar.
V. Se, porém, confessarmos as culpas,
   nosso Deus, que é justo e fiel,
   nos perdoará nossas faltas. * Quem, porém.

Oração

Ó Deus, pela vossa graça, nos fizestes filhos da luz. Concedei que não sejamos envolvidos pelas trevas do erro, mas brilhe em nossas vidas a luz da vossa verdade. Por nosso Senhor Jesus Cristo, vosso Filho, na unidade do Espírito Santo.

14º DOMINGO DO Tempo Comum

II Semana do Saltério

I Vésperas

Cântico evangélico, ant.

Ano A Eu te **lou**vo e ben**di**go, meu **Pai**,
dos **céus** e da **terra** Se**nhor**,
por**que** ocul**tas**te estas **coi**sas
aos **sá**bios e **aos** enten**di**dos
e **as** revel**as**te aos pe**que**nos!

Ano B Os ou**vin**tes se admi**ra**vam da dou**tri**na de Je**sus**,
e di**zi**am estupe**fa**tos: Não é **es**te o carpin**tei**ro?
Não é o **fi**lho de Ma**ri**a?
De onde lhe **vem** este sa**ber**?

Ano C É **gran**de a co**lhei**ta, e os ope**rá**rios são **pou**cos.
Por **isso**, pe**di** ao Se**nhor** da co**lhei**ta
que **man**de operá**rios** à **sua** co**lhei**ta.

Oração

Ó Deus, que pela humilhação do vosso Filho reerguestes o mundo decaído, enchei os vossos filhos e filhas de santa alegria, e dai aos que libertastes da escravidão do pecado o gozo das alegrias eternas. Por nosso Senhor Jesus Cristo, vosso Filho, na unidade do Espírito Santo.

Ofício das Leituras

Primeira leitura
Do Segundo Livro de Samuel   12,1-25

Arrependimento de Davi

Naqueles dias: ¹O Senhor mandou o profeta Natã a Davi. Ele foi ter com o rei e lhe disse: "Numa cidade havia dois homens, um rico e outro pobre. ²O rico possuía ovelhas e bois em grande número. ³O pobre só possuía uma ovelha pequenina, que tinha comprado e criado. Ela crescera em sua casa junto com seus filhos, comendo do seu pão, bebendo do mesmo copo, dormindo no seu regaço. Era para ele como uma filha. ⁴Veio um hóspede à casa do homem rico, e este não quis tomar uma das suas ovelhas ou um dos seus bois para preparar um banquete e dar de comer ao hóspede que chegara. Mas foi, apoderou-se da ovelhinha do pobre e preparou-a para o visitante". ⁵Davi ficou indignado contra esse homem e disse a Natã: "Pela vida do Senhor, o homem que fez isso merece a morte! ⁶Pagará quatro vezes o valor da ovelha, por ter feito o que fez e não ter tido compaixão".

⁷Natã disse a Davi: "Esse homem és tu! Assim diz o Senhor, o Deus de Israel: Eu te ungi como rei de Israel, e salvei-te das mãos de Saul. ⁸Dei-te a casa do teu senhor e pus nos teus braços as mulheres do teu senhor, entregando-te também a casa de Israel e de Judá; e, se isto te parece pouco, vou acrescentar outros favores. ⁹Por que desprezaste a Palavra do Senhor, fazendo o que lhe desagrada? Feriste à espada o hitita Urias, para fazer da sua mulher a tua esposa, fazendo-o morrer pela espada dos amonitas. ¹⁰Por isso, a espada jamais se afastará de tua casa, porque me desprezaste e tomaste a mulher do hitita Urias para fazer dela a tua esposa. ¹¹Assim diz o Senhor: Da tua própria casa farei surgir o mal contra ti e tomarei as tuas mulheres, sob os teus olhos, e as darei a um outro, e ele se aproximará das tuas mulheres à luz deste sol. ¹²Tu fizeste tudo às escondidas. Eu, porém, farei o que digo diante de todo o Israel e à luz do sol".

¹³Davi disse a Natã; "Pequei contra o Senhor". Natã respondeu-lhe: "De sua parte, o Senhor perdoou o teu pecado, de modo que não morrerás! ¹⁴Entretanto, por teres ultrajado o Senhor com teu procedimento, o filho que te nasceu morrerá". ¹⁵E Natã voltou para a sua casa.

O Senhor feriu o filho que a mulher de Urias tinha dado a Davi e ele adoeceu gravemente. ¹⁶Davi implorou a Deus pelo menino e fez um grande jejum. E, voltando para casa, passou a noite deitado no chão. ¹⁷Os anciãos do palácio insistiam com ele para que se levantasse do chão; mas ele não o quis fazer nem tomar com eles alimento algum. ¹⁸No sétimo dia, o menino morreu. Os cortesãos de Davi tiveram receio de lhe comunicar que o menino tinha falecido, pois diziam: "Quando o menino ainda estava vivo, nós insistíamos, e não quis prestar-nos ouvidos. Como podemos dizer-lhe que o menino está morto? Ele poderia cometer um despropósito". ¹⁹Mas Davi percebeu que os cortesãos cochichavam e compreendeu que o menino tinha falecido. O rei perguntou aos cortesãos: "O menino morreu?" E eles responderam que sim.

²⁰Então Davi se levantou do chão, lavou-se, ungiu-se e mudou de roupa. Em seguida foi para a casa do Senhor e se prostrou por terra. Voltando para casa, pediu comida, e quando lhe apresentaram, a tomou. ²¹Os cortesãos lhe observavam: "Que modo de proceder é este? Enquanto o menino ainda estava com vida, tu jejuavas e choravas, e agora que o menino está morto, te levantas e tomas alimento?" ²²Ele respondeu: "É verdade, enquanto o menino estava com vida, jejuei e chorei. É que pensava: Quem sabe, o Senhor terá piedade de mim, deixando com vida o menino. ²³Mas agora ele está morto: por que então eu ainda jejuaria? Acaso ainda posso trazê-lo de volta? Um dia irei para junto dele, mas ele não pode mais voltar a mim".

²⁴Depois Davi confortou a esposa Betsabeia; entrou no seu aposento e se aproximou dela. Ela deu à luz um filho e Davi lhe deu o nome de Salomão, e o Senhor o amou. ²⁵Ele o fez saber através do profeta Natã e este o chamou Jedidias, isto é, *"Querido do Senhor"*, por vontade do Senhor.

Responsório   Or. de Manassés 9,10.12; Sl 50(51),5.6a
R. Meus pe**ca**dos são **mais** nume**ro**sos
   que a**rei**a da **prai**a do **mar**.
   Não sou digno de **olhar** para o **céu**

pelos **ma**les sem **con**ta que **fi**z,
por**que** provo**quei** vossa ira.
* E o **mal** ante **vós** prati**quei**.
V. Eu recon**he**ço toda a **mi**nha iniqui**da**de,
o meu peca**do** está **sem**pre à minha **fren**te.
Foi contra **vós**, só contra **vós** que eu pe**quei**.
* E o **mal**.

Segunda leitura
Dos Sermões de Santo Agostinho, bispo

(Serm. 19,2-3: CCL 41,252-254)   (Séc. V)

Sacrifício para Deus, um espírito contrito

Reconheço o meu pecado, diz Davi. Se eu o reconheço, perdoa-me, Senhor! Mesmo procurando viver bem, de modo algum tenhamos a presunção de ser sem pecado. Que demos valor à vida em que se pede perdão. Os homens sem esperança, quanto menos atentam para os próprios pecados, com tanto maior curiosidade espreitam os alheios. Procuram não o que corrigir, mas o que morder. Não podendo escusar-se, estão prontos a acusar. Não foi este o exemplo de rogar e de satisfazer a Deus que Davi nos deu, dizendo: *Porque reconheço meu crime e meu pecado está sempre diante de mim*. Davi não estava atento aos pecados alheios. Caía em si, não se desculpava, mas em si mesmo penetrava e descia cada vez mais profundamente. Não se poupava, e por isso podia confiadamente pedir para si o perdão.

Queres reconciliar-te com Deus? Repara como procedes contigo, para que Deus te seja propício. Presta atenção ao salmo, onde lemos: *Porque se quisesses um sacrifício, eu o faria certamente; não te causam prazer os holocaustos*. Então ficarás sem sacrifício para oferecer? Nada oferecerás? Com nenhuma oblação tornarás Deus propício? Que disseste? *Se quisesses um sacrifício, eu o faria certamente; não te causam prazer os holocaustos*. Continua, escuta e dize: Sacrifício para Deus *é o espírito contrito; o coração contrito e humilhado Deus não o despreza.* Rejeitado aquilo que oferecias, encontraste o que oferecer. Como os antepassados, oferecias vítimas de animais, ditos sacrifícios: *Se quisesses um sacrifício, eu o faria certamente.* Não queres mais este gênero de sacrifícios, no entanto, procuras um sacrifício.

Não te causam prazer os holocaustos. Se não tens prazer com os holocaustos, ficarás sem sacrifício? De modo algum. *Sacrifício para Deus é o espírito contrito; o coração contrito e humilhado Deus não o despreza.* Tens o que oferecer. Não examines o rebanho, não aprestes navios e não atravesses as mais longínquas regiões em busca de perfumes. Procura em teu coração aquilo de que Deus gosta. O coração deve ser esmagado. Por que temes que o esmagado pereça? Lê-se aqui: *Cria em mim, ó Deus, um coração puro.* Para que seja criado o coração puro, esmague-se o impuro.

Sintamos aborrecimento por nós mesmos quando pecamos, porque os pecados aborrecem a Deus. Já que não estamos sem pecado, ao menos nisto sejamos semelhantes a Deus: o que lhe desagrada, desagrade também a nós. Em parte tu te unes à vontade de Deus, por te desagradar em ti aquilo mesmo que odeia aquele que te fez.

Responsório
Sl 50(51), 12

R. Meus **pe**cados, ó **Se**nhor, são como **fle**chas
    que **fo**ram encra**va**das no meu **cor**po;
    porém, **an**tes que meus **er**ros causem **cha**gas,
 * **Cu**rai-me por sin**ce**ra con**ver**são.
V. Criai em **mim** um cora**ção** que seja **pu**ro,
    dai-me de **no**vo um es**pí**rito deci**di**do. * **Cu**rai-me.

HINO Te Deum, p. 589.

Laudes

Cântico evangélico, ant.

Ano A Tomai meu **ju**go sobre **vós**
e apren**dei** de mim que **sou**
de cora**ção** humilde e **man**so,
e acha**reis** paz e re**pou**so para os **vos**sos cora**ções**.

Ano B Eu vos **di**go com certeza a todos **vós**:
o profeta não é a**cei**to em sua **pá**tria.

Ano C Ao entra**r**des numa **ca**sa, di**zei** primei**ra**mente:
A **paz** a esta **ca**sa!
E **so**bre aquela **ca**sa, vossa **paz** repousa**rá**.

Oração

Ó Deus, que pela humilhação do vosso Filho reerguestes o mundo decaído, enchei os vossos filhos e filhas de santa alegria, e dai aos que libertastes da escravidão do pecado o gozo das alegrias eternas. Por nosso Senhor Jesus Cristo, vosso Filho, na unidade do Espírito Santo.

II Vésperas

Cântico evangélico, ant.

Ano A O meu **ju**go é suave e é **le**ve o meu **far**do,
assim **diz** o Se**nhor**.

Ano B Saindo Je**sus** de sua **ter**ra,
percor**ri**a as al**dei**as vizinhas
e pregava o Evangelho do **Rei**no.

Ano C Exul**tai** e ale**grai**-vos,
porque vossos **no**mes estão es**cri**tos no **céu**.

SEGUNDA-FEIRA

Ofício das Leituras

Primeira leitura
Do Segundo Livro de Samuel   15,7-14.24-30; 16,5-13

Revolta de Absalão e fuga de Davi

Naqueles dias: ¹⁵,⁷Absalão disse ao rei: "Eu gostaria de ir a Hebron, para pagar a promessa que fiz ao Senhor. ⁸Pois quando teu servo ainda estava em Gessur dos arameus, fez um voto neste teor: Se o Senhor me reconduzir para Jerusalém, vou celebrar um culto ao Senhor em Hebron". ⁹O rei lhe respondeu: "Vai em paz". Em seguida Absalão se pôs a caminho e foi a Hebron.

¹⁰Chegando lá, despachou emissários secretos a todas as tribos de Israel com este recado: "Quando ouvirdes o clangor da trombeta, aclamareis: Absalão se tornou rei em Hebron". ¹¹Ora, com Absalão tinham ido duzentos homens de Jerusalém que ele tinha convidado; eles tinham ido sem desconfiarem nem saberem de nada. ¹²Enquanto oferecia os sacrifícios, Absalão ainda mandou vir Aquitofel, natural da cidade de Gilo e conselheiro de Davi. Assim a conjuração ia ganhando terreno e o número dos partidários de Absalão crescia.

¹³Um mensageiro veio dizer a Davi: "As simpatias de todo o Israel estão com Absalão". ¹⁴Davi disse aos servos que estavam com ele em Jerusalém: "Depressa, fujamos, porque, de outro modo, não podemos escapar de Absalão! Apressai-vos em partir, para que não aconteça que ele, chegando, nos apanhe, traga sobre nós a ruína, e passe a cidade ao fio da espada".

²⁴Veio também Sadoc e com ele todos os levitas que carregavam a arca da aliança de Deus, e depuseram a arca de Deus. E Abiatar ofereceu sacrifícios, enquanto passava todo o povo, que ia saindo da cidade. ²⁵Disse então o rei

a Sadoc: "Reconduze a arca de Deus à cidade. Se eu achar graça aos olhos do Senhor, ele me reconduzirá e me deixará ver de novo a sua arca e o lugar da sua habitação. ²⁶ Se ele, porém, me disser : 'Tu não me agradas', então ponho-me em suas mãos: que me faça o que parecer bem aos seus olhos". ²⁷ O rei disse ao sacerdote Sadoc: "Olha! Voltai em paz para a cidade, tu com teu filho Aquimaás e Abiatar com seu filho Jônatas. Que os vossos filhos estejam convosco. ²⁸ Vou esconder-me nas campinas do deserto, à espera de que me mandeis notícias". ²⁹ Sadoc e Abiatar reconduziram a arca de Deus para Jerusalém e lá ficaram.

³⁰ Davi caminhava chorando, enquanto subia o monte das Oliveiras, com a cabeça coberta e os pés descalços. E todo o povo que o acompanhava subia também chorando, com a cabeça coberta.

¹⁶,⁵ Quando o rei chegou a Baurim, saiu de lá um homem da parentela de Saul, chamado Semei, filho de Gera, que ia proferindo maldições enquanto andava. ⁶ Atirava pedras contra Davi e contra todos os servos do rei, embora toda a tropa e todos os homens de elite seguissem agrupados à direita e à esquerda do rei Davi. ⁷ Semei amaldiçoava-o, dizendo: "Vai-te embora! Vai-te embora, homem sanguinário e criminoso' ⁸ O Senhor fez cair sobre ti todo o sangue da casa de Saul, cujo trono usurpaste, e entregou o trono a teu filho Absalão. Tu estás entregue à tua própria maldade, porque és um homem sanguinário". ⁹ Então Abisai, filho de Sarvia, disse ao rei: "Por que há de este cão morto continuar amaldiçoando o senhor, meu rei? Deixa-me passar para lhe cortar a cabeça". ¹⁰ Mas o rei respondeu: "Não te intrometas, filho de Sarvia! Se ele amaldiçoa e se o Senhor o mandou maldizer a Davi, quem poderia dizer-lhe: 'Por que fazes isto?'" ¹¹ E Davi disse a Abisai e a todos os seus servos: "Vede: Se meu filho, que saiu das minhas entranhas, atenta contra a minha vida, com mais razão esse filho de Benjamim. Deixai-o amaldiçoar, conforme a permissão do Senhor. ¹² Talvez o Senhor leve em conta a minha miséria, restituindo-me a ventura

em lugar da maldição de hoje". ¹³E Davi e seus homens seguiram adiante, enquanto Semei caminhava no flanco do monte, e o acompanhava, proferindo maldições, atirando-lhe pedras e espalhando poeira no ar.

Responsório   Sl 40(41),10; Mc 14,18b
R. Até mesmo o amigo em quem mais confiava,
  * Que comia o meu pão, me calcou sob os pés.
V. Um de vós me trairá que comigo está à mesa.
  * Que comia.

Segunda leitura
Da Carta aos Coríntios, de São Clemente I, papa
    (Nn. 46,2-47,4; 48,1-6: Funk 1,119-123)   (Séc. I)

*Procure cada um o que é útil para todos
e não o próprio interesse*

Está escrito: *Uni-vos aos santos, porque os que deles se aproximam serão santificados.* E ainda em outro lugar: *Com o inocente serás inocente, com o eleito serás eleito e com o perverso usarás de astúcia.* Por isso nos unimos aos inocentes e aos justos; eles são eleitos de Deus. Por que há entre vós lutas, cóleras, dissensões, divisões e guerras? Porventura, não temos um só Deus, um só Cristo e um só Espírito da graça derramado sobre nós e não há uma só vocação em Cristo? Por que arrancamos e despedaçamos os membros de Cristo e nos revoltamos contra nosso próprio corpo e chegamos à loucura de esquecer que somos membros uns dos outros?

Lembrai-vos das palavras de nosso Senhor Jesus: *Ai daquele homem! Melhor lhe fora não ter nascido do que escandalizar a um de meus eleitos; melhor lhe fora ser amarrado à mó de moinho e afogado no mar do que perverter um só de meus escolhidos.* Vossa divisão perverte a muitos, lança a muitos no desânimo, a muitos, na hesitação, a todos nós, na tristeza, causa-nos a todos aflição, e ainda persiste vossa sedição!

Tomai da carta de São Paulo. Qual a primeira coisa que vos escreveu no início da Boa-nova? Decerto inspirado por Deus, o Apóstolo vos escreveu acerca de si mesmo, de Cefas e de Apolo, porque já então havia entre vós facções e partidos. Esta facção, porém, era o vosso menor pecado. Com efeito, vós vos inclinastes ante o ilustre testemunho dos grandes apóstolos e da pessoa por eles autorizada.

Vamos, portanto, depressa, acabar com isto! Vamos nos ajoelhar aos pés do Senhor e implorar com lágrimas e súplicas que ele nos seja propício e se reconcilie conosco, fazendo-nos voltar a nosso antigo modo de viver, tão belo, casto, conforme o amor fraterno. É esta a porta da justiça aberta para a vida, segundo está escrito: *Abri-me as portas da justiça; entrando por elas louvarei o Senhor; é esta a porta do Senhor, por ela entrarão os justos.*

De fato, são muitas as portas abertas: esta que é da justiça, é ela também em Cristo. Felizes todos os que por ela entraram e orientaram sua caminhada na santidade e na justiça, realizando tudo com tranquilidade. Se há um fiel, se há um notável na exposição da doutrina, um sábio no discernimento das palavras, um casto em sua vida, tanto mais humilde deve ser quanto parece ser maior e procure o que é útil a todos e não o próprio interesse.

Responsório
1Cor 9,19a.22; Jó 29,15-16a

R. Em**bo**ra eu fosse **li**vre, de **to**dos fiz-me **ser**vo,
 fiz-me **fra**co com os **fra**cos,
 * Fiz-me **tu**do para todos, para **to**dos serem **sal**vos.
V. Fiz-me **o**lhos para os **ce**gos,
 para os **co**xos, fiz-me **pés**, para os **po**bres, fiz-me **pai**.
 * Fiz-me tu**do**.

Oração

Ó Deus, que pela humilhação do vosso Filho reerguestes o mundo decaído, enchei os vossos filhos e filhas de santa alegria, e dai aos que libertastes da escravidão do pecado o gozo das alegrias eternas. Por nosso Senhor Jesus Cristo, vosso Filho, na unidade do Espírito Santo.

TERÇA-FEIRA

Ofício das Leituras

Primeira leitura
Do Segundo Livro de Samuel 18,6-17.24-19,5

Morte de Absalão e luto de Davi

Naqueles dias: ¹⁸,⁶O povo saiu a campo contra Israel, e a batalha travou-se na floresta de Efraim. ⁷Ali o povo de Israel foi derrotado pelo exército de Davi, e naquele dia houve uma grande mortandade de vinte mil homens. ⁸O combate estendeu-se por toda a região, e a floresta devorou mais homens dentre o povo do que a espada devorou naquele dia.

⁹Absalão encontrou-se por acaso na presença dos homens de Davi. Ia montado numa mula e esta meteu-se sob a folhagem espessa de um grande carvalho. A cabeça de Absalão ficou presa nos galhos da árvore, de modo que ele ficou suspenso entre o céu e a terra, enquanto que a mula em que ia montado passou adiante. ¹⁰Alguém viu isto e informou Joab, dizendo: "Vi Absalão suspenso num carvalho".

¹¹Joab respondeu ao homem que lhe deu a notícia: "Se o viste, porque não o abateste no mesmo lugar? Eu te daria dez ciclos de prata e um cinto". ¹²O homem respondeu: "Ainda que me pusessem nas mãos mil ciclos de prata, eu não levantaria a mão contra o filho do rei. Pois nós ouvimos com nossos ouvidos que o rei deu esta ordem a ti, a Abisai e a Etai: 'Poupai, quem quer que sejais, o meu filho Absalão!' ¹³E se eu tivesse cometido esse atentado contra a vida do jovem, nada se ocultaria ao rei, e tu mesmo te porias contra mim". ¹⁴Joab disse-lhe: "Não vou perder tempo contigo!" Tomou então três dardos e cravou-os no peito de

Absalão. E como ainda palpitasse com vida, suspenso no carvalho, ¹⁵ acorreram dez jovens escudeiros de Joab e deram-lhe os últimos golpes.

¹⁶ Joab tocou então a trombeta e o exército deixou de perseguir Israel, porque Joab conteve o povo. ¹⁷ Tomaram Absalão e colocaram-no numa grande fossa, no interior da floresta, erguendo em seguida sobre ele um enorme monte de pedras. Entretanto, todo o Israel fugira, cada um para sua tenda.

²⁴ Davi estava sentado entre duas portas da cidade. A sentinela que tinha subido ao terraço da porta, sobre a muralha, levantou os olhos e divisou um homem que vinha correndo, sozinho. ²⁵ Pôs-se a gritar e avisou o rei, que disse: "Se ele vem só, traz alguma boa-nova". À medida que o homem se aproximava, ²⁶ a sentinela viu então outro homem que corria e gritou para o porteiro: "Vejo um outro homem que vem correndo sozinho". O rei disse: "Também esse traz alguma boa-nova". ²⁷ A sentinela acrescentou: "Pela maneira de correr, o primeiro só pode ser Aquimaás, filho de Sadoc". "É um homem de bem", disse o rei, "traz certamente boas notícias".

²⁸ Aquimaás chegou e gritou para o rei: "Paz!" E, prostrando-se com o rosto em terra, acrescentou: "Bendito seja o Senhor, teu Deus, que te entregou os que se sublevaram contra o rei, meu senhor!" ²⁹ O rei perguntou: "Vai tudo bem para o jovem Absalão?" Aquimaás respondeu: "Vi um grande tumulto no momento em que Joab enviou ao rei o teu servo, mas ignoro o que se passou". ³⁰ O rei disse-lhe: "Passa e espera aqui". Tendo ele passado e estando no seu lugar, ³¹ apareceu o etíope e disse: "Trago-te, senhor meu rei, a boa-nova: O Senhor te fez justiça contra todos os que se tinham revoltado contra ti". ³² O rei perguntou ao etíope: "Vai tudo bem para o jovem Absalão?" E o etíope disse: "Tenham a sorte deste jovem os inimigos do rei, meu senhor, e todos os que se levantam contra ti para te fazer mal!"

¹⁹,¹Então o rei estremeceu, subiu para a sala que está acima da porta e caiu em pranto. Dizia entre soluços: "Meu filho Absalão! Meu filho, meu filho Absalão! Por que não morri eu em teu lugar? Absalão, meu filho, meu filho!".

²Anunciaram a Joab que o rei estava chorando e lamentando-se por causa do filho. ³Assim, a vitória converteu-se em luto, naquele dia, para todo o povo, porque o povo soubera que o rei estava acabrunhado de dor por causa de seu filho. ⁴Por isso, as tropas entraram furtivamente na cidade, como um exército coberto de vergonha, por ter fugido da batalha. ⁵O rei tinha velado o rosto e continuava a gritar em alta voz: "Meu filho Absalão! Absalão, meu filho, meu filho!".

Responsório   Sl 54(55),13a.14a.15a;
          cf. Sl 40(41),10b; 2Sm 19,1

R. Se o inimigo viesse insultar-me,
  poderia aceitar certamente;
 * Mas és tu, companheiro e amigo
  com quem tive agradável convívio,
  que ergueste teu pé contra mim.
V. O rei, desolado, subiu
  ao quarto que está sobre a porta
  e chorou repetindo e andando:
  Meu filho Absalão, ó meu filho! * Mas és tu.

Segunda leitura
Dos Comentários sobre os Salmos, de Santo Agostinho, bispo

(Ps. 32,29: CCL 38,272-273)   (Séc. V)

Aqueles que estão de fora, queiram ou não, são nossos irmãos

Irmãos, exortamos-vos instantemente à caridade, não apenas entre vós, mas também em relação aos que estão de fora, quer sejam os ainda pagãos e descrentes, quer se tenham separado de nós, e de modo que, professando conosco a Cabeça, separaram-se do corpo. Sintamos pesar por eles, irmãos, porque eles continuam sendo nossos irmãos. Quer queiram, quer não queiram, são nossos irmãos. De fato, só deixariam de ser nossos irmãos se deixassem de dizer: *Pai nosso.*

Assim o Profeta falou de alguns: *Àqueles que vos dizem: Não sois irmãos nossos, respondei: Sois nossos irmãos.* Observai de quem se poderia dizer isto, será que dos pagãos? Não, pois nem os chamamos de nossos irmãos segundo as Escrituras e o modo de tratar da Igreja. Será que dos judeus que não creram em Cristo?

Lede o Apóstolo e notai que quando fala de "irmãos" sem mais, somente se refere aos cristãos: *Tu, porém, por que julgas teu irmão, ou tu, por que desprezas teu irmão?* E em outro trecho: *Vós cometeis a iniquidade e a fraude e isto fazeis contra irmãos.*

Por conseguinte, aqueles que dizem: "Não sois nossos irmãos", estão nos chamando de pagãos. Por isso eles querem batizar-nos de novo, declarando que não possuímos o que dão. Por conseguinte, seu erro consiste em negar que somos seus irmãos. Mas então por que nos disse o Profeta: *Quanto a vós, respondei-lhes: Sois nossos irmãos;* a não ser porque reconhecemos neles aquele batismo que não repetimos? Não aceitando nosso batismo, eles negam que somos seus irmãos. Nós, porém, não repetindo o deles, mas reconhecendo-o como nosso, dizemos: *Sois nossos irmãos.*

Se eles disserem: "Por que nos procurais? Que quereis de nós?" respondamos: *Sois nossos irmãos.* Mesmo que nos digam: "Podeis ir embora, nada temos convosco!" Pelo contrário, nós temos muito convosco! Nós confessamos um mesmo Cristo, e assim devemos estar em um só Corpo, sob uma só Cabeça.

Portanto, nós vos suplicamos, irmãos, por aquelas mesmas entranhas da caridade, cujo leite nos alimenta, cujo pão nos fortalece, isto é, por Cristo, nosso Senhor. Com efeito, é agora a ocasião de termos para com eles grande caridade, muita misericórdia, rogando a Deus por eles, a fim de que lhes conceda sobriedade de pensamento para caírem em si e enxergarem, porque nada absolutamente têm a dizer contra a verdade. De fato, apenas lhes resta a fraqueza da animosidade, tanto mais enferma quanto mais julga possuir maior força. Assim, pela mansidão de Cristo, nós vos conjuramos suplicando em favor dos fracos, dos sábios segundo a carne, dos puramente humanos e carnais, mas ainda nossos irmãos, que frequentam os mesmos sacramentos, embora não conosco, mas os mesmos. Eles respondem um só *Amém*, embora não conosco, mas o mesmo. Portanto, derramai diante de Deus por eles o âmago de vossa caridade.

Responsório   Ef 4,1.3.4

R. **Ex**or**to**-vos, **pois**, no Se**nhor**,
que vi**vais** dig**na**men**te**, ir**mãos**,
na vo**cação** a que **fos**tes chama**dos**:
* So**lí**citos **se**de em guar**dar**
a uni**da**de que **vem** do Es**pí**rito,
pelo **la**ço da **paz** que nos **u**ne.
V. Há um **cor**po so**men**te e um Es**pí**rito,
é **u**ma so**men**te a espe**ran**ça
da vo**cação** a que **fos**tes chama**dos**. * So**lí**citos.

Oração

Ó Deus, que pela humilhação do vosso Filho reerguestes o mundo decaído, enchei os vossos filhos e filhas de santa alegria, e dai aos que libertastes da escravidão do pecado o gozo das alegrias eternas. Por nosso Senhor Jesus Cristo, vosso Filho, na unidade do Espírito Santo.

QUARTA-FEIRA

Ofício das Leituras

Primeira leitura
Do Segundo Livro de Samuel   24, 1-4.10-18.24b-25

Recenseamento do povo e construção de um altar

Naqueles dias: ¹A cólera do Senhor voltou a inflamar-se contra Israel e incitou Davi contra eles, dizendo: "Vai e faze o recenseamento de Israel e de Judá". ²Disse, pois, o rei a Joab e aos chefes do seu exército que estavam com ele: "Percorre todas as tribos de Israel, desde Dã até Bersabeia, e faze o recenseamento do povo, de maneira que eu saiba o seu número". ³Joab disse ao rei: "Que o Senhor, teu Deus, multiplique o povo cem vezes mais do que agora, aos olhos do rei, meu senhor! Mas que pretende o rei, meu senhor, com isto?" ⁴Contudo, a ordem do rei prevaleceu sobre a opinião de Joab e dos chefes do exército. Eles saíram da presença do rei e foram fazer o recenseamento do povo de Israel.

¹⁰Mas, depois que o povo foi recenseado, Davi sentiu remorsos e disse ao Senhor: "Cometi um grande pecado, ao fazer o que fiz. Mas perdoa a iniquidade do teu servo, porque procedi como um grande insensato". ¹¹Pela manhã, quando Davi se levantou, a Palavra do Senhor tinha sido dirigida ao profeta Gad, vidente de Davi, nestes termos: ¹²"Vai dizer a Davi: Assim fala o Senhor: dou-te a escolher três coisas: escolhe aquela que queres que eu te envie". ¹³Gad foi ter com Davi e referiu-lhe estas palavras, dizendo: "Que preferes: três anos de fome na tua terra, três meses de derrotas diante dos inimigos que te perseguem, ou três dias de peste no país? Reflete, pois, e vê o que devo responder a quem me enviou". ¹⁴Davi respondeu a Gad: "Estou em grande angústia. É melhor cair nas mãos do Senhor, cuja misericórdia é grande, do que cair nas mãos dos homens!"

¹⁵E Davi escolheu a peste. Era o tempo da colheita do trigo. O Senhor mandou, então, a peste a Israel, desde aquela

manhã até ao dia fixado, de modo que morreram setenta mil homens da população, desde Dã até Bersabeia. ¹⁶Quando o anjo estendeu a mão para exterminar Jerusalém, o Senhor arrependeu-se desse mal e disse ao anjo que exterminava o povo: "Basta! Retira agora a tua mão!"

O anjo estava junto à eira de Areuna, o jebuseu. ¹⁷Quando Davi viu o anjo que afligia o povo, disse ao Senhor: "Fui eu que pequei, eu é que tenho a culpa! Mas estes, que são como ovelhas, que fizeram? Peço-te que a tua mão se volte contra mim e contra a minha família!"

¹⁸Naquele dia, Gad foi ter com Davi e disse-lhe: "Sobe e levanta um altar ao Senhor na eira de Areuna, o jebuseu".

²⁴ᵇDavi adquiriu a eira e os bois por meio quilo de prata. ²⁵Em seguida Davi construiu naquele lugar um altar ao Senhor e ofereceu holocaustos e sacrifícios pacíficos. Com isto o Senhor se apiedou do país e a praga foi afastada de Israel.

Responsório   Cf. 1Cr 21,15; cf. 2Sm 24,17

R. Lembrai-vos, Senhor, de vossa Aliança
 e dai ordens ao anjo exterminador: Retém tua mão,
 * A fim de que a terra não fique sem gente.
 E não façais perecer toda alma vivente.
V. Fui eu que pequei e o mal pratiquei;
 mas estes que são apenas ovelhas
 que mal praticaram?
 Afastai, ó Senhor, vossa ira, eu vos peço,
 deste povo que é vosso. * A fim.

Segunda leitura
Do antigo opúsculo "Doutrina dos doze Apóstolos"
       (Nn. 9,1-10,6; 14,1-3: Funk 2,19-22.26)   (Séc. II)

A Eucaristia

Dai graças assim, primeiro sobre o cálice: "Nós te damos graças, Pai nosso, pela santa videira de Davi, teu servo, que nos deste a conhecer por Jesus, teu servo; a ti a glória pelos séculos".

Em seguida, sobre o pão partido: "Nós te damos graças, ó Pai nosso, pela vida e ciência que nos deste a conhecer por Jesus, teu servo; a ti a glória pelos séculos. Do mesmo modo como este pão estava espalhado pelos montes e, colhido, tornou-se uma só coisa, assim, desde os confins da terra, se reúne tua Igreja em teu Reino; porque te pertencem a glória e o poder, por Jesus Cristo, nos séculos".

Ninguém coma ou beba da vossa Eucaristia que não tenha sido batizado em nome do Senhor. De fato, sobre isto disse ele: *Não jogueis aos cães as coisas santas.*

Refeitos, dai graças assim: "Nós te damos graças, Pai santo, por teu santo nome, cujo trono puseste em nossos corações, e pela ciência, pela fé e imortalidade, que nos manifestaste por Jesus, teu servo; a ti a glória pelos séculos".

Senhor onipotente, tu criaste tudo por causa de teu nome, deste aos homens o alimento e a bebida, a fim de te agradecerem; a nós, porém, concedeste o alimento e a bebida espirituais e a vida eterna, por teu servo. Antes de tudo te damos graças por seres poderoso; a ti a glória pelos séculos.

Lembra-te, Senhor, de tua Igreja para defendê-la de todo mal e torná-la perfeita em tua caridade; reúne-a, santificada, dos quatro ventos em teu Reino que lhe preparaste; porque teu é o poder e a glória pelos séculos.

Venha a graça e passe este mundo! Hosana ao Deus de Davi! Quem é santo, aproxime-se; se não o for, faça penitência; Maranatha, amém.

Congregados no dia do Senhor, parti o pão e dai graças, depois de terdes confessado vossos pecados, a fim de ser puro vosso sacrifício. Todo aquele, porém, que tiver uma desavença com seu companheiro, não se junte a vós antes de se terem reconciliado, para que não seja profanado vosso sacrifício. Pois foi o Senhor que disse: *Em todo lugar e em todo tempo oferecer-me-eis um sacrifício puro, porque sou o grande rei, diz o Senhor, e é admirável o meu nome entre as nações.*

Responsório 1Cor 10,16-17
R. O **cá**lice de **bên**ção por **nós** abençoado,
 não é ele a comu**nhão** no **san**gue do **Senhor**?
* E o **pão** que nós partimos,
 não **é** a comu**nhão** no **cor**po do **Senhor**?
V. Porque **nós**, embora **mui**tos,
 um só **pão**, um corpo **so**mos;
 porque **to**dos temos **par**te em um **só** e mesmo **pão**.
* E o **pão**.

Oração

Ó Deus, que pela humilhação do vosso Filho reerguestes o mundo decaído, enchei os vossos filhos e filhas de santa alegria, e dai aos que libertastes da escravidão do pecado o gozo das alegrias eternas. Por nosso Senhor Jesus Cristo, vosso Filho, na unidade do Espírito Santo.

QUINTA-FEIRA

Ofício das Leituras

Primeira leitura
Do Primeiro Livro das Crônicas 22,5-19

Davi prepara a construção do templo

Naqueles dias: ⁵Davi pensava assim: "Meu filho Salomão ainda é jovem e inexperiente e o templo a ser construído para o Senhor deverá ser de imensa grandiosidade, para que sua fama e glória se espalhe por toda a terra. Vou fazer os preparativos para ele". E Davi preparou tudo em abundância antes de morrer.

⁶Chamou o filho Salomão e lhe ordenou que construísse o templo do Senhor, o Deus de Israel. ⁷Davi disse a Salomão: "Meu filho, eu tive a intenção de construir um templo para a glória do Senhor. ⁸Mas a Palavra de Deus me foi dirigida nestes termos: 'Derramaste muito sangue e fizeste grandes guerras; por isso não construirás um templo para

a minha glória. Sim, ensopaste a terra com muito sangue à minha vista. ⁹Mas eis que terás um filho e este será um homem de paz, pois eu apaziguarei para ele todos os vizinhos inimigos. Sim, seu nome será Salomão, e enquanto ele reinar, assegurarei a paz e a tranquilidade para Israel. ¹⁰Ele construirá um templo para o meu nome e ele será para mim um filho e eu serei para ele um pai. Darei estabilidade ao trono de seu reinado para sempre'. ¹¹Portanto, meu filho, que o Senhor esteja contigo. Que sejas bem sucedido na construção do templo do Senhor, teu Deus, assim como ele falou a teu respeito. ¹²Que o Senhor te dê prudência e inteligência, para poderes governar Israel e observar a lei do Senhor, teu Deus. ¹³Teu êxito dependerá da fidelidade com que cumprires os mandamentos e os preceitos, que o Senhor prescreveu a Israel por intermédio de Moisés. Coragem e firmeza! Nada de medo ou temor! ¹⁴Olha, com meu esforço já preparei para o templo do Senhor três mil e quatrocentas toneladas de ouro, trinta e quatro mil toneladas de prata, bronze e ferro em tal abundância que não se lhe pode calcular o peso. Também juntei madeira e pedras, mas deste material podemos juntar ainda mais. ¹⁵Além disto tens à disposição operários, como cortadores e lavradores de pedra, carpinteiros, imenso número de técnicos para qualquer trabalho ¹⁶em ouro, prata, bronze e ferro. Vamos, mãos à obra! Que o Senhor esteja contigo!"

¹⁷E Davi ordenou a todas as autoridades em Israel que colaborassem com o filho Salomão, dizendo: ¹⁸"Acaso o Senhor, nosso Deus, não vos ajudou e vos deu um clima de tranquilidade por todos os lados? Sim, ele me submeteu os habitantes desta terra e o país se tornou súdito do Senhor e de seu povo. ¹⁹Pois agora aplicai-vos de coração e de alma a servir ao Senhor vosso Deus. Vamos então, construí o santuário do Senhor Deus! Queremos colocar a arca da aliança do Senhor e os objetos consagrados a Deus no templo a ser construído em honra do Senhor".

Responsório 1Cr 22,19; Sl 131(132),7; Is 56,7c

R. Prepa**rai** a vossa **al**ma e cora**ção**,
   vinde er**guer** o santu**ário** do Se**nhor**!
* **En**tre**mos** no lu**gar** em que ele ha**bita**,
   ado**re**mos ante o a**poio** de seus **pés**!
V. Minha **ca**sa é **ca**sa de ora**ção**,
   e para **to**dos os **po**vos o será. * **En**tre**mos**.

Segunda leitura

Do Comentário sobre o Salmo 118, de Santo Ambrósio, bispo

(Nn. 12, 13-14: CSEL 62,258-259)   (Séc. IV)

Santo é o templo de Deus, que sois vós

Eu e o Pai viremos e faremos nele nossa morada. Franqueia, então, a tua porta ao que vem, abre tua alma, alarga o íntimo de tua mente para veres as riquezas da simplicidade, os tesouros da paz, a doçura da graça. Dilata o coração e corre ao encontro do sol, da eterna luz, *a que ilumina a todo homem.* Esta luz verdadeira brilha para todos. Mas, se alguém fecha as janelas, priva-se da eterna luz. Assim também Cristo é repelido se fechas a porta de teu espírito. Embora possa entrar, não quer ser importuno, não quer entrar à força. Recusa-se a usar de coação!

Nascido da Virgem, ele saiu do seio, irradiando luz sobre o mundo inteiro, refulgindo para todos. Os que desejam, acolhem a claridade inextinguível que noite alguma interrompe. Pois à do sol que vemos diariamente, sucede a noite escura; mas o sol da justiça jamais se põe, porque à sabedoria não sucede a maldade.

Feliz aquele a cuja porta Cristo bate. Nossa porta é a fé, que, quando sólida, defende a casa toda. Por esta porta Cristo entra. Daí dizer a Igreja no Cântico: *A voz de meu irmão bate à porta.* Escuta o que bate, escuta o que deseja entrar: *Abre para mim, minha irmã esposa, minha pomba, minha perfei-*

ta, porque tenho a cabeça coberta de orvalho e meus cabelos, das gotas da noite.

Observa que o Deus Verbo bate à porta principalmente quando sua cabeça está coberta de orvalho noturno. Digna-se visitar os atribulados e tentados, para que não sucumbam às amarguras. A cabeça cobre-se de orvalho e de gotas quando o corpo sofre. Importa, portanto, vigiar para não ficar excluído à chegada do Esposo. Se dormes e o teu coração não vigia, afasta-se antes de bater. Se o teu coração está vigilante, bate e pede ser-lhe aberta a porta.

Possuímos a porta de nossa alma, possuímos também portais sobre os quais se diz: *Levantai, príncipes, vossos portais, erguei-vos, portas eternas, e entrará o Rei da glória*. Se quiseres levantar os portais de tua fé, entrará em ti o Rei da glória, trazendo a vitória de sua paixão. Tem também portas a justiça. Delas lemos o que disse o Senhor Jesus por meio de seu profeta: *Abri-me as portas da justiça*.

Há quem tenha portas, há quem tenha portais. A essas portas Cristo bate, bate aos portais. Abre, então, para ele; quer entrar, quer encontrar vigilante a Esposa.

Responsório   Ap 3,20; Mt 24,46

R. Eis que estou ante a porta batendo:
   Se alguém escutar minha voz,
   e abrir para mim sua porta,
 * Entrarei e com ele cearei, e ele comigo, aleluia.
V. Feliz aquele servo que o Senhor
   na sua volta encontrar fazendo assim. * Entrarei.

Oração

Ó Deus, que pela humilhação do vosso Filho reerguestes o mundo decaído, enchei os vossos filhos e filhas de santa alegria, e dai aos que libertastes da escravidão do pecado o gozo das alegrias eternas. Por nosso Senhor Jesus Cristo, vosso Filho, na unidade do Espírito Santo.

SEXTA-FEIRA

Ofício das Leituras

Primeira leitura
Do Primeiro Livro dos Reis   1,11-35; 2,10-12

Davi escolhe Salomão para seu sucessor

Naqueles dias: ¹,¹¹Natã disse a Betsabeia, mãe de Salomão: "Não soubeste que Adonias, filho de Hagit, se proclamou rei, sem que Davi, nosso rei, o saiba? ¹²Por isso, vou dar-te um conselho, para salvares a tua própria vida e a do teu filho Salomão. ¹³Vai apresentar-te ao rei Davi e dize-lhe: Não é verdade, ó rei, meu senhor, que juraste a mim, tua serva, dizendo: 'Teu filho Salomão será rei depois de mim, será ele que se assentará no meu trono? Como é, então, que Adonias se tornou rei?' ¹⁴E, enquanto estiveres falando com o rei, entrarei eu e confirmarei as tuas palavras".

¹⁵Betsabeia entrou, pois, no quarto do rei. Ele já estava muito velho e Abisag, a sunamita, o assistia. ¹⁶Betsabeia inclinou-se e prostrou-se diante do rei Davi. Este perguntou-lhe: "O que desejas?" ¹⁷Ela respondeu: "Meu senhor, tu juraste pelo Senhor, teu Deus, à tua serva: 'Teu filho Salomão será rei depois de mim. Será ele que se assentará no meu trono'. ¹⁸Agora, porém, Adonias proclamou-se rei e tu, senhor meu rei, não o sabes. ¹⁹Imolou bois, bezerros cevados e grande número de ovelhas, e convidou todos os príncipes, o sacerdote Abiatar e o general Joab; mas não convidou o teu servo Salomão. ²⁰Contudo, ó rei, meu senhor, todo o Israel tem os olhos postos em ti, esperando que lhe declares quem se há de assentar em teu lugar, no trono, depois de ti. ²¹Porque, logo que o rei, meu senhor, dormir com seus pais, eu e meu filho Salomão seremos tratados como criminosos".

²²Ela ainda estava falando com o rei, quando apareceu o profeta Natã. ²³E anunciaram-no a Davi, dizendo: "O profeta Natã está aí". Ele chegou à presença do rei, prostrou-se por

terra ²⁴e disse: "Ó rei, meu senhor, por acaso declaraste: 'Adonias reinará depois de mim e se assentará no meu trono?' ²⁵Pois ele desceu hoje para imolar bois, bezerros cevados e grande quantidade de ovelhas, e convidou todos os príncipes, os generais e o sacerdote Abiatar. Eles estão comendo e bebendo com ele, e gritam: 'Viva o rei Adonias!' ²⁶Mas a mim, que sou teu servo, ao sacerdote Sadoc, a Bananias, filho de Joiada, e ao teu servo Salomão eles não convidaram. ²⁷Porventura partiu esta ordem do rei, meu senhor? Mas não é assim que tu me declaraste, a mim, teu servo, quem deveria, depois do rei, meu senhor, assentar-se sobre o seu trono".

²⁸O rei Davi, jurou, dizendo: "Mandai vir Betsabeia". Quando ela entrou e se pôs de pé diante do rei, ²⁹este perguntou e disse: "Pelo Deus vivo, que livrou minha alma de toda a angústia, ³⁰assim como te jurei pelo Senhor, Deus de Israel, dizendo: 'Salomão, teu filho, reinará depois de mim, e se assentará em meu lugar sobre o meu trono', assim o cumprirei hoje mesmo". ³¹Betsabeia inclinou-se diante do rei, prostrando-se com o rosto em terra, e disse: "Viva Davi, meu senhor e rei para sempre!"

³²Em seguida, o rei Davi ordenou: "Chamai-me o sacerdote Sadoc e o profeta Natã e Bananias, filho de Joiada". Quando eles compareceram na presença do rei, ³³este disse-lhes: 'Tomai convosco os servos do vosso amo, fazei montar na minha mula o meu filho Salomão, e levai-o a Gion. ³⁴Lá, o sacerdote Sadoc e o profeta Natã o ungirão como rei de Israel. Tocareis, então, a trombeta e direis: 'Viva o rei Salomão!' ³⁵Voltareis depois atrás dele, e ele virá assentar-se sobre o meu trono para reinar em meu lugar. É ele que eu nomeio como chefe de Israel e Judá".

²,¹⁰E Davi adormeceu com seus pais e foi sepultado na cidade de Davi. ¹¹O tempo que Davi reinou em Israel foi de quarenta anos: sete anos em Hebron e trinta e três em

Jerusalém. ¹²Salomão sucedeu no trono a seu pai Davi e seu reino ficou solidamente estabelecido.

Responsório   Ct 3,11; Sl 71(72),1a.2b
R. Saí, ó **fi**lhas de **Sião**, e contem**plai**:
   eis o **rei** Salomão com a co**ro**a,
   com **que** sua **mãe** o coro**ou**,
 * No **dia** em que exul**tou** seu cora**ção**.
V. Dai ao **rei** vossos po**de**res, Senhor **Deus**,
   com equi**da**de ele **jul**gue os vossos **po**bres.
 * No **dia**.

Segunda leitura
Da Carta aos Coríntios, de São Clemente I, papa
         (Nn. 50,1-51,3; 55,1-4: Funk 1,125-127.129)   (Séc. I)

*Felizes de nós se cumprirmos
os preceitos do Senhor, na concórdia da caridade*

Vede, diletos, quão grande e admirável é a caridade. A sua perfeição ultrapassa as palavras. Quem é capaz de possuí-la a não ser aquele que Deus quiser tornar digno? Oremos, portanto, e peçamos-lhe misericórdia para sermos encontrados na caridade, sem culpa nem qualquer inclinação meramente humana. Todas as gerações, desde Adão até hoje, já passaram. Aqueles, porém, que pela graça de Deus foram consumados na caridade, alcançam o lugar dos santos e serão manifestados na parusia do Reino de Cristo. Está escrito: *Entrai nos quartos por um momento até que passe minha cólera acesa; e lembrar-me-ei dos dias bons e vos erguerei de vossos sepulcros.*

Felizes de nós, diletos, se cumprirmos os preceitos do Senhor na concórdia da caridade, para que pela caridade sejam perdoados nossos pecados. Pois está escrito: *Felizes aqueles cujas iniquidades foram perdoadas e cobertos os pecados. Homem feliz, a quem o Senhor não acusa de pecado nem há engano em sua boca.* Esta felicidade pertence aos eleitos de Deus, mediante Jesus Cristo, Nosso Senhor, a quem a glória pelos séculos dos séculos. Amém.

De tudo quanto faltamos e fizemos, seduzidos por alguns servos do adversário, peçamos-lhe perdão. Aqueles, porém, que se tornaram cabeças de sedição e discórdia, devem meditar sobre a comum esperança. Quem vive no temor de Deus e na caridade, prefere o próprio sofrimento ao do próximo, prefere suportar injúrias a desacreditar a harmonia, que bela e justamente nos vem da tradição. É de fato melhor confessar o seu pecado do que endurecer o coração.

Quem entre vós é o generoso, quem o misericordioso, quem o cheio de caridade? Que esse diga: "Se por minha causa surgiu esta sedição, esta discórdia e divisão, então eu me retiro, vou para onde quiserdes e farei o que o povo decidir; contanto que o rebanho de Cristo tenha a paz com os presbíteros estabelecidos". Quem assim agir, alcançará grande glória em Cristo e será recebido em todo lugar. *Do Senhor é a terra, e tudo o que contém.* Assim fazem e farão aqueles que vivem a vida divina, da qual nunca se têm de arrepender.

Responsório   1Jo 4,21; Mt 22,40

R. Recebemos de **Deus** o pre**ce**ito:
 * A**que**le que **a**ma a **Deus**, que **a**me tam**bém** seu ir**mão**.
V. Destes **dois** mandamentos dependem
   toda a **Lei** e os Profetas, diz **Cris**to. * **A**quele.

Oração

Ó Deus, que pela humilhação do vosso Filho reerguestes o mundo decaído, enchei os vossos filhos e filhas de santa alegria, e dai aos que libertastes da escravidão do pecado o gozo das alegrias eternas. Por nosso Senhor Jesus Cristo, vosso Filho, na unidade do Espírito Santo.

SÁBADO

Ofício das Leituras

Primeira leitura
Do Livro do Eclesiástico 47,14-31

História dos Antigos: de Salomão a Jeroboão

¹⁴ Sucedeu a Davi um filho sábio,
o qual, graças a ele, viveu feliz.
¹⁵ Salomão reinou em tempo de paz
e Deus concedeu-lhe tranquilidade nas suas fronteiras,
a fim de que construísse uma casa para o seu nome
e preparasse um santuário eterno.
Como eras sábio em tua juventude,
¹⁶ de inteligência cheio como um rio!
Teu espírito cobriu a terra,
¹⁷ tu a encheste de sentenças enigmáticas.
Teu nome chegou até às ilhas longínquas
e foste amado na tua paz.
¹⁸ Por teus cânticos, provérbios, sentenças
e respostas, todo o mundo te admira.
¹⁹ Em nome do Senhor Deus,
daquele que se chama Deus de Israel,
²⁰ amontoaste ouro como estanho,
multiplicaste a prata como o chumbo.
²¹ Mas entregaste o teu corpo a mulheres,
foste escravizado em teu corpo.
²² Manchaste a tua glória,
profanaste a tua raça,
a ponto de fazer vir a cólera contra teus filhos
e a aflição por causa da tua loucura;
²³ erigiu-se um duplo poder,
surgiu de Efraim um reino rebelde.
²⁴ Deus, porém, nunca renuncia à sua misericórdia,
não destrói, nem cancela nenhuma de suas palavras,

não recusa ao seu eleito uma posteridade
e não extingue a raça daquele que amou o Senhor.
²⁵Assim deu a Jacó um resto
e a Davi uma raiz nascida dele.
²⁶E Salomão repousou com seus pais,
²⁷deixando atrás de si alguém de sua raça,
²⁸o mais louco do povo e pouco inteligente:
Roboão, que instigou o povo à revolta.
²⁹Quanto a Jeroboão, filho de Nabat,
foi ele quem fez Israel pecar
e ensinou a Efraim o caminho do mal.
Os seus pecados multiplicaram-se tanto
³⁰que os fizeram exilar para longe do seu país;
³¹porque eles procuraram toda a espécie de mal,
o castigo abateu-se sobre eles.

Responsório
Ez 37,21c.22b.23a.24a; Jo 10,16

R. Eu **hei** de reu**nir** os **fi**lhos de Is**rael**;
    não se**rão** mais duas na**ções**
    e não **mais** se mancha**rão** com os **í**dolos pa**gãos**.
 * O meu **po**vo eles se**rão**,
    e have**rá** um só pas**tor**, condu**zin**do todos **e**les.
V. Tenho **ou**tras o**ve**lhas que não **são** deste a**pris**co
    e a **mim** me con**vém** conduzi-las tam**bém**,
    e have**rá** um só re**ba**nho. * O meu **po**vo.

Segunda leitura
Dos Comentários sobre os Salmos, de Santo Agostinho, bispo

(Ps. 126, 2: CCL 40,1857-1858)   (Séc. V)

O Senhor Jesus Cristo, o verdadeiro Salomão

   Salomão edificou um templo ao Senhor, como tipo e figura da futura Igreja e do Corpo do Senhor. Assim é dito no Evangelho: *Destruí este templo e em três dias o reedificarei.* Pois como Salomão tinha edificado o famoso templo, edificou para si um templo aquele que é o verdadeiro Salomão, nosso Senhor Jesus Cristo, o verdadeiro pacífico. Com efeito, o nome de Salomão significa "Pacífico". Ora, é o verdadeiro pacífico aquele de quem fala o Apóstolo: *Ele é a nossa paz, aquele que fez dos dois um só povo.* Este é o verdadeiro pacífico, que uniu em si as duas paredes, vindas de pontos diferentes. Fez-se pedra angular para o povo dos fiéis vindo dos judeus e do povo também de fiéis dos pagãos. Fez uma só Igreja dos dois povos, que o tinham por pedra angular e por isso é verdadeiramente pacífico.

Salomão, o filho de Davi e de Betsabeia, o rei de Israel, edificando o templo, era figura deste pacífico. Para que não julgues ser ele o Salomão que edificou uma casa para Deus, a Escritura, mostrando-te um outro Salomão, assim começa um salmo: *Se o Senhor não edificar a casa, em vão trabalham os que a edificam.* Portanto o Senhor edifica a casa, o Senhor Jesus Cristo edifica sua casa. Trabalham muitos nesta construção; mas se não é ele quem edifica, *em vão trabalham os que a constroem.*

Quais são esses que trabalham na construção? Todos aqueles que na Igreja pregam a Palavra de Deus, os ministros dos mistérios de Deus. Todos corremos, todos trabalhamos, todos construímos agora. Antes de nós, todos os outros correram, trabalharam, construíram. No entanto, *se o Senhor não construir a casa, em vão trabalham os que a constroem.* Por isso, vendo alguns destruí-la, os apóstolos, e Paulo em particular, dizem: *Guardais os dias, anos e meses e os tempos; receio ter trabalhado em vão entre vós.* Por saber que ele mesmo era edificado interiormente pelo Senhor, o Apóstolo Paulo lamentava estes porque trabalhara em vão entre eles. Com efeito, nós falamos de fora, mas ele edifica por dentro. Prestamos atenção ao modo como ouvis. Porém, o que pensais, só ele sabe, ele que vê os vossos pensamentos. Ele edifica, ele exorta, ele amedronta, ele abre a inteligência, ele une vosso espírito à fé. No entanto, nós trabalhamos, mas como operários.

Responsório — Cf. 1Rs 8,10.15; Jo 2,19

R. O santuário do Senhor foi construído
   e o templo se encheu de sua glória;
   o rei se alegrou e exclamou:
 * Seja bendito o Senhor Deus de Israel
   por tudo o que falou a Davi, meu pai!
V. Destruí este templo, disse Cristo,
   e em três dias irei reerguê-lo.* Seja bendito.

Oração

Ó Deus, que pela humilhação do vosso Filho reerguestes o mundo decaído, enchei os vossos filhos e filhas de santa alegria, e dai aos que libertastes da escravidão do pecado o gozo das alegrias eternas. Por nosso Senhor Jesus Cristo, vosso Filho, na unidade do Espírito Santo.

15º DOMINGO DO Tempo Comum

III Semana do Saltério

I Vésperas

Cântico evangélico, ant.
Ano A Je**sus** ensi**na**va ao **po**vo em pa**rá**bolas:
Sa**iu** o seme**ador** a seme**ar** sua se**men**te.

Ano B Je**sus** chamou os **Doze**, e **deu**-lhes po**der**
sobre os es**pí**ritos i**mun**dos.

Ano C Ama**rás** o Se**nhor**, o teu **Deus**,
de **to**do o **teu** cora**ção**,
e o teu **pró**ximo **co**mo a ti **mes**mo.

Oração

Ó Deus, que mostrais a luz da verdade aos que erram para retomarem o bom caminho, dai a todos os que professam a fé rejeitar o que não convém ao cristão, e abraçar tudo o que é digno desse nome. Por nosso Senhor Jesus Cristo, vosso Filho, na unidade do Espírito Santo.

Ofício das Leituras

Primeira leitura
Do Primeiro Livro dos Reis   16,29-17,16

O profeta Elias inicia a sua missão
no tempo de Acab, rei de Israel

¹⁶,²⁹ Acab, filho de Amri, ficou rei de Israel no ano 38 de Asa, rei de Judá. Acab, filho de Amri, ocupou o trono de Israel durante 22 anos. ³⁰ Acab, filho de Amri, praticou o que desagrada ao Senhor mais do que todos os predecessores. ³¹ Como se não tivesse bastado andar nos pecados de Jeroboão, filho de Nabat, ainda tomou por esposa a Jezabel, filha do rei da Fenícia Etbaal, e foi prestar culto a Baal, prostrando-se diante dele. ³² Ergueu-lhe um altar no templo de Baal

que tinha construído em Samaria. ³³ Acab fez uma estaca sagrada e continuou agindo de modo a irritar ao Senhor Deus de Israel mais que todos os reis de Israel que o precederam. ³⁴ No seu tempo, Hiel de Betel reconstruiu Jericó. Ao preço de seu primogênito, Abiram, lançou os fundamentos e ao preço do caçula, Segub, colocou as portas da cidade, como o Senhor o tinha predito por intermédio de Josué, filho de Nun.

¹⁷,¹ O profeta Elias, tesbita de Tesbi de Galaad, disse a Acab: "Pela vida do Senhor, o Deus de Israel, a quem sirvo, não haverá nestes anos nem orvalho nem chuva, senão quando eu disser!"

² E a Palavra do Senhor foi dirigida a Elias nestes termos: ³ "Parte daqui e toma a direção do oriente. Vai esconder-te junto à torrente de Carit, que está defronte ao Jordão. ⁴ Lá beberás da torrente. E eu ordenei aos corvos que te deem alimento". ⁵ Elias partiu e fez como o Senhor lhe tinha ordenado, e foi morar junto à torrente de Carit, que está defronte ao Jordão. ⁶ Os corvos traziam-lhe pão e carne, tanto de manhã como de tarde, e ele bebia da torrente. ⁷ Passados alguns dias, a torrente secou porque não tinha chovido no país.

⁸ Então a Palavra do Senhor foi-lhe dirigida nestes termos: ⁹ "Levanta-te e vai a Sarepta dos sidônios, e fica morando lá, pois ordenei a uma viúva desse lugar que te dê sustento". ¹⁰ Elias pôs-se a caminho e foi para Sarepta. Ao chegar à porta da cidade, viu uma viúva apanhando lenha. Ele chamou-a e disse: "Por favor, traze-me um pouco de água numa vasilha para eu beber". ¹¹ Quando ela ia buscar água, Elias gritou-lhe: "Por favor, traze-me também um pedaço de pão em tua mão!" ¹² Ela respondeu: "Pela vida do Senhor, teu Deus, não tenho pão. Só tenho um punhado de farinha numa vasilha e um pouco de azeite na jarra. Eu estava apanhando dois pedaços de lenha, a fim de preparar esse resto para mim e meu filho, para comermos e depois esperar a morte".

¹³Elias replicou-lhe: "Não te preocupes! Vai e faze como disseste. Mas, primeiro, prepara-me com isso um pãozinho, e traze-o. Depois farás o mesmo para ti e teu filho. ¹⁴Porque assim fala o Senhor, Deus de Israel: 'A vasilha de farinha não acabará e a jarra de azeite não diminuirá, até ao dia em que o Senhor enviar a chuva sobre a face da terra'". ¹⁵A mulher foi e fez como Elias lhe tinha dito. E comeram, ele e ela e sua casa, durante muito tempo. ¹⁶A farinha da vasilha não acabou nem diminuiu o óleo da jarra, conforme o que o Senhor tinha dito por intermédio de Elias.

Responsório   Tg 5,17.17; Eclo 48,1.3a
R. Elias, o Profeta,
   rezou a fim de que não chovesse e não choveu.
 * Rezou mais uma vez e o céu derramou chuva.
V. Levantou-se como um fogo, sua palavra era de luz;
   pela Palavra do Senhor, fechou o céu e não choveu.
 * Rezou.

Segunda leitura
Início do Tratado sobre os Mistérios, de Santo Ambrósio, bispo

(Nn. 1-7; SCh 25 bis, 156-158)   (Séc. IV)

Catequese sobre os ritos anteriores ao batismo

Tivemos diariamente sermões sobre a conduta moral, quando foram lidos os atos dos patriarcas ou os preceitos do livro dos Provérbios. Assim instruídos, vos acostumaríeis a andar pelas vias dos antepassados, a pôr-vos no mesmo caminho e a obedecer às divinas escrituras. Uma vez renovados pelo batismo, viveríeis da maneira conveniente a cristãos.

Agora, já é tempo de falar sobre os mistérios e manifestar o conteúdo dos sacramentos. Antes do batismo, se pensássemos em insinuá-los a não iniciados, julgaríamos trair mais do que entregar. E também porque em pessoas sem ideia preconcebida, a luz dos mistérios se difunde melhor do que se precedida por alguma palavra.

Abri, pois, os ouvidos e senti o bom odor da vida eterna que se desprende para vós do dom dos sacramentos. Era isso que vos dávamos a conhecer, quando no momento do mistério da abertura dissemos: *Efetha,* isto é, *abre-te,* de modo que cada um que se aproximava da graça sabia o que lhe interrogariam e devia lembrar-se da resposta pronta. Cristo realizou este mistério, como lemos no Evangelho, ao curar o surdo-mudo.

Em seguida, abriu-se para ti o santo dos santos e entraste no santuário do novo nascimento. Lembra-te da pergunta que te fizeram, reconhece o que respondeste. Renunciaste ao diabo e às suas obras, ao mundo e a suas pompas e delícias. Tua palavra está guardada não no túmulo dos mortos, mas no livro dos vivos.

Ali viste o levita, viste o sacerdote, viste o sumo-sacerdote. Não dês atenção aos indivíduos, mas à graça dos ministérios. Na presença de anjos falaste, como está escrito. *Os lábios do sacerdote guardam a ciência e busca-se de sua boca a lei, porque é um anjo do Senhor onipotente.* Não há ocultar, não há negar; é anjo quem anuncia o Reino de Cristo, a vida eterna. Não leves em conta a aparência, mas o múnus. Atende àquilo que te entrega, pondera seu cargo e reconhece sua dignidade.

Tendo, pois, entrado, para veres teu adversário a quem julgaste dever renunciar frontalmente, tu te voltaste para o Oriente; quem renuncia ao demônio, converte-se para Cristo, contempla-o em face.

Responsório   **Tt 3,3.5b; Ef 2,3**
R. Também **nós** outrora **fo**mos insen**sa**tos,
incrédulos, errantes e maldosos,
movidos por malícia e por inveja,
dignos de ódio e uns aos outros nos odiando.

* Mas por a**mor**, Deus nos sal**vou** pelo ba**tis**mo,
que nos re**no**va e rege**ne**ra pelo Es**pí**rito.
V. Todos **nós** antes vi**ví**amos mergu**lha**dos
nos de**se**jos da car**nal** concupis**cên**cia
e éra**mos**, **nós** por natu**re**za, filhos da ira.
* Mas por a**mor**.

HINO Te Deum, p. 589.

Laudes

Cântico evangélico, ant.

Ano A Jesus **dis**se aos dis**cí**pulos: Foi a **vós** conce**di**do
conhe**cer** os mis**té**rios do **Rei**no dos **Céus**;
aos **ou**tros, po**rém**, não **é** conce**di**do,
se**não** em pa**rá**bolas.

Ano B Sa**in**do os dis**cí**pulos,
pre**ga**vam ao **po**vo que **se** conver**tes**se.

Ano C O **Bom** Samari**ta**no, pas**san**do de vi**a**gem,
apro**xi**mou-se do fe**ri**do,
e, ao vê-lo, teve **pe**na e cu**rou** suas fe**ri**das.

Oração

Ó Deus, que mostrais a luz da verdade aos que erram para retomarem o bom caminho, dai a todos os que professam a fé rejeitar o que não convém ao cristão, e abraçar tudo o que é digno desse nome. Por nosso Senhor Jesus Cristo, vosso Filho, na unidade do Espírito Santo.

II Vésperas

Cântico evangélico, ant.

Ano A A se**men**te é a Pa**la**vra de **Deus**;
quem se**mei**a, po**rém**, é o **Cris**to;
todo a**que**le que ou**vir** o Se**nhor**,
vive**rá** para **sem**pre, ale**lui**a.

Ano B — Os discípulos, partindo, expulsavam os demônios e curavam os doentes, ungindo-os com óleo.

Ano C — Qual destes foi o próximo daquele que caiu nas mãos dos assaltantes? E ele respondeu: Foi aquele que o tratou com amor e compaixão. Então Jesus lhe disse: Vai tu e faze o mesmo.

SEGUNDA-FEIRA

Ofício das Leituras

Primeira leitura
Do Primeiro Livro dos Reis   18,16b-40

Elias vence os sacerdotes de Baal

Naqueles dias: [16b] Acab saiu ao encontro de Elias [17] e, quando o viu, exclamou: "Porventura és tu que perturbas Israel?" [18] Elias respondeu: "Não sou eu que perturbei Israel, mas és tu e a casa de teu pai, por terdes deixado os mandamentos do Senhor e seguido os baals. [19] Convoca, pois, junto de mim, na montanha do Carmelo, todo o Israel com os quatrocentos e cinquenta profetas de Baal e os quatrocentos profetas de Asera, que comem à mesa de Jezabel".

[20] Acab convocou todos os filhos de Israel e reuniu os profetas no monte Carmelo. [21] Então Elias, aproximando-se de todo o povo, disse: "Até quando andareis mancando com os dois pés? Se o Senhor é o verdadeiro Deus, segui-o; mas, se é Baal, segui a ele". O povo não respondeu uma palavra. [22] Então Elias disse ao povo: "Eu sou o único profeta do Senhor que resta, ao passo que os profetas de Baal são quatrocentos e cinquenta. [23] Deem-nos dois novilhos; que eles escolham um novilho e, depois de cortá-lo em pedaços, coloquem-no sobre a lenha, mas sem pôr fogo por baixo. Eu prepararei depois o outro novilho e o colocarei sobre a lenha e tampouco lhe porei fogo. [24] Em seguida, invocareis o nome de vosso deus e eu invocarei o nome do Senhor. O Deus que

ouvir, enviando fogo, este é o Deus verdadeiro". Todo o povo respondeu, dizendo: "Ótima proposição."

²⁵Elias disse então aos profetas de Baal: "Escolhei vós um novilho e começai, pois sois maioria. E invocai o nome de vosso deus, mas não lhe ponhais fogo". ²⁶Eles tomaram o novilho que lhes foi dado e prepararam-no. E invocavam o nome de Baal desde a manhã até ao meio-dia, dizendo: "Baal, ouve-nos!" Mas não se ouvia voz alguma e ninguém que respondesse. E dançavam ao redor do altar que tinham levantado. ²⁷Ao meio-dia, Elias zombou deles, dizendo: "Gritai mais alto, pois sendo um deus, tem suas ocupações. Porventura ausentou-se ou está de viagem; ou talvez esteja dormindo e é preciso que o acordem". ²⁸Então eles gritavam ainda mais forte, e retalhavam-se, segundo o seu costume, com espadas e lanças, até o sangue escorrer.

²⁹Passado o meio-dia, entraram em transe até a hora do sacrifício vespertino. Mas não se ouviu voz nenhuma, nem resposta nem sinal de atenção. ³⁰Então Elias disse a todo o povo: "Aproximai-vos de mim". Todo o povo veio para perto dele. E ele refez o altar do Senhor que tinha sido demolido. ³¹Tomou doze pedras, segundo o número das doze tribos dos filhos de Jacó, a quem Deus tinha dito: "Teu nome será Israel", ³²e edificou com as pedras um altar ao nome do Senhor. Fez em redor do altar um rego, capaz de conter duas medidas de sementes. ³³Empilhou a lenha, esquartejou o novilho e colocou-o sobre a lenha, ³⁴e disse: "Enchei quatro talhas de água e derramai-a sobre o holocausto e sobre a lenha". Depois, disse: "Outra vez". E eles assim fizeram uma segunda vez. E acrescentou: "Ainda uma terceira vez". E assim foi feito. ³⁵A água correu em volta do altar e o rego ficou completamente cheio.

³⁶Chegada a hora do sacrifício; o profeta Elias aproximou-se e disse: "Senhor, Deus de Abraão, de Isaac e de Israel, mostra hoje que tu és Deus em Israel, e que eu sou teu servo e que é por ordem tua que fiz estas coisas. ³⁷Ouve-

me, Senhor, ouve-me, para que este povo reconheça que tu, Senhor, és Deus, e que és tu que convertes os seus corações!"

³⁸ Então caiu o fogo do Senhor, que devorou o holocausto, a lenha, as pedras e a poeira, e secou a água que estava no rego. ³⁹ Vendo isto, o povo todo prostrou-se com o rosto em terra, exclamando: "É o Senhor que é Deus, é o Senhor que é Deus!" ⁴⁰ Elias disse-lhes: "Prendei os profetas de Baal e que nenhum deles escape!" Eles os prenderam, e Elias levou-os à torrente de Quison e ali os matou.

Responsório   1Rs 18,21ab; Mt 6,24ac
R. Chegou Elias e falou a todo o povo:
   até quando sereis mancos dos dois pés?
 * Se o Senhor é vosso Deus, então segui-o.
V. Ninguém pode servir a dois senhores;
   não podeis servir a Deus e ao dinheiro.
 * Se o Senhor.

Segunda leitura
Do Tratado sobre os Mistérios, de Santo Ambrósio, bispo
(Nn. 8-11: SCh 25 bis, 158-160)   (Séc. IV)

Renascemos da água e do Espírito Santo

Que viste no batistério? Águas, sem dúvida, mas não só águas; viste também levitas servindo. Viste o sumo-sacerdote interrogando e consagrando. O Apóstolo te ensinou logo de início a não parar na contemplação *do que se vê mas nas coisas que não se veem, porque as que se veem são temporais; eternas, as que não se veem*. Em outro lugar encontras: *O Deus invisível deixa-se insinuar desde a criação do mundo por tudo quanto foi feito, bem como seu poder eterno e sua divindade transparecem em suas obras*. O mesmo Senhor também disse: *Se não credes em mim, crede ao menos nas obras*. Crê, portanto, estar na presença da divindade. Se crês nas ações por que não crês na presença? Donde proviria a ação se a presença não precedesse?

Observa que é um mistério muito antigo, prefigurado na própria origem do mundo. Logo no princípio, quando Deus fez o céu e a terra, *o Espírito pairava sobre as águas*. Não agia aquele que pairava? Pois fica ciente que operava na criação do mundo, pelo Profeta que te diz: *Pela Palavra do Senhor firmaram-se os céus, e pelo espírito de sua boca, todos os seus exércitos*. Ambas as declarações se apoiam no testemunho profético: que pairava e que operava. Moisés é quem diz que pairava; Davi testemunha que operava.

Há ainda outro testemunho. Toda a carne se corrompera por suas iniquidades. E se diz: *Meu espírito não permanecerá nos homens porque são carnais*. Com isso, Deus mostrou que a impureza da carne e a nódoa de um pecado grave retiram a graça espiritual. Querendo então Deus renovar o que dera, mandou o dilúvio e ordenou ao justo Noé entrar na arca. Terminado o dilúvio, soltou primeiro o corvo, depois a pomba que voltou com um ramo de oliveira, segundo lemos. Vês a água, vês o lenho, vês a pomba e ainda duvidas do mistério?

A água ali está para banhar o corpo, lavando-o de todo pecado corporal, e nela fica sepultada toda torpeza. No lenho esteve pregado o Senhor Jesus quando padecia por nós. Como aprendeste no Novo Testamento na aparência da pomba desceu o Espírito Santo, o qual te inspira paz à alma e tranquilidade ao espírito.

Responsório Cf. Is 44,3.4; Jo 4,14b

R. Derramarei, diz o Senhor,
na terra seca águas correntes
e torrentes correrão sobre o solo sequioso.
* Derramarei o meu Espírito
e crescerão como o salgueiro,
que é plantado à beira d'água.
V. A água que eu vos der, será fonte a jorrar
até à vida eterna. * Derramarei.

Oração

Ó Deus, que mostrais a luz da verdade aos que erram para retomarem o bom caminho, dai a todos os que professam a fé rejeitar o que não convém ao cristão, e abraçar tudo o que é digno desse nome. Por nosso Senhor Jesus Cristo, vosso Filho, na unidade do Espírito Santo.

TERÇA-FEIRA

Ofício das Leituras

Primeira leitura
Do Primeiro Livro dos Reis 19,1-9a.11-21

O Senhor se revela a Elias

Naqueles dias: ¹ Acab contou a Jezabel tudo o que Elias tinha feito e como tinha passado ao fio da espada todos os profetas de Baal. ² Então Jezabel mandou um mensageiro a Elias para lhe dizer: "Que os deuses me tratem com o maior rigor, se amanhã, a esta hora, eu não tiver feito contigo o mesmo que fizeste com a vida deles". ³ Temeroso, Elias partiu para salvar a sua vida. Chegou a Bersabeia de Judá e ali deixou o seu servo. ⁴ Depois, entrou deserto adentro e caminhou o dia todo. Sentou-se finalmente debaixo de um junípero e pediu para si a morte, dizendo: "Agora basta, Senhor! Tira a minha vida, pois não sou melhor que meus pais". ⁵ E, deitando-se no chão, adormeceu à sombra do junípero. De repente, um anjo tocou-o e disse: "Levanta-te e come!" ⁶ Ele abriu os olhos e viu junto à sua cabeça um pão assado debaixo da cinza e um jarro de água. Comeu, bebeu e tornou a dormir. ⁷ Mas o anjo do Senhor veio pela segunda vez, tocou-o e disse: "Levanta-te e come! Ainda tens um caminho longo a percorrer". ⁸ Elias levantou-se, comeu e bebeu, e, com a força desse alimento, andou quarenta dias e quarenta noites, até chegar ao Horeb, o monte de Deus.

⁹Chegando ali, entrou numa gruta, onde passou a noite. Então a Palavra do Senhor foi-lhe dirigida. ¹¹O Senhor disse-lhe: "Sai e permanece sobre o monte diante do Senhor, porque o Senhor vai passar". Antes do Senhor, porém, veio um vento impetuoso e forte, que desfazia as montanhas e quebrava os rochedos. Mas o Senhor não estava no vento. Depois do vento houve um terremoto. Mas o Senhor não estava no terremoto. ¹²Passado o terremoto, veio um fogo. Mas o Senhor não estava no fogo. E depois do fogo ouviu-se um murmúrio de uma leve brisa. ¹³Ouvindo isto, Elias cobriu o rosto com o manto, saiu e pôs-se à entrada da gruta. Ouviu, então, uma voz que dizia: "Que fazes aqui, Elias?" ¹⁴Ele respondeu: "Estou ardendo de zelo pelo Senhor, Deus Todo-poderoso, porque os filhos de Israel abandonaram tua aliança, demoliram teus altares e mataram à espada teus profetas. Só eu escapei. Mas, agora, também querem matar-me".

¹⁵O Senhor disse-lhe: "Vai e toma o teu caminho de volta, na direção do deserto de Damasco. Chegando lá, ungirás Hazael como rei da Síria. ¹⁶Unge também a Jeú, filho de Namsi, como rei de Israel, e a Eliseu, filho de Safat, de Abel-Meula, como profeta em teu lugar. ¹⁷Quem escapar da espada de Hazael, será morto por Jeú, e quem escapar da espada de Jeú, será morto por Eliseu. ¹⁸Mas vou deixar com vida em Israel sete mil homens, que não dobraram os joelhos diante de Baal e cuja boca não o beijou".

¹⁹Elias partiu dali e encontrou Eliseu, filho de Safat, lavrando a terra com doze juntas de bois; e ele mesmo conduzia a última. Elias, ao passar perto de Eliseu, lançou sobre ele o seu manto. ²⁰Então Eliseu deixou os bois e correu atrás de Elias, dizendo: "Deixa-me primeiro ir beijar meu pai e minha mãe, depois te seguirei". Elias respondeu: "Vai e volta! Pois o que te fiz eu?"

²¹Ele retirou-se, tomou a junta de bois e os imolou. Com a madeira do arado e da canga assou a carne e deu de comer

à sua gente. Depois levantou-se, seguiu Elias e pôs-se ao seu serviço.

Responsório
Ex 33,22.20b; Jo 1,18

R. Disse o Senhor a Moisés: ao passar minha glória
eu te colocarei na fenda da rocha
e hei de cobrir-te com a mão estendida
até que eu tenha passado.
* Pois, ninguém pode ver-me e ainda viver.
V. Ninguém jamais viu a Deus; mas o Filho unigênito
que está junto do Pai, este o deu a conhecer.
* Pois, ninguém.

Segunda leitura
Do Tratado sobre os Mistérios, de Santo Ambrósio, bispo

(Nn. 12-16.19: SCh 25 bis, 162-164)   (Séc. IV)

Tudo lhes acontecia em figura

A ti ensina o Apóstolo que *todos os nossos pais estiveram debaixo da nuvem e todos atravessaram o mar e todos, conduzidos por Moisés, foram batizados na nuvem e no mar.* Em seguida o mesmo Moisés diz no cântico: *Enviaste teu espírito e o mar os cobriu.* Nota que nesta passagem dos hebreus pelo mar já se prenuncia a figura do santo batismo, onde perece o egípcio, e liberta-se o hebreu. Não é isto o que diariamente o sacramento nos ensina, a saber, que a culpa é afogada, destruído o erro, e a santidade e toda inocência passam através dele?

Ouves que nossos pais estiveram debaixo da nuvem, a boa nuvem que refresca o ardor das paixões carnais, a boa nuvem que cobre com sua sombra aqueles que o Espírito Santo torna a visitar. Esta boa nuvem, em seguida, veio sobre a Virgem Maria e o poder do Altíssimo a envolveu com sua sombra, ao gerar a redenção do homem. Este milagre realizou-o Moisés em figura. Se, portanto, lá esteve o Espírito em figura, não estará aqui a realidade, já que a Escritura te diz que a *lei foi dada por Moisés, mas a graça e a verdade nos vieram por Jesus Cristo?*

Em Mara a fonte era amarga. Nela Moisés mergulhou um lenho e ela se tornou doce. A água, sem a proclamação da cruz do Senhor, não tem utilidade alguma para a futura salvação. Ao ser, porém, consagrada pelo salutar mistério da cruz, é usada no banho espiritual e no cálice da salvação. À semelhança daquela fonte em que Moisés, isto é, o Profeta, pôs o lenho, também nesta fonte o sacerdote proclama a cruz do Senhor e a água se faz doce para a graça.

Não creias apenas nos teus olhos corporais. Enxerga-se muito melhor o que não se vê, porque o que vemos é transitório, isto é eterno. No entanto, se vemos o que os olhos não alcançam, enxergamos com o coração e a mente.

Por fim ensina-te o trecho do Livro dos Reis: Naaman era sírio, tinha a lepra e ninguém podia purificá-lo. Então disse-lhe uma menina escrava que em Israel havia um profeta, que o poderia curar da lepra. Tomando consigo ouro e prata, Naaman dirigiu-se ao rei de Israel. Conhecendo o rei o motivo da vinda, rasgou as vestes em sinal de luto e declarou que este pedido tão além do poder real era antes um pretexto para um ataque contra o reino. Mas Eliseu mandou dizer ao rei que lhe enviasse o sírio para que lhe fosse dado conhecer como Deus estava em Israel. Tendo ele chegado, o profeta fez-lhe saber que devia mergulhar sete vezes no rio Jordão. Naaman começou, então, a pensar que melhores eram as águas de sua pátria, onde muitas vezes mergulhara e nunca ficara limpo da lepra e quis voltar, sem obedecer à ordem do profeta. Mas, diante do conselho insistente de seus servos, enfim concordou em banhar-se e, limpo no mesmo momento, compreendeu que não era por virtude da água que se tornara purificado, mas pela graça.

Ora, Naaman duvidou antes de ser curado. Tu, porém, já estás são: não podes duvidar!

Responsório   Sl 77(78),52a.53; 1Cor 10,2
R. Deus fez s**air** seu povo el**eito** como ov**elhas**
   e o gui**ou** com segu**rança** e sem te**mor**,
 * Mas enco**briu** seus ini**migos** com o **mar**.
V. Foram **to**dos bati**za**dos em Moi**sés**,
   no **mar** e na **nu**vem bati**za**dos.* Mas enco**briu**.

Oração

Ó Deus, que mostrais a luz da verdade aos que erram para retomarem o bom caminho, dai a todos os que professam a fé rejeitar o que não convém ao cristão, e abraçar tudo o que é digno desse nome. Por nosso Senhor Jesus Cristo, vosso Filho, na unidade do Espírito Santo.

QUARTA-FEIRA

Ofício das Leituras

Primeira leitura
Do Primeiro Livro dos Reis   21,1-21.27-29

Elias, o defensor do direito dos pobres

Naquele tempo,[1] Nabot de Jezrael possuía uma vinha em Jezrael, ao lado do palácio de Acab, rei de Samaria. [2] Acab falou a Nabot: "Cede-me a tua vinha, para que eu a transforme numa horta, pois está perto da minha casa. Em troca eu te darei uma vinha melhor, ou, se preferires, pagarei em dinheiro o seu valor". [3] Mas Nabot respondeu a Acab: "O Senhor me livre de te ceder a herança de meus pais".

[4] Acab voltou para casa aborrecido e irritado por causa desta resposta que lhe deu Nabot de Jezrael: "Não te cederei a herança de meus pais". Deitou-se na cama, com o rosto voltado para a parede, e não quis comer nada. [5] Sua mulher Jezabel aproximou-se dele e disse-lhe: "Por que estás triste e não queres comer?" [6] Ele respondeu: "Porque eu conversei com Nabot de Jezrael e lhe fiz a proposta de me ceder a sua vinha pelo seu preço em dinheiro, ou, se preferisse, eu lhe

daria em troca outra vinha. Mas ele respondeu que não me cede a vinha'. ⁷Então sua mulher Jezabel disse-lhe: "Bela figura de rei de Israel estás fazendo! Levanta-te, toma alimento e fica de bom humor, pois eu te darei à vinha de Nabot de Jezrael".

⁸Ela escreveu então cartas em nome de Acab, selou-as com o selo real, e enviou-as aos anciãos e nobres da cidade de Nabot. ⁹Nas cartas estava escrito o seguinte: "Proclamai um jejum e fazei Nabot sentar-se entre os primeiros do povo, ¹⁰e subornai dois homens perversos contra ele, que deem este testemunho: 'Tu amaldiçoaste a Deus e ao rei' Levai-o depois para fora e apedrejai-o até que morra". ¹¹Os homens da cidade, anciãos e nobres concidadãos de Nabot, fizeram conforme a ordem recebida de Jezabel, como estava escrito nas cartas que lhes tinha enviado. ¹²Proclamaram um jejum e fizeram Nabot sentar-se entre os primeiros do povo. ¹³Chegaram os dois homens perversos, sentaram-se diante dele e testemunharam contra Nabot diante de toda a assembleia, dizendo: "Nabot amaldiçoou a Deus e ao rei". Em virtude disto, levaram-no para fora da cidade e mataram-no a pedradas: ¹⁴Depois mandaram a notícia a Jezabel: "Nabot foi apedrejado e morto".

¹⁵Ao saber que Nabot tinha sido apedrejado e estava morto, Jezabel disse a Acab: "Levanta-te e toma posse da vinha que Nabot de Jezrael não te quis ceder por seu preço em dinheiro; pois Nabot já não vive; está morto". ¹⁶Quando Acab soube que Nabot estava morto, levantou-se para descer até a vinha de Nabot de Jezrael e dela tomar posse.

¹⁷Então a Palavra do Senhor foi dirigida a Elias, o tesbita nestes termos: ¹⁸"Levanta-te e desce ao encontro de Acab, rei de Israel, que reina em Samaria. Ele está na vinha de Nabot, aonde desceu para dela tomar posse. ¹⁹Isto lhe dirás: 'Assim fala o Senhor: Tu mataste e ainda por cima roubas!' E acrescentarás: 'Assim fala o Senhor: No mesmo lugar em que os cães lamberam o sangue de Nabot, lamberão também

o teu'". ²⁰Acab disse a Elias: "Afinal encontraste-me, ó meu inimigo?" Elias respondeu: "Sim, eu te encontrei. Porque te vendeste para fazer o que desagrada ao Senhor, ²¹farei cair sobre ti a desgraça: varrerei a tua descendência, exterminando todos os homens da casa de Acab, escravos ou livres em Israel".

²⁷Quando Acab ouviu estas palavras, rasgou as vestes, pôs um cilício sobre a pele e jejuou. Dormia envolto num pano de penitência e andava abatido. ²⁸Então a Palavra do Senhor foi dirigida a Elias, o tesbita, nestes termos: ²⁹"Viste como Acab se humilhou diante de mim? Já que ele assim procedeu, não o castigarei durante a sua vida, mas nos dias de seu filho enviarei a desgraça sobre a sua família".

Responsório   Tg 4,8b.9a.10a; cf. 5,6
R. Lavai as vossas **mãos**, ó pecadores,
   e os **vos**sos corações purific**ai**,
   ó **h**omens de atitudes inconstan**t**es!
* Chorai, penalizai-vos, lamentai!
  Humilhai-vos na presença do Senhor!
V. Condenastes e matastes o homem justo,
   e ele nem sequer vos resistiu. * Chorai.

Segunda leitura
Do Tratado sobre os Mistérios, de Santo Ambrósio, bispo

(Nn. 19-21.24.26-28: SCh 25 bis, 164-170) (Séc. IV)

A água não purifica sem o Espírito Santo

Anteriormente fora-te recomendado não creres apenas no que vias, para que não viesses a dizer: É só isto o grande mistério que os *olhos não viram, os ouvidos não ouviram nem suspeitou o coração do homem?* Vejo águas, eu as via diariamente. Águas assim, onde tantas vezes entrei e nunca fui purificado, é que irão purificar-me? Por aí ficas sabendo que a água sozinha, sem o Espírito Santo, não purifica.

Leste igualmente que os três testemunhos no batismo *são um só:* a água, o sangue e o Espírito, porque se retiras um deles, já não há o sacramento do batismo. Pois, o que é a água sem a cruz de Cristo? Um elemento comum sem qualquer força de sacramento! Também sem água não há mistério de novo nascimento: *Se alguém não renascer da água e do Espírito, não pode entrar no Reino de Deus.* O catecúmeno já antes tinha fé na cruz do Senhor Jesus e por ela fora assinalado. Mas se não for batizado em nome do Pai e do Filho e do Espírito Santo, não poderá receber a remissão dos pecados nem acolher o dom da graça espiritual.

Naaman, o sírio, no Antigo Testamento, mergulhou sete vezes; tu, porém, foste batizado uma vez em nome da Trindade. Confessaste o Pai – lembra-te do que fizeste – confessaste o Filho, confessaste o Espírito. Observa a ordem. Nesta fé morreste para o mundo, ressuscitaste para Deus. Como que sepultado no elemento primordial do mundo, morto ao pecado, ressuscitaste para a vida eterna. Crê, portanto, não se tratar de simples águas.

Com efeito, mesmo o paralítico da piscina Probática esperava um homem. Que homem, a não ser o Senhor Jesus, o nascido da Virgem, cuja mera sombra da vinda curava um ou outro, mas cuja realidade agora já cura a todos? É Jesus a quem o paralítico esperava para descer, aquele mesmo de quem disse o Pai a João Batista: *Sobre quem vires o Espírito descer do céu e repousar sobre ele, é este o que batiza no Espírito Santo.* João, também, deu-lhe testemunho, dizendo: *Eu vi o Espírito descendo do céu em forma de pomba e repousando sobre ele.* Aqui, igualmente, nós nos perguntamos por que o Espírito desceu qual uma pomba? Para que visses e compreendesses como também aquela pomba, solta da arca pelo justo Noé, era figura desta que desceu sobre o Cristo, e assim reconheceres o tipo do sacramento.

Há ainda algo que te faça duvidar? E, no entanto, o Pai te clama, com toda a evidência, no Evangelho: *Este é o meu*

Filho em quem pus minha complacência. Clama igualmente o Filho, sobre quem o Espírito Santo se mostrou em forma de pomba. Clama do mesmo modo o Espírito Santo que, qual pomba, desceu. Clama, por sua vez, Davi: *Voz do Senhor sobre as águas; o Deus de majestade travejou; o Senhor sobre as muitas águas.* A Escritura te atesta que, diante das preces de Jerobaal, desceu o fogo do céu e, outra vez, pelas súplicas de Elias, veio um fogo consagrar o sacrifício.

Não atentes para o mérito das pessoas, mas para o serviço dos sacerdotes. Ora, como respeitas a Elias, considera também os méritos de Pedro ou de Paulo que nos entregaram este mistério recebido do Senhor Jesus. Para os do Antigo Testamento era enviado o fogo visível a fim de que cressem. Em nós, que cremos, o fogo opera invisível. Para aqueles desceu o Espírito em figura, e, para nós, ele se torna realidade. Crê, portanto que, invocado pelas preces dos sacerdotes, aí está presente o Senhor Jesus que disse: *Onde quer que estejam dois ou três, aí estou eu.* Quanto mais onde está a Igreja, na qual existem os mistérios, ele se dignará a conceder a graça de sua presença.

Desceste, pois, às águas do Batismo. Recorda-te do que respondeste: que crês no Pai, crês no Filho, crês no Espírito Santo. Não disseste: creio no maior, no menor e no último, mas com a mesma palavra te comprometeste a crer no Filho exatamente como crês no Pai e a crer no Espírito exatamente como crês no Filho, com esta única exceção: que confesses a fé na Cruz, que é só do Senhor Jesus.

Responsório   Mt 3,11b; Is 1,16c.17a.18b

R. O que **vem** depois de **mim** é mais **forte** do que **eu**;
 não sou **digno** nem se**quer** de le**var** suas san**dá**lias.
 * Ele **vos** batiza**rá** com o Espírito **San**to e com **fo**go.
V. Cess**ai** de agir **mal**, apren**dei** a fazer o **bem**,
 procur**ai** o que é **jus**to. * Ele **vos**.

Oração

Ó Deus, que mostrais a luz da verdade aos que erram para retomarem o bom caminho, dai a todos os que professam a fé rejeitar o que não convém ao cristão, e abraçar tudo o que é digno desse nome. Por nosso Senhor Jesus Cristo, vosso Filho, na unidade do Espírito Santo.

QUINTA-FEIRA

Ofício das Leituras

Primeira leitura

Do Primeiro Livro dos Reis   22,1-9.15-23.29.34-38

Sentença de Deus sobre o ímpio rei Acab

Naqueles dias: ¹Reinou paz durante três anos, não havendo guerra entre os arameus e Israel. ²Quando, porém, no terceiro ano Josafá, rei de Judá, desceu para visitar o rei de Israel, ³este disse aos oficiais: "Bem sabeis que Ramot de Galaad pertence a nós, e não fazemos nada para retomá-la das mãos do rei dos arameus". ⁴Em seguida perguntou a Josafá: "Queres ir comigo à guerra contra Ramot de Galaad?" Josafá respondeu ao rei de Israel: "Eu faço o que tu fazes, meu povo faz o que faz o teu, meus cavalos acompanham os teus".

⁵Josafá disse ainda ao rei de Israel: "Procura obter primeiro um oráculo do Senhor". ⁶Então o rei de Israel convocou os profetas, uns quatrocentos homens, e lhes perguntou: "Posso partir para a guerra contra Ramot de Galaad, ou devo desistir?" Eles responderam: "Parte! O Senhor a entregará nas mãos do rei!" ⁷Josafá ainda perguntou: "Não há aqui nenhum outro profeta do Senhor que possamos consultar?" ⁸O rei de Israel respondeu a Josafá: "Ainda há um homem para consultar o Senhor. Mas eu não o posso aturar, porque nunca me dá oráculos favoráveis: é

Miqueias, filho de Jemla". Josafá replicou: "Não fales assim, ó rei!" ⁹Então o rei de Israel chamou um camareiro e lhe ordenou: "Vai buscar depressa a Miqueias, filho de Jemla".

¹⁵Quando, pois, chegou à presença do rei, este lhe perguntou: "Miqueias, podemos partir para a guerra contra Ramot de Galaad, ou devemos desistir?" Ele lhe respondeu: "Parte e serás bem sucedido. O Senhor a entregará nas mãos de vossa Majestade". ¹⁶Mas o rei lhe replicou: "Quantas vezes te preciso conjurar para que só me digas a pura verdade em nome do Senhor?" ¹⁷Então ele respondeu: "Eu vi todo Israel
disperso pelos montes,
como ovelhas sem pastor.
E o Senhor disse: 'Eles não têm senhor. Volte cada um em paz para casa!'"

¹⁸O rei de Israel disse a Josafá: "Não te disse que ele não me profetiza êxitos e sim desgraças?"

¹⁹Miqueias prosseguiu: "Pois bem, escuta a Palavra do Senhor: Eu vi o Senhor assentado no trono com todo o exército do céu de pé em sua presença, à direita e à esquerda. ²⁰Então o Senhor perguntou: 'Há alguém que possa seduzir Acab, para que se ponha em campo e morra em Ramot de Galaad?' Aí uns responderam duma maneira e outros de outra maneira. ²¹Finalmente um espírito se adiantou, pôs-se de pé na presença do Senhor e disse: 'Eu vou seduzi-lo'. O Senhor lhe perguntou: 'Como vais fazer isto?' ²²Ele respondeu: 'Irei fazer-me de espírito de mentira na boca de todos os seus profetas'. O Senhor respondeu: 'Ótimo! tu conseguirás seduzi-lo. Vai fazer isto!' ²³Como estás vendo, o Senhor mandou um espírito mentiroso na boca de todos os teus profetas que estão aqui, pois o Senhor decretou tua perdição".

²⁹O rei de Israel e Josafá, rei de Judá, marcharam contra Ramot de Galaad.

⁳⁴ Nisto um homem disparou o arco a esmo e acertou o rei de Israel por entre as escamas da couraça. Ele ordenou ao cocheiro: "Dá meia-volta e leva-me para fora do campo de batalha, porque estou ferido".³⁵ Mas como neste dia a peleja se tornou muito violenta, tiveram de manter o rei em pé no carro defronte aos arameus e à tardinha ele morreu; o sangue escorria no bojo do carro.³⁶ Quando o sol já ia se pondo, um brado ressoou pelo campo de batalha: "Volte cada um para sua terra!³⁷ O rei morreu!" Então foram a Samaria e lá o sepultaram.³⁸ Quando lavaram o carro no açude de Samaria, os cães lamberam o seu sangue e as prostitutas se banharam lá, como o Senhor o tinha predito.

Responsório
Jr 29,8b.9a.11a; Dt 18,8a

R. Não vos enganem os vossos profetas,
  pois falsamente eles falam em meu nome,
 * Eu bem sei o que penso de vós,
  é isso o que diz o Senhor.
V. Farei surgir para o meu povo um profeta,
  colocarei minhas palavras em seus lábios.
 * Eu bem sei.

Segunda leitura
Do Tratado sobre os Mistérios, de Santo Ambrósio, bispo

(Nn. 29-30.34-35.37.42: SCh 25 bis, 172-178) (Séc. IV)

Instrução sobre os ritos depois do batismo

Em seguida banhado nas águas do batismo, subiste em direção ao sacerdote. Pensa no que se seguiu. Não foi aquilo que Davi cantou: *Como o bálsamo na cabeça que desce pela barba, pela barba de Aarão?* É o mesmo bálsamo de que fala Salomão: *Bálsamo derramado é o teu nome, por isto as jovens te amaram e te atraíram.* Quantas almas renovadas hoje te amam, Senhor Jesus, dizendo: *Atrai-nos em teu seguimento, correremos ao odor de tuas vestes,* para que respirem o odor da ressurreição.

Entende de que modo se faz, *pois os olhos do sábio estão em sua cabeça.* A unção escorre pela barba, isto é, pela beleza da juventude; pela barba de Aarão para te tornares da *raça eleita,* sacerdotal, preciosa. Porque todos no Reino de Deus somos também ungidos pela graça espiritual para o sacerdócio. Recebeste depois a veste branca, indício de teres despido a crosta dos pecados e revestido a casta túnica da inocência, lembrada pelo Profeta quando diz: *Asperge-me com o hissopo e serei limpo, lavar-me-ás e serei mais branco do que a neve.* Ora, quem é batizado vê-se purificado pela lei e pelo Evangelho: segundo a lei, porque como um ramo de hissopo Moisés aspergia o sangue do cordeiro; segundo o Evangelho, porque eram brancas como a neve as vestes de Cristo quando revelou a glória de sua ressurreição. *Mais do que a neve* se torna alvo aquele a quem se perdoa a culpa. O Senhor, por intermédio de Isaías, diz: *Se vossos pecados forem como a púrpura, eu os alvejarei como a neve.*

Trazendo esta veste, recebida *no banho do novo nascimento,* a Esposa diz, nos Cânticos: *Sou escura e formosa, filhas de Jerusalém.* Escura, pela fragilidade da condição humana; formosa pela graça. Escura, por vir dentre os pecadores; formosa, pelo sacramento da fé. Vendo tais roupas, exclamam estupefatas as filhas de Jerusalém: *Quem é esta que sobe tão alva?* Ela era escura; donde lhe veio agora de repente este brilho?

Cristo, que assumira uma *veste sórdida,* como se pode ler em Zacarias, por causa de sua Igreja, ao vê-la em vestes brancas, com a alma pura e lavada pelo banho do novo nascimento, diz: *Como és formosa, minha irmã, como és formosa, teus olhos parecem-se com os da pomba,* sob cuja forma desceu do céu o Espírito Santo.

Lembra-te então que recebeste a marca espiritual, o *Espírito de sabedoria e de inteligência, o espírito de conse-*

lho e de força, o espírito de ciência e de piedade, o espírito do santo temor. Guarda o que recebeste. Deus Pai te assinalou, o Cristo Senhor te confirmou e *deu o penhor* do Espírito *em teu coração,* como aprendeste com a leitura do Apóstolo.

Responsório Ef 1,13b-14; 2Cor 1,21b.22
R. Quando abraçastes vossa fé, fostes marcados
com o sinal do Espírito Santo prometido,
o qual é o penhor da nossa herança.
* Para salvar o povo que ele conquistou,
para honra e louvor de sua glória.
V. Deus nos ungiu e nos marcou com o seu selo
e deu aos nossos corações o seu Espírito.* Para.

Oração
Ó Deus, que mostrais a luz da verdade aos que erram para retomarem o bom caminho, dai a todos os que professam a fé rejeitar o que não convém ao cristão, e abraçar tudo o que é digno desse nome. Por nosso Senhor Jesus Cristo, vosso Filho, na unidade do Espírito Santo.

SEXTA-FEIRA

Ofício das Leituras

Primeira leitura
Do Segundo Livro das Crônicas 20,1-9.13-24

Admirável auxílio de Deus prestado ao fiel rei Josafá

Naqueles dias: ¹ Os moabitas e os amonitas, e com eles alguns meunitas, coligaram-se para fazer guerra contra Josafá. ² Vieram alguns mensageiros e informaram Josafá, dizendo: "Uma enorme multidão, vinda do outro lado do mar Morto, avança contra ti. Eles já estão acampados em Asason-Tamar, ou seja, em Engadi".

³Josafá ficou cheio de medo e se dispôs a invocar o Senhor, e promulgar um jejum para todo o Judá. ⁴A população de Judá reuniu-se para invocar o Senhor, e toda a gente acorria das cidades do interior de Judá para implorar o auxílio do Senhor.

⁵Josafá apresentou-se à assembleia de Judá e de Jerusalém, no templo do Senhor, defronte ao átrio novo, ⁶e disse: "Senhor, Deus de nossos pais, tu és Deus no céu e governas todos os reinos dos povos. A ti pertencem força e poder e ninguém te pode resistir. ⁷Acaso não foste tu, o nosso Deus, que expulsaste do teu povo Israel, os habitantes desta terra e a deste, para sempre, aos descendentes de Abraão, teu amigo? ⁸Nesta terra se estabeleceram e nela construíram para ti um santuário em honra do teu nome, dizendo: ⁹'Se vier sobre nós uma desgraça, como a guerra, flagelo de vingança, peste ou fome nós nos apresentaremos diante de ti neste templo, pois o teu nome é invocado nele, e chamaremos por ti do fundo da nossa angústia e tu nos ouvirás e nos salvarás'". ¹³Toda a população de Judá estava de pé, diante do Senhor, com suas mulheres e filhos, inclusive os pequeninos.

¹⁴Então, no meio da assembleia, o Espírito do Senhor desceu sobre Jaaziel, filho de Zacarias, filho de Banaías, filho de Jeiel, filho de Matanias, levita da família de Asaf. ¹⁵E ele disse: "Prestai atenção, homens de Judá e de Jerusalém, e também tu, ó rei Josafá! Eis o que vos diz o Senhor: Não vos assusteis, nem tenhais medo dessa imensa multidão, pois a luta não é vossa, mas de Deus. ¹⁶Descei amanhã contra eles, porque subirão pela encosta chamada Sis, e os encontrareis na extremidade da torrente que corre em frente do deserto de Jeruel. ¹⁷Não tereis necessidade de combater. Mas ficai quietos e firmes, contemplando a salvação que o Senhor vos concederá, ó Judá e Jerusalém! Não vos assusteis nem tenhais medo. Saí, amanhã, ao encontro deles e o Senhor estará convosco". ¹⁸Josafá prostrou-se com o rosto por terra,

e todo o Judá e os habitantes de Jerusalém caíram diante do Senhor e o adoraram. [19] Os levitas da linhagem dos coatitas e dos coreítas começaram então a louvar o Senhor, Deus de Israel, em alta voz.

[20] No dia seguinte, de manhã, puseram-se a caminho para o deserto de Técua. Quando saíram, Josafá, de pé, no meio deles, disse: "Escutai-me, homens de Judá e vós, que habitais em Jerusalém! Confiai no Senhor vosso Deus e estareis seguros; crede em seus profetas e tudo vos correrá bem". [21] Em seguida, depois de se ter entendido com o povo, ele designou os cantores que, revestidos de ornamentos sagrados, haveriam de marchar à frente do exército, cantando: "Louvai o Senhor, pois a sua misericórdia é eterna!"

[22] Logo que começaram a entoar este cântico de louvor, o Senhor fez cair numa emboscada os amonitas, os moabitas e os habitantes da montanha de Seir que marchavam contra Judá. E, assim, eles foram destruídos. [23] Então os amonitas e os moabitas atiraram-se sobre os povos das montanhas de Seir para os destruir e exterminar. E, feito isso, puseram-se a matar-se uns aos outros.

[24] Quando os homens de Judá chegaram à altura donde se vê o deserto, olharam para a multidão e não viram senão cadáveres estendidos por terra. Não tinha podido escapar ninguém.

Responsório   Ef 6,12a.14a; 2Cor 20,17a

R. Nossa **luta** não é **con**tra a **car**ne e o **san**gue,
mas **con**tra os princi**pa**dos e **con**tra as potes**ta**des,
contra os es**pí**ritos do **mal**.
* **Fi**ca**i**, portanto, a**ler**tas e cin**gi** os vossos **rins**.
V. Sede **fir**mes na espe**ran**ça e ve**reis** vir até **vós**
o auxílio do Se**nhor.*** **Fi**ca**i**.

Segunda leitura
Do Tratado sobre os Mistérios, de Santo Ambrósio, bispo
(Nn. 43.47-49: SCh 25 bis, 178-180.182) (Séc. IV)

Sobre a Eucaristia, aos neófitos

O povo purificado, enriquecido com estas vestes, adianta-se para o altar de Cristo, dizendo: *E entrarei até o altar de Deus, do Deus que alegra a minha juventude.* Despidas as vestimentas do antigo erro, *renovada a juventude como a da águia,* apressa-se em ir participar do celeste banquete. Chega, e, ao ver a ornamentação do santo altar, exclama: *O Senhor é meu pastor, nada me falta; levou-me a boas pastagens. Conduziu-me às águas da quietude.* E mais adiante: *Mesmo que caminhe em meio às sombras da morte, não temerei mal algum, porque tu estás comigo. Teu cajado e teu bastão são meus arrimos. Preparaste diante de mim uma mesa contra aqueles que me perseguem. Ungiste com óleo minha cabeça e como é luminoso teu cálice embriagador!*

Coisa admirável o ter Deus feito chover o maná para sustentar com o alimento celeste os patriarcas. Por isso se disse: *O homem comeu o pão dos anjos.* No entanto, aqueles que comeram deste pão, todos eles *morreram* no deserto; o alimento, porém, que tu recebes, *pão vivo que desceu do céu,* comunica a substância da vida eterna e quem quer que dele comer *não morrerá eternamente,* pois é o corpo de Cristo.

Considera agora qual deles é de maior valor: o pão dos anjos ou a carne de Cristo, que é o corpo da vida. Aquele maná vem do céu; este está acima do céu. Aquele, do céu; este, do Senhor dos céus. Aquele é corruptível, se guardado para o dia seguinte; este é totalmente imune de corrupção e quem o tomar piedosamente não poderá experimentar a corrupção. Para aqueles brotou a água da pedra; para ti, o sangue de Cristo. Àqueles, por um momento, a água saciou; a ti o sangue do Senhor refresca para sempre. O povo antigo bebe e tem sede; tu, ao beberes, não podes mais sentir sede, pois, de fato, aquilo era sombra, enquanto isto é realidade.

Se já admiras a sombra, qual não será tua admiração da realidade? Escuta como é sombra o acontecido aos patriarcas: *Bebiam da pedra que os seguia; a pedra era Cristo. Mas Deus não se agradou de muitos deles, pois caíram mortos no deserto. Estas coisas foram feitas em figura para nós.* Conheces agora o que tem maior valor: a luz supera a sombra; a realidade, a figura; o corpo do Criador vale mais do que o maná do céu.

Responsório 1Cor 10,1b-2.11a.3-4a

R. Nossos **pais** estiveram sob a **nu**vem
   e **t**odos passaram pelo **mar**;
   foram **t**odos batizados em Moi**sés**,
   no **mar** e na **nu**vem batiza**dos**.
 * Tudo **is**so aconte**ceu** a nossos **pais**,
   para ser**vir** como um e**xem**plo para **nós**.
V. Comeram **t**odos do ali**men**to espiritu**al**,
   beberam **t**odos da be**bi**da espiritu**al**. * Tudo **is**so.

Oração

Ó Deus, que mostrais a luz da verdade aos que erram para retomarem o bom caminho, dai a todos os que professam a fé rejeitar o que não convém ao cristão, e abraçar tudo o que é digno desse nome. Por nosso Senhor Jesus Cristo, vosso Filho, na unidade do Espírito Santo.

SÁBADO

Ofício das Leituras

Primeira leitura
Do Segundo Livro dos Reis 2, 1-15

Assunção de Elias

Naqueles dias: ¹Quando o Senhor quis arrebatar Elias ao céu, num redemoinho, Elias e Eliseu partiram de Guilgal. ²Elias disse a Eliseu: "Permanece aqui, porque o Senhor me enviou a Betel". Ao que Eliseu respondeu: "Pela vida do Senhor e pela tua, eu não te deixarei".

Quando desceram a Betel, ³saíram os filhos dos profetas que estavam em Betel ao encontro de Eliseu e disseram-lhe: "Sabes que hoje o Senhor vai arrebatar da tua presença o teu amo?" Ele respondeu: "Já sei; ficai calados!" ⁴Disse-lhe então Elias: "Permanece aqui, Eliseu, porque o Senhor me mandou a Jericó". Eliseu respondeu: "Pela vida do Senhor e pela tua, eu não te deixarei".

E, tendo chegado a Jericó, ⁵os filhos dos profetas que estavam em Jericó foram ter com Eliseu e disseram-lhe: "Sabes que hoje o Senhor vai arrebatar da tua presença o teu amo?" Ele respondeu: "Já sei; ficai calados!" ⁶Disse-lhe novamente Elias: "Permanece aqui, porque o Senhor me mandou até ao Jordão". E ele respondeu: "Pela vida do Senhor e pela tua eu não te deixarei". E partiram os dois juntos. ⁷Então, cinquenta dos filhos dos profetas os seguiram, e ficaram parados, à parte, a certa distância, enquanto eles dois chegaram à beira do Jordão.

⁸Elias tomou então o seu manto, enrolou-o e bateu com ele nas águas, que se dividiram para os dois lados, de modo que ambos passaram a pé enxuto. ⁹Depois que passaram, Elias disse a Eliseu: "Pede o que queres que eu te faça antes de ser arrebatado da tua presença". Eliseu disse: "Que me seja dada uma dupla porção do teu espírito". ¹⁰Elias respon-

deu: "Tu pedes uma coisa muito difícil. Se me vires quando me arrebatarem da tua presença, isso te será concedido; caso contrário, isso não te será dado". ¹¹ E aconteceu que, enquanto andavam e conversavam, um carro de fogo e cavalos de fogo os separaram um do outro, e Elias subiu ao céu num redemoinho.

¹² Eliseu o via e gritava: "Meu pai, meu pai, carro de Israel e seu condutor!" Depois, não o viu mais. E, tomando as vestes dele, rasgou-as em duas. ¹³ Em seguida, apanhou o manto que Elias tinha deixado cair e, voltando sobre seus passos, estacou à margem do Jordão. ¹⁴ Tomou então o manto de Elias e bateu com ele nas águas dizendo: "Onde está agora o Deus de Elias?" E bateu nas águas, que se dividiram, para os dois lados, e Eliseu atravessou o rio.

¹⁵ Quando os filhos dos profetas residentes em Jericó o avistaram no outro lado, exclamaram: "O espírito de Elias repousou sobre Eliseu!" Eles foram ao seu encontro e se prostraram diante dele.

Responsório Ml 4,5.6a; Lc 1,15a.17a

R. Eu **hei** de envi**ar**-vos El**ias**, o pro**fe**ta,
antes do **dia** do Se**nhor**, terrível grande **dia**.
* Converter**á** os cora**ções** dos **pais** para os seus **filhos**
e dos **filhos** para os **pais**.
V. João Ba**tis**ta será **gran**de aos **o**lhos do Se**nhor**;
ele irá à sua **frente** com o es**pí**rito e o po**der**
de El**ias**, o pro**fe**ta. * Converter**á**.

Segunda leitura

Do Tratado sobre os Mistérios, de Santo Ambrósio, bispo

(Nn. 52-54.58: SCh 25 bis, 186-188.190)   (Séc. IV)

*Este sacramento, que recebestes,
tem por fonte a palavra de Cristo*

Vemos que são maiores as obras da graça do que as da natureza. Entre as obras da graça, incluímos a graça da bênção profética. Se a bênção humana teve a força de mudar a natureza, que diremos da própria consagração divina, em que agem as palavras mesmas do Senhor e Salvador? Porque este sacramento que recebes se realiza pela palavra de Cristo. Se tanto pôde a palavra de Elias que fez o fogo descer do céu, não terá a palavra de Cristo o poder de mudar a substância dos elementos? Já leste acerca da criação do mundo inteiro que *ele falou e tudo foi feito, ele ordenou e tudo foi criado.* Portanto a palavra de Cristo, que pôde do nada fazer o que não era, não poderá mudar o que existe para aquilo que não era? Dar novas naturezas às coisas não é menos do que mudá-las.

Mas por que apresentamos argumentos? Voltemo-nos para seus exemplos, confirmemos pelos mistérios da encarnação a verdade do mistério. Acaso, quando Jesus nasceu de Maria, foi observada a natureza comum? Normalmente, a mulher concebe pela união com o homem. Está, portanto, bem claro que a Virgem gerou fora da ordem natural. E este que consagramos é o corpo que proveio da Virgem. Por que exiges aqui que seja segundo a natureza, quando foi além da natureza que da Virgem se deu o nascimento do mesmo Senhor Jesus? É realmente a verdadeira carne de Cristo que foi crucificada, sepultada; é verdadeiramente o sacramento desta carne. O próprio Senhor Jesus declara: *Isto é o meu corpo.* Antes da bênção das palavras celestes era outra realidade; depois da consagração, entende-se o corpo. Ele mesmo diz que é seu sangue. Antes da consagração é outra coisa; depois da consagração, chama-se sangue. E tu dizes: "Amém"; o que quer dizer: "É verdade". Confesse o nosso interior o que proclamam os lábios, sinta o afeto o que a palavra soa.

Vendo tão grande graça, a Igreja exorta seus filhos, exorta os amigos a que acorram ao sacramento: *Comei, amigos meus, bebei e inebriai-vos, meus irmãos.* O que comemos, o que bebemos, o Espírito Santo pelo Profeta o exprimiu: *Provai e vede, como é suave o Senhor; feliz de quem nele confia.* Neste sacramento está Cristo porque é o corpo de Cristo. Não é, por conseguinte, alimento corporal, mas espiritual. O Apóstolo, falando da sua figura, dizia: *Nossos pais comeram o pão espiritual e beberam da bebida espiritual.* O corpo de Deus é corpo espiritual; o corpo de Cristo é corpo do espírito divino, porque Cristo é espírito, como lemos: *O Espírito diante de nossa face, o Cristo Senhor.* E na carta de São Pedro encontramos: *E Cristo morreu por vós.* Por fim este pão fortalece o nosso coração e esta bebida *alegra o coração do homem;* assim nos lembra o Profeta.

Responsório   Mt 26,26; cf. Jó 31,31

R. Na **Ceia** derra**dei**ra **Je**sus tomou o **pão**,
   deu **gra**ças e o par**tiu**, deu aos discí**pu**los, di**zen**do:
   * To**mai** e co**mei**, pois **is**to é o meu **cor**po.
V. Não di**ziam** as pes**so**as que ha**bi**tam minha **ten**da:
   quem **não** se saci**ou** da **car**ne de sua **me**sa?
   * To**mai**.

Oração

Ó Deus, que mostrais a luz da verdade aos que erram para retomarem o bom caminho, dai a todos os que professam a fé rejeitar o que não convém ao cristão, e abraçar tudo o que é digno desse nome. Por nosso Senhor Jesus Cristo, vosso Filho, na unidade do Espírito Santo.

16º DOMINGO DO Tempo Comum

IV Semana do Saltério

I Vésperas

Cântico evangélico, ant.

Ano A Ajun**tai** primeiro o **joio**,
atai-o em **feixes** e quei**mai**-o,
mas o **trigo**, recolhei-o no meu celeiro, diz Jesus.

Ano B Os a**pós**tolos reuniram-se a Jesus,
e a **ele** relataram tudo **quan**to
haviam eles **fei**to e ensi**na**do.

Ano C Jesus en**trou** em uma al**dei**a,
e **Mar**ta o hospe**dou** em sua **ca**sa, e o ser**via**.

Oração

Ó Deus, sede generoso para com os vossos filhos e filhas e multiplicai em nós os dons da vossa graça, para que, repletos de fé, esperança e caridade, guardemos fielmente os vossos mandamentos. Por nosso Senhor Jesus Cristo, vosso Filho, na unidade do Espírito Santo.

Ofício das Leituras

Primeira leitura
Início da Segunda Carta de São Paulo aos Coríntios 1,1-14

Ação de graças no meio das tribulações

¹Paulo, apóstolo de Jesus Cristo por vontade de Deus e o irmão Timóteo, à Igreja de Deus que está em Corinto e a todos os santos que se encontram em toda a Acaia: ²para vós, graça e paz da parte de Deus, nosso Pai, e do Senhor Jesus Cristo.

³Bendito seja o Deus e Pai de nosso Senhor Jesus Cristo, o Pai das misericórdias e Deus de toda consolação. ⁴Ele nos consola em todas as nossas aflições, para que, com a

consolação que nós mesmos recebemos de Deus, possamos consolar os que se acham em toda e qualquer aflição. ⁵Pois, à medida que os sofrimentos de Cristo crescem para nós, cresce também a nossa consolação por Cristo. ⁶Se estamos em aflições, é para a vossa consolação e salvação; se somos consolados, é para a vossa consolação. E essa consolação sustenta a vossa paciência em meio aos mesmos sofrimentos que nós também padecemos. ⁷E a nossa esperança a vosso respeito é firme, pois sabemos que, assim como participais dos nossos sofrimentos, participais também da nossa consolação.

⁸Com efeito, irmãos, desejamos que tomeis conhecimento da tribulação que nos sobreveio na Ásia: Fomos oprimidos tão acima das nossas forças, que chegamos a perder toda a esperança de escapar com vida. ⁹De fato, experimentamos, em nós mesmos, a angústia de estarmos condenados à morte. Assim, aprendemos a não confiar em nós mesmos, mas a confiar somente em Deus que ressuscita os mortos. ¹⁰Ele nos livrou, e continuará a livrar-nos, de um tão grande perigo de morte. Nele temos firme esperança de que nos livrará ainda, em outras ocasiões.

¹¹Vós também nos ajudareis com as vossas preces em nossa intenção, de tal maneira que a graça que alcançamos com a ajuda de tantas pessoas seja agradecida por muitos, em nosso favor.

¹²Pois a nossa glória é esta: o testemunho da nossa consciência. Com efeito, nós nos temos comportado, com todo o mundo e principalmente convosco, com a santidade e pureza que vêm de Deus, apoiados sempre na graça de Deus e nunca numa sabedoria meramente humana. ¹³Aliás, não vos estamos escrevendo coisas diferentes daquelas que já estais acostumados a ler e que bem conheceis. Espero que reconhecereis perfeitamente, ¹⁴como em parte já reconhecestes, que nós somos motivo de glória para vós, como vós

sereis também motivo de glória para nós, no dia de nosso Senhor, Jesus.

Responsório
Sl 93(94),18b-19; 2Cor 1,5

R. Vosso **amor** me suste**n**ta, Se**nhor**,
* Quando o **meu** cora**ção** se angus**ti**a,
  conso**lais** e ale**grais** minha **al**ma.
V. Como são **gran**des em **nós** os sofri**men**tos de **Cris**to.
  assim é **gran**de o con**so**lo, por **mei**o de **Cris**to.
* Quando o **meu**.

Segunda leitura
Início da Carta aos Magnésios, de Santo Inácio de Antioquia, bispo e mártir

(Nn. 1,1-5,2: Funk 1,1 91-195) (Séc. I)

Convém sermos cristãos não só de nome, mas de fato

Inácio, chamado também o Teóforo, à Igreja, santa pela graça de Deus Pai em Jesus Cristo, nosso salvador. Nele saúdo esta Igreja que está em Magnésia, junto ao Meandro, e desejo-lhe em Deus Pai e em Jesus Cristo plena salvação.

Tomando conhecimento de vossa religiosa caridade perfeitamente ordenada, decidi, na exultação da fé de Jesus Cristo, vir falar convosco. Ornado com o nome mais glorioso nas cadeias que carrego, louvo as Igrejas. A elas desejo a união com a carne e o espírito de Jesus Cristo, nossa Vida sem fim, e a união na fé e na caridade. Nada há de preferível a isto, sobretudo a união com Jesus e o Pai; nele suportamos toda a violência do príncipe deste mundo, dele escapamos e, assim, alcançamos a Deus.

Foi-me concedido o favor de vos encontrar através de Damas, vosso bispo, digno de Deus, e dos presbíteros Basso e Apolônio e também do meu companheiro de serviço, o diácono Zócion. Possa eu com ele conviver, porque é submisso ao bispo como à benignidade de Deus e ao presbitério como à lei de Jesus Cristo.

Contudo, não vos convém usar de excessiva familiaridade para com o bispo por causa de sua idade, mas em consideração ao poder de Deus Pai, mostrar-lhe todo o respeito. Como soube, os santos presbíteros não abusam da notável juventude dele, mas prudentes em Deus, obedecem-lhe. Ou melhor, obedecem não a ele, mas ao Pai de Jesus Cristo, o bispo de todos. Por isso, em honra daquele que nos ama, faz-se mister obedecer sem hipocrisia, pois não é a este bispo visível que alguém ilude, mas é ao invisível que tenta enganar. Tudo quanto se faz neste sentido não se refere à carne, mas a Deus que conhece todo o oculto.

Convém, então, sermos cristãos não só de nome, mas de fato. Ora, há quem tenha o nome do bispo na boca, porém, tudo faz sem ele. Estes tais não me parecem possuir consciência reta, porque não se reúnem com lealdade, segundo o preceito.

Tudo terá um fim. Mas dois termos nos são propostos: a morte e a vida. Com efeito, cada um de nós irá para o *próprio lugar*. À semelhança de duas moedas, uma de Deus, outra do mundo, também cada qual tem a própria marca inscrita. Assim, os infiéis têm a marca deste mundo, enquanto que os fiéis na caridade têm a marca de Deus Pai por Jesus Cristo. Se nossa vontade não estiver inclinada a morrer por ele, à imitação de sua paixão, também sua vida não estará em nós.

Responsório   1Tm 4, 12b.16.b.15
R. Sê **exemplo** aos **fiéis** nas **palavras**, na **conduta**,
  no **amor**, fé e pureza.
* **Assim** te salva**rás** e salva**rás** os que te **ou**vem.
V. **Reflete** sobre **isso** e persevera nessas **coisas**.
  Seja a **tod**os conhe**cido** teu pro**gres**so espiri**tual**.
* **Assim.**
HINO Te Deum, p. 589.

Laudes

Cântico evangélico, ant.

Ano A O **Reino** dos **Céus** é sem**elhante**
ao fer**men**to que to**mou** uma mu**lher**
e colo**cou** em três me**di**das de fari**nha**,
até que **fos**se fermen**ta**da toda a **mas**sa.

Ano B Vinde a **sós** a um lu**gar** bem tran**qui**lo,
repou**sai** algum **tem**po co**mi**go.

Ano C Maria, irmã de **Mar**ta, sen**ta**da aos pés do **Mes**tre,
escu**ta**va sua pa**la**vra.

Oração

Ó Deus, sede generoso para com os vossos filhos e filhas e multiplicai em nós os dons da vossa graça, para que, repletos de fé, esperança e caridade, guardemos fielmente os vossos mandamentos. Por nosso Senhor Jesus Cristo, vosso Filho, na unidade do Espírito Santo.

II Vésperas

Cântico evangélico, ant.

Ano A No fim do **mun**do, o Filho do **Ho**mem
sepa**ra**rá do trigo o **joi**o.
Então os **jus**tos brilha**rão**
como o **sol** no firma**men**to.

Ano B Vendo a**que**las multi**dões**, Jesus **te**ve compai**xão**,
porque eram como o**ve**lhas
que er**ra**vam sem pas**tor**.

Ano C Maria esco**lheu** a **par**te me**lhor**
que **não** lhe será ti**ra**da ja**mais**.

SEGUNDA-FEIRA

Ofício das Leituras

Primeira leitura
Da Segunda Carta de São Paulo aos Coríntios   1,15-2,11

Por que o Apóstolo alterou seu roteiro

Irmãos: ¹,¹⁵Nesta confiança tinha resolvido primeiro ir ter convosco para que recebêsseis uma dupla graça: ¹⁶passaria por vós, ao dirigir-me à Macedônia, e ao voltar iria novamente visitar-vos, e daí seria por vós encaminhado até a Judeia. ¹⁷Formando este propósito, será que agi levianamente? Ou será que me proponho as coisas levado por sentimentos humanos, de maneira que haja em mim sim e não? ¹⁸Eu vos asseguro, pela fidelidade de Deus: O ensinamento que vos transmitimos não é "sim-e-não". ¹⁹Pois o Filho de Deus, Jesus Cristo, que nós – a saber: eu, Silvano e Timóteo – pregamos entre vós, nunca foi "sim-e-não", mas somente "sim". ²⁰Com efeito, é nele que todas as promessas de Deus têm o seu "sim" garantido. Por isso também é por ele que dizemos "amém" a Deus, para a sua glória. ²¹É Deus que nos confirma, a nós e a vós, em nossa adesão a Cristo, como também foi Deus que nos ungiu. ²²Foi ele que nos marcou com o seu selo e nos adiantou como sinal o Espírito derramado em nossos corações.

²³Por minha vida, tomo a Deus como testemunha, que foi para vos poupar que eu não voltei mais a Corinto. ²⁴Não pretendemos ser donos de vossa fé; pelo contrário, queremos colaborar para a vossa alegria. Quanto à fé, estais firmes.

²,¹Por isso, resolvi não voltar à vossa comunidade com o coração triste. ²Pois, se eu acabo por vos contristar, quem é, então, que me vai alegrar? Aqueles que eu tiver contristado? ³Aliás, se eu vos escrevi o que bem sabeis, foi para não acontecer que, chegando eu entre vós, tivesse tristeza da parte daqueles dos quais deveria sempre alegrar-me. Ade-

mais, estou convencido, quanto a vós todos, que a minha alegria é a alegria de todos vós.⁴ Na verdade, foi levado por grande aflição e angústia de coração que vos escrevi, em meio a muitas lágrimas, e não foi para ficardes tristes, mas para que percebêsseis a extrema afeição que vos tenho.

⁵ E se alguém foi causa de tristeza, não o foi para mim, mas, até certo ponto, para todos vós. Digo isso sem nenhum exagero. ⁶ Para esse tal basta a censura por parte da comunidade. ⁷ Agora, pelo contrário, é melhor que vos mostreis indulgentes com ele e que o animeis, para que ele não venha a consumir-se de tristeza. ⁸ Por isso, eu vos exorto a dardes prova de amor para com ele.⁹ Aliás, eu vos escrevi para isto, para experimentar se sois obedientes em tudo. ¹⁰ A quem perdoardes alguma coisa, eu também perdoo. Na verdade, eu já perdoei, se, naturalmente, tive alguma coisa a perdoar. E assim procedi por causa de vós, sob o olhar da pessoa de Cristo,¹¹ para que não sejamos iludidos por satanás, pois não ignoramos suas maquinações.

Responsório 2Cor 1,21-22; cf. Dt 5,2.4
R. **A**que**l**e que em **Cris**t**o** nos co**nfir**ma,
   nos un**giu** e nos mar**cou** com o seu **se**lo,
* E deu aos **nos**sos cora**ções** o seu Es**pí**rito,
   garan**ti**a e pe**nhor** da vida e**ter**na.
V. Nosso **Deus** firmou co**nos**co uma ali**an**ça,
   o S**e**nhor falou co**nos**co face a **face**.*   E deu.

Segunda leitura
Da Carta aos Magnésios, de Santo Inácio de Antioquia, bispo e mártir

(Nn. 6, 1-9,2: Funk 1,195-199)   (Séc. I)

Uma só oração, uma esperança na caridade,
na santa alegria

Contemplando na fé e amando, nas pessoas acima mencionadas, toda a comunidade, eu vos exorto a empregardes todo o empenho em fazer tudo na concórdia de Deus, sob a presidência do bispo, em lugar de Deus, e dos presbíteros em lugar do senado apostólico, bem como dos diáconos, meus caríssimos. A eles, com efeito, foi confiado o ministério de Jesus Cristo, que antes dos séculos era com o Pai e apareceu no fim dos tempos. Todos, então, recebida a mesma vida divina, respeitai-vos mutuamente e ninguém considere o próximo segundo a carne, mas amai-vos sempre uns aos outros em Jesus Cristo. Nada haja em vós que vos possa separar. Uni-vos ao bispo e aos que presidem, como uma figura e demonstração da imortalidade.

Da mesma forma que, sem o Pai unido a ele, o Senhor nada fez por si nem pelos apóstolos, assim também vós, sem o bispo e os presbíteros, nada executeis. Também não tenteis fazer passar por coisa boa o que se fizer em separado. Reunindo-vos, porém, seja uma só oração, uma só súplica, um só modo de pensar, uma só esperança na caridade, na santa alegria, pois um só é Jesus Cristo, mais excelente do que tudo. Acorrei todos como a um só templo de Deus, como a um só altar, a um só Jesus Cristo, que proveio de um só Pai, com ele só esteve e a ele voltou.

Não vos deixeis seduzir por doutrinas estranhas e velhas e inúteis fábulas. Se ainda vivemos de acordo com a lei judaica, confessamos não ter ainda recebido a graça. Pois os santos profetas já viveram em conformidade com Jesus Cristo. Por este motivo, inspirados por sua graça, sofreram perseguição, a fim de incutir certeza nos incrédulos de que há um só Deus, que se manifestou por Jesus Cristo, seu Filho, seu Verbo brotado do silêncio, que em tudo agradou àquele que o enviara.

Há quem negue a ressurreição de Cristo. Como isto é possível, se por ela recebemos o mistério da fé e por sua causa nos constituímos discípulos de Cristo, nosso único doutor? Se, pois, os que viveram sob a antiga economia chegaram à nova esperança, e assim não mais respeitam o sábado, porém, o domingo, no qual nossa vida ressurgiu por Cristo e sua morte, como poderemos viver sem ele, a quem os profetas esperaram como mestre e de quem já eram discípulos pelo espírito? Por esta razão, ao vir aquele a quem esperavam com justiça, foram ressuscitados dos mortos.

Responsório   Cf. 1Pd 3,8.9b; Rm 12,10-11c

R. Sede **todos** un**â**nimes, compass**i**vos, fra**ter**nos,
   todos **com**pade**ci**dos, mo**des**tos e hum**il**des.
 * Por**que** para **is**so é que **fos**tes cha**ma**dos,
   a **fim** de alcan**çar**des a he**ran**ça da **bên**ção.
V. Uns aos **ou**tros a**mai**-vos com a**mor** frater**nal**;
   adian**tai**-vos aos **ou**tros em **ges**tos de es**ti**ma,
   fervo**ro**sos de es**pí**rito, ser**vin**do ao Se**nhor**.
 * Por**que**.

Oração

Ó Deus, sede generoso para com os vossos filhos e filhas e multiplicai em nós os dons da vossa graça, para que, repletos de fé, esperança e caridade, guardemos fielmente os vossos mandamentos. Por nosso Senhor Jesus Cristo, vosso Filho, na unidade do Espírito Santo.

TERÇA-FEIRA

Ofício das Leituras

Primeira leitura
Da Segunda Carta de São Paulo aos Coríntios   2,12-3,6

Paulo, ministro da nova Aliança

Irmãos: ²,¹² Quando cheguei a Trôade para pregar a boa-nova de Cristo e, embora o Senhor me tivesse aberto uma porta, ¹³ não tive alívio, porque lá não encontrei Tito, meu irmão. Então, tendo feito minhas despedidas, parti para a Macedônia. ¹⁴ Graças sejam dadas a Deus que nos faz sempre triunfar, em Cristo, e que, por meio de nós, vai espalhando, por toda parte, o odor do seu conhecimento. ¹⁵De fato, nós somos o perfume de Cristo para Deus, entre os que são salvos e entre os que perecem. ¹⁶Para os que perecem, somos odor de morte, para a morte; para os que se salvam, somos odor de vida, para a vida. Quem está à altura de missão tão elevada? ¹⁷Realmente, nós não somos como tantos outros, que falsificam a Palavra de Deus. Nós falamos com sinceridade, de parte de Deus, e na presença de Deus, e em Cristo.

³,¹Será que começamos de novo a recomendar-nos? Ou acaso precisamos, como certas pessoas, de cartas de recomendação para vós ou da vossa parte? ²Vós é que sois a nossa carta, gravada em nossos corações, conhecida e lida por todos. ³Todo mundo sabe que sois uma carta de Cristo, redigida por nosso intermédio, escrita não com tinta, mas com o Espírito de Deus vivo, gravada não em tábuas de pedra, mas em tábuas de carne, isto é, em vossos corações.

⁴É por Cristo que temos tal confiança perante Deus, ⁵não porque sejamos capazes, por nós mesmos, de ter algum pensamento, como de nós mesmos, mas essa nossa capacidade vem de Deus. ⁶Ele é que nos tornou capazes de exercer o ministério de uma aliança nova. Esta não é uma aliança da letra, mas do Espírito. Pois a letra mata, mas o Espírito comunica a vida.

Responsório   2Cor 3,4.6.5

R. Por **Cris**to nós **te**mos confi**an**ça em **Deus**;
  * Ele **fez**-nos i**dô**neos
    para **ser**mos mi**nis**tros de uma **no**va ali**an**ça,
    po**rém**, não da **le**tra, mas **sim** do es**pí**rito.
V. Não que **fôs**semos **ap**tos de pen**sar** por nós **mes**mos
    qualquer **coi**sa de **bom**;
    po**rém**, vem de **Deus** a **nos**sa aptidão. * Ele **fez**-nos.

Segunda leitura
Da Carta aos Magnésios, de Santo Inácio de Antioquia, bispo e mártir

(Nn. 10,1-15: Funk I,199-202)   (Séc. I)

Tendes Cristo em vós

Longe de nós a indiferença ante a benignidade de Cristo. Se agisse conosco da maneira como fazemos, estaríamos perdidos. Por isto, feitos seus discípulos, aprendamos a viver de acordo com o cristianismo. Quem se faz chamar por nome diferente, não é de Deus. Rejeitai, pois, o mau fermento, velho e azedo, e mudai-vos com a força do novo fermento, que é Jesus Cristo. Salgai-vos nele para que nenhum de vós se corrompa, porque pelo cheiro seríeis descobertos. É absurdo confessar a Cristo Jesus e judaizar, porque, de fato, o cristianismo não creu no judaísmo, mas o judaísmo no cristianismo, no qual estão reunidos todos quantos creem em Deus.

Se vos escrevo deste modo, caríssimos meus, não é porque saiba haver alguns de vós com estes sentimentos. Porém, como o menor de todos, desejo-vos precavidos a fim de não cairdes no anzol da vã doutrina. Ficai plenamente certos do nascimento, e da paixão e ressurreição acontecidos durante a procuradoria de Pôncio Pilatos. Tudo isto foi verdadeiramente vivido por Jesus Cristo nossa esperança. Ninguém se afaste jamais desta esperança.

Goze eu de vossa companhia, se for digno. Embora em cadeias, não posso comparar-me com nenhum de vós, que não estais presos. Sei que não vos orgulhais, pois tendes Jesus Cristo em vós. Ora, além disto, sei que o rubor vos sobe ao rosto quando vos elogio, como está escrito: *O justo acusa-se a si mesmo.*

Esforçai-vos por ficar firmes na doutrina do Senhor e dos apóstolos, para que *tudo quanto fizerdes tenha bom êxito* na carne e no espírito, pela fé e pela caridade, no Filho e no

Pai e no Espírito, no princípio e no fim, com vosso digno bispo e a bem entretecida coroa espiritual de vosso presbitério, juntamente com os diáconos, agradáveis a Deus. Sede submissos ao bispo e uns aos outros como, em sua humanidade, Jesus Cristo ao Pai, e os apóstolos a Cristo e ao Pai e ao Espírito, para que a união seja corporal e espiritual.

Por vos saber cheios de Deus, exortei-vos com brevidade. Lembrai-vos de mim em vossas orações, para que consiga alcançar a Deus. Lembrai-vos também da Igreja que está na Síria, na qual não sou digno de ser contado. Necessito de vossa unida oração e caridade em Deus. Que a Igreja, que está na Síria, mereça ser orvalhada pela vossa Igreja!

Saúdam-vos em Esmirna, donde vos escrevo, os efésios que aqui se acham presentes para a glória de Deus, como também vós que, juntamente com Policarpo, o bispo de Esmirna, me assististes em tudo. As outras Igrejas, em honra de Jesus Cristo, vos saúdam. Adeus, unidos em Deus, possuidores do inseparável espírito, que é Jesus Cristo.

Responsório   Ef 3,16a.17.19b;Cl 2,6b-7a
R. Deus **Pai** vos conceda que o **Cristo**
more em **vos**sos corações pela **fé**.
* Arraigados, fundados no amor,
a fim de vós serdes repletos
de toda a plenitude de **Deus**.
V. Caminhai e vivei no Senhor,
edificados em Cristo e enraizados
e confirmados na fé recebida. * Arraigados.

Oração

Ó Deus, sede generoso para com os vossos filhos e filhas e multiplicai em nós os dons da vossa graça, para que, repletos de fé, esperança e caridade, guardemos fielmente os vossos mandamentos. Por nosso Senhor Jesus Cristo, vosso Filho, na unidade do Espírito Santo.

QUARTA-FEIRA

Ofício das Leituras

Primeira leitura
Da Segunda Carta de São Paulo aos Coríntios   3,7-4,4

Glória do ministério da nova Aliança

Irmãos: ³,⁷ Se o ministério da morte, gravado em pedras com letras, foi cercado de tanta glória, que os israelitas não podiam fitar o rosto de Moisés, por causa do seu fulgor, ainda que passageiro, ⁸ quanto mais glorioso não será o ministério do Espírito? ⁹ Pois, se o ministério da condenação foi glorioso, muito mais glorioso há de ser o ministério ao serviço da justificação. ¹⁰ Realmente, em comparação com uma glória tão eminente, já não se pode chamar glória o que então tinha sido glorioso. ¹¹ Pois, se o que era passageiro foi marcado de glória, muito mais glorioso será o que permanece.

¹² Tendo uma tal esperança, nós procedemos com muita segurança e confiança, ¹³ não como Moisés, que cobria o rosto com um véu, para que os israelitas não vissem o fim de um brilho passageiro. ¹⁴ Mas, o entendimento deles ficou embotado. Pois, até ao dia de hoje, quando leem o Antigo Testamento, esse mesmo véu continua descido. Ele não é levantado, porque ele desaparece somente na adesão a Cristo. ¹⁵ Até ao dia de hoje, quando os israelitas leem os escritos de Moisés, um véu cobre o coração deles. ¹⁶ Mas, todas as vezes que o coração se converte ao Senhor, o véu é tirado. ¹⁷ Pois o Senhor é o Espírito, e onde está o Espírito do Senhor, aí está a liberdade. ¹⁸ Todos nós, porém, com o rosto descoberto, contemplamos e refletimos a glória do Senhor e assim somos transformados à sua imagem, pelo seu Espírito, com uma glória cada vez maior.

⁴,¹ Não desanimamos no exercício deste ministério que recebemos da misericórdia divina. ² Rejeitamos todo proce-

dimento dissimulado e indigno, feito de astúcias, e não falsificamos a Palavra de Deus. Mas, pelo contrário, manifestamos a verdade e, assim, nos recomendamos a toda consciência humana, diante de Deus.

³E se o nosso Evangelho está velado, é só para aqueles que perecem que ele está velado. ⁴O deus deste mundo cegou a inteligência desses incrédulos, para que eles não vejam a luz esplendorosa do Evangelho da glória de Cristo que é a imagem de Deus.

Responsório 2Cor 3,18; Fl 3,3b

R. Nós todos, refletindo, como espelho,
   a glória do Senhor sem nenhum véu,
 * Em sua imagem nós seremos transformados
   numa glória sempre mais resplandecente.
V. Pelo Espírito a Deus prestamos culto
   e em Cristo Jesus nos gloriamos. * Em sua imagem.

Segunda leitura

Do Livro A imitação de Cristo

(Lib. 2,1-6) (Séc. XV)

O Reino de Deus é paz e alegria no Espírito

Volta ao Senhor de todo o teu coração, deixa este mundo miserável e tua alma encontrará repouso. Pois o Reino de Deus é paz e alegria no Espírito Santo. Cristo virá a ti, trazendo-te sua consolação, se no íntimo lhe preparares digna morada.

Toda a sua glória e beleza está no interior e aí ele se compraz. Sua visita é assídua ao homem interior. Palavras mansas, agradável consolo, grande paz, maravilhosa intimidade.

Coragem, alma fiel, prepara teu coração para este Esposo, para que se digne vir a ti e em ti habitar. Ele assim declarou: *Se alguém me ama, guarda minha palavra e a ele viremos e faremos nele nossa morada.*

Dá, portanto, lugar a Cristo. Se possuíres Cristo, serás rico e isto te bastará. Ele cuidará de ti e será teu fiel procurador em todas as coisas e não precisarás de depender dos homens.

Põe toda a tua confiança em Deus. Seja ele teu temor e teu amor. Ele responderá por ti e fará o que for melhor do melhor modo possível.

Não tens aqui *cidade permanente* e onde quer que estejas serás estrangeiro e peregrino, não encontrando descanso a não ser quando fores intimamente unido a Cristo.

Teus pensamentos se fixem no Altíssimo e tua súplica sem cessar se dirija a Cristo. Se não sabes meditar sobre as coisas profundas e celestes, repousa na paixão de Cristo e demora-te com gosto em suas chagas. Suporta-te a ti mesmo com Cristo e por Cristo, se queres reinar com Cristo.

Se te acontecesse entrar uma vez perfeitamente no íntimo de Jesus e experimentar um pouquinho seu ardente amor, então já não mais te preocuparias com o que te é cômodo ou incômodo, porém, mais te alegrarias com o opróbrio infligido, porque o amor de Jesus faz o homem ter-se em conta de nada.

Responsório　　　　　　　　　　　Sl 70(71),1-2a.5

R. Eu pro**cu**ro o meu re**fú**gio em vós, Se**nhor**:
　que eu não **se**ja envergo**nha**do para **sem**pre.
　* Porque sois **jus**to, defen**dei**-me e liber**tai**-me.
V. Porque **sois**, ó Senhor **Deus**, minha espe**ran**ça,
　em vós con**fi**o desde a **mi**nha juven**tu**de.
　* Porque sois **jus**to.

Oração

Ó Deus, sede generoso para com os vossos filhos e filhas e multiplicai em nós os dons da vossa graça, para que, repletos de fé, esperança e caridade, guardemos fielmente os vossos mandamentos. Por nosso Senhor Jesus Cristo, vosso Filho, na unidade do Espírito Santo.

QUINTA-FEIRA

Ofício das Leituras

Primeira leitura
Da Segunda Carta de São Paulo aos Coríntios 4,5-18

Fraqueza e confiança do Apóstolo

Irmãos: ⁵De fato, não nos pregamos a nós mesmos, pregamos a Jesus Cristo, o Senhor. Quanto a nós, apresentamo-nos como servos vossos, por causa de Jesus. ⁶Com efeito, Deus que disse: "Do meio das trevas brilhe a luz", é o mesmo que fez brilhar a sua luz em nossos corações, para tornar claro o conhecimento da sua glória na face de Cristo.

⁷Ora, trazemos esse tesouro em vasos de barro, para que todos reconheçam que este poder extraordinário vem de Deus e não de nós. ⁸Somos afligidos de todos os lados, mas não vencidos pela angústia; postos entre os maiores apuros, mas sem perder a esperança; ⁹perseguidos, mas não desamparados; derrubados, mas não aniquilados; ¹⁰por toda parte e sempre levamos em nós mesmos os sofrimentos mortais de Jesus, para que também a vida de Jesus seja manifestada em nossos corpos. ¹¹De fato, nós, os vivos, somos continuamente entregues à morte, por causa de Jesus, para que também a vida de Jesus seja manifestada em nossa natureza mortal.

¹²Assim, a morte age em nós, enquanto a vida age em vós. ¹³Mas, sustentados pelo mesmo espírito de fé, conforme o que está escrito: "Eu creio e, por isso, falei", nós também cremos e, por isso, falamos, ¹⁴certos de que aquele que ressuscitou o Senhor Jesus nos ressuscitará também com Jesus e nos colocará ao seu lado, juntamente convosco. ¹⁵E tudo isso é por causa de vós, para que a abundância da graça em um número maior de pessoas faça crescer a ação de graças para a glória de Deus. ¹⁶Por isso, não desanimamos. Mesmo se o nosso homem exterior se vai arruinando, o

nosso homem interior, pelo contrário, vai-se renovando, dia a dia. ¹⁷Com efeito, o volume insignificante de uma tribulação momentânea acarreta para nós uma glória eterna e incomensurável. ¹⁸E isso acontece, porque voltamos os nossos olhares para as coisas invisíveis e não para as coisas visíveis. Pois o que é visível é passageiro, mas o que é invisível é eterno.

Responsório   2Cor 4,6; Dt 5,24a
R. Deus que mand**ou**, da escurid**ão**, a **luz** resplande**cer**,
  * Ele **mes**mo refulg**iu** em **nos**sos cora**ções**
    a **fim** de irradi**ar**mos a ciência de sua **glória**,
    refle**ti**da no sem**blan**te de **Je**sus, nosso Se**nhor**.
V. O Se**nhor**, o nosso **Deus**, nos mos**trou** a sua **glória**,
    nos mos**trou** sua gran**de**za e ouvi**re**mos sua **voz**.
  * Ele **mes**mo.

Segunda leitura
Dos Comentários sobre os Salmos, de Santo Ambrósio, bispo

(Ps 43,89-90: CSEL 64,324-326)   (Séc. IV)

A luz de tua face foi marcada sobre nós

Por que voltas o rosto? Julgamos que Deus vira o rosto, quando estamos em qualquer aflição, de modo que as trevas se espalham sobre nossos afetos e, assim impedidos, não conseguimos encher os olhos com o fulgor da verdade. De fato, se Deus olhar para nosso espírito e se dignar visitar nossa mente, podemos estar certos de que coisa alguma nos envolverá de escuridão. Na verdade, se o rosto do homem brilha mais do que todas as partes do corpo e, fitando-o, ficamos conhecendo alguém antes desconhecido ou reconhecemos o já conhecido, que não se furta a nosso olhar, quanto mais o rosto de Deus iluminará a quem olha!

Também nisto, como em tantas outras coisas, o Apóstolo, verdadeiro intérprete de Cristo, é muito claro para iluminar nossas mentes com melhor palavra e sentido. Assim diz: *Porque Deus, que ordenou à luz resplandecer nas trevas, refulgiu em nossos corações para o esclarecimento da ciência da glória do Senhor na face do Cristo Jesus.* Sabemos, pois, onde Cristo em nós refulge. É o fulgor eterno das mentes, que o Pai enviou à terra para que em seu rosto resplandecente possamos contemplar as realidades eternas e celestes, nós que éramos antes presa da escuridão terrena.

Por que falo de Cristo, quando até o apóstolo Pedro disse ao paralítico de nascimento: *Olha para nós?* Olhou para Pedro e foi iluminado com a graça da fé; não teria recuperado a saúde se não fosse fiel em acreditar.

Tamanha glória já enchia os apóstolos, mas Zaqueu, tendo ouvido dizer que o Senhor Jesus passaria, subiu a uma árvore, pois era pequeno e não podia vê-lo no meio da multidão. Viu Cristo e encontrou a luz. Viu, portanto, aquele que tirava dos outros e dá do que é seu.

Por que voltas o rosto? – quer dizer: mesmo que afastes, Senhor, teu rosto de nós, no entanto, foi *marcada em nós a luz de tua face, Senhor.* Guardamos tal luz em nossos corações e no íntimo da alma ela refulge. Na verdade, ninguém pode subsistir se desviares o rosto.

Responsório Ef 5,8.11a; Hb 10,32
R. **Ou**tro**ra** vós éreis **tre**vas, mas a**go**ra sois **luz** no Se**nhor**.
  * An**dai** como **fi**lhos da **luz** e **não** sejais par**ti**ci**pan**tes das **o**bras es**té**reis das **tre**vas.
V. Re**cor**dai vossos pri**mór**dios:
   Logo de**pois** de ilumi**na**dos susten**tas**tes um com**ba**te de pe**no**sos sofri**men**tos. * An**dai**.

Oração

Ó Deus, sede generoso para com os vossos filhos e filhas e multiplicai em nós os dons da vossa graça, para que, repletos de fé, esperança e caridade, guardemos fielmente os vossos mandamentos. Por nosso Senhor Jesus Cristo, vosso Filho, na unidade do Espírito Santo.

SEXTA-FEIRA

Ofício das Leituras

Primeira leitura
Da Segunda Carta de São Paulo aos Coríntios 5,1-21

Esperança da morada celeste. Ministério da reconciliação

Irmãos: ¹De fato, sabemos que, se a tenda em que moramos neste mundo for destruída, Deus nos dá uma outra moradia no céu que não é obra de mãos humanas, mas que é eterna. ²Aliás, é por isso que nós gememos, suspirando por ser revestidos com a nossa habitação celeste; ³revestidos, digo, se, naturalmente, formos encontrados ainda vestidos e não despidos. ⁴Sim, nós que moramos na tenda do corpo estamos oprimidos e gememos, porque, na verdade, não queremos ser despojados, mas queremos ser revestidos, de modo que o que é mortal, em nós, seja absorvido pela vida. ⁵E aquele que nos fez para esse fim é Deus, que nos deu o Espírito como penhor.

⁶Estamos sempre cheios de confiança e bem lembrados de que, enquanto moramos no corpo, somos peregrinos longe do Senhor; ⁷pois caminhamos na fé e não na visão clara. ⁸Mas estamos cheios de confiança e preferimos deixar a moradia do nosso corpo, para ir morar junto do Senhor. ⁹Por isso, também nos empenhamos em ser agradáveis a ele, quer estejamos no corpo, quer já tenhamos deixado essa morada. ¹⁰Aliás, todos nós temos de comparecer às claras perante o tribunal de Cristo, para cada um receber a devida

recompensa – prêmio ou castigo – do que tiver feito ao longo de sua vida corporal.

[11]Tendo então o temor do Senhor, procuramos convencer as pessoas e levamos uma vida transparente diante de Deus. Espero que também vós nos conheçais perfeitamente. [12]Não estamos de novo a recomendar-nos, mas somente vos damos uma ocasião de vos gloriardes a nosso respeito, para, assim, terdes o que responder àqueles que dão valor só ao que aparece e não ao que está no coração. [13]De fato, se estivemos fora de nós, foi para Deus; e se procedemos com bom senso, é para vós.

[14]O amor de Cristo nos pressiona, pois julgamos que um só morreu por todos, e que, logo, todos morreram. [15]De fato, Cristo morreu por todos, para que os vivos não vivam mais para si mesmos, mas para aquele que por eles morreu e ressuscitou. [16]Assim, doravante, não conhecemos ninguém conforme a natureza humana. E, se uma vez conhecemos Cristo segundo a carne, agora já não o conhecemos assim. [17]Portanto, se alguém está em Cristo, é uma criatura nova. O mundo velho desapareceu. Tudo agora é novo.

[18]E tudo vem de Deus, que, por Cristo, nos reconciliou consigo e nos confiou o ministério da reconciliação. [19]Com efeito, em Cristo, Deus reconciliou o mundo consigo, não imputando aos homens as suas faltas e colocando em nós a palavra da reconciliação. [20]Somos, pois, embaixadores de Cristo, e é Deus mesmo que exorta através de nós. Em nome de Cristo, nós vos suplicamos: deixai-vos reconciliar com Deus. [21]Aquele que não cometeu nenhum pecado, Deus o fez pecado por nós, para que nele nós nos tornemos justiça de Deus.

Responsório   2Cor 5,18b; Rm 8,32a
R. Deus nos **reconciliou** consigo **mesmo**
    por **meio** de seu Filho Jesus **Cristo**.

* Foi ele que também nos confiou
o ministério da reconciliação.
V. Deus não poupou seu próprio Filho,
mas o entregou por todos nós.* Foi ele.

Segunda leitura

Dos Livros das Confissões, de Santo Agostinho, bispo
(Lib. 10,43,68-70:CCL 27,192-193)   (Séc. V)

Cristo morreu por todos

Aquele que em tua secreta misericórdia revelaste aos humildes e lhes enviaste para que nos ensinasse a humildade, o verdadeiro mediador, *esse mediador entre Deus e os homens, o homem Cristo Jesus,* apareceu entre os pecadores mortais como justo mortal: mortal com os homens, justo com Deus. Sendo a recompensa da justiça a vida e a paz, pela justiça unida a Deus, ele destruiu a morte dos ímpios justificados, através dessa morte que desejou igual à deles. Quanto nos amaste, Pai bom, que *não poupaste teu Filho único, mas por nós, ímpios, o entregaste!* Como nos amaste, quando por nós ele *não julgou rapina ser igual a ti, fez-se obediente até à morte da cruz,* ele, o único livre entre os mortos, *com poder de entregar sua vida e o poder de retomá-la!* Tudo ele fez por nós, diante de ti vitorioso e vítima, vitorioso porque vítima. Por nós, diante de ti sacerdote e sacrifício, sacerdote porque sacrifício. Fazendo de nós, servos, filhos para ti, nascendo de ti, a nós servindo.

Com muita razão minha grande esperança está nele, porque curarás todas as minhas fraquezas, por aquele que se assenta a tua direita e intercede por nós. De outro modo, desesperaria. Pois são muitas e grandes estas minhas fraquezas. São muitas e enormes. Porém muito maior é teu remédio. Teríamos podido pensar que teu Verbo estava longe de unir-se aos homens e entregarmo-nos ao desespero, se ele não se tivesse feito carne e habitado entre nós. Apavorado com meus pecados e com o peso de minha miséria, eu revolvia no espírito e pensava em fugir para o deserto. Mas me impediste e me fortaleceste dizendo-me: *Para isto Cristo morreu por todos, para que os que vivem não mais vivam para si, mas para aquele que por eles morreu.*

Agora, Senhor, lanço em ti meus cuidados para viver e *considerarei as maravilhas de tua lei.* Tu conheces minha ignorância e fragilidade: ensina-me, cura-me! O teu Único, *em quem estão escondidos todos os tesouros da sabedoria e da ciência,* me remiu por seu sangue. *Não me caluniem os soberbos,* porque reflito no preço dado por mim. Como, bebo, distribuo e, pobre, desejo saturar-me dele entre aqueles que dele comem e são saciados. Com efeito, *louvarão o Senhor aqueles que o procuram.*

Responsório   2Cor 5,14.15b; Rm 8,32a

R. O amor de **Cris**to nos im**pe**le
ao pen**sar**mos que um **só** por **to**dos se entre**gou**.
* Para que a**que**les que **vi**vem, não vivam **mais** para **si**,
mas vivam, **sim**, para a**que**le que por **e**les mor**reu**
e ressur**giu** dentre os **mor**tos.
V. Deus não pou**pou** seu próprio **Filho**,
mas o entre**gou** por todos **nós**. * Para que.

Oração

Ó Deus, sede generoso para com os vossos filhos e filhas e multiplicai em nós os dons da vossa graça, para que, repletos de fé, esperança e caridade, guardemos fielmente os vossos mandamentos. Por nosso Senhor Jesus Cristo, vosso Filho, na unidade do Espírito Santo.

SÁBADO

Ofício das Leituras

Primeira leitura
Da Segunda Carta de São Paulo aos Coríntios   6,1-7,1

Tribulações de Paulo e exortação à santidade

Irmãos: ⁶,¹Como colaboradores de Cristo, nós vos exortamos a não receberdes em vão a graça de Deus, ²pois ele diz:
"No momento favorável, eu te ouvi
e no dia da salvação, eu te socorri".

É agora o momento favorável, é agora o dia da salvação. ³Não damos a ninguém nenhum motivo de escândalo, para que o nosso ministério não seja desacreditado, ⁴mas em tudo nos recomendamos como ministros de Deus, com muita paciência, em tribulações, em necessidades, em angústias, ⁵em açoites, em prisões, em tumultos, em fadigas, em insônias, em jejuns, ⁶em castidade, em compreensão, em longanimidade, em bondade, no Espírito Santo, em amor sincero, ⁷em palavras verdadeiras, no poder de Deus, em armas de justiça, ofensivas e defensivas, ⁸em honra e desonra, em má ou boa fama; considerados sedutores, sendo, porém, verazes; ⁹como desconhecidos, sendo, porém, bem conhecidos; como moribundos, embora vivamos; como castigados mas não mortos; ¹⁰como aflitos mas sempre alegres; como pobres mas enriquecendo a muitos; como quem nada possui, mas tendo tudo.

¹¹Ó coríntios, falamos convosco com toda a franqueza; o nosso coração abriu-se todo para vós. ¹²Vós não ficastes com pouco espaço dentro de nós; é na estreiteza do vosso próprio coração que ficastes comprimidos. ¹³Correspondei, pois, de igual maneira. Digo-vos como a meus filhos: dilatai vós também o vosso coração.

¹⁴ Não vos atreleis no mesmo jugo com os infiéis. Pois que sociedade pode haver entre justiça e iniquidade? Ou que comunhão pode haver entre luz e trevas? ¹⁵ E que acordo pode haver entre Cristo e o Maligno? Ou que partilha, entre o fiel e o infiel? ¹⁶ Que entendimento pode haver entre o templo de Deus e os ídolos? Ora, nós somos templo de Deus vivo, como disse o próprio Deus:
"Eu habitarei no meio deles e andarei entre eles.
Serei o seu Deus e eles serão o meu povo.
¹⁷ Então, saí do meio dessa gente
e afastai-vos – diz o Senhor –
e não toqueis nada de impuro,
e eu vos acolherei.
¹⁸ E serei para vós um pai
e vós sereis meus filhos e filhas
– diz o Senhor todo-poderoso".
⁷,¹ Caríssimos, nós que recebemos essas promessas, purifiquemo-nos de toda mancha da carne e do espírito, completando a nossa santificação, no temor de Deus.

Responsório   2Cor 6,14.16; 1Cor 3,16

R. Que afinidade pode haver entre a justiça e a iniquidade?
Que harmonia existirá
entre o templo do Senhor e os ídolos pagãos?
* Sois o templo do Deus vivo, como diz o próprio Deus.
V. Meus irmãos, não sabeis que sois templo de Deus
e o Espírito Santo habita em vós? * Sois o templo.

Segunda leitura

Das Homilias sobre a segunda Carta aos Coríntios, de São João Crisóstomo, bispo

(Hom. 13,1-2; PG 61, 491-492)   (Séc. IV)

Nosso coração se dilatou

Nosso coração se dilatou. Aquilo que produz calor costuma dilatar. Assim é próprio da caridade dilatar, pois é uma virtude cálida e fervente. Ela abria também a boca de Paulo e lhe dilatava o coração. "Não amo só de boca, diz ele; meu coração, em verdade, harmoniza-se com o amor; por isso falo confiante, com toda a voz e toda a mente". Nada de mais amplo do que o coração de Paulo que, à semelhança de um enamorado, abraçava a todos os fiéis com intenso amor, sem dividir e enfraquecer a amizade, mas conservando-a indivisa. Que há de admirar se era assim em relação aos homens piedosos, se até aos infiéis da terra inteira seu coração os abraçava? Por isto não diz apenas "Amo-vos", mas, o faz com maior ênfase: *Nossa boca se abre, nosso coração se dilata*. Guardamos a todos dentro de nós e não de qualquer jeito, mas com imensa amplidão. Pois aquele que é amado, sem temor passeia no íntimo do coração do que ama. Assim diz: *Não estais apertados em nós, mas sim em vossos corações*. Vê a censura temperada com não pequena indulgência. Isto é bem de quem ama. Não disse: "Vós não me amais", e sim: "Não do mesmo modo". De fato, não queria atormentá-los com maior severidade.

Em várias passagens, extraindo textos de cada epístola sua, pode-se ver de que amor incrível ardia para com os fiéis. Aos romanos escreve: *Desejo ver-vos;* e: *Muitas vezes fiz o propósito de ir até vós;* e também: *Se de qualquer modo puder ir fazer-vos boa visita*. Aos gálatas escreve: *Meus filhinhos, aos quais gero de novo;* e aos efésios: *Por esta razão dobro meus joelhos por vós*. E aos tessalonicenses: *Qual a minha esperança ou gáudio, ou coroa de glória? Não sois vós?* Dizia, também, carregá-los em suas cadeias e em seu coração.

Igualmente aos colossenses escreve: *Desejo que vejais, vós e aqueles que ainda não viram meu rosto, a grande luta que sustento por vós, para que vossos corações se fortaleçam*. Aos tessalonicenses: *A semelhança de uma mãe que acalenta seus filhos, assim amando-vos, desejávamos vos dar não só o Evangelho, mas nossas vidas. Não estais apertados em nós*. Não diz apenas que os ama, mas que é amado por eles, para deste modo atraí-los melhor. Pois assim escreve: *Tito chegou e contou-nos vosso desejo, vossas lágrimas, vosso zelo.*

Responsório
1Cor 13,4.6; Pr 10,12

R. O amor é paciente, o amor é compassivo,
   o amor não tem inveja e não age falsamente.
 * Não se alegra com a injustiça,
   porém, vibra com a verdade.
V. O ódio desperta contendas
   e o amor cobre todas as culpas. * Não se alegra.

Oração

Ó Deus, sede generoso para com os vossos filhos e filhas e multiplicai em nós os dons da vossa graça, para que, repletos de fé, esperança e caridade, guardemos fielmente os vossos mandamentos. Por nosso Senhor Jesus Cristo, vosso Filho, na unidade do Espírito Santo.

17º DOMINGO DO Tempo Comum

I Semana do Saltério

I Vésperas

Cântico evangélico, ant.

Ano A O **Rei**no dos **Céus** é semel**han**te
 ao compra**dor** de raras **pé**rolas preciosas:
 quando en**con**tra a mais **be**la entre **to**das,
 vende **tu**do o que pos**sui**, para com**prá**-la.

Ano B Jesus, **ven**do que acorria ao seu en**con**tro
 uma **gran**de multi**dão,** disse a Filipe:
 Onde **com**praremos **pão** sufici**en**te,
 para **dar**mos de co**mer** a esse **po**vo?
 Dizia **is**so apenas **pa**ra pô-lo à **pro**va;
 pois bem sa**bia** o que **e**le iria fa**zer**.

Ano C Es**tan**do **Je**sus a re**zar**,
 um dis**cí**pulo pe**diu**-lhe, di**zen**do:
 Ensi**nai**-nos, Se**nhor**, a re**zar**!

Oração

Ó Deus, sois o amparo dos que em vós esperam e, sem vosso auxílio, ninguém é forte, ninguém é santo; redobrai de amor para conosco, para que, conduzidos por vós, usemos de tal modo os bens que passam, que possamos abraçar os que não passam. Por nosso Senhor Jesus Cristo, vosso Filho, na unidade do Espírito Santo.

Ofício das Leituras

Primeira leitura
Da Segunda Carta de São Paulo aos Coríntios   7,2-16

O Apóstolo alegra-se com a conversão dos coríntios

Irmãos: ²Dai-nos lugar em vossos corações. Não cometemos injustiça contra ninguém, não corrompemos ninguém, não defraudamos ninguém. ³Não digo isso para vos condenar. Aliás, já vos disse que estais em nossos corações para a vida e para a morte. ⁴Tenho grande confiança em vós, orgulho-me de vós. Estou cheio de consolação e transbordo de alegria, em todas as nossas aflições. ⁵Com efeito, tendo chegado à Macedônia, não tivemos sossego. Pelo contrário, fomos afligidos de todas as maneiras; fora de nós, lutas; dentro de nós, temores.

⁶Porém, Deus que conforta os humildes confortou-nos com a chegada de Tito. ⁷E não somente com a chegada de Tito, mas também com o reconforto que ele recebeu de vós. De fato, ele contou-nos a vossa saudade, as vossas lágrimas, o vosso grande amor por mim, de tal modo que a alegria me dominou.

⁸Na verdade, mesmo se eu vos contristei com a minha carta, não me arrependo. E se estive arrependido – vendo que aquela carta, ainda que por um momento, vos entristeceu –, ⁹agora alegro-me, não porque ficastes tristes, mas porque a vossa tristeza vos levou à conversão. De fato, a vossa tristeza foi uma tristeza segundo Deus e, portanto, não vos prejudicamos em nada. ¹⁰Pois a tristeza segundo Deus produz uma mudança de vida e, assim, leva à salvação. E disso ninguém se arrepende! Mas a tristeza segundo o mundo produz a morte. ¹¹Vede, antes, o que a tristeza segundo Deus produziu entre vós: que solicitude, que escusa, que indignação, que temor, que saudade, que zelo, que punição! Mostrastes, de todas as maneiras, que não tínheis nenhuma culpa, no caso em questão. ¹²Portanto, se eu vos escrevi, não foi por causa do ofensor, nem por causa do ofendido. Foi para provocar, entre vós, uma clara manifestação da vossa solicitude por nós, diante de Deus. ¹³Isso nos confortou.

Além dessa consolação pessoal, tivemos uma alegria maior ainda, motivada pela alegria de Tito, que foi tranquilizado por todos vós.

¹⁴Na verdade, se, diante dele, eu me gloriei um pouco de vós, não fiquei envergonhado. Mas, como sempre vos temos dito a verdade, assim também o elogio que fizemos de vós, diante de Tito, se mostrou de todo fundado na verdade. ¹⁵E a sua afeição por vós cresce mais ainda, ao lembrar-se da obediência de todos vós e de como o recebestes, com temor e tremor. ¹⁶Alegro-me de poder confiar plenamente em vós.

Responsório
Cf. 2Cor 7,10.9b
R. A tristeza que procede de **Deus** e lhe é con**for**me
pro**duz** a conver**são**, es**tá**vel e sin**cer**a,
que **le**va à sal**va**ção.
* Mas a tris**te**za, que é con**for**me ao **mun**do, leva à **mor**te.
V. Con**for**me **Deus** nos contris**ta**mos
e nenhum **da**no, assim, so**fre**mos. * Mas a tris**te**za.

Segunda leitura
Das Homilias sobre a Segunda Carta aos Coríntios, de São João Crisóstomo, bispo

(Hom. 14,1-2: PG 61,497-499)   (Séc. IV)

Transborda minha alegria em toda tribulação

Paulo de novo fala sobre a caridade, refreando a dureza da advertência. Depois de tê-los censurado e repreendido porque, amados, não haviam correspondido ao seu amor, mas haviam-se separado de seu afeto para se ligar a homens perniciosos, de novo suaviza a acerba repreensão, dizendo: *Acolhei-nos em vossos corações,* como quem diz: "Amai-nos". Não é pesada a graça que pede, e é de maior vantagem para quem dá do que para quem recebe. Não disse "Amai", mas algo que transpira compaixão: *Acolhei-nos em vossos corações.*

Quem foi que nos arrancou de vossos corações? Quem nos expulsou? Qual a causa de tanta estreiteza em vós? Acima dissera: *Tendes vossos corações apertados;* aqui declara abertamente o mesmo: *Acolhei-nos em vossos cora-*

ções. Assim, com isso os atrai de novo a si. Não é de somenos importância, quando se solicita o amor, que o amado entenda ser sua afeição de grande valia para quem ama.

Já o disse: *Estais em nossos corações para a vida e para a morte.* A força máxima do amor está em que, mesmo desprezado, quer morrer e viver juntamente com eles. Ora, não de qualquer modo estais em nossos corações, mas como declarei. Pode acontecer que alguém ame, mas fuja dos perigos. Conosco não é assim.

Estou repleto de consolação. Que consolação? Aquela que me vem de vós. Convertidos a melhores sentimentos, por vossas obras me consolais. É próprio de quem ama queixar-se de não ser amado e, ao mesmo tempo, temer que, excedendo-se na acusação, venha a magoar. Por isto acrescenta: *Estou repleto de consolação, transborda minha alegria.* Como se dissesse: "Senti grande tristeza por vós; contudo me enchestes de satisfação e me consolastes; não só tirastes a causa da tristeza, mas me cobristes com muito maior alegria".

Em seguida manifesta sua grandeza não apenas ao dizer: *Minha alegria transborda;* como também no que segue: *Em toda tribulação nossa.* Foi tão grande o prazer que me causastes que não poderia ser obscurecido pela grande aflição. Tão imenso que reduziu a nada todos os sofrimentos que nos acometeram e não nos permitiu fôssemos abatidos pelo desgosto.

Responsório 2Cor 12,12.15

R. As credenciais do apostolado realizaram-se entre vós:
 * Em paciência a toda prova,
   em milagres e prodígios e em atos estupendos.
V. De bom grado eu me gasto
   e muito mais me gastarei em vosso benefício.
 * Em paciência.

HINO Te Deum, p. 589.

Laudes

Cântico evangélico, ant.

Ano A O **Rei**no dos **Céus** é **co**mo uma **re**de lançada ao **mar**.
Quando **ela** está **chei**a, se**pa**ram os **pei**xes:
Os **bons** eles **guar**dam, os ruins jogam **fo**ra.

Ano B O Se**nhor**, com cinco **pães** e com dois **pei**xes,
saci**ou** as quase **cin**co mil pes**so**as.

Ano C Pe**di** e recebe**reis**, procu**rai** e acha**reis**,
ba**tei** e será a**ber**ta a **por**ta, ale**lui**a.

Oração

Ó Deus, sois o amparo dos que em vós esperam e, sem vosso auxílio, ninguém é forte, ninguém é santo; redobrai de amor para conosco, para que, conduzidos por vós, usemos de tal modo os bens que passam, que possamos abraçar os que não passam. Por nosso Senhor Jesus Cristo, vosso Filho, na unidade do Espírito Santo.

II Vésperas

Cântico evangélico, ant.

Ano A Quem se **tor**na dis**cí**pulo do **Rei**no dos **Céus**,
é qual **pai** de fa**mí**lia que **ti**ra da **ar**ca
coisas **no**vas e **ve**lhas.

Ano B Ao **ve**rem os si**nais** que Je**sus** havia **fei**to,
diziam entre **si**:
Este **ho**mem é o Profeta que ao **mun**do deve **vir**!

Ano C Se **vós** que sendo **maus** sa**beis** dar de pre**sen**te
o que é **bom** a vossos **fi**lhos,
com **mui**to mais ra**zão** vosso **Pai** que está nos **céus**
há de **dar** o Espírito **San**to
para a**que**les que lhe **pe**dem.

SEGUNDA-FEIRA

Ofício das Leituras

Primeira leitura
Da Segunda Carta de São Paulo aos Coríntios 8,1-24

Paulo pede uma coleta em favor de Jerusalém

¹ Irmãos, queremos levar ao vosso conhecimento a graça de Deus que foi concedida às Igrejas da Macedônia. ² Com efeito, em meio a grandes tribulações que as provaram, a sua extraordinária alegria e extrema pobreza transbordaram em tesouros de liberalidade. ³ Eu sou testemunha de que esses irmãos, segundo os seus recursos e mesmo além dos seus recursos, por sua própria iniciativa ⁴ e com muita insistência, nos pediram a graça de participar da coleta em favor dos santos de Jerusalém. ⁵ E, indo além de nossas expectativas, colocaram-se logo à disposição do Senhor e também à nossa, pela vontade de Deus. ⁶ Por isso solicitamos a Tito que, assim como a iniciou, ele leve a bom termo entre vós essa obra de generosidade.

⁷ E como tendes tudo em abundância – fé, eloquência, ciência, zelo para tudo, e a caridade de que vos demos o exemplo – assim também procurai ser abundantes nesta obra de generosidade. ⁸ Não é uma ordem que estou dando; mas é para testar a sinceridade da vossa caridade que eu lembro a boa vontade de outros. ⁹ Na verdade, conheceis a generosidade de nosso Senhor Jesus Cristo: de rico que era, tornou-se pobre por causa de vós, para que vos torneis ricos, por sua pobreza. ¹⁰ Estou dando-vos um conselho a este respeito. É uma coisa boa para vós, pois, desde o ano passado, não somente tivestes a iniciativa de empreender essa obra, mas também fostes os primeiros a desejá-la. ¹¹ Agora, portanto, acabai de realizá-la. Assim, aos vossos generosos propósitos corresponderá a completa realização, de acordo com os recursos de que dispondes. ¹² Quando existe a boa vontade,

ela é aceita segundo o que tem, e não segundo o que não tem. ¹³Não se trata de vos colocar numa situação aflitiva para aliviar os outros; o que se deseja é que haja igualdade. ¹⁴Nas atuais circunstâncias, a vossa fartura supra a penúria deles e, por outro lado, o que eles têm em abundância venha suprir a vossa carência. Assim haverá igualdade, como está escrito: ¹⁵"Quem recolheu muito não teve de sobra e quem recolheu pouco não teve falta".

¹⁶Graças sejam dadas a Deus, que pôs no coração de Tito a mesma solicitude por vós. ¹⁷Não só ele recebeu bem o meu pedido, mas ainda, no ardor de seu zelo, partiu espontaneamente para vos visitar. ¹⁸Com ele enviamos o irmão que é elogiado em todas as Igrejas, por sua pregação do Evangelho. ¹⁹Mais ainda, esse irmão foi designado pelas Igrejas para ser nosso companheiro de viagem, nesta obra de generosidade que fazemos para a glória do próprio Senhor e como prova da nossa boa vontade. ²⁰Assim, procuramos evitar suspeitas ou críticas, na administração desta grande coleta. ²¹Pois procuramos fazer o bem, não somente diante do Senhor, mas também diante dos homens. ²²Com os delegados, enviamos aquele de nossos irmãos, cujo zelo foi comprovado em várias ocasiões e muitas vezes e que, agora, se mostra muito mais zeloso ainda, pela grande confiança que tem em vós.

²³Quer se trate de Tito, que é meu companheiro e, junto de vós, meu colaborador; quer se trate de nossos irmãos que são enviados das Igrejas, a glória de Cristo ²⁴– diante das Igrejas –, mostrai-lhes a vossa caridade e justificai os elogios que de vós temos feito.

Responsório   2Cor 8,9; Fl 2,7a
R. Conheceis bem a bondade de Jesus Cristo, Senhor nosso,
   que, embora sendo rico, por vós se tornou pobre,
 * A fim de enriquecer-vos mediante sua pobreza.
V. Ele, porém, esvaziou-se de sua glória
   e assumiu a condição de um escravo. * A fim.

Segunda leitura
Dos Sermões de São Cesário de Arles, bispo
(Sermo 25,1: CCL 103,111-112) (Séc. VI)

A misericórdia divina e a humana

Bem-aventurados os misericordiosos porque alcançarão misericórdia. É suave a palavra misericórdia, meus irmãos. E se a palavra assim é, o que não será a realidade? Apesar de todos a desejarem, não agem de modo a merecer recebê-la, o que é mau. De fato, todos querem receber a misericórdia, mas poucos querem dá-la.

Ó homem, com que coragem queres pedir aquilo que finges dar! Deve, portanto, conceder misericórdia aqui na terra quem espera recebê-la no céu. Por isto, irmãos caríssimos, já que todos queremos misericórdia, tenhamo-la por padroeira neste mundo, para que nos liberte no futuro. Há no céu uma misericórdia a que se chega pelas misericórdias terrenas. A Escritura assim diz: *Senhor, no céu, tua misericórdia.*

Há, então, a misericórdia terrena e a celeste, a humana e a divina. Qual é a misericórdia humana? Aquela, é claro, que te faz olhar para as misérias dos pobres. E a misericórdia celeste? Certamente a que concede o perdão dos pecados. Tudo quanto a misericórdia humana distribui pelo caminho, paga-o na pátria a misericórdia divina. Neste mundo, Deus, em todos os pobres, sofre frio e fome; ele mesmo o disse: *Sempre que o fizestes a um destes pequeninos, a mim o fizestes.* Deus, pois, que no céu se digna dar, quer na terra receber.

Que espécie de gente somos nós que, quando Deus dá, queremos receber, quando ele pede, nós nos recusamos a dar? Se um pobre tem fome, Cristo sofre necessidade, conforme disse: *Tive fome e não me destes de comer.* Por conseguinte, não desprezes a miséria dos pobres, se queres esperar confiante o perdão dos pecados. Agora Cristo passa fome, irmãos. Em todos os pobres ele se digna ter fome e sede. Mas aquilo que recebe na terra, paga-o no céu.

Terça-feira

Pergunto-vos, irmãos, que quereis ou que buscais quando vindes à igreja? Não é a misericórdia? Dai, então, a misericórdia terrena e recebereis a celeste. O pobre pede a ti e tu pedes a Deus. O pobre pede um pedaço de pão; tu, a vida eterna. Dá ao mendigo o que merecerás receber de Cristo. Escuta o que ele diz: *Dai e dar-se-vos-á*. Não sei com que coragem queres receber aquilo que não queres dar. Por isto, vindo à igreja, dai, segundo vossas posses, esmolas aos pobres.

Responsório   Lc 6,36.37c-38a; Mt 5,7

R. Sede misericordiosos
   como o vosso Pai celeste é misericordioso.
 * Perdoai e vos será perdoado,
   dai aos outros e a vós será dado.
V. Felizes os misericordiosos,
   pois também alcançarão misericórdia. * Perdoai.

Oração

Ó Deus, sois o amparo dos que em vós esperam e, sem vosso auxílio, ninguém é forte, ninguém é santo; redobrai de amor para conosco, para que, conduzidos por vós, usemos de tal modo os bens que passam, que possamos abraçar os que não passam. Por nosso Senhor Jesus Cristo, vosso Filho, na unidade do Espírito Santo.

TERÇA-FEIRA

Ofício das Leituras

Primeira leitura
Da Segunda Carta de São Paulo aos Coríntios   9,1-15

Frutos espirituais da coleta

Irmãos: [1] Quanto ao auxílio em favor dos santos, não é necessário escrever-vos. [2] Pois conheço as vossas generosas disposições, e é por causa delas que eu me glorio de vós junto aos macedônios, dizendo-lhes: "A Acaia está pronta desde o ano passado". Aliás, o vosso zelo estimulou grande número de Igrejas. ³No entanto, envio os irmãos, para que estejais mesmo prontos, como dizia, e assim não seja considerado sem fundamento o orgulho que sentimos de vós, neste ponto. ⁴Com efeito, temo que, se alguns macedônios fossem comigo e não vos encontrassem preparados, a nossa confiança em vós fosse motivo de confusão para nós, para não dizer, para vós. ⁵Julguei, pois, necessário pedir aos irmãos que nos precedam entre vós e preparem, com antecedência, os vossos dons generosos, aliás, já prometidos. E que esses dons sejam mesmo sinal de generosidade e não de avareza.

⁶É bom lembrar: "Quem semeia pouco colherá também pouco e quem semeia com largueza colherá também com largueza". ⁷Dê cada um conforme tiver decidido em seu coração, sem pesar nem constrangimento; pois Deus "ama quem dá com alegria". ⁸Deus é poderoso para vos cumular de toda sorte de graças, para que, em tudo, tenhais sempre o necessário e ainda tenhais de sobra para toda obra boa, ⁹como está escrito:
"Distribuiu generosamente, deu aos pobres;
a sua justiça permanece para sempre".

¹⁰Aquele que dá a semente ao semeador e lhe dará o pão como alimento, ele mesmo multiplicará as vossas sementes e aumentará os frutos da vossa justiça. ¹¹Assim, ficareis enriquecidos em tudo e podereis praticar toda espécie de liberalidade, que, através de nós, resultará em ação de graças a Deus. ¹²Com efeito, a execução deste serviço sagrado não só provê às necessidades dos santos, mas também faz que se multipliquem as ações de graças a Deus. ¹³Experimentando os efeitos dessa obra de caridade, eles glorificam a Deus por vossa obediência na profissão do Evangelho de Cristo e pela generosidade da vossa partilha com eles e com todos. ¹⁴E as suas orações por vós mostram a grande afeição que eles vos

têm, por causa da graça superabundante que Deus vos concedeu. ¹⁵ Graças sejam dadas a Deus, pelo seu dom inefável.

Responsório Lc 6,38; 2Cor 9,7a

R. Dai aos outros e a vós será dado:
boa medida, recalcada, sacudida,
transbordante, de bom grado, vos darão.
* Com a mesma medida com que vós medirdes,
medidos sereis.
V. Cada um dê, conforme lhe diz o coração,
não triste ou obrigado.* Com a mesma.

Segunda leitura
Das Homilias de São Basílio Magno, bispo
(Hom. 6 De caritate 3,6: PG 31,266-267.275) (Séc. IV)

Semeai para vós mesmos na justiça

Imita a terra, ó homem! À semelhança dela produze fruto, não te reveles inferior a uma coisa inanimada. Ela nutre frutos não para seu consumo, mas para teu serviço. Tu, no entanto, todo fruto de beneficência que produzisses, colherias para ti mesmo, porque o prêmio das boas obras reverteria a ti. Como o trigo que cai na terra redunda em lucro para o semeador, assim o pão dado ao faminto, grande proveito te trará no futuro. Seja, portanto, o final de tua lavoura o início da sementeira celeste: *Semeai*, está escrito, *para vós mesmos na justiça*. Mesmo contra a vontade, terás de deixar aqui teu dinheiro. Pelo contrário, enviarás ao Senhor a glória conseguida pelas boas obras. Ali, na presença do Juiz de todos, o povo em peso te proclamará o provedor, o generoso doador e te cobrirá com todos os nomes significantes de bondade e de benignidade.

Com efeito, não vês como aqueles que, nos teatros, nos estádios, nos circos, aqueles que combateram contra as feras, cujo aspecto nos horroriza, por uma breve fama e pelos aplausos vibrantes do povo, malbaratam riquezas? Tu, porém, tão parco em gastar, donde conseguirás tamanha glória? Deus te aprovará, louvar-te-ão os anjos, todo homem criado desde o início do mundo te proclamará feliz. Glória eterna, coroa de justiça, Reino dos Céus, tudo isto premia as coisas corruptíveis que bem usaste. Nada te cause cuidado daqueles bens, objeto da esperança, pelo pouco caso dado às coisas temporais. Ânimo, então, e reparte de diversos modos as riquezas, sendo liberal e magnânimo nos gastos com os indigentes. De ti dirão: *Distribuiu, deu aos pobres; sua justiça permanecerá para sempre.* Como deverias ser grato ao benéfico doador que teve considerações por ti. Não te alegras, não te regozijas por não teres que ir bater à porta dos outros, mas que eles venham à tua? Agora, no entanto, és rabugento, com dificuldade consegue alguém te falar: evitas encontros; não aconteça teres de abrir mão nem que seja um pouquinho. Conheces só uma frase: "Não tenho nem dou; também sou pobre". És pobre na verdade, indigente de todo bem: pobre de amor, pobre de bondade, pobre de fé em Deus, pobre de esperança eterna.

Responsório   Is 58,7-8

R. Reparte o teu **pão** com o fa**min**to,
recebe em tua **ca**sa os sem **te**to;
* E tua **luz** vai levan**tar**-se como a au**ro**ra;
caminha**rá** tua justi**ça** à tua **fren**te.
V. Quando **vês** o teu ir**mão** necessi**ta**do,
não o desprezes, mas esten**de**-lhe a **mão**.
* E tua **luz**.

Oração

Ó Deus, sois o amparo dos que em vós esperam e, sem vosso auxílio, ninguém é forte, ninguém é santo; redobrai de amor para conosco, para que, conduzidos por vós, usemos de tal modo os bens que passam, que possamos abraçar os que não passam. Por nosso Senhor Jesus Cristo, vosso Filho, na unidade do Espírito Santo.

QUARTA-FEIRA

Ofício das Leituras

Primeira leitura
Da Segunda Carta de São Paulo aos Coríntios 10,1—11,6

Apologia do Apóstolo

Irmãos: ¹⁰,¹ Sou eu, Paulo em pessoa, que vos suplico, pela mansidão e bondade de Cristo, – eu, tão humilde, quando estou entre vós, e, quando ausente, tão ousado para convosco. ² Peço-vos que, quando estiver presente, não me veja obrigado a recorrer à severidade, da qual pretendo usar com aqueles que julgam que nós temos agido por meros motivos humanos. ³ Embora vivamos na carne, não militamos conforme a carne. ⁴ As armas do nosso combate não são carnais, são armas poderosas aos olhos de Deus, capazes de derrubar fortalezas. Destruímos os raciocínios falsos⁵ e todo orgulho intelectual que se levanta contra o conhecimento de Deus. Subjugamos todo pensamento, levando-o a obedecer a Cristo. ⁶ E estamos dispostos a punir toda desobediência, quando estiver perfeita a vossa obediência.

⁷ Reparai o que é óbvio: Se alguém está convencido de pertencer a Cristo, considere bem que, como ele, nós também pertencemos a Cristo. ⁸ E mesmo se eu me gloriar um pouco demais do poder que Deus nos deu – certamente para vossa edificação e não para vossa destruição –, não me envergonharei por isso. ⁹ Não quero dar a impressão de vos amedrontar com minhas cartas. ¹⁰ Com efeito, há quem diga: "As cartas são severas e enérgicas, mas a presença física é fraca e o discurso, desprezível". ¹¹ Entenda bem quem assim fala que tais como somos à distância, pela palavra, através das cartas, tais seremos pela ação, quando estivermos presentes.

¹²Na verdade, não ousamos equiparar-nos, nem comparar-nos com alguns que se recomendam a si próprios. Tomando-se como medida de si mesmos e comparando-se consigo mesmos, mostram falta de bom senso. ¹³Quanto a nós, não nos gloriaremos além do que é justo. Mas, tomaremos como medida de nossa glória a regra de ação que Deus marcou para nós, fazendo-nos chegar até vós. ¹⁴Com efeito, não ultrapassamos os nossos limites, como seria o caso, se não tivéssemos chegado até vós. Mas, de fato, chegamos até vós, pregando o evangelho de Cristo. ¹⁵Não ultrapassamos a justa medida, gloriando-nos com trabalhos alheios. Mas, com o progresso da vossa fé, esperamos que a nossa ação se estenda mais e mais entre vós, segundo a regra que nos foi assinalada. ¹⁶Assim poderemos levar o evangelho além de vossas fronteiras, mas sem nos gloriar de obras já realizadas em território alheio.

¹⁷Quem se gloria, glorie-se no Senhor. ¹⁸Pois é aprovado só aquele que o Senhor recomenda e não aquele que se recomenda a si mesmo.

¹¹,¹Oxalá pudésseis suportar um pouco de insensatez, da minha parte. Na verdade, vós me suportais. ²Sinto por vós um amor ciumento semelhante ao amor que Deus vos tem. Fui eu que vos desposei a um único esposo, apresentando-vos a Cristo como virgem pura. ³Porém, receio que, como Eva foi enganada pela esperteza da serpente, também vossos pensamentos se corrompam, afastando-se da simplicidade e pureza devidas a Cristo. ⁴De fato, se aparece alguém pregando um outro Jesus, que nós não pregamos, ou prometendo um outro Espírito, que não recebestes, ou anunciando um outro evangelho, que não acolhestes, vós o suportais de bom grado. ⁵No entanto, entendo que em nada sou inferior a esses superapóstolos! ⁶Mesmo que eu seja inábil na arte de falar, não o sou quanto à ciência: eu vo-lo tenho demonstrado em tudo e de todas as maneiras.

Responsório   2Cor 10,3-4a; Ef 6,16a.17b

R. Embora vivendo na carne,
   não lutamos conforme a carne;
 * Pois, as armas de nossa milícia,
   não são armas carnais deste mundo.
V. Tomemos o escudo da fé,
   empunhemos a espada do Espírito,
   isto é, a Palavra de Deus. * Pois as armas.

Segunda leitura
Das Catequeses de São Cirilo de Jerusalém, bispo
        (Cat. 18,23-25: PG 33,1043-1047)   (Séc. IV)

Igreja ou convocação do povo de Deus

   Católica ou universal chama-se a Igreja, porque se espalhou de um extremo a outro de todo o orbe da terra. Porque ensina universalmente e sem falha todos os artigos da fé que os homens precisam conhecer, seja sobre as coisas visíveis ou as invisíveis, seja as celestes ou as terrestres. Porque reúne no verdadeiro culto o gênero humano inteiro, autoridades e súditos, doutos e ignorantes. Enfim, porque cura e sana em todo o universo qualquer espécie de pecados cometidos pela alma e pelo corpo. Porque ela possui tudo, toda virtude, seja qual for o nome que se lhe dê, nas ações e nas palavras, bem como toda a variedade dos dons espirituais.

   Igreja, isto é, convocação: nome bem apropriado porque convoca a todos e os reúne, como o Senhor diz no Levítico: *Convoca toda a congregação diante da porta do tabernáculo do testemunho.* É de notar a palavra convoca, usada aqui pela primeira vez nas Escrituras, na ocasião em que o Senhor estabeleceu Aarão como sumo sacerdote. No Deuteronômio Deus diz a Moisés: *Convoca para junto de mim o povo para que me escutem e aprendam a temer-me.* Há outra menção *da Eclésia,* quando se fala das tábuas da Lei: *Nelas estavam escritas todas as palavras que o Senhor vos falou no monte, do meio do fogo, no dia da Eclésia,* isto é, convocação;

como se dissesse mais claramente: *No dia em que, chamados pelo Senhor, vos congregastes.* O Salmista também diz: *Eu te confessarei, Senhor, na grande Eclésia, no meio do povo numeroso te louvarei.*

Já antes o salmista cantara: *Na Eclésia, bendizei o Senhor Deus, das fontes de Israel.* O Salvador edificou com os gentios a segunda, a nossa Santa Igreja dos cristãos, da qual dissera a Pedro: *E sobre esta pedra edificarei a minha Igreja e as portas do inferno não prevalecerão contra ela.*

Rejeitada a primeira, a da Judeia, de ora em diante multiplicam-se as Igrejas de Cristo, aquelas de que se fala nos salmos: *Cantai ao Senhor um cântico novo, seu louvor na eclésia dos santos.* De acordo com isto diz o Profeta aos judeus: *Meu afeto não está em vós, diz o Senhor* e acrescenta logo: *Por isso, do nascer do sol até o ocaso, meu nome é glorificado entre os povos.* Desta mesma santa e católica Igreja escreve Paulo a Timóteo: *Para que saibas como comportar-te na casa de Deus, a Igreja do Deus vivo, coluna e sustentáculo da verdade.*

Responsório   1Pd 2,9-10a

R. Sois a **raça** escol**hi**da, nação **san**ta
   e o **po**vo conquis**ta**do por **Deus**.
 * A **fim** de anunci**ar**des os pro**dí**gios
   da**que**le que das **tre**vas vos cha**mou**
   à sua **luz** maravi**lho**sa.
V. Vós ou**tro**ra, não-**po**vo,
   sois a**go**ra, de**ve**ras, o **po**vo de **Deus**. * A **fim**.

Oração

Ó Deus, sois o amparo dos que em vós esperam e, sem vosso auxílio, ninguém é forte, ninguém é santo; redobrai de amor para conosco, para que, conduzidos por vós, usemos de tal modo os bens que passam, que possamos abraçar os que não passam. Por nosso Senhor Jesus Cristo, vosso Filho, na unidade do Espírito Santo.

QUINTA-FEIRA

Ofício das Leituras

Primeira leitura
Da Segunda Carta de São Paulo aos Coríntios 11,7-29

Contra os falsos apóstolos

Irmãos: [7] Acaso cometi algum pecado, pelo fato de vos ter anunciado o evangelho de Deus gratuitamente, humilhando-me a mim mesmo para vos exaltar? [8] Para vos servir, despojei outras Igrejas, delas recebendo o meu sustento. [9] E quando, estando entre vós, tive alguma necessidade, não fui pesado a ninguém, pois os irmãos vindos da Macedônia supriram as minhas necessidades. Em todas as circunstâncias, cuidei – e cuidarei ainda – de não ser pesado a vós. [10] Tão certo como a verdade de Cristo está em mim, essa minha glória não me será arrebatada nas regiões da Acaia.

[11] E por quê? Será porque eu não vos amo? Deus o sabe! [12] Como tenho agido, continuarei agindo, a fim de não dar oportunidade aos que desejam uma ocasião de se mostrarem iguais a nós, e de se gloriarem dos mesmos títulos que nós. [13] Esses tais são falsos apóstolos, operários fraudulentos, disfarçados em apóstolos de Cristo. [14] E não é de admirar, pois o próprio satanás se disfarça em anjo de luz. [15] Portanto, não é de estranhar que também os seus servos se disfarcem em servos da justiça. O fim deles será conforme as suas próprias obras.

[16] Repito: Que ninguém me tenha como insensato. Ou, então, aceitai-me nem que seja como insensato, de modo que eu também me possa gloriar um pouco? [17] O que eu vou dizer, não é segundo o Senhor que o direi, mas é como um insensato que está certo de ter algo de que se gloriar. [18] Já que muitos se gloriam segundo a carne, eu também me gloriarei. [19] Vós que sois tão sensatos, suportais, de bom grado, os insensatos! [20] De fato, suportais que vos escravizem, que vos

devorem, que vos espoliem, que vos tratem com arrogância, que vos batam no rosto.

²¹Tenho vergonha de o dizer: parece que nós é que temos sido muito fracos. O que outros ousam dizer em vantagem própria, eu também o digo a meu respeito, embora fale como insensato. ²²São hebreus? Eu também. São israelitas? Eu também. São da descendência de Abraão? Eu também. ²³São servos de Cristo? Como menos sensato digo: Eu ainda mais. De fato, muito mais do que eles: pelos trabalhos, pelas prisões, pelos açoites sem conta. Muitas vezes, vi-me em perigo de morte. ²⁴Cinco vezes, recebi dos judeus quarenta açoites menos um. ²⁵Três vezes, fui batido com varas. Uma vez, fui apedrejado. Três vezes, naufraguei. Passei uma noite e um dia no alto-mar. ²⁶Fiz inúmeras viagens, com inúmeros perigos: perigos de rios, perigos de ladrões, perigos da parte de meus compatriotas, perigos da parte dos pagãos, perigos na cidade, perigos em lugares desertos, perigos no mar, perigos por parte de falsos irmãos. ²⁷Trabalhos e fadigas, inúmeras vigílias, fome e sede, frequentes jejuns, frio e nudez! ²⁸E, sem falar de outras coisas, a minha preocupação de cada dia, a solicitude por todas as Igrejas! ²⁹Quem é fraco, que eu também não seja fraco com ele? Quem é escandalizado, que eu não fique ardendo de indignação?

Responsório   Gl 1,11b.12; 2Cor 11,10a7b

R. O Evangelho que anuncio não é invenção humana,
 * Pois, não o recebi, nem aprendi de um ser humano,
   mas a mim foi revelado, através de Jesus Cristo.
V. Anunciei gratuitamente o Evangelho de Jesus,
   sua verdade está em mim. * Pois, não.

Segunda leitura

Das Catequeses de São Cirilo de Jerusalém, bispo
(Cat. 18,26-29; PG 33,1047-1050) (Séc. IV)

A Igreja, esposa de Cristo

Igreja "Católica": é o nome próprio desta santa Mãe de todos nós. É também a Esposa de nosso Senhor Jesus Cristo, o unigênito Filho de Deus. Com efeito, está escrito: *Assim como Cristo amou a Igreja e a si mesmo se entregou por ela*, e o que se segue. Ela também manifesta em si a figura e a imitação da *Jerusalém do alto, que é livre e mãe de todos nós*. Sendo antes estéril, é agora mãe de numerosa prole.

Repudiada a primeira, na segunda, isto é, na Igreja católica, *Deus*, no dizer de Paulo, *estabeleceu em primeiro lugar os apóstolos, em segundo os profetas, em terceiro os doutores, depois o poder dos milagres, os dons de curar, de assistir, de governar, as diversidades das línguas*, e toda outra virtude, quero dizer, a sabedoria e a inteligência, a temperança e a justiça, a misericórdia e a bondade, a insuperável paciência nas perseguições.

Ela, a Igreja, pelas armas da justiça à direita e à esquerda, na glória e no opróbrio, primeiro nas perseguições e angústias, coroou os santos mártires com coroas de variadas e múltiplas flores entrelaçadas com a paciência; agora, em tempos de paz, pela graça de Deus, recebe dos reis, dos homens ilustres e de todo gênero humano as honras devidas. Os reis, existentes em todo lugar, têm seu poder determinado pelos limites de seu reino. Unicamente a Santa Igreja Católica possui irrestrita autoridade em todo o orbe da terra: *Pôs Deus a paz por seus confins*, como está escrito.

Instruídos com os preceitos e modo de viver nesta Santa Igreja Católica, possuiremos o Reino dos Céus e receberemos por herança a vida eterna. Por este motivo, aguentamos absolutamente tudo para a alcançarmos de Deus. Nossa meta proposta não é nada insignificante: a posse da vida eterna, esta é a nossa luta. Por isso na profissão de fé, após termos dito: *Na ressurreição da carne*, isto é, dos mortos, já explicada, aprendamos a crer: *E na vida eterna*, que é a nossa batalha de cristãos.

Portanto, a vida em sua realidade e verdade é o Pai, que, pelo Filho no Espírito Santo, derrama qual fonte os dons celestes sobre nós, e por sua benignidade também a nós, homens, nos foram firmemente prometidos os bens da vida eterna.

Responsório
Cf. Is 19,25; Sl 32(33),12

R. Povo digno de louvor é aquele que o Senhor
   poderoso do universo abençoou, quando falou:
 * Israel, és minha herança, és a obra de minhas mãos.
V. Feliz o povo cujo Deus é o Senhor,
   e a nação que escolheu por sua herança. * Israel.

Oração

Ó Deus, sois o amparo dos que em vós esperam e, sem vosso auxílio, ninguém é forte, ninguém é santo; redobrai de amor para conosco, para que, conduzidos por vós, usemos de tal modo os bens que passam, que possamos abraçar os que não passam. Por nosso Senhor Jesus Cristo, vosso Filho, na unidade do Espírito Santo.

SEXTA-FEIRA

Ofício das Leituras

Primeira leitura
Da Segunda Carta de São Paulo aos Coríntios 11,30-12,13

O Apóstolo gloria-se da sua fraqueza

Irmãos: ¹¹,³⁰Se é preciso gloriar-se, é de minhas fraquezas que me gloriarei! ³¹O Deus e Pai do Senhor Jesus, ele que é bendito por toda a eternidade, sabe que não estou mentindo. ³²Em Damasco, o etnarca do rei Aretas mandou pôr guarda em toda a cidade, para me prender. ³³ Mas, por uma janela, me desceram num cesto, muralha abaixo. E assim escapei das mãos dele.

¹²,¹ Será que é preciso gloriar-se? Na verdade, não convém. No entanto, passarei a falar das visões e revelações do Senhor. ² Conheço um homem, unido a Cristo, que, há quatorze anos, foi arrebatado até ao terceiro céu. Se ele foi arrebatado com o corpo ou sem o corpo, eu não o sei, só Deus sabe. ³ Sei que esse homem – se com o corpo ou sem o corpo, não sei, Deus o sabe – ⁴ foi arrebatado ao paraíso e lá ouviu palavras inefáveis que nenhum homem consegue pronunciar. ⁵ Quanto a esse homem eu me gloriarei, mas, quanto a mim mesmo, eu não me gloriarei, a não ser das minhas fraquezas. ⁶ No entanto, se eu quisesse gloriar-me, não seria insensato, pois só diria a verdade. Mas evito gloriar-me, para que ninguém faça de mim uma ideia superior àquilo que vê em mim ou que ouve de mim. ⁷ E para que a extraordinária grandeza das revelações não me ensoberbecesse, foi espetado na minha carne um espinho, que é como um anjo de Satanás a esbofetear-me, a fim de que eu não me exalte demais. ⁸ A esse propósito, roguei três vezes ao Senhor que o afastasse de mim. ⁹ Mas ele disse-me: "Basta-te a minha graça. Pois é na fraqueza que a força se manifesta". Por isso, de bom grado, eu me gloriarei das minhas fraquezas, para que a força de Cristo habite em mim. ¹⁰ Eis por que eu me comprazo nas fraquezas, nas injúrias, nas necessidades, nas perseguições e nas angústias sofridas por amor a Cristo. Pois, quando eu me sinto fraco, é então que sou forte.

¹¹ Será que me tornei insensato? Vós me obrigastes a isso. Pois, vós é que deveríeis recomendar-me, já que em nada tenho sido inferior aos superapóstolos, embora na verdade eu não seja nada. ¹² As credenciais do meu apostolado foram manifestas entre vós: constância e paciência, sinais, prodígios e milagres. ¹³ Com efeito, em que ficastes

inferiores às demais Igrejas, a não ser pelo fato de eu próprio não vos ter sido pesado? Perdoai-me essa injustiça!

Responsório 2Cor 12,9ba; 4,7

R. De boa **men**te me glo**ri**o nas fra**que**zas
para que a **for**ça do Se**nhor** habite em **mim**,
* Pois na fra**que**za é que se **mos**tra mais a **for**ça.
V. Nós trazemos tal te**sou**ro em **va**sos de argila,
para **que** este po**der** que não **tem** compara**ção**,
seja de **Deus** e não de **nós**. * Pois na fra**que**za.

Segunda leitura

Início da Carta a Policarpo, de Santo Inácio de Antioquia, bispo e mártir

(Inscriptio; nn. 1,1-4,3: Funk 1,247-249) (Séc. I)

*Por causa de Deus, nos é preciso tudo suportar
para que ele também nos suporte*

Inácio, chamado também o Teóforo, a Policarpo, bispo da Igreja de Esmirna, que tem acima de si, como bispo, a Deus Pai e ao Senhor Jesus Cristo, efusiva saudação.

Tendo provas do teu espírito piedoso, fundado sobre rocha inabalável, elevo grandes louvores por ter sido digno de ver teu santo rosto. Preza a Deus dele gozar sempre em Deus! Rogo-te, pela graça que te reveste, a intensificares tua corrida e exortar a todos para que se salvem. Desempenha bem tua missão com toda a diligência corporal e espiritual. Tem cuidado pela unidade, pois nada há de melhor. Suporta a todos como o Senhor te suporta. Tolera a todos na caridade, como já o fazes. Entrega-te à oração incessante. Pede uma sabedoria ainda maior do que tens. Vigia, com espírito sempre desperto. Fala a cada um segundo a maneira habitual de Deus. Sofre as fraquezas de todos como perfeito atleta. De fato, onde há mais trabalho, aí também se encontra o maior lucro.

Nenhum merecimento te advém de amar os bons discípulos. Portanto, trata com mais brandura os mais doentes. Não se cura toda chaga com a mesma pomada. Refresca com abluções os ímpetos febris. Em tudo *sê prudente como a serpente e simples como a pomba*. Porque és um ser corporal e espiritual, trata com calma o que te acontecer. Pede que te sejam manifestadas as realidades invisíveis, a fim de que nada te falte e sejas rico de todos os dons. O tempo te solicita como o piloto submetido aos ventos. Também batido pela tempestade, procuras o porto onde alcançarás a Deus com os teus. Sê sóbrio como atleta de Deus. O prêmio prometido é a imortalidade e a vida eterna, como estás convencido. Em tudo por ti sou um sacrifício expiatório, eu e minhas cadeias que beijaste.

Aqueles que parecem merecer confiança mas ensinam coisas estranhas não te aterrorizem. Fica firme como a bigorna que é malhada. Convém ao grande atleta ser ferido e vencer. Principalmente par causa de Deus precisamos tudo suportar para que ele também nos suporte. Torna-te ainda mais zeloso. Pondera os tempos. Aguarda Aquele que é além do tempo, intemporal, invisível, que se fez visível, por nossa causa. Ele, intocável, impassível, que se fez passível por nossa causa e de todos os modos padeceu por nós.

Não se negligenciem as viúvas. Depois do Senhor, sê tu seu protetor. Nada se faça sem a tua vontade nem faças algo sem Deus; o que não acontece! Sê constante. Não desprezes os escravos e as escravas. Mas que eles não se ensoberbeçam. Pelo contrário, que sirvam melhor para a glória de Deus, a fim de receberem de Deus uma liberdade mais perfeita. Não desejem alforria a expensas da caixa comum, para não se escravizarem à cupidez.

Responsório
1Tm 6,11b.12a; 2Tm 2,10a

R. Segue a justiça, a piedade e a fé,
a caridade, a paciência e a mansidão.
 * Combate o bom combate, conquista a vida eterna.
V. Todas as coisas eu suporto, por causa dos eleitos,
para que eles igualmente consigam salvação.
 * Combate.

Oração

Ó Deus, sois o amparo dos que em vós esperam e, sem vosso auxílio, ninguém é forte, ninguém é santo; redobrai de amor para conosco, para que, conduzidos por vós, usemos de tal modo os bens que passam, que possamos abraçar os que não passam. Por nosso Senhor Jesus Cristo, vosso Filho, na unidade do Espírito Santo.

SÁBADO

Ofício das Leituras

Primeira leitura
Da Segunda Carta de São Paulo aos Coríntios 12,14-13,13

*O Apóstolo anuncia a próxima visita
para corrigir os coríntios*

Irmãos: ¹²,¹⁴Eis que, pela terceira vez, estou pronto para ir visitar-vos, e não vos serei pesado. Pois não busco os vossos bens, mas a vós mesmos! Aliás, não são os filhos que devem ajuntar bens para os pais, mas, sim, os pais para os filhos. ¹⁵Quanto a mim, de boa vontade despenderei ao máximo e me gastarei a mim mesmo inteiramente por vós. Será que, amando-vos mais, sou por isso menos amado? ¹⁶Mas seja! Eu não fui pesado para vós. Porém, astuto como sou, foi por esperteza que vos conquistei – assim dizem.

¹⁷Acaso vos prejudiquei por algum daqueles que vos enviei? ¹⁸Insisti com Tito a ir ter convosco e com ele enviei

o irmão. Acaso Tito vos explorou? Não procedemos no mesmo espírito? Não seguimos as mesmas pegadas?

[19]Há muito tempo que pensais que fazemos nossa defesa diante de vós? Não! É diante de Deus, em Cristo, que nós falamos, e tudo, caríssimos, para a vossa edificação! [20]Receio, com efeito, que, quando aí chegar, não vos encontre tais quais vos desejo encontrar e que, da vossa parte, me encontreis tal como não desejais encontrar-me. Receio que haja entre vós contendas, ciúmes, iras, disputas, maledicências, mexericos, insolências, desordens. [21]Receio ainda que, na minha próxima visita, o meu Deus me humilhe por vossa causa, e que eu tenha que chorar por muitos dos que antes pecaram e ainda não se converteram da libertinagem, da fornicação e da devassidão, em que caíram.

[13,1]É a terceira vez que vou ter convosco. "Toda a questão será resolvida pelo depoimento de duas ou três testemunhas". [2]Já o disse, estando a segunda vez aí entre vós, e agora que estou ausente, o repito àqueles que anteriormente pecaram e a todos os demais: Se eu voltar mais uma vez, não pouparei ninguém, [3]já que procurais uma prova de que Cristo fala em mim. Ele não se tem mostrado fraco para convosco, mas, pelo contrário, tem mostrado grande poder, entre vós. [4]É verdade que ele foi crucificado, em razão da sua fraqueza, mas está vivo, pelo poder de Deus. Nós também somos fracos nele, mas com ele viveremos, pelo poder de Deus para convosco.

[5]Examinai-vos bem a vós mesmos, para verdes se estais na fé. Submetei-vos à prova. Será que não reconheceis que Jesus Cristo está em vós? A menos que estejais reprovados. [6]Quanto a nós, espero que reconhecereis que não estamos reprovados. [7]Rogamos a Deus que não façais mal algum, não para mostrar que somos aprovados, mas para que vós pratiqueis o bem, mesmo que nós sejamos tidos como reprovados. [8]Com efeito, não podemos nada contra a verdade, mas somente a favor da verdade. [9]Alegramo-nos quando somos

fracos e vós, fortes. É isto que pedimos em nossas orações: que vos aperfeiçoeis sempre mais. ¹⁰Por isso, escrevo estas coisas, estando ausente, para que, uma vez presente, não precise de agir com severidade, fazendo valer a autoridade que o Senhor me deu para edificação e não para destruição.

¹¹Enfim, irmãos, alegrai-vos, trabalhai no vosso aperfeiçoamento, encorajai-vos, cultivai a concórdia, vivei em paz, e o Deus do amor e da paz estará convosco. ¹²Saudai-vos uns aos outros com o beijo santo. Todos os santos vos saúdam. ¹³A graça do Senhor Jesus Cristo, o amor de Deus e a comunhão do Espírito Santo estejam com todos vós.

Responsório   2Cor 13,11; Fl 4,7
R. Alegrai-vos, meus irmãos, procurai a perfeição,
   tende paz e harmonia,
 * E convosco estará o Deus da paz e do amor.
V. A paz de Deus, que ultrapassa todo entendimento,
   guarde os vossos corações no Senhor Cristo Jesus.
 * E convosco.

Segunda leitura
Da Carta a Policarpo, de Santo Inácio de Antioquia, bispo e mártir

(Nn. 5,1-8,1.3: Funk 1,249-253)   (Séc. I)

Tudo se faça em honra de Deus

Foge dos maus hábitos; e diante do povo fala contra eles. Dize a minhas irmãs que amem o Senhor e estejam satisfeitas com seus maridos, de corpo e alma. Igualmente a meus irmãos ordena em nome de Jesus Cristo que amem suas esposas como o Senhor ama a Igreja. Se alguém pode guardar a castidade em honra da carne do Senhor, permaneça na humildade. Envaidecendo-se, perecerá. Julgando-se superior ao bispo, está morto.

Convém, certamente, que o noivo e a noiva se unam em casamento, com a aprovação do bispo, a fim de que as núpcias sejam segundo o Senhor e não conforme a concupiscência. Tudo se faça em honra de Deus.

Escutai o bispo para que Deus vos escute. Estou pronto a dar minha vida por aqueles que são submissos ao bispo, aos presbíteros, aos diáconos. Oxalá tenha eu parte com eles em Deus. Colaborai uns com os outros. Juntos lutai, juntos correi. Padecei juntos. Adormecei em união, em união levantai-vos, como administradores, familiares e servos de Deus que sois. Dai-lhe prazer, àquele para quem militais e de quem recebereis o soldo. Nenhum seja desertor. Vosso batismo seja a vossa arma; a fé, o vosso capacete; a caridade, a vossa lança; a paciência, a vossa armadura completa. As vossas obras sejam vosso depósito para receberdes em justiça o que vos é devido. Sede generosos e longânimes uns com os outros, com mansidão, assim como Deus em relação a vós. Quem me dera gozar para sempre de vosso convívio!

A Igreja, que está em Antioquia na Síria, segundo me foi referido, goza da paz por vossas orações. Assim, estou agora mais tranquilo e seguro em Deus. Que possa eu, agora, alcançar a Deus pelo martírio e acompanhar-vos na ressurreição!

Seria bom, Policarpo, querido de Deus, promover uma reunião, sob o olhar divino, para escolher alguém, querido de todos e incansável, que se possa chamar um arauto de Deus. Deste modo, reveste-o tu de tal honra, que ele possa ir à Síria e lá tornar conhecida a vossa incansável caridade, para a glória de Deus.

O cristão não tem poder sobre si: é todo de Deus. Esta é obra de Deus e vossa, quando a tiverdes realizado. Espero em vossa prontidão para toda e qualquer obra de Deus. Conhecendo vosso ardente desejo da verdade, com breve carta vos exortei.

Já que não pude escrever a todas as Igrejas porque, diante de uma ordem repentina, tive de navegar de Trôade a Nápoles, tu, que estás unido à vontade de Deus, escreve às

Igrejas da região oriental e todos os que puderem façam o mesmo, através de portadores ou de correios. E todos sereis, eternamente recompensados.

Desejo que passeis sempre bem em nosso Deus, Jesus Cristo, por quem permaneceis na unidade de Deus e no episcopado. Adeus no Senhor!

Responsório 1Cor 15,58; 2Ts 3,13

R. Sede **firmes** e cons**tan**tes,
apli**cai**-vos sempre **mais** à obra do Se**nhor**.
* Sabendo que o trabalho e o cansaço que so**freis**
no Se**nhor**, não são i**nú**teis.
V. Não vos can**seis** de o bem fa**zer**. * Sabendo.

Oração

Ó Deus, sois o amparo dos que em vós esperam e, sem vosso auxílio, ninguém é forte, ninguém é santo; redobrai de amor para conosco, para que, conduzidos por vós, usemos de tal modo os bens que passam, que possamos abraçar os que não passam. Por nosso Senhor Jesus Cristo, vosso Filho, na unidade do Espírito Santo.

SOLENIDADES DO SENHOR
DURANTE O Tempo Comum

SOLENIDADES DO SENHOR
DURANTE O Tempo Comum

Domingo depois de Pentecostes

SANTÍSSIMA TRINDADE

Solenidade

I Vésperas

Hino

Ó Trindade imensa e una,
vossa força tudo cria;
vossa mão, que rege os tempos,
antes deles existia.

Vós, feliz, num gozo pleno,
totalmente vos bastais.
Pura, simples, generosa,
terra e espaços abraçais.

Pai, da graça fonte viva,
Luz da glória de Deus Pai,
Santo Espírito da vida,
que no Amor os enlaçais.

Só por vós, Trindade Santa,
suma origem, todo bem,
todo ser, toda beleza,
toda vida se mantém.

Nós os filhos adotivos,
pela graça consagrados,
nos tornemos templos vivos,
a vós sempre dedicados.

Ó Luz viva, reuni-nos
com os anjos, lá nos céus,
no louvor da vossa glória
que veremos, sem ter véus.

Salmodia

Ant. 1 Glória a **vós**, Trindade **San**ta,
um só **Deus** em três Pessoas
desde **sem**pre, neste ins**tan**te,
e nos **sé**culos sem **fim**.

Salmo 112(113)

– ¹ Lou**vai**, louvai, ó **ser**vos do Se**nhor**, *
lou**vai**, louvai o nome do Senhor!
– ² Ben**di**to seja o nome do Senhor, *
a**go**ra e por toda a eternidade!
– ³ Do nas**cer** do sol até o seu ocaso, *
lou**va**do seja o nome do Senhor!
– ⁴ O Se**nhor** está acima das nações, *
sua **gló**ria vai além dos altos céus.
= ⁵ Quem **po**de comparar-se ao nosso Deus, †
ao Se**nhor**, que no alto céu tem o seu trono *
⁶ e se in**cli**na para olhar o céu e a terra?
– ⁷ Le**van**ta da poeira o indigente *
e do **li**xo ele retira o pobrezinho,
– ⁸ para fa**zê**-lo assentar-se com os nobres, *
assen**tar**-se com os nobres do seu povo.
– ⁹ Faz a es**té**ril, mãe feliz em sua casa, *
vi**ven**do rodeada de seus filhos.

Ant. Glória a **vós**, Trindade **San**ta,
um só **Deus** em três Pessoas
desde **sem**pre, neste ins**tan**te,
e nos **sé**culos sem **fim**.

Ant. 2 Sede ben**di**ta, ó San**tís**sima Trin**da**de
e indi**vi**sa Uni**da**de
nós vos louvamos, pois foi **gran**de para **nós**
vosso **amor** e compai**xão**.

Salmo 147(147B)

— ¹²Glorifica o Senhor, Jerusalém! *
Ó Sião, canta louvores ao teu Deus!
— ¹³Pois reforçou com segurança as tuas portas, *
e os teus filhos em teu seio abençoou;
— ¹⁴a paz em teus limites garantiu *
e te dá como alimento a flor do trigo.
— ¹⁵Ele envia suas ordens para a terra, *
e a palavra que ele diz corre veloz;
— ¹⁶ele faz cair a neve como lã *
e espalha a geada como cinza.
— ¹⁷Como de pão lança as migalhas do granizo, *
a seu frio as águas ficam congeladas.
— ¹⁸Ele envia sua palavra e as derrete, *
sopra o vento e de novo as águas correm.
— ¹⁹Anuncia a Jacó sua palavra, *
seus preceitos e suas leis a Israel.
— ²⁰Nenhum povo recebeu tanto carinho, *
a nenhum outro revelou os seus preceitos.

Ant. Sede bendita, ó Santíssima Trindade
e indivisa Unidade
nós vos louvamos, pois foi grande para nós
vosso amor e compaixão.

Ant. 3 Seja a Deus glória e louvor na Unidade da Trindade:
Pai e Filho e Santo Espírito, pelos séculos sem fim!

Cântico — Ef 1,3-10

— ³Bendito e louvado seja Deus, *
o Pai de Jesus Cristo, Senhor nosso,
— que do alto céu nos abençoou em Jesus Cristo *
com bênção espiritual de toda sorte!

(R. Bendito sejais vós, nosso Pai,
que nos abençoastes em Cristo!)

– ⁴ Foi em **Cris**to que Deus Pai nos escolheu, *
  já bem **an**tes de o mundo ser criado,
– para que **fôs**semos, perante a sua face, *
  sem **má**cula e santos pelo amor.   (R.)
= ⁵ Por **li**vre decisão de sua vontade, †
  predesti**nou**-nos, através de Jesus Cristo, *
  a sermos **ne**le os seus filhos adotivos,
– ⁶ para o lou**vor** e para a glória de sua graça, *
  que em seu **Fi**lho bem-amado nos doou.   (R.)
– ⁷ É **ne**le que nós temos redenção, *
  dos pe**ca**dos remissão pelo seu sangue.
= Sua **gra**ça transbordante e inesgotável †
  ⁸ Deus derra**ma** sobre nós com abundância, *
  de sa**ber** e inteligência nos dotando.   (R.)
– ⁹ E as**sim**, ele nos deu a conhecer *
  o mis**té**rio de seu plano e sua vontade,
  que propusera em seu querer benevolente, *
  ¹⁰ na pleni**tu**de dos tempos realizar:
– o de**síg**nio de, em Cristo, reunir *
  todas as **coi**sas: as da terra e as do céu. (R.)

Ant. Seja a **Deus** glória e lou**vor** na Uni**da**de da Trin**da**de:
  Pai e **Fi**lho e Santo Es**pí**rito, pelos **sé**culos sem **fim**!

Leitura breve   Rm 11,33-36

Ó profundidade da riqueza, da sabedoria e da ciência de Deus! Como são inescrutáveis os seus juízos e impenetráveis os seus caminhos! De fato, quem conheceu o pensamento do Senhor? Ou quem foi seu conselheiro? Ou quem se antecipou em dar-lhe alguma coisa, de maneira a ter direito a uma retribuição? Na verdade, tudo é dele, por ele, e para ele. A ele, a glória para sempre. Amém!

Responsório breve

R. Bendi**ga**mos ao **Pai** e ao **Fi**lho,
  bendi**ga**mos ao Espírito **San**to.

* Louvemos a **Deus** para **sem**pre. R. Bendi**ga**mos.
V. Só a **Deus** honra, gló**ri**a e lou**vor**! * Lou**ve**mos.
   Glória ao **Pai**. R. Bendi**ga**mos.

Cântico evangélico, ant.

Louvores e **graças** a **Deus**, verda**dei**ra e **u**na Trin**da**de.
Divin**da**de su**pre**ma e **ú**nica, indi**vi**sa e **san**ta Trin**da**de!

Preces

Deus Pai, por meio do Espírito Santo, vivificou o corpo de Cristo, seu Filho, e tornou-o fonte de vida para nós. Elevemos nossa aclamação ao Deus Uno e Trino; e digamos:

R. **Glória ao Pai e ao Filho e ao Espírito Santo!**

Deus Pai, todo-poderoso e eterno, em nome de vosso Filho enviai sobre a Igreja o Espírito Santo Consolador,
– para que a conserve na unidade do amor e na verdade perfeita. R.

Enviai, Senhor, operários à vossa messe, para que anunciem o evangelho a todos os povos e os batizem em nome do Pai e do Filho e do Espírito Santo,
– confirmando-os na fé. R.

Senhor, vinde em auxílio de todos os que são perseguidos pelo nome de vosso Filho,
– que prometeu o Espírito da verdade para falar por eles. R.

Pai todo-poderoso, daí a todos conhecerem que vós, o Verbo e o Espírito Santo sois um só Deus,
– para que vivam na fé, na esperança e na caridade. R.

(intenções livres)

Pai dos viventes, fazei que os nossos irmãos e irmãs falecidos participem da vossa glória,
– onde vosso Filho e o Espírito Santo reinam convosco eternamente. R.

Pai nosso...

Oração

Ó Deus, nosso Pai, enviando ao mundo a Palavra da verdade e o Espírito santificador, revelastes o vosso inefável mistério. Fazei que, professando a verdadeira fé, reconheçamos a glória da Trindade e adoremos a Unidade onipotente. Por nosso Senhor Jesus Cristo, vosso Filho, na unidade do Espírito Santo.

Invitatório

R. Ao Deus Uno na Trindade, ao Deus Trino na Unidade, vinde todos, adoremos!

Salmo invitatório como no Ordinário, p. 583.

Ofício das Leituras

Hino

A Vós, Pai santo, ao Verbo em vós gerado,
ao Santo Espírito, chama, fogo amor,
os habitantes dos jardins celestes
numa só voz proclamam Deus, Senhor.

Trindade Santa, de que sábios modos
viveis, ninguém o saberá jamais,
mas para sempre saciais os santos,
pois vossa face a contemplar lhes dais.

Eles vos cantam pelas vossas obras,
porque criais e conduzis o mundo,
e aqueceis o coração dos filhos
com labaredas de um amor fecundo.

De coração, vossos fiéis da terra
aos santos unem sua voz, também.
Eles desejam ser felizes sempre
pela visão de vossa face. Amém.

Salmodia

Ant. 1 **Aju**dai-nos, ó Se**nhor**, ó Deus **Uno** onipo**ten**te,
Pai e **Filho** e Santo Es**pí**rito!

Salmo 8

— ² Ó Se**nhor** nosso **Deus**, como é **gran**de *
 vosso **no**me por todo o universo!

— Desdo**bras**tes nos céus vossa glória *
 com gran**de**za, esplendor, majestade.

= ³ O per**fei**to louvor vos é dado †
 pelos **lá**bios dos mais pequeninos, *
 de cri**an**ças que a mãe amamenta.

— Eis a **for**ça que opondes aos maus, *
 redu**zin**do o inimigo ao silêncio.

— ⁴ Contem**plan**do estes céus que plasmastes *
 e for**mas**tes com dedos de artista;

— vendo a **lua** e estrelas brilhantes, *
 ⁵ pergun**ta**mos: "Senhor, que é o homem,

— para **de**le assim vos lembrardes *
 e o tra**tar**des com tanto carinho?"

— ⁶ Pouco a**bai**xo Deus o fizeste, *
 coro**an**do-o de glória e esplendor;

— ⁷ vós lhe **des**tes poder sobre tudo, *
 vossas obras aos pés lhe pusestes:

— ⁸ as o**ve**lhas, os bois, os rebanhos, *
 todo o **ga**do e as feras da mata;

— ⁹ passa**ri**nhos e peixes dos mares, *
 todo **ser** que se move nas águas.

—¹⁰ Ó Se**nhor** nosso Deus, como é grande *
 vosso **no**me por todo o universo!

Ant. **Aju**dai-nos, ó Se**nhor**, ó Deus **Uno** onipo**ten**te,
Pai e **Filho** e Santo Es**pí**rito!

Ant. 2 O **Pai** é **a**mor, o **F**ilho é **graça**,
    o Espírito **Santo** é **comum** união:
    Ó **Tri**nda**de Feliz**!

Salmo 32(33)

I

– ¹ Ó **jus**tos, ale**grai**-vos no Se**nhor**! *
    Aos **re**tos fica bem glorificá-lo.
– ² Dai **graças** ao Senhor ao som da harpa, *
    na **li**ra de dez cordas celebrai-o!
– ³ Can**tai** para o Senhor um canto novo, *
    com **arte** sustentai a louvação!
– ⁴ Pois **re**ta é a Palavra do Senhor, *
    e **tu**do o que ele faz merece fé.
– ⁵ Deus **a**ma o direito e a justiça, *
    trans**bor**da em toda a terra a sua graça.
– ⁶ A Pala**vr**a do Senhor criou os céus, *
    e o **so**pro de seus lábios, as estrelas.
– ⁷ Como num **o**dre junta as águas do oceano, *
    e man**tém** no seu limite as grandes águas.
– ⁸ A**do**re ao Senhor a terra inteira, *
    e o res**pei**tem os que habitam o universo!
– ⁹ Ele fa**lou** e toda a terra foi criada, *
    ele orde**nou** e as coisas todas existiram.
– ¹⁰ O Se**nhor** desfaz os planos das nações *
    e os pro**je**tos que os povos se propõem.
= ¹¹ Mas os de**sí**gnios do Senhor são para sempre, †
    e os pensa**men**tos que ele traz no coração, *
    de gera**ção** em geração, vão perdurar.

Ant. O **Pai** é **a**mor, o **F**ilho é **graça**,
    o Espírito **Santo** é **comum** união:
    Ó **Tri**nda**de Feliz**!

Ant. 3 O **Pai** é ve**raz**, o **F**ilho é verda**d**e,
   o Es**p**írito **San**to é verda**d**e tam**bém**:
   Ó Trin**d**ade **F**eliz!

II

—¹²Feliz o **po**vo cujo **Deus** é o **Sen**hor, *
   e a na**ção** que escolheu por sua herança!
—¹³Dos altos **céus** o Senhor olha e observa; *
   ele se in**cli**na para olhar todos os homens.
—¹⁴Ele con**tem**pla do lugar onde reside *
   e vê a **to**dos os que habitam sobre a terra.
—¹⁵Ele for**mou** o coração de cada um *
   e por **to**dos os seus atos se interessa.
—¹⁶Um rei não **ven**ce pela força do exército, *
   nem o guer**rei**ro escapará por seu vigor.
—¹⁷Não são ca**va**los que garantem a vitória; *
   nin**guém** se salvará por sua força.
—¹⁸Mas o Se**nhor** pousa o olhar sobre os que o temem, *
   e que con**fi**am esperando em seu amor,
—¹⁹para da **mor**te libertar as suas vidas *
   e alimen**tá**-los quando é tempo de penúria.
—²⁰No Se**nhor** nós esperamos confiantes, *
   porque **e**le é nosso auxílio e proteção!
—²¹Por isso o **nos**so coração se alegra nele, *
   seu santo **no**me é nossa única esperança.
—²²Sobre **nós** venha, Senhor, a vossa graça, *
   da mesma **for**ma que em vós nós esperamos!

Ant. O **Pai** é ve**raz**, o **F**ilho é verda**d**e,
   o Es**p**írito **San**to é verda**d**e tam**bém**:
   Ó Trin**d**ade **F**eliz!

V. A Palavra do **Sen**hor criou os **céus**,
R. E o **so**pro de seus **lá**bios, as estrelas.

Primeira leitura
Da Primeira Carta de São Paulo aos Coríntios 2,1-16

¹Irmãos, quando fui à vossa cidade anunciar-vos o mistério de Deus, não recorri a uma linguagem elevada ou ao prestígio da sabedoria humana. ²Pois, entre vós, não julguei saber coisa alguma, a não ser Jesus Cristo, e este, crucificado. ³Aliás, eu estive junto de vós, com fraqueza e receio, e muito tremor. ⁴Também a minha palavra e a minha pregação não tinham nada dos discursos persuasivos da sabedoria, mas eram uma demonstração do poder do Espírito, ⁵para que a vossa fé se baseasse no poder de Deus e não na sabedoria dos homens.

⁶Entre os perfeitos nós falamos de sabedoria, não da sabedoria deste mundo, nem da sabedoria dos poderosos deste mundo, que, afinal, estão votados à destruição. ⁷Falamos, sim, da misteriosa sabedoria de Deus, sabedoria escondida, que, desde a eternidade, Deus destinou para nossa glória. ⁸Nenhum dos poderosos deste mundo conheceu essa sabedoria. Pois, se a tivessem conhecido, não teriam crucificado o Senhor da glória. ⁹Mas, como está escrito, "o que Deus preparou para os que o amam é algo que os olhos jamais viram, nem os ouvidos ouviram, nem coração algum jamais pressentiu".

¹⁰A nós Deus revelou esse mistério através do Espírito. Pois o Espírito esquadrinha tudo, mesmo as profundezas de Deus. ¹¹Quem dentre os homens conhece o que se passa no homem senão o espírito do homem que está nele? Assim também, ninguém conhece o que existe em Deus, a não ser o Espírito de Deus. ¹²Nós não recebemos o espírito do mundo, mas recebemos o Espírito que vem de Deus, para que conheçamos os dons da graça que Deus nos concedeu. ¹³Desses dons também falamos, não com palavras ensinadas pela sabedoria humana, mas com a sabedoria aprendida do Espírito: assim, ajustamos uma linguagem espiritual às realidades espirituais. ¹⁴O homem psíquico – o que fica no nível

de suas capacidades naturais – não aceita o que é do Espírito de Deus: pois isso lhe parece uma insensatez. Ele não é capaz de conhecer o que vem do Espírito, porque tudo isso só pode ser julgado com a ajuda do mesmo Espírito. [15] Ao contrário, o homem espiritual – enriquecido com o dom do Espírito – julga tudo, mas ele mesmo não é julgado por ninguém.

[16] Com efeito, quem conheceu o pensamento do Senhor, de maneira a poder aconselhá-lo?
Nós, porém, temos o pensamento de Cristo.

Responsório Cf. Ef 1,17.18; 1Cor 2,12a
R. O **Deus** do Senhor **nos**so, Jesus **Cris**to,
o Pai da **gló**ria vos con**ce**da o Es**pí**rito
que nos **dá** sabe**do**ria e revela**ção**
para po**der**mos real**men**te conhe**cê**-lo,
e ilu**mi**ne nosso **o**l**har** do cora**ção**,
  * A **fim** de compreen**der**mos a espe**ran**ça,
que a voca**ção**, à qual nos **cha**ma, em si con**tém**,
e a ri**que**za da he**ran**ça de sua **gló**ria
por **e**le reser**va**da para os **san**tos.
V. Não rece**be**mos o es**pí**rito deste **mun**do,
mas, ao con**trá**rio, o Es**pí**rito de **Deus**. * A **fim**.

Segunda leitura
Das Cartas de Santo Atanásio, bispo

(Ep. 1 ad Serapionem, 28-30: PG 26,594-595.599)

(Séc.IV)

Luz, esplendor e graça na Trindade e da Trindade

Não devemos perder de vista a tradição, a doutrina e a fé da Igreja católica, tal como o Senhor ensinou, tal como os apóstolos pregaram e os Santos Padres transmitiram. De fato, a tradição constitui o alicerce da Igreja, e todo aquele que dela se afasta deixa de ser cristão e não merece mais usar este nome.

Ora, a nossa fé é esta: cremos na Trindade santa e perfeita, que é o Pai, o Filho e o Espírito Santo; nela não há mistura alguma de elemento estranho; não se compõe de Criador e criatura; mas toda ela é potência e força operativa; uma só é a sua natureza, uma só é a sua eficiência e ação. O Pai cria todas as coisas por meio do Verbo, no Espírito Santo; e deste modo, se afirma a unidade da Santíssima Trindade. Por isso, proclama-se na Igreja um só Deus, *que reina sobre tudo, age em tudo e permanece em todas as coisas* (cf. Ef 4,6). *Reina sobre tudo* como Pai, princípio e origem; *age em tudo*, isto é, por meio do Verbo; e *permanece em todas as coisas* no Espírito Santo.

São Paulo, escrevendo aos coríntios acerca dos dons espirituais, tudo refere a Deus Pai como princípio de todas as coisas, dizendo: *Há diversidade de dons, mas um mesmo é o Espírito. Há diversidade de ministérios, mas um mesmo é o Senhor. Há diferentes atividades, mas um mesmo Deus que realiza todas as coisas em todos* (1Cor 12,4-6).

Os dons que o Espírito distribui a cada um vêm do Pai por meio do Verbo. De fato, tudo o que é do Pai é do Filho; por conseguinte, as graças concedidas pelo Filho, no Espírito Santo, são dons do Pai. Igualmente, quando o Espírito está em nós, está em nós o Verbo, de quem recebemos o Espírito; e, como o Verbo, está também o Pai. Assim se cumpre o que diz a Escritura: *Eu e o Pai viremos a ele e nele faremos a nossa morada* (Jo 14,23). Pois onde está a luz, aí também está o esplendor da luz; e onde está o esplendor, aí também está a sua graça eficiente e esplendorosa.

São Paulo nos ensina tudo isto na segunda Carta aos coríntios, com as seguintes palavras: *A graça do Senhor Jesus Cristo, o amor de Deus e a comunhão do Espírito Santo estejam com todos vós* (2Cor 13,13). Com efeito, toda a graça que nos é dada em nome da Santíssima Trindade, vem do Pai, pelo Filho, no Espírito Santo. Assim como toda a graça nos vem do Pai por meio do Filho, assim também não podemos receber nenhuma graça senão no Espírito Santo. Realmente, participantes do Espírito Santo, possuímos o amor do Pai, a graça do Filho e a comunhão do mesmo Espírito.

Responsório Cf. Te Deum; Dn 3,56.52

R. Bendigamos ao **Pai** e ao **Filho**;
bendigamos ao Espírito **San**to.
 * E louvemos a **Deus** para **sem**pre.
V. Sede ben**di**to no ce**les**te firma**men**to,
a vós lou**vor**, honra e **gló**ria eterna**men**te!
 * E louvemos.

HINO Te Deum, p. 589.

Oração como nas Laudes.

Laudes

Hino

Ó Trindade, num sólio supremo
que brilhais, num intenso fulgor.
Glória a vós, que o profundo dos seres
possuís e habitais pelo amor.

Ó Deus Pai, Criador do Universo,
sois a força que a todos dá vida;
aos que dela fizestes consortes,
dai a fé, que sustenta na lida.

Esplendor e espelho da luz
sois, ó Filho, que irmãos nos chamais;
dai-nos ser ramos verdes e vivos
da fecunda videira do Pai.

Piedade e amor, fogo ardente,
branda luz, poderoso clarão,
renovai nossa mente, ó Espírito,
e aquecei o fiel coração.

Ó Trindade feliz, doce hóspede,
atendei nossa humilde oração:
atraí-nos a vós, saciai-nos
com a glória da vossa visão.

Ant. 1 A vós **hon**ra e do**mí**nio, a vós **gló**ria e po**der**,
a vós **jú**bilo e lou**vor** pelos **sé**culos sem **fim**:
Ó Santíssima Trin**da**de!

Salmos e cântico do domingo da I Semana, p. 626.

Ant. 2 Com justiça vos **lou**va, a**do**ra e ben**diz**
todo **ser** que cri**as**tes, Trin**da**de Fe**liz**!

Ant. 3 Dele **vem** todo **ser**, tudo e**xis**te por **e**le,
todo **ser** está **ne**le: Glória e**ter**na ao Se**nhor**!

Leitura breve   1Cor 12,4-6

Há diversidade de dons, mas um mesmo é o Espírito. Há diversidade de ministérios, mas um mesmo é o Senhor. Há diferentes atividades, mas um mesmo Deus que realiza todas as coisas em todos.

Responsório breve

R. A vós **gló**ria e lou**vor**,
 * Ó Trindade fe**liz**! R. A vós.
V. Seja a **vós** grati**dão**, por **to**dos os **sé**culos. * Ó Trin**da**de.
Glória ao **Pai**. R. A vós **gló**ria.

Cântico evangélico, ant.

Sede ben**di**ta, ó Trin**da**de indi**ví**vel,
agora e **sem**pre e eterna**men**te pelos **sé**culos,
vós que cri**ais** e gover**nais** todas as **coi**sas.

Preces

Adoremos e glorifiquemos jubilosamente o Pai, o Filho e o Espírito Santo; e digamos:

R. **Glória ao Pai e ao Filho e ao Espírito Santo!**

Pai santo, concedei-nos o vosso Espírito Santo, porque não sabemos rezar como convém,
– para que ele venha em auxílio da nossa fraqueza e reze em nós como vos agrada. R.

Filho de Deus, que pedistes ao Pai para enviar o Espírito Consolador à vossa Igreja,
– fazei que este Espírito de verdade permaneça conosco para sempre. R.

Vinde, Espírito Santo, e concedei-nos vossos frutos: caridade, alegria, paz, paciência, benignidade, bondade,
– e também lealdade, mansidão, fé, modéstia, equilíbrio e castidade. R.

Pai todo-poderoso, que enviastes aos nossos corações o Espírito de vosso Filho que clama: Abá, meu Pai!,
– fazei que, guiados pelo mesmo Espírito, sejamos vossos herdeiros juntamente com Cristo, nosso irmão. R.

Cristo, que enviastes o Espírito Consolador que procede do Pai para dar testemunho de vós,
– tornai-nos vossas testemunhas diante dos homens. R.

(intenções livres)

Pai nosso...

Oração

Ó Deus, nosso Pai, enviando ao mundo a Palavra da verdade e o Espírito santificador, revelastes o vosso inefável mistério. Fazei que, professando a verdadeira fé, reconheçamos a glória da Trindade e adoremos a Unidade onipotente. Por nosso Senhor Jesus Cristo, vosso Filho, na unidade do Espírito Santo.

Hora Média

Salmos do domingo da I Semana, p. 630.

Oração das Nove Horas

Ant. Nós vos louvamos, adoramos e invocamos,
ó Trindade Beatíssima e Santíssima!

Leitura breve   2Cor 1,21-22
É Deus que nos confirma, a nós e a vós, em nossa adesão a Cristo, como também é Deus que nos ungiu. Foi ele que nos marcou com o seu selo e nos adiantou como sinal o Espírito derramado em nossos corações.

V. Entrai por suas portas dando graças:
R. Glória ao Pai e ao Filho e ao Santo Espírito!

Oração das Doze Horas

Ant. Nossa glória e nossa honra, esperança e salvação,
ó Trindade Beatíssima!

Leitura breve   Cf. Gl 4,4.5-6
Deus enviou o seu Filho, para que todos recebêssemos a filiação adotiva. E porque sois filhos, Deus enviou aos nossos corações o Espírito do seu Filho, que clama: Abá – ó Pai!

V. Ó Trindade feliz, gloriosa e bendita,
R. Ó Deus Pai e Deus Filho e Deus Espírito Santo!

Oração das Quinze Horas

Ant. Confessamos que vós sois imutável: sempre o mesmo,
que viveis eternamente e sabeis todas as coisas.

Leitura breve   Ap 7,12
O louvor, a glória e a sabedoria, a ação de graças, a honra, o poder e a força pertencem ao nosso Deus para sempre. Amém.

V. Sede bendito no celeste firmamento.
R. A vós louvor, honra e glória eternamente!

Oração como nas Laudes.

II Vésperas

HINO como nas I Vésperas, p. 519.

Salmodia

Ant. 1 Ó Trindade eterna e suprema,
Pai e Filho e Espírito Santo!

Salmo 109(110),1-5.7

– ¹ Palavra do Senhor ao meu Senhor: *
"Assenta-te ao lado meu direito,
– até que eu ponha os inimigos teus *
como escabelo por debaixo de teus pés!"
= ² O Senhor estenderá desde Sião †
vosso cetro de poder, pois ele diz: *
"Domina com vigor teus inimigos;
= ³ Tu és príncipe desde o dia em que nasceste; †
na glória e esplendor da santidade, *
como o orvalho, antes da aurora, eu te gerei!"
= ⁴ Jurou o Senhor e manterá sua palavra: †
"Tu és sacerdote eternamente, *
segundo a ordem do rei Melquisedec!"
– ⁵ À vossa destra está o Senhor, ele vos diz: *
"No dia da ira esmagarás os reis da terra!
– ⁷ Beberás água corrente no caminho, *
por isso seguirás de fronte erguida!"

Ant. Ó Trindade eterna e suprema,
Pai e Filho e Espírito Santo!

Ant. 2 Livrai-nos, salvai-nos e dai-nos a vida,
ó Trindade Feliz!

Salmo 113A(114)

– ¹ Quando o povo de Israel saiu do Egito, *
e os filhos de Jacó, de um povo estranho,

– ²**Judá** tornou-se o templo do Senhor, *
  e Israel se transformou em seu domínio.
– ³O **mar**, à vista disso, pôs-se em fuga, *
  e as **á**guas do Jordão retrocederam;
– ⁴as mon**tan**has deram pulos como ovelhas, *
  e as co**li**nas, parecendo cordeirinhos.
– ⁵Ó **mar**, o que tens tu, para fugir? *
  E tu, Jor**dão**, por que recuas desse modo?
– ⁶Por que dais **pu**los como ovelhas, ó montanhas? *
  E vós, co**li**nas, parecendo cordeirinhos?
– ⁷Treme, ó **terra**, ante a face do Senhor, *
  ante a **face** do Senhor Deus de Jacó!
– ⁸O ro**che**do ele mudou em grande lago, *
  e da **pe**dra fez brotar águas correntes!

Ant. Li**vrai**-nos, sal**vai**-nos e **dai**-nos a **vi**da,
 ó Trin**da**de Fe**liz**!

Ant. 3 **Santo**, Santo, **Santo**, Senhor **Deus** onipo**ten**te,
 Deus que **era**, Deus que **é** e se**rá** eterna**men**te.

No cântico seguinte dizem-se os Aleluias entre parênteses somente quando se canta; na recitação, basta dizer o Aleluia no começo e no fim das estrofes.

 Cântico Cf. Ap 19,1-2.5-7

= Ale**lui**a, (Ale**lui**a!).
 ¹Ao nosso **Deus** a salva**ção**, *
  honra, **gló**ria e poder! (Ale**lui**a!).
– ²Pois são ver**da**de e justiça *
  os ju**í**zos do Senhor.
R. Ale**lui**a, (Ale**lui**a!).
=Ale**lui**a, (Ale**lui**a!).
 ⁵Cele**brai** o nosso Deus, *
  servi**do**res do Senhor! (Ale**lui**a!).

– E vós **to**dos que o temeis, *
  vós os **gran**des e os pequenos!
R. Ale**lui**a, (Ale**lui**a!).
= Ale**lui**a, (Ale**lui**a!).
  ⁶ De seu **Rei**no tomou posse *
  nosso **Deus** onipotente! (Ale**lui**a!).
– ⁷ Exul**te**mos de alegria, *
  demos **gló**ria ao nosso Deus!
R. Ale**lui**a, (Ale**lui**a!).
= Ale**lui**a, (Ale**lui**a!).
  Eis que as **núp**cias do Cordeiro *
  redi**vi**vo se aproximam! (Ale**lui**a!).
– Sua Es**po**sa se enfeitou, *
  se ves**tiu** de linho puro.
R. Ale**lui**a, (Ale**lui**a!).
Ant. **San**to, Santo, **San**to, Senhor **Deus** onipo**ten**te,
  Deus que **era**, Deus que **é** e se**rá** eterna**men**te.

Leitura breve   Ef 4,3-6
Aplicai-vos a guardar a unidade do espírito pelo vínculo da paz. Há um só Corpo e um só Espírito, como também é uma só a esperança à qual fostes chamados. Há um só Senhor, uma só fé, um só batismo, um só Deus e Pai de todos, que reina sobre todos, age por meio de todos e permanece em todos.

Responsório breve
R. Bendi**ga**mos ao **Pai** e ao **Fi**lho,
  bendi**ga**mos ao Es**pí**rito **San**to.
 * Lou**ve**mos a **Deus** para **sem**pre. R. Bendi**ga**mos.
V. Só a **Deus** honra, **gló**ria e lou**vor**! * Lou**ve**mos.
  Glória ao **Pai**. R. Bendi**ga**mos.

Cântico evangélico, ant.
Deus **Pai** não ge**ra**do, Deus **Fi**lho Uni**gê**nito,
Deus Es**pí**rito **San**to, divino Pa**rá**clito,
ó **San**ta, indivisa e **u**na Trin**da**de:
Com **to**das as fibras da **al**ma e da **voz**,

vos louvamos cantando, na fé confessando:
Glória a **vós** pelos **séculos**!

Preces

Deus Pai, por meio do Espírito Santo, vivificou o corpo de Cristo, seu Filho, e tornou-o fonte de vida para nós. Elevemos nossa aclamação ao Deus Uno e Trino; e digamos:
R. Glória ao Pai e ao Filho e ao Espírito Santo!

Deus Pai, todo-poderoso e eterno, em nome de vosso Filho enviai sobre a Igreja o Espírito Santo Consolador,
– para que a conserve na unidade do amor e na verdade perfeita.   R.

Enviai, Senhor, operários à vossa messe, para que anunciem o evangelho a todos os povos e os batizem em nome do Pai e do Filho e do Espírito Santo,
– confirmando-os na fé.   R.

Senhor, vinde em auxílio de todos os que são perseguidos pelo nome de vosso Filho,
– que prometeu o Espírito da verdade para falar por eles. R.

Pai todo-poderoso, dai a todos conhecerem que vós, o Verbo e o Espírito Santo sois um só Deus,
– para que vivam na fé, na esperança e na caridade.   R.

(intenções livres)

Pai dos viventes, fazei que os nossos irmãos e irmãs falecidos participem da vossa glória,
– onde vosso Filho e o Espírito Santo reinam convosco eternamente.   R.

Pai nosso...

Oração

Ó Deus, nosso Pai, enviando ao mundo a Palavra da verdade e o Espírito santificador, revelastes o vosso inefável mistério. Fazei que, professando a verdadeira fé, reconheçamos a glória da Trindade e adoremos a Unidade onipotente. Por nosso Senhor Jesus Cristo, vosso Filho, na unidade do Espírito Santo.

Quinta-feira depois da Santíssima Trindade

SANTÍSSIMO SACRAMENTO DO CORPO E SANGUE DE CRISTO

Solenidade

Onde não é de preceito a Solenidade do Santíssimo Sacramento do Corpo e Sangue de Cristo, seja transferida para o Domingo depois da Santíssima Trindade.

I Vésperas

Hino

    Vamos todos louvar juntos
    o mistério do amor,
    pois o preço deste mundo
    foi o sangue redentor,
    recebido de Maria,
    que nos deu o Salvador.

    Veio ao mundo por Maria,
    foi por nós que ele nasceu.
    Ensinou sua doutrina,
    com os homens conviveu.
    No final de sua vida,
    um presente ele nos deu.

    Observando a Lei mosaica,
    se reuniu com os irmãos.
    Era noite. Despedida.
    Numa ceia: refeição.
    Deu-se aos doze em alimento,
    pelas suas próprias mãos.

    A Palavra do Deus vivo
    transformou o vinho e o pão
    no seu sangue e no seu corpo
    para a nossa salvação.

O milagre nós não vemos,
basta a fé no coração.

Tão sublime sacramento
adoremos neste altar,
pois o Antigo Testamento
deu ao Novo seu lugar.
Venha a fé por suplemento
os sentidos completar.

Ao Eterno Pai cantemos
e a Jesus, o Salvador.
Ao Espírito exaltemos,
na Trindade, eterno amor.
Ao Deus Uno e Trino demos
a alegria do louvor.

Salmodia
Ant. 1 O Senhor bom e clemente
alimentou os que o temem,
e deixou-nos a lembrança
de suas grandes maravilhas.

Salmo 110(111)

— ¹Eu agradeço a Deus de todo o coração *
junto com todos os seus justos reunidos!
— ²Que grandiosas são as obras do Senhor, *
elas merecem todo o amor e admiração!
— ³Que beleza e esplendor são os seus feitos! *
Sua justiça permanece eternamente!
— ⁴O Senhor bom e clemente nos deixou *
a lembrança de suas grandes maravilhas.
— ⁵Ele dá o alimento aos que o temem *
e jamais esquecerá sua Aliança.
— ⁶Ao seu povo manifesta seu poder, *
dando a ele a herança das nações. —

– ⁷ Suas **o**bras são verdade e são justiça, *
  seus pre**cei**tos, todos eles, são estáveis,
– ⁸ confir**ma**dos para sempre e pelos séculos, *
  realiz**a**dos na verdade e retidão.
= ⁹ Envi**ou** libertação para o seu povo, †
  confir**mou** sua Aliança para sempre. *
  Seu nome é **san**to e é digno de respeito.
= ¹⁰Temer a **Deus** é o princípio do saber †
  e é **sá**bio todo aquele que o pratica. *
  Perma**ne**ça eternamente o seu louvor.

Ant. O Se**nhor** bom e cle**men**te
     alimen**tou** os que o **te**mem,
     e dei**xou**-nos a lem**bran**ça
     de suas **gran**des maravilhas.

Ant. 2 O Se**nhor**, que traz a **paz** à sua Igreja,
       nos **dá** como alimen**to** a flor do **tri**go.

Salmo 147(147B)

– ¹² Glorifica o Se**nhor**, Jerusa**lém**! *
  Ó Sião, canta louvores ao teu Deus!
– ¹³ Pois refor**çou** com segurança as tuas portas, *
  e os teus **fi**lhos em teu seio abençoou;
– ¹⁴ a **paz** em teus limites garantiu *
  e te **dá** como alimento a flor do trigo.
– ¹⁵ Ele en**vi**a suas ordens para a terra, *
  e a pa**la**vra que ele diz corre veloz;
– ¹⁶ ele **faz** cair a neve como lã *
  e espa**lha** a geada como cinza.
– ¹⁷ Como de **pão** lança as migalhas do granizo, *
  a seu **fri**o as águas ficam congeladas.
– ¹⁸ Ele en**vi**a sua palavra e as derrete, *
  sopra o **ven**to e de novo as águas correm. –

—¹⁹ Anuncia a Jacó sua palavra, *
seus preceitos e suas leis a Israel.
—²⁰ Nenhum povo recebeu tanto carinho, *
a nenhum outro revelou os seus preceitos.

Ant. O Senhor, que traz a paz à sua Igreja,
nos dá como alimento a flor do trigo.

Ant. 3 Em verdade eu vos digo:
Não foi Moisés quem deu outrora
aquele pão que vem do céu,
porém meu Pai é quem vos dá
o verdadeiro pão do céu.

Cântico   Ap 11,17-18; 12,10b-12a

—¹¹·¹⁷ Graças vos damos, Senhor Deus onipotente, *
a vós que sois, a vós que éreis e sereis,
—   porque assumistes o poder que vos pertence, *
e enfim tomastes posse como rei!

(R. Nós vos damos graças, nosso Deus!)

= ¹⁸ As nações se enfureceram revoltadas, †
mas chegou a vossa ira contra elas *
e o tempo de julgar vivos e mortos,
=   e de dar a recompensa aos vossos servos, †
aos profetas e aos que temem vosso nome, *
aos santos, aos pequenos e aos grandes.   (R.)

=¹²·¹⁰ Chegou agora a salvação e o poder †
e a realeza do Senhor e nosso Deus, *
e o domínio de seu Cristo, seu Ungido.
—   Pois foi expulso o delator que acusava *
nossos irmãos, dia e noite, junto a Deus.   (R.)

= ¹¹ Mas o venceram pelo sangue do Cordeiro †
e o testemunho que eles deram da Palavra, *
pois desprezaram sua vida até à morte.

— ¹² Por isso, ó **céus**, cantai alegres e exultai *
e vós **to**dos os que neles habitais! (R.)

Ant. Em ver**da**de eu vos **di**go:
Não foi Moi**sés** quem deu ou**tro**ra
aquele **pão** que vem do **céu**,
porém meu **Pai** é quem vos **dá**
o verda**dei**ro pão do **céu**.

Leitura breve 1Cor 10,16-17
O cálice da bênção, o cálice que abençoamos, não é comunhão com o sangue de Cristo? E o pão que partimos, não é comunhão com o corpo de Cristo? Porque há um só pão, nós todos somos um só corpo, pois todos participamos desse único pão.

Responsório breve
R. Deus lhes **deu** para co**mer** o pão do **céu**,
 * Ale**lui**a, ale**lui**a. R. Deus lhes **deu**.
V. O **ho**mem se nu**triu** do pão dos **an**jos. * Ale**lui**a.
Glória ao **Pai**. R. Deus lhes **deu**.

Cântico evangélico, ant.
Quão su**a**ve é vosso Es**pí**rito, ó Se**nhor**, em nosso **mei**o!
Pois qui**ses**tes demons**trar** tal do**çu**ra a vossos **fi**lhos,
que os fa**min**tos saci**ais** com o **pão** que vem do **céu**
de sa**bor** delici**o**so,
e aos **ri**cos inso**len**tes despe**dis** de mãos vazias.

Preces
Cristo nos convida a todos para a Ceia em que entrega seu corpo e sangue pela vida do mundo. Peçamos-lhe com amor e confiança:

R. **Cristo, pão do céu, dai-nos a vida eterna!**

Cristo, Filho do Deus vivo, que nos mandastes celebrar a ceia eucarística em memória de vós,

– fortalecei a Igreja com a fiel celebração de vossos mistérios.

R. Cristo, pão do céu, dai-nos a vida eterna!

Cristo, sacerdote único do Deus Altíssimo, que confiastes aos sacerdotes a oferenda da Eucaristia,
– fazei que eles realizem em suas vidas o que celebram no sacramento. R.

Cristo, maná descido do céu, que reunis num só corpo todos os que participam do mesmo pão,
– conservai na paz e na concórdia aqueles que creem em vós.
R.

Cristo, médico celeste, que no pão da vida nos ofereceis o remédio da imortalidade e o penhor da ressurreição,
– dai saúde aos doentes e perdão aos pecadores. R.

(intenções livres)

Cristo, rei da eterna glória, que nos mandastes celebrar a Eucaristia para anunciar a vossa morte até à vossa vinda no fim dos tempos,
– tornai participantes da vossa ressurreição todos os que morreram no vosso amor. R.

Pai nosso...

Oração

Senhor Jesus Cristo, neste admirável sacramento, nos deixastes o memorial da vossa paixão. Dai-nos venerar com tão grande amor o mistério do vosso Corpo e do vosso Sangue, que possamos colher continuamente os frutos da vossa redenção. Vós, que viveis e reinais com o Pai, na unidade do Espírito Santo.

Invitatório

R. A Cristo **Senhor**, o Pão da **vi**da, vinde **to**dos, ado**re**mos!

Salmo invitatório como no Ordinário, p. 583.

Ofício das Leituras

Hino

A Santa Festa alegres celebremos,
vibre o louvor em nossos corações;
termine o velho e tudo seja novo:
o coração, a voz, as ações.

Da Última Ceia a noite recordamos,
em que Jesus se deu, Cordeiro e Pão;
conforme as leis entregues aos antigos,
ele também se entrega a seus irmãos.

Aos fracos deu seu corpo em alimento,
aos tristes deu seu sangue por bebida.
Diz: "Recebei o cálice com vinho,
dele bebei, haurindo eterna vida".

Instituído estava o sacrifício,
que aos seus ministros Cristo confiou.
Devem tomá-lo e dá-lo aos seus irmãos,
seguindo assim as ordens do Senhor.

O Pão dos anjos fez-se pão dos homens,
o pão do céu põe término às figuras.
Oh maravilha: a carne do Senhor
é dada a pobres, frágeis criaturas.

A vós, ó Una e Trina Divindade,
pedimos: Vinde, ó Deus, nos visitai
e pela santa estrada conduzi-nos
à nossa meta, à luz onde habitais.

Salmodia

Ant. 1 **Dizei** aos convi**da**dos: Prepa**rei** o meu ban**que**te, vinde à **fes**ta nupci**al**. Ale**lui**a.

Salmo 22(23)

– ¹ O **Senhor** é o pas**tor** que me con**duz**; *
não me **fal**ta coisa al**gu**ma.

– ² Pelos **prad**os e campinas verdejantes *
 ele me **le**va a descansar.
– Para as **á**guas repousantes me encaminha, *
 ³ e res**tau**ra as minhas forças.
– Ele me **gui**a no caminho mais seguro, *
 pela **hon**ra do seu nome.
– ⁴ Mesmo que eu **pas**se pelo vale tenebroso, *
 nenhum **mal** eu temerei;
– estais co**mi**go com bastão e com cajado; *
 eles me **dão** a segurança!

– ⁵ Prepa**rais** à minha frente uma mesa, *
 bem à **vis**ta do inimigo,
– e com **ó**leo vós ungis minha cabeça; *
 o meu **cá**lice transborda.

– ⁶ Felici**da**de e todo bem hão de seguir-me *
 por **to**da a minha vida;
– e, na **ca**sa do Senhor, habitarei *
 pelos **tem**pos infinitos.

Ant. **Di**zei aos convi**da**dos: Prepa**rei** o meu ban**que**te,
 vinde à **fes**ta nupci**al**. Ale**lu**ia.

Ant. 2 Quem tem **se**de venha a **mim**,
 venha e **be**ba à fonte e**ter**na.

Salmo 41(42)

– ² As**sim** como a **cor**ça sus**pi**ra *
 pelas **á**guas corren**tes**,
– suspira igualmente minh'alma *
 por **vós**, ó meu Deus!
– ³ Minha **al**ma tem sede de Deus, *
 e deseja o Deus vivo.
– Quando te**rei** a alegria de ver *
 a **fa**ce de Deus? –

– ⁴O meu **pran**to é o meu alimento *
de **dia** e de noite,
– en**quan**to insistentes repetem: *
"Onde **está** o teu Deus?"
– ⁵Re**cor**do saudoso o tempo *
em que **ia** com o povo.
– Pere**gri**no e feliz caminhando *
para a **ca**sa de Deus,
– entre **gri**tos, louvor e alegria *
da multi**dão** jubilosa.
– ⁶Por **que** te entristeces, minh'alma, *
a ge**mer** no meu peito?
– Espera em **Deus**! Louvarei novamente *
o meu **Deus** Salvador!
– ⁷Minh'**al**ma está agora abatida, *
e en**tão** penso em vós,
– do Jor**dão** e das terras do Hermon *
e do **mon**te Misar.
– ⁸Como o a**bis**mo atrai outro abismo *
ao fra**gor** das cascatas,
– vossas **on**das e vossas torrentes *
sobre **mim** se lançaram.
– ⁸Que o Se**nhor** me conceda de dia *
sua **gra**ça benigna
– e de **noi**te, cantando, eu bendigo *
ao meu **Deus**, minha vida.
– ¹⁰Digo a **Deus**: "Vós que sois meu amparo, *
por **que** me esqueceis?
– Por que **an**do tão triste e abatido *
pela opres**são** do inimigo?"
– ¹¹Os meus **os**sos se quebram de dor, *
ao insul**tar**-me o inimigo;

— ao dizer cada dia de novo: *
"Onde está o teu Deus?"
— ¹² Por que te entristeces, minh'alma, *
a gemer no meu peito?
— Espera em **Deus**! Louvarei novamente *
o meu **Deus** Salvador!

Ant. Quem tem sede venha a **mim**,
venha e beba à fonte eterna.

Ant. 3 O Senhor nos saciou com a flor do trigo,
e com o mel que sai da rocha nos fartou.

Salmo 80(81)

— ² Exultai no Senhor, nossa força, *
e ao **Deus** de Jacó aclamai!
— ³ Cantai salmos, tocai tamborim, *
harpa e lira suaves tocai!
— ⁴ Na lua nova soai a trombeta, *
na lua cheia, na festa solene!
— ⁵ Porque isto é costume em Jacó, *
um preceito do Deus de Israel;
— ⁶ uma lei que foi dada a José, *
quando o povo saiu do Egito.
= Eis que ouço uma voz que não conheço: †
⁷ "Aliviei as tuas costas de seu fardo, *
cestos pesados eu tirei de tuas mãos.
= ⁸ Na angústia a mim clamaste, e te salvei, †
de uma nuvem trovejante te falei, *
e junto às águas de Meriba te provei.
— ⁹ Ouve, meu povo, porque vou te advertir! *
Israel, ah! se quisesses me escutar:
— ¹⁰ Em teu meio não exista um deus estranho *
nem adores a um deus desconhecido! –

= ⁱⁱPorque eu **sou** o teu Deus e teu Senhor, †
que da **ter**ra do Egito te arranquei. *
Abre **bem** a tua boca e eu te sacio!

– ¹²Mas meu **po**vo não ouviu a minha voz, *
Isra**el** não quis saber de obedecer-me.

– ¹³Deixei, en**tão**, que eles seguissem seus caprichos, *
abando**nei**-os ao seu duro coração.

– ¹⁴Quem me **de**ra que meu povo me escutasse! *
Que Israel andasse sempre em meus caminhos!

– ¹⁵Seus ini**mi**gos, sem demora, humilharia *
e volta**ri**a minha mão contra o opressor.

– ¹⁶Os que o**dei**am o Senhor o adulariam, *
seria **este** seu destino para sempre;

– ¹⁷eu lhe **da**ria de comer a flor do trigo, *
e com o **mel** que sai da rocha o fartaria".

Ant. O Se**nhor** nos saci**ou** com a flor do **tri**go,
e com o **mel** que sai da **ro**cha nos far**tou**.

V. A Sabedo**ri**a constru**iu** a sua **ca**sa, ale**lui**a.
R. Pôs a **me**sa com seu **vi**nho gene**ro**so, ale**lui**a.

Primeira leitura
Do Livro do Êxodo   24,1-11

Viram a Deus, e comeram e beberam

Naqueles dias: ¹Deus disse a Moisés: "Sobe até ao Senhor, tu e Aarão, Nadab, Abiú e os setenta anciãos de Israel, e prostrai-vos à distância. ²Só Moisés se aproximará do Senhor. Os outros não se aproximarão, nem o povo subirá com ele".

³Moisés veio e transmitiu ao povo todas as palavras do Senhor e todos os decretos. O povo respondeu em coro: "Faremos tudo o que o Senhor nos disse". ⁴Então Moisés escreveu todas as palavras do Senhor. Levantando-se na manhã seguinte, ergueu ao pé da montanha um altar e doze

marcos de pedra pelas doze tribos de Israel. ⁵Em seguida, mandou alguns jovens israelitas oferecer holocaustos e imolar novilhos como sacrifícios pacíficos ao Senhor. ⁶Moisés tomou metade do sangue e o pôs em vasilhas, e derramou a outra metade sobre o altar. ⁷Tomou depois o livro da aliança e o leu em voz alta ao povo, que respondeu: "Faremos tudo o que o Senhor disse e lhe obedeceremos". ⁸Moisés, então, com o sangue separado, aspergiu o povo, dizendo: "Este é o sangue da aliança, que o Senhor fez convosco, segundo todas estas palavras".

⁹Moisés subiu com Aarão, Nadab e Abiú e os setenta anciãos de Israel. ¹⁰E viram o Deus de Israel, e sob os seus pés havia uma espécie de pavimento de safira, límpido como o próprio céu. ¹¹Ele não estendeu a mão contra os escolhidos dentre os filhos de Israel; eles viram a Deus e depois comeram e beberam.

Responsório   Jo 6,48.49.50.51ab
R. Eu **sou** o pão da **vida**; vossos **pais**, no **deserto**,
    co**mer**am o **maná** e no en**tanto** morreram.
 * É este o pão **vivo**, descido dos **céus**,
    para **que** todo a**que**le que **dele** comer
    não **mor**ra, ale**lu**ia.
V. Eu **sou** o pão **vivo**, descido dos **céus**;
    quem co**mer** deste **pão**, vive**rá** para **sem**pre.
 * É este.

Segunda leitura

Das Obras de Santo Tomás de Aquino, presbítero

(Opusculum 57, In festo Corporis Christi, lect. 1-4)

(Séc. XIII)

Ó precioso e admirável banquete!

O unigênito Filho de Deus, querendo fazer-nos participantes da sua divindade, assumiu nossa natureza, para que, feito homem, dos homens fizesse deuses.

Assim, tudo quanto assumiu da nossa natureza humana, empregou-o para nossa salvação. Seu corpo, por exemplo, ele o ofereceu a Deus Pai como sacrifício no altar da cruz, para nossa reconciliação; seu sangue, ele o derramou ao mesmo tempo como preço do nosso resgate e purificação de todos os nossos pecados.

Mas, a fim de que permanecesse para sempre entre nós o memorial de tão imenso benefício, ele deixou aos fiéis, sob as aparências do pão e do vinho, o seu corpo como alimento e o seu sangue como bebida.

Ó precioso e admirável banquete, fonte de salvação e repleto de toda suavidade! Que há de mais precioso que este banquete? Nele, já não é mais a carne de novilhos e cabritos que nos é dada a comer, como na antiga Lei, mas é o próprio Cristo, verdadeiro Deus, que se nos dá em alimento. Poderia haver algo de mais admirável que este sacramento?

De fato, nenhum outro sacramento é mais salutar do que este; nele os pecados são destruídos, crescem as virtudes e a alma é plenamente saciada de todos os dons espirituais.

É oferecido na Igreja pelos vivos e pelos mortos, para que aproveite a todos o que foi instituído para a salvação de todos.

Ninguém seria capaz de expressar a suavidade deste sacramento; nele se pode saborear a doçura espiritual em sua própria fonte; e torna-se presente a memória daquele imenso e inefável amor que Cristo demonstrou para conosco em sua Paixão.

Enfim, para que a imensidade deste amor ficasse mais profundamente gravada nos corações dos fiéis, Cristo instituiu este sacramento durante a última Ceia, quando, ao celebrar a Páscoa com seus discípulos, estava prestes a passar deste mundo para o Pai. A Eucaristia é o memorial perene da sua Paixão, o cumprimento perfeito das figuras da Antiga Aliança e o maior de todos os milagres que Cristo realizou. É ainda singular conforto que ele deixou para os que se entristecem com sua ausência.

Responsório
R. Reconhe**cei** neste **pão**, quem na **cruz** foi prega**do**
neste **cálice** a**qui**lo que do **lado** jor**rou**.
To**mai** e co**mei**, é o **corpo** de **Cris**to;
to**mai** e be**bei**, é o **sangue** de **Cris**to.
 * Nós **já** nos tor**na**mos os **mem**bros de **Cris**to.
V. Não quei**rais** sepa**rar**-vos, co**mei** o que **une**,
para **não** pare**cer**des sem va**lor** a vós **mes**mos,
be**bei** vosso **preço**. * Nós **já**.

HINO Te Deum, p. 589.

Oração como nas Laudes.

Laudes

Hino

Eis que o Verbo, habitando entre nós
sem do Pai ter deixado a direita,
chega ao fim de seus dias na terra,
completando uma obra perfeita.

Conhecendo o Senhor quem iria
entregá-lo na mão do homicida,
quis aos doze entregar-se primeiro,
qual perfeito alimento da vida.

E debaixo de duas espécies
o seu corpo e seu sangue nos deu:
alimento vital para o homem,
que se nutre do Corpo de Deus.

No presépio quis ser companheiro,
como pão numa ceia se deu.
Foi na cruz nosso preço e resgate,
e será nosso prêmio no céu.

Hóstia pura, trazeis salvação,
e do céu nos abristes a porta.

Inimigos apertam o cerco,
dai-nos força que anima e conforta.

Ao Deus Uno e Trino, o louvor,
toda a glória e poder sempiterno,
e a vida sem fim nos conceda
lá na Pátria, no Reino eterno.

Ant. 1 Saciastes vosso **povo** com man**jar** digno de **an**jos
e lhe **des**tes pão do **céu**. Ale**lui**a.

Salmos e cântico do domingo da I Semana, p. 626.

Ant. 2 Os **san**tos sacer**do**tes ofe**re**cem ao Se**nhor**
pão e in**cen**so, ale**lui**a.

Ant. 3 Ao vence**dor** eu da**rei** o ma**ná** escon**di**do,
e da**rei** novo **no**me. Ale**lui**a.

Leitura breve   Ml 1,11

Desde o nascer do sol até ao poente, grande é meu nome entre as nações, em todo o lugar se oferece um sacrifício e uma oblação pura ao meu nome, porque grande é o meu nome entre as nações, diz o Senhor dos exércitos.

Responsório breve

R. Da **ter**ra tira o **ho**mem seu susten**to**,
 * Ale**lui**a, ale**lui**a. R. Da **ter**ra.
V. E o **vi**nho que a**le**gra o cora**ção**. * Ale**lui**a.
 Glória ao **Pai**. R. Da **ter**ra.

Cântico evangélico, ant.

Eu **sou** o Pão **vi**vo des**ci**do do **céu**;
quem co**mer** deste **pão** vive**rá** para **sem**pre. Ale**lui**a.

Preces

Oremos, irmãos e irmãs, a Jesus Cristo, pão da vida; e digamos com alegria:

R. **Felizes os convidados para a ceia do Senhor!**

Cristo, Sacerdote da nova e eterna Aliança, que no altar da cruz oferecestes ao Pai um sacrifício perfeito,
– ensinai-nos a oferecer convosco este sacrifício santo. R.

Cristo, rei de paz e de justiça, que consagrastes o pão e o vinho como sinais da vossa oferenda,
– associai-nos ao vosso sacrifício, como oferenda agradável a Deus Pai. R.

Cristo, verdadeiro adorador do Pai, que do nascer ao pôr do sol sois oferecido pela Igreja como uma oblação pura,
– congregai na unidade do vosso corpo os que saciais com o mesmo pão. R.

Cristo, maná descido do céu, que alimentais a Igreja com o vosso corpo e o vosso sangue,
– fortificai-a na caminhada para o Pai. R.

Cristo, que estais à porta e bateis,
– entrai e vinde sentar à nossa mesa. R.

(intenções livres)

Pai nosso...

Oração

Senhor Jesus Cristo, neste admirável sacramento, nos deixastes o memorial da vossa paixão. Dai-nos venerar com tão grande amor o mistério do vosso Corpo e do vosso Sangue, que possamos colher continuamente os frutos da vossa redenção. Vós, que viveis e reinais com o Pai, na unidade do Espírito Santo.

Hora Média

Salmodia complementar, p. 1178. Se esta solenidade é celebrada no Domingo, os salmos são do domingo da I Semana, p. 630.

Oração das Nove Horas

Ant. Ardentemente desejei comer convosco esta Páscoa antes de ir sofrer a morte. Aleluia.

Leitura breve   Sb 16,20
A teu povo nutriste com um alimento de anjos; de graça, enviaste do céu um pão já preparado, que contém em si todo o sabor e satisfaz a todos os gostos.

V. Irei aos altares do Senhor, aleluia.
R. O Cristo me alimenta e me renova, aleluia.

Oração das Doze Horas

Ant. Na Ceia derradeira, Jesus tomou o pão,
     deu graças e o partiu e o deu a seus discípulos.

Leitura breve   Pr 9,1-2
A Sabedoria construiu sua casa, levantou sete colunas. Imolou suas vítimas, misturou o vinho e preparou a sua mesa.

V. Vós lhes destes Pão dos céus, aleluia,
R. Que contém toda delícia, aleluia.

Oração das Quinze Horas

Ant. Reconheceram o Senhor ao partir o pão com eles. Aleluia.

Leitura breve   At 2,42.47a
Eles eram perseverantes em ouvir o ensinamento dos apóstolos, na comunhão fraterna, na fração do pão e nas orações. Louvavam a Deus e eram estimados por todo o povo.

V. Ó Senhor, ficai conosco, aleluia,
R. Pois o dia já declina, aleluia.

Oração como nas Laudes.

II Vésperas

HINO como nas I Vésperas, p. 539.

Salmodia

Ant. 1 Jesus **Cris**to, sacer**do**te eterna**men**te
se**gun**do a ordem do **rei** Melquise**dec**,
ofere**ceu** o pão e o **vi**nho, ale**lui**a.

Salmo 109(110),1-5.7

– ¹ Palavra do Se**nhor** ao meu Se**nhor**: *
"As**sen**ta-te ao lado meu direito,
– a**té** que eu ponha os inimigos teus *
como esca**be**lo por debaixo de teus pés!"

= ² O Se**nhor** estenderá desde Sião †
vosso **ce**tro de poder, pois ele diz: *
"**Do**mina com vigor teus inimigos;

= ³ tu és **prín**cipe desde o dia em que nasceste; †
na **gló**ria e esplendor da santidade, *
como o orvalho, antes da aurora, eu te gerei!"

= ⁴ Jurou o Se**nhor** e manterá sua palavra: †
"Tu **és** sacerdote eternamente, *
se**gun**do a ordem do rei Melquisedec!"

– ⁵ À vossa **des**tra está o Senhor, Ele vos diz: *
"No dia da **i**ra esmagarás os reis da terra!

– ⁷ Be**be**rás água corrente no caminho, *
por **is**so seguirás de fronte erguida!"

Ant. Jesus **Cris**to, sacer**do**te eterna**men**te
se**gun**do a ordem do **rei** Melquise**dec**,
ofere**ceu** o pão e o **vi**nho, ale**lui**a.

Ant. 2 Elevo o **cá**lice da **mi**nha salva**ção**
e vos o**fer**to um sacrifício de lou**vor**.

Salmo 115(116B)

— ¹⁰Guar**dei** a minha **fé**, mesmo di**ze**ndo: *
"É de**mais** o sofrimento em minha vida!"
— ¹¹Confi**ei**, quando dizia na aflição: *
"Todo **ho**mem é mentiroso! Todo homem!"
— ¹²Que pode**rei** retribuir ao Senhor Deus *
por tudo a**qui**lo que ele fez em meu favor?
— ¹³Elevo o **cá**lice da minha salvação, *
invo**can**do o nome santo do Senhor.
— ¹⁴Vou cum**prir** minhas promessas ao Senhor *
na pre**sen**ça de seu povo reunido.
— ¹⁵É sen**ti**da por demais pelo Senhor *
a **mor**te de seus santos, seus amigos.
= ¹⁶Eis que **sou** o vosso servo, ó Senhor, †
vosso **ser**vo que nasceu de vossa serva; *
mas me que**bras**tes os grilhões da escravidão!
— ¹⁷Por isso o**fer**to um sacrifício de louvor, *
invo**can**do o nome santo do Senhor.
— ¹⁸Vou cum**prir** minhas promessas ao Senhor *
na pre**sen**ça de seu povo reunido;
— ¹⁹nos **á**trios da casa do Senhor, *
em teu **mei**o, ó cidade de Sião!

Ant. Elevo o **cá**lice da **mi**nha salva**ção**
e vos o**fer**to um sacrifício de lou**vor**.

Ant. 3 Ó Se**nhor**, sois o Ca**mi**nho, a Verda**de** e a **Vi**da.

No cântico seguinte dizem-se os Aleluias entre parênteses somente quando se canta; na recitação, basta dizer o Aleluia no começo e no fim das estrofes.

Cântico Ap 19,1-2.5-7

= Aleluia, (Aleluia!).
¹Ao nosso **Deus** a salva**ção**, *
honra, **gló**ria e poder! (Aleluia!).

— ² Pois são verdade e justiça *
os juízos do Senhor.

R. Aleluia, (Aleluia!).

= Aleluia, (Aleluia!).
⁵ Celebrai o nosso Deus, *
servidores do Senhor! (Aleluia!).

— E vós todos que o temeis, *
vós os grandes e os pequenos!

R. Aleluia, (Aleluia!).

= Aleluia, (Aleluia!).
=⁶ De seu reino tomou posse *
nosso Deus onipotente! (Aleluia!).

— ⁷ Exultemos de alegria, *
demos glória ao nosso Deus!

R. Aleluia, (Aleluia!).

= Aleluia, (Aleluia!).
Eis que as núpcias do Cordeiro *
redivivo se aproximam! (Aleluia!).

— Sua Esposa se enfeitou, *
se vestiu de linho puro.

R. Aleluia, (Aleluia!).

Ant. Ó Senhor, sois o Caminho, a Verdade e a Vida.

Leitura breve   1Cor 11,23-25

O que eu recebi do Senhor foi isso que eu vos transmiti: Na noite em que foi entregue, o Senhor Jesus tomou o pão e, depois de dar graças, partiu-o e disse: Isto é o meu corpo que é dado por vós. Fazei-o em memória de mim. Do mesmo modo, depois da ceia, tomou também o cálice e disse: Este cálice é a nova aliança, em meu sangue. Todas as vezes que dele beberdes, fazei isto em minha memória.

Responsório breve

R. Deus lhes **deu** para co**mer** o pão do **céu**,
 * Ale**luia**, ale**luia**. R. Deus lhes **deu**.
V. O ho**mem** se nu**triu** do pão dos **anjos**. * Ale**luia**.
 Glória ao **Pai**. R. Deus lhes **deu**.

Cântico evangélico, ant.

Ó ban**que**te tão sa**gra**do, em que **Cris**to é ali**men**to,
a me**mó**ria é cele**bra**da de seu **san**to sofri**men**to;
nossa **men**te se enri**que**ce com a **gra**ça em seu ful**gor**;
da fu**tu**ra glória e**ter**na nos é **da**do o pe**nhor**. Ale**luia**.

Preces

Cristo nos convida a todos para a Ceia em que entrega seu corpo e sangue pela vida do mundo. Peçamos-lhe com amor e confiança:

R. **Cristo, pão do céu, dai-nos a vida eterna!**

Cristo, Filho do Deus vivo, que nos mandastes celebrar a ceia eucarística em memória de vós,
– fortalecei a Igreja com a fiel celebração de vossos mistérios.   R.

Cristo, sacerdote único do Deus Altíssimo, que confiastes aos sacerdotes a oferenda da Eucaristia,
– fazei que eles realizem em suas vidas o que celebram no sacramento.   R.

Cristo, maná descido do céu, que reunis num só corpo todos os que participam do mesmo pão,
– conservai na paz e na concórdia aqueles que creem em vós.
                                                                                          R.

Cristo, médico celeste, que no pão da vida nos ofereceis o remédio da imortalidade e o penhor da ressurreição,
– dai saúde aos doentes e perdão aos pecadores.   R.

                                                                     (intenções livres)

Cristo, rei da eterna glória, que nos mandastes celebrar a Eucaristia para anunciar a vossa morte até à vossa vinda no fim dos tempos,
– tornai participantes da vossa ressurreição, todos os que morreram no vosso amor.
R. **Cristo, pão do céu, dai-nos a vida eterna!**
Pai nosso...

Oração

Senhor Jesus Cristo, neste admirável sacramento, nos deixastes o memorial da vossa paixão. Dai-nos venerar com tão grande amor o mistério do vosso Corpo e do vosso Sangue, que possamos colher continuamente os frutos da vossa redenção. Vós, que viveis e reinais com o Pai, na unidade do Espírito Santo.

Sexta-feira após o 2º Domingo depois de Pentecostes
SAGRADO CORAÇÃO DE JESUS

Solenidade

I Vésperas

Hino

Ó Cristo, autor deste mundo,
que redimis terra e céus,
da luz do Pai sois a luz,
Deus verdadeiro de Deus.

O amor vos fez assumir
o nosso corpo mortal,
e, novo Adão, reparastes
do velho a culpa fatal.

O vosso amor, que criou
a terra, o mar e o céu,
do antigo mal condoído,
nossas cadeias rompeu.

Ninguém se afaste do amor
do vosso bom Coração.
Buscai, nações, nesta fonte
as graças da remissão.

Aberto foi pela lança
e, na paixão transpassado,
deixou jorrar água e sangue,
lavando nosso pecado.

Glória a Jesus, que derrama
graça do seu coração,
um com o Pai e o Espírito,
nos tempos sem sucessão.

Salmodia

Ant. 1 Com eterna caridade nos amou o nosso Deus;
e exaltado sobre a terra,
atraiu-nos para o seu compassivo Coração.

Salmo 112(113)

– ¹Louvai, louvai, ó servos do Senhor, *
louvai, louvai o nome do Senhor!
– ²Bendito seja o nome do Senhor, *
agora e por toda a eternidade!
– ³Do nascer do sol até o seu ocaso, *
louvado seja o nome do Senhor!
– ⁴O Senhor está acima das nações, *
sua glória vai além dos altos céus.
= ⁵Quem pode comparar-se ao nosso Deus, †
ao Senhor, que no alto céu tem o seu trono *
⁶e se inclina para olhar o céu e a terra?
– ⁷Levanta da poeira o indigente *
e do lixo ele retira o pobrezinho,
– ⁸para fazê-lo assentar-se com os nobres, *
assentar-se com os nobres do seu povo.
– ⁹Faz a estéril, mãe feliz em sua casa, *
vivendo rodeada de seus filhos.

Ant. Com eterna caridade nos amou o nosso Deus;
e exaltado sobre a terra,
atraiu-nos para o seu compassivo Coração.

Ant. 2 Aprendei de mim, que sou
de coração humilde e manso,
e achareis paz e repouso para os vossos corações.

Salmo 145(146)

= ¹Bendize, minh'alma, ao Senhor! †
²Bendirei ao Senhor toda a vida, *
cantarei ao meu Deus sem cessar! –

—³ Não ponhais vossa fé nos que mandam, *
    não há homem que possa salvar.
=⁴ Ao faltar-lhe o respiro ele volta †
    para a terra de onde saiu; *
    nesse dia seus planos perecem.
=⁵ É feliz todo homem que busca †
    seu auxílio no Deus de Jacó, *
    e que põe no Senhor a esperança.
—⁶ O Senhor fez o céu e a terra, *
    fez o mar e o que neles existe.
— O Senhor é fiel para sempre, *
  ⁷ faz justiça aos que são oprimidos;
— ele dá alimento aos famintos, *
    é o Senhor quem liberta os cativos.
=⁸ O Senhor abre os olhos aos cegos, †
    o Senhor faz erguer-se o caído, *
    o Senhor ama aquele que é justo.
=⁹ É o Senhor quem protege o estrangeiro, †
    quem ampara a viúva e o órfão, *
    mas confunde os caminhos dos maus.
=¹⁰ O Senhor reinará para sempre! †
    Ó Sião, o teu Deus reinará *
    para sempre e por todos os séculos!

Ant. Aprendei de mim, que sou
    de coração humilde e manso,
    e achareis paz e repouso para os vossos corações.

Ant. 3 Eu sou o Bom Pastor das ovelhas,
    meu rebanho conheço e apascento,
    e por elas eu dou minha vida.

Cântico   Ap 4,11; 5,9.10.12

—⁴,¹¹ Vós sois digno, Senhor nosso Deus, *
    de receber honra, glória e poder!

(R. **Poder**, honra e **glória** ao Cor**dei**ro de **Deus!**)

= ⁵,⁹Porque **to**das as coisas criastes, †
  é por **vos**sa vontade que existem, *
  e sub**sis**tem porque vós mandais. (R.)

= Vós sois **dig**no, Senhor nosso Deus, †
  de o **li**vro nas mãos receber *
  e de a**brir** suas folhas lacradas! (R.)

− Porque **fos**tes por nós imolado; *
  para **Deus** nos remiu vosso sangue
− dentre **to**das as tribos e línguas, *
  dentre os **po**vos da terra e nações. (R.)

✓ = ¹⁰Pois fi**zes**tes de nós, para Deus, †
  sacer**do**tes e povo de reis, *
  e i**re**mos reinar sobre a terra. (R.)

= ¹²O Cor**dei**ro imolado é digno †
  de rece**ber** honra, glória e poder, *
  sabedo**ria**, louvor, divindade! (R.)

Ant. Eu **sou** o Bom **Pas**tor das ovelhas,
  meu re**ba**nho co**nhe**ço e apas**cen**to,
  e por **e**las eu **dou** minha **vi**da.

Leitura breve   Ef 5,25b-27

Cristo amou a Igreja e se entregou por ela. Ele quis assim torná-la santa, purificando-a com o banho da água unida à Palavra. Ele quis apresentá-la a si mesmo esplêndida, sem mancha nem ruga, nem defeito algum, mas santa e irrepreensível.

Responsório breve
R. Jesus **Cris**to nos a**mou**
  * E em seu **san**gue nos la**vou**. R. Jesus **Cris**to.
V. Fez-nos **reis** e sacer**do**tes para **Deus**, o nosso **Pai**.
  * E em seu **san**gue. Glória ao **Pai**. R. Jesus **Cris**to.

Cântico evangélico, ant.
Vim tra**zer** fogo à **ter**ra;
e o que **que**ro se**não** que ele **se**ja atea**do**?

Preces

Oremos, irmãos e irmãs, a Jesus Cristo, repouso de nossas almas; e lhe peçamos:

R. **Rei de bondade, tende compaixão de nós!**

Senhor Jesus, de cujo coração aberto pela lança, jorrou sangue e água para que a Igreja, vossa esposa, nascesse de vós,
– tornai-a santa e imaculada. R.

Senhor Jesus, templo santo de Deus, destruído pelo ser humano e novamente edificado por Deus,
– fazei da Igreja o tabernáculo do Altíssimo. R.

Senhor Jesus, rei e centro de todos os corações, que amais com amor eterno e atraís compassivo tudo para vós,
– renovai a vossa aliança com a humanidade inteira. R.

Senhor Jesus, nossa paz e reconciliação, que morrendo na cruz vencestes o ódio e fizestes de todos uma nova criatura,
– abri-nos o caminho para o Pai. R.

Senhor Jesus, nossa vida e ressurreição, conforto e repouso dos corações atribulados,
– atraí para vós os pecadores. R.

(intenções livres)

Senhor Jesus, obediente até à morte de cruz, por causa do vosso infinito amor para conosco,
– ressuscitai a todos os que adormeceram na vossa paz. R.
Pai nosso...

Oração

Concedei, ó Deus todo-poderoso, que, alegrando-nos pela solenidade do Coração do vosso Filho, meditemos as maravilhas de seu amor e possamos receber, desta fonte de vida, uma torrente de graças. Por nosso Senhor Jesus Cristo, vosso Filho, na unidade do Espírito Santo.

Invitatório

R. O Coração de Jesus por nosso **amor** transpassado, vinde **todos**, ado**r**emos!

Salmo invitatório como no Ordinário, p. 583.

Ofício das Leituras

Hino

Coração, arca santa, guardando
não a lei que aos antigos foi dada,
mas o dom duma nova Aliança,
no perdão e na graça firmada.

Coração, sois o novo Sacrário
da Aliança do céu com a terra,
Templo novo, mais santo que o velho,
véu que o Santo dos Santos encerra.

Vosso lado por nós foi aberto,
revelando ao olhar dos mortais
as raízes do amor invisível,
da ternura com que nos amais.

Sois sinal do amor infinito
de Jesus, que por nós se entregou,
e na cruz, sacerdote perfeito,
a perfeita oblação consumou.

Tal amor, haverá quem não ame?
Quem lhe possa ficar insensível?
Quem não busque, na paz deste lado,
o refúgio, a morada invisível?

Esta graça esperamos do Pai
e do Espírito Santo também:

no fiel Coração de Jesus
para sempre habitarmos. Amém.

Salmodia

Ant. 1 Em **vós** está a **fon**te da **vi**da;
na tor**ren**te de **vos**sas de**lí**cias
vós nos **dais** de be**ber** água **vi**va.

Salmo 35(36)

– ² O pe**ca**do sus**sur**ra ao **ím**pio *
 lá no **fun**do do seu co**ra**ção;
– o te**mor** do Senhor, nosso Deus, *
 não e**xis**te perante seus olhos.
– ³ Lison**jei**a a si mesmo, pensando: *
 "Ninguém **vê** nem con**de**na o meu crime!"
– ⁴ Traz na **bo**ca maldade e engano; *
 já não **quer** refletir e agir bem.
=⁵ Arqui**te**ta a maldade em seu leito, †
 nos ca**mi**nhos errados insiste *
 e não **quer** afastar-se do mal.
– ⁶ Vosso a**mor** chega aos céus, ó Senhor, *
 chega às **nu**vens a vossa verdade.
– ⁷ Como as **al**tas montanhas eternas *
 é a **vos**sa justiça, Senhor;
– e os **vos**sos juízos superam *
 os a**bis**mos profundos dos mares.
– Os ani**mais** e os homens salvais: *
 ⁸ quão preci**o**sa é, Senhor, vossa graça!
– Eis que os **fi**lhos dos homens se abrigam *
 sob a **som**bra das asas de Deus.
– ⁹ Na abun**dân**cia de vossa morada, *
 eles **vêm** saciar-se de bens.
– Vós lhes **dais** de beber água viva, *
 na tor**ren**te das vossas delícias.

— ¹⁰Pois em **vós** está a fonte da vida, *
e em vossa **luz** contemplamos a luz.
— ¹¹Conser**vai** aos fiéis vossa graça, *
e aos **re**tos, a vossa justiça!
— ¹²Não me **pi**sem os pés dos soberbos, *
nem me ex**pul**sem as mãos dos malvados!
— ¹³Os per**ver**sos, tremendo, caíram *
e não **po**dem erguer-se do chão.

Ant. Em **vós** está a **fon**te da **vi**da;
na tor**ren**te de **vos**sas delícias
vós nos **dais** de beber água viva.

Ant. 2 Quando em **mim** o cora**ção** desfale**ci**a,
condu**zis**tes-me às al**tu**ras do ro**che**do.

Salmo 60(61)

— ²Escu**tai**, ó Senhor **Deus**, minha ora**ção**, *
aten**dei** à minha prece, ao meu clamor!
— ³Dos con**fins** do universo a vós eu clamo, *
e em **mim** o coração já desfalece.
— Conduzi-me às alturas do rochedo, *
e dei**xai**-me descansar nesse lugar!
— ⁴Porque **sois** o meu refúgio e fortaleza, *
torre **for**te na presença do inimigo.
— ⁵Quem me **de**ra morar sempre em vossa casa *
e abri**gar**-me à proteção de vossas asas!
— ⁶Pois ou**vis**tes, ó Senhor, minhas promessas, *
e me fi**zes**tes tomar parte em vossa herança.
— ⁷Acrescen**tai** ao nosso rei dias aos dias, *
e seus **a**nos durem muitas gerações!
— ⁸Reine **sem**pre na presença do Senhor, *
vossa ver**da**de e vossa graça o conservem!
— ⁹Então **sem**pre cantarei o vosso nome *
e cumpri**rei** minhas promessas dia a dia.

Ant. Quando em **mim** o cora**ção** desfale**cia**,
   condu**zis**tes-me às al**tu**ras do roche**do**.

Ant. 3 Os con**fins** do uni**ver**so contem**pla**ram
   a salva**ção** do nosso **Deus**.

Salmo 97(98)

−¹ Can**tai** ao Senhor **Deus** um canto **novo**, *
   porque ele fez pro**dí**gios!
− Sua **mão** e o seu braço forte e santo *
   alcan**ça**ram-lhe a vitória.
−² O Se**nhor** fez conhecer a salvação, *
   e às na**ções**, sua justiça;
−³ recor**dou** o seu amor sempre fiel *
   pela **ca**sa de Israel.
− Os con**fins** do universo contemplaram *
   a salva**ção** do nosso Deus.
−⁴ Acla**mai** o Senhor Deus, ó terra inteira, *
   ale**grai**-vos e exultai!
−⁵ Cantai **sal**mos ao Senhor ao som da harpa *
   e da **cí**tara suave!
−⁶ Acla**mai**, com os clarins e as trombetas, *
   ao Se**nhor**, o nosso Rei!
−⁷ Aplauda o **mar** com todo ser que nele vive, *
   o mundo in**tei**ro e toda gente!
−⁸ As mon**ta**nhas e os rios batam palmas *
   e e**xul**tem de alegria,
−⁹ na pre**sen**ça do Senhor, pois ele vem, *
   vem jul**gar** a terra inteira.
−¹⁰ Julga**rá** o universo com justiça *
   e as na**ções** com equidade.

Ant. Os con**fins** do uni**ver**so contem**pla**ram
   a salva**ção** do nosso **Deus**.

V. Eu re**cor**do os grandes **feitos** do **Senhor**.
R. E re**lem**bro os seus pro**dí**gios do passado.

Primeira leitura
Da Carta de São Paulo aos Romanos 8,28-39

O amor de Deus manifesta-se em Cristo

Irmãos: ²⁸Sabemos que tudo contribui para o bem daqueles que amam a Deus, daqueles que são chamados para a salvação, de acordo com o projeto de Deus. ²⁹Pois aqueles que Deus contemplou com seu amor desde sempre, a esses ele predestinou a serem conformes à imagem de seu Filho, para que este seja o primogênito numa multidão de irmãos. ³⁰E aqueles que Deus predestinou, também os chamou. E aos que chamou, também os tornou justos; e aos que tornou justos, também os glorificou.

³¹Depois disto, que nos resta dizer? Se Deus é por nós, quem será contra nós? ³²Deus que não poupou seu próprio filho, mas o entregou por todos nós, como não nos daria tudo junto com ele? ³³Quem acusará os escolhidos de Deus? Deus, que os declara justos? ³⁴Quem condenará? Jesus Cristo, que morreu, mais ainda, que ressuscitou, e está, à direita de Deus, intercedendo por nós?

³⁵Quem nos separará do amor de Cristo? Tribulação? Angústia? Perseguição? Fome? Nudez? Perigo? Espada? ³⁶Pois é assim que está escrito:
"Por tua causa somos entregues à morte, o dia todo; fomos tidos como ovelhas destinadas ao matadouro".

³⁷Mas, em tudo isso, somos mais que vencedores, graças àquele que nos amou! ³⁸Tenho a certeza que nem a morte, nem a vida, nem os anjos, nem os poderes celestiais, nem o presente nem o futuro, ³⁹nem as forças cósmicas, nem a altura, nem a profundeza, nem outra criatura qualquer será capaz de nos separar do amor de Deus por nós, manifestado em Cristo Jesus, nosso Senhor.

Responsório   Ef 2,5.4b.7a
R. Quando estávamos mortos por nossos pecados,
   deu-nos vida em seu Cristo,
 * Pelo amor sem limites, com que Deus nos amou.
V. A fim de mostrar, nos tempos vindouros,
   a imensa riqueza da graça de Cristo.* Pelo amor.

Segunda leitura
Das Obras de São Boaventura, bispo
(Opusculum 3, Lignum vitae, 29-30.47 Opera omnia 8,79)
(Séc. XIII)

Em vós está a fonte da vida

Considera, ó homem redimido, quem é aquele que por tua causa está pregado na cruz, qual a sua dignidade e grandeza. A sua morte dá a vida aos mortos; por sua morte choram o céu e a terra, e fendem-se até as pedras mais duras. Para que, do lado de Cristo morto na cruz, se formasse a Igreja e se cumprisse a Escritura que diz: *Olharão para aquele que transpassaram* (Jo 19,37), a divina Providência permitiu que um dos soldados lhe abrisse com a lança o sagrado lado, de onde jorraram sangue e água. Este é o preço da nossa salvação. Saído daquela fonte divina, isto é, no íntimo do seu Coração, iria dar aos sacramentos da Igreja o poder de conferir a vida da graça, tornando-se para os que já vivem em Cristo bebida da fonte viva *que jorra para a vida eterna* (Jo 4,14).

Levanta-te, pois, tu que amas a Cristo, sê como a pomba *que faz o seu ninho na borda do rochedo* (Jr 48,28), e aí, *como o pássaro que encontrou sua morada* (cf. Sl 83,4), não cesses de estar vigilante; aí esconde como a andorinha os filhos nascidos do casto amor; aí aproxima teus lábios para *beber a água das fontes do Salvador* (cf. Is 12,3). Pois esta é a *fonte que brota no meio do paraíso e, dividida em quatro rios* (cf. Gn 2,10), se derrama nos corações dos fiéis para irrigar e fecundar a terra inteira.

Acorre com vivo desejo a esta fonte de vida e de luz, quem quer que sejas, ó alma consagrada a Deus, e exclama com todas as forças do teu coração: "Ó inefável beleza do Deus altíssimo e puríssimo esplendor da luz eterna, vida que vivifica toda vida, luz que ilumina toda luz e conserva em perpétuo esplendor a multidão dos astros, que desde a primeira aurora resplandecem diante do trono da vossa divindade.

Ó eterno e inacessível, brilhante e suave manancial daquela fonte oculta aos olhos de todos os mortais! Sois profundidade infinita, altura sem limite, amplidão sem medida, pureza sem mancha!"

De ti procede o rio que *vem trazer alegria à cidade de Deus* (Sl 45,5), para que *entre vozes de júbilo e contentamento* (cf. Sl 41,5) possamos cantar hinos de louvor ao vosso nome, sabendo por experiência que *em vós está a fonte da vida, e em vossa luz contemplamos a luz* (Sl 35,10).

Responsório   Sl 102(103),2.4; 33(34),9a
R. Bendize, ó minha **al**ma, ao **Se**nhor,
    não te es**que**ças de ne**nhum** de seus favores!
 * Da sepul**tu**ra ele **sal**va a tua **vi**da
    e te **cer**ca de carinho e compai**xão**.
V. Provai e **ve**de quão su**a**ve é o **Se**nhor! * Da sepul**tu**ra.
HINO Te Deum, p. 589.
Oração como nas Laudes.

Laudes

Hino

Jesus, autor da clemência,
gozo, esperança e perdão,
fonte de graça e doçura,
delícia do coração.

Do penitente esperança,
ao suplicante atendeis.
Sois bom com quem vos procura;
se vos achar, que sereis?

O vosso amor, ó Jesus,
doce alimento da mente,
sem dar fastio, sacia,
gerando fome crescente.

Ó muito amado Jesus,
da alma ansiosa esperança:
o coração, num clamor,
chama por vós, não descansa.

Ficai conosco, Senhor,
nova Manhã que fulgura
e vence as trevas da noite,
trazendo ao mundo a doçura.

Jesus, suprema clemência,
dos corações suavidade,
o vosso amor nos impele,
incompreendida Bondade.

Jesus, ó flor da Mãe Virgem,
encanto, amor, sumo Bem,
a vós louvor para sempre
no Reino eterno. Amém.

Ant. 1 Estando em **pé**, Jesus clam**a**va em alta **voz**:
Quem tem **se**de venha a **mim**, venha be**ber**!

Salmos e cântico do domingo da I Semana, p. 626.

Ant. 2 Vinde a **mim**, todos **vós** que estais can**sa**dos
e pe**nais** a carre**gar** pesado **far**do,
e des**can**so eu vos da**rei**, diz o Se**nhor**.

Ant. 3 Meu **fi**lho, entrega a **mim** teu cora**ção**,
e teus **o**lhos sempre **guar**dem meus ca**mi**nhos.

Leitura breve
Jr 31,33

Esta será a aliança que concluirei com a casa de Israel, depois desses dias, diz o Senhor: imprimirei minha lei em suas entranhas, e hei de inscrevê-la em seu coração; serei seu Deus e eles serão meu povo.

Responsório breve
R. Tomai meu **jugo** sobre **vós**,
  * E aprendei de **mim**. R. Tomai.
V. Pois eu **sou** de cora**ção** humilde e man**so**. * E aprendei.
  Glória ao **Pai**. R. Tomai meu **jugo**.

Cântico evangélico, ant.
Pelo a**mor** do Cora**ção** de nosso **Deus**,
o S**enhor** nos visi**tou** e liber**tou**.

Preces
Oremos, irmãos e irmãs, a Jesus manso e humilde de coração; peçamos-lhe cheios de confiança:

R. Rei de bondade, tende compaixão de nós!

Jesus Cristo, em quem habita toda a plenitude da divindade,
– fazei-nos participantes da vossa natureza divina.   R.

Jesus Cristo, em quem se encontram todos os tesouros da sabedoria e da ciência,
– revelai-nos, pelo ministério da Igreja, a infinita sabedoria de Deus.   R.

Jesus Cristo, em quem o Pai colocou toda a sua afeição,
– ensinai-nos a ouvir fielmente a vossa palavra.   R.

Jesus Cristo, de cuja plenitude todos nós recebemos,
– dai-nos sempre e cada vez mais a graça e a verdade do Pai.
   R.

Jesus Cristo, fonte de vida e santidade,
– tornai-nos santos e puros no amor.   R.
(intenções livres)

Pai nosso...

Oração

Concedei, ó Deus todo-poderoso, que, alegrando-nos pela solenidade do Coração do vosso Filho, meditemos as maravilhas de seu amor e possamos receber, desta fonte de vida, uma torrente de graças. Por nosso Senhor Jesus Cristo, vosso Filho, na unidade do Espírito Santo.

Hora Média

Salmodia complementar, p. 1178.

Oração das Nove Horas

Ant. Ó meu povo, o que te fiz?
Dize em que te contristei,
em que foi que te faltei?

Leitura breve   Jr 31,2-4

Isto diz o Senhor: Encontrou perdão no deserto o povo que escapara à espada; Israel encaminha-se para o seu descanso. O Senhor apareceu-me de longe: Amei-te com amor eterno e te atraí com a misericórdia.

V. Com alegria bebereis
R. Do manancial da salvação.

Oração das Doze Horas

Ant. Meu coração está esmagado no meu peito,
e meus ossos, todos eles, estremecem.

Leitura breve   Jr 32,40

Estabelecerei com eles um pacto eterno, a fim de que não se afastem de mim; para isso não cessarei de favorecê-los e infundirei em seus corações o temor de Deus.

V. Procurei quem de mim tivesse pena e não achei.
R. E alguém que pudesse consolar-me, e não havia.

Oração das Quinze Horas

Ant. Um soldado abriu o lado de Jesus com uma lança, e logo saiu sangue e água juntamente.

Leitura breve   Rm 5,8-9

A prova de que Deus nos ama é que Cristo morreu por nós, quando éramos ainda pecadores. Muito mais agora, que já estamos justificados pelo sangue de Cristo, seremos salvos da ira por ele.

V. Foi ferido por nossos pecados.
R. Por suas chagas nós fomos curados.

Oração como nas Laudes.

II Vésperas

HINO como nas I Vésperas, p. 561.

Salmodia

Ant. 1 Com vosso jugo tão suave dominai, Senhor Jesus, sobre os vossos inimigos.

Salmo 109(110),1-5.7

– ¹ Palavra do Senhor ao meu Senhor: *
"Assenta-te ao lado meu direito,
– até que eu ponha os inimigos teus *
como escabelo por debaixo de teus pés!"

= ² O Senhor estenderá desde Sião †
vosso cetro de poder, pois ele diz: *
"Domina com vigor teus inimigos;

= ³ Tu és príncipe desde o dia em que nasceste; †
na glória e esplendor da santidade, *
como o orvalho, antes da aurora, eu te gerei!"

= ⁴ Jurou o Senhor e manterá sua palavra: †
"Tu és sacerdote eternamente, *
segundo a ordem do rei Melquisedec!" –

– ⁵À vossa **des**tra está o Senhor, ele vos diz: *
"No dia da **i**ra esmagarás os reis da terra!
– ⁷Beber**ás** água corrente no caminho, *
por **is**so seguirás de fronte erguida!"

Ant. Com vosso **ju**go tão su**a**ve domi**nai**, Senhor Je**sus**,
sobre os **vos**sos ini**mi**gos.

Ant. 2 O Se**nhor** bom e cle**men**te
alimen**tou** os que o **te**mem.

Salmo 110(111)

– ¹Eu agrade**ç**o a Deus de **to**do o cora**ção** *
junto com **to**dos os seus justos reunidos!
– ²Que grandi**o**sas são as obras do Senhor, *
elas me**re**cem todo o amor e admiração!
– ³Que be**le**za e esplendor são os seus feitos! *
Sua justi**ç**a permanece eternamente!
– ⁴O Se**nhor** bom e clemente nos deixou *
a lem**bran**ça de suas grandes maravilhas.
– ⁵Ele **dá** o alimento aos que o temem *
e ja**mais** esquecerá sua Aliança.
– ⁶Ao seu **po**vo manifesta seu poder, *
dando a **e**le a herança das nações.
– ⁷Suas **o**bras são verdade e são justiça, *
seus pre**cei**tos, todos eles, são estáveis,
– ⁸confir**ma**dos para sempre e pelos séculos, *
reali**za**dos na verdade e retidão.
= ⁹Envi**ou** libertação para o seu povo, †
confir**mou** sua Aliança para sempre. *
Seu nome é **san**to e é digno de respeito.
=¹⁰Temer a **Deus** é o princípio do saber †
e é **sá**bio todo aquele que o pratica. *
Perma**ne**ça eternamente o seu louvor.

Ant. O Se**nhor** bom e cle**men**te alimen**tou** os que o **te**mem.

Ant. 3 Eis **aqui** o Cor**dei**ro de **Deus**,
o que **tira** o pe**ca**do do **mun**do.

Cântico — Fl 2,6-11

=⁶ Embora **fosse** de di**vi**na condi**ção**, †
Cristo Jesus não se apegou ciosamente *
a ser i**gual** em natureza a Deus Pai.

(R. Jesus **Cris**to é Se**nhor** para a **gló**ria de Deus **Pai**!)

=⁷ Po**rém** esvaziou-se de sua glória †
e assu**miu** a condição de um escravo, *
fa**zen**do-se aos homens semelhante. (R.)

=⁸ Reconhe**ci**do exteriormente como homem, †
humi**lhou**-se, obedecendo até à morte, *
até à **mor**te humilhante numa cruz. (R.)

=⁹ Por isso **Deus** o exaltou sobremaneira †
e deu-lhe o **no**me mais excelso, mais sublime, *
e ele**va**do muito acima de outro nome. (R.)

=¹⁰ Para **que** perante o nome de Jesus †
se **do**bre reverente todo joelho, *
seja nos **céus**, seja na terra ou nos abismos. (R.)

=¹¹ E toda **lín**gua reconheça, confessando, †
para a **gló**ria de Deus Pai e seu louvor: *
"Na ver**da**de Jesus Cristo é o Senhor!" (R.)

Ant. Eis **aqui** o Cor**dei**ro de **Deus**,
o que **tira** o pe**ca**do do **mun**do.

Leitura breve — Ef 2,4-7

Deus é rico em misericórdia. Por causa do grande amor com que nos amou, quando estávamos mortos "por causa das nossas faltas, ele nos deu a vida com Cristo. E por graça que vós sois salvos! Deus nos ressuscitou com Cristo e nos fez sentar nos céus em virtude de nossa união com Jesus Cristo. Assim, pela bondade, que nos demonstrou em Jesus Cristo,

Deus quis mostrar, através dos séculos futuros, a incomparável riqueza da sua graça.

Responsório breve
R. Jesus **Cristo** nos **amou**
  * E em seu **sangue** nos lavou. R. Jesus **Cristo**.
V. Fez-nos **reis** e sacerdotes para **Deus**, o nosso **Pai**.
  * E em seu **sangue**. Glória ao **Pai**. R. Jesus **Cristo**.

Cântico evangélico, ant.
O **Se**nhor nos aco**lheu** em seu regaço e Cora**ção**,
fiel ao seu **amor**. Ale**luia**.

Preces
Oremos, irmãos e irmãs, a Jesus Cristo, repouso de nossas almas; e lhe peçamos:

R. **Rei de bondade, tende compaixão de nós!**

Senhor Jesus, de cujo coração aberto pela lança jorrou sangue e água para que a Igreja, vossa esposa, nascesse de vós,
– tornai-a santa e imaculada. R.

Senhor Jesus, templo santo de Deus, destruído pelo ser humano e novamente edificado por Deus,
– fazei da Igreja o tabernáculo do Altíssimo. R.

Senhor Jesus, rei e centro de todos os corações, que amais com amor eterno e atraís compassivo tudo para vós,
– renovai a vossa aliança com a humanidade inteira. R.

Senhor Jesus, nossa paz e reconciliação, que morrendo na cruz vencestes o ódio e fizestes de todos uma nova criatura,
– abri-nos o caminho para o Pai. R.

Senhor Jesus, nossa vida e ressurreição, conforto e repouso dos corações atribulados,
– atraí para vós os pecadores. R.

(intenções livres)

Senhor Jesus, obediente até à morte de cruz, por causa do vosso infinito amor para conosco,
– ressuscitai a todos os que adormeceram na vossa paz.
R. **Rei de bondade, tende compaixão de nós!**
Pai nosso...

Oração

Concedei, ó Deus todo-poderoso, que, alegrando-nos pela solenidade do Coração do vosso Filho, meditemos as maravilhas de seu amor e possamos receber, desta fonte de vida, uma torrente de graças. Por nosso Senhor Jesus Cristo, vosso Filho, na unidade do Espírito Santo.

ORDINÁRIO DA LITURGIA DAS HORAS
Tempo Comum

Invitatório

O Invitatório tem seu lugar no início da oração cotidiana, ou seja, antepõe-se ao Ofício das Leituras, ou às Laudes, conforme se comece o dia por uma ou por outra ação litúrgica.

V. **Abri** os meus **lá**bios, ó **Senhor**.
R. E minha **boca** anunciará vosso **louvor**.

Em seguida diz-se o Salmo 94(95) com sua antífona, em forma responsorial. Anuncia-se a antífona e imediatamente repete-se a mesma. Depois de cada estrofe, repete-se de novo.

Na recitação individual não é necessário repetir a antífona; basta dizê-la no começo e no fim do salmo.

A antífona para o Invitatório no Ofício dominical e nos dias de semana do Tempo Comum, encontra-se no Saltério.

Nas solenidades e festas, a antífona se encontra no Próprio ou no Comum.

Nas memórias dos Santos, não havendo antífona própria, toma-se livremente do Comum ou do dia de semana.

Salmo 94(95)

Convite ao louvor de Deus

Animai-vos uns aos outros, dia após dia, enquanto ainda se disser "hoje" (Hb 3,13).

Um solista canta ou reza a antífona, e a assembleia a repete.

– ¹ Vinde, exul**t**emos de alegria no Se**nhor**, *
   acla**m**emos o Rochedo que nos salva!
– ² Ao seu en**con**tro caminhemos com louvores, *
   e com **can**tos de alegria o celebremos!

Repete-se a antífona.

– ³ Na ver**da**de, o Senhor é o grande Deus, *
   o grande **Rei**, muito maior que os deuses todos.
– ⁴ Tem nas **mãos** as profundezas dos abismos, *
   e as al**tu**ras das montanhas lhe pertencem;

— ⁵ o mar é **de**le, pois foi ele quem o fez, *
  e a terra **fir**me suas mãos a modelaram.

Repete-se a antífona.

— ⁶ Vinde ado**re**mos e prostremo-nos por terra, *
  e ajoe**lhe**mos ante o Deus que nos criou!

= ⁷ Porque **e**le é o nosso Deus, nosso Pastor,†
  e nós **so**mos o seu povo e seu rebanho, *
  as o**ve**lhas que conduz com sua mão.

Repete-se a antífona.

= ⁸ Oxa**lá** ouvísseis hoje a sua voz: †
  "Não fe**cheis** os corações como em Meriba, *
  ⁹ como em **Mas**sa, no deserto, aquele dia,
— em que ou**tro**ra vossos pais me provocaram, *
  ape**sar** de terem visto as minhas obras".

Repete-se a antífona.

=¹⁰ Quarenta **a**nos desgostou-me aquela raça †
  e eu **dis**se: "Eis um povo transviado, *
  ¹¹ seu cora**ção** não conheceu os meus caminhos!"
— E por **is**so lhes jurei na minha ira: *
  "Não entra**rão** no meu repouso prometido!"

Repete-se a antífona.

(Cantado):

  Demos **gló**ria a Deus **Pai** onipo**ten**te
  e a seu **Fi**lho, Jesus **Cris**to, Senhor **nos**so,
  e ao Es**pí**rito que ha**bi**ta em nosso **pei**to *
  pelos **sé**culos dos **sé**culos. A**mém**.

(Rezado):

— Glória ao **Pai** e ao **Fi**lho e ao Espírito **San**to. *
  Como **e**ra no prin**cí**pio, **a**gora e sempre. A**mém.**

Repete-se a antífona.

O salmo 94(95) pode ser substituído pelo salmo (99)100, p. 587, salmo 66(67), p. 586, ou salmo 23(24), abaixo. Se um destes salmos ocorre no Ofício, em seu lugar diz-se o salmo 94(95).

Quando o Invitatório é recitado antes das Laudes, pode ser omitido o salmo com sua antífona, conforme as circunstâncias.

Ou:

Salmo 23(24)

Entrada do Senhor no templo

Na ascensão, as portas do céu se abriram para o Cristo (Sto. Irineu).

– ¹ Ao Senhor pertence a terra e o que ela encerra, *
 o mundo inteiro com os seres que o povoam;
– ² porque ele a tornou firme sobre os mares, *
 e sobre as águas a mantém inabalável. R.
– ³ "Quem subirá até o monte do Senhor, *
 quem ficará em sua santa habitação?"
= ⁴ "Quem tem mãos puras e inocente coração, †
 quem não dirige sua mente para o crime, *
 nem jura falso para o dano de seu próximo. R.
– ⁵ Sobre este desce a bênção do Senhor *
 e a recompensa de seu Deus e Salvador".
– ⁶ "É assim a geração dos que o procuram, *
 e do Deus de Israel buscam a face". R.
= ⁷ "Ó portas, levantai vossos frontões! †
 Elevai-vos bem mais alto, antigas portas, *
 a fim de que o Rei da glória possa entrar!" R.
= ⁸ Dizei-nos: "Quem é este Rei da glória?" †
 "É o Senhor, o valoroso, o onipotente, *
 o Senhor, o poderoso nas batalhas!" R.
= ⁹ "Ó portas, levantai vossos frontões! †
 Elevai-vos bem mais alto, antigas portas, *
 a fim de que o Rei da glória possa entrar!" R.

=¹⁰ Dizei-nos: "Quem é este Rei da glória?" †
"O Rei da **glória** é o Senhor onipotente, *
   o Rei da **glória** é o Senhor Deus do universo!"   R.
– Glória ao **Pai** e ao **Filho** e ao Espírito **Santo**. *
   Como era no princípio, agora e sempre. **Amém.**   R.

Ou:

Salmo 66(67)

Todos os povos celebrem o Senhor

Sabei, pois, que esta salvação de Deus já foi comunicada aos pagãos! (At 28,28).

– ² Que Deus nos dê a sua **graça** e sua **bênção**, *
   e sua **face** resplandeça sobre nós!
– ³ Que na **terra** se conheça o seu caminho *
   e a **sua** salvação por entre os povos.   R.
– ⁴ Que as **nações** vos glorifiquem, ó Senhor, *
   que **todas** as nações vos glorifiquem!   R.
– ⁵ **Exulte** de alegria a terra inteira, *
   pois jul**gais** o universo com justiça;
– os **povos** governais com retidão, *
   e gui**ais**, em toda a terra, as nações.   R.
– ⁶ Que as **nações** vos glorifiquem, ó Senhor, *
   que **todas** as nações vos glorifiquem!   R.
– ⁷ A **terra** produziu sua colheita: *
   o **Senhor** e nosso Deus nos abençoa.
– ⁸ Que o Se**nhor** e nosso Deus nos abençoe, *
   e o res**peitem** os confins de toda a terra!   R.
– Glória ao **Pai** e ao **Filho** e ao Espírito **Santo**. *
   Como era no princípio, agora e sempre. **Amém.**   R.

Ou:

Salmo 99(100)

Alegria dos que entram no templo

O Senhor ordena aos que foram salvos que cantem o hino de vitória (Sto. Atanásio).

= ² Acla**mai** o Se**nhor**, ó terra in**tei**ra, †
 ser**vi** ao Senhor com ale**gri**a, *
 ide a **e**le cantando jubi**lo**sos! R.

= ³ Sa**bei** que o Senhor, só ele, é Deus, †
 Ele **mes**mo nos fez, e somos seus, *
 nós **so**mos seu povo e seu rebanho. R.

= ⁴ En**trai** por suas portas dando graças, †
 e em seus **á**trios com hinos de louvor; *
 dai-lhe **gra**ças, seu nome bendizei! R.

= ⁵ Sim, é **bom** o Senhor e nosso Deus, †
 sua bon**da**de perdura para sempre, *
 seu a**mor** é fiel eternamente! R.

– Glória ao **Pai** e ao **Fi**lho e ao Es**pí**rito **San**to. *
 Como **e**ra no prin**cí**pio, a**go**ra e sempre. A**mém**. R.

Ofício das Leituras

V. Vinde, ó **Deus**, em meu auxílio.
R. Socor**rei**-me sem de**mo**ra.
 Glória ao **Pai** e ao **Fi**lho e ao Es**pí**rito **San**to.*
 Como **e**ra no prin**cí**pio, a**go**ra e sempre. A**mém**. Ale**lui**a.

Quando o Invitatório precede imediatamente, omite-se a introdução acima.

Hino

Em seguida, diz-se o hino correspondente ao Ofício do dia.

No Ofício dos domingos e dias de semana, o hino encontra-se no Saltério; ele é tomado da série noturna ou diurna, conforme o requeira a hora da celebração.

Nas solenidades e festas, o hino encontra-se no Próprio ou no Comum.

Nas memórias dos Santos, não havendo próprio, toma-se o hino livremente do Comum ou do dia de semana correspondente.

Pode-se escolher também outro hino aprovado pela Conferência episcopal, que corresponda ao Ofício do dia e do Tempo (Veja Apêndice de hinos, p. 1839).

SALMODIA

Terminado o hino, segue-se a salmodia, que consta de três salmos ou partes de salmos, que se dizem com as antífonas correspondentes.

No Ofício dos domingos e dias de semana, os salmos com suas antífonas são tomados do Saltério corrente.

Nas memórias dos Santos, tomam-se os salmos com suas antífonas do Saltério corrente, a não ser que haja salmos ou antífonas próprios.

VERSÍCULO

Antes das leituras diz-se o versículo, que faz a transição da salmodia para a escuta da Palavra de Deus.

Nas solenidades e festas o versículo vem indicado antes das leituras no Próprio ou no Comum.

Nos domingos e dias de semana do Tempo Comum, bem como nas memórias dos Santos, o versículo se encontra no Saltério, após a salmodia.

LEITURAS

Há duas leituras. A primeira é bíblica com seu responsório, conforme requer o Ofício do dia, e toma-se do Próprio do Tempo, exceto nas solenidades e festas, quando se toma do Próprio ou do Comum.

Nas celebrações dos Santos, a segunda leitura é hagiográfica nas solenidades, festas e memórias. Nos demais Ofícios, a segunda leitura é tomada de obras dos Santos Padres ou de Escritores eclesiásticos, e se encontra no correspondente Ofício das Leituras, juntamente com a leitura bíblica, ou em Lecionário suplementar.

Após a leitura, segue-se um responsório correspondente.

HINO TE DEUM (A VÓS, Ó DEUS, LOUVAMOS)

Nos domingos, nas solenidades e festas, depois da segunda leitura e seu responsório, se diz o seguinte hino:

A vós, ó Deus, louvamos,
a vós, Senhor, cantamos.
A vós, Eterno Pai,
adora toda a terra.

A vós cantam os anjos,
os céus e seus poderes:
Sois Santo, Santo, Santo,
Senhor, Deus do universo!

Proclamam céus e terra
a vossa imensa glória.
A vós celebra o coro
glorioso dos Apóstolos.

Vos louva dos Profetas
a nobre multidão
e o luminoso exército
dos vossos santos Mártires.

A vós por toda a terra
proclama a Santa Igreja,
ó Pai onipotente,
de imensa majestade,

e adora juntamente
o vosso Filho único,
Deus vivo e verdadeiro,
e ao vosso Santo Espírito.

Ó Cristo, Rei da glória,
do Pai eterno Filho,
nascestes duma Virgem,
a fim de nos salvar.

Sofrendo vós a morte,
da morte triunfastes,
abrindo aos que têm fé
dos céus o Reino eterno.

Sentastes à direita
de Deus, do Pai na glória.
Nós cremos que de novo
vireis como juiz.

Portanto, vos pedimos:
salvai os vossos servos,
que vós, Senhor, remistes
com sangue precioso.

Fazei-nos ser contados,
Senhor, vos suplicamos,
em meio a vossos santos
na vossa eterna glória.

(A parte que se segue pode ser omitida, se for oportuno).

Salvai o vosso povo.
Senhor, abençoai-o.
Regei-nos e guardai-nos
até a vida eterna.

Senhor, em cada dia,
fiéis, vos bendizemos,
louvamos vosso nome
agora e pelos séculos.

Dignai-vos, neste dia,
guardar-nos do pecado.
Senhor, tende piedade
de nós, que a vós clamamos.

Que desça sobre nós,
Senhor, a vossa graça,
porque em vós pusemos
A nossa confiança.

Fazei que eu, para sempre,
não seja envergonhado;
Em vós, Senhor, confio,
sois vós minha esperança!

ORAÇÃO CONCLUSIVA

Depois do Te Deum, ou depois do segundo responsório, quando não há Te Deum, se diz a oração conclusiva, tirada do Próprio do Tempo ou do Próprio ou do Comum dos Santos, de acordo com o Ofício do dia.

Antes da Oração, se diz Oremos, e se acrescenta a conclusão correspondente, isto é:

Se a oração se dirige ao Pai:
Por nosso Senhor Jesus Cristo, vosso Filho, na unidade do Espírito Santo.

Se se dirige ao Pai, com menção do Filho na parte final:
Que convosco vive e reina, na unidade do Espírito Santo.

Se se dirige ao Filho:
Vós, que sois Deus com o Pai, na unidade do Espírito Santo.

E responde-se:
Amém.

Depois, pelo menos na celebração comunitária, acrescenta-se a aclamação:
Bendigamos ao Senhor.
R. Graças a Deus.

Se o Ofício das Leituras for integrado na celebração de uma vigília dominical ou de uma solenidade, antes do Hino Te Deum dizem-se os cânticos correspondentes e proclama-se o Evangelho, como está indicado no Apêndice, p. 1789.

Se o Ofício das Leituras é rezado imediatamente antes de outra Hora, pode-se então, no começo do referido Ofício, dizer o Hino correspondente a essa Hora; no fim, omitem-se a oração e a aclamação, e no início da Hora seguinte omite-se o versículo introdutório com o Glória ao Pai.

Laudes

V. Vinde, ó **Deus**, em meu auxílio.
R. Socorrei-me sem demora.
Glória ao **Pai** e ao **Filho** e ao Espírito **Santo**.*
Como era no princípio, agora e sempre. **Amém**. Aleluia.

Quando o Invitatório precede imediatamente, omite-se a introdução acima.

HINO

Em seguida, diz-se o hino correspondente ao Ofício do dia.

No Ofício dos domingos e dias de semana, o hino encontra-se no Saltério.

Nas solenidades e festas, o hino se encontra no Próprio ou no Comum.

Não havendo hino próprio nas memórias dos Santos, toma-se o hino livremente do Comum ou do dia de semana correspondente. Pode-se escolher outro hino aprovado pela Conferência Episcopal, que corresponda ao Ofício do dia e do Tempo (Veja Apêndice de hinos, p. 1839).

SALMODIA

Terminado o hino, segue-se a salmodia, que consta de um salmo matutino, de um cântico do Antigo Testamento e de um salmo de louvor, cada qual com sua antífona correspondente.

No Ofício dos domingos e dias de semana, rezam-se os salmos e o cântico com suas respectivas antífonas como estão no Saltério corrente.

Nas solenidades e festas, os salmos e o cântico são do I domingo do Saltério, e as antífonas do Próprio ou do Comum.

Nas memórias dos Santos, os salmos, o cântico e as antífonas são dos dias de semana, a não ser que haja salmos e antífonas próprios.

Terminada a salmodia, faz-se a leitura breve ou longa.

LEITURA BREVE

No Ofício dos domingos e dias de semana, a leitura breve encontra-se no Saltério corrente.

Nas solenidades e festas, a leitura breve encontra-se no Próprio ou no Comum.

Não havendo leitura breve própria para as memórias dos Santos, toma-se livremente do Comum ou do dia de semana.

LEITURA MAIS LONGA

Pode-se escolher à vontade uma leitura mais longa, principalmente na celebração com o povo, segundo a norma do n. 46 da Instrução. Na celebração com o povo, conforme as circunstâncias, pode-se acrescentar uma breve homilia para explicar a leitura.

RESPOSTA À Palavra de Deus

Depois da leitura ou da homilia, se oportuno, pode-se guardar algum tempo de silêncio.

Em seguida, apresenta-se um canto responsorial ou responsório breve, que se encontra logo depois da leitura breve.

Outros cantos do mesmo gênero podem ser cantados em seu lugar, uma vez que sejam aprovados pela Conferência Episcopal.

CÂNTICO EVANGÉLICO (*BENEDICTUS*)   Lc 1,68-79

Depois se diz o Cântico evangélico com a antífona correspondente.

No Ofício dominical, a antífona para o *Benedictus* toma-se do Próprio; no Ofício dos dias de semana, do Saltério. Nas solenidades e festas dos Santos, não havendo antífona própria, toma-se do Comum. Nas memórias, não havendo antífona própria, pode-se escolher, livremente, do dia de semana ou do Comum.

O Messias e seu Precursor

—68 Bendito **seja** o Senhor **Deus** de Is**rael**, *
 porque a seu **po**vo visi**tou** e liber**tou**;

—69 e fez sur**gir** um pode**ro**so Salva**dor** *
 na **ca**sa de Da**vi**, seu servi**dor**,

—70 como fa**la**ra pela **bo**ca de seus **san**tos, *
 os pro**fe**tas desde os **tem**pos mais an**ti**gos,

—71 para sal**var**-nos do po**der** dos ini**mi**gos *
 e da **mão** de todos **quan**tos nos o**dei**am.

– ⁷²Assim mos**trou** miseri**cór**dia a nossos **pais**, *
  recor**dan**do a sua **san**ta Aliança
– ⁷³e o jura**men**to a Abra**ão**, o nosso **pai**, *
  de conce**der**-nos ⁷⁴que, li**ber**tos do ini**mi**go,
– a **e**le nós sir**va**mos sem te**mor** †
  ⁷⁵em santi**da**de e em jus**ti**ça diante **de**le, *
  en**quan**to perdu**ra**rem nossos **di**as.
– ⁷⁶Serás pro**fe**ta do Al**tís**simo, ó menino, †
  pois i**rás** andando à **fren**te do Se**nhor** *
  para apla**i**nar e prepa**rar** os seus ca**mi**nhos,
– ⁷⁷anunci**an**do ao seu **po**vo a sal**va**ção, *
  que es**tá** na re**mis**são de seus pe**ca**dos,
– ⁷⁸pela bon**da**de, e compai**xão** de nosso **Deus**, *
  que sobre **nós** fará bri**lhar** o Sol nas**cen**te,
– ⁷⁹para ilumi**nar** a quantos **ja**zem entre as **tre**vas *
  e na **som**bra da **mor**te estão sen**ta**dos
– e **pa**ra diri**gir** os nossos **pas**sos, *
  gui**an**do-os no caminho da **paz**.
– Glória ao **Pai** e ao **Fi**lho e ao Es**pí**rito **San**to. *
  Como **e**ra no prin**cí**pio, **a**gora e sempre. A**mém**.

GLÓRIA AO PAI

O Glória ao Pai se diz no fim de todos os salmos e cânticos, a não ser que se indique o contrário.

Para o canto, pode-se escolher outro Glória ao Pai que corresponda ao ritmo e aos acentos do salmo ou do cântico que precede:

1º **Comum** (e para o canto com 2 ou 4 acentos):

V. Glória ao **Pai** e ao **Fi**lho e ao Es**pí**rito **San**to.
R. Como **e**ra no prin**cí**pio, **a**gora e sempre. A**mém**.

2º **Para o Canto** (com 3 acentos e estrofes de 2 versos)

– Glória ao **Pai** e ao **Fi**lho e ao Es**pí**rito **San**to. *
  Como **e**ra no prin**cí**pio, **a**gora e **sem**pre. A**mém**.

Laudes

3º (Com 3 acentos e estrofes de 3 versos):
= Glória ao **Pai** e ao **Filho** e ao Espírito **Santo**, †
ao Deus que **é**, que era e que **vem**, *
pelos séculos dos séculos. **Amém**.

4º (Com 3 acentos e estrofes de 4 versos):
= Demos **glória** a Deus **Pai** onipo**tente**
e a seu **Filho**, Jesus **Cristo**, Senhor **nosso**, †
e ao Es**pírito** que ha**bita** em nosso **peito**, *
pelos **séculos** dos **séculos**. **Amém**.

5º (Com 3 + 2 acentos):
= Glória ao **Pai** e ao **Filho** e ao Espírito **Santo**
desde a**gora** e para **sempre**, †
ao Deus que **é**, que era e que **vem**, *
pelos séculos. **Amém**.

Repete-se a antífona.

Em latim:
—⁶⁸ Benedíctus Dóminus Deus Israel, *
guia visitávit et fecit redemptiónem plebi suae
—⁶⁹ et eréxit comu salútis nobis *
in domo David púeri sui,
—⁷⁰ sicut locútus est per os sanctórum, *
qui a saéculo sunt, prophetárum eius,
—⁷¹ salútem ex inimicis nostris *
et de manu ómnium, qui odérunt nos;
—⁷² ad faciéndam misericórdiam cum pátribus nostris *
et memorári testaménti sui sancti,
—⁷³ iusiurándum, quod iurávit ad Abraham patrem nostrum, *
datúrum se nobis,
—⁷⁴ ut sine timóre, de manu inimicórum liberáti, *
serviámus illi
—⁷⁵ in sanctitáte et iustítia coram ipso *
ómnibus diébus nostris.

— ⁷⁶Et tu, puer, prophéta Altíssimi vocáberis: *
 praeíbis enim ante fáciem Dómini paráre vias eius.
— ⁷⁷ad dandam sciéntiam salútis plebi eius *
 in remissiónem peccatórum eórum,
— ⁷⁸per víscera misericórdiae Dei nostri, *
 in quibus visitábit nos oriens ex alto,
— ⁷⁹illumináre his, qui in ténebris
 et in umbra mortis sedent *
 ad dirigéndos pedes nostros in viam pacis.
— Glória Patri, et Fílio, *
 et Spirítui Sancto.
— Sicut erat in princípio, et nunc et semper, *
 et in saécula saeculórum. Amen.

REFRÃO NOS CÂNTICOS (R.)

Para os cânticos do Antigo e do Novo Testamento é facultativo o refrão entre parênteses (R.). Pode ser usado quando se canta ou se recita o Ofício em comum.

PRECES PARA CONSAGRAR O DIA E O TRABALHO A DEUS

Terminado o cântico, fazem-se as Preces.

No Ofício dos domingos e dias de semana, as preces encontram-se no Saltério.

Nas solenidades e festas, as preces estão no Próprio ou no Comum. Nas memórias dos Santos podem-se tomar livremente as preces do Comum ou do dia de semana, não havendo próprias.

Após as preces, todos rezam o **Pai-nosso**, que pode ser precedido de breve monição, como se propõe no Apêndice, p. 1830.

Pai nosso que estais nos céus,
santificado seja o vosso nome;
venha a nós o vosso Reino,
seja feita a vossa vontade,
assim na terra como no céu;
o pão nosso de cada dia nos dai hoje;
perdoai-nos as nossas ofensas,

assim como nós perdoamos
a quem nos tem ofendido,
e não nos deixeis cair em tentação,
mas livrai-nos do mal.

Em latim:
Pater noster, qui es in caelis:
sanctificétur nomen tuum;
advéniat regnum tuum;
fiat volúntas tua, sicut in caelo et in terra.
Panem nostrum cotidiánum da nobis hódie;
et dimítte nobis débita nostra,
sicut et nos dimíttimus debitóribus nostris;
et ne nos indúcas in tentatiónem;
sed líbera nos a malo.

ORAÇÃO CONCLUSIVA

Depois do Pai-nosso diz-se imediatamente, sem o convite Oremos, a oração conclusiva. No Ofício dos dias de semana ela se encontra no Saltério e nos demais ofícios, no Próprio. A conclusão da oração é descrita acima, no Ofício das Leituras, p. 591.

Se um sacerdote ou diácono preside o Ofício, é ele quem despede o povo, dizendo:

O Senhor esteja convosco.
R. Ele está no meio de nós.
Abençoe-vos Deus todo-poderoso,
Pai e Filho e Espírito Santo.
R. Amém.

Pode usar também outra fórmula de bênção, como na Missa (Veja Apêndice, p. 1831).

Havendo despedida, acrescenta-se:
Ide em **paz** e o **Senhor** vos aco**mpa**nhe.
R. **Graças a Deus**.

Não havendo sacerdote, ou diácono, e na recitação individual, conclui-se assim:

O **Senhor** nos abençoe, nos **livre** de todo o **mal**
e nos con**du**za à vida e**ter**na.
R. Amém.

Hora Média

Oração das Nove, das Doze e das Quinze Horas

V. Vinde, ó **Deus,** em meu auxílio.
R. R. Socorrei-me sem demora.
   Glória ao **Pai** e ao **Filho** e ao Es**pí**rito **Santo.** *
   Como **era** no prin**cí**pio, a**go**ra e sempre. **Amém.** Ale**lu**ia.

Depois diz-se o hino correspondente.

Hino

Oração das Nove Horas

   Vinde, Espírito de Deus,
   com o Filho e com o Pai,
   inundai a nossa mente,
   nossa vida iluminai.

   Boca, olhos, mãos, sentidos,
   tudo possa irradiar
   o amor que em nós pusestes
   para aos outros inflamar.

   A Deus Pai e ao seu Filho
   por vós dai-nos conhecer.
   Que de ambos procedeis
   dai-nos sempre firmes crer.

Ou:

   Mantendo a ordem certa,
   do coração fiel,
   na hora terça oremos
   aos Três, fulgor do céu.

Queremos ser os templos
do Espírito Santo, outrora
descido sobre os Doze
em chamas, nesta hora.

Fiel aos seus desígnios,
do Reino o Autor divino
a tudo ornou de graça
segundo o seu destino.

Louvor e glória ao Pai,
ao Filho, Sumo Bem,
e ao seu divino Espírito,
agora e sempre. Amém.

Oração das Doze Horas

Ó Deus, verdade e força
que o mundo governais,
da aurora ao meio-dia,
a terra iluminais.

De nós se afaste a ira,
discórdia e divisão.
Ao corpo dai saúde,
e paz ao coração.

Ouvi-nos, Pai bondoso,
por Cristo Salvador,
que vive com o Espírito
convosco pelo Amor.

Ou:

O louvor de Deus cantemos
com fervor no coração,
pois agora a hora sexta
nos convida à oração.

Nesta hora foi-nos dada
gloriosa salvação

pela morte do Cordeiro,
que na cruz trouxe o perdão.

Ante o brilho de tal luz
se faz sombra o meio-dia.
Tanta graça e tanto brilho
vinde haurir, com alegria.

Seja dada a glória ao Pai
e ao Unigênito também,
com o Espírito Paráclito,
pelos séculos. Amém.

Oração das Quinze Horas

Vós que sois o Imutável,
Deus fiel, Senhor da História,
nasce e morre a luz do dia,
revelando a vossa glória.

Seja a tarde luminosa
numa vida permanente.
E da santa morte o prêmio
nos dê glória eternamente.

Escutai-nos, ó Pai Santo,
pelo Cristo, nosso irmão,
que convosco e o Espírito
vive em plena comunhão.

Ou:

Cumprindo o ciclo tríplice das horas,
louvemos ao Senhor de coração,
cantando em nossos salmos a grandeza
de Deus, que é Uno e Trino em perfeição.

A exemplo de São Pedro, nosso mestre,
guardando do Deus vivo e verdadeiro,
em almas redimidas, o mistério,
sinal de salvação ao mundo inteiro,

também salmodiamos no espírito,
unidos aos apóstolos do Senhor,
e assim serão firmados nossos passos
na força de Jesus, o Salvador.

Louvor ao Pai, autor de toda a vida,
e ao Filho, Verbo Eterno, Sumo Bem,
unidos pelo amor do Santo Espírito,
Deus vivo pelos séculos. Amém.

Nestas Horas, não se faz menção das memórias dos Santos.

SALMODIA

Depois do hino, reza-se a salmodia com suas antífonas próprias. Propõem-se duas salmodias do Saltério: uma corrente e outra complementar.

A salmodia corrente consta de três salmos ou partes de salmos, distribuída ao longo do Saltério.

A Salmodia complementar consta de salmos invariáveis, escolhidos dentre os denominados salmos graduais, p. 1178.

Quem reza uma só Hora, toma a salmodia corrente, mesmo nas festas.

Quem reza mais Horas, numa delas toma a salmodia corrente e, nas outras, a complementar.

Nas solenidades rezam-se os salmos da salmodia complementar nas três Horas; mas no domingo, tomam-se os salmos do domingo da I Semana, p. 630.

As solenidades têm antífonas próprias.

Fora das solenidades, tomam-se as antífonas indicadas no Saltério, a não ser que haja próprias.

LEITURA BREVE

Depois da salmodia, faz-se a leitura breve.

No Ofício dos domingos e dias de semana do Tempo Comum, a leitura breve encontra-se no Saltério corrente.

Nas solenidades e festas, a leitura breve está no Próprio ou no Comum.

Depois da leitura breve, se for oportuno, pode-se guardar algum tempo de silêncio meditativo. Em seguida, se apresenta um brevíssimo responso, ou versículo, que é indicado no mesmo lugar da leitura breve.

ORAÇÃO CONCLUSIVA

Em seguida, diz-se a oração própria do dia, precedida do convite Oremos, e se acrescenta a conclusão correspondente, isto é:

Se a oração se dirige ao Pai:

Por Cristo, nosso Senhor.

Se se dirige ao Pai, com menção do Filho na parte final:

Que vive e reina para sempre.

Se se dirige ao Filho:

Vós, que viveis e reinais para sempre.

No fim da Oração responde-se:

Amém.

No Ofício dos domingos do Tempo Comum, bem como nas solenidades e festas, a oração é própria do dia.

Nas memórias e nos Ofícios dos dias de semana, diz-se a oração da Hora correspondente, como no Saltério.

Depois, pelo menos na celebração comunitária, acrescenta-se a aclamação:

Bendigamos ao Senhor.
R. Graças a Deus.

Vésperas

V. Vinde, ó **Deus**, em meu auxílio.
R. Socorrei-me sem demora.
   Glória ao **Pai** e ao **Filho** e ao Espírito **Santo**. *
   Como era no princípio, agora e sempre. **Amém**. Aleluia.

HINO

Em seguida, diz-se o hino correspondente.

No Ofício dos domingos e dias de semana, o hino encontra-se no Saltério.

Nas solenidades e festas, o hino se encontra no Próprio ou no Comum.

Não havendo hino próprio na memória dos Santos, toma-se o hino livremente do Comum ou do dia de semana correspondente.

Pode-se escolher outro hino aprovado pela Conferência episcopal, que corresponda ao Ofício do dia e do Tempo (Veja Apêndice de hinos, p. 1839).

SALMODIA

Terminado o hino, segue-se a salmodia que consta de dois salmos ou partes de salmos, e de um cântico do Novo Testamento, cada qual com sua antífona.

No Ofício dos domingos e dias de semana, rezam-se os salmos e o cântico com suas respectivas antífonas como estão no Saltério corrente.

Nas solenidades e festas, os salmos, o cântico e as antífonas se encontram no Próprio e no Comum.

Nas memórias dos Santos, os salmos, o cântico e as antífonas são do dia de semana corrente, a não ser que haja salmos e antífonas próprios.

Terminada a salmodia, faz-se a leitura breve ou longa.

LEITURA BREVE

No Ofício dos domingos e dias de semana do Tempo Comum, a leitura breve encontra-se no Saltério corrente.

Nas solenidades e festas, a leitura breve encontra-se no Próprio ou no Comum.

Não havendo leitura breve própria para as memórias dos Santos, toma-se livremente do Comum ou do dia de semana.

LEITURA MAIS LONGA

Pode-se escolher à vontade uma leitura mais longa, principalmente na celebração com o povo, segundo a norma n. 46 da Instrução.

Na celebração com o povo, conforme as circunstâncias, pode-se acrescentar uma breve homilia para explicar a leitura.

RESPOSTA À Palavra de Deus

Depois da leitura ou da homilia, se for oportuno, pode-se guardar algum tempo de silêncio.

Em seguida, apresenta-se um canto responsorial ou responsório breve, que se encontra logo depois da leitura breve.

Outros cantos do mesmo gênero podem ser cantados em seu lugar, uma vez que sejam aprovados pela Conferência Episcopal.

CÂNTICO EVANGÉLICO (*MAGNIFICAT*) Lc 1,46-55

Depois se diz o Cântico evangélico com a antífona correspondente. No Ofício dos domingos do Tempo Comum toma-se a antífona para o *Magnificat* do Próprio; no Ofício dos dias de semana, do Saltério. Nas solenidades e festas dos Santos, não havendo antífona própria, toma-se do Comum; nas memórias, pode-se escolher livremente a antífona do dia de semana ou do Comum.

A alegria da alma no Senhor

—⁴⁶ A minha **alma** engran**de**ce ao Se**nhor**, *
   ⁴⁷ e se ale**grou** o meu es**pí**rito em **Deus**, meu Salva**dor**,
—⁴⁸ pois ele **viu** a peque**nez** de sua **ser**va, *
   desde **ago**ra as gera**ções** hão de cha**mar**-me de ben**di**ta.

—⁴⁹ O Pode**ro**so fez por **mim** maravilhas *
   e **San**to é o seu **no**me!

—⁵⁰ Seu **a**mor, de gera**ção** em gera**ção**,*
   chega a **to**dos que o res**pei**tam.

—⁵¹ Demons**trou** o po**der** de seu **bra**ço*
   disper**sou** os orgu**lho**sos.

—⁵² Derru**bou** os pode**ro**sos de seus **tro**nos *
   e os humil**des** exal**tou**.

—⁵³ De **bens** saci**ou** os fa**min**tos *
   e despe**diu**, sem nada, os **ri**cos.

—⁵⁴ Acol**heu** Israel, seu servi**dor**, *
   fi**el** ao seu a**mor**,

—⁵⁵ como havia prome**ti**do aos nossos **pais**, *
   em fa**vor** de Abra**ão** e de seus **fi**lhos, para **sem**pre.

— Glória ao **Pai** e ao **Fi**lho e ao Es**pí**rito **San**to. *
Como era no prin**cí**pio, a**go**ra e sempre. A**mém**.

Glória ao Pai para o canto, como no Cântico Evangélico (*Benedictus*) das Laudes, p. 594.

Repete-se a antífona.

Em latim:

— 46 Magníficat *
ánima mea Dóminum,

— 47 et exultávit spíritus meus *
in Deo salvatóre meo,

— 48 quia respéxit humilitátem ancíllae suae. *
Ecce enim ex hoc beátam me dicent omnes generatiónes.

— 49 quia fecit mihi magna, qui potens est, *
et sanctum nomen eius,

— 50 et misericórdia eius in progénies et progénies *
timéntibus eum.

— 51 Fecit poténtiam in bráchio suo, *
dispérsit supérbos mente cordis sui;

— 52 depósuit poténtes de sede *
et exaltávit húmiles;

— 53 esuriéntes implévit bonis *
et dívites dimísit ináanes.

— 54 Suscépit Israel púerum suum, *
recordátus misericórdiae,

— 55 sicut locútus est ad patres nostros, *
Abraham et sémini eius in saécula.

— Glória Patri et Fílio *
et Spirítui Sancto.

— Sicut erat in princípio, et nunc et semper, *
et in saécula saeculórum. Amén.

PRECES OU INTERCESSÕES

Terminado o cântico, fazem-se as preces ou intercessões.

No Ofício dos domingos e dias de semana do Tempo Comum, as preces encontram-se no Saltério.

Nas solenidades e festas, as preces estão no Próprio ou no Comum. Nas memórias dos Santos podem-se tomar livremente as preces do Comum ou do dia de semana.

Após as preces, todos rezam o Pai-nosso, que pode ser precedido de breve monição, como se propõe no Apêndice, p. 1830.

Pai nosso que estais nos céus,
santificado seja o vosso nome;
venha a nós o vosso Reino,
seja feita a vossa vontade,
assim na terra como no céu;
o pão nosso de cada dia nos dai hoje;
perdoai-nos as nossas ofensas,
assim como nós perdoamos
a quem nos tem ofendido,
e não nos deixeis cair em tentação,
mas livrai-nos do mal.

Em latim:

Pater noster, qui es in caelis:
sanctificétur nomen tuum;
advéniat regnum tuum;
fiat volúntas tua, sicut in caelo et in terra.
Panem nostrum cotidiánum da nobis hódie;
et dimítte nobis débita nostra,
sicut et nos dimíttimus debitóribus nostris;
et ne nos indúcas in tentatiónem;
sed líbera nos a malo.

ORAÇÃO CONCLUSIVA

Depois do Pai-nosso diz-se imediatamente, sem o convite Oremos, a oração conclusiva. No Ofício dos dias de semana do Tempo comum ela se encontra no Saltério corrente e nos outros Ofícios, no Próprio. A conclusão da oração é descrita acima, no Ofício das Leituras, p. 591.

Se um sacerdote ou diácono preside o Ofício, é ele quem despede o povo, dizendo:

O Senhor esteja convosco.
R. Ele está no meio de nós.
Abençoe-vos Deus todo-poderoso,
Pai e Filho e Espírito Santo.
R. Amém.

Pode usar também outra fórmula de bênção, como na Missa (Veja Apêndice, p. 1831).

Havendo despedida, acrescenta-se:

Ide em **paz** e o Se**nhor** vos aco**mpa**nhe.
R. **Graç**as a **Deus**.

Não havendo sacerdote, ou diácono, e na recitação individual, conclui-se assim:

O Se**nhor** nos aben**çoe**, nos **livre** de todo o **mal**
e nos con**du**za à vida e**ter**na.
R. Amém.

Completas

V. Vinde, ó **Deus,** em meu auxílio.
R. Soco**rrei**-me sem de**mo**ra.
Glória ao **Pai** e ao **Fi**lho e ao Es**pí**rito **San**to.
Como era no prin**cí**pio, **ago**ra e sempre. **Amém.** Ale**lui**a.

Depois, recomenda-se o exame de consciência, que na celebração comunitária pode ser inserido num Ato penitencial semelhante às fórmulas usadas na Missa (cf. Apêndice, p. 1837).

Hino

Agora que o clarão da luz se apaga,
a vós nós imploramos, Criador:
com vossa paternal misericórdia,
guardai-nos sob a luz do vosso amor.

Os nossos corações sonhem convosco:
no sono, possam eles vos sentir.
Cantemos novamente a vossa glória
ao brilho da manhã que vai surgir.

Saúde concedei-nos nesta vida,
as nossas energias renovai;
da noite a pavorosa escuridão
com vossa claridade iluminai.

Ó Pai, prestai ouvido às nossas preces,
ouvi-nos por Jesus, nosso Senhor,
que reina para sempre em vossa glória,
convosco e o Espírito de Amor.

Ou:

Ó Cristo, dia e esplendor,
na treva o oculto aclarais.
Sois luz de luz, nós o cremos,
luz aos fiéis anunciais.

Guardai-nos, Deus, nesta noite,
velai do céu nosso sono;
em vós na paz descansemos
em um tranquilo abandono.

Se os olhos pesam de sono,
vele, fiel, nossa mente.
A vossa destra proteja
quem vos amou fielmente.

Defensor nosso, atendei-nos
freai os planos malvados.
No bem guiai vossos servos,
com vosso sangue comprados.

Ó Cristo, Rei piedoso,
a vós e ao Pai toda a glória,
com o Espírito Santo,
eterna honra e vitória.

SALMODIA

Depois das I Vésperas dos domingos e solenidades, dizem-se os salmos 4 e 133(134), p. 1159 e 1160; e depois das II Vésperas, o salmo 90(91), p. 1162.

Nos outros dias, os salmos com suas antífonas encontram-se no Saltério. É permitido também substituir o Completório do dia por um ou outro do domingo.

LEITURA BREVE

Depois da salmodia, faz-se a leitura breve, que se encontra também cada dia no lugar correspondente do Saltério.

Segue-se o responsório breve.

RESPONSÓRIO BREVE

R. Senhor, em vossas mãos,
  * Eu entrego o meu espírito. R. Senhor.
V. Vós sois o Deus fiel que salvastes vosso povo.
  * Eu entrego. Glória ao Pai. R. Senhor.

CÂNTICO EVANGÉLICO (*NUNC DIMÍTTIS*)   Lc 2,29-32

Segue-se o Cântico de Simeão com sua antífona:

Ant. Salvai-nos, Senhor, quando velamos,
guardai-nos também quando dormimos!
Nossa mente vigie com o Cristo,
nosso corpo repouse em sua paz!

Cristo, luz das nações e glória de seu povo

– ²⁹ Deixai, agora, vosso servo ir em paz, *
conforme prometestes, ó Senhor.
– ³⁰ Pois meus olhos viram vossa salvação *
  ³¹ que preparastes ante a face das nações:
– ³² uma Luz que brilhará para os gentios *
e para a glória de Israel, o vosso povo.
– Glória ao Pai e ao Filho e ao Espírito Santo. *
Como era no princípio, agora e sempre. Amém.

Repete-se a antífona.

Em latim:
- $-^{29}$ Nunc dimíttis servum tuum, Dómine, *
  secúndum verbum tuum in pace,
- $-^{30}$ quia vidérunt óculi mei *
  salutáre tuum,
- $-^{31}$ quod parásti *
  ante fáciem ómnium populórum,
- $-^{32}$ lumen ad revelatiónem géntium *
  et glóriam plebis tuae Israel.
- — Glória Patri et Fílio *
  et Spirítui Sancto.
- — Sicut erat in princípio, et nunc et semper, *
  et in saécula saeculórum. Amen.

ORAÇÃO CONCLUSIVA

Em seguida, se diz a oração própria para cada dia, como no Saltério, precedida do convite Oremos. No fim responde-se: Amém.

Segue-se a bênção, inclusive quando se reza sozinho:

O Senhor todo-poderoso nos conceda uma noite tranquila e, no fim da vida, uma morte santa.
R. Amém.

Antífonas finais de Nossa Senhora

Por fim, canta-se ou reza-se uma das seguintes antífonas de Nossa Senhora:

Ó Mãe do Redentor, do céu ó porta,
ao povo que caiu, socorre e exorta,
pois busca levantar-se, Virgem pura,
nascendo o Criador da criatura:
tem piedade de nós e ouve, suave,
o anjo te saudando com seu Ave!

Ou:

Ave, Rainha do céu;
ave, dos anjos Senhora;
ave, raiz, ave, porta;
da luz do mundo és aurora.
Exulta, ó Virgem tão bela,
as outras seguem-te após;
nós te saudamos: adeus!
E pede a Cristo por nós!
Virgem Mãe, ó Maria!

Ou:

Salve, Rainha, Mãe de misericórdia,
vida, doçura, esperança nossa, Salve!
A vós bradamos, os degredados filhos de Eva,
a vós suspiramos gemendo e chorando
neste vale de lágrimas!
Eia, pois, Advogada nossa,
esses vossos olhos misericordiosos a nós volvei,
e depois deste desterro mostrai-nos Jesus,
bendito fruto do vosso ventre!
Ó clemente, ó piedosa,
ó doce sempre Virgem Maria.

Ou:

À vossa proteção recorremos, santa Mãe de Deus;
não desprezeis as nossas súplicas em nossas necessidades,
mas livrai-nos sempre de todos os perigos,
ó Virgem gloriosa e bendita.

Pode-se usar outro canto de Nossa Senhora aprovado pela Conferência Episcopal (Apêndice de Hinos, p. 1839), ou uma das antífonas de Nossa Senhora em latim, p. 1861.

Ave, Rainha do céu,
ave, dos anjos Senhora,
ave raiz ave porta,
de que do mundo se apoia.
Recebei, ó Virgem bela,
e outras às vezes posta,
das bondades, o céu,
ó peça a Cristo por nós,
Virgem Mãe, ó Maria!

Salve, Rainha, Mãe de misericórdia;
vida, doçura, esperança nossa, Salve!
A vós bradamos os degredados filhos de Eva;
a vós suspiramos gemendo e chorando
neste vale de lágrimas.
Eia, pois, Advogada nossa,
esses vossos olhos misericordiosos a nós volvei;
e, depois deste desterro, mostrai-nos Jesus,
bendito fruto do vosso ventre!
Ó clemente, ó piedosa,
ó doce sempre Virgem Maria.

Rogai por nós, santa Mãe de Deus,
para que sejamos dignos das promessas
de Cristo. Amém.

Virgem Senhora e benditta.

SALTÉRIO
DISTRIBUÍDO EM QUATRO SEMANAS

É a seguinte a relação entre o ciclo de quatro semanas e o ano litúrgico:

Na primeira semana do Tempo Comum, toma-se a I Semana do Saltério. Na semana imediata após a solenidade de Pentecostes, toma-se a Semana do Saltério correspondente à semana do Tempo Comum, tendo-se em conta que depois de cada quatro semanas se volta à I do Saltério, a saber, na 5ª, na 9ª etc. semana do Tempo Comum (cf. Tabela, 15, col. 5).

O sinal – (travessão) ao pé da página indica o fim de uma estrofe do salmo.

I SEMANA

I DOMINGO

I Vésperas

V. Vinde, ó **Deus**, em meu auxílio.
R. Socorrei-me sem demora.
   Glória ao **Pai** e ao Filho e ao Espírito **San**to. *
   Como era no princípio, agora e sempre. **Amém**. Ale**lui**a.

Hino

>   Ó Deus, autor de tudo,
>   que a terra e o céu guiais,
>   de luz vestis o dia,
>   à noite o sono dais.
>
>   O corpo, no repouso,
>   prepara-se a lutar.
>   As mentes já se acalmam,
>   se faz sereno o olhar.
>
>   Senhor, vos damos graças
>   no ocaso deste dia.
>   A noite vem caindo,
>   mas vosso amor nos guia.
>
>   Sonora, a voz vos louve,
>   vos cante o coração.
>   O amor vos renda amor,
>   e a mente, adoração.
>
>   E assim, chegando a noite,
>   com grande escuridão,
>   a fé, em meio às trevas,
>   espalhe o seu clarão.
>
>   Ouvi-nos, Pai piedoso,
>   e Filho, Sumo Bem,
>   com vosso Santo Espírito
>   reinando sempre. Amém.

Outro hino à escolha, Santo entre todos, já fulgura, p. 621.

Salmodia

Ant. 1 Minha ora**ção** suba a **vós** como in**cen**so, Se**nhor**!

Salmo 140(141),1-9

Oração nas dificuldades da vida

Da mão do anjo, subia até Deus a fumaça do incenso, com as orações dos santos (Ap 8,4).

– [1] Senhor, eu **cla**mo por **vós**, socor**rei**-me; *
quando eu **gri**to, escutai minha voz!
– [2] Minha ora**ção** suba a vós como incenso, *
e minhas **mãos**, como oferta da tarde!
– [3] Ponde uma **guar**da em minha boca, Senhor, *
e vi**gi**as às portas dos lábios!
– [4] Meu cora**ção** não deixeis inclinar-se *
às obras **más** nem às tramas do crime;
– que eu não **se**ja aliado dos ímpios *
nem par**ti**lhe de suas delícias!
= [5] Se o **jus**to me bate, é um favor; †
porém ja**mais** os perfumes dos ímpios *
sejam u**sa**dos na minha cabeça!
– Continua**rei** a orar fielmente, *
enquanto **e**les se entregam ao mal!
= [6] Seus juízes, que tinham ouvido †
as su**a**ves palavras que eu disse, *
do ro**che**do já foram lançados.
= [7] Como a **mó** rebentada por terra, †
os seus **os**sos estão espalhados *
e dis**per**sos à boca do abismo.
– [8] A vós, Se**nhor**, se dirigem meus olhos, *
em vós me **a**brigo: poupai minha vida!
– [9] Senhor, guar**dai**-me do laço que armaram *
e da arma**di**lha dos homens malvados!–

– Glória ao **Pai** e ao **Filho** e ao Es**pí**rito **Santo**. *
Como **era** no prin**cí**pio, a**go**ra e sempre. **Amém.**

Para o canto, outra doxologia, como no Ordinário, p. 594.

Habitualmente se diz o versículo Glória ao Pai no fim de todos os salmos e cânticos, a não ser que se indique o contrário.

Ant. Minha ora**ção** suba a **vós** como in**cen**so, Se**nhor**!

Ant. 2 Sois **vós** meu a**bri**go, Se**nhor**,
minha he**ran**ça na **te**rra dos **vi**vos.

Salmo 141(142)
Vós sois o meu refúgio, Senhor!

Tudo o que este salmo descreve se realizou no Senhor durante a sua Paixão (Sto. Hilário).

– ²Em voz **al**ta ao Se**nhor** eu im**plo**ro, *
em voz **al**ta suplico ao Senhor!
= ³Eu der**ra**mo na sua presença †
o la**men**to da minha aflição, *
diante **de**le coloco minha dor!
– ⁴Quando em **mim** desfalece a minh'alma, *
conhe**ceis**, ó Senhor, meus caminhos!
– Na es**tra**da por onde eu andava *
contra **mim** ocultaram ciladas.
– ⁵Se me **vol**to à direita e procuro, *
não en**con**tro quem cuide de mim,
– e não **te**nho aonde fugir; *
não im**por**ta a ninguém minha vida!
= ⁶A vós **gri**to, Senhor, a vós clamo †
e vos **di**go: "Sois vós meu abrigo, *
minha he**ran**ça na terra dos vivos".
– ⁷Escu**tai** meu clamor, minha prece, *
porque **fui** por demais humilhado!
– ⁸Arran**cai**-me, Senhor, da prisão, *
e em lou**vor** bendirei vosso nome!

– Muitos **justos** virão rodear-me *
  pelo **bem** que fizestes por mim.
Ant. Sois **vós** meu **abrigo**, Se**nhor**,
  minha he**ran**ça na **terra** dos **vivos**.
Ant. 3 O **Senhor** Jesus **Cristo** se humi**lhou**;
  por isso **Deus** o exal**tou** eternamente.

Cântico   Fl 2,6-1
Cristo, o Servo de Deus

=⁶ Embora **fosse** de di**vina** condi**ção**, †
  Cristo Je**sus** não se apegou ciosamente *
  a ser i**gual** em natureza a Deus Pai.

(R. Jesus **Cristo** é Se**nhor** para a **glória** de Deus **Pai**!)

=⁷ Po**rém** esvaziou-se de sua glória †
  e assu**miu** a condição de um escravo, *
  fazen**do**-se aos homens semelhante. (R.)

= Reconhe**ci**do exteriormente como homem, †
  ⁸ humi**lhou**-se, obedecendo até à morte, *
  até à **mor**te humilhante numa cruz. (R.)

=⁹ Por isso **Deus** o exaltou sobremaneira †
  e deu-lhe o **no**me mais excelso, mais sublime, *
  e ele**va**do muito acima de outro nome. (R.)

=¹⁰ Para **que** perante o nome de Jesus †
  se **dobre** reverente todo joelho, *
  seja nos **céus**, seja na terra ou nos abismos. (R.)

=¹¹ E toda **lín**gua reconheça, confessando, †
  para a **glória** de Deus Pai e seu louvor: *
  "Na ver**da**de Jesus Cristo é o Senhor!" (R.)

Ant. O Se**nhor** Jesus **Cristo** se humi**lhou**;
  por isso **Deus** o exal**tou** eternamente.

Leitura breve
Rm 11,33-36

Ó profundidade da riqueza, da sabedoria e da ciência de Deus! Como são inescrutáveis os seus juízos e impenetráveis os seus caminhos! De fato, quem conheceu o pensamento do Senhor? Ou quem foi seu conselheiro? Ou quem se antecipou em dar-lhe alguma coisa, de maneira a ter direito a uma retribuição? Na verdade, tudo é dele, por ele, e para ele. A ele, a glória para sempre. Amém!

Responsório breve
R. Quão numerosas, ó Senhor, são vossas obras
  * E que sabedoria em todas elas! R. Quão numerosas.
V. Encheu-se a terra com as vossas criaturas.
  * E que sabedoria. Glória ao Pai. R. Quão numerosas.

Antífona do *Magnificat* como no Próprio do Tempo.

Preces
Ao Deus único, Pai e Filho e Espírito Santo, demos glória; e peçamos humildemente:

R. **Ouvi, Senhor, a oração de vosso povo!**

Pai santo, Senhor todo-poderoso, fazei brotar a justiça na terra,
– para que o vosso povo se alegre na prosperidade e na paz. R.

Dai a todos os povos fazerem parte do vosso Reino,
– para que sejam salvos. R.

Concedei aos esposos a perseverança na harmonia e no cumprimento de vossa vontade,
– para que vivam sempre no amor mútuo. R.

Dignai-vos recompensar todos aqueles que nos fazem o bem,
– e dai-lhes a vida eterna. R.

(intenções livres)

Olhai com bondade os que morreram vítimas do ódio, da violência ou da guerra,
— e acolhei-os no repouso celeste.
R. Ouvi, Senhor, a oração de vosso povo!
Pai nosso...

Oração como no Próprio do Tempo.

A conclusão da Hora como no Ordinário.

Invitatório

V. **Abri** os meus **lá**bios, ó Se**nhor**.
R. E minha **bo**ca anuncia**rá** vosso lou**vor**.
R. Vinde, exul**te**mos de ale**gri**a no Se**nhor**,
aclam**e**mos o Roche**do** que nos **sal**va! †

Salmo invitatório, p. 583.

Ofício das Leituras

V. Vinde, ó **Deus**, em meu au**xí**lio.
R. Socor**rei**-me sem de**mo**ra.
Glória ao **Pai** e ao **Fi**lho e ao Es**pí**rito **San**to.
Como **e**ra no prin**cí**pio, a**go**ra e sempre. A**mém**. Ale**lui**a.

Esta introdução se omite quando o Invitatório precede imediatamente ao Ofício das Leituras.

Hino

I. Quando se diz o Ofício das Leituras durante a noite ou de madrugada:

    Cantemos todos este dia,
    no qual o mundo começou,
    no qual o Cristo ressurgido
    da morte eterna nos salvou.

    Já o profeta aconselhava
    buscar de noite o Deus da luz.
    Deixando pois o nosso sono,
    vimos em busca de Jesus.

Que ele ouça agora a nossa prece,
tome a ovelhinha em sua mão,
leve o rebanho pela estrada
que nos conduz à salvação.

Eis que o esperamos vigilantes,
cantando à noite o seu louvor:
vem de repente como esposo,
como o ladrão, como o senhor.

Ao Pai eterno demos glória,
ao Unigênito também;
a mesma honra eternamente
ao seu Espírito convém.

II. Quando se diz o Ofício das Leituras durante o dia:

Santo entre todos, já fulgura
o dia oitavo, resplendente,
que consagrais em vós, ó Cristo,
vós, o primeiro dos viventes.

Às nossas almas, por primeiro,
vinde trazer ressurreição,
e da segunda morte livres,
os nossos corpos surgirão.

Ao vosso encontro, sobre as nuvens,
em breve, ó Cristo, nós iremos.
Ressurreição e vida nova,
convosco sempre viveremos.

Dai-nos, à luz da vossa face,
participar da divindade,
vos conhecendo como sois,
Luz, verdadeira suavidade.

Por vós entregues a Deus Pai,
que seu Espírito nos dá,
à perfeição da caridade
o Trino Deus nos levará.

Salmodia
Ant. 1 A **ár**vore da **vi**da, ó **Se**nhor, é a vossa **cruz**.

Salmo 1
Os dois caminhos do homem

Felizes aqueles que, pondo toda a sua esperança na Cruz, desceram até a água do batismo (Autor do séc. II).

— ¹ **Fe**liz é todo a**que**le que não **an**da *
con**for**me os conselhos dos perversos;
— que não **en**tra no caminho dos malvados, *
nem **jun**to aos zombadores vai sentar-se;
— ² mas en**con**tra seu prazer na lei de Deus *
e a me**di**ta, dia e noite, sem cessar.
— ³ Eis que **e**le é semelhante a uma árvore *
que à **bei**ra da torrente está plantada;
= ela **sem**pre dá seus frutos a seu tempo, †
— e jamais as suas folhas vão murchar. *
Eis que **tu**do o que ele faz vai prosperar,
— ⁴ mas bem outra é a sorte dos perversos. †
Ao con**trá**rio, são iguais à palha seca *
espa**lha**da e dispersada pelo vento.
— ⁵ Por isso os **ím**pios não resistem no juízo *
nem os per**ver**sos, na assembleia dos fiéis.
— ⁶ Pois Deus vi**gi**a o caminho dos eleitos, *
mas a es**tra**da dos malvados leva à morte.

Ant. A **ár**vore da **vi**da, ó **Se**nhor, é a vossa **cruz**.

Ant. 2 Fui eu **mes**mo que esco**lhi** este meu **Rei**,
e em Sião, meu monte **san**to, o consa**grei**.

Salmo 2

O Messias, rei e vencedor

Uniram-se contra Jesus, teu santo servo, a quem ungiste (At 4,27).

– ¹ Por que os **po**vos agi**ta**dos se re**vol**tam?*
  por que **tra**mam as nações projetos vãos?
= ² Por que os **reis** de toda a terra se reúnem, †
  e cons**pi**ram os governos todos juntos *
  contra o **Deus** onipotente e o seu Ungido?
– ³ "Vamos que**brar** suas correntes", dizem eles,*
  "e lan**çar** longe de nós o seu domínio!"
– ⁴ Ri-se **de**les o que mora lá nos céus; *
  zomba **de**les o Senhor onipotente.
– ⁵ Ele, en**tão**, em sua ira os ameaça, *
  e em seu fu**ror** os faz tremer, quando lhes diz:
– ⁶ "Fui eu **mes**mo que escolhi este meu Rei, *
  e em Si**ão**, meu monte santo, o consagrei!"
= ⁷ O de**cre**to do Senhor promulgarei, †
  foi as**sim** que me falou o Senhor Deus: *
  "Tu és meu **Fi**lho, e eu hoje te gerei!
= ⁸ Podes pe**dir**-me, e em resposta eu te darei †
  por tua he**ran**ça os povos todos e as nações, *
  e há de **ser** a terra inteira o teu domínio.
– ⁹ Com cetro **fér**reo haverás de dominá-los,*
  e quebrá-los como um vaso de argila!"
–¹⁰ E a**go**ra, poderosos, entendei; *
  sobe**ra**nos, aprendei esta lição:
–¹¹ Com te**mor** servi a Deus, rendei-lhe glória *
  e pres**tai**-lhe homenagem com respeito!
–¹² Se o irri**tais**, perecereis pelo caminho, *
  pois de**pres**sa se acende a sua ira!
– Felizes hão de ser todos aqueles *
  que **põem** sua esperança no Senhor!

Ant. Fui eu **mes**mo que esco**lhi** este meu **Rei**,
   e em Sião, meu monte **san**to, o consa**grei**.

Ant. 3 Sois **vós** o meu es**cu**do prote**tor**,
   a minha **gló**ria que le**van**ta minha ca**be**ça.

Salmo 3
O Senhor é o meu protetor

Jesus adormeceu e ergueu-se do sono da morte, porque o Senhor era o seu protetor (S. Irineu).

— ² Quão nume**ro**sos, ó Se**nhor**, os que me a**ta**cam; *
   quanta **gen**te se levanta contra mim!
— ³ Muitos **di**zem, comentando a meu respeito: *
   "Ele não **a**cha a salvação junto de Deus!"
— ⁴ Mas sois **vós** o meu escudo protetor, *
   a minha **gló**ria que levanta minha cabeça!
— ⁵ Quando eu cha**mei** em alta voz pelo Senhor, *
   do Monte **san**to ele me ouviu e respondeu.
— ⁶ Eu me **dei**to e adormeço bem tranquilo; *
   acordo em **paz**, pois o Senhor é meu sustento.
— ⁷ Não terei **me**do de milhares que me cerquem *
   e furiosos se levantem contra mim.
= Levan**tai**-vos, ó Senhor, vinde salvar-me †
   ⁸ Vós que fe**ris**tes em seu rosto os que me atacam, *
   e que**bras**tes aos malvados os seus dentes.
— ⁹ Em vós, Se**nhor**, nós encontramos salvação;*
   e re**pou**se a vossa bênção sobre o povo!

Ant. Sois **vós** o es**cu**do prote**tor**,
   a minha **gló**ria que le**van**ta minha ca**be**ça.

V. A Pa**la**vra do Se**nhor** plena**men**te ha**bi**te em **vós**.
R. Exor**tai**-vos uns aos **ou**tros com to**tal** sabedo**ri**a.

Leituras e oração como no Próprio do Tempo.

Laudes

V. Vinde, ó **Deus**, em meu auxílio.
R. Socor**rei**-me sem de**mo**ra.
   Glória ao **Pai** e ao **Fi**lho e ao Es**pí**rito **San**to.
   Como **e**ra no prin**cí**pio, a**go**ra e sempre. A**mém**. Ale**lui**a.

Esta introdução se omite quando o invitatório precede imediatamente às Laudes.

Hino

Ó Criador do universo,
a sombra e a luz alternais,
e, dando tempos ao tempo,
dos seres todos cuidais.

Qual pregoeiro do dia,
canta nas noites o galo.
Separa a noite e a noite,
brilhando a luz no intervalo.

Também por ele acordada,
a estrela d'alva, brilhante,
expulsa o erro e a treva
com sua luz radiante.

Seu canto os mares acalma,
ao navegante avigora;
a própria Pedra da Igreja
ouvindo o cântico chora.

Jesus, olhai os que tombam.
O vosso olhar nos redime:
se nos olhais, nos erguemos,
e prantos lavam o crime.

Ó luz divina, brilhai,
tirai do sono o torpor.
O nosso alento primeiro
entoe o vosso louvor.

Ó Cristo, Rei piedoso,
a vós e ao Pai, Sumo Bem,
glória e poder, na unidade
do Espírito Santo. Amém.

Salmodia

Ant. 1 Desde a **aur**ora an**si**oso vos **bus**co,
para **ver** vossa **gló**ria e po**der**.

Salmo 62(63),2-9

Sede de Deus

Vigia diante de Deus, quem rejeita as obras das trevas (cf. 1Ts 5,5).

– ²Sois **vós**, ó Se**nhor**, o meu **Deus**! *
Desde a au**ro**ra ansioso vos busco!
= A minh'**al**ma tem sede de vós, †
minha **car**ne também vos deseja, *
como **ter**ra sedenta e sem água!
– ³Venho, as**sim**, contemplar-vos no templo, *
para **ver** vossa glória e poder.
– ⁴Vosso a**mor** vale mais do que a vida: *
e por **is**so meus lábios vos louvam.
– ⁵Quero, **pois**, vos louvar pela vida *
e ele**var** para vós minhas mãos!
– ⁶A minh'**al**ma será saciada, *
como em **gran**de banquete de festa;
– cantar**á** a alegria em meus lábios, *
ao can**tar** para vós meu louvor!
– ⁷Penso em **vós** no meu leito, de noite, *
nas vig**í**lias suspiro por vós!
– ⁸Para **mim** fostes sempre um socorro; *
de vossas **a**sas à sombra eu exulto!
– ⁹Minha **al**ma se agarra em vós; *
com po**der** vossa mão me sustenta.

Ant. Desde a aurora ansioso vos **bus**co,
para **ver** vossa **gló**ria e po**der**.

Ant. 2 A **u**ma só **voz**, os três **jo**vens
can**ta**vam no **mei**o das **cha**mas:
Ben**di**to o Se**nhor**, ale**lui**a!

Nos cânticos que se seguem o refrão entre parênteses é opcional.

Cântico — Dn 3,57-88.56

Louvor das criaturas ao Senhor

Louvai o nosso Deus, todos os seus servos (Ap 19,5).

—⁵⁷ **O**bras do Senhor, bendi**zei** o Se**nhor**, *
lou**vai**-o e exal**tai**-o pelos **sé**culos sem fim!
—⁵⁸ **Céus** do Senhor, bendi**zei** o Senhor! *
⁵⁹ **An**jos do Senhor, bendi**zei** o Senhor!

—(R. Lou**vai**-o e exal**tai**-o pelos **sé**culos sem **fim**!
Ou:
R. A Ele **gló**ria e lou**vor** eterna**men**te!)

—⁶⁰ **Á**guas do alto céu, bendi**zei** o Senhor! *
⁶¹ Po**tên**cias do Senhor, bendi**zei** o Senhor!
—⁶² **Lua** e sol, bendi**zei** o Senhor! *
⁶³ **As**tros e estrelas, bendi**zei** o Senhor! (R.)
—⁶⁴ **Chu**vas e orvalhos, bendi**zei** o Senhor! *
⁶⁵ **Bri**sas e ventos, bendi**zei** o Senhor!
—⁶⁶ **Fo**go e calor, bendi**zei** o Senhor! *
⁶⁷ **Fri**o e ardor, bendi**zei** o Senhor! (R.)
—⁶⁸ **Or**valhos e garoas, bendi**zei** o Senhor! *
⁶⁹ **Ge**ada e frio, bendi**zei** o Senhor!
—⁷⁰ **Ge**los e neves, bendi**zei** o Senhor! *
⁷¹ **Noi**tes e dias, bendi**zei** o Senhor! (R.)
—⁷² **Lu**zes e trevas, bendi**zei** o Senhor! *
⁷³ **Rai**os e nuvens, bendi**zei** o Senhor
—⁷⁴ **I**lhas e terra, bendi**zei** o Senhor! *
Lou**vai**-o e exal**tai**-o pelos **sé**culos sem fim! (R.)

—⁷⁵ **Mon**tes e colinas, bendi**zei** o Senhor! *
⁷⁶ **Plan**tas da terra, bendi**zei** o Senhor!

—⁷⁷ **Ma**res e rios, bendi**zei** o Senhor! *
⁷⁸ **Fon**tes e nascentes, bendi**zei** o Senhor! (R.)

—⁷⁹ **Ba**leias e peixes, bendi**zei** o Senhor! *
⁸⁰ **Pás**saros do céu, bendi**zei** o Senhor!

—⁸¹ **Fe**ras e rebanhos, bendi**zei** o Senhor! *
⁸² **Fi**lhos dos homens, bendi**zei** o Senhor! (R.)

—⁸³ **Fi**lhos de Israel, bendi**zei** o Senhor! *
Lou**vai**-o e exaltai-o pelos **sé**culos sem fim!

—⁸⁴ Sacer**do**tes do Senhor, bendi**zei** o Senhor! *
⁸⁵ **Ser**vos do Senhor, bendi**zei** o Senhor! (R.)

—⁸⁶ **Al**mas dos justos, bendi**zei** o Senhor! *
⁸⁷ **San**tos e humildes, bendi**zei** o Senhor!

—⁸⁸ **Jo**vens Misael, Ana**ni**as e Aza**ri**as, *
Lou**vai**-o e exaltai-o pelos **sé**culos sem fim! (R.)

— Ao **Pai** e ao Filho e ao Es**pí**rito Santo *
lou**ve**mos e exaltemos pelos **sé**culos sem fim!

—⁵⁶ **Ben**dito sois, Senhor, no firma**men**to dos céus! *
Sois **dig**no de louvor e de **gló**ria eternamente! (R.)

No fim deste cântico não se diz Glória ao Pai.

Ant. A **u**ma só **voz**, os três **jo**vens
cantavam no **mei**o das **cha**mas:
Ben**di**to o Se**nhor**, ale**lui**a!

Ant. 3 Os filhos de Sião rejubilem no seu **Rei**. Ale**lui**a.

Salmo 149

A alegria e o louvor dos santos

Os filhos da Igreja, novo povo de Deus, se alegrem no seu Rei, Cristo Jesus (Hesíquio).

— ¹ Can**tai** ao Senhor **Deus** um canto **no**vo, *
e o seu lou**vor** na assembleia dos fiéis!

—² **Alegre**-se Israel em Quem o fez, *
  e Sião se rejubile no seu Rei!
—³ Com **dan**ças glorifiquem o seu nome, *
  toquem **har**pa e tambor em sua honra!
—⁴ Porque, de **fa**to, o Senhor ama seu povo *
  e co**ro**a com vitória os seus humildes.
—⁵ E**xul**tem os fiéis por sua glória, *
  e can**tan**do se levantem de seus leitos,
—⁶ com lou**vo**res do Senhor em sua boca *
  e es**pa**das de dois gumes em sua mão,
—⁷ para exer**cer** sua vingança entre as nações *
  e infli**gir** o seu castigo entre os povos,
—⁸ colo**can**do nas algemas os seus reis, *
  e seus **no**bres entre ferros e correntes,
—⁹ para apli**car**-lhes a sentença já escrita: *
  Eis a **gló**ria para todos os seus santos.

Ant. Os **fi**lhos de Si**ão** rejubilem no seu **Rei**. Ale**lui**a.

Leitura breve   Ap 7,10b-12
A salvação pertence ao nosso Deus, que está sentado no trono, e ao Cordeiro. O louvor, a glória e a sabedoria, a ação de graças, a honra, o poder e a força pertencem ao nosso Deus para sempre. Amém.

Responsório breve
R. Cristo, **Fi**lho do Deus **vi**vo,
  * Tende **pe**na e compai**xão**! R. Cristo.
V. Glori**o**so estais sen**ta**do, à di**rei**ta de Deus **Pai**.
  * Tende **pe**na. Glória ao **Pai**. R. Cristo.

Antífona do *Benedictus* como no Próprio do Tempo.

Preces
Louvemos a Cristo Senhor, luz que ilumina todo homem e sol que não tem ocaso; e aclamemos com alegria:

R. **Senhor, vós sois nossa vida e salvação!**

Criador do universo, nós vos agradecemos este dia que recebemos de vossa bondade,
– e em que celebramos a vossa ressurreição. R.

Que o vosso Espírito nos ensine hoje a cumprir vossa vontade,
– e vossa Sabedoria sempre nos conduza. R.

Dai-nos celebrar este domingo cheios de alegria,
– participando da mesa de vossa Palavra e de vosso Corpo. R.

Nós vos damos graças,
– por vossos inúmeros benefícios. R.

(intenções livres)

Pai nosso...
Oração como no Próprio do Tempo.
A conclusão da Hora como no Ordinário.

Hora Média

V. Vinde, ó **Deus**, em meu auxílio.
R. Socor**rei**-me sem de**mo**ra.
   Glória ao **Pai** e ao **Filho** e ao Es**pí**rito **San**to.
   Como **e**ra no prin**cí**pio, a**go**ra e sempre. **A**mém. Ale**lu**ia.
HINO como no Ordinário, p. 598-601.

Salmodia
Ant. 1 É me**lhor** buscar re**fú**gio no Se**nhor**,
     pois e**ter**na é a **su**a miseri**cór**dia. Ale**lu**ia.

Salmo 117(118)

Canto de alegria e salvação

Ele é a pedra, que vós, os construtores, desprezastes, e que se tornou a pedra angular (At 4,11).

I

– ¹Dai **graças** ao Se**nhor**, porque ele é **bom**! *
   "E**ter**na é a sua miseri**cór**dia!" –

—² A casa de Israel agora o diga: *
 "Eterna é a sua misericórdia!"
—³ A casa de Aarão agora o diga: *
 "Eterna é a sua misericórdia!"
—⁴ Os que temem o Senhor agora o digam: *
 "Eterna é a sua misericórdia!"
—⁵ Na minha angústia eu clamei pelo Senhor, *
 e o Senhor me atendeu e libertou!
—⁶ O Senhor está comigo, nada temo; *
 o que pode contra mim um ser humano?
—⁷ O Senhor está comigo, é o meu auxílio, *
 hei de ver meus inimigos humilhados.
—⁸ "É melhor buscar refúgio no Senhor *
 do que pôr no ser humano a esperança;
—⁹ é melhor buscar refúgio no Senhor *
 do que contar com os poderosos deste mundo!"

Ant. É melhor buscar refúgio no Senhor,
 pois eterna é a sua misericórdia. Aleluia.

Ant. 2 O Senhor é minha força e o meu canto, aleluia.

II

—¹⁰ Povos pagãos me rodearam todos eles, *
 mas em nome do Senhor os derrotei;
—¹¹ de todo lado todos eles me cercaram, *
 mas em nome do Senhor os derrotei;
—¹² como um enxame de abelhas me atacaram, †
 como um fogo de espinhos me queimaram, *
 mas em nome do Senhor os derrotei.
—¹³ Empurraram-me, tentando derrubar-me, *
 mas veio o Senhor em meu socorro.
—¹⁴ O Senhor é minha força e o meu canto, *
 e tornou-se para mim o Salvador.—

— ¹⁵"Clamores de alegria e de vitória *
ressoem pelas tendas dos fiéis.
= ¹⁶A mão direita do Senhor fez maravilhas, †
a mão direita do Senhor me levantou, *
a mão direita do Senhor fez maravilhas!"
— ¹⁷Não morrerei, mas, ao contrário, viverei *
para cantar as grandes obras do Senhor!
— ¹⁸O Senhor severamente me provou, *
mas não me abandonou às mãos da morte.

Ant. O Senhor é minha força e o meu canto, aleluia.

Ant. 3 Dou-vos graças, ó Senhor,
porque me ouvistes, aleluia.

III

— ¹⁹Abri-me vós, abri-me as portas da justiça; *
quero entrar para dar graças ao Senhor!
— ²⁰"Sim, esta é a porta do Senhor, *
por ela só os justos entrarão!"
— ²¹Dou-vos graças, ó Senhor, porque me ouvistes *
e vos tornastes para mim o Salvador!
— ²²"A pedra que os pedreiros rejeitaram *
tornou-se agora a pedra angular.
— ²³Pelo Senhor é que foi feito tudo isso: *
Que maravilhas ele fez a nossos olhos!
— ²⁴Este é o dia que o Senhor fez para nós, *
alegremo-nos e nele exultemos!
— ²⁵Ó Senhor, dai-nos a vossa salvação, *
ó Senhor, dai-nos também prosperidade!"
— ²⁶Bendito seja, em nome do Senhor, *
aquele que em seus átrios vai entrando!
— Desta casa do Senhor vos bendizemos. *
²⁷Que o Senhor e nosso Deus nos ilumine!

– Empunhai ramos nas mãos, formai cortejo, *
aproximai-vos do altar, até bem perto!
– ²⁸ Vós sois meu **Deus,** eu vos bendigo e agradeço! *
Vós sois meu **Deus,** eu vos exalto com louvores!
– ²⁹ Dai **graças** ao Senhor, porque ele é bom! *
"Eterna é a sua misericórdia!"

Ant. Dou-vos **graças,** ó Se**nhor,**
porque me ou**vis**tes, ale**lu**ia.

Para as outras Horas, Salmodia complementar, p. 1178.

Oração das Nove Horas

Leitura breve   1Jo 4,16
Nós conhecemos o amor que Deus tem para conosco, e acreditamos nele. Deus é amor: quem permanece no amor, permanece com Deus, e Deus permanece com ele.

V. Incli**nai** meu cora**ção** às vossas **leis.**
R. Dai-me a **vi**da pelos **vos**sos manda**men**tos.

Oração das Doze Horas

Leitura breve   Gl 6,7b-8
O que o homem tiver semeado, é isso que vai colher. Quem semeia na sua própria carne, da carne colherá corrupção. Quem semeia no espírito, do espírito colherá a vida eterna.

V. É e**ter**na, Se**nhor,** vossa pa**la**vra.
R. De gera**ção** em gera**ção,** vossa ver**da**de.

Oração das Quinze Horas

Leitura breve   Gl 6,9-10
Não desanimemos de fazer o bem, pois no tempo devido haveremos de colher, sem desânimo. Portanto, enquanto temos tempo, façamos o bem a todos, principalmente aos irmãos na fé.

V. Clamo de todo o coração: Senhor, ouvi-me!
R. Quero cumprir vossa vontade fielmente!
Oração como no Próprio do Tempo.
A conclusão da Hora como no Ordinário.

II Vésperas

V. Vinde, ó **Deus**, em meu auxílio.
R. Socorrei-me sem demora.
Glória ao **Pai** e ao **Filho** e ao Espírito **Santo**.
Como era no princípio, agora e sempre. **Amém**. Aleluia.

Hino

Criador generoso da luz,
que criastes a luz para o dia,
com os raios primeiros da luz,
sua origem o mundo inicia.

Vós chamastes de "dia" o decurso
da manhã luminosa ao poente.
Eis que as trevas já descem à terra:
escutai nossa prece, clemente.

Para que sob o peso dos crimes
nossa mente não fique oprimida,
e, esquecendo as coisas eternas,
não se exclua do prêmio da vida.

Sempre à porta celeste batendo,
alcancemos o prêmio da vida,
evitemos do mal o contágio
e curemos da culpa a ferida.

Escutai-nos, ó Pai piedoso,
com o único Filho também,
que reinais com o Espírito Santo
pelos séculos dos séculos. Amém.

Salmodia

Ant. 1 O Senhor estenderá desde Sião
o seu cetro de poder vitorioso,
e reinará eternamente, aleluia.

Salmo 109(110),1-5.7

O Messias, Rei e Sacerdote

É preciso que ele reine, até que todos os seus inimigos estejam debaixo de seus pés (1Cor 15,25).

– ¹ Palavra do Senhor ao meu Senhor: *
"Assenta-te ao lado meu direito,
– até que eu ponha os inimigos teus *
como escabelo por debaixo de teus pés!"
= ² O Senhor estenderá desde Sião †
vosso cetro de poder, pois ele diz: *
"Domina com vigor teus inimigos;
= ³ Tu és príncipe desde o dia em que nasceste; †
na glória e esplendor da santidade, *
como o orvalho, antes da aurora, eu te gerei!"
= ⁴ Jurou o Senhor e manterá sua palavra: †
"Tu és sacerdote eternamente, *
segundo a ordem do rei Melquisedec!"
– ⁵ À vossa destra está o Senhor, ele vos diz: *
"No dia da ira esmagarás os reis da terra!
– ⁷ Beberás água corrente no caminho, *
por isso seguirás de fronte erguida!"

Ant. O Senhor estenderá desde Sião
o seu cetro de poder vitorioso,
e reinará eternamente, aleluia.

Ant. 2 Ante a face do Senhor treme, ó terra, aleluia!

Salmo 113A(114)

Israel liberta-se do Egito

Sabei que também vós, que renunciastes a este mundo, saístes do Egito (Sto. Agostinho).

— ¹Quando o **po**vo de Isra**el** saiu do E**gi**to, *
  e os **fi**lhos de Jacó, de um povo estranho,
— ²Ju**dá** tornou-se o templo do Senhor, *
  e Isra**el** se transformou em seu domínio.
— ³O **mar**, à vista disso, pôs-se em fuga, *
  e as **á**guas do Jordão retrocederam;
— ⁴as mon**ta**nhas deram pulos como ovelhas, *
  e as co**li**nas, parecendo cordeirinhos.
— ⁵Ó **mar**, o que tens tu, para fugir? *
  E tu, Jor**dão**, por que recuas desse modo?
— ⁶Por que dais **pu**los como ovelhas, ó montanhas? *
  E vós, co**li**nas, parecendo cordeirinhos?
— ⁷Treme, ó **ter**ra, ante a face do Senhor, *
  ante a **fa**ce do Senhor Deus de Jacó!
— ⁸O ro**che**do ele mudou em grande lago, *
  e da **pe**dra fez brotar águas correntes!

Ant. Ante a **fa**ce do Se**nhor** treme, ó **ter**ra, ale**lu**ia!

Ant. 3 De seu **Rei**no tomou **pos**se
      nosso **Deus** onipo**ten**te. Ale**lu**ia.

No cântico seguinte dizem-se os Aleluias entre parênteses somente quando se canta; na recitação, basta dizer o Aleluia no começo e no fim das estrofes.

Cântico   Cf. Ap 19,1-2.5-7

= Ale**lu**ia, (Ale**lu**ia!).
  ¹Ao nosso **Deus** a salva**ção**, *
  honra, **gló**ria e poder! (Ale**lu**ia!).

—² Pois são **verda**de e justiça *
   os juízos do Senhor.
R. Ale**lu**ia, (Ale**lu**ia!).
=Ale**lu**ia, (Ale**lu**ia!).
  ⁵ Ce**le**brai o nosso Deus, *
   servi**do**res do Senhor! (Ale**lu**ia!).
— E vós **to**dos que o temeis, *
   vós os **gran**des e os pequenos!
R. Ale**lu**ia, (Ale**lu**ia!).
= Ale**lu**ia, (Ale**lu**ia!).
  ⁶ De seu **Rei**no tomou posse *
   nosso **Deus** onipo**ten**te! (Ale**lu**ia!).
—⁷ Exul**te**mos de alegria, *
   demos **gló**ria ao nosso Deus!
R. Ale**lu**ia, (Ale**lu**ia!).
= Ale**lu**ia, (Ale**lu**ia!).
   Eis que as **núp**cias do Cordeiro *
   redivivo se aproximam! (Ale**lu**ia!).
— Sua Es**po**sa se enfeitou, *
   se ves**tiu** de linho puro.
R. Ale**lu**ia, (Ale**lu**ia!).

Ant. De seu **Rei**no tomou **pos**se nosso **Deus** onipo**ten**te. Ale**lu**ia.

Leitura breve   2Cor 1,3-4
Bendito seja o Deus e Pai de nosso Senhor Jesus Cristo, o Pai das misericórdias e Deus de toda consolação. Ele nos consola em todas as nossas aflições, para que, com a consolação que nós mesmos recebemos de Deus, possamos consolar os que se acham em toda e qualquer aflição.

Responsório breve
R. Ó **Senhor**, vós sois ben**dito**
   * No ce**leste** firma**mento**. R. Ó **Senhor**.
V. Vós sois **digno** de lou**vor** e de **glória** eterna**mente**.
   * No ce**leste**. Glória ao **Pai**. R. Ó **Senhor**.
Antífona do *Magnificat* como no Próprio do Tempo.

Preces

Como membros de Cristo que é nossa cabeça, adoremos o Senhor; e aclamemos com alegria:
R. **Senhor, venha a nós o vosso Reino!**

Cristo, nosso Salvador, fazei de vossa Igreja instrumento de concórdia e unidade para o gênero humano,
– e sinal de salvação para todos os povos. R.

Assisti com vossa contínua presença o Santo Padre e o Colégio universal dos Bispos,
– e concedei-lhes o dom da unidade, da caridade e da paz. R.

Fazei-nos viver cada vez mais intimamente unidos a vós,
– para proclamarmos com o testemunho da vida a chegada do vosso Reino. R.

Concedei ao mundo a vossa paz,
– e fazei reinar em toda parte a segurança e a tranquilidade. R.

(intenções livres)

Dai aos que morreram a glória da ressurreição,
– e concedei que também nós um dia possamos participar com eles da felicidade eterna. R.
Pai nosso...
Oração como no Próprio do Tempo.
A conclusão da Hora como no Ordinário.

I SEGUNDA-FEIRA

Invitatório

V. **Abri** os meus **lábios**, ó Se**nhor**.
R. E minha **boca** anunciar**á** vosso lou**vor**.
R. Cami**nhe**mos com louvores ao e**ncon**tro do Se**nhor**!

Salmo invitatório, p. 583.

Ofício das Leituras

V. Vinde, ó **Deus**. Glória ao **Pai**. Como era. Ale**luia**.

Esta introdução se omite quando o Invitatório precede imediatamente ao Ofício das Leituras.

Hino

I. Quando se diz o Ofício das Leituras durante a noite ou de madrugada:

>Refeitos pelo sono,
>do leito levantamos.
>Ficai com vossos filhos,
>ó Pai, vos suplicamos.
>
>A vós, o som primeiro,
>o amor que se irradia:
>sejais princípio e fim
>de cada ação do dia.
>
>Que a treva ceda à aurora,
>a noite ao sol dourado:
>e a luz da graça afaste
>a sombra do pecado.
>
>Lavai as nossas faltas,
>Senhor, que nos salvastes;
>esteja o vosso nome
>nos lábios que criastes.

A glória seja ao Pai,
ao Filho seu também,
ao Espírito igualmente,
agora e sempre. Amém.

II. Quando se diz o Ofício das Leituras durante o dia:

Divindade, luz eterna,
Unidade na Trindade,
proclamando vossa glória,
suplicamos piedade.

Cremos todos no Pai Santo,
no seu Filho Salvador
e no Espírito Divino
que os une pelo Amor.

Ó verdade, amor eterno,
nosso fim, felicidade,
dai-nos fé e esperança
e profunda caridade.

Sois o fim, sois o começo,
e de tudo sois a fonte,
esperança dos que creem,
luz que brilha no horizonte.

Vós, sozinho, fazeis tudo,
e a tudo vós bastais.
Sois a luz de nossa vida,
aos que esperam premiais.

Bendizemos a Trindade,
Deus Eterno, Sumo Bem,
Pai e Filho e Santo Espírito,
pelos séculos. Amém.

Salmodia
Ant. 1 Por **vos**sa bon**da**de, sal**vai**-me, Se**nhor**!

Salmo 6

O homem aflito pede clemência ao Senhor

Agora sinto-me angustiado... Pai, livra-me desta hora (Jo 12,27).

– ² Repreendei-me, Senhor, mas sem ira; *
 corrigi-me, mas não com furor!
= ³ Piedade de mim: estou enfermo †
 ⁴ e curai o meu corpo doente! *
 Minha alma está muito abatida!
= Até quando, Senhor, até quando... ? †
 ⁵ Oh! voltai-vos a mim e poupai-me,*
 e salvai-me por vossa bondade!
 ⁶ Porque, morto, ninguém vos recorda; *
 pode alguém vos louvar no sepulcro?
= ⁷ Esgotei-me de tanto gemer, †
 banho o leito em meu pranto de noite, *
 minha cama inundei com as lágrimas!
– ⁸ Tenho os olhos turvados de mágoa, *
 fiquei velho de tanto sofrer!
– ⁹ Afastai-vos de mim, malfeitores,*
 porque Deus escutou meus soluços!
– ¹⁰ O Senhor escutou meus pedidos; *
 o Senhor acolheu minha prece!
– ¹¹ Apavorem-se os meus inimigos; *
 com vergonha, se afastem depressa!

Ant. Por vossa bondade, salvai-me, Senhor!

Ant. 2 O Senhor é o refúgio do oprimido,
 seu abrigo nos momentos de aflição.

Salmo 9A(9)

Ação de graças pela vitória

De novo há de vir em sua glória para julgar os vivos e os mortos.

I

— ² **Se**nhor, de co**ra**ção vos darei **graças**,*
   as **vos**sas maravilhas can**ta**rei!
— ³ Em **vós** exultarei de alegria, *
   can**ta**rei ao vosso nome, Deus Altíssimo!
— ⁴ **Vol**taram para trás meus inimigos, *
   pe**ran**te a vossa face pereceram;
— ⁵ defen**des**tes meu direito e minha causa, *
   juiz **jus**to assentado em vosso trono.
— ⁶ Repreen**des**tes as nações, e os maus perdestes, *
   apa**gas**tes o seu nome para sempre.
= ⁷ O ini**mi**go se arruinou eternamente, †
   suas ci**da**des foram todas destruídas, *
   e a**té** sua lembrança exterminastes.
— ⁸ Mas Deus sen**tou**-se para sempre no seu trono, *
   prepa**rou** o tribunal do julgamento;
— ⁹ julga**rá** o mundo inteiro com justiça, *
   e as na**ções** há de julgar com equidade.
—¹⁰ O **Se**nhor é o re**fú**gio do oprimido, *
   seu **a**brigo nos momentos de aflição.
—¹¹ Quem co**nhe**ce o vosso nome, em vós espera, *
   porque **nun**ca abandonais quem vos procura.

Ant. O **Se**nhor é o re**fú**gio do opri**mi**do,
   seu **a**brigo nos mo**men**tos de afli**ção**.

Ant. 3 Anuncia**rei** vossos lou**vo**res
   junto às **por**tas de Si**ão**.

II

—¹² Cantai **hi**nos ao **Se**nhor Deus de Sião, *
   cele**brai** seus grandes feitos entre os povos!

—¹³ Pois não es**que**ce o clamor dos infelizes, *
deles se **lem**bra e pede conta do seu sangue.

=¹⁴ Tende **pe**na e compaixão de mim, Senhor! †
Vede o **mal** que os inimigos me fizeram! *
E das **por**tas dos abismos retirai-me,

=¹⁵ para que eu **pos**sa anunciar vossos louvores †
junto às **por**tas da cidade de Sião, *
e exul**tar** por vosso auxílio e salvação!

—¹⁶ Os maus caíram no buraco que cavaram, *
nos próprios **la**ços foram presos os seus pés.

—¹⁷ O Se**nhor** manifestou seu julgamento: *
ficou **pre**so o pecador em seu pecado.

—¹⁸ Que **tom**bem no abismo os pecadores *
e toda **gen**te que se esquece do Senhor!

—¹⁹ Mas o **po**bre não será sempre esquecido, *
nem é **vã** a esperança dos humildes.

—²⁰ Senhor, er**guei**-vos, não se ufanem esses homens! *
Perante **vós** sejam julgados os soberbos!

—²¹ Lançai, Se**nhor**, em cima deles o terror, *
e saibam **to**dos que não passam de mortais!

Ant. Anuncia**rei** vossos lou**vo**res
junto às **por**tas de Si**ão**.

V. Dai-me o sa**ber**, e cumpri**rei** a vossa **lei**.
R. E de **to**do o cora**ção** a guarda**rei**.

Leituras e oração correspondentes a cada Ofício.

Laudes

V. Vinde, ó **Deus**. Glória ao **Pai**. Como **era**. Ale**lui**a.

Esta introdução se omite quando o Invitatório precede imediatamente às Laudes.

Hino

Clarão da glória do Pai,
ó Luz, que a Luz origina,
sois Luz da Luz, fonte viva,
sois Luz que ao dia ilumina.

Brilhai, ó Sol verdadeiro,
com vosso imenso esplendor,
e dentro em nós derramai
do Santo Espírito o fulgor.

Também ao Pai suplicamos,
ao Pai a glória imortal,
ao Pai da graça potente,
que a nós preserve do mal.

Na luta fortes nos guarde
vencendo o anjo inimigo.
Nas quedas, dê-nos a graça,
de nós afaste o perigo.

As nossas mentes governe
num corpo casto e sadio.
A nossa fé seja ardente,
e não conheça desvio.

O nosso pão seja o Cristo,
e a fé nos seja a bebida.
O Santo Espírito bebamos
nas fontes puras da vida.

Alegre passe este dia,
tão puro quanto o arrebol.
A fé, qual luz cintilante,
refulja em nós como o sol.

A aurora em si traz o dia.
Vós, como aurora, brilhai:
ó Pai, vós todo no Filho,
e vós, ó Verbo, no Pai.

Salmodia

Ant. 1 Eu di**ri**jo a minha **pre**ce a vós, Se**nhor**,
e de ma**nhã** já me escu**tais**.

Salmo 5,2-10.12-13

Oração da manhã para pedir ajuda

Aqueles que acolherem interiormente a Palavra de Cristo nele exultarão eternamente.

– ⁵ Escu**tai**, ó Senhor **Deus**, minhas pa**la**vras, *
  aten**dei** o meu ge**mi**do!
– ³ Ficai a**ten**to ao clamor da minha prece, *
  ó meu **Rei** e meu Senhor!
– ⁴ É a **vós** que eu dirijo a minha prece; *
  de ma**nhã** já me escu**tais**!
– Desde **ce**do eu me preparo para vós, *
  e perma**ne**ço à vossa espera.
– ⁵ Não sois um **Deus** a quem agrade a iniquidade, *
  não pode o **mau** morar convosco;
– ⁶ nem os **ím**pios poderão permanecer *
  pe**ran**te os vossos olhos.
– ⁷ Detes**tais** o que pratica a iniquidade *
  e destru**ís** o mentiroso.
– Ó Se**nhor**, abominais o sanguinário, *
  o per**ver**so e enganador.
– ⁸ Eu, po**rém**, por vossa graça generosa, *
  posso en**trar** em vossa casa.
– E, vol**ta**do reverente ao vosso templo, *
  com res**pei**to vos adoro.
– ⁹ Que me **pos**sa conduzir vossa justiça, *
  por **cau**sa do inimigo!
– À minha **fren**te aplainai vosso caminho, *
  e gui**ai** meu caminhar! –

—¹⁰ Não há, nos **lábios** do inimigo, lealdade: *
  seu cora**ção** trama ciladas;
— sua gar**gan**ta é um sepulcro escancarado *
  e sua **lín**gua é lisonjeira.

—¹² Mas e**xul**te de alegria todo aquele *
  que em **vós** se refugia;
— sob a **vos**sa proteção se regozijem, *
  os que amam vosso nome!

—¹³ Porque ao **jus**to abençoais com vosso amor, *
  e o prote**geis** como um escudo!

Ant. Eu di**ri**jo a minha **prece** a vós, Se**nhor**,
  e de man**hã** já me escu**tais**.

Ant. 2 Nós que**re**mos vos lou**var**, ó nosso **Deus**,
  e cele**brar** o vosso **nome** glorioso.

Cântico   1Cr 29,10-13

Honra e glória, só a Deus

Bendito seja o Deus e Pai de Nosso Senhor Jesus Cristo (Ef 1,3).

=¹⁰ Ben**di**to sejais **vós**, ó Senhor **Deus**, †
  Senhor **Deus** de Israel, o nosso Pai, *
  desde **sem**pre e por toda a eternidade!

=¹¹ A vós perten**cem** a grandeza e o poder, †
  toda a **gló**ria, esplendor e majestade, *
  pois tudo é **vos**so: o que há no céu e sobre a terra!

= A vós, Se**nhor**, também pertence a realeza, †
  pois sobre a **ter**ra, como rei, vos elevais! *
  ¹² Toda **gló**ria e riqueza vêm de vós!

= Sois o Se**nhor** e dominais o universo, †
  em vossa **mão** se encontra a força e o poder, *
  em vossa **mão** tudo se afirma e tudo cresce!

=¹³ Agora, **pois**, ó nosso Deus, eis-nos aqui! †
  e, agrade**ci**dos, nós queremos vos louvar *
  e cele**brar** o vosso nome glorioso!

Ant. Nós queremos vos louvar, ó nosso **Deus**,
e cele**brar** o vosso **no**me glorioso.

Ant. 3 Ado**rai** o Se**nhor** no seu **tem**plo sa**gra**do.

Salmo 28(29)
A voz poderosa de Deus
Do céu veio uma voz que dizia: Este é o meu Filho amado, no qual eu pus o meu agrado (Mt 3,17).

– ¹Filhos de **Deus**, tribu**tai** ao Se**nhor**, *
tribu**tai**-lhe a glória e o poder!
– ²Dai-lhe a **glória** devida ao seu nome; *
ado**rai**-o com santo ornamento!
– ³Eis a **voz** do Senhor sobre as águas, *
sua **voz** sobre as águas imensas!
= ⁴Eis a **voz** do Senhor com poder! †
Eis a **voz** do Senhor majestosa, *
sua **voz** no trovão reboando!
– ⁵Eis que a **voz** do Senhor quebra os cedros, *
o Se**nhor** quebra os cedros do Líbano.
– ⁶Faz o **Líbano** saltar qual novilho, *
e o Sari**on** como um touro selvagem!
= ⁷Eis que a **voz** do Senhor lança raios, †
⁸voz de **Deus** faz tremer o deserto, *
faz tre**mer** o deserto de Cades.
= ⁹Voz de **Deus** que contorce os carvalhos, †
voz de **Deus** que devasta as florestas! *
No seu **tem**plo os fiéis bradam: "Glória!"
– ¹⁰É o Se**nhor** que domina os dilúvios, *
o Se**nhor** reinará para sempre.
– ¹¹Que o Se**nhor** forta**le**ça o seu povo, *
e aben**çoe** com paz o seu povo!

Ant. Ado**rai** o Se**nhor** no seu **tem**plo sa**gra**do.

Leitura breve
2Ts 3,10b-13

Quem não quer trabalhar, também não deve comer. Ora, ouvimos dizer que entre vós há alguns que vivem à toa, muito ocupados em não fazer nada. Em nome do Senhor Jesus Cristo, ordenamos e exortamos a estas pessoas que, trabalhando, comam na tranquilidade o seu próprio pão. E vós mesmos, irmãos, não vos canseis de fazer o bem.

Responsório breve
R. O Senhor seja bendito,
 * Bendito seja eternamente! R. O Senhor.
V. Só o Senhor faz maravilhas. * Bendito seja.
 Glória ao Pai. R. O Senhor.

Cântico evangélico, ant.
Bendito seja o Senhor, nosso Deus!

Preces
Glorifiquemos a Cristo, em quem habita toda a plenitude da graça e do Espírito Santo; e imploremos com amor e confiança:

R. **Dai-nos, Senhor, o vosso Espírito!**

Concedei-nos que este dia seja agradável, pacífico e sem mancha,
– para que, ao chegar a noite, vos possamos louvar com alegria e pureza de coração. R.

Brilhe hoje sobre nós a vossa luz,
– e dirigi o trabalho de nossas mãos. R.

Mostrai-nos vosso rosto de bondade, para vivermos este dia em paz,
– e que a vossa mão poderosa nos proteja. R.

Olhai com benignidade aqueles que se confiaram às nossas orações,

– e enriquecei-os com todos os bens da alma e do corpo. R.
(intenções livres)
Pai nosso...

Oração

Inspirai, Senhor, as nossas ações e ajudai-nos a realizá-las, para que em vós comece e termine tudo aquilo que fizermos. Por nosso Senhor Jesus Cristo, vosso Filho, na unidade do Espírito Santo.

A conclusão da Hora como no Ordinário.

Hora Média

V. Vinde, ó **Deus**. Glória ao **Pai**. Como era. Ale**lui**a.
HINO como no Ordinário, p. 598-601.

Salmodia
Ant. 1 A **lei** do S**en**hor **a**legra o cora**ção** e ilu**mi**na os **o**lhos.

Salmo 18B (19B)
Hino a Deus, Senhor da lei

Sede perfeitos como o vosso Pai celeste é perfeito (Mt 5,48).

– ⁸A **lei** do Senhor **Deus** é per**fei**ta, *
   con**for**to para a **al**ma!
– O teste**mu**nho do Senhor é fiel, *
   sabedo**ri**a dos humildes.
– ⁹Os pre**cei**tos do Senhor são precisos, *
   ale**gri**a ao coração.
– O manda**men**to do Senhor é brilhante, *
   para os **o**lhos é uma luz.
– ¹⁰É **pu**ro o temor do Senhor, *
   imu**tá**vel para sempre.
– Os julga**men**tos do Senhor são corretos *
   e **jus**tos igualmente. –

—¹¹ Mais desejáveis do que o ouro são eles, *
do que o ouro refinado.
— Suas palavras são mais doces que o mel, *
que o mel que sai dos favos.
—¹² E vosso servo, instruído por elas, *
se empenha em guardá-las.
—¹³ Mas quem pode perceber suas faltas?*
Perdoai as que não vejo!
—¹⁴ E preservai o vosso servo do orgulho: *
não domine sobre mim!
— E assim puro, eu serei preservado *
dos delitos mais perversos.
—¹⁵ Que vos agrade o cantar dos meus lábios *
e a voz da minha alma;
— que ela chegue até vós, ó Senhor,*
meu Rochedo e Redentor!

Ant. A lei do Senhor alegra o coração e ilumina os olhos.

Ant. 2 O Senhor se erguerá para julgar
os povos com justiça e retidão.

Salmo 7

Oração do justo caluniado

Eis que o Juiz está às portas (Tg 5,9).

I

— ² Senhor meu Deus, em vós procuro o meu refúgio: *
vinde salvar-me do inimigo, libertai-me!
=³ Não aconteça que agarrem minha vida †
como um leão que despedaça a sua presa, *
sem que ninguém venha salvar-me e libertar-me!
—⁴ Senhor Deus, se algum mal eu pratiquei, *
se manchei as minhas mãos na iniquidade,

– ⁵ se acaso fiz o mal a meu amigo, *
eu que poupei quem me oprimia sem razão;
= ⁶ que o inimigo me persiga e me alcance, †
que esmague minha vida contra o pó, *
e arraste minha honra pelo chão!
– ⁷ Erguei-vos, ó Senhor, em vossa ira; *
levantai-vos contra a fúria do inimigo!
– Levantai-vos, defendei-me no juízo, *
⁸ porque **vós** já decretastes a sentença!
= Que vos circunde a assembleia das nações; †
tomai vosso lugar acima dela! *
⁹ O Senhor é o juiz dos povos todos.
– Julgai-me, Senhor Deus, como eu mereço *
e segundo a inocência que há em mim!
= ¹⁰ Ponde um **fim** à iniquidade dos perversos, †
e confirmai o vosso justo, ó Deus-justiça, *
vós que sondais os nossos rins e corações.

Ant. O Senhor se erguerá para julgar
os povos com justiça e retidão.

Ant. 3 Deus é juiz, ele julga com justiça,
e salva os que têm reto coração.

II

– ¹¹ O Deus vivo é um escudo protetor, *
e salva aqueles que têm reto coração.
– ¹² Deus é juiz, e ele julga com justiça, *
mas é um **Deus** que ameaça cada dia.
= ¹³ Se para ele o coração não converterem, †
preparará a sua espada e o seu arco, *
e contra eles voltará as suas armas.
– ¹⁴ Setas mortais ele prepara e os alveja, *
e dispara suas flechas como raios.
– ¹⁵ Eis que o ímpio concebeu a iniquidade, *
engravidou e deu à luz a falsidade.

—¹⁶ Um buraco ele cavou e aprofundou,*
    mas ele mesmo nessa cova foi cair.
—¹⁷ O mal que fez lhe cairá sobre a cabeça, *
    recairá sobre seu crânio a violência!
—¹⁸ Mas eu darei graças a Deus que fez justiça, *
    e cantarei salmodiando ao Deus Altíssimo.

Ant. Deus é juiz, ele julga com justiça,
    e salva os que têm reto coração.

Para as outras Horas, Salmodia complementar, p. 1178.

Oração das Nove Horas

Leitura breve   Rm 13,8.10

Não fiqueis devendo nada a ninguém, a não ser o amor mútuo – pois quem ama o próximo está cumprindo a Lei. O amor não faz nenhum mal contra o próximo. Portanto, o amor é o cumprimento perfeito da Lei.

V. Não me afasteis, vós que sois o meu auxílio.
R. Meu Deus e Salvador, não me deixeis!

Oração

Ó Deus, Pai de bondade, destes o trabalho aos seres humanos para que, unindo seus esforços, progridam cada vez mais; concedei que, em nossas atividades, vos amemos a vós como filhos e filhas e a todos como irmãos e irmãs. Por Cristo, nosso Senhor.

Oração das Doze Horas

Leitura breve   Tg 1,19b-20.26

Todo homem deve ser pronto para ouvir, mas moroso para falar e moroso para se irritar. Pois a cólera do homem não é capaz de realizar a justiça de Deus. Se alguém julga ser religioso e não refreia a sua língua, engana-se a si mesmo: a sua religião é vã.

V. Bendi**rei** o Senhor **Deus** em todo o **tem**po.
R. Seu louv**or** estará **sem**pre em minha **bo**ca.

Oração

Ó Deus, senhor e guarda da vinha e da colheita, que repartis as tarefas e dais a justa recompensa, fazei-nos carregar o peso do dia, sem jamais murmurar contra a vossa vontade. Por Cristo, nosso senhor.

Oração das Quinze Horas

Leitura breve   1Pd 17b.18a.19

Vivei respeitando a Deus durante o tempo de vossa migração neste mundo. Sabeis que fostes resgatados não por meio de coisas perecíveis, como a prata ou o ouro, mas pelo precioso sangue de Cristo, como de um cordeiro sem mancha nem defeito.

V. Liber**tai**-me, ó Se**nhor**, tende pie**da**de!
R. Ao Se**nhor** eu bendi**rei** nas assem**blei**as.

Oração

Ó Deus, que nos convocais para o louvor, na mesma hora em que os Apóstolos subiam ao templo, concedei que esta prece, feita de coração sincero em nome de Jesus, alcance a salvação para quantos o invocam. Por Cristo, nosso Senhor.

A conclusão da Hora como no Ordinário.

Vésperas

V. Vinde, ó **Deus**. Glória ao **Pai**. Como era. Ale**lui**a.

Hino

> Ó Deus, organizando
> o líquido elemento,
> as águas dividistes
> firmando o firmamento.

As nuvens fazem sombra,
os rios dão frescor;
assim tempera a água,
dos astros o calor.

Em nós vertei a graça,
a água benfazeja;
do fogo das paixões,
constante, nos proteja.

Que a fé encontre a luz
e espalhe o seu clarão;
que nada impeça a alma
no impulso da ascensão!

Ao Pai e ao Filho, glória;
ao Espírito também:
louvor, honra e vitória
agora e sempre. Amém.

Salmodia

Ant. 1 Os **o**lhos do Se**nh**or se **vol**tam para o **po**bre.

Salmo 10(11)

Confiança inabalável em Deus

Bem-aventurados os que têm fome e sede de justiça porque serão saciados (Mt 5,6).

= ¹ No Se**nh**or encontro **a**brigo; †
   como, en**tão**, podeis dizer-me: *
   "Voa aos **mon**tes, passarinho!

— ² Eis os **ím**pios de arcos tensos, *
   pondo as **fle**chas sobre as cordas,
— e alve**jan**do em meio à noite *
   os de **re**to coração!

= ³ Quando os **pró**prios fundamentos †
   do univer**s**o se abalaram, *
   o que **po**de ainda o justo?"—

– ⁴Deus **está** no templo santo, *
e no **céu** tem o seu trono;
– volta os **olhos** para o mundo, *
seu **olhar** penetra os homens.
– ⁵**Exami**na o justo e o ímpio, *
e de**tes**ta o que ama o mal.
= ⁶Sobre os **maus** fará chover †
fogo, enxofre e vento ardente, *
como **par**te de seu cálice.
– ⁷Porque **jus**to é nosso Deus, *
o Se**nhor** ama a justiça.
– Quem tem **reto** coração *
há de **ver** a sua face.

Ant. Os **o**lhos do Se**nhor** se **vol**tam para o **po**bre.

Ant. 2 **Felizes** os de **puro cora**ção,
porque eles have**rão** de ver a **Deus**.

Salmo 14(15)
Quem é digno aos olhos de Deus?

Vós vos aproximastes do monte Sião e da Cidade do Deus vivo (Hb 12,22).

– ¹"**Senhor**, quem mora**rá** em vossa **casa** *
e em **vos**so Monte santo habitará?"
– ²É **a**quele que caminha sem pecado *
e pratica a justiça fielmente;
– que **pen**sa a verdade no seu íntimo *
³e não **sol**ta em calúnias sua língua;
– que em **na**da prejudica o seu irmão, *
nem **co**bre de insultos seu vizinho;
– ⁴que não **dá** valor algum ao homem ímpio, *
mas **hon**ra os que respeitam o Senhor;

— que sus**ten**ta o que jurou, mesmo com dano; *
⁵ não em**pres**ta o seu dinheiro com usura,
— nem se **dei**xa subornar contra o inocente. *
 Jamais vacilará quem vive assim!

Ant. Felizes os de **pu**ro co**ra**ção,
 porque **e**les have**rão** de ver a **Deus**.

Ant. 3 No seu **Fi**lho o **Pai** nos esco**lheu**,
 para **ser**mos seus **fi**lhos ado**ti**vos.

Nos cânticos que se seguem, o refrão entre parênteses é opcional.

Cântico   Ef 1,3-10

O plano divino da salvação

— ³ **Ben**dito e lou**va**do seja **Deus**, *
 o **Pai** de Jesus Cristo, Senhor nosso,
— que do alto **céu** nos aben**çoo**u em Jesus Cristo *
 com **bên**ção espiritual de toda sorte!

(R. **Ben**dito se**jais** **vós**, nosso **Pai**,
 que **nos** aben**çoas**tes em **Cris**to!)

— ⁴ Foi em **Cris**to que Deus Pai nos esco**lheu**, *
 já bem **an**tes de o mundo ser criado,
— para que **fôs**semos, perante a sua face, *
 sem **má**cula e santos pelo amor.   (R.)

= ⁵ Por **li**vre decisão de sua vontade, †
 predesti**nou**-nos, através de Jesus Cristo, *
 a sermos **ne**le os seus filhos adotivos,
— ⁶ para o lou**vor** e para a glória de sua graça, *
 que em seu Filho bem-amado nos doou.   (R.)

— ⁷ É **ne**le que nós temos redenção, *
 dos pe**ca**dos remissão pelo seu sangue.
= Sua **gra**ça transbordante e inesgotável †
 ⁸ Deus der**ra**ma sobre nós com abundância, *
 de sa**ber** e inteligência nos dotando.   (R.)

Segunda-feira – Vésperas

– ⁹ E assim, ele nos deu a conhecer *
   o mistério de seu plano e sua vontade,
– que propusera em seu querer benevolente, *
   ¹⁰ na plenitude dos tempos realizar:
– o desígnio de, em Cristo, reunir *
   todas as coisas: as da terra e as do céu. (R.)

Ant. No seu Filho o Pai nos escolheu,
   para sermos seus filhos adotivos.

Leitura breve Cl 1,9b-11

Que chegueis a conhecer plenamente a vontade de Deus, com toda a sabedoria e com o discernimento da luz do Espírito. Pois deveis levar uma vida digna do Senhor, para lhe serdes agradáveis em tudo. Deveis produzir frutos em toda a boa obra e crescer no conhecimento de Deus, animados de muita força, pelo poder de sua glória, de muita paciência e constância, com alegria.

Responsório breve

R. **Curai-me, Senhor,**
  * **Pois pequei contra vós.** R. **Curai-me.**
V. V. Eu vos digo: Meu **Deus**, tende **pena** de **mim**!
  * Pois pe**quei**. Glória ao **Pai**. R. **Curai-me.**

Cântico evangélico, ant.

A minh'**alma** engran**de**ce o Se**nhor**,
porque **olhou** para a **m**inha humil**da**de.

Preces

Demos graças a Deus Pai que, lembrando a sua aliança, não cessa de nos fazer o bem. Cheios de confiança, elevemos a ele nossa oração, dizendo:

R. **Dai-nos, Senhor, vossos bens com fartura!**

Salvai, Senhor, o vosso povo,
– abençoai a vossa herança. R.

Congregai na unidade os que têm o nome de cristãos,
– para que o mundo acredite em Cristo, o Salvador que nos enviastes.
R. Dai-nos, Senhor, vossos bens com fartura!

Concedei a vossa graça a todos os nossos amigos e conhecidos,
– para que em toda parte deem o testemunho de Cristo. R.

Manifestai o vosso amor aos agonizantes,
– e dai-lhes a vossa salvação. R.

(intenções livres)

Sede misericordioso para com os nossos irmãos e irmãs falecidos,
– e abri-lhes as portas do paraíso. R.
Pai nosso...

Oração

Este nosso serviço de louvor proclame, Senhor, vossa grandeza; e como, para nos salvar, olhastes com amor a humildade da Virgem Maria, assim elevai-nos à plenitude da redenção. Por nosso Senhor Jesus Cristo, vosso Filho, na unidade do Espírito Santo.

A conclusão da Hora como no Ordinário, p. 607.

I TERÇA-FEIRA

Invitatório

V. **Abri** os meus **lá**bios. R. E minha **boca**.
R. O Se**nhor** é o grande **Rei**; vinde **to**dos, ado**re**mos!

Salmo invitatório como no Ordinário, p. 583.

Ofício das Leituras

V. Vinde, ó **Deus**. Glória ao **Pai**. Como **e**ra. Ale**lu**ia.

Esta introdução se omite quando o Invitatório precede imediatamente ao Ofício das Leituras.

Hino

I. Quando se diz o Ofício das Leituras durante a noite ou de madrugada:

> Da luz do Pai nascido,
> vós mesmo luz e aurora,
> ouvi os que suplicam,
> cantando noite afora.

> Varrei as nossas trevas
> e as hostes do inimigo:
> o sono, em seus assaltos,
> não ache em nós abrigo.

> Ó Cristo, perdoai-nos,
> pois Deus vos proclamamos.
> Propício seja o canto
> que agora iniciamos.

> A glória seja ao Pai,
> ao Filho seu também,
> ao Espírito igualmente,
> agora e sempre. Amém.

II. Quando se diz o Ofício das Leituras durante o dia:

> Ó Trindade Sacrossanta,
> ordenais o que fizestes.

Ao trabalho dais o dia,
ao descanso a noite destes.

De manhã, à tarde e à noite,
vossa glória celebramos.
Nesta glória conservai-nos
todo o tempo que vivamos.

Ante vós ajoelhamos
em humilde adoração.
Reuni as nossas preces
à celeste louvação.

Escutai-nos, Pai piedoso,
e vós, Filho de Deus Pai,
com o Espírito Paráclito,
pelos séculos reinais.

Salmodia

Ant. 1 O Senhor fará justiça para os pobres.

Salmo 9 B (10)

Ação de graças

Bem-aventurados vós, os pobres, porque vosso é o Reino de Deus! (Lc 6,20)

I

– ¹ Ó Senhor, por que ficais assim tão longe, *
  e, no tempo da aflição, vos escondeis,
– ² enquanto o pecador se ensoberbece, *
  o pobre sofre e cai no laço do malvado?

– ³ O ímpio se gloria em seus excessos, *
  blasfema o avarento e vos despreza;
– ⁴ em seu orgulho ele diz: "Não há castigo! *
  Deus não existe!" –⁵ É isto mesmo que ele pensa.

= Prospera a sua vida em todo tempo; †
  vossos juízos estão longe de sua mente; *
  ele vive desprezando os seus rivais.

—6 No seu **ín**timo ele pensa: "Estou seguro! *
Nunca ja**mais** me atingirá desgraça alguma!"
—7 Só há mal**da**de e violência em sua boca, *
em sua **lín**gua, só mentira e falsidade.
—8 Arma embos**ca**das nas saídas das aldeias, *
mata ino**cen**tes em lugares escondidos.
—9 Com seus **o**lhos ele espreita o indefeso, *
como um le**ão** que se esconde atrás da moita;
assalta o **ho**mem infeliz para prendê-lo, *
agarra o **po**bre e o arrasta em sua rede.
—10 Ele se **cur**va, põe-se rente sobre o chão, *
e o inde**fe**so tomba e cai em suas garras.
—11 Pensa con**si**go: "O Senhor se esquece dele, *
esconde o **ros**to e já não vê o que se passa!"

Ant. O Se**nhor** fará jus**ti**ça para os **po**bres.

Ant. 2 Vós, Se**nhor**, vedes a **dor** e o sofri**men**to.

II

—12 Levantai-vos, ó Se**nhor**, erguei a **mão**! *
Não esque**çais** os vossos pobres para sempre!
—13 Por que o **ím**pio vos despreza desse modo?*
Por que **diz** no coração: "Deus não castiga?"
—14 Vós, po**rém**, vedes a dor e o sofrimento, *
vós o**lhais** e tomais tudo em vossas mãos!
A vós o **po**bre se abandona confiante, *
sois dos **ór**fãos vigilante protetor.
—15 Quebrai o **bra**ço do injusto e do malvado! *
Casti**gai** sua malícia e desfazei-a!
—16 Deus é **Rei** durante os séculos eternos. *
Desapa**re**çam desta terra os malfeitores!
—17 Escu**tas**tes os desejos dos pequenos, *
seu cora**ção** fortalecestes e os ouvistes,

=¹⁸para que os **órf**ãos e oprimidos deste mundo †
  tenham em **vós** o defensor de seus direitos, *
  e o homem ter**re**no nunca mais cause terror!

Ant. Vós, Se**nh**or, vedes a **dor** e o sofri**men**to.

Ant. 3 As pa**la**vras do Se**nh**or são verda**dei**ras
  como a **pra**ta depu**ra**da pelo **fo**go.

Salmo 11(12)
Oração contra as más línguas

Porque éramos pobres, o Pai enviou o seu Filho (Sto. Agostinho).

– ²Senhor, sal**vai**-nos! Já não **há** um homem **bom**!*
  Não há **mais** fidelidade em meio aos homens!
– ³Cada **um** só diz mentiras a seu próximo, *
  com língua **fal**sa e coração enganador.
– ⁴Senhor, ca**lai** todas as bocas mentirosas *
  e a **lín**gua dos que falam com soberba,
– ⁵dos que **di**zem: "Nossa língua é nossa força! *
  Nossos **lá**bios são por nós! – Quem nos domina?"
– ⁶"Por **cau**sa da aflição dos pequeninos,*
  do cla**mor** dos infelizes e dos pobres,
– agora **mes**mo me erguerei, diz o Senhor,*
  e da**rei** a salvação aos que a desejam!"
= ⁷As palavras do Senhor são verdadeiras, †
  como a **pra**ta totalmente depurada, *
  sete **ve**zes depurada pelo fogo.
– ⁸Vós, po**rém**, ó Senhor Deus, nos guardareis *
  para **sem**pre, nos livrando desta raça!
– Em toda a **par**te os malvados andam soltos, *
  porque se e**xal**ta entre os homens a baixeza.

Ant. As pa**la**vras do Se**nh**or são verda**dei**ras
  como a **pra**ta depu**ra**da pelo **fo**go.

V. Deus dirige os humildes na justiça.
R. E aos pobres ele ensina o seu caminho.

Leituras e oração correspondentes a cada Ofício.

Laudes

V. Vinde, ó **Deus**. Glória ao **Pai**. Como era. Ale**lui**a.

Esta introdução se omite quando o Invitatório precede imediatamente às Laudes.

Hino

Já vem brilhante aurora
o sol anunciar.
De cor reveste as coisas,
faz tudo cintilar.

Ó Cristo, Sol eterno,
vivente para nós,
saltamos de alegria,
cantando para vós.

Do Pai Ciência e Verbo,
por quem se fez a luz,
as mentes, para vós,
levai, Senhor Jesus.

Que nós, da luz os filhos,
solícitos andemos.
Do Pai eterno a graça
nos atos expressemos.

Profira a nossa boca
palavras de verdade,
trazendo à alma o gozo
que vem da lealdade.

A vós, ó Cristo, a glória
e a vós, ó Pai, também,
com vosso Santo Espírito,
agora e sempre. Amém.

Salmodia

Ant. 1 Quem tem mãos **pu**ras e inocente cora**ção** subi**rá** até o **mon**te do Se**nhor**.

Quando o salmo seguinte já tiver sido recitado no Invitatório, em seu lugar se diz o salmo 94(95), à p. 583.

Salmo 23(24)

Entrada do Senhor no templo

Na Ascensão, as portas do céu se abriram para o Cristo (Sto. Irineu).

– ¹Ao Se**nhor** pertence a **ter**ra e o que ela en**cer**ra, *
 o mundo in**tei**ro com os seres que o povoam;
– ²porque **e**le a tornou firme sobre os mares, *
 e sobre as **á**guas a mantém inabalável.
– ³"Quem subi**rá** até o monte do Senhor, *
 quem fica**rá** em sua santa habitação?"
= ⁴"Quem tem mãos **pu**ras e inocente coração, †
 quem não di**ri**ge sua mente para o crime, *
 nem jura **fal**so para o dano de seu próximo.
– ⁵Sobre **es**te desce a bênção do Senhor *
 e a recom**pen**sa de seu Deus e Salvador".
– ⁶"É as**sim** a geração dos que o procuram, *
 e do **Deus** de Israel buscam a face".
= ⁷"Ó **por**tas, levantai vossos frontões! †
 Ele**vai**-vos bem mais alto, antigas portas, *
 a fim de **que** o Rei da glória possa entrar!"
= ⁸Di**zei**-nos: "Quem é este Rei da glória?" †
 "É o Se**nhor**, o valoroso, o onipotente, *
 o Se**nhor**, o poderoso nas batalhas!"
= ⁹"Ó **por**tas, levantai vossos frontões! †
 Ele**vai**-vos bem mais alto, antigas portas, *
 a fim de **que** o Rei da glória possa entrar!" –

=¹⁰ Dizei-nos: "Quem é este Rei da glória?" †
   "O Rei da **gló**ria é o Senhor onipotente, *
   o Rei da **gló**ria é o Senhor Deus do universo!"

Ant. Quem tem mãos **pu**ras e ino**cen**te cora**ção**
   subi**rá** até o **mon**te do Se**nhor**.

Ant. 2 Vossas **o**bras celebrem a **Deus**
   e e**xal**tem o **Rei** sempi**ter**no.

Cântico   Tb 13,2-8

Deus castiga e salva

Bendito seja Deus, Pai de Nosso Senhor Jesus Cristo. Em sua grande misericórdia nos fez nascer de novo, para uma esperança viva (1Pd 1,3).

– ² Vós sois **gran**de, Se**nhor**, para **sem**pre, *
  e o vosso **Rei**no se estende nos séculos!

– Porque **vós** castigais e salvais, *
  fazeis des**cer** aos abismos da terra,

– e de **lá** nos trazeis novamente: *
  de vossa **mão** nada pode escapar.

–³ Vós que **sois** de Israel, dai-lhe graças *
  e por **en**tre as nações celebrai-o!

– O Se**nhor** dispersou-vos na terra *
  ⁴ para nar**rar**des sua glória entre os povos,

– e fa**zê**-los saber, para sempre, *
  que não **há** outro Deus além dele.

–⁵ Casti**gou**-nos por nossos pecados, *
  seu a**mor** haverá de salvar-nos.

–⁶ Compreen**dei** o que fez para nós, *
  dai-lhe **gra**ças, com todo o respeito!

– Vossas **o**bras celebrem a Deus *
  e e**xal**tem o Rei sempiterno!

– Nesta **ter**ra do meu cativeiro, *
  have**rei** de honrá-lo e louvá-lo,

- pois mos**trou** o seu grande poder, *
  sua **glória** à nação pecadora!
- Conver**tei**-vos, enfim, pecadores, *
  diante **dele** vivei na justiça;
- e sa**bei** que, se ele vos ama, *
  tam**bém** vos dará seu perdão!
- ⁷Eu desejo, de toda a minh'alma, *
  ale**grar**-me em Deus, Rei dos céus.
- ⁸Bendi**zei** o Senhor, seus eleitos, *
  fazei **festa** e alegres louvai-o!

Ant. Vossas **obras** ce**lebrem** a **Deus**
e exal**tem** o **Rei** sempi**terno**.

Ant. 3 Ó **justos**, ale**grai**-vos no Se**nhor**!
Aos **retos** fica **bem** glorificá-lo. †

Salmo 32(33)
Hino à providência de Deus

Por ele foram feitas todas as coisas (Jo 1,3).

- ¹Ó **justos**, ale**grai**-vos no Se**nhor**! *
  Aos **retos** fica bem glorificá-lo.
- ²† Dai **graças** ao Senhor ao som da harpa, *
  na **lira** de dez cordas celebrai-o!
- ³Can**tai** para o Senhor um canto novo, *
  com **arte** sustentai a louvação!
- ⁴Pois **reta** é a Palavra do Senhor, *
  e **tudo** o que ele faz merece fé.
- ⁵Deus **ama** o direito e a justiça, *
  trans**bor**da em toda a terra a sua graça.
- ⁶A Pa**lavra** do Senhor criou os céus, *
  e o **sopro** de seus lábios, as estrelas.
- ⁷Como num **odre** junta as águas do oceano, *
  e man**tém** no seu limite as grandes águas. –

—⁸ Adore ao Senhor a terra inteira, *
 e o respeitem os que habitam o universo!
—⁹ Ele falou e toda a terra foi criada, *
 ele ordenou e as coisas todas existiram.
—¹⁰ O Senhor desfaz os planos das nações *
 e os projetos que os povos se propõem.
=¹¹ Mas os desígnios do Senhor são para sempre, †
 e os pensamentos que ele traz no coração, *
 de geração em geração, vão perdurar.
—¹² Feliz o povo cujo Deus é o Senhor, *
 e a nação que escolheu por sua herança!
—¹³ Dos altos céus o Senhor olha e observa; *
 ele se inclina para olhar todos os homens.
—¹⁴ Ele contempla do lugar onde reside *
 e vê a todos os que habitam sobre a terra.
—¹⁵ Ele formou o coração de cada um *
 e por todos os seus atos se interessa.
—¹⁶ Um rei não vence pela força do exército, *
 nem o guerreiro escapará por seu vigor.
—¹⁷ Não são cavalos que garantem a vitória; *
 ninguém se salvará por sua força.
—¹⁸ Mas o Senhor pousa o olhar sobre os que o temem, *
 e que confiam esperando em seu amor,
—¹⁹ para da morte libertar as suas vidas *
 e alimentá-los quando é tempo de penúria.
—²⁰ No Senhor nós esperamos confiantes, *
 porque ele é nosso auxílio e proteção!
—²¹ Por isso o nosso coração se alegra nele, *
 seu santo nome é nossa única esperança.
—²² Sobre nós venha, Senhor, a vossa graça, *
 da mesma forma que em vós nós esperamos!

Ant. Ó **jus**tos, ale**grai**-vos no Se**nhor**!
Aos **re**tos fica **bem** glorificá-lo.

Leitura breve Rm 13,11b.12-13a

Já é hora de despertar. Com efeito, agora a salvação está mais perto de nós do que quando abraçamos a fé. A noite já vai adiantada, o dia vem chegando: despojemo-nos das ações das trevas e vistamos as armas da luz. Procedamos honestamente, como em pleno dia.

Responsório breve

R. Ó meu **Deus**, sois o ro**che**do que me **abri**ga,
 * Meu es**cu**do e prote**ção**: em vós es**pe**ro! R. Ó meu **Deus**.
V. Minha **ro**cha, meu **abri**go e Salva**dor**. * Meu es**cu**do.
 Glória ao **Pai**. R. Ó meu **Deus**.

Cântico evangélico, ant.

O Se**nhor** fez sur**gir** um pode**ro**so Salva**dor**,
como fa**la**ra pela **bo**ca de seus **san**tos e pro**fe**tas.

Preces

Irmãos e irmãs, chamados a participar de uma vocação celeste, bendigamos a Jesus Cristo, pontífice da nossa fé; e aclamemos:

R. **Senhor, nosso Deus e Salvador!**

Rei todo-poderoso, que pelo batismo nos conferistes um sacerdócio régio,
– fazei da nossa vida um contínuo sacrifício de louvor. R.

Ajudai-nos, Senhor, a guardar os vossos mandamentos,
– para que, pela força do Espírito Santo, permaneçamos em vós e vós permaneçais em nós. R.

Dai-nos a vossa sabedoria eterna,
– para que ela sempre nos acompanhe e dirija os nossos trabalhos. R.

Não permitais que neste dia sejamos motivo de tristeza para ninguém,
— mas causa de alegria para todos os que convivem conosco.
R.
(intenções livres)

Pai nosso...

Oração
Acolhei, Senhor, as preces desta manhã, e por vossa bondade iluminai as profundezas de nosso coração, para que não se prendam por desejos tenebrosos os que foram renovados pela luz de vossa graça. Por nosso Senhor Jesus Cristo, vosso Filho, na unidade do Espírito Santo.

A conclusão da Hora como no Ordinário.

Hora Média

V. Vinde, ó **Deus**. Glória ao **Pai**. Como era. Ale**lu**ia.

HINO como no Ordinário, p. 598-601.

Salmodia

Ant. 1 Feliz o **ho**mem que na **lei** do Senhor **Deus** vai pro**gre**din**do**.

Salmo 118(119),1-8
I (Aleph)

Meditação sobre a Palavra de Deus na Lei

Isto é amar a Deus: observar os seus mandamentos (1Jo 5,3).

—¹ Feliz o **ho**mem sem pe**ca**do em seu ca**mi**nho, *
que na **lei** do Senhor Deus vai progredindo!
—² Feliz o **ho**mem que observa seus preceitos, *
e de **to**do o coração procura a Deus!
—³ Que não pra**ti**ca a maldade em sua vida, *
mas vai an**dan**do nos caminhos do Senhor.

— ⁴Os **voss**os mandamentos vós nos destes, *
   para **ser**em fielmente observados.
— ⁵Oxa**lá** seja bem firme a minha vida *
   em cum**prir** vossa vontade e vossa lei!
— ⁶En**tão** não ficarei envergonhado *
   ao repas**sar** todos os vossos mandamentos.
— ⁷Quero lou**var**-vos com sincero coração, *
   pois apren**di** as vossas justas decisões.
— ⁸Quero guar**dar** vossa vontade e vossa lei; *
   Se**nhor**, não me deixeis desamparado!

Ant. Feliz o **ho**mem que na **lei**
   do Senhor **Deus** vai progre**din**do.

Ant. 2 Meu cora**ção**, por vosso auxílio, rejubile!

Salmo 12(13)

Lamentação do justo que confia em Deus

Que o Deus da esperança vos encha de alegria (Rm 15,13).

— ²Até **quan**do, ó Se**nhor**, me esquece**reis**?*
   Até **quan**do escondereis a vossa face?
= ³Até **quan**do estará triste a minha alma? †
   e o cora**ção** angustiado cada dia?*
   Até **quan**do o inimigo se erguerá?
= ⁴**Olhai**, Senhor, meu Deus, e respondei-me! †
   Não dei**xeis** que se me apague a luz dos olhos *
   e se **fe**chem, pela morte, adormecidos!
= ⁵Que o ini**mi**go não me diga: "Eu triunfei!" †
   Nem ex**ul**te o opressor por minha queda,*
   ⁶uma **vez** que confiei no vosso amor!
— Meu cora**ção**, por vosso auxílio, rejubile, *
   e que eu vos **can**te pelo bem que me fizestes!

Ant. Meu coração, por vosso auxílio, rejubile!

Ant. 3 À humanidade, quando imersa no pecado,
o Senhor manifestou sua bondade.

Salmo 13(14)

A insensatez dos ímpios

*Onde se multiplicou o pecado, aí superabundou a graça
(Rm 5,20).*

— ¹ Diz o insensato e seu próprio coração: *
 "Não há Deus! Deus não existe!"
— Corromperam-se em ações abomináveis. *
 Já não há quem faça o bem!
— ² O Senhor, ele se inclina lá dos céus *
 sobre os filhos de Adão,
— para ver se resta um homem de bom senso *
 que ainda busque a Deus.
— ³ Mas todos eles igualmente se perderam, *
 corrompendo-se uns aos outros;
— não existe mais nenhum que faça o bem, *
 não existe um sequer.
— ⁴ Será que não percebem os malvados*
 quando exploram o meu povo?
— Eles devoram o meu povo como pão, *
 e não invocam o Senhor.
— ⁵ Mas um dia vão tremer de tanto medo, *
 porque Deus está com o justo.
— ⁶ Podeis rir da esperança dos humildes, *
 mas o Senhor é o seu refúgio!
— ⁷ Que venha, venha logo de Sião*
 a salvação de Israel!
— Quando o Senhor reconduzir do cativeiro *
 os deportados de seu povo,
— que júbilo e que festa em Jacó, *
 que alegria em Israel!

Ant. À humanidade, quando imersa no pecado,
o Senhor manifestou sua bondade.

Para as outras Horas, Salmodia complementar, p. 1178.

Oração das Nove Horas

Leitura breve   Jr 17,7-8

Bendito o homem que confia no Senhor, cuja esperança é o Senhor; é como a árvore plantada junto às águas, que estende as raízes em busca de umidade, por isso não teme a chegada do calor: sua folhagem mantém-se verde, não sofre míngua em tempo de seca e nunca deixa de dar frutos.

V. O Senhor nunca recusa bem algum.
R. Àqueles que caminham na justiça.

Oração

Deus eterno e todo-poderoso, que nesta hora enviastes aos Apóstolos vosso santo Paráclito, comunicai-nos também este Espírito de amor, para darmos de vós um testemunho fiel diante de todos. Por Cristo, nosso Senhor.

Oração das Doze Horas

Leitura breve   Pr 3,13-15

Feliz o homem que encontrou a sabedoria, o homem que alcançou a prudência! Ganhá-la vale mais do que a prata, e o seu lucro mais do que o ouro. É mais valiosa do que as pérolas; nada que desejas a iguala.

V. Vós amais os corações que são sinceros.
R. Na intimidade me ensinais sabedoria.

Oração

Ó Deus, que revelastes a Pedro vosso plano de salvação para todos os povos, fazei que nossos trabalhos vos agradem e, pela vossa graça, sirvam ao vosso desígnio de amor e redenção. Por Cristo, nosso Senhor.

Oração das Quinze Horas

Leitura breve Jó 5,17-18
Feliz o homem a quem Deus corrige: não desprezes a lição do Todo-Poderoso, porque ele fere e cura a ferida, golpeia e cura com a sua mão.

V. Con**for**me o vosso **amor**, Senhor, tra**tai**-me.
R. E tam**bém** vossos de**sí**gnios ensi**nai**-me!

Oração
Senhor Deus, que enviastes vosso anjo para mostrar ao centurião Cornélio o caminho da vida, concedei-nos trabalhar com alegria para a salvação da humanidade, a fim de que, unidos todos na vossa Igreja, possamos chegar até vós. Por Cristo, nosso Senhor.

A conclusão da Hora como no Ordinário.

Vésperas
V. Vinde, ó **Deus**. Glória ao **Pai**. Como era. Ale**lu**ia.

Hino

    Ó grande Autor da terra,
    que, as águas repelindo,
    do mundo o solo erguestes,
    a terra produzindo,

    de plantas revestida,
    ornada pelas flores,
    e dando muitos frutos,
    diversos em sabores.

    Lavai as manchas da alma
    na fonte, pela graça.
    O pranto em nossos olhos
    as más ações desfaça.

    Seguindo as vossas leis,
    lutemos contra o mal,

felizes pelo dom
da vida perenal.

Ouvi-nos, Pai bondoso,
e vós, dileto Filho,
unidos pelo Espírito
na luz de eterno brilho.

Salmodia
Ant. 1 Ó Senhor, exaltai o vosso Ungido!

Salmo 19(20)
Oração pela vitória do rei
Quem invocar o nome do Senhor, será salvo (At 2,21).

— ² Que o Senhor te escute no dia da aflição, *
e o Deus de Jacó te proteja por seu nome!
— ³ Que do seu santuário te envie seu auxílio *
e te ajude do alto, do Monte de Sião!
— ⁴ Que de todos os teus sacrifícios se recorde, *
e os teus holocaustos aceite com agrado!
— ⁵ Atenda os desejos que tens no coração; *
plenamente ele cumpra as tuas esperanças!
= ⁶ Com a vossa vitória então exultaremos, †
levantando as bandeiras em nome do Senhor. *
Que o Senhor te escute e atenda os teus pedidos!
— ⁷ E agora estou certo de que Deus dará a vitória, *
que o Senhor há de dar a vitória a seu Ungido;
— que haverá de atendê-lo do excelso santuário, *
pela força e poder de sua mão vitoriosa.
— ⁸ Uns confiam nos carros e outros nos cavalos; *
nós, porém, somos fortes no nome do Senhor.
— ⁹ Todos eles, tombando, caíram pelo chão; *
nós ficamos de pé e assim resistiremos. —

—¹⁰ Ó Senhor, dai vitória e salvai o nosso rei, *
  e escutai-nos no dia em que nós vos invocarmos.

Ant. Ó Senhor, exaltai o vosso Ungido!

Ant. 2 Cantaremos celebrando a vossa força.

Salmo 20(21),2-8.14

Ação de graças pela vitória do Rei

O Cristo ressuscitado recebeu a vida para sempre (Sto. Irineu).

— ² Ó Senhor, em vossa força o rei se alegra; *
  quanto exulta de alegria em vosso auxílio!
— ³ O que sonhou seu coração, lhe concedestes; *
  não recusastes os pedidos de seus lábios.
— ⁴ Com bênção generosa o preparastes; *
  de ouro puro coroastes sua fronte.
— ⁵ A vida ele pediu e vós lhe destes *
  longos dias, vida longa pelos séculos.
— ⁶ É grande a sua glória em vosso auxílio; *
  de esplendor e majestade o revestistes.
— ⁷ Transformastes o seu nome numa bênção, *
  e o cobristes de alegria em vossa face.
— ⁸ Por isso o rei confia no Senhor, *
  e por seu amor fiel não cairá.
— ¹⁴ Levantai-vos com poder, ó Senhor Deus, *
  e cantaremos celebrando a vossa força!

Ant. Cantaremos celebrando a vossa força.

Ant. 3 Fizestes de nós para Deus sacerdotes e povo de reis.

Cântico   Ap 4,11; 5,9.10.12

Hino dos remidos

—⁴,¹¹ Vós sois digno, Senhor nosso Deus, *
  de receber honra, glória e poder!

(R. **Poder**, honra e **glória** ao Cordeiro de **Deus**!)

=⁵,⁹ Porque **todas** as coisas criastes, †
  é por **vos**sa vontade que existem, *
  e sub**sis**tem porque vós mandais. (R.)

= Vós sois **dig**no, Senhor nosso Deus, †
  de o **li**vro nas mãos receber *
  e de **abrir** suas folhas lacradas! (R.)

— Porque **fos**tes por nós imolado; *
  para **Deus** nos remiu vosso sangue
— dentre **to**das as tribos e línguas, *
  dentre os **po**vos da terra e nações. (R.)

=¹⁰ Pois fi**zes**tes de nós, para Deus, †
  sacer**do**tes e povo de reis, *
  e i**re**mos reinar sobre a terra. (R.)

=¹² O Cor**dei**ro imolado é digno †
  de rece**ber** honra, glória e poder, *
  sabe**do**ria, louvor, divindade! (R.)

Ant. Fizestes de **nós** para **Deus** sacer**do**tes e **povo** de **reis**.

Leitura breve
1Jo 3,1a.2

Vede que grande presente de amor o Pai nos deu: de sermos chamados filhos de Deus! E nós o somos! Caríssimos, desde já somos filhos de Deus, mas nem sequer se manifestou o que seremos! Sabemos que, quando Jesus se manifestar, seremos semelhantes a ele, porque o veremos tal como ele é.

Responsório breve

R. Vossa palavra, ó **Se**nhor,
 * Per**ma**nece eternamen**te**. R. Vossa pa**la**vra.
V. Vossa ver**da**de é para **sem**pre. * Per**ma**nece.
  Glória ao **Pai**. R. Vossa pa**la**vra.

Cântico evangélico, ant.
Exul**te meu es**pí**rito em Deus meu Salva**dor!

Preces

Louvemos o Senhor Jesus Cristo que vive no meio de nós, povo que ele conquistou; e supliquemos:
R. **Ouvi, Senhor, a nossa oração!**

Senhor, rei e dominador de todos os povos, vinde em ajuda de todas as nações e de seus governantes,
– para que busquem, na concórdia, o bem comum, de acordo com a vossa vontade. R.

Vós, que, subindo aos céus, levastes convosco os cativos,
– restituí a liberdade de filhos de Deus aos nossos irmãos e irmãs prisioneiros no corpo ou no espírito. R.

Concedei aos nossos jovens a realização de suas esperanças,
– para que saibam responder ao vosso chamado com grandeza de alma. R.

Fazei que as crianças imitem vosso exemplo,
– e cresçam sempre em sabedoria e em graça. R.

(intenções livres)

Acolhei os que morreram na glória do vosso Reino,
– onde também nós esperamos reinar convosco para sempre.
R.

Pai nosso...

Oração

Nós vos damos graças, Senhor Deus todo-poderoso, que nos fizestes chegar a esta hora; aceitai bondoso, qual sacrifício vespertino, nossas mãos erguidas em oração, que confiantes vos apresentamos. Por nosso Senhor Jesus Cristo, vosso Filho, na unidade do Espírito Santo.

A conclusão da Hora como no Ordinário.

I QUARTA-FEIRA

Invitatório

V. **Abri** os meus **lá**bios. R. E minha **bo**ca.
R. Adoremos o **Se**nhor, pois foi ele quem nos **fez**.
Salmo invitatório como no Ordinário, p. 583.

Ofício das Leituras

V. Vinde, ó **Deus**. Glória ao **Pai**. Como era. Ale**lu**ia.
Esta introdução se omite quando o Invitatório precede imediatamente ao Ofício das Leituras.

Hino

I. Quando se diz o Ofício das Leituras durante a noite ou de madrugada:

Criastes céu e terra,
a vós tudo obedece;
livrai a nossa mente
do sono que entorpece.

As culpas perdoai,
Senhor, vos suplicamos;
de pé, para louvar-vos,
o dia antecipamos.

À noite as mãos e as almas
erguemos para o templo:
mandou-nos o Profeta,
deixou-nos Paulo o exemplo.

As faltas conheceis
e até as que ocultamos;
a todas perdoai,
ansiosos suplicamos.

A glória seja ao Pai,
ao Filho seu também,
ao Espírito igualmente,
agora e sempre. Amém.

II. Quando se diz o Ofício das Leituras durante o dia:

A vós, honra e glória,
Senhor do saber,
que vedes o íntimo
profundo do ser,
e em fontes de graça
nos dais de beber.

As boas ovelhas
guardando, pastor,
buscais a perdida
nos montes da dor,
unindo-as nos prados
floridos do amor.

A ira do Rei
no dia final
não junte aos cabritos
o pobre mortal.
Juntai-o às ovelhas
no prado eternal.

A vós, Redentor,
Senhor, Sumo Bem,
louvores, vitória
e glória convém,
porque reinais sempre
nos séculos. Amém.

Salmodia

Ant. 1 Eu vos **amo**, ó **Senhor**! Sois minha **força**! †

Salmo 17(18),2-30

Ação de graças pela salvação e pela vitória

Na mesma hora aconteceu um grande terremoto (Ap 11,13).

I

— ² Eu vos **amo**, ó Se**nhor**! Sois minha **força**, *
— ³ †minha **rocha**, meu refúgio e Salvador!
= Ó meu **Deus,** sois o rochedo que me abriga, †
minha **força** e poderosa salvação,*
sois meu es**cu**do e proteção: em vós espero!
— ⁴ Invoca**rei** o meu Senhor: a ele a glória! *
e dos **meus** perseguidores serei salvo!
— ⁵ Ondas da **mor**te me envolveram totalmente, *
e as tor**ren**tes da maldade me aterraram;
— ⁶ os **laços** do abismo me amarraram *
e a própria **mor**te me prendeu em suas redes.
— ⁷ Ao Se**nhor** eu invoquei na minha angústia *
e ele**vei** o meu clamor para o meu Deus;
— de seu **Tem**plo ele escutou a minha voz, *
e che**gou** a seus ouvidos o meu grito.

Ant. Eu vos **amo**, ó Se**nhor**! Sois minha **força**!

Ant. 2 O Se**nhor** me liber**tou**, porque me **ama**.

II

=⁸ A terra **to**da estreme**ceu** e se aba**lou**, †
os funda**men**tos das montanhas vacilaram *
e se agi**ta**ram, porque Deus estava irado.
=⁹ De seu na**riz** fumaça em nuvens se elevou, †
da **bo**ca lhe saiu um fogo abrasador, *
dos **lá**bios seus, carvões incandescentes.
—¹⁰ Os **céus** ele abaixou e então desceu, *
pou**san**do em nuvens pretas os seus pés.
—¹¹ Um queru**bim** o conduzia no seu vôo, *
sobre as **a**sas do vento ele pairava. —

—¹² Das **tre**vas fez um véu para envolver-se, *
  escon**deu**-se em densas nuvens e água escura.
—¹³ No cla**rão** que procedia de seu rosto, *
  car**vões** incandescentes se acendiam.
—¹⁴ Trove**jou** dos altos céus o Senhor Deus, *
  o Al**tís**simo fez ouvir a sua voz;
—¹⁵ e, lan**çan**do as suas flechas, dissipou-os, *
  disper**sou**-os com seus raios fulgurantes.
—¹⁶ Até o **fun**do do oceano apareceu, *
  e os funda**men**tos do universo foram vistos,
— ante as **vos**sas ameaças, ó Senhor *
  e ao **so**pro abrasador de vossa ira.
—¹⁷ Lá do **al**to ele estendeu a sua mão *
  e das **á**guas mais profundas retirou-me;
—¹⁸ liber**tou**-me do inimigo poderoso *
  e de ri**vais** muito mais fortes do que eu.
—¹⁹ Assal**ta**ram-me no dia da aflição, *
  mas o Se**nhor** foi para mim um protetor;
—²⁰ colo**cou**-me num lugar bem espaçoso: *
  o Se**nhor** me libertou, porque me ama.

Ant. O Se**nhor** me liber**tou**, porque me **a**ma.

Ant. 3 Ó Se**nhor**, fazei bri**lhar** a minha **lâm**pada!
   Ó meu **Deus**, ilumi**nai** as minhas **tre**vas!

III

—²¹ O Se**nhor** recompen**sou** minha jus**ti**ça*
  e a pu**re**za que encontrou em minhas mãos,
—²² pois nos ca**mi**nhos do Senhor eu caminhei, *
  e de meu **Deus** não me afastei por minhas culpas.
—²³ Tive **sem**pre à minha frente os seus preceitos,*
  e de **mim** não afastei sua justiça.
—²⁴ Diante **de**le tenho sido sempre reto*
  e conser**vei**-me bem distante do pecado.

—²⁵ O Senhor recompensou minha justiça *
e a pureza que encontrou em minhas mãos.

—²⁶ Ó Senhor, vós sois fiel com o fiel,*
sois correto com o homem que é correto;

—²⁷ sois sincero com aquele que é sincero, *
mas arguto com o homem astucioso.

—²⁸ Pois salvais, ó Senhor Deus, o povo humilde, *
mas os olhos dos soberbos humilhais.

—²⁹ Ó Senhor, fazeis brilhar a minha lâmpada; *
ó meu Deus, iluminai as minhas trevas.

—³⁰ Junto convosco eu enfrento os inimigos, *
com vossa ajuda eu transponho altas muralhas.

Ant. Ó Senhor, fazei brilhar a minha lâmpada!
Ó meu Deus, iluminai as minhas trevas!

V. E todos se admiravam das palavras
R. Cheias de graça que saíam de seus lábios.

Leituras e oração correspondentes a cada Ofício.

Laudes

V. Vinde, ó Deus. Glória ao Pai. Como era. Aleluia.

Esta introdução se omite quando o Invitatório precede imediatamente às Laudes.

Hino

Ó noite, ó treva, ó nuvem,
não mais fiqueis aqui!
Já surge a doce aurora,
o Cristo vem: parti!

Rompeu-se o véu da terra,
cortado por um raio:
as coisas tomam cores,
já voltam do desmaio.

Assim também se apague
a noite do pecado,

e o Cristo em nossas almas
comece o seu reinado.

Humildes, vos pedimos
em nosso canto ou choro:
ouvi, ó Cristo, a prece,
que sobe a vós, em coro.

Os fogos da vaidade
a vossa luz desfaz.
Estrela da manhã,
quão doce vossa paz.

Louvor ao Pai, ó Cristo,
louvor a vós também;
reinais, no mesmo Espírito,
agora e sempre. Amém.

Salmodia
Ant. 1 Em vossa **luz** contem**pla**mos a **luz**.

Salmo 35(36)
A malícia do pecador e a bondade de Deus

Quem me segue, não andará nas trevas, mas terá a luz da vida (Jo 8,12).

– ² O pe**ca**do sus**sur**ra ao **ím**pio *
  lá no **fun**do do seu coração;
– o te**mor** do Senhor, nosso Deus, *
  não e**xis**te perante seus olhos.
– ³ Lison**jei**a a si mesmo, pensando: *
  "Ninguém **vê** nem condena o meu crime!"
– ⁴ Traz na **bo**ca maldade e engano; *
  já não **quer** refletir e agir bem.
= ⁵ Arqui**te**ta a maldade em seu leito, †
  nos ca**mi**nhos errados insiste *
  e não **quer** afastar-se do mal. –

– ⁶ Vosso **amor** chega aos céus, ó Senhor, *
chega às **nu**vens a vossa verdade.
– ⁷ Como as **al**tas montanhas eternas *
é a **vos**sa justiça, Senhor;
– e os **vos**sos juízos superam *
os a**bis**mos profundos dos mares.
– Os ani**mais** e os homens salvais: *
⁸ quão preci**o**sa é, Senhor, vossa graça!
– Eis que os **fi**lhos dos homens se abrigam *
sob a **som**bra das asas de Deus.
– ⁹ Na abun**dân**cia de vossa morada, *
eles **vêm** saciar-se de bens.

– Vós lhes **dais** de beber água viva, *
na tor**ren**te das vossas delícias.
–¹⁰ Pois em **vós** está a fonte da vida, *
e em vossa **luz** contemplamos a luz.
–¹¹ Conser**vai** aos fiéis vossa graça, *
e aos **re**tos, a vossa justiça!
–¹² Não me **pi**sem os pés dos soberbos, *
nem me ex**pul**sem as mãos dos malvados!
–¹³ Os perver**sos**, tremendo, caíram *
e não **po**dem erguer-se do chão.

Ant. Em vossa **luz** contem**pla**mos a **luz**.

Ant. 2 Vós sois **gran**de, Se**nhor**-Ado**nai**,
admi**rá**vel, de **for**ça inven**cí**vel!

Cântico Jt 16,1-2.13-15
Deus, Criador do mundo e protetor do seu povo

Entoaram um cântico novo (Ap 5,9).
– ¹ Can**tai** ao Se**nhor** com pan**dei**ros, *
entoai seu louvor com tambores!
– Ele**vai**-lhe um salmo festivo, *
invo**cai** o seu nome e exaltai-o!

– ¹²É o Senhor que põe fim às batalhas, *
  o seu nome glorioso é "Senhor"!
– ¹³Cantemos louvores a Deus, *
  novo hino ao Senhor entoemos!
– Vós sois grande, Senhor-Adonai, *
  admirável, de força invencível!
– ¹⁴Toda a vossa criatura vos sirva, *
  pois mandastes e tudo foi feito!
– Vosso sopro de vida enviastes, *
  e eis que tudo passou a existir;
– não existe uma coisa ou pessoa, *
  que resista à vossa palavra!
– ¹⁵Desde as bases, os montes se abalam, *
  e as águas também estremecem;
– como cera, derretem-se as pedras *
  diante da vossa presença.
– Mas aqueles que a vós obedecem *
  junto a vós serão grandes em tudo.

Ant. Vós sois grande, Senhor-Adonai,
  admirável, de força invencível!

Ant. 3 Gritai a Deus aclamações de alegria!

Salmo 46(47)

O Senhor, Rei do universo

Está sentado à direita de Deus Pai, e o seu Reino não terá fim.

– ²Povos todos do universo, batei palmas, *
  gritai a Deus aclamações de alegria!
– ³Porque sublime é o Senhor, o Deus Altíssimo, *
  o soberano que domina toda a terra.
– ⁴Os povos sujeitou ao nosso jugo *
  e colocou muitas nações aos nossos pés.

– ⁵ Foi ele que escolheu a nossa herança, *
a glória de Jacó, seu bem-amado.
– ⁶ Por entre aclamações Deus se elevou, *
o Senhor subiu ao toque da trombeta.
– ⁷ Salmodiai ao nosso Deus ao som da harpa, *
salmodiai ao som da harpa ao nosso Rei!
– ⁸ Porque Deus é o grande Rei de toda a terra, *
ao som da harpa acompanhai os seus louvores!
– ⁹ Deus reina sobre todas as nações, *
está sentado no seu trono glorioso.
–¹⁰ Os chefes das nações se reuniram *
com o povo do Deus santo de Abraão,
– pois só Deus é realmente o Altíssimo, *
e os poderosos desta terra lhe pertencem!

Ant. Gritai a Deus aclamações de alegria!

Leitura breve   Tb 4,14b-15a.16ab.19a
Meu filho, sê vigilante em todas as tuas obras e mostra-te prudente em tua conversação. Não faças a ninguém o que para ti não desejas. Dá de teu pão a quem tem fome, e de tuas vestes aos que estão despidos. Dá de esmola todo o teu supérfluo. Bendize o Senhor em todo o tempo, e pede-lhe para que sejam retos os teus caminhos e tenham êxito todos os teus passos e todos os teus projetos.

Responsório breve
R. Para os vossos mandamentos,
 * Inclinai meu coração! R. Para os vossos.
V. Dai-me a vida em vossa Lei! * Inclinai.
    Glória ao Pai. R. Para os vossos.

Cântico evangélico, ant.
Mostrai-nos, ó Senhor, misericórdia,
recordando a vossa santa Aliança.

Preces

Demos graças e louvores a Cristo pela sua admirável condescendência em chamar de irmãos àqueles que santificou. Por isso, supliquemos:

R. Santificai, Senhor, os vossos irmãos e irmãs!

Fazei que vos consagremos de coração puro o princípio deste dia em honra da vossa ressurreição,
– e que o santifiquemos com trabalhos que sejam do vosso agrado. R.

Vós, que nos dais este novo dia, como sinal do vosso amor, para nossa alegria e salvação,
– renovai-nos a cada dia para glória do vosso nome. R.

Ensinai-nos hoje a reconhecer vossa presença em todos os nossos irmãos e irmãs,
– e a vos encontrarmos sobretudo nos pobres e infelizes. R.

Concedei que durante todo este dia vivamos em paz com todos,
– e a ninguém paguemos o mal com o mal. R.

(intenções livres)

Pai nosso...

Oração

Deus, nosso Salvador, que nos gerastes filhos da luz, ajudai-nos a viver como seguidores da justiça e praticantes da verdade, para sermos vossas testemunhas diante dos homens. Por nosso Senhor Jesus Cristo, vosso Filho, na unidade do Espírito Santo.

A conclusão da Hora como no Ordinário.

Hora Média

V. Vinde, ó **Deus**. Glória ao **Pai**. Como **era**. Ale**luia**.

HINO como no Ordinário, p. 598-601.

Salmodia

Ant. 1 Ó Senhor, vós sois bendito para sempre:
os vossos mandamentos ensinai-me!

Salmo 118(119),9-16
II (Beth)

Meditação sobre a Palavra de Deus na Lei

Se me amais, guardareis os meus mandamentos (Jo 14,15).

— ⁹ Como um jovem poderá ter vida pura?*
   Observando, ó Senhor, vossa palavra.
—¹⁰ De todo o coração eu vos procuro, *
   não deixeis que eu abandone a vossa lei!
—¹¹ Conservei no coração vossas palavras, *
   a fim de que eu não peque contra vós.
—¹² Ó Senhor, vós sois bendito para sempre; *
   os vossos mandamentos ensinai-me!
—¹³ Com meus lábios, ó Senhor, eu enumero *
   os decretos que ditou a vossa boca.
—¹⁴ Seguindo vossa lei me rejubilo *
   muito mais do que em todas as riquezas.
—¹⁵ Eu quero meditar as vossas ordens, *
   eu quero contemplar vossos caminhos!
—¹⁶ Minha alegria é fazer vossa vontade; *
   eu não posso esquecer vossa palavra.

Ant. Ó Senhor, vós sois bendito para sempre:
os vossos mandamentos ensinai-me!

Ant. 2 Firmai os meus passos em vossos caminhos.

Salmo 16(17)

Dos ímpios salvai-me, Senhor

Nos dias de sua vida terrestre, dirigiu preces e súplicas...
E foi atendido (Hb 5,7).

I

—¹ Ó Senhor, ouvi a minha justa causa,*
    escutai-me e atendei o meu clamor!
— Inclinai o vosso ouvido à minha prece, *
    pois não existe falsidade nos meus lábios!
—² De vossa face é que me venha o julgamento, *
    pois vossos olhos sabem ver o que é justo.
=³ Provai meu coração durante a noite, †
    visitai-o, examinai-o pelo fogo, *
    mas em mim não achareis iniquidade.
—⁴ Não cometi nenhum pecado por palavras, *
    como é costume acontecer em meio aos homens.
— Seguindo as palavras que dissestes, *
    andei sempre nos caminhos da Aliança.
—⁵ Os meus passos eu firmei na vossa estrada, *
    e por isso os meus pés não vacilaram.
—⁶ Eu vos chamo, ó meu Deus, porque me ouvis, *
    inclinai o vosso ouvido e escutai-me!
=⁷ Mostrai-me vosso amor maravilhoso, †
    vós que salvais e libertais do inimigo *
    quem procura a proteção junto de vós.
—⁸ Protegei-me qual dos olhos a pupila *
    e guardai-me, à proteção de vossas asas,
—⁹ longe dos ímpios violentos que me oprimem, *
    dos inimigos furiosos que me cercam.

Ant. Firmai os meus passos em vossos caminhos.

Ant. 3 Levantai-vos, ó Senhor, e salvai a minha vida!

II

– ¹⁰A abundância lhes fechou o coração, *
em sua boca há só palavras orgulhosas.
– ¹¹Os seus passos me perseguem, já me cercam, *
voltam seus olhos contra mim: vão derrubar-me,
– ¹²como um leão impaciente pela presa, *
um leãozinho espreitando de emboscada.
– ¹³Levantai-vos, ó Senhor, contra o malvado, *
com vossa espada abatei-o e libertai-me!
– ¹⁴Com vosso braço defendei-me desses homens, *
que já encontram nesta vida a recompensa.
= Saciais com vossos bens o ventre deles, †
e seus filhos também hão de saciar-se *
e ainda as sobras deixarão aos descendentes.
– ¹⁵Mas eu verei, justificado, a vossa face *
e ao despertar me saciará vossa presença.

Ant. Levantai-vos, ó Senhor, e salvai a minha vida!

Para as outras Horas, Salmodia complementar, p. 1178.

Oração das Nove Horas

Leitura breve   1Pd 1,13-14
Aprontai a vossa mente; sede sóbrios e colocai toda a vossa esperança na graça que vos será oferecida na revelação de Jesus Cristo. Como filhos obedientes, não modeleis a vossa vida de acordo com as paixões de antigamente, do tempo da vossa ignorância.

V. Mostrai-me, ó Senhor, vossos caminhos.
R. E fazei-me conhecer a vossa estrada!

Oração
Senhor, nosso Pai, Deus santo e fiel, que enviastes o Espírito prometido por vosso Filho, para reunir os seres humanos divididos pelo pecado, fazei-nos promover no mundo os bens da unidade e da paz. Por Cristo, nosso Senhor.

Oração das Doze Horas

Leitura breve   1Pd 1,15-16

Como é santo aquele que vos chamou, tornai-vos santos, também vós, em todo o vosso proceder. Pois está na Escritura: Sede santos, porque eu sou santo.

V. Que se vistam de alegria os vossos santos,
R. E os vossos sacerdotes, de justiça.

Oração

Deus onipotente e misericordioso, que nos dais novo alento no meio deste dia, olhai com bondade os trabalhos começados e, perdoando nossas faltas, fazei que eles atinjam os fins que vos agradam. Por Cristo, nosso Senhor.

Oração das Quinze Horas

Leitura breve   Tg 4,7-8a.10

Obedecei a Deus, mas resisti ao diabo, e ele fugirá de vós. Aproximai-vos de Deus, e ele se aproximará de vós. Humilhai-vos diante do Senhor, e ele vos exaltará.

V. O Senhor pousa o olhar sobre os que o temem,
R. E que confiam, esperando, em seu amor.

Oração

Senhor Jesus Cristo, que para salvar o gênero humano estendestes vossos braços na cruz, concedei que nossas ações vos agradem e manifestem ao mundo vossa obra redentora. Vós, que viveis e reinais para sempre.

A conclusão da Hora como no Ordinário.

Vésperas

V. Vinde, ó **Deus**. Glória ao **Pai**. Como era. Aleluia.

Hino

    Santíssimo Deus do céu,
    que o céu encheis de cor

e dais à luz beleza
de ígneo resplendor;

criais no quarto dia
a rota chamejante
do sol e das estrelas,
da lua fulgurante.

Assim, à luz e às trevas
limites vós fixais.
Dos meses o começo
marcastes com sinais.

Fazei a luz brilhar
em nosso coração.
Tirai da mente as trevas,
da culpa a servidão.

Ouvi-nos, Pai bondoso,
e vós, único Filho,
reinando com o Espírito
na luz de eterno brilho.

Salmodia

Ant. 1 O Senhor é minha luz e salvação;
de quem eu terei medo? †

Salmo 26(27)

Confiança em Deus no perigo

I

Esta é a morada de Deus entre os homens (Ap 21,3).

— ¹O Senhor é minha luz e salvação; *
 de quem eu terei medo?
— † O Senhor é a proteção da minha vida; *
 perante quem eu tremerei?
— ²Quando avançam os malvados contra mim, *
 querendo devorar-me,
— são eles, inimigos e opressores, *
 que tropeçam e sucumbem. —

– ³ Se os inimigos se acamparem contra mim, *
  não temerá meu coração;
– se contra mim uma batalha estourar, *
  mesmo assim confiarei.
– ⁴ Ao Senhor eu peço apenas uma coisa, *
  e é só isto que eu desejo:
– habitar no santuário do Senhor *
  por toda a minha vida;
– saborear a suavidade do Senhor *
  e contemplá-lo no seu templo.
– ⁵ Pois um abrigo me dará sob o seu teto *
  nos dias da desgraça;
– no interior de sua tenda há de esconder-me *
  e proteger-me sobre a rocha.
– ⁶ E agora minha fronte se levanta *
  em meio aos inimigos.
– Ofertarei um sacrifício de alegria, *
  no templo do Senhor.
– Cantarei salmos ao Senhor ao som da harpa *
  e hinos de louvor.

Ant. O **Senhor** é minha **luz** e salva**ção**;
  de **quem** eu terei **medo**?

Ant. 2 **Senhor**, é vossa **face** que eu pro**curo**;
  não me escon**dais** a vossa **face**!

II

Alguns se levantaram e testemunharam falsamente contra Jesus (Mc 14,57).

– ⁷ Ó Senhor, ouvi a voz do meu apelo, *
  atendei por compaixão!
– ⁸ Meu coração fala convosco confiante, *
  e os meus olhos vos procuram.
– Senhor, é vossa face que eu procuro; *
  não me escondais a vossa face!

— ⁹Não afasteis em vossa ira o vosso servo, *
  sois **vós** o meu auxílio!
— Não me esqueçais nem me deixeis abandonado, *
  meu **Deus** e Salvador!
— ¹⁰Se meu **pai** e minha mãe me abandonarem, *
  o Senhor me acolherá!
— ¹¹Ensinai-me, ó Senhor, vossos caminhos *
  e mostrai-me a estrada certa!
— Por causa do inimigo, protegei-me, *
  ¹²não me entregueis a seus desejos!
— Porque falsas testemunhas se ergueram *
  e vomitam violência.
— ¹³Sei que a bondade do Senhor eu hei de ver *
  na terra dos viventes.
— ¹⁴Espera no Senhor e tem coragem, *
  espera no Senhor!

Ant. Senhor, é vossa face que eu procuro;
  não me escondais a vossa face!

Ant. 3 É o Primogênito de toda criatura,
  e em tudo Ele tem a primazia.

Cântico   Cf. Cl 1,12-20

**Cristo, o Primogênito de toda a criatura
e o Primogênito dentre os mortos**

= ¹²Demos graças a Deus Pai onipotente, †
  que nos chama a partilhar, na sua luz, *
  da herança a seus santos reservada!

(R. Glória a vós, Primogênito dentre os mortos!)

= ¹³Do império das trevas arrancou-nos †
  e transportou-nos para o Reino de seu Filho, *
  para o Reino de seu Filho bem-amado,

— ¹⁴no qual nós encontramos redenção, *
  dos pecados remissão pelo seu sangue. (R.)

⌐¹⁵ Do **Deus**, o Invisível, é a imagem, *
 o Primogênito de toda criatura;
=¹⁶ porque **ne**le é que tudo foi criado: †
 o que há nos **céus** e o que existe sobre a terra, *
 o vi**sí**vel e também o invisível. (R.)
= Sejam **Tro**nos e Poderes que há nos céus, †
 sejam **e**les Principados, Potestades: *
 por **e**le e para ele foram feitos;
⌐¹⁷ antes de **to**da criatura ele existe, *
 e é por **e**le que subsiste o universo. (R.)
=¹⁸ Ele é a Ca**be**ça da Igreja, que é seu Corpo, †
 é o prin**cí**pio, o Primogênito dentre os mortos, *
 a **fim** de ter em tudo a primazia.
⌐¹⁹ Pois foi do a**gra**do de Deus Pai que a plenitude *
 habi**tas**se no seu Cristo inteiramente. (R.)
⌐²⁰ A**prou**ve-lhe também, por meio dele, *
 reconci**li**ar consigo mesmo as criaturas,
= pacifi**can**do pelo sangue de sua cruz †
 tudo a**qui**lo que por ele foi criado, *
 o que há nos **céus** e o que existe sobre a terra. (R.)

Ant. É o Primogênito de **to**da cria**tu**ra,
 e em **tu**do Ele **tem** a pri**ma**zia.

Leitura breve
Tg 1,22.25

Sede praticantes da Palavra e não meros ouvintes, enganando-vos a vós mesmos. Aquele, porém, que se debruça sobre a Lei da liberdade, agora levada à perfeição, e nela persevera, não como um ouvinte distraído, mas praticando o que ela ordena, esse será feliz naquilo que faz.

Responsório breve
R. Liber**tai**-me, ó Se**nhor**,
 * Ó meu **Deus**, tende pie**da**de! R. Liber**tai**-me.
V. Não jun**teis** a minha **vi**da à dos **maus** e sangui**ná**rios.
 * Ó meu **Deus**. Glória ao **Pai.** R. Liber**tai**-me.

Cântico evangélico, ant.
O Pode**ro**so fez em **mim** maravilhas, e **san**to é seu **no**me.

Preces

Em tudo seja glorificado o nome do Senhor, que ama com infinito amor o povo que escolheu. Suba até ele a nossa oração:

R. **Mostrai-nos, Senhor, o vosso amor!**

Lembrai-vos, Senhor, da vossa Igreja;
– guardai-a de todo o mal e tornai-a perfeita em vosso amor.
R.

Fazei que os povos vos reconheçam como único Deus verdadeiro,
– e em vosso Filho Jesus Cristo, o Salvador que enviastes.
R.

Concedei todo o bem e prosperidade a nossos parentes;
– dai-lhes vossa bênção e a recompensa eterna. R.

Confortai os que vivem sobrecarregados no trabalho,
– e defendei a dignidade dos marginalizados. R.

(intenções livres)

Abri as portas da vossa misericórdia para aqueles que hoje partiram desta vida,
– e acolhei-os com bondade no vosso Reino. R.

Pai nosso...

Oração

Acolhei, Senhor, as nossas súplicas e concedei-nos dia e noite a vossa proteção, a fim de que, nas mudanças do tempo, sempre nos sustente o vosso amor imutável. Por nosso Senhor Jesus Cristo, vosso Filho, na unidade do Espírito Santo.

A conclusão da Hora como no Ordinário.

I QUINTA-FEIRA

Invitatório

V. **Abri** os meus **lá**bios. R. E minha **boca**.
R. Ado**remos** o Se**nhor**, porque ele é nosso **Deus**!
Salmo invitatório como no Ordinário, p. 583.

Ofício das Leituras

V. Vinde, ó **Deus**. Glória ao **Pai**. Como era. Ale**luia**.

Esta introdução se omite quando o Invitatório precede imediatamente ao Ofício das Leituras.

Hino

I. Quando se diz o Ofício das Leituras durante a noite ou de madrugada:

> A noite escura apaga
> da treva toda a cor.
> Juiz dos corações,
> a vós nosso louvor.

> E para que das culpas
> lavemos nossa mente,
> ó Cristo, dai a graça
> que os crimes afugente.

> A nós, que vos buscamos,
> tirai do mal escuro.
> Já dorme a mente ímpia
> que o fruto morde impuro.

> As trevas expulsai
> do nosso interior.
> Felizes exultemos
> à luz do vosso amor.

> A vós, ó Cristo, a glória
> e a vós, ó Pai, também,

com vosso Santo Espírito
agora e sempre. Amém.

II. Quando se diz o Ofício das Leituras durante o dia:

Cristo, aos servos suplicantes
voltai hoje vosso olhar.
Entre as trevas deste mundo
nossa fé fazei brilhar.

Não pensemos em maldades,
não lesemos a ninguém,
nem o mal retribuamos,
mas paguemos mal com bem.

Iras, fraudes, nem soberba
haja em nossos corações.
Defendei-nos da avareza,
que é raiz de divisões.

Guarde todos nós na paz
a sincera caridade.
Seja casta a nossa vida,
em total fidelidade.

A vós, Cristo, Rei clemente,
e a Deus Pai, Eterno Bem,
com o vosso Santo Espírito,
honra e glória sempre. Amém.

Salmodia

Ant. 1 A **Pala**vra do **Se**nhor é prote**ção**
para a**que**les que a **e**le se con**fi**am.

Salmo 17(18),31-51

Ação de graças

Se Deus é por nós, quem será contra nós? (Rm 8,31).

IV

— ³¹São per**fei**tos os ca**mi**nhos do **Se**nhor, *
sua palavra é provada pelo fogo;

— nosso **Deus** é um escudo poderoso *
   para a**que**les que a ele se confiam.

³² Quem é **deus** além de Deus nosso Senhor? *
   Quem é Ro**che**do semelhante ao nosso Deus?

³³ Foi esse **Deus** que me vestiu de fortaleza *
   e que tor**nou** o meu caminho sem pecado.

³⁴ Tornou li**gei**ros os meus pés como os da corça *
   e colo**cou**-me em segurança em lugar alto;

³⁵ ades**trou** as minhas mãos para o combate, *
   e os meus **bra**ços, para usar arcos de bronze.

Ant. A Pa**la**vra do **Senhor** é prote**ção**
   para a**que**les que a ele se confiam.

Ant. 2 Com a **vos**sa mão di**rei**ta me ampa**ras**tes.

V

³⁶ Por es**cu**do vós me **des**tes vossa a**ju**da; †
   com a **vos**sa mão direita me amparastes, *
   e a **vos**sa proteção me fez crescer.

³⁷ Alar**gas**tes meu caminho ante meus passos, *
   e por **is**so os meus pés não vacilaram.

³⁸ Perse**gui** meus inimigos e alcancei-os, *
   não vol**tei** sem os haver exterminado;

³⁹ esma**guei**-os, já não podem levantar-se, *
   e de**bai**xo dos meus pés caíram todos.

⁴⁰ Vós me cin**gis**tes de coragem para a luta *
   e do**bras**tes os rebeldes a meus pés.

⁴¹ Vós fi**zes**tes debandar meus inimigos, *
   e a**que**les que me odeiam dispersastes.

⁴² Eles gri**ta**ram, mas ninguém veio salvá-los;*
   os seus **gri**tos o Senhor não escutou.

⁴³ Esma**guei**-os como o pó que o vento leva *
   e pi**sei**-os como a lama das estradas.

– ⁴⁴Vós me li**vras**tes da revolta deste povo *
e me pu**ses**tes como chefe das nações;
– serviu-me um po**vo** para mim desconhecido, *
⁴⁵mal ou**viu** a minha voz, obedeceu.

= Povos es**tra**nhos me prestaram homenagem, †
⁴⁶povos es**tra**nhos se entregaram, se renderam *
e, tre**men**do, abandonaram seus redutos.

Ant. Com a **vos**sa mão di**rei**ta me ampa**ras**tes.

Ant. 3 Viva o Se**nhor**! Bendito **se**ja o meu Ro**che**do! †

VI

– ⁴⁷Viva o Se**nhor**! Bendito **se**ja o meu Ro**che**do! *
† E lou**va**do seja Deus, meu Salvador!
– ⁴⁸Porque foi **e**le, o Senhor, que me vingou *
e os **po**vos submeteu ao meu domínio;

= liber**tou**-me de inimigos furiosos, †
⁴⁹me exal**tou** sobre os rivais que resistiam *
e do **ho**mem sanguinário me salvou.

– ⁵⁰Por isso, entre as nações, vos louvarei, *
cantarei **sal**mos, ó Senhor, ao vosso nome.

= ⁵¹Conce**deis** ao vosso rei grandes vitórias †
e mos**trais** misericórdia ao vosso Ungido, *
a Da**vi** e à sua casa para sempre.

Ant. Viva o Se**nhor**! Bendito **se**ja o meu Ro**che**do!

V. Abri meus **olhos**, e en**tão** contemplarei
R. As maravilhas que en**cer**ra a vossa **lei**.

Leituras e oração correspondentes a cada Ofício.

Laudes

V. Vinde, ó **Deus**. Glória ao **Pai**. Como era. Ale**luia**.

Esta introdução se omite quando o Invitatório precede imediatamente às Laudes.

Hino

Já surge a luz dourada,
a treva dissipando,
que as almas do abismo
aos poucos vai levando.

Dissipa-se a cegueira
que a todos envolvia;
alegres caminhemos
na luz de um novo dia.

Que a luz nos traga paz,
pureza ao coração:
longe a palavra falsa,
o pensamento vão.

Decorra calmo o dia:
a mão, a língua, o olhar.
Não deixe nosso corpo
na culpa se manchar.

Do alto, nossos atos
Deus vê, constantemente;
solícito nos segue
da aurora ao sol poente.

A glória seja ao Pai,
ao Filho seu também;
ao Espírito igualmente,
agora e sempre. Amém.

Salmodia

Ant. 1 Des**per**tem a **harpa** e a **lira**,
eu i**rei** acor**dar** a au**ro**ra.

Salmo 56(57)

Oração da manhã no tempo de aflição

Este salmo canta a Paixão do Senhor (Sto. Agostinho).

— ² Piedade, Senhor, piedade, *
 pois em vós se abriga a minh'alma!
— De vossas asas, à sombra, me achego, *
 até que passe a tormenta, Senhor!
— ³ Lanço um grito ao Senhor Deus Altíssimo, *
 a este Deus que me dá todo o bem.
= ⁴ Que me envie do céu sua ajuda †
 e confunda os meus opressores! *
 Deus me envie sua graça e verdade!
— ⁵ Eu me encontro em meio a leões, *
 que, famintos, devoram os homens;
— os seus dentes são lanças e flechas, *
 suas línguas, espadas cortantes.
— ⁶ Elevai-vos, ó Deus, sobre os céus, *
 vossa glória refulja na terra!
— ⁷ Prepararam um laço a meus pés, *
 e assim oprimiram minh'alma;
— uma cova me abriram à frente, *
 mas na cova acabaram caindo.
— ⁸ Meu coração está pronto, meu Deus, *
 está pronto o meu coração!
— ⁹ Vou cantar e tocar para vós: *
 desperta, minh'alma, desperta!
— Despertem a harpa e a lira, *
 eu irei acordar a aurora!
— ¹⁰ Vou louvar-vos, Senhor, entre os povos, *
 dar-vos graças, por entre as nações!
— ¹¹ Vosso amor é mais alto que os céus, *
 mais que as nuvens a vossa verdade! —

—¹² Elevai-vos, ó Deus, sobre os céus, *
vossa glória refulja na terra!

Ant. Despertem a harpa e a lira,
eu irei acordar a aurora.

Ant. 2 O meu povo há de fartar-se de meus bens.

Cântico   Jr 31,10-14

A felicidade do povo libertado

Jesus iria morrer... para reunir os filhos de Deus dispersos (Jo 11,51.52).

—¹⁰ Ouvi, nações, a Palavra do Senhor *
e anunciai-a nas ilhas mais distantes:

— "Quem dispersou Israel, vai congregá-lo, *
e o guardará qual pastor a seu rebanho!"

—¹¹ Pois, na verdade, o Senhor remiu Jacó *
e o libertou do poder do prepotente.

=¹² Voltarão para o monte de Sião, †
entre brados e cantos de alegria *
afluirão para as bênçãos do Senhor:

— para o trigo, o vinho novo e o azeite; *
para o gado, os cordeirinhos e as ovelhas.

— Terão a alma qual jardim bem irrigado, *
de sede e fome nunca mais hão de sofrer.

—¹³ Então a virgem dançará alegremente, *
também o jovem e o velho exultarão;

— mudarei em alegria o seu luto, *
serei consolo e conforto após a pena.

—¹⁴ Saciarei os sacerdotes de delícias, *
e meu povo há de fartar-se de meus bens!

Ant. O meu povo há de fartar-se de meus bens.

Ant. 3 Grande é o Senhor e muito digno de louvores
na cidade onde ele mora. †

Salmo 47(48)

Ação de graças pela salvação do povo

Ele me levou em espírito a uma montanha grande e alta. Mostrou-me a cidade santa, Jerusalém (Ap 21,10).

— ²Grande é o Senhor e muito digno de louvores *
   na cidade onde ele mora;
— ³ † seu monte santo, esta colina encantadora *
   é a alegria do universo.
— Monte Sião, no extremo norte situado, *
   és a mansão do grande Rei!
— ⁴Deus revelou-se em suas fortes cidadelas *
   um refúgio poderoso.
— ⁵Pois eis que os reis da terra se aliaram, *
   e todos juntos avançaram;
— ⁶mal a viram, de pavor estremeceram, *
   debandaram perturbados.
— ⁷Como as dores da mulher sofrendo parto, *
   uma angústia os invadiu,
— ⁸semelhante ao vento leste impetuoso, *
   que despedaça as naus de Társis.
— ⁹Como ouvimos dos antigos, contemplamos: *
   Deus habita esta cidade,
— a cidade do Senhor onipotente, *
   que ele a guarde eternamente!
— ¹⁰Recordamos, Senhor Deus, vossa bondade *
   em meio ao vosso templo;
— ¹¹com vosso nome vai também vosso louvor *
   aos confins de toda a terra.
— Vossa direita está repleta de justiça, *
   ¹²exulte o monte de Sião!
— Alegrem-se as cidades de Judá *
   com os vossos julgamentos! —

– ¹³Vinde a Sião, fazei a volta ao seu redor *
e con**tai** as suas torres;
– ¹⁴obser**vai** com atenção suas muralhas, *
visi**tai** os seus palácios,
– para con**tar** às gerações que hão de vir *
¹⁵como é **gran**de o nosso Deus!
– O nosso **Deus** é desde sempre e para sempre: *
será **ele** o nosso guia!

Ant. Grande é o Se**nhor** e muito **dig**no de lou**vo**res
na ci**da**de onde ele **mo**ra.

Leitura breve   Is 66,1-2

Isto diz o Senhor: O céu é o meu trono e a terra é o apoio de meus pés. Que casa é esta que edificareis para mim, e que lugar é este para meu descanso? Tudo isso foi minha mão que fez, tudo isso é meu, diz o Senhor. Mas eu olho para este, para o pobrezinho de alma abatida, que treme ao ouvir a minha palavra.

Responsório breve

R. Clamo de **to**do o co**ra**ção:
 * Aten**dei**-me, ó Se**nhor**! R. Clamo.
V. Quero cum**prir** vossa von**ta**de. * Aten**dei**-me.
 Glória ao **Pai**. R. Clamo de **to**do.

Cântico evangélico, ant.

Sir**va**mos ao Se**nhor** em jus**ti**ça e santi**da**de,
e de **nos**sos ini**mi**gos have**rá** de nos sal**var**.

Preces

Demos graças a Cristo que nos concede a luz deste novo dia; e lhe peçamos:

R. **Senhor, abençoai-nos e santificai-nos!**

Senhor, que vos entregastes como vítima pelos nossos pecados,

— aceitai os trabalhos que já começamos e os nossos planos de ação para hoje.

R. **Senhor, abençoai-nos e santificai-nos!**

Senhor, que alegrais nossos olhos com a luz deste novo dia,
— sede vós mesmo a luz dos nossos corações. R.

Tornai-nos generosos para com todos,
— para sermos imagens fiéis da vossa bondade. R.

Fazei-nos desde a manhã sentir o vosso amor,
— para que a vossa alegria seja hoje a nossa força. R.

(intenções livres)

Pai nosso...

Oração

Deus eterno e todo-poderoso, ouvi as súplicas que vos dirigimos de manhã, ao meio-dia e à tarde; expulsai de nossos corações as trevas do pecado e fazei-nos alcançar a verdadeira luz, Jesus Cristo. Que convosco vive e reina, na Unidade do Espírito Santo.

A conclusão da Hora como no Ordinário.

Hora Média

V. Vinde, ó **Deus**. Glória ao **Pai**. Como era. Ale**luia**.
HINO como no Ordinário, p. 598-601.

Salmodia

Ant. 1 Abri meus **olhos**, e en**tão** contemplarei
as maravilhas que en**cerra** a vossa **lei**.

Salmo 118(119),17-24
III (Ghimel)

Meditação sobre a Palavra de Deus na Lei

O meu alimento é fazer a vontade daquele que me enviou (Jo 4,34).

– ¹⁷Sede **bom** com vosso **ser**vo, e **vi**verei, *
  e guardarei vossa palavra, ó Senhor.
– ¹⁸Abri meus **o**lhos, e então contemplarei *
  as maravilhas que encerra a vossa lei!
– ¹⁹Sou apenas peregrino sobre a terra, *
  de **mim** não oculteis vossos preceitos!
– ²⁰Minha **al**ma se consome o tempo todo *
  em desejar as vossas justas decisões.
– ²¹Ameaçais os orgulhosos e os malvados;*
  maldito seja quem transgride a vossa lei!
– ²²Livrai-me do insulto e do desprezo, *
  pois eu **guar**do as vossas ordens, ó Senhor.
– ²³Que os poderosos reunidos me condenem; *
  o que me importa é o vosso julgamento!
– ²⁴Minha alegria é a vossa Aliança, *
  meus conselheiros são os vossos mandamentos.

Ant. Abri meus **o**lhos, e en**tão** contemplarei
  as maravilhas que encerra a vossa **lei**.

Ant. 2 Vossa verdade, ó Senhor, me oriente e me conduza.

Salmo 24(25)
Prece de perdão e confiança
A esperança não decepciona (Rm 5,5).

I

= ¹Senhor meu **Deus**, a vós elevo a minha **al**ma, †
  ²em vós confio: que eu não seja envergonhado *
  nem triunfem sobre mim os inimigos!
– ³Não se envergonha quem em vós põe a esperança, *
  mas sim, quem **ne**ga por um nada a sua fé.
– ⁴Mostrai-me, ó Senhor, vossos caminhos, *
  e fazei-me conhecer a vossa estrada!
= ⁵Vossa verdade me oriente e me conduza, †
  porque **sois** o Deus da minha salvação;*
  em vós espero, ó Senhor, todos os dias!

—⁶ Recor**dai**, Senhor meu Deus, vossa ternura *
e a **vos**sa compaixão que são eternas!
—⁷ Não recor**deis** os meus pecados quando jovem, *
nem vos lem**breis** de minhas faltas e delitos!
— De mim lem**brai**-vos, porque sois misericórdia *
e sois bon**da**de sem limites, ó Senhor!
—⁸ O Se**nhor** é piedade e retidão, *
e recon**duz** ao bom caminho os pecadores.
—⁹ Ele di**ri**ge os humildes na justiça, *
e aos **po**bres ele ensina o seu caminho.
—¹⁰ Verdade e a**mor** são os caminhos do Senhor*
para quem **guar**da sua Aliança e seus preceitos.
—¹¹ Ó Se**nhor**, por vosso nome e vossa honra, *
perdo**ai** os meus pecados que são tantos!

Ant. Vossa ver**da**de, ó Se**nhor**, me oriente e me con**du**za.

Ant. 3 Vol**tai**-vos para **mim**, tende pie**da**de,
porque sou **po**bre, estou sozinho e infe**liz**!

II

—¹² Qual é o **ho**mem que res**pei**ta o Se**nhor**? *
Deus lhe en**si**na os caminhos a seguir.
—¹³ Será fe**liz** e viverá na abundância, *
e os seus **fi**lhos herdarão a nova terra.
—¹⁴ o Se**nhor** se torna íntimo aos que o temem *
e lhes **dá** a conhecer sua Aliança.
—¹⁵ Tenho os **o**lhos sempre fitos no Senhor, *
pois ele **tira** os meus pés das armadilhas.
—¹⁶ Vol**tai**-vos para mim, tende piedade,*
porque sou **po**bre, estou sozinho e infeliz!
—¹⁷ Alivi**ai** meu coração de tanta angústia, *
e liber**tai**-me das minhas aflições!
—¹⁸ Conside**rai** minha miséria e sofrimento *
e conce**dei** vosso perdão aos meus pecados!

—¹⁹ **Olhai** meus inimigos que são muitos, *
  e com que **ó**dio violento eles me odeiam!
—²⁰ Defen**dei** a minha vida e liber**tai**-me; *
  em vós con**fio**, que eu não seja envergonhado!
—²¹ Que a reti**dão** e a inocência me protejam, *
  pois em **vós** eu coloquei minha esperança!
—²² Liber**tai**, ó Senhor Deus, a Israel *
  de **to**da sua angústia e aflição!

Ant. Vol**tai**-vos para **mim**, tende pie**da**de,
  porque sou **po**bre, estou sozinho e infe**liz**!

Para as outras Horas, Salmodia complementar, p. 1178.

Oração das Nove Horas

Leitura breve   Am 4,13

Ei-lo que forma as montanhas e cria o vento, e transmite ao homem seu pensamento, faz a aurora e a escuridão e caminha pelas alturas da terra: o seu nome é Senhor, Deus dos exércitos.

V. Obras **to**das do Se**nhor**, bendi**zei** o Se**nhor**,
R. Lou**vai**-o e exal**tai**-o pelos **sé**culos sem **fim**!

Oração

Senhor nosso Deus, que nesta hora enviastes o Espírito Santo aos Apóstolos em oração, concedei-nos participar do mesmo Dom. Por Cristo, nosso Senhor.

Oração das Doze Horas

Leitura breve   Am 5,8

Aquele que fez as estrelas das Plêiades e o Órion e transforma as trevas em manhã e, de noite, escurece o dia, aquele que reúne as águas do mar e as derrama pela face da terra, seu nome é Senhor.

V. Diante **de**le vão a **gló**ria e a majes**ta**de,
R. E o seu **tem**plo, que be**le**za e esplen**dor**!

Oração

Deus onipotente, em vós não há trevas nem escuridão; fazei que vossa luz resplandeça sobre nós e, acolhendo vossos preceitos com alegria, sigamos fielmente o vosso caminho. Por Cristo, nosso Senhor.

Oração das Quinze Horas

Leitura breve   Am 9,6

Senhor é o nome daquele que constrói no céu os degraus do seu trono e assenta na terra sua abóbada, reúne as águas do mar, derramando-as sobre a face da terra.

V. Os céus proclamam a **glória** do **Senhor**
R. E o firma**men**to, a obra de suas **mãos**.

Oração

Senhor nosso Deus, atendei a nossa oração, dando-nos a graça de imitar o exemplo da paixão do vosso Filho e levar serenamente nossa cruz de cada dia. Por Cristo, nosso Senhor.

A conclusão da Hora como no Ordinário.

Vésperas

V. Vinde, ó **Deus**. Glória ao **Pai**. Como era. Aleluia.

Hino

    Deus de supremo poder,
    da água os seres gerastes.
    Com uns enchestes os mares,
    de outros o ar povoastes.

    Uns mergulhastes nas águas,
    outros soltastes no ar,
    com o impulso que os leva
    a toda a terra ocupar.

Dai graça a todos os servos,
no vosso sangue lavados,
para vencermos o tédio,
a morte e todo pecado.

Não nos deprimam as culpas,
nem nos inflame a vaidade;
não caia a mente abatida,
nem caia a mente elevada.

Ouvi-nos, Pai piedoso,
e vós, Imagem do Pai,
que com o Espírito Santo
eternamente reinais.

Salmodia
Ant. 1 Senhor meu **Deus**, clamei por **vós** e me cu**ras**tes!
A vós lou**vor** eterna**men**te!

Salmo 29(30)
Ação de graças pela libertação

Cristo, após sua gloriosa ressurreição, dá graças ao Pai (Cassiodoro).

– ² Eu vos ex**al**to, ó **Se**nhor, pois me li**vras**tes, *
e não dei**xas**tes rir de mim meus inimigos!
– ³ **Se**nhor, clamei por vós, pedindo ajuda, *
e vós, meu **Deus**, me devolvestes a saúde!
– ⁴ Vós ti**ras**tes minha alma dos abismos *
e me sal**vas**tes, quando estava já morrendo!
– ⁵ Cantai **sal**mos ao Senhor, povo fiel, *
dai-lhe **gra**ças e invocai seu santo nome!
– ⁶ Pois sua **i**ra dura apenas um momento, *
mas sua bon**da**de permanece a vida inteira;
– se à **tar**de vem o pranto visitar-nos, *
de ma**nhã** vem saudar-nos a alegria. –

— ⁷ Nos momentos mais felizes eu dizia: *
"Jamais hei de sofrer qualquer desgraça!"
— ⁸ Honra e poder me concedia a vossa graça, *
mas escondestes vossa face e perturbei-me.
— ⁹ Por **vós**, ó meu Senhor, agora eu clamo, *
e imploro a piedade do meu Deus:
—¹⁰ "Que vantagem haverá com minha morte, *
e que lucro, se eu descer à sepultura?
— Por acaso, pode o pó agradecer-vos *
e anunciar vossa leal fidelidade?
—¹¹ Escutai-me, Senhor Deus, tende piedade! *
Sede, Senhor, o meu abrigo protetor!
—¹² Transformastes o meu pranto em uma festa, *
meus farrapos, em adornos de alegria,
=¹³ para minh'alma vos louvar ao som da harpa †
e ao invés de se calar, agradecer-vos: *
Senhor meu Deus, eternamente hei de louvar-vos!

Ant. Senhor meu **Deus**, clamei por **vós** e me cu**ras**tes!
A vós louvor eternamente!

Ant. 2 Feliz o homem a quem o Senhor
não olha mais como sendo culpado!

Salmo 31(32)

Feliz o homem que foi perdoado!

Davi declara feliz o homem a quem Deus credita a justiça independentemente das obras (Rm 4,6).

—¹ Feliz o homem que foi perdoado *
e cuja falta já foi encoberta!
=² Feliz o homem a quem o Senhor †
não olha mais como sendo culpado, *
e em cuja alma não há falsidade! —

= ³Enquanto **eu** silenciei meu pecado, †
   dentro de **mim** definhavam meus ossos *
   e eu ge**mi**a por dias inteiros,
– ⁴porque sen**ti**a pesar sobre mim *
   a vossa **mão**, ó Senhor, noite e dia;
– e minhas **for**ças estavam fugindo, *
   tal como a **sei**va da planta no estio.
– ⁵Eu confes**sei**, afinal, meu pecado, *
   e minha **fal**ta vos fiz conhecer.
– Disse: "**Eu** irei confessar meu pecado!" *
   E perdo**as**tes, Senhor, minha falta.
– ⁶Todo fi**el** pode, assim, invocar-vos, *
   durante o **tem**po da angústia e aflição,
– porque, a**in**da que irrompam as águas, *
   não pode**rão** atingi-lo jamais.
– ⁷Sois para **mim** proteção e refúgio; *
   na minha an**gús**tia me haveis de salvar,
– e envolve**reis** a minha alma no gozo *
   da salva**ção** que me vem só de vós.
= ⁸"Vou instru**ir**-te e te dar um conselho; †
   vou te **dar** um conselho a seguir, *
   e sobre **ti** pousarei os meus olhos:
= ⁹Não queiras **ser** semelhante ao cavalo, †
   ou ao ju**men**to, animais sem razão; *
   eles pre**ci**sam de freio e cabresto
– para do**mar** e amansar seus impulsos, *
   pois de outro **mo**do não chegam a ti".
= ¹⁰Muito so**frer** é a parte dos ímpios; †
   mas quem con**fi**a em Deus, o Senhor, *
   é envol**vi**do por graça e perdão. –

=¹ Regozijai-vos, ó justos, em Deus, †
  e no Senhor exultai de alegria! *
  Corações retos, cantai jubilosos!

Ant. Feliz o homem a quem o Senhor
  não olha mais como sendo culpado!

Ant. 3 O Senhor lhe deu o Reino, a glória e o poder;
  as nações hão de servi-lo

Cântico   Ap 11,17-18; 12,10b-12a

O julgamento de Deus

=¹·¹⁷ Graças vos damos, Senhor Deus onipotente, *
  a vós que sois, a vós que éreis e sereis,
— porque assumistes o poder que vos pertence, *
  e enfim tomastes posse como rei!

(R. Nós vos damos graças, nosso Deus!)

= ¹⁸ As nações se enfureceram revoltadas, †
  mas chegou a vossa ira contra elas *
  e o tempo de julgar vivos e mortos,
= e de dar a recompensa aos vossos servos, †
  aos profetas e aos que temem vosso nome, *
  aos santos, aos pequenos e aos grandes. (R.)

=²·¹⁰ Chegou agora a salvação e o poder †
  e a realeza do Senhor e nosso Deus, *
  e o domínio de seu Cristo, seu Ungido.
— Pois foi expulso o delator que acusava *
  nossos irmãos, dia e noite, junto a Deus. (R.)

= ¹¹ Mas o venceram pelo sangue do Cordeiro †
  e o testemunho que eles deram da Palavra, *
  pois desprezaram sua vida até à morte.
— ¹² Por isso, ó céus, cantai alegres e exultai *
  e vós todos os que neles habitais! (R.)

Ant. O Senhor lhe deu o Reino, a glória e o poder;
  as nações hão de servi-lo.

Leitura breve
1Pd 1,6-9

Isto é motivo de alegria para vós, embora seja necessário que agora fiqueis por algum tempo aflitos, por causa de várias provações. Deste modo, a vossa fé será provada como sendo verdadeira – mais preciosa que o ouro perecível, que é provado no fogo – e alcançará louvor, honra e glória, no dia da manifestação de Jesus Cristo. Sem ter visto o Senhor, vós o amais. Sem o ver ainda, nele acreditais. Isso será para vós fonte de alegria indizível e gloriosa, pois obtereis aquilo em que acreditais: a vossa salvação.

Responsório breve
R. O **Senhor** nos saci**ou**
  * Com a **fi**na flor do **trigo**. R. O **Senhor**.
V. Com o **mel** que sai da **rocha**, nos far**tou**, nos satis**fez**.
  * Com a **fi**na. Glória ao **Pai**. R. O **Senhor**.

Cântico evangélico, ant.
O **Senhor** derru**bou** os pode**ro**sos de seus **tronos**
e ele**vou** os hu**mil**des.

Preces
Louvemos a Deus, nosso auxílio e esperança; e lhe peçamos com humildade:

R. **Velai, Senhor, sobre os vossos filhos e filhas!**

Senhor nosso Deus, que firmastes com o vosso povo uma aliança eterna,
– fazei que nos recordemos sempre de vossas maravilhas.
R.

Aumentai nos sacerdotes o espírito de caridade,
– e conservai os fiéis na unidade do espírito pelo vínculo da paz. R.

Fazei que edifiquemos sempre em união convosco a cidade terrena,
– para que não trabalhem em vão os que a constroem.
R. **Velai, Senhor, sobre os vossos filhos e filhas!**

Enviai operários à vossa messe,
– para que vosso nome seja glorificado entre todos os povos.
R.

(intenções livres)

Admiti no convívio dos vossos santos nossos parentes, amigos e benfeitores falecidos,
– e fazei que um dia nos encontremos com eles no vosso Reino.
R.

Pai nosso...

Oração

Ó Deus, que iluminais a noite e fazeis brilhar a luz depois das trevas, concedei-nos passar esta noite livres do tentador e, ao raiar um novo dia, dar-vos graças em vossa presença. Por nosso Senhor Jesus Cristo, vosso Filho, na unidade do Espírito Santo.

A conclusão da Hora como no Ordinário.

I SEXTA-FEIRA

Invitatório

V. **Abri** os meus **lá**bios. R. E minha **bo**ca.
R. Demos **gra**ças ao Se**nhor**, porque **eter**no é seu **a**mor!
Salmo invitatório como no Ordinário, p. 583.

Ofício das Leituras

V. Vinde, ó **Deus**. Glória ao **Pai**. Como era. Ale**lui**a.

Esta introdução se omite quando o Invitatório precede imediatamente ao Ofício das Leituras.

Hino

I. Quando se diz o Ofício das Leituras durante a noite ou de madrugada:

> Reinais no mundo inteiro,
> Jesus, ó sol divino;
> deixamos nossos leitos,
> cantando este hino.
>
> Da noite na quietude,
> do sono levantamos:
> mostrando as nossas chagas,
> remédio suplicamos.
>
> Oh! quanto mal fizemos,
> por Lúcifer levados:
> que a glória da manhã
> apague esses pecados!
>
> E assim o vosso povo,
> por vós iluminado,
> jamais venha a tombar
> nos laços do Malvado.
>
> A glória seja ao Pai,
> ao Filho seu também;

ao Espírito igualmente,
agora e sempre. Amém.

II. Quando se diz o Ofício das Leituras durante o dia:

Cristo, em nossos corações
infundi a caridade.
Nossos olhos chorem lágrimas
de ternura e piedade.

Para vós, Jesus piedoso,
nossa ardente prece erguemos.
Perdoai-nos, compassivo,
todo o mal que cometemos.

Pelo vosso santo corpo,
pela cruz, vosso sinal,
vosso povo, em toda parte,
defendei de todo o mal.

A vós, Cristo, Rei clemente,
e a Deus Pai, eterno Bem,
com o vosso Santo Espírito
honra e glória sempre. Amém.

Salmodia

Ant. 1 Levantai-vos, ó Senhor, vinde logo em meu socorro!

Salmo 34(35),1-2.3c.9-19.22-23.27-28

O Senhor salva nas perseguições

Reuniram-se... e resolveram prender Jesus por um ardil para o matar (Mt 26,3.4).

I

— ¹ Acusai os que me acusam, ó Senhor, *
 combatei os que combatem contra mim!
= ² Empunhai o vosso escudo e armadura; †
 levantai-vos, vinde logo em meu socorro *
 ³ᶜ e dizei-me: "Sou a tua salvação!" –

– ⁹ Então, minh'alma no Senhor se alegrará *
   e exultará de alegria em seu auxílio.
– ¹⁰ Direi ao meu Senhor com todo o ser: *
   "Senhor, quem pode a vós se assemelhar,
–   pois livrais o infeliz do prepotente *
   e libertais o miserável do opressor?"
– ¹¹ Surgiram testemunhas mentirosas, *
   acusando-me de coisas que não sei.
– ¹² Pagaram com o mal o bem que fiz, *
   e a minh'alma está agora desolada!

Ant. Levantai-vos, ó Senhor, vinde logo em meu socorro!

Ant. 2 Defendei minha causa, Senhor poderoso!

II

– ¹³ Quando eram eles que sofriam na doença, †
   eu me humilhava com cilício e com jejum *
   e revolvia minhas preces no meu peito;
– ¹⁴ eu sofria e caminhava angustiado *
   como alguém que chora a morte de sua mãe.
= ¹⁵ Mas apenas tropecei, eles se riram; †
   como feras se juntaram contra mim *
   e me morderam, sem que eu saiba seus motivos;
– ¹⁶ eles me tentam com blasfêmias e sarcasmos *
   e se voltam contra mim rangendo os dentes.

Ant. Defendei minha causa, Senhor poderoso!

Ant. 3 Minha língua anunciará vossa justiça eternamente.

III

= ¹⁷ Até quando, ó Senhor, podeis ver isso? †
   Libertai a minha alma destas feras *
   e salvai a minha vida dos leões!
– ¹⁸ Então, em meio à multidão, vos louvarei *
   e na grande assembleia darei graças. –

— ¹⁹ Que não **poss**am nunca mais rir-se de mim *
meus ini**mi**gos mentirosos e injustos!
— Nem a**ce**nem os seus olhos com maldade *
a**que**les que me odeiam sem motivo!
— ²² Vós bem **vis**tes, ó Senhor, não vos caleis! *
Não fi**queis** longe de mim, ó meu Senhor!
— ²³ Levan**tai**-vos, acordai, fazei justiça! *
Minha **cau**sa defendei, Senhor, meu Deus!
— ²⁷ Reju**bi**le de alegria todo aquele *
que se **faz** o defensor da minha causa
— e **pos**sa dizer sempre: "Deus é grande, *
ele de**se**ja todo o bem para o seu servo!"
— ²⁸ Minha **lín**gua anunciará vossa justiça *
e canta**rei** vosso louvor eternamente!

Ant. Minha **lín**gua anunciará vossa justiça eterna**men**te.

V. Meu **fi**lho, ob**ser**va as **mi**nhas pa**la**vras.
R. Con**ser**va a dou**tri**na e have**rás** de vi**ver**.

Leituras e oração correspondentes a cada Ofício.

Laudes

V. Vinde, ó **Deus**. Glória ao **Pai**. Como era. Ale**lui**a.

Esta introdução se omite quando o Invitatório precede imediatamente às Laudes.

Hino

Sois do céu a glória eterna,
esperança dos mortais,
sois da casta Virgem prole,
Unigênito do Pai.

Dai àqueles que despertam
seja a mente vigilante.
Em louvor e ação de graças,
nossa voz seja vibrante.

Nasce o astro luminoso,
nova luz ele anuncia.
Foge a noite, foi a treva,
vossa luz nos alumia.

Nossa mente torne clara,
faça a noite cintilar,
purifique nosso íntimo
até a vida terminar.

Cresça a nossa fé primeira
dentro em nosso interior;
a esperança acompanhe,
e maior seja o amor.

A vós, Cristo, rei piedoso,
e a vós, Pai, glória também
com o Espírito Paráclito
pelos séculos. Amém.

Salmodia

Ant. 1 **Aceitareis o verdadeiro sacrifício
no altar do coração arrependido.**

Salmo 50(51)
Tende piedade, ó meu Deus!

Renovai o vosso espírito e a vossa mentalidade. Revesti o homem novo (Ef 4,23-24).

— ³ Tende piedade, ó meu **Deus**, misericórdia! *
   Na imensidão de vosso amor, purificai-me!
— ⁴ Lavai-me todo inteiro do pecado, *
   e apagai completamente a minha culpa!
— ⁵ Eu reconheço toda a minha iniquidade, *
   o meu pecado está sempre à minha frente.
— ⁶ Foi contra **vós**, só contra vós, que eu pequei, *
   e pratiquei o que é mau aos vossos olhos!

— Mostrais assim quanto sois justo na sentença, *
  e quanto é reto o julgamento que fazeis.
— ⁷Vede, Senhor, que eu nasci na iniquidade *
  e pecador já minha mãe me concebeu.
— ⁸Mas vós amais os corações que são sinceros, *
  na intimidade me ensinais sabedoria.
— ⁹Aspergi-me e serei puro do pecado, *
  e mais branco do que a neve ficarei.
— ¹⁰Fazei-me ouvir cantos de festa e de alegria, *
  e exultarão estes meus ossos que esmagastes.
— ¹¹Desviai o vosso olhar dos meus pecados *
  e apagai todas as minhas transgressões!
— ¹²Criai em mim um coração que seja puro, *
  dai-me de novo um espírito decidido.
— ¹³Ó Senhor, não me afasteis de vossa face, *
  nem retireis de mim o vosso Santo Espírito!
— ¹⁴Dai-me de novo a alegria de ser salvo *
  e confirmai-me com espírito generoso!
— ¹⁵Ensinarei vosso caminho aos pecadores, *
  e para vós se voltarão os transviados.
— ¹⁶Da morte como pena, libertai-me, *
  e minha língua exaltará vossa justiça!
— ¹⁷Abri meus lábios, ó Senhor, para cantar, *
  e minha boca anunciará vosso louvor!
— ¹⁸Pois não são de vosso agrado os sacrifícios, *
  e, se oferto um holocausto, o rejeitais.
— ¹⁹Meu sacrifício é minha alma penitente, *
  não desprezeis um coração arrependido!
— ²⁰Sede benigno com Sião, por vossa graça, *
  reconstruí Jerusalém e os seus muros!
— ²¹E aceitareis o verdadeiro sacrifício, *
  os holocaustos e oblações em vosso altar!

Ant. Aceita**reis** o verda**dei**ro sacrifício
no al**tar** do co**ração** arrepen**di**do.

Ant. 2 Será vitoriosa no Se**nhor**
e gloriosa toda a **raça** de Israel.

Cântico   Is 45,15-25
Todos os povos se converterão ao Senhor
Ao nome de Jesus todo joelho se dobre (Fl 2,10)

—¹⁵ Senhor **Deus** de Israel, ó Salva**dor**, *
   Deus escon**di**do, realmente, sois, Senhor!
=¹⁶ Todos a**que**les que odeiam vosso nome, †
   como a**que**les que fabricam os seus ídolos, *
   serão co**ber**tos de vergonha e confusão.
—¹⁷ Quem sal**vou** Israel foi o Senhor, *
   e é para **sem**pre esta sua salvação.
— E não se**reis** envergonhados e humilhados, *
   não o se**reis** eternamente pelos séculos!
—¹⁸ Assim **fa**la o Senhor que fez os céus, *
   o mesmo **Deus** que fez a terra e a fixou,
— e a cri**ou** não para ser como um deserto, *
   mas a for**mou** para torná-la habitável:
= "Somente **eu** sou o Senhor, e não há outro! †
 ¹⁹ Não fa**lei** às escondidas e em segredo, *
   nem fa**lei** de algum lugar em meio às trevas;
— nem **dis**se à descendência de Jacó: *
   'Procu**rai**-me e buscai-me inutilmente!'
— Eu, po**rém**, sou o Senhor, falo a verdade *
   e anun**cio** a justiça e o direito!
—²⁰ Reu**ni**-vos, vinde todos, achegai-vos, *
   pequeno **res**to que foi salvo entre as nações:
= como são **lou**cos os que levam os seus ídolos †
   e os que **o**ram a uma estátua de madeira, *
   a um **deus** que é incapaz de os salvar!

—²¹ Apresen**tai** as vossas provas e argumentos, *
   delibe**rai** e consultai-vos uns aos outros:
— Quem pre**dis**se essas coisas no passado? *
   Quem reve**lou** há tanto tempo tudo isso?
= Não fui **eu**, o Senhor Deus, e nenhum outro? †
   Não e**xis**te outro deus fora de mim! *
   Sou o Deus **jus**to e Salvador, e não há outro!
—²² Vol**tai**-vos para mim e sereis salvos, *
   homens **to**dos dos confins de toda a terra!
— Porque **eu** é que sou Deus e não há outro, *
   ²³ e isso eu **ju**ro por meu nome, por mim mesmo!
— É ver**da**de o que sai da minha boca, *
   minha pa**la**vra é palavra irrevogável!
= Diante de **mim** se dobrará todo joelho, †
   e por meu **no**me hão de jurar todas as línguas: *
—²⁴ 'Só no Se**nhor** está a justiça e a fortaleza!'
— Ao Se**nhor** hão de voltar envergonhados *
   todos a**que**les que o detestam e o renegam.
—²⁵ Mas se**rá** vitoriosa no Senhor *
   e glori**o**sa toda a raça de Israel".

Ant. Será vitoriosa no Se**nhor**
   e glori**o**sa toda a **ra**ça de Israel.

Ant. 3 Vinde **to**dos ao Se**nhor** com **can**tos de ale**gri**a!

Quando o salmo seguinte já tiver sido recitado no Invitatório, em seu lugar se diz o Salmo 94(95), à p. 583.

Salmo 99(100)

A alegria dos que entram no templo

O Senhor ordena aos que foram salvos cantar um hino de vitória (Sto. Atanásio).

= ² Acla**mai** o Se**nhor**, ó terra in**tei**ra, †
   ser**vi** ao Senhor com alegria, *
   ide a **e**le cantando jubilosos! —

=³ **Sabei** que o Senhor, só ele, é Deus, †
Ele **mes**mo nos fez, e somos seus, *
nós **so**mos seu povo e seu rebanho.

=⁴ **Entrai** por suas portas dando graças, †
e em seus **á**trios com hinos de louvor; *
dai-lhe **gra**ças, seu nome bendizei!

=⁵ Sim, é **bom** o Senhor e nosso Deus, †
sua bon**da**de perdura para sempre, *
seu a**mor** é fiel eternamente!

Ant. Vinde **to**dos ao Se**nhor** com **can**tos de alegria!

Leitura breve   Ef 4,29-32

Nenhuma palavra perniciosa deve sair dos vossos lábios, mas sim alguma palavra boa, capaz de edificar oportunamente e de trazer graça aos que a ouvem. Não contristeis o Espírito Santo com o qual Deus vos marcou como com um selo para o dia da libertação. Toda a amargura, irritação, cólera, gritaria, injúrias, tudo isso deve desaparecer do meio de vós, como toda a espécie de maldade. Sede bons uns para com os outros, sede compassivos; perdoai-vos mutuamente, como Deus vos perdoou por meio de Cristo.

Responsório breve

R. Fazei-me **ce**do sen**tir**,
  * Ó Se**nhor**, vosso a**mor**! R. Fazei-me.
V. Indi**cai**-me o ca**mi**nho, que eu **de**vo se**guir**.
  * Ó Se**nhor**. Glória ao **Pai**. R. Fazei-me.

Cântico evangélico, ant.

O Se**nhor** visi**tou** o seu **po**vo e o liber**tou**.

Preces

Adoremos a Cristo, que por sua cruz trouxe a salvação do gênero humano; e rezemos, dizendo:

R. **Mostrai-nos, Senhor, a vossa misericórdia!**

Cristo, sol nascente e luz sem ocaso, iluminai os nossos passos,
– e, desde o amanhecer, afastai de nós toda inclinação para o mal. R.

Vigiai sobre nossos pensamentos, palavras e ações,
– para que vivamos todo este dia de acordo com a vossa vontade. R.

Desviai o vosso olhar dos nossos pecados,
– e apagai todas as nossas transgressões. R.

Pela vossa cruz e ressurreição,
– dai-nos a consolação do Espírito Santo. R.

(intenções livres)

Pai nosso...

Oração

Senhor nosso Deus, que dissipais as trevas da ignorância com a luz de Cristo, vossa Palavra, fortalecei a fé em nossos corações, para que nenhuma tentação apague a chama acesa por vossa graça. Por nosso Senhor Jesus Cristo, vosso Filho, na unidade do Espírito Santo.

A conclusão da Hora como no Ordinário.

Hora Média

V. Vinde, ó **Deus**. Glória ao **Pai**. Como era. Ale**luia**.

HINO como no Ordinário, p. 598-601.

Salmodia

Ant. 1 De **vos**sos manda**men**tos corro a estra**da**,
porque **vós** me dila**tais** o cora**ção**.

Salmo 118(119),25-32
IV (Daleth)

Meditação sobre a Palavra de Deus na Lei

Ao entrar no mundo, afirma: Eu vim, ó Deus, para fazer a tua vontade (Hb 10,5.7).

–25 A minha alma está prostrada na poeira, *
 vossa palavra me devolva a minha vida!
–26 Eu vos narrei a minha sorte e me atendestes, *
 ensinai-me, ó Senhor, vossa vontade!
–27 Fazei-me conhecer vossos caminhos, *
 e então meditarei vossos prodígios!
–28 A minha alma chora e geme de tristeza, *
 vossa palavra me console e reanime!
–29 Afastai-me do caminho da mentira *
 e dai-me a vossa lei como um presente!
–30 Escolhi seguir a trilha da verdade, *
 diante de mim eu coloquei vossos preceitos.
–31 De coração quero apegar-me à vossa lei; *
 ó Senhor, não me deixeis desiludido!
–32 De vossos mandamentos corro a estrada, *
 porque vós me dilatais o coração.

Ant. De vossos mandamentos corro a estrada,
 porque vós me dilatais o coração.

Ant. 2 Confiando no Senhor, não vacilei.

Salmo 25(26)

Prece confiante do Inocente

Em Cristo Deus nos escolheu para que sejamos santos e irrepreensíveis (Ef 1,4).

–1 Fazei justiça, Senhor: sou inocente, *
 e confiando no Senhor não vacilei.

- ²Provai-me, Senhor, e examinai-me *
  sondai meu coração e o meu íntimo!
- ³Pois tenho **sempre** vosso amor ante meus olhos; *
  vossa verdade escolhi por meu caminho.
- ⁴Não me assento com os homens mentirosos, *
  e não quero associar-me aos impostores;
- ⁵eu detesto a companhia dos malvados, *
  e com os ímpios não desejo reunir-me.
- ⁶Eis que lavo minhas mãos como inocente *
  e caminho ao redor de vosso altar,
- ⁷celebrando em alta voz vosso louvor, *
  e as vossas maravilhas proclamando.
- ⁸Senhor, eu amo a casa onde habitais *
  e o lugar em que reside a vossa glória.
- ⁹Não junteis a minha alma à dos malvados, *
  nem minha vida à dos homens sanguinários;
- ¹⁰eles têm as suas mãos cheias de crime; *
  sua direita está repleta de suborno.
- ¹¹Eu, porém, vou caminhando na inocência; *
  libertai-me, ó Senhor, tende piedade!
- ¹²Está firme o meu pé na estrada certa; *
  ao Senhor eu bendirei nas assembleias.

Ant. Confiando no Senhor, não vacilei.

Ant. 3 Confiou no Senhor **Deus** meu coração,
   e ele me ajudou e me alegrou.

Salmo 27(28),1-3.6-9

Súplica e ação de graças

Pai, eu te dou graças, porque me ouvistes (Jo 11,41).

- ¹A vós eu clamo, ó Senhor, ó meu rochedo, *
  não fiqueis surdo à minha voz!
- Se não me ouvirdes, eu terei a triste sorte *
  dos que descem ao sepulcro! –

– 2 Escu**tai** o meu clamor, a minha súplica, *
  quando eu **gri**to para vós;
– quando eu e**le**vo, ó Senhor, as minhas mãos *
  para o **vos**so santuário.
– 3 Não dei**xeis** que eu pereça com os malvados, *
  com quem **faz** a iniquidade;
– eles **fa**lam sobre paz com o seu próximo, *
  mas têm o **mal** no coração.
– 6 Bendito **se**ja o Senhor, porque ouviu *
  o **cla**mor da minha súplica!
– 7 Minha **for**ça e escudo é o Senhor; *
  meu cora**ção** nele confia.
– Ele aju**dou**-me e alegrou meu coração; *
  eu canto em **fes**ta o seu louvor.
– 8 O Se**nhor** é a fortaleza do seu povo *
  e a salva**ção** do seu Ungido.
– 9 Sal**vai** o vosso povo e libertai-o; *
  abenço**ai** a vossa herança!
– Sede **vós** o seu pastor e o seu guia *
  pelos **sé**culos eternos!

Ant. Confi**ou** no Senhor **Deus** meu cora**ção**,
  e **e**le me aju**dou** e me ale**grou**.

Para as outras Horas, Salmodia complementar, p. 1178.

Oração das Nove Horas

Leitura breve   Fl 2,2b-4
Aspirai à mesma coisa, unidos no mesmo amor; vivei em harmonia, procurando a unidade. Nada façais por competição ou vanglória, mas, com humildade, cada um julgue que o outro é mais importante, e não cuide somente do que é seu, mas também do que é do outro.

V. Verdade e **a**mor são os ca**mi**nhos do Se**nhor**,
R. Para quem **guar**da sua Ali**an**ça e seus pre**cei**tos.

Oração

Senhor Jesus Cristo, que nesta hora fostes levado ao suplício da cruz para salvar o mundo, perdoai-nos as faltas passadas e preservai-nos de culpas futuras. Vós, que viveis e reinais para sempre.

Oração das Doze Horas

Leitura breve 2Cor 13,4

É verdade que Cristo foi crucificado, em razão da sua fraqueza, mas está vivo, pelo poder de Deus. Nós também somos fracos nele, mas com ele viveremos, pelo poder de Deus para convosco.

V. A minha **alma** está pros**tra**da na po**ei**ra.
R. Vossa pa**la**vra me de**vol**va a minha vida!

Oração

Senhor Jesus Cristo, que, nesta hora, com o mundo envolto em trevas, fostes elevado na cruz, como vítima inocente para a salvação de todos, concedei-nos sempre vossa luz, que nos guie para a vida eterna. Vós, que viveis e reinais para sempre.

Oração das Quinze Horas

Leitura breve Cl 3,12-13

Vós sois amados por Deus, sois os seus santos eleitos. Por isso, revesti-vos de sincera misericórdia, bondade, humildade, mansidão e paciência, suportando-vos uns aos outros e perdoando-vos mutuamente, se um tiver queixa contra o outro. Como o Senhor vos perdoou, assim perdoai vós também.

V. Miseri**cór**dia e pie**da**de é o **Se**nhor.
R. Ele é **a**mor, paciência e compai**xão**.

Oração

Senhor Jesus Cristo, que fizestes o ladrão arrependido passar da cruz ao vosso Reino, aceitai a humilde confissão de nossas culpas e fazei que, no instante da morte, entremos com alegria no paraíso. Vós, que viveis e reinais para sempre.

A conclusão da Hora como no Ordinário.

Vésperas

V. Vinde, ó **Deus**. Glória ao **Pai**. Como era. Ale**luia**.

Hino

Deus, escultor do homem,
que a tudo, só, criastes,
e que do pó da terra
os animais formastes.

Sob o comando do homem
a todos colocastes,
para que a vós servissem
servindo a quem criastes.

Afastai, pois, os homens,
de uma fatal cilada;
que o Criador não perca
a criatura amada.

Dai-nos no céu o prêmio,
dando na terra a graça,
e assim chegar possamos
à paz que nunca passa.

A vós, Deus uno e trino,
em nosso amor cantamos;
nas criaturas todas
somente a vós buscamos.

Salmodia

Ant. 1 Curai-me, Senhor: eu pequei contra vós!

Salmo 40(41)

Prece de um enfermo

Um de vós, que come comigo, vai me trair (Mc 14,18).

— ² Feliz de quem pensa no pobre e no fraco: *
 o Senhor o liberta no dia do mal!
= ³ O Senhor vai guardá-lo e salvar sua vida, †
 o Senhor vai torná-lo feliz sobre a terra, *
 e não vai entregá-lo à mercê do inimigo.
— ⁴ Deus irá ampará-lo em seu leito de dor, *
 e lhe vai transformar a doença em vigor.
— ⁵ Eu digo: "Meu Deus, tende pena de mim, *
 curai-me, Senhor, pois pequei contra vós!"
— ⁶ O meu inimigo me diz com maldade: *
 "Quando há de morrer e extinguir-se o seu nome?"
= ⁷ Se alguém me visita, é com dupla intenção: †
 recolhe más notícias no seu coração, *
 e, apenas saindo, ele corre a espalhá-las.
— ⁸ Vaticinam desgraças os meus inimigos, *
 reunidos sussurram o mal contra mim:
— ⁹ "Uma peste incurável caiu sobre ele, *
 e do leito em que jaz nunca mais se erguerá!"
— ¹⁰ Até mesmo o amigo em quem mais confiava, *
 que comia o meu pão, me calcou sob os pés.
— ¹¹ Vós ao menos, Senhor, tende pena de mim, *
 levantai-me: que eu possa pagar-lhes o mal.
— ¹² Eu, então, saberei que vós sois meu amigo, *
 porque não triunfou sobre mim o inimigo.
— ¹³ Vós, porém, me havereis de guardar são e salvo *
 e me pôr para sempre na vossa presença. –

–¹⁴ Bendito o Senhor, que é **Deus** de Israel, *
desde **sem**pre, agora e **sem**pre. Amém!

Ant. Curai-me, Se**nhor**: eu pe**quei** contra **vós**!

Ant. 2 Co**nos**co está o Se**nhor** do uni**ver**so!
O **nos**so re**fú**gio é o **Deus** de Jacó!

Salmo 45(46)
O Senhor é refúgio e vigor

Ele será chamado pelo nome de Emanuel, que significa: Deus está conosco (Mt 1,23).

–² O Se**nhor** para **nós** é re**fú**gio e vi**gor**, *
sempre **pron**to, mostrou-se um so**cor**ro na angústia;

–³ Assim não temermos, se a **ter**ra estremece, *
se os **mon**tes desabam, ca**in**do nos mares,

–⁴ se as **á**guas trovejam e as **on**das se agitam, *
se, em fe**roz** tempestade, as mon**ta**nhas se abalam:

–⁵ Os **bra**ços de um rio vêm tra**zer** alegria *
à Ci**da**de de Deus, à mo**ra**da do Altíssimo.

–⁶ Quem a **po**de abalar? Deus es**tá** no seu meio! *
Já bem **an**tes da aurora, ele **vem** ajudá-la.

–⁷ Os **po**vos se agitam, os **rei**nos desabam; *
tro**ve**ja sua voz e a **ter**ra estremece.

–⁸ Co**nos**co está o Se**nhor** do universo! *
O **nos**so refúgio é o **Deus** de Jacó!

–⁹ Vinde **ver**, contemplai os pro**dí**gios de Deus *
e a **o**bra estupenda que **fez** no universo:
= re**pri**me as guerras na **fa**ce da terra, †
¹⁰ ele **que**bra os arcos, as **lan**ças destrói *
e **quei**ma no fogo os es**cu**dos e as armas:

–¹¹ "Pa**rai** e sabei, conhe**cei** que eu sou Deus, *
que do**mi**no as nações, que do**mi**no a terra!"

–¹² Co**nos**co está o Se**nhor** do uni**ver**so! *
O **nos**so re**fú**gio é o **Deus** de Jacó!

Ant. Conosco está o **Se**nhor do universo!
O **nos**so refúgio é o **Deus** de Jacó!

Ant. 3 Os **po**vos vi**rão** ado**rar**-vos, **Se**nhor.

Cântico   Ap 15,3-4
Hino de adoração

— ³Como são **gran**des e admi**rá**veis vossas **o**bras, *
ó **Se**nhor e **nos**so Deus onipotente!
— Vossos caminhos são verdade, são justiça, *
ó **Rei** dos povos todos do universo!

(R. São **gran**des vossas **o**bras, ó **Se**nhor!)

= ⁴Quem, **Se**nhor, não haveria de temer-vos, †
e **quem** não honraria o **vos**so nome? *
Pois so**men**te vós, Senhor, é que sois santo! (R.)

= As nações **to**das hão de vir perante vós †
e, prostra**das**, haverão de adorar-vos, *
pois vossas **jus**tas decisões são manifestas. (R.)

Ant. Os **po**vos vi**rão** ado**rar**-vos, **Se**nhor.

Leitura breve   Rm 15,1-3
Nós que temos convicções firmes devemos suportar as fraquezas dos menos fortes e não buscar a nossa própria satisfação. Cada um de nós procure agradar ao próximo para o bem, visando a edificação. Com efeito, Cristo também não procurou a sua própria satisfação, mas, como está escrito: Os ultrajes dos que te ultrajavam caíram sobre mim.

Responsório breve
R. Jesus **Cris**to nos a**mou**.
* E em seu **san**gue nos la**vou**. R. Jesus **Cris**to.
V. Fez-nos **reis** e sacerdotes para **Deus**, o nosso **Pai**.
* E em seu **san**gue. Glória ao **Pai**. R. Jesus **Cris**to.

Cântico evangélico, ant.
O **Senhor** nos aco**lheu** a **nós**, seus servi**dores**,
fiel ao seu **amor**.

Preces
Bendigamos a Deus, que ouve benignamente os desejos dos humildes e sacia de bens os famintos; e peçamos com fé:

R. Mostrai-nos, Senhor, a vossa misericórdia!

Senhor, Pai de bondade, nós vos pedimos por todos os membros sofredores de vossa Igreja,
– pelos quais vosso Filho Jesus Cristo ofereceu no madeiro da cruz o sacrifício vespertino. R.

Libertai os prisioneiros, dai a vista aos cegos,
– e protegei os órfãos e as viúvas. R.

Dai aos fiéis a vossa força,
– para que possam resistir às tentações do demônio. R.

Vinde, Senhor, em nosso auxílio, quando chegar a hora de nossa morte,
– para perseverarmos na vossa graça e partirmos deste mundo em paz. R.

(intenções livres)

Conduzi à luz em que habitais nossos irmãos e irmãs que morreram,
– para que vos possam contemplar eternamente. R.

Pai nosso...

Oração
Concedei-nos, Senhor, a sabedoria da cruz, para que, instruídos pela paixão de vosso Filho, sejamos capazes de sempre levar seu jugo suave. Por nosso Senhor Jesus Cristo, vosso Filho, na unidade do Espírito Santo.

A conclusão da Hora como no Ordinário.

I SÁBADO

Invitatório

V. **Abri** os meus **láb**ios. R. E minha **boca**.

R. Ao Se**nhor** pertence a **ter**ra e **tu**do o que cont**ém**: vinde **to**dos, ado**re**mos!

Salmo invitatório como no Ordinário, p. 583.

Ofício das Leituras

V. Vinde, ó **Deus**. Glória ao **Pai**. Como era. Ale**lui**a.

Esta introdução se omite quando o Invitatório precede imediatamente ao Ofício das Leituras.

Hino

I. Quando se diz o Ofício das Leituras durante a noite ou de madrugada:

Um Deus em três pessoas,
o mundo governais:
dos homens que criastes
as faltas perdoais.

Ouvi, pois, nosso canto
e o pranto que vertemos:
de coração sem mancha,
melhor vos contemplemos.

Por vosso amor tenhamos
a alma iluminada,
e alegres aguardemos,
Senhor, vossa chegada.

Rompendo agora a noite,
do sono despertados,
com os bens da pátria eterna
sejamos cumulados!

A glória seja ao Pai,
ao Filho seu também;
ao Espírito igualmente,
agora e sempre. Amém.

II. Quando se diz o Ofício das Leituras durante o dia:

Autor da glória eterna,
que ao povo santo dais
a graça septiforme
do Espírito, escutai:

Tirai ao corpo e à mente
do mal as opressões;
cortai os maus instintos,
curai os corações.

Tornai as mentes calmas,
as obras completai,
ouvi do orante as preces,
a vida eterna dai.

Do tempo, em sete dias,
o curso conduzis.
No dia oitavo e último
vireis como juiz.

E nele, ó Redentor,
da ira nos poupai,
tirai-nos da esquerda,
à destra nos guardai.

Ouvi a prece humilde
do povo reverente,
e a vós daremos glória,
Deus Trino, eternamente.

Salmodia

Ant. 1 Quem se tor**nar** peque**ni**no como **uma** criança,
há de **ser** o ma**ior** no **Reino** dos **Céus**.

Salmo 130(131)
Confiança filial e repouso em Deus

Aprendei de mim, porque sou manso e humilde de coração (Mt 11,29).

— **Senhor**, meu cora**ção** não é orgulho**so**, *
  nem se el**eva** arrogante o meu olhar;
— não **an**do à procura de grandezas, *
  nem **ten**ho pretensões ambiciosas!
—² Fiz calar e sossegar a minha alma; *
  ela está em grande paz dentro de mim,
— como a cri**an**ça bem tranquila, amamentada *
  no re**ga**ço acolhedor de sua mãe.
—³ Con**fia** no Senhor, ó Israel, *
  desde a**go**ra e por toda a eternidade!

Ant. Quem se tor**nar** peque**ni**no como **uma** cri**an**ça,
  há de **ser** o maior no **Rei**no dos **Céus**.

Ant. 2 Na **sim**plici**da**de do **meu** cora**ção**,
  alegre, vos **dei** tudo a**qui**lo que **ten**ho.

Salmo 131(132)
As promessas do Senhor à casa de Davi

O Senhor Deus lhe dará o trono de seu pai Davi (Lc 1,32).

I

—¹ Recor**dai**-vos, ó S**en**hor, do rei **Da**vi *
  e de **quan**to vos foi ele dedicado;
—² do jura**men**to que ao Senhor havia feito *
  e de seu **vo**to ao Poderoso de Jacó:
—³ "Não entra**rei** na minha tenda, minha casa, *
  nem subi**rei** à minha cama em que repouso,
—⁴ não deixa**rei** adormecerem os meus olhos, *
  nem cochi**la**rem em descanso minhas pálpebras,

— ⁵até que eu ache um lugar para o Senhor, *
uma casa para o Forte de Jacó!"
— ⁶Nós soubemos que a arca estava em Éfrata *
e nos campos de Jaar a encontramos:
— ⁷Entremos no lugar em que ele habita, *
ante o escabelo de seus pés o adoremos!
— ⁸Subi, Senhor, para o lugar de vosso pouso, *
subi vós, com vossa arca poderosa!
— ⁹Que se vistam de alegria os vossos santos, *
e os vossos sacerdotes, de justiça!
—¹⁰Por causa de Davi, o vosso servo, *
não afasteis do vosso Ungido a vossa face!

Ant. Na simplicidade do meu coração,
alegre, vos dei tudo aquilo que tenho.

Ant. 3 O Senhor fez a Davi um juramento,
e seu reino permanece para sempre.

II

—¹¹O Senhor fez a Davi um juramento, *
uma promessa que jamais renegará:
— "Um herdeiro que é fruto do teu ventre *
colocarei sobre o trono em teu lugar!
—¹²Se teus filhos conservarem minha Aliança *
e os preceitos que lhes dei a conhecer,
— os filhos deles igualmente hão de sentar-se *
eternamente sobre o trono que te dei!"
—¹³Pois o Senhor quis para si Jerusalém *
e a desejou para que fosse sua morada:
—¹⁴"Eis o lugar do meu repouso para sempre, *
eu fico aqui: este é o lugar que preferi!"
—¹⁵"Abençoarei suas colheitas largamente, *
e os seus pobres com o pão saciarei!

—¹⁶ Vesti**rei** de salvação seus sacerdotes, *
e de a**le**gria exultarão os seus fiéis!"

—¹⁷ "De Da**vi** farei brotar um forte Herdeiro, *
acende**rei** ao meu Ungido uma lâmpada.

—¹⁸ Cobri**rei** de confusão seus inimigos, *
mas sobre **e**le brilhará minha coroa!"

Ant. O Se**nhor** fez a Davi um jura**men**to,
e seu **rei**no perma**ne**ce para **sem**pre.

V. Vinde **ver**, contem**plai** os pro**dí**gios de **Deus**,
R. E a **o**bra estu**pen**da que **fez** no uni**ver**so.

Leituras e oração correspondentes a cada Ofício.

Laudes

V. Vinde, ó **Deus**. Glória ao **Pai**. Como era. Ale**lui**a.

Esta introdução se omite quando o Invitatório precede imediatamente às Laudes.

Hino

No céu refulge a aurora
e nasce um novo dia.
As trevas se dissipem:
a luz nos alumia.

Bem longe os fantasmas,
os sonhos e ilusões!
Do mal que vem das trevas
quebremos os grilhões.

Na aurora derradeira
possamos, preparados,
cantar de Deus a glória,
na sua luz banhados.

Louvor e glória ao Pai,
ao Filho seu também,
e ao Divino Espírito
agora e sempre. Amém.

Salmodia

Ant. 1 A vós dirijo os meus olhos já bem antes da aurora.

Salmo 118(119),145-152
XIX (Coph)
Meditação sobre a Palavra de Deus na Lei

Este é o meu mandamento: Amai-vos uns aos outros, assim como eu vos amei (Jo 15,12).

– ¹⁴⁵ Clamo de todo o coração: Senhor, ouvi-me! *
 Quero cumprir vossa vontade fielmente!
– ¹⁴⁶ Clamo a vós: Senhor, salvai-me, eu vos suplico, *
 e então eu guardarei vossa Aliança!
– ¹⁴⁷ Chego antes que a aurora e vos imploro, *
 e espero confiante em vossa lei.
– ¹⁴⁸ Os meus olhos antecipam as vigílias, *
 para de noite meditar vossa palavra.
– ¹⁴⁹ Por vosso amor ouvi atento a minha voz *
 e dai-me a vida, como é vossa decisão!
– ¹⁵⁰ Meus opressores se aproximam com maldade; *
 como estão longe, ó Senhor, de vossa lei!
– ¹⁵¹ Vós estais perto, ó Senhor, perto de mim; *
 todos os vossos mandamentos são verdade!
– ¹⁵² Desde criança aprendi vossa Aliança *
 que firmastes para sempre, eternamente.

Ant. A vós dirijo os meus olhos já bem antes da aurora.

Ant. 2 O Senhor é minha força, é a razão do meu cantar, pois foi ele neste dia para mim libertação!

Cântico Ex 15,1-4b.8-13.17-18
Hino de vitória após a passagem do mar Vermelho

Todos aqueles que saíram vitoriosos do confronto com a besta entoavam o cântico de Moisés, o servo de Deus (Ap

15,2-3).

– ¹ Ao Senhor quero cantar, pois fez brilhar a sua glória: *
 precipitou no mar Vermelho o cavalo e o cavaleiro!
– ² O Senhor é minha força, é a razão do meu cantar, *
 pois foi ele neste dia para mim libertação!
= Ele é meu Deus e o louvarei, Deus de meu pai e o
 honrarei. †
 ³ O Senhor é um Deus guerreiro, o seu nome é "Onipotente": *
 ⁴ os soldados e os carros do Faraó jogou no mar.
= ⁸ Ao soprar a vossa ira, amontoaram-se as águas, †
 levantaram-se as ondas e formaram uma muralha, *
 e imóveis se fizeram, em meio ao mar, as grandes vagas.
= ⁹ O inimigo tinha dito: "Hei de segui-los e alcançá-los! †
 Repartirei os seus despojos e minh'alma saciarei; *
 arrancarei da minha espada e minha mão os matará!"
–¹⁰ Mas soprou o vosso vento, e o mar os recobriu; *
 afundaram como chumbo entre as águas agitadas.
=¹¹ Quem será igual a vós, entre os fortes, ó Senhor? †
 Quem será igual a vós, tão ilustre em santidade, *
 tão terrível em proezas, em prodígios glorioso?
=¹² Estendestes vossa mão, e a terra os devorou; †
 ¹³ mas o povo libertado conduzistes com carinho *
 e o levastes com poder à vossa santa habitação.
=¹⁷ Vós, Senhor, o levareis e o plantareis em vosso monte, *
 no lugar que preparastes para a vossa habitação,
 no Santuário construído pelas vossas próprias mãos. *
 ¹⁸ O Senhor há de reinar eternamente, pelos séculos!

Ant. O Senhor é minha força, é a razão do meu cantar,
 pois foi ele neste dia para mim libertação!

Ant. 3 Cantai louvores ao Senhor, todas as gentes! †

Salmo 116 (117)

Louvor ao Deus misericordioso

Eu digo:... os pagãos glorificam a Deus, em razão da sua misericórdia (Rm 15,8.9).

— ¹ Cantai louvores ao Senhor, todas as gentes, *
   † povos todos, festejai-o!
— ² Pois comprovado é seu amor para conosco, *
   para sempre ele é fiel!

Ant. Cantai louvores ao Senhor, todas as gentes!

Leitura breve — 2Pd 1,10-11

Irmãos, cuidai cada vez mais de confirmar a vossa vocação e eleição. Procedendo assim, jamais tropeçareis. Desta maneira vos será largamente proporcionado o acesso ao Reino eterno de nosso Senhor e Salvador, Jesus Cristo.

Responsório breve

R. A vós grito, ó Senhor, a vós clamo
 * E vos digo: Sois vós meu abrigo! R. A vós grito.
V. Minha herança na terra dos vivos. * E vos digo.
 Glória ao Pai. R. A vós grito.

Cântico evangélico, ant.

Iluminai, ó Senhor, os que jazem nas trevas
e na sombra da morte.

Preces

Bendigamos a Cristo que se fez em tudo semelhante a seus irmãos para ser um sumo sacerdote fiel e misericordioso junto de Deus, em nosso favor. Peçamos-lhe, dizendo:

R. **Dai-nos, Senhor, as riquezas da vossa graça!**

Sol de justiça, que no batismo nos destes a luz da vida,
— nós vos consagramos este novo dia.   R.

Nós vos bendiremos em cada momento deste dia,

– e glorificaremos vosso nome em todas as nossas ações.
R. **Dai-nos, Senhor, as riquezas da vossa graça!**

Vós, que tivestes por mãe a Virgem Maria, sempre dócil à vossa palavra,
– dirigi hoje os nossos passos segundo a vossa vontade. R.

Concedei-nos que, enquanto peregrinamos em meio às coisas deste mundo passageiro, aspiremos à imortalidade celeste,
– e que, pela fé, esperança e caridade, saboreemos desde já as alegrias do vosso Reino. R.

(intenções livres)

Pai nosso...

Oração

Fazei, Senhor, brilhar em nossos corações o esplendor da ressurreição, para que, livres das trevas da morte, cheguemos à luz da vida eterna. Por nosso Senhor Jesus Cristo, vosso Filho, na unidade do Espírito Santo.

A conclusão da Hora como no Ordinário.

Hora Média

V. Vinde, ó **Deus**. Glória ao **Pai**. Como era. Aleluia.
HINO como no Ordinário, p. 598-601.

Salmodia
Ant. 1 Guiai-me no caminho de vossos mandamentos.

Salmo 118(119),33-40
V (He)

Meditação sobre a Palavra de Deus na Lei

Seja feita a tua vontade assim na terra como nos céus (Mt 6,10).

–³³ Ensinai-me a viver vossos preceitos; *
    quero guardá-los fielmente até o fim!

— ³⁴Dai-me o sa**ber**, e cumprirei a vossa lei, *
e de **to**do o coração a guardarei.
— ³⁵Guiai meus **pas**sos no caminho que traçastes, *
pois só **ne**le encontrarei felicidade.
— ³⁶Incli**nai** meu coração às vossas leis, *
e **nun**ca ao dinheiro e à avareza.
— ³⁷Desvi**ai** o meu olhar das coisas vãs, *
dai-me a vida pelos vossos mandamentos!
— ³⁸Cumpri, Se**nhor**, vossa promessa ao vosso servo,*
vossa pro**mes**sa garantida aos que vos temem.
— ³⁹**Li**v**rai**-me do insulto que eu receio, *
porque **vos**sos julgamentos são suaves.
— ⁴⁰Como an**sei**o pelos vossos mandamentos!*
Dai-me a **vi**da, ó Senhor, porque sois justo!

Ant. Gui**ai**-me no ca**mi**nho de **vos**sos manda**men**tos.

Ant. 2 Aos que **bus**cam o Se**nhor** não falta **na**da.

Salmo 33(34)

O Senhor é a salvação dos justos

Vós provastes que o Senhor é bom (1Pd 2,3).

I

— ²Bendi**rei** o Senhor **Deus** em todo **tem**po, *
seu lou**vor** estará sempre em minha boca,
— ³Minha **al**ma se gloria no Senhor, *
que **ou**çam os humildes e se alegrem!
— ⁴**Co**m**i**go engrandecei ao Senhor Deus, *
exal**te**mos todos juntos o seu nome!
— ⁵Todas as **ve**zes que o busquei; ele me ouviu, *
e de **to**dos os temores me livrou.
— ⁶Contem**plai** a sua face e alegrai-vos, *
e vosso **ros**to não se cubra de vergonha!

—⁷ Este infeliz gritou a Deus, e foi ouvido, *
e o Senhor o libertou de toda angústia.

—⁸ O anjo do Senhor vem acampar *
ao redor dos que o temem, e os salva.

—⁹ Provai e vede quão suave é o Senhor! *
Feliz o homem que tem nele o seu refúgio!

—¹⁰ Respeitai o Senhor Deus, seus santos todos, *
porque nada faltará aos que o temem.

—¹¹ Os ricos empobrecem, passam fome, *
mas aos que buscam o Senhor não falta nada.

Ant. Aos que buscam o Senhor não falta nada.

Ant. 3 Procura a paz e vai com ela em seu caminho.

II

—¹² Meus filhos, vinde agora e escutai-me: *
vou ensinar-vos o temor do Senhor Deus.

—¹³ Qual o homem que não ama sua vida, *
procurando ser feliz todos os dias?

—¹⁴ Afasta a tua língua da maldade, *
e teus lábios, de palavras mentirosas.

—¹⁵ Afasta-te do mal e faze o bem, *
procura a paz e vai com ela em seu caminho.

—¹⁶ O Senhor pousa seus olhos sobre os justos, *
e seu ouvido está atento ao seu chamado;

—¹⁷ mas ele volta a sua face contra os maus, *
para da terra apagar sua lembrança.

—¹⁸ Clamam os justos, e o Senhor bondoso escuta *
e de todas as angústias os liberta.

—¹⁹ Do coração atribulado ele está perto *
e conforta os de espírito abatido.

—²⁰ Muitos males se abatem sobre os justos, *
mas o Senhor de todos eles os liberta.

— ²¹Mesmo os seus **os**sos ele os guarda e os protege, *
e nenhum **de**les haverá de se quebrar.
— ²²A malícia do iníquo leva à morte, *
e **quem** odeia o justo é castigado.
— ²³Mas o S**enhor** liberta a vida dos seus servos, *
e casti**ga**do não será quem nele espera.

Ant. Procura a **paz** e vai com **ela** em seu ca**minho**.

Para as outras Horas, Salmodia complementar, p. 1178.

Oração das Nove Horas

Leitura breve   1Rs 8,60-61

Que todos os povos da terra saibam que o Senhor é Deus e não há nenhum outro. Esteja o vosso coração integralmente dedicado ao Senhor nosso Deus, caminhando nos seus decretos e observando os seus mandamentos como hoje o estais fazendo.

V. Mos**trai**-nos, ó **Senhor,** vossos ca**minhos**.
R. Vossa ver**da**de me ori**en**te e me con**du**za.

Oração

Senhor Deus, Pai todo-poderoso, a quem somos submissos, derramai em nós a luz do Espírito Santo, para que, livres de todo inimigo, nos alegremos em vos louvar. Por Cristo, nosso Senhor.

Oração das Doze Horas

Leitura breve   Jr 17,9-10

Em tudo é enganador o coração, e isto é incurável; quem poderá conhecê-lo? Eu sou o Senhor, que perscruto o coração e provo os sentimentos, que dou a cada qual conforme o seu proceder e conforme o fruto de suas obras.

V. Perdo**ai** as minhas **fal**tas que não **ve**jo.
R. E preser**vai** o vosso **ser**vo do or**gu**lho!

Oração

Senhor nosso Deus, luz ardente de amor eterno, concedei que, inflamados na vossa caridade, num mesmo amor amemos a vós, acima de tudo, e aos irmãos e irmãs por vossa causa. Por Cristo, nosso Senhor.

Oração das Quinze Horas

Leitura breve Sb 7,27a; 8,1

A Sabedoria de Deus, sendo única, tudo pode; permanecendo imutável, renova tudo. Ela se estende com vigor de uma extremidade à outra da terra e com suavidade governa todas as coisas.

V. Quão imensas, ó Senhor, são vossas obras.
R. Quão profundos são os vossos pensamentos!

Oração

Atendei, Senhor, às nossas preces, por intercessão da Virgem Maria, e dai-nos a paz completa, para que, dedicando-nos sempre a vós com alegria, possamos confiantes chegar até vós. Por Cristo, nosso Senhor.

A conclusão da Hora como no Ordinário.

II SEMANA

II DOMINGO

I Vésperas

V. Vinde, ó **Deus**. Glória ao **Pai**. Como era. Ale**lui**a.

Hino

Ó Deus, fonte de todas as coisas,
vós enchestes o mundo de dons
e, depois de criar o universo,
concluístes que tudo era bom.

Terminando tão grande trabalho,
decidistes entrar em repouso,
ensinando aos que cansam na luta,
que o descanso é também dom precioso.

Concedei aos mortais que suplicam,
os seus erros lavarem no pranto
e andarem nos vossos caminhos,
descobrindo da vida o encanto.

Deste modo, ao chegar para a terra
a aflição do temível Juiz,
possam todos, repletos de paz,
se alegrar pela vida feliz.

Esse dom concedei-nos, Deus Pai,
pelo Filho Jesus, Sumo Bem,
no Espírito Santo Paráclito,
que reinais para sempre. Amém.

Pode-se dizer também o HINO Salve o dia, p. 755.

Salmodia

Ant. 1 Vossa pala**vra**, Se**nhor**,
é uma **luz** para os meus **pass**os. Ale**lui**a.

Salmo 118(119),105-112
XIV (Nun)
Meditação sobre a Palavra de Deus na Lei

Este é o meu mandamento: amai-vos uns aos outros (Jo 15,12).

— ¹⁰⁵Vossa palavra é uma **luz** para os meus **pas**sos, *
 é uma **lâm**pada luzente em meu caminho.
— ¹⁰⁶Eu **fiz** um juramento e vou cumpri-lo: *
 "Hei de guar**dar** os vossos justos julgamentos!"
— ¹⁰⁷Ó Se**nhor**, estou cansado de sofrer; *
 vossa pa**la**vra me devolva a minha vida!
— ¹⁰⁸Que vos a**gra**de a oferenda dos meus lábios; *
 ensi**nai**-me, ó Senhor, vossa vontade!
— ¹⁰⁹Constante**men**te está em perigo a minha vida, *
 mas não es**que**ço, ó Senhor, a vossa lei.
— ¹¹⁰Os peca**do**res contra mim armaram laços; *
 eu, po**rém**, não reneguei vossos preceitos.
— ¹¹¹Vossa pa**la**vra é minha herança para sempre, *
 porque **e**la é que me alegra o coração!
— ¹¹²Acostu**mei** meu coração a obedecer-vos, *
 a obede**cer**-vos para sempre, até o fim!

Ant. Vossa pa**la**vra, Se**nhor**,
 é uma **luz** para os meus **pas**sos. Ale**lu**ia.

Ant. 2 Junto a **vós**, felici**da**de sem **li**mites, ale**lu**ia.

Salmo 15(16)
O Senhor é minha herança

Deus ressuscitou a Jesus, libertando-o das angústias da morte (At 2,24).

= ¹Guardai-me, ó **Deus**, porque em **vós** me refugio! †
 ²Digo ao Se**nhor**: "Somente vós sois meu Senhor: *
 nenhum **bem** eu posso achar fora de vós!" —

—³ Deus me inspirou uma admirável afeição *
   pelos santos que habitam sua terra.
—⁴ Multiplicam, no entanto, suas dores *
   os que correm para deuses estrangeiros;
— seus sacrifícios sanguinários não partilho, *
   nem seus nomes passarão pelos meus lábios.
—⁵ Ó Senhor, sois minha herança e minha taça, *
   meu destino está seguro em vossas mãos!
—⁶ Foi demarcada para mim a melhor terra, *
   e eu exulto de alegria em minha herança!
—⁷ Eu bendigo o Senhor que me aconselha, *
   e até de noite me adverte o coração.
—⁸ Tenho sempre o Senhor ante meus olhos, *
   pois se o tenho a meu lado, não vacilo.
=⁹ Eis por que meu coração está em festa, †
   minha alma rejubila de alegria, *
   e até meu corpo no repouso está tranquilo;
—¹⁰ pois não haveis de me deixar entregue à morte, *
   nem vosso amigo conhecer a corrupção.
=¹¹ Vós me ensinais vosso caminho para a vida; †
   junto a vós, felicidade sem limites, *
   delícia eterna e alegria ao vosso lado!

Ant. Junto a vós, felicidade sem limites, aleluia.

Ant. 3 Ao nome de Jesus, nosso Senhor,
   se dobre reverente todo joelho,
   seja nos céus, seja na terra, aleluia.

Cântico   Fl 2,6-11
Cristo, o Servo de Deus

=⁶ Embora fosse de divina condição, †
   Cristo Jesus não se apegou ciosamente *
   a ser igual em natureza a Deus Pai.

(R. Jesus **Cristo** é Se**nhor** para a **gló**ria de Deus **Pai!**)

= ⁷Po**rém** esvaziou-se de sua glória †
e assu**miu** a condição de um escravo, *
fa**zen**do-se aos homens semelhante. (R.)

= Reconhe**cido** exteriormente como homem, †
⁸humi**lhou**-se, obedecendo até à morte, *
até à **mor**te humilhante numa cruz. (R.)

= ⁹Por isso **Deus** o exaltou sobremaneira †
e deu-lhe o **no**me mais excelso, mais sublime, *
e ele**va**do muito acima de outro nome. (R.)

=¹⁰Para **que** perante o nome de Jesus †
se **do**bre reverente todo joelho, *
seja nos **céus**, seja na terra ou nos abismos. (R.)

=¹¹E toda **lín**gua reconheça, confessando, †
para a **gló**ria de Deus Pai e seu louvor: *
"Na ver**da**de Jesus Cristo é o Senhor!" (R.)

Ant. Ao **no**me de Je**sus**, nosso Se**nhor**,
se **do**bre reve**ren**te todo joelho,
seja nos **céus**, seja na **ter**ra, ale**lui**a.

Leitura breve — Cl 1,2b-6a

A vós, graça e paz da parte de Deus nosso Pai. Damos graças a Deus, Pai de nosso Senhor Jesus Cristo, sempre rezando por vós, pois ouvimos acerca da vossa fé em Cristo Jesus e do amor que mostrais para com todos os santos, animados pela esperança na posse do céu. Disso já ouvistes falar no Evangelho, cuja palavra de verdade chegou até vós. E como no mundo inteiro, assim também entre vós ela está produzindo frutos e se desenvolve.

Domingo – I Vésperas

Responsório breve
R. Do nascer do sol até o seu ocaso,
 * Louvado seja o nome do Senhor! R. Do nascer.
V. Sua glória vai além dos altos céus. * Louvado.
 Glória ao Pai. R. Do nascer.

Antífona do *Magnificat* como no Próprio do Tempo.

Preces
Demos graças a Deus que auxilia e protege o povo que escolheu como sua herança para que viva feliz. Recordando seu amor, aclamemos dizendo:

R. **Senhor, nós confiamos em vós!**

Deus de bondade, nós vos pedimos pelo nosso Papa N. e pelo nosso bispo N.;
– protegei-os com o vosso poder e santificai-os com a vossa graça. R.

Confortai os doentes e tornai-os participantes da paixão de Cristo por seus sofrimentos,
– para que sintam continuamente a sua consolação. R.

Olhai com amor para os que não têm onde morar,
– e fazei que encontrem uma digna habitação. R.

Dignai-vos multiplicar e conservar os frutos da terra,
– para que a ninguém falte o pão de cada dia. R.

Ou:
(Defendei o nosso povo de todo mal,
– para que desfrute da vossa paz e prosperidade). R.

(intenções livres)

Envolvei com vossa misericórdia os que morreram,
– e dai-lhes um lugar no céu. R.

Pai nosso...

Oração como no Próprio do Tempo.

A conclusão da Hora como no Ordinário.

Invitatório

V. **Abri** os meus **lábios**. R. E minha **boca**.
R. Vinde, **povo** do Se**nhor** e rebanho que ele **guia**:
vinde **todos**, ado**remos**, ale**luia**.

Salmo invitatório como no Ordinário, p. 583.

Ofício das Leituras

V. Vinde, ó **Deus**. Glória ao **Pai**. Como era. Ale**luia**.

Esta introdução se omite quando o Invitatório precede imediatamente ao Ofício das Leituras.

Hino

I. Quando se diz o Ofício das Leituras durante a noite ou de madrugada:

    Chegamos ao meio da noite.
    Profética voz nos chamou
    e exorta a cantarmos felizes
    de Deus Pai e Filho o louvor,

    que unidos no Espírito da Vida,
    são perfeita e santa Trindade,
    igual numa só natureza,
    à qual honra, amor, majestade!

    Recorda esta hora o terror
    de quando, nas terras do Egito,
    um anjo matou primogênitos,
    deixando o país todo aflito.

    Mas traz salvação para os justos
    na hora que Deus decretou.
    As casas marcadas com sangue
    o anjo da morte poupou.

    O Egito chorou os seus filhos,
    porém Israel se alegrou.
    O sangue do puro cordeiro
    aos seus protegeu e salvou.

Nós somos o novo Israel,
e em vós, ó Senhor, exultamos.
Com sangue de Cristo marcados,
do mal os ardis desprezamos.

Deus santo, fazei-nos ser dignos
da glória do mundo que vem.
Possamos cantar vossa glória
no céu para sempre. Amém.

II. Quando se diz o Ofício das Leituras durante o dia:

Salve o dia que é glória dos dias,
feliz dia, de Cristo vitória,
dia pleno de eterna alegria,
o primeiro.

Luz divina brilhou para os cegos;
nela o Cristo triunfa do inferno,
vence a morte, reconciliando
terra e céus.

A sentença eterna do Rei
tudo sob o pecado encerrou,
para que na fraqueza brilhasse
maior graça.

O poder e a ciência de Deus
misturaram rigor e clemência,
quando o mundo já estava caindo
nos abismos.

Surge livre do reino da morte
quem o gênero humano restaura,
reconduz em seus ombros a ovelha
ao redil.

Reine a paz entre os anjos e os homens,
e no mundo a total plenitude.
Ao Senhor triunfante convém
toda a glória.

Mãe Igreja, tua voz faça coro
à harmonia da pátria celeste.
Cantem hoje Aleluias de glória
os fiéis.

Triunfando do império da morte,
triunfal alegria gozemos.
Paz na terra e nos céus alegria.
Assim seja.

Salmodia
Ant. 1 Ó meu **Deus** e meu Se**nhor**, como sois **gran**de!
De majes**ta**de e esplen**dor** vos reves**tis**,
e de **luz** vos envol**veis** como num **man**to! Ale**lui**a.

Salmo 103(104)
Hino a Deus Criador

Se alguém está em Cristo, é uma criatura nova. O mundo velho desapareceu. Tudo agora é novo (2Cor 5,17).

I

– ¹ Ben**di**ze, ó minha **al**ma, ao Se**nhor**! *
Ó meu **Deus** e meu Senhor, como sois grande!
– De majes**ta**de e esplendor vos revestis, *
² e de **luz** vos envolveis como num manto.

– Esten**deis** qual uma tenda o firmamento, *
³ cons**tru**ís vosso palácio sobre as águas;
– das **nu**vens vós fazeis o vosso carro, *
do **ven**to caminhais por sobre as asas;
– ⁴ dos **ven**tos fazeis vossos mensageiros, *
do fogo e **cha**ma fazeis vossos servidores.

– ⁵ A **ter**ra vós firmastes em suas bases, *
ficará **fir**me pelos séculos sem fim;
– ⁶ os **ma**res a cobriam como um manto,*
e as **á**guas envolviam as montanhas. –

—⁷ Ante a vossa ameaça elas fugiram, *
e tremeram ao ouvir vosso trovão;
—⁸ saltaram montes e desceram pelos vales *
ao lugar que destinastes para elas;
—⁹ elas não passam dos limites que fixastes, *
e não voltam a cobrir de novo a terra.

—¹⁰ Fazeis brotar em meio aos vales as nascentes *
que passam serpeando entre as montanhas;
—¹¹ dão de beber aos animais todos do campo, *
e os da selva nelas matam sua sede;
—¹² às suas margens vêm morar os passarinhos, *
entre os ramos eles erguem o seu canto.

Ant. Ó meu Deus e meu Senhor, como sois grande!
De majestade e esplendor vos revestis,
e de luz vos envolveis como num manto! Aleluia.

Ant. 2 O Senhor tira da terra o alimento
e o vinho que alegra o coração. Aleluia.

II

—¹³ De vossa casa as montanhas irrigais, *
com vossos frutos saciais a terra inteira;
—¹⁴ fazeis crescer os verdes pastos para o gado *
e as plantas que são úteis para o homem;
— para da terra extrair o seu sustento *
¹⁵ e o vinho que alegra o coração,
— o óleo que ilumina a sua face *
e o pão que revigora suas forças.

—¹⁶ As árvores do Senhor são bem viçosas *
e os cedros que no Líbano plantou;
—¹⁷ as aves ali fazem os seus ninhos *
e a cegonha faz a casa em suas copas;
—¹⁸ os altos montes são refúgio dos cabritos, *
os rochedos são abrigo das marmotas.

— ¹⁹Para o **tempo** assinalar destes a lua, *
 e o **sol** conhece a hora de se pôr;
— ²⁰esten**deis** a escuridão e vem a noite, *
 logo as **feras** andam soltas na floresta;
— ²¹eis que **rugem** os leões, buscando a presa, *
 e de **Deus** eles reclamam seu sustento.
— ²²Quando o **sol** vai despontando, se retiram, *
 e de **no**vo vão deitar-se em suas tocas.
— ²³En**tão** o homem sai para o trabalho, *
 para a la**bu**ta que se estende até à tarde.

Ant. O Se**nhor** tira da **ter**ra o ali**men**to
 e o **vi**nho que a**le**gra o co**ra**ção. Ale**lui**a.

Ant. 3 Deus **viu** todas as **coi**sas que fizera
 e eram todas elas muito **bo**as. Ale**lui**a.

III

= ²⁴Quão nume**ro**sas, ó Se**nhor**, são vossas **ob**ras, †
 e **que** sabedoria em todas elas! *
 Encheu-se a **ter**ra com as vossas criaturas!
= ²⁵Eis o **mar** tão espaçoso e tão imenso, †
 no **qual** se movem seres incontáveis, *
 gigan**tes**cos animais e pequeninos;
= ²⁶nele os na**vi**os vão seguindo as suas rotas, †
 e o **mons**tro do oceano que criastes, *
 nele **vi**ve e dentro dele se diverte.
— ²⁷Todos **eles**, ó Senhor, de vós esperam *
 que a seu **tem**po vós lhes deis o alimento;
— ²⁸vós lhes **dais** o que comer e eles recolhem, *
 vós a**bris** a vossa mão e eles se fartam.
= ²⁹Se escon**deis** a vossa face, se apavoram, †
 se ti**rais** o seu respiro, eles perecem *
 e **vol**tam para o pó de onde vieram;
— ³⁰envi**ais** o vosso espírito e renascem *
 e da **ter**ra toda a face renovais. —

₃₁ Que a **gló**ria do Senhor perdure sempre, *
e **ale**gre-se o Senhor em suas obras!
₃₂ Ele **o**lha para a terra, ela estremece; *
quando **to**ca as montanhas, lançam fogo.
₃₃ Vou can**tar** ao Senhor Deus por toda a vida, *
salmodi**ar** para o meu Deus enquanto existo.
₃₄ Hoje **se**ja-lhe agradável o meu canto,*
pois o Se**nhor** é a minha grande alegria!
₃₅ Desapa**re**çam desta terra os pecadores,†
e pe**re**çam os perversos para sempre! *
Ben**di**ze, ó minha alma, ao Senhor!

Ant. Deus **viu** todas as **coi**sas que fizera
e eram todas elas muito **boas**. Ale**luia**.

V. Fe**li**zes vossos **o**lhos porque **ve**em,
R. E tam**bém** vossos ou**vi**dos porque **ou**vem!

Leituras e oração como no Próprio do Tempo.

Laudes

V. Vinde, ó **Deus**. Glória ao **Pai**. Como era. Ale**luia**.

Esta introdução se omite quando o Invitatório precede imediatamente às Laudes.

Hino

>Eis que da noite já foge a sombra
>e a luz da aurora refulge, ardente.
>Nós, reunidos, a Deus oremos
>e invoquemos o Onipotente.
>
>Deus, compassivo, nos salve a todos
>e nos afaste de todo o mal.
>O Pai bondoso, por sua graça,
>nos dê o Reino celestial.

Assim nos ouça o Deus Uno e Trino,
Pai, Filho e Espírito Consolador.
Por toda a terra vibram acordes
dum canto novo em seu louvor.

Salmodia
Ant. 1 Bendito o que vem em nome do Senhor! Aleluia.

Salmo 117(118)
Canto de alegria e salvação

Ele é a pedra, que vós, os construtores, desprezastes, e que se tornou a pedra angular (At 4,11).

— ¹Dai **graças** ao Senhor, porque ele é **bom**! *
  "Eterna é a sua misericórdia!"
— ²A **casa** de Israel agora o diga: *
  "Eterna é a sua misericórdia!"
— ³A **casa** de Aarão agora o diga: *
  "Eterna é a sua misericórdia!"
— ⁴Os que **temem** o Senhor agora o digam: *
  "Eterna é a sua misericórdia!"
— ⁵Na minha an**gús**tia eu clamei pelo Senhor, *
  e o Senhor me atendeu e libertou!
— ⁶O Senhor está comigo, nada temo; *
  o que **po**de contra mim um ser humano?
— ⁷O Senhor está comigo, é o meu auxílio, *
  hei de **ver** meus inimigos humilhados.
— ⁸"É me**lhor** buscar refúgio no Senhor *
  do que **pôr** no ser humano a esperança;
— ⁹é me**lhor** buscar refúgio no Senhor *
  do que con**tar** com os poderosos deste mundo!"
— ¹⁰Povos pa**gãos** me rodearam todos eles, *
  mas em **no**me do Senhor os derrotei;
— ¹¹de todo **la**do todos eles me cercaram, *
  mas em **no**me do Senhor os derrotei; —

=¹² como um en**xa**me de abelhas me atacaram, †
   como um **fo**go de espinhos me queimaram, *
   mas em **no**me do Senhor os derrotei.
—¹³ Empu**rra**ram-me, tentando derrubar-me, *
   mas **vei**o o Senhor em meu socorro.
—¹⁴ O Se**nhor** é minha força e o meu canto, *
   e tor**nou**-se para mim o Salvador.
—¹⁵ "Cla**mo**res de alegria e de vitória *
   res**so**em pelas tendas dos fiéis.
=¹⁶ A mão di**rei**ta do Senhor fez maravilhas, †
   a mão di**rei**ta do Senhor me levantou, *
   a mão di**rei**ta do Senhor fez maravilhas!"
—¹⁷ Não morre**rei**, mas, ao contrário, viverei *
   para can**tar** as grandes obras do Senhor!
—¹⁸ O Se**nhor** severamente me provou, *
   mas **não** me abandonou às mãos da morte.
—¹⁹ Abri-me **vós**, abri-me as portas da justiça; *
   quero en**trar** para dar graças ao Senhor!
—²⁰ "Sim, **es**ta é a porta do Senhor, *
   por **e**la só os justos entrarão!"
—²¹ Dou-vos **gra**ças, ó Senhor, porque me ouvistes *
   e vos tor**nas**tes para mim o Salvador!
—²² "A **pe**dra que os pedreiros rejeitaram *
   tor**nou**-se agora a pedra angular.
—²³ Pelo Se**nhor** é que foi feito tudo isso: *
   Que maravilhas ele fez a nossos olhos!
—²⁴ Este é o **di**a que o Senhor fez para nós, *
   ale**gre**mo-nos e nele exultemos!
—²⁵ Ó Se**nhor**, dai-nos a vossa salvação, *
   ó Se**nhor**, dai-nos também prosperidade!"
—²⁶ Ben**di**to seja, em nome do Senhor, *
   a**que**le que em seus átrios vai entrando!

– Desta **casa** do Senhor vos bendizemos. *
²⁷ Que o Se**nhor** e nosso Deus nos ilumine!

– Empu**nh**ai ramos nas mãos, formai cortejo, *
aproxi**mai**-vos do altar, até bem perto!

–²⁸ Vós sois meu **Deus,** eu vos bendigo e agradeço! *
Vós sois meu **Deus,** eu vos exalto com louvores!

–²⁹ Dai **graças** ao Senhor, porque ele é bom! *
"Eterna é a sua misericórdia!"

Ant. Ben**dito** o que **vem** em **no**me do Se**nhor**! Ale**lui**a.

Ant. 2 Cantemos um **hino** ao Se**nhor**, ale**lui**a.

Cântico — Dn 3,52-57

Louvor das criaturas ao Senhor

O Criador é bendito para sempre (Rm 1,25).

–⁵² Sede bendito, Senhor **Deus** de nossos **pais**! *
A vós louvor, honra e glória eternamente!

– Sede ben**dito**, nome santo e glorioso! *
A vós lou**vor**, honra e glória eternamente!

–⁵³ No templo **santo** onde refulge a vossa glória! *
A vós lou**vor**, honra e glória eternamente!

–⁵⁴ E em vosso **tro**no de poder vitorioso! *
A vós lou**vor**, honra e glória eternamente!

–⁵⁵ Sede ben**dito**, que sondais as profundezas! *
A vós lou**vor**, honra e glória eternamente!

– E superi**or** aos querubins vos assentais! *
A vós lou**vor**, honra e glória eternamente!

–⁵⁶ Sede ben**dito** no celeste firmamento! *
A vós lou**vor**, honra e glória eternamente!

–⁵⁷ Obras **to**das do Senhor, glorificai-o! *
A ele lou**vor**, honra e glória eternamente!

Ant. Cantemos um **hino** ao Se**nhor**, ale**lui**a.

Ant. 3 Louvai o Senhor **Deus**
por seus **fei**tos grandiosos. Ale**luia.**

Salmo 150
Louvai o Senhor

Salmodiai com o espírito e salmodiai com a mente, isto é: glorificai a Deus com a alma e com o corpo (Hesíquio).

— ¹ Louvai o Senhor **Deus** no santu**á**rio, *
lou**vai**-o no alto céu de seu poder!
— ² Lou**vai**-o por seus feitos grandiosos, *
lou**vai**-o em sua grandeza majestosa!
— ³ Lou**vai**-o com o toque da trombeta, *
lou**vai**-o com a harpa e com a cítara!
— ⁴ Lou**vai**-o com a dança e o tambor, *
lou**vai**-o com as cordas e as flautas!
— ⁵ Lou**vai**-o com os címbalos sonoros, *
lou**vai**-o com os címbalos de júbilo!
— Louve a **Deus** tudo o que vive e que respira, *
tudo **can**te os louvores do Senhor!

Ant. Louvai o Senhor **Deus**
por seus **fei**tos grandiosos. Ale**luia.**

Leitura breve   **Ez 36,25-27**
Derramarei sobre vós uma água pura, e sereis purificados. Eu vos purificarei de todas as impurezas e de todos os ídolos. Eu vos darei um coração novo e porei um espírito novo dentro de vós. Arrancarei do vosso corpo o coração de pedra e vos darei um coração de carne; porei o meu espírito dentro de vós e farei com que sigais a minha lei e cuideis de observar os meus mandamentos.

Responsório breve

R. Nós vos louvamos, dando graças, ó Senhor,
* Dando graças, invocamos vosso nome.
R. Nós vos louvamos.
V. E publicamos os prodígios que fizeste. *Dando graças.
Glória ao Pai. R. Nós vos louvamos.

Antífona do *Benedictus* como no Próprio do Tempo.

Preces

Demos graças a nosso Salvador, que veio a este mundo para ser Deus-conosco; e o aclamemos, dizendo:

R. **Cristo, rei da glória, sede nossa luz e alegria!**

Senhor Jesus Cristo, luz que vem do alto e primícias da ressurreição futura,
– dai-nos a graça de vos seguirmos, para que, livres das sombras da morte, caminhemos sempre na luz da vida. R.

Mostrai-nos vossa bondade, refletida em todas as criaturas,
– para contemplarmos em todas elas a vossa glória. R.

Não permitais, Senhor, que hoje sejamos vencidos pelo mal,
– mas tornai-nos vencedores do mal pelo bem. R.

Vós, que no Jordão fostes batizado por João Batista e ungido pelo Espírito Santo,
– santificai todas as nossas ações deste dia com a graça do mesmo Espírito. R.

(intenções livres)

Pai nosso...

Oração como no Próprio do Tempo.

Conclusão da Hora como no Ordinário.

Hora Média

V. Vinde, ó **Deus**. Glória ao **Pai**. Como era. Ale**lu**ia.
HINO como no Ordinário, p. 598-601.

Salmodia
Ant. 1 Pelos **pra**dos e cam**pi**nas verde**jan**tes,
o Se**nhor** me con**duz** a descan**sar**. Ale**lu**ia.

Salmo 22(23)
O Bom Pastor

O Cordeiro será o seu pastor e os conduzirá às fontes de água da vida (Ap 7,17).

—1 O Se**nhor** é o pas**tor** que me con**duz**; *
 não me **fal**ta coisa al**gu**ma.
—2 Pelos **pra**dos e cam**pi**nas verdejantes *
 ele me **le**va a descansar.
— Para as **á**guas repousantes me encaminha, *
  3 e res**tau**ra as minhas forças.
— Ele me **gui**a no caminho mais seguro, *
 pela **hon**ra do seu nome.
—4 Mesmo que eu **pas**se pelo vale tenebroso, *
 nenhum **mal** eu temerei;
— estais co**mi**go com bastão e com cajado; *
 eles me **dão** a segurança!
—5 Prepa**rais** à minha frente uma mesa, *
 bem à **vis**ta do inimigo,
— e com **ó**leo vós ungis minha cabeça; *
 o meu **cá**lice transborda.
—6 Felici**da**de e todo bem hão de seguir-me *
 por **to**da a minha vida;
— e, na **ca**sa do Senhor, habitarei *
 pelos **tem**pos infinitos.

Ant. Pelos **pra**dos e cam**pi**nas verde**jan**tes,
 o Se**nhor** me con**duz** a descan**sar**. Ale**lu**ia.

Ant. 2 O nome do Senhor é grandioso em Israel. Aleluia.

Salmo 75(76)
Ação de graças pela vitória

Verão o Filho do Homem vindo sobre as nuvens do céu (Mt 24,30).

I

— ²Em Judá o Senhor Deus é conhecido, *
e seu nome é grandioso em Israel.
— ³Em Salém ele fixou a sua tenda, *
em Sião edificou sua morada.
— ⁴E ali quebrou os arcos e as flechas, *
os escudos, as espadas e outras armas.
— ⁵Resplendente e majestoso apareceis *
sobre montes de despojos conquistados.
= ⁶Despojastes os guerreiros valorosos †
que já dormem o seu sono derradeiro, *
incapazes de apelar para os seus braços.
— ⁷Ante as vossas ameaças, ó Senhor,*
estarreceram-se os carros e os cavalos.

Ant. O nome do Senhor é grandioso em Israel. Aleluia.

Ant. 3 A terra apavorou-se e emudeceu,
quando Deus se levantou para julgar. Aleluia.

II

— ⁸Sois terrível, realmente, Senhor Deus! *
E quem pode resistir à vossa ira?
— ⁹Lá do céu pronunciastes a sentença, *
e a terra apavorou-se e emudeceu,
—¹⁰quando Deus se levantou para julgar*
e libertar os oprimidos desta terra.
—¹¹Mesmo a revolta dos mortais vos dará glória, *
e os que sobraram do furor vos louvarão.

—¹² Ao vosso **Deus** fazei promessas e as cumpri;*
  vós que o cer**cais**, trazei ofertas ao Terrível;
—¹³ ele es**ma**ga os reis da terra em seu orgulho, *
  e faz tre**mer** os poderosos deste mundo!

Ant. A **ter**ra apavo**rou**-se e emude**ceu**,
  quando **Deus** se levan**tou** para jul**gar**. Ale**lui**a.

Para as outras Horas, Salmodia complementar, p. 1178.

Oração das Nove Horas

Leitura breve   Rm 5,1-2.5
Justificados pela fé, estamos em paz com Deus, pela mediação do Senhor nosso, Jesus Cristo. Por ele tivemos acesso, pela fé, a esta graça, na qual estamos firmes e nos gloriamos, na esperança da glória de Deus. E a esperança não decepciona, porque o amor de Deus foi derramado em nossos corações pelo Espírito Santo que nos foi dado.

V. Ó Se**nhor**, eu canta**rei** eterna**men**te o vosso a**mor**.
R. De gera**ção** em gera**ção** eu canta**rei** vossa verda**de**.

Oração das Doze Horas

Leitura breve   Rm 8,26
O Espírito vem em socorro da nossa fraqueza. Pois nós não sabemos o que pedir, nem como pedir; é o próprio Espírito que intercede em nosso favor, com gemidos inefáveis.

V. Que meu **gri**to, ó Se**nhor**, chegue até **vós**.
R. Fazei-me **sá**bio, como **vós** o prome**tes**tes.

Oração das Quinze Horas

Leitura breve   2Cor 1,21-22
É Deus que nos confirma, a nós e a vós, em nossa adesão a Cristo, como também é Deus que nos ungiu. Foi ele que nos marcou com o seu selo e nos adiantou como sinal o Espírito derramado em nossos corações.

V. O Senhor é minha luz e salvação.
R. O Senhor é a proteção da minha vida.
Oração como no Próprio do Tempo.

A conclusão da Hora como no Ordinário.

II Vésperas

V. Vinde, ó **Deus**. Glória ao **Pai**. Como era. Ale**lui**a.
Hino

> Ó luz, ó Deus Trindade,
> ó Unidade e fonte:
> na luz do sol que morre,
> a vossa em nós desponte.
>
> A vós de madrugada,
> de tarde vos cantamos;
> a vós na eternidade,
> louvar sem fim possamos.
>
> Ao Pai e ao Filho glória,
> ao Espírito também,
> louvor, honra e vitória
> agora e sempre. Amém.

Salmodia
Ant. 1 Jesus **Cris**to é sacer**do**te eterna**men**te
 se**gun**do a ordem do **rei** Melquise**dec**. Ale**lui**a.

Salmo 109(110),1-5.7
O Messias, rei e sacerdote

É preciso que ele reine, até que todos os seus inimigos estejam debaixo de seus pés (1Cor 15,25).

— ¹ Palavra do Se**nhor** ao meu Se**nhor**: *
 "As**sen**ta-te ao lado meu di**rei**to,
— até que eu ponha os inimigos **teus** *
 como esca**be**lo por debaixo de teus **pés**!" –

= ² O **Senhor** estenderá desde Sião †
vosso **cetro** de poder, pois ele diz: *
"Do**mi**na com vigor teus inimigos;
= ³ Tu és **prín**cipe desde o dia em que nasceste; †
na **gló**ria e esplendor da santidade, *
como o or**va**lho, antes da aurora, eu te gerei!"
= ⁴ Jurou o Se**nhor** e manterá sua palavra: †
"Tu **és** sacerdote eternamente, *
se**gun**do a ordem do rei Melquisedec!"
– ⁵ À vossa **des**tra está o Senhor, ele vos diz: *
"No dia da **i**ra esmagarás os reis da terra!
– ⁷ Bebe**rás** água corrente no caminho, *
por **is**so seguirás de fronte erguida!"

Ant. Jesus **Cris**to é sacer**do**te eterna**men**te
se**gun**do a ordem do **rei** Melquise**dec**. A**le**luia.

Ant. 2 É nos **céus** que es**tá** o nosso **Deus**;
ele **faz** tudo a**qui**lo que **quer**. A**le**luia.

Salmo 113B(115)

Louvor ao Deus verdadeiro

Vós vos convertestes, abandonando os falsos deuses, para servir ao Deus vivo e verdadeiro (1Ts 1,9).

= ¹ Não a **nós**, ó Se**nhor**, não a **nós**, †
ao vosso **no**me, porém, seja a glória, *
porque **sois** todo amor e verdade!
– ² Por que **hão** de dizer os pagãos: *
"Onde es**tá** o seu Deus, onde está?"
– ³ É nos **céus** que está o nosso Deus, *
ele **faz** tudo aquilo que quer.
– ⁴ São os **deu**ses pagãos ouro e prata, *
todos eles são obras humanas. –

– ⁵ Têm **boca** e não podem falar, *
   têm **o**lhos e não podem ver;
– ⁶ têm na**riz** e não podem cheirar, *
   tendo ou**vi**dos, não podem ouvir.
= ⁷ Têm **mãos** e não podem pegar, †
   têm **pés** e não podem andar; *
   nenhum **som** sua garganta produz.
– ⁸ Como **el**es, serão seus autores, *
   que os fa**bri**cam e neles confiam.
– ⁹ Con**fi**a, Israel, no Senhor. *
   Ele **é** teu auxílio e escudo!
– ¹⁰ Con**fi**a, Aarão, no Senhor. *
   Ele **é** teu auxílio e escudo!
– ¹¹ Vós que o te**meis**, confiai no Senhor. *
   Ele **é** vosso auxílio e escudo!
– ¹² O S**e**nhor se recorda de nós, *
   o S**e**nhor abençoa seu povo.
–   O S**e**nhor abençoa Israel, *
   o S**e**nhor abençoa Aarão;
– ¹³ aben**ço**a aqueles que o temem, *
   aben**ço**a pequenos e grandes!
– ¹⁴ O S**e**nhor multiplique a vós todos, *
   a vós **to**dos, também vossos filhos!
– ¹⁵ Aben**ço**ados sejais do Senhor, *
   do S**e**nhor que criou céu e terra!
– ¹⁶ Os **céus** são os céus do Senhor, *
   mas a **ter**ra ele deu para os homens.
– ¹⁷ Não vos **lou**vam os mortos, Senhor, *
   nem a**que**les que descem ao silêncio.
– ¹⁸ Nós, os **vi**vos, porém, bendizemos *
   ao S**e**nhor desde agora e nos séculos.

Ant. É nos **céus** que está o nosso **Deus**;
   ele **faz** tudo a**qui**lo que **quer**. Aleluia.

Ant. 3 Celebrai o nosso **Deus**, servi**do**res do Se**nhor**, vós, os **gran**des e os peque**nos**! Ale**lui**a.

No cântico seguinte dizem-se os Aleluias entre parênteses somente quando se canta; na recitação, basta dizer o Aleluia no começo e no fim das estrofes.

Cântico Cf. Ap 19,1-2.5-7

As núpcias do Cordeiro

= Ale**lui**a, (Ale**lui**a!).
¹ Ao nosso **Deus** a salva**ção**, *
honra, **gló**ria e poder! (Ale**lui**a!).
– ² Pois são ver**da**de e justiça *
os juízos do Senhor.
R. Ale**lui**a, (Ale**lui**a!).

= Ale**lui**a, (Ale**lui**a!).
⁵ Celebrai o nosso Deus, *
servi**do**res do Senhor! (Ale**lui**a!).
– E vós **to**dos que o temeis, *
vós os **gran**des e os peque**nos**!
R. Ale**lui**a, (Ale**lui**a!).

= Ale**lui**a, (Ale**lui**a!).
⁶ De seu **Rei**no tomou posse *
nosso **Deus** onipotente! (Ale**lui**a!).
– ⁷ Exul**te**mos de alegria, *
demos **gló**ria ao nosso Deus!
R. Ale**lui**a, (Ale**lui**a!).

= Ale**lui**a, (Ale**lui**a!).
Eis que as **núp**cias do Cordeiro *
redivivo se aproximam! (Ale**lui**a!).
– Sua Es**po**sa se enfeitou, *
se ves**tiu** de linho puro.
R. Ale**lui**a, (Ale**lui**a!).

Ant. Celebrai o nosso **Deus**, servidores do Senhor,
vós, os **gran**des e os pe**que**nos! Ale**lui**a.

Leitura breve
2Ts 2,13-14

Quanto a nós, devemos continuamente dar graças a Deus por vossa causa, irmãos amados do Senhor, pois Deus vos escolheu desde o começo, para serdes salvos pelo Espírito que santifica e pela fé na verdade. Deus vos chamou para que, por meio do nosso evangelho, alcanceis a glória de nosso Senhor Jesus Cristo.

Responsório breve

R. É **gran**de o Se**nhor**,
  * E é **gran**de o seu po**der**. R. É **gran**de.
V. Seu sa**ber** é sem li**mi**tes. * E é **gran**de.
  Glória ao **Pai**. R. É **gran**de.

Antífona do *Magnificat* como no Próprio do Tempo.

Preces

Louvor e honra a Cristo que vive eternamente para interceder por nós, e que dá a salvação àqueles que, por seu intermédio, se aproximam de Deus. Firmes nesta fé, imploremos:

R. **Lembrai-vos, Senhor, do vosso povo!**

Sol de justiça, ao cair desta tarde, nós vos pedimos por todos os homens e mulheres,
— para que vivam as alegrias da vossa luz que não se apaga. R.

Conservai a aliança que selastes com o vosso sangue,
— e santificai a vossa Igreja, para que seja imaculada. R.

Senhor, do lugar em que habitais,
— lembrai-vos desta vossa comunidade. R.

Dirigi no caminho da paz e do bom êxito os que se encontram em viagem,
– para que cheguem ao seu destino com saúde e alegria. R.
(intenções livres)

Recebei, Senhor, as almas dos nossos irmãos e irmãs que morreram,
– e concedei-lhes vosso perdão e a glória eterna. R.

Pai nosso...

Oração como no Próprio do Tempo.

A conclusão da Hora como no Ordinário.

II SEGUNDA-FEIRA

Invitatório

V. **Abri** os meus **lábios.** R. E minha **boca.**
R. Exul**temos** de ale**gria** no Se**nhor,**
   e com **can**tos de alegria o cele**bre**mos!

Salmo invitatório como no Ordinário, p. 583.

Ofício das Leituras

V. Vinde, ó **Deus.** Glória ao **Pai.** Como era. Ale**luia.**

Esta introdução se omite quando o Invitatório precede imediatamente ao Ofício das Leituras.

Hino

I. Quando se diz o Ofício das Leituras durante a noite ou de madrugada:

> Chegou o tempo para nós,
> segundo o anúncio do Senhor,
> em que virá do céu o Esposo,
> do Reino eterno o Criador.

> A seu encontro as virgens sábias
> correm, levando em suas mãos
> lâmpadas vivas, luminosas,
> cheias de imensa exultação.

> Pelo contrário, as virgens loucas
> lâmpadas levam apagadas
> e, em vão, do Rei batem às portas,
> que já se encontram bem fechadas.

> Sóbrios, agora vigiemos
> para que, vindo o Rei das gentes,
> corramos logo ao seu encontro,
> com nossas lâmpadas ardentes.

> Divino Rei, fazei-nos dignos
> do Reino eterno, que já vem,

e assim possamos para sempre
vosso louvor cantar. Amém.

II. Quando se diz o Ofício das Leituras durante o dia:

Dos santos vida e esperança,
Cristo, caminho e salvação,
luz e verdade, autor da paz,
a vós, louvor e adoração.

Vosso poder se manifesta
nas vidas santas, ó Senhor.
Tudo o que pode e faz o justo,
traz o sinal do vosso amor.

Concedei paz aos nossos tempos,
força na fé, cura ao doente,
perdão àqueles que caíram;
a todos, vida, eternamente!

Igual louvor ao Pai, ao Filho,
e ao Santo Espírito também
seja cantado em toda parte
hoje e nos séculos. Amém.

Salmodia

Ant. 1 Inclinai o vosso ouvido para **mim**,
apressai-vos, ó Senhor, em socorrer-me!

Salmo 30(31),2-17.20-25

Súplica confiante do aflito

Pai, em tuas mãos entrego o meu espírito (Lc 23,46).

I

– ² **Senhor**, eu ponho em **vós** minha esperança; *
que eu não **fique** envergonhado eternamente!
= Porque sois **justo**, defendei-me e libertai-me, †
³ inclinai o vosso ouvido para mim: *
apressai-vos, ó Senhor, em socorrer-me! –

— Sede uma **ro**cha protetora para mim, *
  um **abri**go bem seguro que me salve!
— ⁴ Sim, sois **vós** a minha rocha e fortaleza; *
  por vossa **hon**ra orientai-me e conduzi-me!
— ⁵ Reti**rai**-me desta rede traiçoeira, *
  porque **sois** o meu refúgio protetor!
— ⁶ Em vossas **mãos**, Senhor, entrego o meu espírito, *
  porque **vós** me salvareis, ó Deus fiel!
— ⁷ Detes**tais** os que adoram deuses falsos; *
  quanto a **mim**, é ao Senhor que me confio.
=⁸ Vosso a**mor** me faz saltar de alegria, †
  pois o**lhas**tes para as minhas aflições *
  e conhe**ces**tes as angústias de minh'alma.
— ⁹ Não me entre**gas**tes entre as mãos do inimigo, *
  mas colo**cas**tes os meus pés em lugar amplo!

Ant. Incli**nai** o vosso ou**vi**do para **mim**,
  apres**sai**-vos, ó Se**nhor,** em socor**rer**-me!

Ant. 2 Mostrai se**re**na a vossa **face** ao vosso **ser**vo!

II

=¹⁰ Tende pie**da**de, ó Se**nhor**, estou so**fren**do: †
  os meus **olhos** se turvaram de tristeza, *
  o meu **cor**po e minha alma definharam!
—¹¹ Minha **vi**da se consome em amargura, *
  e se es**coam** os meus anos em gemidos!
— Minhas **for**ças se esgotam na aflição *
  e até meus **os**sos, pouco a pouco, se desfazem!
—¹² Tor**nei**-me o opróbrio do inimigo, *
  o des**pre**zo e zombaria dos vizinhos,
— e ob**je**to de pavor para os amigos; *
  fogem de **mim** os que me veem pela rua.
—¹³ Os cora**ções** me esqueceram como um morto, *
  e tor**nei**-me como um vaso espedaçado.

—¹⁴Ao re**dor**, todas as coisas me apavoram; *
 ouço **mui**tos cochichando contra mim;
— todos **jun**tos se reúnem, conspirando *
 e pen**san**do como vão tirar-me a vida.
—¹⁵A vós, po**rém**, ó meu Senhor, eu me confio, *
 e a**fir**mo que só vós sois o meu Deus!
—¹⁶Eu en**tre**go em vossas mãos o meu destino; *
 liber**tai**-me do inimigo e do opressor!
—¹⁷Mostrai se**re**na a vossa face ao vosso servo,*
 e sal**vai**-me pela vossa compaixão!

Ant. Mostrai se**re**na a vossa **face** ao vosso **ser**vo!

Ant. 3 Seja ben**di**to o Senhor **Deus**
 por seu a**mor** maravil**ho**so!

III

—²⁰Como é gran**de**, ó Se**nhor**, vossa bon**da**de, *
 que reser**vas**tes para aqueles que vos temem!
— Para a**que**les que em vós se refugiam, *
 mostrando, as**sim**, o vosso amor perante os homens.
—²¹Na prote**ção** de vossa face os defendeis *
 bem **lon**ge das intrigas dos mortais.
— No interi**or** de vossa tenda os escondeis, *
 prote**gen**do-os contra as línguas maldizentes.
—²²Seja ben**di**to o Senhor Deus, que me mostrou *
 seu grande a**mor** numa cidade protegida!
—²³Eu que di**zi**a quando estava perturbado: *
 "Fui ex**pul**so da presença do Senhor!"
— Vejo a**go**ra que ouvistes minha súplica, *
 quando a **vós** eu elevei o meu clamor.
=²⁴**A**mai o Senhor Deus, seus santos todos, †
 ele **guar**da com carinho seus fiéis, *
 mas **pu**ne os orgulhosos com rigor.
—²⁵Fortale**cei** os corações, tende coragem, *
 todos **vós** que ao Senhor vos confiais!

Ant. Seja bendito o Senhor **Deus**
por seu **amor** maravilhoso!

V. Vossa verdade me oriente e me conduza,
R. Porque **sois** o Deus da **minha** salvação.

Leituras e oração correspondentes a cada Ofício.

Laudes

V. Vinde, ó **Deus**. Glória ao **Pai**. Como era. Aleluia.

Esta introdução se omite quando o Invitatório precede imediatamente às Laudes.

Hino

Doador da luz esplêndida,
pelo vosso resplendor,
ao passar da noite o tempo,
surge o dia em seu fulgor.

Verdadeira Estrela d'alva,
não aquela que anuncia
de outro astro a luz chegando
e a seu brilho se anuvia,

mas aquela luminosa,
mais que o sol em seu clarão,
mais que a luz e mais que o dia,
aclarando o coração.

Casta, a mente vença tudo,
que os sentidos pedem tanto;
vosso Espírito guarde puro
nosso corpo, templo santo.

A vós, Cristo, Rei clemente,
e a Deus Pai, Eterno Bem,
com o Espírito Paráclito,
honra e glória eterna. Amém.

Salmodia

Ant. 1 Quando te**rei** a ale**gria** de **ver** vossa **face**, **Senhor**?

Salmo 41(42)

Sede de Deus e saudades do templo

Quem tem sede, venha e quem quiser, receba, de graça, a água da vida (Ap 22,17).

- ² A**ssim** como a **cor**ça sus**pi**ra *
  pelas **á**guas cor**ren**tes,
- sus**pi**ra igualmente minh'alma *
  por **vós**, ó meu Deus!
- ³ Minha **al**ma tem sede de Deus, *
  e de**se**ja o Deus vivo.
- Quando te**rei** a alegria de ver *
  a **fa**ce de Deus?
- ⁴ O meu **pran**to é o meu alimento *
  de **dia** e de noite,
- en**quan**to insistentes repetem: *
  "Onde es**tá** o teu Deus?"
- ⁵ Re**cor**do saudoso o tempo *
  em que **ia** com o povo.
- Pere**gri**no e feliz caminhando *
  para a **ca**sa de Deus,
- entre **gri**tos, louvor e alegria *
  da multi**dão** jubilosa.
- ⁶ Por **que** te entristeces, minh'alma, *
  a ge**mer** no meu peito?
- Espera em **Deus**! Louvarei novamente *
  o meu **Deus** Salvador!
- ⁷ Minh'**al**ma está agora abatida, *
  e en**tão** penso em vós,
- do Jor**dão** e das terras do Hermon *
  e do **mon**te Misar. –

— ⁸ Como o **abis**mo atrai outro abismo *
    ao fra**gor** das cascatas,
— vossas **on**das e vossas torrentes *
    sobre **mim** se lançaram.
— ⁹ Que o Se**nhor** me conceda de dia *
    sua **graça** benigna
— e de **noi**te, cantando, eu bendigo *
    ao meu **Deus**, minha vida.
—¹⁰ Digo a **Deus**: "Vós que sois meu amparo, *
    por **que** me esqueceis?
— Por que **an**do tão triste e abatido *
    pela opres**são** do inimigo?"
—¹¹ Os meus **os**sos se quebram de dor, *
    ao insul**tar**-me o inimigo;
— ao di**zer** cada dia de novo: *
    "Onde es**tá** o teu Deus?"
—¹² Por **que** te entristeces, minh'alma, *
    a ge**mer** no meu peito?
— Espera em **Deus**! Louvarei novamente *
    o meu **Deus** Salvador!

Ant. Quando te**rei** a ale**gria** de **ver** vossa **face**, Se**nhor**?

Ant. 2 Mos**trai**-nos, ó Se**nhor**, vossa **luz**, vosso per**dão**!

Cântico   Eclo 36,1-7.13-16

Súplica pela cidade santa, Jerusalém

A vida eterna é esta: que eles te conheçam a ti, o único Deus verdadeiro, e àquele que tu enviaste, Jesus Cristo (Jo 17,3).

— ¹ Tende pie**da**de e compai**xão**, Deus do unive**r**so, *
    e mos**trai**-nos vossa luz, vosso perdão!
— ² Espa**lhai** vosso temor sobre as nações, *
    sobre os **po**vos que não querem procurar-vos,
— para que **sai**bam que só vós é que sois Deus, *
    e pro**cla**mem vossas grandes maravilhas.

– ³ Levantai a vossa mão contra os estranhos, *
para que vejam como é grande a vossa força.
– ⁴ Como em **nós** lhes demonstrastes santidade, *
assim mostrai-nos vossa glória através deles,
– ⁵ para que saibam e confessem como nós *
que não há um outro Deus, além de vós!

– ⁶ Renovai vossos prodígios e portentos, *
⁷ glorificai o vosso braço poderoso!
–¹³ Reuni todas as tribos de Jacó, *
e recebam, como outrora, a vossa herança.

=¹⁴ Deste povo que é vosso, tende pena, †
e de Israel de quem fizestes primogênito, *
e a quem chamastes com o vosso próprio nome!
–¹⁵ Apiedai-vos de Sião, vossa cidade, *
o lugar santificado onde habitais!
–¹⁶ Enchei Jerusalém com vossos feitos, *
e vosso povo, com a luz de vossa glória!

Ant. Mostrai-nos, ó Senhor, vossa luz, vosso perdão!

Ant. 3 Sede bendito, Senhor, no mais alto dos céus.

Salmo 18 A(19)

Louvor ao Deus Criador

O sol que nasce do alto nos visitará, para dirigir nossos passos no caminho da paz (Lc 1,78-79).

– ² Os céus proclamam a glória do Senhor, *
e o firmamento, a obra de suas mãos;
– ³ o dia ao dia transmite esta mensagem, *
a noite à noite publica esta notícia.

– ⁴ Não são discursos nem frases ou palavras, *
nem são vozes que possam ser ouvidas;
– ⁵ seu som ressoa e se espalha em toda a terra, *
chega aos confins do universo a sua voz. –

— ⁶ Armou no **alto** uma tenda para o sol; *
ele des**pon**ta no céu e se levanta
— como um es**po**so do quarto nupcial, *
como um her**ói** exultante em seu caminho.
— ⁷ De um ex**tre**mo do céu põe-se a correr *
e vai tra**çan**do o seu rastro luminoso,
— até que **pos**sa chegar ao outro extremo, *
e nada **po**de fugir ao seu calor.

Ant. Sede ben**di**to, Se**nhor**, no mais **al**to dos **céus**.

Leitura breve
Jr 15,16

Quando encontrei tuas palavras, alimentei-me; elas se tornaram para mim uma delícia e a alegria do coração, o modo como invocar teu nome sobre mim, Senhor Deus dos exércitos.

Responsório breve
R. Ó **jus**tos, ale**grai**-vos no Se**nhor**!
 * Aos **re**tos fica **bem** glorificá-lo. R. Ó **jus**tos.
V. Can**tai** para o Se**nhor** um canto **no**vo. * Aos **re**tos.
Glória ao **Pai**. R. Ó **jus**tos.

Cântico evangélico, ant.
Bendito **seja** o Senhor **Deus**,
que visi**tou** e liber**tou** a nós que **so**mos o seu **po**vo.

Preces
Demos graças a nosso Salvador, que fez de nós um povo de reis e sacerdotes para oferecermos sacrifícios agradáveis a Deus. Por isso o invoquemos:

R. **Conservai-nos, Senhor, em vosso serviço!**

Cristo, sacerdote eterno, que nos tornastes participantes do vosso sacerdócio santo,
— ensinai-nos a oferecer sempre sacrifícios espirituais agradáveis a Deus. R.

Dai-nos os frutos do vosso Espírito:
– paciência, bondade, mansidão. R.

Fazei que vos amemos acima de todas as coisas e pratiquemos o bem,
– para que nossas obras vos glorifiquem. R.

Ajudai-nos a procurar sempre o bem dos nossos irmãos e irmãs,
– para que eles alcancem mais facilmente a salvação. R.

(intenções livres)

Pai nosso...

Oração

Senhor Deus todo-poderoso, que nos fizestes chegar ao começo deste dia, salvai-nos hoje com o vosso poder, para não cairmos em nenhum pecado e fazermos sempre a vossa vontade em nossos pensamentos, palavras e ações. Por nosso Senhor Jesus Cristo, vosso Filho, na unidade do Espírito Santo.

A conclusão da Hora como no Ordinário.

Hora Média

V. Vinde, ó **Deus**. Glória ao **Pai**. Como era. Aleluia.

HINO como no Ordinário, p. 598-601.

Salmodia

Ant. 1 Felizes os que **ou**vem a Palavra do Se**nhor**
e a praticam cada **dia**!

Salmo 118 (119),41-48
VI (Vau)

Meditação sobre a Palavra de Deus na Lei

Minha mãe e meus irmãos são aqueles que ouvem a Palavra de Deus e a põem em prática (Lc 8,21).

—⁴¹ Senhor, que **des**ça sobre **mim** a vossa **graça** *
e a **vos**sa salvação que prometestes!
—⁴² Esta se**rá** minha resposta aos que me insultam: *
"Eu **con**to com a Palavra do Senhor!"
—⁴³ Não reti**reis** vossa verdade de meus lábios, *
pois eu con**fio** em vossos justos julgamentos!
—⁴⁴ Cumpri**rei** constantemente a vossa lei: *
para **sem**pre, eternamente a cumprirei!
—⁴⁵ É **am**plo e agradável meu caminho, *
porque **bus**co e pesquiso as vossas ordens.
—⁴⁶ Quero fa**lar** de vossa lei perante os reis, *
e da**rei** meu testemunho sem temor.
—⁴⁷ Muito me a**le**gro com os vossos mandamentos, *
que eu **a**mo, amo tanto, mais que tudo!
—⁴⁸ Eleva**rei** as minhas mãos para louvar-vos *
e com **prazer** meditarei vossa vontade.

Ant. Felizes os que **ou**vem a Palavra do Se**nhor**
e a praticam cada **dia**!

Ant. 2 Meu ali**men**to é **fazer** a vontade do **Pai**.

Salmo 39(40),2-14.17-18
Ação de graças e pedido de auxílio

*Tu não quiseste vítima nem oferenda, mas formaste-me
um corpo* (Hb 10,5).

I

—² Espe**ran**do, esperei no Se**nhor**, *
e incli**nan**do-se, ouviu meu clamor.
—³ Reti**rou**-me da cova da morte *
e de um **char**co de lodo e de lama.
— Colo**cou** os meus pés sobre a rocha, *
devol**veu** a firmeza a meus passos.

– ⁴ Canto **no**vo ele pôs em meus lábios, *
um poema em louvor ao Senhor.

– Muitos **ve**jam, respeitem, adorem *
e es**pe**rem em Deus, confiantes.

= ⁵ É fe**liz** quem a Deus se confia; †
quem não **se**gue os que adoram os ídolos *
e se **per**dem por falsos caminhos.

– ⁶ Quão i**men**sos, Senhor, vossos feitos! *
Mara**vi**lhas fizestes por nós!

– Quem a **vós** poderá comparar-se *
nos de**síg**nios a nosso respeito?

– Eu quisera, Senhor, publicá-los, *
mas são **tan**tos! Quem pode contá-los?

– ⁷ Sacri**fí**cio e ablação não quisestes, *
mas a**bris**tes, Senhor, meus ouvidos;

= não pe**dis**tes ofertas nem vítimas, †
holo**caus**tos por nossos pecados. *
⁸ E en**tão** eu vos disse: "Eis que venho!"

= Sobre **mim** está escrito no livro: †
⁹ "Com pra**zer** faço a vossa vontade, *
guardo em **meu** coração vossa lei!"

Ant. Meu alimen**to** é fa**zer** a von**ta**de do **Pai**.

Ant. 3 Eu sou **po**bre, infe**liz**, desvali**do**,
porém, **guar**da o Se**nhor** minha **vi**da.

II

= ¹⁰ Boas-**no**vas de **vos**sa Justiça †
anunci**ei** numa grande assembleia; *
vós sa**beis**: não fechei os meus lábios!

= ¹¹ Procla**mei** toda a **vos**sa justiça, †
sem retê-la no meu coração; *
vosso auxílio e lealdade narrei.

— Não **cal**ei vossa **graça** e verdade *
  na pre**sen**ça da grande assembleia.

— ¹²Não ne**gueis** para mim vosso amor! *
  Vossa **graça** e verdade me guardem!

= ¹³Pois des**graç**as sem conta me cercam, †
  minhas **cul**pas me agarram, me prendem, *
  e as**sim** já nem posso enxergar.

= Meus pe**ca**dos são mais numerosos †
  que os ca**be**los da minha cabeça; *
  desfa**le**ço e me foge o alento!

— ¹⁴**Dig**nai-vos, Senhor, libertar-me, *
  vinde **lo**go, Senhor, socorrer-me!

— ¹⁷Mas se a**le**gre e em vós rejubile *
  todo **ser** que vos busca, Senhor!

— Digam **sem**pre: "É grande o Senhor!" *
  os que **bus**cam em vós seu auxílio.

= ¹⁸Eu sou **po**bre, infeliz, desvalido, †
  porém, **guar**da o Senhor minha vida, *
  e por **mim** se desdobra em carinho.

— Vós me **sois** salvação e auxílio: *
  vinde **lo**go, Senhor, não tardeis!

Ant. Eu sou **po**bre, infeliz, desvalido,
  porém, **guar**da o Se**nhor** minha **vi**da.

Para as outras Horas, Salmodia complementar, p. 1178.

Oração das Nove Horas

Leitura breve — Jr 31,33

Esta será a aliança que concluirei com a casa de Israel, depois desses dias, diz o Senhor: imprimirei minha lei em suas entranhas, e hei de inscrevê-la em seu coração; serei seu Deus e eles serão meu povo.

V. Criai em **mim** um cora**ção** que seja **pu**ro.
R. Ó Se**nhor**, não me afas**teis** de vossa **face**!

Oração

Ó Deus, Pai de bondade, destes o trabalho aos seres humanos para que, unindo seus esforços, progridam cada vez mais; concedei que, em nossas atividades, vos amemos a vós como filhos e filhas e a todos como irmãos e irmãs. Por Cristo, nosso Senhor.

Oração das Doze Horas

Leitura breve   Jr 32,40

Estabelecerei com eles um pacto eterno, a fim de que não se afastem de mim; para isso não cessarei de favorecê-los e infundirei em seus corações o temor de Deus.

V. A minha **gló**ria e salva**ção** estão em **Deus**.
R. O meu re**fú**gio e rocha **fir**me é o Se**nhor**.

Oração

Ó Deus, senhor e guarda da vinha e da colheita, que repartis as tarefas e dais a justa recompensa, fazei-nos carregar o peso do dia, sem jamais murmurar contra a vossa vontade. Por Cristo, nosso Senhor.

Oração das Quinze Horas

Leitura breve   Ez 34,31

Quanto a vós, minhas ovelhas, sois as ovelhas de minha pastagem, e eu sou o vosso Deus – oráculo do Senhor Deus.

V. O Se**nhor** é o pas**tor** que me con**duz**:
   não me **fal**ta coisa al**gu**ma.
R. Pelos **pra**dos e cam**pi**nas verde**jan**tes
   ele me **le**va a descan**sar**.

Oração

Ó Deus, que nos convocais para o louvor, na mesma hora em que os Apóstolos subiam ao templo, concedei que esta prece, feita de coração sincero em nome de Jesus, alcance a salvação para quantos o invocam. Por Cristo, nosso Senhor.

A conclusão da Hora como no Ordinário.

Vésperas

V. Vinde, ó **Deus**. Glória ao **Pai**. Como era. Ale**lui**a.

Hino

Fonte da luz, da luz origem,
as nossas preces escutai:
da culpa as trevas expulsando,
com vossa luz nos clareai.

Durante a faina deste dia
nos protegeu o vosso olhar.
De coração vos damos graças
em todo tempo e lugar.

Se o pôr do sol nos trouxe as trevas,
outro sol fulge, coruscante,
e envolve até os próprios anjos
com o seu brilho radiante.

Todas as culpas deste dia
apague o Cristo bom e manso,
e resplandeça o coração
durante as horas do descanso.

Glória a vós, Pai, louvor ao Filho,
poder ao Espírito também.
No resplendor do vosso brilho,
regeis o céu e a terra. Amém.

Salmodia

Ant. Sois tão **be**lo, o mais **be**lo entre os **fi**lhos dos **ho**mens!
Vossos **lá**bios es**pa**lham a **gra**ça, o en**can**to.

Salmo 44(45)

As núpcias do Rei

O noivo está chegando. Ide ao seu encontro! (Mt 25,6).

I

=² Transborda um poema do meu coração; †
vou cantar-vos, ó Rei, esta minha canção; *
minha língua é qual pena de um ágil escriba.

=³ Sois tão belo, o mais belo entre os filhos dos homens! †
Vossos lábios espalham a graça, o encanto, *
porque Deus, para sempre, vos deu sua bênção.

–⁴ Levai vossa espada de glória no flanco, *
herói valoroso, no vosso esplendor;

–⁵ saí para a luta no carro de guerra *
em defesa da fé, da justiça e verdade!

= Vossa mão vos ensine valentes proezas, †
⁶ vossas flechas agudas abatam os povos *
e firam no seu coração o inimigo!

=⁷ Vosso trono, ó Deus, é eterno, é sem fim; †
vosso cetro real é sinal de justiça: *
⁸ Vós amais a justiça e odiais a maldade.

= É por isso que Deus vos ungiu com seu óleo, †
deu-vos mais alegria que aos vossos amigos. *
⁹ Vossas vestes exalam preciosos perfumes.

– De ebúrneos palácios os sons vos deleitam. *
¹⁰ As filhas de reis vêm ao vosso encontro,

– e à vossa direita se encontra a rainha *
com veste esplendente de ouro de Ofir.

Ant. Sois tão belo, o mais belo entre os filhos dos homens!
Vossos lábios espalham a graça, o encanto.

Ant. 2 Eis que vem o esposo chegando:
Saí ao encontro de Cristo!

II

– ¹¹Escutai, minha filha, olhai, ouvi isto: *
  "Esquecei vosso povo e a casa paterna!
– ¹²Que o Rei se encante com vossa beleza! *
  Prestai-lhe homenagem: é vosso Senhor!
– ¹³O povo de Tiro vos traz seus presentes, *
  os grandes do povo vos pedem favores.
– ¹⁴Majestosa, a princesa real vem chegando, *
  vestida de ricos brocados de ouro.
– ¹⁵Em vestes vistosas ao Rei se dirige, *
  e as virgens amigas lhe formam cortejo;
– ¹⁶entre cantos de festa e com grande alegria, *
  ingressam, então, no palácio real".
– ¹⁷Deixareis vossos pais, mas tereis muitos filhos; *
  fareis deles os reis soberanos da terra.
– ¹⁸Cantarei vosso nome de idade em idade, *
  para sempre haverão de louvar-vos os povos!

Ant. Eis que vem o esposo chegando:
  Saí ao encontro de Cristo!

Ant. 3 Eis que agora se cumpre o desígnio do Pai:
  reunir no seu Cristo o que estava disperso.

Cântico   Ef 1,3-10
O plano divino da salvação

– ³Bendito e louvado seja Deus, *
  o Pai de Jesus Cristo, Senhor nosso,
– que do alto céu nos abençoou em Jesus Cristo *
  com bênção espiritual de toda sorte!

(R. Bendito sejais vós, nosso Pai,
  que nos abençoastes em Cristo!)

– ⁴Foi em Cristo que Deus Pai nos escolheu, *
  já bem antes de o mundo ser criado,

— para que **fôs**semos, perante a sua face, *
  sem **má**cula e santos pelo amor. (R.)

=⁵ Por **li**vre decisão de sua vontade, †
  predesti**nou**-nos, através de Jesus Cristo, *
  a sermos **ne**le os seus filhos adotivos,

—⁶ para o lou**vor** e para a glória de sua graça, *
  que em seu **Fi**lho bem-amado nos doou. (R.)

—⁷ É **ne**le que nós temos redenção, *
  dos pe**ca**dos remissão pelo seu sangue.

= Sua **gra**ça transbordante e inesgotável †
  ⁸ Deus der**ra**ma sobre nós com abundância, *
  de sa**ber** e inteligência nos dotando. (R.)

—⁹ E as**sim**, ele nos deu a conhecer *
  o mis**té**rio de seu plano e sua vontade,

— que propu**se**ra em seu querer benevolente, *
  ¹⁰ na pleni**tu**de dos tempos realizar:

— o de**síg**nio de, em Cristo, reunir *
  todas as **coi**sas: as da terra e as do céu. (R.)

Ant. Eis que a**go**ra se **cum**pre o de**síg**nio do **Pai**:
  reu**nir** no seu **Cris**to o que esta**va** dis**per**so.

Leitura breve 1Ts 2,13
Agradecemos a Deus sem cessar por vós terdes acolhido a pregação da Palavra de Deus, não como palavra humana, mas como aquilo que de fato é: Palavra de Deus, que está produzindo efeito em vós que abraçastes a fé.

Responsório breve
R. Ó Se**nhor**, suba à **vos**sa presença
  * A **mi**nha ora**ção**, como incen**so**. R. Ó Se**nhor**.
V. Minhas **mãos** como o**fer**ta da **tar**de. * A **mi**nha ora**ção**.
  Glória ao **Pai**. R. Ó Se**nhor**.

Cântico evangélico, ant.

A minh'alma vos engrandeça
eternamente, Senhor meu **Deus**.

Preces

Louvemos a Jesus Cristo, que alimenta e fortalece a sua Igreja. Oremos cheios de confiança, dizendo:
R. **Ouvi, Senhor, a oração do vosso povo!**

Senhor Jesus, fazei que todos os homens se salvem,
– e cheguem ao conhecimento da verdade. R.

Protegei o Santo Padre, o Papa N. e o nosso bispo N.;
– ajudai-os com o vosso poder. R.

Favorecei os que procuram trabalho justo e estável,
– para que vivam felizes e tranquilos. R.

Sede, Senhor, o refúgio dos pobres e oprimidos,
– ajudai-os na tribulação. R.

(intenções livres)

Nós vos recomendamos aqueles que durante a vida exerceram o ministério sagrado,
– para que vos louvem eternamente no céu. R.

Pai nosso...

Oração

Deus todo-poderoso, que a nós, servos inúteis, sustentastes nos trabalhos deste dia, aceitai este louvor, qual sacrifício vespertino, em ação de graças por vossos benefícios. Por nosso Senhor Jesus Cristo, vosso Filho, na unidade do Espírito Santo.

A conclusão da Hora como no Ordinário.

II TERÇA-FEIRA

Invitatório

V. **Abri** os meus **lá**bios. R. E minha **boca**.

R. O Se**nhor**, o grande **Deus**, vinde **to**dos, ado**re**mos!

Salmo invitatório como no Ordinário, p. 583.

Ofício das Leituras

V. Vinde, ó **Deus**. Glória ao **Pai**. Como era. Ale**lu**ia.

Esta introdução se omite quando o Invitatório precede imediatamente ao Ofício das Leituras.

Hino

I. Quando se diz o Ofício das Leituras durante a noite ou de madrugada:

>Despertados no meio da noite,
>meditando, em vigília e louvor,
>entoemos com todas as forças
>nosso canto vibrante ao Senhor,

>para que celebrando em conjunto
>deste Rei glorioso os louvores,
>mereçamos viver, com seus santos,
>vida plena nos seus esplendores.

>Esse dom nos conceda a Trindade,
>Pai e Filho e Amor, Sumo Bem,
>cuja glória ressoa na terra
>e no céu pelos séculos. Amém.

II. Quando se diz o Ofício das Leituras durante o dia:

>Deus bondoso, inclinai o vosso ouvido,
>por piedade, acolhei a nossa prece.
>Escutai a oração dos vossos servos,
>como Pai que dos seus filhos não se esquece.

Para nós volvei, sereno, a vossa face,
pois a vós nos confiamos sem reserva;
conservai as nossas lâmpadas acesas,
afastai do coração todas as trevas.

Compassivo, absolvei os nossos crimes,
libertai-nos, e as algemas nos quebrai;
os que jazem abatidos sobre a terra
com a vossa mão direita levantai.

Glória a Deus, fonte e raiz de todo ser,
glória a vós, do Pai nascido, Sumo Bem,
sempre unidos pelo Amor do mesmo Espírito,
Deus que reina pelos séculos. Amém.

Salmodia
Ant. 1 Confia ao Senhor o teu destino;
confia nele e com certeza ele agirá.

Salmo 36(37)
O destino dos maus e dos bons

Bem-aventurados os mansos, porque possuirão a terra (Mt 5,4).

I

– ¹Não te irrites com as obras dos malvados *
nem invejes as pessoas desonestas;
– ²eles murcham tão depressa como a grama, *
como a erva verdejante secarão.
– ³Confia no Senhor e faze o bem, *
e sobre a terra habitarás em segurança.
– ⁴Coloca no Senhor tua alegria, *
e ele dará o que pedir teu coração.
– ⁵Deixa aos cuidados do Senhor o teu destino; *
confia nele, e com certeza ele agirá.
– ⁶Fará brilhar tua inocência como a luz, *
e o teu direito, como o sol do meio-dia. –

—⁷ Repousa no Senhor e espera nele! *
Não cobices a fortuna desonesta,
— nem invejes quem vai bem na sua vida *
mas oprime os pequeninos e os humildes.
—⁸ Acalma a ira e depõe o teu furor! *
Não te irrites, pois seria um mal a mais!
—⁹ Porque serão exterminados os perversos, *
e os que esperam no Senhor terão a terra.
—¹⁰ Mais um pouco e já os ímpios não existem; *
se procuras seu lugar, não o acharás.
—¹¹ Mas os mansos herdarão a nova terra, *
e nela gozarão de imensa paz.

Ant. Confia ao Senhor o teu destino;
confia nele e com certeza ele agirá.

Ant. 2 Afasta-te do mal e faze o bem,
pois a força do homem justo é o Senhor.

II

—¹² O pecador arma ciladas contra o justo *
e, ameaçando, range os dentes contra ele;
—¹³ mas o Senhor zomba do ímpio e ri-se dele, *
porque sabe que o seu dia vai chegar.
—¹⁴ Os ímpios já retesam os seus arcos *
e tiram sua espada da bainha,
— para abater os infelizes e os pequenos *
e matar os que estão no bom caminho;
—¹⁵ mas sua espada há de ferir seus corações, *
e os seus arcos hão de ser despedaçados.
—¹⁶ Os poucos bens do homem justo valem mais *
do que a fortuna fabulosa dos iníquos.
—¹⁷ Pois os braços dos malvados vão quebrar-se, *
mas aos justos é o Senhor que os sustenta.

—¹⁸O **Se**nhor cuida da vida dos honestos, *
  e sua he**ran**ça permanece eternamente.
—¹⁹Não se**rão** envergonhados nos maus dias, *
  mas nos **tem**pos de penúria, saciados.
—²⁰Mas os **ím**pios com certeza morrerão, *
  perece**rão** os inimigos do Senhor;
— como as **flo**res das campinas secarão, *
  e sumi**rão** como a fumaça pelos ares.
—²¹O **ím**pio pede emprestado e não devolve, *
  mas o **jus**to é generoso e dá esmola.
—²²Os que **Deus** abençoar, terão a terra; *
  os que amaldiçoar, se perderão.
—²³É o **Se**nhor quem firma os passos dos mortais *
  e di**ri**ge o caminhar dos que lhe agradam;
—²⁴mesmo se **ca**em, não irão ficar prostrados, *
  pois é o **Se**nhor quem os sustenta pela mão.
=²⁵Já fui **jo**vem e sou hoje um ancião, †
  mas nunca **vi** um homem justo abandonado, *
  nem seus **fi**lhos mendigando o próprio pão.
—²⁶Pode **sem**pre emprestar e ter piedade; *
  seus descen**den**tes hão de ser abençoados.
—²⁷A**fas**ta-te do mal e faze o bem, *
  e te**rás** tua morada para sempre.
—²⁸**Por**que o Senhor Deus ama a justiça, *
  e ja**mais** ele abandona os seus amigos.
— Os malfei**to**res hão de ser exterminados, *
  e a descen**dên**cia dos malvados destruída;
—²⁹mas os **jus**tos herdarão a nova terra *
  e **ne**la habitarão eternamente.

Ant. A**fas**ta-te do **mal** e faze o **bem**,
  pois a **for**ça do homem **jus**to é o Se**nhor**.

Ant. 3 Confia em **Deus** e segue **sem**pre seus ca**mi**nhos!

III

—30 O **jus**to tem nos **lá**bios o que é **sá**bio, *
sua **lín**gua tem palavras de justiça;

—31 traz a Ali**an**ça do seu Deus no coração, *
e seus **pas**sos não vacilam no caminho.

—32 O **ím**pio fica à espreita do homem justo, *
estu**dan**do de que modo o matará;

—33 mas o Se**nhor** não o entrega em suas mãos, *
nem o con**de**na quando vai a julgamento.

—34 Confia em **Deus** e segue sempre seus caminhos; *
ele have**rá** de te exaltar e engrandecer;

— possui**rás** a nova terra por herança, *
e assisti**rás** à perdição dos malfeitores.

—35 Eu vi o **ím**pio levantar-se com soberba, *
ele**var**-se como um cedro exuberante;

—36 de**pois** passei por lá e já não era, *
procu**rei** o seu lugar e não o achei.

—37 Observa **bem** o homem justo e o honesto: *
quem ama a **paz** terá bendita descendência.

—38 Mas os **ím**pios serão todos destruídos, *
e a **sua** descendência exterminada.

—39 A salva**ção** dos piedosos vem de Deus; *
ele os pro**te**ge nos momentos de aflição.

=40 O Se**nhor** lhes dá ajuda e os liberta, †
de**fen**de-os e protege-os contra os ímpios, *
e os **guar**da porque nele confiaram.

Ant. Confia em **Deus** e segue **sem**pre seus ca**mi**nhos!

V. Dai-me bom **sen**so, reti**dão**, sabedo**ri**a,
R. Pois tenho **fé** nos vossos **san**tos manda**men**tos.

Leituras e oração correspondentes a cada Ofício.

Laudes

V. Vinde, ó **Deus**. Glória ao **Pai**. Como era. Aleluia.

Esta introdução se omite quando o Invitatório precede imediatamente às Laudes.

Hino

Da luz Criador,
vós mesmo sois luz
e dia sem fim.
Vós nunca da noite
provastes as trevas:
Só Deus é assim.

A noite já foge
e o dia enfraquece
dos astros a luz.
A estrela da aurora,
surgindo formosa,
no céu já reluz.

Os leitos deixando,
a vós damos graças
com muita alegria,
porque novamente,
por vossa bondade,
o sol traz o dia.

Ó Santo, pedimos
que os laços do Espírito
nos prendam a vós,
e, assim, não ouçamos
as vozes da carne
que clamam em nós.

Às almas não fira
a flecha da ira
que traz divisões.

Livrai vossos filhos
da própria malícia
dos seus corações.

Que firmes na mente
e castos no corpo,
de espírito fiel,
sigamos a Cristo,
Caminho e Verdade,
doçura do céu.

O Pai piedoso
nos ouça, bondoso,
e o Filho também.
No laço do Espírito
unidos, dominam
os tempos. Amém.

Salmodia

Ant. 1 Enviai-me, ó Senhor, vossa luz, vossa verdade!

Salmo 42(43)

Saudades do templo

Eu vim ao mundo como luz (Jo 12,46).

– ¹ Fazei justiça, meu Deus, e defendei-me *
   contra a gente impiedosa;
– do homem perverso e mentiroso *
   libertai-me, ó Senhor!
– ² Sois vós o meu Deus e meu refúgio: *
   por que me afastais?
– Por que ando tão triste e abatido *
   pela opressão do inimigo?

– ³ Enviai vossa luz, vossa verdade: *
   elas serão o meu guia;
– que me levem ao vosso Monte santo, *
   até a vossa morada!–

– ⁴Então irei aos altares do Senhor, *
  Deus da minha alegria.
– Vosso louvor cantarei, ao som da harpa, *
  meu Senhor e meu Deus!
– ⁵Por que te entristeces, minh'alma, *
  a gemer no meu peito?
– Espera em Deus! Louvarei novamente *
  o meu Deus Salvador!

Ant. Enviai-me, ó Senhor, vossa luz, vossa verdade!
Ant. 2 Salvai-nos, ó Senhor, todos os dias!

Cântico   Is 38,10-14.17-20

Angústias de um agonizante e alegria da cura

Eu sou aquele que vive. Estive morto... Eu tenho a chave da morte (Ap 1,18).

– ¹⁰Eu dizia: "É necessário que eu me vá *
  no apogeu de minha vida e de meus dias;
– para a mansão triste dos mortos descerei, *
  sem viver o que me resta dos meus anos".
= ¹¹Eu dizia: "Não verei o Senhor Deus †
  sobre a terra dos viventes nunca mais; *
  nunca mais verei um homem neste mundo!"
– ¹²Minha morada foi à força arrebatada, *
  desarmada como a tenda de um pastor.
– Qual tecelão, eu ia tecendo a minha vida, *
  mas agora foi cortada a sua trama.
– ¹³Vou me acabando de manhã até à tarde, *
  passo a noite a gemer até a aurora.
– Como um leão que me tritura os ossos todos, *
  assim eu vou me consumindo dia e noite.
– ¹⁴O meu grito é semelhante ao da andorinha, *
  o meu gemido se parece ao da rolinha.

– Os meus **o**lhos já se cansam de elevar-se, *
de pe**dir**-vos: "Socorrei-me, Senhor Deus!"
–[17] Mas vós li**vras**tes minha vida do sepulcro, *
e lan**ça**stes para trás os meus pecados.
–[18] Pois a man**são** triste dos mortos não vos louva, *
nem a **mor**te poderá agradecer-vos;
– para quem **des**ce à sepultura é terminada *
a espe**ran**ça em vosso amor sempre fiel.
–[19] Só os **vi**vos é que podem vos louvar, *
como **ho**je eu vos louvo agradecido.
– O **pai** há de contar para seus filhos *
vossa ver**da**de e vosso amor sempre fiel.
=[20] Senhor, sal**vai**-me! Vinde logo em meu auxílio, †
e a vida in**tei**ra cantaremos nossos salmos, *
agrade**cen**do ao Senhor em sua casa.

Ant. Sal**vai**-nos, ó S**e**nhor, todos os **dias**!
Ant. 3 Ó S**e**nhor, convém can**tar** vosso lou**vor**
com um **hi**no em Sião! †

Salmo 64(65)

Solene ação de graças

Sião significa a cidade celeste (Orígenes).

– [2] Ó S**e**nhor, convém can**tar** vosso lou**vor** *
com um **hi**no em Sião!
– [3] † E cum**prir** os nossos votos e promessas, *
pois ou**vis** a oração.
– Toda **car**ne há de voltar para o Senhor, *
por **cau**sa dos pecados.
– [4] E por **mais** que nossas **cul**pas nos o**pri**mam, *
perdo**ais** as nossas faltas.
– [5] É fe**liz** quem escolheis e convidais *
para mo**rar** em vossos átrios!

— Saciamo-nos dos bens de vossa casa *
  e do **vos**so templo santo.
— ⁶ Vossa bon**da**de nos responde com prodígios, *
  nosso **Deus** e Salvador!
— Sois a espe**ran**ça dos confins de toda a terra *
  e dos **ma**res mais dis**tan**tes.
— ⁷ As mon**ta**nhas sustentais com vossa força: *
  estais ves**ti**do de poder.
— ⁸ Acal**mais** o mar bravio e as ondas fortes *
  e o tu**mul**to das nações.
— ⁹ Os habi**tan**tes mais longínquos se admiram *
  com as **vos**sas maravilhas.
— Os ex**tre**mos do nascente e do poente *
  inun**dais** de alegria.
— ¹⁰ Visi**tais** a nossa terra com as chuvas, *
  e trans**bor**da de fartura.
— Rios de **Deus** que vêm do céu derramam águas, *
  e prepa**rais** o nosso trigo.
— ¹¹ É as**sim** que preparais a nossa terra: *
  vós a re**gais** e aplainais,
— os seus **sul**cos com a chuva amoleceis *
  e abenço**ais** as sementeiras.
— ¹² O ano **to**do coroais com vossos dons, *
  os vossos **pas**sos são fecundos;
— trans**bor**da a fartura onde passais, *
  ¹³ brotam **pas**tos no deserto.
— As colinas se enfeitam de alegria, *
  ¹⁴ e os **cam**pos, de rebanhos;
— nossos **va**les se revestem de trigais: *
  tudo **can**ta de alegria!

Ant. Ó **Se**nhor, convém cantar vosso **lou**vor
  com um **hi**no em Sião!

Leitura breve — 1Ts 5,4-5

Vós, meus irmãos, não estais nas trevas, de modo que esse dia vos surpreenda como um ladrão. Todos vós sois filhos da luz e filhos do dia. Não somos da noite, nem das trevas.

Responsório breve

R. Por vosso **a**mor, ó Se**n**hor, ou**v**i minha **voz**,
 * Confi**a**nte eu confio na **vo**ssa pala**v**ra. R. Por vosso **a**mor.
V. Chego **a**ntes que a aurora e clamo a **vós**. * Confi**a**nte.
 Glória ao **Pai**. R. Por vosso **a**mor.

Cântico evangélico, ant.

Sal**v**ai-nos, ó Se**n**hor, da **mão** dos ini**mi**gos!

Preces

Bendigamos a Cristo, nosso Salvador, que pela sua ressurreição iluminou o mundo; e o invoquemos com humildade, dizendo:

R. **Guardai-nos, Senhor, em vossos caminhos!**

Senhor Jesus, nesta oração da manhã celebramos a vossa ressurreição,
– e vos pedimos que a esperança da vossa glória ilumine todo o nosso dia. R.

Recebei, Senhor, nossas aspirações e propósitos,
– como primícias deste dia. R.

Fazei-nos crescer hoje em vosso amor,
– a fim de que tudo concorra para o nosso bem e de todas as pessoas. R.

Fazei, Senhor, que a nossa vida brilhe como luz diante dos homens,
– para que vejam as nossas boas obras e glorifiquem a Deus Pai. R.

(intenções livres)

Pai nosso...

Oração

Senhor Jesus Cristo, luz verdadeira que iluminais a todos os seres humanos para salvá-los, concedei-nos a força de preparar diante de vós os caminhos da justiça e da paz. Vós, que sois Deus com o Pai, na unidade do Espírito Santo.

A conclusão da Hora como no Ordinário.

Hora Média

V. Vinde, ó **Deus**. Glória ao **Pai**. Como era. Ale**lu**ia.

HINO como no Ordinário, p. 598-601.

Salmodia
Ant. 1 Nesta **ter**ra de exílio guarda**rei** vossos pre**cei**tos.

Salmo 118(119),49-56
VII (Zain)

Meditação sobre a Palavra de Deus na Lei

A quem iremos, Senhor? Tu tens palavras de vida eterna (Jo 6,68).

—⁴⁹ Lem**brai**-vos da promessa ao vosso **ser**vo, *
 pela **qual** me cumulastes de esperança!
—⁵⁰ O que me a**ni**ma na aflição é a certeza: *
 vossa pa**la**vra me dá a vida, ó Senhor.
—⁵¹ Por **mais** que me insultem os soberbos, *
 eu **não** me desviarei de vossa lei.
—⁵² Recordo as **leis** que vós outrora proferistes, *
 e esta lem**bran**ça me consola o coração.
—⁵³ Apo**de**ra-se de mim a indignação, *
 vendo que os **ím**pios abandonam vossa lei.
—⁵⁴ As vossas **leis** são para mim como canções *
 que me a**le**gram nesta terra de exílio.
—⁵⁵ Até de **noi**te eu relembro vosso nome *
 e ob**ser**vo a vossa lei, ó meu Senhor!

—⁵⁶ Quanto a **mim**, uma só coisa me interessa: *
cum**prir** vossos preceitos, ó Senhor!

Ant. Nesta **ter**ra de exílio guarda**rei** vossos pre**cei**tos.

Ant. 2 O Se**nhor** trará de **vol**ta os depor**ta**dos de seu **po**vo,
e exultaremos de alegria.

Salmo 52(53)
A insensatez dos ímpios

Todos pecaram e estão privados da glória de Deus (Rm 3,23).

— ¹ Diz o insensato em seu **pró**prio cora**ção**: *
"Não há **Deus**! Deus não e**xis**te!"
— ² Corrom**per**am-se em ações abomináveis, *
já não **há** quem faça o bem!
— ³ O Se**nhor**, ele se inclina lá dos céus *
sobre os **fi**lhos de Adão,
— para **ver** se resta um homem de bom senso *
que a**in**da busque a Deus.
— ⁴ Mas todos **e**les igualmente se perderam, *
corrom**pen**do-se uns aos outros;
— não e**xis**te mais nenhum que faça o bem, *
não e**xis**te um sequer!
— ⁵ Se**rá** que não percebem os malvados *
quanto ex**plo**ram o meu povo?
— Eles de**vo**ram o meu povo como pão, *
e não in**vo**cam o Senhor.
— ⁶ Eis que se **põem** a tremer de tanto medo, *
onde não **há** o que temer;
— porque **Deus** fez dispersar até os ossos *
dos **que** te assediavam.
— Eles fi**ca**ram todos cheios de vergonha, *
porque **Deus** os rejeitou.

—⁷ Que **venha**, venha logo de Sião *
   a salva**ção** de Israel!
— Quando o Se**nhor** reconduzir do cativeiro *
   os depor**ta**dos de seu povo,
— que **jú**bilo e que festa em Jacó, *
   que ale**gri**a em Israel!

Ant. O Se**nhor** trará de **vol**ta os depor**ta**dos de seu **po**vo, e exulta**re**mos de ale**gri**a.

Ant. 3 Quem me pro**te**ge e me am**pa**ra é meu **Deus**,
   é o Se**nhor** quem sus**ten**ta minha **vi**da.

Salmo 53(54),3-6.8-9

Pedido de auxílio

O profeta reza para escapar, em nome do Senhor, à maldade de seus perseguidores (Cassiodoro).

—³ Por vosso **no**me, sal**vai**-me, Se**nhor**: *
   e **dai**-me a vossa justiça!
—⁴ Ó meu **Deus**, atendei minha prece *
   e escu**tai** as palavras que eu digo!
=⁵ Pois contra **mim** orgulhosos se insurgem, †
   e vio**len**tos perseguem-me a vida: *
   não há lu**gar** para Deus aos seus olhos.
—⁶ Quem me pro**te**ge e me ampara é meu Deus; *
   é o Se**nhor** quem sustenta minha vida!
—⁸ Quero ofer**tar**-vos o meu sacrifício *
   de cora**ção** e com muita alegria;
— quero lou**var**, ó Senhor, vosso nome, *
   quero can**tar** vosso nome que é bom!
—⁹ Pois me li**vras**tes de toda a angústia, *
   e humi**lha**dos vi meus inimigos!

Ant. Quem me pro**te**ge e me am**pa**ra é meu **Deus**,
   é o Se**nhor** quem sus**ten**ta minha **vi**da.

Para as outras Horas, Salmodia complementar, p. 1178.

Oração das Nove Horas

Leitura breve   1Cor 12,4-6

Há diversidade de dons, mas um mesmo é o Espírito. Há diversidade de ministérios, mas um mesmo é o Senhor. Há diferentes atividades, mas um mesmo Deus que realiza todas as coisas em todos.

V. Está **per**to a sal**va**ção dos que o **te**mem.
R. E a **gló**ria habita**rá** em nossa **ter**ra.

Oração

Deus eterno e todo-poderoso, que nesta hora enviastes aos Apóstolos vosso santo Paráclito, comunicai-nos também este Espírito de amor, para darmos de vós um testemunho fiel diante de todos. Por Cristo, nosso Senhor.

Oração das Doze Horas

Leitura breve   1Cor 12,12-13

Como o corpo é um, embora tenha muitos membros, e como todos os membros do corpo, embora sejam muitos, formam um só corpo, assim também acontece com Cristo. De fato, todos nós, judeus ou gregos, escravos ou livres, fomos batizados num único Espírito, para formarmos um único corpo, e todos nós bebemos de um único Espírito.

V. Guar**dai**-me, Pai **san**to, em vosso **no**me,
R. Para **ser**mos per**fei**tos na uni**da**de!

Oração

Ó Deus, que revelastes a Pedro vosso plano de salvação para todos os povos, fazei que nossos trabalhos vos agradem e, pela vossa graça, sirvam ao vosso desígnio de amor e redenção. Por Cristo, nosso Senhor.

Oração das Quinze Horas

Leitura breve   1Cor 12,24b.25-26

Deus, quando formou o corpo, deu maior atenção e cuidado ao que nele é tido como menos honroso, para que não haja divisão no corpo e, assim, os membros zelem igualmente uns pelos outros. Se um membro sofre, todos os membros sofrem com ele; se é honrado, todos os membros se regozijam com ele.

V. Do **mei**o das **nações** nos congre**gai**
R. Para ao **vos**so santo **no**me agrade**cer**mos.

Oração

Senhor Deus, que enviastes vosso anjo para mostrar ao centurião Cornélio o caminho da vida, concedei-nos trabalhar com alegria para a salvação da humanidade, a fim de que, unidos todos na vossa Igreja, possamos chegar até vós. Por Cristo, nosso Senhor.

A conclusão da Hora como no Ordinário.

Vésperas

V. Vinde, ó **Deus**. Glória ao **Pai**. Como era. Ale**lui**a.

Hino

> Autor e origem do tempo,
> por sábia ordem nos dais
> o claro dia no trabalho,
> e a noite, ao sono e à paz.
>
> As mentes castas guardai
> dentro da calma da noite
> e que não venha a feri-las
> do dardo mau o açoite.
>
> Os corações libertai
> de excitações persistentes.

Não quebre a chama da carne
a força viva das mentes.

Ouvi-nos, Pai piedoso,
e vós, ó Filho de Deus,
que com o Espírito Santo
reinais eterno nos céus.

Salmodia
Ant. 1 Não podeis servir a **Deus** e ao dinheiro.

Salmo 48(49)

A ilusão das riquezas

Dificilmente um rico entrará no Reino dos Céus (Mt 19,23).

I

– ² Ouvi isto, povos todos do universo, *
muita atenção, ó habitantes deste mundo;
– ³ poderosos e humildes, escutai-me, *
ricos e pobres, todos juntos, sede atentos!
– ⁴ Minha boca vai dizer palavras sábias, *
que meditei no coração profundamente;
– ⁵ e, inclinando meus ouvidos às parábolas, *
decifrarei ao som da harpa o meu enigma:
– ⁶ Por que temer os dias maus e infelizes, *
quando a malícia dos perversos me circunda?
– ⁷ Por que temer os que confiam nas riquezas *
e se gloriam na abundância de seus bens?
– ⁸ Ninguém se livra de sua morte por dinheiro *
nem a **Deus** pode pagar o seu resgate.
– ⁹ A isenção da própria morte não tem preço; *
não há riqueza que a possa adquirir,
– ¹⁰ nem dar ao homem uma vida sem limites *
e garantir-lhe uma existência imortal. –

=¹¹ Morrem os **sáb**ios e os ricos igualmente; †
  morrem os **lou**cos e também os insensatos, *
  e deixam **tu**do o que possuem aos estranhos;
=¹² os seus se**pul**cros serão sempre as suas casas, †
  suas mo**ra**das através das gerações, *
  mesmo se **de**ram o seu nome a muitas terras.
—¹³ Não dura **mui**to o homem rico e poderoso; *
  é seme**lhan**te ao gado gordo que se abate.

Ant. Não po**deis** servir a **Deus** e ao di**nhei**ro.

Ant. 2 Ajun**tai** vosso te**sou**ro no **céu**, diz o Se**nhor**.

II

—¹⁴ Este é o **fim** do que **espera** estulta**men**te, *
  o fim da**que**les que se alegram com sua sorte;
=¹⁵ são um re**ba**nho recolhido ao cemitério, †
  e a própria **mor**te é o pastor que os apascenta; *
  são empu**rra**dos e deslizam para o abismo.
— Logo seu **cor**po e seu semblante se desfazem, *
  e entre os **mor**tos fixarão sua morada.
—¹⁶ Deus, po**rém**, me salvará das mãos da morte *
  e junto a **si** me tomará em suas mãos.
—¹⁷ Não te inquie**tes**, quando um homem fica rico *
  e au**men**ta a opulência de sua casa;
—¹⁸ pois, ao mo**rrer**, não levará nada consigo, *
  nem seu pres**tí**gio poderá acompanhá-lo.
—¹⁹ Felici**ta**va-se a si mesmo enquanto vivo: *
  "Todos te a**plau**dem, tudo bem, isto que é vida!"
—²⁰ Mas vai-se ele para junto de seus pais, *
  que nunca **mais** e nunca mais verão a luz!
—²¹ Não dura **mui**to o homem rico e poderoso: *
  é seme**lhan**te ao gado gordo que se abate.

Ant. Ajun**tai** vosso te**sou**ro no **céu**, diz o Se**nhor**.

Ant. 3 Toda **gló**ria ao Cor**dei**ro imo**la**do!
Toda **hon**ra e po**der** para **sem**pre!

Cântico   Ap 4,11; 5,9.10.12
Hino dos remidos

—⁴,¹¹ Vós sois **dig**no, Se**nhor** nosso **Deus**, *
de rece**ber** honra, glória e poder!

(R. **Po**der, **hon**ra e **gló**ria ao Cor**dei**ro de **Deus**!)

= ⁵,⁹ Porque **to**das as coisas criastes, †
é por **vos**sa vontade que existem, *
e sub**sis**tem porque vós mandais.   (R.)

= Vós sois **dig**no, Senhor nosso Deus, †
de o **li**vro nas mãos receber *
e de a**brir** suas folhas lacradas!   (R.)

— Porque **fos**tes por nós imolado; *
para **Deus** nos remiu vosso sangue
— dentre **to**das as tribos e línguas, *
dentre os **po**vos da terra e nações.   (R.)

= ¹⁰ Pois **fi**zestes de nós, para Deus, †
sacer**do**tes e povo de reis, *
e i**re**mos reinar sobre a terra.   (R.)

= ¹² O Cor**dei**ro imolado é digno †
de rece**ber** honra, glória e poder, *
sabedo**ri**a, louvor, divindade!   (R.)

Ant. Toda **gló**ria ao Cor**dei**ro imo**la**do!
Toda **hon**ra e po**der** para **sem**pre!

Leitura breve   Rm 3,23-25a

Todos pecaram e estão privados da glória de Deus, e a justificação se dá gratuitamente, por sua graça, em virtude da redenção realizada em Jesus Cristo. Deus destinou Jesus Cristo a ser, por seu próprio sangue, instrumento de expiação mediante a realidade da fé. Assim Deus mostrou sua justiça.

Responsório breve

R. Junto a **vós**, felici**da**de,
* Felici**da**de sem li**mi**tes! R. Junto a **vós**.
V. Delícia e**ter**na, ó Se**nhor**. * Felici**da**de.
  Glória ao **Pai**. R. Junto a **vós**.

Cântico evangélico, ant.

Ó Se**nhor**, fazei co**nos**co maravi**lhas**,
pois **san**to e pode**ro**so é vosso **no**me!

Preces

Louvemos a Cristo, pastor e guia de nossas almas, que ama e protege o seu povo; e, pondo nele toda a nossa esperança, supliquemos:

R. **Senhor, protegei o vosso povo!**

Pastor eterno, protegei o nosso Bispo N.,
– e todos os pastores da vossa Igreja. R.

Olhai com bondade para os que sofrem perseguição,
– e apressai-vos em libertá-los de seus sofrimentos. R.

Tende compaixão dos pobres e necessitados,
– e dai pão aos que têm fome. R.

Iluminai os que têm a responsabilidade de fazer as leis das nações,
– para que em tudo possam discernir com sabedoria e equidade. R.

(intenções livres)

Socorrei, Senhor, os nossos irmãos e irmãs falecidos, que remistes com vosso sangue,
– para que mereçam tomar parte convosco no banquete das núpcias eternas. R.

Pai nosso...

Oração

Ó Deus, senhor do dia e da noite, fazei brilhar sempre em nossos corações o sol da justiça, para que possamos chegar à luz em que habitais. Por nosso Senhor Jesus Cristo, vosso Filho, na unidade do Espírito Santo.

A conclusão da Hora como no Ordinário.

II QUARTA-FEIRA

Invitatório

V. **Abri** os meus **lábios.** R. E minha **boca.**
R. Acla**mai** o Se**nhor**, ó terra in**tei**ra,
   ser**vi** ao Se**nhor** com ale**gri**a!

Salmo invitatório como no Ordinário, p. 583.

Ofício das Leituras

V. Vinde, ó **Deus**. Glória ao **Pai**. Como era. Ale**lui**a.

Esta introdução se omite quando o Invitatório precede imediatamente ao Ofício das Leituras.

Hino

I. Quando se diz o Ofício das Leituras durante a noite ou de madrugada:

> Autor dos seres, Redentor dos tempos,
> Juiz temível, Cristo, Rei dos reis,
> nosso louvor, o nosso canto e prece,
> clemente, acolhei.

> Sobe até vós no transcorrer da noite,
> como oferenda, um jovial louvor.
> Por vós aceito, traga a nós conforto,
> da luz, ó Autor.

> A honestidade alegre os nossos dias,
> não haja morte e treva em nossa vida.
> Em nossos atos, sempre a vossa glória
> seja refletida!

> Queimai em nós o coração e os rins
> com a divina chama, o vosso amor.
> Velemos, tendo em mãos acesas lâmpadas,
> pois vem o Senhor.

Ó Salvador, a vós louvor e glória,
e a vosso Pai, Deus vivo, Sumo Bem.
Ao Santo Espírito o céu entoe hosanas
para sempre. Amém.

II. Quando se diz o Ofício das Leituras durante o dia:

Luz verdadeira, amor, piedade,
e alegria sem medida;
da morte, ó Cristo, nos salvastes!
Por vosso sangue temos vida.

O vosso amor nos corações,
nós vos pedimos, derramai;
dai-lhes da fé a luz eterna
e em caridade os confirmai.

De nós se afaste Satanás,
por vossas forças esmagado.
E venha a nós o Santo Espírito
do vosso trono o Enviado.

Louvor a Deus, eterno Pai,
e a vós seu Filho, Sumo Bem,
reinando unidos pelo Espírito
hoje e nos séculos. Amém.

Salmodia

Ant. 1 Nós sofremos no mais **íntimo de nós,**
esperando a redenção de nosso **corpo.**

Salmo 38(39)
Prece de um enfermo

*A criação ficou sujeita à vaidade... por sua dependência
daquele que a sujeitou; esperando ser libertada* (Rm 8,20).

I

— ²Disse comigo: "Vigia**rei** minhas **palavras,** *
a **fim** de não pecar com minha língua;
— have**rei** de pôr um freio em minha boca *
enquanto o **ímp**io estiver em minha frente". —

=³ Eu fiquei silencioso como um mudo, †
mas de nada me valeu o meu silêncio, *
pois minha dor recrudesceu ainda mais.

=⁴ Meu coração se abrasou dentro de mim, †
um fogo se ateou ao pensar nisso, *
⁵ e minha língua então falou desabafando:

= "Revelai-me, ó Senhor, qual o meu fim, †
qual é o número e a medida dos meus dias, *
para que eu veja quanto é frágil minha vida!

−⁶ De poucos palmos vós fizestes os meus dias; *
perante vós a minha vida é quase nada.

−⁷ O homem, mesmo em pé, é como um sopro, *
ele passa como a sombra que se esvai;

− ele se agita e se preocupa inutilmente, *
junta riquezas sem saber quem vai usá-las".

Ant. Nós sofremos no mais íntimo de nós,
esperando a redenção de nosso corpo

Ant. 2 Ó Senhor, prestai ouvido à minha prece,
não fiqueis surdo aos lamentos do meu pranto!

II

−⁸ E agora, meu Senhor, que mais espero? *
Só em vós eu coloquei minha esperança!

−⁹ De todo meu pecado libertai-me; *
não me entregueis às zombarias dos estultos!

−¹⁰ Eu me calei e já não abro mais a boca, *
porque vós mesmo, ó Senhor, assim agistes.

−¹¹ Afastai longe de mim vossos flagelos; *
desfaleço ao rigor de vossa mão!

=¹² Punis o homem, corrigindo as suas faltas; †
como a traça, destruís sua beleza: *
todo homem não é mais do que um sopro.

⹀³ Ó Se**nhor**, prest**ai** ouvido à minha prece, †
escu**tai**-me quando grito por socorro, *
não fiqueis **sur**do aos lamen**tos** do meu pran**to**!
- Sou um **hós**pede somente em vossa casa, *
um pere**gri**no como todos os meus pais.
⨪⁴ Desvi**ai** o vosso olhar, que eu tome alen**to**, *
antes que **par**ta e que deixe de existir!

Ant. Ó Se**nhor**, prest**ai** ouvido à minha **pre**ce,
não fiqueis **sur**do aos lamen**tos** do meu **pran**to!

Ant. 3 Eu confio na clemência do Se**nhor**
a**go**ra e para **sem**pre.

Salmo 51(52)
Contra a maldade do caluniador

Quem se gloria, glorie-se no Senhor (1Cor 1,31).

−³ Por que **é** que te glo**ri**as da mal**da**de, *
ó in**jus**to prepo**ten**te?
⹀⁴ Tu plane**jas** emboscadas todo dia, †
tua **lín**gua é qual navalha afiada, *
fabri**can**te de mentiras!
−⁵ Tu **a**mas mais o mal do que o bem, *
mais a men**ti**ra que a verdade!
−⁶ Só **gos**tas de palavras que destroem, *
ó **lín**gua enganadora!
−⁷ Por isso **Deus** vai destruir-te para sempre *
e expul**sar**-te de sua tenda;
- vai extir**par**-te e arrancar tuas raízes *
da **ter**ra dos viventes!
−⁸ Os **jus**tos hão de vê-lo e temerão, *
e rindo **de**le vão dizer:
−⁹ "Eis o **ho**mem que não pôs no Senhor Deus *
seu re**fú**gio e sua força,

- mas confiou na multidão de suas riquezas, *
  subiu na vida por seus crimes!"
- ¹⁰Eu, porém, como oliveira verdejante *
  na casa do Senhor,
- confio na clemência do meu Deus *
  agora e para sempre!
- ¹¹Louvarei a vossa graça eternamente, *
  porque **vós** assim agistes;
- espero em vosso nome, porque é bom, *
  perante os vossos santos!

Ant. Eu confio na clemência do Senhor
agora e para sempre.

V. No Senhor ponho a minha esperança,
R. Espero em sua palavra.

Leituras e oração correspondentes a cada Ofício.

Laudes

V. Vinde, ó Deus. Glória ao Pai. Como era. Aleluia.

Esta introdução se omite quando o Invitatório precede imediatamente às Laudes.

Hino

Criador das alturas celestes,
vós fixastes caminhos de luz
para a lua, rainha da noite,
para o sol, que de dia reluz.

Vai-se a treva, fugindo da aurora,
e do dia se espalha o clarão.
Nova força também nos desperta
e nos une num só coração.

O nascer deste dia convida
a cantarmos os vossos louvores.
Do céu jorra uma paz envolvente,
harmonia de luz e de cores.

Quarta-feira – Laudes

Ao clarão desta luz que renasce,
fuja a treva e se apague a ilusão.
A discórdia não trema nos lábios,
a maldade não turve a razão.

Quando o sol vai tecendo este dia,
brilhe a fé com igual claridade,
cresça a espera nos bens prometidos
e nos una uma só caridade.

Escutai-nos, ó Pai piedoso,
e vós, Filho, do Pai esplendor,
que reinais, com o Espírito Santo,
na manhã sem ocaso do amor.

Salmodia
Ant. 1 São santos, ó Senhor, vossos caminhos;
haverá deus que se compare ao nosso Deus?

Salmo 76(77)
Lembrando as maravilhas do Senhor

Somos afligidos de todos os lados, mas não vencidos (2Cor 4,8).

—² Quero clamar ao Senhor Deus em alta voz, *
 em alta voz eu clamo a Deus: que ele me ouça!
=³ No meu dia de aflição busco o Senhor; †
 sem me cansar ergo, de noite, as minhas mãos, *
 e minh'alma não se deixa consolar.
—⁴ Quando me lembro do Senhor, solto gemidos, *
 e, ao recordá-lo, minha alma desfalece.
—⁵ Não me deixastes, ó meu Deus, fechar os olhos, *
 e, perturbado, já nem posso mais falar!
—⁶ Eu reflito sobre os tempos de outrora, *
 e dos anos que passaram me recordo;
—⁷ meu coração fica a pensar durante a noite, *
 e de tanto meditar, eu me pergunto:—

— ⁸Será que **Deus** vai rejeitar-nos para sempre? *
E nunca **mais** nos há de dar o seu favor?
— ⁹Por a**ca**so, seu amor foi esgotado? *
Sua pro**mes**sa, afinal, terá falhado?
— ¹⁰Será que **Deus** se esqueceu de ter piedade? *
Será que a ira lhe fechou o coração?
— ¹¹Eu con**fes**so que é esta a minha dor: *
"A mão de **Deus** não é a mesma: está mudada!"
— ¹²Mas, recor**dan**do os grandes feitos do passado, *
vossos pro**dí**gios eu relembro, ó Senhor;
— ¹³eu me**di**to sobre as vossas maravilhas *
e sobre as **o**bras grandiosas que fizestes.
— ¹⁴São **san**tos, ó Senhor, vossos caminhos! *
Haverá **deus** que se compare ao nosso Deus?
— ¹⁵Sois o **Deus** que operastes maravilhas, *
vosso po**der** manifestastes entre os povos.
— ¹⁶Com vosso **bra**ço redimistes vosso povo, *
os **fi**lhos de Jacó e de José.
— ¹⁷Quando as **á**guas, ó Senhor, vos avistaram, *
elas tre**me**ram e os abismos se agitaram
= ¹⁸e as **nu**vens derramaram suas águas, †
a tempes**ta**de fez ouvir a sua voz, *
por todo **la**do se espalharam vossas flechas.
= ¹⁹Ribom**bou** a vossa voz entre trovões, †
vossos **rai**os toda a terra iluminaram, *
a terra in**tei**ra estremeceu e se abalou.
= ²⁰**Abriu**-se em pleno mar vosso caminho †
e a vossa es**tra**da, pelas águas mais profundas; *
mas nin**guém** viu os sinais dos vossos passos.
— ²¹Como um re**ba**nho conduzistes vosso povo *
e o gui**as**tes por Moisés e Aarão.

Ant. São **san**tos, ó Se**nhor**, vossos ca**mi**nhos;
haverá **deus** que se com**pa**re ao nosso **Deus**?

Ant. 2 Exulta no Senhor meu coração.
É ele quem exalta os humilhados.

Cântico — 1Sm 2,1-10
Os humildes se alegram em Deus

Derrubou do trono os poderosos e elevou os humildes.
Encheu de bens os famintos (Lc 1,52-53).

— 1 Exulta no Senhor meu coração, *
  e se eleva a minha fronte no meu Deus;
— minha boca desafia os meus rivais *
  porque me alegro com a vossa salvação.

— 2 Não há santo como é santo o nosso Deus, *
  ninguém é forte à semelhança do Senhor!
— 3 Não faleis tantas palavras orgulhosas, *
  nem profiram arrogâncias vossos lábios!
— Pois o Senhor é o nosso Deus que tudo sabe. *
  Ele conhece os pensamentos mais ocultos.

— 4 O arco dos fortes foi dobrado, foi quebrado, *
  mas os fracos se vestiram de vigor.
— 5 Os saciados se empregaram por um pão, *
  mas os pobres e os famintos se fartaram.
— Muitas vezes deu à luz a que era estéril, *
  mas a mãe de muitos filhos definhou.

— 6 É o Senhor que dá a morte e dá a vida, *
  faz descer à sepultura e faz voltar;
— 7 é o Senhor que faz o pobre e faz o rico, *
  é o Senhor que nos humilha e nos exalta.

— 8 O Senhor ergue do pó o homem fraco, *
  e do lixo ele retira o indigente,
— para fazê-los assentar-se com os nobres *
  num lugar de muita honra e distinção.

— As colunas desta terra lhe pertencem, *
   e sobre elas assentou o universo.
— ⁹Ele vela sobre os passos de seus santos, *
   mas os ímpios se extraviam pelas trevas.
— ¹⁰Ninguém triunfa se apoiando em suas forças; *
   os inimigos do Senhor serão vencidos;
— sobre eles faz troar o seu trovão, *
   o Senhor julga os confins de toda a terra.
— O Senhor dará a seu Rei a realeza *
   e exaltará o seu Ungido com poder.

Ant. **Exulta no Senhor meu coração.**
   É ele quem exalta os humilhados.
Ant. 3 **Deus é Rei! Exulte a terra de alegria!** †

Salmo 96(97)
A glória do Senhor como juiz

Este salmo expressa a salvação do mundo e a fé dos povos todos em Deus (Sto. Atanásio).

— ¹Deus é Rei! Exulte a terra de alegria, *
   † e as ilhas numerosas rejubilem!
— ²Treva e nuvem o rodeiam no seu trono, *
   que se apoia na justiça e no direito.
— ³Vai um fogo caminhando à sua frente *
   e devora ao redor seus inimigos.
— ⁴Seus relâmpagos clareiam toda a terra; *
   toda a terra, ao contemplá-los, estremece.
— ⁵As montanhas se derretem como cera *
   ante a face do Senhor de toda a terra;
— ⁶e assim proclama o céu sua justiça, *
   todos os povos podem ver a sua glória.
= ⁷"Os que adoram as estátuas se envergonhem †
   e os que põem a sua glória nos seus ídolos; *
   aos pés de Deus vêm se prostrar todos os deuses!"

= ⁸ Sião escuta transbordante de alegria, †
   e exultam as cidades de Judá, *
   porque são justos, ó Senhor, vossos juízos!
= ⁹ Porque vós sois o Altíssimo, Senhor, †
   muito acima do universo que criastes, *
   e de muito superais todos os deuses.
= ¹⁰ O Senhor ama os que detestam a maldade, †
   ele protege seus fiéis e suas vidas, *
   e da mão dos pecadores os liberta.
– ¹¹ Uma luz já se levanta para os justos, *
   e a alegria, para os retos corações.
– ¹² Homens justos, alegrai-vos no Senhor, *
   celebrai e bendizei seu santo nome!

Ant. Deus é Rei! Exulte a terra de alegria!

Leitura breve   Rm 8,35.37
Quem nos separará do amor de Cristo? Tribulação? Angústia? Perseguição? Fome? Nudez? Perigo? Espada? Mas, em tudo isso, somos mais que vencedores, graças àquele que nos amou!

Responsório breve
R. Bendirei o Senhor Deus,
  * Bendirei em todo o tempo. R. Bendirei.
V. Seu louvor em minha boca, seu louvor eternamente.
  * Bendirei. Glória ao Pai. R. Bendirei.

Cântico evangélico, ant.
Sirvamos ao Senhor em santidade
enquanto perdurarem nossos dias.

Preces
Bendito seja Deus, nosso Salvador, que prometeu permanecer conosco todos os dias até o fim do mundo. Dando-lhe graças, peçamos:

R. Ficai conosco, Senhor!

Ficai conosco, Senhor, durante todo o dia,
– e que jamais se ponha em nossa vida o sol da vossa justiça.
R.

Nós vos consagramos este dia como uma oferenda agradável,
– e nos comprometemos a praticar somente o bem. R.

Fazei, Senhor, que todo este dia transcorra como um dom da vossa luz,
– para que sejamos sal da terra e luz do mundo. R.

Que a caridade do Espírito Santo inspire nossos corações e nossas palavras,
– a fim de permanecermos sempre em vossa justiça e em vosso louvor.
R.

(intenções livres)

Pai nosso...

Oração

Acendei, Senhor, em nossos corações a claridade de vossa luz, para que, andando sempre no caminho de vossos mandamentos, sejamos livres de todo erro. Por nosso Senhor Jesus Cristo, vosso Filho, na unidade do Espírito Santo.

A conclusão da Hora como no Ordinário.

Hora Média

V. Vinde, ó **Deus**. Glória ao **Pai**. Como era. Ale**lui**a.

HINO como no Ordinário, p. 598-601.

Salmodia

Ant. 1 Fico pen**san**do, ó **Se**nhor, nos meus ca**mi**nhos;
   esco**lhi** por vossa **lei** guiar meus **pas**sos.

Salmo 118(119),57-64
VIII (Heth)
Meditação sobre a Palavra de Deus na Lei

Sois uma carta de Cristo, gravada não em tábuas de pedra, mas em vossos corações (2Cor 3,3).

—⁵⁷ É esta a parte que escolhi por minha herança: *
 observar vossas palavras, ó Senhor!
—⁵⁸ De todo o coração eu vos suplico: *
 piedade para mim que o prometestes!
—⁵⁹ Fico pensando, ó Senhor, nos meus caminhos; *
 escolhi por vossa lei guiar meus passos.
—⁶⁰ Eu me apresso, sem perder um só instante, *
 em praticar todos os vossos mandamentos.
—⁶¹ Mesmo que os ímpios me amarrem com seus laços, *
 nem assim hei de esquecer a vossa lei.
—⁶² Alta noite eu me levanto e vos dou graças *
 pelas vossas decisões leais e justas.
—⁶³ Sou amigo dos fiéis que vos respeitam *
 e daqueles que observam vossas leis.
—⁶⁴ Transborda em toda a terra o vosso amor; *
 ensinai-me, ó Senhor, vossa vontade!

Ant. Fico pensando, ó Senhor, nos meus caminhos;
 escolhi por vossa lei guiar meus passos.

Ant. 2 O temor e o tremor me penetram;
 dignai-vos me ouvir, respondei-me!

Salmo 54(55),2-15.17-24
Oração depois da traição de um amigo

Jesus começou a sentir pavor e angústia (Mc 14,33).

I

—² Ó meu Deus, escutai minha prece, *
 não fujais desta minha oração!

— ³Dig**nai**-vos me ouvir, respondei-me: *
  a an**gús**tia me faz delirar!
— ⁴Ao cla**mor** do inimigo estremeço, *
  e ao **gri**to dos ímpios eu tremo.
— Sobre **mim** muitos males derramam, *
  contra **mim** furiosos investem.
— ⁵Meu cora**ção** dentro em mim se angustia, *
  e os ter**ro**res da morte me abatem;
— ⁶o te**mor** e o tremor me penetram, *
  o pa**vor** me envolve e deprime!
= ⁷É por **is**so que eu digo na an**gús**tia: †
  Quem me **de**ra ter asas de pomba *
  e vo**ar** para achar um descanso!
— ⁸Fugi**ri**a, então, para longe, *
  e me i**ri**a esconder no deserto.
— ⁹Acha**ri**a depressa um re**fú**gio *
  contra o **ven**to, a procela, o tufão".
= ¹⁰Ó Se**nhor**, confundi as más línguas; †
  disper**sai**-as, porque na cidade *
  só se **vê** violência e discórdia!
= ¹¹Dia e **noi**te circundam seus muros, †
  ¹²dentro **de**la há maldades e crimes, *
  a injus**ti**ça, a opressão moram nela!
— Vio**lên**cia, imposturas e fraudes *
  já não **dei**xam suas ruas e praças.

Ant. O te**mor** e o tre**mor** me pe**ne**tram;
  dig**nai**-vos me ou**vir**, respon**dei**-me!

Ant. 3 Eu, po**rém**, clamo a **Deus** em meu **pran**to,
  e o Se**nhor** me have**rá** de sal**var**.

II

— ¹³Se o ini**mi**go viesse insul**tar**-me, *
  pode**ri**a aceitar certamente;

— se contra **mim** investisse o inimigo, *
  poderia, talvez, esconder-me.
—¹⁴ Mas és **tu**, companheiro e amigo, *
  tu, meu íntimo e meu familiar,
—¹⁵ com quem **ti**ve agradável convívio *
  com o **po**vo, indo à casa de Deus!
—¹⁷ Eu, po**rém**, clamo a Deus em meu pranto, *
  e o Se**n**hor me haverá de salvar!
—¹⁸ Desde a **tar**de, à manhã, ao meio-dia, *
  faço ou**vir** meu lamento e gemido.
—¹⁹ O Se**n**hor há de ouvir minha voz, *
  liber**tan**do a minh'alma na paz,
— derro**tan**do os meus agressores, *
  porque **mui**tos estão contra mim!
—²⁰ Deus me **ou**ve e haverá de humilhá-los, *
  porque é **Rei** e Senhor desde sempre.
— Para os **ím**pios não há conversão, *
  pois não **te**mem a Deus, o Senhor.
—²¹ Erguem a **mão** contra os próprios amigos, *
  vio**lan**do os seus compromissos;
—²² sua **bo**ca está cheia de unção, *
  mas o **seu** coração traz a guerra;
— suas pa**la**vras mais brandas que o óleo, *
  na ver**da**de, porém, são punhais.
—²³ Lança **so**bre o Senhor teus cuidados, *
  porque **ele** há de ser teu sustento,
— e ja**mais** ele irá permitir *
  que o **jus**to para sempre vacile!
—²⁴ Vós, po**rém**, ó Senhor, os lançais *
  no a**bis**mo e na cova da morte.
— Assas**si**nos e homens de fraude *
  não ve**rão** a metade da vida.

— Quanto a **mim**, ó Senhor, ao contrário: *
ponho em **vós** toda a minha esperança!

Ant. Eu, porém, clamo a **Deus** em meu **pran**to,
e o Se**nhor** me haver**á** de sal**var**.

Para as outras Horas, Salmodia complementar, p. 1178.

Oração das Nove Horas

Leitura breve   Dt 1,16-17a

Dei aos vossos juízes a seguinte ordem: Ouvi vossos irmãos, julgai com justiça as questões de cada um, tanto com seu irmão como com o estrangeiro. Não façais acepção de pessoas em vossos julgamentos; ouvi tanto os pequenos como os grandes, sem temor de ninguém, porque a Deus pertence o juízo.

V. É **jus**to o nosso **Deus**: o Se**nhor** ama a justi**ça**.
R. Quem tem **re**to cora**ção** há de **ver** a sua **face**.

Oração

Senhor, nosso Pai, Deus santo e fiel, que enviastes o Espírito prometido por vosso Filho, para reunir os seres humanos divididos pelo pecado, fazei-nos promover no mundo os bens da unidade e da paz. Por Cristo, nosso Senhor.

Oração das Doze Horas

Leitura breve   Is 55,8-9

Meus pensamentos não são como os vossos pensamentos e vossos caminhos não são como os meus caminhos, diz o Senhor. Estão meus caminhos tão acima dos vossos caminhos e meus pensamentos acima dos vossos pensamentos, quanto está o céu acima da terra.

V. Senhor **Deus** do univer**so**, quem ser**á** igual a **vós**?
R. Ó Se**nhor**, sois pode**ro**so, irradi**ais** fideli**da**de.

Oração

Deus onipotente e misericordioso, que nos dais novo alento no meio deste dia, olhai com bondade os trabalhos começados e, perdoando nossas faltas, fazei que eles atinjam os fins que vos agradam. Por Cristo, nosso Senhor.

Oração das Quinze Horas

Leitura breve   1Sm 16,7b
Não julgo segundo os critérios do homem: o homem vê as aparências, mas o Senhor olha o coração.

V. Senhor, son**dai**-me, conhe**cei** meu cora**ção**,
R. E condu**zi**-me no ca**mi**nho para a **vi**da!

Oração

Senhor Jesus Cristo, que para salvar o gênero humano estendestes vossos braços na cruz, concedei que nossas ações vos agradem e manifestem ao mundo vossa obra redentora. Vós, que viveis e reinais para sempre.

A conclusão da Hora como no Ordinário.

Vésperas

V. Vinde, ó **Deus**. Glória ao **Pai**. Como **era**. Ale**lui**a.

Hino

> Devagar, vai o sol se escondendo,
> deixa os montes, o campo e o mar,
> mas renova o presságio da luz,
> que amanhã vai de novo brilhar.
>
> Os mortais se admiram do modo
> pelo qual, generoso Senhor,
> destes leis ao transcurso do tempo,
> alternância de sombra e fulgor.
>
> Quando reina nos céus o silêncio
> e declina o vigor para a lida,

sob o peso das trevas a noite
nosso corpo ao descanso convida.

De esperança e de fé penetrados,
saciar-nos possamos, Senhor,
de alegria na glória do Verbo
que é do Pai o eterno esplendor.

Este é o sol que jamais tem ocaso
e também o nascer desconhece.
Canta a terra, em seu brilho envolvida,
nele o céu em fulgor resplandece.

Dai-nos, Pai, gozar sempre da luz
que este mundo ilumina e mantém,
e cantar-vos, e ao Filho, e ao Espírito,
canto novo nos séculos. Amém.

Salmodia

Ant. 1 Aguardemos a bendita esperança
e a vinda gloriosa do Senhor.

Salmo 61(62)

A paz em Deus

Que o Deus da esperança vos encha da alegria e da paz em vossa vida de fé (Rm 15,13).

— ² Só em **Deus** a minha **al**ma tem re**pou**so, *
porque **de**le é que me vem a salvação!
— ³ Só **el**e é meu roche**do** e salvação, *
a forta**le**za onde encontro segurança!
— ⁴ Até **quan**do atacareis um pobre homem, *
todos **jun**tos, procurando derrubá-lo,
— como a pa**re**de que começa a inclinar-se, *
ou um **mu**ro que está prestes a cair?
— ⁵ Combi**na**ram empurrar-me lá do alto, *
e se com**pra**zem em mentir e enganar,

– enquanto eles bendizem com os lábios; *
 no cora**ção**, bem lá do fundo, amaldiçoam.
– ⁶ Só em **Deus** a minha alma tem repouso, *
 porque d**ele** é que me vem a salvação!
– ⁷ Só ele é meu rochedo e salvação, *
 a fort**ale**za, onde encontro segurança!
– ⁸ A minha **gló**ria e salvação estão em Deus; *
 o meu ref**ú**gio e rocha firme é o Senhor!
=⁹ Povo **to**do, esperai sempre no Senhor, †
 e a**bri** diante dele o coração: *
 nosso **Deus** é um refúgio para nós!
–¹⁰ Todo **ho**mem a um sopro se assemelha, *
 o filho do **ho**mem é mentira e ilusão;
– se sub**is**sem todos eles na balança, *
 pes**a**riam até menos do que o vento:
–¹¹ Não conf**i**eis na opressão e na violência *
 nem vos ga**beis** de vossos roubos e enganos!
– E se cres**ce**rem vossas posses e riquezas, *
 a **e**las não prendais o coração!
=¹² Uma pa**la**vra Deus falou, duas ouvi: †
 "O po**der** e a bondade a Deus pertencem, *
 pois pa**gais** a cada um conforme as obras".

Ant. Aguar**de**mos a ben**di**ta espe**ran**ça
 e a **vin**da gloriosa do Se**nhor.**

Ant. 2 Que Deus nos **dê** a sua **gra**ça e sua **bên**ção,
 e sua **fa**ce resplan**de**ça sobre **nós!** †

Quando o salmo seguinte já tiver sido recitado no Invitatório, em seu lugar se diz o Salmo 94(95), à p. 583.

Salmo 66(67)
Todos os povos celebram o Senhor

Sabei que esta salvação de Deus já foi comunicada aos pagãos! (At 28,28).

– ²Que Deus nos dê a sua graça e sua bênção, *
 e sua face resplandeça sobre nós!
– ³†Que na terra se conheça o seu caminho *
 e a sua salvação por entre os povos.
– ⁴Que as nações vos glorifiquem, ó Senhor, *
 que todas as nações vos glorifiquem!
– ⁵Exulte de alegria a terra inteira, *
 pois julgais o universo com justiça;
– os povos governais com retidão, *
 e guiais, em toda a terra, as nações.
– ⁶Que as nações vos glorifiquem, ó Senhor, *
 que todas as nações vos glorifiquem!
– ⁷A terra produziu sua colheita: *
 o Senhor e nosso Deus nos abençoa.
– ⁸Que o Senhor e nosso Deus nos abençoe, *
 e o respeitem os confins de toda a terra!

Ant. Que Deus nos dê a sua graça e sua bênção,
 e sua face resplandeça sobre nós!

Ant. 3 Em Cristo é que tudo foi criado,
 e é por ele que subsiste o universo.

Cântico   Cf. Cl 1,12-20

Cristo, o Primogênito de toda a criatura
e Primogênito dentre os mortos

=¹²Demos graças a Deus Pai onipotente, †
 que nos chama a partilhar, na sua luz, *
 da herança a seus santos reservada!

(R. Glória a vós, Primogênito dentre os mortos!)

= ¹³Do im**pér**io das trevas arrancou-nos †
e transpor**tou**-nos para o Reino de seu Filho, *
para o **Rei**no de seu Filho bem-amado,
— ¹⁴no **qual** nós encontramos redenção, *
dos pe**ca**dos remissão pelo seu sangue.   (R.)

— ¹⁵Do **Deus**, o Invisível, é a imagem, *
o Primo**gê**nito de toda criatura;
= ¹⁶porque **ne**le é que tudo foi criado: †
o que há nos **céus** e o que existe sobre a terra, *
o vi**sí**vel e também o invisível.   (R.)

= Sejam **Tro**nos e Poderes que há nos céus, †
sejam **e**les Principados, Potestades: *
por **e**le e para ele foram feitos;
— ¹⁷antes de **to**da criatura ele existe, *
e é por **e**le que subsiste o universo.   (R.)

= ¹⁸Ele é a **Ca**beça da Igreja, que é seu Corpo, †
é o prin**cí**pio, o Primogênito dentre os mortos, *
a **fim** de ter em tudo a primazia.
— ¹⁹Pois foi do a**gra**do de Deus Pai que a plenitude *
habi**tas**se no seu Cristo inteiramente.   (R.)

— ²⁰A**prou**ve-lhe também, por meio dele, *
reconcili**ar** consigo mesmo as criaturas,
= pacifi**can**do pelo sangue de sua cruz †
tudo a**qui**lo que por ele foi criado, *
o que há nos **céus** e o que existe sobre a terra.   (R.)

Ant. Em **Cris**to é que **tu**do foi criado,
e é por **e**le que sub**sis**te o uni**ver**so.

Leitura breve   1Pd 5,5b-7
Revesti-vos todos de humildade no relacionamento mútuo, porque Deus resiste aos soberbos, mas dá a sua graça aos humildes. Rebaixai-vos, pois, humildemente, sob a poderosa mão de Deus, para que, na hora oportuna, ele vos exalte.

Lançai sobre ele toda a vossa preocupação, pois é ele quem cuida de vós.

Responsório breve

R. Protegei-nos, Senhor
  * Como a pupila dos olhos. R. Protegei-nos.
V. Guardai-nos, defendei-nos, sob a vossa proteção.
  * Como a pupila. Glória ao Pai. R. Protegei-nos.

Cântico evangélico, ant.

Ó Senhor, manifestai o poder de vosso braço,
dispersai os soberbos e elevai os humildes.

Preces

Irmãos e irmãs caríssimos, exultemos em Deus nosso Salvador, cuja alegria é enriquecer-nos com seus dons; e peçamos com todo fervor:

R. **Dai-nos, Senhor, a vossa graça e a vossa paz!**

Deus eterno, para quem mil anos são o dia de ontem que passou,
– lembrai-nos sempre que a vida é como a erva que de manhã floresce e à tarde fica seca. R.

Alimentai o vosso povo com o maná, para que não passe fome,
– e dai-lhe a água viva para que nunca mais tenha sede. R.

Fazei que os vossos fiéis procurem e saboreiem as coisas do alto,
– e vos glorifiquem com o seu trabalho e o seu descanso. R.

Concedei, Senhor, bom tempo às colheitas,
– para que a terra produza muito fruto. R.

Ou:
(Livrai-nos, Senhor, de todos os perigos,
– e abençoai os nossos lares). R.

(intenções livres)

Dai aos que morreram contemplar a vossa face,
– e fazei-nos também participar, um dia, da mesma felicidade. R.

Pai nosso...

Oração

Ó Deus, vosso nome é santo e vossa misericórdia se celebra de geração em geração; atendei às súplicas do povo e concedei-lhe proclamar sempre a vossa grandeza. Por nosso Senhor Jesus Cristo, vosso Filho, na unidade do Espírito Santo.

A conclusão da Hora como no Ordinário.

II QUINTA-FEIRA

Invitatório

V. **Abri** os meus **lábios**. R. E minha **boca**.
R. En**trai** diante **de**le can**tan**do jubi**lo**sos.

Salmo invitatório como no Ordinário, p. 583.

Ofício das Leituras

V. Vinde, ó **Deus**. Glória ao **Pai**. Como era. Ale**luia**.

Esta introdução se omite quando o Invitatório precede imediatamente ao Ofício das Leituras.

Hino

I. Quando se diz o Ofício das Leituras durante a noite ou de madrugada:

>Do dia o núncio alado
>já canta a luz nascida.
>O Cristo nos desperta,
>chamando-nos à vida.
>
>Ó fracos, ele exclama,
>do sono estai despertos
>e, castos, justos, sóbrios,
>velai: estou já perto!
>
>E quando a luz da aurora
>enche o céu de cor,
>confirme na esperança
>quem é trabalhador.
>
>Chamemos por Jesus
>com prantos e orações.
>A súplica não deixe
>dormir os corações.

Tirai o sono, ó Cristo,
rompei da noite os laços,
da culpa libertai-nos,
guiai os nossos passos.

A vós a glória, ó Cristo,
louvor ao Pai também,
com vosso Santo Espírito,
agora e sempre. Amém.

II. Quando se diz o Ofício das Leituras durante o dia:

Para vós, doador do perdão,
elevai os afetos do amor,
tornai puro o profundo das almas,
sede o nosso fiel Salvador.

Para cá, estrangeiros, viemos,
exilados da pátria querida.
Sois o porto e também sois o barco,
conduzi-nos aos átrios da vida!

É feliz quem tem sede de vós,
fonte eterna de vida e verdade.
São felizes os olhos do povo
que se fixam em tal claridade.

Grandiosa é, Senhor, vossa glória,
na lembrança do vosso louvor,
que os fiéis comemoram na terra,
elevando-se a vós pelo amor.

Este amor concedei-nos, ó Pai,
e vós, Filho do Pai, Sumo Bem,
com o Espírito Santo reinando
pelos séculos dos séculos. Amém.

Salmodia

Ant. 1 Fostes **vós** que nos sal**vas**tes, ó S**e**nhor!
Para **sem**pre louva**re**mos vosso **no**me.

Salmo 43(44)
Calamidades do povo

Em tudo isso, somos mais que vencedores, graças àquele que nos amou! (Rm 8,37).

I

– ² Ó **Deus**, nossos ouvidos escu**ta**ram, *
   e con**ta**ram para nós, os nossos pais,
– as **o**bras que operastes em seus dias, *
   em seus **di**as e nos tempos de outrora:
= ³ Expul**sas**tes as nações com vossa mão, †
   e plan**tas**tes nossos pais em seu lugar; *
   para aumen**tá**-los, abatestes outros povos.
– ⁴ Não conquis**ta**ram essa terra pela espada, *
   nem foi seu **bra**ço que lhes deu a salvação;
– foi, po**rém**, a vossa mão e vosso braço *
   e o esplen**dor** de vossa face e o vosso amor.
– ⁵ Sois **vós**, o meu Senhor e o meu Rei, *
   que **des**tes as vitórias a Jacó;
– ⁶ com vossa a**ju**da é que vencemos o inimigo, *
   por vosso **no**me é que pisamos o agressor.
– ⁷ Eu não **pus** a confiança no meu arco, *
   a minha es**pa**da não me pôde libertar;
– ⁸ mas fostes **vós** que nos livrastes do inimigo, *
   e co**bris**tes de vergonha o opressor.
– ⁹ Em vós, ó **Deus**, nos gloriamos todo dia, *
   cele**bran**do o vosso nome sem cessar.

Ant. Fostes **vós** que nos salvastes, ó Se**nhor**!
   Para **sem**pre louvaremos vosso **no**me.

Ant. 2 Perdoai, ó Se**nhor**, o vosso **po**vo,
   não entre**gueis** à vergonha a vossa herança!

II

–¹⁰ Porém, **a**gora nos deixastes e humil**has**tes, *
   já não sa**ís** com nossas tropas para a guerra!

–¹¹Vós nos fizestes recuar ante o inimigo, *
  os adversários nos pilharam à vontade.
–¹²Como ovelhas nos levastes para o corte, *
  e no meio das nações nos dispersastes.
–¹³Vendestes vosso povo a preço baixo, *
  e não lucrastes muita coisa com a venda!
–¹⁴De nós fizestes o escárnio dos vizinhos, *
  zombaria e gozação dos que nos cercam;
–¹⁵para os pagãos somos motivo de anedotas, *
  zombam de nós a sacudir sua cabeça.
–¹⁶À minha frente trago sempre esta desonra, *
  e a vergonha se espalha no meu rosto,
–¹⁷ante os gritos de insultos e blasfêmias *
  do inimigo sequioso de vingança.

Ant. Perdoai, ó Senhor, o vosso povo,
  não entregueis à vergonha a vossa herança!

Ant. 3 Levantai-vos, ó Senhor, e socorrei-nos,
  libertai-nos pela vossa compaixão!

III

–¹⁸E tudo isso, sem vos termos esquecido *
  e sem termos violado a Aliança;
–¹⁹sem que o nosso coração voltasse atrás, *
  nem se afastassem nossos pés de vossa estrada!
–²⁰Mas à cova dos chacais nos entregastes *
  e com trevas pavorosas nos cobristes!
–²¹Se tivéssemos esquecido o nosso Deus *
  e estendido nossas mãos a um Deus estranho,
–²²Deus não teria, por acaso, percebido, *
  ele que vê o interior dos corações?
–²³Por vossa causa nos massacram cada dia *
  e nos levam como ovelha ao matadouro!

–²⁴Levantai-vos, ó Senhor, por que dormis? *
  Despertai! Não nos deixeis eternamente!

—²⁵ Por **que** nos escondeis a vossa face *
e esque**ceis** nossa opressão, nossa miséria?
—²⁶ Pois arra**sa**da até o pó está noss'alma *
e ao **chão** está colado o nosso ventre.
— Levan**tai**-vos, vinde logo em nosso auxílio, *
liber**tai**-nos pela vossa compaixão!

Ant. Levan**tai**-vos, ó **Se**nhor, e socor**rei**-nos,
liber**tai**-nos pela **vo**ssa compai**xão**!

V. A **quem** nós i**re**mos, **Se**nhor Jesus **Cri**sto?
R. Só **tu** tens pa**la**vras de **vi**da e**ter**na.

Leituras e oração correspondentes a cada Ofício.

Laudes

V. Vinde, ó **Deus**. Glória ao **Pai**. Como **e**ra. A**le**luia.

Esta introdução se omite quando o Invitatório precede imediatamente às Laudes.

Hino

Já o dia nasceu novamente.
Supliquemos, orando, ao Senhor
que nos guarde do mal neste dia
e por atos vivamos o amor.

Ponha freios à língua e a modere,
da discórdia evitando a paixão;
que nos vele o olhar e o defenda
da vaidade e de toda a ilusão.

Sejam puros os seres no íntimo,
dominando os instintos do mal.
Evitemos do orgulho o veneno,
moderando o impulso carnal.

Para que, no final deste dia,
quando a noite, em seu curso, voltar,
abstinentes e puros, possamos
sua glória e louvores cantar.

Glória ao Pai, ao seu Unigênito
e ao Espírito Santo também.
Suba aos Três o louvor do universo
hoje e sempre, nos séculos. Amém.

Salmodia

Ant. 1 Despertai vosso poder, ó nosso Deus,
e vinde logo nos trazer a salvação!

Salmo 79(80)
Visitai, Senhor, a vossa vinha

Vinde, Senhor Jesus! (Ap 22,20).

— ² Ó Pastor de Israel, prestai ouvidos. *
  Vós, que a José apascentais qual um rebanho!
= Vós, que sobre os querubins vos assentais, †
  aparecei cheio de glória e esplendor *
  ³ ante Efraim e Benjamim e Manassés!
— Despertai vosso poder, ó nosso Deus, *
  e vinde logo nos trazer a salvação!
= ⁴ Convertei-nos, ó Senhor Deus do universo, †
  e sobre nós iluminai a vossa face! *
  Se voltardes para nós, seremos salvos!
— ⁵ Até quando, ó Senhor, vos irritais, *
  apesar da oração do vosso povo?
— ⁶ Vós nos destes a comer o pão das lágrimas, *
  e a beber destes um pranto copioso.
— ⁷ Para os vizinhos somos causa de contenda, *
  de zombaria para os nossos inimigos.
= ⁸ Convertei-nos, ó Senhor Deus do universo, †
  e sobre nós iluminai a vossa face! *
  Se voltardes para nós, seremos salvos!
— ⁹ Arrancastes do Egito esta videira, *
  e expulsastes as nações para plantá-la;

—¹⁰ diante dela preparastes o terreno, *
lançou raízes e encheu a terra inteira.

—¹¹ Os **mon**tes recobriu com sua sombra, *
e os **ce**dros do Senhor com os seus ramos;

—¹² até o **mar** se estenderam seus sarmentos, *
até o **rio** os seus rebentos se espalharam.

—¹³ Por que ra**zão** vós destruístes sua cerca, *
para que **to**dos os passantes a vindimem,

—¹⁴ o ja**va**li da mata virgem a devaste, *
e os ani**mais** do descampado nela pastem?

=¹⁵ Vol**tai**-vos para nós, Deus do universo! †
O**lhai** dos altos céus e observai. *
Visi**tai** a vossa vinha e protegei-a!

—¹⁶ Foi a **vos**sa mão direita que a plantou; *
prote**gei**-a, e ao rebento que firmastes!

—¹⁷ E a**que**les que a cortaram e a queimaram, *
vão pere**cer** ante o furor de vossa face.

—¹⁸ Pousai a **mão** por sobre o vosso Protegido, *
o filho do **ho**mem que escolhestes para vós!

—¹⁹ E nunca **mais** vos deixaremos, Senhor Deus! *
Dai-nos **vi**da, e louvaremos vosso nome!

=²⁰ Conver**tei**-nos, ó Senhor Deus do universo, †
e sobre **nós** iluminai a vossa face! *
Se vol**tar**des para nós, seremos salvos!

Ant. Desper**tai** vosso po**der**, ó nosso **Deus**,
e vinde **lo**go nos tra**zer** a salva**ção**!

Ant. 2 Publi**cai** em toda **terra** as maravilhas do **Senhor**!

Cântico   Is 12,1-6

Exultação do povo redimido

Se alguém tem sede, venha a mim, e beba (Jo 7,37).

— ¹ Dou-vos **gra**ças, ó Se**nhor**, porque, es**tan**do irritado, *
acal**mou**-se a vossa ira e en**fim** me consolastes.

– ²Eis o **Deus,** meu Salvador, eu confio e nada temo; *
  o Senhor é minha força, meu louvor e salvação.
– ³Com alegria bebereis no manancial da salvação, *
  ⁴e direis naquele dia: "Dai louvores ao Senhor,
–   invocai seu santo nome, anunciai suas maravilhas, *
  entre os povos proclamai que seu nome é o mais sublime.
– ⁵Louvai cantando ao nosso Deus, que fez prodígios e portentos, *
  publicai em toda a terra suas grandes maravilhas!
– ⁶Exultai cantando alegres, habitantes de Sião, *
  porque é grande em vosso meio o Deus Santo de Israel!"

Ant. Publicai em toda terra as maravilhas do Senhor!

Ant. 3 Exultai no Senhor, nossa força! †

Salmo 80(81)
Solene renovação da Aliança

Cuidai, irmãos, que não se ache em algum de vós um coração transviado pela incredulidade (Hb 3,12).

– ²Exultai no Senhor, nossa força, *
  † e ao **Deus** de Jacó aclamai!
– ³Cantai salmos, tocai tamborim, *
  harpa e lira suaves tocai!
– ⁴Na lua nova soai a trombeta, *
  na lua cheia, na festa solene!
– ⁵Porque isto é costume em Jacó, *
  um preceito do Deus de Israel;
– ⁶uma lei que foi dada a José, *
  quando o povo saiu do Egito.
=   Eis que ouço uma voz que não conheço: †
  ⁷"Aliviei as tuas costas de seu fardo, *
  cestos pesados eu tirei de tuas mãos.

=⁸ Na an**gús**tia a mim clamaste, e te salvei, †
de uma **nu**vem trovejante te falei, *
e junto às **á**guas de Meriba te provi.

–⁹ Ouve, meu **po**vo, porque vou te advertir! *
Isra**el**, ah! se quisesses me escutar:

–¹⁰ Em teu **me**io não exista um deus estranho *
nem a**do**res a um deus desconhecido!

=¹¹ Porque eu **sou** o teu Deus e teu Senhor, †
que da **ter**ra do Egito te arranquei. *
Abre **bem** a tua boca e eu te sacio!

–¹² Mas meu **po**vo não ouviu a minha voz, *
Isra**el** não quis saber de obedecer-me.

–¹³ Deixei, en**tão**, que eles seguissem seus caprichos, *
abando**nei**-os ao seu duro coração.

–¹⁴ Quem me **de**ra que meu povo me escutasse! *
Que Isra**el** andasse sempre em meus caminhos!

–¹⁵ Seus ini**mi**gos, sem demora, humilharia *
e volta**ri**a minha mão contra o opressor.

–¹⁶ Os que o**dei**am o Senhor o adulariam, *
seria **es**te seu destino para sempre;

–¹⁷ eu lhe da**ri**a de comer a flor do trigo, *
e com o **mel** que sai da rocha o fartaria".

Ant. Exul**tai** no **Senhor**, nossa **for**ça!

Leitura breve — Rm 14,17-19

O Reino de Deus não é comida nem bebida, mas é justiça e paz e alegria no Espírito Santo. É servindo a Cristo, dessa maneira, que seremos agradáveis a Deus e teremos a aprovação dos homens. Portanto, busquemos tenazmente tudo o que contribui para a paz e a edificação de uns pelos outros.

Responsório breve

R. Penso em **vós** no meu **lei**to, de **noi**te,
* Nas vi**gí**lias, sus**pi**ro por **vós**. R. Penso em **vós**.

V. Para **mim** fostes **sem**pre um so**cor**ro! * Nas vi**gí**lias.
Glória ao **Pai**. R. Penso em **vós**.

Cântico evangélico, ant.
Anuncia**i** ao vosso **po**vo a salva**ção**
e perdo**ai**-nos, ó S**e**nhor, nossos pe**ca**dos!

Preces

Bendigamos a Deus, nosso Pai, que protege os seus filhos e filhas e não despreza as suas súplicas; e peçamos-lhe humildemente:

R. **Iluminai, Senhor, os nossos caminhos!**

Nós vos damos graças, Senhor, porque nos iluminastes por meio de vosso Filho Jesus Cristo;
– concedei-nos a sua luz ao longo de todo este dia. R.

Que a vossa Sabedoria hoje nos conduza,
– para que andemos sempre pelos caminhos de uma vida-nova. R.

Ajudai-nos a suportar com paciência as dificuldades por amor de vós,
– a fim de vos servirmos cada vez melhor na generosidade de coração. R.

Dirigi e santificai nossos pensamentos, palavras e ações deste dia,
– e dai-nos um espírito dócil às vossas inspirações. R.

(intenções livres)

Pai nosso...

Oração

Senhor, luz verdadeira e fonte da luz, concedei-nos perseverar na meditação de vossa Palavra e viver iluminados pelo esplendor de vossa verdade. Por nosso Senhor Jesus Cristo, vosso Filho, na unidade do Espírito Santo.

A conclusão da Hora como no Ordinário.

Hora Média

V. Vinde, ó **Deus**. Glória ao **Pai**. Como era. Ale**luia**.
HINO como no Ordinário, p. 598-601.

Salmodia

Ant. 1 A **lei** de vossa **boca**, para **mim**,
vale **mais** do que milhões em ouro e **prata**.

Salmo 118(119),65-72
IX (Teth)
Meditação sobre a Palavra de Deus na Lei

O seu mandamento é vida eterna (Jo 12,50).

—⁶⁵ Tra**tas**tes com bon**da**de o vosso **servo**, *
como ha**víe**is prometido, ó Senhor.

—⁶⁶ Dai-me bom **senso**, retidão, sabedoria, *
pois tenho **fé** nos vossos santos mandamentos!

—⁶⁷ Antes de **ser** por vós provado, eu me perdera; *
mas a**go**ra sigo firme em vossa lei!

—⁶⁸ Porque sois **bom** e realizais somente o bem, *
ensi**nai**-me a fazer vossa vontade!

—⁶⁹ Forjam ca**lú**nias contra mim os orgulhosos, *
mas de **todo** o coração vos sou fiel!

—⁷⁰ Seus cora**ções** são insensíveis como pedra, *
mas eu en**con**tro em vossa lei minhas delícias.

—⁷¹ Para **mim** foi muito bom ser humilhado, *
porque as**sim** eu aprendi vossa vontade!

—⁷² A **lei** de vossa boca, para mim, *
vale **mais** do que milhões em ouro e prata.

Ant. A **lei** de vossa **boca**, para **mim**,
vale **mais** do que milhões em ouro e **prata**.

Ant. 2 É no Se**nhor** que eu confio e nada **temo**:
Que pode**ria** contra **mim** um ser mor**tal**?

Salmo 55(56),2-7b.9-14
Confiança na Palavra do Senhor

Neste salmo se manifesta o Cristo em sua Paixão (S. Jerônimo).

= ²Tende pena e compaixão de mim, ó Deus, †
 pois há tantos que me calcam sob os pés, *
 e agressores me oprimem todo dia!
– ³Meus inimigos de contínuo me espezinham, *
 são numerosos os que lutam contra mim!
– ⁴Quando o medo me invadir, ó Deus Altíssimo, *
 porei em vós a minha inteira confiança.
= ⁵Confio em Deus e louvarei sua promessa; †
 é no Senhor que eu confio e nada temo: *
 que poderia contra mim um ser mortal?
– ⁶Eles falam contra mim o dia inteiro, *
 eles desejam para mim somente o mal!
–⁷ᵇArmam ciladas e me espreitam reunidos, *
 seguem meus passos, perseguindo a minha vida!
= ⁹Do meu exílio registrastes cada passo, †
 em vosso odre recolhestes cada lágrima, *
 e anotastes tudo isso em vosso livro.
=¹⁰Meus inimigos haverão de recuar †
 em qualquer dia em que eu vos invocar; *
 tenho certeza: o Senhor está comigo!
=¹¹Confio em Deus e louvarei sua promessa; †
 ¹²é no Senhor que eu confio e nada temo: *
 que poderia contra mim um ser mortal?
–¹³Devo cumprir, ó Deus, os votos que vos fiz, *
 e vos oferto um sacrifício de louvor,
–¹⁴porque da morte arrancastes minha vida *
 e não deixastes os meus pés escorregarem,

— para que eu **an**de na presença do Senhor, *
   na pre**sen**ça do Senhor na luz da vida.

Ant. É no Se**nhor** que eu con**fi**o e nada **te**mo:
   Que pode**ri**a contra **mim** um ser mor**tal**?

Ant. 3 Vosso a**mor**, ó Se**nhor**, é mais **al**to que os **céus**.

Salmo 56(57)
Oração da manhã numa aflição

Este salmo canta a Paixão do Senhor (Sto. Agostinho).

— ² Pie**da**de, Se**nhor**, pie**da**de, *
   pois em **vós** se abriga a minh'alma!
— De vossas **a**sas, à sombra, me achego, *
   até que **pas**se a tormenta, Senhor!
— ³ Lanço um **gri**to ao Senhor Deus Altíssimo, *
   a este **Deus** que me dá todo o bem.
= ⁴ Que me en**vi**e do céu sua ajuda †
   e con**fun**da os meus opressores! *
   Deus me en**vi**e sua graça e verdade!
— ⁵ Eu me en**con**tro em meio a leões, *
   que, fa**min**tos, devoram os homens;
— os seus **den**tes são lanças e flechas, *
   suas **lín**guas, espadas cortantes.
— ⁶ Ele**vai**-vos, ó Deus, sobre os céus, *
   vossa **gló**ria refulja na terra!
— ⁷ Prepa**ra**ram um laço a meus pés, *
   e as**sim** oprimiram minh'alma;
— uma **co**va me abriram à frente, *
   mas na mesma acabaram caindo.
— ⁸ Meu cora**ção** está pronto, meu Deus, *
   está **pron**to o meu coração!
— ⁹ Vou can**tar** e tocar para vós: *
   des**per**ta, minh'alma, desperta!

– Des**per**tem a harpa e a lira, *
eu i**rei** acordar a aurora!

–¹⁰ Vou lou**var**-vos, Senhor, entre os povos, *
dar-vos **gra**ças, por entre as nações!

–¹¹ Vosso a**mor** é mais alto que os céus, *
mais que as **nu**vens a vossa verdade!

–¹² Ele**vai**-vos, ó Deus, sobre os céus, *
vossa **gló**ria refulja na terra!

Ant. Vosso a**mor**, ó Se**nhor**, é mais **al**to que os **céus**.

Para as outras Horas, Salmodia complementar, p. 1178.

Oração das Nove Horas

Leitura breve Gl 5,13-14

Irmãos, fostes chamados para a liberdade. Porém, não façais dessa liberdade um pretexto para servirdes à carne. Pelo contrário, fazei-vos escravos uns dos outros, pela caridade. Com efeito, toda a Lei se resume neste único mandamento: Amarás o teu próximo como a ti mesmo.

V. De **vos**sos manda**men**tos corro a es**tra**da,
R. Porque **vós** me dila**tais** o cora**ção**.

Oração

Senhor nosso Deus, que nesta hora enviastes o Espírito Santo aos Apóstolos em oração, concedei-nos participar do mesmo Dom. Por Cristo, nosso Senhor.

Oração das Doze Horas

Leitura breve Gl 5,16-17

Procedei segundo o Espírito. Assim, não satisfareis aos desejos da carne. Pois a carne tem desejos contra o espírito, e o espírito tem desejos contra a carne. Há uma oposição entre carne e espírito, de modo que nem sempre fazeis o que gostaríeis de fazer.

V. Senhor, sois **bom** e reali**zais** somente o **bem**.
R. Ensi**nai**-me a fa**zer** vossa von**tade**!

Oração

Deus onipotente, em vós não há trevas nem escuridão; fazei que vossa luz resplandeça sobre nós e, acolhendo vossos preceitos com alegria, sigamos fielmente o vosso caminho. Por Cristo, nosso Senhor.

Oração das Quinze Horas

Leitura breve   Gl 5,22.23a25

O fruto do Espírito é: caridade, alegria, paz, longanimidade, benignidade, bondade, lealdade, mansidão, continência. Se vivemos pelo Espírito, procedamos também segundo o Espírito, corretamente.

V. Indi**cai**-nos o caminho a se**guir**,
    pois em **vós** colo**quei** a espe**rança**.
R. Vosso Espírito **bom** me di**rija**
    e me **guie** por **terra** bem **plana**.

Oração

Senhor nosso Deus, atendei a nossa oração, dando-nos a graça de imitar o exemplo da paixão do vosso Filho e levar serenamente nossa cruz de cada dia. Por Cristo, nosso Senhor.

A conclusão da Hora como no Ordinário.

Vésperas

V. Vinde, ó **Deus**. Glória ao **Pai**. Como era. Ale**lu**ia.

Hino

   Ó Deus, autor da luz
   da aurora matutina,
   mostrai-nos vossa glória,
   que o dia já declina.

A tarde traz o ocaso,
o sol já vai morrendo,
e deixa o mundo às trevas,
às leis obedecendo.

Aos servos que vos louvam,
cansados do labor,
as trevas não envolvam,
pedimos, ó Senhor.

Assim, durante a noite,
guardados pela graça,
na luz da vossa luz,
a treva se desfaça.

Ouvi-nos, Pai bondoso,
e vós, Jesus, também.
A vós e ao Santo Espírito
louvor eterno. Amém.

Salmodia

Ant. 1 Fiz de **ti** uma **luz** para as **nações**:
levar**ás** a salva**ção** a toda a **terra**.

Salmo 71(72)
O poder régio do Messias

Abriram seus cofres e ofereceram-lhe presentes: ouro, incenso e mirra (Mt 2,11).

I

—¹ Dai ao **Rei** vossos po**de**res, Senhor **Deus**, *
vossa justiça ao descendente da realeza!
—² Com justiça ele governe o vosso povo, *
com equida**de** ele julgue os vossos pobres.
—³ Das montanhas venha a paz a todo o povo, *
e **des**ça das colinas a justiça!

= ⁴Este **Rei** defenderá os que são pobres, †
   os **fi**lhos dos humildes salvará, *
   e por **te**rra abaterá os opressores!
− ⁵Tanto **tem**po quanto o sol há de viver, *
   quanto a **lu**a através das gerações!
− ⁶Virá do **al**to, como o orvalho sobre a relva, *
   como a **chu**va que irriga toda a terra.
− ⁷Nos seus **di**as a justiça florirá *
   e grande **paz**, até que a lua perca o brilho!
− ⁸De mar a **mar** estenderá o seu domínio, *
   e desde o **ri**o até os confins de toda a terra!
− ⁹Seus ini**mi**gos vão curvar-se diante dele, *
   vão lam**ber** o pó da terra os seus rivais.
− ¹⁰Os reis de **Tár**sis e das ilhas hão de vir *
   e ofere**cer**-lhe seus presentes e seus dons;
− e tam**bém** os reis de Seba e de Sabá *
   hão de tra**zer**-lhe oferendas e tributos.
− ¹¹Os **reis** de toda a terra hão de ado**rá**-lo, *
   e **to**das as nações hão de servi-lo.

Ant. Fiz de **ti** uma **luz** para as **na**ções:
     leva**rás** a salva**ção** a toda a **ter**ra.

Ant. 2 O Se**nhor** fará justi**ça** para os **po**bres
       e os salva**rá** da vio**lên**cia e opres**são**.

II

− ¹²Liberta**rá** o indi**gen**te que su**pli**ca, *
   e o **po**bre ao qual ninguém quer ajudar.
− ¹³Terá **pe**na do indigente e do infeliz, *
   e a **vi**da dos humildes salvará.
− ¹⁴Há de li**vrá**-los da violência e opressão, *
   pois vale **mui**to o sangue deles a seus olhos!

=¹⁵ Que ele viva e tenha o ouro de Sabá! †
   Hão de rezar também por ele sem cessar, *
   bendizê-lo e honrá-lo cada dia.
—¹⁶ Haverá grande fartura sobre a terra, *
   até mesmo no mais alto das montanhas;
— As colheitas florirão como no Líbano, *
   tão abundantes como a erva pelos campos!
—¹⁷ Seja bendito o seu nome para sempre! *
   E que dure como o sol sua memória!
— Todos os povos serão nele abençoados, *
   todas as gentes cantarão o seu louvor!
—¹⁸ Bendito seja o Senhor Deus de Israel, *
   porque só ele realiza maravilhas!
—¹⁹ Bendito seja o seu nome glorioso! *
   Bendito seja eternamente! Amém, amém!

Ant. O Senhor fará justiça para os pobres
   e os salvará da violência e opressão.

Ant. 3 Chegou agora a salvação e o Reino do Senhor.

Cântico   Ap 11,17-18; 12,10b-12a
O julgamento de Deus

—¹¹·¹⁷ Graças vos damos, Senhor Deus onipotente, *
   a vós que sois, a vós que éreis e sereis,
— porque assumistes o poder que vos pertence, *
   e enfim tomastes posse como rei!

(R. Nós vos damos graças, nosso Deus!)

= ¹⁸ As nações se enfureceram revoltadas, †
   mas chegou a vossa ira contra elas *
   e o tempo de julgar vivos e mortos,
= e de dar a recompensa aos vossos servos, †
   aos profetas e aos que temem vosso nome, *
   aos santos, aos pequenos e aos grandes.   (R.)

= ¹²,¹⁰ Chegou **agora** a salva**ção** e o poder †
e a rea**le**za do Senhor e nosso Deus, *
e o do**mí**nio de seu Cristo, seu Ungido.
— Pois foi ex**pul**so o delator que acusava *
nossos ir**mãos**, dia e noite, junto a Deus. (R.)

= ¹¹ Mas o ven**ce**ram pelo sangue do Cordeiro †
e o teste**mu**nho que eles deram da Palavra, *
pois desprezaram sua vida até à morte.
— ¹² Por isso, ó **céus**, cantai alegres e exultai *
e vós **to**dos os que neles habitais! (R.)

Ant. Chegou **agora** a salva**ção** e o **Reino** do Se**nhor**.

Leitura breve 1Pd 1,22-23
Pela obediência à verdade, purificastes as vossas almas, para praticar um amor fraterno sem fingimento. Amai-vos, pois, uns aos outros, de coração e com ardor. Nascestes de novo, não de uma semente corruptível, mas incorruptível, mediante a Palavra de Deus, viva e permanente.

Responsório breve
R. O Se**nhor** é o meu **Pastor**:
   * Não me **falta** coisa al**gu**ma. R. O Se**nhor**.
V. Pelos **pra**dos me con**duz**. * Não me **falta**.
   Glória ao **Pai**. R. O Se**nhor**.

Cântico evangélico, ant.
O Se**nhor** saci**ou** com os seus **bens**
os fa**min**tos e se**den**tos de justiça.

Preces
Elevemos os corações cheios de gratidão a nosso Senhor e Salvador, que abençoa o seu povo com toda sorte de bênçãos espirituais; e peçamos com fé:

R. **Abençoai, Senhor, o vosso povo!**

Deus de misericórdia, protegei o Santo Padre, o Papa N., e o nosso Bispo N.,
– e fortalecei-os para que guiem fielmente a vossa Igreja. R.

Protegei, Senhor, o nosso país,
– e afastai para longe dele todos os males. R.

Multiplicai, como rebentos de oliveira ao redor de vossa mesa, os filhos que querem se consagrar ao serviço do vosso Reino,
– a fim de vos seguirem mais de perto na castidade, pobreza e obediência. R.

Conservai o propósito de vossas filhas que vos consagraram sua virgindade,
– para que sigam a vós, Cordeiro divino, aonde quer que vades. R.

(intenções livres)

Que os nossos irmãos e irmãs falecidos descansem na vossa eterna paz,
– e confirmai a sua união conosco por meio da comunhão de bens espirituais. R.

Pai nosso...

Oração

Celebrando, Senhor, o louvor da tarde, pedimos à vossa bondade nos conceda meditar sempre a vossa lei e alcançar a luz da vida eterna. Por nosso Senhor Jesus Cristo, vosso Filho, na unidade do Espírito Santo.

A conclusão da Hora como no Ordinário.

II SEXTA-FEIRA

Invitatório

V. **Abri** os meus **lá**bios. R. E minha **bo**ca.
R. É suave o Se**nhor**: bendi**zei** o seu **no**me!
Salmo invitatório como no Ordinário, p. 583.

Ofício das Leituras

V. Vinde, ó **Deus**. Glória ao **Pai**. Como era. Ale**lui**a.
Esta introdução se omite quando o Invitatório precede imediatamente ao Ofício das Leituras.

Hino

I. Quando se diz o Ofício das Leituras durante a noite ou de madrugada:

> Ao som da voz do galo,
> já foge a noite escura.
> Ó Deus, ó luz da aurora,
> nossa alma vos procura.

> Enquanto as coisas dormem,
> guardai-nos vigilantes,
> brilhai aos nossos olhos
> qual chama cintilante.

> Do sono já despertos,
> por graça imerecida,
> de novo contemplamos
> a luz, irmã da vida.

> Ao Pai e ao Filho glória,
> ao seu Amor também,
> Deus Trino e Uno, luz
> e vida eterna. Amém.

II. Quando se diz o Ofício das Leituras durante o dia:

> Criador do Universo
> do Pai luz e resplendor,

revelai-nos vossa face
e livrai-nos do pavor.

Pelo Espírito repletos,
templos vivos do Senhor,
não se rendam nossas almas
aos ardis do tentador,

para que, durante a vida,
nas ações de cada dia,
pratiquemos vossa lei
com amor e alegria.

Glória a Cristo, Rei clemente,
e a Deus Pai, Eterno Bem,
com o Espírito Paráclito,
pelos séculos. Amém.

Salmodia

Ant. 1 Repreen**dei**-me, Se**nhor**, mas sem **ira**! †

Salmo 37(38)
Súplica de um pecador em extremo perigo

Todos os conhecidos de Jesus ficaram à distância (Lc 23,49).

I

– ² Repreen**dei**-me, Se**nhor**, mas sem **ira**; *
  † corri**gi**-me, mas não com furor!
– ³ Vossas **fle**chas em mim penetraram; *
  vossa **mão** se abateu sobre mim.
– ⁴ Nada **res**ta de são no meu corpo, *
  pois com **mui**to rigor me tratastes!
– Não **há** parte sadia em meus ossos, *
  pois pe**quei** contra vós, ó Senhor!
– ⁵ Meus pe**ca**dos me afogam e esmagam, *
  como um **far**do pesado me oprimem.

Ant. Repreendei-me, Senhor, mas sem ira!
Ant. 2 Conheceis meu desejo, Senhor.

II

— ⁶Cheiram mal e supuram minhas chagas *
  por motivo de minhas loucuras.
— ⁷Ando triste, abatido, encurvado, *
  todo o dia afogado em tristeza.
— ⁸As entranhas me ardem de febre, *
  já não há parte sã no meu corpo.
— ⁹Meu coração grita e geme de dor, *
  esmagado e humilhado demais.
— ¹⁰Conheceis meu desejo, Senhor, *
  meus gemidos vos são manifestos;
= ¹¹bate rápido o meu coração, †
  minhas forças estão me deixando, *
  e sem luz os meus olhos se apagam.
= ¹²Companheiros e amigos se afastam, †
  fogem longe das minhas feridas; *
  meus parentes mantêm-se à distância.
— ¹³Armam laços os meus inimigos, *
  que procuram tirar minha vida;
— os que buscam matar-me ameaçam *
  e maquinam traições todo o dia.

Ant. Conheceis meu desejo, Senhor.
Ant. 3 Confesso, Senhor, minha culpa:
       salvai-me, e jamais me deixeis!

III

— ¹⁴Eu me faço de surdo e não ouço, *
  eu me faço de mudo e não falo;
— ¹⁵semelhante a alguém que não ouve *
  e não tem a resposta em sua boca.

—¹⁶ Mas, em **vós**, ó Senhor, eu confio, *
e ouvi**reis** meu lamento, ó meu Deus!

—¹⁷ Pois re**zei**: "Que não zombem de mim, *
nem se **ri**am, se os pés me vacilam!"

—¹⁸ Ó Se**nhor**, estou quase caindo, *
minha **dor** não me larga um momento!

—¹⁹ Sim, con**fes**so, Senhor, minha culpa: *
meu pe**ca**do me aflige e atormenta.

=²⁰ São bem **for**tes os meus adversários †
que me **vêm** atacar sem razão; *
quantos **há** que sem causa me odeiam!

—²¹ Eles pa**gam** o bem com o mal, *
porque **bus**co o bem, me perseguem.

—²² Não dei**xeis** vosso servo sozinho, *
ó meu **Deus**, ficai perto de mim!

—²³ Vinde, **lo**go trazer-me socorro, *
porque **sois** para mim Salvação!

Ant. Confesso, Se**nhor**, minha **cul**pa:
sal**vai**-me, e **ja**mais me dei**xeis**!

V. Os meus **o**lhos se gas**ta**ram de espe**rar**-vos
R. E de aguar**dar** vossa justiça e salva**ção**.

Leituras e oração correspondentes a cada Ofício.

Laudes

V. Vinde, ó **Deus**. Glória ao **Pai**. Como era. Aleluia.

Esta introdução se omite quando o Invitatório precede imediatamente às Laudes.

Hino

Deus, que criastes a luz,
sois luz do céu radiosa.
O firmamento estendestes
com vossa mão poderosa.

A aurora esconde as estrelas,
e o seu clarão vos bendiz.
A brisa espalha o orvalho,
a terra acorda feliz.

A noite escura se afasta,
as trevas fogem da luz.
A estrela d'alva fulgura,
sinal de Cristo Jesus.

Ó Deus, sois dia dos dias,
sois luz da luz, na Unidade,
num só poder sobre os seres,
numa só glória, Trindade.

Perante vós, Salvador,
a nossa fronte inclinamos.
A vós, ao Pai e ao Espírito
louvor eterno cantamos.

Salmodia

Ant. 1 Ó Senhor, não desprezeis um coração arrependido!

Salmo 50(51)
Tende piedade, ó meu Deus!

Renovai o vosso espírito e a vossa mentalidade. Revesti o homem novo (Ef 4,23-24).

— ³Tende piedade, ó meu Deus, misericórdia! *
  Na imensidão de vosso amor, purificai-me!
— ⁴Lavai-me todo inteiro do pecado, *
  e apagai completamente a minha culpa!
— ⁵Eu reconheço toda a minha iniquidade, *
  o meu pecado está sempre à minha frente.
— ⁶Foi contra vós, só contra vós, que eu pequei, *
  e pratiquei o que é mau aos vossos olhos! –

– Mostrais assim quanto sois justo na sentença, *
e quanto é reto o julgamento que fazeis.
–⁷ Vede, Senhor, que eu nasci na iniquidade *
e pecador já minha mãe me concebeu.
–⁸ Mas vós amais os corações que são sinceros, *
na intimidade me ensinais sabedoria.
–⁹ Aspergi-me e serei puro do pecado, *
e mais branco do que a neve ficarei.
–¹⁰ Fazei-me ouvir cantos de festa e de alegria, *
e exultarão estes meus ossos que esmagastes.
–¹¹ Desviai o vosso olhar dos meus pecados *
e apagai todas as minhas transgressões!
–¹² Criai em mim um coração que seja puro, *
dai-me de novo um espírito decidido.
–¹³ Ó Senhor, não me afasteis de vossa face, *
nem retireis de mim o vosso Santo Espírito!
–¹⁴ Dai-me de novo a alegria de ser salvo *
e confirmai-me com espírito generoso!
–¹⁵ Ensinarei vosso caminho aos pecadores, *
e para vós se voltarão os transviados.
–¹⁶ Da morte como pena, libertai-me, *
e minha língua exaltará vossa justiça!
–¹⁷ Abri meus lábios, ó Senhor, para cantar, *
e minha boca anunciará vosso louvor!
–¹⁸ Pois não são de vosso agrado os sacrifícios, *
e, se oferto um holocausto, o rejeitais.
–¹⁹ Meu sacrifício é minha alma penitente, *
não desprezeis um coração arrependido!
–²⁰ Sede benigno com Sião, por vossa graça, *
reconstruí Jerusalém e os seus muros!
–²¹ E aceitareis o verdadeiro sacrifício, *
os holocaustos e oblações em vosso altar!

Ant. Ó Senhor, não desprezeis um coração arrependido!
Ant. 2 Ó Senhor, mesmo na cólera, lembrai-vos
de ter misericórdia!

Cântico   Hab 3,2-4.13a.15-19
Deus há de vir para julgar
Erguei a cabeça, porque vossa libertação está próxima (Lc 21,28).

- ²Eu ouvi vossa mensagem, ó Senhor, *
  e enchi-me de temor.
- Manifestai a vossa obra pelos tempos *
  e tornai-a conhecida.
- Ó Senhor, mesmo na cólera, lembrai-vos *
  de ter misericórdia!
- ³Deus virá lá das montanhas de Temã, *
  e o Santo, de Farã.
- O céu se enche com a sua majestade, *
  e a terra, com sua glória.
- ⁴Seu esplendor é fulgurante como o sol, *
  saem raios de suas mãos.
- Nelas se oculta o seu poder como num véu, *
  seu poder vitorioso.
- ¹³Para salvar o vosso povo vós saístes, *
  para salvar o vosso Ungido.
- ¹⁵E lançastes pelo mar vossos cavalos *
  no turbilhão das grandes águas.
- ¹⁶Ao ouvi-lo, estremeceram-me as entranhas *
  e tremeram os meus lábios.
- A cárie penetrou-me até os ossos, *
  e meus passos vacilaram.
- Confiante espero o dia da aflição, *
  que virá contra o opressor. –

—⁷ **Ain**da que a figueira não **flo**resça *
  nem a **vi**nha dê seus frutos,
— a oli**vei**ra não dê mais o seu azeite, *
  nem os **cam**pos, a comida;
— mesmo que **fal**tem as ovelhas nos apriscos *
  e o **ga**do nos currais:
—⁸ mesmo as**sim** eu me alegro no Senhor, *
  exulto em **Deus**, meu Salvador!
—⁹ O meu **Deus** e meu Senhor é minha força *
  e me faz **á**gil como a corça;
— para as al**tu**ras me conduz com segurança *
  ao **cân**tico de salmos.

Ant. Ó **Se**nhor, mesmo na **có**lera, lem**brai**-vos
  de **ter** misericórdia!

Ant. 3 Glorifica o **Se**nhor, Jerusalém:
  ó **Si**ão, canta louvores ao teu **Deus!** †

Salmo 147(147B)
Restauração de Jerusalém

Vem! Vou mostrar-te a noiva, a esposa do Cordeiro! (Ap 21,9).

—² Glorifica o **Se**nhor, Jerusalém! *
  Ó **Si**ão, canta louvores ao teu Deus!
—³ † Pois refor**çou** com segurança as tuas portas, *
  e os teus **fi**lhos em teu seio abençoou;
—⁴ a **paz** em teus limites garantiu *
  e te **dá** como alimento a flor do trigo.
—⁵ Ele en**vi**a suas ordens para a terra, *
  e a pa**la**vra que ele diz corre veloz;
—⁶ ele **faz** cair a neve como lã *
  e espa**lha** a geada como cinza. —

—¹⁷Como de **pão** lança as migalhas do granizo, *
a seu **fri**o as águas ficam congeladas.
—¹⁸Ele en**vi**a sua palavra e as derrete, *
sopra o **ven**to e de novo as águas correm.
—¹⁹Anun**ci**a a Jacó sua palavra, *
seus pre**cei**tos e suas leis a Israel.
—²⁰Nenhum **po**vo recebeu tanto carinho, *
a nenhum **ou**tro revelou os seus preceitos.

Ant. Glorifica o Se**nhor**, Jerusa**lém**:
 ó Si**ão**, canta louvores ao teu **Deus**!

Leitura breve   Ef 2,13-16
Agora, em Jesus Cristo, vós que outrora estáveis longe, vos tornastes próximos, pelo sangue de Cristo. Ele, de fato, é a nossa paz: do que era dividido, ele fez uma unidade. Em sua carne ele destruiu o muro de separação: a inimizade. Ele aboliu a Lei com seus mandamentos e decretos. Ele quis, assim, a partir do judeu e do pagão, criar em si um só homem novo, estabelecendo a paz. Quis reconciliá-los com Deus, ambos em um só corpo, por meio da cruz; assim ele destruiu em si mesmo a inimizade.

Responsório breve
R. Lanço um **gri**to ao Se**nhor**, Deus Al**tís**simo,
 * Este **Deus** que me **dá** todo **bem**. R. Lanço um **gri**to.
V. Que me envie do **céu** sua a**ju**da! * Este **Deus**.
 Glória ao **Pai**. R. Lanço um **gri**to.

Cântico evangélico, ant.
Pelo **a**mor do cora**ção** de nosso **Deus**,
o Sol nas**cen**te nos **vei**o visi**tar**.

Preces

Adoremos a Jesus Cristo que, derramando seu sangue no sacrifício da cruz, ofereceu-se ao Pai pelo Espírito Santo, a fim de purificar nossa consciência das obras mortas do pecado; e digamos de coração sincero:

R. Em vossas mãos, Senhor, está a nossa paz!

Vós, que nos destes, em vossa bondade, o começo deste novo dia,
– dai-nos também a graça de começarmos a viver uma vida nova. R.

Vós, que tudo criastes com vosso poder, e tudo conservais com a vossa providência,
– ajudai-nos a descobrir a vossa presença em todas as criaturas. R.

Vós, que, pelo sangue derramado na cruz, selastes conosco uma nova e eterna aliança,
– fazei que, obedecendo sempre aos vossos mandamentos, permaneçamos fiéis a esta mesma aliança. R.

Vós, que, pregado na cruz, deixastes correr do vosso lado aberto sangue e água,
– por meio desta fonte de vida, lavai-nos de todo pecado e dai alegria à cidade de Deus. R.

(intenções livres)

Pai nosso...

Oração

Recebei, ó Deus todo-poderoso, o louvor desta manhã; e concedei que no céu, unidos a vossos santos, cantemos eternamente com maior entusiasmo a vossa grande glória. Por nosso Senhor Jesus Cristo, vosso Filho, na unidade do Espírito Santo.

A conclusão da Hora como no Ordinário.

Hora Média

V. Vinde, ó **Deus**. Glória ao **Pai**. Como era. Ale**luia**.
HINO como no Ordinário, p. 598-601.
Salmodia
Ant. 1 Vosso **amor** seja um con**so**lo para **mim**,
  con**for**me a vosso **ser**vo prome**tes**tes.

Salmo 118(119),73-80
X (Iod)

Meditação sobre a Palavra de Deus na Lei

Meu Pai, se este cálice não pode passar sem que eu o beba, seja feita a tua vontade! (Mt 26,42).

—⁷³ Vossas **mãos** me mode**la**ram, me fi**ze**ram, *
  fazei-me **sá**bio e aprenderei a vossa lei!

—⁷⁴ Vossos fi**éis** hão de me ver com ale**gri**a, *
  pois nas pa**la**vras que dis**ses**tes espe**rei**.

—⁷⁵ Sei que os **vos**sos julgamentos são cor**re**tos, *
  e com jus**ti**ça me pro**vas**tes, ó Senhor!

—⁷⁶ Vosso **amor** seja um con**so**lo para mim, *
  con**for**me a vosso servo prome**tes**tes.

—⁷⁷ Venha a **mim** o vosso amor e vive**rei**, *
  porque **te**nho em vossa lei o meu prazer!

—⁷⁸ Humilha**ção** para os soberbos que me opri**mem**! *
  Eu, po**rém**, meditarei vossos preceitos.

—⁷⁹ Que se **vol**tem para mim os que vos temem *
  e co**nhe**çam, ó Senhor, vossa Aliança!

—⁸⁰ Meu cora**ção** seja perfeito em vossa lei, *
  e não se**rei**, de modo algum, envergonhado!

Ant. Vosso **amor** seja um con**so**lo para **mim**,
  con**for**me a vosso **ser**vo prome**tes**tes.

Ant. 2 Prote**gei**-me, ó meu **Deus**,
contra os **meus** perseguidores!

Salmo 58(59),2-5.10-11.17-18
Oração do justo perseguido

Essas palavras ensinam a todos o amor filial do Salvador para com seu Pai (Eusébio de Cesareia).

– ²Liber**tai**-me do ini**mi**go, ó meu **Deus**, *
 e prote**gei**-me contra os meus perseguidores!
– ³Liber**tai**-me dos obreiros da maldade, *
 defen**dei**-me desses homens sanguinários!
– ⁴Eis que **fi**cam espreitando a minha vida, *
 pode**ro**sos armam tramas contra mim.
= ⁵Mas eu, Se**nhor**, não cometi pecado ou crime; †
 eles inves**tem** contra mim sem eu ter culpa: *
 desper**tai** e vinde logo ao meu encontro!
=¹⁰Minha **for**ça, é a vós que me dirijo, †
 porque **sois** o meu refúgio e proteção, *
 ¹¹Deus cle**men**te e compassivo, meu amor!
– Deus virá com seu amor ao meu encontro, *
 e hei de **ver** meus inimigos humilhados.
–¹⁷Eu, en**tão**, hei de cantar vosso poder, *
 e de man**hã** celebrarei vossa bondade,
– porque **fos**tes para mim o meu abrigo, *
 o meu re**fú**gio no dia da aflição.
=¹⁸Minha **for**ça, cantarei vossos louvores, †
 porque **sois** o meu refúgio e proteção, *
 Deus cle**men**te e compassivo, meu amor!

Ant. Prote**gei**-me, ó meu **Deus**,
 contra os **meus** perseguidores!

Ant. 3 Feliz o **ho**mem que por **Deus** é corrigido;
 se ele **fe**re, também **cui**da da ferida.

Salmo 59(60)
Oração depois de uma derrota

No mundo tereis tribulações. Mas tende coragem! Eu venci o mundo! (Jo 16,33).

=³ Rejeitastes, ó **Deus**, vosso **povo** †
 e arrasastes as nossas fileiras; *
 vós estáveis irado: voltai-vos!

–⁴ Abalastes, partistes a terra, *
 reparai suas brechas, pois treme.

–⁵ Duramente provastes o povo, *
 e um vinho atordoante nos destes.

–⁶ Aos fiéis um sinal indicastes, *
 e os pusestes a salvo das flechas.

–⁷ Sejam livres os vossos amados, *
 vossa mão nos ajude: ouvi-nos!

=⁸ Deus falou em seu santo lugar: †
 "Exultarei, repartindo Siquém, *
 e o vale em Sucot medirei.

=⁹ Galaad, Manassés me pertencem, †
 Efraim é o meu capacete, *
 e Judá, o meu cetro real.

=¹⁰ É Moab minha bacia de banho, †
 sobre Edom eu porei meu calçado, *
 vencerei a nação Filisteia!"

–¹¹ Quem me leva à cidade segura, *
 e a Edom quem me vai conduzir,

–¹² se vós, **Deus**, rejeitais vosso povo *
 e não **mais** conduzis nossas tropas?

– Dai-nos, **Deus**, vosso auxílio na angústia; *
 nada vale o socorro dos homens!

–¹³ Mas com **Deus** nós faremos proezas, *
 e ele vai esmagar o opressor.

Ant. Feliz o homem que por Deus é corrigido;
se ele fere, também cuida da ferida.

Para as outras Horas, Salmodia complementar, das séries II e III, p. 1180.

Oração das Nove Horas

Leitura breve   Dt 1,31b

O Senhor vosso Deus vos levou por todo o caminho, por onde andastes, como um homem costuma levar o seu filho, até chegardes a este lugar.

V. Sustentai-me e viverei, como dissestes.
R. Não podeis decepcionar minha esperança.

Oração

Senhor Jesus Cristo, que nesta hora fostes levado ao suplício da cruz para salvar o mundo, perdoai-nos as faltas passadas e preservai-nos de culpas futuras. Vós, que viveis e reinais para sempre.

Oração das Doze Horas

Leitura breve   Br 4,28-29

Como por livre vontade vos desviastes de Deus, agora, voltando, buscai-o com zelo dez vezes maior; aquele que trouxe sofrimento para vós, para vós trará, com a vossa salvação, eterna alegria.

V. No Senhor se encontra toda a graça.
R. No Senhor, copiosa redenção.

Oração

Senhor Jesus Cristo, que, nesta hora, com o mundo envolto em trevas, fostes elevado na cruz, como vítima inocente para a salvação de todos, concedei-nos sempre vossa luz, que nos guie para a vida eterna. Vós, que viveis e reinais para sempre.

Oração das Quinze Horas

Leitura breve   Sb 1,13-15

Deus não fez a morte, nem tem prazer com a destruição dos vivos. Ele criou todas as coisas para existirem, e as criaturas do mundo são saudáveis: nelas não há nenhum veneno de morte, nem é a morte que reina sobre a terra: pois a justiça é imortal.

V. O **Senhor** liber**tou** minha **vida** da **morte**.
R. Anda**rei** diante **dele** na **terra** dos **vivos**.

Oração

Senhor Jesus Cristo, que fizestes o ladrão arrependido passar da cruz ao vosso Reino, aceitai a humilde confissão de nossas culpas e fazei que, no instante da morte, entremos com alegria no paraíso. Vós, que viveis e reinais para sempre.

A conclusão da Hora como no Ordinário.

Vésperas

V. Vinde, ó **Deus**. Glória ao **Pai**. Como era. Ale**luia**.

Hino

> Onze horas havendo passado,
> chega a tarde e o dia termina;
> entoemos louvores a Cristo,
> que é imagem da glória divina.

> Já passaram as lutas do dia,
> o trabalho por vós contratado;
> dai aos bons operários da vinha
> dons de glória no Reino esperado.

> Ó Senhor, aos que agora chamais
> e que ireis premiar no futuro,
> por salário, dai força na luta,
> e, na paz, um repouso seguro.

Glória a vós, Cristo, Rei compassivo,
glória ao Pai e ao Espírito também.
Unidade e Trindade indivisa,
Deus e Rei pelos séculos. Amém.

Salmodia

Ant. 1 Libertai minha vida da morte,
e meus pés do tropeço, Senhor!

Salmo 114(116A)

Ação de graças

É preciso que passemos por muitos sofrimentos para entrar no Reino de Deus (At 14,22).

– ¹ Eu amo o Senhor, porque ouve *
o grito da minha oração.
– ² Inclinou para mim seu ouvido, *
no dia em que eu o invoquei.
– ³ Prendiam-me as cordas da morte, *
apertavam-me os laços do abismo;
= invadiam-me angústia e tristeza: †
⁴ eu então invoquei o Senhor: *
"Salvai, ó Senhor, minha vida!"
– ⁵ O Senhor é justiça e bondade, *
nosso Deus é amor-compaixão.
– ⁶ É o Senhor quem defende os humildes: *
eu estava oprimido, e salvou-me.
– ⁷ Ó minh'alma, retorna à tua paz, *
o Senhor é quem cuida de ti!
= ⁸ Libertou minha vida da morte, †
enxugou de meus olhos o pranto *
e livrou os meus pés do tropeço.
– ⁹ Andarei na presença de Deus, *
junto a ele na terra dos vivos.

Ant. Libertai minha vida da morte,
e meus pés do tropeço, Senhor!

Ant. 2 Do Senhor é que me vem o meu socorro,
do Senhor que fez o céu e fez a terra.

Salmo 120(121)
Deus protetor de seu povo

Nunca mais terão fome nem sede. Nem os molestará o sol nem algum calor ardente (Ap 7,16).

– ¹ Eu levanto os meus olhos para os montes: *
de onde pode vir o meu socorro?

– ² "Do Senhor é que me vem o meu socorro, *
do Senhor que fez o céu e fez a terra!"

– ³ Ele não deixa tropeçarem os meus pés, *
e não dorme quem te guarda e te vigia.

– ⁴ Oh! não! ele não dorme nem cochila, *
aquele que é o guarda de Israel!

– ⁵ O Senhor é o teu guarda, o teu vigia, *
é uma sombra protetora à tua direita.

– ⁶ Não vai ferir-te o sol durante o dia, *
nem a lua através de toda a noite.

– ⁷ O Senhor te guardará de todo o mal, *
ele mesmo vai cuidar da tua vida!

– ⁸ Deus te guarda na partida e na chegada. *
Ele te guarda desde agora e para sempre!

Ant. Do Senhor é que me vem o meu socorro,
do Senhor que fez o céu e fez a terra.

Ant. 3 Vossos caminhos são verdade, são justiça,
ó Rei dos povos todos do universo!

Cântico   Ap 15,3-4
Hino de adoração

— ³ Como são **gran**des e admi**rá**veis vossas **o**bras, *
    ó Se**nhor** e nosso Deus onipotente!
— Vossos ca**mi**nhos são ver**da**de, são jus**ti**ça, *
    ó **Rei** dos povos **to**dos do uni**ver**so!
(R. São **gran**des vossas **o**bras, ó Se**nhor**!)
= ⁴ Quem, Se**nhor**, não haveria de temer-vos, †
    e **quem** não honraria o vosso nome? *
    Pois so**men**te vós, Senhor, é que sois santo!   (R.)
= As nações **to**das hão de vir perante vós †
    e pros**tra**das haverão de adorar-vos, *
    pois vossas **jus**tas decisões são manifestas.   (R.)

Ant. Vossos ca**mi**nhos são ver**da**de, são jus**ti**ça,
    ó **Rei** dos povos **to**dos do uni**ver**so!

Leitura breve   1Cor 2,7-10a

Falamos da misteriosa sabedoria de Deus, sabedoria escondida, que, desde a eternidade, Deus destinou para nossa glória. Nenhum dos poderosos deste mundo conheceu essa sabedoria. Pois, se a tivessem conhecido, não teriam crucificado o Senhor da glória. Mas, como está escrito, o que Deus preparou para os que o amam é algo que os olhos jamais viram, nem os ouvidos ouviram, nem coração algum jamais pressentiu. A nós Deus revelou esse mistério através do Espírito.

Responsório breve

R. O **Cris**to mor**reu** pelos **nos**sos pecados;
  * Pelos **ím**pios, o **jus**to e condu**ziu**-nos a **Deus**.
  R. O **Cris**to.
V. Foi **mor**to na **car**ne, mas **vi**ve no Es**pí**rito. * Pelos **ím**pios.
  Glória ao **Pai**. R. O **Cris**to.

Cântico evangélico, ant.
Ó Senhor, sede fiel ao vosso **amor**,
como havíeis prometido a nossos **pais**.

Preces
Bendigamos a Cristo nosso Senhor, que se compadeceu dos que choravam e enxugou suas lágrimas. Cheios de confiança lhe peçamos:

R. **Senhor, tende compaixão do vosso povo!**

Senhor Jesus Cristo, que consolais os humildes e os aflitos,
– olhai para as lágrimas dos pobres e oprimidos. R.

Deus de misericórdia, ouvi o gemido dos agonizantes,
– e enviai os vossos anjos para que os aliviem e confortem. R.

Fazei que todos os exilados sintam a ação da vossa providência,
– para que regressem à sua pátria e também alcancem, um dia, a pátria eterna. R.

Mostrai os caminhos do vosso amor aos que vivem no pecado,
– para que se reconciliem convosco e com a Igreja. R.

(intenções livres)

Salvai, na vossa bondade, os nossos irmãos e irmãs que morreram,
– e dai-lhes a plenitude da redenção. R.

Pai nosso...

Oração
Ó Deus, cuja inefável sabedoria maravilhosamente se revela no escândalo da cruz, concedei-nos de tal modo contemplar a bendita paixão de vosso Filho, que confiantes nos gloriemos sempre na sua cruz. Por nosso Senhor Jesus Cristo, vosso Filho, na unidade do Espírito Santo.

A conclusão da Hora como no Ordinário.

II SÁBADO

Invitatório

V. **Abri** os meus **lábios**. R. E minha **boca**.

R. Ouçamos hoje a **voz** de nosso **Deus**,
   para en**trar**mos no lu**gar** de seu re**pou**so.

Salmo invitatório como no Ordinário, p. 583.

Ofício das Leituras

V. Vinde, ó **Deus**. Glória ao **Pai**. Como era. Ale**luia**.

Esta introdução se omite quando o Invitatório precede imediatamente ao Ofício das Leituras.

Hino

I. Quando se diz o Ofício das Leituras durante a noite ou de madrugada:

Luz eterna, luz potente,
dia cheio de esplendor,
vencedor da noite escura
e da luz restaurador,
luz que, as trevas destruindo,
enche as mentes de fulgor.

Ao nascerdes, nos chamais,
e acordamos pressurosos;
sem vós, somos miseráveis,
mas convosco, venturosos
e, por vós da morte livres,
nos tornamos luminosos.

Sobre a morte e sobre a noite
por vós somos vencedores.
Dai-nos, Rei, a vossa luz,
luz de esplêndidos fulgores.
Desta luz nem mesmo a noite
escurece os esplendores.

Honra seja ao Pai, a vós
e ao Espírito também,
Una e Trina Divindade,
paz e vida, luz e bem,
nome doce mais que todos,
Deus agora e sempre. Amém.

II. Quando se diz o Ofício das Leituras durante o dia:

Deus que não tendes princípio,
Deus procedente do Pai,
Deus, que dos dois sois o Amor,
vinde até nós, nos salvai!

Vós sois o nosso desejo,
sede amor e alegria;
vai para vós nosso anseio,
a vossa luz nos recria.

Com o Nascido da Virgem,
ó Pai, de todos Senhor,
regei dos seres o íntimo
por vosso Espírito de amor.

Lembrai-vos, Santa Trindade,
do amor com que nos amastes:
Criando o homem primeiro,
de novo em sangue o criastes.

O que o Deus uno criou,
Cristo na cruz redimiu.
Tendo por nós padecido,
guarde os que em sangue remiu.

A vós, ó Santa Trindade,
paz e alegria convêm,
poder, império e beleza,
honra e louvores. Amém.

Salmodia

Ant. 1 O Senhor, somente ele é que fez grandes maravilhas:
porque eterno é seu amor.

Salmo 135(136)
**Hino pascal pelas maravilhas
do Deus Criador e Libertador**

Anunciar as maravilhas de Deus é louvá-lo (Cassiodoro).

I

– ¹ Demos graças ao Senhor, porque ele é bom: *
Porque eterno é seu amor!
– ² Demos graças ao Senhor, Deus dos deuses: *
Porque eterno é seu amor!
– ³ Demos graças ao Senhor dos senhores: *
Porque eterno é seu amor!
– ⁴ Somente ele é que fez grandes maravilhas: *
Porque eterno é seu amor!
– ⁵ Ele criou o firmamento com saber: *
Porque eterno é seu amor!
– ⁶ Estendeu a terra firme sobre as águas: *
Porque eterno é seu amor!
– ⁷ Ele criou os luminares mais brilhantes: *
Porque eterno é seu amor!
– ⁸ Criou o sol para o dia presidir: *
Porque eterno é seu amor!
– ⁹ Criou a lua e as estrelas para a noite: *
Porque eterno é seu amor!

Ant. O Senhor, somente ele é que fez grandes maravilhas:
porque eterno é seu amor.

Ant. 2 Tirou do meio deles Israel
com mão forte e com braço estendido.

II

– ¹⁰ Ele **feriu** os primogênitos do E**gi**to: *
  Porque e**ter**no é seu **a**mor!
– ¹¹ E ti**rou** do meio deles Israel: *
  Porque e**ter**no é seu amor!
– ¹² Com mão **forte** e com braço estendido: *
  Porque e**ter**no é seu amor!
– ¹³ Ele cor**tou** o mar Vermelho em duas partes: *
  Porque e**ter**no é seu amor!
– ¹⁴ Fez pas**sar** no meio dele Israel: *
  Porque e**ter**no é seu amor!
– ¹⁵ E afo**gou** o Faraó com suas tropas: *
  Porque e**ter**no é seu amor!

Ant. Ti**rou** do meio **de**les Israel
  com mão **forte** e com **braço** esten**di**do.

Ant. 3 Demos **graças** ao Se**nhor**, o Deus dos **céus**,
  pois ele nos sal**vou** dos ini**mi**gos.

III

– ¹⁶ Ele gui**ou** pelo de**ser**to o seu **po**vo: *
  Porque e**ter**no é seu **a**mor!
– ¹⁷ E fe**riu** por causa dele grandes reis: *
  Porque e**ter**no é seu amor!
– ¹⁸ Reis pode**ro**sos fez morrer por causa dele: *
  Porque e**ter**no é seu amor!
– ¹⁹ A Se**on** que fora rei dos amorreus: *
  Porque e**ter**no é seu amor!
– ²⁰ E a **Og**, o soberano de Basã: *
  Porque e**ter**no é seu amor!
– ²¹ Repar**tiu** a terra deles como herança: *
  Porque e**ter**no é seu amor!
– ²² Como he**ran**ça a Israel, seu servidor: *
  Porque e**ter**no é seu amor!
– ²³ De nós, seu **po**vo humil**ha**do, recordou-se: *
  que e**ter**no é seu amor! –

—²⁴ De **nos**sos inimigos libertou-nos: *
Porque **e**ter**no** é seu amor!
—²⁵ A **to**do ser vivente ele alimenta: *
Porque **e**ter**no** é seu amor!
—²⁶ Demos **gra**ças ao Senhor, o Deus dos céus: *
Porque **e**ter**no** é seu amor!

Ant. Demos **gra**ças ao Se**nhor**, o Deus dos **céus**,
 pois **e**le nos sal**vou** dos ini**mi**gos.

V. Mos**trai**-nos, ó Se**nhor**, vossos ca**mi**nhos.
R. E fa**zei** conhe**cer** a vossa es**tra**da!

Leituras e oração correspondentes a cada Ofício.

Laudes

V. Vinde, ó **Deus**. Glória ao **Pai**. Como era. Ale**lui**a.

Esta introdução se omite quando o Invitatório precede imediatamente às Laudes.

Hino

 Raiando o novo dia,
 as vozes elevamos,
 de Deus a graça e glória
 em Cristo proclamamos.

 Por ele o Criador
 compôs a noite e o dia,
 criando a lei eterna
 que os dois alternaria.

 A vós, Luz dos fiéis,
 nenhuma lei domina.
 Fulgis de dia e de noite,
 clarão da luz divina.

 Ó Pai, por vossa graça,
 vivamos hoje bem,
 servindo a Cristo e cheios
 do vosso Espírito. Amém.

Salmodia

Ant. 1 Anunciamos de manhã vossa bondade,
e o vosso amor fiel, a noite inteira.

Salmo 91 (92)
Louvor ao Deus Criador

Louvores se proclamam pelos feitos do Cristo (Sto. Atanásio).

— ² Como é **bom** agrade**c**ermos ao Se**nhor** *
   e cantar **salmos** de louvor ao Deus Altíssimo!
— ³ Anunci**ar** pela manhã vossa bondade, *
   e o **vos**so amor fiel, a noite inteira,
— ⁴ ao som da **li**ra de dez cordas e da harpa, *
   com **can**to acompanhado ao som da cítara.
— ⁵ Pois me ale**gras**tes, ó Senhor, com vossos feitos, *
   e rejub**i**lo de alegria em vossas obras.
— ⁶ Quão i**men**sas, ó Senhor, são vossas obras, *
   quão pro**fun**dos são os vossos pensamentos!
— ⁷ Só o **ho**mem insensato não entende, *
   só o es**tul**to não percebe nada disso!
— ⁸ Mesmo que os **ím**pios floresçam como a erva, *
   ou prosperem igualmente os malfeitores,
— são destin**a**dos a perder-se para sempre. *
   ⁹ Vós, por**ém**, sois o Excelso eternamente!
=¹⁰ Eis que os **vos**sos inimigos, ó Senhor, †
   eis que os **vos**sos inimigos vão perder-se, *
   e os malfei**to**res serão todos dispersados.
—¹¹ Vós me **des**tes toda a força de um touro, *
   e sobre **mim** um óleo puro derramastes;
—¹² triun**fan**te, posso olhar meus inimigos, *
   vitori**o**so, escuto a voz de seus gemidos.—

TEXTOS COMUNS

II

Laudes

Cântico evangélico: Benedictus Lc 1,68-79

O Messias e seu Precursor

—⁶⁸ Bendito seja o Senhor **Deus** de Israel, *
porque a seu **po**vo visi**tou** e liber**tou**;
—⁶⁹ e fez sur**gir** um pode**ro**so Salva**dor** *
na **ca**sa de Davi, seu servi**dor**,
—⁷⁰ como fa**la**ra pela **bo**ca de seus **san**tos, *
os profetas desde os **tem**pos mais antigos,
—⁷¹ para salvar-nos do poder dos inimigos *
e da **mão** de todos **quan**tos nos odeiam.
—⁷² Assim mos**trou** misericórdia a nossos **pais**, *
recor**dan**do a sua **san**ta Aliança
—⁷³ e o jura**men**to a Abra**ão**, o nosso **pai**, *
de conceder-nos ⁷⁴que, li**ber**tos do inimigo,
= a ele nós sir**va**mos, sem te**mor**, †
em santi**da**de e em justiça diante **de**le, *
⁷⁵ en**quan**to perdu**ra**rem nossos **di**as.
=⁷⁶Serás profeta do Al**tís**simo, ó menino, †
pois i**rás** andando à **fren**te do Senhor *
para aplai**nar** e prepa**rar** os seus ca**mi**nhos,
—⁷⁷ anunci**an**do ao seu **po**vo a salva**ção**, *
que es**tá** na remis**são** de seus pe**ca**dos,
—⁷⁸ pela bon**da**de e compai**xão** de nosso **Deus**, *
que sobre **nós** fará bri**lhar** o Sol nas**cen**te,
—⁷⁹ para ilumi**nar** a quantos **ja**zem entre as **tre**vas *
e na **som**bra da **mor**te estão sentados
— e **pa**ra diri**gir** os nossos **pas**sos, *
gui**an**do-os no caminho da **paz**.

— Glória ao **Pai** e ao **Fi**lho e ao Es**pí**rito **San**to. *
Como era no prin**cí**pio, agora e sempre. A**mém**.

Vésperas

Cântico evangélico: Magníficat　　　　　Lc 1,46-55

A alegria da alma no Senhor

– ⁴⁶A minha'alma engrandece o Senhor *
⁴⁷e se alegrou o meu espírito em Deus, meu Salvador,

– ⁴⁸pois ele viu a pequenez de sua serva, *
desde agora as gerações hão de chamar-me de bendita.

– ⁴⁹O Poderoso fez em mim maravilhas *
e Santo é o seu nome!

– ⁵⁰Seu amor, de geração em geração,*
chega a todos que o respeitam.

– ⁵¹Demonstrou o poder de seu braço,*
dispersou os orgulhosos.

– ⁵²Derrubou os poderosos de seus tronos *
e os humildes exaltou.

– ⁵³De bens saciou os famintos *
e despediu, sem nada, os ricos.

– ⁵⁴Acolheu Israel, seu servidor, *
fiel ao seu amor,

– ⁵⁵como havia prometido aos nossos pais, *
em favor de Abraão e de seus filhos para sempre.

– Glória ao Pai e ao Filho e ao Espírito Santo. *
Como era no princípio, agora e sempre. Amém.

Completas

Cântico evangélico: Nunc dimíttis　　　　　Lc 2,29-32

Cristo, luz das nações e glória de seu povo

– ²⁹Deixai, agora, vosso servo ir em paz, *
conforme prometestes, ó Senhor.

– ³⁰Pois meus olhos viram vossa salvação *
³¹que preparastes ante a face das nações:

– ³²uma Luz que brilhará para os gentios *
e para a glória de Israel, o vosso povo.

– Glória ao Pai e ao Filho e ao Espírito Santo, *
Como era no princípio, agora e sempre. Amém.

Modalidades de "Glória ao Pai"

1º **Comum** (e para o canto com 2 ou 4 acentos):
V. Glória ao **Pai** e ao **Fi**lho e ao Es**pí**rito **San**to.
R. Como **e**ra no prin**cí**pio, a**go**ra e sempre. A**mém**.

2º **Para o Canto** (com 3 acentos e estrofes de 2 versos) :
– Glória ao **Pai** e ao **Fi**lho e ao Espírito **San**to. *
   Como **e**ra no prin**cí**pio, agora e **sem**pre.

3º (Com 3 acentos e estrofes de 3 versos):
= Glória ao **Pai** e ao **Fi**lho e ao Espírito **San**to, †
   ao Deus que **é**, que **e**ra e que **vem**, *
   pelos **sé**culos dos **sé**culos. A**mém**.

4º (Com 3 acentos e estrofes de 4 versos):
= Demos **gló**ria a Deus **Pai** onipo**ten**te
   e a seu **Fi**lho, Jesus **Cris**to, Senhor **no**sso, †
   e ao Es**pí**rito que ha**bi**ta em nosso **pei**to, *
   pelos **sé**culos dos **sé**culos. A**mém**.

5º (Com 3 + 2 acentos):
= Glória ao **Pai** e ao **Fi**lho e ao Espírito **San**to
   desde a**go**ra e para **sem**pre, †
   ao Deus que **é**, que **e**ra e que **vem**, *
   pelos **sé**culos. A**mém**.

Início e conclusão das horas

Início

V. Vinde, ó **Deus**, em meu au**xí**lio.
R. Soco**rrei**-me sem de**mo**ra.

Glória ao **Pai** e ao **Fi**lho e ao Es**pí**rito **San**to.*
Como **e**ra no prin**cí**pio, a**go**ra e sempre. A**mém**. Ale**lui**a.

Na Quaresma, omite-se o Aleluia.

Omite-se a introdução acima no Ofício das Leituras e nas Laudes, quando o Invitatório precede imediatamente.

E segue-se o hino.

No fim das Laudes e Vésperas

Após a oração conclusiva, se um sacerdote ou diácono preside o Ofício, é ele quem despede o povo, dizendo:

O Senhor esteja convosco.
R. Ele está no meio de nós.
Abençoe-vos Deus todo-poderoso, Pai e Filho e Espírito Santo.
R. Amém.

Pode usar também outra fórmula de bênção, como no Apêndice.

Havendo despedida, acrescenta-se:

Ide em **paz** e o Se**nhor** vos acompa**nhe**.
R. **Graças a Deus.**

Não havendo sacerdote, ou diácono, e na recitação individual, conclui-se assim:

O **Senhor** nos abe**nçoe**, nos **livre** de todo **mal**
e nos con**du**za à vida e**ter**na.
R. Amém.

No fim do Ofício das Leituras e da Hora Média

Após a oração conclusiva, pelo menos na celebração comunitária, acrescenta-se a aclamação:

Bendigamos ao **Senhor**.
R. **Graças a Deus**.

No fim das Completas

Após a oração conclusiva, segue-se a bênção, inclusive quando se reza sozinho:

O Senhor todo-poderoso nos conceda uma noite tranquila e, no fim da vida, uma morte santa.
R. Amém.

E acrescenta-se uma das antífonas de Nossa Senhora.

TEXTOS COMUNS

I

Antes do Ofício, quando rezado a sós, pode-se dizer a seguinte oração:

Abri, Senhor, os meus lábios para bendizer o vosso santo nome. Purificai o meu coração de todos os pensamentos vãos, desordenados e estranhos. Iluminai o meu entendimento e inflamai minha vontade, para que eu possa rezar digna, atenta e devotamente este Ofício, e mereça ser atendido na presença da vossa divina Majestade. Por Cristo, nosso Senhor. Amém.

Invitatório

V. **Abri** os meus **lá**bios, ó Se**nhor**.
R. E minha **bo**ca anunciar**á** vosso lou**vor**.

Salmo 94(95)

Convite ao louvor de Deus

(Propõe-se e se repete a antífona)

– ¹Vinde, exul**te**mos de ale**gri**a no Se**nhor**, *
 acla**me**mos o rochedo que nos salva!
– ²Ao seu en**con**tro caminhemos com louvores, *
 e com **can**tos de alegria o celebremos!

(Repete-se a antífona)

– ³Na ver**da**de, o Senhor é o grande Deus, *
 o grande **Rei**, muito maior que os deuses todos.
– ⁴Tem nas **mãos** as profundezas dos abismos, *
 e as al**tu**ras das montanhas lhe pertencem;
– ⁵o mar é **de**le, pois foi ele quem o fez, *
 e a terra **fir**me suas mãos a modelaram.

(Repete-se a antífona)

– ⁶Vinde ado**re**mos e prostremo-nos por terra, *
   e ajoe**lhe**mos ante o Deus que nos criou!
= ⁷Porque **e**le é o nosso Deus, nosso Pastor,†
   e nós **so**mos o seu povo e seu rebanho, *
   as o**ve**lhas que conduz com sua mão.

(Repete-se a antífona)

= ⁸Oxa**lá** ouvísseis hoje a sua voz: †
   "Não fe**cheis** os corações como em Meriba, *
   ⁹como em **Mas**sa, no deserto, aquele dia,
– em que ou**tro**ra vossos pais me provocaram, *
   ape**sar** de terem visto as minhas obras".

(Repete-se a antífona)

=¹⁰Qua**ren**ta **a**nos desgostou-me aquela raça †
   e eu **dis**se: "Eis um povo transviado, *
   ¹¹seu cora**ção** não conheceu os meus caminhos!"
– E por **is**so lhes jurei na minha ira: *
   "Não entra**rão** no meu repouso prometido!"

(Repete-se a antífona)

- Glória ao **Pai** e ao **Fi**lho e ao Es**pí**rito **San**to. *
   Como **e**ra no prin**cí**pio, a**go**ra e sempre. A**mém**.

(Repete-se a antífona)

Ou:

Salmo 23(24)

Entrada do Senhor no templo

(Propõe-se e se repete a antífona)

– ¹Ao Se**nhor** pertence a **ter**ra e o que ela ence**rra**, *
   o mundo in**tei**ro com os seres que o povoam;
– ²porque **e**le a tornou firme sobre os mares, *
   e sobre as **á**guas a mantém inabalável.   R.

– ³"Quem subirá até o monte do Senhor, *
  quem ficará em sua santa habitação?"
= ⁴"Quem tem mãos **pu**ras e inocente coração, †
  quem não di**ri**ge sua mente para o crime, *
  nem jura **fal**so para o dano de seu próximo.   R.
– ⁵ Sobre **este** desce a bênção do Senhor *
  e a recom**pen**sa de seu Deus e Salvador".
– ⁶ "É as**sim** a geração dos que o procuram, *
  e do **Deus** de Israel buscam a face".   R.
= ⁷ "Ó **por**tas, levantai vossos frontões! †
  Ele**vai**-vos bem mais alto, antigas portas, *
  a fim de **que** o Rei da glória possa entrar!"   R.
= ⁸ Di**zei**-nos: "Quem é este Rei da glória?" †
  "É o Se**nhor**, o valoroso, o onipotente; *
  o Se**nhor**, o poderoso nas batalhas!"   R.
= ⁹ "Ó **por**tas, levantai vossos frontões! †
  Ele**vai**-vos bem mais alto, antigas portas, *
  a fim de **que** o Rei da glória possa entrar!"   R.
= ¹⁰Di**zei**-nos: "Quem é este Rei da glória?" †
  "O Rei da **gló**ria é o Senhor onipotente, *
  o Rei da **gló**ria é o Senhor Deus do universo!" R.
– Glória ao **Pai** e ao **Fi**lho e ao Es**pí**rito **San**to. *
  Como **e**ra no prin**cí**pio, a**go**ra e sempre. A**mém**. R.

Ou:

Salmo 66(67)

Todos os povos celebrem o Senhor

(Propõe-se e se repete a antífona)

– ² Que Deus nos **dê** a sua **gra**ça e sua **bên**ção, *
  e sua **fa**ce resplandeça sobre nós!
– ³ Que na **ter**ra se conheça o seu caminho *
  e a **sua** salvação por entre os povos.   R.

– ⁴Que as **nações** vos glorifiquem, ó Senhor, *
que **to**das as nações vos glorifiquem! R.
– ⁵**Exul**te de alegria a terra inteira, *
pois jul**gais** o universo com justiça;
– os **po**vos governais com retidão, *
e gui**ais**, em toda a terra, as nações. R.
– ⁶Que as **nações** vos glorifiquem, ó Senhor, *
que **to**das as nações vos glorifiquem! R.
– ⁷A **ter**ra produziu sua colheita: *
o Se**nhor** e nosso Deus nos abençoa.
– ⁸Que o Se**nhor** e nosso Deus nos abençoe, *
e o res**pei**tem os confins de toda a terra! R.
– Glória ao **Pai** e ao **Filho** e ao Es**pí**rito **San**to. *
Como **e**ra no prin**cí**pio, ago**ra** e sempre. A**mém**. R.

Ou:

Salmo 99(100)
Alegria dos que entram no templo
(Propõe-se e se repete a antífona)
= ²Acla**mai** o Se**nhor**, ó terra in**tei**ra, †
ser**vi** ao Senhor com alegria, *
ide a **e**le cantando jubilosos! R.
= ³Sa**bei** que o Senhor, só ele, é Deus! †
Ele **mes**mo nos fez, e somos seus, *
nós **so**mos seu povo e seu rebanho. R.
= ⁴En**trai** por suas portas dando graças, †
e em seus **á**trios com hinos de louvor; *
dai-lhe **gra**ças, seu nome bendizei! R.
= ⁵Sim, é **bom** o Senhor e nosso Deus, †
sua bon**da**de perdura para sempre, *
seu a**mor** é fiel eternamente! R.
– Glória ao **Pai** e ao **Filho**, e ao Es**pí**rito **San**to. *
Como **e**ra no prin**cí**pio, ago**ra** e sempre. A**mém**. R.

—¹³ O **jus**to crescerá como a palmeira, *
   flori**rá** igual ao cedro que há no Líbano;
—¹⁴ na **ca**sa do Senhor estão plantados, *
   nos **á**trios de meu Deus florescerão.
—¹⁵ Mesmo no **tem**po da velhice darão frutos, *
   cheios de **sei**va e de folhas verdejantes;
—¹⁶ e di**rão**: "É justo mesmo o Senhor Deus: *
   meu Ro**che**do, não existe nele o mal!"

Ant. Anunci**a**mos de man**hã** vossa bon**da**de,
   e o **vos**so amor fiel, a noite in**tei**ra.

Ant. 2 Vinde **to**dos e dai **gló**ria ao nosso **Deus**!

Cântico   Dt 32,1-12
Os benefícios de Deus ao povo

Quantas vezes quis reunir teus filhos, como a galinha reúne os pintinhos debaixo das asas! (Mt 23,37).

—¹ Ó **céus**, vinde, escu**tai**; eu vou fa**lar**, *
   ouça a **ter**ra as palavras de meus lábios!
—² Minha dou**tri**na se derrame como chuva, *
   minha pa**la**vra se espalhe como orvalho,
— como tor**ren**tes que transbordam sobre a relva *
   e agua**cei**ros a cair por sobre as plantas.
—³ O **no**me do Senhor vou invocar; *
   vinde **to**dos e dai glória ao nosso Deus!
—⁴ Ele é a **Ro**cha: suas obras são perfeitas, *
   seus ca**mi**nhos todos eles são justiça;
— é **e**le o Deus fiel, sem falsidade, *
   o Deus **jus**to, sempre reto em seu agir.
—⁵ Os filhos **seus** degenerados o ofenderam, *
   essa **ra**ça corrompida e depravada!
—⁶ É as**sim** que agradeces ao Senhor Deus, *
   povo **lou**co, povo estulto e insensato?

– Não é ele o teu Pai que te gerou, *
 o Criador que te firmou e te sustenta?
– ⁷Recorda-te dos dias do passado *
 e relembra as antigas gerações;
– pergunta, e teu pai te contará, *
 interroga, e teus avós te ensinarão.
– ⁸Quando o Altíssimo os povos dividiu *
 e pela terra espalhou os filhos de Adão,
– as fronteiras das nações ele marcou *
 de acordo com o número de seus filhos;
– ⁹mas a parte do Senhor foi o seu povo, *
 e Jacó foi a porção de sua herança.
– ¹⁰Foi num deserto que o Senhor achou seu povo, *
 num lugar de solidão desoladora;
– cercou-o de cuidados e carinhos *
 e o guardou como a pupila de seus olhos.
– ¹¹Como a águia, esvoaçando sobre o ninho, *
 incita os seus filhotes a voar,
– ele estendeu as suas asas e o tomou, *
 e levou-o carregado sobre elas.
– ¹²O Senhor, somente ele, foi seu guia, *
 e jamais um outro deus com ele estava.

Ant. Vinde todos e dai glória ao nosso Deus!

Ant. 3 Ó Senhor, nosso Deus, como é grande
 vosso nome por todo o universo! †

Salmo 8
Majestade de Deus e dignidade do homem
Ele pôs tudo sob os seus pés e fez dele, que está acima de tudo, a Cabeça da Igreja (Ef 1,22).

– ²Ó Senhor nosso Deus, como é grande *
 vosso nome por todo o universo! –

– † Desdo**bras**tes nos céus vossa glória *
   com gran**de**za, esplendor, majestade.
= ³ O per**fei**to louvor vos é dado †
   pelos **lá**bios dos mais pequeninos, *
   de cri**an**ças que a mãe amamenta.

– Eis a **for**ça que opondes aos maus, *
   redu**zin**do o inimigo ao silêncio.
– ⁴ Contem**plan**do estes céus que plasmastes *
   e for**mas**tes com dedos de artista;
– vendo a **lua** e estrelas brilhantes, *
   ⁵ pergun**ta**mos: "Senhor, que é o homem,
– para **de**le assim vos lembrardes *
   e o tra**tar**des com tanto carinho?"
– ⁶ Pouco a**bai**xo de deus o fizestes, *
   coro**an**do-o de glória e esplendor;
– ⁷ vós lhe **des**tes poder sobre tudo, *
   vossas obras aos pés lhe pusestes:
– ⁸ as o**ve**lhas, os bois, os rebanhos, *
   todo o **ga**do e as feras da mata;
– ⁹ passa**ri**nhos e peixes dos mares, *
   todo **ser** que se move nas águas.

– ¹⁰ Ó Se**nhor** nosso Deus, como é grande *
   vosso **no**me por todo o universo!

Ant. Ó Se**nhor** nosso **Deus**, como é **gran**de
   vosso **no**me por **to**do o univer**so**!

Leitura breve   Rm 12,14-16a

Abençoai os que vos perseguem, abençoai e não amaldiçoeis. Alegrai-vos com os que se alegram, chorai com os que choram. Mantende um bom entendimento uns com os outros; não vos deixeis levar pelo gosto de grandeza, mas acomodai-vos às coisas humildes.

Responsório breve

R. A **ale**gria can**tará** sobre meus **lá**bios,
 * E a minh'**al**ma liber**ta**da exul**tará**. R. A alegria.
V. Também celebra**rei** vossa justiça. * E a minh'**alma**.
 Glória ao **Pai**. R. A alegria.

Cântico evangélico, ant.

Gui**ai** nossos **pas**sos no ca**mi**nho da **paz**!

Preces

Celebremos a bondade e a sabedoria de Jesus Cristo, que quer ser amado e servido em todos os nossos irmãos e irmãs, principalmente nos que sofrem; e lhe peçamos:

R. **Senhor, tornai-nos perfeitos na caridade!**

Recordamos, Senhor, nesta manhã, a vossa ressurreição,
– e vos pedimos que estendais à humanidade inteira os benefícios da vossa redenção. R.

Fazei, Senhor, que demos hoje bom testemunho de vós,
– e, por vosso intermédio, ofereçamos ao Pai um sacrifício santo e agradável. R.

Ensinai-nos, Senhor, a descobrir a vossa imagem em todos os seres humanos,
– e a vos servir em cada um deles. R.

Cristo, verdadeiro tronco da videira do qual somos os ramos,
– fortalecei a nossa união convosco para produzirmos muitos frutos e glorificarmos a Deus Pai. R.

(intenções livres)

Pai nosso...

Oração

Cantem vossa glória, Senhor, os nossos lábios, cantem nossos corações e nossa vida; e já que é vosso dom tudo o que somos, para vós se oriente também todo o nosso viver. Por

nosso Senhor Jesus Cristo, vosso Filho, na unidade do Espírito Santo.

A conclusão da Hora como no Ordinário.

Hora Média

V. Vinde, ó **Deus**. Glória ao **Pai**. Como **era**. Ale**luia**.

HINO como no Ordinário, p. 598-601.

Salmodia

Ant. 1 O céu e a **terra** passa**rão**, diz o Se**nhor**,
porém ja**mais** minhas **palavras** passa**rão**.

Salmo 118(119),81-88
XI (Caph)

Meditação sobre a Palavra de Deus na Lei

Sua misericórdia se estende de geração em geração, a todos os que o respeitam (Lc 1,50).

-81 Desfaleço pela **vossa** salva**ção**, *
 vossa pa**lavra** é minha única esperança!
-82 Os meus **olhos** se gastaram desejando-a; *
 até **quan**do esperarei vosso consolo?
-83 Fiquei tos**tado** como um odre no fumeiro, *
 mesmo as**sim** não esqueci vossos preceitos.
-84 Quantos **dias** restarão ao vosso servo? *
 E **quan**do julgareis meus opressores?
-85 Os so**ber**bos já cavaram minha cova; *
 eles não **a**gem respeitando a vossa lei.
-86 Todos os **vos**sos mandamentos são verdade; *
 quando a ca**lú**nia me persegue, socorrei-me!
-87 Eles **quase** me arrancaram desta terra, *
 mesmo as**sim** eu não deixei vossos preceitos!
-88 **Segun**do o vosso amor, vivificai-me, *
 e guarda**rei** vossa Aliança, ó Senhor!

Ant. O céu e a **terra** passa**rão**, diz o Se**nhor**,
porém ja**mais** minhas pa**la**vras passa**rão**.

Ant. 2 **Sois**, Se**nhor**, meu re**fú**gio e forta**le**za,
torre **for**te na pre**sen**ça do ini**mi**go.

Salmo 60(61)
Oração do exilado

Oração do justo que espera a vida eterna (Sto. Hilário).

— ²Escu**tai**, ó Senhor **Deus**, minha ora**ção**, *
aten**dei** à minha prece, ao meu clamor!
— ³Dos con**fins** do universo a vós eu clamo, *
e em **mim** o coração já desfalece.
— Condu**zi**-me às alturas do rochedo, *
e dei**xai**-me descansar nesse lugar!
— ⁴Porque **sois** o meu refúgio e fortaleza, *
torre **for**te na presença do inimigo.
— ⁵Quem me **de**ra morar sempre em vossa casa *
e abri**gar**-me à proteção de vossas asas!
— ⁶Pois ou**vis**tes, ó Senhor, minhas promessas, *
e me fi**zes**tes tomar parte em vossa herança.
— ⁷Acrescen**tai** ao nosso rei dias aos dias, *
e seus **a**nos durem muitas gerações!
— ⁸Reine **sem**pre na presença do Senhor, *
vossa ver**da**de e vossa graça o conservem!
— ⁹Então **sem**pre cantarei o vosso nome *
e cumpri**rei** minhas promessas dia a dia.

Ant. **Sois**, Se**nhor**, meu re**fú**gio e forta**le**za,
torre **for**te na pre**sen**ça do ini**mi**go.

Ant. 3 Ó Se**nhor**, sal**vai**-me a **vi**da do ini**mi**go aterra**dor**!

Salmo 63(64)
Pedido de ajuda contra os perseguidores

Este salmo se aplica de modo especial à Paixão do Senhor (Sto. Agostinho).

— ² Ó Deus, ouvi a minha voz, o meu lamento! *
 Salvai-me a vida do inimigo aterrador!
— ³ Protegei-me das intrigas dos perversos *
 e do tumulto dos obreiros da maldade!
— ⁴ Eles afiam suas línguas como espadas, *
 lançam palavras venenosas como flechas,
— ⁵ para ferir os inocentes às ocultas *
 e atingi-los de repente, sem temor.
— ⁶ Uns aos outros se encorajam para o mal *
 e combinam às ocultas, traiçoeiros,
— onde pôr as armadilhas preparadas, *
 comentando entre si: "Quem nos verá?"
— ⁷ Eles tramam e disfarçam os seus crimes. *
 É um abismo o coração de cada homem!
— ⁸ Deus, porém, os ferirá com suas flechas, *
 e cairão todos feridos, de repente.
— ⁹ Sua língua os levará à perdição, *
 e quem os vir meneará sua cabeça;
— ¹⁰ com temor proclamará a ação de Deus, *
 e tirará uma lição de sua obra.
— ¹¹ O homem justo há de alegrar-se no Senhor †
 e junto dele encontrará o seu refúgio, *
 e os de reto coração triunfarão.

Ant. Ó Senhor, salvai-me a vida do inimigo aterrador!

Para as outras Horas, Salmodia complementar, p. 1178.

Oração das Nove Horas

Leitura breve — Dt 8,5b-6

O Senhor teu Deus te educava, como um homem educa seu filho, para que guardes os mandamentos do Senhor teu Deus, e andes em seus caminhos e o temas.

V. É **pu**ro o te**mor** do **Senhor**,
imu**tá**vel para **sem**pre.
R. Os julga**men**tos do **S**e**nhor** são corretos
e **jus**tos igual**men**te.

Oração

Senhor Deus, Pai todo-poderoso, a quem somos submissos, derramai em nós a luz do Espírito Santo, para que, livres de todo inimigo, nos alegremos em vos louvar. Por Cristo, nosso Senhor.

Oração das Doze Horas

Leitura breve — 1Rs 2,2b-3

Sê corajoso e porta-te como um homem. Observa os preceitos do Senhor, teu Deus, andando em seus caminhos, observando seus estatutos, seus mandamentos, seus preceitos e seus ensinamentos, como estão escritos na lei de Moisés. E assim serás bem sucedido em tudo o que fizeres e em todos os teus projetos.

V. Con**du**zi-me em vossa **lei**, vosso **ca**minho,
R. Pois só **ne**le encontra**rei** felici**da**de.

Oração

Senhor nosso Deus, luz ardente de amor eterno, concedei que, inflamados na vossa caridade, num mesmo amor amemos a vós, acima de tudo, e aos irmãos e irmãs por vossa causa. Por Cristo, nosso Senhor.

Oração das Quinze Horas

Leitura breve Jr 6,16

Parai um pouco na estrada para observar, e perguntai sobre os antigos caminhos, e qual será o melhor, para seguirdes por ele; assim ficareis mais tranquilos em vossos corações.

V. Vossa palavra é minha he**ran**ça, para **sem**pre,
R. Porque ela é que me alegra o cora**ção**.

Oração

Atendei, Senhor, às nossas preces, por intercessão da Virgem Maria, e dai-nos a paz completa, para que, dedicando-nos sempre a vós com alegria, possamos confiantes chegar até vós. Por Cristo, nosso Senhor.

A conclusão da Hora como no Ordinário.

III SEMANA

III DOMINGO

I Vésperas

V. Vinde, ó **Deus**. Glória ao **Pai**. Como era. Aleluia.

Hino

Ó Deus, autor de tudo,
que a terra e o céu guiais,
de luz vestis o dia,
à noite o sono dais.

O corpo, no repouso,
prepara-se a lutar.
As mentes já se acalmam,
se faz sereno o olhar.

Senhor, vos damos graças
no ocaso deste dia.
A noite vem caindo,
mas vosso amor nos guia.

Sonora, a voz vos louve,
vos cante o coração.
O amor vos renda amor,
e a mente, adoração.

E assim, chegando a noite,
com grande escuridão,
a fé, em meio às trevas,
espalhe o seu clarão.

Ouvi-nos, Pai piedoso,
e Filho, Sumo Bem,
com vosso Santo Espírito
reinando sempre. Amém.

Outro HINO, à escolha, Santo entre todos, já fulgura, p. 895.

Salmodia

Ant. 1 Do nascer do sol até o seu ocaso,
louvado seja o nome do Senhor!

Salmo 112(113)
O nome do Senhor é digno de louvor

Derrubou do trono os poderosos e elevou os humildes (Lc 1,52).

— ¹ Louvai, louvai, ó servos do Senhor, *
louvai, louvai o nome do Senhor!
— ² Bendito seja o nome do Senhor, *
agora e por toda a eternidade!
— ³ Do nascer do sol até o seu ocaso, *
louvado seja o nome do Senhor!
— ⁴ O Senhor está acima das nações, *
sua glória vai além dos altos céus.
= ⁵ Quem pode comparar-se ao nosso Deus, †
ao Senhor, que no alto céu tem o seu trono *
⁶ e se inclina para olhar o céu e a terra?
— ⁷ Levanta da poeira o indigente *
e do lixo ele retira o pobrezinho,
— ⁸ para fazê-lo assentar-se com os nobres, *
assentar-se com os nobres do seu povo.
— ⁹ Faz a estéril, mãe feliz em sua casa, *
vivendo rodeada de seus filhos.

Ant. Do nascer do sol até o seu ocaso,
louvado seja o nome do Senhor!

Ant. 2 Elevo o cálice da minha salvação,
invocando o nome santo do Senhor.

Salmo 115(116B)
Ação de graças no templo

Por meio de Jesus, ofereçamos a Deus um perene sacrifício de louvor (Hb 13,15).

—¹⁰ Guardei a minha fé, mesmo dizendo: *
   "É demais o sofrimento em minha vida!"
—¹¹ Confiei, quando dizia na aflição: *
   "Todo homem é mentiroso! Todo homem!"
—¹² Que poderei retribuir ao Senhor Deus *
   por tudo aquilo que ele fez em meu favor?
—¹³ Elevo o cálice da minha salvação, *
   invocando o nome santo do Senhor.
—¹⁴ Vou cumprir minhas promessas ao Senhor *
   na presença de seu povo reunido.
—¹⁵ É sentida por demais pelo Senhor *
   a morte de seus santos, seus amigos.
=¹⁶ Eis que sou o vosso servo, ó Senhor, †
   vosso servo que nasceu de vossa serva; *
   mas me quebrastes os grilhões da escravidão!
—¹⁷ Por isso oferto um sacrifício de louvor, *
   invocando o nome santo do Senhor.
—¹⁸ Vou cumprir minhas promessas ao Senhor *
   na presença de seu povo reunido;
—¹⁹ nos átrios da casa do Senhor, *
   em teu meio, ó cidade de Sião!

Ant. Elevo o cálice da minha salvação,
   invocando o nome santo do Senhor.

Ant. 3 O Senhor Jesus Cristo se humilhou,
   por isso Deus o exaltou eternamente.

Cântico   Fl 2,6-11
Cristo, o Servo de Deus

=⁶ Embora fosse de divina condição, †
   Cristo Jesus não se apegou ciosamente *
   a ser igual em natureza a Deus Pai.

R. Jesus **Cris**to é S**en**hor para a **gló**ria de Deus **Pai!**)

=⁷ **Po**rém esvaziou-se de sua glória †
e assu**miu** a condição de um escravo, *
fa**zen**do-se aos homens semelhante. (R.)

=⁸ Reconhe**ci**do exteriormente como homem, †
humi**lhou**-se, obedecendo até à morte, *
até à **mor**te humilhante numa cruz. (R.)

=⁹ Por isso **Deus** o exaltou sobremaneira †
e deu-lhe o **no**me mais excelso, mais sublime, *
e eleva**do** muito acima de outro nome. (R.)

=¹⁰ Para **que** perante o nome de Jesus †
se **do**bre reverente todo joelho, *
seja nos **céus**, seja na terra ou nos abismos. (R.)

=¹¹ E toda **lín**gua reconheça, confessando, †
para a **gló**ria de Deus Pai e seu louvor: *
"Na ver**da**de Jesus Cristo é o Senhor!" (R.)

Ant. O S**en**hor Jesus **Cris**to se humi**lhou**,
por isso **Deus** o exal**tou** eterna**men**te.

Leitura breve
Hb 13,20-21

O Deus da paz, que fez subir dentre os mortos aquele que se tornou, pelo sangue de uma aliança eterna, o grande pastor das ovelhas, nosso Senhor Jesus, vos torne aptos a todo bem, para fazerdes a sua vontade; que ele realize em nós o que lhe é agradável, por Jesus Cristo, ao qual seja dada a glória pelos séculos dos séculos. Amém!

Responsório breve
R. Quão nume**ro**sas, ó Se**nhor**, são vossas **o**bras
  * E **que** sabedo**ri**a em todas elas! R. Quão nume**ro**sas.
V. Encheu-se a **ter**ra com as **vos**sas cria**tu**ras.
  * E **que** sabedo**ri**a. Glória ao **Pai**. R. Quão nume**ro**sas.

Antífona do *Magníficat* como no Próprio do Tempo.

Preces

Recordando a bondade de Cristo que, compadecido do povo faminto, realizou em favor dele maravilhas de amor, com gratidão elevemos a ele as nossas preces; e digamos:

R. **Mostrai-nos, Senhor, o vosso amor!**

Reconhecemos, Senhor, que todos os benefícios recebidos neste dia vieram de vossa bondade;
– que eles não voltem para vós sem produzir frutos em nosso coração. R.

Luz e salvação da humanidade, protegei aqueles que dão testemunho de vós em toda a terra,
– e acendei neles o fogo do vosso Espírito. R.

Fazei que todos os seres humanos respeitem a dignidade de seus irmãos e irmãs, de acordo com a vossa vontade,
– a fim de que, todos juntos, respondam com generosidade às mais urgentes necessidades do nosso tempo. R.

Médico das almas e dos corpos, aliviai os enfermos e assisti os agonizantes,
– e visitai-nos e confortai-nos com a vossa misericórdia. R.

(intenções livres)

Dignai-vos receber na companhia dos santos os nossos irmãos e irmãs que morreram,
– cujos nomes estão escritos no livro da vida. R.

Pai nosso...

Oração como no Próprio do Tempo.

A conclusão da Hora como no Ordinário.

Invitatório

V. **Abri** os meus **lá**bios. R. E minha **bo**ca.
R. Vinde, exul**te**mos de alegria no Se**nhor**,
 aclame**mos** o Ro**che**do que nos **sal**va! Ale**lu**ia. †

Salmo invitatório como no Ordinário, p. 583.

Ofício das Leituras

V. Vinde, ó **Deus**. Glória ao **Pai**. Como era. Ale**lui**a.

Esta introdução se omite quando o Invitatório precede imediatamente ao Ofício das Leituras.

Hino

1. Quando se diz o Ofício das Leituras durante a noite ou de madrugada:

> Cantemos todos este dia,
> no qual o mundo começou,
> no qual o Cristo ressurgido
> da morte eterna nos salvou.
>
> Já o profeta aconselhava
> buscar de noite o Deus da luz.
> Deixando pois o nosso sono,
> vimos em busca de Jesus.
>
> Que ele ouça agora a nossa prece,
> tome a ovelhinha em sua mão,
> leve o rebanho pela estrada
> que nos conduz à salvação.
>
> Eis que o esperamos vigilantes,
> cantando à noite o seu louvor:
> vem de repente como esposo,
> como o ladrão, como o senhor.
>
> Ao Pai eterno demos glória,
> ao Unigênito também;
> a mesma honra eternamente
> ao seu Espírito convém.

II. Quando se diz o Ofício das Leituras durante o dia:

> Santo entre todos, já fulgura
> o dia oitavo, resplendente,
> que consagrais em vós, ó Cristo,
> vós, o primeiro dos viventes.
>
> Às nossas almas, por primeiro,
> vinde trazer ressurreição,

e da segunda morte livres,
os nossos corpos surgirão.

Ao vosso encontro, sobre as nuvens,
em breve, ó Cristo, nós iremos.
Ressurreição e vida nova,
convosco sempre viveremos.

Dai-nos, à luz da vossa face,
participar da divindade,
vos conhecendo como sois,
Luz, verdadeira suavidade.

Por vós entregues a Deus Pai,
que seu Espírito nos dá,
à perfeição da caridade
o Trino Deus nos levará.

Salmodia

Ant. 1 Todos os **di**as have**rei**
de bendi**zer**-vos, ó Se**nhor**. Ale**lui**a.

Salmo 144(145)
Louvor à grandeza de Deus

Justo és tu, Senhor, aquele que é e que era, o Santo (Ap 16,5).

I

– ¹Ó meu **Deus**, quero exal**tar**-vos, ó meu **Rei**, *
e bendi**zer** o vosso nome pelos séculos.

– ²Todos os **di**as haverei de bendizer-vos, *
hei de lou**var** o vosso nome para sempre.

– ³Grande é o Se**nhor** e muito digno de louvores, *
e nin**guém** pode medir sua grandeza.

– ⁴Uma i**da**de conta à outra vossas obras *
e pu**bli**ca os vossos feitos poderosos;

– ⁵proclamam **to**dos o esplendor de vossa glória *
e di**vul**gam vossas obras portentosas! –

– ⁶ Narram **to**dos vossas obras poderosas, *
  e de **vos**sa imensidade todos falam.
– ⁷ Eles re**cor**dam vosso amor tão grandioso *
  e e**xal**tam, ó Senhor, vossa justiça.
– ⁸ Miseri**cór**dia e piedade é o Senhor, *
  ele é **amor**, é paciência, é compaixão.
– ⁹ O Se**nhor** é muito bom para com todos, *
  sua ter**nu**ra abraça toda criatura.

Ant. Todos os **di**as have**rei**
  de bendi**zer**-vos, ó Se**nhor**. A**le**luia.

Ant. 2 O vosso **Rei**no, ó Se**nhor**, é para **sem**pre. Aleluia.

II

–¹⁰ Que vossas **o**bras, ó Se**nhor**, vos glorifi**quem**, *
  e os vossos **san**tos com louvores vos bendigam!
–¹¹ Narrem a **gló**ria e o esplendor do vosso Reino *
  e **sai**bam proclamar vosso poder!
–¹² Para espa**lhar** vossos prodígios entre os homens *
  e o ful**gor** de vosso Reino esplendoroso.
–¹³ O vosso **Rei**no é um reino para sempre, *
  vosso po**der**, de geração em geração.

Ant. O vosso **Rei**no, ó Se**nhor**, é para **sem**pre.

Ant. 3 O Se**nhor** é amor fi**el** em sua pa**la**vra,
  é santi**da**de em toda **o**bra que ele **faz**. Aleluia.†

III

–¹³ᵇ O Se**nhor** é amor fi**el** em sua palavra, *
  é santi**da**de em toda obra que ele faz.
–¹⁴ † Ele sus**ten**ta todo aquele que vacila *
  e le**van**ta todo aquele que tombou.
–¹⁵ Todos os **o**lhos, ó Senhor, em **vós** esperam *
  e vós lhes **dais** no tempo certo o alimento;
–¹⁶ vós **a**bris a vossa mão prodigamente *
  e saci**ais** todo ser vivo com fartura. –

—¹⁷ É **jus**to o Senhor em seus caminhos, *
  é **san**to em toda obra que ele faz.
—¹⁸ Ele está **per**to da pessoa que o invoca, *
  de todo a**que**le que o invoca lealmente.
—¹⁹ O Se**nhor** cumpre os desejos dos que o temem, *
  ele es**cu**ta os seus clamores e os salva.
—²⁰ O Senhor **guar**da todo aquele que o ama, *
  mas dis**per**sa e extermina os que são ímpios.
=²¹ Que a minha **bo**ca cante a glória do Senhor †
  e que ben**di**ga todo ser seu nome santo *
  desde **a**gora, para sempre e pelos séculos.

Ant. O Se**nhor** é amor fiel em sua pa**la**vra,
  é santi**da**de em toda **o**bra que ele **faz**. Ale**lu**ia.

V. Meu filho, **ou**ve minhas pa**la**vras.
R. Presta ouvido a meus conselhos!

Leituras e oração como no Próprio do Tempo.

Laudes

V. Vinde, ó **Deus**. Glória ao **Pai**. Como era. Ale**lu**ia.

Essa introdução se omite quando o Invitatório precede imediatamente às Laudes.

Hino

  Ó Criador do universo,
  a sombra e a luz alternais,
  e, dando tempo ao tempo,
  dos seres todos cuidais.

  Qual pregoeiro do dia,
  canta nas noites o galo.
  Separa a noite e a noite,
  brilhando a luz no intervalo.

  Também por ele acordada,
  a estrela d'alva, brilhante,

expulsa o erro e a treva
com sua luz radiante.

Seu canto os mares acalma,
ao navegante avigora;
a própria Pedra da Igreja
ouvindo o cântico chora.

Jesus, olhai os que tombam.
O vosso olhar nos redime:
se nos olhais, nos erguemos,
e prantos lavam o crime.

Ó luz divina, brilhai,
tirai do sono o torpor.
O nosso alento primeiro
entoe o vosso louvor.

Ó Cristo, Rei piedoso,
a vós e ao Pai, Sumo Bem,
glória e poder, na unidade
do Espírito Santo. Amém.

Salmodia

Ant. 1 Admirável é o Senhor nos altos céus! Aleluia.

Salmo 92(93)
A grandeza do Deus Criador

O Senhor, nosso Deus, o Todo-poderoso passou a reinar. Fiquemos alegres e contentes, e demos glória a Deus! (Ap 19,6-7).

— ¹ Deus é **Rei** e se ves**tiu** de majes**tade**, *
 reves**tiu**-se de poder e de esplendor!

= Vós fir**mas**tes o universo inabalável, †
 ² vós fir**mas**tes vosso trono desde a origem, *
 desde **sem**pre, ó Senhor, vós existis!

=³ Levan**ta**ram as torrentes, ó Senhor, †
 levan**ta**ram as torrentes sua voz, *
 levan**ta**ram as torrentes seu fragor. —

= ⁴ Muito **mais** do que o fragor das grandes águas, †
muito **mais** do que as ondas do oceano, *
pode**ro**so é o Senhor nos altos céus!

= ⁵ Verda**dei**ros são os vossos testemunhos, †
re**ful**ge a santidade em vossa casa *
pelos **sé**culos dos séculos, Senhor!

Ant. Admirável é o Senhor nos altos **céus**! Ale**lui**a.

Ant. 2 Sois **digno** de louvor
e de **gló**ria eternamen**te**. Ale**lui**a.

Cântico   Dn 3,57-88.56

Louvor das criaturas ao Senhor

Louvai o nosso Deus, todos os seus servos (Ap 19,5).

—⁵⁷ **Obras** do Senhor, bendi**zei** o Senhor, *
lou**vai**-o e exaltai-o pelos **sé**culos sem fim!

—⁵⁸ **Céus** do Senhor, bendi**zei** o Senhor! *
⁵⁹ **Anjos** do Senhor, bendi**zei** o Senhor!

(R. Lou**vai**-o e exal**tai**-o pelos **sé**culos sem **fim**!
Ou:
R. A Ele **gló**ria e lou**vor** eternamen**te**!)

—⁶⁰ **Águas** do alto céu, bendi**zei** o Senhor! *
⁶¹ Po**tên**cias do Senhor, bendi**zei** o Senhor!

—⁶² **Lua** e sol, bendi**zei** o Senhor! *
⁶³ **Astros** e estrelas, bendi**zei** o Senhor!   (R.)

—⁶⁴ **Chu**vas e orvalhos, bendi**zei** o Senhor! *
⁶⁵ **Bri**sas e ventos, bendi**zei** o Senhor!

—⁶⁶ **Fogo** e calor, bendi**zei** o Senhor! *
⁶⁷ **Frio** e ardor, bendi**zei** o Senhor!   (R.)

—⁶⁸ **Orvalhos** e garoas, bendi**zei** o Senhor! *
⁶⁹ **Geada** e frio, bendi**zei** o Senhor!

—⁷⁰ **Gelos** e neves, bendi**zei** o Senhor! *
⁷¹ **Noites** e dias, bendi**zei** o Senhor!   (R.)

—⁷²**Lu**zes e trevas, bendi**zei** o Senhor! *
⁷³**Rai**os e nuvens, bendi**zei** o Senhor
—⁷⁴**Il**has e terra, bendi**zei** o Senhor! *
Lou**vai**-o e exaltai-o pelos **sé**culos sem fim! (R.)

—⁷⁵**Mon**tes e colinas, bendi**zei** o Senhor! *
⁷⁶**Plan**tas da terra, bendi**zei** o Senhor!
—⁷⁷**Ma**res e rios, bendi**zei** o Senhor! *
⁷⁸**Fon**tes e nascentes, bendi**zei** o Senhor! (R.)

—⁷⁹**Ba**leias e peixes, bendi**zei** o Senhor! *
⁸⁰**Pás**saros do céu, bendi**zei** o Senhor!
—⁸¹**Fe**ras e rebanhos, bendi**zei** o Senhor! *
⁸²**Filhos** dos homens, bendi**zei** o Senhor! (R.)

—⁸³**Fi**lhos de Israel, bendi**zei** o Senhor! *
Lou**vai**-o e exaltai-o pelos **sé**culos sem fim!
—⁸⁴Sacer**do**tes do Senhor, bendi**zei** o Senhor! *
⁸⁵**Ser**vos do Senhor, bendi**zei** o Senhor! (R.)

—⁸⁶**Al**mas dos justos, bendi**zei** o Senhor! *
⁸⁷**San**tos e humildes, bendi**zei** o Senhor!
—⁸⁸**Jo**vens Misael, Ana**nias** e Azarias, *
lou**vai**-o e exaltai-o pelos **sé**culos sem fim! (R.)

— Ao **Pai** e ao Filho e ao Es**pí**rito Santo *
louvemos e exaltemos pelos **sé**culos sem fim!
—⁵⁶**Bendi**to sois, Senhor, no firma**men**to dos céus! *
Sois **dig**no de louvor e de **gló**ria eternamente! (R.)

No fim deste cântico não se diz o Glória ao Pai.

Ant. Sois **dig**no de lou**vor**
e de **gló**ria eterna**men**te. Ale**lui**a.

Ant. 3 Lou**vai** o Senhor **Deus** nos altos **céus**, aleluia. †

Salmo 148
Glorificação do Deus Criador

Ao que está sentado no trono e ao Cordeiro, o louvor e a honra, a glória e o poder para sempre (Ap 5,13).

—¹ Louvai o Senhor **Deus** nos altos **céus**, *
  † lou**vai**-o no excelso firmamento!
—² Lou**vai**-o, anjos seus, todos louvai-o, *
  lou**vai**-o, legiões celestiais!
—³ Lou**vai**-o, sol e lua, e bendizei-o, *
  lou**vai**-o, vós estrelas reluzentes!
—⁴ Lou**vai**-o, céus dos céus, e bendizei-o, *
  e vós, **á**guas que estais por sobre os céus.
—⁵ Louvem **to**dos e bendigam o seu nome, *
  porque man**dou** e logo tudo foi criado.
—⁶ Institu**iu** todas as coisas para sempre, *
  e deu a **tu**do uma lei que é imutável.
—⁷ Lou**vai** o Senhor Deus por toda a terra, *
  grandes **pei**xes e abismos mais profundos;
—⁸ fogo e gran**i**zo, e vós neves e neblinas, *
  furac**ões** que executais as suas ordens.
—⁹ Montes **to**dos e colinas, bendizei-o, *
  cedros **to**dos e vós, árvores frutíferas;
—¹⁰ feras do **ma**to e vós, mansos animais, *
  todos os **rép**teis e os pássaros que voam.
—¹¹ Reis da **terra**, povos todos, bendizei-o, *
  e vós, **prín**cipes e todos os juízes;
—¹² e vós, **jo**vens, e vós, moças e rapazes, *
  anci**ãos** e criancinhas, bendizei-o!
—¹³ Louvem o **no**me do Senhor, louvem-no todos, *
  porque so**men**te o seu nome é excelso!
— A majes**ta**de e esplendor de sua glória *
  ultra**pas**sam em grandeza o céu e a terra.
—¹⁴ Ele exal**tou** seu povo eleito em poderio, *
  ele é o mo**ti**vo de louvor para os seus santos.
— É um **hi**no para os filhos de Israel, *
  este **po**vo que ele ama e lhe pertence.

Ant. Louvai o Senhor **Deus** nos altos **céus**, ale**luia**.

Leitura breve
Ez 37,12b-14

Assim fala o Senhor Deus: Ó meu povo, vou abrir as vossas sepulturas e conduzir-vos para a terra de Israel; e quando eu abrir as vossas sepulturas e vos fizer sair delas, sabereis que eu sou o Senhor. Porei em vós o meu espírito para que vivais e vos colocarei em vossa terra. Então sabereis que eu, o Senhor, digo e faço – oráculo do Senhor.

Responsório breve
R. Cristo, **F**ilho do Deus **v**ivo,
 * Tende **pena** e compai**xão**! R. Cristo.
V. Glori**o**so estais sen**ta**do, à di**rei**ta de Deus **Pai**.
   * Tende **pena**. Glória ao **Pai**. R. Cristo.

Antífona do *Benedictus* como no Próprio do Tempo.

Preces
Roguemos a Deus que enviou o Espírito Santo para ser Luz santíssima do coração de todos os fiéis; e digamos:

R. **Iluminai, Senhor, o vosso povo!**

Bendito sejais, Senhor Deus, nossa luz,
– que para vossa glória nos fizestes chegar a este novo dia. R.

Vós, que iluminastes o mundo com a ressurreição do vosso Filho,
– fazei brilhar, pelo ministério da Igreja, esta luz pascal sobre a humanidade inteira. R.

Vós, que, pelo Espírito da verdade, esclarecestes os discípulos de vosso Filho,
– enviai à vossa Igreja este mesmo Espírito, para que ela permaneça sempre fiel à vossa mensagem. R.

Luz dos povos, lembrai-vos daqueles que ainda vivem nas trevas,

– e abri-lhes os olhos do coração para que vos reconheçam como único Deus verdadeiro.
R. Iluminai, Senhor, o vosso povo!

(intenções livres)

Pai nosso...

Oração como no Próprio do Tempo.

A conclusão da Hora como no Ordinário.

Hora Média

V. Vinde, ó **Deus**. Glória ao **Pai**. Como **era**. Ale**luia**.

HINO como no Ordinário, p. 598-601.

Salmodia

Ant. 1 Na minha ang**ú**stia eu cla**mei** pelo Se**nhor**,
e o Se**nhor** me aten**deu**, ale**luia**.

Salmo 117(118)
Canto de alegria e salvação

Ele é a pedra, que vós, os construtores, desprezastes, e que se tornou a pedra angular (At 4,11).

I

– ¹ Dai **graças** ao Se**nhor**, porque ele é **bom**! *
"Eterna é a sua misericórdia!"

– ² A **ca**sa de Israel agora o diga: *
"Eterna é a sua misericórdia!"

– ³ A **ca**sa de Aarão agora o diga: *
"Eterna é a sua misericórdia!"

– ⁴ Os que **te**mem o Senhor agora o digam: *
"Eterna é a sua misericórdia!"

– ⁵ Na minha ang**ú**stia eu clamei pelo Senhor, *
e o Se**nhor** me atendeu e libertou!

– ⁶ O Se**nhor** está comigo, nada temo; *
o que **po**de contra mim um ser humano?

– ⁷O Senhor está comigo, é o meu auxílio, *
  hei de ver meus inimigos humilhados.
– ⁸É melhor buscar refúgio no Senhor, *
  do que pôr no ser humano a esperança;
– ⁹é melhor buscar refúgio no Senhor *
  do que contar com os poderosos deste mundo!

Ant. Na minha angústia eu clamei pelo Senhor,
  e o Senhor me atendeu, aleluia.

Ant. 2 A mão direita do Senhor me levantou. Aleluia.

II

– ¹⁰Povos pagãos me rodearam todos eles, *
  mas em nome do Senhor os derrotei;
– ¹¹de todo lado todos eles me cercaram, *
  mas em nome do Senhor os derrotei;
= ¹²como um enxame de abelhas me atacaram, †
  como um fogo de espinhos me queimaram, *
  mas em nome do Senhor os derrotei.
– ¹³Empurraram-me, tentando derrubar-me, *
  mas veio o Senhor em meu socorro.
– ¹⁴O Senhor é minha força e o meu canto, *
  e tornou-se para mim o Salvador.
– ¹⁵"Clamores de alegria e de vitória *
  ressoem pelas tendas dos fiéis.
= ¹⁶A mão direita do Senhor fez maravilhas, †
  a mão direita do Senhor me levantou, *
  a mão direita do Senhor fez maravilhas!"
– ¹⁷Não morrerei, mas, ao contrário, viverei *
  para cantar as grandes obras do Senhor!
– ¹⁸O Senhor severamente me provou, *
  mas não me abandonou às mãos da morte.

Ant. A mão direita do Senhor me levantou, aleluia.

Ant. 3 Que o Senhor e nosso Deus nos ilumine, aleluia!

III

—¹⁹ Abri-me **vós**, abri-me as portas da justiça; *
quero en**trar** para dar graças ao Senhor!
—²⁰ "Sim, **esta** é a porta do Senhor, *
por **ela** só os justos entrarão!"
—²¹ Dou-vos **graças**, ó Senhor, porque me ouvistes *
e vos tor**nastes** para mim o Salvador!
—²² "A **pe**dra que os pedreiros rejeitaram *
tor**nou**-se agora a pedra angular.
—²³ Pelo Se**nhor** é que foi feito tudo isso: *
Que maravilhas ele fez a nossos olhos!
—²⁴ Este é o **dia** que o Senhor fez para nós, *
ale**gre**mo-nos e nele exultemos!
—²⁵ Ó Se**nhor**, dai-nos a vossa salvação, *
ó Se**nhor**, dai-nos também prosperidade!"
—²⁶ Ben**di**to seja, em nome do Senhor, *
a**que**le que em seus átrios vai entrando!
— Desta **ca**sa do Senhor vos bendizemos. *
²⁷ Que o Se**nhor** e nosso Deus nos ilumine!
— Empu**nhai** ramos nas mãos, formai cortejo, *
aproxi**mai**-vos do altar, até bem perto!
—²⁸ Vós sois meu **Deus**, eu vos bendigo e agradeço! *
Vós sois meu **Deus**, eu vos exalto com louvores!
—²⁹ Dai **graças** ao Senhor, porque ele é bom! *
"E**ter**na é a sua misericórdia!"

Ant. Que o Se**nhor** e nosso **Deus** nos ilu**mi**ne, ale**lui**a!

Para as outras Horas, Salmodia complementar, p. 1178.

Oração das Nove Horas

Leitura breve   Rm 8,15-16

Vós não recebestes um espírito de escravos, para recairdes no medo, mas recebestes um espírito de filhos adotivos, no qual todos nós clamamos: Abá – ó Pai! O próprio Espírito se une ao nosso espírito para nos atestar que somos filhos de Deus.

V. Em **vós** está a **fonte** da **vida**.
R. E em vossa **luz** contem**pla**mos a **luz**.

Oração das Doze Horas

Leitura breve Rm 8,22-23
Sabemos que toda a criação, até ao tempo presente, está gemendo como que em dores de parto. E não somente ela, mas nós também, que temos os primeiros frutos do Espírito, estamos interiormente gemendo, aguardando a adoção filial e a libertação para o nosso corpo.

V. Bendize, ó minha **alma**, ao **Senhor**!
R. Do se**pul**cro ele **sal**va tua **vida**!

Oração das Quinze Horas

Leitura breve 2Tm 1,9
Deus nos salvou e nos chamou com uma vocação santa, não devido às nossas obras, mas em virtude do seu desígnio e da sua graça, que nos foi dada em Cristo Jesus desde toda a eternidade.

V. Ele os gui**ou** com segu**ran**ça e sem te**mor**.
R. Condu**ziu**-os para a **Terra** Prome**ti**da.

Oração como no Próprio do Tempo.
A conclusão da Hora como no Ordinário.

II Vésperas

V. Vinde, ó **Deus**. Glória ao **Pai**. Como era. Ale**lui**a.

Hino
    Criador generoso da luz,
    que criastes a luz para o dia,
    com os raios primeiros da luz,
    sua origem o mundo inicia.

Vós chamastes de "dia" o decurso
da manhã luminosa ao poente.
Eis que as trevas já descem à terra:
escutai nossa prece, clemente.

Para que sob o peso dos crimes
nossa mente não fique oprimida,
e, esquecendo as coisas eternas,
não se exclua do prêmio da vida.

Sempre à porta celeste batendo,
alcancemos o prêmio da vida,
evitemos do mal o contágio
e curemos da culpa a ferida.

Escutai-nos, ó Pai piedoso,
com o único Filho também,
que reinais com o Espírito Santo
pelos séculos dos séculos. Amém.

Salmodia

Ant. 1 **Palavra do Senhor ao meu Senhor:**
Assenta-te ao lado meu direito. Aleluia. †

Salmo 109(110),1-5.7
O Messias, Rei e Sacerdote

É preciso que ele reine, até que todos os seus inimigos estejam debaixo de seus pés (1Cor 15,25).

— ¹ Palavra do Senhor ao meu Senhor: *
    "Assenta-te ao lado meu direito,
— † até que eu ponha os inimigos teus *
    como escabelo por debaixo de teus pés!"
= ² O Senhor estenderá desde Sião †
    vosso cetro de poder, pois ele diz: *
    "Domina com vigor teus inimigos;

= ³ tu és **prín**cipe desde o dia em que nasceste; †
   na **gló**ria e esplendor da santidade, *
   como o or**val**ho, antes da aurora, eu te gerei!"
= ⁴ Jurou o Se**nhor** e manterá sua palavra: †
   "Tu **és** sacerdote eternamente, *
   segundo a **or**dem do rei Melquisedec!"
– ⁵ À vossa **des**tra está o Senhor, Ele vos diz: *
   "No dia da **i**ra esmagarás os reis da terra!
– ⁷ Bebe**rás** água corrente no caminho, *
   por **is**so seguirás de fronte erguida!"

Ant. **Pa**lavra do Se**nhor** ao meu Se**nhor**:
   Assen**ta**-te ao **la**do meu di**rei**to. Ale**lui**a.

Ant. 2 O Se**nhor** bom e cle**men**te nos dei**xou**
   a lem**bran**ça de suas **gran**des maravilhas. Ale**lui**a.

Salmo 110(111)
As grandes obras do Senhor

Grandes e maravilhosas são as tuas obras, Senhor Deus todo-poderoso! (Ap 15,3).

– ¹ Eu agra**de**ço a Deus de **to**do o cora**ção** *
   junto com **to**dos os seus justos reunidos!
– ² Que grandi**o**sas são as obras do Senhor, *
   elas me**re**cem todo o amor e admiração!

– ³ Que be**le**za e esplendor são os seus feitos! *
   Sua jus**ti**ça permanece eternamente!
– ⁴ O Se**nhor** bom e clemente nos deixou *
   a lem**bran**ça de suas grandes maravilhas.

– ⁵ Ele **dá** o alimento aos que o temem *
   e ja**mais** esquecerá sua Aliança.
– ⁶ Ao seu **po**vo manifesta seu poder, *
   dando a ele a herança das nações. –

— ⁷ Suas **obr**as são verdade e são justiça, *
  seus pre**cei**tos, todos eles, são estáveis,
— ⁸ confir**ma**dos para sempre e pelos séculos, *
  reali**za**dos na verdade e retidão.
= ⁹ Envi**ou** libertação para o seu povo, †
  confir**mou** sua Aliança para sempre. *
  Seu nome é **san**to e é digno de respeito.
=¹⁰ Temer a **Deus** é o princípio do saber †
  e é **sá**bio todo aquele que o pratica. *
  Perma**ne**ça eternamente o seu louvor.

Ant. O Se**nhor** bom e cle**men**te nos dei**xou**
  a lem**bran**ça de suas **gran**des maravilhas. Ale**lui**a.

Ant. 3 De seu **Rei**no tomou **pos**se
  nosso **Deus** onipo**ten**te. Ale**lui**a.

No cântico seguinte dizem-se os Aleluias entre parênteses somente quando se canta; na recitação, basta dizer os Aleluias no começo, entre as estrofes e no fim.

Cântico Cf. Ap 19,1-2.5-7
As núpcias do Cordeiro

= Ale**lui**a, (Ale**lui**a!)
  ¹ Ao nosso **Deus** a salva**ção**, *
  honra, **gló**ria e poder! (Ale**lui**a!)
— ² Pois são ver**da**de e justiça *
  os juízos do Senhor.
R. Ale**lui**a, (Ale**lui**a!)
= Ale**lui**a, (Ale**lui**a!)
  ⁵ Cele**brai** o nosso Deus, *
  servi**do**res do Senhor! (Ale**lui**a!)
— E vós **to**dos que o temeis, *
  vós os **gran**des e os pequenos!
R. Ale**lui**a, (Ale**lui**a!)

= Aleluia, (Aleluia!).
⁶ De seu **Reino** tomou **pos**se *
nosso **Deus** onipo**ten**te! (Ale**lu**ia!).
− ⁷ Exul**te**mos de ale**gri**a, *
demos **gló**ria ao nosso Deus!
R. Aleluia, (Aleluia!).

= Aleluia, (Aleluia!).
Eis que as **núp**cias do Cor**dei**ro *
redi**vi**vo se apro**xi**mam! (Ale**lu**ia!).
− Sua Es**po**sa se enfei**tou**, *
se ves**tiu** de linho **pu**ro.
R. Aleluia, (Aleluia!).

Ant. De seu **Reino** tomou **pos**se
nosso **Deus** onipo**ten**te. Ale**lu**ia.

Leitura breve   1Pd 1,3-5
Bendito seja Deus, Pai de nosso Senhor Jesus Cristo. Em sua grande misericórdia, pela ressurreição de Jesus Cristo dentre os mortos, ele nos fez nascer de novo, para uma esperança viva, para uma herança incorruptível, que não estraga, que não se mancha nem murcha, e que é reservada para vós nos céus. Graças à fé, e pelo poder de Deus, vós fostes guardados para a salvação que deve manifestar-se nos últimos tempos.

Responsório breve
R. Ó Se**nhor**, vós sois ben**di**to
  * No ce**les**te firma**men**to. R. Ó Se**nhor**.
V. Vós sois **dig**no de lou**vor** e de **gló**ria eterna**men**te.
    * No ce**les**te. Glória ao **Pai**. R. Ó Se**nhor**.

Antífona do *Magníficat* como no Próprio do Tempo.

Preces
Com alegria, invoquemos a Deus Pai que, tendo no princí-

pio criado o mundo, recriou-o pela redenção e não cessa de renová-lo por seu amor; e digamos:

R. **Renovai, Senhor, as maravilhas do vosso amor!**

Nós vos damos graças, Senhor Deus, porque revelais o vosso poder na criação inteira,
– e manifestais a vossa providência nos acontecimentos da história. R.

Por vosso Filho, que no triunfo da cruz anunciou a paz ao mundo,
– livrai-nos do desespero e do vão temor. R.

A todos os que amam a justiça e por ela trabalham,
– ajudai-os a colaborar com sinceridade na construção de uma sociedade renovada na verdadeira concórdia. R.

Socorrei os oprimidos, libertai os prisioneiros, consolai os aflitos, dai pão aos famintos, fortalecei os fracos,
– para que em todos eles se manifeste a vitória da cruz. R.

(intenções livres)

Vós, que ressuscitastes gloriosamente vosso Filho depois de morto e sepultado,
– concedei aos que morreram entrar juntamente com ele na vida eterna. R.

Pai nosso...

Oração como no Próprio do Tempo.

A conclusão da Hora como no Ordinário.

III SEGUNDA-FEIRA

Invitatório

V. **Abri** os meus **lábios.** R. E minha **boca.**
R. Cami**nhe**mos com louvores ao en**con**tro do **Senhor.**

Salmo invitatório, p. 583, com a antífona correspondente ao Ofício.

Ofício das Leituras

Essa introdução se omite quando o Invitatório precede imediatamente ao Ofício das Leituras.

Hino

I. Quando se diz o Ofício das Leituras durante a noite ou de madrugada:

Refeitos pelo sono,
do leito, levantamos.
Ficai com vossos filhos,
ó Pai, vos suplicamos.

A vós, o som primeiro,
o amor que se irradia:
sejais princípio e fim
de cada ação do dia.

Que a treva ceda à aurora,
a noite ao sol dourado:
e a luz da graça afaste
a sombra do pecado.

Lavai as nossas faltas,
Senhor, que nos salvastes;
esteja o vosso nome
nos lábios que criastes.

A glória seja ao Pai,
ao Filho seu também,
ao Espírito igualmente,
agora e sempre. Amém.

II. Quando se diz o Ofício das Leituras durante o dia:

Divindade, luz eterna,
Unidade na Trindade,
proclamando vossa glória,
suplicamos piedade.

Cremos todos no Pai Santo,
no seu Filho Salvador
e no Espírito Divino
que os une pelo Amor.

Ó verdade, amor eterno,
nosso fim, felicidade,
dai-nos fé e esperança
e profunda caridade.

Sois o fim, sois o começo,
e de tudo sois a fonte,
esperança dos que creem,
luz que brilha no horizonte.

Vós, sozinho, fazeis tudo,
e a tudo vós bastais.
Sois a luz de nossa vida,
aos que esperam premiais.

Bendizemos a Trindade,
Deus Eterno, Sumo Bem,
Pai e Filho e Santo Espírito,
pelos séculos. Amém.

Salmodia
Ant. 1 Vem a **nós** o nosso **Deus** e nos **fa**la aber**ta**men**te**.

Salmo 49(50)
O culto que agrada a Deus

Eu não vim abolir a Lei, mas dar-lhe pleno cumprimento
(cf. Mt 5,17).

I

—1 Fa**lou** o Senhor **Deus**, chamou a **terra**, *
do sol nas**cen**te ao sol poente a convocou.
—2 De Si**ão**, beleza plena, Deus refulge, *
3 vem a **nós** o nosso Deus e não se cala.

— À sua **fren**te vem um fogo abrasador, *
ao seu re**dor**, a tempestade violenta.
—4 Ele con**vo**ca céu e terra ao julgamento, *
para fa**zer** o julgamento do seu povo:

—5 "Reu**ni** à minha frente os meus eleitos, *
que se**la**ram a Aliança em sacrifícios!"
—6 Teste**mu**nha o próprio céu seu julgamento, *
porque **Deus** mesmo é juiz e vai julgar.

Ant. Vem a **nós** o nosso **Deus** e nos **fala** aberta**men**te.

Ant. 2 Ofe**re**ce ao Se**nhor** um sacrifício de lou**vor**!

II

=7 "Es**cu**ta, ó meu **po**vo, eu vou fa**lar**; †
ouve, Isra**el**, eu testemunho contra ti:*
Eu, o Se**nhor**, somente eu, sou o teu Deus!

—8 Eu não **ven**ho censurar teus sacrifícios, *
pois sempre es**tão** perante mim teus holocaustos;
—9 não pre**ci**so dos novilhos de tua casa *
nem dos car**nei**ros que estão nos teus rebanhos.

—10 Porque as **fe**ras da floresta me pertencem *
e os ani**mais** que estão nos montes aos milhares.
—11 Conheço os **pás**saros que voam pelos céus *
e os seres **vi**vos que se movem pelos campos.

—12 Não te di**ria**, se com fome eu estivesse, *
porque é **meu** o universo e todo ser.
—13 Porven**tu**ra comerei carne de touros? *
Bebe**rei**, acaso, o sangue de carneiros?

—¹⁴Imola a **Deus** um sacrifício de louvor *
e cumpre os **vo**tos que fizeste ao Altíssimo.
—¹⁵Invo**ca**-me no dia da angústia, *
e en**tão** te livrarei e hás de louvar-me".

Ant. Oferece ao Se**nhor** um sacrifício de lou**vor**!

Ant. 3 Eu não **que**ro ofe**ren**da e sacrifício;
quero o a**mor** e a ciência do Se**nhor**!

III

=¹⁶Mas ao ímpio é as**sim** que Deus pergun**ta:** †
"Como **ou**sas repetir os meus preceitos *
e tra**zer** minha Aliança em tua boca?
—¹⁷Tu que odi**as**te minhas leis e meus conselhos *
e deste as **cos**tas às palavras dos meus lábios!
—¹⁸Quando **vi**as um ladrão, tu o seguias *
e te jun**ta**vas ao convívio dos adúlteros.
—¹⁹Tua **bo**ca se abriu para a maldade *
e tua **lín**gua maquinava a falsidade.
—²⁰Assen**ta**do, difamavas teu irmão, *
e ao **fi**lho de tua mãe injuriavas.
—²¹Diante **dis**so que fizeste, eu calarei? *
Acaso **pen**sas que eu sou igual a ti?
— É **dis**so que te acuso e repreendo *
e manifes**to** essas coisas aos teus olhos.
=²²Entendei **is**to, todos vós que esqueceis Deus, †
para que **eu** não arrebate a vossa vida, *
sem que **ha**ja mais ninguém para salvar-vos!
—²³Quem me oferece um sacrifício de louvor, *
este **sim** é que me honra de verdade.
— A todo **ho**mem que procede retamente, *
eu mostra**rei** a salvação que vem de Deus".

Ant. Eu não **que**ro ofe**ren**da e sacrifício;
quero o a**mor** e a ciência do Se**nhor**!

V. **Escu**ta, ó meu **po**vo, eu vou fa**lar**:
R. Eu, o Se**nhor**, somente **eu** sou o teu **Deus!**

Leituras e oração correspondentes a cada Ofício.

Laudes

V. Vinde, ó **Deus**. Glória ao **Pai**. Como era. Ale**lui**a.

Esta introdução se omite quando o Invitatório precede imediatamente às Laudes.

Hino

>Clarão da glória do Pai,
>ó Luz, que a Luz origina,
>sois Luz da Luz, fonte viva,
>sois Luz que ao dia ilumina.
>
>Brilhai, ó Sol verdadeiro,
>com vosso imenso esplendor,
>e dentro em nós derramai
>do Santo Espírito o fulgor.
>
>Também ao Pai suplicamos,
>ao Pai a glória imortal,
>ao Pai da graça potente,
>que a nós preserve do mal.
>
>Na luta fortes nos guarde
>vencendo o anjo inimigo.
>Nas quedas, dê-nos a graça,
>de nós afaste o perigo.
>
>As nossas mentes governe
>num corpo casto e sadio.
>A nossa fé seja ardente,
>e não conheça desvio.
>
>O nosso pão seja o Cristo,
>e a fé nos seja a bebida.
>O Santo Espírito bebamos
>nas fontes puras da vida.

Alegre passe este dia,
tão puro quanto o arrebol.
A fé, qual luz cintilante,
refulja em nós como o sol.

A aurora em si traz o dia.
Vós, como aurora, brilhai:
ó Pai, vós todo no Filho,
e vós, ó Verbo, no Pai.

Salmodia
Ant. 1 **Fe**li**z**es os que ha**bi**tam vossa **ca**sa, ó S**e**nhor!

Salmo 83(84)
Saudades do templo do Senhor

Não temos aqui cidade permanente, mas estamos à procura daquela que está para vir (Hb 13,14).

– ²Quão am**á**vel, ó S**e**nhor, é vossa **ca**sa, *
quanto a **a**mo, Senhor Deus do universo!
– ³**Mi**nha **al**ma desfalece de saudades *
e an**sei**a pelos átrios do Senhor!
– Meu cora**ção** e minha carne rejubilam *
e e**xul**tam de alegria no Deus vivo!

= ⁴Mesmo o par**dal** encontra abrigo em vossa casa, †
e a ando**ri**nha aí prepara o seu ninho, *
para **ne**le seus filhotes colocar:
– vossos al**ta**res, ó Senhor Deus do universo! *
vossos al**ta**res, ó meu Rei e meu Senhor!

– ⁵**Fe**lizes os que habitam vossa casa; *
para **sem**pre haverão de vos louvar!
– ⁶**Fe**lizes os que em vós têm sua força, *
e se de**ci**dem a partir quais peregrinos!

= ⁷Quando **pas**sam pelo vale da aridez, †
o transfor**mam** numa fonte borbulhante, *
pois a **chu**va o vestirá com suas bênçãos.

—⁸ Caminha**rão** com ardor sempre crescente *
  e hão de **ver** o Deus dos deuses em Sião.
—⁹ Deus do uni**ver**so, escutai minha oração! *
  Incli**nai**, Deus de Jacó, o vosso ouvido!
—¹⁰ Olhai, ó **Deus**, que sois a nossa proteção, *
  vede a face do eleito, vosso Ungido!
—¹¹ Na ver**da**de, um só dia em vosso templo *
  vale **mais** do que milhares fora dele!
— Prefiro es**tar** no limiar de vossa casa, *
  a hospe**dar**-me na mansão dos pecadores!
—¹² O Senhor **Deus** é como um sol, é um escudo, *
  e largamente distribui a graça e a glória.
— O Se**nhor** nunca recusa bem algum *
  à**que**les que caminham na justiça.
—¹³ Ó Se**nhor**, Deus poderoso do universo, *
  fe**liz** quem põe em vós sua esperança!

Ant. Felizes os que ha**bi**tam vossa **casa**, ó Se**nhor**!

Ant. 2 Vinde, su**ba**mos a mon**ta**nha do Se**nhor**!

Cântico   Is 2,2-5
A montanha da casa do Senhor
é mais alta do que todas as montanhas

Todas as nações virão prostrar-se diante de Ti (Ap 15,4).

—² Eis que **vai** aconte**cer** no fim dos **tem**pos, *
  que o **mon**te onde está a casa do Senhor
— será erguido muito acima de outros montes, *
  e elevado bem mais alto que as colinas.
— Para ele acorrerão todas as gentes, *
  ³ muitos **po**vos chegarão ali dizendo:
— "Vinde, su**ba**mos a montanha do Senhor, *
  vamos à **ca**sa do Senhor Deus de Israel,
— para que ele nos ensine seus caminhos, *
  e trilhemos todos nós suas veredas.

— Pois de Sião a sua Lei há de sair, *
  Jerusalém espalhará sua Palavra".
— ⁴Será ele o Juiz entre as nações *
  e o árbitro de povos numerosos.
— Das espadas farão relhas de arado *
  e das lanças forjarão as suas foices.
— Uma nação não se armará mais contra a outra, *
  nem haverão de exercitar-se para a guerra.
— ⁵Vinde, ó casa de Jacó, vinde, achegai-vos, *
  caminhemos sob a luz do nosso Deus!

Ant. Vinde, subamos a montanha do Senhor!

Ant. 3 Cantai ao Senhor Deus, bendizei seu santo nome!

Salmo 95(96)
Deus, Rei e Juiz de toda a terra

Cantavam um cântico novo diante do trono, na presença do Cordeiro (cf. Ap 14,3).

= ¹Cantai ao Senhor Deus um canto novo, †
  ²cantai ao Senhor Deus, ó terra inteira! *
  Cantai e bendizei seu santo nome!
= Dia após dia anunciai sua salvação, †
  ³manifestai a sua glória entre as nações, *
  e entre os povos do universo seus prodígios!
= ⁴Pois Deus é grande e muito digno de louvor, †
  é mais terrível e maior que os outros deuses, *
  ⁵porque um nada são os deuses dos pagãos.
= Foi o Senhor e nosso Deus quem fez os céus: †
  ⁶diante dele vão a glória e a majestade, *
  e o seu templo, que beleza e esplendor!
= ⁷Ó família das nações, dai ao Senhor, †
  ó nações, dai ao Senhor poder e glória, *
  ⁸dai-lhe a glória que é devida ao seu nome! –

= Oferec**ei** um sacrifício nos seus átrios, †
⁹ ador**ai**-o no esplendor da santidade, *
 terra int**ei**ra, estremecei diante dele!

=¹⁰ Publi**cai** entre as nações: "Reina o Senhor!" †
 Ele fir**mou** o universo inabalável, *
 e os **po**vos ele julga com justiça.

—¹¹ O **céu** se rejubile e exulte a terra, *
 aplauda o **mar** com o que vive em suas águas;

—¹² os **campos** com seus frutos rejubilem *
 e e**xul**tem as florestas e as matas

—¹³ na pre**sen**ça do Senhor, pois ele vem, *
 porque **vem** para julgar a terra inteira.

— Governa**rá** o mundo todo com justiça, *
 e os **po**vos julgará com lealdade.

Ant. Cant**ai** ao Senhor **Deus**, bendi**zei** seu santo **no**me!

Leitura breve   Tg 2,12-13

Falai e procedei como pessoas que vão ser julgadas pela Lei da liberdade. Pensai bem: O juízo vai ser sem misericórdia para quem não praticou misericórdia; a misericórdia, porém, triunfa do juízo.

Responsório breve

R. O **Se**nhor seja ben**di**to,
 * Bendito **seja** eterna**men**te! R. O **Se**nhor.
V. Só o **Se**nhor faz maravilhas.* Bendito **seja**.
 Glória ao **Pai**. R. O **Se**nhor.

Cântico evangélico, ant.

Bendito **seja** o Se**nhor** nosso **Deus**!

Preces

Roguemos a Deus Pai, que colocou os seres humanos no mundo para trabalharem em harmonia para sua glória; e peçamos com fervor:

R. **Senhor, ouvi-nos, para louvor da vossa glória!**

Deus, Criador do universo, nós vos bendizemos por tantos bens da criação que nos destes,
– e pela vida que nos conservastes até este dia. R.

Olhai para nós ao iniciarmos o trabalho cotidiano,
– para que, colaborando na vossa obra, tudo façamos de acordo com a vossa vontade. R.

Fazei que o nosso trabalho de hoje seja proveitoso para os nossos irmãos e irmãs,
– a fim de que todos juntos construamos uma sociedade mais justa e fraterna aos vossos olhos. R.

A nós e a todos os que neste dia se encontrarem conosco,
– concedei a vossa alegria e vossa paz. R.

(intenções livres)

Pai nosso...

Oração

Senhor nosso Deus, Rei do céu e da terra, dirigi e santificai nossos corações e nossos corpos, nossos sentimentos, palavras e ações, na fidelidade à vossa lei e na obediência à vossa vontade, para que, hoje e sempre, por vós auxiliados, alcancemos a liberdade e a salvação. Por nosso Senhor Jesus Cristo, vosso Filho, na unidade do Espírito Santo.

A conclusão da Hora como no Ordinário.

Hora Média

V. Vinde, ó **Deus**. Glória ao **Pai**. Como era. Aleluia.

HINO como no Ordinário, p. 598-601.

Salmodia

Ant. 1 Procurei vossa vontade, ó Senhor;
por meio dela conservais a minha vida.

Salmo 118(119),89-96
XII (Lamed)
Meditação sobre a Palavra de Deus na Lei

Eu vos dou um novo mandamento: amai-vos uns aos outros, como eu vos amei (cf. Jo 13,34).

—⁸⁹ É eterna, ó Senhor, vossa palavra, *
ela é tão firme e estável como o céu.
—⁹⁰ De geração em geração vossa verdade *
permanece como a terra que firmastes.
—⁹¹ Porque mandastes, tudo existe até agora; *
todas as coisas, ó Senhor, vos obedecem!
—⁹² Se não fosse a vossa lei minhas delícias, *
eu já teria perecido na aflição!
—⁹³ Eu jamais esquecerei vossos preceitos, *
por meio deles conservais a minha vida.
—⁹⁴ Vinde salvar-me, ó Senhor, eu vos pertenço!
Porque sempre procurei vossa vontade.
—⁹⁵ Espreitam-me os maus para perder-me, *
mas continuo sempre atento à vossa lei.
—⁹⁶ Vi que toda a perfeição tem seu limite, *
e só a vossa Aliança é infinita.

Ant. Procurei vossa vontade, ó Senhor;
por meio dela conservais a minha vida.

Ant. 2 Em vós confio, ó Senhor, desde a minha juventude.

Salmo 70(71)

Senhor, minha esperança desde a minha juventude!

Sede alegres por causa da esperança, fortes nas tribulações (Rm 12,12).

I

— ¹Eu procuro meu refúgio em vós, Senhor: *
que eu não seja envergonhado para sempre!
— ²Porque sois justo, defendei-me e libertai-me! *
Escutai a minha voz, vinde salvar-me!
— ³Sede uma rocha protetora para mim, *
um abrigo bem seguro que me salve!
— Porque sois a minha força e meu amparo, *
o meu refúgio, proteção e segurança!
— ⁴Libertai-me, ó meu Deus, das mãos do ímpio, *
das garras do opressor e do malvado!
— ⁵Porque sois, ó Senhor Deus, minha esperança, *
em vós confio desde a minha juventude!
= ⁶Sois meu apoio desde antes que eu nascesse, †
desde o seio maternal, o meu amparo: *
para vós o meu louvor eternamente!
— ⁷Muita gente considera-me um prodígio, *
mas sois vós o meu auxílio poderoso!
— ⁸Vosso louvor é transbordante de meus lábios, *
cantam eles vossa glória o dia inteiro.
— ⁹Não me deixeis quando chegar minha velhice, *
não me falteis quando faltarem minhas forças!
— ¹⁰Porque falam contra mim os inimigos, *
fazem planos os que tramam minha morte
— ¹¹e dizem: "Deus o abandonou, vamos matá-lo; *
agarrai-o, pois não há quem o defenda!"
— ¹²Não fiqueis longe de mim, ó Senhor Deus! *
Apressai-vos, ó meu Deus, em socorrer-me!

—13 Que **sejam** humilhados e pereçam *
os que pro**cu**ram destruir a minha vida!
— Sejam co**ber**tos de infâmia e de vergonha *
os que de**se**jam a desgraça para mim!

Ant. Em vós confio, ó Se**nhor**, desde a **mi**nha juven**tu**de.

Ant. 3 Na ve**lhi**ce, com os **meus** cabelos **bran**cos,
eu vos su**pli**co, ó Se**nhor**, não me dei**xeis**!

II

—14 Eu, po**rém**, sempre em **vós** confia**rei**, *
sempre **mais** aumentarei vosso louvor!
—15 Minha **bo**ca anunciará todos os dias *
vossa justiça e vossas graças incontáveis.
—16 Canta**rei** vossos portentos, ó Senhor, *
lembra**rei** vossa justiça sem igual!
—17 Vós me ensi**nas**tes desde a minha juventude, *
e até **ho**je canto as vossas maravilhas.
—18 E na ve**lhi**ce, com os meus cabelos brancos, *
eu vos su**pli**co, ó Senhor, não me deixeis!
—19 Ó meu **Deus**, vossa justiça e vossa força *
são tão **gran**des, vão além dos altos céus!
— Vós fizestes realmente maravilhas. *
Quem, Se**nhor**, pode convosco comparar-se?
=20 Vós permi**tis**tes que eu sofresse grandes males, †
mas vi**reis** restituir a minha vida *
e ti**rar**-me dos abismos mais profundos.
—21 Conforta**reis** a minha idade avançada, *
e de **no**vo me havereis de consolar.
—22 En**tão**, vos cantarei ao som da harpa, *
cele**bran**do vosso amor sempre fiel;
— para lou**var**-vos tocarei a minha cítara, *
glorifi**can**do-vos, ó Santo de Israel! –

—²³ A alegria cantará sobre meus lábios, *
e a minha alma libertada exultará!
—²⁴ Igualmente a minha língua todo o dia, *
cantando, exaltará vossa justiça!
— Pois ficaram confundidos e humilhados *
todos aqueles que tramavam contra mim.

Ant. Na velhice, com os meus cabelos brancos,
eu vos suplico, ó Senhor, não me deixeis!

Para as outras Horas, Salmodia complementar, das séries I e III, p. 1178.

Oração das Nove Horas

Leitura breve   2Cor 13,11
Irmãos, alegrai-vos, trabalhai no vosso aperfeiçoamento, encorajai-vos, cultivai a concórdia, vivei em paz, e o Deus do amor e da paz estará convosco.

V. O Senhor pousa seus olhos sobre os justos.
R. O seu ouvido está atento ao seu chamado.

Oração

Ó Deus, Pai de bondade, destes o trabalho aos seres humanos para que, unindo seus esforços, progridam cada vez mais; concedei que, em nossas atividades, vos amemos a vós como filhos e filhas e a todos como irmãos e irmãs. Por Cristo, nosso Senhor.

Oração das Doze Horas

Leitura breve   Rm 6,22
Agora libertados do pecado, e como escravos de Deus, frutificais para a santidade até a vida eterna, que é a meta final.

V. Vireis, ó Deus, restituir a minha vida,
R. Para que, em vós, se rejubile o vosso povo.

Oração

Ó Deus, senhor e guarda da vinha e da colheita, que repartis as tarefas e dais a justa recompensa, fazei-nos carregar o peso do dia, sem jamais murmurar contra a vossa vontade. Por Cristo, nosso Senhor.

Oração das Quinze Horas

Leitura breve — Cl 1,21-22

Vós, que outrora éreis estrangeiros e inimigos pelas manifestas más obras, eis que agora Cristo vos reconciliou pela morte que sofreu no seu corpo mortal, para vos apresentar como santos, imaculados, irrepreensíveis diante de si.

V. Cantai **salmos** ao Se**nhor**, povo fi**el**.
R. Dai-lhe **graças** e invo**cai** seu santo **nome**!

Oração

Ó Deus, que nos convocais para o louvor, na mesma hora em que os Apóstolos subiam ao templo, concedei que esta prece, feita de coração sincero em nome de Jesus, alcance a salvação para quantos o invocam. Por Cristo, nosso Senhor.

A conclusão da Hora como no Ordinário.

Vésperas

V. Vinde, ó **Deus**. Glória ao **Pai**. Como era. Ale**luia**.

Hino

Ó Deus, organizando
o líquido elemento,
as águas dividistes
firmando o firmamento.

As nuvens fazem sombra,
os rios dão frescor;
assim tempera a água,
dos astros o calor.

Em nós vertei a graça,
a água benfazeja;
do fogo das paixões,
constante, nos proteja.

Que a fé encontre a luz
e espalhe o seu clarão;
que nada impeça a alma
no impulso da ascensão!

Ao Pai e ao Filho, glória;
ao Espírito também:
louvor, honra e vitória
agora e sempre. Amém.

Salmodia

Ant. 1 Nossos **olhos** estão **fitos** no Se**nhor**,
até que ele tenha **pena** de seus **ser**vos.

Salmo 122(123)
Deus, esperança do seu povo

Dois cegos... começaram a gritar: Senhor, Filho de Davi, tem piedade de nós! (Mt 20,30).

– ¹ Eu le**van**to os meus **olhos** para **vós**, *
que habi**tais** nos altos **céus**.

– ² Como os **olhos** dos escravos estão fitos *
nas **mãos** do seu senhor,

– como os **olhos** das escravas estão fitos *
nas **mãos** de sua senhora,

– as**sim** os nossos olhos, no Senhor, *
até de **nós** ter piedade.

– ³ Tende pie**da**de, ó Senhor, tende piedade; *
já é de**mais** esse desprezo!

– ⁴ Estamos **far**tos do escárnio dos ricaços *
e do des**pre**zo dos soberbos!

Ant. Nossos olhos estão fitos no Senhor,
  até que ele tenha pena de seus servos.

Ant. 2 O nosso auxílio está no nome do Senhor,
  do Senhor que fez o céu e fez a terra.

Salmo 123(124)

O nosso auxílio está no nome do Senhor

O Senhor disse a Paulo: Não tenhas medo, porque eu estou contigo (At 18,9-10).

— ¹ Se o Senhor não estivesse ao nosso lado, *
  que o diga Israel neste momento;
— ² se o Senhor não estivesse ao nosso lado, *
  quando os homens investiram contra nós,
— ³ com certeza nos teriam devorado *
  no furor de sua ira contra nós.
— ⁴ Então as águas nos teriam submergido, *
  a correnteza nos teria arrastado,
— ⁵ e então, por sobre nós teriam passado *
  essas águas sempre mais impetuosas.
— ⁶ Bendito seja o Senhor, que não deixou *
  cairmos como presa de seus dentes!
— ⁷ Nossa alma como um pássaro escapou *
  do laço que lhe armara o caçador;
— o laço arrebentou-se de repente, *
  e assim nós conseguimos libertar-nos.
— ⁸ O nosso auxílio está no nome do Senhor, *
  do Senhor que fez o céu e fez a terra!

Ant. O nosso auxílio está no nome do Senhor,
  do Senhor que fez o céu e fez a terra.

Ant. 3 No seu Filho, o Pai nos escolheu
  para sermos seus filhos adotivos.

Cântico — Ef 1,3-10
O plano divino da salvação

— ³ Bendito e louvado seja **Deus**, *
 o **Pai** de Jesus Cristo, Senhor nosso,
— que do alto **céu** nos abençoou em Jesus Cristo *
 com **bên**ção espiritual de toda sorte!

(R. Ben**di**to sejais **vós**, nosso **Pai**,
 que **nos** abençoastes em **Cris**to!)

— ⁴ Foi em **Cris**to que Deus Pai nos escolheu, *
 já bem **an**tes de o mundo ser criado,
— para que **fôs**semos, perante a sua face, *
 sem **má**cula e santos pelo amor. (R.)

= ⁵ Por **li**vre decisão de sua vontade, †
 predesti**nou**-nos, através de Jesus Cristo, *
 a sermos **ne**le os seus filhos adotivos,
— ⁶ para o lou**vor** e para a glória de sua graça, *
 que em seu **Fi**lho bem-amado nos doou. (R.)

— ⁷ É **ne**le que nós temos redenção, *
 dos pe**ca**dos remissão pelo seu sangue.
= Sua **gra**ça transbordante e inesgotável †
 ⁸ Deus der**ra**ma sobre nós com abundância, *
 de sa**ber** e inteligência nos dotando. (R.)

— ⁹ E as**sim**, ele nos deu a conhecer *
 o mis**té**rio de seu plano e sua vontade,
— que propu**se**ra em seu querer benevolente, *
 ¹⁰ na pleni**tu**de dos tempos realizar:
— o de**síg**nio de, em Cristo, reunir *
 todas as **coi**sas: as da terra e as do céu. (R)

Ant. No seu **Fi**lho, o **Pai** nos esco**lheu**
 para **ser**mos seus filhos ado**ti**vos.

Leitura breve
Tg 4,11-12

Não faleis mal dos outros, irmãos. Quem fala mal de seu irmão ou o julga, fala mal da Lei e julga-a. Ora, se julgas a Lei, não és cumpridor da Lei, mas sim, seu juiz. Um só é o legislador e juiz: aquele que é capaz de salvar e de fazer perecer. Tu, porém, quem és, para julgares o teu próximo?

Responsório breve
R. Cu**rai**-me, Se**nhor**, * Pois pe**quei** contra **vós**.
   R. Cu**rai**-me.
V. Eu vos **digo**: Meu **Deus**, tende **pena** de **mim**!
* Pois pe**quei**. Glória ao **Pai**. R. Cu**rai**-me.

Cântico evangélico, ant.
A minh'**al**ma engran**de**ce o Se**nhor**,
porque o**lhou** para a **mi**nha humil**da**de.

Preces
Jesus Cristo quer salvar todos os seres humanos; por isso o invoquemos de coração sincero; e digamos:

R. **Atraí, Senhor, todas as coisas para vós!**

Bendito sejais, Senhor, porque nos libertastes da escravidão do pecado pelo vosso sangue precioso;
– tornai-nos participantes da gloriosa liberdade dos filhos de Deus. R.

Concedei a vossa graça ao nosso bispo N. e a todos os bispos da Igreja,
– para que administrem os vossos mistérios com alegria e fervor. R.

Fazei que todos aqueles que se dedicam à busca da verdade possam encontrá-la,
– e, encontrando-a, se esforcem por buscá-la sempre mais.
                                                    R.

Assisti, Senhor, os órfãos, as viúvas e todos os que vivem abandonados,
– para que, sentindo-vos próximo deles, unam-se mais plenamente a vós.
R. Atraí, Senhor, todas as coisas para vós!

(intenções livres)

Recebei com bondade na Jerusalém celeste os nossos irmãos e irmãs que partiram desta vida,
– onde vós, com o Pai e o Espírito Santo, sereis tudo em todos. R.

Pai nosso...

Oração

Ó Deus, nosso Pai, luz que não se apaga: olhando para nós reunidos nesta oração vespertina, iluminai nossas trevas e perdoai nossas culpas. Por nosso Senhor Jesus Cristo, vosso Filho, na unidade do Espírito Santo.

A conclusão da Hora como no Ordinário.

III TERÇA-FEIRA

Invitatório

V. **Abri** os meus **lá**bios. R. E minha **bo**ca.
R. Ao Se**nhor**, o grande **Rei**, vinde **to**dos, adoremos!
Salmo invitatório como no Ordinário, p. 583.

Ofício das Leituras

V. Vinde, ó **Deus**. Glória ao **Pai**. Como era. Ale**lui**a.
Esta introdução se omite quando o Invitatório precede imediatamente ao Ofício das Leituras.

Hino

I. Quando se diz o Ofício das Leituras durante a noite ou de madrugada:

> Da luz do Pai nascido,
> vós mesmo luz e aurora,
> ouvi os que suplicam,
> cantando noite afora.

> Varrei as nossas trevas
> e as hostes do inimigo:
> o sono, em seus assaltos,
> não ache em nós abrigo.

> Ó Cristo, perdoai-nos,
> pois Deus vos proclamamos.
> Propício seja o canto
> que agora iniciamos.

> A glória seja ao Pai,
> ao Filho seu também,
> ao Espírito igualmente,
> agora e sempre. Amém.

II. Quando se diz o Ofício das Leituras durante o dia:

> Ó Trindade Sacrossanta,
> ordenais o que fizestes.

Ao trabalho dais o dia,
ao descanso a noite destes.

De manhã, à tarde e à noite,
vossa glória celebramos.
Nesta glória conservai-nos
todo o tempo que vivamos.

Ante vós ajoelhamos
em humilde adoração.
Reuni as nossas preces
à celeste louvação.

Escutai-nos, Pai piedoso,
e vós, Filho de Deus Pai,
com o Espírito Paráclito,
pelos séculos reinais.

Salmodia

Ant. 1 Eis que **Deus** se põe de **pé**,
e os ini**mi**gos se dis**per**sam! †

Salmo 67(68)
Entrada triunfal do Senhor

Tendo subido às alturas, ele capturou prisioneiros e distribuiu dons aos homens (Ef 4,8).

I

– ² Eis que **Deus** se põe de **pé**, e os ini**mi**gos se dis**per**sam! *
 † Fogem **lon**ge de sua face os que **ode**iam o Senhor!
= ³ Como a fu**ma**ça se dissipa, assim tam**bém** os dissipais, †
 como a **ce**ra se derrete, ao con**ta**to com o fogo, *
 assim pe**re**çam os iníquos ante a **fa**ce do Senhor!
– ⁴ Mas os **jus**tos se alegram na pre**sen**ça do Senhor *
 reju**bi**lam satisfeitos e e**xul**tam de alegria!

= ⁵Cantai a **Deus**, a Deus louvai, cantai um **sa**lmo a seu nome! †
Abri ca**mi**nho para Aquele que a**van**ça no deserto; *
o seu **no**me é Senhor: exul**tai** diante dele!

— ⁶Dos **ór**fãos ele é pai, e das vi**ú**vas protetor; *
é as**sim** o nosso Deus em sua **san**ta habitação.

= ⁷É o Se**nhor** quem dá abrigo, dá um **lar** aos deserdados, †
quem li**ber**ta os prisioneiros e os sa**ci**a com fartura, *
mas aban**do**na os rebeldes num de**ser**to sempre estéril!

— ⁸Quando saístes como povo, cami**nhan**do à sua frente *
e atraves**san**do o deserto, a terra **to**da estremeceu;

— ⁹orva**lhou** o próprio céu ante a **fa**ce do Senhor, *
e o Si**nai** também tremeu perante o **Deus** de Israel.

—¹⁰Derra**mas**tes lá do alto uma **chu**va generosa, *
e vossa **ter**ra, vossa herança, já can**sa**da, renovastes;

—¹¹ e a**li** vosso rebanho encon**trou** sua morada; *
com ca**ri**nho preparastes essa **ter**ra para o pobre.

Ant. Eis que **Deus** se põe de **pé**,
e os ini**mi**gos se dis**per**sam!

Ant. 2 Nosso **Deus** é um Deus que **sal**va;
só o Se**nhor** livra da **mor**te.

II

—¹²O Se**nhor** anun**ci**ou a boa-**no**va a seus e**lei**tos, *
e uma **gran**de multidão de nossas **jo**vens a proclamam:

—¹³"**Mui**tos **reis** e seus exércitos fogem **um** após o outro, *
e a mais **be**la das mulheres distri**bui** os seus despojos.

=¹⁴En**quan**to descansais entre a **cer**ca dos apriscos, †
as **a**sas de uma pomba de **pra**ta se recobrem, *
e suas **pe**nas têm o brilho de um **ou**ro esverdeado.

—¹⁵O Se**nhor** onipotente disper**sou** os poderosos, *
dissi**pou**-os como a neve que se es**pa**lha no Salmon!"

—¹⁶Montanhas de Basã tão escar**pa**das e altaneiras, *
ó **mon**tes elevados desta **ser**ra de Basã,

⁼¹⁷ por que **ten**des tanta inveja, ó **mon**tanhas sobranceiras, †
deste **Mon**te que o Senhor escolheu para morar? *
Sim, é **ne**le que o Senhor habit**ará** eternamente!

⁻¹⁸ Os **car**ros do Senhor contam mi**lha**res de milhares; *
do Si**nai** veio o Senhor, para mo**rar** no santuário.

⁼¹⁹ Vós su**bis**tes para o alto e le**vas**tes os cativos, †
os **ho**mens prisioneiros rece**bes**tes de presente, *
até **mes**mo os que não querem vão mo**rar** em vossa casa.

⁻²⁰ Ben**di**to seja Deus, bendito **se**ja cada dia, *
o Deus da **nos**sa salvação, que car**re**ga os nossos fardos!

⁻²¹ Nosso **Deus** é um Deus que salva, é um **Deus** libertador; *
o Se**nhor**, só o Senhor, nos pod**erá** livrar da morte!

⁻²² Ele esmaga a cabeça dos que **são** seus inimigos, *
e os **crâ**nios contumazes dos que **vi**vem no pecado.

⁻²³ Diz o Se**nhor**: "Eu vou trazê-los prisio**nei**ros de Basã, *
até do **fun**do dos abismos vou trazê-los prisioneiros!

⁻²⁴ No **san**gue do inimigo o teu **pé** vai mergulhar, *
e a **lín**gua de teus cães terá tamb**ém** a sua parte".

Ant. Nosso **Deus** é um Deus que **sal**va
só o Se**nhor** livra da **mor**te.

Ant. 3 Reinos da **ter**ra, celebrai
o nosso **Deus**, cantai-lhe **sal**mos!

III

⁻²⁵ Contem**pla**mos, ó Se**nhor**, vosso cor**te**jo que des**fi**la, *
é a en**tra**da do meu Deus, do meu **Rei**, no santuário;

⁻²⁶ os can**to**res vão à frente, vão a**trás** os tocadores, *
e no **mei**o vão as jovens a to**car** seus tamborins.

⁻²⁷ "Bendi**zei** o nosso Deus, em festivas assembleias! *
Bendi**zei** nosso Senhor, descen**den**tes de Israel!"

⁼²⁸ Eis o **jo**vem Benjamim que vai à **fren**te deles todos; †
eis os **che**fes de Judá, com as **su**as comitivas, *
os princi**pais** de Zabulon e os princi**pais** de Neftali.

—²⁹ Suscitai, ó Senhor Deus, suscitai vosso poder, *
confirmai este poder que por **nós** manifestastes,
—³⁰ a partir de vosso templo, que está em Jerusalém, *
para **vós** venham os reis e vos ofertem seus presentes!

=³¹ Ameaçai, ó nosso Deus, a fera brava dos caniços, †
a manada de novilhos e os touros das nações! *
Que vos rendam homenagem e vos tragam ouro e prata!

= Dispersai todos os povos que na guerra se comprazem! †
³² Venham príncipes do Egito, venham dele os poderosos, *
e levante a Etiópia suas mãos para o Senhor!

=³³ Reinos da terra, celebrai o nosso **Deus**, cantai-lhe salmos! †
³⁴ Ele viaja no seu carro sobre os céus dos céus eternos.*
Eis que eleva e faz ouvir a sua voz, voz poderosa.

—³⁵ Dai glória a **Deus** e exaltai o seu poder por sobre as nuvens.*
Sobre Israel, eis sua glória e sua grande majestade!

—³⁶ Em seu templo ele é admirável e a seu povo dá poder. *
Bendito seja o Senhor Deus, agora e sempre. Amém, amém!

Ant. Reinos da terra celebrai
  o nosso **Deus**, cantai-lhe **sal**mos!

V. Quero ouvir o que o Senhor irá falar.
R. É a paz que ele vai anunciar.

Leituras e oração correspondentes a cada Ofício.

Laudes

V. Vinde, ó **Deus**. Glória ao **Pai**. Como era. Aleluia.

Esta introdução se omite quando o Invitatório precede imediatamente às Laudes.

Hino

> Já vem brilhante aurora
> o sol anunciar.

De cor reveste as coisas,
faz tudo cintilar.

Ó Cristo, Sol eterno,
vivente para nós,
saltamos de alegria,
cantando para vós.

Do Pai Ciência e Verbo,
por quem se fez a luz,
as mentes, para vós,
levai, Senhor Jesus.

Que nós, da luz os filhos,
solícitos andemos.
Do Pai eterno a graça
nos atos expressemos.

Profira a nossa boca
palavras de verdade,
trazendo à alma o gozo
que vem da lealdade.

A vós, ó Cristo, a glória
e a vós, ó Pai, também,
com vosso Santo Espírito,
agora e sempre. Amém.

Salmodia
Ant. 1 Abençoastes, ó Senhor, a vossa terra,
perdoastes o pecado ao vosso povo.

Salmo 84(85)
A nossa salvação está próxima

No Salvador caído por terra, Deus abençoou a sua terra (Orígenes).

– ² Favorecestes, ó Senhor, a vossa terra, *
libertastes os cativos de Jacó.

— ³ Perdo**a**stes o pecado ao vosso povo, *
  enco**bris**tes toda a falta cometida;
— ⁴ reti**ras**tes a ameaça que fizestes, *
  acal**mas**tes o furor de vossa ira.
— ⁵ Reno**vai**-nos, nosso Deus e Salvador, *
  esque**cei** a vossa mágoa contra nós!
— ⁶ Fica**reis** eternamente irritado? *
  Guarda**reis** a vossa ira pelos séculos?
— ⁷ Não vi**reis** restituir a nossa vida, *
  para que em **vós** se rejubile o vosso povo?
— ⁸ Mos**trai**-nos, ó Senhor, vossa bondade, *
  conce**dei**-nos também vossa salvação!
— ⁹ Quero ou**vir** o que o Senhor irá falar: *
  é a **paz** que ele vai anunciar;
— a **paz** para o seu povo e seus amigos, *
  para os que **vol**tam ao Senhor seu coração.
— ¹⁰ Está **per**to a salvação dos que o temem, *
  e a **gló**ria habitará em nossa terra.
— ¹¹ A ver**da**de e o amor se encontrarão, *
  a justiça e a paz se abraçarão;
— ¹² da **ter**ra brotará a fidelidade, *
  e a justiça olhará dos altos céus.
— ¹³ O Se**nhor** nos dará tudo o que é bom, *
  e a nossa **ter**ra nos dará suas colheitas;
— ¹⁴ a justiça andará na sua frente *
  e a salva**ção** há de seguir os passos seus.

Ant. Abenço**as**tes, ó Se**nhor**, a vossa **ter**ra,
  perdo**as**tes o pe**ca**do ao vosso **po**vo.

Ant. 2 Durante a **noi**te a minha **al**ma vos de**se**ja,
  e meu espí**ri**to vos **bus**ca desde a aurora.

Cântico Is 26,1-4.7-9.12
Hino depois da vitória
A muralha da cidade tinha doze alicerces (cf. Ap 21,14).

– ¹ Nossa cidade invencível é Sião, *
   sua muralha e sua trincheira é o Salvador.
– ² Abri as portas, para que entre um povo justo, *
   um povo reto que ficou sempre fiel.
– ³ Seu coração está bem firme e guarda a paz, *
   guarda a paz, porque em vós tem confiança.
– ⁴ Tende sempre confiança no Senhor, *
   pois é ele nossa eterna fortaleza!
– ⁷ O caminho do homem justo é plano e reto, *
   porque vós o preparais e aplainais;
– ⁸ foi trilhando esse caminho de justiça *
   que em vós sempre esperamos, ó Senhor!
– Vossa lembrança e vosso nome, ó Senhor, *
   são o desejo e a saudade de noss'alma!
– ⁹ Durante a noite a minha alma vos deseja, *
   e meu espírito vos busca desde a aurora.
– Quando os vossos julgamentos se cumprirem, *
   aprenderão todos os homens a justiça.
– ¹² Ó Senhor e nosso Deus, dai-nos a paz, *
   pois agistes sempre em tudo o que fizemos!

Ant. Durante a **noi**te a minha **al**ma vos de**se**ja,
   e meu es**pí**rito vos **bus**ca desde a au**ro**ra.

Ant. 3 Ó Se**nhor**, que vossa **fa**ce resplan**de**ça sobre **nós**!

Quando o salmo seguinte já tiver sido recitado no Invitatório, em seu lugar se diz o Salmo 94(95), à p. 583.

Salmo 66(67)
Todos os povos celebram o Senhor

Sabei que esta salvação de Deus já foi comunicada aos pagãos (At 28,28).

– ²Que Deus nos dê a sua **graça** e sua **bênção**, *
  e sua **face** resplandeça sobre nós!
– ³Que na **ter**ra se conheça o seu caminho *
  e a **su**a salvação por entre os povos.
– ⁴Que as na**ções** vos glorifiquem, ó Senhor, *
  que **to**das as nações vos glorifiquem!
– ⁵**Exul**te de alegria a terra inteira, *
  pois jul**gais** o universo com justiça;
– os **po**vos governais com retidão, *
  e gui**ais**, em toda a terra, as nações.
– ⁶Que as na**ções** vos glorifiquem, ó Senhor, *
  que **to**das as nações vos glorifiquem!
– ⁷A **ter**ra produziu sua colheita: *
  o Se**nhor** e nosso Deus nos abençoa.
– ⁸Que o Se**nhor** e nosso Deus nos abençoe, *
  e o res**pei**tem os confins de toda a terra!

Ant. Ó Se**nhor**, que vossa **face** resplan**de**ça sobre **nós**!

Leitura breve   1Jo 4,14-15
Nós vimos, e damos testemunho, que o Pai enviou o seu Filho como Salvador do mundo. Todo aquele que proclama que Jesus é o Filho de Deus, Deus permanece com ele, e ele com Deus.

Responsório breve
R. Ó meu **Deus**, sois o ro**che**do que me a**bri**ga,
  * Meu escu**do** e prote**ção**: em vós espero! R. Ó meu **Deus**.
V. Minha **ro**cha, meu a**bri**go e Salva**dor**. * Meu escu**do**.
  Glória ao **Pai**. R. Ó meu **Deus**.

Cântico evangélico, ant.

O Senhor fez surgir um poderoso Salvador,
como falara pela boca de seus santos e profetas.

Preces

Adoremos a Jesus Cristo que, pelo seu sangue derramado, conquistou o povo da nova Aliança; e supliquemos humildemente:

R. **Lembrai-vos, Senhor, do vosso povo!**

Cristo, nosso Rei e Redentor, ouvi o louvor da vossa Igreja, no princípio deste dia,
– e ensinai-a a glorificar continuamente a vossa majestade. R.

Cristo, nossa esperança e nossa força, ensinai-nos a confiar em vós,
– e nunca permitais que sejamos confundidos. R.

Vede nossa fraqueza e socorrei-nos sem demora,
– porque sem vós nada podemos fazer. R.

Lembrai-vos dos pobres e abandonados, para que este novo dia não seja um peso para eles,
– mas lhes traga conforto e alegria. R.

(intenções livres)

Pai nosso...

Oração

Deus todo-poderoso, autor da bondade e beleza das criaturas, concedei que em vosso nome iniciemos, alegres, este dia e que o vivamos no amor generoso e serviçal a vós e a nossos irmãos e irmãs. Por nosso Senhor Jesus Cristo, vosso Filho, na unidade do Espírito Santo.

A conclusão da Hora como no Ordinário.

Hora Média

V. Vinde, ó **Deus**. Glória ao **Pai**. Como **era**. Aleluia.
HINO como no Ordinário, p. 598-601.
Salmodia
Ant. 1 A plenitude da **lei** é o **amor**.

Salmo 118(119),97-104
XIII (Mem)
Meditação sobre a Palavra de Deus na Lei

Este é o mandamento que dele recebemos: aquele que ama a Deus, ame também o seu irmão! (1Jo 4,21).

—97 Quanto eu amo, ó S**e**nhor, a vossa **lei**! *
   Perm**a**neço o dia inteiro a meditá-la.
—98 Vossa **lei** me faz mais sábio que os rivais, *
   porque ela me acompanha eternamente.
—99 Fiquei mais **sá**bio do que todos os meus mestres, *
   porque me**di**to sem cessar vossa Aliança.
—100 Sou mais pru**den**te que os próprios anciãos, *
   porque **cum**pro, ó Senhor, vossos preceitos.
—101 De **to**do mau caminho afasto os passos, *
   para que eu **si**ga fielmente as vossas ordens.
—102 De **vos**sos julgamentos não me afasto, *
   porque vós **mes**mo me ensinastes vossas leis.
—103 Como é **do**ce ao paladar vossa palavra, *
   muito mais **do**ce do que o mel na minha boca!
—104 De vossa **lei** eu recebi inteligência, *
   por isso **o**deio os caminhos da mentira.

Ant. A pleni**tu**de da **lei** é o **amor**.
Ant. 2 Recor**dai**-vos deste **po**vo que ou**tro**ra adqui**ris**tes!

Salmo 73(74)

Lamentação sobre o templo devastado

Não tenhais medo dos que matam o corpo (Mt 10,28).

I

– ¹ Ó Senhor, por que razão nos rejeitastes para sempre *
   e vos irais contra as ovelhas do rebanho que guiais?
= ² Recordai-vos deste povo que outrora adquiristes, †
   desta tribo que remistes para ser a vossa herança, *
   e do monte de Sião que escolhestes por morada!
– ³ Dirigi-vos até lá para ver quanta ruína: *
   no santuário o inimigo destruiu todas as coisas;
– ⁴ e, rugindo como feras, no local das grandes festas, *
   lá puseram suas bandeiras vossos ímpios inimigos.
– ⁵ Pareciam lenhadores derrubando uma floresta, *
– ⁶ ao quebrarem suas portas com martelos e com malhos.
– ⁷ Ó Senhor, puseram fogo mesmo em vosso santuário! *
   Rebaixaram, profanaram o lugar onde habitais!
– ⁸ Entre si eles diziam: "Destruamos de uma vez!" *
   E os templos desta terra incendiaram totalmente.
– ⁹ Já não vemos mais prodígios, já não temos mais profetas, *
   ninguém sabe, entre nós, até quando isto será!
–¹⁰ Até quando, Senhor Deus, vai blasfemar o inimigo? *
   Porventura ultrajará eternamente o vosso nome?
–¹¹ Por que motivo retirais a vossa mão que nos ajuda? *
   Por que retendes escondido vosso braço poderoso?
–¹² No entanto, fostes vós o nosso Rei desde o princípio, *
   e só vós realizais a salvação por toda a terra.

Ant. Recordai-vos deste povo que outrora adquiristes!

Ant. 3 Levantai-vos, Senhor Deus,
   e defendei a vossa causa!

II

—¹³ Com vossa **força** poderosa divi**dis**tes vastos **ma**res *
e que**bras**tes as cabeças dos dra**gões** nos oceanos.

—¹⁴ Fostes **vós** que ao Leviatã esma**gas**tes as cabeças *
e o jo**gas**tes como pasto para os **mons**tros do oceano.

—¹⁵ Vós fi**zes**tes irromper fontes de **á**guas e torrentes *
e fi**zes**tes que secassem grandes **ri**os caudalosos.

—¹⁶ Só a **vós** pertence o dia, só a **vós** pertence a noite; *
vós cri**as**tes sol e lua, e os fi**xas**tes lá nos céus.

—¹⁷ Vós mar**cas**tes para a terra o lu**gar** de seus limites. *
vós for**mas**tes o verão, vós cri**as**tes o inverno.

—¹⁸ Recor**dai**-vos, ó Senhor, das blas**fê**mias do inimigo
e de um **po**vo insensato que mal**diz** o vosso nome!

—¹⁹ Não entre**gueis** ao gavião a vossa **a**ve indefesa. *
não esque**çais** até o fim a humilha**ção** dos vossos pobres!

—²⁰ Recor**dai** vossa Aliança! A me**di**da transbordou, *
porque nos **an**tros desta terra só e**xis**te violência!

—²¹ Que não se es**con**dam envergonhados o hu**mil**de e o pequeno, *
mas glorifi**quem** vosso nome o infe**liz** e o indigente!

—²² Levan**tai**-vos, Senhor Deus, e defen**dei** a vossa causa! *
Recor**dai**-vos do insensato que blasfema o dia todo!

—²³ Escu**tai** o vozerio dos que **gri**tam contra vós, *
e o cla**mor** sempre crescente dos re**bel**des contra vós!

Ant. Levan**tai**-vos, Senhor **Deus**, e defen**dei** a vossa **cau**sa!

Para as outras Horas, Salmodia complementar, das séries I e III, p. 1178.

Oração das Nove Horas

Leitura breveJr 22,3

Administrai bem e praticai a justiça; ao que sofre violência, livrai-o das mãos do explorador, e não deixeis sofrer aflições e opressão iníqua o estrangeiro, o órfão e a viúva; e não derrameis sangue inocente.

V. Julgará o mundo inteiro com justiça.
R. E as nações há de julgar com equidade.

Oração

Deus eterno e todo-poderoso, que nesta hora enviastes aos Apóstolos vosso santo Paráclito, comunicai-nos também este Espírito de amor, para darmos de vós um testemunho fiel diante de todos. Por Cristo, nosso Senhor.

Oração das Doze Horas

Leitura breve   Dt 15,7-8
Se um dos teus irmãos, que mora em alguma de tuas cidades, na terra que o Senhor teu Deus te vai dar, cair na pobreza, não lhe endureças o teu coração nem lhe feches a mão. Ao contrário, abre a mão para o teu irmão pobre e empresta-lhe o bastante para a necessidade que o oprime.

V. Escutastes os desejos dos pequenos.
R. Seu coração fortalecestes e os ouvistes.

Oração

Ó Deus, que revelastes a Pedro vosso plano de salvação para todos os povos, fazei que nossos trabalhos vos agradem e, pela vossa graça, sirvam ao vosso desígnio de amor e redenção. Por Cristo, nosso Senhor.

Oração das Quinze Horas

Leitura breve   Pr 22,22-23
Não faças violência ao fraco, por ser fraco, nem oprimas o pobre no tribunal, porque o Senhor julgará a causa deles e tirará a vida aos que os oprimiam.

V. O Senhor libertará o indigente.
R. E a vida dos humildes salvará.

Oração

Senhor Deus, que enviastes vosso anjo para mostrar ao centurião Cornélio o caminho da vida, concedei-nos trabalhar com alegria para a salvação da humanidade, a fim de que, unidos todos na vossa Igreja, possamos chegar até vós. Por Cristo, nosso Senhor.

A conclusão da Hora como no Ordinário.

Vésperas

V. Vinde, ó **Deus**. Glória ao **Pai**. Como era. Ale**luia**.

Hino

Ó grande Autor da terra,
que, as águas repelindo,
do mundo o solo erguestes,
a terra produzindo,

de plantas revestida,
ornada pelas flores,
e dando muitos frutos,
diversos em sabores.

Lavai as manchas da alma
na fonte, pela graça.
O pranto em nossos olhos
as más ações desfaça.

Seguindo as vossas leis,
lutemos contra o mal,
felizes pelo dom
da vida perenal.

Ouvi-nos, Pai bondoso,
e vós, dileto Filho,
unidos pelo Espírito
na luz de eterno brilho.

Salmodia

Ant. 1 Deus nos **cerca** de carinho e prote**ção**.

Salmo 124(125)
Deus, protetor de seu povo

A paz para o Israel de Deus (Gl 6,16).

— ¹Quem con**fia** no Se**nhor** é como o **monte** de Si**ão**: *
   nada o **pode** abalar, porque é **firme** para sempre.
= ²Tal e **qual** Jerusalém, toda cer**cada** de montanhas, †
   assim **Deus** cerca seu povo de carinho e proteção, *
   desde agora e para sempre, pelos **séculos** afora.
= ³O Se**nhor** não vai deixar prevale**cer** por muito tempo †
   o do**mínio** dos malvados sobre a **sor**te dos seus justos, *
   para os **jus**tos não mancharem suas **mãos** na iniquidade.
= ⁴Fazei o **bem**, Senhor, aos bons e aos que têm **reto** coração, †
   ⁵mas os que **seguem** maus caminhos, casti**gai**-os com os maus! *
   Que venha a **paz** a Israel! Que venha a **paz** ao vosso povo!

Ant. Deus nos **cerca** de carinho e prote**ção**.

Ant. 2 Tor**nai**-nos, Se**nhor**, como cri**anças**,
   para po**dermos** en**trar** em vosso **Reino**!

Salmo 130(131)
Confiança filial e repouso em Deus

Aprendei de mim, porque sou manso e humilde de coração (Mt 11,29).

— ¹Se**nhor**, meu cora**ção** não é orgu**lhoso**, *
   nem se e**leva** arrogante o meu olhar;
— não **ando** à procura de grandezas, *
   nem **tenho** pretensões ambiciosas! —

— ² Fiz **cal**ar e sossegar a minha alma; *
  ela **est**á em grande paz dentro de mim,
— como a cri**an**ça bem tranquila, amamentada *
  no re**ga**ço acolhedor de sua mãe.
— ³ Con**fi**a no Senhor, ó Israel, *
  desde a**go**ra e por toda a eternidade!

Ant. Tor**nai**-nos, Se**nhor**, como cri**an**ças,
  para po**der**mos en**trar** em vosso **Reino**!

Ant. 3 Fi**zes**tes de **nós** para **Deus** sacer**do**tes e **po**vo de **reis**.

Cântico   Ap 4,11; 5,9-10.12

Hino dos remidos

—⁴,¹¹ Vós sois **dig**no, Se**nhor** nosso **Deus**, *
  de rece**ber** honra, glória e poder!

(R. **Po**der, honra e **gló**ria ao Cor**dei**ro de **Deus!**)

=⁵,⁹ Porque **to**das as coisas criastes, †
  é por **vos**sa vontade que existem *
  e sub**sis**tem porque vós mandais.   (R.)

= Vós sois **dig**no, Senhor nosso Deus, †
  de o **li**vro nas mãos receber *
  e de a**brir** suas folhas lacradas!   (R.)

— Porque **fos**tes por nós imolado; *
  para **Deus** nos remiu vosso sangue
— dentre **to**das as tribos e línguas, *
  dentre os **po**vos da terra e nações.   (R.)

= ¹⁰ Pois fi**zes**tes de nós, para Deus, †
  sacer**do**tes e povo de reis, *
  e iremos reinar sobre a terra.   (R.)

= ¹² O Cor**dei**ro imolado é digno †
  de rece**ber** honra, glória e poder, *
  sabedo**ri**a, louvor, divindade!   (R.)

Ant. Fi**zes**tes de **nós** para **Deus** sacer**do**tes e **po**vo de **reis**.

Leitura breve — Rm 12,9-12

O amor seja sincero. Detestai o mal, apegai-vos ao bem. Que o amor fraterno vos una uns aos outros com terna afeição, prevenindo-vos com atenções recíprocas. Sede zelosos e diligentes, fervorosos de espírito, servindo sempre ao Senhor, alegres por causa da esperança, fortes nas tribulações, perseverantes na oração.

Responsório breve

R. Vossa **pala**vra, ó **Se**nhor,
 * Perma**ne**ce eterna**men**te. R. Vossa **pala**vra.
V. Vossa **ver**dade é para **sem**pre. * Perma**ne**ce.
 Glória ao **Pai**. R. Vossa **pala**vra.

Cântico evangélico, ant.

E**xul**te meu es**pí**rito em **Deus**, meu Salva**dor**!

Preces

Invoquemos a Deus, esperança do seu povo; e aclamemos com alegria:

R. **Senhor, sois a esperança do vosso povo!**

Nós vos damos graças, Senhor, porque nos enriquecestes em tudo, por Jesus Cristo,
– com o dom da palavra e do conhecimento. R.

Concedei a vossa sabedoria aos que governam as nações,
– para que o vosso conselho ilumine seus corações e seus atos. R.

Vós, que tornais os artistas capazes de exprimir a vossa beleza, por meio da sua sensibilidade e imaginação,
– fazei de suas obras uma mensagem de alegria e de esperança para o mundo. R.

Vós, que não permitis sermos tentados acima de nossas forças,
– fortalecei os fracos e levantai os caídos. R.

(intenções livres)

Vós, que, por vosso Filho, prometestes aos seres humanos ressuscitarem para a vida eterna no último dia,
– não esqueçais para sempre os que já partiram deste mundo. R.

Pai nosso...

Oração

Pai cheio de bondade, suba até vós nossa oração da tarde e desça sobre nós a vossa bênção, para que, agora e sempre, possamos alcançar a graça da salvação. Por nosso Senhor Jesus Cristo, vosso Filho, na unidade do Espírito Santo.

A conclusão da Hora como no Ordinário.

III QUARTA-FEIRA

Invitatório

V. **Abri** os meus **láb**ios. R. E minha **boca**.
R. **Ado**remos o Se**nhor**, pois foi ele quem nos **fez**.
Salmo invitatório como no Ordinário, p. 583.

Ofício das Leituras

V. Vinde, ó **Deus**. Glória ao **Pai**. Como era. Ale**lu**ia.
Esta introdução se omite quando o Invitatório precede imediatamente ao Ofício das Leituras.

Hino

I. Quando se diz o Ofício das Leituras durante a noite ou de madrugada:

> Criastes céu e terra,
> a vós tudo obedece;
> livrai a nossa mente
> do sono que entorpece.

> As culpas perdoai,
> Senhor, vos suplicamos;
> de pé, para louvar-vos,
> o dia antecipamos.

> À noite as mãos e as almas
> erguemos para o templo:
> mandou-nos o Profeta,
> deixou-nos Paulo o exemplo.

> As faltas conheceis
> e até as que ocultamos;
> a todas perdoai,
> ansiosos suplicamos.

A glória seja ao Pai,
ao Filho seu também,
ao Espírito igualmente,
agora e sempre. Amém.

II. Quando se diz o Ofício das Leituras durante o dia:

A vós, honra e glória,
Senhor do saber,
que vedes o íntimo
profundo do ser,
e em fontes de graça
nos dais de beber.

As boas ovelhas
guardando, pastor,
buscais a perdida
nos montes da dor,
unindo-as nos prados
floridos do amor.

A ira do Rei
no dia final
não junte aos cabritos
o pobre mortal.
Juntai-o às ovelhas
no prado eternal.

A vós, Redentor,
Senhor, Sumo Bem,
louvores, vitória
e glória convém,
porque reinais sempre
nos séculos. Amém.

Salmodia

Ant. 1 O **amor** e a verd**a**de vão an**dan**do à vossa **fren**te.

Salmo 88(89),2-38

As misericórdias do Senhor com a descendência de Davi

Conforme prometera, da descendência de Davi, Deus fez surgir um Salvador, que é Jesus (At 13,22.23).

I

— ²Ó Senhor, eu cantarei eternamente o vosso amor, *
de geração em geração eu cantarei vossa verdade!
— ³Porque dissestes: "O amor é garantido para sempre!" *
E a vossa lealdade é tão firme como os céus.
— ⁴"Eu firmei uma Aliança com meu servo, meu eleito, *
e eu fiz um juramento a Davi, meu servidor:
— ⁵Para sempre, no teu trono, firmarei tua linhagem, *
de geração em geração garantirei o teu reinado!"
— ⁶Anuncia o firmamento vossas grandes maravilhas *
e o vosso amor fiel a assembleia dos eleitos,
— ⁷pois, quem pode lá das nuvens ao Senhor se comparar *
e quem pode, entre seus anjos, ser a ele semelhante?
— ⁸Ele é o Deus temível no conselho dos seus santos, *
ele é grande, ele é terrível para quantos o rodeiam.
— ⁹Senhor Deus do universo, quem será igual a vós? *
Ó Senhor, sois poderoso, irradiais fidelidade!
— ¹⁰Dominais sobre o orgulho do oceano furioso, *
quando as ondas se levantam, dominando as acalmais.
— ¹¹Vós feristes a Raab e o deixastes como morto, *
vosso braço poderoso dispersou os inimigos.
— ¹²É a vós que os céus pertencem, e a terra é também vossa! *
Vós fundastes o universo e tudo aquilo que contém.
— ¹³Vós criastes no princípio tanto o norte como o sul; *
o Tabor e o Hermon em vosso nome rejubilam.
— ¹⁴Vosso braço glorioso se revela com poder! *
Poderosa é vossa mão, é sublime a vossa destra!

—¹⁵ Vosso **trono** se baseia na jus**ti**ça e no direito, *
vão an**dan**do à vossa frente o **amor** e a verdade.

—¹⁶ Quão fe**liz** é aquele povo que co**nhe**ce a alegria! *
Seguir**á** pelo caminho, sempre à **luz** de vossa face!

—¹⁷ Exultar**á** de alegria em vosso **no**me dia a dia, *
e com **gran**de entusiasmo exaltar**á** vossa justiça.

—¹⁸ Pois sois **vós**, ó Senhor Deus, a sua **força** e sua glória, *
é por **vos**sa proteção que exal**tais** nossa cabeça.

—¹⁹ Do Se**nhor** é o nosso escudo, ele é **nos**sa proteção, *
ele **reina** sobre nós, é o **San**to de Israel

Ant. O **amor** e a ver**da**de vão an**dan**do à vossa **fren**te.

Ant. 2 O **Filho** de **Deus** se fez **ho**mem
e nasceu da família de Davi.

II

=²⁰ **Outro**ra vós falastes em vis**ões** a vossos **santos**: †
"Colo**quei** uma coroa na cabeça de um herói *
e do **meio** deste povo esco**lhi** o meu Eleito.

—²¹ Encon**trei** e escolhi a **Da**vi meu servidor, *
e o un**gi** para ser rei com meu **ó**leo consagrado.

—²² Estar**á** sempre com ele minha **mão** onipotente, *
e meu **braço** poderoso há de **ser** a sua força.

—²³ Não ser**á** surpreendido pela **força** do inimigo, *
nem o **filho** da maldade poder**á** prejudicá-lo.

—²⁴ Diante **de**le esmagarei seus in**imi**gos e agressores, *
feri**rei** e abaterei todos a**que**les que o odeiam.

—²⁵ Minha ver**da**de e meu amor estarão **sempre** com ele, *
sua **força** e seu poder por meu **no**me crescerão.

—²⁶ Eu fa**rei** que ele estenda sua **mão** por sobre os mares, *
e a **sua** mão direita estende**rei** por sobre os rios.

—²⁷ Ele, en**tão**, me invocará: 'Ó Se**nhor**, vós sois meu Pai, *
sois meu **Deus**, sois meu Rochedo onde en**con**tro a
salvação!'

— ²⁸E por isso farei dele o meu filho primogênito, *
  sobre os reis de toda a terra, farei dele o Rei altíssimo.
— ²⁹Guardarei eternamente para ele a minha graça, *
  e com ele firmarei minha Aliança indissolúvel.
— ³⁰Pelos séculos sem fim conservarei sua descendência, *
  e o seu trono, tanto tempo quanto os céus, há de durar".

Ant. O Filho de Deus se fez homem
  e nasceu da família de Davi.

Ant. 3 Eu jurei uma só vez a Davi, meu servidor:
  Eis que a tua descendência durará eternamente.

III

— ³¹Se seus filhos, porventura, abandonarem minha lei*
  e deixarem de andar pelos caminhos da Aliança;
— ³²se, pecando, violarem minhas justas prescrições *
  e se não obedecerem aos meus santos mandamentos:
— ³³eu, então, castigarei os seus crimes com a vara, *
  com açoites e flagelos punirei as suas culpas.
— ³⁴Mas não hei de retirar-lhes minha graça e meu favor*
  e nem hei de renegar o juramento que lhes fiz.
— ³⁵Eu jamais violarei a Aliança que firmei, *
  e jamais hei de mudar o que meus lábios proferiram!
— ³⁶Eu jurei uma só vez por minha própria santidade, *
  e portanto, com certeza, a Davi não mentirei!
— ³⁷Eis que a sua descendência durará eternamente *
  e seu trono ficará minha frente como o sol;
— ³⁸como a lua que perdura sempre firme pelos séculos, *
  e no alto firmamento é testemunha verdadeira".

Ant. Eu jurei uma só vez a Davi, meu servidor:
  Eis que a tua descendência durará eternamente.

V. Vossa palavra, ao revelar-se, me ilumina.
R. Ela dá sabedoria aos pequeninos.

Leituras e oração correspondentes a cada Ofício.

Laudes

V. Vinde, ó **Deus**. Glória ao **Pai**. Como era. Ale**luia**.

Esta introdução se omite quando o Invitatório precede imediatamente às Laudes.

Hino

Ó noite, ó treva, ó nuvem,
não mais fiqueis aqui!
Já surge a doce aurora,
o Cristo vem: parti!

Rompeu-se o véu da terra,
cortado por um raio:
as coisas tomam cores,
já voltam do desmaio.

Assim também se apague
a noite do pecado,
e o Cristo em nossas almas
comece o seu reinado.

Humildes, vos pedimos
em nosso canto ou choro:
ouvi, ó Cristo, a prece,
que sobe a vós, em coro.

Os fogos da vaidade
a vossa luz desfaz.
Estrela da manhã,
quão doce vossa paz.

Louvor ao Pai, ó Cristo,
louvor a vós também;
reinais, no mesmo Espírito,
agora e sempre. Amém.

Salmodia

Ant. 1 Ale**grai** vosso **servo**, **Senhor**,
pois a **vós** eu elevo a minh'**alma**.

Salmo 85(86)
Oração do pobre nas dificuldades

Bendito seja o Deus que nos consola em todas as nossas aflições (2Cor 1,3.4).

- ¹Inclinai, ó Senhor, vosso ouvido, *
 escutai, pois sou pobre e infeliz!
= ²Protegei-me, que sou vosso amigo, †
 e salvai vosso servo, meu Deus, *
 que espera e confia em vós!
- ³Piedade de mim, ó Senhor, *
 porque clamo por vós todo o dia!
- ⁴Animai e alegrai vosso servo, *
 pois a **vós** eu elevo a minh'alma.
- ⁵Ó Senhor, vós sois bom e clemente, *
 sois perdão para quem vos invoca.
- ⁶Escutai, ó Senhor, minha prece, *
 o lamento da minha oração!
- ⁷No meu dia de angústia eu vos chamo, *
 porque sei que me haveis de escutar.
- ⁸Não existe entre os deuses nenhum *
 que convosco se possa igualar;
- não existe outra obra no mundo *
 comparável às vossas, Senhor!
- ⁹As nações que criastes virão *
 adorar e louvar vosso nome.
- ¹⁰Sois tão grande e fazeis maravilhas: *
 vós somente sois Deus e Senhor!
- ¹¹Ensinai-me os vossos caminhos, *
 e na vossa verdade andarei;
- meu coração orientai para vós: *
 que respeite, Senhor, vosso nome!
- ¹²Dou-vos graças com toda a minh'alma, *
 sem cessar louvarei vosso nome!

—¹³ Vosso **amor** para mim foi imenso: *
   reti**rai**-me do abismo da morte!
=¹⁴ Contra **mim** se levantam soberbos, †
   e mal**va**dos me querem matar; *
   não vos **le**vam em conta, Senhor!
—¹⁵ Vós, po**rém**, sois clemente e fiel, *
   sois a**mor**, paciência e perdão.
=¹⁶ Tende **pe**na e olhai para mim! †
   Confir**mai** com vigor vosso servo, *
   de vossa **ser**va o filho salvai.
—¹⁷ Conce**dei**-me um sinal que me prove *
   a ver**da**de do vosso amor.
— O ini**mi**go humilhado verá *
   que me **des**tes ajuda e consolo.

Ant. Ale**grai** vosso **ser**vo, Se**nhor**,
   pois a **vós** eu elevo a minh'**al**ma.

Ant. 2 Fe**liz** de quem caminha na justiça,
   diz a ver**da**de e não en**ga**na o seme**lhan**te!

Cântico   Is 33,13-16
Deus julgará com justiça

A promessa é para vós e vossos filhos, e para todos aqueles que estão longe (At 2,39).

—¹³ Vós que estais **lon**ge, escu**tai** o que eu **fiz**! *
   Vós que estais **per**to, conhecei o meu poder!
—¹⁴ Os peca**do**res em Sião se apavoraram, *
   e aba**teu**-se sobre os ímpios o terror:
— "Quem fica**rá** junto do fogo que devora? *
   Ou quem de **vós** suportará a eterna chama?"
—¹⁵ É a**que**le que caminha na justiça, *
   diz a ver**da**de e não engana o semelhante;
— o que des**pre**za um benefício extorquido *
   e re**cu**sa um presente que suborna;

— o que **fecha** o seu ouvido à voz do crime *
  e cerra os **o**lhos para o mal não contemplar.
—[16] Esse **ho**mem morará sobre as alturas, *
  e seu re**fú**gio há de ser a rocha firme.
— O seu **pão** não haverá de lhe faltar, *
  e a **á**gua lhe será assegurada.

Ant. F**e**liz de quem **ca**minha na jus**ti**ça,
  diz a ver**da**de e não en**ga**na o seme**lhan**te!

Ant. 3 Acla**mai** ao Se**nhor** e nosso **Rei**!

Salmo 97(98)
Deus, vencedor como juiz

Este salmo significa a primeira vinda do Senhor e a fé de todos os povos (Sto. Atanásio).

—[1] Can**tai** ao Senhor **Deus** um canto **no**vo, *
  porque **e**le fez pro**dí**gios!
— Sua **mão** e o seu braço forte e santo *
  alcan**ça**ram-lhe a vitória.
—[2] O Se**nhor** fez conhecer a salvação, *
  e às na**ções**, sua justiça;
—[3] recor**dou** o seu amor sempre fiel *
  pela **ca**sa de Israel.
— Os con**fins** do universo contemplaram *
  a salva**ção** do nosso Deus.
—[4] Acla**mai** o Senhor Deus, ó terra inteira, *
  ale**grai**-vos e exultai!
—[5] Can**tai** **sal**mos ao Senhor ao som da harpa *
  e da **cí**tara suave!
—[6] Acla**mai**, com os clarins e as trombetas, *
  ao Se**nhor**, o nosso Rei!
—[7] Aplauda o **mar** com todo ser que nele vive, *
  o mundo in**tei**ro e toda gente!

– ⁸As montanhas e os rios batam palmas *
e exultem de alegria,
– ⁹na presença do Senhor, pois ele vem, *
vem julgar a terra inteira.
– Julgará o universo com justiça *
e as nações com equidade.

Ant. Aclamai ao Senhor e nosso **Rei!**

Leitura breve   Jó 1,21; 2,10b
Nu eu saí do ventre de minha mãe e nu voltarei para lá. O Senhor deu, o Senhor tirou; como foi do agrado do Senhor, assim foi feito. Bendito seja o nome do Senhor! Se recebemos de Deus os bens, não deveríamos receber também os males?

Responsório breve
R. Para os **vos**sos manda**men**tos,
  * Incli**nai** meu cora**ção**! R. Para os **vos**sos.
V. Dai-me a **vi**da em vossa **Lei**! *Incli**nai**.
   Glória ao **Pai**. R. Para os **vos**sos.

Cântico evangélico, ant.
Mos**trai**-nos, ó Se**nhor**, miseri**cór**dia,
recor**dan**do vossa **san**ta Aliança.

Preces
Oremos a Cristo que nos alimenta e protege a Igreja, pela qual deu sua vida; e digamos com fé:
R. **Lembrai-vos, Senhor, da vossa Igreja!**

Bendito sejais, Senhor Jesus Cristo, Pastor da Igreja, que nos dais hoje luz e vida;
– ensinai-nos a vos agradecer tão precioso dom.   R.

Velai com bondade sobre o rebanho reunido em vosso nome,
– para que não se perca nenhum daqueles que o Pai vos confiou.   R.

Conduzi a Igreja pelo caminho dos vossos mandamentos,
e que o Espírito Santo a mantenha sempre fiel.
R. **Lembrai-vos, Senhor, da vossa Igreja!**

Alimentai a Igreja com a vossa Palavra e o vosso Pão,
– para que, fortalecida por este alimento, ela vos siga com alegria. R.

(intenções livres)

Pai nosso...

Oração

Senhor, que nos criastes em vossa sabedoria e nos governais em vossa providência, iluminai nossos corações com a luz do vosso Espírito, para que por toda a vida vos sejamos dedicados. Por nosso Senhor Jesus Cristo, vosso Filho, na unidade do Espírito Santo.

A conclusão da Hora como no Ordinário.

Hora Média

V. Vinde, ó **Deus**. Glória ao **Pai**. Como era. Aleluia.
HINO como no Ordinário, p. 598-601.

Salmodia

Ant. 1 Quem me segue não caminha em meio às trevas,
mas terá a luz da vida, diz Jesus.

Salmo 118(119),105-112
XIV (Nun)
Meditação sobre a Palavra de Deus na Lei

Outrora éreis trevas, mas agora sois luz no Senhor. Vivei como filhos da luz (Ef 5,8).

– ^{105}Vossa palavra é uma **luz** para os meus passos, *
 é uma **lâm**pada luzente em meu caminho.
– ^{106}Eu **fiz** um juramento e vou cumpri-lo: *
 "Hei de guar**dar** os vossos justos julgamentos!"
– ^{107}Ó Se**nhor**, estou cansado de sofrer; *
 vossa pa**la**vra me devolva a minha vida!

– ¹⁰⁸ Que vos agrade a oferenda dos meus lábios; *
ensinai-me, ó Senhor, vossa vontade!
– ¹⁰⁹ Constantemente está em perigo a minha vida, *
mas não esqueço, ó Senhor, a vossa lei.
– ¹¹⁰ Os pecadores contra mim armaram laços; *
eu porém não reneguei vossos preceitos.
– ¹¹¹ Vossa palavra é minha herança para sempre, *
porque ela é que me alegra o coração!
– ¹¹² Acostumei meu coração a obedecer-vos, *
a obedecer-vos para sempre, até o fim!

Ant. Quem me segue não caminha em meio às trevas,
mas terá a luz da vida, diz Jesus.

Ant. 2 Quanto a mim, eu sou um pobre e infeliz,
socorrei-me sem demora, ó meu Deus!

Salmo 69(70)
Deus, vinde logo em meu auxílio!
Senhor, salvai-nos, pois estamos perecendo! (Mt 8,25).

– ² Vinde, ó Deus, em meu auxílio, sem demora, *
apressai-vos, ó Senhor, em socorrer-me!
– ³ Que sejam confundidos e humilhados *
os que procuram acabar com minha vida!
– Que voltem para trás envergonhados *
os que se alegram com os males que eu padeço!
– ⁴ Que se retirem, humilhados, para longe, *
todos aqueles que me dizem: "É bem feito!"
– ⁵ Mas se alegrem e em vós se rejubilem *
todos aqueles que procuram encontrar-vos;
– e repitam todo dia: "Deus é grande!" *
os que buscam vosso auxílio e salvação.
– ⁶ Quanto a mim, eu sou um pobre e infeliz; *
socorrei-me sem demora, ó meu Deus!

— Sois meu **Deus** libertador e meu auxílio: *
  não tar**deis** em socorrer-me, ó Senhor!

Ant. Quanto a **mim**, eu sou um **po**bre e infe**liz**,
  socor**rei**-me sem de**mo**ra, ó meu **Deus**!

Ant. 3 O Senhor não julgará pela aparência,
  mas com toda a justiça e equidade.

Salmo 74(75)

O Senhor, Juiz supremo

Derrubou do trono os poderosos e elevou os humildes (Lc 1,52).

= ² Nós vos louvamos, dando **graças**, ó Se**nhor**, †
  dando **graças**, invocamos vosso nome *
  e publi**ca**mos os prodígios que fizestes!

— ³"No mo**men**to que eu tiver determinado, *
  vou jul**gar** segundo as normas da justiça;

— ⁴mesmo que a **ter**ra habitada desmorone, *
  fui eu **mes**mo que firmei suas colunas!"

— ⁵"Ó orgul**ho**sos, não sejais tão arrogantes! *
  não levan**teis** vossa cabeça, ó insolentes!

— ⁶Não levan**teis** a vossa fronte contra os céus, *
  não fa**leis** esses insultos contra Deus!"

— ⁷Porque não **vem** do oriente o julgamento, *
  nem do oci**den**te, do deserto ou das montanhas;

— ⁸mas é **Deus** quem vai fazer o julgamento: *
  o Se**nhor** exalta a um, e humilha a outro.

— ⁹Em sua **mão** o Senhor Deus tem uma taça *
  com um **vi**nho de mistura inebriante;

— Deus lhes im**põe** que até o fim eles o bebam; *
  todos os **ím**pios sobre a terra hão de sorvê-lo.

— ¹⁰Eu, po**rém**, exultarei eternamente, *
  cantarei **sal**mos ao Senhor Deus de Jacó.

—¹¹ "A **for**ça dos iníquos quebrarei, *
mas a **fron**te do homem justo exaltarei!"

Ant. O Se**nhor** não julga**rá** pela apa**rên**cia,
mas com **to**da a jus**ti**ça e equi**da**de.

Para as outras Horas, Salmodia complementar, das séries I e II, p. 1178.

Oração das Nove Horas

Leitura breve   1Cor 13,4-7
A caridade é paciente, é benigna; não é invejosa, não é vaidosa, não se ensoberbece; não faz nada de inconveniente, não é interesseira, não se encoleriza, não guarda rancor; não se alegra com a iniquidade, mas regozija-se com a verdade. Suporta tudo, crê tudo, espera tudo, desculpa tudo.

V. **Exul**te todo a**que**le que vos **bus**ca.
R. E **pos**sa dizer **sem**pre: Deus é **gran**de!

Oração

Senhor, nosso Pai, Deus santo e fiel, que enviastes o Espírito prometido por vosso Filho, para reunir os seres humanos divididos pelo pecado, fazei-nos promover no mundo os bens da unidade e da paz. Por Cristo, nosso Senhor.

Oração das Doze Horas

Leitura breve   1Cor 13,8-9.13
A caridade não acabará nunca. As profecias desaparecerão, as línguas cessarão, a ciência desaparecerá. Com efeito, o nosso conhecimento é limitado e a nossa profecia é imperfeita. Atualmente permanecem estas três coisas: fé, esperança, caridade. Mas a maior delas é a caridade.

V. Sobre **nós**, venha, Se**nhor**, a vossa **gra**ça.
R. Da mesma **for**ma que em **vós** nós espe**ra**mos.

Oração

Deus onipotente e misericordioso, que nos dais novo alento no meio deste dia, olhai com bondade os trabalhos começados e, perdoando nossas faltas, fazei que eles atinjam os fins que vos agradam. Por Cristo, nosso Senhor.

Oração das Quinze Horas

Leitura breve   Cl 3,14-15

Sobretudo, amai-vos uns aos outros, pois o amor é o vínculo da perfeição. Que a paz de Cristo reine em vossos corações, à qual fostes chamados como membros de um só corpo. E sede agradecidos.

V. Os **man**sos herda**rão** a nova **terra**.
R. E **n**ela goza**rão** de imensa **paz**.

Oração

Senhor Jesus Cristo, que para salvar o gênero humano estendestes vossos braços na cruz, concedei que nossas ações vos agradem e manifestem ao mundo vossa obra redentora. Vós, que viveis e reinais para sempre.

A conclusão da Hora como no Ordinário.

Vésperas

V. Vinde, ó **Deus**. Glória ao **Pai**. Como era. Ale**lu**ia.
Hino

> Santíssimo Deus do céu,
> que o céu encheis de cor
> e dais à luz beleza
> de ígneo resplendor;
>
> criais no quarto dia
> a rota chamejante
> do sol e das estrelas,
> da lua fulgurante.

Assim, à luz e às trevas
limites vós fixais.
Dos meses o começo
marcastes com sinais.

Fazei a luz brilhar
em nosso coração.
Tirai da mente as trevas,
da culpa a servidão.

Ouvi-nos, Pai bondoso,
e vós, único Filho,
reinando com o Espírito
na luz de eterno brilho.

Salmodia
Ant. 1 Os que em **lá**grimas se**mei**am, cei fa**rão** com a**le**gria.

Salmo 125(126)
Alegria e esperança em Deus

Assim como participais dos nossos sofrimentos, participais também da nossa consolação (2Cor 1,7).

— ¹ Quando o S**e**nhor recondu**ziu** nossos ca**ti**vos, *
   pare**cí**amos so**nhar**;
— ² en**cheu**-se de sorriso nossa boca, *
   nossos **lá**bios, de canções.
— Entre os gen**ti**os se dizia: "Maravilhas *
   fez com **e**les o Senhor!"
— ³ Sim, mara**vi**lhas fez conosco o Senhor, *
   exul**te**mos de alegria!
— ⁴ Mu**dai** a nossa sorte, ó Senhor, *
   como tor**ren**tes no deserto.
— ⁵ Os que **lan**çam as sementes entre lágrimas, *
   ceifa**rão** com alegria. —

- ⁶Cho**ran**do de tristeza sai**rão**, *
  espa**lhan**do suas sementes;
- can**tan**do de alegria vol**ta**rão, *
  carre**gan**do os seus feixes!

Ant. Os que em **lá**grimas se**mei**am, cei**fa**rão com ale**gri**a.

Ant. 2 Ó Se**nhor**, constru**í** a nossa **ca**sa, vigi**ai** nossa ci**da**de!

Salmo 126(127)
O trabalho sem Deus é inútil

Vós sois a construção de Deus (1Cor 3,9).

- ¹Se o Se**nhor** não constru**ir** a nossa **ca**sa, *
  em **vão** trabalharão seus construtores;
- se o Se**nhor** não vigiar nossa cidade, *
  em **vão** vigiarão as sentinelas!
- ²É in**ú**til levantar de madrugada, *
  ou à **noi**te retardar vosso repouso,
- para ga**nhar** o pão sofrido do trabalho, *
  que a seus a**ma**dos Deus concede enquanto dormem.
- ³Os **fi**lhos são a bênção do Senhor, *
  o **fru**to das entranhas, sua dádiva.
- ⁴Como **fle**chas que um guerreiro tem na mão, *
  são os **fi**lhos de um casal de esposos jovens.
- ⁵**Fe**liz aquele pai que com tais flechas *
  con**se**gue abastecer a sua aljava!
- Não se**rá** envergonhado ao enfrentar *
  seus ini**mi**gos junto às portas da cidade.

Ant. Ó Se**nhor**, constru**í** a nossa **ca**sa, vigi**ai** nossa ci**da**de!

Ant. 3 É o Primo**gê**nito de **to**da criatura
  e em **tu**do ele **tem** a prima**zi**a.

Cântico   Cf. Cl 1,12-20
**Cristo, o Primogênito de toda a criatura
e o Primogênito dentre os mortos**

= ¹²Demos **graças** a Deus **Pai** onipo**ten**te, †
   que nos **cha**ma a partilhar, na sua luz, *
   da he**ran**ça a seus santos reservada!

(R. Glória a **vós**, Primogênito dentre os **mor**tos!)

= ¹³Do im**pé**rio das trevas arrancou-nos †
   e transpor**tou**-nos para o Reino de seu Filho, *
   para o **Rei**no de seu Filho bem-amado,

– ¹⁴no **qual** nós encontramos redenção, *
   dos pe**ca**dos remissão pelo seu sangue.   (R.)

– ¹⁵Do **Deus**, o Invisível, é a imagem, *
   o Primo**gê**nito de toda criatura;

= ¹⁶porque **ne**le é que tudo foi criado: †
   o que há nos **céus** e o que existe sobre a terra, *
   o vi**sí**vel e também o invisível.   (R.)

= Sejam **Tro**nos e Poderes que há nos céus, †
   sejam eles Principados, Potestades: *
   por ele e para ele foram feitos;

– ¹⁷antes de **to**da criatura ele existe, *
   e é por **e**le que subsiste o universo.   (R.)

= ¹⁸Ele é a Cabeça da Igreja, que é seu Corpo, †
   é o prin**cí**pio, o Primogênito dentre os mortos, *
   a **fim** de ter em tudo a primazia.

– ¹⁹Pois foi do a**gra**do de Deus Pai que a plenitude *
   habi**tas**se no seu Cristo inteiramente.   (R.)

– ²⁰A**prou**ve-lhe também, por meio dele, *
   reconcili**ar** consigo mesmo as criaturas,

= pacifi**can**do pelo sangue de sua cruz †
   tudo a**qui**lo que por ele foi criado, *
   o que há nos **céus** e o que existe sobre a terra.   (R.)

Ant. É o Primogênito de toda criatura
e em **tu**do ele **tem** a prima**zi**a.

Leitura breve   Ef 3,20-21

A Deus, que tudo pode realizar superabundantemente, e muito mais do que nós pedimos ou concebemos, e cujo poder atua em nós, a ele a glória, na Igreja e em Jesus Cristo, por todas as gerações, para sempre. Amém.

Responsório breve

R. Liber**tai**-me, ó Se**nhor**,
 * Ó meu **Deus**, tende pie**da**de! R. Liber**tai**-me.
V. Não jun**teis** a minha **vi**da à dos **maus** e sangui**ná**rios.
 * Ó meu **Deus**. Glória ao **Pai**. R. Liber**tai**-me.

Cântico evangélico, ant.

O Pode**ro**so fez em **mim** maravilhas, e **San**to é seu **no**me.

Preces

Bendigamos a Deus, que enviou seu Filho ao mundo como Salvador e Mestre do seu povo; e peçamos humildemente:

R. **Que vosso povo vos louve, Senhor!**

Nós vos damos graças, Senhor, porque nos escolhestes como primícias da salvação,
— e nos chamastes para tomar parte na glória de nosso Senhor Jesus Cristo.   R.

A todos os que invocam o vosso santo nome, concedei que vivam unidos na verdade de vossa palavra,
— e sejam sempre fervorosos no vosso amor.   R.

Criador de todas as coisas, vosso Filho quis trabalhar no meio de nós com suas próprias mãos;
— lembrai-vos de todos aqueles que trabalham para comer o pão com o suor do seu rosto.   R.

Lembrai-vos também dos que se dedicam ao serviço do próximo,
– para que nem o fracasso nem a incompreensão dos outros os façam desistir de seus propósitos. R.

(intenções livres)

Concedei a vossa misericórdia aos nossos irmãos e irmãs falecidos,
– e não os deixeis cair em poder do espírito do mal. R.
Pai nosso...

Oração

Suba até vós, Deus de bondade, o clamor da Igreja suplicante e fazei que vosso povo, libertado de seus pecados, vos sirva com amor e nunca lhe falte a vossa proteção. Por nosso Senhor Jesus Cristo, vosso Filho, na unidade do Espírito Santo.

A conclusão da Hora como no Ordinário.

III QUINTA-FEIRA

Invitatório

V. **Abri** os meus **lábios**. R. E minha **boca**.
R. Ado**remos** o Se**nhor**, porque ele é nosso **Deus**.
Salmo invitatório como no Ordinário, p. 583.

Ofício das Leituras

V. Vinde, ó **Deus**. Glória ao **Pai**. Como era. Ale**luia**.
Esta introdução se omite quando o Invitatório precede imediatamente ao Ofício das Leituras.

Hino

I. Quando se diz o Ofício das Leituras durante a noite ou de madrugada:

> A noite escura apaga
> da treva toda a cor.
> Juiz dos corações,
> a vós nosso louvor.

> E para que das culpas
> lavemos nossa mente,
> ó Cristo, dai a graça
> que os crimes afugente.

> A nós, que vos buscamos,
> tirai do mal escuro.
> Já dorme a mente ímpia
> que o fruto morde impuro.

> As trevas expulsai
> do nosso interior.
> Felizes exultemos
> à luz do vosso amor.

> A vós, ó Cristo, a glória
> e a vós, ó Pai, também,

com vosso Santo Espírito
agora e sempre. Amém.

II. Quando se diz o Ofício das Leituras durante o dia:

Cristo, aos servos suplicantes
voltai hoje vosso olhar.
Entre as trevas deste mundo
nossa fé fazei brilhar.

Não pensemos em maldades,
não lesemos a ninguém,
nem o mal retribuamos,
mas paguemos mal com bem.

Iras, fraudes, nem soberba
haja em nossos corações.
Defendei-nos da avareza,
que é raiz de divisões.

Guarde todos nós na paz
a sincera caridade.
Seja casta a nossa vida,
em total fidelidade.

A vós, Cristo, Rei clemente,
e a Deus Pai, Eterno Bem,
com o vosso Santo Espírito,
honra e glória sempre. Amém.

Salmodia

Ant. 1 Olhai e vede, ó Senhor, a humilhação do vosso povo!

Salmo 88(89),39-53

Lamentação sobre a ruína da casa de Davi

Fez aparecer para nós uma força de salvação na casa de Davi (Lc 1,69)

IV

—^{39} E no entanto vós, Senhor, repudiastes vosso Ungido, *
gravemente vos irastes contra ele e o rejeitastes!

– ⁴⁰Desprezastes a Aliança com o **vos**so servidor, *
profa**nas**tes sua coroa, ati**ran**do-a pelo chão!
– ⁴¹Derru**bas**tes, destruístes os seus **mu**ros totalmente, *
e as **su**as fortalezas redu**zis**tes a ruínas.
– ⁴²Os que **pas**sam no caminho sem pie**da**de o saquearam *
e tor**nou**-se uma vergonha para os **po**vos, seus vizinhos.
– ⁴³Aumen**tas**tes o poder da mão di**rei**ta do agressor, *
e exul**ta**ram de alegria os ini**mi**gos e opressores.
– ⁴⁴Vós fi**zes**tes sua espada ficar **ce**ga, sem ter corte, *
não qui**ses**tes sustentá-lo quando esta**va** no combate.
– ⁴⁵O seu **ce**tro glorioso arran**cas**tes de sua mão, *
derru**bas**tes pelo chão o seu **tro**no esplendoroso,
– ⁴⁶e de **su**a juventude a dura**ção** abreviastes, *
reco**brin**do sua pesso**a** de vergonha e confusão.

Ant. Olhai e **ve**de, ó Se**nhor**, a humilha**ção** do vosso **po**vo!

Ant. 2 Sou o re**ben**to da es**tir**pe de Da**vi**,
sou a estre**la** fulgu**ran**te da man**hã.**

V

– ⁴⁷Até **quan**do, Senhor **Deus**, fica**reis** sempre escon**di**do? *
Arde**rá** a vossa ira como **fo**go eternamente?
– ⁴⁸Recor**dai**-vos, ó Senhor, de como é **bre**ve a minha vida, *
e de **co**mo é perecível todo **ho**mem que criastes!
– ⁴⁹Quem acaso viverá sem pro**var** jamais a morte, *
e quem **po**de arrebatar a sua **vi**da dos abismos?
– ⁵⁰Onde está, ó Senhor Deus, vosso **amor** de antigamente? *
Não juras**tes** a Davi fideli**da**de para sempre?
– ⁵¹Recor**dai**-vos, ó Senhor, da humilha**ção** dos vossos servos, *
pois car**re**go no meu peito os ul**tra**jes das nações;
– ⁵²com os **quais** sou insultado pelos **vos**sos inimigos, *
com os **quais** eles ultrajam vosso Un**gi**do a cada passo!

—⁵³ O **Senhor** seja bendito desde **agora** e para sempre! *
Bendito **seja** o Senhor Deus, eternamente! Amém,
amém!

Ant. Sou o rebento da estirpe de Davi,
sou a estrela fulgurante da manhã.

Ant. 3 Os nossos dias vão murchando como a erva;
vós, Senhor, sois desde sempre e para sempre

Salmo 89(90)
O esplendor do Senhor esteja sobre nós

*Para o Senhor, um dia é como mil anos, e mil anos como
um dia* (2Pd 3,8).

— ¹ Vós fostes um refúgio para nós, *
ó Senhor, de geração em geração.

= ² Já bem antes que as montanhas fossem feitas †
ou a terra e o mundo se formassem, *
desde sempre e para sempre vós sois Deus.

— ³ Vós fazeis voltar ao pó todo mortal, *
quando dizeis: "Voltai ao pó, filhos de Adão!"

— ⁴ Pois mil anos para vós são como ontem, *
qual vigília de uma noite que passou.

— ⁵ Eles passam como o sono da manhã, *
⁶ são iguais à erva verde pelos campos:

— De manhã ela floresce vicejante, *
mas à tarde é cortada e logo seca.

— ⁷ Por vossa ira perecemos realmente, *
vosso furor nos apavora e faz tremer;

— ⁸ pusestes nossa culpa à nossa frente, *
nossos segredos ao clarão de vossa face.

— ⁹ Em vossa ira se consomem nossos dias, *
como um sopro se acabam nossos anos.

— ¹⁰Pode durar setenta anos nossa vida, *
os mais fortes talvez cheguem a oitenta;
— a maior parte é ilusão e sofrimento: *
passam depressa e também nós assim passamos.
— ¹¹Quem avalia o poder de vossa ira, *
o respeito e o temor que mereceis?
— ¹²Ensinai-nos a contar os nossos dias, *
e dai ao nosso coração sabedoria!
— ¹³Senhor, voltai-vos! Até quando tardareis? *
Tende piedade e compaixão de vossos servos!
— ¹⁴Saciai-nos de manhã com vosso amor, *
e exultaremos de alegria todo o dia!
— ¹⁵Alegrai-nos pelos dias que sofremos, *
pelos anos que passamos na desgraça!
— ¹⁶Manifestai a vossa obra a vossos servos, *
e a seus filhos revelai a vossa glória!
— ¹⁷Que a bondade do Senhor e nosso Deus *
repouse sobre nós e nos conduza!
— Tornai fecundo, ó Senhor, nosso trabalho, *
fazei dar frutos o labor de nossas mãos!

Ant. Os nossos dias vão murchando como a erva;
vós, Senhor, sois desde sempre e para sempre.

V. Em vós está a fonte da vida,
R. E em vossa luz contemplamos a luz.

Leituras e oração correspondentes a cada Ofício.

Laudes

V. Vinde, ó Deus. Glória ao Pai. Como era. Aleluia.

Esta introdução se omite quando o Invitatório precede imediatamente às Laudes.

Hino

Já surge a luz dourada,
a treva dissipando,
que as almas do abismo
aos poucos vai levando.

Dissipa-se a cegueira
que a todos envolvia;
alegres caminhemos
na luz de um novo dia.

Que a luz nos traga paz,
pureza ao coração:
longe a palavra falsa,
o pensamento vão.

Decorra calmo o dia:
a mão, a língua, o olhar.
Não deixe nosso corpo
na culpa se manchar.

Do alto, nossos atos
Deus vê, constantemente;
solícito nos segue
da aurora ao sol poente.

A glória seja ao Pai,
ao Filho seu também;
ao Espírito igualmente,
agora e sempre. Amém.

Salmodia

Ant. 1 Dizem **coi**sas glori**o**sas da **Ci**da**d**e do Se**nhor**.

Salmo 86(87)

Jerusalém, mãe de todos os povos

A Jerusalém celeste é livre, e é a nossa mãe (Gl 4,26).

– ¹O Se**nhor** ama a ci**da**de *
que fun**dou** no Monte santo;

— ² ama as **por**tas de Sião *
  mais que as **ca**sas de Jacó.
— ³ Dizem **coi**sas gloriosas *
  da Ci**da**de do Senhor:
— ⁴ "Lembro o E**gi**to e Babilônia *
  entre os **meus** veneradores.
= Na Filis**tei**a ou em Tiro †
  ou no país da Etiópia, *
  este ou a**que**le ali nasceu".
= ⁵ De Si**ão**, porém, se diz: †
  "Nasceu **ne**la todo homem; *
  Deus é **sua** segurança".
= ⁶ Deus a**no**ta no seu livro, †
  onde ins**cre**ve os povos todos: *
  "Foi a**li** que estes nasceram".
— ⁷ E por **is**so todos juntos *
  a can**tar** se alegrarão;
— e, dan**çan**do, exclamarão: *
  "Estão em **ti** as nossas fontes!"

Ant. Dizem **coi**sas gloriosas da Ci**da**de do Senhor.

Ant. 2 O Se**nhor**, o nosso **Deus**, vem com po**der**,
  e o **pre**ço da vi**tó**ria vem com **ele**.

Cântico Is 40,10-17

O Bom Pastor é o Deus Altíssimo e Sapientíssimo

Eis que venho em breve, para retribuir a cada um segundo as suas obras (Ap 22,12).

— ¹⁰ Olhai e **vede**: o nosso **Deus** vem com po**der**, *
  domina**rá** todas as coisas com seu braço.
— Eis que o **pre**ço da vitória vem com ele, *
  e o precedem os troféus que conquistou.
(R. Ben**di**to seja A**que**le que há de **vir**!)

– ¹¹Como o pas**tor**, ele apascenta o seu rebanho. *
  Ele **to**ma os cordeirinhos em seus braços,
– leva ao **co**lo as ovelhas que amamentam, *
  e re**ú**ne as dispersas com sua mão. (R.)
– ¹²Quem, no **côn**cavo da mão, mediu o mar? *
  Quem me**diu** o firmamento com seu palmo?
= Quem me**diu** com o alqueire o pó da terra? †
  Quem pe**sou**, pondo ao gancho, as montanhas, *
  e as co**li**nas, colocando-as na balança? (R.)
– ¹³Quem instru**í**ra o espírito do Senhor? *
  Que conse**lhei**ro o teria orientado?
– ¹⁴Com **quem** aprendeu ele a bem julgar, *
  e os ca**mi**nhos da justiça a discernir?
– Quem as ve**re**das da prudência lhe ensinou *
  ou os ca**mi**nhos da ciência lhe mostrou? (R.)
– ¹⁵Eis as na**ções**: qual gota d'água na vasilha, *
  um grão de a**rei**a na balança diante dele;
– e as **i**lhas pesam menos do que o pó *
  perante **e**le, o Senhor onipotente. (R.)
– ¹⁶Não basta**ri**a toda a lenha que há no Líbano *
  para queimar seus animais em holocausto.
– ¹⁷As nações **to**das são um nada diante dele, *
  a seus **o**lhos, elas são quais se não fossem. (R.)

Ant. O Se**nhor**, o nosso **Deus,** vem com po**der,**
  e o **pre**ço da vi**tó**ria vem com ele.

Ant. 3 Acla**mai** o Se**nhor** nosso **Deus,**
  e ado**rai**-o com **to**do o res**pei**to!

Salmo 98(99)

Santo é o Senhor nosso Deus

Vós, Senhor, que estais acima dos Querubins, quando vos fizestes semelhante a nós, restaurastes o mundo decaído (Sto. Atanásio).

= ¹ Deus é **Rei**: diante de**le** estreme**çam** os **povos**! †
Ele **reina** entre os anjos: que a **terra** se abale! *
² Porque **gran**de é o Se**nhor** em Sião!

= Muito a**ci**ma de **to**dos os **po**vos se eleva; †
³ glorifiquem seu nome terrível e grande, *
porque ele é **san**to e é **for**te!

= ⁴ Deus é **Rei** poderoso. Ele **a**ma o que é **jus**to †
e ga**ran**te o direito, a justiça e a **or**dem; *
tudo **is**so ele e**xer**ce em Jacó.

= ⁵ Exal**tai** o Se**nhor** nosso **Deus**, †
e pros**trai**-vos pe**ran**te seus **pés**, *
pois é **san**to o Se**nhor** nosso **Deus**!

= ⁶ Eis Moi**sés** e Aarão entre os **seus** sacerdotes. †
E tam**bém** Samuel invo**ca**va seu nome, *
e ele **mes**mo, o Se**nhor**, os ou**vi**a.

= ⁷ Da coluna de nuvem falava com eles. †
E guar**da**vam a lei e os preceitos divinos, *
que o Se**nhor** nosso **Deus** tinha **da**do.

= ⁸ Respon**dí**eis a eles, Se**nhor** nosso Deus, †
porque **é**reis um Deus paci**en**te com eles, *
mas sa**bí**eis pu**nir** seu pecado.

= ⁹ Exal**tai** o Se**nhor** nosso **Deus**, †
e pros**trai**-vos pe**ran**te seu **mon**te, *
pois é **san**to o Se**nhor** nosso **Deus**!

Ant. Acla**mai** o Se**nhor** nosso **Deus**,
e ado**rai**-o com **to**do o res**pei**to!

Leitura breve   1Pd 4,10-11

Como bons administradores da multiforme graça de Deus, cada um coloque à disposição dos outros o dom que recebeu. Se alguém tem o dom de falar, proceda como com palavras de Deus. Se alguém tem o dom do serviço, exerça-o como capacidade proporcionada por Deus, a fim de que, em todas as coisas, Deus seja glorificado, em virtude de Jesus Cristo.

Responsório breve

R. Clamo de **to**do o cora**ção**:
  * Aten**dei**-me, ó Se**nhor**! R. Clamo.
V. Quero cum**prir** vossa von**ta**de. * Aten**dei**-me.
  Glória ao **Pai**. R. Clamo de **to**do.

Cântico evangélico, ant.

Sir**va**mos ao Se**nhor** na jus**ti**ça e santi**da**de,
e de **nos**sos ini**mi**gos have**rá** de nos sal**var**.

Preces

Demos graças a Deus Pai, que no seu amor conduz e alimenta o seu povo; e digamos com alegria:

R. **Glória a vós, Senhor, para sempre!**

Pai clementíssimo, nós vos louvamos por vosso amor para conosco,
– porque nos criastes de modo admirável, e de modo ainda mais admirável nos renovastes. R.

No começo deste dia, infundi em nossos corações o desejo de vos servir,
– para que sempre vos glorifiquemos em todos os nossos pensamentos e ações. R.

Purificai os nossos corações de todo mau desejo,
– e fazei que estejamos sempre atentos à vossa vontade. R.

Dai-nos um coração aberto às dificuldades de nossos irmãos e irmãs,
– para que jamais lhes falte o nosso amor fraterno. R.

(intenções livres)

Pai nosso...

Oração

Deus eterno e todo-poderoso, sobre os povos que vivem na sombra da morte fazei brilhar o Sol da justiça, que nos visitou nascendo das alturas, Jesus Cristo nosso Senhor. Que convosco vive e reina, na unidade do Espírito Santo.

A conclusão da Hora como no Ordinário.

Hora Média

V. Vinde, ó **Deus**. Glória ao **Pai**. Como **era**. Ale**lu**ia.
HINO como no Ordinário, p. 598-601.
Salmodia
Ant. 1 Susten**tai**-me e vive**rei** como dissestes, ó **Se**nhor!

Salmo 118(119),113-120
XV (Samech)

Meditação sobre a Palavra de Deus na Lei

Felizes são aqueles que ouvem a Palavra de Deus e a põem em prática (Lc 11,28).

– ¹¹³Eu de**tes**to os cora**ções** que são fin**gi**dos, *
 mas muito **a**mo, ó Senhor, a vossa lei!
– ¹¹⁴Vós **sois** meu protetor e meu escudo, *
 vossa pa**la**vra é para mim a esperança.
– ¹¹⁵Longe de **mim**, homens perversos! Afastai-vos, *
 quero guar**dar** os mandamentos do meu Deus!
– ¹¹⁶Susten**tai**-me e viverei, como dissestes; *
 não po**deis** decepcionar minha esperança!
– ¹¹⁷Ampa**rai**-me, sustentai-me e serei salvo, *
 e **sem**pre exultarei em vossa lei!
– ¹¹⁸Despre**zais** os que abandonam vossas ordens, *
 pois seus **pla**nos são engano e ilusão!
– ¹¹⁹Rejei**tais** os pecadores como lixo, *
 por isso eu **a**mo ainda mais vossa aliança!

— ¹²⁰Perante **vós** sinto tremer a minha carne, *
porque **te**mo vosso justo julgamento!

Ant. Susten**tai**-me e vive**rei** como dis**ses**tes, ó **Se**nhor!

Ant. 2 Aju**dai**-nos, nosso **Deus** e Salva**dor**,
por vosso **no**me, perdoai nossos pe**ca**dos!

Salmo 78(79),1-5.8-11.13
Lamentação sobre Jerusalém

Se tu também conhecesses... o que te pode trazer a paz (Lc 19,42).

= ¹Inva**di**ram vossa he**ran**ça os infi**éis**,†
profa**na**ram, ó Senhor, o vosso templo, *
Jerusa**lém** foi reduzida a ruínas!

— ²Lan**ça**ram aos abutres como pasto *
os ca**dá**veres dos vossos servi**do**res;

— e às **fe**ras da floresta entregaram *
os **cor**pos dos fiéis, vossos eleitos.

= ³Derra**ma**ram o seu sangue como água †
em **tor**no das muralhas de Sião, *
e não **hou**ve quem lhes desse sepultura!

= ⁴Nós nos tor**na**mos o opróbrio dos vizinhos, †
um ob**je**to de desprezo e zombaria *
para os **po**vos e àqueles que nos cercam.

= ⁵Mas até **quan**do, ó Senhor, veremos isto? †
Conserva**reis** eternamente a vossa ira? *
Como **fo**go arderá a vossa cólera?

= ⁸Não lem**breis** as nossas culpas do passado, †
mas venha **lo**go sobre nós vossa bondade, *
pois estamos humilhados em extremo.

= ⁹Aju**dai**-nos, nosso Deus e Salvador! †
Por vosso **no**me e vossa glória, libertai-nos! *
Por vosso **no**me, perdoai nossos pecados! —

— ¹⁰Por que **há** de se dizer entre os pagãos:*
"Onde se en**con**tra o seu Deus? Onde ele está?"

= Diante **de**les possam ver os nossos olhos †
a vin**gan**ça que tirais por vossos servos, *
a vin**gan**ça pelo sangue derramado.

=¹¹Até **vós** chegue o gemido dos cativos: †
liber**tai** com vosso braço poderoso *
os que **fo**ram condenados a morrer!

=¹³Quanto a **nós**, vosso rebanho e vosso povo, †
celebra**re**mos vosso nome para sempre, *
de gera**ção** em geração vos louvaremos.

Ant. Aju**dai**-nos, nosso **Deus** e Salva**dor**,
    por vosso **no**me, perdo**ai** nossos pe**ca**dos!

Ant. 3 Vol**tai**-vos para **nós**, Deus do univer**so**,
    ol**hai** dos altos **céus** e obser**vai**,
    visi**tai** a vossa **vi**nha e prote**gei**-a!

Salmo 79(80)
Visitai, Senhor, a vossa vinha

Vem, Senhor Jesus! (Ap 22,20).

— ²Ó Pas**tor** de Israel, prestai ou**vi**dos. *
Vós, que a Jo**sé** apascentais qual um rebanho!

= Vós, que **so**bre os querubins vos assen**tais**, †
apare**cei** cheio de glória e esplendor *
³ante Efraim e Benjamim e Manassés!

— Desper**tai** vosso poder, ó nosso Deus, *
e vinde **lo**go nos trazer a salvação!

= ⁴Conver**tei**-nos, ó Senhor Deus do universo, †
e sobre **nós** iluminai a vossa face! *
Se vol**tar**des para nós, seremos salvos!

— ⁵Até **quan**do, ó Senhor, vos irritais, *
ape**sar** da oração do vosso povo?

– ⁶Vós nos **des**tes a comer o pão das lágrimas, *
e a be**ber** destes um pranto copioso.
– ⁷Para os vi**zi**nhos somos causa de contenda, *
de zomba**ri**a para os nossos inimigos.
= ⁸Conver**tei**-nos, ó Senhor Deus do universo, †
e sobre **nós** iluminai a vossa face! *
Se vol**tar**des para nós, seremos salvos!
– ⁹Arran**cas**tes do Egito esta videira *
e expul**sas**tes as nações para plantá-la;
– ¹⁰diante **de**la preparastes o terreno, *
lançou raízes e encheu a terra inteira.
– ¹¹Os **mon**tes recobriu com sua sombra, *
e os **ce**dros do Senhor com os seus ramos;
– ¹²até o **mar** se estenderam seus sarmentos, *
até o **ri**o os seus rebentos se espalharam.
– ¹³Por que **razão** vós destruístes sua cerca, *
para que **to**dos os passantes a vindimem,
– ¹⁴o java**li** da mata virgem a devaste, *
e os ani**mais** do descampado nela pastem?
= ¹⁵Vol**tai**-vos para nós, Deus do universo! †
Ol**hai** dos altos céus e observai. *
Visi**tai** a vossa vinha e protegei-a!
– ¹⁶Foi a **vos**sa mão direita que a plantou; *
prote**gei**-a, e ao rebento que firmastes!
– ¹⁷E a**que**les que a cortaram e a queimaram, *
vão pere**cer** ante o furor de vossa face.
– ¹⁸Pousai a **mão** por sobre o vosso Protegido, *
o filho do **ho**mem que escolhestes para vós!
– ¹⁹E nunca **mais** vos deixaremos, Senhor Deus! *
Dai-nos **vi**da, e louvaremos vosso nome! –

=²⁰Convertei-nos, ó Senhor Deus do universo, †
e sobre **nós** iluminai a vossa face! *
Se voltardes para nós, seremos salvos!

Ant. Voltai-vos para **nós**, Deus do universo,
olhai dos altos **céus** e observai,
visitai a vossa **vinha** e protegei-a!

Para as outras Horas, Salmodia complementar, p. 1178.

Oração das Nove Horas

Leitura breve   Sb 19,22

Senhor, em tudo engrandeceste e glorificaste o teu povo; sem perdê-lo de vista, em todo o tempo e lugar o socorreste!

V. Sois o **Deus** que ope**ras**tes maravilhas.
R. Vosso po**der** manifes**tas**tes entre os **po**vos.

Oração

Senhor nosso Deus, que nesta hora enviastes o Espírito Santo aos Apóstolos em oração, concedei-nos participar do mesmo Dom. Por Cristo, nosso Senhor.

Oração das Doze Horas

Leitura breve   Dt 4,7

Qual é a grande nação cujos deuses lhe são tão próximos como o Senhor nosso Deus, sempre que o invocamos?

V. Deus está **per**to da pes**so**a que o in**vo**ca.
R. Ele es**cu**ta os seus cla**mo**res e a **sal**va.

Oração

Deus onipotente, em vós não há trevas nem escuridão; fazei que vossa luz resplandeça sobre nós e, acolhendo vossos preceitos com alegria, sigamos fielmente o vosso caminho. Por Cristo, nosso Senhor.

Oração das Quinze Horas

Leitura breve — Est 10,3f

Meu povo é Israel. Eles invocaram a Deus e foram salvos. Sim, o Senhor salvou o seu povo, o Senhor nos arrebatou de todos estes males, Deus realizou sinais e prodígios como jamais houve entre as nações.

V. Dou-vos **graças**, ó Se**nhor**, porque me ou**vistes**,
R. E vos tor**nastes** para **mim** o Salva**dor**.

Oração

Senhor nosso Deus, atendei a nossa oração, dando-nos a graça de imitar o exemplo da paixão do vosso Filho e levar serenamente nossa cruz de cada dia. Por Cristo, nosso Senhor.

A conclusão da Hora como no Ordinário.

Vésperas

V. Vinde, ó **Deus**. Glória ao **Pai**. Como era. Ale**luia**.

Hino

Deus de supremo poder,
da água os seres gerastes.
Com uns enchestes os mares,
de outros o ar povoastes.

Uns mergulhastes nas águas,
outros soltastes no ar,
com o impulso que os leva
a toda a terra ocupar.

Dai graça a todos os servos,
no vosso sangue lavados,
para vencermos o tédio,
a morte e todo pecado.

Não nos deprimam as culpas,
nem nos inflame a vaidade;

não caia a mente abatida,
nem caia a mente elevada.

Ouvi-nos, Pai piedoso,
e vós, Imagem do Pai,
que com o Espírito Santo
eternamente reinais.

Salmodia

Ant. 1 **Exultem de alegria os vossos santos
ao entrarem, ó Senhor, em vossa casa.**

Salmo 131(132)

As promessas do Senhor à casa de Davi

O Senhor Deus lhe dará o trono de seu pai Davi (Lc 1,32).

I

– ¹ Recordai-vos, ó Senhor, do rei Davi *
e de quanto vos foi ele dedicado;
– ² do juramento que ao Senhor havia feito *
e de seu voto ao Poderoso de Jacó:
– ³ "Não entrarei na minha tenda, minha casa, *
nem subirei à minha cama em que repouso,
– ⁴ não deixarei adormecerem os meus olhos, *
nem cochilarem em descanso minhas pálpebras,
– ⁵ até que eu ache um lugar para o Senhor, *
uma casa para o Forte de Jacó!"
– ⁶ Nós soubemos que a arca estava em Éfrata *
e nos campos de Jaar a encontramos:
– ⁷ Entremos no lugar em que ele habita, *
ante o escabelo de seus pés o adoremos!
– ⁸ Subi, Senhor, para o lugar de vosso pouso, *
subi vós, com vossa arca poderosa!
– ⁹ Que se vistam de alegria os vossos santos, *
e os vossos sacerdotes, de justiça!

– ¹⁰Por **cau**sa de Davi, o vosso servo, *
    não afas**teis** do vosso Ungido a vossa face!

Ant. E**xul**tem de ale**gria** os vossos **san**tos
    ao en**tra**rem, ó Se**nhor,** em vossa **ca**sa.

Ant. 2 O Se**nhor** esco**lheu** Jerusa**lém**
    para **ser** sua mo**ra**da entre os **po**vos.

II

– ¹¹O Se**nhor** fez a Da**vi** um jura**men**to, *
    uma pro**mes**sa que jamais renegará:
– "Um her**dei**ro que é fruto do teu ventre *
    coloca**rei** sobre o trono em teu lugar!
– ¹²Se teus **fi**lhos conservarem minha Aliança *
    e os pre**cei**tos que lhes dei a conhecer,
– os filhos **de**les igualmente hão de sentar-se *
    eterna**men**te sobre o trono que te dei!"
– ¹³Pois o Se**nhor** quis para si Jerusalém *
    e a dese**jou** para que fosse sua morada:
– ¹⁴"Eis o lu**gar** do meu repouso para sempre, *
    eu fico a**qui**: este é o lugar que preferi!"
– ¹⁵"Abençoa**rei** suas colheitas largamente, *
    e os seus **po**bres com o pão saciarei!
– ¹⁶Vesti**rei** de salvação seus sacerdotes, *
    e de ale**gria** exultarão os seus fiéis!"
– ¹⁷"De Da**vi** farei brotar um forte Herdeiro, *
    acende**rei** ao meu Ungido uma lâmpada.
– ¹⁸Cobri**rei** de confusão seus inimigos, *
    mas sobre **e**le brilhará minha coroa!"

Ant. O Se**nhor** esco**lheu** Jerusa**lém**
    para **ser** sua mo**ra**da entre os **po**vos.

Ant. 3 O Se**nhor** lhe deu o **Rei**no, a **gló**ria e o po**der**;
    as na**ções** hão de ser**vi**-lo.

Cântico   Ap 11,17-18; 12.10b-12a
O julgamento de Deus

— ¹¹·¹⁷ Graças vos **damos**, Senhor **Deus** onipotente, *
   a Vós que **sois**, a Vós que éreis e sereis,
— porque assu**mistes** o poder que vos pertence, *
   e en**fim** tomastes posse como rei!

(R. **Nós** vos damos **graças**, nosso **Deus**!)

= ¹⁸ As **nações** se enfureceram revoltadas, †
   mas che**gou** a vossa ira contra elas *
   e o **tempo** de julgar vivos e mortos,
= e de **dar** a recompensa aos vossos servos, †
   aos pro**fetas** e aos que temem vosso nome, *
   aos **san**tos, aos pequenos e aos grandes.   (R.)

= ¹²·¹⁰ Chegou **agora** a salvação e o poder †
   e a rea**leza** do Senhor e nosso Deus, *
   e o do**mínio** de seu Cristo, seu Ungido.
— Pois foi ex**pul**so o delator que acusava *
   nossos ir**mãos**, dia e noite, junto a Deus.   (R.)

= ¹¹ Mas o ven**ceram** pelo sangue do Cordeiro †
   e o teste**munho** que eles deram da Palavra, *
   pois despre**zaram** sua vida até à morte.
— ¹² Por isso, ó **céus**, cantai alegres e exultai *
   e vós **to**dos os que neles habitais!   (R.)

Ant. O **Senhor** lhe deu o **Reino**, a glória e o **poder**;
   as na**ções** hão de servi-lo.

Leitura breve   1Pd 3,8-9

Sede todos unânimes, compassivos, fraternos, misericordiosos e humildes. Não pagueis o mal com o mal, nem ofensa com ofensa. Ao contrário, abençoai, porque para isto fostes chamados: para serdes herdeiros da bênção.

Responsório breve

R. O Senhor nos saciou
   * Com a fina flor do trigo. R. O Senhor.
V. Com o mel que sai da rocha nos fartou, nos satisfez.
   * Com a fina. Glória ao Pai. R. O Senhor.

Cântico evangélico, ant.

O Senhor derrubou os poderosos de seus tronos
e elevou os humildes.

Preces

Oremos a Cristo, pastor, protetor e consolador de seu povo;
e digamos com toda a confiança:
R. **Senhor, nosso refúgio, escutai-nos!**

Bendito sejais, Senhor, que nos chamastes para fazer parte
da vossa santa Igreja;
– conservai-nos sempre nela. R.

Vós, que confiastes ao nosso Papa N. a solicitude por todas
as Igrejas,
– concedei-lhe uma fé inquebrantável, uma esperança viva
e uma caridade generosa. R.

Dai aos pecadores a graça da conversão e aos que caíram o
dom da fortaleza,
– e a todos concedei penitência e salvação. R.

Vós, que quisestes habitar num país estrangeiro,
– lembrai-vos daqueles que se encontram longe da família
e da pátria. R.

(intenções livres)

A todos os mortos que depositaram sua esperança em vós,
– concedei-lhes a paz eterna. R.
Pai nosso...

Oração

Recebei, Senhor, a nossa ação de graças, neste dia que termina, e em vossa misericórdia perdoai-nos as faltas que por fragilidade cometemos. Por nosso Senhor Jesus Cristo, vosso Filho, na unidade do Espírito Santo.

A conclusão da Hora como no Ordinário.

III SEXTA-FEIRA

Invitatório

V. **Abri** os meus **lá**bios. R. E minha **boca**.

R. Demos **graças** ao Se**nhor**, porque e**ter**no é seu **amor**!
Salmo invitatório como no Ordinário, p. 583.

Ofício das Leituras

V. Vinde, ó **Deus**. Glória ao **Pai**. Como era. Ale**luia**.
Esta introdução se omite quando o Invitatório precede imediatamente ao Ofício das Leituras.

Hino

I. Quando se diz o Ofício das Leituras durante a noite ou de madrugada:

> Reinais no mundo inteiro,
> Jesus, ó sol divino;
> deixamos nossos leitos,
> cantando este hino.

> Da noite na quietude,
> do sono levantamos:
> mostrando as nossas chagas,
> remédio suplicamos.

> Oh! quanto mal fizemos,
> por Lúcifer levados:
> que a glória da manhã
> apague esses pecados!

> E assim o vosso povo,
> por vós iluminado,
> jamais venha a tombar
> nos laços do Malvado.

> A glória seja ao Pai,
> ao Filho seu também;

ao Espírito igualmente,
agora e sempre. Amém.

II. Quando se diz o Oficio das Leituras durante o dia:

Cristo, em nossos corações
infundi a caridade.
Nossos olhos chorem lágrimas
de ternura e piedade.

Para vós, Jesus piedoso,
nossa ardente prece erguemos.
Perdoai-nos, compassivo,
todo o mal que cometemos.

Pelo vosso santo corpo,
pela cruz, vosso sinal,
vosso povo, em toda parte,
defendei de todo o mal.

A vós, Cristo, Rei clemente,
e a Deus Pai, eterno Bem,
com o vosso Santo Espírito
honra e glória sempre. Amém.

Salmodia

Ant. 1 Estou cansado de gritar e de esperar pelo meu Deus.

Salmo 68(69),2-22.30-37

O zelo pela vossa casa me devora

Deram vinho misturado com fel para Jesus beber (Mt 27,34).

I

– ²Salvai-me, ó meu Deus, porque as águas *
até o meu pescoço já chegaram!
– ³Na lama do abismo eu me afundo*
e não encontro um apoio para os pés.
– Nestas águas muito fundas vim cair, *
e as ondas já começam a cobrir-me! –

—⁴ À **força** de gritar, estou cansado; *
  minha gar**gan**ta já ficou enrouquecida.
— Os meus **o**lhos já perderam sua luz, *
  de **tan**to esperar pelo meu Deus!
—⁵ Mais nume**ro**sos que os cabelos da cabeça, *
  são a**que**les que me odeiam sem motivo;
— meus ini**mi**gos são mais fortes do que eu; *
  contra **mim** eles se voltam com mentiras!
— Por a**ca**so poderei restituir *
  alguma **coi**sa que de outros não roubei?
—⁶ Ó Se**nhor**, vós conheceis minhas loucuras, *
  e minha **fal**ta não se esconde a vossos olhos.
—⁷ Por minha **cau**sa não deixeis desiludidos *
  os que es**pe**ram sempre em vós, Deus do universo!
— Que eu não **se**ja a decepção e a vergonha *
  dos que vos **bus**cam, Senhor Deus de Israel!
—⁸ Por vossa **cau**sa é que sofri tantos insultos, *
  e o meu **ros**to se cobriu de confusão;
—⁹ eu me tor**nei** como um estranho a meus irmãos, *
  como estran**gei**ro para os filhos de minha mãe.
—¹⁰ Pois meu **ze**lo e meu amor por vossa casa *
  me de**vo**ram como fogo abrasador;
— e os in**sul**tos de infiéis que vos ultrajam *
  recaíram todos eles sobre mim!
—¹¹ Se a**fli**jo a minha alma com jejuns, *
  fazem **dis**so uma razão para insultar-me;
—¹² se me **vis**to com sinais de penitência, *
  eles **fa**zem zombaria e me escarnecem!
—¹³ Falam de **mim** os que se assentam junto às portas, *
  sou mo**ti**vo de canções, até de bêbados!

Ant. Estou can**sa**do de gri**tar** e de espe**rar** pelo meu **Deus**.

Ant. 2 Deram-me **fel** como se **fos**se um ali**men**to,
em minha **se**de ofereceram-me vi**na**gre.

II

— ¹⁴Por isso e**le**vo para **vós** minha ora**ção**, *
neste **tem**po favorável, Senhor Deus!
— Respon**dei**-me pelo vosso imenso amor, *
pela **vos**sa salvação que nunca falha!
= ¹⁵Reti**rai**-me deste lodo, pois me afundo! †
Liber**tai**-me, ó Senhor, dos que me odeiam, *
e sal**vai**-me destas águas tão profundas!
= ¹⁶Que as **á**guas turbulentas não me arrastem, †
não me de**vo**rem violentos turbilhões, *
nem a **co**va feche a boca sobre mim!
— ¹⁷Senhor, ou**vi**-me pois suave é vossa graça, *
ponde os **o**lhos sobre mim com grande amor!
— ¹⁸Não ocul**teis** a vossa face ao vosso servo! *
Como eu **so**fro! Respondei-me bem depressa!
— ¹⁹Aproxi**mai**-vos de minh'alma e libertai-me, *
ape**sar** da multidão dos inimigos!
= ²⁰**Vós** conhe**ceis** minha vergonha e meu opróbrio, †
minhas in**jú**rias, minha grande humilhação; *
os que me a**fli**gem estão todos ante vós!
— ²¹O in**sul**to me partiu o coração; *
não supor**tei**, desfaleci de tanta dor!
= Eu espe**rei** que alguém de mim tivesse pena, †
mas foi em **vão**, pois a ninguém pude encontrar; *
procu**rei** quem me aliviasse e não achei!
— ²²Deram-me **fel** como se fosse um alimento, *
em minha **se**de ofereceram-me vinagre!

Ant. Deram-me **fel** como se **fos**se um ali**men**to,
em minha **se**de ofereceram-me vi**na**gre.

Ant. 3 Procurai o Senhor continuamente,
e o vosso coração reviverá.

III

—³⁰ Pobre de mim, sou infeliz e sofredor! *
   Que vosso auxílio me levante, Senhor Deus!
—³¹ Cantando eu louvarei o vosso nome *
   e agradecido exultarei de alegria!
—³² Isto será mais agradável ao Senhor, *
   que o sacrifício de novilhos e de touros.
=³³ Humildes, vede isto e alegrai-vos: †
   o vosso coração reviverá, *
   se procurardes o Senhor continuamente!
—³⁴ Pois nosso Deus atende à prece dos seus pobres, *
   e não despreza o clamor de seus cativos.
—³⁵ Que céus e terra glorifiquem o Senhor *
   com o mar e todo ser que neles vive!
=³⁶ Sim, Deus virá e salvará Jerusalém, †
   reconstruindo as cidades de Judá, *
   onde os pobres morarão, sendo seus donos.
=³⁷ A descendência de seus servos há de herdá-las, †
   e os que amam o santo nome do Senhor *
   dentro delas fixarão sua morada!

Ant. Procurai o Senhor continuamente,
e o vosso coração reviverá.

V. O Senhor há de ensinar-nos seus caminhos.
R. E trilharemos, todos nós, suas veredas.

Leituras e oração correspondentes a cada Ofício.

Laudes

V. Vinde, ó Deus. Glória ao Pai. Como era. Aleluia.

Esta introdução se omite quando o Invitatório precede imediatamente às Laudes.

Hino

Sois do céu a glória eterna,
esperança dos mortais,
sois da casta Virgem prole,
Unigênito do Pai.

Dai àqueles que despertam
seja a mente vigilante.
Em louvor e ação de graças,
nossa voz seja vibrante.

Nasce o astro luminoso,
nova luz ele anuncia.
Foge a noite, foi a treva,
vossa luz nos alumia.

Nossa mente torne clara,
faça a noite cintilar,
purifique nosso íntimo
até a vida terminar.

Cresça a nossa fé primeira
dentro em nosso interior;
a esperança acompanhe,
e maior seja o amor.

A vós, Cristo, rei piedoso,
e a vós, Pai, glória também
com o Espírito Paráclito
pelos séculos. Amém.

Salmodia

Ant. 1 Foi contra **vós**, só contra **vós** que eu **pequei**.
Ó meu **Deus**, miseri**cór**dia e compai**xão**!

Salmo 50(51)

Tende piedade, ó meu Deus!

Renovai o vosso espírito e a vossa mentalidade. Revesti o homem novo (Ef 4,23-24).

— ³Tende pie**da**de, ó meu **Deus**, miseri**cór**dia! *
  Na imensi**dão** de vosso amor, purificai-me!
— ⁴La**vai**-me todo inteiro do pecado, *
  e apa**gai** completamente a minha culpa!
— ⁵Eu recon**he**ço toda a minha iniquidade, *
  o meu pe**ca**do está sempre à minha frente.
— ⁶Foi contra **vós**, só contra vós, que eu pequei, *
  e prati**quei** o que é mau aos vossos olhos!
— Mostrais a**ssim** quanto sois justo na sentença, *
  e quanto é **re**to o julgamento que fazeis.
— ⁷Vede, Se**nhor**, que eu nasci na iniquidade *
  e peca**dor** já minha mãe me concebeu.
— ⁸Mas vós a**mais** os corações que são sinceros, *
  na intimi**da**de me ensinais sabedoria.
— ⁹Asper**gi**-me e serei puro do pecado, *
  e mais **bran**co do que a neve ficarei.
— ¹⁰Fazei-me ou**vir** cantos de festa e de alegria, *
  e exulta**rão** estes meus ossos que esmagastes.
— ¹¹Des**viai** o vosso olhar dos meus pecados *
  e apa**gai** todas as minhas transgressões!
— ¹²Criai em **mim** um coração que seja puro, *
  dai-me de **no**vo um espírito decidido.
— ¹³Ó Se**nhor**, não me afasteis de vossa face, *
  nem reti**reis** de mim o vosso Santo Espírito!
— ¹⁴Dai-me de **no**vo a alegria de ser salvo *
  e confir**mai**-me com espírito generoso!
— ¹⁵Ensina**rei** vosso caminho aos pecadores, *
  e para **vós** se voltarão os transviados.
— ¹⁶Da **mor**te como pena, libertai-me, *
  e minha **lín**gua exaltará vossa justiça!
— ¹⁷Abri meus **lá**bios, ó Senhor, para cantar, *
  e minha **bo**ca anunciará vosso louvor! –

— ¹⁸Pois não **são** de vosso agrado os sacrifícios, *
e, se o**fer**to um holocausto, o rejeitais.
— ¹⁹Meu sacrifício é minha alma penitente, *
não despre**zeis** um coração arrependido!
— ²⁰Sede be**nig**no com Sião, por vossa graça, *
reconstruí Jerusalém e os seus muros!
— ²¹E aceita**reis** o verdadeiro sacrifício, *
os holo**caus**tos e oblações em vosso altar!

Ant. Foi contra **vós**, só contra **vós** que eu pe**quei**.
Ó meu **Deus**, miseri**cór**dia e compai**xão**!

Ant. 2 Conhe**ce**mos nossas **cul**pas, pois pe**ca**mos contra **vós**.

Cântico   Jr 14,17-21

Lamentação em tempo de fome e de guerra

O Reino de Deus está próximo. Convertei-vos e crede no Evangelho! (Mc 1,15).

— ¹⁷Os meus **o**lhos, noite e **dia**, *
chorem **lá**grimas sem fim;
= pois so**freu** um golpe horrível, †
foi fe**ri**da gravemente *
a virgem **fi**lha do meu povo!
— ¹⁸Se eu **sai**o para os campos, *
eis os **mor**tos à espada;
— se eu **en**tro na cidade, *
eis as **ví**timas da fome!
= Até o profeta e o sacerdote †
peram**bu**lam pela terra *
sem sa**ber** o que se passa.
— ¹⁹Rejei**tas**tes, por acaso, *
a Ju**dá** inteiramente?
— Por a**ca**so a vossa alma *
desgos**tou**-se de Sião?

– Por que feristes vosso povo *
de um mal que não tem cura?
– Esperávamos a paz, *
e não chegou nada de bom;
– e o tempo de reerguer-nos, *
mas só vemos o terror!
=²⁰ Conhecemos nossas culpas †
e as de nossos ancestrais, *
pois pecamos contra vós!
– Por amor de vosso nome, *
ó Senhor, não nos deixeis!
–²¹ Não deixeis que se profane *
vosso trono glorioso!
– Recordai-vos, ó Senhor! *
Não rompais vossa Aliança!

Ant. Conhecemos nossas **culpas**, pois pecamos contra **vós**.

Ant. 3 O Senhor, somente ele é nosso **Deus**,
e nós **somos** o seu **povo** e seu rebanho.

Quando o salmo seguinte já tiver sido recitado no Invitatório, em seu lugar se diz o Salmo 94(95), à p. 583.

Salmo 99(100)

A alegria dos que entram no templo

O Senhor ordena aos que foram salvos que cantem o hino de vitória (Sto. Atanásio).

=² Aclamai o Senhor, ó terra inteira, †
servi ao Senhor com alegria, *
ide a ele cantando jubilosos!

=³ Sabei que o Senhor, só ele, é Deus, †
Ele mesmo nos fez, e somos seus, *
nós somos seu povo e seu rebanho. –

= ⁴Entrai por suas portas dando graças, †
 e em seus átrios com hinos de louvor; *
 dai-lhe **graças**, seu nome bendizei!

= Sim, é **bom** o Senhor e nosso Deus, †
 sua bon**da**de perdura para sempre, *
 seu **a**mor é fiel eternamente!

Ant. O Se**nhor**, somente **ele** é nosso **Deus**,
 e nós **so**mos o seu **po**vo e seu re**ba**nho.

Leitura breve
2Cor 12,9b-10

De bom grado, eu me gloriarei das minhas fraquezas, para que a força de Cristo habite em mim. Eis por que eu me comprazo nas fraquezas, nas injúrias, nas necessidades, nas perseguições e nas angústias sofridas por amor a Cristo. Pois, quando eu me sinto fraco, é então que sou forte.

Responsório breve

R. Fa**zei**-me **cedo** sen**tir**,
 * Ó Se**nhor**, vosso **amor**! R. Fa**zei**-me.
V. Indi**cai**-me o ca**minho**, que eu de**vo** se**guir**.
 * Ó Se**nhor**. Glória ao **Pai**. R. Fa**zei**-me.

Cântico evangélico, ant.

O Se**nhor** visi**tou** o seu **po**vo e o liber**tou**.

Preces

Levantemos o nosso olhar para Cristo que nasceu, morreu e ressuscitou pelo seu povo; e peçamos com fé:

R. **Salvai, Senhor, os que remistes com o vosso sangue!**

Nós vos bendizemos, Jesus, Salvador da humanidade, que não hesitastes em sofrer por nós a paixão e a cruz,
 – e nos remistes com o vosso sangue precioso. R.

Vós, que prometestes dar aos vossos fiéis a água que jorra para a vida eterna,

— derramai o vosso Espírito sobre todos os homens e mulheres. R.

Vós, que enviastes vossos discípulos para pregar o evangelho a todas as nações,
— ajudai-nos a proclamar pela terra inteira a vitória da vossa cruz. R.

Aos doentes e infelizes que associastes aos sofrimentos da vossa paixão,
— concedei-lhes força e paciência. R.

Pai nosso...

Oração

Pai todo-poderoso, derramai vossa graça em nossos corações para que, caminhando à luz dos vossos preceitos, sigamos sempre a vós, como Pastor e Guia. Por nosso Senhor Jesus Cristo, vosso Filho, na unidade do Espírito Santo.

A conclusão da Hora como no Ordinário.

Hora Média

V. Vinde, ó **Deus**. Glória ao **Pai**. Como era. Ale**lui**a.
HINO como no Ordinário, p. 598-601.

Salmodia

Ant. 1 Nós o **vi**mos despre**za**do e sem be**le**za,
     homem das **do**res, habitu**a**do ao sofri**men**to.

Salmo 21(22)

Aflição do justo e sua libertação

Jesus deu um forte grito: Meu Deus, meu Deus, por que me abandonaste? (Mt 27,46).

I

—² Meu **Deus**, meu Deus, por **que** me aban**do**nastes? *
  E ficais **lon**ge de meu grito e minha prece?

— ³Ó meu **Deus**, clamo de dia e não me ouvis, *
  clamo de **noi**te e para mim não há resposta!
— ⁴Vós, no en**tan**to, sois o santo em vosso Templo, *
  que habi**tais** entre os louvores de Israel.
— ⁵Foi em **vós** que esperaram nossos pais; *
  esperaram e vós mesmo os libertastes.
— ⁶Seu cla**mor** subiu a vós e foram salvos; *
  em vós confi**a**ram, e não foram enganados.
— ⁷Quanto a **mim**, eu sou um verme e não um homem; *
  sou o o**pró**brio e o desprezo das nações.
— ⁸Riem de **mim** todos aqueles que me veem, *
  torcem os **lá**bios e sacodem a cabeça:
— ⁹"Ao Se**nhor** se confiou, ele o liberte *
  e agora o **sal**ve, se é verdade que ele o ama!"
— ¹⁰Desde a **mi**nha concepção me conduzistes, *
  e no **sei**o maternal me agasalhastes.
— ¹¹Desde **quan**do vim à luz vos fui entregue; *
  desde o **ven**tre de minha mãe sois o meu Deus!
  ¹²Não fi**queis** longe de mim, porque padeço; *
  ficai **per**to, pois não há quem me socorra!

Ant. Nós o vimos desprezado e sem beleza,
  homem das **do**res, habitu**a**do ao sofri**men**to.

Ant. 2 Eles re**par**tem entre **si** as minhas **ves**tes,
  e sorteiam entre **si** a minha **tú**nica.

II

— ¹³Por **tou**ros nume**ro**sos fui cer**ca**do, *
  e as **fe**ras de Basã me rodearam; *
— ¹⁴escanca**ra**ram contra mim as suas bocas, *
  como le**ões** devoradores a rugir.
— ¹⁵Eu me **sin**to como a água derramada, *
  e meus **os**sos estão todos deslocados;
— como a **ce**ra se tornou meu coração, *
  e **den**tro do meu peito se derrete. —

=¹⁶Minha **gargan**ta está igual ao barro seco, †
  minha **lín**gua está colada ao céu da boca, *
  e por **vós** fui conduzido ao pó da morte!
—¹⁷Cães nume**ro**sos me rodeiam furiosos, *
  e por um **ban**do de malvados fui cercado.
— Transpas**sa**ram minhas mãos e os meus pés *
  ¹⁸ e eu **pos**so contar todos os meus ossos.
= Eis que me **o**lham, e, ao ver-me, se deleitam! †
  ¹⁹ Eles re**par**tem entre si as minhas vestes *
  e sor**tei**am entre si a minha túnica.
—²⁰Vós, porém, ó meu Senhor, não fiqueis longe, *
  ó minha **for**ça, vinde logo em meu socorro!
—²¹Da espa**da** libertai a minha alma, *
  e das **gar**ras desses cães, a minha vida!
—²²Arran**cai**-me da goela do leão, *
  e a mim tão **po**bre, desses touros que me atacam!
—²³Anuncia**rei** o vosso nome a meus irmãos *
  e no **mei**o da assembleia hei de louvar-vos!

Ant. Eles re**par**tem entre **si** as minhas **ves**tes,
  e sor**tei**am entre **si** a minha **tú**nica.

Ant. 3 Que se **pros**trem e a**do**rem o Se**nhor**,
  todos os **po**vos e as fa**mí**lias das na**ções**!

III

=²⁴Vós que te**meis** ao Senhor **Deus**, dai-lhe louvores; †
  glorifi**cai**-o, descendentes de Jacó, *
  e respei**tai**-o toda a raça de Israel!
—²⁵Porque **Deus** não desprezou nem rejeitou *
  a mi**sé**ria do que sofre sem amparo;
— não desvi**ou** do humilhado a sua face, *
  mas o ou**viu** quando gritava por socorro.
—²⁶Sois meu lou**vor** em meio à grande assembleia; *
  cumpro meus **vo**tos ante aqueles que vos temem!

= ²⁷Vossos **po**bres vão comer e saciar-se, †
   e os que pro**cu**ram o Senhor o louvarão: *
   "Seus cora**ções** tenham a vida para sempre!"
— ²⁸Lembrem-se **dis**so os confins de toda a terra, *
   para que **vol**tem ao Senhor e se convertam,
— e se **pros**trem, adorando, diante dele, *
   todos os **po**vos e as famílias das nações.
— ²⁹Pois ao Se**nhor** é que pertence a realeza; *
   ele do**mi**na sobre todas as nações.
— ³⁰Somente a **e**le adorarão os poderosos, *
   e os que **vol**tam para o pó o louvarão.
— Para ele há de viver a minha alma, *
   ³¹toda a **mi**nha descendência há de servi-lo;
— às fu**tu**ras gerações anunciará *
   ³²o po**der** e a justiça do Senhor;
— ao povo **no**vo que há de vir, ela dirá: *
   "Eis a **o**bra que o Senhor realizou!"

Ant. Que se **pros**trem e a**do**rem o Se**nhor**,
      todos os **po**vos e as fa**mí**lias das nações!

Para as outras Horas, Salmodia complementar, p. 1178.

Oração das Nove Horas

Leitura breve   Rm 1,16b-17

O Evangelho é uma força salvadora de Deus para todo aquele que crê. Nele, com efeito, a justiça de Deus se revela da fé para a fé, como está escrito: O justo viverá pela fé.

V. O **nos**so cora**ção** se alegra em **Deus**.
R. Seu santo **no**me é nossa **ú**nica espe**ran**ça.

Oração

Senhor Jesus Cristo, que nesta hora fostes levado ao suplício da cruz para salvar o mundo, perdoai-nos as faltas passadas e preservai-nos de culpas futuras. Vós, que viveis e reinais para sempre.

Oração das Doze Horas

Leitura breve   Rm 3,21-22a
Agora, sem depender do regime da Lei, a justiça de Deus se manifestou, atestada pela Lei e pelos Profetas; justiça de Deus essa, que se realiza mediante a fé em Jesus Cristo, para todos os que têm a fé.

V. Os preceitos do Senhor são precisos, alegria ao coração.
R. O mandamento do Senhor é brilhante,
para os olhos uma luz.

Oração

Senhor Jesus Cristo, que, nesta hora, com o mundo envolto em trevas, fostes elevado na cruz, como vítima inocente para a salvação de todos, concedei-nos sempre vossa luz, que nos guie para a vida eterna. Vós, que viveis e reinais para sempre.

Oração das Quinze Horas

Leitura breve   Ef 2,8-9
É pela graça que sois salvos, mediante a fé. E isso não vem de vós; é dom de Deus! Não vem das obras, para que ninguém se orgulhe.

V. Que na terra se conheça o seu caminho.
R. E a sua salvação por entre os povos.

Oração

Senhor Jesus Cristo, que fizestes o ladrão arrependido passar da cruz ao vosso Reino, aceitai a humilde confissão de nossas culpas e fazei que, no instante da morte, entremos com alegria no paraíso. Vós, que viveis e reinais para sempre.

A conclusão da Hora como no Ordinário.

Vésperas

V. Vinde, ó **Deus**. Glória ao **Pai**. Como **era**. Ale**lui**a.

Hino

Deus, escultor do homem,
que a tudo, só, criastes,
e que do pó da terra
os animais formastes.

Sob o comando do homem
a todos colocastes,
para que a vós servissem
servindo a quem criastes.

Afastai, pois, os homens,
de uma fatal cilada;
que o Criador não perca
a criatura amada.

Dai-nos no céu o prêmio,
dando na terra a graça,
e assim chegar possamos
à paz que nunca passa.

A vós, Deus uno e trino,
em nosso amor cantamos;
nas criaturas todas
somente a vós buscamos.

Salmodia

Ant. 1 O Se**nhor**, nosso **Deus**, é tão **gran**de,
e mai**or** do que **to**dos os **deu**ses.

Salmo 134(135)

Louvor ao Senhor por suas maravilhas

Povo que ele conquistou, proclamai as obras admiráveis daquele que vos chamou das trevas para a sua luz maravilhosa (cf. 1Pd 2,9).

I

– ¹Lou**vai** o Se**nhor**, bendi**zei**-o; *
  lou**vai** o Senhor, servos seus,
– ²que cele**brais** o louvor em seu templo *
  e habi**tais** junto aos átrios de Deus!
– ³Lou**vai** o Senhor, porque é bom; *
  can**tai** ao seu nome suave!
– ⁴Esco**lheu** para si a Jacó, *
  prefe**riu** Israel por herança.
– ⁵Eu bem **sei** que o Senhor é tão grande, *
  que é ma**ior** do que todos os deuses.
= ⁶Ele **faz** tudo quanto lhe agrada, †
  nas al**turas** dos céus e na terra, *
  no oce**ano** e nos fundos abismos.
= ⁷Traz as **nu**vens do extremo da terra, †
  trans**forma** os raios em chuva, *
  das ca**vernas** libera os ventos.
– ⁸No E**gi**to feriu primogênitos, *
  desde **ho**mens até animais.
– ⁹Fez mi**lagres**, prodígios, portentos, *
  pe**rante** Faraó e seus servos.
– ¹⁰Aba**teu** numerosas nações *
  e ma**tou** muitos reis poderosos:
= ¹¹A Se**on** que foi rei amorreu, †
  e a **Og** que foi rei de Basã, *
  como a **to**dos os reis cananeus.
– ¹²Ele **deu** sua terra em herança, *
  em he**rança** a seu povo, Israel.

Ant. 1 O Se**nhor**, nosso **Deus**, é tão **gran**de,
  e maior do que **to**dos os **deu**ses.

Ant. 2 Israel, bendi**zei** o Se**nhor**,
  can**tai** ao seu **no**me suave!

II

—¹³Ó Senhor, vosso nome é eterno; *
para sempre é a vossa lembrança!
—¹⁴O Senhor faz justiça a seu povo *
e é bondoso com aqueles que o servem.
—¹⁵São os deuses pagãos ouro e prata, *
todos eles são obras humanas.
—¹⁶Têm boca e não podem falar, *
têm olhos e não podem ver;
—¹⁷tendo ouvidos, não podem ouvir, *
nem existe respiro em sua boca.
—¹⁸Como eles serão seus autores, *
que os fabricam e neles confiam!
—¹⁹Israel, bendizei o Senhor; *
sacerdotes, louvai o Senhor;
—²⁰levitas, cantai ao Senhor; *
fiéis, bendizei o Senhor!
—²¹Bendito o Senhor de Sião, *
que habita em Jerusalém!

Ant. Israel, bendizei o Senhor,
cantai ao seu nome suave!

Ant. 3 Os povos virão adorar-vos, Senhor.

Cântico   Ap 15,3-4

Hino de adoração

— ³Como são grandes e admiráveis vossas obras, *
ó Senhor e nosso Deus onipotente!
— Vossos caminhos são verdade, são justiça, *
ó Rei dos povos todos do universo!

(R. São grandes vossas obras, ó Senhor!)

= ⁴Quem, **Senhor**, não haveria de temer-vos, †
   e **quem** não honraria o vosso nome? *
   Pois so**men**te vós, Senhor, é que sois santo! (R.)
= As nações **to**das hão de vir perante vós †
   e, pros**tra**das, haverão de adorar-vos, *
   pois vossas **jus**tas decisões são manifestas. (R.)

Ant. Os **po**vos vi**rão** ado**rar**-vos, Se**nhor**.

Leitura breve
Tg 1,2-4

Meus irmãos, quando deveis passar por diversas provações, considerai isso motivo de grande alegria, por saberdes que a comprovação da fé produz em vós a perseverança. Mas é preciso que a perseverança gere uma obra de perfeição, para que vos torneis perfeitos e íntegros, sem falta ou deficiência alguma.

Responsório breve

R. Jesus **Cris**to nos a**mou**.
   * E em seu **san**gue nos la**vou**. R. Jesus **Cris**to.
V. Fez-nos **reis** e sacer**do**tes para **Deus**, o nosso **Pai**.
   * E em seu **san**gue. Glória ao **Pai**. R. Jesus **Cris**to.

Cântico evangélico, ant.

O Se**nhor** nos aco**lheu** a **nós**,
seus servi**do**res, fiel ao seu a**mor**.

Preces

Invoquemos o Senhor Jesus, a quem o Pai entregou à morte pelos nossos pecados e ressuscitou para nossa justificação; e digamos humildemente:

R. **Senhor, tende piedade do vosso povo!**

Ouvi, Senhor, as nossas súplicas e perdoai os pecados dos que se reconhecem culpados perante vós,
– e, em vossa bondade, dai-nos a reconciliação e a paz. R.

Vós, que dissestes por meio do apóstolo Paulo: "Onde o pecado foi grande, muito maior foi a graça",
– perdoai generosamente os nossos numerosos pecados.
R. **Senhor, tende piedade do vosso povo!**

Muito pecamos, Senhor, mas confiamos na vossa infinita misericórdia;
– convertei-nos inteiramente ao vosso amor. R.

Salvai, Senhor, o vosso povo de seus pecados,
– e sede bondoso para conosco. R.

(intenções livres)

Vós, que abristes as portas do paraíso para o ladrão arrependido que vos reconheceu como Salvador,
– não as fecheis para os nossos irmãos e irmãs que morreram.
R.

Pai nosso...

Oração

Deus, nosso Pai, que destes Jesus Cristo, vosso Filho, como preço de nossa salvação, concedei-nos viver de tal modo, que, participando de sua paixão, compartilhemos de sua ressurreição. Por nosso Senhor Jesus Cristo, vosso Filho, na unidade do Espírito Santo.

A conclusão da Hora como no Ordinário.

III SÁBADO

Invitatório

V. **Abri** os meus **lábios.** R. E minha **boca.**
R. Ao Se**nhor** pertence a **ter**ra e **tu**do o que ela encer**ra:**
    Ado**re**mos o Se**nhor**!
Salmo invitatório como no Ordinário, p. 583.

Ofício das Leituras

V. Vinde, ó **Deus**. Glória ao **Pai**. Como era. Ale**lu**ia.
Esta introdução se omite quando o Invitatório precede imediatamente ao Ofício das Leituras.

Hino

I. Quando se diz o Ofício das Leituras durante a noite ou de madrugada:

> Um Deus em três pessoas,
> o mundo governais:
> dos homens que criastes
> as faltas perdoais.

> Ouvi, pois, nosso canto
> e o pranto que vertemos:
> de coração sem mancha,
> melhor vos contemplemos.

> Por vosso amor tenhamos
> a alma iluminada,
> e alegres aguardemos,
> Senhor, vossa chegada.

> Rompendo agora a noite,
> do sono despertados,
> com os bens da pátria eterna
> sejamos cumulados!

A glória seja ao Pai,
ao Filho seu também;
ao Espírito igualmente,
agora e sempre. Amém.

II. Quando se diz o Ofício das Leituras durante o dia:

Autor da glória eterna,
que ao povo santo dais
a graça septiforme
do Espírito, escutai:

Tirai ao corpo e à mente
do mal as opressões;
cortai os maus instintos,
curai os corações.

Tornai as mentes calmas,
as obras completai,
ouvi do orante as preces,
a vida eterna dai.

Do tempo, em sete dias,
o curso conduzis.
No dia oitavo e último
vireis como juiz.

E nele, ó Redentor,
da ira nos poupai,
tirai-nos da esquerda,
à destra nos guardai.

Ouvi a prece humilde
do povo reverente,
e a vós daremos glória,
Deus Trino, eternamente.

Salmodia

Ant. 1 Agradeçamos ao Se**nhor** o seu **amor**
e as **su**as maravilhas entre os **ho**mens.

Salmo 106(107)
Ação de graças pela libertação

Deus enviou sua palavra aos israelitas e lhes anunciou a boa-nova da paz, por meio de Jesus Cristo (At 10,36).

I

— ¹Dai **graças** ao Se**nhor**, porque ele é **bom**, *
 porque e**ter**na é a sua misericórdia!
— ²Que o **digam** os libertos do Senhor, *
 que da **mão** dos opressores os salvou
— ³e de **to**das as nações os reuniu, *
 do Oriente, Ocidente, Norte e Sul.
— ⁴Uns va**ga**vam, no deserto, extraviados, *
 sem a**cha**rem o caminho da cidade.
— ⁵Sofriam **fo**me e também sofriam sede, *
 e sua **vi**da ia aos poucos definhando.
— ⁶Mas gritaram ao Senhor na aflição, *
 e **e**le os libertou daquela angústia.
— ⁷Pelo ca**mi**nho bem seguro os conduziu *
 para che**ga**rem à cidade onde morar.
— ⁸Agradeçam ao Senhor o seu amor *
 e as **su**as maravilhas entre os homens!
— ⁹Deu de be**ber** aos que sofriam tanta sede *
 e os fa**min**tos saciou com muitos bens!
— ¹⁰Alguns ja**zi**am em meio a trevas pavorosas, *
 prisio**nei**ros da miséria e das correntes,
— ¹¹por se **te**rem revoltado contra Deus *
 e despre**za**do os conselhos do Altíssimo.
— ¹²Ele que**brou** seus corações com o sofrimento; *
 eles tom**ba**ram, e ninguém veio ajudá-los!
— ¹³Mas gritaram ao Senhor na aflição, *
 e ele os libertou daquela angústia.
— ¹⁴E os reti**rou** daquelas trevas pavorosas, *
 despeda**çou** suas correntes, seus grilhões. —

—¹⁵ Agradeçam ao Senhor o seu amor *
e as suas maravilhas entre os homens!
—¹⁶ Porque ele arrombou portas de bronze *
e quebrou trancas de ferro das prisões!

Ant. Agradeçamos ao Senhor o seu amor
e as suas maravilhas entre os homens.

Ant. 2 Nós vimos seus prodígios e suas maravilhas.

II

—¹⁷ Uns deliravam no caminho do pecado, *
sofrendo a consequência de seus crimes;
—¹⁸ todo alimento era por eles rejeitado, *
e da morte junto às portas se encontravam.
—¹⁹ Mas gritaram ao Senhor na aflição, *
e ele os libertou daquela angústia.
—²⁰ Enviou sua palavra e os curou, *
e arrancou as suas vidas do sepulcro.
—²¹ Agradeçam ao Senhor o seu amor *
e as suas maravilhas entre os homens!
—²² Ofereçam sacrifícios de louvor, *
e proclamem na alegria suas obras!
—²³ Os que sulcam o alto-mar com seus navios, *
para ir comerciar nas grandes águas,
—²⁴ testemunharam os prodígios do Senhor *
e as suas maravilhas no alto-mar.
—²⁵ Ele ordenou, e levantou-se o furacão, *
arremessando grandes ondas para o alto;
—²⁶ aos céus subiam e desciam aos abismos, *
seus corações desfaleciam de pavor.
—²⁷ Cambaleavam e caíam como bêbados, *
e toda a sua perícia deu em nada.
—²⁸ Mas gritaram ao Senhor na aflição, *
e ele os libertou daquela angústia. —

—²⁹Transform**ou** a tempestade em bonança *
  e as **on**das do oceano se calaram.
—³⁰Ale**gra**ram-se ao ver o mar tranquilo, *
  e ao **por**to desejado os conduziu:
—³¹Agra**de**çam ao Senhor o seu amor *
  e as **su**as maravilhas entre os homens!
—³²Na assem**blei**a do seu povo o engrandeçam *
  e o **lou**vem no conselho de anciãos!

Ant. Nós **vi**mos seus pro**dí**gios e **su**as mara**vi**lhas.

Ant. 3 Que os **jus**tos, vendo as **o**bras do **Se**nhor,
  compre**en**dam como é **gran**de o seu **a**mor!

III

—³³Ele mu**dou** águas cor**ren**tes em de**ser**to, *
  e fontes de **á**gua borbulhante em terra seca;
—³⁴transform**ou** as terras férteis em salinas, *
  pela ma**lí**cia dos que nelas habitavam.
—³⁵Conver**teu** em grandes lagos os desertos *
  e a terra **á**rida em fontes abundantes;
—³⁶e **a**li fez habitarem os famintos, *
  que fun**da**ram sua cidade onde morar.
—³⁷Plantaram **vi**nhas, semearam os seus campos, *
  que deram **fru**tos e colheitas abundantes.
—³⁸Abençoou-os e cresceram grandemente, *
  e não dei**xou** diminuir o seu rebanho.
—³⁹Mas de**pois** ficaram poucos e abatidos, *
  opri**mi**dos por desgraças e aflições;
—⁴⁰porém A**que**le que confunde os poderosos *
  e os fez er**rar** por um deserto sem saída
—⁴¹reti**rou** da indigência os seus pobres, *
  e qual re**ba**nho aumentou suas famílias.
—⁴²Que os **jus**tos vejam isto e rejubilem, *
  e os **maus** fechem de vez a sua boca!

– **⁴³Quem** é **sábio**, que observe essas coisas *
   e compreenda a bondade do Senhor!
Ant. Que os **justos**, vendo as obras do **Senhor**,
   compreendam como é **grande** o seu **amor**!
V. Chega às **nu**vens a **vos**sa verdade, **Senhor**,
R. E aos **abis**mos dos **mares**, os **vossos** juízos.
Leituras e oração correspondentes a cada Ofício.

Laudes

V. Vinde, ó **Deus**. Glória ao **Pai**. Como era. Ale**lui**a.
Esta introdução se omite quando o Invitatório precede imediatamente ao Ofício das Leituras.

Hino

   No céu refulge a aurora
   e nasce um novo dia.
   As trevas se dissipem:
   a luz nos alumia.

   Bem longe os fantasmas,
   os sonhos e ilusões!
   Do mal que vem das trevas
   quebremos os grilhões.

   Na aurora derradeira
   possamos, preparados,
   cantar de Deus a glória,
   na sua luz banhados.

   Louvor e glória ao Pai,
   ao Filho seu também,
   e ao Divino Espírito
   agora e sempre. Amém.

Salmodia

Ant. 1 Vós estais **perto**, ó **Se**nhor, perto de **mim**;
   todos os **vossos** manda**men**tos são verda**de**.

Salmo 118(119),145-152
XIX (Coph)
Meditação sobre a Palavra de Deus na Lei

O amor é o cumprimento perfeito da Lei (Rm 13,10).

– ¹⁴⁵Clamo de **to**do o cora**ção**: Senhor, ou**vi**-me! *
 Quero cum**prir** vossa vontade fielmente!
– ¹⁴⁶Clamo a **vós**: Senhor, salvai-me, eu vos suplico, *
 e en**tão** eu guardarei vossa Aliança!
– ¹⁴⁷Chego **an**tes que a aurora e vos imploro, *
 e es**pe**ro confiante em vossa lei.
– ¹⁴⁸Os meus **o**lhos antecipam as vigílias, *
 para de **noi**te meditar vossa palavra.
– ¹⁴⁹Por vosso **a**mor ouvi atento a minha voz *
 e dai-me a **vi**da, como é vossa decisão!
– ¹⁵⁰Meus opres**so**res se aproximam com maldade; *
 como estão **lon**ge, ó Senhor, de vossa lei!
– ¹⁵¹Vós estais **per**to, ó Senhor, perto de mim; *
 todos os **vos**sos mandamentos são verdade!
– ¹⁵²Desde cri**an**ça aprendi vossa Aliança *
 que fir**mas**tes para sempre, eternamente.

Ant. Vós estais **per**to, ó **S**enhor, perto de **mim**:
 todos os **vos**sos manda**men**tos são ver**da**de.

Ant. 2 Que a **vos**sa Sabe**do**ria, ó **S**enhor,
 esteja junto a **mim** no meu tra**ba**lho.

Cântico   Sb 9,1-6.9-11
Senhor, dai-me a Sabedoria!

Eu vos darei palavras tão acertadas que nenhum dos inimigos vos poderá resistir (Lc 21,15).

– ¹Deus de meus **pais**, Senhor bon**do**so e compassivo, *
 vossa **Pa**lavra poderosa criou tudo,

— ²vosso sa**ber** o ser humano modelou *
   para ser **rei** da criação que é vossa obra,
— ³reger o **mun**do com justiça, paz e ordem, *
   e exer**cer** com retidão seu julgamento:
— ⁴Dai-me **vos**sa sabedoria, ó Senhor, *
   sabedo**ri**a que partilha o vosso trono.
— Não me exclu**ais** de vossos filhos como indigno: *
   ⁵sou vosso **ser**vo e minha mãe é vossa serva;
— sou homem **fra**co e de existência muito breve, *
   inca**paz** de discernir o que é justo.
— ⁶Até **mes**mo o mais perfeito dentre os homens *
   não é **na**da, se não tem vosso saber.
— ⁹Mas junto a **vós**, Senhor, está a sabedoria. *
   que co**nhe**ce as vossas obras desde sempre;
= convosco es**ta**va ao criardes o universo, †
   ela **sa**be o que agrada a vossos olhos, *
   o que é **re**to e conforme às vossas ordens.
—¹⁰Envi**ai**-a lá de cima, do alto céu, *
   mandai-a **vir** de vosso trono glorioso,
— para que es**te**ja junto a mim no meu trabalho *
   e me en**si**ne o que agrada a vossos olhos!
=¹¹Ela, que **tu**do compreende e tudo sabe, †
   há de gui**ar** meus passos todos com prudência, *
   com seu po**der** há de guardar a minha vida.

Ant. Que a **vos**sa Sabedo**ri**a, ó S**e**n**hor**,
   esteja junto a **mim** no meu trabalho.

Ant. 3 O Se**nhor** para **sem**pre é **fiel**.

Salmo 116(117)

Louvor ao Deus misericordioso

Eu digo:... os pagãos glorificam a Deus, em razão da sua misericórdia (Rm 15,8.9).

— ¹Cantai louvores ao Se**nhor**, todas as **gen**tes, *
   povos **to**dos, feste**jai**-o!

— ²Pois comprovado é seu amor para conosco, *
para sempre ele é fiel!

Ant. O Senhor para sempre é fiel.

Leitura breve
Fl 2,14-15

Fazei tudo sem reclamar ou murmurar, para que sejais livres de repreensão e ambiguidade, filhos de Deus sem defeito, no meio desta geração depravada e pervertida, na qual brilhais como os astros no universo.

Responsório breve

R. A vós grito, ó Senhor, a vós clamo
* E vos digo: Sois vós meu abrigo! R. A vós grito.
V. Minha herança na terra dos vivos. * E vos digo.
Glória ao Pai. R. A vós grito.

Cântico evangélico, ant.

Iluminai, ó Senhor, os que jazem nas trevas
e na sombra da morte.

Preces

Invoquemos a Deus, que elevou a Virgem Maria, Mãe de Cristo, acima de todas as criaturas do céu e da terra; e digamos cheios de confiança:

R. Interceda por nós a Mãe do vosso Filho.

Pai de misericórdia, nós vos damos graças porque nos destes Maria como mãe e exemplo:
– por sua intercessão, santificai os nossos corações. R.

Vós, que fizestes de Maria a serva fiel e atenta à vossa Palavra,
– por sua intercessão, fazei de nós servos e discípulos de vosso Filho. R.

Vós, que fizestes de Maria a Mãe do vosso Filho por obra do Espírito Santo,

– por sua intercessão, concedei-nos os frutos do mesmo Espírito.
R. **Intercedo por nós a Mãe do vosso Filho.**

Vós, que destes força a Maria para permanecer junto da cruz, e a enchestes de alegria com a ressurreição de vosso Filho,
– por sua intercessão, confortai-nos nas tribulações e reavivai a nossa esperança. R.

(intenções livres)

Pai nosso...

Oração

Senhor nosso Deus, fonte de salvação, fazei que o testemunho de nossa vida exalte a vossa glória e mereçamos cantar nos céus vosso louvor eternamente. Por nosso Senhor Jesus Cristo, vosso Filho, na unidade do Espírito Santo.

A conclusão da Hora como no Ordinário.

Hora Média

V. Vinde, ó **Deus**. Glória ao **Pai**. Como era. Ale**luia**.

HINO como no Ordinário, p. 598-601.

Salmodia

Ant. 1 Asse**gurai** tudo o que é **bom**
ao vosso **servo**, ó **Senhor**!

Salmo 118(119),121-128
XVI (Ain)

Meditação sobre a Palavra de Deus na Lei

Sua mãe conservava no coração todas essas coisas (Lc 2,51).

–¹²¹ Prati**quei** a equi**da**de e a jus**ti**ça; *
   não me entre**gueis** nas mãos daqueles que me oprimem!
–¹²² Asse**gurai** tudo que é bom ao vosso servo, *
   não permi**tais** que me oprimam os soberbos! –

– ¹²³Os meus olhos se gastaram de esperar-vos *
  e de aguardar vossa justiça e salvação.
– ¹²⁴Conforme o vosso amor, Senhor, tratai-me, *
  e também vossos desígnios ensinai-me!
– ¹²⁵Sou vosso servo: concedei-me inteligência, *
  para que eu possa compreender vossa Aliança!
– ¹²⁶Já é tempo de intervirdes, ó Senhor; *
  está sendo violada a vossa Lei!
– ¹²⁷Por isso amo os mandamentos que nos destes, *
  mais que o ouro, muito mais que o ouro fino!
– ¹²⁸Por isso eu sigo bem direito as vossas leis, *
  detesto todos os caminhos da mentira.

Ant. Assegurai tudo o que é bom ao vosso servo, ó Senhor!

Ant. 2 Contemplai o Senhor e havereis de alegrar-vos.

Salmo 33(34)

O Senhor é a salvação dos justos

Provastes que o Senhor é bom (1Pd 2,3).

I

– ²Bendirei o Senhor Deus em todo o tempo, *
  seu louvor estará sempre em minha boca;
– ³Minha alma se gloria no Senhor, *
  que ouçam os humildes e se alegrem!
– ⁴Comigo engrandecei ao Senhor Deus, *
  exaltemos todos juntos o seu nome!
– ⁵Todas as vezes que o busquei; ele me ouviu, *
  e de todos os temores me livrou.
– ⁶Contemplai a sua face e alegrai-vos, *
  e vosso rosto não se cubra de vergonha!
– ⁷Este infeliz gritou a Deus, e foi ouvido, *
  e o Senhor o libertou de toda angústia. –

— ⁸O **an**jo do Senhor vem acampar *
   ao re**dor** dos que o temem, e os salva.
— ⁹Provai e **ve**de quão suave é o Senhor! *
   Feliz o **ho**mem que tem nele o seu refúgio!
— ¹⁰Respei**tai** o Senhor Deus, seus santos todos, *
   porque **na**da faltará aos que o temem.
— ¹¹Os **ri**cos empobrecem, passam fome, *
   mas aos que **bus**cam o Senhor não falta nada.

Ant. Contem**plai** o Se**nhor** e have**reis** de ale**grar**-vos.

Ant. 3 O Se**nhor** está bem **per**to do co**ra**ção atri**bu**lado.

II

— ¹²Meus **fi**lhos, vinde a**go**ra e escu**tai**-me: *
   vou ensi**nar**-vos o temor do Senhor Deus.
— ¹³Qual o **ho**mem que não ama sua vida, *
   procu**ran**do ser feliz todos os dias?
— ¹⁴A**fas**ta a tua língua da maldade, *
   e teus **lá**bios, de palavras mentirosas.
— ¹⁵A**fas**ta-te do mal e faze o bem, *
   procura a **paz** e vai com ela em seu caminho.
— ¹⁶O Se**nhor** pousa seus olhos sobre os justos, *
   e seu ou**vi**do está atento ao seu chamado;
— ¹⁷mas ele **vol**ta a sua face contra os maus, *
   para da **ter**ra apagar sua lembrança.
— ¹⁸Clamam os **jus**tos, e o Senhor bondoso escuta *
   e de **to**das as angústias os liberta.
— ¹⁹Do cora**ção** atribulado ele está perto *
   e con**for**ta os de espírito abatido.
— ²⁰Muitos **ma**les se abatem sobre os justos, *
   mas o Se**nhor** de todos eles os liberta.
— ²¹Mesmo os seus **os**sos ele os guarda e os protege, *
   e nenhum **de**les haverá de se quebrar. –

—²² A malícia do iníquo leva à morte, *
  e **quem** odeia o justo é castigado.
—²³ Mas o Senhor liberta a vida dos seus servos, *
  e castigado não será quem nele espera.

Ant. 3 O Senhor está bem **per**to do cora**ção** atribu**la**do.

Para as outras Horas, Salmodia complementar, das séries I e III, p. 1178.

Oração das Nove Horas

Leitura breve   1Sm 15,22

O Senhor quer holocaustos e sacrifícios, ou quer a obediência à sua palavra? A obediência vale mais que o sacrifício, a docilidade mais que oferecer gordura de carneiros.

V. Quem me oferece um sacrifício de lou**vor**,
  este **sim**, é que me **hon**ra de ver**da**de.
R. A todo **ho**mem que procede retamente
  eu mostra**rei** a salva**ção** que vem de **Deus**.

Oração

Senhor Deus, Pai todo-poderoso, a quem somos submissos, derramai em nós a luz do Espírito Santo, para que, livres de todo inimigo, nos alegremos em vos louvar. Por Cristo, nosso Senhor.

Oração das Doze Horas

Leitura breve   Gl 5,26; 6,2

Não busquemos vanglória, provocando-nos ou invejando-nos uns aos outros. Carregai os fardos uns dos outros: assim cumprireis a lei de Cristo.

V. Vinde e **ve**de como é **bom**, como é su**a**ve
  os ir**mãos** viverem **jun**tos bem u**ni**dos.
R. Pois a **e**les o Se**nhor** dá sua **bên**ção
  e a **vi**da pelos **sé**culos sem **fim**.

Oração

Senhor nosso Deus, luz ardente de amor eterno, concedei que, inflamados na vossa caridade, num mesmo amor amemos a vós, acima de tudo, e aos irmãos e irmãs por vossa causa. Por Cristo, nosso Senhor.

Oração das Quinze Horas

Leitura breve   Mq 6,8

Foi-te revelado, ó homem, o que é o bem, e o que o Senhor exige de ti: principalmente praticar a justiça e amar a misericórdia, e caminhar solícito com teu Deus.

V. Seguindo vossa lei me rejubilo.
R. Não posso esquecer vossa palavra.

Oração

Atendei, Senhor, às nossas preces, por intercessão da Virgem Maria, e dai-nos a paz completa, para que, dedicando-nos sempre a vós com alegria, possamos confiantes chegar até vós. Por Cristo, nosso Senhor.

A conclusão da Hora como no Ordinário.

IV SEMANA

IV DOMINGO

I Vésperas

V. Vinde, ó **Deus**. Glória ao **Pai**. Como era. Ale**luia**.

Hino

Ó Deus, fonte de todas as coisas,
vós enchestes o mundo de dons
e, depois de criar o universo,
concluístes que tudo era bom.

Terminando tão grande trabalho,
decidistes entrar em repouso,
ensinando aos que cansam na luta,
que o descanso é também dom precioso.

Concedei aos mortais que suplicam,
os seus erros lavarem no pranto
e andarem nos vossos caminhos,
descobrindo da vida o encanto.

Deste modo, ao chegar para a terra
a aflição do temível Juiz,
possam todos, repletos de paz,
se alegrar pela vida feliz.

Esse dom concedei-nos, Deus Pai,
pelo Filho Jesus, Sumo Bem,
no Espírito Santo Paráclito,
que reinais para sempre. Amém.

Pode-se também dizer o HINO Salve o dia, p. 1033.

Salmodia
Ant. 1 Ro**gai** que viva em **paz** Jerusa**lém**.

Salmo 121(122)

Jerusalém, cidade santa

Vós vos aproximastes do monte Sião e da cidade do Deus vivo, a Jerusalém celeste (Hb 12,22).

— ¹Que alegria, quando ouvi que me disseram: *
  "Vamos à casa do Senhor!"
— ²E agora nossos pés já se detêm, *
  Jerusalém, em tuas portas.
— ³Jerusalém, cidade bem edificada *
  num conjunto harmonioso;
— ⁴para lá sobem as tribos de Israel, *
  as tribos do Senhor.
— Para louvar, segundo a lei de Israel, *
  o nome do Senhor.
— ⁵A sede da justiça lá está *
  e o trono de Davi.
— ⁶Rogai que viva em paz Jerusalém, *
  e em segurança os que te amam!
— ⁷Que a paz habite dentro de teus muros, *
  tranquilidade em teus palácios!
— ⁸Por amor a meus irmãos e meus amigos, *
  peço: "A paz esteja em ti!"
— ⁹Pelo amor que tenho à casa do Senhor, *
  eu te desejo todo bem

Ant. Rogai que viva em paz Jerusalém.

Ant. 2 Desde a aurora até à noite
no Senhor ponho a esperança.

Salmo 129(130)

Das profundezas eu clamo

Ele vai salvar o seu povo dos seus pecados (Mt 1,21).

— ¹Das profundezas eu clamo a vós, Senhor, *
  ²escutai a minha voz!

Domingo – I Vésperas

— Vossos ouvidos estejam bem atentos *
  ao clamor da minha prece!
— ³ Se levardes em conta nossas faltas, *
  quem haverá de subsistir?
— ⁴ Mas em vós se encontra o perdão, *
  eu vos temo e em vós espero.
— ⁵ No Senhor ponho a minha esperança, *
  espero em sua palavra.
— ⁶ A minh'alma espera no Senhor *
  mais que o vigia pela aurora.
— ⁷ Espere Israel pelo Senhor *
  mais que o vigia pela aurora!
— Pois no Senhor se encontra toda graça *
  e copiosa redenção.
— ⁸ Ele vem libertar a Israel *
  de toda a sua culpa.

Ant. Desde a aurora até à noite
  no Senhor ponho a esperança.

Ant. 3 Ao nome de Jesus nosso Senhor
  se dobre reverente todo joelho
  seja nos céus, seja na terra ou nos abismos.

Cântico   Fl 2,6-11

Cristo, o Servo de Deus

= ⁶ Embora fosse de divina condição, †
  Cristo Jesus não se apegou ciosamente *
  a ser igual em natureza a Deus Pai.
(R. Jesus Cristo é Senhor para a glória de Deus Pai!)
= ⁷ Porém esvaziou-se de sua glória †
  e assumiu a condição de um escravo, *
  fazendo-se aos homens semelhante.   (R.)

= Reconhecido exteriormente como homem, †
⁸humilhou-se, obedecendo até à morte, *
até à **mor**te humilhante numa cruz. (R.)

= ⁹Por isso **Deus** o exaltou sobremaneira †
e deu-lhe o **no**me mais excelso, mais sublime, *
e eleva**d**o muito acima de outro nome. (R.)

= ¹⁰Para **que** perante o nome de Jesus †
se **do**bre reverente todo joelho, *
seja nos **céus**, seja na terra ou nos abismos. (R.)

= ¹¹E toda **lín**gua reconheça, confessando, †
para a **gló**ria de Deus Pai e seu louvor: *
"Na ver**d**ade Jesus Cristo é o Senhor!" (R.)

Ant. Ao **no**me de Jesus nosso Se**nhor**
se **do**bre reve**ren**te todo joelho
seja nos **céus**, seja na **ter**ra ou nos **abismos**.

Leitura breve   2Pd 1,19-21

Assim se nos tornou ainda mais firme a palavra da profecia, que fazeis bem em ter diante dos olhos, como lâmpada que brilha em lugar escuro, até clarear o dia e levantar-se a estrela da manhã em vossos corações. Pois deveis saber, antes de tudo, que nenhuma profecia da Escritura é objeto de interpretação pessoal, visto que jamais uma profecia foi proferida por vontade humana. Mas foi sob o impulso do Espírito Santo que homens falaram da parte de Deus.

Responsório breve

R. Do nascer do sol **até** o o**caso**,
  * Louvado seja o **no**me do Se**nhor**! R. Do nascer.
V. Sua **gló**ria vai a**lém** dos altos **céus**. * Louvado.
  Glória ao **Pai**. R. Do nascer.

Antífona do *Magnificat* como no Próprio do Tempo.

Preces

Invoquemos a Jesus Cristo, alegria de todos os que nele esperam; e digamos:

R. Ouvi-nos, Senhor, e atendei-nos!

Testemunha fiel e primogênito dentre os mortos, que nos purificastes do pecado com o vosso sangue,
– fazei-nos sempre lembrar as vossas maravilhas. R.

Aqueles que escolhestes como mensageiros do vosso evangelho,
– tornai-os fiéis e zelosos administradores dos mistérios do Reino. R.

Rei da paz, mandai o vosso Espírito sobre aqueles que governam os povos,
– a fim de que olhem com mais atenção para os pobres e necessitados. R.

Socorrei os que são vítimas da discriminação por causa da raça, cor, condição, língua ou religião,
– e fazei que sejam reconhecidos os seus direitos e a sua dignidade. R.

(intenções livres)

Aos que morreram em vosso amor, tornai participantes da felicidade eterna,
– juntamente com a Virgem Maria e todos os santos. R.

Pai nosso...

Oração como no Próprio do Tempo.
A conclusão da Hora como no Ordinário.

Invitatório

V. **Abri** os meus **lábios.** R. E minha **boca.**

R. Vinde, **po**vo do Se**nhor** e re**ban**ho que ele **gui**a:
vinde **to**dos, ado**re**mos! Ale**lui**a.

Salmo invitatório como no Ordinário, p. 583.

Ofício das Leituras

V. Vinde, ó **Deus**. Glória ao **Pai**. Como era. Ale**luia**.
Esta introdução se omite quando o Invitatório precede imediatamente ao Ofício das Leituras.

Hino

I. Quando se diz o Ofício das Leituras durante a noite ou de madrugada:

Chegamos ao meio da noite.
Profética voz nos chamou
e exorta a cantarmos felizes
de Deus Pai e Filho o louvor,

que unidos no Espírito da Vida,
são perfeita e santa Trindade,
igual numa só natureza,
à qual honra, amor, majestade!

Recorda esta hora o terror
de quando, nas terras do Egito,
um anjo matou os primogênitos,
deixando o país todo aflito.

Mas traz salvação para os justos
na hora que Deus decretou.
As casas marcadas com sangue
o anjo da morte poupou.

O Egito chorou os seus filhos,
porém Israel se alegrou.
O sangue do puro cordeiro
aos seus protegeu e salvou.

Nós somos o novo Israel,
e em vós, ó Senhor, exultamos.
Com sangue de Cristo marcados,
do mal os ardis desprezamos.

Deus santo, fazei-nos ser dignos
da glória do mundo que vem.
Possamos cantar vossa glória
no céu para sempre. Amém.

II. Quando se diz o Ofício das Leituras durante o dia:

Salve o dia que é glória dos dias,
feliz dia, de Cristo vitória,
dia pleno de eterna alegria,
o primeiro.

Luz divina brilhou para os cegos;
nela o Cristo triunfa do inferno,
vence a morte, reconciliando
terra e céus.

A sentença eterna do Rei
tudo sob o pecado encerrou,
para que na fraqueza brilhasse
maior graça.

O poder e a ciência de Deus
misturaram rigor e clemência,
quando o mundo já estava caindo
nos abismos.

Surge livre o Reino da morte
quem o gênero humano restaura,
reconduz em seus ombros a ovelha
ao redil.

Reine a paz entre os anjos e os homens,
e no mundo a total plenitude.
Ao Senhor triunfante convém
toda a glória.

Mãe Igreja, tua voz faça coro
à harmonia da pátria celeste.
Cantem hoje Aleluias de glória
os fiéis.

Triunfando do império da morte,
triunfal alegria gozemos.
Paz na terra e nos céus alegria.
Assim seja.

Salmodia

Ant. 1 Quem subirá até o **mon**te do Se**nhor**?
Quem ficará em sua **san**ta habita**ção**?

Quando o salmo seguinte já tiver sido recitado no Invitatório, em seu lugar se diz o Salmo 94(95), à p. 583.

Salmo 23(24)

Entrada do Senhor no templo

Na ascensão, as portas do céu se abriram para o Cristo (Sto. Irineu).

— ¹Ao Se**nhor** pertence a **ter**ra e o que ela en**cer**ra, *
   o mundo in**tei**ro com os seres que o povoam;
— ²porque **ele** a tornou firme sobre os mares, *
   e sobre as **á**guas a mantém inabalável.
— ³"Quem subi**rá** até o monte do Senhor, *
   quem fica**rá** em sua santa habitação?"
= ⁴"Quem tem mãos **pu**ras e inocente cora**ção**, †
   quem não di**ri**ge sua mente para o crime, *
   nem jura **fal**so para o dano de seu próximo.
— ⁵Sobre **es**te desce a bênção do Senhor *
   e a recom**pen**sa de seu Deus e Salvador".
— ⁶"É as**sim** a geração dos que o procuram, *
   e do **Deus** de Israel buscam a face".
= ⁷"Ó **por**tas, levantai vossos frontões! †
   Ele**vai**-vos bem mais alto, antigas portas, *
   a fim de **que** o Rei da glória possa entrar!"
= ⁸Di**zei**-nos: "Quem é este Rei da glória?" †
   "É o Se**nhor**, o valoroso, o onipotente, *
   o Se**nhor**, o poderoso nas batalhas!" —

=⁹ "Ó **por**tas, levantai vossos frontões! †
   Ele**vai**-vos bem mais alto, antigas portas, *
   a fim de **que** o Rei da glória possa entrar!"
=¹⁰ Dizei-nos: "Quem é este Rei da glória?" †
   "O Rei da **gló**ria é o Senhor onipotente, *
   o Rei da **gló**ria é o Senhor Deus do universo!"

Ant. Quem subi**rá** até o **mon**te do **Senhor**?
   Quem fica**rá** em sua **san**ta habita**ção**?

Ant. 2 **Na**ções, glorifi**cai** ao nosso **Deus**,
   é **e**le quem dá **vi**da à nossa **vi**da.

Salmo 65(66)

Hino para o sacrifício de ação de graças

Este salmo lembra a ressurreição do Senhor e a conversão dos gentios (Hesíquio).

I

=¹ Acla**mai** o Senhor **Deus**, ó terra in**tei**ra, †
   ² cantai **sal**mos a seu nome glorioso, *
   dai a **Deus** a mais sublime louvação!
=³ Dizei a **Deus**: "Como são grandes vossas obras! †
   Pela gran**de**za e o poder de vossa força, *
   vossos **pró**prios inimigos vos bajulam.
–⁴ Toda a **ter**ra vos adore com respeito *
   e procla**me** o louvor de vosso nome!"
–⁵ Vinde **ver** todas as obras do Senhor: *
   seus pro**dí**gios estupendos entre os homens!
–⁶ O **mar** ele mudou em terra firme *
   e passaram pelo rio a pé enxuto.
– Exul**te**mos de alegria no Senhor! *
   ⁷ Ele do**mi**na para sempre com poder,
– e seus **o**lhos estão fixos sobre os povos. *
   que os re**bel**des não se elevem contra ele!

— ⁸Nações, glorificai ao nosso Deus, *
  anunciai em alta voz o seu louvor!
— ⁹É ele quem dá vida à nossa vida *
  e não permite que vacilem nossos pés.
— ¹⁰Na verdade, ó Senhor, vós nos provastes, *
  nos depurastes pelo fogo como a prata.
— ¹¹Fizestes-nos cair numa armadilha *
  e um grande peso nos pusestes sobre os ombros.
= ¹²Permitistes aos estranhos oprimir-nos, †
  nós passamos pela água e pelo fogo, *
  mas finalmente vós nos destes um alívio!

Ant. Nações, glorificai ao nosso **Deus**,
  é **ele** quem dá **vida** à nossa **vida**.

Ant. 3 Todos **vós** que a Deus te**meis**, vinde escu**tar**:
  Vou con**tar**-vos todo o **bem** que ele me **fez**!

II

— ¹³Em vossa casa entrarei com sacrifícios, *
  e cumprirei todos os votos que vos fiz;
— ¹⁴as promessas que meus lábios vos fizeram *
  e minha boca prometeu, na minha angústia.
= ¹⁵Eu vos oferto generosos holocaustos, †
  e fumaça perfumosa dos cordeiros, *
  ofereço-vos novilhos e carneiros.
— ¹⁶Todos **vós** que a Deus temeis, vinde escutar: *
  vou contar-vos todo bem que ele me fez!
— ¹⁷Quando a ele o meu grito se elevou, *
  já havia gratidão em minha boca!
— ¹⁸Se eu guardasse planos maus no coração, *
  o Senhor não me teria ouvido a voz.
— ¹⁹Entretanto, o Senhor quis atender-me *
  e deu ouvidos ao clamor da minha prece. –

=²⁰Bendito **seja** o Senhor Deus que me escutou, †
não rejei**tou** minha oração e meu clamor, *
nem afas**tou** longe de mim o seu amor!

Ant. Todos **vós** que a Deus te**meis**, vinde escu**tar**:
Vou con**tar**-vos todo o **bem** que ele me **fez**!

V. A Palavra de **Deus** é viva e efi**caz**,
R. É **mais** pene**tran**te que espa**da** de dois **gu**mes.

Leituras e oração como no Próprio do Tempo.

Laudes

V. Vinde, ó **Deus**. Glória ao **Pai**. Como era. Ale**lui**a.

Esta introdução se omite quando o Invitatório precede imediatamente às Laudes.

Hino

Eis que da noite já foge a sombra
e a luz da aurora refulge, ardente.
Nós, reunidos, a Deus oremos
e invoquemos o Onipotente.

Deus, compassivo, nos salve a todos
e nos afaste de todo o mal.
O Pai bondoso, por sua graça,
nos dê o Reino celestial.

Assim nos ouça o Deus Uno e Trino,
Pai, Filho e Espírito Consolador.
Por toda a terra vibram acordes
dum canto novo em seu louvor.

Salmodia

Ant. 1 Dai **graças** ao Se**nhor**, porque ele é **bom**!
E**ter**na é a **sua** miseri**cór**dia. Aleluia. †

Salmo 117(118)
Canto de alegria e salvação

Ele é a pedra, que vós, os construtores, desprezastes, e que se tornou a pedra angular (At 4,11).

— ¹Dai **graças** ao **Senhor**, porque ele é **bom**! *
"E**ter**na é a sua misericórdia!"
— ² † A **ca**sa de Israel agora o diga: *
"E**ter**na é a sua misericórdia!"
— ³A **ca**sa de Aarão agora o diga: *
"E**ter**na é a sua misericórdia!"
— ⁴Os que **te**mem o Senhor agora o digam: *
"E**ter**na é a sua misericórdia!"
— ⁵Na minha ang**ús**tia eu clamei pelo Senhor, *
e o Se**nh**or me atendeu e libertou!
— ⁶O Se**nh**or está comigo, nada temo; *
o que **po**de contra mim um ser humano?
— ⁷O Se**nh**or está comigo, é o meu auxílio, *
hei de **ver** meus inimigos humilhados.
— ⁸"É me**lh**or buscar refúgio no Senhor *
do que **pôr** no ser humano a esperança;
— ⁹é me**lh**or buscar refúgio no Senhor *
do que con**tar** com os poderosos deste mundo!"
— ¹⁰Povos pa**gãos** me rodearam todos eles, *
mas em **no**me do Senhor os derrotei;
— ¹¹de todo **la**do todos eles me cercaram, *
mas em **no**me do Senhor os derrotei;
= ¹²como um en**xa**me de abelhas me atacaram, †
como um **fo**go de espinhos me queimaram, *
mas em **no**me do Senhor os derrotei.
— ¹³Empur**ra**ram-me, tentando derrubar-me, *
mas **vei**o o Senhor em meu socorro.
— ¹⁴O Se**nh**or é minha força e o meu canto, *
e tor**nou**-se para mim o Salvador.
— ¹⁵"Cla**mo**res de alegria e de vitória *
res**so**em pelas tendas dos fiéis. —

= ¹⁶A mão di**rei**ta do Senhor fez maravilhas, †
a mão di**rei**ta do Senhor me levantou, *
a mão di**rei**ta do Senhor fez maravilhas!"

— ¹⁷Não morre**rei**, mas, ao contrário, viverei *
para can**tar** as grandes obras do Senhor!

— ¹⁸O Se**nhor** severamente me provou, *
mas **não** me abandonou às mãos da morte.

— ¹⁹Abri-me **vós**, abri-me as portas da justiça; *
quero en**trar** para dar graças ao Senhor!

— ²⁰"Sim, **es**ta é a porta do Senhor, *
por **e**la só os justos entrarão!"

— ²¹Dou-vos **gra**ças, ó Senhor, porque me ouvistes *
e vos tor**nas**tes para mim o Salvador!

— ²²"A **pe**dra que os pedreiros rejeitaram *
tor**nou**-se agora a pedra angular.

— ²³Pelo Se**nhor** é que foi feito tudo isso: *
Que maravilhas ele fez a nossos olhos!

— ²⁴Este é o **dia** que o Senhor fez para nós, *
ale**gre**mo-nos e nele exultemos!

— ²⁵Ó Se**nhor**, dai-nos a vossa salvação, *
ó Se**nhor**, dai-nos também prosperidade!"

— ²⁶Bendi**to** seja, em nome do Senhor, *
a**que**le que em seus átrios vai entrando!

— Desta **ca**sa do Senhor vos bendizemos. *
²⁷Que o Se**nhor** e nosso Deus nos ilumine!

— Empu**nhai** ramos nas mãos, formai cortejo, *
aproxi**mai**-vos do altar, até bem perto!

— ²⁸Vós sois meu **Deus**, eu vos bendigo e agradeço! *
Vós sois meu **Deus**, eu vos exalto com louvores!

— ²⁹Dai **gra**ças ao Senhor, porque ele é bom! *
"E**ter**na é a sua misericórdia!"

Ant. Dai **gra**ças ao Se**nhor**, porque ele é **bom**!
E**ter**na é a **su**a misericór**di**a. Ale**lu**ia.

IV Semana

Ant. 2 Obras todas do Senhor, aleluia,
bendizei o Senhor, aleluia!

Cântico Dn 3,52-57

Louvor das criaturas ao Senhor
O Criador é bendito para sempre (Rm 1,25).

— ⁵²Sede bendito, Senhor Deus de nossos pais. *
A vós louvor, honra e glória eternamente!
— Sede bendito, nome santo e glorioso *
A vós louvor, honra e glória eternamente!
— ⁵³No templo santo onde refulge a vossa glória. *
A vós louvor, honra e glória eternamente!
— ⁵⁴E em vosso trono de poder vitorioso. *
A vós louvor, honra e glória eternamente!
— ⁵⁵Sede bendito, que sondais as profundezas. *
A vós louvor, honra e glória eternamente!
— E superior aos querubins vos assentais. *
A vós louvor, honra e glória eternamente!
— ⁵⁶Sede bendito no celeste firmamento. *
A vós louvor, honra e glória eternamente!
— ⁵⁷Obras todas do Senhor, glorificai-o. *
A Ele louvor, honra e glória eternamente!

Ant. Obras todas do Senhor, aleluia,
bendizei o Senhor, aleluia!

Ant. 3 Louve a Deus tudo o que vive e que respira, aleluia!

Salmo 150

Louvai o Senhor
Salmodiai com o espírito e salmodiai com a mente, isto é: glorificai a Deus com a alma e o corpo (Hesíquio).

— ¹Louvai o Senhor Deus no santuário, *
louvai-o no alto céu de seu poder!

— ²Louvai-o por seus feitos grandiosos, *
  louvai-o em sua grandeza majestosa!
— ³Louvai-o com o toque da trombeta, *
  louvai-o com a harpa e com a cítara!
— ⁴Louvai-o com a dança e o tambor, *
  louvai-o com as cordas e as flautas!
— ⁵Louvai-o com os címbalos sonoros, *
  louvai-o com os címbalos de júbilo!
— Louve a **Deus** tudo o que vive e que respira, *
  tudo **can**te os louvores do Senhor!

Ant. Louve a **Deus** tudo o que **vive** e que res**pi**ra, ale**lui**a!

Leitura breve   2Tm 2,8.11-13
Lembra-te de Jesus Cristo, da descendência de Davi, ressuscitado dentre os mortos. Merece fé esta palavra: se com ele morremos, com ele viveremos. Se com ele ficamos firmes, com ele reinaremos. Se nós o negamos, também ele nos negará. Se lhe somos infiéis, ele permanece fiel, pois não pode negar-se a si mesmo.

Responsório breve

R. Nós vos lou**va**mos, dando **gra**ças, ó **S**e**nhor**,
  * Dando **gra**ças, invo**ca**mos vosso **no**me.
  R. Nós vos lou**va**mos.
V. E publi**ca**mos os pro**dí**gios que fi**zes**tes. * Dando **gra**ças.
  Glória ao **Pai**. R. Nós vos lou**va**mos.

Antífona do *Benedictus* como no Próprio do Tempo.

Preces
Ao Deus de todo poder e bondade, que nos ama e sabe do que temos necessidade, abramos o coração com alegria; e o aclamemos com louvores, dizendo:

R. Nós vos louvamos, Senhor, e em vós confiamos!

Nós vos bendizemos, Deus todo-poderoso e Rei do universo, porque, mesmo sendo pecadores, viestes à nossa procura,
– para conhecermos vossa verdade e servirmos à vossa majestade.

R. **Nós vos louvamos, Senhor, e em vós confiamos!**

Deus, que abristes para nós as portas da vossa misericórdia,
– não nos deixeis jamais afastar do caminho da vida.   R.

Ao celebrar a ressurreição do vosso amado Filho,
– fazei que este dia transcorra para nós cheio de alegria espiritual.   R.

Dai, Senhor, a vossos fiéis o espírito de oração e de louvor,
– para que vos demos graças sempre e em todas as coisas.   R.

(intenções livres)

Pai nosso...

Oração como no Próprio do Tempo.
A conclusão da Hora como no Ordinário.

Hora Média

V. Vinde, ó **Deus**. Glória ao **Pai**. Como **era**. Ale**lui**a.

HINO como no Ordinário, p. 598-601.

Salmodia

Ant. 1 Quem co**mer** deste **pão** vive**rá** eterna**men**te. Ale**lui**a.

Salmo 22(23)

O Bom Pastor

O Cordeiro será o seu pastor e os conduzirá até às fontes da água viva (Ap 7,17).

– ¹O **Senhor** é o pas**tor** que me con**duz**; *
   não me **fal**ta coisa alguma.
– ²Pelos **pra**dos e campinas verdejantes *
   ele me **le**va a descansar.

– Para as **águas** repousantes me enc**aminha**, *
   ³e rest**aura** as minhas forças.
– Ele me **guia** no caminho mais seguro, *
   pela **hon**ra do seu nome.
– ⁴Mesmo que eu **pas**se pelo vale tenebroso, *
   nenhum **mal** eu temerei;
– estais co**mi**go com bastão e com cajado; *
   eles me **dão** a segurança!
– ⁵Prepa**rais** à minha frente uma mesa, *
   bem à **vis**ta do inimigo,
– e com **ó**leo vós ungis minha cabeça; *
   o meu **cá**lice transborda.
– ⁶Felici**da**de e todo bem hão de seguir-me *
   por **to**da a minha vida;
– e, na **ca**sa do Senhor, habitarei *
   pelos **tem**pos infinitos.

Ant. Quem co**mer** deste **pão** vive**rá** eterna**men**te. Ale**lu**ia.

Ant. 2 O Se**nhor** há de **vir** para **ser** glorificado
   e admi**ra**do nos seus **san**tos. Ale**lu**ia.

Salmo 75(76)
Ação de graças pela vitória

Verão o Filho do Homem vindo sobre as nuvens do céu (Mt 24,30).

I

– ²Em Ju**dá** o Senhor **Deus** é conhe**ci**do, *
   e seu **no**me é grandioso em Israel.
– ³Em Sa**lém** ele fixou a sua tenda, *
   em Sião edificou sua morada.
– ⁴E a**li** quebrou os arcos e as flechas, *
   os es**cu**dos, as espadas e outras armas.
– ⁵Resplen**den**te e majestoso apareceis *
   sobre **mon**tes de despojos conquistados. –

= ⁶Despojastes os guerreiros valorosos †
   que já dormem o seu sono derradeiro, *
   incapazes de apelar para os seus braços.
– ⁷Ante as vossas ameaças, ó Senhor, *
   estarreceram-se os carros e os cavalos.

Ant. O Senhor há de vir para ser glorificado
   e admirado nos seus santos. Aleluia.

Ant. 3 Ao vosso Deus fazei promessas e as cumpri;
   ao Senhor trazei ofertas, aleluia.

II

– ⁸Sois terrível, realmente, Senhor Deus! *
   E quem pode resistir à vossa ira?
– ⁹Lá do céu pronunciastes a sentença, *
   e a terra apavorou-se e emudeceu,
–¹⁰quando Deus se levantou para julgar*
   e libertar os oprimidos desta terra.
–¹¹Mesmo a revolta dos mortais vos dará glória, *
   e os que sobraram do furor vos louvarão.
–¹²Ao vosso Deus fazei promessas e as cumpri; *
   vós que o cercais, trazei ofertas ao Terrível;
–¹³ele esmaga os reis da terra em seu orgulho, *
   e faz tremer os poderosos deste mundo!

Ant. Ao vosso Deus fazei promessas e as cumpri;
   ao Senhor trazei ofertas, aleluia.

Para as outras Horas, Salmodia complementar, p. 1178.

Oração das Nove Horas

Leitura breve   1Cor 6,19-20
Ignorais que o vosso corpo é santuário do Espírito Santo, que mora em vós e que vos é dado por Deus? E, portanto, ignorais também que vós não pertenceis a vós mesmos? De fato, fostes comprados, e por preço muito alto. Então, glorificai a Deus com o vosso corpo.

V. Minha alma desfalece de saudades
pelos átrios do Senhor.
R. Meu coração e minha carne rejubilam
de alegria no Deus vivo.

Oração das Doze Horas

Leitura breve   Dt 10,12

O que é que o Senhor teu Deus te pede? Apenas que o temas e andes em seus caminhos; que ames e sirvas ao Senhor teu Deus, com todo o teu coração e com toda a tua alma.

V. Senhor, quem morará em vossa casa,
e em vosso Monte santo habitará?
R. É aquele que caminha sem pecado,
e que pensa a verdade no seu íntimo.

Oração das Quinze Horas

Leitura breve   Ct 8,6b-7a

O amor é forte como a morte e a paixão é cruel como a morada dos mortos; suas faíscas são de fogo, uma labareda divina. Águas torrenciais jamais apagarão o amor, nem rios poderão afogá-lo.

V. Eu vos amo, ó Senhor! Sois minha força,
R. Minha rocha, meu refúgio e Salvador!

Oração como no Próprio do Tempo.

A conclusão da Hora como no Ordinário.

II Vésperas

V. Vinde, ó **Deus**. Glória ao **Pai**. Como era. Ale**lui**a.

Hino

Ó luz, ó Deus Trindade,
ó Unidade e fonte:
na luz do sol que morre,
a vossa em nós desponte.

A vós de madrugada,
de tarde vos cantamos;
a vós na eternidade,
louvar sem fim possamos.

Ao Pai e ao Filho glória,
ao Espírito também,
louvor, honra e vitória
agora e sempre. Amém.

Salmodia

Ant. 1 Na **gló**ria e esplen**dor** da santi**da**de,
eu te ge**rei** antes da au**ro**ra, ale**lui**a.

Salmo 109(110),1-5.7

O Messias, Rei e Sacerdote

É preciso que ele reine, até que todos os seus inimigos estejam debaixo de seus pés (1Cor 15,25).

– ¹ Palavra do Se**nhor** ao meu Se**nhor**: *
 "Assenta-te ao lado meu direito,
– a**té** que eu ponha os inimigos teus *
 como esca**be**lo por debaixo de teus pés!"

= ² O Se**nhor** estenderá desde Sião †
 vosso **ce**tro de poder, pois Ele diz: *
 "Do**mi**na com vigor teus inimigos;

= ³ tu és **prín**cipe desde o dia em que nasceste; †
 na **gló**ria e esplendor da santidade, *
 como o orvalho, antes da aurora, eu te gerei!"

= ⁴ Jurou o Se**nhor** e manterá sua palavra: †
 "Tu **és** sacerdote eternamente, *
 segundo a **or**dem do rei Melquisedec!"

– ⁵ À vossa **des**tra está o Senhor, Ele vos diz: *
 "No dia da **i**ra esmagarás os reis da terra!

– ⁷Beberás água corrente no caminho, *
  por isso seguirás de fronte erguida!"

Ant. Na **gló**ria e esplen**dor** da santi**da**de,
  eu te ge**rei** antes da au**ro**ra, ale**lui**a.

Ant. 2 **Fe**lizes os fa**min**tos e se**den**tos de jus**ti**ça:
  serão **to**dos saciados.

Salmo 111(112)

A felicidade do justo

Vivei como filhos da luz. E o fruto da luz chama-se: bondade, justiça, verdade (Ef 5,8-9).

– ¹Feliz o **ho**mem res**pei**ta o Se**nhor** *
  e que **a**ma com carinho a sua lei!
– ²Sua descen**dên**cia será forte sobre a terra, *
  abençoada a geração dos homens retos!
– ³Haverá **gló**ria e riqueza em sua casa, *
  e perma**ne**ce para sempre o bem que fez.
– ⁴Ele é cor**re**to, generoso e compassivo, *
  como **luz** brilha nas trevas para os justos.
– ⁵Feliz o **ho**mem caridoso e prestativo, *
  que re**sol**ve seus negócios com justiça.
– ⁶Porque ja**mais** vacilará o homem reto, *
  sua lem**bran**ça permanece eternamente!
– ⁷Ele não **te**me receber notícias más: *
  confiando em **Deus**, seu coração está seguro.
– ⁸Seu cora**ção** está tranquilo e nada teme, *
  e confu**sos** há de ver seus inimigos.
= ⁹Ele re**par**te com os pobres os seus bens, †
  perma**ne**ce para sempre o bem que fez, *
  e cresce**rão** a sua glória e seu poder. –

=¹⁰ O ímpio, vendo isso, se enfurece, †
   range os dentes e de inveja se consome; *
   mas os desejos do malvado dão em nada.

Ant. Felizes os famintos e sedentos de justiça:
   serão todos saciados.

Ant. 3 Celebrai o nosso Deus, servidores do Senhor,
   vós os grandes e os pequenos! Aleluia.

No cântico seguinte dizem-se os Aleluias entre parênteses somente quando se canta; na recitação, basta dizer os Aleluias no começo, entre as estrofes e no fim.

Cântico   Cf. Ap 19,1-2.5-7
As núpcias do Cordeiro

= Aleluia, (Aleluia!).
¹ Ao nosso Deus a salvação, *
   honra, glória e poder! (Aleluia!).
– ² Pois são verdade e justiça *
   os juízos do Senhor.

R. Aleluia, (Aleluia!).

= Aleluia, (Aleluia!).
⁵ Celebrai o nosso Deus, *
   servidores do Senhor! (Aleluia!).
– E vós todos que o temeis, *
   vós os grandes e os pequenos!

R. Aleluia, (Aleluia!).

= Aleluia, (Aleluia!).
= ⁶ De seu Reino tomou posse *
   nosso Deus onipotente! (Aleluia!).
– ⁷ Exultemos de alegria, *
   demos glória ao nosso Deus!

R. Aleluia, (Aleluia!).

= Aleluia, (Aleluia!).
  Eis que as **núp**cias do Cordeiro *
  redi**vi**vo se aproximam! (Aleluia!).
– Sua Es**po**sa se enfeitou, *
  se ves**tiu** de linho puro.
R. Ale**lu**ia, (Aleluia!).

Ant. Celebrai o nosso **Deus**, servidores do Se**nhor**,
vós os **gran**des e os pequenos! Ale**lu**ia.

Leitura breve   Hb 12,22-24
Vós vos aproximastes do monte Sião e da cidade do Deus vivo, a Jerusalém celeste; da reunião festiva de milhões de anjos; da assembleia dos primogênitos, cujos nomes estão escritos nos céus; de Deus, o Juiz de todos; dos espíritos dos justos, que chegaram à perfeição; de Jesus, mediador da nova aliança, e da aspersão do sangue mais eloquente que o de Abel.

Responsório breve

R. É **gran**de o Se**nhor**,
 * E é **gran**de o seu po**der**. R. É **gran**de.
V. Seu sa**ber** é sem li**mi**tes. * E é **gran**de.
   Glória ao **Pai**. R. É **gran**de.

Antífona do *Magnificat* como no Próprio do Tempo.

Preces
Alegramo-nos no Senhor, de quem procede todo bem. Por isso, peçamos de coração sincero:
R. **Ouvi, Senhor, a nossa oração!**

Pai e Senhor do universo, que enviastes vosso Filho ao mundo para que em toda parte fosse glorificado o vosso nome,
– confirmai o testemunho da vossa Igreja entre os povos.
                                                          R.

Fazei-nos dóceis à pregação dos apóstolos,
– para vivermos de acordo com a verdade da nossa fé.
R. **Ouvi, Senhor, a nossa oração!**

Vós, que amais os justos,
– fazei justiça aos oprimidos. R.

Libertai os prisioneiros e abri os olhos aos cegos,
– levantai os que caíram e protegei os estrangeiros. R.

(intenções livres)

Realizai a promessa feita aos que adormeceram na vossa paz,
– e fazei que alcancem, por vosso Filho, a santa ressurreição.
R.

Pai nosso...

Oração como no Próprio do Tempo.

A conclusão da Hora como no Ordinário.

IV SEGUNDA-FEIRA

Invitatório

V. **Abri** os meus **lábios.** R. E minha **boca.**
R. Exultemos de ale**gri**a no S**enhor**,
 e com **can**tos de lou**vor** o cele**bre**mos!
Salmo invitatório como no Ordinário, p. 583.

Ofício das Leituras

V. Vinde, ó **Deus**. Glória ao **Pai.** Como era. Ale**luia.**
Esta introdução se omite quando o Invitatório precede imediatamente ao Ofício das Leituras.

Hino

I. Quando se diz o Ofício das Leituras durante a noite ou de madrugada:

> Chegou o tempo para nós,
> segundo o anúncio do Senhor,
> em que virá do céu o Esposo,
> do Reino eterno o Criador.
>
> A seu encontro as virgens sábias
> correm, levando em suas mãos
> lâmpadas vivas, luminosas,
> cheias de imensa exultação.
>
> Pelo contrário, as virgens loucas
> lâmpadas levam apagadas
> e, em vão, do Rei batem às portas,
> que já se encontram bem fechadas.
>
> Sóbrios, agora vigiemos
> para que, vindo o Rei das gentes,
> corramos logo ao seu encontro,
> com nossas lâmpadas ardentes.
>
> Divino Rei, fazei-nos dignos
> do Reino eterno, que já vem,

e assim possamos para sempre
vosso louvor cantar. Amém.

II. Quando se diz o Ofício das Leituras durante o dia:

Dos santos vida e esperança,
Cristo, caminho e salvação,
luz e verdade, autor da paz,
a vós, louvor e adoração.

Vosso poder se manifesta
nas vidas santas, ó Senhor.
Tudo o que pode e faz o justo,
traz o sinal do vosso amor.

Concedei paz aos nossos tempos,
força na fé, cura ao doente,
perdão àqueles que caíram;
a todos, vida, eternamente!

Igual louvor ao Pai, ao Filho,
e ao Santo Espírito também
seja cantado em toda parte
hoje e nos séculos. Amém.

Salmodia

Ant. 1 Como **Deus** é tão bond**o**so para os **jus**tos,
para a**que**les que têm **pu**ro o cora**ção**! †

Salmo 72(73)

O sofrimento do justo

Feliz aquele que não se escandaliza por causa de mim (Mt 11,6).

I

– ¹Como **Deus** é tão bond**o**so para os **jus**tos, *
  para a**que**les que têm puro o coração!
– ² † Mas por **pou**co os meus pés não resvalaram, *
  e **qua**se escorregaram os meus passos;

— ³cheguei a ter inveja dos malvados, *
ao **ver** o bem-estar dos pecadores.
— ⁴Para **e**les não existe sofrimento, *
seus **cor**pos são robustos e sadios;
— ⁵não **so**frem a dureza do trabalho *
nem co**nhe**cem a aflição dos outros homens.
— ⁶Eles **fa**zem do orgulho o seu colar, *
da vio**lên**cia, uma veste que os envolve;
— ⁷trans**pi**ra a maldade de seu corpo, *
trans**bor**dam falsidade suas mentes.
— ⁸Zombam do **bem** e elogiam o que é mau, *
e**xal**tam com orgulho a opressão;
— ⁹in**ves**te sua boca contra o céu, *
e sua **lín**gua envenena toda a terra.
— ¹⁰Por **is**so vai meu povo procurá-los *
e be**ber** com avidez nas suas fontes;
— ¹¹eles **di**zem: "Por acaso Deus entende, *
e o Al**tís**simo conhece alguma coisa?"
— ¹²Olhai **bem**, pois são assim os pecadores, *
que tran**qui**los amontoam suas riquezas.

Ant. Como **Deus** é tão bon**do**so para os **jus**tos,
para a**que**les que têm **pu**ro o cora**ção**!

Ant. 2 Os **maus** que hoje **ri**em, ama**nhã** hão de cho**rar**.

II

— ¹³Será em **vão** que guardei **pu**ro o cora**ção** *
e la**vei** na inocência minhas mãos?
— ¹⁴Porque **sou** chicoteado todo o tempo *
e re**ce**bo meus castigos cada dia.
— ¹⁵Se eu pen**sas**se: "Vou fazer igual a eles", *
trai**ri**a a geração dos vossos filhos.
— ¹⁶Pus-me en**tão** a refletir sobre este enigma, *
mas pare**ceu**-me uma tarefa bem difícil.

—¹⁷ Até que um **dia**, penetrando esse mistério, *
  compreen**di** qual é a sorte que os espera,
—¹⁸ pois colo**cais** os pecadores num declive, *
  e vós **mes**mo os empurrais para a desgraça.
—¹⁹ Num ins**tan**te eles caíram na ruína, *
  aca**ba**ram e morreram de terror!
—²⁰ Como um **so**nho ao despertar, ó Senhor Deus, *
  ao levan**tar**-vos, desprezais a sua imagem.

Ant. Os **maus** que hoje **ri**em, aman**hã** hão de cho**rar**.

Ant. 3 Have**rão** de pere**cer** os que vos **dei**xam;
  para **mim** só há um **bem**: é estar com **Deus**.

III

—²¹ Quando en**tão** se revol**ta**va o meu es**pí**rito, *
  e dentro em **mim** o coração se atormentava,
—²² eu, es**tul**to, não podia compreender; *
  perante **vós** me comportei como animal.
—²³ Mas a**go**ra eu estarei sempre convosco, *
  porque **vós** me segurastes pela mão;
—²⁴ vosso conselho vai guiar-me e conduzir-me, *
  para le**var**-me finalmente à vossa glória!
—²⁵ Para **mim**, o que há no céu fora de vós? *
  Se estou con**vos**co, nada mais me atrai na terra!
=²⁶ Mesmo que o **cor**po e o coração se vão gastando, †
  Deus é o a**poio** e o fundamento da minh'alma, *
  é minha **par**te e minha herança para sempre!
—²⁷ Eis que have**rão** de perecer os que vos deixam, *
  extermi**nais** os que sem vós se prostituem.
—²⁸ Mas para **mim** só há um bem: é estar com Deus *
  é colo**car** o meu refúgio no Senhor
— e anunci**ar** todas as vossas maravilhas *
  junto às **por**tas da cidade de Sião.

Ant. Haverão de perecer os que vos deixam;
para mim só há um bem: é estar com Deus.

V. Como é doce ao paladar vossa palavra.
R. Muito mais doce do que o mel na minha boca!

Leituras e oração correspondentes a cada Ofício.

Laudes

V. Vinde, ó Deus. Glória ao Pai. Como era. Aleluia.

Esta introdução se omite quando o Invitatório precede imediatamente às Laudes.

Hino

Doador da luz esplêndida,
pelo vosso resplendor,
ao passar da noite o tempo,
surge o dia em seu fulgor.

Verdadeira Estrela d'alva,
não aquela que anuncia
de outro astro a luz chegando
e a seu brilho se anuvia,

mas aquela luminosa,
mais que o sol em seu clarão,
mais que a luz e mais que o dia,
aclarando o coração.

Casta, a mente vença tudo,
que os sentidos pedem tanto;
vosso Espírito guarde puro
nosso corpo, templo santo.

A vós, Cristo, Rei clemente,
e a Deus Pai, Eterno Bem,
com o Espírito Paráclito,
honra e glória eterna. Amém.

Salmodia

Ant. 1 Saciai-nos de manhã com vosso amor!

Salmo 89(90)

O esplendor do Senhor esteja sobre nós

Para o Senhor, um dia é como mil anos, e mil anos como um dia (2Pd 3,8).

— ¹Vós **fos**tes um re**fú**gio para **nós**, *
 ó S**enhor**, de geração em geração.
= ²Já bem **an**tes que as montanhas fossem feitas †
 ou a **ter**ra e o mundo se formassem, *
 desde **sem**pre e para sempre vós sois Deus.
— ³Vós fa**zeis** voltar ao pó todo mortal, *
 quando di**zeis**: "Voltai ao pó, filhos de Adão!"
— ⁴Pois mil **a**nos para vós são como ontem, *
 qual vi**gí**lia de uma noite que passou.
— ⁵Eles **pas**sam como o sono da manhã, *
 ⁶são i**guais** à erva verde pelos campos:
— De ma**nhã** ela floresce vicejante, *
 mas à **tar**de é cortada e logo seca.
— ⁷Por vossa **i**ra perecemos realmente, *
 vosso fu**ror** nos apavora e faz tremer;
— ⁸pu**ses**tes nossa culpa à nossa frente, *
 nossos se**gre**dos ao clarão de vossa face.
— ⁹Em vossa **i**ra se consomem nossos dias, *
 como um **so**pro se acabam nossos anos.
— ¹⁰Pode du**rar** setenta anos nossa vida, *
 os mais **for**tes talvez cheguem a oitenta;
— a maior **par**te é ilusão e sofrimento: *
 passam de**pres**sa e também nós assim passamos.
— ¹¹Quem ava**li**a o poder de vossa ira, *
 o res**pei**to e o temor que mereceis?
— ¹²Ensi**nai**-nos a contar os nossos dias, *
 e dai ao **nos**so coração sabedoria! —

—¹³ Senhor, voltai-vos! Até quando tardareis? *
  Tende piedade e compaixão de vossos servos!
—¹⁴ Saciai-nos de manhã com vosso amor, *
  e exultaremos de alegria todo o dia!
—¹⁵ Alegrai-nos pelos dias que sofremos, *
  pelos anos que passamos na desgraça!
—¹⁶ Manifestai a vossa obra a vossos servos, *
  e a seus filhos revelai a vossa glória!
—¹⁷ Que a bondade do Senhor e nosso Deus *
  repouse sobre nós e nos conduza!
— Tornai fecundo, ó Senhor, nosso trabalho, *
  fazei dar frutos o labor de nossas mãos

Ant. Saciai-nos de manhã com vosso amor!

Ant. 2 Louvores ao Senhor dos confins de toda a terra!

Cântico   Is 42,10-16

Hino ao Deus vencedor e salvador

Cantavam um cântico novo diante do trono (Ap 14,3).

—¹⁰ Cantai ao Senhor Deus um canto novo, *
  louvor a ele dos confins de toda a terra!
— Louve ao Senhor o oceano e o que há nele, *
  louvem as ilhas com os homens que as habitam!
—¹¹ Ergam um canto os desertos e as cidades, *
  e as tendas de Cedar louvem a Deus!
— Habitantes dos rochedos, aclamai; *
  dos altos montes subem gritos de alegria!
—¹² Todos eles deem glória ao Senhor, *
  e nas ilhas se proclame o seu louvor!
—¹³ Eis o Senhor como um herói que vai chegando, *
  como guerreiro com vontade de lutar;
— solta seu grito de batalha aterrador *
  como um valente que enfrenta os inimigos. —

– ¹⁴"Por muito **tem**po me calei, guardei silêncio, *
  fiquei ca**la**do e, paciente, me contive;
– mas grito a**go**ra qual mulher que está em parto, *
  ofe**gan**te e sem aleonto em meio às dores.
– ¹⁵As mon**tan**has e as colinas destruirei, *
  farei se**car** toda a verdura que as reveste;
– muda**rei** em terra seca os rios todos, *
  farei se**car** todos os lagos e açudes.
– ¹⁶Conduzi**rei**, então, os cegos pela mão *
  e os leva**rei** por um caminho nunca visto;
– hei de guiá-los por atalhos e veredas *
  até en**tão** desconhecidos para eles.
– Diante **de**les mudarei em luz as trevas, *
  farei **pla**nos os caminhos tortuosos.
– Tudo **is**so hei de fazer em seu favor, *
  e ja**mais** eu haverei de abandoná-los!"

Ant. Lou**vo**res ao Se**nhor** dos con**fins** de toda a **ter**ra!

Ant. 3 Lou**vai** o Se**nhor**, bendi**zei**-o,
  vós que es**tais** junto aos **átrios** de **Deus**!

Salmo 134(135),1-12
Louvor ao Senhor por suas maravilhas

Povo que ele conquistou, proclamai as obras admiráveis daquele que vos chamou das trevas para a sua luz maravilhosa (cf. 1Pd 2,9).

– ¹Lou**vai** o Se**nhor**, bendi**zei**-o; *
  lou**vai** o Senhor, servos seus,
– ²que cele**brais** o louvor em seu templo *
  e habi**tais** junto aos átrios de Deus!
– ³Lou**vai** o Senhor, porque é bom; *
  can**tai** ao seu nome suave!

Segunda-feira – Laudes

– ⁴ Escolheu para si a Jacó, *
   preferiu Israel por herança.
– ⁵ Eu bem sei que o Senhor é tão grande, *
   que é maior do que todos os deuses.
= ⁶ Ele faz tudo quanto lhe agrada, †
   nas alturas dos céus e na terra, *
   no oceano e nos fundos abismos.
= ⁷ Traz as nuvens do extremo da terra, †
   transforma os raios em chuva, *
   das cavernas libera os ventos.
– ⁸ No Egito feriu primogênitos, *
   desde homens até animais.
– ⁹ Fez milagres, prodígios, portentos, *
   perante Faraó e seus servos.
– ¹⁰ Abateu numerosas nações *
   e matou muitos reis poderosos:
= ¹¹ A Seon que foi rei amorreu, †
   e a Og que foi rei de Basã, *
   como a todos os reis cananeus.
– ¹² Ele deu sua terra em herança, *
   em herança a seu povo, Israel.

Ant. Louvai o Senhor, bendizei-o,
   vós que estais junto aos átrios de Deus!

Leitura breve   Jt 8,25-26a.27

Demos graças ao Senhor nosso Deus, que nos submete a provações, como fez com nossos pais. Lembrai-vos de tudo o que Deus fez a Abraão, de como provou Isaac, de tudo o que aconteceu a Jacó. Assim como os provou pelo fogo, para lhes experimentar o coração, assim também ele não se está vingando de nós. É antes para advertência que o Senhor açoita os que dele se aproximam.

Responsório breve

R. Ó **jus**tos, ale**grai**-vos no Se**nhor**!
 * Aos **re**tos fica **bem** glorifi**cá**-lo. R. Ó **jus**tos.
V. Can**tai** para o Se**nhor** um canto **no**vo. * Aos **re**tos.
 Glória ao **Pai**. R. Ó **jus**tos.

Cântico evangélico, ant.

Bendito **se**ja o Senhor **Deus**, que visi**tou** e liber**tou**
a nós que **so**mos o seu **po**vo!

Preces

Oremos a Cristo, que ouve e salva os que nele esperam; e o aclamemos:

R. **Nós vos louvamos, Senhor, e em vós esperamos!**

Nós vos damos graças, Senhor, que sois rico em misericórdia,
— pela imensa caridade com que nos amastes. R.

Vós, que estais sempre agindo no mundo em união com o Pai,
— renovai todas as coisas pelo poder do Espírito Santo. R.

Abri os nossos olhos e os de nossos irmãos e irmãs,
— para que contemplemos hoje as vossas maravilhas. R.

Vós, que neste dia nos chamais para o vosso serviço,
— tornai-nos fiéis servidores da vossa graça em favor de nossos irmãos e irmãs. R.

(intenções livres)

Pai nosso...

Oração

Senhor nosso Deus, que confiastes ao ser humano a missão de guardar e cultivar a terra, e colocastes o sol a seu serviço, dai-nos a graça de neste dia trabalhar com ardor pelo bem dos nossos irmãos e irmãs para o louvor de vossa glória. Por

nosso Senhor Jesus Cristo, vosso Filho, na unidade do Espírito Santo.

A conclusão da Hora como no Ordinário.

Hora Média

V. Vinde, ó **Deus**. Glória ao **Pai**. Como era. Ale**lui**a.

HINO como no Ordinário, p. 598-601.

Salmodia

Ant. 1 Con**for**me a vossa **lei**, firmai meus **pas**sos, ó Se**nhor**!

Salmo 118(119),129-136
XVII (Phe)

Meditação sobre a Palavra de Deus na Lei

O amor é o cumprimento perfeito da Lei (Rm 13,10).

—¹²⁹ Maravi**lho**sos são os **vos**sos teste**mu**nhos, *
eis por **que** meu coração os observa!

—¹³⁰ Vossa pa**la**vra, ao revelar-se, me ilumina, *
ela **dá** sabedoria aos pequeninos.

—¹³¹ Abro a **bo**ca e aspiro largamente, *
pois estou **á**vido de vossos mandamentos.

—¹³² Senhor, vol**tai**-vos para mim, tende piedade, *
como fa**zeis** para os que amam vosso nome!

—¹³³ Con**for**me a vossa lei firmai meus passos, *
para que **não** domine em mim a iniquidade!

—¹³⁴ Liber**tai**-me da opressão e da calúnia, *
para que eu **pos**sa observar vossos preceitos!

—¹³⁵ Fazei bri**lhar** vosso semblante ao vosso servo, *
e ensi**nai**-me vossas leis e mandamentos!

—¹³⁶ Os meus **o**lhos derramaram rios de pranto, *
porque os **ho**mens não respeitam vossa lei.

Ant. Con**for**me a vossa **lei**, firmai meus **pas**sos, ó Se**nhor**!

Ant. 2 Há um **só** legisla**dor** e um só ju**iz**;
quem és **tu** para jul**gar** o teu ir**mão**?

Salmo 81(82)
Admoestação aos juízes iníquos

Não queirais julgar antes do tempo. Aguardai que o Senhor venha (1Cor 4,5).

– ¹Deus se le**van**ta no conselho dos juízes *
  e pro**fe**re entre os deuses a sentença:
– ²"Até **quan**do julgareis injustamente, *
  favore**cen**do sempre a causa dos perversos?
– ³Fazei jus**ti**ça aos indefesos e aos órfãos, *
  ao **po**bre e ao humilde absolvei!
– ⁴Liber**tai** o oprimido, o infeliz, *
  da **mão** dos opressores arrancai-os!"
= ⁵Mas **e**les não percebem nem entendem, †
  pois ca**mi**nham numa grande escuridão, *
  aba**lan**do os fundamentos do universo!
– ⁶Eu **dis**se: "Ó juízes, vós sois deuses, *
  sois **fi**lhos todos vós do Deus Altíssimo!
– ⁷E, contudo, como homens morrereis, *
  cai**reis** como qualquer dos poderosos!"
– ⁸Levan**tai**-vos, ó Senhor, julgai a terra! *
  porque a **vós** é que pertencem as nações!

Ant. Há um **só** legisla**dor** e um só ju**iz**;
quem és **tu** para jul**gar** o teu ir**mão**?

Ant. 3 Cla**mei** pelo Se**nhor**, e ele me escu**tou**.

Salmo 119(120)
Desejo da paz

Sede fortes nas tribulações, perseverantes na oração (Rm 12,12).

– ¹ **Cla**mei pelo S**e**nhor na minha an**gús**tia, *
e **e**le me escu**tou**, quando eu dizia:
– ² "Senhor, li**vrai**-me desses lábios mentirosos, *
e da **lín**gua enganadora libertai-me!
– ³ Qual **será** a tua paga, o teu castigo, *
ó **lín**gua enganadora, qual será?
– ⁴ Serão **fle**chas aguçadas de guerreiros, *
a**ce**sas em carvões incandescentes.
– ⁵ Ai de **mim**! sou exilado em Mosoc, *
devo acam**par** em meio às tendas de Cedar!
– ⁶ Já se pro**lon**ga por demais o meu desterro *
entre este **po**vo que não quer saber de paz!
– ⁷ Quando eu **fa**lo sobre paz, quando a promovo, *
é a **guer**ra que eles tramam contra mim!"

Ant. **Cla**mei pelo S**e**nhor, e ele me escu**tou**.

Para as outras Horas, Salmodia complementar, das séries II e III, p. 1180.

Oração das Nove Horas

Leitura breve   Lv 20,26
Sede santos para mim porque eu, o Senhor, sou santo, e vos separei dos outros povos para serdes meus.

V. Feliz o **po**vo, cujo **Deus** é o S**e**nhor.
R. E a na**ção** que ele esco**lheu** por sua he**ran**ça!

Oração
Ó Deus, Pai de bondade, destes o trabalho aos seres humanos para que, unindo seus esforços, progridam cada vez mais; concedei que, em nossas atividades, vos amemos a vós como filhos e filhas e a todos como irmãos e irmãs. Por Cristo, nosso Senhor.

Oração das Doze Horas

Leitura breve   Sb 15,1.3

Tu, nosso Deus, és bom e verdadeiro, és paciente e tudo governas com misericórdia. Conhecer-te é a justiça perfeita, acatar teu poder é a raiz da imortalidade.

V. Vós, Se**nhor**, sois cle**men**te e fi**el**.
R. Sois a**mor**, paciência e per**dão**.

Oração

Ó Deus, Senhor e guarda da vinha e da colheita, que repartis as tarefas e dais a justa recompensa, fazei-nos carregar o peso do dia, sem jamais murmurar contra a vossa vontade Por Cristo, nosso Senhor.

Oração das Quinze Horas

Leitura breve   Br 4,21-22

Tende confiança, filhos, rogai a Deus, que ele vos livrará da opressão dos inimigos. Eu espero que obtereis a salvação do Deus eterno; o Deus Santo deu-me a consolação de saber que sobre vós virá a misericórdia do vosso Salvador, o Eterno.

V. Recor**dai**, Senhor meu **Deus**, vossa ter**nu**ra,
R. E a **vos**sa compai**xão**, que são e**ter**nas!

Oração

Ó Deus, que nos convocais para o louvor, na mesma hora em que os Apóstolos subiam ao templo, concedei que esta prece, feita de coração sincero em nome de Jesus, alcance a salvação para quantos o invocam. Por Cristo, nosso Senhor.

A conclusão da Hora como no Ordinário.

Vésperas

V. Vinde, ó **Deus**. Glória ao **Pai**. Como **era**. Ale**lui**a.

Hino

Fonte da luz, da luz origem,
as nossas preces escutai:
da culpa as trevas expulsando,
com vossa luz nos clareai.

Durante a faina deste dia
nos protegeu o vosso olhar.
De coração damos graças
em todo tempo e lugar.

Se o pôr do sol nos trouxe as trevas,
outro sol fulge, coruscante,
e envolve até os próprios anjos
com o seu brilho radiante.

Todas as culpas deste dia
apague o Cristo bom e manso,
e resplandeça o coração
durante as horas do descanso.

Glória a vós, Pai, louvor ao Filho,
poder ao Espírito também.
No resplendor do vosso brilho,
regeis o céu e a terra. Amém.

Salmodia

Ant. 1 Demos **graças** ao Se**nhor**, porque e**terno** é seu **amor**!

Salmo 135(136)
**Hino pascal pelas maravilhas do Deus criador
e libertador**

Anunciar as maravilhas de Deus é louvá-lo (Cassiodoro).

I

— ¹ Demos **graças** ao Se**nhor**, porque ele é **bom**: *
  Porque e**terno** é seu a**mor**!
— ² Demos **graças** ao Senhor, Deus dos deuses: *
  Porque eterno é seu amor!

— ³Demos **graças** ao Senhor dos senhores: *
　Porque e**ter**no é seu amor!
— ⁴Somente **e**le é que fez grandes maravilhas: *
　Porque e**ter**no é seu amor!
— ⁵Ele cri**ou** o firmamento com saber: *
　Porque e**ter**no é seu amor!
— ⁶Esten**deu** a terra firme sobre as águas: *
　Porque e**ter**no é seu amor!
— ⁷Ele cri**ou** os luminares mais brilhantes: *
　Porque e**ter**no é seu amor!
— ⁸Criou o **sol** para o dia presidir: *
　Porque e**ter**no é seu amor!
— ⁹Criou a **lua** e as estrelas para a noite: *
　Porque e**ter**no é seu amor!

Ant. Demos **graças** ao Se**nhor**, porque e**ter**no é seu a**mor**!
Ant. 2 Como são **gran**des e admir**á**veis vossas **obras**,
　　ó Se**nhor** e nosso **Deus** onipo**ten**te!

II

— ¹⁰Ele fe**riu** os primogênitos do E**gi**to *
　Porque e**ter**no é seu a**mor**!
— ¹¹E ti**rou** do meio deles Israel: *
　Porque e**ter**no é seu amor!
— ¹²Com mão **for**te e com braço estendido: *
　Porque e**ter**no é seu amor!
— ¹³Ele cor**tou** o mar Vermelho em duas partes: *
　Porque e**ter**no é seu amor!
— ¹⁴Fez pas**sar** no meio dele Israel: *
　Porque e**ter**no é seu amor!
— ¹⁵E afo**gou** o Faraó com suas tropas: *
　Porque e**ter**no é seu amor!
— ¹⁶Ele gui**ou** pelo deserto o seu povo: *
　Porque e**ter**no é seu amor!
— ¹⁷E fe**riu** por causa dele grandes reis: *
　Porque e**ter**no é seu amor!

—¹⁸ Reis poderosos fez morrer por causa dele: *
 Porque eterno é seu amor!
—¹⁹ A Seon que fora rei dos amorreus: *
 Porque eterno é seu amor!
—²⁰ E a Og, o soberano de Basã: *
 Porque eterno é seu amor!
—²¹ Repartiu a terra deles como herança: *
 Porque eterno é seu amor!
—²² Como herança a Israel, seu servidor: *
 Porque eterno é seu amor!
—²³ De nós, seu povo, humilhado, recordou-se: *
 Porque eterno é seu amor!
—²⁴ De nossos inimigos libertou-nos: *
 Porque eterno é seu amor!
—²⁵ A todo ser vivente ele alimenta: *
 Porque eterno é seu amor!
—²⁶ Demos graças ao Senhor, o Deus dos céus: *
 Porque eterno é seu amor!

Ant. Como são grandes e admiráveis vossas obras,
 ó Senhor e nosso Deus onipotente!

Ant. 3 Na plenitude dos tempos,
 quis o Pai reunir todas as coisas no Cristo.

Cântico   Ef 1,3-10
O plano divino da salvação

—³ Bendito e louvado seja Deus, *
 o Pai de Jesus Cristo, Senhor nosso,
— que do alto céu nos abençoou em Jesus Cristo *
 com bênção espiritual de toda sorte!

(R. Bendito sejais vós, nosso Pai,
 que nos abençoastes em Cristo!)

—⁴ Foi em Cristo que Deus Pai nos escolheu, *
 já bem antes de o mundo ser criado,

– para que **fôssemos**, perante a sua face, *
  sem **má**cula e santos pelo amor. (R.)
= ⁵Por **li**vre decisão de sua vontade, †
  predesti**nou**-nos, através de Jesus Cristo, *
  a sermos **ne**le os seus filhos adotivos,
– ⁶para o lou**vor** e para a glória de sua graça, *
  que em seu **Fi**lho bem-amado nos doou. (R.)
– ⁷É **ne**le que nós temos redenção, *
  dos pe**ca**dos remissão pelo seu sangue.
= Sua **gra**ça transbordante e inesgotável †
  ⁸Deus der**ra**ma sobre nós com abundância, *
  de sa**ber** e inteligência nos dotando. (R.)
– ⁹E as**sim**, ele nos deu a conhecer *
  o mis**té**rio de seu plano e sua vontade,
– que propusera em seu querer benevolente, *
  ¹⁰na pleni**tu**de dos tempos realizar:
– o de**sí**gnio de, em Cristo, reunir *
  todas as **coi**sas: as da terra e as do céu. (R.)

Ant. Na pleni**tu**de dos **tem**pos,
 quis o **Pai** reu**nir** todas as **coi**sas no **Cristo**.

Leitura breve   1Ts 3,12-13

O Senhor vos conceda que o amor entre vós e para com todos aumente e transborde sempre mais, a exemplo do amor que temos por vós. Que assim ele confirme os vossos corações numa santidade sem defeito aos olhos de Deus, nosso Pai, no dia da vinda de nosso Senhor Jesus, com todos os seus santos.

Responsório breve

R. Ó Se**nhor**, suba à **vos**sa presença
 * A **mi**nha ora**ção**, como in**cen**so. R. Ó Se**nhor**.
V. Minhas **mãos** como o**fer**ta da **tar**de. * A **mi**nha oração.
 Glória ao **Pai**. R. Ó Se**nhor**.

Cântico evangélico, ant.

A minh'**al**ma vos engran**de**ce
eterna**men**te, Senhor, meu **Deus**!

Preces

Oremos a Jesus Cristo, que nunca abandona os que nele confiam; e digamos humildemente:

R. **Senhor Deus, ouvi a nossa oração!**

Senhor Jesus Cristo, nossa luz, iluminai a vossa Igreja,
– a fim de que ela anuncie a todos os povos o grande mistério da piedade manifestado na vossa encarnação. R.

Protegei os sacerdotes e ministros da vossa Igreja,
– para que, pregando aos outros, sejam também eles fiéis ao vosso serviço. R.

Vós, que, pelo vosso sangue, destes a paz ao mundo,
– afastai o pecado da discórdia e o flagelo da guerra. R.

Dai a riqueza da vossa graça aos que vivem no matrimônio,
– para que sejam mais perfeitamente um sinal do mistério de vossa Igreja. R.

(intenções livres)

Concedei a todos os que morreram o perdão dos pecados,
– a fim de que por vossa misericórdia vivam na companhia dos santos. R.

Pai nosso...

Oração

Ficai conosco, Senhor Jesus, porque a tarde cai e, sendo nosso companheiro na estrada, aquecei-nos os corações e reanimai nossa esperança, para vos reconhecermos com os irmãos nas Escrituras e no partir do pão. Vós, que sois Deus com o Pai, na unidade do Espírito Santo.

A conclusão da Hora como no Ordinário.

IV TERÇA-FEIRA

Invitatório

V. **Abri** os meus **láb**ios. R. E minha **boca**.
R. Ao Se**nhor**, o grande **Deus**, vinde **to**dos ado**re**mos!
Salmo invitatório como no Ordinário, p. 583.

Ofício das Leituras

V. Vinde, ó **Deus**. Glória ao **Pai**. Como **era**. Ale**lui**a.
Esta introdução se omite quando o Invitatório precede imediatamente ao Ofício das Leituras.

Hino

I. Quando se diz o Ofício das Leituras durante a noite ou de madrugada:

> Despertados no meio da noite,
> meditando, em vigília e louvor,
> entoemos com todas as forças
> nosso canto vibrante ao Senhor,
>
> para que celebrando em conjunto
> deste Rei glorioso os louvores,
> mereçamos viver, com seus santos,
> vida plena nos seus esplendores.
>
> Esse dom nos conceda a Trindade,
> Pai e Filho e Amor, Sumo Bem,
> cuja glória ressoa na terra
> e no céu pelos séculos. Amém.

II. Quando se diz o Ofício das Leituras durante o dia:

> Deus bondoso, inclinai o vosso ouvido,
> por piedade, acolhei a nossa prece.
> Escutai a oração dos vossos servos,
> como Pai que dos seus filhos não se esquece.
>
> Para nós volvei, sereno, a vossa face,
> pois a vós nos confiamos sem reserva;

conservai as nossas lâmpadas acesas,
afastai do coração todas as trevas.

Compassivo, absolvei os nossos crimes,
libertai-nos, e as algemas nos quebrai;
os que jazem abatidos sobre a terra
com a vossa mão direita levantai.

Glória a Deus, fonte e raiz de todo ser,
glória a vós, do Pai nascido, Sumo Bem,
sempre unidos pelo Amor do mesmo Espírito,
Deus que reina pelos séculos. Amém.

Salmodia
Ant. 1 Ó S**enhor**, chegue até **vós** o meu cla**mor**,
não me ocul**teis** a vossa **face** em minha **dor**!

Salmo 101(102)
Anseios e preces de um exilado

Bendito seja Deus que nos consola em todas as nossas aflições! (2Cor 1,4).

I

– ² Ouvi, S**enhor**, e escu**tai** minha or**ação**, *
e **che**gue até vós o meu clamor!
– ³ De **mim** não oculteis a vossa face *
no **di**a em que estou angustiado!
– Incli**nai** o vosso ouvido para mim, *
ao invo**car**-vos atendei-me sem demora!

– ⁴ Como fu**ma**ça se desfazem os meus dias, *
estão quei**man**do como brasas os meus ossos.
– ⁵ Meu cora**ção** se tornou seco igual à erva, *
até es**que**ço de tomar meu alimento.
– ⁶ À **força** de gemer e lamentar, *
tor**nei**-me tão-somente pele e osso.

– ⁷ Eu pa**re**ço um pelicano no deserto, *
sou i**gual** a uma coruja entre ruínas.

– ⁸Perdi o sono e passo a noite a suspirar *
 como a ave solitária no telhado.
– ⁹Meus inimigos me insultam todo o dia, *
 enfurecidos lançam pragas contra mim.
– ¹⁰É cinza em vez de pão minha comida, *
 minha bebida eu misturo com as lágrimas.
– ¹¹Em vossa indignação, em vossa ira *
 me exaltastes, mas depois me rejeitastes;
– ¹²Os meus dias como sombras vão passando, *
 e aos poucos vou murchando como a erva.

Ant. Ó Senhor, chegue até vós o meu clamor,
 não me oculteis a vossa face em minha dor!

Ant. 2 Ouvi, Senhor, a oração dos oprimidos!

II

– ¹³Mas vós, Senhor, permaneceis eternamente, *
 de geração em geração sereis lembrado!
– ¹⁴Levantai-vos, tende pena de Sião, *
 já é tempo de mostrar misericórdia!
– ¹⁵Pois vossos servos têm amor aos seus escombros *
 e sentem compaixão de sua ruína.
– ¹⁶As nações respeitarão o vosso nome, *
 e os reis de toda a terra, a vossa glória;
– ¹⁷quando o Senhor reconstruir Jerusalém *
 e aparecer com gloriosa majestade,
– ¹⁸ele ouvirá a oração dos oprimidos *
 e não desprezará a sua prece.
– ¹⁹Para as futuras gerações se escreva isto, *
 e um povo novo a ser criado louve a Deus.
– ²⁰Ele inclinou-se de seu templo nas alturas, *
 e o Senhor olhou a terra do alto céu,
– ²¹para os gemidos dos cativos escutar *
 e da morte libertar os condenados. –

—²²Para que **can**tem o seu nome em Sião *
e **lou**ve ao Senhor Jerusalém,
—²³quando os **po**vos e as nações se reunirem *
e **to**dos os impérios o servirem.

Ant. Ouvi, Se**nhor**, a ora**ção** dos opri**mi**dos!

Ant. 3 A **ter**ra, no prin**cí**pio, vós cri**as**tes,
e os **céus**, por vossas **mãos**, foram criados.

III

—²⁴Ele aba**teu** as minhas **for**ças no ca**mi**nho *
e encur**tou** a duração da minha vida.
= **A**gora eu vos suplico, ó meu Deus: †
²⁵não me le**veis** já na metade dos meus dias, *
vós, cujos **a**nos são eternos, ó Senhor!
—²⁶A **ter**ra no princípio vós criastes, *
por vossas **mãos** também os céus foram criados;
—²⁷eles pe**re**cem, vós porém permaneceis; *
como **ves**te os mudais e todos passam;
— ficam **ve**lhos todos eles como roupa, *
²⁸mas vossos **a**nos não têm fim, sois sempre o mesmo!
=²⁹Assim tam**bém** a geração dos vossos servos †
terá **ca**sa e viverá em segurança, *
e ante **vós** se firmará sua descendência.

Ant. A **ter**ra, no prin**cí**pio, vós cri**as**tes,
e os céus, por vossas **mãos**, foram criados.

V. Es**cu**ta, ó meu **po**vo, a minha **lei**.
R. Ouve a**ten**to as pa**la**vras que eu te **di**go!

Leituras e oração correspondentes a cada Ofício.

Laudes

V. Vinde, ó **Deus**. Glória ao **Pai**. Como **e**ra. Ale**lu**ia.

Esta introdução se omite quando o Invitatório precede imediatamente às Laudes.

Hino

Da luz Criador,
vós mesmo sois luz
e dia sem fim.
Vós nunca da noite
provastes as trevas:
Só Deus é assim.

A noite já foge
e o dia enfraquece
dos astros a luz.
A estrela da aurora,
surgindo formosa,
no céu já reluz.

Os leitos deixando,
a vós damos graças
com muita alegria,
porque novamente,
por vossa bondade,
o sol traz o dia.

Ó Santo, pedimos
que os laços do Espírito
nos prendam a vós,
e, assim, não ouçamos
as vozes da carne
que clamam em nós.

Às almas não fira
a flecha da ira
que traz divisões.
Livrai vossos filhos
da própria malícia
dos seus corações.

Que firmes na mente
e castos no corpo,

de espírito fiel,
sigamos a Cristo,
Caminho e Verdade,
doçura do céu.

O Pai piedoso
nos ouça, bondoso,
e o Filho também.
No laço do Espírito
unidos, dominam
os tempos. Amém.

Salmodia

Ant. 1 Cantarei os meus hinos a vós, ó Senhor;
desejo trilhar o caminho do bem.

Salmo 100(101)

Propósitos de um rei justo

Se me amais, guardai os meus mandamentos (Jo 14,15).

— ¹Eu quero cantar o amor e a justiça, *
cantar os meus hinos a vós, ó Senhor!
— ²Desejo trilhar o caminho do bem, *
mas quando vireis até mim, ó Senhor?
— Viverei na pureza do meu coração, *
no meio de toda a minha família.
— ³Diante dos olhos eu nunca terei *
qualquer coisa má, injustiça ou pecado.
— Detesto o crime de quem vos renega; *
que não me atraia de modo nenhum!
— ⁴Bem longe de mim, corações depravados, *
nem nome eu conheço de quem é malvado.
— ⁵Farei que se cale diante de mim *
quem é falso e às ocultas difama seu próximo;
— o coração orgulhoso, o olhar arrogante *
não vou suportar e não quero nem ver. —

— ⁶Aos **fiéis** desta terra eu **vol**to meus olhos; *
que **e**les estejam bem **per**to de mim!
— A**que**le que vive fa**zen**do o bem *
ser**á** meu ministro, ser**á** meu amigo.
— ⁷Na **mi**nha morada não **po**de habitar *
o **ho**mem perverso e a**que**le que engana;
— a**que**le que mente e que **faz** injustiça *
pe**ran**te meus olhos não **po**de ficar.
— ⁸Em **ca**da manhã have**rei** de acabar *
com **to**dos os ímpios que **vi**vem na terra;
— fa**rei** suprimir da ci**da**de de Deus *
a **to**dos aqueles que fa**zem** o mal.

Ant. Cantarei os meus **hi**nos a **vós**, ó Se**nhor**;
desejo tri**lhar** o caminho do **bem**.

Ant. 2 Senhor **Deus**, não nos ti**reis** vosso fa**vor**!

Cântico Dn 3,26.27.29.34-41
Oração de Azarias na fornalha
Arrependei-vos e convertei-vos, para que vossos pecados sejam perdoados! (At 3,19).

—²⁶Sede ben**di**to, Senhor **Deus** de nossos **pais**. *
Louvor e **gló**ria ao vosso nome para sempre!
—²⁷Porque em **tu**do o que fizestes vós sois justo, *
reto no a**gir** e no julgar sois verdadeiro.
—²⁹Sim, pe**ca**mos afastando-nos de vós, *
agimos **mal** em tudo aquilo que fizemos.
—³⁴Não nos dei**xeis** eternamente, vos pedimos, *
por vosso **no**me: não rompais vossa Aliança!
—³⁵Senhor **Deus**, não nos tireis vosso favor, †
por Abra**ão**, o vosso amigo, por Isaac, *
o vosso **ser**vo, e por Jacó, o vosso santo!

= ³⁶Pois a eles prometestes descendência †
   numerosa como os astros que há nos céus, *
   incontável como a areia que há nas praias.
= ³⁷Eis, Senhor, mais reduzidos nós estamos †
   do que todas as nações que nos rodeiam; *
   por nossos crimes nos humilham em toda a terra!
– ³⁸Já não temos mais nem chefe nem profeta; *
   não há mais nem oblação nem holocaustos,
– não há lugar de oferecer-vos as primícias, *
   que nos façam alcançar misericórdia!
= ³⁹Mas aceitai o nosso espírito abatido, †
   e recebei o nosso ânimo contrito *
   ⁴⁰como holocaustos de cordeiros e de touros.
= Assim, hoje, nossa oferta vos agrade, †
   pois não serão, de modo algum, envergonhados *
   os que põem a esperança em vós, Senhor!
= ⁴¹De coração vos seguiremos desde agora, *
   com respeito procurando a vossa face!

Ant. Senhor Deus, não nos tireis vosso favor!

Ant. 3 Um canto novo, meu Deus, vou cantar-vos.

Salmo 143(144),1-10

Oração pela vitória e pela paz

Tudo posso naquele que me dá força (Fl 4,13)

= ¹Bendito seja o Senhor, meu rochedo, †
   que adestrou minhas mãos para a luta, *
   e os meus dedos treinou para a guerra!
– ²Ele é meu amor, meu refúgio, *
   libertador, fortaleza e abrigo;
– é meu escudo: é nele que espero, *
   ele submete as nações a meus pés. –

= ³ Que é o **ho**mem, Senhor, para vós? †
  Por que **de**le cuidais tanto assim, *
  e no **fi**lho do homem pensais?
– ⁴ Como o **so**pro de vento é o homem, *
  os seus **di**as são sombra que passa.
– ⁵ Incli**nai** vossos céus e descei, *
  tocai os **mon**tes, que eles fumeguem.
– ⁶ Fulmi**nai** o inimigo com raios, *
  lançai **fle**chas, Senhor, dispersai-o!
= ⁷ Lá do **al**to estendei vossa mão, †
  reti**rai**-me do abismo das águas, *
  e sal**vai**-me da mão dos estranhos;
– ⁸ sua **bo**ca só tem falsidade, *
  sua **mão** jura falso e engana.
– ⁹ Um canto **no**vo, meu Deus, vou cantar-vos, *
  nas dez **cor**das da harpa louvar-vos,
– ¹⁰ a vós que **dais** a vitória aos reis *
  e sal**vais** vosso servo Davi.

Ant. Um canto **no**vo, meu **Deus**, vou can**tar**-vos.

Leitura breve   Is 55,1
Ó vós todos que estais com sede, vinde às águas; vós que não tendes dinheiro, apressai-vos, vinde e comei, vinde comprar sem dinheiro, tomar vinho e leite, sem nenhuma paga.

Responsório breve
R. Por vosso **amor**, ó Senhor, ouvi minha **voz**,
   * Confiante eu confio na **vos**sa pala**vra**. R. Por vosso **amor**.
V. Chego **an**tes que a aurora e **cla**mo a **vós**. * Confi**an**te.
   Glória ao **Pai**. R. Por vosso **amor**.

Cântico evangélico, ant.
Sal**vai**-nos, ó Se**nhor**, da **mão** dos ini**mi**gos!

Preces

Concedendo-nos a alegria de louvá-lo nesta manhã, Deus fortalece a nossa esperança; por isso, dirijamos-lhe a nossa oração cheios de confiança:

R. **Ouvi-nos, Senhor, para a glória de vosso nome!**

Nós vos agradecemos, Deus e Pai de nosso Salvador Jesus Cristo,
– pelo conhecimento e pela imortalidade que recebemos por meio dele. R.

Concedei-nos a humildade de coração,
– para nos ajudarmos uns aos outros no amor de Cristo. R.

Derramai o Espírito Santo sobre nós, vossos servos,
– para que seja sincero o nosso amor fraterno. R.

Vós, que confiastes aos seres humanos a tarefa de governar o mundo,
– concedei que o nosso trabalho vos dê glória e santifique os nossos irmãos e irmãs. R.

(intenções livres)

Pai nosso...

Oração

Senhor, aumentai em nós o dom da fé, para que em nossos lábios vosso louvor seja perfeito e produza sempre a abundância de frutos celestes. Por nosso Senhor Jesus Cristo, vosso Filho, na unidade do Espírito Santo.

A conclusão da Hora como no Ordinário.

Hora Média

V. Vinde, ó **Deus**. Glória ao **Pai**. Como era. Aleluia.
HINO como no Ordinário, p. 598-601.

Salmodia

Ant. 1 Se compreen**der**des o que vos **digo**,
sereis felizes se o pratic**ar**des.

Salmo 118(119),137-144
XVIII (Sade)
Meditação sobre a Palavra de Deus na Lei
Feliz aquele que lê e aqueles que escutam as palavras desta profecia e também praticam o que nela está escrito (Ap 1,3).

– ¹³⁷Vós sois **jus**to, na ver**da**de, ó Se**nhor**, *
  e os **vos**sos julgamentos são corretos!
– ¹³⁸Com jus**ti**ça ordenais vossos preceitos, *
  com ver**da**de a toda prova os ordenais.
– ¹³⁹O meu **ze**lo me devora e me consome, *
  por esque**ce**rem vossa lei meus inimigos.
– ¹⁴⁰Vossa pa**la**vra foi provada e comprovada, *
  por **is**so o vosso servo tanto a ama.
– ¹⁴¹Embora eu **se**ja tão pequeno e desprezado, *
  jamais es**que**ço vossas leis, vossos preceitos.
– ¹⁴²Vossa jus**ti**ça é justiça eternamente *
  e vossa **lei** é a verdade inabalável.
– ¹⁴³An**gús**tia e sofrimento me assaltaram; *
  minhas de**lí**cias são os vossos mandamentos.
– ¹⁴⁴Justiça e**ter**na é a vossa Aliança; *
  aju**dai**-me a compreendê-la e viverei!

Ant. Se compreen**der**des o que vos **di**go,
  sereis fe**li**zes se o prati**car**des.

Ant. 2 Chegue a **mi**nha ora**ção** até **vós**, ó Se**nhor**!

Salmo 87(88)
Prece de um homem gravemente enfermo
Esta é a vossa hora, a hora do poder das trevas (Lc 22,53).

I

– ²A vós **cla**mo, Se**nhor**, sem cessar, todo o **dia**, *
  e de **noi**te se eleva até **vós** meu gemido.

— ³Chegue a **mi**nha oração até a **vo**ssa presença, *
inclinai vosso ouvido a meu triste clamor!
— ⁴Saturada de males se encontra a minh'alma, *
minha vida chegou junto às portas da morte.
— ⁵Sou contado entre aqueles que descem à cova, *
toda gente me vê como um caso perdido!
— ⁶O meu leito já tenho no reino dos mortos, *
como um homem caído que jaz no sepulcro,
— de quem mesmo o Senhor se esqueceu para sempre *
e excluiu por completo da sua atenção.
— ⁷Ó Senhor, me pusestes na cova mais funda, *
nos locais tenebrosos da sombra da morte.
— ⁸Sobre mim cai o peso do vosso furor, *
vossas ondas enormes me cobrem, me afogam.

Ant. Chegue a minha oração até vós, ó Senhor!

Ant. 3 Clamo a vós, ó Senhor, sem cessar todo o dia,
oh! não escondais vossa face de mim!

II

— ⁹Afastastes de mim meus parentes e amigos, *
para eles tornei-me objeto de horror.
— Eu estou aqui preso e não posso sair, *
¹⁰e meus olhos se gastam de tanta aflição.
— Clamo a vós, ó Senhor, sem cessar, todo o dia, *
minhas mãos para vós se levantam em prece.
— ¹¹Para os mortos, acaso faríeis milagres? *
poderiam as sombras erguer-se e louvar-vos?
— ¹²No sepulcro haverá quem vos cante o amor *
e proclame entre os mortos a vossa verdade?
— ¹³Vossas obras serão conhecidas nas trevas, *
vossa graça, no reino onde tudo se esquece?
— ¹⁴Quanto a mim, ó Senhor, clamo a vós na aflição, *
minha prece se eleva até vós desde a aurora.

—¹⁵Por que **vós**, ó Senhor, rejei**tais** a minh'alma? *
  E por **que** escondeis vossa **face** de mim?
—¹⁶Mori**bun**do e infeliz desde o **tem**po da infância, *
  esgo**tei**-me ao sofrer sob o **vosso** terror.
—¹⁷Vossa **ira** violenta ca**iu** sobre mim *
  e o **vos**so pavor redu**ziu**-me a um nada!
—¹⁸Todo **dia** me cercam quais **on**das revoltas, *
  todos **jun**tos me assaltam, me **pren**dem, me apertam.
—¹⁹Afas**tas**tes de mim os pa**ren**tes e amigos, *
  e por **meus** familiares só **tenho** as trevas!

Ant. Clamo a **vós**, ó S**en**hor, sem ces**sar** todo o **dia**,
  oh! **não** escon**dais** vossa **face** de **mim**!

Para as outras Horas, Salmodia complementar, p. 1178.

Oração das Nove Horas

Leitura breve   1Jo 3,17-18
Se alguém possui riquezas neste mundo e vê o seu irmão
passar necessidade, mas diante dele fecha o seu coração,
como pode o amor de Deus permanecer nele? Filhinhos,
não amemos só com palavras e de boca, mas com ações e
de verdade!

V. Feliz o **ho**mem cari**do**so e presta**ti**vo.
R. Sua lem**bran**ça perma**ne**ce eterna**men**te.

Oração
Deus eterno e todo-poderoso, que nesta hora enviastes aos
Apóstolos vosso santo Paráclito, comunicai-nos também
este Espírito de amor, para darmos de vós um testemunho
fiel diante de todos. Por Cristo, nosso Senhor.

Oração das Doze Horas

Leitura breve   Dt 30,11.14
Este mandamento que hoje te dou não é difícil demais, nem
está fora do teu alcance. Ao contrário, esta palavra está bem

ao teu alcance, está em tua boca e em teu coração, para que a possas cumprir.

V. Vossa palavra é uma **luz** para os meus **pas**sos.
R. É uma **lâm**pada luzente em meu **ca**minho.

Oração

Ó Deus, que revelastes a Pedro vosso plano de salvação para todos os povos, fazei que nossos trabalhos vos agradem e, pela vossa graça, sirvam ao vosso desígnio de amor e redenção. Por Cristo, nosso Senhor.

Oração das Quinze Horas

Leitura breve   Is 55,10-11

Assim como a chuva e a neve descem do céu e para lá não voltam mais, mas vêm irrigar e fecundar a terra, e fazê-la germinar e dar semente, para o plantio e para a alimentação, assim a palavra que sair de minha boca não voltará para mim vazia; antes, realizará tudo que for de minha vontade e produzirá os efeitos que pretendi, ao enviá-la.

V. Deus en**via** suas **or**dens para a **ter**ra.
R. E a palavra que ele **diz** corre ve**loz**.

Oração

Senhor Deus, que enviastes vosso anjo para mostrar ao centurião Cornélio o caminho da vida, concedei-nos trabalhar com alegria para a salvação da humanidade, a fim de que, unidos todos na vossa Igreja, possamos chegar até vós. Por Cristo, nosso Senhor.

A conclusão da Hora como no Ordinário.

Vésperas

V. Vinde, ó **Deus**. Glória ao **Pai**. Como era. Ale**lui**a.

Hino

> Autor e origem do tempo,
> por sábia ordem nos dais
> o claro dia no trabalho,
> e a noite, ao sono e à paz.
>
> As mentes castas guardai
> dentro da calma da noite
> e que não venha a feri-las
> do dardo mau o açoite.
>
> Os corações libertai
> de excitações persistentes.
> Não quebre a chama da carne
> a força viva das mentes.
>
> Ouvi-nos, Pai piedoso,
> e vós, ó Filho de Deus,
> que com o Espírito Santo
> reinais eterno nos céus.

Salmodia

Ant. 1 Se de **ti**, Jerusa**lém**, algum **di**a eu me esque**cer**,
que resseque a minha **mão**!

Salmo 136(137),1-6
Junto aos rios da Babilônia

Este cativeiro do povo deve-se entender como símbolo do nosso cativeiro espiritual (Sto. Hilário).

= ¹Junto aos **ri**os da Babi**lô**nia †
   nos sen**tá**vamos chorando, *
   com sau**da**des de Sião.

— ²Nos sal**guei**ros por ali *
   pendu**ra**mos nossas harpas. —

– ³Pois foi **lá** que os opressores *
nos pe**di**ram nossos cânticos;
– nossos **guar**das exigiam *
ale**gri**a na tristeza:
– "Cantai **ho**je para nós *
algum **can**to de Sião!"
= ⁴Como ha**ve**mos de cantar †
os can**ta**res do Senhor *
numa **ter**ra estrangeira?
= ⁵Se de **ti**, Jerusalém, †
algum **di**a eu me esquecer, *
que res**se**que a minha mão!
= ⁶Que se **co**le a minha língua †
e se **pren**da ao céu da boca, *
se de **ti** não me lembrar!
– Se não **for** Jerusalém *
minha **gran**de alegria!

Ant. Se de **ti**, Jerusa**lém**, algum **di**a eu me esque**cer**,
que resseque a minha **mão**!

Ant. 2 Pe**ran**te os vossos **an**jos vou can**tar**-vos, ó meu **Deus**!

Salmo 137(138)
Ação de graças

Os reis da terra levarão à Cidade Santa a sua glória (cf. Ap 21,14).

– ¹Ó Se**nhor**, de cora**ção** eu vos dou **gra**ças, *
porque ou**vis**tes as palavras dos meus lábios!
– Pe**ran**te os vossos anjos vou cantar-vos *
²e **an**te o vosso templo vou prostrar-me.
– Eu agra**de**ço vosso amor, vossa verdade, *
porque fi**zes**tes muito mais que prometestes;
– ³naquele **di**a em que gritei, vós me escutastes *
e aumen**tas**tes o vigor da minha alma. –

— ⁴Os **reis** de toda a terra hão de louvar-vos, *
  quando ou**vi**rem, ó Senhor, vossa promessa.
— ⁵Hão de can**tar** vossos caminhos e dirão: *
  "Como a **gló**ria do Senhor é grandiosa!"
— ⁶Al**tís**simo é o Senhor, mas olha os pobres, *
  e de **lon**ge reconhece os orgulhosos.
— ⁷Se no **mei**o da desgraça eu caminhar, *
  vós me fa**zeis** tornar à vida novamente;
— quando os **meus** perseguidores me atacarem *
  e com **i**ra investirem contra mim,
— estende**reis** o vosso braço em meu auxílio *
  e have**reis** de me salvar com vossa destra.
— ⁸Comple**tai** em mim a obra começada; *
  ó Se**nhor**, vossa bondade é para sempre!
— Eu vos **peço**: não deixeis inacabada *
  esta **obra** que fizeram vossas mãos!

Ant. **Peran**te os vossos **an**jos vou can**tar**-vos, ó meu **Deus**!

Ant. 3 O Cordeiro imolado é **digno**
  de rece**ber** honra, **gló**ria e po**der**.

Cântico   Ap 4,11; 5,9.10.12

Hino dos remidos

— ⁴,¹¹Vós sois **digno**, Se**nhor** nosso **Deus**, *
  de rece**ber** honra, glória e poder!
(R. **Poder**, honra e **gló**ria ao Cordeiro de **Deus**!)
= ⁵,⁹Porque **todas** as coisas criastes, †
  é por **vos**sa vontade que existem, *
  e sub**sis**tem porque vós mandais.   (R.)
= Vós sois **digno**, Senhor nosso Deus, †
  de o **livro** nas mãos receber *
  e de a**brir** suas folhas lacradas!   (R.)

– Porque **fos**tes por nós imolado; *
para **Deus** nos remiu vosso sangue
– dentre **to**das as tribos e línguas, *
dentre os **po**vos da terra e nações. (R.)

= ¹⁰ Pois **fi**zestes de nós, para Deus, †
sacer**do**tes e povo de reis, *
e **i**remos reinar sobre a terra. (R.)

= ¹² O Cor**dei**ro imolado é digno †
de rece**ber** honra, glória e poder, *
sabedo**ri**a, louvor, divindade! (R.)

Ant. O Cor**dei**ro imo**la**do é **dig**no
de rece**ber** honra, **gló**ria e po**der**.

Leitura breve
Cl 3,16

Que a palavra de Cristo, com toda a sua riqueza, habite em vós. Ensinai e admoestai-vos uns aos outros com toda a sabedoria. Do fundo dos vossos corações, cantai a Deus salmos, hinos e cânticos espirituais, em ação de graças.

Responsório breve

R. Junto a **vós**, felici**da**de,
 * Felici**da**de sem li**mi**tes! R. Junto a **vós**.
V. Delícia eterna, ó Se**nhor**. * Felici**da**de.
 Glória ao **Pai**. R. Junto a **vós**.

Cântico evangélico, ant.

Ó **Se**nhor, fazei co**nos**co maravi**lhas**,
pois **san**to e pode**ro**so é vosso **No**me.

Preces

Exaltemos a Jesus Cristo, que dá ao seu povo força e poder; e lhe peçamos de coração sincero:

R. **Ouvi-nos, Senhor, e vos louvaremos para sempre!**

Jesus Cristo, nossa força, que nos chamastes ao conhecimento da verdade,
– concedei a vossos fiéis a perseverança na fé.

R. **Ouvi-nos, Senhor, e vos louvaremos para sempre!**

Dirigi, Senhor, segundo o vosso coração, todos os que nos governam,
– e inspirai-lhes bons propósitos, para que nos conduzam na paz. R.

Vós, que saciastes as multidões no deserto,
– ensinai-nos a repartir o pão com aqueles que têm fome. R.

Fazei que os governantes não se preocupem apenas com seu próprio país,
– mas respeitem as outras nações e sejam solícitos para com todas elas. R.

(intenções livres)

Ressuscitai para a vida eterna os nossos irmãos e irmãs que morreram,
– quando vierdes manifestar a vossa glória naqueles que creram em vós. R.

Pai nosso...

Oração

Diante de vossa face, imploramos, Senhor, que vossa bondade nos conceda meditar sempre no coração aquilo que vos dizemos com nossos lábios. Por nosso Senhor Jesus Cristo, vosso Filho, na unidade do Espírito Santo.

A conclusão da Hora como no Ordinário.

IV QUARTA-FEIRA

Invitatório

V. **Abri** os meus **lá**bios. R. E minha **boca**.
R. Acla**mai** o Se**nhor**, ó terra in**tei**ra,
servi ao Se**nhor** com ale**gri**a!
Salmo invitatório como no Ordinário, p. 583.

Ofício das Leituras

V. Vinde, ó **Deus**. Glória ao **Pai**. Como era. Ale**lui**a.
Esta introdução se omite quando o Invitatório precede imediatamente ao Ofício das Leituras.

Hino

I. Quando se diz o Ofício das Leituras durante a noite ou de madrugada:

Autor dos seres, Redentor dos tempos,
Juiz temível, Cristo, Rei dos reis,
nosso louvor, o nosso canto e prece,
clemente, acolhei.

Sobe até vós no transcorrer da noite,
como oferenda, um jovial louvor.
Por vós aceito, traga a nós conforto,
da luz, ó Autor.

A honestidade alegre os nossos dias,
não haja morte e treva em nossa vida.
Em nossos atos, sempre a vossa glória
seja refletida!

Queimai em nós o coração e os rins
com a divina chama, o vosso amor.
Velemos, tendo em mãos acesas lâmpadas,
pois vem o Senhor.

Ó Salvador, a vós louvor e glória,
e a vosso Pai, Deus vivo, Sumo Bem.

Ao Santo Espírito o céu entoe hosanas
para sempre. Amém.

II. Quando se diz o Ofício das Leituras durante o dia:

Luz verdadeira, amor, piedade,
e alegria sem medida;
da morte, ó Cristo, nos salvastes!
Por vosso sangue temos vida.

O vosso amor nos corações,
nós vos pedimos, derramai;
dai-lhes da fé a luz eterna
e em caridade os confirmai.

De nós se afaste Satanás,
por vossas forças esmagado.
E venha a nós o Santo Espírito
do vosso trono o Enviado.

Louvor a Deus, eterno Pai,
e a vós seu Filho, Sumo Bem,
reinando unidos pelo Espírito
hoje e nos séculos. Amém.

Salmodia

Ant. 1 Bendize, ó minha alma, ao Senhor,
não te esqueças de nenhum de seus favores!

Salmo 102(103)
Hino à misericórdia do Senhor

Graças à misericordiosa compaixão de nosso Deus, o sol que nasce do alto nos veio visitar (cf. Lc 1,78).

I

– ¹Bendize, ó minha alma, ao Senhor, *
  e todo o meu ser, seu santo nome!
– ²Bendize, ó minha alma, ao Senhor, *
  não te esqueças de nenhum de seus favores! –

– ³Pois **ele** te perdoa toda culpa, *
  e **cu**ra toda a tua enfermidade;
– ⁴da sepul**tu**ra ele salva a tua vida *
  e te **cer**ca de carinho e compaixão;
– ⁵de **bens** ele sacia tua vida, *
  e te **tor**nas sempre jovem como a águia!
– ⁶O Se**nhor** realiza obras de justiça *
  e ga**ran**te o direito aos oprimidos;
– ⁷reve**lou** os seus caminhos a Moisés, *
  e aos **fi**lhos de Israel, seus grandes feitos.

Ant. Ben**di**ze, ó minha **al**ma, ao Se**nhor**,
  não te es**que**ças de ne**nhum** de seus **fa**vores!

Ant. 2 Como um **pai** se compa**de**ce de seus **fi**lhos,
  o Se**nhor** tem compai**xão** dos que o **te**mem.

II

– ⁸O Se**nhor** é indul**gen**te, é favo**rá**vel, *
  é paci**en**te, é bondoso e compassivo.
– ⁹Não fica **sem**pre repetindo as suas queixas, *
  nem **guar**da eternamente o seu rancor.
– ¹⁰Não nos **tra**ta como exigem nossas faltas, *
  nem nos **pu**ne em proporção às nossas culpas.
– ¹¹Quanto os **céus** por sobre a terra se elevam, *
  tanto é **gran**de o seu amor aos que o temem;
– ¹²quanto **dis**ta o nascente do poente, *
  tanto a**fas**ta para longe nossos crimes.
= ¹³Como um **pai** se compadece de seus filhos, *
  o Se**nhor** tem compaixão dos que o temem.
– ¹⁴Porque **sa**be de que barro somos feitos, *
  e se **lem**bra que apenas somos pó.
– ¹⁵Os dias do **ho**mem se parecem com a erva, *
  ela flo**res**ce como a flor dos verdes campos;
– ¹⁶mas a**pe**nas sopra o vento ela se esvai, *
  já nem sa**be**mos onde era o seu lugar.

Ant. Como um **pai** se compa**de**ce de seus **fi**lhos,
   o **Senhor** tem compai**xão** dos que o **te**mem.
Ant. 3 **O**bras **to**das do Se**nhor**, glorificai-o!

III

— ¹⁷Mas o a**mor** do Senhor **Deus** por quem o **te**me *
   é de **sem**pre e perdura para sempre;
— e tam**bém** sua justiça se estende *
   por gera**ções** até os filhos de seus filhos,
— ¹⁸aos que **guar**dam fielmente sua Aliança *
   e se **lem**bram de cumprir os seus preceitos.
— ¹⁹O Se**nhor** pôs o seu trono lá nos céus, *
   e a**bran**ge o mundo inteiro seu reinado.
= ²⁰Bendi**zei** ao Senhor Deus, seus anjos todos, †
   valo**ro**sos que cumpris as suas ordens, *
   sempre **pron**tos para ouvir a sua voz!
— ²¹Bendi**zei** ao Senhor Deus, os seus poderes, *
   seus mi**nis**tros, que fazeis sua vontade!
= ²²Bendi**zei**-o, obras todas do Senhor †
   em toda **par**te onde se estende o seu reinado! *
   Bendi**ze**, ó minha alma, ao Senhor!

Ant. **O**bras **to**das do Se**nhor**, glorificai-o!

V. Fazei-me conhe**cer** vossos ca**mi**nhos.
R. E en**tão** medita**rei** vossos pro**dí**gios!

Leituras e oração correspondentes a cada Ofício.

Laudes

V. Vinde, ó **Deus**. Glória ao **Pai**. Como era. Ale**lu**ia.

Esta introdução se omite quando o Invitatório precede imediatamente às Laudes.

Hino

Criador das alturas celestes,
vós fixastes caminhos de luz

para a lua, rainha da noite,
para o sol, que de dia reluz.

Vai-se a treva, fugindo da aurora,
e do dia se espalha o clarão.
Nova força também nos desperta
e nos une num só coração.

O nascer deste dia convida
a cantarmos os vossos louvores.
Do céu jorra uma paz envolvente,
harmonia de luz e de cores.

Ao clarão desta luz que renasce,
fuja a treva e se apague a ilusão.
A discórdia não trema nos lábios,
a maldade não turve a razão.

Quando o sol vai tecendo este dia,
brilhe a fé com igual claridade,
cresça a espera nos bens prometidos
e nos una uma só caridade.

Escutai-nos, ó Pai piedoso,
e vós, Filho, do Pai esplendor,
que reinais, com o Espírito Santo,
na manhã sem ocaso do amor.

Salmodia

Ant. 1 Meu cora**ção** está **pron**to, meu **Deus**,
   está **pron**to o **meu** cora**ção**! †

Salmo 107(108)

Louvor a Deus e pedido de ajuda

Porque o filho de Deus foi exaltado acima dos céus, sua glória foi anunciada por toda a terra (Arnóbio).

– ² Meu cora**ção** está **pron**to, meu **Deus**, *
   está **pron**to o meu coração

– ¹Vou cantar e tocar para vós: *
  desperta, minh'alma, desperta!
– ³Despertem a harpa e a lira, *
  eu irei acordar a aurora!
– ⁴Vou louvar-vos, Senhor, entre os povos, *
  dar-vos graças por entre as nações!
– ⁵Vosso amor é mais alto que os céus, *
  mais que as nuvens a vossa verdade!
– ⁶Elevai-vos, ó Deus, sobre os céus, *
  vossa glória refulja na terra!
– ⁷Sejam livres os vossos amados, *
  vossa mão nos ajude, ouvi-nos!
= ⁸Deus falou em seu santo lugar: †
  "Exultarei, repartindo Siquém, *
  e o vale em Sucot medirei.
= ⁹Galaad, Manassés me pertencem, †
  Efraim é o meu capacete, *
  e Judá, o meu cetro real.
= ¹⁰É Moab minha bacia de banho, †
  sobre Edom eu porei meu calçado, *
  vencerei a nação filisteia!"
– ¹¹Quem me leva à cidade segura, *
  e a Edom quem me vai conduzir,
– ¹²se vós, Deus, rejeitais vosso povo *
  e não mais conduzis nossas tropas?
– ¹³Dai-nos, Deus, vosso auxílio na angústia, *
  nada vale o socorro dos homens!
– ¹⁴Mas com Deus nós faremos proezas, *
  e ele vai esmagar o opressor.

Ant. Meu coração está pronto, meu Deus,
  está pronto o meu coração!

Ant. 2 Deus me envolveu de salvação qual uma veste,
e com o manto da justiça me cobriu.

Cântico   Is 61,10–62,5
A alegria do profeta sobre a nova Jerusalém

Vi a cidade Santa, a nova Jerusalém,... vestida qual esposa enfeitada para o seu marido (cf. Ap 21,2).

— ⁶¹,¹⁰ Eu exulto de alegria no Senhor, *
    e minh'alma rejubila no meu Deus.
— Pois me envolveu de salvação, qual uma veste, *
    e com o manto da justiça me cobriu,
— como o noivo que coloca o diadema, *
    como a noiva que se enfeita com suas joias.

— ¹¹ Como a terra faz brotar os seus rebentos *
    e o jardim faz germinar suas sementes,
— o Senhor Deus fará brotar sua justiça *
    e o louvor perante todas as nações.

— ⁶²,¹ Por ti, Sião, não haverei de me calar, *
    nem por ti, Jerusalém, terei sossego,
— até que brilhe a tua justiça como a aurora *
    e a tua salvação como um farol.

— ² Então os povos hão de ver tua justiça, *
    e os reis de toda a terra, a tua glória;
— todos eles te darão um nome novo: *
    enunciado pelos lábios do Senhor.

— ³ Serás coroa esplendorosa em sua mão, *
    diadema régio entre as mãos do teu Senhor.

— ⁴ Nunca mais te chamarão "Desamparada", *
    nem se dirá de tua terra "Abandonada";
— mas haverão de te chamar "Minha querida", *
    e se dirá de tua terra "Desposada".
— Porque o Senhor se agradou muito de ti, *
    e tua terra há de ter o seu esposo.

— ⁵Como um jovem que desposa a bem-amada, *
   teu Construtor, assim também, vai desposar-te;
— como a esposa é a alegria do marido, *
   será assim a alegria do teu Deus.

Ant. Deus me envolveu de salvação qual uma veste,
   e com o manto da justiça me cobriu.

Ant. 3 Bendirei ao Senhor toda a vida.

Salmo 145(146)

Felicidade dos que esperam no Senhor

Louvamos o Senhor em nossa vida, isto é, em nosso proceder (Arnóbio).

= ¹Bendize, minh'alma, ao Senhor! †
   ²Bendirei ao Senhor toda a vida, *
   cantarei ao meu Deus sem cessar!
— ³Não ponhais vossa fé nos que mandam, *
   não há homem que possa salvar.
= ⁴Ao faltar-lhe o respiro ele volta †
   para a terra de onde saiu; *
   nesse dia seus planos perecem.
= ⁵É feliz todo homem que busca †
   seu auxílio no Deus de Jacó, *
   e que põe no Senhor a esperança.
— ⁶O Senhor fez o céu e a terra, *
   fez o mar e o que neles existe.
— O Senhor é fiel para sempre, *
   ⁷faz justiça aos que são oprimidos;
— ele dá alimento aos famintos, *
   é o Senhor quem liberta os cativos.
= ⁸O Senhor abre os olhos aos cegos, †
   o Senhor faz erguer-se o caído, *
   o Senhor ama aquele que é justo. —

= ⁹É o **Se**nhor quem protege o estrangeiro, †
quem am**pa**ra a viúva e o órfão, *
mas con**fun**de os caminhos dos maus.

=¹⁰O **Se**nhor reinará para sempre! †
Ó Si**ão**, o teu Deus reinará *
para **sem**pre e por todos os séculos!

Ant. Bendi**rei** ao Se**nhor** toda a **vi**da.

Leitura breve Dt 4,39-40a

Reconhece, hoje, e grava-o em teu coração, que o Senhor é o Deus lá em cima do céu e cá embaixo na terra, e que não há outro além dele. Guarda suas leis e seus mandamentos que hoje te prescrevo.

Responsório breve

R. Bendi**rei** o Senhor **Deus**,
  * Bendi**rei** em todo o **tem**po. R. Bendi**rei**.
V. Seu lou**vor** em minha **bo**ca, seu lou**vor** eterna**men**te.
  * Bendi**rei**. Glória ao **Pai**. R. Bendi**rei**.

Cântico evangélico, ant.

Sir**va**mos ao Se**nhor** em santi**da**de,
en**quan**to perdu**ra**rem nossos **di**as.

Preces

Jesus Cristo, esplendor do Pai, nos ilumina com a sua palavra. Cheios de amor o invoquemos:

R. **Rei da eterna glória, ouvi-nos!**

Sois bendito, Senhor, autor e consumador da nossa fé,
– porque nos chamastes das trevas para a vossa luz admirável. R.

Vós, que abristes os olhos aos cegos e fizestes os surdos ouvirem,
– aumentai a nossa fé. R.

Fazei-nos, Senhor, permanecer firmes no vosso amor,
—e que nunca nos separemos uns dos outros.
R. **Rei da eterna glória, ouvi-nos!**

Dai-nos força para resistir à tentação, paciência na tribulação,
—e sentimentos de gratidão na prosperidade. R.

(intenções livres)

Pai nosso...

Oração

Lembrai-vos, Senhor, de vossa santa aliança, consagrada pelo Sangue do Cordeiro, para que vosso povo obtenha o perdão dos pecados e avance continuamente no caminho da salvação. Por nosso Senhor Jesus Cristo, vosso Filho, na unidade do Espírito Santo.

A conclusão da Hora como no Ordinário.

Hora Média

V. Vinde, ó **Deus**. Glória ao **Pai**. Como era. Ale**luia**.
HINO como no Ordinário, p. 598-601.

Salmodia

Ant. 1 Clamo de **to**do o cora**ção**: Senhor, ou**vi**-me,
pois es**pe**ro confi**an**te em vossa **lei**!

Salmo 118(119),145-152
XIX(Coph)
Meditação sobre a Palavra de Deus na Lei

Naquele que guarda a sua palavra, o amor de Deus é plenamente realizado (1Jo 2,5).

— ¹⁴⁵Clamo de **to**do o cora**ção**: Senhor, ouvi-me! *
 Quero cum**prir** vossa vontade fielmente!
— ¹⁴⁶Clamo a **vós**: Senhor, salvai-me, eu vos suplico, *
 e en**tão** eu guardarei vossa Aliança! —

– ¹⁴⁷ Chego antes que a aurora e vos imploro, *
      e espero confiante em vossa lei.
– ¹⁴⁸ Os meus olhos antecipam as vigílias, *
      para de noite meditar vossa palavra.
– ¹⁴⁹ Por vosso amor ouvi atento a minha voz *
  –   e dai-me a vida, como é vossa decisão!
– ¹⁵⁰ Meus opressores se aproximam com maldade; *
      como estão longe, ó Senhor, de vossa lei!
– ¹⁵¹ Vós estais perto, ó Senhor, perto de mim; *
      todos os vossos mandamentos são verdade!
– ¹⁵² Desde criança aprendi vossa Aliança *
      que firmastes para sempre, eternamente.

Ant. Clamo de todo o coração: Senhor, ouvi-me,
    pois espero confiante em vossa lei!

Ant. 2 Deus sabe o que pensam os homens:
    pois um nada é o seu pensamento.

Salmo 93(94)
O Senhor faz justiça

O Senhor se vinga de tudo:... pois Deus não nos chamou à impureza, mas à santidade (cf. 1Ts 4,6-7).

I

– ¹ Senhor Deus justiceiro, brilhai, *
    revelai-vos, ó Deus vingador!
– ² Levantai-vos, Juiz das nações, *
    e pagai seu salário aos soberbos!
– ³ Até quando os injustos, Senhor, *
    até quando haverão de vencer?
– ⁴ Arrogantes derramam insultos *
    e se gabam do mal que fizeram.
– ⁵ Eis que oprimem, Senhor, vosso povo *
    e humilham a vossa herança;

— ⁶estrangeiro e viúva trucidam, *
e assassinam o pobre e o órfão!
— ⁷Eles **dizem**: "O Senhor não nos vê *
e o **Deus** de Jacó não percebe!"
— ⁸Enten**dei**, ó estultos do povo; *
insen**satos**, quando é que vereis?
— ⁹O que **fez** o ouvido, não ouve? *
Quem os **olhos** formou, não verá?
— ¹⁰Quem e**duca** as nações, não castiga? *
Quem os **homens** ensina, não sabe?
— ¹¹Ele **sabe** o que pensam os homens: *
pois um **na**da é o seu pensamento!

Ant. Deus **sabe** o que **pen**sam os **ho**mens:
pois um **na**da é o **seu** pensa**men**to.

Ant. 3 Para **mim** o Se**nhor**, com certeza,
é re**fú**gio, é a**bri**go, é ro**che**do.

II

— ¹²É fe**liz**, ó Se**nhor**, quem for**mais** *
e edu**cais** nos caminhos da Lei,
— ¹³para **dar**-lhe um alívio na angústia, *
quando ao **ím**pio se abre uma cova.
— ¹⁴O Se**nhor** não rejeita o seu povo *
e não **po**de esquecer sua herança:
— ¹⁵volta**rão** a juízo as sentenças; *
quem é **re**to andará na justiça.
— ¹⁶Quem por **mim** contra os maus se levanta *
e a meu **la**do estará contra eles?
— ¹⁷Se o Se**nhor** não me desse uma ajuda, *
no si**lên**cio da morte estaria!
— ¹⁸Quando eu **pen**so: "Estou quase caindo!" *
Vosso **amor** me sustenta, Senhor!
— ¹⁹Quando o **meu** coração se angustia, *
conso**lais** e alegrais minha alma. —

=²⁰Pode acaso juntar-se convosco †
  o impostor tribunal da injustiça, *
  que age **mal**, tendo a lei por pretexto?
—²¹ Eles **po**dem agir contra o justo, *
  conde**nan**do o inocente a morrer:
—²² Para **mim** o Senhor, com certeza, *
  é re**fú**gio, é abrigo, é rochedo!
=²³ O Se**nhor**, nosso Deus, os arrasa, †
  faz vol**tar** contra eles o mal, *
  ²⁴ sua **pró**pria maldade os condena.

Ant. Para **mim** o Se**nhor**, com cer**te**za,
  é re**fú**gio, é **a**brigo, é **ro**che**do**.

Para as outras Horas, Salmodia complementar, p. 1178.

Oração das Nove Horas

Leitura breve   1Cor 10,24.31

Ninguém procure a sua própria vantagem, mas a vantagem do outro. Quer comais, quer bebais, quer façais qualquer outra coisa, fazei tudo para a glória de Deus.

V. Como é **bom** agrade**cer**mos ao Se**nhor**,
R. E cantar **sal**mos de lou**vor** ao Deus Al**tís**simo!

Oração

Senhor, nosso Pai, Deus santo e fiel, que enviastes o Espírito prometido por vosso Filho, para reunir os seres humanos divididos pelo pecado, fazei-nos promover no mundo os bens da unidade e da paz. Por Cristo, nosso Senhor.

Oração das Doze Horas

Leitura breve   Cl 3,17

Tudo o que fizerdes, em palavras ou obras, seja feito em nome do Senhor Jesus Cristo. Por meio dele dai graças a Deus, o Pai.

V. Eu o**fer**to um sacrifício de lou**vor**,
R. Invo**can**do o nome **santo** do Se**nhor**.

Oração

Deus onipotente e misericordioso, que nos dais novo alento no meio deste dia, olhai com bondade os trabalhos começados e, perdoando nossas faltas, fazei que eles atinjam os fins que vos agradam. Por Cristo, nosso Senhor.

Oração das Quinze Horas

Leitura breve   Cl 3,23-24

Tudo o que fizerdes, fazei-o de coração, como para o Senhor e não para os homens. Pois vós bem sabeis que recebereis do Senhor a herança como recompensa. Servi a Cristo, o Senhor!

V. Ó Se**nhor**, sois minha he**ran**ça e minha **ta**ça,
R. Meu des**ti**no está se**gu**ro em vossas **mãos**.

Oração

Senhor Jesus Cristo, que para salvar o gênero humano estendestes vossos braços na cruz, concedei que nossas ações vos agradem e manifestem ao mundo vossa obra redentora. Vós que viveis e reinais para sempre.

A conclusão da Hora como no Ordinário.

Vésperas

V. Vinde, ó **Deus**. Glória ao **Pai**. Como **era**. Ale**lui**a.
Hino

  Devagar, vai o sol se escondendo,
  deixa os montes, o campo e o mar,
  mas renova o presságio da luz,
  que amanhã vai de novo brilhar.

Os mortais se admiram do modo
pelo qual, generoso Senhor,
destes leis ao transcurso do tempo,
alternância de sombra e fulgor.

Quando reina nos céus o silêncio
e declina o vigor para a lida,
sob o peso das trevas a noite
nosso corpo ao descanso convida.

De esperança e de fé penetrados,
saciar-nos possamos, Senhor,
de alegria na glória do Verbo
que é do Pai o eterno esplendor.

Este é o sol que jamais tem ocaso
e também o nascer desconhece.
Canta a terra, em seu brilho envolvida,
nele o céu em fulgor resplandece.

Dai-nos, Pai, gozar sempre da luz
que este mundo ilumina e mantém,
e cantar-vos, e ao Filho, e ao Espírito,
canto novo nos séculos. Amém.

Salmodia

Ant. 1 Vosso **saber** é por de**mais** maravil**hoso**, ó **Senhor**.

Salmo 138(139),1-18.23-24

Deus tudo vê

Quem conheceu o pensamento do Senhor? Ou quem foi seu conselheiro? (Rm 11,34).

I

– ¹ **Se**nhor, vós me son**dais** e conhe**ceis**, *
  ² sa**beis** quando me sento ou me levanto;
= de **lon**ge penetrais meus pensamentos, †
  ³ perce**beis** quando me deito e quando eu ando, *
  os meus ca**mi**nhos vos são todos conhecidos. –

— ⁴A palavra nem chegou à minha língua, *
  e já, Senhor, a conheceis inteiramente.
— ⁵Por detrás e pela frente me envolveis; *
  pusestes sobre mim a vossa mão.
— ⁶Esta verdade é por demais maravilhosa, *
  é tão sublime que não posso compreendê-la.
— ⁷Em que lugar me ocultarei de vosso espírito? *
  E para onde fugirei de vossa face?
— ⁸Se eu subir até os céus, aí estais; *
  se eu descer até o abismo, estais presente.
— ⁹Se a aurora me emprestar as suas asas, *
  para eu voar e habitar no fim dos mares;
— ¹⁰mesmo lá vai me guiar a vossa mão *
  e segurar-me com firmeza a vossa destra.
— ¹¹Se eu pensasse: "A escuridão venha esconder-me *
  e que a luz ao meu redor se faça noite!"
= ¹²Mesmo as trevas para vós não são escuras, †
  a própria noite resplandece como o dia, *
  e a escuridão é tão brilhante como a luz.

Ant. Vosso saber é por demais maravilhoso, ó Senhor.

Ant. 2 Eu, o Senhor, vejo o mais íntimo
  e conheço os corações,
    recompenso a cada um conforme as obras realizadas.

II

— ¹³Fostes vós que me formastes as entranhas, *
  e no seio de minha mãe vós me tecestes.
= ¹⁴Eu vos louvo e vos dou graças, ó Senhor, †
  porque de modo admirável me formastes! *
  Que prodígio e maravilha as vossas obras!
— Até o mais íntimo, Senhor, me conheceis; *
  ¹⁵nenhuma sequer de minhas fibras ignoráveis,
— quando eu era modelado ocultamente, *
  era formado nas entranhas subterrâneas. –

— ¹⁶Ainda in**for**me, os vossos olhos me olharam, *
e por **vós** foram previstos os meus dias;
— em vosso **li**vro estavam todos anotados, *
antes **mes**mo que um só deles existisse.
— ¹⁷Quão insond**á**veis são os vossos pensamentos! *
Incon**tá**vel, ó Senhor, é o seu número!
— ¹⁸Se eu os **con**to, serão mais que os grãos de areia; *
se chego ao **fim**, ainda falta conhecer-vos.
— ²³Senhor, son**dai**-me, conhecei meu coração, *
exami**nai**-me e provai meus pensamentos!
— ²⁴Vede **bem** se não estou no mau caminho, *
e condu**zi**-me no caminho para a vida!

Ant. Eu, o Se**nhor**, vejo o mais **ín**timo
e co**nhe**ço os cora**ções**,
recom**pen**so a cada **um** conforme as **o**bras realiza**da**s.

Ant. 3 Em **Cris**to é que **tu**do foi cri**a**do,
é por **e**le que sub**sis**te o uni**ver**so.

Cântico   Cf. Cl 1,12-20

**Cristo, o Primogênito de toda a criatura
e o Primogênito dentre os mortos**

= ¹²Demos **gra**ças a Deus **Pai** onipo**ten**te, †
que nos **cha**ma a partilhar, na sua luz, *
da he**ran**ça a seus santos reservada!

(R. Glória a **vós**, Primogênito dentre os **mor**tos!)

= ¹³Do im**pé**rio das trevas arrancou-nos †
e transpor**tou**-nos para o Reino de seu Filho, *
para o **Rei**no de seu Filho bem-amado,
— ¹⁴no **qual** nós encontramos redenção, *
dos pe**ca**dos remissão pelo seu sangue.   (R.)

— ¹⁵Do **Deus**, o Invisível, é a imagem, *
o Primo**gê**nito de toda criatura;

= ¹⁶porque **ne**le é que tudo foi criado, †
o que há nos **céus** e o que existe sobre a terra, *
o vi**sí**vel e também o invisível. (R.)

= Sejam **Tro**nos e Poderes que há nos céus, †
sejam **e**les Principados, Potestades: *
por **e**le e para ele foram feitos.

— ¹⁷antes de **to**da criatura ele existe, *
e é por **e**le que subsiste o universo. (R.)

= ¹⁸Ele é a **Ca**beça da Igreja, que é seu Corpo, †
é o prin**cí**pio, o Primogênito entre os mortos, *
a **fim** de ter em tudo a primazia.

— ¹⁹Pois foi do a**gra**do de Deus Pai que a plenitude *
habi**tas**se no seu Cristo inteiramente. (R.)

— ²⁰A**prou**ve-lhe também, por meio dele, *
reconcili**ar** consigo mesmo as criaturas,

= pacifi**can**do pelo sangue de sua cruz †
tudo a**qui**lo que por ele foi criado, *
o que há nos **céus** e o que existe sobre a terra. (R.)

Ant. Em **Cris**to é que **tu**do foi criado,
e é por **e**le que sub**sis**te o uni**ver**so.

Leitura breve
1Jo 2,3-6

Para saber que o conhecemos, vejamos se guardamos os seus mandamentos. Quem diz: "Eu conheço a Deus", mas não guarda os seus mandamentos, é mentiroso, e a verdade não está nele. Naquele, porém, que guarda a sua palavra, o amor de Deus é plenamente realizado. O critério para saber se estamos com Jesus é este: quem diz que permanece nele, deve também proceder como ele procedeu.

Responsório breve

R. Prote**gei**-nos, Se**nhor**,
* Como a pu**pi**la dos **o**lhos. R. Prote**gei**-nos.
V. Guar**dai**-nos, defen**dei**-nos, sob a **vos**sa prote**ção**.
* Como a pu**pi**la. Glória ao **Pai**. R. Prote**gei**-nos.

Cântico evangélico, ant.

Ó **Senhor**, manifes**tai** o **poder** de vosso **braço**,
disper**sai** os so**ber**bos e ele**vai** os hu**mil**des!

Preces

Aclamemos ao Eterno Pai, cuja misericórdia para com o seu povo é sem limites; e digamos com alegria de coração:

R. **Senhor, alegrem-se todos os que em vós esperam!**

Senhor, que enviastes o vosso Filho não para julgar o mundo mas para salvá-lo,
– concedei que a sua morte gloriosa produza em nós muitos frutos. R.

Vós, que constituístes os sacerdotes como ministros de Cristo e dispensadores dos vossos mistérios,
– dai-lhes um coração fiel, ciência e caridade. R.

Àqueles que chamastes para uma vida de castidade perfeita por amor do Reino dos Céus,
– concedei-lhes a graça de seguirem fiel e generosamente as pegadas de vosso Filho. R.

Vós, que no princípio criastes o homem e a mulher,
– conservai todas as famílias no amor sincero. R.

(intenções livres)

Vós, que, pelo sacrifício de Cristo, tirastes o pecado do mundo,
– perdoai os pecados de todos os que morreram. R.

Pai nosso...

Oração

Senhor, que aos famintos saciais de bens celestes, lembrai-vos de vossa misericórdia e concedei à nossa pobreza tornar-se rica de vossos dons. Por nosso Senhor Jesus Cristo, vosso Filho, na unidade do Espírito Santo.

A conclusão da Hora como no Ordinário.

IV QUINTA-FEIRA

Invitatório

V. **Abri** os meus **lá**bios. R. E minha **bo**ca.
R. En**trai** diante **de**le can**tan**do jubi**lo**sos!
Salmo invitatório como no Ordinário, p. 583.

Ofício das Leituras

V. Vinde, ó **Deus**. Glória ao **Pai**. Como era. Ale**lui**a.
Esta introdução se omite quando o Invitatório precede imediatamente ao Ofício das Leituras.

Hino

I. Quando se diz o Ofício das Leituras durante a noite ou de madrugada:

>Do dia o núncio alado
>já canta a luz nascida.
>O Cristo nos desperta,
>chamando-nos à vida.
>
>Ó fracos, ele exclama,
>do sono estai despertos
>e, castos, justos, sóbrios,
>velai: estou já perto!
>
>E quando a luz da aurora
>enche o céu de cor,
>confirme na esperança
>quem é trabalhador.
>
>Chamemos por Jesus
>com prantos e orações.
>A súplica não deixe
>dormir os corações.
>
>Tirai o sono, ó Cristo,
>rompei da noite os laços,

da culpa libertai-nos,
guiai os nossos passos.

A vós a glória, ó Cristo,
louvor ao Pai também,
com vosso Santo Espírito,
agora e sempre. Amém.

II. Quando se diz o Ofício das Leituras durante o dia:

Para vós, doador do perdão,
elevai os afetos do amor,
tornai puro o profundo das almas,
sede o nosso fiel Salvador.

Para cá, estrangeiros, viemos,
exilados da pátria querida.
Sois o porto e também sois o barco,
conduzi-nos aos átrios da vida!

É feliz quem tem sede de vós,
fonte eterna de vida e verdade.
São felizes os olhos do povo
que se fixam em tal claridade.

Grandiosa é, Senhor, vossa glória,
na lembrança do vosso louvor,
que os fiéis comemoram na terra,
elevando-se a vós pelo amor.

Este amor concedei-nos, ó Pai,
e vós, Filho do Pai, Sumo Bem,
com o Espírito Santo reinando
pelos séculos dos séculos. Amém.

Salmodia

Ant. 1 Foi vossa **mão** e a **luz** de vossa **face**,
que no passado salvaram nossos **pais**.

Salmo 43(44)
Calamidades do povo

Em tudo isso, somos mais que vencedores, graças àquele que nos amou (Rm 8,37).

I

– ²Ó **Deus**, nossos ouvidos escu**ta**ram, *
   e con**ta**ram para nós, os nossos pais,
– as **o**bras que operastes em seus dias, *
   em seus **di**as e nos tempos de outrora:
= ³Expul**sas**tes as nações com vossa mão, †
   e plan**tas**tes nossos pais em seu lugar; *
   para aumen**tá**-los, abatestes outros povos.
– ⁴Não conquis**ta**ram essa terra pela espada, *
   nem foi seu **bra**ço que lhes deu a salvação;
– foi, po**rém**, a vossa mão e vosso braço *
   e o esplen**dor** de vossa face e o vosso amor.
– ⁵Sois **vós**, o meu Senhor e o meu Rei, *
   que **des**tes as vitórias a Jacó;
– ⁶com vossa a**ju**da é que vencemos o inimigo, *
   por vosso **no**me é que pisamos o agressor.
– ⁷Eu não **pus** a confiança no meu arco, *
   a minha espa**da** não me pôde libertar;
– ⁸mas fostes **vós** que nos livrastes do inimigo, *
   e co**bris**tes de vergonha o opressor.
– ⁹Em vós, ó **Deus**, nos gloriamos todo dia, *
   cele**bran**do o vosso nome sem cessar.

Ant. Foi vossa **mão** e a **luz** de vossa **face**,
   que no passado salvaram nossos **pais**.

Ant. 2 O Se**nhor** não a**fas**ta de **vós** a sua **face**,
   se a **e**le vol**tar**des de **todo** coração.

II

– ¹⁰Porém, **agora** nos dei**xa**stes e humi**lha**stes, *
  já não sa**ís** com nossas tropas para a guerra!
– ¹¹Vós nos fi**zes**tes recuar ante o inimigo, *
  os adver**sá**rios nos pilharam à vontade.
– ¹²Como o**ve**lhas nos levastes para o corte, *
  e no **mei**o das nações nos dispersastes.
– ¹³Ven**des**tes vosso povo a preço baixo, *
  e não lu**cras**tes muita coisa com a venda!
– ¹⁴De nós fi**zes**tes o escárnio dos vizinhos, *
  zomba**ria** e gozação dos que nos cercam;
– ¹⁵para os pa**gãos** somos motivo de anedotas, *
  zombam de **nós** a sacudir sua cabeça.
– ¹⁶À minha **fren**te trago sempre esta desonra, *
  e a ver**go**nha se espalha no meu rosto,
– ¹⁷ante os **gri**tos de insultos e blasfêmias *
  do ini**mi**go sequioso de vingança.

Ant. O Se**nhor** não a**fas**ta de **vós** a sua **fa**ce,
  se a **e**le vol**tar**des de **to**do cora**ção**.

Ant. 3 Levan**tai**-vos, ó Se**nhor**,
  não nos dei**xeis** eterna**men**te!

III

– ¹⁸E tudo **is**so, sem vos **ter**mos esque**ci**do *
  e sem **ter**mos violado a Aliança;
– ¹⁹sem que o **nos**so coração voltasse atrás, *
  nem se afas**tas**sem nossos pés de vossa estrada!
– ²⁰Mas à **co**va dos chacais nos entregastes *
  e com **tre**vas pavorosas nos cobristes!
– ²¹Se ti**vés**semos esquecido o nosso Deus *
  e esten**di**do nossas mãos a um Deus estranho,
– ²²Deus não te**ri**a, por acaso, percebido, *
  ele que **vê** o interior dos corações?

—²³Por vossa **cau**sa nos massacram cada dia *
   e nos **le**vam como ovelha ao matadouro!
—²⁴Levan**tai**-vos, ó Senhor, por que dormis? *
   Desper**tai**! Não nos deixeis eternamente!
—²⁵Por **que** nos escondeis a vossa face *
   e esque**ceis** nossa opressão, nossa miséria?
—²⁶Pois arrasada até o pó está noss'alma *
   e ao **chão** está colado o nosso ventre.
— Levan**tai**-vos, vinde logo em nosso auxílio, *
   liber**tai**-nos pela vossa compaixão!

Ant. Levan**tai**-vos, ó S**e**nhor, não nos dei**xeis** eterna**men**te!

V. Fazei bri**lhar** vosso sem**blan**te ao vosso **ser**vo.
R. E ensi**nai**-me vossas **leis** e manda**men**tos!

Leituras e oração correspondentes a cada Ofício.

Laudes

V. Vinde, ó **Deus**. Glória ao **Pai**. Como **era**. Ale**luia**.

Esta introdução se omite quando o Invitatório precede imediatamente às Laudes.

Hino

Já o dia nasceu novamente.
Supliquemos, orando, ao Senhor
que nos guarde do mal neste dia
e por atos vivamos o amor.

Ponha freios à língua e a modere,
da discórdia evitando a paixão;
que nos vele o olhar e o defenda
da vaidade e de toda a ilusão.

Sejam puros os seres no íntimo,
dominando os instintos do mal.
Evitemos do orgulho o veneno,
moderando o impulso carnal.

Para que, no final deste dia,
quando a noite, em seu curso, voltar,
abstinentes e puros, possamos
sua glória e louvores cantar.

Glória ao Pai, ao seu Unigênito
e ao Espírito Santo também.
Suba aos Três o louvor do universo
hoje e sempre, nos séculos. Amém.

Salmodia

Ant. 1 **Fazei**-me sen**tir** vosso **amor** desde **cedo**!

Salmo 142(143),1-11

Prece na aflição

Ninguém é justificado por observar a Lei de Moisés, mas por crer em Jesus Cristo (Gl 2,16).

– ¹Ó Se**nhor**, escu**tai** minha **prece**, *
  ó meu **Deus**, atendei minha súplica!
– Respon**dei**-me, ó vós, Deus fiel, *
  escu**tai**-me por vossa justiça!

= ²Não cha**meis** vosso servo a juízo, †
  pois di**an**te da vossa presença *
  não é **jus**to nenhum dos viventes.

– ³O ini**mi**go persegue a minha alma, *
  ele es**ma**ga no chão minha vida
– e me **faz** habitante das trevas, *
  como a**que**les que há muito morreram.
– ⁴Já em **mim** o aleto se extingue, *
  o cora**ção** se comprime em meu peito!
– ⁵Eu me **lem**bro dos dias de outrora †
  e re**pas**so as vossas ações, *
  recor**dan**do os vossos prodígios.

= ⁶ Para **vós** minhas mãos eu estendo; †
   minha **alma** tem sede de vós, *
   como a **terra** sedenta e sem água.

– ⁷ Escu**tai**-me depressa, Senhor, *
   o es**pí**rito em mim desfalece!
= Não escon**dais** vossa face de mim! †
   Se o fi**zer**des, já posso contar-me *
   entre **aqueles** que descem à cova!

– ⁸ Fazei-me **cedo** sentir vosso amor, *
   porque em **vós** coloquei a esperança!
– Indi**cai**-me o caminho a seguir, *
   pois a **vós** eu elevo a minha alma!
– ⁹ Liber**tai**-me dos meus inimigos, *
   porque **sois** meu refúgio, Senhor!
– ¹⁰ Vossa von**ta**de ensinai-me a cumprir, *
   porque **sois** o meu Deus e Senhor!
– Vosso Es**pí**rito bom me dirija *
   e me **guie** por terra bem plana!
– ¹¹ Por vosso **no**me e por vosso amor *
   conser**vai**, renovai minha vida!
– Pela **vossa** justiça e clemência, *
   arran**cai** a minha alma da angústia!

Ant. **Fazei**-me sen**tir** vosso **amor** desde **cedo**!

Ant. 2 O Se**nhor** vai fa**zer** correr a **paz** como um **rio**
       para a **nova** Sião.

Cântico   Is 66,10-14a
Consolação e alegria na Cidade Santa

A Jerusalém celeste é livre, e é a nossa mãe (Gl 4,26).

= ¹⁰ Ale**grai**-vos com **Sião** †
   e exul**tai** por sua causa, *
   todos **vós** que a amais;

— tomai **parte** no seu júbilo, *
   todos **vós** que a lamentais!
= ¹¹Pode**reis** alimentar-vos, †
   saci**ar**-vos com fartura *
   com seu **leite** que consola;
— pode**reis** deliciar-vos *
   nas ri**quezas** de sua glória.
= ¹²Pois as**sim** fala o Senhor: †
   "Vou fa**zer** correr a paz *
   para **ela** como um rio,
— e as ri**quezas** das nações *
   qual tor**ren**te a transbordar.
= Vós se**reis** amamentados †
   e ao **colo** carregados *
   e afa**ga**dos com carícias;
— ¹³como a **mãe** consola o filho, *
   em Si**ão** vou consolar-vos.
= ¹⁴Tudo **isso** vós vereis, †
   e os **vossos** corações *
   de ale**gria** pulsarão;
— vossos **membros**, como plantas, *
   toma**rão** novo vigor.

Ant. O Se**nhor** vai **fazer** correr a **paz** como um **rio**
   para a **nova** Sião.

Ant. 3 Can**tai** ao nosso **Deus**, porque é suave.

Salmo 146(147A)
Poder e bondade de Deus

A vós, ó Deus, louvamos, a vós, Senhor, cantamos.

= ¹Lou**vai** o Senhor **Deus**, porque ele é **bom**, †
   can**tai** ao nosso Deus, porque é suave: *
   ele é **digno** de louvor, ele o merece! —

— ²O Se**nhor** reconstruiu Jerusalém, *
    e os dis**per**sos de Israel juntou de novo;
— ³ele con**for**ta os corações despedaçados, *
    ele en**fai**xa suas feridas e as cura;
— ⁴fixa o **nú**mero de todas as estrelas *
    e **cha**ma a cada uma por seu nome.
— ⁵É **gran**de e onipotente o nosso Deus, *
    seu sa**ber** não tem medidas nem limites.
— ⁶O Senhor **Deus** é o amparo dos humildes, *
    mas **do**bra até o chão os que são ímpios.
— ⁷Ento**ai**, cantai a Deus ação de graças, *
    to**cai** para o Senhor em vossas harpas!
— ⁸Ele re**ves**te todo o céu com densas nuvens, *
    e a **chu**va para a terra ele prepara;
— faz cres**cer** a verde relva sobre os montes *
    e as **plan**tas que são úteis para o homem;
— ⁹ele **dá** aos animais seu alimento, *
    e ao **cor**vo e a seus filhotes que o invocam.
—¹⁰Não é a **força** do cavalo que lhe agrada, *
    nem se de**lei**ta com os músculos do homem,
—¹¹mas **agra**dam ao Senhor os que o respeitam, *
    os que con**fi**am, esperando em seu amor!

Ant. Cant**ai** ao nosso **Deus**, porque é suave.

Leitura breve   Rm 8,18-21
Eu entendo que os sofrimentos do tempo presente nem merecem ser comparados com a glória que deve ser revelada em nós. De fato, toda a criação está esperando ansiosamente o momento de se revelarem os filhos de Deus. Pois a criação ficou sujeita à vaidade, não por sua livre vontade, mas por sua dependência daquele que a sujeitou; também ela espera ser libertada da escravidão da corrupção e, assim, participar da liberdade e da glória dos filhos de Deus.

Responsório breve

R. Penso em **vós** no meu **lei**to, de **noi**te,
  * Nas vi**gí**lias, sus**pi**ro por **vós**. R. Penso em **vós**.
V. Para **mim** fostes **sem**pre um so**cor**ro! * Nas vi**gí**lias.
  Glória ao **Pai**. R. Penso em **vós**.

Cântico evangélico, ant.

Anunci**ai** ao vosso **po**vo a sal**va**ção,
e perdo**ai**-nos, ó Se**nhor**, nossos pe**ca**dos!

Preces

Bendigamos a Deus, vida e salvação do seu povo; e o invoquemos, dizendo:

R. **Senhor, vós sois a nossa vida!**

Bendito sejais, Deus e Pai de nosso Senhor Jesus Cristo, que na vossa misericórdia nos fizestes renascer para uma viva esperança,
– mediante a ressurreição de Jesus Cristo dentre os mortos. R.

Vós, que em Cristo renovastes o homem, criado à vossa imagem,
– tornai-nos semelhantes à imagem do vosso Filho. R.

Derramai em nossos corações, feridos pelo ódio e pela inveja,
– a caridade do Espírito Santo. R.

Dai trabalho aos desempregados, alimento aos famintos, alegria aos tristes,
– e a toda a humanidade graça e salvação. R.

(intenções livres)

Pai nosso...

Oração

Concedei-nos, ó Senhor, conhecer profundamente o mistério da salvação, para que, sem temor e livres dos inimigos, vos sirvamos na justiça e santidade, todos os dias da vida. Por nosso Senhor Jesus Cristo, vosso Filho, na unidade do Espírito Santo.

A conclusão da Hora como no Ordinário.

Hora Média

V. Vinde, ó **Deus**. Glória ao **Pai**. Como **era**. Ale**lui**a.

HINO como no Ordinário, p. 598-601.

Salmodia
Ant. 1 Se me **amais**, diz o Se**nhor**,
 guarda**reis** os meus pre**cei**tos.

Salmo 118(119),153-160
XX (Res)
Meditação sobre a Palavra de Deus na Lei

Tu tens palavras de vida eterna (Jo 6,69).

— ¹⁵³Vede, Se**nhor**, minha miséria, e li**vrai**-me, *
 porque **nun**ca me esqueci de vossa lei!
— ¹⁵⁴Defen**dei** a minha causa e libertai-me! *
 Pela pa**la**vra que me destes, dai-me a vida!
— ¹⁵⁵Como estão **lon**ge de salvar-se os pecadores, *
 pois não pro**cu**ram, ó Senhor, vossa vontade!
— ¹⁵⁶É infi**ni**ta, Senhor Deus, vossa ternura: *
 con**for**me prometestes, dai-me a vida!
— ¹⁵⁷Tantos **são** os que me afligem e perseguem, *
 mas eu **nun**ca deixarei vossa Aliança!
— ¹⁵⁸Quando **ve**jo os renegados, sinto nojo, *
 porque **fo**ram infiéis à vossa lei.
— ¹⁵⁹Quanto eu **a**mo, ó Senhor, vossos preceitos! *
 vossa bon**da**de reanime a minha vida!
— ¹⁶⁰Vossa pa**la**vra é fundada na verdade, *
 os vossos **jus**tos julgamentos são eternos.

Ant. Se me **amais**, diz o Se**nhor**,
    guarda**reis** os meus pre**cei**tos.
Ant. 2 O Se**nhor** te aben**çoe**,
    e **pos**sas ver a **paz** cada **dia** de tua **vida**.

Salmo 127(128)
A paz do Senhor na família

De Sião, isto é, da sua Igreja, o Senhor te abençoe (Arnóbio).

– ¹**Feliz** és tu se **temes** o Se**nhor** *
    e **trilhas** seus ca**minhos**!
– ²Do tra**balho** de tuas mãos hás de viver, *
    serás fe**liz**, tudo irá bem!
– ³A tua es**posa** é uma videira bem fecunda *
    no cora**ção** da tua casa;
– os teus **filhos** são rebentos de oliveira *
    ao re**dor** de tua mesa.
– ⁴Será as**sim** abençoado todo homem *
    que **teme** o Senhor.
– ⁵O Se**nhor** te abençoe de Sião, *
    cada **dia** de tua vida;
– para que **vejas** prosperar Jerusalém *
    ⁶e os **filhos** dos teus filhos.
– Ó Se**nhor**, que venha a paz a Israel, *
    que venha a **paz** ao vosso povo!

Ant. O Se**nhor** te aben**çoe**,
    e **pos**sas ver a **paz** cada **dia** de tua **vida**.

Ant. 3 O Se**nhor** lutará contra os **teus** ini**migos**.

Salmo 128(129)
A renovada esperança do povo oprimido

A Igreja fala dos sofrimentos que ela suporta (Sto. Agostinho).

— ¹Quanto **eu** fui perse**gui**do desde **jo**vem, *
que o **di**ga Israel neste momento!
— ²Quanto **eu** fui perseguido desde jovem, *
mas **nun**ca me puderam derrotar!
— ³A**ra**ram lavradores o meu dorso, *
ras**gan**do longos sulcos com o arado.
— ⁴Mas o Se**nhor**, que sempre age com justiça, *
fez em pe**da**ços as correias dos malvados.
— ⁵Que **vol**tem para trás envergonhados *
todos **aque**les que odeiam a Sião!
— ⁶Sejam **e**les como a erva dos telhados, *
que bem **an**tes de arrancada já secou!
— ⁷Esta ja**mais** enche a mão do ceifador *
nem o re**ga**ço dos que juntam os seus feixes;
= ⁸para **es**tes nunca dizem os que passam: †
"Sobre **vós** desça a bênção do Senhor! *
Em **no**me do Senhor vos bendizemos!"

Ant. O Se**nhor** lutar**á** contra os **teus** ini**mi**gos.

Para as outras Horas, Salmodia complementar, das séries I e II, p. 1178.

Oração das Nove Horas

Leitura breve   1Jo 3,23-24
Este é o seu mandamento: que creiamos no nome do seu Filho, Jesus Cristo, e nos amemos uns aos outros, de acordo com o mandamento que ele nos deu. Quem guarda os seus mandamentos permanece com Deus e Deus permanece com ele. Que ele permanece conosco, sabemo-lo pelo Espírito que ele nos deu.

V. Confir**mai** o vosso **jus**to, Deus-jus**ti**ça.
R. Vós que son**dais** os nossos **rins** e cora**ções**.

Oração

Senhor nosso Deus, que nesta hora enviastes o Espírito Santo aos Apóstolos em oração, concedei-nos participar do mesmo Dom. Por Cristo, nosso Senhor.

Oração das Doze Horas

Leitura breve   Sb 1,1-2

Amai a justiça, vós que governais a terra; tende bons sentimentos para com o Senhor e procurai-o com simplicidade de coração. Ele se deixa encontrar pelos que não exigem provas, e se manifesta aos que nele confiam.

V. Confia no Senhor e faze o bem.
R. E, sobre a terra, habitarás em segurança.

Oração

Deus onipotente, em vós não há trevas nem escuridão; fazei que vossa luz resplandeça sobre nós e, acolhendo vossos preceitos com alegria, sigamos fielmente o vosso caminho. Por Cristo, nosso Senhor.

Oração das Quinze Horas

Leitura breve   Hb 12,1b-2

Deixemos de lado o que nos pesa e o pecado que nos envolve. Empenhemo-nos com perseverança no combate que nos é proposto, com os olhos fixos em Jesus, que em nós começa e completa a obra da fé. Em vista da alegria que lhe foi proposta, suportou a cruz, não se importando com a infâmia, e assentou-se à direita do trono de Deus.

V. No Senhor ponho a minha esperança.
R. E na sua palavra eu espero.

Oração

Senhor nosso Deus, atendei a nossa oração, dando-nos a graça de imitar o exemplo da paixão do vosso Filho e levar serenamente nossa cruz de cada dia. Por Cristo, nosso Senhor.

A conclusão da Hora como no Ordinário.

Vésperas

V. Vinde, ó **Deus**. Glória ao **Pai**. Como era. Ale**lu**ia.

Hino

Ó Deus, autor da luz
da aurora matutina,
mostrai-nos vossa glória,
que o dia já declina.

A tarde traz o ocaso,
o sol já vai morrendo,
e deixa o mundo às trevas,
às leis obedecendo.

Aos servos que vos louvam,
cansados do labor,
as trevas não envolvam,
pedimos, ó Senhor.

Assim, durante a noite,
guardados pela graça,
na luz da vossa luz,
a treva se desfaça.

Ouvi-nos, Pai bondoso,
e vós, Jesus, também.
A vós e ao Santo Espírito
louvor eterno. Amém.

Salmodia

Ant. 1 Ele **é** meu **a**mor, meu re**fú**gio,
meu es**cu**do: é **ne**le que es**pe**ro.

Salmo 143(144)
Oração pela vitória e pela paz

As suas mãos foram treinadas para a luta, quando venceu o mundo conforme disse: eu venci o mundo (Sto. Hilário).

I

= ¹Bendito **seja** o Se**nhor**, meu ro**che**do, †
   que ades**trou** minhas mãos para a luta, *
   e os meus **de**dos treinou para a guerra!
− ²Ele **é** meu amor, meu re**fú**gio, *
   liberta**dor**, fortaleza e abrigo.
− É meu es**cu**do: é **ne**le que espero, *
   ele sub**me**te as nações a meus pés.
= ³Que é o **ho**mem, Senhor, para vós? †
   Por que **de**le cuidais tanto assim, *
   e no **fi**lho do homem pensais?
− ⁴Como o **so**pro de vento é o homem, *
   os seus **di**as são sombra que passa.
− ⁵Incli**nai** vossos céus e descei, *
   tocai os **mon**tes, que eles fumeguem.
− ⁶Fulmi**nai** o inimigo com raios, *
   lançai **fle**chas, Senhor, dispersai-o!
= ⁷Lá do **al**to estendei vossa mão, †
   reti**rai**-me do abismo das águas, *
   e sal**vai**-me da mão dos estranhos;
− ⁸sua **bo**ca só tem falsidade, *
   sua **mão** jura falso e engana.

Ant. Ele é meu a**mor**, meu re**fú**gio,
   meu es**cu**do: é **ne**le que espero.

Ant. 2 Feliz o **po**vo que **tem** o **Senhor** por seu **Deus**!

II

– ⁹Um canto **no**vo, meu **Deus**, vou can**tar**-vos, *
  nas dez **cor**das da harpa louvar-vos,
– ¹⁰a vós que **dais** a vitória aos reis *
  e sal**vais** vosso servo Davi.
– ¹¹Da es**pa**da maligna livrai-me *
  e sal**vai**-me da mão dos estranhos;
– sua **bo**ca só tem falsidade, *
  sua **mão** jura falso e engana.
– ¹²Que nossos **fi**lhos, quais plantas viçosas, *
  cresçam sa**di**os, e fortes floresçam!
– As nossas **fi**lhas, colunas robustas *
  que um ar**tis**ta esculpiu para o templo.
– ¹³Nossos ce**lei**ros transbordem de cheios, *
  abaste**ci**dos de todos os frutos!
– Nossas o**ve**lhas em muitos milhares *
  se multi**pli**quem nas nossas campinas!
= ¹⁴O nosso **ga**do também seja gordo! †
  Não haja **bre**chas em nossas muralhas, *
  nem des**ter**ro ou gemido nas praças!
– ¹⁵Feliz o **po**vo a quem isso acontece, *
  e que **tem** o Senhor por seu Deus!

Ant. Feliz o **po**vo que **tem** o Se**nhor** por seu **Deus**!

Ant. 3 Chegou a**go**ra a salva**ção** e o po**der**
  e a rea**le**za do Se**nhor** e nosso **Deus**.

Cântico   Ap 11,17-18; 12,10b-12a
O julgamento de Deus

– ¹¹,¹⁷Graças vos **da**mos, Senhor **Deus** onipotente, *
  a Vós que **sois**, a Vós que éreis e sereis,
– porque assu**mis**tes o poder que vos pertence, *
  e en**fim** tomastes posse como rei!

(R. **Nós** vos damos **graças**, nosso **Deus!**)

= ¹⁸ As na**ções** se enfureceram revoltadas, †
mas che**gou** a vossa ira contra elas *
e o **tem**po de julgar vivos e mortos,

= e de **dar** a recompensa aos vossos servos, †
aos pro**fe**tas e aos que temem vosso nome, *
aos **san**tos, aos pequenos e aos grandes. (R.)

=¹²,¹⁰ Chegou a**go**ra a salvação e o poder †
e a rea**le**za do Senhor e nosso Deus, *
e o do**mí**nio de seu Cristo, seu Ungido.

— Pois foi ex**pul**so o delator que acusava *
nossos ir**mãos**, dia e noite, junto a Deus. (R.)

= ¹¹ Mas o ven**ce**ram pelo sangue do Cordeiro †
e o teste**mu**nho que eles deram da Palavra, *
pois despre**za**ram sua vida até à morte.

— ¹² Por isso, ó **céus**, cantai alegres e exultai *
e vós **to**dos os que neles habitais! (R.)

Ant. Chegou a**go**ra a salva**ção** e o po**der**
e a realeza do Se**nhor** e nosso **Deus**.

Leitura breve   Cf. Cl 1,23
Permanecei inabaláveis e firmes na fé, sem vos afastardes da esperança que vos dá o evangelho, que ouvistes, que foi anunciado a toda criatura debaixo do céu.

Responsório breve
R. O Se**nhor** é o meu **Pas**tor:
 * Não me **fal**ta coisa alguma. R. O Se**nhor**.
V. Pelos **pra**dos me con**duz**. * Não me **fal**ta.
 Glória ao **Pai**. R. O Se**nhor**.

Cântico evangélico, ant.
O Se**nhor** saci**ou** com os seus **bens**
os fa**min**tos e se**den**tos de jus**ti**ça.

Preces

Oremos a Cristo, luz dos povos e alegria de todo ser vivente; e digamos com fé:

R. **Senhor, dai-nos luz, paz e salvação!**

Luz sem ocaso e Palavra eterna do Pai, que viestes para salvar a humanidade inteira,
—iluminai os catecúmenos da Igreja com a luz da vossa verdade. R.

Desviai, Senhor, o vosso olhar dos nossos pecados,
—porque em vós se encontra o perdão. R.

Vós quereis que os seres humanos, com a sua inteligência, investiguem os segredos da natureza;
—fazei que as ciências e as artes contribuam para a vossa glória e o bem-estar de todas as pessoas. R.

Protegei aqueles que se dedicam no mundo ao serviço de seus irmãos e irmãs,
—para que possam realizar o seu ideal com liberdade e sem atropelos. R.

(intenções livres)

Senhor, que tendes as chaves da morte e da vida,
—fazei entrar na vossa luz os nossos irmãos e irmãs que adormeceram na esperança da ressurreição. R.

Pai nosso...

Oração

Atendei, Senhor, benignamente nossas preces vespertinas, e concedei que, seguindo com perseverança os passos de vosso Filho, recolhamos os frutos da justiça e da paz. Por nosso Senhor Jesus Cristo, vosso Filho, na unidade do Espírito Santo.

A conclusão da Hora como no Ordinário.

IV SEXTA-FEIRA

Invitatório

V. **Abri** os meus **lá**bios. R. E minha **bo**ca.
R. É su**a**ve o Se**nhor**: Ben**di**zei o seu **no**me!

Salmo invitatório como no Ordinário, p. 583.

Ofício das Leituras

V. Vinde, ó **Deus**. Glória ao **Pai**. Como era. Ale**lui**a.

Esta introdução se omite quando o Invitatório precede imediatamente ao Ofício das Leituras.

Hino

I. Quando se diz o Ofício das Leituras durante a noite ou de madrugada:

> Ao som da voz do galo,
> já foge a noite escura.
> Ó Deus, ó luz da aurora,
> nossa alma vos procura.
>
> Enquanto as coisas dormem,
> guardai-nos vigilantes,
> brilhai aos nossos olhos
> qual chama cintilante.
>
> Do sono já despertos,
> por graça imerecida,
> de novo contemplamos
> a luz, irmã da vida.
>
> Ao Pai e ao Filho glória,
> ao seu Amor também,
> Deus Trino e Uno, luz
> e vida eterna. Amém.

II. Quando se diz o Ofício das Leituras durante o dia:

> Criador do Universo
> do Pai luz e resplendor,

revelai-nos vossa face
e livrai-nos do pavor.

Pelo Espírito repletos,
templos vivos do Senhor,
não se rendam nossas almas
aos ardis do tentador,

para que, durante a vida,
nas ações de cada dia,
pratiquemos vossa lei
com amor e alegria.

Glória a Cristo, Rei clemente,
e a Deus Pai, Eterno Bem,
com o Espírito Paráclito,
pelos séculos. Amém.

Salmodia

Ant. 1 Ó meu **Deus**, escu**tai** minha **prece**,
ao cla**mor** do ini**mi**go estre**me**ço!

Salmo 54(55),2-15.17-24

Oração depois da traição de um amigo

Jesus começou a sentir pavor e angústia (Mc 14,33).

I

— ²Ó meu **Deus**, escu**tai** minha **prece**, *
não fu**jais** desta minha oração!
— ³Dig**nai**-vos me ouvir, respondei-me: *
a an**gús**tia me faz delirar!
— ⁴Ao cla**mor** do inimigo estremeço, *
e ao **gri**to dos ímpios eu tremo.
— Sobre **mim** muitos males derramam, *
contra **mim** furiosos investem.
— ⁵Meu cora**ção** dentro em mim se angustia, *
e os ter**ro**res da morte me abatem;

— ⁶ o te**mor** e o tremor me penetram, *
  o pa**vor** me envolve e deprime!
= ⁷ É por **is**so que eu digo na angústia: †
  Quem me **de**ra ter asas de pomba *
  e vo**ar** para achar um descanso!
— ⁸ Fugi**ri**a, então, para longe, *
  e me i**ri**a esconder no deserto.

Ant. Ó meu **Deus**, escutai minha **pre**ce,
  ao cla**mor** do inimigo estremeço!

Ant. 2 O Se**nhor** haverá de liber**tar**-nos
  da **mão** do inimigo traiçoeiro.

II

— ⁹ Acha**ri**a de**pres**sa um refúgio *
  contra o **ven**to, a procela, o tufão".
= ¹⁰ Ó Se**nhor**, confundi as más línguas; †
  disper**sai**-as, porque na cidade *
  só se **vê** violência e discórdia!
= ¹¹ Dia e **noi**te circundam seus muros, †
  ¹² dentro **de**la há maldades e crimes, *
  a injus**ti**ça, a opressão moram nela!
— Violência, imposturas e fraudes *
  já não **dei**xam suas ruas e praças.
— ¹³ Se o ini**mi**go viesse insultar-me, *
  pode**ri**a aceitar certamente;
— se contra **mim** investisse o inimigo, *
  pode**ri**a, talvez, esconder-me.
— ¹⁴ Mas és **tu**, companheiro e amigo, *
  tu, meu **ín**timo e meu familiar,
— ¹⁵ com quem **ti**ve agradável convívio *
  com o **po**vo, indo à casa de Deus!

Ant. O Se**nhor** haverá de liber**tar**-nos
  da **mão** do inimigo traiçoeiro.

Ant. 3 Lança sobre o Senhor teus cuidados, porque ele há de ser teu sustento.

III

— ¹⁷Eu, porém, clamo a Deus em meu pranto, *
  e o Senhor me haverá de salvar!
— ¹⁸Desde a tarde, à manhã, ao meio-dia, *
  faço ouvir meu lamento e gemido.
— ¹⁹O Senhor há de ouvir minha voz, *
  libertando a minh'alma na paz,
— derrotando os meus agressores, *
  porque muitos estão contra mim!
— ²⁰Deus me ouve e haverá de humilhá-los, *
  porque é Rei e Senhor desde sempre.
— Para os ímpios não há conversão, *
  pois não temem a Deus, o Senhor.
— ²¹Erguem a mão contra os próprios amigos, *
  violando os seus compromissos;
— ²²sua boca está cheia de unção, *
  mas o seu coração traz a guerra;
— suas palavras mais brandas que o óleo, *
  na verdade, porém, são punhais.
— ²³Lança sobre o Senhor teus cuidados, *
  porque ele há de ser teu sustento,
— e jamais ele irá permitir *
  que o justo para sempre vacile!
— ²⁴Vós, porém, ó Senhor, os lançais *
  no abismo e na cova da morte.
— Assassinos e homens de fraude *
  não verão a metade da vida.
— Quanto a mim, ó Senhor, ao contrário: *
  ponho em vós toda a minha esperança!

Ant. Lança sobre o Senhor teus cuidados, porque ele há de ser teu sustento.

V. Ó meu **fi**lho, fica a**ten**to ao meu sa**ber**,
R. Presta ou**v**idos à **mi**nha inteli**gên**cia!

Leituras e oração correspondentes a cada Ofício.

Laudes

V. Vinde, ó **Deus**. Glória ao **Pai**. Como era. Ale**lui**a.

Esta introdução se omite quando o Invitatório precede imediatamente às Laudes.

Hino

Deus, que criastes a luz,
sois luz do céu radiosa.
O firmamento estendestes
com vossa mão poderosa.

A aurora esconde as estrelas,
e o seu clarão vos bendiz.
A brisa espalha o orvalho,
a terra acorda feliz.

A noite escura se afasta,
as trevas fogem da luz.
A estrela d'alva fulgura,
sinal de Cristo Jesus.

Ó Deus, sois dia dos dias,
sois luz da luz, na Unidade,
num só poder sobre os seres,
numa só glória, Trindade.

Perante vós, Salvador,
a nossa fronte inclinamos.
A vós, ao Pai e ao Espírito
louvor eterno cantamos.

Salmodia

Ant. 1 Criai em **mim** um cora**ção** que seja **pu**ro,
dai-me de **no**vo um es**pí**rito deci**di**do!

Salmo 50(51)
Tende piedade, ó meu Deus!

Renovai o vosso espírito e a vossa mentalidade. Revesti o homem novo (Ef 4,23-24).

— ³Tende piedade, ó meu **Deus**, misericórdia! *
  Na imensidão de vosso amor, purificai-me!
— ⁴Lavai-me todo inteiro do pecado, *
  e apagai completamente a minha culpa!
— ⁵Eu reconheço toda a minha iniquidade, *
  o meu pecado está sempre à minha frente.
— ⁶Foi contra **vós**, só contra vós, que eu pequei, *
  e pratiquei o que é mau aos vossos olhos!
— Mostrais assim quanto sois justo na sentença, *
  e quanto é reto o julgamento que fazeis.
— ⁷Vede, Senhor, que eu nasci na iniquidade *
  e pecador já minha mãe me concebeu.
— ⁸Mas vós amais os corações que são sinceros, *
  na intimidade me ensinais sabedoria.
— ⁹Aspergi-me e serei puro do pecado, *
  e mais branco do que a neve ficarei.
— ¹⁰Fazei-me ouvir cantos de festa e de alegria, *
  e exultarão estes meus ossos que esmagastes.
— ¹¹Desviai o vosso olhar dos meus pecados *
  e apagai todas as minhas transgressões!
— ¹²Criai em **mim** um coração que seja puro, *
  dai-me de novo um espírito decidido.
— ¹³Ó Senhor, não me afasteis de vossa face, *
  nem retireis de mim o vosso Santo Espírito!
— ¹⁴Dai-me de novo a alegria de ser salvo *
  e confirmai-me com espírito generoso!

—¹⁵ Ensinarei vosso caminho aos pecadores, *
e para vós se voltarão os transviados.
—¹⁶ Da morte como pena, libertai-me, *
e minha língua exaltará vossa justiça!
—¹⁷ Abri meus lábios, ó Senhor, para cantar, *
e minha boca anunciará vosso louvor!
—¹⁸ Pois não são de vosso agrado os sacrifícios, *
e, se oferto um holocausto, o rejeitais.
—¹⁹ Meu sacrifício é minha alma penitente, *
não desprezeis um coração arrependido!
—²⁰ Sede benigno com Sião, por vossa graça, *
reconstruí Jerusalém e os seus muros!
—²¹ E aceitareis o verdadeiro sacrifício, *
os holocaustos e oblações em vosso altar!

Ant. Criai em mim um coração que seja puro,
dai-me de novo um espírito decidido!

Ant. 2 Jerusalém, exulta alegre,
pois em ti serão unidas as nações ao teu Senhor!

Cântico Tb 13,8-11.13-14ab.15-16ab
Ação de graças pela libertação do povo

Mostrou-me a cidade santa, Jerusalém... brilhando com a glória de Deus (Ap 21,10-11).

—⁸ Dai graças ao Senhor, vós todos, seus eleitos; *
celebrai dias de festa e rendei-lhe homenagem.
—⁹ Jerusalém, cidade santa, o Senhor te castigou, *
por teu mau procedimento, pelo mal que praticaste.
—¹⁰ Dá louvor ao teu Senhor, pelas tuas boas obras, *
para que ele, novamente, arme, em ti, a sua tenda.
— Reúna em ti os deportados, alegrando-os sem fim! *
ame em ti todo infeliz pelos séculos sem fim!—

= ⁱⁱResplenderás, qual luz brilhante, até os extremos desta
terra; †
virão a ti nações de longe, dos lugares mais distantes, *
invocando o santo nome, trazendo dons ao Rei do céu.

– Em ti se alegrarão as gerações das gerações *
e o nome da Eleita durará por todo o sempre.

– ¹³Então, te alegrarás pelos filhos dos teus justos, *
todos unidos, bendizendo ao Senhor, o Rei eterno.

– ¹⁴Haverão de ser ditosos todos quantos que te amam, *
encontrando em tua paz sua grande alegria.

= ¹⁵Ó minh'alma, vem bendizer ao Senhor, o grande Rei, †
– ¹⁶pois será reconstruída sua casa em Sião, *
que para sempre há de ficar pelos séculos, sem fim.

Ant. Jerusalém, exulta alegre,
pois em ti serão unidas as nações ao teu Senhor!

Ant. 3 Ó Sião, canta louvores ao teu Deus;
ele envia suas ordens para a terra.

Salmo 147(147B)

Restauração de Jerusalém

Vou mostrar-te a noiva, a esposa do Cordeiro (Ap 21,9).

– ¹²Glorifica o Senhor, Jerusalém! *
Ó Sião, canta louvores ao teu Deus!

– ¹³Pois reforçou com segurança as tuas portas, *
e os teus filhos em teu seio abençoou;

– ¹⁴a paz em teus limites garantiu *
e te dá como alimento a flor do trigo.

– ¹⁵Ele envia suas ordens para a terra, *
e a palavra que ele diz corre veloz;

– ¹⁶ele faz cair a neve como lã *
e espalha a geada como cinza. –

—¹⁷ Como de **pão** lança as migalhas do granizo, *
  a seu **frio** as águas ficam congeladas.
—¹⁸ Ele en**vi**a sua palavra e as derrete, *
  sopra o **ven**to e de novo as águas correm.
—¹⁹ Anun**ci**a a Jacó sua palavra, *
  seus pre**cei**tos e suas leis a Israel.
—²⁰ Nenhum **po**vo recebeu tanto carinho, *
  a nenhum **ou**tro revelou os seus preceitos.

Ant. Ó Sião, canta louvores ao teu **Deus**;
  ele en**vi**a suas **or**dens para a **ter**ra.

Leitura breve   Gl 2,19b-20
Com Cristo, eu fui pregado na cruz. Eu vivo, mas não eu, é Cristo que vive em mim. Esta minha vida presente, na carne, eu a vivo na fé, crendo no Filho de Deus, que me amou e por mim se entregou.

Responsório breve
R. Lanço um **gri**to ao Se**nhor**, Deus Al**tís**simo,
  * Este **Deus** que me **dá** todo **bem**. R. Lanço um **gri**to.
V. Que me en**vi**e do **céu** sua a**ju**da! * Este **Deus**.
  Glória ao **Pai**. R. Lanço um **gri**to.

Cântico evangélico, ant.
Pelo a**mor** do cora**ção** de nosso **Deus**,
o Sol nas**cen**te nos **vei**o visi**tar**.

Preces
Cheios de confiança em Deus, que ama e protege todos aqueles que redimiu por seu Filho Jesus Cristo, façamos nossa oração; e digamos:

R. **Confirmai, Senhor, o que em nós realizastes!**

Deus de misericórdia, dirigi nossos passos nos caminhos da santidade,
– para pensarmos somente o que é verdadeiro, justo e digno de ser amado.   R.

Por amor do vosso nome, não nos abandoneis para sempre,
—mas lembrai-vos, Senhor, da vossa aliança.

R. **Confirmai, Senhor, o que em nós realizastes!**

De coração contrito e humilde, sejamos acolhidos por vós,
—pois não serão confundidos aqueles que em vós esperam.
R.

Vós, que, em Cristo, nos chamastes para uma missão profética,
—dai-nos a graça de proclamarmos sem temor as maravilhas do vosso poder.
R.

(intenções livres)

Pai nosso...

Oração

Derramai, Senhor, sobre o povo suplicante a abundância da vossa graça, para que, seguindo os vossos mandamentos, receba estímulo e ajuda na vida presente e felicidade sem fim na pátria futura. Por nosso Senhor Jesus Cristo, vosso Filho, na unidade do Espírito Santo.

A conclusão da Hora como no Ordinário.

Hora Média

V. Vinde, ó **Deus**. Glória ao **Pai**. Como era. Aleluia.

HINO como no Ordinário, p. 598-601.

Salmodia

Ant. 1 Os que amam vossa **lei**, ó Se**nhor**, têm grande **paz**.

Salmo 118(119),161-168
XXI (Sin)

Meditação sobre a Palavra de Deus na Lei

Sede praticantes da Palavra e não meros ouvintes (Tg 1,22).

— ¹⁶¹Os poderosos me perseguem sem motivo; *
  meu coração, porém, só teme a vossa lei.

– ¹⁶²Tanto me alegro com as palavras que dissestes, *
quanto alguém ao encontrar grande tesouro.
– ¹⁶³Eu odeio e detesto a falsidade, *
porém amo vossas leis e mandamentos!
– ¹⁶⁴Eu vos louvo sete vezes cada dia, *
porque justos são os vossos julgamentos.
– ¹⁶⁵Os que amam vossa lei têm grande paz, *
e não há nada que os faça tropeçar.
– ¹⁶⁶Ó Senhor, de vós espero a salvação, *
pois eu cumpro sem cessar vossos preceitos.
– ¹⁶⁷Obedeço fielmente às vossas ordens, *
e as estimo ardentemente mais que tudo.
– ¹⁶⁸Serei fiel à vossa lei, vossa Aliança; *
os meus caminhos estão todos ante vós.

Ant. Os que amam vossa **lei**, ó Se**nhor**, têm grande **paz**.

Ant. 2 A multi**dão** dos fi**éis** era um **só** cora**ção**
e **u**ma só **al**ma.

Salmo 132(133)
Alegria da união fraterna

Amemo-nos uns aos outros, porque o amor vem de Deus (1Jo 4,7).

– ¹Vinde e vede como é bom, como é suave *
os irmãos viverem juntos bem unidos!
– ²É como um óleo perfumado na cabeça, *
que escorre e vai descendo até à barba;
– vai descendo até a barba de Aarão, *
e vai chegando até à orla do seu manto.
– ³É também como o orvalho do Hermon, *
que cai suave sobre os montes de Sião.
– Pois a eles o Senhor dá sua bênção *
e a vida pelos séculos sem fim.

Ant. A multidão dos fiéis era um **só coração**
e **uma** só **alma**.

Ant. 3 Sal**vai**-me, ó S**e**nhor, das mãos do **ím**pio,
vós que **sois** a minha **força** e salva**ção**!

Salmo 139(140),2-9.13-14

Tu és o meu refúgio

O Filho do Homem é entregue nas mãos dos pecadores (Mt 26,45).

– ² Li**vrai**-me, ó S**e**nhor, dos homens **maus**, *
dos **h**omens violentos defendei-me,
– ³ dos que **tra**mam só o mal no coração *
e pla**ne**jam a discórdia todo o dia!
– ⁴ Como a ser**pen**te eles afiam suas línguas, *
e em seus **lá**bios têm veneno de uma víbora.
= ⁵ Sal**vai**-me, ó Senhor, das mãos do ímpio,†
defen**dei**-me contra o homem violento, *
contra a**que**les que planejam minha queda!
= ⁶ Os so**ber**bos contra mim armaram laços, †
esten**de**ram-me uma rede sob os pés *
e puseram em meu caminho seus tropeços.
– ⁷ Mas eu **di**go ao Senhor: "**V**ós sois meu Deus, *
incli**nai** o vosso ouvido à minha prece!"
– ⁸ Senhor meu **Deus**, sois meu auxílio poderoso, *
vós prote**geis** minha cabeça no combate!
– ⁹ Não aten**dais** aos maus desejos dos malvados! *
Senhor, fa**zei** que os seus planos não se cumpram!
– ¹³ Sei que o S**e**nhor fará justiça aos infelizes, *
defende**rá** a causa justa de seus pobres.
– ¹⁴ Sim, os **jus**tos louvarão o vosso nome, *
e junto a **vós** habitarão os homens retos.

Ant. Salvai-me, ó Senhor, das mãos do ímpio,
vós que sois a minha força e salvação!

Para as outras Horas, Salmodia complementar, p. 1178.

Oração das Nove Horas

Leitura breve Rm 12,17a.19b-20a.21

Não pagueis a ninguém o mal com o mal; pois está escrito: É a mim que pertence fazer justiça; darei a cada um o que merecer – diz o Senhor. Mas, se teu inimigo estiver com fome, dá-lhe de comer; se estiver com sede, dá-lhe de beber. Não te deixes vencer pelo mal, mas vence o mal com o bem.

V. O amor do Senhor Deus é de sempre e para sempre.
R. Sua justiça é para aqueles que observam sua Aliança.

Oração

Senhor Jesus Cristo, que nesta hora fostes levado ao suplício da cruz para salvar o mundo, perdoai-nos as faltas passadas e preservai-nos de culpas futuras. Vós, que viveis e reinais para sempre.

Oração das Doze Horas

Leitura breve 1Jo 3,16

Nisto conhecemos o amor: Jesus deu a sua vida por nós. Portanto, também nós devemos dar a vida pelos irmãos.

V. Dai graças ao Senhor porque ele é bom.
R. Porque eterna é a sua misericórdia.

Oração

Senhor Jesus Cristo, que, nesta hora, com o mundo envolto em trevas, fostes elevado na cruz, como vítima inocente para a salvação de todos, concedei-nos sempre vossa luz, que nos guie para a vida eterna. Vós, que viveis e reinais para sempre.

Oração das Quinze Horas

Leitura breve 1Jo 4,9-11

Foi assim que o amor de Deus se manifestou entre nós: Deus enviou o seu Filho único ao mundo, para que tenhamos vida por meio dele. Nisto consiste o amor: não fomos nós que amamos a Deus, mas foi ele que nos amou e enviou o seu Filho como vítima de reparação pelos nossos pecados. Caríssimos, se Deus nos amou assim, nós também devemos amar-nos uns aos outros.

V. Olhai, ó **Deus**, que sois a **nos**sa prote**ção**.
R. Vede a **fa**ce do **elei**to, vosso Ungido!

Oração

Senhor Jesus Cristo, que fizestes o ladrão arrependido passar da cruz ao vosso Reino, aceitai a humilde confissão de nossas culpas e fazei que, no instante da morte, entremos com alegria no paraíso. Vós, que viveis e reinais para sempre.

A conclusão da Hora como no Ordinário.

Vésperas

V. Vinde, ó **Deus**. Glória ao **Pai**. Como **e**ra. Ale**lu**ia.

Hino

Onze horas havendo passado,
chega a tarde e o dia termina;
entoemos louvores a Cristo,
que é imagem da glória divina.

Já passaram as lutas do dia,
o trabalho por vós contratado;
dai aos bons operários da vinha
dons de glória no Reino esperado.

Ó Senhor, aos que agora chamais
e que ireis premiar no futuro,
por salário, dai força na luta,
e, na paz, um repouso seguro.

Glória a vós, Cristo, Rei compassivo,
glória ao Pai e ao Espírito também.
Unidade e Trindade indivisa,
Deus e Rei pelos séculos. Amém.

Salmodia

Ant. 1 Todos os **di**as have**rei** de bendi**zer**-vos
 e con**tar** as vossas **gran**des maravilhas.

Salmo 144(145)

Louvor à grandeza de Deus

Justo és tu, Senhor, aquele que é e que era, o Santo (Ap 16,5).

I

– ¹Ó meu **Deus**, quero exal**tar**-vos, ó meu **Rei**, *
 e bendi**zer** o vosso nome pelos séculos.

– ²Todos os **di**as haverei de bendizer-vos, *
 hei de lou**var** o vosso nome para sempre.

– ³Grande é o Se**nhor** e muito digno de louvores, *
 e nin**guém** pode medir sua grandeza.

– ⁴Uma i**da**de conta à outra vossas obras *
 e pu**bli**ca os vossos feitos poderosos;

– ⁵proclamam **to**dos o esplendor de vossa glória *
 e di**vul**gam vossas obras portentosas!

– ⁶Narram **to**dos vossas obras poderosas, *
 e de **vos**sa imensidade todos falam.

– ⁷Eles recor**dam** vosso amor tão grandioso *
 e e**xal**tam, ó Senhor, vossa justiça.

– ⁸Miseri**cór**dia e piedade é o Senhor, *
 ele é a**mor**, é paciência, é compaixão.

– ⁹O Se**nhor** é muito bom para com todos, *
 sua ter**nu**ra abraça toda criatura. –

—¹⁰Que vossas **obras**, ó Senhor, vos glorifiquem, *
  e os vossos **san**tos com louvores vos bendigam!
—¹¹Narrem a **gló**ria e o esplendor do vosso Reino *
  e **sai**bam proclamar vosso poder!
—¹²Para espa**lhar** vossos prodígios entre os homens *
  e o ful**gor** de vosso Reino esplendoroso.
—¹³O vosso **Rei**no é um reino para sempre, *
  vosso po**der**, de geração em geração.

Ant. Todos os **dias** have**rei** de bendi**zer**-vos
  e con**tar** as vossas **gran**des maravilhas.

Ant. 2 Todos os **olhos**, ó S**enhor**, em vós es**peram**,
  estais **per**to de quem **pe**de vossa a**ju**da.

II

—¹³ᵇO S**enhor** é amor fi**el** em sua pa**la**vra, *
  é santi**da**de em toda obra que ele faz.
—¹⁴Ele sus**ten**ta todo aquele que vacila *
  e le**van**ta todo aquele que tombou.
—¹⁵Todos os **olhos**, ó Senhor, em vós esperam *
  e vós lhes **dais** no tempo certo o alimento;
—¹⁶vós **abris** a vossa mão prodigamente *
  e saci**ais** todo ser vivo com fartura.
—¹⁷É **jus**to o Senhor em seus caminhos, *
  é **san**to em toda obra que ele faz.
—¹⁸Ele está **per**to da pessoa que o invoca, *
  de todo a**que**le que o invoca lealmente.
—¹⁹O S**enhor** cumpre os desejos dos que o temem, *
  ele es**cu**ta os seus clamores e os salva.
—²⁰O Senhor **guar**da todo aquele que o ama, *
  mas dis**per**sa e extermina os que são ímpios.
=²¹Que a minha **bo**ca cante a glória do Senhor †
  e que ben**di**ga todo ser seu nome santo *
  desde a**go**ra, para sempre e pelos séculos.

Ant. Todos os **o**lhos, ó Se**nhor**, em vós es**per**am,
   estais **per**to de quem **pe**de vossa a**ju**da.

Ant. 3 Vossos ca**mi**nhos são ver**da**de, são jus**ti**ça,
   ó **Rei** dos povos **to**dos do uni**ver**so!

Cântico   Ap 15,3-4
Hino de adoração

– ³Como são **gran**des e admi**rá**veis vossas **o**bras, *
   ó Se**nhor** e nosso Deus onipotente!
– Vossos ca**mi**nhos são verdade, são justiça, *
   ó **Rei** dos povos todos do universo!

(R. São **gran**des vossas **o**bras, ó Se**nhor**!)

= ⁴Quem, Se**nhor**, não haveria de temer-vos, †
   e **quem** não honraria o vosso nome? *
   Pois so**men**te vós, Senhor, é que sois santo!   (R.)

= As nações **to**das hão de vir perante vós †
   e prost**ra**das haverão de adorar-vos, *
   pois vossas **jus**tas decisões são manifestas.   (R.)

Ant. Vossos ca**mi**nhos são ver**da**de, são jus**ti**ça,
   ó **Rei** dos povos **to**dos do uni**ver**so!

Leitura breve   Rm 8,1-2

Não há mais condenação para aqueles que estão em Cristo Jesus. Pois a lei do Espírito que dá a vida em Jesus Cristo te libertou da lei do pecado e da morte.

Responsório breve

R. O **Cris**to mo**rreu** pelos **nos**sos peca**dos**;
 * Pelos **ím**pios, o **jus**to e conduziu-nos a **Deus**.
   R. O **Cris**to.
V. Foi **mor**to na **car**ne, mas **vi**ve no Es**pí**rito. * Pelos **ím**pios.
   Glória ao **Pai**. R. O **Cris**to.

Cântico evangélico, ant.
Ó **Senhor**, sede **fiel** ao vosso **amor**,
como havíeis prome**tido** a nossos **pais**!

Preces

Aclamemos a Cristo Jesus, esperança daqueles que conhecem o seu nome; e peçamos confiantes:

R. **Kyrie, eleison! (Senhor, tende piedade de nós!)**

Cristo Jesus, vós conheceis a fragilidade da nossa natureza, sempre inclinada para o pecado;
— fortalecei-a com a vossa graça. R.

Tende compaixão da nossa fraqueza humana, sempre propensa ao mal;
— por vossa misericórdia, dai-nos o vosso perdão. R.

Vós aceitais, benigno, a penitência para reparar a ofensa;
— afastai de nós os castigos que merecemos pelos nossos pecados. R.

Vós, que perdoastes a pecadora arrependida e carregastes nos ombros a ovelha desgarrada,
— não nos recuseis a vossa misericórdia. R.

(intenções livres)

Vós, que, pelo sacrifício da cruz, abristes as portas do céu,
— acolhei na eternidade todos aqueles que nesta vida esperaram em vós. R.

Pai nosso...

Oração

Deus onipotente e misericordioso, que quisestes salvar o mundo pela paixão de vosso Cristo, concedei que vosso povo se ofereça a vós em sacrifício e seja saciado com vosso amor imenso. Por nosso Senhor Jesus Cristo, vosso Filho, na unidade do Espírito Santo.

A conclusão da Hora como no Ordinário.

IV SÁBADO

Invitatório

V. **Abri** os meus **lábios**. R. E minha **boca**.

R. Ouçamos hoje a **voz** de nosso **Deus**,
para en**trar**mos no lu**gar** de seu re**pou**so.

Salmo invitatório como no Ordinário, p. 583.

Ofício das Leituras

V. Vinde, ó **Deus**. Glória ao **Pai**. Como era. Ale**lui**a.

Esta introdução se omite quando o Invitatório precede imediatamente ao Ofício das Leituras.

Hino

I. Quando se diz o Ofício das Leituras durante a noite ou de madrugada:

> Luz eterna, luz potente,
> dia cheio de esplendor,
> vencedor da noite escura
> e da luz restaurador,
> luz que, as trevas destruindo,
> enche as mentes de fulgor.

> Ao nascerdes, nos chamais,
> e acordamos pressurosos;
> sem vós, somos miseráveis,
> mas convosco, venturosos
> e, por vós da morte livres,
> nos tornamos luminosos.

> Sobre a morte e sobre a noite
> por vós somos vencedores.
> Dai-nos, Rei, a vossa luz,
> luz de esplêndidos fulgores.
> Desta luz nem mesmo a noite
> escurece os esplendores.

Honra seja ao Pai, a vós
e ao Espírito também,
Una e Trina Divindade,
paz e vida, luz e bem,
nome doce mais que todos,
Deus agora e sempre. Amém.

II. Quando se diz o Ofício das Leituras durante o dia:

Deus que não tendes princípio,
Deus procedente do Pai,
Deus, que dos dois sois o Amor,
vinde até nós, nos salvai!

Vós sois o nosso desejo,
sede amor e alegria;
vai para vós nosso anseio,
a vossa luz nos recria.

Com o Nascido da Virgem,
ó Pai, de todos Senhor,
regei dos seres o íntimo
por vosso Espírito de amor.

Lembrai-vos, Santa Trindade,
do amor com que nos amastes:
Criando o homem primeiro,
de novo em sangue o criastes.

O que o Deus uno criou,
Cristo na cruz redimiu.
Tendo por nós padecido,
guarde os que em sangue remiu.

A vós, ó Santa Trindade,
paz e alegria convêm,
poder, império e beleza,
honra e louvores. Amém.

Salmodia

Ant. 1 O Senhor convocou o céu e a terra,
para fazer o julgamento do seu povo.

Salmo 49(50)

O culto que agrada a Deus

Não vim revogar a Lei, mas consumar (cf. Mt 5,17).

I

– ¹Falou o Senhor Deus, chamou a terra, *
do sol nascente ao sol poente a convocou.
– ²De Sião, beleza plena, Deus refulge, *
³vem a nós o nosso Deus e não se cala.
– À sua frente vem um fogo abrasador, *
ao seu redor, a tempestade violenta.
– ⁴Ele convoca céu e terra ao julgamento, *
para fazer o julgamento do seu povo:
– ⁵"Reuni à minha frente os meus eleitos, *
que selaram a Aliança em sacrifícios!"
– ⁶Testemunha o próprio céu seu julgamento, *
porque Deus mesmo é juiz e vai julgar.

Ant. O Senhor convocou o céu e a terra,
para fazer o julgamento do seu povo.

Ant. 2 Invoca-me no dia da angústia,
e então haverei de te livrar.

II

= ⁷"Escuta, ó meu povo, eu vou falar; †
ouve, Israel, eu testemunho contra ti: *
Eu, o Senhor, somente eu, sou o teu Deus!
– ⁸Eu não venho censurar teus sacrifícios, *
pois sempre estão perante mim teus holocaustos;
– ⁹não preciso dos novilhos de tua casa *
nem dos carneiros que estão nos teus rebanhos. –

—¹⁰ Porque as **fe**ras da floresta me pertencem *
  e os ani**mais** que estão nos montes aos milhares.
—¹¹ Conheço os **pás**saros que voam pelos céus *
  e os seres **vi**vos que se movem pelos campos.
—¹² Não te di**ria**, se com fome eu estivesse, *
  porque é **meu** o universo e todo ser.
—¹³ Porven**tu**ra comerei carne de touros? *
  Bebe**rei**, acaso, o sangue de carneiros?
—¹⁴ Imola a **Deus** um sacrifício de louvor *
  e cumpre os **vo**tos que fizeste ao Altíssimo.
—¹⁵ Invoca-me no dia da angústia, *
  e en**tão** te livrarei e hás de louvar-me".

Ant. Invoca-me no **dia** da an**gús**tia,
   e en**tão** have**rei** de te li**vrar**.

Ant. 3 O sacrifício de lou**vor** é que me **hon**ra.

III

=¹⁶ Mas ao **ím**pio é as**sim** que Deus per**gun**ta: †
  "Como **ou**sas repetir os meus preceitos *
  e tra**zer** minha Aliança em tua boca?
—¹⁷ Tu que odi**as**te minhas leis e meus conselhos *
  e deste as **cos**tas às palavras dos meus lábios!
—¹⁸ Quando **vi**as um ladrão, tu o seguias *
  e te jun**ta**vas ao convívio dos adúlteros.
—¹⁹ Tua **bo**ca se abriu para a maldade *
  e tua **lín**gua maquinava a falsidade.
—²⁰ Assen**ta**do, difamavas teu irmão, *
  e ao **fi**lho de tua mãe injuriavas.
—²¹ Diante **dis**so que fizeste, eu calarei? *
  Acaso **pen**sas que eu sou igual a ti?
— É **dis**so que te acuso e repreendo *
  e mani**fes**to essas coisas aos teus olhos. —

= ²²Entendei isto, todos vós que esqueceis Deus, †
para que eu não arrebate a vossa vida, *
sem que haja mais ninguém para salvar-vos!

– ²³Quem me oferece um sacrifício de louvor, *
este sim é que me honra de verdade.

– A todo homem que procede retamente, *
eu mostrarei a salvação que vem de Deus".

Ant. O sacrifício de louvor é que me honra.

V. Não cessamos de orar e interceder por vós, irmãos,
R. Para que possais chegar ao mais pleno conhecer
da vontade do Senhor.

Leituras e oração correspondentes a cada Ofício.

Laudes

V. Vinde, ó **Deus**. Glória ao **Pai**. Como era. Ale**lu**ia.

Esta introdução se omite quando o Invitatório precede imediatamente ao Ofício das Leituras.

Hino

Raiando o novo dia,
as vozes elevamos,
de Deus a graça e glória
em Cristo proclamamos.

Por ele o Criador
compôs a noite e o dia,
criando a lei eterna
que os dois alternaria.

A vós, Luz dos fiéis,
nenhuma lei domina.
Fulgis de dia e de noite,
clarão da luz divina.

Ó Pai, por vossa graça,
vivamos hoje bem,
servindo a Cristo e cheios
do vosso Espírito. Amém.

Salmodia

Ant. 1 Como é **bom** salmodiar
em lou**vor** ao Deus Al**tís**simo!

Salmo 91 (92)
Louvor ao Deus Criador

Louvores se proclamam pelos feitos do Cristo (Sto. Atanásio).

— ²Como é **bom** agrade**cer**mos ao Se**nhor** *
e cantar **sal**mos de louvor ao Deus Altíssimo!
— ³Anunci**ar** pela manhã vossa bondade, *
e o **vos**so amor fiel, a noite inteira,
— ⁴ao som da **li**ra de dez cordas e da harpa, *
com **can**to acompanhado ao som da cítara.
— ⁵Pois me ale**gras**tes, ó Senhor, com vossos feitos, *
e reju**bi**lo de alegria em vossas obras.
— ⁶Quão i**men**sas, ó Senhor, são vossas obras, *
quão pro**fun**dos são os vossos pensamentos!
— ⁷Só o **ho**mem insensato não entende, *
só o es**tul**to não percebe nada disso!
— ⁸Mesmo que os **ím**pios floresçam como a erva, *
ou pros**pe**rem igualmente os malfeitores,
— são desti**na**dos a perder-se para sempre. *
⁹Vós, po**rém**, sois o Excelso eternamente!
= ¹⁰Eis que os **vos**sos inimigos, ó Senhor, †
eis que os **vos**sos inimigos vão perder-se, *
e os malfei**to**res serão todos dispersados.
— ¹¹Vós me **des**tes toda a força de um touro, *
e sobre **mim** um óleo puro derramastes;

— ¹²**triun**fan**te** posso olhar meus inimigos, *
vito**rio**so escuto a voz de seus gemidos.
— ¹³O **jus**to crescerá como a palmeira, *
florirá igual ao cedro que há no Líbano;
— ¹⁴na **ca**sa do Senhor estão plantados, *
nos **átrios** de meu Deus florescerão.
— ¹⁵Mesmo no **tem**po da velhice darão frutos, *
cheios de **sei**va e de folhas verdejantes;
— ¹⁶e dirão: "É justo mesmo o Senhor Deus: *
meu Ro**che**do, não existe nele o mal!"

Ant. Como é **bom** salmodi**ar** em louv**or** ao Deus Al**tís**simo!

Ant. 2 Dar-vos-**ei** um novo espírito e um **no**vo cora**ção**.

Cântico   Ez 36,24-28
Deus renovará o seu povo

Eles serão o seu povo, e o próprio Deus estará com eles (Ap 21,3).

= ²⁴Have**rei** de retir**ar**-vos do **mei**o das nações, †
have**rei** de reunir-vos de **to**dos os países, *
e de **vol**ta eu levarei todos **vós** à vossa terra.

= ²⁵Have**rei** de derramar sobre **vós** uma água pura, †
e de **vos**sas imundícies se**reis** purificados; *
sim, se**reis** purificados de **to**da a idolatria.

= ²⁶Dar-vos-**ei** um novo espírito e um **no**vo coração; †
tira**rei** de vosso peito este **cora**ção de pedra, *
no lu**gar** colocarei novo **cora**ção de carne.

= ²⁷Have**rei** de derramar meu Es**pí**rito em vós †
e fa**rei** que caminheis obede**cen**do a meus preceitos, *
que obser**veis** meus mandamentos e guar**deis** a minha Lei. —

= ²⁸E **havereis** de habitar aquela **terra** prometida, †
    que nos **tem**pos do passado eu do**ei** a **vos**sos pais, *
    e se**reis** sempre o meu povo e eu se**rei** o vosso Deus!

Ant. Dar-vos-**ei** um novo espírito e um **novo** co**ra**ção.

Ant. 3 O per**fei**to lou**vor** vos é **da**do
    pelos **lá**bios dos **mais** pequeninos.

Salmo 8
Majestade de Deus e dignidade do homem

Ele pôs tudo sob os seus pés, e fez dele, que está acima de tudo, a Cabeça da Igreja (Ef 1,22).

– ²Ó Se**nhor** nosso **Deus**, como é **gran**de *
    vosso **no**me por todo o universo!
– Desdo**bras**tes nos céus vossa glória *
    com grand**e**za, esplendor, majestade.
= ³O per**fei**to louvor vos é dado †
    pelos **lá**bios dos mais pequeninos, *
    de crianças que a mãe amamenta.
– Eis a **for**ça que opondes aos maus, *
    redu**zin**do o inimigo ao silêncio.
– ⁴Contem**plan**do estes céus que plasmastes *
    e for**mas**tes com dedos de artista;
– vendo a **lu**a e estrelas brilhantes, *
    ⁵pergun**ta**mos: "Senhor, que é o homem,
– para **de**le assim vos lembrardes *
    e o tra**tar**des com tanto carinho?"
– ⁶Pouco a**bai**xo de Deus o fizeste, *
    coro**an**do-o de glória e esplendor;
– ⁷vós lhe **des**tes poder sobre tudo, *
    vossas obras aos pés lhe pusestes:
– ⁸as o**ve**lhas, os bois, os rebanhos, *
    todo o **ga**do e as feras da mata;

– ⁹ passarinhos e peixes dos mares, *
  todo **ser** que se move nas águas.
–¹⁰ Ó **Senhor** nosso Deus, como é grande *
  vosso **no**me por todo o universo!

Ant. O per**fei**to lou**vor** vos é **da**do
  pelos **lá**bios dos **mais** pequeninos.

Leitura breve   2Pd 3,13-15a

O que nós esperamos, de acordo com a sua promessa, são novos céus e uma nova terra, onde habitará a justiça. Caríssimos, vivendo nesta esperança, esforçai-vos para que ele vos encontre numa vida pura e sem mancha e em paz. Considerai também como salvação a longanimidade de nosso Senhor.

Responsório breve

R. A ale**gria** cantará sobre meus **lá**bios,
 * E a minh'alma libertada exultará. R. A alegria.
V. Também celebrarei vossa justiça. * E a minh'alma.
  Glória ao **Pai**. R. A alegria.

Cântico evangélico, ant.
Gui**ai** nossos **pas**sos no ca**mi**nho da **paz**.

Preces

Adoremos a Deus, que por meio de seu Filho trouxe ao mundo vida e esperança; e peçamos humildemente:

R. **Senhor, ouvi-nos!**

Senhor, Pai de todos os seres humanos, que nos fizestes chegar ao princípio deste dia,
– dai-nos viver unidos a Cristo para louvor da vossa glória.
                                                            R.
Conservai e aumentai em nós a fé, a esperança e a caridade,
– que derramastes em nossos corações.   R.

Fazei que os nossos olhos estejam sempre voltados para vós,
—para correspondermos com generosidade e alegria ao vosso chamado.

R. Senhor, ouvi-nos!

Defendei-nos das ciladas e seduções do mal,
—e protegei os nossos passos de todo tropeço.   R.

(intenções livres)

Pai nosso...

Oração

Deus onipotente e eterno, luz esplendorosa e dia que não termina, nós vos pedimos nesta manhã que, vencidas as trevas do pecado, nossos corações sejam iluminados com o fulgor da vossa vinda. Por nosso Senhor Jesus Cristo, vosso Filho, na unidade do Espírito Santo.

A conclusão da Hora como no Ordinário.

Hora Média

V. Vinde, ó **Deus**. Glória ao **Pai**. Como era. Ale**lui**a.
HINO como no Ordinário, p. 598-601.

Salmodia

Ant. 1 Esten**dei** a vossa **mão** para aju**dar**-me,
 pois esco**lhi** sempre se**guir** vossos pre**cei**tos.

Salmo 118(119),169-176
XXII (Tau)

Meditação sobre a Palavra de Deus na Lei

Sua misericórdia se estende de geração em geração, a todos os que o respeitam (Lc 1,50).

— ¹⁶⁹Que o meu **gri**to, ó Se**nhor**, chegue até **vós**; *
 fazei-me **sá**bio como vós o prometestes!

— ¹⁷⁰Que a minha **pre**ce chegue até à vossa face; *
 con**for**me prometestes, libertai-me! —

—¹⁷¹ Que prorrompam os meus lábios em canções, *
   pois me fizestes conhecer vossa vontade!
—¹⁷² Que minha língua cante alegre a vossa lei, *
   porque justos são os vossos mandamentos!
—¹⁷³ Estendei a vossa mão para ajudar-me, *
   pois escolhi sempre seguir vossos preceitos!
—¹⁷⁴ Desejo a vossa salvação ardentemente *
   e encontro em vossa lei minhas delícias!
—¹⁷⁵ Possa eu viver e para sempre vos louvar; *
   e que me ajudem, ó Senhor, vossos conselhos!
—¹⁷⁶ Se eu me perder como uma ovelha, procurai-me, *
   porque nunca esqueci vossos preceitos!

Ant. Estendei a vossa mão para ajudar-me,
   pois escolhi sempre seguir vossos preceitos.

Ant. 2 Vosso trono, ó Deus, é eterno, sem fim.

Salmo 44(45)
As núpcias do Rei
O noivo está chegando. Ide ao seu encontro! (Mt 25,6).

I

=² Transborda um poema do meu coração; †
   vou cantar-vos, ó Rei, esta minha canção; *
   minha língua é qual pena de um ágil escriba.
=³ Sois tão belo, o mais belo entre os filhos dos homens! †
   Vossos lábios espalham a graça, o encanto, *
   porque Deus, para sempre, vos deu sua bênção.
—⁴ Levai vossa espada de glória no flanco, *
   herói valoroso, no vosso esplendor;
—⁵ saí para a luta no carro de guerra *
   em defesa da fé, da justiça e verdade!
= Vossa mão vos ensine valentes proezas, †
   ⁶ vossas flechas agudas abatam os povos *
   e firam no seu coração o inimigo! —

= ⁷Vosso **trono**, ó Deus, é e**ter**no, é sem fim; †
  vosso **c**etro real é si**nal** de justiça: *
  ⁸Vós a**mais** a justiça e odi**ais** a maldade.
= É por **is**so que Deus vos un**giu** com seu óleo, †
  deu-vos **mais** alegria que aos **vos**sos amigos. *
  ⁹**V**ossas **ves**tes exalam preci**os**os perfumes.
– De e**búr**neos palácios os **sons** vos deleitam. *
  ¹⁰As **fi**lhas de reis vêm ao **vos**so encontro,
– e à **vos**sa direita se en**con**tra a rainha *
  com **v**este esplendente de **ouro** de Ofir.

Ant. Vosso **trono**, ó **Deus**, é eterno, sem **fim**.

Ant. 3 Vi a **nova** Sião descer do **céu**
  como es**po**sa enfei**ta**da para o es**po**so.

II

– ¹¹Escu**tai**, minha **fi**lha, o**lhai**, ouvi **is**to: *
  "Esque**cei** vosso povo e a **c**asa paterna!
– ¹²Que o **Rei** se encante com **vos**sa beleza! *
  Pres**tai**-lhe homenagem: é **vos**so Senhor!
– ¹³O **po**vo de Tiro vos **traz** seus presentes, *
  os **gran**des do povo vos **pe**dem favores.
– ¹⁴Majes**tos**a, a princesa re**al** vem chegando, *
  vestida de ricos bro**c**ados de ouro.
– ¹⁵Em **v**estes vistosas ao **Rei** se dirige, *
  e as **vir**gens amigas lhe **for**mam cortejo;
– ¹⁶entre **can**tos de festa e com **gran**de alegria, *
  ingres**s**am, então, no pa**lá**cio real".
– ¹⁷Deixa**reis** vossos pais, mas te**reis** muitos filhos; *
  fareis **d**eles os reis sobe**ra**nos da terra.
– ¹⁸Canta**rei** vosso nome de i**da**de em idade, *
  para **s**empre haverão de lou**v**ar-vos os povos!

Ant. Vi a **nova Sião** descer do **céu**
  como es**po**sa enfei**ta**da para o es**po**so.

Para as outras Horas, Salmodia complementar, p. 1178.

Oração das Nove Horas

Leitura breve   Dn 6,27b-28

O nosso Deus é o Deus vivo que permanece para sempre, seu Reino não será destruído e seu poder durará eternamente; ele é o libertador e o salvador, que opera sinais e maravilhas no céu e na terra.

V. **Parai** e sa**bei**, conhe**cei** que eu sou **Deus**,
R. Que do**mi**no as na**ções**, que do**mi**no a **ter**ra.

Oração

Senhor Deus, Pai todo-poderoso, a quem somos submissos, derramai em nós a luz do Espírito Santo, para que, livres de todo inimigo, nos alegremos em vos louvar. Por Cristo, nosso Senhor.

Oração das Doze Horas

Leitura breve   Rm 15,5-7

O Deus que dá constância e conforto vos dê a graça da harmonia e concórdia, uns com os outros, como ensina Cristo Jesus. Assim, tendo como que um só coração e a uma só voz, glorificareis o Deus e Pai do Senhor nosso, Jesus Cristo. Por isso, acolhei-vos uns aos outros, como também Cristo vos acolheu, para a glória de Deus.

V. O Se**nhor** muito **a**ma o seu **po**vo.
R. E co**ro**a com vi**tó**ria os seus hu**mil**des.

Oração

Senhor nosso Deus, luz ardente de amor eterno, concedei que, inflamados na vossa caridade, num mesmo amor amemos a vós, acima de tudo, e aos irmãos e irmãs por vossa causa. Por Cristo, nosso Senhor.

Oração das Quinze Horas

Leitura breve Fl 4,8.9b

Irmãos, ocupai-vos com tudo o que é verdadeiro, respeitável, justo, puro, amável, honroso, tudo o que é virtude ou de qualquer modo mereça louvor. Assim o Deus da paz estará convosco.

V. Ó meu **Deus**, quero exal**tar**-vos, ó meu **Rei**,
R. E bendi**zer** o vosso **no**me pelos séculos.

Oração

Atendei, Senhor, às nossas preces, por intercessão da Virgem Maria, e dai-nos a paz completa, para que, dedicando-nos sempre a vós com alegria, possamos confiantes chegar até vós. Por Cristo, nosso Senhor.

A conclusão da Hora como no Ordinário.

COMPLETAS

DEPOIS DAS I VÉSPERAS DOS DOMINGOS E SOLENIDADES

Tudo como no Ordinário, p. 607, além do que segue:

Salmodia
Ant. 1 Ó Senhor, tende piedade, e escutai minha oração!

Salmo 4
Ação de graças

O Senhor fez maravilhas naquele que ressuscitou dos mortos (Sto. Agostinho).

= ² Quando eu chamo, respondei-me, ó meu Deus, minha justiça! †
 Vós que soubestes aliviar-me nos momentos de aflição, *
 atendei-me por piedade e escutai minha oração!
— ³ Filhos dos homens, até quando fechareis o coração? *
 Por que amais a ilusão e procurais a falsidade?
— ⁴ Compreendei que nosso Deus faz maravilhas por seu servo, *
 e que o Senhor me ouvirá quando lhe faço a minha prece!
— ⁵ Se ficardes revoltados, não pequeis por vossa ira; *
 meditai nos vossos leitos e calai o coração!
— ⁶ Sacrificai o que é justo, e ao Senhor oferecei-o; *
 confiai sempre no Senhor, ele é a única esperança!
— ⁷ Muitos há que se perguntam: "Quem nos dá felicidade?" *
 Sobre nós fazei brilhar o esplendor de vossa face!
— ⁸ Vós me destes, ó Senhor, mais alegria ao coração, *
 do que a outros na fartura do seu trigo e vinho novo.
— ⁹ Eu tranquilo vou deitar-me e na paz logo adormeço, *
 pois só vós, ó Senhor Deus, dais segurança à minha vida!

Ant. Ó Se**nhor**, tende pie**da**de, e escu**tai** minha ora**ção**!

Ant. 2 Bendi**zei** o Senhor **Deus** durante a **noi**te!

Salmo 133(134)
Oração da noite no templo

Louvai o nosso Deus, todos os seus servos e todos os que o temeis, pequenos e grandes! (Ap 19,5).

– ¹Vinde, **a**gora, bendi**zei** ao Senhor **Deus**, *
  vós **to**dos, servidores do Senhor,
– que cele**brais** a liturgia no seu templo, *
  nos **á**trios da casa do Senhor.

– ²Levan**tai** as vossas mãos ao santuário, *
  bendi**zei** ao Senhor Deus a noite inteira!

– ³Que o Se**nhor** te abençoe de Sião, *
  o Se**nhor** que fez o céu e fez a terra!

Ant. Bendi**zei** o Senhor **Deus** durante a **noi**te!

Leitura breve — Dt 6,4-7

Ouve, Israel, o Senhor, nosso Deus, é o único Senhor. Amarás o Senhor teu Deus com todo o teu coração, com toda a tua alma e com todas as tuas forças. E trarás gravadas em teu coração todas estas palavras que hoje te ordeno. Tu as repetirás com insistência aos teus filhos e delas falarás quando estiveres sentado em tua casa, ou andando pelos caminhos, quando te deitares, ou te levantares.

Responsório breve

R. Se**nhor**, em vossas **mãos**
  * Eu en**tre**go o meu es**pí**rito. R. Se**nhor**.
V. Vós **sois** o Deus fi**el**, que sal**vas**tes vosso **po**vo.
  * Eu entrego. Glória ao **Pai**. R. Se**nhor**.

Cântico evangélico, Ant.

Salvai-nos, Senhor, quando velamos,
guardai-nos também quando dormimos!
Nossa mente vigie com o Cristo,
nosso corpo repouse em sua paz!

Cântico de Simeão — Lc 2,29-32
Cristo, luz das nações e glória de seu povo

—²⁹ Deixai, agora, vosso servo ir em paz, *
conforme prometestes, ó Senhor.

—³⁰ Pois meus olhos viram vossa salvação *
³¹ que preparastes ante a face das nações:

—³² uma Luz que brilhará para os gentios *
e para a glória de Israel, o vosso povo.

Ant. Salvai-nos, Senhor, quando velamos,
guardai-nos também quando dormimos!
Nossa mente vigie com o Cristo,
nosso corpo repouse em sua paz!

Oração

Ficai conosco, Senhor, nesta noite, e vossa mão nos levante amanhã cedo, para que celebremos com alegria a ressurreição de vosso Cristo. Que vive e reina para sempre.

Ou, nas solenidades que não caem no domingo:

Visitai, Senhor, esta casa, e afastai as ciladas do inimigo; nela habitem vossos santos Anjos, para nos guardar na paz, e a vossa bênção fique sempre conosco. Por Cristo, nosso Senhor.

Conclusão da Hora e Antífona de Nossa Senhora como no Ordinário, p. 610.

DEPOIS DAS II VÉSPERAS DOS DOMINGOS E SOLENIDADES

Tudo como no Ordinário, p. 607, além do que segue:

Salmodia

Ant. Não temerás terror algum durante a noite:
o Senhor te cobrirá com suas asas.

Salmo 90(91)
Sob a proteção do Altíssimo

Eu vos dei o poder de pisar em cima de cobras e escorpiões (Lc 10,19).

— ¹Quem habita ao abrigo do Altíssimo *
e vive à sombra do Senhor onipotente,

— ²diz ao Senhor: "Sois meu refúgio e proteção, *
sois o meu Deus, no qual confio inteiramente".

— ³Do caçador e do seu laço ele te livra. *
Ele te salva da palavra que destrói.

— ⁴Com suas asas haverá de proteger-te, *
com seu escudo e suas armas defender-te.

— ⁵Não temerás terror algum durante a noite, *
nem a flecha disparada em pleno dia;

— ⁶nem a peste que caminha pelo escuro, *
nem a desgraça que devasta ao meio-dia;

= ⁷Podem cair muitos milhares a teu lado,†
podem cair até dez mil à tua direita: *
nenhum mal há de chegar perto de ti.

— ⁸Os teus olhos haverão de contemplar *
o castigo infligido aos pecadores;

— ⁹pois fizeste do Senhor o teu refúgio, *
e no Altíssimo encontraste o teu abrigo.

— ¹⁰Nenhum mal há de chegar perto de ti, *
nem a desgraça baterá à tua porta;

—¹¹ pois o Senhor deu uma ordem a seus anjos *
   para em todos os caminhos te guardarem.
—¹² Haverão de te levar em suas mãos, *
   para o teu pé não se ferir nalguma pedra.
—¹³ Passarás por sobre cobras e serpentes, *
   pisarás sobre leões e outras feras.
—¹⁴ "Porque a mim se confiou, hei de livrá-lo *
   e protegê-lo, pois meu nome ele conhece.
—¹⁵ Ao invocar-me hei de ouvi-lo e atendê-lo, *
   e a seu lado eu estarei em suas dores.
= Hei de livrá-lo e de glória coroá-lo, †
   ¹⁶ vou conceder-lhe vida longa e dias plenos, *
   e vou mostrar-lhe minha graça e salvação".

Ant. Não temerás terror algum durante a noite:
   o Senhor te cobrirá com suas asas.

Leitura breve   Ap 22,4-5
Verão a sua face e o seu nome estará sobre suas frontes. Não haverá mais noite: não se precisará mais da luz da lâmpada, nem da luz do sol, porque o Senhor Deus vai brilhar sobre eles e eles reinarão por toda a eternidade.

Responsório breve
R. Senhor, em vossas mãos
 * Eu entrego o meu espírito. R. Senhor.
V. Vós sois o Deus fiel, que salvastes vosso povo.
 * Eu entrego. Glória ao Pai. R. Senhor.

Cântico evangélico, Ant.
Salvai-nos, Senhor, quando velamos,
guardai-nos também quando dormimos!
Nossa mente vigie com o Cristo,
nosso corpo repouse em sua paz!

Cântico de Simeão — Lc 2,29-32
Cristo, luz das nações e glória de seu povo

— ²⁹Deixai, agora, vosso servo ir em paz, *
conforme prometestes, ó Senhor.

— ³⁰Pois meus olhos viram vossa salvação *
³¹que preparastes ante a face das nações:

— ³²uma Luz que brilhará para os gentios *
e para a glória de Israel, o vosso povo.

Ant. Salvai-nos, Senhor, quando velamos,
guardai-nos também quando dormimos!
Nossa mente vigie com o Cristo,
nosso corpo repouse em sua paz!

Oração

Depois de celebrarmos neste dia a ressurreição do vosso Filho, nós vos pedimos, humildemente, Senhor, que descansemos seguros em vossa paz e despertemos alegres para cantar vosso louvor. Por Cristo, nosso Senhor.

Ou, nas solenidades que não caiam no domingo:

Visitai, Senhor, esta casa, e afastai as ciladas do inimigo; nela habitem vossos santos Anjos, para nos guardar na paz, e a vossa bênção fique sempre conosco. Por Cristo, nosso Senhor.

Conclusão e Antífona de Nossa Senhora como no Ordinário, p. 610.

SEGUNDA-FEIRA

Tudo como no Ordinário, p. 607, além do que segue:

Salmodia

Ant. Ó Senhor, sois clemente e fiel,
sois amor, paciência e perdão!

Salmo 85(86)
Oração do pobre nas dificuldades

Bendito seja Deus que nos consola em todas as nossas aflições (2Cor 1,3.4).

– ¹ Inclinai, ó Senhor, vosso ouvido, *
  escutai, pois sou pobre e infeliz!
= ² Protegei-me, que sou vosso amigo, †
  e salvai vosso servo, meu Deus, *
  que espera e confia em vós!
– ³ Piedade de mim, ó Senhor, *
  porque clamo por vós todo o dia!
– ⁴ Animai e alegrai vosso servo, *
  pois a vós eu elevo a minh'alma.
– ⁵ Ó Senhor, vós sois bom e clemente, *
  sois perdão para quem vos invoca.
– ⁶ Escutai, ó Senhor, minha prece, *
  o lamento da minha oração!
– ⁷ No meu dia de angústia eu vos chamo, *
  porque sei que me haveis de escutar.
– ⁸ Não existe entre os deuses nenhum *
  que convosco se possa igualar;
– não existe outra obra no mundo *
  comparável às vossas, Senhor!
– ⁹ As nações que criastes virão *
  adorar e louvar vosso nome.
– ¹⁰ Sois tão grande e fazeis maravilhas: *
  vós somente sois Deus e Senhor!
– ¹¹ Ensinai-me os vossos caminhos, *
  e na vossa verdade andarei;
– meu coração orientai para vós: *
  que respeite, Senhor, vosso nome!
– ¹² Dou-vos graças com toda a minh'alma, *
  sem cessar louvarei vosso nome!

— ¹³Vosso amor para mim foi imenso: *
  retirai-me do abismo da morte!
= ¹⁴Contra mim se levantam soberbos, †
  e malvados me querem matar; *
  não vos levam em conta, Senhor!
— ¹⁵Vós, porém, sois clemente e fiel, *
  sois amor, paciência e perdão.
= ¹⁶Tende pena e olhai para mim! †
  Confirmai com vigor vosso servo, *
  de vossa serva o filho salvai.
— ¹⁷Concedei-me um sinal que me prove *
  a verdade do vosso amor.
— O inimigo humilhado verá *
  que me destes ajuda e consolo.

Ant. Ó Senhor, sois clemente e fiel,
  sois amor, paciência e perdão!

Leitura breve   1Ts 5,9-10
Deus nos destinou para alcançarmos a salvação, por meio de nosso Senhor Jesus Cristo. Ele morreu por nós, para que, quer vigiando nesta vida, quer adormecidos na morte, alcancemos a vida junto dele.

Responsório breve
R. Senhor, em vossas mãos
  * Eu entrego o meu espírito. R. Senhor.
V. Vós sois o Deus fiel, que salvastes vosso povo.
  * Eu entrego. Glória ao Pai. R. Senhor.

Cântico evangélico, Ant.

Salvai-nos, Senhor, quando velamos,
guardai-nos também quando dormimos!
Nossa mente vigie com o Cristo,
nosso corpo repouse em sua paz!

Cântico de Simeão — Lc 2,29-32
Cristo, luz das nações e glória de seu povo

—²⁹ Deixai, agora, vosso servo ir em paz, *
conforme prometestes, ó Senhor.

—³⁰ Pois meus olhos viram vossa salvação *
³¹ que preparastes ante a face das nações:

—³² uma Luz que brilhará para os gentios *
e para a glória de Israel, o vosso povo.

Ant. Salvai-nos, Senhor, quando velamos,
guardai-nos também quando dormimos!
Nossa mente vigie com o Cristo,
nosso corpo repouse em sua paz!

Oração
Concedei, Senhor, aos nossos corpos um sono restaurador, e fazei germinar para a messe eterna as sementes do Reino, que hoje lançamos com nosso trabalho. Por Cristo, nosso Senhor.

Conclusão e Antífona de Nossa Senhora como no Ordinário, p. 610.

TERÇA-FEIRA
Tudo como no Ordinário, p. 607, além do que segue:

Salmodia
Ant. Não escondais vossa face de mim,
porque em vós coloquei a esperança!

Salmo 142(143),1-11
Prece na aflição

Ninguém é justificado por observar a Lei de Moisés, mas por crer em Jesus Cristo (Gl 2,16).

— ¹ Ó Senhor, escutai minha prece, *
ó meu Deus, atendei minha súplica!

— Respondei-me, ó vós, Deus fiel, *
escutai-me por vossa justiça!

= ²Não chameis vosso servo a juízo, †
  pois diante da vossa presença *
  não é justo nenhum dos viventes.
– ³O inimigo persegue a minha alma, *
  ele esmaga no chão minha vida
– e me faz habitante das trevas, *
  como aqueles que há muito morreram.
– ⁴Já em mim o alento se extingue, *
  o coração se comprime em meu peito!
– ⁵Eu me lembro dos dias de outrora †
  e repasso as vossas ações, *
  recordando os vossos prodígios.
= ⁶Para vós minhas mãos eu estendo; †
  minha alma tem sede de vós, *
  como a terra sedenta e sem água.
– ⁷Escutai-me depressa, Senhor, *
  o espírito em mim desfalece!
= Não escondais vossa face de mim! †
  Se o fizerdes, já posso contar-me *
  entre aqueles que descem à cova!
– ⁸Fazei-me cedo sentir vosso amor, *
  porque em vós coloquei a esperança!
– Indicai-me o caminho a seguir, *
  pois a vós eu elevo a minha alma!
– ⁹Libertai-me dos meus inimigos, *
  porque sois meu refúgio, Senhor!
– ¹⁰Vossa vontade ensinai-me a cumprir, *
  porque sois o meu Deus e Senhor!
– Vosso Espírito bom me dirija *
  e me guie por terra bem plana!
– ¹¹Por vosso nome e por vosso amor *
  conservai, renovai minha vida!

– Pela **vos**sa justiça e clemência, *
   arran**cai** a minha alma da angústia!

Ant. Não escon**dais** vossa **face** de **mim**,
   porque em **vós** colo**quei** a espe**rança**!

Leitura breve   1Pd 5,8-9a

Sede sóbrios e vigilantes. O vosso adversário, o diabo, rodeia como um leão a rugir, procurando a quem devorar. Resisti-lhe, firmes na fé.

Responsório breve

R. Se**nhor**, em vossas **mãos**
  * Eu en**tre**go o meu espírito. R. Se**nhor**.
V. Vós **sois** o Deus fi**el**, que sal**vas**tes vosso **po**vo.
   * Eu en**tre**go. Glória ao **Pai**. R. Se**nhor**.

Cântico evangélico, Ant.

Sal**vai**-nos, Se**nhor**, quando ve**la**mos,
guar**dai**-nos tam**bém** quando dor**mi**mos!
Nossa **men**te vigie com o **Cris**to,
nosso **cor**po re**pou**se em sua **paz**!

Cântico de Simeão   Lc 2,29-32

Cristo, luz das nações e glória de seu povo

– ^{29}Dei**xai**, agora, vosso **ser**vo ir em **paz**, *
   con**for**me prome**tes**tes, ó Se**nhor**.

– ^{30}Pois meus **olhos** viram **vos**sa sal**va**ção *
   ^{31}que prepa**ras**tes ante a **face** das na**ções**:

– ^{32}uma **Luz** que brilha**rá** para os gen**ti**os *
   e para a **gló**ria de Isra**el**, o vosso **po**vo.

Ant. Sal**vai**-nos, Se**nhor**, quando ve**la**mos,
   guar**dai**-nos tam**bém** quando dor**mi**mos!
   Nossa **men**te vigie com o **Cris**to,
   nosso **cor**po re**pou**se em sua **paz**!

Oração

Iluminai, Senhor, esta noite e fazei-nos dormir tranquilamente, para que em vosso nome nos levantemos alegres ao clarear do novo dia. Por Cristo, nosso Senhor.

Conclusão e Antífona de Nossa Senhora como no Ordinário, p. 610.

QUARTA-FEIRA

Tudo como no Ordinário, p. 607, além do que segue:

Salmodia

Ant. 1 Ó Senhor, sede a minha proteção,
um abrigo bem seguro que me salva!

Salmo 30(31),2-6
Súplica confiante do aflito

Pai, em tuas mãos entrego o meu espírito! (Lc 23,46).

– ²Senhor, eu ponho em vós minha esperança; *
que eu não fique envergonhado eternamente!
= Porque sois justo, defendei-me e libertai-me, †
³inclinai o vosso ouvido para mim: *
apressai-vos, ó Senhor, em socorrer-me!
– Sede uma rocha protetora para mim, *
um abrigo bem seguro que me salve!
– ⁴Sim, sois vós a minha rocha e fortaleza; *
por vossa honra orientai-me e conduzi-me!
– ⁵Retirai-me desta rede traiçoeira, *
porque sois o meu refúgio protetor!
– ⁶Em vossas mãos, Senhor, entrego o meu espírito, *
porque vós me salvareis. ó Deus fiel!

Ant. Ó Senhor, sede a minha proteção,
um abrigo bem seguro que me salve!

Ant. 2 Das profundezas eu clamo a vós, Senhor! †

Salmo 129(130)
Das profundezas eu clamo

Ele vai salvar o seu povo dos seus pecados (Mt 1,21).

— ¹Das profundezas eu clamo a vós, Senhor, *
 ² † escutai a minha voz!
— Vossos ouvidos estejam bem atentos *
 ao clamor da minha prece!
— ³Se levardes em conta nossas faltas, *
 quem haverá de subsistir?
— ⁴Mas em vós se encontra o perdão, *
 eu vos temo e em vós espero.
— ⁵No Senhor ponho a minha esperança, *
 espero em sua palavra.
— ⁶A minh'alma espera no Senhor *
 mais que o vigia pela aurora.
— ⁷Espere Israel pelo Senhor *
 mais que o vigia pela aurora!
— Pois no Senhor se encontra toda graça *
 e copiosa redenção.
— ⁸Ele vem libertar a Israel *
 de toda a sua culpa.

Ant. Das profundezas eu clamo a vós, Senhor!

Leitura breve
Ef 4,26-27

Não pequeis. Que o sol não se ponha sobre o vosso ressentimento. Não vos exponhais ao diabo.

Responsório breve
R. Senhor, em vossas mãos
 * Eu entrego o meu espírito. R. Senhor.
V. Vós sois o Deus fiel, que salvastes vosso povo.
 * Eu entrego. Glória ao Pai. R. Senhor.

Cântico evangélico, Ant.
Salvai-nos, Senhor, quando velamos,
guardai-nos também quando dormimos!
Nossa mente vigie com o Cristo,
nosso corpo repouse em sua paz!

Cântico de Simeão Lc 2,29-32

Cristo, luz das nações e glória de seu povo

—²⁹ Deixai, agora, vosso servo ir em paz, *
conforme prometestes, ó Senhor.

—³⁰ Pois meus olhos viram vossa salvação *
³¹ que preparastes ante a face das nações:

—³² uma **Luz** que brilhará para os gentios *
e para a glória de Israel, o vosso povo.

Ant. Salvai-nos, Senhor, quando velamos,
guardai-nos também quando dormimos!
Nossa mente vigie com o Cristo,
nosso corpo repouse em sua paz!

Oração

Senhor Jesus Cristo, manso e humilde de coração, que tornais leve o fardo e suave o jugo dos que vos seguem, acolhei os propósitos e trabalhos deste dia e concedei-nos um repouso tranquilo, para amanhã vos servirmos com maior generosidade. Vós, que viveis e reinais para sempre.

Conclusão e Antífona de Nossa Senhora como no Ordinário, p. 610.

QUINTA-FEIRA

Tudo como no Ordinário, p. 607, além do que segue:

Salmodia

Ant. Meu corpo no repouso está tranquilo.

Quinta-feira

Salmo 15(16)
O Senhor é minha esperança

Deus ressuscitou a Jesus, libertando-o das angústias da morte (At 2,24).

= ¹Guardai-me, ó **Deus**, porque em **vós** me refu**gio**! †
  ²Digo ao Se**nhor**: "Somente vós sois meu Senhor: *
  nenhum **bem** eu posso achar fora de vós!"

– ³Deus me inspi**rou** uma admirável afeição *
  pelos **san**tos que habitam sua terra.

– ⁴Multi**pli**cam, no entanto, suas dores *
  os que **cor**rem para deuses estrangeiros;
– seus sacri**fí**cios sanguinários não partilho, *
  nem seus **no**mes passarão pelos meus lábios.

– ⁵Ó Se**nhor**, sois minha herança e minha taça, *
  meu des**ti**no está seguro em vossas mãos!
– ⁶Foi demar**ca**da para mim a melhor terra, *
  e eu e**xul**to de alegria em minha herança!

– ⁷Eu ben**di**go o Senhor que me aconselha, *
  e até de **noi**te me adverte o coração.
– ⁸Tenho **sem**pre o Senhor ante meus olhos, *
  pois se o **te**nho a meu lado, não vacilo.

= ⁹Eis por **que** meu coração está em festa, †
  minha **al**ma rejubila de alegria, *
  e até meu **cor**po no repouso está tranquilo;
– ¹⁰pois não ha**veis** de me deixar entregue à morte, *
  nem vosso a**mi**go conhecer a corrupção.

= ¹¹Vós me ensi**nais** vosso caminho para a vida; †
  junto a **vós**, felicidade sem limites, *
  delícia e**ter**na e alegria ao vosso lado!

Ant. Meu **cor**po no re**pou**so está tran**qui**lo.

Leitura breve
1Ts 5,23

Que o próprio Deus da paz vos santifique totalmente, e que tudo aquilo que sois – espírito, alma, corpo – seja conservado sem mancha alguma para a vinda de nosso Senhor Jesus Cristo!

Responsório breve

R. **Sen**hor, em vossas **mãos**
 * Eu en**tre**go o meu es**pí**rito. R. **Sen**hor.
V. Vós **sois** o Deus fi**el**, que sal**vas**tes vosso **po**vo.
 * Eu en**tre**go. Glória ao **Pai**. R. **Sen**hor.

Cântico evangélico, Ant.

Sal**vai**-nos, **Sen**hor, quando ve**la**mos,
guar**dai**-nos tam**bém** quando dor**mi**mos!
Nossa **men**te vi**gie** com o **Cris**to,
nosso **cor**po re**pou**se em sua **paz**!

Cântico de Simeão
Lc 2,29-32

Cristo, luz das nações e glória de seu povo

—²⁹ Deixai, agora, vosso **ser**vo ir em **paz**, *
con**for**me prome**tes**tes, ó **Sen**hor.

—³⁰ Pois meus **o**lhos viram **vos**sa salva**ção** *
³¹ que prepa**ras**tes ante a **fa**ce das na**ções**:

—³² uma **Luz** que brilha**rá** para os gen**ti**os *
e para a **gló**ria de Is**ra**el, o vosso **po**vo.

Ant. Sal**vai**-nos, **Sen**hor, quando ve**la**mos,
guar**dai**-nos tam**bém** quando dor**mi**mos!
Nossa **men**te vi**gie** com o **Cris**to,
nosso **cor**po re**pou**se em sua **paz**!

Oração

Senhor nosso Deus, após as fadigas de hoje, restaurai nossas energias por um sono tranquilo, a fim de que, por vós renovados, nos dediquemos de corpo e alma ao vosso serviço. Por Cristo, nosso Senhor.

Conclusão e Antífona de Nossa Senhora como no Ordinário, p. 610.

SEXTA-FEIRA

Tudo como no Ordinário, p. 607, além do que segue:

Salmodia

Ant. De **dia** e de **noi**te eu **cla**mo por **vós**.

Salmo 87(88)
Prece de um homem gravemente enfermo
Mas esta é a vossa hora, a hora do poder das trevas (Lc 22,53).

– ²A vós **cla**mo, Se**nhor**, sem ces**sar**, todo o **dia**, *
 e de **noi**te se eleva até **vós** meu gemido.
– ³Chegue a **mi**nha oração até a **vos**sa presença, *
 incli**nai** vosso ouvido a meu **tris**te clamor!
– ⁴Satura**da** de males se en**con**tra a minh'alma, *
 minha **vi**da chegou junto às **por**tas da morte.
– ⁵Sou contado entre aqueles que **des**cem à cova, *
 toda **gen**te me vê como um **ca**so perdido!
– ⁶O meu **lei**to já tenho no **rei**no dos mortos, *
 como um **ho**mem caído que **jaz** no sepulcro,
– de quem **mes**mo o Senhor se esque**ceu** para sempre *
 e excluiu por completo da **su**a atenção.
– ⁷Ó Se**nhor**, me pusestes na **co**va mais funda, *
 nos lo**cais** tenebrosos da **som**bra da morte.
– ⁸Sobre **mim** cai o peso do **vos**so furor, *
 vossas **on**das enormes me **co**brem, me afogam.
– ⁹Afas**tas**tes de **mim** meus pa**ren**tes e a**mi**gos, *
 para **e**les tornei-me ob**je**to de horror.
– ¹⁰Eu es**tou** aqui preso e não **pos**so sair, *
 e meus **o**lhos se gastam de **tan**ta aflição. –

— Clamo a **vós**, ó Senhor, sem ces**sar**, todo o dia, *
minhas **mãos** para vós se le**van**tam em prece.
—¹¹Para os **mor**tos, acaso faríeis milagres? *
Poderiam as sombras er**guer**-se e louvar-vos?
—¹²No se**pul**cro haverá quem vos **can**te o amor *
e pro**cla**me entre os mortos a **vos**sa verdade?
—¹³Vossas **o**bras serão conhe**ci**das nas trevas, *
vossa **gra**ça, no reino onde **tu**do se esquece?
—¹⁴Quanto a **mim**, ó Senhor, clamo a **vós** na aflição, *
minha **pre**ce se eleva até **vós** desde a aurora.
—¹⁵Por que **vós**, ó Senhor, rejei**tais** a minh'alma? *
E por **que** escondeis vossa **fa**ce de mim?
—¹⁶Mori**bun**do e infeliz desde o **tem**po da infância, *
esgo**tei**-me ao sofrer sob o **vos**so terror.
—¹⁷Vossa **i**ra violenta ca**iu** sobre mim *
e o **vos**so pavor reduz**iu**-me a um nada!
—¹⁸Todo **di**a me cercam quais **on**das revoltas, *
todos **jun**tos me assaltam, me **pren**dem, me apertam.
—¹⁹Afas**tas**tes de mim os pa**ren**tes e amigos, *
e por **meus** familiares só **te**nho as trevas!

Ant. De **di**a e de **noi**te eu **cla**mo por **vós**.

Leitura breve   Cf. Jr 14,9

Tu, Senhor, estás no meio de nós, e teu nome foi invocado sobre nós; não nos abandones, Senhor nosso Deus.

Responsório breve

R. Se**nhor**, em vossas **mãos**
  * Eu en**tre**go o meu es**pí**rito. R. Se**nhor**.
V. Vós **sois** o Deus fi**el**, que sal**vas**tes vosso **po**vo.
  * Eu entrego. Glória ao **Pai**. R. Se**nhor**.

Cântico evangélico, Ant.
Salvai-nos, Senhor, quando velamos,
guardai-nos também quando dormimos!
Nossa mente vigie com o Cristo,
nosso corpo repouse em sua paz!

Cântico de Simeão — Lc 2,29-32

Cristo, luz das nações e glória de seu povo

—²⁹Deixai, agora, vosso servo ir em paz, *
conforme prometestes, ó Senhor.

—³⁰Pois meus olhos viram vossa salvação *
³¹que preparastes ante a face das nações:

—³²uma Luz que brilhará para os gentios *
e para a glória de Israel, o vosso povo.

Ant. Salvai-nos, Senhor, quando velamos,
guardai-nos também quando dormimos!
Nossa mente vigie com o Cristo,
nosso corpo repouse em sua paz!

Oração

Concedei-nos, Senhor, de tal modo unir-nos ao vosso Filho morto e sepultado, que mereçamos ressurgir com ele para uma vida nova. Por Cristo, nosso Senhor.

Conclusão e Antífona de Nossa Senhora como no Ordinário, p. 610.

SALMODIA COMPLEMENTAR

PARA A ORAÇÃO DAS NOVE, DAS DOZE E DAS QUINZE HORAS

Depois do V. Vinde, ó Deus, em meu auxílio, e do Hino correspondente, seguem-se os Salmos graduais com suas antífonas.

Série I (Para a Oração das Nove Horas)

Ant. 1 **Clamei** pelo Se**nhor**, e **ele** me escu**tou**.

Salmo 119(120)

Desejo da paz

Sede fortes nas tribulações, perseverantes na oração (Rm 12,12).

– ¹**Clamei** pelo Se**nhor** na minha an**gús**tia, *
  e **ele** me escutou, quando eu dizia:
– ²"Senhor, li**vrai**-me desses lábios menti**ro**sos, *
  e da **lín**gua enganadora libertai-me!
– ³Qual **será** a tua paga, o teu cas**ti**go, *
  ó **lín**gua enganadora, qual será?
– ⁴Serão **fle**chas aguçadas de guer**rei**ros, *
  a**ce**sas em carvões incandescentes.
– ⁵Ai de **mim**! sou exilado em Mo**soc**, *
  devo acam**par** em meio às tendas de Cedar!
– ⁶Já se pro**lon**ga por demais o meu des**ter**ro *
  entre este **po**vo que não quer saber de paz!
– ⁷Quando eu **fa**lo sobre paz, quando a pro**mo**vo, *
  é a **guer**ra que eles tramam contra mim!"

Ant. **Clamei** pelo Se**nhor**, e **ele** me escu**tou**.

Ant. 2 Deus te **guar**de na par**ti**da e na che**ga**da!

Salmo 120(121)

Deus, protetor do seu povo

Nunca mais terão fome nem sede. Nem os molestará o sol nem algum calor ardente (Ap 7,16).

– ¹Eu le**van**to os meus **ol**hos para os **mon**tes: *
de **on**de pode vir o meu socorro?
– ²"Do Se**nhor** é que me vem o meu socorro, *
do Se**nhor** que fez o céu e fez a terra!"
– ³Ele não **dei**xa tropeçarem os meus pés, *
e não **dor**me quem te guarda e te vigia.
– ⁴Oh! **não**! ele não dorme nem cochila, *
a**que**le que é o guarda de Israel!
– ⁵O Se**nhor** é o teu guarda, o teu vigia, *
é uma **som**bra protetora à tua direita.
– ⁶Não **vai** ferir-te o sol durante o dia, *
nem a **lua** através de toda a noite.
– ⁷O Se**nhor** te guardará de todo o mal, *
ele **mes**mo vai cuidar da tua vida!
– ⁸Deus te **guar**da na partida e na chegada. *
Ele te **guar**da desde agora e para sempre!
Ant. Deus te **guar**de na par**ti**da e na che**ga**da!
Ant. 3 Que ale**gri**a, quando ou**vi** que me disseram:
Vamos à **ca**sa do Se**nhor**! †

Salmo 121(122)

Jerusalém, cidade santa

Vós vos aproximastes do monte Sião e da cidade do Deus vivo, a Jerusalém celeste (Hb 12,22).

– ¹Que ale**gri**a, quando ou**vi** que me disseram: *
"Vamos à **ca**sa do Se**nhor**!"
– ²E a**go**ra nossos pés já se detêm, *
Jerusa**lém**, em tuas portas.
– ³Jerusa**lém**, cidade bem edificada *
num con**jun**to harmonioso;
– ⁴para **lá** sobem as tribos de Israel, *
as **tri**bos do Senhor. –

– Para lou**var**, segundo a lei de Israel, *
o **no**me do Senhor.
– ⁵A **se**de da justiça lá está *
e o **tro**no de Davi.
– ⁶Ro**gai** que viva em paz Jerusalém, *
e em segu**ran**ça os que te amam!
– ⁷Que a **paz** habite dentro de teus muros, *
tranquili**da**de em teus palácios!
– ⁸Por a**mor** a meus irmãos e meus amigos, *
peço: "A **paz** esteja em ti!"
– ⁹Pelo **amor** que tenho à casa do Senhor, *
eu te de**se**jo todo bem!

Ant. Que ale**gria**, quando ou**vi** que me **dis**seram:
Vamos à **ca**sa do Se**nhor**!

Série II (Para a Oração das Doze Horas)

Ant. 1 Vós que habi**tais** nos altos **céus**,
ó Se**nhor** tende pie**da**de!

Salmo 122(123)

Deus, esperança do seu povo

Dois cegos... começaram a gritar: Senhor, Filho de Davi, tem piedade de nós! (Mt 20,30).

– ¹Eu le**van**to os meus **o**lhos para **vós**, *
que habi**tais** nos altos **céus**.
– ²Como os **o**lhos dos escravos estão fitos *
nas **mãos** do seu senhor,
– como os **o**lhos das escravas estão fitos *
nas **mãos** de sua senhora,
– assim os **o**lhos, no Senhor, *
até de **nós** ter piedade. –

— ³Tende piedade, ó Senhor, tende piedade; *
  já é demais esse desprezo!
— ⁴Estamos fartos do escárnio dos ricaços *
  e do desprezo dos soberbos!

Ant. Vós que habitais nos altos céus,
  ó Senhor tende piedade!

Ant. 2 O nosso auxílio está no nome do Senhor.

Salmo 123(124)

O nosso auxílio está no nome do Senhor

O Senhor disse a Paulo: Não tenhas medo, porque eu estou contigo (At 18,9-10).

— ¹Se o Senhor não estivesse ao nosso lado, *
  que o diga Israel neste momento;
— ²se o Senhor não estivesse ao nosso lado, *
  quando os homens investiram contra nós,
— ³com certeza nos teriam devorado *
  no furor de sua ira contra nós.
— ⁴Então as águas nos teriam submergido, *
  a correnteza nos teria arrastado,
— ⁵e então, por sobre nós teriam passado *
  essas águas sempre mais impetuosas.
— ⁶Bendito seja o Senhor, que não deixou *
  cairmos como presa de seus dentes!
— ⁷Nossa alma como um pássaro escapou *
  do laço que lhe armara o caçador;
— o laço arrebentou-se de repente, *
  e assim conseguimos libertar-nos.
— ⁸O nosso auxílio está no nome do Senhor, *
  do Senhor que fez o céu e fez a terra!

Ant. O nosso auxílio está no nome do Senhor.

Ant. 3 Deus nos cerca de carinho e proteção,
  desde agora, para sempre e pelos séculos.

Salmo 124(125)

Deus, protetor do seu povo

A paz para o Israel de Deus (cf. Gl 6,16).

– ¹ Quem confia no Se**nhor** é como o **mon**te de Sião: *
    nada o **po**de abalar, porque é **fir**me para sempre.
= ² Tal e **qual** Jerusalém, toda cer**ca**da de montanhas, †
    assim **Deus** cerca seu povo de ca**ri**nho e proteção, *
    desde agora e para sempre, pelos **séculos** afora.
= ³ O Se**nhor** não vai deixar prevale**cer** por muito tempo †
    o do**mí**nio dos malvados sobre a **sor**te dos seus justos, *
    para os **jus**tos não mancharem suas **mãos** na iniquidade.
= ⁴ Fazei o **bem**, Senhor, aos bons e aos que têm **re**to coração, †
    ⁵ mas os que se**guem** maus caminhos, casti**gai**-os com os maus! *
    Que venha a **paz** a Israel! Que venha a **paz** ao vosso povo!

Ant. Deus nos **cer**ca de carinho e prote**ção**,
    desde agora, para **sem**pre e pelos **séculos**.

Série III (Para a Oração das Quinze Horas)

Ant. 1 Maravilhas fez co**nos**co o Se**nhor**:
    exul**te**mos de ale**gri**a!

Salmo 125(126)

Alegria e esperança em Deus

Assim como participais dos nossos sofrimentos, participais também da nossa consolação (2Cor 1,7).

– ¹ Quando o Se**nhor** recondu**ziu** nossos cativos, *
    pare**cía**mos so**nhar**;
– ² en**cheu**-se de sorriso nossa boca, *
    nossos **lábios**, de canções. –

- Entre os gentios se dizia: "Maravilhas *
  fez com eles o Senhor!"
- ³Sim, maravilhas fez conosco o Senhor, *
  exultemos de alegria!
- ⁴Mudai a nossa sorte, ó Senhor, *
  como torrentes no deserto.
- ⁵Os que lançam as sementes entre lágrimas, *
  ceifarão com alegria.
- ⁶Chorando de tristeza sairão, *
  espalhando suas sementes;
- cantando de alegria voltarão, *
  carregando os seus feixes!

Ant. Maravilhas fez conosco o Senhor:
  exultemos de alegria!

Ant. 2 Ó Senhor, construí a nossa casa,
  vigiai nossa cidade.

Salmo 126(127)

O trabalho sem Deus é inútil

Vós sois a construção de Deus (1Cor 3,9).

- ¹Se o Senhor não construir a nossa casa, *
  em vão trabalharão seus construtores;
- se o Senhor não vigiar nossa cidade, *
  em vão vigiarão as sentinelas!
- ²É inútil levantar de madrugada, *
  ou à noite retardar vosso repouso,
- para ganhar o pão sofrido do trabalho, *
  que a seus amados Deus concede enquanto dormem.
- ³Os filhos são a bênção do Senhor, *
  o fruto das entranhas, sua dádiva.
- ⁴Como flechas que um guerreiro tem na mão, *
  são os filhos de um casal de esposos jovens. –

– ⁵Feliz aquele pai que com tais flechas *
consegue abastecer a sua aljava!
– Não será envergonhado ao enfrentar *
seus inimigos junto às portas da cidade.

Ant. Ó Senhor, construí a nossa casa,
vigiai nossa cidade.

Ant. 3 Feliz és tu se temes o Senhor! †

Salmo 127(128)

A paz do Senhor na família

De Sião, isto é, da sua Igreja, o Senhor te abençoe (Arnóbio).

– ¹Feliz és tu se temes o Senhor *
† e trilhas seus caminhos!
– ²Do trabalho de tuas mãos hás de viver, *
serás feliz, tudo irá bem!
– ³A tua esposa é uma videira bem fecunda *
no coração da tua casa;
– os teus filhos são rebentos de oliveira *
ao redor de tua mesa.
– ⁴Será assim abençoado todo homem *
que teme o Senhor.
– ⁵O Senhor te abençoe de Sião, *
cada dia de tua vida;
– para que vejas prosperar Jerusalém *
⁶e os filhos dos teus filhos.
– Ó Senhor, que venha a paz a Israel, *
que venha a paz ao vosso povo!

Ant. Feliz és tu se temes o Senhor!

PRÓPRIO DOS SANTOS

PRÓPRIO DOS SANTOS

JANEIRO

13 de janeiro

SANTO HILÁRIO, BISPO E DOUTOR DA IGREJA

Nasceu em Poitiers no início do século IV. Cerca do ano 350, foi eleito bispo de sua cidade natal. Lutou corajosamente contra a heresia dos arianos, sendo por isso exilado pelo imperador Constâncio. Escreveu várias obras cheias de sabedoria e doutrina, para defender a fé católica e interpretar a Sagrada Escritura. Morreu em 367.

Do Comum dos pastores: para bispos, p. 1617, e dos doutores da Igreja, p. 1644.

Ofício das Leituras

Segunda leitura
Do Tratado sobre a Trindade, de Santo Hilário, bispo
(Lib. 1,37-38: PL 10,48-49)

Servir-te-ei na pregação

Estou bem consciente, Deus Pai todo-poderoso, de ser a vós que devo consagrar a tarefa mais importante de minha vida: que todos os meus pensamentos e minhas palavras falem de vós.

O dom da palavra que me concedestes, não pode ter maior recompensa que a de vos servir na pregação, e de mostrar ao mundo que ignora ou ao herege que nega que sois Pai, isto é, Pai do Deus unigênito.

Apesar de ser esta a única manifestação da minha vontade, é preciso suplicar o auxílio de vossa misericórdia. Desfraldando as velas da nossa fé e do nosso testemunho, vinde enchê-las com o sopro do vosso Espírito, e orientai-nos pelo caminho da pregação que iniciamos. Pois não nos faltará aquele que prometeu: *Pedi e vos será dado! Procurai e achareis! Batei e a porta vos será aberta!* (Mt 7,7).

Nós somos pobres, e por isso pedimos o que nos falta; perscrutamos com esforço obstinado as palavras de vossos profetas e apóstolos, e batemos com insistência para que se abram para nós as portas do conhecimento da verdade. Mas é somente de vós que depende dar o que se pede, estar presente, quando se procura, e abrir para quem bate.

Quando se trata de compreender as verdades que se referem a vós, vemo-nos impedidos por um certo entorpecimento preguiçoso da nossa natureza e nos sentimos limitados pela nossa inevitável ignorância e fraqueza. Mas o estudo da vossa doutrina nos dispõe para compreender as realidades divinas e a obediência da fé nos conduz a superar o nosso conhecimento natural.

Esperamos, portanto, que façais progredir o nosso tímido esforço inicial, que consolideis seu desenvolvimento crescente e o leveis à união com o espírito dos profetas e dos apóstolos. Assim compreenderemos o sentido exato de suas palavras e interpretaremos o seu verdadeiro significado.

Então proclamaremos o que eles pregaram no mistério: que vós sois o Deus eterno, o Pai do Unigênito eterno de Deus; que somente vós sois sem nascimento; e que há um só Senhor Jesus Cristo que procede de vós por nascimento eterno; não afirmamos que ele seja outro deus além de vós, mas proclamamos que foi gerado de vós que sois o único Deus; e professamos que ele é Deus verdadeiro, nascido de vós que sois verdadeiro Deus e Pai.

Dai-nos, pois, o significado autêntico das palavras, dai-nos a luz da inteligência, a perfeição da linguagem, a verdadeira fé. Tornai-nos capazes de exprimir nossa fé, ou seja, que vós sois o único Deus Pai e que há um único Senhor Jesus Cristo, segundo o que nos transmitiram os profetas e os apóstolos. E contra os hereges que negam tais afirmações, fazei que saibamos afirmar que vós sois Deus com o Filho e que proclamamos sem erro a sua divindade.

Responsório 1Jo 4,2b-3a.6c.15

R. Todo espírito que confessa
que Jesus Cristo, o Senhor,
veio em carne, é de Deus.
Não é de Deus, porém, o espírito
que não confessa Jesus Cristo.
* Sim, nisto conhecemos o espírito da verdade
e o espírito do erro.
V. Quem confessa que Jesus é o Filho de Deus Pai,
Deus fica nele e ele, em Deus. * Sim, nisto.

Oração

Concedei-nos, ó Deus todo-poderoso, conhecer e proclamar fielmente a divindade de vosso Filho, que foi defendida com firmeza pelo vosso bispo Santo Hilário. Por nosso Senhor Jesus Cristo, vosso Filho, na unidade do Espírito Santo.

17 de janeiro

SANTO ANTÃO, ABADE

Memória

Este insigne pai do monaquismo nasceu no Egito por volta do ano 250. Depois da morte dos pais, distribuiu seus bens aos pobres e retirou-se para o deserto, onde começou a levar vida de penitente. Teve numerosos discípulos e trabalhou em defesa da Igreja, estimulando os confessores da fé durante a perseguição de Diocleciano e apoiando Santo Atanásio na luta contra os arianos. Morreu em 356.

Do Comum dos santos homens: para religiosos, p. 1731.

Ofício das Leituras

Segunda leitura
Da Vida de Santo Antão, escrita por Santo Atanásio, bispo

(Cap. 2-4: PG 26,842-846) (Séc. IV)

A vocação de Santo Antão

Depois da morte de seus pais, tendo ficado sozinho com uma única irmã ainda pequena, Antão, que tinha uns dezoito ou vinte anos, tomou conta da casa e da irmã.

Mal haviam passado seis meses desde o falecimento dos pais, que indo um dia à igreja, como de costume, refletia consigo mesmo sobre o motivo que levara os apóstolos a abandonarem tudo para seguir o Salvador; e por qual razão aqueles homens de que se fala nos Atos dos Apóstolos vendiam suas propriedades e depositavam o preço aos pés dos apóstolos para ser distribuído entre os pobres. Ia também pensando na grande e maravilhosa esperança que lhes estava reservada nos céus. Meditando nestas coisas, entrou na igreja no exato momento em que se lia o evangelho, e ouviu o que o Senhor disse ao jovem rico: *Se tu queres ser perfeito, vai, vende tudo o que tens, dá o dinheiro aos pobres. Depois vem e segue-me, e terás um tesouro no céu* (Mt 19,21).

Antão considerou que a lembrança dos santos exemplos lhe tinha vindo de Deus, e que aquelas palavras eram dirigidas pessoalmente para ele. Logo que voltou da igreja, repartiu com os habitantes da aldeia as propriedades que herdara da família (possuía trezentos campos lavrados, férteis e muito aprazíveis) para que não fossem motivo de preocupação, nem para si próprio nem para a irmã. Vendeu também todos os móveis e distribuiu com os pobres a grande quantia que obtivera, reservando apenas uma pequena parte por causa da irmã.

Entrando outra vez na igreja, ouviu o Senhor dizer no evangelho: *Não vos preocupeis com o dia de amanhã* (Mt 6,34). Não podendo mais resistir, até aquele pouco que restara, deu-o aos pobres. Confiou a irmã a uma comunidade de virgens consagradas que conhecia e considerava fiéis, para que fosse educada no Mosteiro. Quanto a ele, a partir de então, entregou-se a uma vida de ascese e rigorosa mortificação, nas imediações de sua casa.

Trabalhava com as próprias mãos, pois ouvira a palavra da Escritura: *Quem não quer trabalhar, também não deve comer* (1Ts 3,10). Com uma parte do que ganhava comprava o pão que comia; o resto dava aos pobres.

Rezava continuamente, pois aprendera que é preciso *rezar a sós sem cessar* (1Ts 5,17). Era tão atento à leitura que nada lhe escapava do que tinha lido na Escritura; retinha tudo de tal forma que sua memória acabou por se substituir aos livros.

Todos os habitantes da aldeia e os homens honrados que tratavam com ele, vendo um homem assim, chamavam-no amigo de Deus; uns o amavam como a filho, outros como a irmão.

Responsório Mt 19,21; Lc 14,33b

R. Se tu **qu**eres ser per**fei**to, vai e **ven**de os teus **bens**,
 doa **tu**do, então, aos **po**bres e te**rás** no céu um te**sou**ro;
 * Vem e **se**gue-me, de**pois**.
V. Todo a**que**le, dentre **vós**, se não dei**xar** tudo o que **tem**,
 não pode **ser** o meu dis**cí**pulo. * Vem e **se**gue-me.

Oração

Ó Deus, que chamastes ao deserto Santo Antão, pai dos monges, para vos servir por uma vida heroica, dai-nos, por suas preces, a graça de renunciar a nós mesmos e amar-vos acima de tudo. Por nosso Senhor Jesus Cristo, vosso Filho, na unidade do Espírito Santo.

20 de janeiro

SÃO FABIANO, PAPA E MÁRTIR

Foi eleito bispo da Igreja de Roma em 236. Recebeu a coroa do martírio em 250, no início da perseguição de Décio, segundo afirma São Cipriano. Foi sepultado no cemitério de Calisto.

Do Comum de um mártir, p. 1591, ou dos pastores: para papas, p. 1617.

Ofício das Leituras

Segunda leitura

Das Cartas de São Cipriano, bispo e mártir e da Igreja de Roma sobre o martírio de São Fabiano, papa
(Ep. 9,1.8,2-3: CSEL 3,488-489.487-488)   (Séc. III)

Fabiano é para nós um exemplo de fé e fortaleza

Ao tomar conhecimento da morte do Papa Fabiano, São Cipriano enviou aos presbíteros e diáconos de Roma a seguinte carta:

"Quando era ainda incerta entre nós a notícia da morte desse homem justo, meu companheiro no episcopado, recebi de vós, caríssimos irmãos, a carta que me enviastes pelo subdiácono Cremêncio; por ela fiquei completamente a par da sua gloriosa morte. Muito me alegrei, porque a integridade do seu governo foi coroada com um fim tão nobre.

Por isso, quero congratular-me convosco, por terdes honrado a sua memória com um testemunho tão esplêndido e tão ilustre. Destes-nos a conhecer a lembrança gloriosa que conservais de vosso pastor, que é para nós um exemplo de fé e fortaleza.

Realmente, assim como é um precedente pernicioso para os seguidores a queda daquele que os preside, pelo contrário, é útil e salutar o testemunho de um bispo que dá aos irmãos o exemplo de firmeza na fé".

Mas, parece que, antes de receber esta carta, a Igreja de Roma dera à Igreja de Cartago testemunho da sua fidelidade na perseguição:

"A Igreja permanece firme na fé, embora alguns tenham caído, seja porque impressionados com a repercussão suscitada por serem pessoas ilustres, seja porque vencidos pelo medo dos homens. Todavia, nós não os abandonamos, embora tenham se separado de nós. Antes, os encorajamos e aconselhamos a fazerem penitência, para que obtenham o perdão daquele que pode concedê-lo. Pois se perceberem que foram abandonados por nós, talvez se tornem piores.

Vede, portanto, irmãos, como deveis proceder também vós: se corrigirdes com vossas exortações aqueles que caíram, e eles forem novamente presos, proclamarão a fé para reparar o erro anterior. Igualmente vos lembramos outros deveres que haveis de levar em conta: se aqueles que caíram nesta tentação começarem a tomar consciência de sua fraqueza, se se arrependerem do que fizeram e desejam voltar à comunhão da Igreja, devem ser ajudados. As viúvas e os indigentes que não podem valer-se a si mesmos, os encarcerados ou os que foram afastados para longe de suas casas, devem ter quem os ajude. Do mesmo modo, os catecúmenos que estão presos não devem se sentir desiludidos na sua esperança de ajuda.

Saúdam-vos os irmãos que estão presos, os presbíteros e toda a Igreja de Roma que, com a maior solicitude, vela sobre todos os que invocam o nome do Senhor. E também pedimos que vos lembreis de nós.

Responsório   Fl 1,23b; 3,8b; 1,21; 2,17

R. Meu desejo é partir e estar com Jesus Cristo;
    por ele perdi tudo e tenho tudo como lixo,
    a fim de ganhar Cristo.
 * Para mim viver é Cristo, e morrer é uma vantagem.
V. Se meu sangue eu derramar por todos vós, em sacrifício
    e em favor de vossa fé, terei muita alegria
    e regozijo-me convosco. * Para mim.

Oração

Ó Deus, que sois a glória de vossos sacerdotes, concedei-nos, pelas preces de vosso mártir São Fabiano, progredir sem cessar na comunhão da fé e na dedicação em vos servir. Por nosso Senhor Jesus Cristo, vosso Filho, na unidade do Espírito Santo.

No mesmo dia 20 de janeiro
SÃO SEBASTIÃO, MÁRTIR

Morreu mártir em Roma no começo da perseguição de Diocleciano. Seu sepulcro, na via Ápia, *junto das Catacumbas,* já era venerado pelos fiéis desde a mais remota antiguidade.
Do Comum de um mártir, p. 1591.

Ofício das Leituras

Segunda leitura
Do Comentário sobre o Salmo 118, de Santo Ambrósio, bispo

(Cap. 20, 43-45.48: CSEL 62,466-468)   (Séc. IV)
Fiel testemunha de Cristo

 É preciso que passemos por muitos sofrimentos para entrar no Reino de Deus (At 14,22). A muitas perseguições, correspondem muitas provações; onde há muitas coroas de vitória, deve ter havido muitas lutas. Portanto é bom para ti que haja muitos perseguidores, pois entre muitas perseguições mais facilmente encontrarás o modo de seres coroado. Tomemos o exemplo do mártir Sebastião; hoje é seu dia natalício.
 É originário daqui, de Milão. Talvez o perseguidor já tivesse se afastado ou talvez ainda não tivesse vindo a este lugar, ou fosse mais condescendente. De qualquer modo, Sebastião compreendeu que aqui, ou não haveria luta, ou ela seria insignificante.
 Partiu então para Roma, onde por causa da fé havia uma tremenda perseguição. Lá sofreu o martírio, isto é, lá foi coroado. Assim, no lugar onde chegara como hóspede, encontrou a morada da eterna imortalidade. Se só houvesse um perseguidor, talvez este mártir não tivesse sido coroado. Mas o pior é que os perseguidores não são apenas os que se

veem; há também os invisíveis, e estes são muito mais numerosos.

Assim como um único rei perseguidor envia muitas ordens de perseguição, e desse modo em cada cidade ou província há diversos perseguidores, também o diabo envia muitos servos seus para moverem perseguições, não apenas exteriormente mas interiormente, na alma de cada um.

Sobre tais perseguições foi dito: *Todos os que querem levar uma vida fervorosa em Cristo Jesus serão perseguidos* (2Tm 3,12). Disse todos, sem exceção. Pois quem de fato poderia ser excetuado, se até o próprio Senhor suportou os tormentos das perseguições?

Quantos há que, às ocultas, todos os dias, são mártires de Cristo e proclamam que Jesus é o Senhor! O apóstolo Paulo, testemunha fiel de Cristo, conheceu este martírio, pois afirmou: *A nossa glória é esta: o testemunho da nossa consciência* (2Cor 1,12).

Responsório

R. Este **san**to lu**tou** até à **mor**te
pela **lei** de seu **Deus** e não te**meu**
as pala**vras** e ameaças dos malva**dos**,
 * Pois se apoi**ou** sobre a **ro**cha que é **Cris**to.
V. As tenta**ções** deste **mun**do supe**rou**
e ao **Rei**no dos **Céus** feliz che**gou**.* Pois se apoi**ou**.

Oração

Dai-nos, ó Deus, o espírito de fortaleza para que, sustentados pelo exemplo de São Sebastião, vosso glorioso mártir, possamos aprender com ele a obedecer mais a vós do que aos homens. Por nosso Senhor Jesus Cristo, vosso Filho, na unidade do Espírito Santo.

21 de janeiro

SANTA INÊS, VIRGEM E MÁRTIR

Memória

Sofreu o martírio em Roma na segunda metade do século III ou, mais provavelmente, no início do século IV. O papa São Dâmaso adornou o seu sepulcro com versos, e muitos Santos Padres, seguindo Santo Ambrósio, celebraram seus louvores.

Do Comum de um(a) mártir, p. 1591, ou, das virgens, p. 1659.

Ofício das Leituras

Hino

Pelo fogo do amor divinal,
Santa Inês o prazer superou
e mais forte que as vozes do corpo,
a pureza em seu ser triunfou.

Coros de anjos recebem-lhe o espírito,
e o elevam mais alto que os céus.
A esposa se une ao esposo
no palácio sagrado de Deus.

Santa virgem, de nós tem piedade
e obtém-nos da culpa o perdão.
Aos que a tua vitória celebram
queira Deus conceder salvação.

Torna o Cristo Senhor compassivo
ao seu povo, por ele remido.
Dá-nos paz, numa vida tranquila,
e conserva os fiéis sempre unidos.

Celebramos o manso Cordeiro
que Inês como esposo escolheu.
Glória Àquele que a terra dirige
e governa as estrelas do céu.

Segunda leitura
Do Tratado sobre as Virgens, de Santo Ambrósio, bispo
(Lib. 1, cap. 2.5.7-9: PL 16, [edit. 1845],189-191)
(Séc. IV)

Ainda não preparada para o sofrimento e já madura para a vitória!

Celebramos o natalício de uma virgem: imitemos sua integridade; é o natalício de uma mártir: ofereçamos sacrifícios. É o aniversário de Santa Inês. Conta-se que sofreu o martírio com a idade de doze anos. Quanto mais detestável foi a crueldade que não poupou sequer tão tenra idade, tanto maior é a força da fé que até naquela idade encontrou testemunho.

Haveria naquele corpo tão pequeno lugar para uma ferida? Mas aquela que quase não tinha tamanho para receber o golpe da espada, teve força para vencer a espada. E isto numa idade em que as meninas não suportam sequer ver o rosto zangado dos pais e choram como se uma picada de alfinete fosse uma ferida!

Mas ela permaneceu impávida entre as mãos ensanguentadas dos carrascos, imóvel perante o arrastar estridente dos pesados grilhões. Oferece o corpo à espada do soldado enfurecido, sem saber o que é a morte, mas pronta para ela. Levada à força até os altares dos ídolos, estende as mãos para Cristo no meio do fogo, e nestas chamas sacrílegas mostra o troféu do Senhor vitorioso. Finalmente, tendo que introduzir o pescoço e ambas as mãos nas algemas de ferro, nenhum elo era suficientemente apertado para segurar membros tão pequeninos.

Novo gênero de martírio? Ainda não preparada para o sofrimento e já madura para a vitória! Mal sabia lutar e facilmente triunfa! Dá uma lição de firmeza apesar de tão pouca idade! Uma recém-casada não se apressaria para o leito nupcial com aquela alegria com que esta virgem correu para o lugar do suplício, levando a cabeça enfeitada não de belas tranças mas de Cristo, e coroada não de flores mas de virtudes.

Todos choram, menos ela. Muitos se admiram de vê-la entregar tão generosamente a vida que ainda não começara a gozar, como se já tivesse vivido plenamente. Todos ficam espantados que já se levante como testemunha de Deus quem, por causa da idade, não podia ainda dar testemunho de si. Afinal, aquela que não mereceria crédito se testemunhasse a respeito de um homem, conseguiu que lhe dessem crédito ao testemunhar acerca de Deus. Pois o que está acima da natureza, pode fazê-lo o Autor da natureza.

Quantas ameaças não terá feito o carrasco para incutir-lhe terror! Quantas seduções para persuadi-la! Quantas propostas para casar com algum deles! Mas sua resposta foi esta: "É uma injúria ao Esposo esperar por outro que me agrade. Aquele que primeiro me escolheu para si, esse é que me receberá. Por que demoras, carrasco? Pereça este corpo que pode ser amado por quem não quero!" Ficou de pé, rezou, inclinou a cabeça.

Terias podido ver o carrasco perturbar-se, como se fosse ele o condenado, tremer a mão que desfecharia o golpe, e empalidecerem os rostos temerosos do perigo alheio, enquanto a menina não temia o próprio perigo. Tendes, pois, numa única vítima um duplo martírio: o da castidade e o da fé. Inês permaneceu virgem e alcançou o martírio.

Responsório

R. Celebremos a **fes**ta de Santa **I**nês,
   lembremos o **mo**do como ela so**freu**
   o martírio por **Cristo**.
 * Na **flor** da **i**dade, ven**cen**do a **morte**,
   a **vi**da encon**trou**.
V. So**men**te a**mou** quem da **vi**da é o **Autor**. * Na **flor**.

Oração como nas Laudes.

Laudes

Hino

Hoje é natal de Santa Inês,
virgem a Cristo dedicada,
que hoje ao céu entrega o espírito,
no próprio sangue consagrada.

Madura já para o martírio,
mas não ainda aos esponsais,
vai ao suplício tão alegre
qual noiva às festas nupciais.

Devendo aos deuses incensar,
diz sem nenhuma hesitação:
"Virgens a Cristo consagradas
lâmpadas tais não portarão.

Porque tal chama apaga a luz,
tal fogo a fé extinguirá.
Feri-me, e o sangue derramado
o seu braseiro apagará".

Ei-la ferida, e quanta glória
do Rei divino recebeu!
Com suas vestes se envolvendo,
cai sobre a terra e voa ao céu.

Jesus nascido de uma Virgem,
louvor a vós, ó Sumo Bem,
com o Pai Santo e o Espírito,
hoje e nos séculos. Amém.

Ant. 1 Meu Senhor Jesus Cristo colocou-me no dedo
o anel nupcial e a coroa de noiva na minha cabeça.

Salmos e cântico do domingo da I Semana, p. 626.

Ant. 2 Sou esposa do Senhor e Rei dos anjos;
admiram sua beleza o sol e a lua.

Ant. 3 Alegrai-vos comigo, porque recebi,
na assembleia dos santos um trono de glória!

Leitura breve
2Cor 1,3-5

Bendito seja o Deus e Pai de nosso Senhor Jesus Cristo, o Pai das misericórdias e Deus de toda consolação. Ele nos consola em todas as nossas aflições, para que, com a consolação que nós mesmos recebemos de Deus, possamos consolar os que se acham em toda e qualquer aflição. Pois, à medida que os sofrimentos de Cristo crescem para nós, cresce também a nossa consolação por Cristo.

Responsório breve

R. O Senhor a sustenta
 * Com a luz de sua face. R. O Senhor.
V. Quem a pode abalar? Deus está junto a ela.
 * Com a luz. Glória ao Pai. R. O Senhor.

Cântico evangélico, ant.

Já contemplo Aquele a quem tanto eu buscava;
já possuo Aquele que há tempo esperava.
Estou unida no céu com Aquele a quem só
eu amei sobre a terra.

Oração

Deus eterno e todo-poderoso, que escolheis as criaturas mais frágeis para confundir os poderosos, dai-nos, ao celebrar o martírio de Santa Inês, a graça de imitar sua constância na fé. Por nosso Senhor Jesus Cristo, vosso Filho, na unidade do Espírito Santo.

Vésperas

HINO Hoje é natal, como nas Laudes, p. 1199.

Ant. 1 Nem ameaças nem carícias
        conseguiram abalar esta Virgem do Senhor.

Salmos e cântico do Comum de um(a) mártir, p. 1606.

Ant. 2 Sou fiel somente a ele e lhe entrego a minha vida.

Ant. 3 Bendito sede, ó **Pai** de Jesus **Cris**to, meu Se**nhor**,
que no **Filho** conce**des**tes a vi**tó**ria à vossa **ser**va.

Leitura breve 1Pd 4,13-14

Caríssimos, alegrai-vos por participar dos sofrimentos de Cristo, para que possais também exultar de alegria na revelação da sua glória. Se sofreis injúrias por causa do nome de Cristo, sois felizes, pois o Espírito da glória, o Espírito de Deus repousa sobre vós.

Responsório breve

R. O Se**nhor** a esco**lheu**,
 * Entre **to**das preferida. R. O Se**nhor**.
V. O Se**nhor** a fez mo**rar** em sua **san**ta habita**ção**.
 * Entre **to**das. Glória ao **Pai**. R. O Se**nhor**.

Cântico evangélico, ant.

De mãos ergui**das** ao Se**nhor**, suplica**va** Santa **Inês**:
Aju**dai**-me, ó Pai **san**to, agora es**tou** perto de **vós**!
Meu Se**nhor**, a quem a**mei**,
a quem bus**quei** com tanto ar**dor**.

Oração como nas Laudes.

22 de janeiro

SÃO VICENTE, DIÁCONO E MÁRTIR

Vicente, diácono da Igreja de Saragoça, morreu mártir em Valência (Espanha), durante a perseguição de Diocleciano, depois de ter sofrido cruéis tormentos. Seu culto logo se propagou por toda a Igreja.

Do Comum de um mártir, p. 1591.

Ofício das Leituras

Segunda leitura
Dos Sermões de Santo Agostinho, bispo
(Sermo 276,1-2: PL 38,1256) (Séc. V)

*Vicente venceu naquele
por quem o mundo foi vencido*

A vós foi dado por Cristo não apenas crerdes nele, mas também sofrerdes por causa dele (Fl 1,29), diz a Escritura. O levita Vicente recebera e possuía um e outro dom. Se não tivesse recebido, como os haveria de possuir? Tinha confiança na palavra, tinha coragem no sofrimento.

Ninguém, portanto, se envaideça de sua força interior, quando fala; ninguém confie nas próprias forças, quando é tentado; porque se falamos bem e com prudência, é de Deus que vem nossa sabedoria e, se suportamos os males com firmeza, é dele que vem a nossa força.

Lembrai-vos de como, no Evangelho, Cristo Senhor adverte os que são seus; lembrai-vos do Rei dos mártires instruindo nas armas espirituais os seus exércitos, exortando-os para a guerra, dando-lhes ajuda e prometendo a recompensa. Ele, que disse aos discípulos: *No mundo, tereis tribulações,* logo acrescenta, a fim de consolar os medrosos: *Mas tende coragem! Eu venci o mundo* (Jo 16,33).

Por que então nos admiramos, caríssimos, se Vicente venceu naquele por quem o mundo foi vencido? *No mundo, tereis tribulações,* diz o Senhor. O mundo persegue, mas não triunfa; ataca, mas não vence. O mundo conduz uma dupla batalha contra os soldados de Cristo: afaga-os para enganá-los, aterroriza-os para quebrá-los. Que o nosso bem-estar não nos preocupe, não nos assuste a maldade alheia, e o mundo está vencido.

Cristo acorre a ambos os combates e o cristão não é vencido. Se neste martírio se considera a capacidade humana para suportá-lo, o fato torna-se incompreensível; mas se nele se reconhece o poder divino, nada há que admirar.

Era tanta a crueldade que afligia o corpo do mártir, e tanta a serenidade que transparecia de sua voz; era tamanha a ferocidade dos suplícios que maltratavam os seus membros, e tamanha a firmeza que ressoava nas suas palavras que, de algum modo maravilhoso, enquanto Vicente suportava o martírio, julgávamos ser torturada outra pessoa diferente da que falava.

E era realmente assim, irmãos, era assim mesmo: era outro que falava. No Evangelho, Cristo prometeu também isto a suas testemunhas, ao prepará-las para tais combates. Falou deste modo: *Não fiqueis preocupados como falar ou o que dizer. Com efeito, não sereis vós que havereis de falar, mas sim o Espírito do vosso Pai é que falará através de vós.* (Mt 10,19-20).

Por conseguinte, a carne sofria e o Espírito falava; e enquanto o Espírito falava, não apenas era vencida a impiedade, mas também a fraqueza era confortada.

Responsório   Cf. Jó 23, 10.11; Fl 3,8.10

R. O Senhor me provou como o ouro no fogo;
   meus passos seguiram as suas pegadas.
 * Guardei seu caminho, sem dele afastar-me.
V. Quis tudo perder,
   a fim de eu conhecer a Cristo Jesus
   e para participar dos seus sofrimentos.
 * Guardei.

Oração

Deus eterno e todo-poderoso, infundi em nossos corações o vosso Espírito para que sejam fortalecidos pelo intenso amor que levou o diácono São Vicente a vencer os tormentos do martírio. Por nosso Senhor Jesus Cristo, vosso Filho, na unidade do Espírito Santo.

24 de janeiro

SÃO FRANCISCO DE SALES, BISPO E DOUTOR DA IGREJA

Memória

Nasceu na Saboia em 1567. Ordenado sacerdote, trabalhou muito pela restauração da fé católica em sua pátria. Eleito bispo de Genebra, mostrou-se um verdadeiro pastor de seu clero e de seus fiéis, instruindo-os com seus escritos e obras, tornando-se modelo para todos. Morreu em Lião a 28 de dezembro de 1622, mas foi sepultado definitivamente em Annecy, a 24 de janeiro do ano seguinte.

Do Comum dos pastores: para bispos, p. 1617, e dos doutores da Igreja, p. 1644.

Ofício das Leituras

Segunda leitura
Da Introdução à Vida Devota, de São Francisco de Sales, bispo

(Pars 1, cap. 3) (Séc. XVII)

A devoção deve ser praticada de modos diferentes

Na criação, Deus Criador mandou às plantas que cada uma produzisse fruto conforme sua espécie. Do mesmo modo, ele ordenou aos cristãos, plantas vivas de sua Igreja, que produzissem frutos de devoção, cada qual de acordo com sua categoria, estado e vocação.

A devoção deve ser praticada de modos diferentes pelo nobre e pelo operário, pelo servo e pelo príncipe, pela viúva, pela solteira ou pela casada. E isto ainda não basta. A prática da devoção deve adaptar-se às forças, aos trabalhos e aos deveres particulares de cada um.

Dize-me, por favor, Filoteia, se seria conveniente que os bispos quisessem viver na solidão como os cartuxos; que os casados não se preocupassem em aumentar seus ganhos mais que os capuchinhos; que o operário passasse o dia todo na igreja como o religioso; e que o religioso estivesse sempre disponível para todo tipo de encontros a serviço do próximo, como o bispo. Não seria ridícula, confusa e intolerável esta devoção?

Contudo, este erro absurdo acontece muitíssimas vezes. E no entanto, Filoteia, a devoção quando é verdadeira não prejudica a ninguém; pelo contrário, tudo aperfeiçoa e consuma. E quando se torna contrária à legítima ocupação de alguém, é falsa, sem dúvida alguma.

A abelha extrai seu mel das flores sem lhes causar dano algum, deixando-as intactas e frescas como encontrou. Todavia, a verdadeira devoção age melhor ainda, porque não somente não prejudica a qualquer espécie de vocação ou tarefa, mas ainda as engrandece e embeleza.

Toda a variedade de pedras preciosas lançadas no mel, tornam-se mais brilhantes, cada qual conforme sua cor; assim também cada um se torna mais agradável e perfeito em sua vocação quando esta for conjugada com a devoção: o cuidado da família se torna tranquilo, o amor mútuo entre marido e mulher, mais sincero, o serviço que se presta ao príncipe, mais fiel, e mais suave e agradável o desempenho de todas as ocupações.

É um erro, senão até mesmo uma heresia, querer excluir a vida devota dos quartéis de soldados, das oficinas dos operários, dos palácios dos príncipes, do lar das pessoas casadas. Confesso, porém, caríssima Filoteia, que a devoção puramente contemplativa, monástica e religiosa de modo algum pode ser praticada em tais ocupações ou condições. Mas, para além destas três espécies de devoção, existem muitas outras, próprias para o aperfeiçoamento daqueles que vivem no estado secular.

Portanto, onde quer que estejamos, devemos e podemos aspirar à vida perfeita.

Responsório Ef 4,32-5,1; Mt 11,29ab
R. Sede benignos com os outros e misericordiosos,
    mutuamente perdoando-vos,
    como Deus vos perdoou através de Jesus Cristo.
 * Sede, pois, imitadores do Senhor
    como convém aos amados filhos seus.
V. Tomai meu jugo sobre vós e aprendei de mim que sou
    de coração humilde e manso. * Sede, pois.

Oração

Ó Deus, para a salvação da humanidade, quisestes que São Francisco de Sales se fizesse tudo para todos; concedei que, a seu exemplo, manifestemos sempre a mansidão do vosso amor no serviço a nossos irmãos. Por nosso Senhor Jesus Cristo, vosso Filho, na unidade do Espírito Santo.

25 de janeiro
CONVERSÃO DE SÃO PAULO, APÓSTOLO
Festa

Invitatório

R. Aclamemos nosso Deus,
    celebrando a conversão do Apóstolo das gentes.

Salmo invitatório como no Ordinário, p. 583.

Ofício das Leituras

Hino

Ao peso do mal vergados,
São Paulo, por ti clamamos;
da graça o penhor eterno,
que salva, te suplicamos.

Outrora oprimindo a Igreja,
tocou-te o divino amor.
E aqueles que perseguias
abraças qual defensor.

Daquele primeiro amor
conserva a fiel lembrança.
Aos tíbios e fracos traze
a graça e a esperança.

Floresça por teu socorro
o amor que ignora o mal;
as rixas não o perturbem,
nem erro nenhum fatal.

Ó vítima que agrada aos céus,
dos povos amor e luz,
fiel defensor da Igreja,
protege-a, e a nós conduz.

Louvor à Trindade eterna,
hosanas, poder, vitória.
O prêmio do bom combate
contigo nos dê, na glória.

Ant. 1 Quem sois **vós**, ó meu Se**nh**or?
　　　Sou Jesus, a quem per**se**gues.

Salmos do Comum dos apóstolos, p. 1550.

Ant. 2 Ananias, vai a **Sau**lo, que está em ora**ção**.
　　　Eu o esco**lhi** para pre**g**ar o meu **no**me entre as na**ções**
　　　e entre os **fi**lhos de Isra**el**.

Ant. 3 Come**ç**ou **Pau**lo a pre**g**ar nas sinago**g**as,
　　　afir**m**ando que Jesus é o Mes**si**as.

V. Miseri**cór**dia e pie**d**ade é o Se**nh**or.
R. Ele é a**m**or, é paci**ê**ncia, é compai**xão**.

Primeira leitura
Da Carta de São Paulo aos Gálatas　　　　　　　1,11-24

Deus revelou-me seu Filho para eu o anunciar

¹¹Irmãos, asseguro-vos que o evangelho pregado por mim não é conforme a critérios humanos. ¹²Com efeito, não o recebi nem aprendi de homem algum, mas por revelação

de Jesus Cristo. ¹³ Certamente ouvistes falar como foi outrora a minha conduta no judaísmo, com que excessos perseguia e devastava a Igreja de Deus ¹⁴ e como progredia no judaísmo mais do que muitos judeus de minha idade, mostrando-me extremamente zeloso das tradições paternas. ¹⁵ Quando, porém, aquele que me separou desde o ventre materno e me chamou por sua graça ¹⁶ se dignou revelar-me o seu Filho, para que eu o pregasse entre os pagãos, não consultei carne nem sangue ¹⁷ nem subi, logo, a Jerusalém para estar com os que eram apóstolos antes de mim. Pelo contrário, parti para a Arábia e, depois, voltei ainda a Damasco.

¹⁸ Três anos mais tarde, fui a Jerusalém para conhecer Cefas e fiquei com ele quinze dias. ¹⁹ E não estive com nenhum outro apóstolo, a não ser Tiago, o irmão do Senhor. ²⁰ Escrevendo estas coisas, afirmo diante de Deus que não estou mentindo. ²¹ Depois, fui para as regiões da Síria e da Cilícia. ²² Ainda não era pessoalmente conhecido das Igrejas da Judeia que estão em Cristo. ²³ Apenas tinham ouvido dizer que "aquele que, antes, nos perseguia, está agora pregando a fé que, antes, procurava destruir". ²⁴ E glorificavam a Deus por minha causa.

Responsório   Gl 1,11b.12; 2Cor 11,10a.7b
R. O Evangelho que anuncio não é invenção humana,
 * Pois, não o recebi, nem aprendi de um ser humano,
   mas a mim foi revelado, através de Jesus Cristo.
V. Anunciei gratuitamente o Evangelho de Jesus,
   sua verdade está em mim. * Pois, não.

Segunda leitura
Das Homilias de São João Crisóstomo, bispo
   (Hom. 2 de laudibus sancti Pauli: PG 50,447-480) (Séc. IV)

Por amor de Cristo, Paulo tudo suportou

O que é o homem, quão grande é a dignidade da nossa natureza e de quanta virtude é capaz a criatura humana,

Paulo o demonstrou mais do que qualquer outro. Cada dia ele subia mais alto e se tornava mais ardente, cada dia lutava com energia sempre nova contra os perigos que o ameaçavam. É o que depreendemos de suas próprias palavras: *Esquecendo o que fica para trás, eu me lanço para o que está na frente* (cf. Fl 3,13). Percebendo a morte iminente, convidava os outros a comungarem da sua alegria, dizendo: *Alegrai-vos e congratulai-vos comigo* (Fl 2,18). Diante dos perigos, injúrias e opróbrios, igualmente se alegra e escreve aos coríntios: *Eu me comprazo nas fraquezas, nas injúrias, nas necessidades, nas perseguições* (2Cor 12,10); porque sendo estas, conforme declarava, as armas da justiça, mostrava que delas lhe vinha um grande proveito.

Realmente, no meio das insídias dos inimigos, conquistava contínuas vitórias triunfando de todos os seus assaltos. E em toda parte, flagelado, coberto de injúrias e maldições, como se desfilasse num cortejo triunfal, erguendo numerosos troféus, gloriava-se e dava graças a Deus, dizendo: *Graças sejam dadas a Deus que nos fez sempre triunfar* (2Cor 2,14). Por isso, corria ao encontro das humilhações e das ofensas que suportava por causa da pregação, com mais entusiasmo do que nós quando nos apressamos para alcançar o prazer das honrarias; aspirava mais pela morte do que nós pela vida; ansiava mais pela pobreza do que nós pelas riquezas; e desejava muito mais o trabalho sem descanso do que nós o descanso depois do trabalho. Uma só coisa o amedrontava e fazia temer: ofender a Deus. E uma única coisa desejava: agradar a Deus.

Só se alegrava no amor de Cristo, que era para ele o maior de todos os bens; com isto julgava-se o mais feliz dos homens; sem isto, de nada lhe valia ser amigo dos senhores e poderosos. Com este amor preferia ser o último de todos, isto é, ser contado entre os réprobos, do que encontrar-se no meio de homens famosos pela consideração e pela honra, mas privados do amor de Cristo.

Para ele, o maior e único tormento consistia em separar-se de semelhante amor; esta era a sua geena, o seu único castigo, o infinito e intolerável suplício.

Em compensação, gozar do amor de Cristo era para ele a vida, o mundo, o anjo, o presente, o futuro, o reino, a promessa, enfim, todos os bens. Afora isto, nada tinha por triste ou alegre. De tudo o que existe no mundo, nada lhe era agradável ou desagradável.

Não se importava com as coisas que admiramos, como se costuma desprezar a erva apodrecida. Para ele, tanto os tiranos como as multidões enfurecidas eram como mosquitos.

Considerava como brinquedo de crianças os mil suplícios, os tormentos e a própria morte, desde que pudesse sofrer alguma coisa por Cristo.

Responsório 1Tm 1,13b-14; 1Cor 15,9b

R. Consegui misericórdia
porque agi por ignorância e na incredulidade;
 * Mas a graça do Senhor foi em mim mais que abundante
com a fé e o amor que está em Jesus Cristo.
V. Não mereço ser chamado com o nome de apóstolo
pois cheguei a perseguir a Igreja do Senhor.
 * Mas a graça.

HINO Te Deum, p. 589.

Oração como nas Laudes.

Laudes

Hino

Ó Paulo, mestre dos povos,
ensina-nos teu amor:
correr em busca do prêmio,
chegar ao Cristo Senhor.

A vós, ó Trindade, glória,
poder e louvor também;
que sois eterna unidade
nos séculos, sempre. Amém.

Ant. 1 Sei em **quem** eu colo**quei** a minha **fé**
e estou **cer**to que ele **tem** poder divino
para guar**dar** até o **fim** o meu de**pó**sito,
que o Se**nhor**, justo **Juiz**, me confi**ou**.

Salmos e cântico do domingo da I Semana, p. 626.

Ant. 2 A minha **graça** é em **ti** suficiente:
pois na fra**que**za é que se **mos**tra o meu po**der**.

Ant. 3 A sua **graça** para **mim** não foi i**nú**til;
está co**mi**go e para **sem**pre ficará.

Leitura breve · At 26,16b-18

Levanta-te e te põe em pé, pois eu te apareci para fazer de ti ministro e testemunha do que viste e do que ainda te mostrarei. Eu te escolhi do meio do povo e dos pagãos, para os quais agora te envio, a fim de lhes abrires os olhos e para que eles se convertam das trevas para a luz, do poder de Satanás para Deus, e recebam a remissão dos pecados e a herança entre os santificados pela fé em mim.

Responsório breve

R. Instru**men**to esco**lhi**do,
  * A**pós**tolo **Pau**lo! R. Instru**men**to.
V. Prega**dor** da ver**da**de no **mun**do in**tei**ro. * A**pós**tolo.
  Glória ao **Pai**. R. Instru**men**to.

Cântico evangélico, ant.

A conver**são** de Paulo a**pós**tolo cele**bre**mos com fer**vor**;
até en**tão** persegui**dor**, Cristo o **fez** seu instru**men**to.

Preces

Irmãos caríssimos, tendo recebido dos apóstolos a herança celeste, agradeçamos a Deus, nosso Pai, por todos os seus dons; e aclamemos:

R. **O coro dos apóstolos vos louva, Senhor!**

Louvor a vós, Senhor, pela mesa do vosso Corpo e Sangue que recebemos por intermédio dos apóstolos;
– por ela somos alimentados e vivemos. R.

Louvor a vós, Senhor, pela mesa de vossa Palavra, preparada para nós pelos apóstolos;
– por ela recebemos luz e alegria. R.

Louvor a vós, Senhor, por vossa santa Igreja, edificada sobre o fundamento dos apóstolos;
– com ela formamos um só Corpo. R.

Louvor a vós, Senhor, pelos sacramentos do Batismo e da Penitência que confiastes aos apóstolos;
– por eles somos lavados de todo pecado. R.

(intenções livres)

Pai nosso...

Oração

Ó Deus, que instruístes o mundo inteiro pela pregação do apóstolo São Paulo, dai-nos, ao celebrar hoje sua conversão, caminhar para vós seguindo seus exemplos, e ser no mundo testemunhas do Evangelho. Por nosso Senhor Jesus Cristo, vosso Filho, na unidade do Espírito Santo.

Hora Média

Salmos do dia de semana corrente.

Oração das Nove Horas

Ant. Ó **Sau**lo, meu ir**mão**, **Je**sus, que no ca**mi**nho
tu **vis**te, me envi**ou** para que **ve**jas nova**men**te
e re**ce**bas seu Es**pí**rito.

Leitura breve — 1Tm 1,12-13a

Agradeço àquele que me deu força, Cristo Jesus, nosso Senhor, pela confiança que teve em mim ao designar-me para o seu serviço, a mim, que antes blasfemava, perseguia e insultava. Mas encontrei misericórdia.

V. Alegrai-vos e exultai, diz o Senhor,
R. Pois no céu estão inscritos vossos nomes!

Oração das Doze Horas

Ant. Quando Saulo, ao meio-dia,
aproximou-se de Damasco,
uma luz vinda do céu resplandeceu em volta dele.

Leitura breve — 1Tm 1,14-15

Transbordou a graça de nosso Senhor com a fé e o amor que há em Cristo Jesus. Segura e digna de ser acolhida por todos é esta palavra: Cristo veio ao mundo para salvar os pecadores. E eu sou o primeiro deles!

V. Ó Senhor, fazei brilhar a minha lâmpada.
R. Ó meu Deus, iluminai as minhas trevas!

Oração das Quinze Horas

Nos salmos graduais, em vez do Salmo 125(126), pode-se dizer o Salmo 128(129), p.1119.

Ant. O Senhor falou a Saulo:
eu sou Jesus, a quem persegues.

Leitura breve — 1Tm 1,16

Encontrei misericórdia, para que em mim, como primeiro, Cristo Jesus demonstrasse toda a grandeza de seu coração; ele fez de mim um modelo de todos os que crerem nele para alcançar a vida eterna.

V. Sem cessar louvarei vosso nome.
R. Vosso amor para mim foi imenso!

Oração como nas Laudes.

Vésperas

Hino

Concelebre a Igreja, cantando,
de São Paulo a grandeza e esplendor.
De inimigo se fez um apóstolo
pelo grande poder do Senhor.

Contra o nome de Cristo lutara,
inflamado de grande furor,
mas ardeu maior chama em seu peito
anunciando de Cristo o amor.

Grande dom mereceu do Senhor:
no mais alto dos céus escutar
as palavras do grande mistério
que a ninguém é devido falar.

Espalhando as sementes do Verbo,
surgem messes com tais florações,
que o celeiro dos céus é repleto
com os frutos das boas ações.

Refulgindo, qual luz, ilumina
todo o orbe com tal claridade
que, dos erros a treva expulsando,
faz reinar, soberana, a verdade.

Glória ao Cristo, a Deus Pai e ao Espírito,
que governam a toda nação,
e doaram aos povos da terra
um tal vaso de sua eleição.

Ant. 1 De boa **men**te me glorio nas fra**que**zas,
para que a **for**ça do Se**nhor** habite em **mim**.

Salmos e cântico do Comum dos apóstolos, p. 1558.

Ant. 2 Paulo **plan**ta, Apolo **re**ga,
mas é **Deus** quem faz cres**cer**.

Ant. 3 Para mim viver é Cristo, e morrer é uma vantagem; minha glória é a cruz do Senhor Cristo Jesus.

Leitura breve — 1Cor 15,9-10

Eu sou o menor dos apóstolos, nem mereço o nome de apóstolo, porque persegui a Igreja de Deus. É pela graça de Deus que eu sou o que sou. Sua graça para comigo não foi estéril: a prova é que tenho trabalhado mais do que os outros apóstolos – não propriamente eu, mas a graça de Deus comigo.

Responsório breve

R. **Senhor**, eu vos dou **graças**
   * De **to**do o cora**ção**! R. **Senhor**.
V. Vou louvar-vos entre os **po**vos. * De **to**do.
   Glória ao **Pai**. R. **Senhor**.

Cântico evangélico, ant.

Paulo, após**tolo** do **Senhor**,
da ver**da**de prega**dor** e dou**tor** dos povos **to**dos:
Oh, ro**gai** por todos **nós** junto a **Deus** que vos cha**mou**!

Preces

Irmãos, edificados sobre o fundamento dos apóstolos, roguemos a Deus Pai todo-poderoso em favor de seu povo santo; e digamos:

R. **Lembrai-vos, Senhor, da vossa Igreja!**

Vós quisestes, ó Pai, que o vosso Filho, ressuscitado dos mortos, aparecesse em primeiro lugar aos apóstolos;
– fazei de nós testemunhas do vosso Filho até os confins da terra. R.

Vós, que enviastes vosso Filho ao mundo para evangelizar os pobres,
– fazei que o Evangelho seja pregado a toda criatura. R.

Vós, que enviastes vosso Filho para semear a Palavra do Reino,
– concedei-nos colher na alegria os frutos da palavra semeada com o nosso trabalho.

R. **Lembrai-vos, Senhor, da vossa Igreja!**

Vós, que enviastes vosso Filho para reconciliar o mundo convosco pelo seu sangue,
– fazei que todos nós colaboremos na obra da reconciliação de toda a humanidade. R.

(intenções livres)

Vós, que glorificastes vosso Filho à vossa direita nos céus,
– recebei no Reino da felicidade eterna os nossos irmãos e irmãs falecidos. R.

Pai nosso...

Oração

Ó Deus, que instruístes o mundo inteiro pela pregação do apóstolo São Paulo, dai-nos, ao celebrar hoje sua conversão, caminhar para vós seguindo seus exemplos, e ser no mundo testemunhas do Evangelho. Por nosso Senhor Jesus Cristo, vosso Filho, na unidade do Espírito Santo.

26 de janeiro

SÃO TIMÓTEO E SÃO TITO, BISPOS

Memória

Timóteo e Tito, discípulos e colaboradores do apóstolo Paulo, governaram as Igrejas de Éfeso e de Creta, respectivamente. A eles é que foram dirigidas as Cartas chamadas "pastorais", em que se encontram excelentes recomendações para a formação dos pastores e dos fiéis.

Do Comum dos pastores: para bispos, p. 1617.

Ofício das Leituras

Segunda leitura
Das Homilias de São João Crisóstomo, bispo
(Hom. 2 de laudibus sancti Pauli: PG 50, 480-484)
(Séc. IV)

Combati o bom combate

Na estreiteza do cárcere, Paulo parecia habitar no céu. Recebia os açoites e feridas com mais alegria do que outros que recebem coroas de triunfo; e não apreciava menos as dores do que os prêmios, porque considerava estas mesmas dores como prêmios que desejava, e até as chamava de graças. Considerai com atenção o significado disto: prêmio, para ele; era *partir, para estar com Cristo* (cf. Fl 1,23), ao passo que viver na carne significava o combate. Mas, por causa de Cristo, sobrepunha ao desejo do prêmio a vontade de prosseguir o combate, pois considerava ser isto mais necessário.

Estar longe de Cristo representava para ele o combate e o sofrimento, mais ainda, o máximo combate e a mais intensa dor. Pelo contrário, estar com Cristo era um prêmio único. Paulo, porém, por amor de Cristo, prefere o combate ao prêmio.

Talvez algum de vós afirme: *Mas ele sempre dizia que tudo lhe era suave por amor de Cristo!* Isso também eu afirmo, pois as coisas que são para nós causa de tristeza eram para ele enorme prazer. E por que me refiro aos perigos e tribulações que sofreu? Na verdade, seu profundo desgosto o levava a dizer: *Quem é fraco, que eu também não seja fraco com ele? Quem é escandalizado, que eu não fique ardendo de indignação?* (2Cor 11,29).

Rogo-vos, pois, que não vos limiteis a admirar este tão ilustre exemplo de virtude, mas, imitai-o. Só assim poderemos ser participantes da sua glória.

E se algum de vós se admira por eu dizer que quem imita os méritos de Paulo participará da sua recompensa, ouça o que ele mesmo afirma: *Combati o bom combate, completei a corrida, guardei a fé. Agora está reservada para mim a coroa da justiça, que o Senhor, justo juiz, me dará naquele dia; e não somente a mim, mas também a todos que esperam com amor a sua manifestação gloriosa* (2Tm 4,7-8).

Por conseguinte, já que é oferecida a todos a mesma coroa de glória, esforcemo-nos todos por ser dignos dos bens prometidos.

Não devemos considerar em Paulo apenas a grandeza e a excelência das virtudes, a prontidão de espírito e o propósito firme, pelos quais mereceu tão grande graça; mas pensemos também que a sua natureza era em tudo igual à nossa; e assim, também a nós, as coisas que são muito difíceis parecerão fáceis e leves. Suportando-as valorosamente neste breve espaço de tempo em que vivemos, ganharemos aquela coroa incorruptível e imortal, pela graça e misericórdia de nosso Senhor Jesus Cristo. A ele a glória e o poder, agora e sempre, pelos séculos dos séculos. Amém.

Responsório   1Tm 6,11-12a; Tt 2,1

R. Tu, porém, homem de **Deus**, segue a justiça e a piedade,
   a fé e a caridade, a paciência e a mansidão.
 * Combate o bom combate, conquista a vida eterna.
V. Fala aquilo que convém e é conforme a sã doutrina.
 * Combate.

Laudes

Cântico evangélico, ant.
Proclama em todo o tempo a Palavra do Senhor;
persuade, repreende e exorta com coragem,
com saber e paciência!

Oração

Ó Deus, que ornastes São Timóteo e São Tito com as virtudes dos apóstolos, concedei-nos, pela intercessão de ambos, viver neste mundo com piedade e justiça, para chegar ao céu, nossa pátria. Por nosso Senhor Jesus Cristo, vosso Filho, na unidade do Espírito Santo.

Vésperas

Cântico evangélico, ant.
Na justiça e piedade vivamos,
aguardando a bendita esperança
e a vinda do Cristo Senhor!

27 de janeiro

SANTA ÂNGELA MÉRICI, VIRGEM

Nasceu por volta do ano 1470, em Desenzano del Garde (Província de Veneza). Recebeu o hábito da Ordem Terceira de São Francisco e reuniu um grupo de moças que orientava na prática da caridade. Em 1535 fundou, em Bréscia, uma congregação feminina sob a invocação de Santa Úrsula, destinada à formação cristã de meninas pobres. Morreu em 1540.

Do Comum das virgens, p. 1658, ou, das santas mulheres: para uma educadora, p. 1742.

Ofício das Leituras

Segunda leitura
Do Testamento espiritual de Santa Ângela Mérici, virgem
(Séc. XVI)

Tudo dispôs com suavidade

Minhas queridas Madres e Irmãs em Cristo Jesus. Antes de tudo, com o auxílio de Deus, empregai todo esforço e diligência por deixar nascer em vós a boa resolução de serdes guiadas unicamente pelo amor de Deus e pelo zelo da salvação do próximo, ao assumirdes o cuidado e o governo da Companhia.

Somente assim, fundadas e arraigadas nesta dupla caridade, vosso cuidado e governo produzirão frutos bons e salutares, pois nosso Salvador declarou: *Uma árvore boa não pode produzir frutos maus* (Mt 7,18).

A árvore boa, ou seja, o coração bom, o espírito informado pela caridade, só pode praticar obras boas e santas. Por isso dizia Santo Agostinho: "Ama e faze o que queres", isto é, deixa-te dominar pelo amor e pela caridade, e depois faze o que queres; é como se dissesse claramente: "A caridade não pode pecar".

As mães segundo a natureza, mesmo que tenham mil filhos, trazem a todos e a cada um gravados no coração e nunca se esquecem de nenhum deles, pela força do verdadeiro amor que lhes têm. Até mesmo parece que quanto mais filhos têm, mais cresce o amor e o cuidado que dedicam a cada um. Com muito maior razão, as mães segundo o espírito podem e devem proceder do mesmo modo, porque o amor espiritual é mais forte do que aquele que provém dos laços de sangue.

Por conseguinte, minhas queridas Madres, se amais estas vossas filhas com viva e sincera caridade, é impossível que não as tenhais gravadas, todas e cada uma, em vossa memória e coração.

Peço-vos ainda que procureis orientá-las com amor, modéstia e caridade, e não com soberba e rispidez. Importa que em tudo sejais sempre agradáveis, de acordo com o que disse nosso Senhor: *Aprendei de mim, que sou manso e humilde de coração* (Mt 11,29), imitando a Deus, de quem lemos: *Tudo dispôs com suavidade* (Sb 8,1). E Jesus torna a dizer: *O meu jugo é suave e o meu fardo é leve* (Mt 11,30). Também deveis vos esforçar para tratar a todas com a maior delicadeza possível, evitando a todo custo jamais obter pela força nada do que ordenais. Pois Deus deu a cada um a liberdade e não força ninguém, mas apenas propõe, chama e aconselha. Às vezes, no entanto, será preciso agir com mais severidade; contudo, que isso se faça no tempo e lugar oportuno, conforme a condição e as necessidades das pessoas. Mas só devemos ser levados a isto pela caridade e pelo zelo das almas.

Responsório
Ef 5,8-9; Mt 5,14.16

R. Vós **agora**, sois **luz** no Se**nhor**;
   cami**nhai** como **fi**lhos da **luz**.
 * São **fru**tos da **luz** toda espécie
   de bon**da**de, justiça e ver**da**de.
V. Vós **sois** a luz do **mun**do:
   brilhe aos **ho**mens vossa **luz**. * São **fru**tos.

Oração
Ó Deus, que a santa virgem Ângela Mérici nos recomende ao vosso amor de Pai, para que, seguindo seus exemplos de caridade e prudência, sejamos fiéis aos vossos ensinamentos, proclamando-os em nossa vida. Por nosso Senhor Jesus Cristo, vosso Filho, na unidade do Espírito Santo.

28 de janeiro

SANTO TOMÁS DE AQUINO, PRESBÍTERO E DOUTOR DA IGREJA

Memória

Nasceu por volta do ano 1225, da família dos Condes de Aquino. Estudou primeiramente no mosteiro de Monte Cassino e depois em Nápoles. Ingressou na Ordem dos Frades Pregadores e completou os estudos em Paris e em Colônia, tendo tido como professor Santo Alberto Magno. Escreveu muitas obras de grande erudição, e, como professor, lecionou disciplinas filosóficas e teológicas, o que lhe valeu grande reputação. Morreu nas proximidades de Terracina, a 7 de março de 1274. Sua memória é celebrada a 28 de janeiro, data em que seu corpo foi trasladado para Toulouse (França), em 1369.

Do Comum dos doutores da Igreja, p. 1644.

Ofício das Leituras

Segunda leitura
Das Conferências de Santo Tomás de Aquino, presbítero
(Collatio 6 super Credo in Deum) (Séc. XIII)

Na cruz não falta nenhum exemplo de virtude

Que necessidade havia para que o Filho de Deus sofresse por nós? Uma necessidade grande e, por assim dizer, dupla: para ser remédio contra o pecado e para exemplo do que devemos praticar.

Foi em primeiro lugar um remédio, porque na paixão de Cristo encontramos remédio contra todos os males que nos sobrevêm por causa dos nossos pecados.

Mas não é menor a utilidade em relação ao exemplo. Na verdade, a paixão de Cristo é suficiente para orientar nossa vida inteira. Quem quiser viver na perfeição, nada mais tem a fazer do que desprezar aquilo que Cristo desprezou na cruz e desejar o que ele desejou. Na cruz, pois, não falta nenhum exemplo de virtude.

Se procuras um exemplo de caridade: *Ninguém tem amor maior do que aquele que dá sua vida pelos amigos* (Jo 15,13). Assim fez Cristo na cruz. E se ele deu sua vida por nós, não devemos considerar penoso qualquer mal que tenhamos de sofrer por causa dele.

Se procuras um exemplo de paciência, encontras na cruz o mais excelente! Podemos reconhecer uma grande paciência em duas circunstâncias: quando alguém suporta com serenidade grandes sofrimentos, ou quando pode evitar os sofrimentos e não os evita. Ora, Cristo suportou na cruz grandes sofrimentos, e com grande serenidade, porque *atormentado, não ameaçava* (1Pd 2,23); *foi levado como ovelha ao matadouro e não abriu a boca* (cf. Is 53,7; At 8,32).

É grande, portanto, a paciência de Cristo na cruz. *Corramos com paciência ao combate que nos é proposto, com os olhos fixos em Jesus, que em nós começa e completa a obra da fé. Em vista da alegria que lhe foi proposta, suportou a cruz, não se importando com a infâmia* (cf. Hb 12,1-2).

Se procuras um exemplo de humildade, contempla o crucificado: Deus quis ser julgado sob Pôncio Pilatos e morrer.

Se procuras um exemplo de obediência, segue aquele que se fez obediente ao Pai até à morte: *Como pela desobediência de um só homem,* isto é, de Adão, *a humanidade toda foi estabelecida numa condição de pecado, assim também pela obediência de um só, toda a humanidade passará para uma situação de justiça* (Rm 5,19).

Se procuras um exemplo de desprezo pelas coisas da terra, segue aquele que é *Rei dos reis e Senhor dos senhores, no qual estão encerrados todos os tesouros da sabedoria e da ciência* (Cl 2,3), e que na cruz está despojado de suas vestes, escarnecido, cuspido, espancado, coroado de espinhos e, por fim, tendo vinagre e fel como bebida para matar a sede.

Não te preocupes com as vestes e riquezas, porque *repartiram entre si as minhas vestes* (Jo 19,24); nem com honras, porque fui ultrajado e flagelado; nem com a dignidade, porque *tecendo uma coroa de espinhos, puseram-na em minha cabeça* (cf. Mc 15,17); nem com os prazeres, porque *em minha sede ofereceram-me vinagre* (Sl 68,22).

Responsório — Sb 7,7-8; 9,17

R. **Pedi** e foi-me **da**da inteli**gên**cia,
 ro**guei** e rece**bi** sabedo**ri**a.
* Aos **tro**nos e ao po**der** a prefe**ri**;
 a **e**la compa**ra**das, as ri**que**zas
 perderam para **mim** todo o va**lor**.

V. Quem **po**de conhe**cer** vossos de**sí**gnios
 se **vós** não lhe do**ais** sabedo**ri**a,
 envi**an**do, das al**tu**ras celesti**ais**,
 o **vos**so Santo Es**pí**rito, Se**nhor**? * Aos **tro**nos.

Laudes

Cântico evangélico, ant.
Ó Se**nhor**, sede ben**di**to!
Santo To**más**, por vosso a**mor**,
dedi**cou**-se ao es**tu**do, à ora**ção** e ao tra**ba**lho.

Oração

Ó Deus, que tornastes Santo Tomás de Aquino um modelo admirável, pela procura da santidade e amor à ciência sagrada, dai-nos compreender seus ensinamentos e seguir seus exemplos. Por nosso Senhor Jesus Cristo, vosso Filho, na unidade do Espírito Santo.

Vésperas

Cântico evangélico, ant.
Deu-lhe o Se**nhor** grande sa**ber**;
ele **sou**be assimi**lá**-lo e foi hu**mil**de ao transmi**ti**-lo.

---

31 de janeiro

SÃO JOÃO BOSCO, PRESBÍTERO

Memória

Nasceu perto de Castelnuovo, na diocese de Turim, em 1815. Teve uma infância sofrida. Ordenado sacerdote, consagrou todas as suas energias à educação da juventude, para formá-la na prática da vida cristã e no exercício de uma profissão. Com essa finalidade, fundou Congregações, sobretudo, a Sociedade São Francisco de Sales (Salesianos). Escreveu também diversos opúsculos para proteger e defender a religião católica. Morreu em 1888.

Do Comum dos pastores: para presbíteros, p. 1617, ou, dos santos homens: para educadores, p. 1742.

Ofício das Leituras

Segunda leitura
Das Cartas de São João Bosco, presbítero
(Epistolario, Torino 1959, 4,201-203)   (Séc. XIX)

Sempre trabalhei com amor

Antes de mais nada, se queremos ser amigos do verdadeiro bem de nossos alunos e levá-los ao cumprimento de seus deveres, é indispensável jamais vos esquecerdes de que representais os pais desta querida juventude. Ela foi sempre o terno objeto dos meus trabalhos, dos meus estudos e do meu ministério sacerdotal; não apenas meu, mas da cara congregação salesiana.

Quantas vezes, meus filhinhos, no decurso de toda a minha vida, tive de me convencer desta grande verdade! É mais fácil encolerizar-se do que ter paciência, ameaçar uma criança do que persuadi-la. Direi mesmo que é mais cômodo, para nossa impaciência e nossa soberba, castigar os que resistem do que corrigi-los, suportando-os com firmeza e suavidade.

Tomai cuidado para que ninguém vos julgue dominados por um ímpeto de violenta indignação. É muito difícil, quando se castiga, conservar aquela calma tão necessária para afastar qualquer dúvida de que agimos para demonstrar a nossa autoridade ou descarregar o próprio mau humor.

Consideremos como nossos filhos aqueles sobre os quais exercemos certo poder. Ponhamo-nos a seu serviço, assim como Jesus, que veio para obedecer e não para dar ordens; envergonhemo-nos de tudo o que nos possa dar aparência de dominadores; e se algum domínio exercemos sobre eles, é para melhor servirmos.

Assim procedia Jesus com seus apóstolos; tolerava-os na sua ignorância e rudeza, e até mesmo na sua pouca fidelidade. A afeição e a familiaridade com que tratava os pecadores eram tais que em alguns causava espanto, em outros escândalo, mas em muitos infundia a esperança de receber o perdão de Deus. Por isso nos ordenou que aprendêssemos dele a ser mansos e humildes de coração.

Uma vez que são nossos filhos, afastemos toda cólera quando devemos corrigir-lhes as faltas ou, pelo menos, a moderemos de tal modo que pareça totalmente dominada.

Nada de agitação de ânimo, nada de desprezo no olhar, nada de injúrias nos lábios; então sereis verdadeiros pais e conseguireis uma verdadeira correção.

Em determinados momentos muito graves, vale mais uma recomendação a Deus, um ato de humildade perante ele, do que uma tempestade de palavras que só fazem mal a quem as ouve e não têm proveito algum para quem as merece.

Responsório   Mc 10,13-14; Mt 18,5

R. Traziam crianças a ele,
   a fim de que ele as tocasse;
   repreendiam, porém, os discípulos
   àqueles que as apresentavam.
   Jesus disse indignado ao vê-los:
* Deixai vir as crianças a mim
   e não as queirais impedir,
   pois delas é o Reino de Deus.
V. Quem acolhe uma criança em meu nome,
   é a mim que ele acolhe, diz Jesus. * Deixai.

Oração

Ó Deus, que suscitastes São João Bosco para educador e pai dos adolescentes, fazei que, inflamados da mesma caridade, procuremos a salvação de nossos irmãos e irmãs, colocando-nos inteiramente ao vosso serviço. Por nosso Senhor Jesus Cristo, vosso Filho, na unidade do Espírito Santo.

FEVEREIRO

2 de fevereiro

APRESENTAÇÃO DO SENHOR

Festa

I Vésperas

(quando a festa ocorre em domingo)

HINO O que o coro dos profetas, como nas II Vésperas, p. 1241.

Salmodia
Ant. 1 Seus pais levaram o Menino à Cidade
e, no templo, apresentaram-no ao Senhor.

Salmo 112(113)

– ¹ Louvai, louvai, ó servos do Senhor, *
  louvai, louvai o nome do Senhor!
– ² Bendito seja o nome do Senhor, *
  agora e por toda a eternidade!
– ³ Do nascer do sol até o seu ocaso, *
  louvado seja o nome do Senhor!
– ⁴ O Senhor está acima das nações, *
  sua glória vai além dos altos céus.
= ⁵ Quem pode comparar-se ao nosso Deus, †
  ao Senhor, que no alto céu tem o seu trono *
  ⁶ e se inclina para olhar o céu e a terra?
– ⁷ Levanta da poeira o indigente *
  e do lixo ele retira o pobrezinho,
– ⁸ para fazê-lo assentar-se com os nobres, *
  assentar-se com os nobres do seu povo.
– ⁹ Faz a estéril, mãe feliz em sua casa, *
  vivendo rodeada de seus filhos.

Ant. Seus pais levaram o Menino à Cidade
  e, no templo, apresentaram-no ao Senhor.

Ant. 2 Adorna tua casa, ó Sião,
  e recebe o teu Rei, Cristo Jesus!

Salmo 147(147B)

– ¹²Glorifica o Senhor, Jerusalém! *
  Ó Sião, canta louvores ao teu Deus!
– ¹³Pois reforçou com segurança as tuas portas, *
  e os teus filhos em teu seio abençoou;
– ¹⁴a paz em teus limites garantiu *
  e te dá como alimento a flor do trigo.
– ¹⁵Ele envia suas ordens para a terra, *
  e a palavra que ele diz corre veloz;
– ¹⁶ele faz cair a neve como lã *
  e espalha a geada como cinza.
– ¹⁷Como de pão lança as migalhas do granizo, *
  a seu frio as águas ficam congeladas.
– ¹⁸Ele envia sua palavra e as derrete, *
  sopra o vento e de novo as águas correm.
– ¹⁹Anuncia a Jacó sua palavra, *
  seus preceitos e suas leis a Israel.
– ²⁰Nenhum povo recebeu tanto carinho, *
  a nenhum outro revelou os seus preceitos.

Ant. Adorna tua casa, ó Sião,
  e recebe o teu Rei, Cristo Jesus!

Ant. 3 És feliz, ó Simeão:
  recebeste o Senhor que seu povo vem salvar!

Cântico   Fl 2,6-11

= ⁶Embora fosse de divina condição, †
  Cristo Jesus não se apegou ciosamente *
  a ser igual em natureza a Deus Pai.

(R. Jesus **Cris**to é Se**nhor** para a **gló**ria de Deus **Pai**!)

= ⁷ Po**rém** esvaziou-se de sua glória †
e assu**miu** a condição de um escravo, *
fa**zen**do-se aos homens semelhante. (R.)

= ⁸ Reconhe**cido** exteriormente como homem, †
humi**lhou**-se, obedecendo até à morte, *
até à **mor**te humilhante numa cruz. (R.)

= ⁹ Por isso **Deus** o exaltou sobremaneira †
e deu-lhe o **no**me mais excelso, mais sublime, *
e ele**va**do muito acima de outro nome. (R.)

=¹⁰Para **que** perante o nome de Jesus †
se **do**bre reverente todo joelho, *
seja nos **céus**, seja na terra ou nos abismos. (R.)

=¹¹ E toda **lín**gua reconheça, confessando, †
para a **gló**ria de Deus Pai e seu louvor: *
"Na ver**da**de Jesus Cristo é o Senhor!" (R.)

Ant. És fe**liz**, ó Sime**ão**:
recebes**te** o Se**nhor** que seu **po**vo vem sal**var**!

Leitura breve　　　　　　　　　　　　　　　Hb 10,5-7

Ao entrar no mundo, Cristo afirma: Tu não quiseste vítima nem oferenda, mas formaste-me um corpo. Não foram do teu agrado holocaustos nem sacrifícios pelo pecado. Por isso eu disse: Eis que eu venho. No livro está escrito a meu respeito: Eu vim, ó Deus, para fazer a tua vontade.

Responsório breve

R. O Se**nhor** manifes**tou**
 * A **sua** salva**ção**. R. O Se**nhor**.
V. Que ha**via** prepara**do**, ante a **face** das na**ções**.
 * A **sua**. Glória ao **Pai**. R. O Se**nhor**.

Cântico evangélico, ant.

O ancião toma o Menino nos seus braços,
mas o Menino é o Senhor do ancião;
uma Virgem dá à luz ficando virgem
e adora Aquele mesmo que gerou.

Preces

Adoremos nosso Salvador, que hoje foi apresentado no templo; e peçamos:

R. **Senhor, que os nossos olhos vejam a vossa salvação.**

Cristo Salvador, luz que se revela às nações,
— iluminai aqueles que ainda não vos conhecem, para que creiam em vós. R.

Redentor nosso, glória de Israel vosso povo,
— fazei vossa Igreja crescer entre as nações. R.

Jesus, desejado de todas as nações, os olhos do justo Simeão viram a vossa salvação;
— salvai a humanidade inteira. R.

Senhor, em cuja apresentação foi anunciada a Maria, vossa mãe, uma espada de dor,
— fortalecei aqueles que suportam provações por causa do serviço do vosso Reino. R.

(intenções livres)

Cristo, felicidade dos santos, que Simeão viu antes de morrer, como era seu ardente desejo,
— mostrai-vos para sempre àqueles que têm sede de vos ver depois da morte. R.

Pai nosso...

Oração

Deus eterno e todo-poderoso, ouvi as nossas súplicas. Assim como o vosso Filho único, revestido da nossa humanidade, foi hoje apresentado no Templo, fazei que nos apresentemos diante de vós com os corações purificados. Por nosso Senhor Jesus Cristo, vosso Filho, na unidade do Espírito Santo.

Invitatório

R. O Se**nhor** vem a seu **tem**plo: vinde, **to**dos, ado**re**mos!
Salmo invitatório como no Ordinário, p. 583.

Ofício das Leituras

Hino

Dignou-se obedecer à lei mosaica
e dela aos rituais se sujeitar
o rei das legiões do Pai celeste,
que fez o céu, a terra e o mar.

A mãe feliz carrega no seu colo
a Deus, que em nossa carne se ocultou,
e beija castamente aqueles lábios
a cuja ordem tudo se criou.

É ele a luz que brilha sobre os povos,
a glória de Israel, seu povo amado.
Foi posto para ruína e salvação,
até que seja o oculto revelado.

A glória ao Pai eterno pelos séculos.
Império e glória, ó Filho, a vós convém.
Poder e salvação ao Santo Espírito.
Louvor aos Três nos séculos. Amém.

Ou como nas II Vésperas, O que o coro dos profetas, p. 1241.

Salmodia

Ant. 1 Este **Me**nino há de **ser**
ocasi**ão** de salva**ção** e de ruína para **mui**tos.

Salmo 2

– ¹ Por que os **po**vos agi**ta**dos se re**vol**tam? *
por que **tra**mam as nações projetos vãos?
= ² Por que os **reis** de toda a terra se reúnem, †
e cons**pi**ram os governos todos juntos *
contra o **Deus** onipotente e o seu Ungido? –

— ³"Vamos que**brar** suas correntes", dizem eles, *
   "e lan**çar** longe de nós o seu domínio!"
— ⁴Ri-se **de**les o que mora lá nos céus; *
   zomba **de**les o Senhor onipotente.
— ⁵Ele, en**tão**, em sua ira os ameaça, *
   e em seu fu**ror** os faz tremer, quando lhes diz:
— ⁶"Fui eu **mes**mo que escolhi este meu Rei, *
   e em Sião, meu monte santo, o consagrei!"
= ⁷O de**cre**to do Senhor promulgarei, †
   foi as**sim** que me falou o Senhor Deus: *
   "Tu és meu **Fi**lho, e eu hoje te gerei!
= ⁸Podes pe**dir**-me, e em resposta eu te darei †
   por tua he**ran**ça os povos todos e as nações, *
   e há de **ser** a terra inteira o teu domínio.
— ⁹Com cetro **fér**reo haverás de dominá-los, *
   e que**brá**-los como um vaso de argila!"
— ¹⁰E a**go**ra, poderosos, entendei; *
   sobe**ra**nos, aprendei esta lição:
— ¹¹Com te**mor** servi a Deus, rendei-lhe glória *
   e pres**tai**-lhe homenagem com respeito!
— ¹²Se o irri**tais**, perecereis pelo caminho, *
   pois de**pres**sa se acende a sua ira!
— Fe**li**zes hão de ser todos aqueles *
   que **põem** sua esperança no Senhor!

Ant. Este Me**ni**no há de **ser**
   oca**sião** de salva**ção** e de ruína para **mui**tos.

Ant. 2 Radi**an**te de esplen**dor**, põe-te de **pé**:
   Despon**tou** a tua **luz**, Jerusa**lém**,
   e a **gló**ria do Se**nhor** te ilumi**nou**!

Salmo 18(19) A

— ²Os céus pro**cla**mam a **gló**ria do Se**nhor**, *
   e o firma**men**to, a obra de suas mãos;

— ³o dia ao **dia** transmite esta mensagem, *
a noite à **noi**te publica esta notícia.
— ⁴Não são dis**cur**sos nem frases ou palavras, *
nem são **vo**zes que possam ser ouvidas;
— ⁵seu som res**soa** e se espalha em toda a terra, *
chega aos con**fins** do universo a sua voz.
— ⁶Armou no **al**to uma tenda para o sol; *
ele des**pon**ta no céu e se levanta
— como um es**po**so do quarto nupcial, *
como um he**rói** exultante em seu caminho.
— ⁷De um ex**tre**mo do céu põe-se a correr *
e vai tra**çan**do o seu rastro luminoso,
— até que **pos**sa chegar ao outro extremo, *
e nada **po**de fugir ao seu calor.

Ant. Radian**te** de esplen**dor**, põe-te de **pé**:
Despon**tou** a tua **luz**, Jerusa**lém**,
e a **gló**ria do Se**nhor** te ilumi**nou**!

Ant. 3 De ale**gri**a ex**ul**ta, ó **no**va Sião!
Eis que **vem** o teu **Rei**, humil**de** e bon**do**so,
sal**var** o seu **po**vo!

Salmo 44(45)

= ²Trans**bor**da um poema do **meu** cora**ção**; †
vou can**tar**-vos, ó Rei, esta **mi**nha canção; *
minha **lín**gua é qual pena de um **á**gil escriba.
= ³Sois tão **be**lo, o mais belo entre os **fi**lhos dos homens! †
Vossos **lá**bios espalham a **gra**ça, o encanto, *
porque **Deus**, para sempre, vos **deu** sua bênção.
— ⁴Le**vai** vossa espada de **gló**ria no flanco, *
he**rói** valoroso, no **vos**so esplendor;
— ⁵sa**í** para a luta no **car**ro de guerra *
em de**fe**sa da fé, da jus**ti**ça e verdade! –

= Vossa **mão** vos ensine val**en**tes proezas, †
⁶vossas flechas agudas a**ba**tam os povos *
e firam no seu cora**ção** o inimigo!

= ⁷Vosso tro**no**, ó Deus, é e**ter**no, é sem fim; †
vosso **ce**tro real é si**nal** de justiça: *
⁸Vós a**mais** a justiça e odi**ais** a maldade.

= É por **is**so que Deus vos un**giu** com seu óleo, †
deu-vos **mais** alegria que aos **vos**sos amigos. *
⁹Vossas **ves**tes exalam preci**os**os perfumes.

– De ebúr**ne**os palácios os **sons** vos deleitam. *
¹⁰As **fi**lhas de reis vêm ao **vos**so encontro,
– e à **vos**sa direita se en**con**tra a rainha *
com **ves**te esplendente de **ou**ro de Ofir.

–¹¹Escu**tai**, minha **fi**lha, o**lhai**, ouvi isto: *
"Esque**cei** vosso povo e a **ca**sa paterna!

–¹²Que o **Rei** se encante com **vos**sa beleza! *
Pres**tai**-lhe homenagem: é **vos**so Senhor!

–¹³O **po**vo de Tiro vos **traz** seus presentes, *
os **gran**des do povo vos **pe**dem favores.

–¹⁴Majes**to**sa, a princesa re**al** vem chegando, *
vestida de ricos bro**ca**dos de ouro.

–¹⁵Em **ves**tes vistosas ao **Rei** se dirige, *
e as **vir**gens amigas lhe **for**mam cortejo;

–¹⁶entre **can**tos de festa e com **gran**de alegria, *
ingressam, então, no pa**lá**cio real".

–¹⁷Deixa**reis** vossos pais, mas te**reis** muitos filhos; *
fareis **de**les os reis sobe**ra**nos da terra.

–¹⁸Canta**rei** vosso nome de i**da**de em idade, *
para **sem**pre haverão de lou**var**-vos os povos!

Ant. De ale**gria** exul**ta**, ó **no**va Sião!
Eis que **vem** o teu **Rei**, humilde e bon**do**so,
salvar o seu **po**vo!

V. Recordamos, Senhor **Deus**, vossa bon**da**de,
R. Em **mei**o ao vosso **tem**plo.

Primeira leitura
Do livro do Êxodo 13,1-3a.11-16

Consagração do primogênito

Naqueles dias: ¹O Senhor falou a Moisés, dizendo: ²"Consagra-me todo o primogênito, todo o primeiro parto entre os filhos de Israel, tanto de homens como de animais, porque todas as coisas são minhas".
³Moisés disse ao povo:
¹¹"Quando o Senhor te houver introduzido na terra dos cananeus e a tiver dado a ti, conforme te jurou e a teus pais, ¹²consagrarás ao Senhor todos os primogênitos desde o ventre materno e também as primeiras crias do teu gado; consagrarás ao Senhor tudo o que tiveres do sexo masculino. ¹³Resgatarás o primogênito do jumento com uma ovelha; se, porém, não o resgatares, deverás matá-lo. Resgatarás com dinheiro todo o primogênito de teus filhos. ¹⁴E quando o teu filho, amanhã, te perguntar: 'Que significa isto?', tu lhe responderás: 'O Senhor tirou-nos do Egito, da casa da escravidão, com mão forte. ¹⁵Como o Faraó se obstinasse em não nos deixar partir, o Senhor matou todos os primogênitos na terra do Egito, desde os primogênitos dos homens até aos primogênitos dos animais. Por isso, eu sacrifico ao Senhor todo o primogênito macho dos animais, e resgato todo o primogênito de meus filhos'. ¹⁶Isto será para ti como um sinal em tua mão, e como uma marca entre os teus olhos para lembrança; pois foi com mão forte que o Senhor nos tirou do Egito".

Responsório
Cf. Lc 2,28

R. Sião, en**fei**ta o teu **quar**to nupci**al**
   e re**ce**be o teu **Rei**, Cristo **Je**sus,

* Que a **Vir**gem conce**beu** e deu à **luz**,
e, conser**van**do a virgin**da**de após o **par**to,
ado**rou** aquele **mes**mo a quem ge**rou**.
V. Sime**ão** toma o Me**ni**no nos seus **bra**ços
dá **gra**ças, bendi**zen**do ao Se**nhor**. * Que a **Vir**gem.

Segunda leitura
Dos Sermões de São Sofrônio, bispo
(Orat. 3, de Hypapante, 6.7: PG 87, 3,3291-3293)
(Séc. VII)

Recebamos a luz clara e eterna

Todos nós que celebramos e veneramos com tanta piedade o mistério do encontro do Senhor, corramos para ele cheios de entusiasmo. Ninguém deixe de participar deste encontro, ninguém recuse levar sua luz.

Acrescentamos também algo ao brilho das velas, para significar o esplendor divino daquele que se aproxima e ilumina todas as coisas; ele dissipa as trevas do mal com a sua luz eterna, e também manifesta o esplendor da alma, com o qual devemos correr ao encontro com Cristo.

Do mesmo modo que a Mãe de Deus e Virgem imaculada trouxe nos braços a verdadeira luz e a comunicou aos que jaziam nas trevas, assim também nós: iluminados pelo seu fulgor e trazendo na mão uma luz que brilha diante de todos, corramos pressurosos ao encontro daquele que é a verdadeira luz.

Realmente, a *luz veio ao mundo* (cf. Jo 1,9) e dispersou as sombras que o cobriam; *o sol que nasce do alto nos visitou* (cf. Lc 1,78) e iluminou os que jaziam nas trevas. É este o significado do mistério que hoje celebramos. Por isso caminhamos com lâmpadas nas mãos, por isso acorremos trazendo as luzes, não apenas simbolizando que a luz já brilhou para nós, mas também para anunciar o esplendor maior que dela nos virá no futuro. Por este motivo, vamos todos juntos, corramos ao encontro de Deus.

Chegou a verdadeira luz, *que vindo ao mundo ilumina todo ser humano* (Jo 1,9). Portanto, irmãos, deixemos que ela nos ilumine, que ela brilhe sobre todos nós.

Que ninguém fique excluído deste esplendor, ninguém insista em continuar mergulhado na noite. Mas avancemos todos resplandecentes; iluminados por este fulgor, vamos todos ao seu encontro e com o velho Simeão recebamos a luz clara e eterna. Associemo-nos à sua alegria e cantemos com ele um hino de ação de graças ao Criador e Pai da luz, que enviou a luz verdadeira e, afastando todas as trevas, nos fez participantes do seu esplendor.

A salvação de Deus, preparada diante de todos os povos, manifestou a glória que nos pertence, a nós que somos o novo Israel. Também fez com que víssemos, graças a ele, essa salvação e fôssemos absolvidos da antiga e tenebrosa culpa. Assim aconteceu com Simeão que, depois de ver a Cristo, foi libertado dos laços da vida presente.

Também nós, abraçando pela fé a Cristo Jesus que nasceu em Belém, de pagãos que éramos, nos tornamos povo de Deus – Jesus é, com efeito, a salvação de Deus Pai – e vemos com nossos próprios olhos o Deus feito homem. E porque vimos a presença de Deus e a recebemos, por assim dizer, nos braços do nosso espírito, somos chamados de novo Israel. Todos os anos celebramos novamente esta festa, para nunca nos esquecermos daquele que um dia há de voltar.

Responsório   Ez 43,5; cf. Lc 2,22

R. A **glória** do Se**nhor** en**trou** no santu**ário**
   pela **por**ta orien**tal,**
 * E o **tem**plo ficou **cheio** da **glória** do Se**nhor**.
V. Jo**sé** e Ma**ria** le**var**am ao **tem**plo o Me**nino** Je**sus**.
   * E o **templo**.
HINO Te Deum, p. 589.

Oração como nas Laudes.

Laudes

Hino

Sião, na espera do Senhor,
adorna o tálamo ditoso.
Na vigilante luz da fé,
acolhe a esposa e o esposo!

Ó ancião feliz, apressa-te,
cumpre a promessa da alegria,
revela a todos a luz nova
que para os povos se anuncia.

Os pais ao Templo levam Cristo,
no Templo, o Templo se oferece.
E quem à lei nada devia,
à lei dos homens obedece.

Oferta, ó Virgem, o teu Filho,
que é do Pai o Filho amado.
Nele oferece nosso preço,
pelo qual fomos resgatados.

No ritual do sacrifício
teu Filho, ó Virgem, oferece.
A salvação foi dada a todos,
grande alegria resplandece.

Louvor a vós, ó Jesus Cristo,
que hoje às nações vos revelais,
a vós, ao Pai e ao Espírito
glória nos séculos eternais.

Ant. 1 O **jus**to e pie**do**so Sime**ão**
esperava a reden**ção** de Israel,
e o Es**pí**rito de **Deus** estava **ne**le.

Salmos e cântico do domingo da I Semana, p. 626.

Ant. 2 Sime**ão** toma o Me**ni**no nos seus **bra**ços
e dá **gra**ças, bendi**zen**do ao Se**nhor**.

Ant. 3 Uma **luz** que brilha**rá** para os gen**ti**os
e para a **gló**ria de Israel, vosso **po**vo.

Leitura breve
Ml 3,1

Eis que envio meu anjo, e ele há de preparar o caminho para mim; logo chegará ao seu templo o Dominador, que tentais encontrar, e o anjo da aliança, que desejais.

Responsório breve

R. No esplen**dor** do santo **tem**plo,
 * Ado**rai** o Senhor **Deus**! R. No esplen**dor**.
V. Dai a **Deus** glória e lou**vor**! * Ado**rai**.
 Glória ao **Pai**. R. No esplen**dor**.

Cântico evangélico, ant.

José e Maria levaram ao **tem**plo o Menino **Je**sus;
Simeão recebeu-o e, tomando-o nos **bra**ços,
bendisse o Se**nhor**.

Preces

Adoremos nosso Salvador, que hoje foi apresentado no templo; e peçamos:

R. **Senhor, que os nossos olhos vejam a vossa salvação.**

Cristo Jesus, que quisestes ser apresentado no templo, segundo a lei,
– ensinai a nos oferecermos convosco no sacrifício da Igreja.
R.

Consolador de Israel, a quem o justo Simeão acolheu no templo,
– ensinai-nos também a vos acolher na pessoa de nossos irmãos e irmãs.
R.

Esperança das nações, de quem a profetisa Ana falava a todos os que esperavam a libertação de Israel,
– ensinai-nos a falar de vós, como convém, a todas as pessoas.
R.

Pedra angular do Reino de Deus, colocada como sinal de contradição,
– fazei que, pela fé e pela caridade, nós vos encontremos e em vós sejamos ressuscitados.

R. **Senhor, que os nossos olhos vejam a vossa salvação.**

(intenções livres)

Pai nosso...

Oração

Deus eterno e todo-poderoso, ouvi as nossas súplicas. Assim como o vosso Filho único, revestido da nossa humanidade, foi hoje apresentado no Templo, fazei que nos apresentemos diante de vós com os corações purificados. Por nosso Senhor Jesus Cristo, vosso Filho, na unidade do Espírito Santo.

Hora Média

Antífonas e salmos do dia corrente.

Oração das Nove Horas

Leitura breve — Is 8,14

O Senhor será vossa fonte de justiça, mas também o obstáculo, ou a pedra de escândalo para as duas casas de Israel, armadilha e emboscada para os habitantes de Jerusalém.

V. O Se**nhor** se recor**dou** de seu **amor** sempre **fiel**
R. Pela **ca**sa de Isra**el**.

Oração das Doze Horas

Leitura breve — Is 42,13

O Senhor sai a campo como um vencedor, provocando desafios como um guerreiro, ele dá o grito de guerra e a voz de comando, ele triunfará sobre seus inimigos.

V. Os con**fins** do univer**so** contem**plaram**
   a salva**ção** do nosso **Deus**.
R. Acla**mai** o Senhor **Deus**, ó terra in**teira**!

Oração das Quinze Horas

Leitura breve — Is 12,5-6

Cantai ao Senhor as grandes coisas que fez; é preciso que isto seja conhecido em toda parte. Exulta de alegria entre louvores, Cidade de Sião, pois no meio de ti se manifesta a grandeza do Santo de Israel.

V. A ver**da**de e o **amor** se encontra**rão**.
R. A jus**ti**ça e a **paz** se abraça**rão**.
Oração como nas Laudes.

II Vésperas

Hino

O que o coro dos profetas
celebrou em profecia,
pela ação do Espírito Santo
realiza-se em Maria.

Ao Senhor de todo o mundo
esta Virgem concebeu,
deu à luz, e sempre virgem
integral permaneceu.

Simeão, no templo, exulta
tendo aos braços o Menino,
porque vê com os seus olhos
o Esperado, o Sol divino.

Mãe do Rei eterno, ouvi-nos,
acolhei do orante a prece,
vós que dais a clara luz
que no Filho resplandece.

Cristo, luz que nos abris
de Deus Pai as profundezas,
na mansão da luz eterna
vos cantemos as grandezas.

Salmodia

Ant. 1 O Espírito de **Deus** revel**ara** a Sime**ão** que, **ant**es de mo**rrer**, veria o Salva**dor**.

Salmo 109(110),1-5.7

– ¹ **Pa**lavra do Se**nhor** ao meu Se**nhor**: *
"**Assen**ta-te ao lado meu direito,
– a**té** que eu ponha os inimigos teus *
como esca**be**lo por debaixo de teus pés!"

= ² O Se**nhor** estenderá desde Sião †
vosso **ce**tro de poder, pois ele diz: *
"**Do**mina com vigor teus inimigos;

= ³ Tu és **prín**cipe desde o dia em que nasceste; †
na **gló**ria e esplendor da santidade, *
como o or**va**lho, antes da aurora, eu te gerei!"

= ⁴ Jurou o Se**nhor** e manterá sua palavra: †
"Tu **és** sacerdote eternamente, *
segundo a **or**dem do rei Melquisedec!"

– ⁵ À vossa **des**tra está o Senhor, ele vos diz: *
"No dia da ira esmagarás os reis da terra!

– ⁷ Bebe**rás** água corrente no caminho, *
por **is**so seguirás de fronte erguida!"

Ant. O Espírito de **Deus** revel**ara** a Sime**ão** que, **ant**es de mo**rrer**, veria o Salva**dor**.

Ant. 2 Ofereceram ao Se**nhor** em sacrifício duas pombinhas, de a**cor**do com a **lei**.

Salmo 129(130)

– ¹ Das profun**de**zas eu **cla**mo a vós, Se**nhor**, *
² escu**tai** a minha **voz**!

– Vossos ou**vi**dos estejam bem atentos *
ao **cla**mor da minha prece! –

– ³Se levardes em conta nossas faltas, *
  quem haverá de subsistir?
– ⁴Mas em **vós** se encontra o perdão, *
  eu vos **temo** e em vós espero.
– ⁵No Se**nhor** ponho a minha esperança, *
  es**pe**ro em sua palavra.
– ⁶A minh'**alma** espera no Senhor *
  mais que o vi**gia** pela aurora.
– ⁷Espere Israel pelo Senhor *
  mais que o vi**gia** pela aurora!
– Pois no Se**nhor** se encontra toda graça *
  e copiosa redenção.
– ⁸Ele **vem** libertar a Israel *
  de **to**da a sua culpa.

Ant. Ofere**ce**ram ao Se**nhor** em sacrifício
   duas pom**bi**nhas, de a**cor**do com a **lei**.

Ant. 3 Os meus **olhos** viram a **vossa** salva**ção**,
   que prepa**ras**tes ante a **face** das na**ções**.

Cântico   Cf. Cl 1,12-20

= ¹²Demos **gra**ças a Deus **Pai** onipo**ten**te, †
  que nos **cha**ma a partilhar, na sua luz, *
  da he**ran**ça a seus santos reservada!

(R. Glória a **vós**, Primogênito dentre os **mor**tos!)

= ¹³Do im**pé**rio das trevas arrancou-nos †
  e transpor**tou**-nos para o Reino de seu Filho, *
  para o **Rei**no de seu Filho bem-amado,
– ¹⁴no **qual** nós encontramos redenção, *
  dos pe**ca**dos remissão pelo seu sangue. (R.)
– ¹⁵Do **Deus**, o Invisível, é a imagem, *
  o Primogênito de toda criatura;

= ¹⁶porque **ne**le é que tudo foi criado: †
  o que há nos **céus** e o que existe sobre a terra, *
  o vis**í**vel e também o invisível.   (R.)

= Sejam **Tro**nos e Poderes que há nos céus, †
  sejam **e**les Principados, Potestades: *
  por **e**le e para ele foram feitos;

— ¹⁷antes de **to**da criatura ele existe, *
  e é por **e**le que subsiste o universo.   (R.)

= ¹⁸Ele é a Ca**be**ça da Igreja, que é seu Corpo, †
  é o prin**cí**pio, o Primogênito dentre os mortos, *
  a **fim** de ter em tudo a primazia.

— ¹⁹Pois foi do a**gra**do de Deus Pai que a plenitude *
  habi**tas**se no seu Cristo inteiramente.   (R.)

— ²⁰A**prou**ve-lhe também, por meio dele, *
  reconcili**ar** consigo mesmo as criaturas,

= pacifi**can**do pelo sangue de sua cruz †
  tudo a**qui**lo que por ele foi criado, *
  o que há nos **céus** e o que existe sobre a terra.   (R.)

Ant. Os meus **o**lhos viram a **vos**sa salva**ção**,
     que prepa**ras**tes ante a **face** das na**ções**.

Leitura breve   Hb 4,15-16
Temos um sumo sacerdote capaz de se compadecer de nossas fraquezas, pois ele mesmo foi provado em tudo como nós, com exceção do pecado. Aproximemo-nos então, com toda a confiança, do trono da graça, para conseguirmos misericórdia e alcançarmos a graça de um auxílio no momento oportuno.

Responsório breve
R. O Se**nhor** manifes**tou**
  * A **sua** salva**ção**. R. O Se**nhor**.
V. Que ha**via** prepa**ra**do, ante a **face** das na**ções**.
  * A **sua**. Glória ao **Pai**. R. O Se**nhor**.

Cântico evangélico, ant.

Hoje a **Vir**gem M**ari**a apresen**tou**
o Me**ni**no Je**sus** no santo **tem**plo.
Sime**ão**, impe**li**do pelo Es**pí**rito,
rece**beu** o Me**ni**no nos seus **bra**ços
e deu **gra**ças, bendi**zen**do ao Se**nhor**.

Preces

Adoremos nosso Salvador, que hoje foi apresentado no templo; e peçamos:

R. **Senhor, que os nossos olhos vejam a vossa salvação.**

Cristo Salvador, luz que se revela às nações,
—iluminai aqueles que ainda não vos conhecem, para que creiam em vós. R.

Redentor nosso, glória de Israel vosso povo,
—fazei vossa Igreja crescer entre as nações. R.

Jesus, desejado de todas as nações, os olhos do justo Simeão viram a vossa salvação;
—salvai a humanidade inteira. R.

Senhor, em cuja apresentação foi anunciada a Maria, vossa mãe, uma espada de dor,
—fortalecei aqueles que suportam provações por causa do serviço do vosso Reino. R.

(intenções livres)

Cristo, felicidade dos santos, que Simeão viu antes de morrer, como era seu ardente desejo,
—mostrai-vos para sempre àqueles que têm sede de vos ver depois da morte. R.

Pai nosso...

Oração

Deus eterno e todo-poderoso, ouvi as nossas súplicas. Assim como o vosso Filho único, revestido da nossa humanidade, foi hoje apresentado no Templo, fazei que nos apresentemos diante de vós com os corações purificados. Por nosso Senhor Jesus Cristo, vosso Filho, na unidade do Espírito Santo.

3 de fevereiro
SÃO BRÁS, BISPO E MÁRTIR

Foi bispo de Sebaste (Armênia) no século IV. Na Idade Média o seu culto propagou-se por toda a Igreja.

Do Comum de um mártir, p. 1591, ou, dos pastores: para bispos, p. 1617.

Ofício das Leituras

Segunda leitura
Dos Sermões de Santo Agostinho, bispo
 (Sermo Guelferbytanus 32, De ordinatione episcopi:
PLS, 2,639-640) (Séc. V)

Sacrifica-te por minhas ovelhas

O Filho do homem não veio para ser servido, mas para servir e dar a sua vida como resgate em favor de muitos (Mt 20,28). Eis como o Senhor se fez servo, eis como nos ensinou a servir. *Deu a sua vida como resgate em favor de muitos:* ele nos remiu.

Quem dentre nós tem condições para redimir alguém? Foi pelo sangue de Cristo que fomos redimidos, foi pela sua morte que fomos resgatados da morte; estávamos caídos, e, pela sua humildade, fomos reerguidos da nossa prostração. Mas devemos também contribuir com nossa pequena parte para ajudar os seus membros, pois nos tornamos membros dele: ele é a cabeça e nós somos o corpo.

Aliás, o apóstolo João nos exorta, em sua carta, a seguirmos o exemplo do Senhor que disse: *Quem quiser tornar--se grande, torne-se vosso servidor, pois o Filho do homem não veio para ser servido, mas para servir e dar a sua vida como resgate em favor de muitos* (Mt 20,27.28). O mencionado apóstolo nos exorta, por isso, a imitar o exemplo do Salvador com estas palavras: *Jesus deu a sua vida por nós. Portanto, também nós devemos dar a vida pelos irmãos* (1Jo 3,16).

O próprio Senhor, falando depois da ressurreição, perguntou: *Pedro, tu me amas?* Ele respondeu: *Sim, Senhor, tu sabes que te amo.* Por três vezes o Senhor fez a mesma pergunta e por três vezes Pedro deu idêntica resposta. Em todas as três vezes, o Senhor acrescentou: *Apascenta as minhas ovelhas* (Jo 21,15s).

Como podes mostrar que me amas, a não ser apascentando as minhas ovelhas? O que podes me dar com teu amor, se recebes tudo de mim? Portanto, se tu me amas, eis o que tens de fazer: *Apascenta as minhas ovelhas*.

Uma vez, duas, três vezes: *Tu me amas. Amo. Apascenta as minhas ovelhas.* Três vezes o negara por medo. Então o Senhor logo lhe disse: *Quando eras jovem, tu te cingias e ias para onde querias. Quando fores velho, estenderás as mãos e outro te cingirá e te levará para onde não queres ir. Jesus disse isso, significando com que morte Pedro iria glorificar a Deus* (Jo 21,18-19). Anunciou-lhe sua cruz, predisse-lhe sua paixão.

Prosseguindo, o Senhor lhe disse: *Apascenta as minhas ovelhas*. Sacrifica-te por minhas ovelhas.

Responsório   Fl 1,20b; Sl 68(69),21a

R. Minha esperança não será
   decepcionada em coisa alguma,
 * Mas com toda a certeza o Cristo há de ser
   glorificado no meu corpo,
   por minha vida ou minha morte.
V. O insulto me partiu o coração;
   não suportei, desfaleci de tanta dor. * Mas com.

Oração

Ouvi, ó Deus, as preces do vosso povo, confiado no patrocínio de São Brás; concedei-nos a paz neste mundo e a graça de chegar à vida eterna. Por nosso Senhor Jesus Cristo, vosso Filho, na unidade do Espírito Santo.

No mesmo dia 3 de fevereiro
SANTO OSCAR, BISPO

Nasceu na França no princípio do século IX e foi educado no mosteiro de Córbia (Alemanha). Em 826 partiu para a Dinamarca a fim de pregar a fé cristã, não obtendo porém muito resultado; no entanto teve melhor êxito na Suécia. Foi eleito bispo de Hamburgo. O papa Gregório IV, depois de confirmar sua eleição, nomeou-o legado pontifício para a Dinamarca e a Suécia. Encontrou muitas dificuldades no seu ministério de evangelização, mas superou-as com grande fortaleza de ânimo. Morreu em 865.

Do Comum dos pastores: para bispos, p. 1617.

Ofício das Leituras

Segunda leitura

Do Decreto *Ad gentes* sobre a ação missionária da Igreja, do Concílio Vaticano II

(N. 23-24) (Séc. XX)

É preciso proclamar com firmeza
o mistério de Cristo

Cada discípulo de Cristo tem a sua parte na tarefa de propagar a fé. Apesar disso, Cristo Senhor sempre chama dentre os discípulos aqueles que quer, para que estejam com ele, e os envia a evangelizar os povos.

Por isso, através do Espírito Santo, que distribui os carismas como quer para a utilidade comum, inspira a vocação missionária no coração de cada um e ao mesmo tempo suscita Institutos na Igreja, que assumam como missão própria a tarefa de evangelização, que pertence a toda a Igreja.

De fato, são marcados com especial vocação os sacerdotes, os religiosos e os leigos, autóctones ou estrangeiros, possuidores de boa índole e dotados de capacidade e inteligência, que se acham preparados para empreender o trabalho missionário. Enviados pela legítima autoridade, partem movidos pela fé e obediência, para junto daqueles que estão longe de Cristo, destinados para o trabalho a que foram escolhidos, como ministros do Evangelho, *para que os pagãos se tornem uma oferenda bem aceita, santificada no Espírito Santo* (Rm 15,16).

Quando Deus chama, o homem deve responder de tal modo que, sem transigir com a carne e o sangue, se entregue de corpo e alma à obra do Evangelho. Esta resposta, porém, não pode ser dada senão por impulso e virtude do Espírito Santo.

O enviado entra, portanto, na vida e na missão daquele que *esvaziou-se a si mesmo, assumindo a condição de escravo* (Fl 2,7). Por isso deve estar disposto a perseverar toda a vida na sua vocação, a renunciar a si próprio e a tudo o que até então considerara como seu, e a fazer-se tudo para todos.

Anunciando o Evangelho aos povos, torne conhecido, com toda firmeza, o mistério de Cristo, em cujo nome exerce sua delegação. Nele, ousará falar como convém e não se envergonhará do escândalo da cruz.

Seguindo as pegadas de seu Mestre, manso e humilde de coração, mostre que seu jugo é suave e o seu fardo é leve. Mediante uma vida verdadeiramente evangélica, com muita paciência, longanimidade, suavidade, caridade sincera, dê testemunho de seu Senhor até à efusão do sangue, se for necessário.

Deus lhe dará a virtude e a fortaleza para conhecer a plenitude de felicidade que está contida na grande prova da tribulação e da mais completa pobreza.

Responsório
1Cor 9,16.22b

R. Anunciar o Evangelho não é motivo de orgulhar-me;
é, porém, necessidade e obrigação que se me impõe.
* Ai de **mim**, se eu deixar de anunciar o Evangelho.
V. Fiz-me **tu**do para **to**dos, para **to**dos serem **sal**vos.
* Ai de **mim**.

Oração

Ó Deus, que enviastes o bispo Santo Oscar para iluminar muitos povos com a vossa palavra, concedei-nos por sua intercessão caminhar à luz da vossa verdade. Por nosso Senhor Jesus Cristo, vosso Filho, na unidade do Espírito Santo.

5 de fevereiro
SANTA ÁGUEDA, VIRGEM E MÁRTIR

Memória

Foi martirizada em Catânia, na Sicília, provavelmente na perseguição de Décio. O seu culto propagou-se desde a Antiguidade por toda a Igreja e seu nome foi incluído no Cânon romano.

Do Comum de um(a) mártir, p. 1591, ou das virgens, p. 1658.

Ofício das Leituras

Segunda leitura

Do Sermão na festa de Santa Águeda, de São Metódio da Sicília, bispo

(Analecta Bollandiana, 68, 76-78)   (Séc. IX)

*Dom que nos foi concedido por Deus,
verdadeira fonte da bondade*

A comemoração do aniversário de Santa Águeda nos reúne a todos neste lugar, como se fôssemos um só. Bem conheceis, meus ouvintes, o combate glorioso desta mártir, uma das mais antigas e ao mesmo tempo tão recente que parece estar agora mesmo lutando e vencendo, através dos divinos milagres com os quais diariamente é coroada e ornada.

A virgem Águeda nasceu do Verbo de Deus imortal e seu único Filho, que também padeceu a morte por nós. Com efeito, João, o teólogo, assim se exprime: *A todos aqueles que o receberam, deu-lhes a capacidade de se tornarem filhos de Deus* (Jo 1,12).

É uma virgem esta mulher que nos convidou para o sagrado banquete; é a mulher desposada com um único esposo, Cristo, para usar as mesmas expressões do apóstolo Paulo, ao falar da união conjugal.

É uma virgem que pintava e enfeitava os olhos e os lábios com a luz da consciência e a cor do sangue do verdadeiro e divino Cordeiro; e que, pela meditação contínua, trazia sempre em seu íntimo a morte daquele que tanto amava. Deste modo, a mística veste de seu testemunho fala por si mesma a todas as gerações futuras, porque traz em si a marca indelével do sangue de Cristo e o tesouro inesgotável da sua eloquência virginal.

Ela é uma imagem autêntica da bondade, porque, sendo de Deus, vem da parte de seu Esposo nos tornar participantes daqueles bens, dos quais seu nome traz o valor e o significado: Águeda (que quer dizer "boa") é um dom que nos foi concedido por Deus, verdadeira fonte de bondade.

Qual a causa suprema de toda a bondade, senão aquela que é o Sumo Bem? Por isso, quem encontrará algo mais que mereça, como Águeda, os nossos elogios e louvores?

Águeda, cuja bondade corresponde tão bem ao nome e à realidade! Águeda, que pelos feitos notáveis traz consigo um nome glorioso, e no próprio nome demonstra as ilustres ações que realizou! Águeda, que nos atrai com o nome, para que todos venham ao seu encontro, e com o exemplo nos ensina a corrermos sem demora para o verdadeiro bem, que é Deus somente!

Responsório

R. Eu, porém, no **Senhor** apoiada,
fico **firme** no **meu** testemunho.
   *O **Senhor** me salvou, me deu **força**.
V. O **Senhor**, o Cordeiro sem **mancha**,
todo **cheio** de **amor** escolheu
para si esta **serva** sem **mancha**.
   *O Senhor.

Laudes

Cântico evangélico, Ant.

Como se **fosse** a uma **festa**,
caminhava a jovem Águeda com alegria para o **cárcere**,
e pedia ao Senhor: Aju**dai**-me em minha **luta**!

Oração

Ó Deus, que Santa Águeda, virgem e mártir, agradável ao vosso coração pelo mérito da castidade e pela força do martírio, implore vosso perdão em nosso favor. Por nosso Senhor Jesus Cristo, vosso Filho, na unidade do Espírito Santo.

Vésperas

Cântico evangélico, Ant.

Jesus **Cristo**, meu bom **Mestre** e meu **Senhor**,
graças a **vós**, que me fizestes supe**rar**
as **torturas** que **sofri** de meus algo**zes**!
Que eu al**cance** a vossa **glória** imperecível!

6 de fevereiro

SÃO PAULO MIKI E SEUS COMPANHEIROS, MÁRTIRES

Memória

Paulo nasceu no Japão, entre os anos de 1564 e 1566. Ingressou na Companhia de Jesus e pregou, com muito fruto, o Evangelho entre os seus compatriotas. Tendo se tornado mais violenta a perseguição contra os católicos, foi preso com vinte e cinco companheiros. Depois de muito maltratados, foram levados a Nagasáki, onde os crucificaram a 5 de fevereiro de 1597.

Do Comum de vários mártires, p. 1568.

Ofício das Leituras

Segunda leitura

Da História do martírio dos santos Paulo Miki e seus companheiros, escrita por um autor do tempo

(Cap. 14,109-110: Acta Sanctorum Febr. 1,769)

(Séc. XVI)

Sereis minhas testemunhas

Quando as cruzes foram levantadas, foi coisa admirável ver a constância de todos, à qual eram exortados pelo Padre Passos e pelo Padre Rodrigues. O Padre Comissário permaneceu sempre de pé, sem se mexer e com os olhos fixos no céu. O Irmão Martinho cantava salmos de ação de graças à bondade divina, aos quais acrescentava o versículo: *Em vossas mãos, Senhor* (Sl 30,6). Também o Irmão Francisco Blanco dava graças a Deus com voz clara. O Irmão Gonçalo recitava em voz alta o Pai-nosso e a Ave-Maria.

O nosso Irmão Paulo Miki, vendo-se colocado diante de todos no mais honroso púlpito que nunca tivera, começou por declarar aos presentes que era japonês e pertencia à Companhia de Jesus, que ia morrer por haver anunciado o

Evangelho e que dava graças a Deus por lhe conceder tão imenso benefício. E por fim disse estas palavras: "Agora que cheguei a este momento de minha vida, nenhum de vós duvidará que eu queira esconder a verdade. Declaro-vos, portanto, que não há outro caminho para a salvação fora daquele seguido pelos cristãos. E como este caminho me ensina a perdoar os inimigos e os que me ofenderam, de todo o coração perdoo o Imperador e os responsáveis pela minha morte, e lhes peço que recebam o batismo cristão.

Em seguida, voltando os olhos para os companheiros, começou a encorajá-los neste momento extremo. No rosto de todos transparecia uma grande alegria, mas era no de Luís que isto se percebia de modo mais nítido. Quando um cristão gritou que em breve estaria no paraíso, ele fez com as mãos e o corpo um gesto tão cheio de contentamento que os olhares dos presentes se fixaram nele.

Antônio estava ao lado de Luís, com os olhos voltados para o céu. Depois de invocar os santíssimos nomes de Jesus e de Maria, entoou o salmo *Louvai, louvai, ó servos do Senhor* (Sl 112,1), que tinha aprendido na escola de catequese em Nagasáki; de fato, durante o catecismo, costumavam ensinar alguns salmos às crianças.

Alguns repetiam com o rosto sereno: "Jesus, Maria"; outros exortavam os presentes a levarem uma vida digna de cristãos; e por estas e outras ações semelhantes demonstravam estar prontos para a morte.

Finalmente os quatro carrascos começaram a tirar as espadas daquelas bainhas que os japoneses costumam usar. Vendo cena tão horrível, os fiéis gritavam: "Jesus! Maria!" Seguiram-se lamentos tão sentidos de tocar os próprios céus. Ferindo-os com um primeiro e um segundo golpe, em pouco tempo os carrascos mataram a todos.

Responsório   Cf. Gl 6,14; Fl 1,29
R. Nós devemos gloriar-nos na cruz de Jesus Cristo;
    nele está a salvação, ressurreição e nossa vida;
 * Pelo qual nós fomos salvos, pelo qual fomos libertos.
V. A vós foi dada a graça, não só de crer em Cristo,
    mas também sofrer por ele. * Pelo qual.

Oração

Ó Deus, força dos santos, que em Nagasáki chamastes à verdadeira vida São Paulo Miki e seus companheiros pelo martírio da cruz, concedei-nos, por sua intercessão, perseverar até a morte na fé que professamos. Por nosso Senhor Jesus Cristo, vosso Filho, na unidade do Espírito Santo.

8 de fevereiro

SÃO JERÔNIMO EMILIANI

Nasceu na região de Veneza, em 1486. Seguiu a carreira militar, que mais tarde abandonou para se dedicar ao serviço dos pobres, depois de distribuir entre eles o que possuía. Fundou a Ordem dos Clérigos Regulares de Somasca, destinada a socorrer as crianças órfãs e os pobres. Morreu em Somasca, no território de Bérgamo (Itália), em 1537.

Do Comum dos santos homens: para educadores, p. 1742.

Ofício das Leituras

Segunda leitura
Das Cartas de São Jerônimo Emiliani a seus confrades
             (Venetiis, die 21 iunii 1535)   (Séc. XVI)

Confiemos unicamente no Senhor

   Aos diletíssimos irmãos em Cristo e filhos da Ordem dos Servos dos Pobres.
   Vosso pobre pai vos saúda e exorta a que persevereis no amor de Cristo e na fiel observância da lei cristã. Foi o que

vos ensinei por obras e palavras, enquanto estive convosco, de modo que o Senhor seja glorificado por meu intermédio no meio de vós.

O nosso fim é Deus, fonte de todos os bens, e devemos, como repetimos em nossa oração, confiar unicamente nele e em mais ninguém. Nosso bom Senhor, querendo aumentar vossa fé (sem a qual, como diz o evangelista, Cristo não pode realizar muitos milagres) e atender vossa oração, decidiu servir-se de vós assim: pobres, humilhados, aflitos, cansados, desprezados por todos, e agora, por fim, privados até da minha presença física, mas não do espírito de vosso pobre e muito amado pai.

Por que vos trata assim, só ele sabe. Podemos, contudo, vos sugerir três motivos: primeiro, nosso bendito Senhor vos adverte que é seu desejo incluir-vos no número de seus filhos queridos, contanto que persevereis em seus caminhos; é assim que faz com seus amigos e os torna santos.

Segundo motivo: ele quer que cada vez mais confieis somente nele e não em outros; porque, como eu já vos disse, Deus não realiza suas obras naqueles que se recusam a colocar somente nele toda a sua fé e toda a sua esperança, mas infunde sempre a plenitude de sua caridade nos que são cheios de fé e de esperança; neles realiza grandes coisas. Portanto, se estiverdes repletos de fé e de esperança, Deus fará também em vós grandes coisas e exaltará os humildes. Assim, quando ele vos priva de mim ou de qualquer outro que vós estimais, obriga-vos a escolher entre estas duas coisas: ou vos afastais da fé e voltais às coisas do mundo, ou permaneceis fortes na fé e sois aprovados por Deus.

Ainda há um terceiro motivo: Deus quer provar-nos como o ouro no cadinho. O fogo consome as escórias do ouro, mas o ouro de bom quilate permanece e aumenta de valor. Do mesmo modo Deus procede com o servo bom, que na tribulação permanece firme e espera nele. Deus o eleva, e de todas as coisas que abandonou por seu amor, receberá o cêntuplo neste mundo, e a vida eterna no mundo que há de vir.

É sempre assim que ele trata todos os santos. Foi assim com o povo de Israel, depois de tudo quanto sofrera no Egito: não apenas o retirou de lá com tantos prodígios e alimentou-o com o maná no deserto, mas lhe deu ainda a Terra Prometida. Se, portanto, vós também permanecerdes firmes na fé contra as tentações, o Senhor vos dará paz e descanso por algum tempo neste mundo, e para sempre no outro.

Responsório   Cf. 1Pd 3,8.9; Rm 12,10-11

R. Sede **todos unâ**nimes, compas**sivos**, fra**ter**nos,
misericor**dio**sos, mo**des**tos e hu**mil**des.
 * **Porque** para **is**so é que **fostes** cha**ma**dos,
a **fim** de alcan**çar**des a he**ran**ça da **bên**ção.
V. Uns aos **ou**tros **amai**-vos, com a**mor** frater**nal**;
adian**tai**-vos aos **ou**tros em **ges**tos de es**ti**ma,
sem pre**gui**ça, apli**ca**dos, fervo**ro**sos de es**pí**rito,
ser**vin**do ao **Senhor**. * **Porque** para.

Oração

Ó Deus e Pai de misericórdia, que destes em São Jerônimo Emiliani um pai e protetor para os órfãos, fazei que ele interceda por nós, para conservarmos fielmente o espírito de adoção, pelo qual nos chamamos vossos filhos e na verdade o somos. Por nosso Senhor Jesus Cristo, vosso Filho, na unidade do Espírito Santo.

10 de fevereiro

SANTA ESCOLÁSTICA, VIRGEM

Escolástica, irmã de São Bento, nasceu em Núrsia, na Úmbria (Itália), cerca do ano 480. Juntamente com seu irmão, consagrou-se a Deus e seguiu-o para Cassino, onde morreu por volta do ano 547.

Do Comum das virgens, p. 1658.

Ofício das Leituras

Segunda leitura
Dos Diálogos de São Gregório Magno, papa
(Lib. 2,33: PL 66,194-196) (Séc. VI)

Foi mais poderosa aquela que mais amou

Escolástica, irmã de São Bento, consagrada ao Senhor onipotente desde a infância, costumava visitar o irmão, uma vez por ano. O homem de Deus descia e vinha encontrar-se com ela numa propriedade do mosteiro, não muito longe da porta.

Certo dia, veio ela como de costume, e seu venerável irmão, com alguns discípulos, foi ao seu encontro. Passaram o dia inteiro a louvar a Deus e em santas conversas, de tal modo que já se aproximavam as trevas da noite quando sentaram-se à mesa para tomar a refeição.

Como durante as santas conversas o tempo foi passando, a santa monja rogou-lhe: "Peço-te, irmão, que não me deixes esta noite, para podermos continuar falando até de manhã sobre as alegrias da vida celeste". Ao que ele respondeu-lhe: "Que dizes tu, irmã? De modo algum posso passar a noite fora da minha cela".

A santa monja, ao ouvir a recusa do irmão, pôs sobre a mesa as mãos com os dedos entrelaçados e inclinou a cabeça sobre as mãos para suplicar o Senhor onipotente. Quando levantou a cabeça, rebentou uma grande tempestade, com tão fortes relâmpagos, trovões e aguaceiro, que nem o venerável Bento nem os irmãos que haviam vindo em sua companhia puderam pôr um pé fora da porta do lugar onde estavam.

Então o homem de Deus, vendo que não podia regressar ao mosteiro, começou a lamentar-se, dizendo: "Que Deus onipotente te perdoe, irmã! Que foi que fizeste?" Ela respondeu: "Eu te pedi e não quiseste me atender. Roguei ao meu Deus e ele me ouviu. Agora, pois, se puderes, vai-te embora; despede-te de mim e volta para o mosteiro".

E Bento, que não quisera ficar ali espontaneamente, teve que ficar contra a vontade. Assim, passaram a noite toda acordados, animando-se um ao outro com santas conversas sobre a vida espiritual.

Não nos admiremos que a santa monja tenha tido mais poder do que ele: se, na verdade, como diz São João, *Deus é amor* (1Jo 4,8), com justíssima razão, teve mais poder aquela que mais amou.

Três dias depois, estando o homem de Deus na cela, levantou os olhos para o alto e viu a alma de sua irmã liberta do corpo, em forma de pomba, penetrar no interior da morada celeste. Cheio de júbilo por tão grande glória que lhe havia sido concedida, deu graças a Deus onipotente com hinos e cânticos de louvor; enviou dois irmãos a fim de trazerem o corpo para o mosteiro, onde foi depositado no túmulo que ele mesmo preparara para si.

E assim, nem o túmulo separou aqueles que sempre tinham estado unidos em Deus.

Responsório — Sl 132(133),1

R. Como rogasse a santa **mon**ja ao Se**nhor**,
que não dei**xas**se seu **irmão** se reti**rar**,
 * Obteve **mais** do seu Se**nhor** do cora**ção**,
do que pe**di**ra, porque **e**la mais a**mou**.
V. Vinde e **ve**de como é **bom**, como é su**ave**,
os ir**mãos** viverem **jun**tos bem u**nidos**! * Obteve **mais**.

Laudes

Cântico evangélico, Ant.

A **vir**gem pru**den**te en**trou** para as **bo**das
e **vi**ve com **Cris**to na **gló**ria ce**les**te.
Como o **sol**, ela **bri**lha entre os **co**ros das **vir**gens.

Oração

Celebrando a festa de Santa Escolástica, nós vos pedimos, ó Deus, a graça de imitá-la, servindo-vos com caridade perfeita e alegrando-nos com os sinais do vosso amor. Por nosso Senhor Jesus Cristo, vosso Filho, na unidade do Espírito Santo.

11 de fevereiro

NOSSA SENHORA DE LOURDES

No ano de 1858, a Imaculada Virgem Maria apareceu a Bernadete Soubirous nas cercanias de Lourdes (França), na gruta de Massabielle. Por meio desta humilde jovem, Maria convida os pecadores à conversão, suscitando na Igreja grande zelo pela oração e pela caridade, sobretudo no que diz respeito ao serviço dos pobres e dos doentes.

Do Comum de Nossa Senhora, p.1507.

Ofício das Leituras

Segunda leitura
De uma carta de Santa Maria Bernarda Soubirous, virgem

(Lettre au P. Gondrand, a. 1861: cf. A. Ravier,
Les écrits de sainte Bernadette, Paris 1961, pp. 53-59)

(Séc. XIX)

A Senhora falou comigo

Certo dia, fui com duas meninas às margens do rio Gave buscar lenha. Ouvi um barulho, voltei-me para o prado, mas não vi movimento nas árvores. Levantei a cabeça e olhei para a gruta. Vi, então, uma Senhora vestida de branco; tinha um vestido alvo, com uma faixa azul celeste à cintura, e uma rosa de ouro em cada pé, da cor do rosário que trazia.

Ao vê-la, esfreguei os olhos, julgando estar sonhando. Enfiei a mão no bolso de meu vestido onde encontrei o rosário. Quis ainda fazer o sinal da cruz, porém, não consegui levar a mão à testa. Entretanto, quando aquela Senhora fez o sinal da cruz, tentei fazê-lo também; a mão tremia, mas consegui. Comecei a rezar o rosário; a Senhora igualmente ia passando as contas de seu rosário, embora não movesse os lábios. Quando terminei, a visão logo desapareceu.

Perguntei às duas meninas se tinham visto alguma coisa; disseram que não, e quiseram saber o que eu tinha para lhes contar. Garanti-lhes que vira uma Senhora vestida de branco, mas não sabia quem era, e pedi-lhes que não contassem a ninguém. Elas então me aconselharam a não voltar mais àquele lugar, porém não concordei. Voltei, pois, no domingo, porque me sentia interiormente chamada...

Somente na terceira vez, a Senhora me falou e perguntou-me se queria voltar ali durante quinze dias. Respondi-lhe que sim. Mandou-me dizer aos sacerdotes que construíssem uma capela naquele lugar. Em seguida, ordenou-me que bebesse da fonte. Como não vi fonte alguma, dirigi-me ao rio Gave. Ela disse-me que não era lá, e fez-me um sinal com o dedo, indicando-me o lugar onde estava a fonte. Dirigi-me para lá, mas só vi um pouco de água lamacenta; quis encher a mão para beber, mas não consegui nada. Comecei a cavar, e logo pude tirar um pouco de água. Joguei-a fora por três vezes, até que na quarta pude beber. Em seguida, a visão desapareceu e fui-me embora.

Durante quinze dias, lá voltei e a Senhora apareceu-me todos os dias, com exceção de uma segunda e de uma sexta-feira. Repetiu-me várias vezes que dissesse aos sacerdotes para construírem ali uma capela. Mandava que fosse à fonte para lavar-me e que rezasse pela conversão dos pecadores. Muitas e muitas vezes, perguntei-lhe quem era, mas apenas sorria com bondade. Finalmente, com braços e olhos erguidos para o céu, disse-me que era a Imaculada Conceição.

Durante esses quinze dias, também me revelou três segredos, proibindo-me de dizê-los a quem quer que fosse; até o presente os tenho guardado com toda a fidelidade.

Responsório   Lc 1,46b.49.48b
R. A minh'alma engrandece o Senhor:
  * O Poderoso fez em mim maravilhas e santo é seu nome.
V. Doravante as gerações hão de chamar-me de bendita.
  * O Poderoso.

Laudes

Cântico evangélico, Ant.
Aurora luminosa da nossa salvação,
de vós, Virgem Maria, nasceu o Sol da justiça,
que nos veio visitar lá do alto, como luz,
que ilumina todo homem.

Oração
Ó Deus de misericórdia, socorrei a nossa fraqueza para que, ao celebrarmos a memória da Virgem Imaculada, Mãe de Deus, possamos, por sua intercessão, ressurgir de nossos pecados. Por nosso Senhor Jesus Cristo, vosso Filho, na unidade do Espírito Santo.

Vésperas

Cântico evangélico, Ant.
Maria, alegra-te, ó cheia de graça, o Senhor é contigo!
És bendita entre todas as mulheres da terra,
e bendito é o fruto que nasceu de teu ventre!

14 de fevereiro

SÃO CIRILO, MONGE, E SÃO METÓDIO, BISPO

Memória

Cirilo, natural de Tessalônica, recebeu uma excelente formação em Constantinopla. Juntamente com seu irmão, Metódio, dirigiu-se para a Morávia, a fim de pregar a fé católica. Ambos compuseram os textos litúrgicos em língua eslava, escritos em letras que depois se chamaram "cirílicas". Chamados a Roma, ali morreu Cirilo, a 14 de fevereiro de 869. Metódio foi então ordenado bispo e partiu para a Panônia, onde exerceu intensa atividade evangelizadora. Muito sofreu por causa de pessoas invejosas, mas sempre contou com o apoio dos Pontífices Romanos. Morreu no dia 6 de abril de 885 em Velehrad (República Tcheca). O Papa João Paulo II proclamou-os patronos da Europa junto com São Bento.

Do Comum dos pastores, p. 1617.

Ofício das Leituras

Segunda leitura

Da Vida eslava de Constantino

(Cap. 18: Denkschriften der kaiserl. Akademie der Wissenschaften, 19, Wien 1970, p. 246)

Fazei crescer a vossa Igreja e a todos reuni na unidade

Constantino Cirilo, fatigado por muitos trabalhos, caiu doente; e quando já havia muitos dias que suportava a enfermidade, teve uma visão de Deus e começou a cantar: "O meu espírito alegrou-se e o meu coração exultou, quando me disseram: Vamos para a casa do Senhor".

Depois de ter revestido as vestes de cerimônia, assim permaneceu todo aquele dia, cheio de alegria e dizendo: "A partir de agora, já não sou servo nem do imperador nem de homem algum na terra, mas unicamente do Deus todo-poderoso. Eu não existia, mas agora existo e existirei para sempre. Amém". No dia seguinte, vestiu o santo hábito monástico e, acrescentando luz à luz, impôs-se o nome de Cirilo. E assim permaneceu durante cinquenta dias.

Chegada a hora de encontrar repouso e de emigrar para as moradas eternas, erguendo as mãos para Deus, orava com lágrimas:

"Senhor meu Deus, que criastes todos os anjos e os espíritos incorpóreos, estendestes o céu, fixastes a terra e formastes do nada todas as coisas que existem; vós que sempre ouvis aqueles que fazem vossa vontade, vos temem e observam vossos preceitos, atendei a minha oração e conservai na fidelidade o vosso rebanho, a cuja frente me colocastes, apesar de incompetente e indigno servo.

Livrai-o da malícia ímpia e pagã dos que blasfemam contra vós; fazei crescer a vossa Igreja e a todos reuni na unidade. Tornai o povo perfeito, concorde na verdadeira fé e no reto testemunho; inspirai aos seus corações a palavra da vossa doutrina; porque é dom que vem de vós ter-nos escolhido para pregar o Evangelho de vosso Cristo, encorajando-nos a praticar as boas obras e a fazer o que é de vosso agrado. Aqueles que me destes, a vós entrego, porque são vossos; governai-os com vossa mão poderosa e protegei-os à sombra de vossas asas, para que todos louvem e glorifiquem o vosso nome, Pai, Filho e Espírito Santo. Amém".

Depois de ter beijado a todos com o ósculo santo, disse: "Bendito seja Deus que não nos entregou como presa aos dentes de nossos invisíveis adversários, mas rompeu suas armadilhas e nos libertou do mal que tramavam contra nós". E assim adormeceu no Senhor, com quarenta e dois anos de idade.

O Sumo Pontífice ordenou que todos os gregos que estavam em Roma, juntamente com os romanos, se reunissem junto de seu corpo com velas acesas e cantando; e que suas exéquias fossem celebradas do mesmo modo como se celebram as do próprio Papa. E assim foi feito.

Responsório   Cf. Sl 88(89),20-22a; Jr 3,15

R. Outrora vós falastes em visões a vossos santos:
   Do meio deste povo escolhi o meu eleito.
   Encontrei e escolhi a Davi, meu servidor;
 * Com meu óleo consagrado o ungi para ser rei;
   estará sempre com ele minha mão onipotente.
V. Hei de dar-vos pastores,
   que sejam segundo o meu coração;
   sabiamente eles hão de guiar-vos. * Com meu óleo.

Laudes

Cântico evangélico, ant.

Durante toda a sua vida, eles serviram ao Senhor
em santidade e justiça.

Oração

Ó Deus, pelos dois irmãos Cirilo e Metódio, levastes a luz do Evangelho aos povos eslavos; dai-nos acolher no coração a vossa Palavra e fazei de nós um povo unido na verdadeira fé e no fiel testemunho do Evangelho. Por nosso Senhor Jesus Cristo, vosso Filho, na unidade do Espírito Santo.

Vésperas

Cântico evangélico, ant.

Eis aqui os homens santos e amigos do Senhor,
gloriosos pelo anúncio do Evangelho da verdade.

17 de fevereiro

OS SETE SANTOS FUNDADORES DOS SERVITAS

Os Sete santos fundadores nasceram em Florença. Levaram primeiramente vida eremítica no monte Senário, venerando de modo particular a Santíssima Virgem Maria. Depois dedicaram-se à pregação por toda a Toscana e fundaram a Ordem dos Servos de

Maria (Servitas), aprovada em 1304 pela Sé Apostólica. Celebra-se hoje a sua memória porque, segundo consta, neste dia morreu Santo Aleixo Falconieri, um dos sete, em 1310.

Do Comum dos santos homens: para religiosos, p. 1731.

Ofício das Leituras

Segunda leitura

Da Legenda sobre a origem da Ordem dos Servos de Maria

(Monumenta Ord. Serv. B. Mariae Virginis, 1,3.5.6.9.11, pp. 71ss)   (Séc. XIV)

Louvemos os homens gloriosos

Houve sete homens, dignos de reverência e de honra, que Nossa Senhora reuniu como sete estrelas, para dar início com a sua fraterna união de alma e de corpo, à Ordem sua e de seus servos.

Quando entrei para nossa Ordem, já não encontrei vivo nenhum deles, com exceção do Irmão Aleixo. Foi do agrado de Nossa Senhora preservá-lo da morte corporal até os nossos dias, para que pudéssemos obter, por seu intermédio, informações sobre a origem de nossa Ordem. Como pude verificar por experiência e com meus próprios olhos, a vida desse Irmão Aleixo não apenas servia de exemplo a todos que o rodeavam, mas também era um testemunho vivo do estado de perfeição e profunda religiosidade com que ele e seus companheiros tinham iniciado a mencionada Ordem.

Do modo de vida desses sete homens, antes de terem iniciado a vida em comum, quero realçar quatro aspectos.

Em primeiro lugar, com relação à Igreja. Alguns deles, por estarem decididos a guardar virgindade ou castidade perfeita, não se casaram; outros já estavam ligados pelo vínculo do matrimônio; outros, enfim, eram viúvos.

Em segundo lugar, com relação ao serviço da sociedade civil. Eram todos negociantes, e compravam e vendiam bens terrenos. Mas quando descobriram a pérola preciosa, isto é, a nossa Ordem, não só deram aos pobres tudo o que possuíam, mas entregaram-se a si mesmos a Deus e à Senhora para servi-los com toda a alegria e fidelidade.

O terceiro aspecto diz respeito à veneração e culto de Nossa Senhora. Em Florença, havia uma certa irmandade, fundada já há muito tempo, em honra da Virgem Maria; por sua antiguidade, pelo número de seus membros e pela santidade dos homens e mulheres que dela faziam parte, tinha posição de destaque no meio das outras irmandades; e por isso era chamada "Companhia de Nossa Senhora". Dela também faziam parte os sete homens como membros especialmente devotos de Nossa Senhora, antes de se reunirem em comunidade

O quarto aspecto diz respeito à perfeição de suas almas. Amavam a Deus sobre todas as coisas; e dirigindo para ele tudo o que faziam como sendo de justiça, honravam-no por pensamentos, palavras e ações.

Depois que, por inspiração divina, decidiram com firme propósito viver em comum – estimulados de modo particular por Nossa Senhora – dispuseram de suas casas e famílias, deixando a estas o necessário, e distribuíram o resto entre os pobres. Foram, contudo, procurar homens sensatos e de vida exemplar aos quais confiaram seu projeto.

Subiram ao monte Senário e, em cima, construíram uma pequena casa onde foram morar juntos. Ali começaram a pensar não só na própria santificação, mas também na possibilidade de aceitar outros membros e fazer crescer a nova Ordem, que Nossa Senhora havia começado por meio deles. Por isso, trataram de acolher novos irmãos, recebendo alguns que queriam viver com eles. E assim deram início à nossa Ordem. É principalmente a Nossa Senhora que se deve este empreendimento, fundado na humildade de nossos irmãos, construído na sua concórdia e conservado na pobreza.

Responsório At 4,32; 2,46b-47a

R. A multidão dos fiéis era um só coração, era uma só alma.
 * Nenhum deles dizia ser seu o que tinha,
 mas tudo era posto em comum entre eles.
V. Tomavam comida, com muita alegria,
 e com simplicidade de seu coração;
 louvavam a Deus e eram benquistos por todo o povo.
 * Nenhum.

Laudes

Cântico evangélico, ant.
Vinde e vede como é bom, como é suave
os irmãos viverem juntos bem unidos!

Oração

Inspirai-nos, ó Deus, a profunda piedade dos Fundadores dos Servitas, que se distinguiram pela devoção à Virgem Maria e a vós conduziram o vosso povo. Por nosso Senhor Jesus Cristo, vosso Filho, na unidade do Espírito Santo.

21 de fevereiro

SÃO PEDRO DAMIÃO, BISPO
E DOUTOR DA IGREJA

Nasceu em Ravena no ano de 1007. Terminados os estudos, dedicou-se ao ensino, que logo abandonou, para se tornar eremita em Fonte Avelana. Eleito prior do mosteiro, dedicou-se incansavelmente a promover a vida religiosa, não só ali, mas também em outras regiões da Itália. Numa época muito difícil, ajudou os Papas em vista da reforma da Igreja, com sua atividade, seus escritos e no desempenho de embaixadas. Foi nomeado cardeal e bispo de Óstia pelo Papa Estêvão IX. Logo depois de sua morte, ocorrida em 1072, começou a ser venerado como santo.

Do Comum dos pastores: para bispos, p. 1617, e dos doutores da Igreja, p. 1644.

Ofício das Leituras

Segunda leitura
Das Cartas de São Pedro Damião, bispo
(Lib. 8,6: PL 144,473-476) (Séc. XI)

Espera confiantemente a alegria
que vem depois da tristeza

Pediste-me, caríssimo, que te escrevesse palavras de consolação, a fim de reconfortar teu ânimo amargurado por tantos golpes dolorosos.

Mas se tua prudência e sensatez não estiverem adormecidas, a consolação já chegou. Na verdade, as próprias palavras mostram, sem sombra de dúvida, que Deus te está instruindo como a um filho, para alcançares a herança. É o que indicam claramente estas palavras: *Filho, se decidires servir ao Senhor, permanece na justiça e no temor, e prepara tua alma para a provação* (Eclo 2,1-2). Onde existe o temor e a justiça, a prova de qualquer adversidade não é tortura de escravo, mas antes correção paterna.

Pois até o santo Jó, quando diz no meio dos flagelos da infelicidade: *Quem dera que Deus me esmagasse, estendesse a sua mão e pusesse fim à minha vida* (Jó 6,9), imediatamente acrescenta: *É este o meu consolo, porque me atormenta com dores e não me poupa* (Jó 6,10).

Para os eleitos de Deus o castigo divino é consolação, porque através das tribulações passageiras que suportam se fortalecem na firme esperança de alcançar a glória da felicidade eterna.

O artesão bate o ouro com o martelo para retirar os resíduos de impureza; a lima raspa muitas vezes para que os veios do metal brilhante cintilem com maior fulgor. *Como o forno prova os vasos do oleiro, é na tribulação que são provados os homens justos* (Eclo 27,5, Vulg.). Por isso diz também São Tiago: *Meus irmãos, quando deveis passar por diversas provações, considerai isso motivo de grande alegria* (Tg 1,2).

Sem dúvida, é justo que se alegrem aqueles que neste mundo suportam a tribulação passageira por causa de seus pecados, mas que, pelo bem praticado, têm guardada para si uma recompensa eterna no céu.

Por isso, irmão muito querido, enquanto és atingido pelos golpes da desgraça, enquanto és castigado pelos açoites da correção divina, não te deixes abater pelo desalento, não te queixes nem murmures, não fiques amargurado pela tristeza nem te impacientes pela fraqueza de ânimo. Mas conserva sempre a serenidade em teu rosto, a alegria no teu coração, a ação de graças em teus lábios.

De fato, é preciso louvar a providência divina que castiga os seus nesta vida, a fim de poupá-los dos flagelos eternos; abate para elevar, fere para curar, humilha para exaltar.

Portanto, caríssimo, fortalece o teu espírito na paciência, com estes e outros testemunhos das Sagradas Escrituras e espera confiantemente a alegria que vem depois da tristeza.

Que a esperança dessa alegria te reanime, e a caridade acenda em ti o fervor, de tal modo que o teu espírito, santamente inebriado, esqueça os sofrimentos exteriores e anseie com entusiasmo pelo que contempla interiormente.

Responsório   Cf. Eclo 31,8.11a. 10cd

R. Feliz aquele homem que, sem mancha, foi achado,
  que não foi atrás do ouro e não pôs sua esperança
  no dinheiro e nos tesouros.
 * Por isso estão seus bens apoiados no Senhor.
V. Ele pôde violar a lei de Deus e não violou;
  ele pôde, igualmente, fazer o mal e não o fez. * Por isso.

Oração

Ó Pai todo-poderoso, dai-nos seguir as exortações e o exemplo de São Pedro Damião, para que, nada antepondo a Cristo e servindo sempre à vossa Igreja, cheguemos às alegrias da luz eterna. Por nosso Senhor Jesus Cristo, vosso Filho, na unidade do Espírito Santo.

22 de fevereiro

CÁTEDRA DE SÃO PEDRO, APÓSTOLO

Festa

Desde o século IV, a festa da Cátedra de Pedro é celebrada neste dia em Roma, como sinal da unidade da Igreja, fundada sobre o Apóstolo.

Invitatório

R. Ao Senhor, Rei dos Apóstolos, vinde, adoremos.
Salmo invitatório como no Ordinário, p. 583.

Ofício das Leituras

Hino

Ó Pedro, pastor piedoso,
desfaze o grilhão dos réus:
com tua palavra podes
abrir e fechar os céus.

Ó Paulo, mestre dos povos,
ensina-nos teu amor:
correr em busca do prêmio,
chegar ao Cristo Senhor.

A vós, ó Trindade, glória,
poder e louvor também;
que sois eterna unidade
nos séculos, sempre. Amém.

Ant. 1 Disse Pedro: Este Jesus que vós matastes,
Deus Pai ressuscitou e deu-lhe glória.
Salmos do Comum dos apóstolos, p. 1550.

Ant. 2 O Senhor enviou o seu anjo
e livrou-me das mãos de Herodes.

Ant. 3 Uma **nu**vem os envol**veu** e fez-se ou**vir** a voz do **Pai**: Eis meu **Fi**lho muito a**ma**do.

V. A **quem** nós i**re**mos, Se**nhor** Jesus **Cris**to?
R. Só **tu** tens pa**la**vras de **vi**da eter**na**.

Primeira leitura

Dos Atos dos Apóstolos 11,1-18

Pedro narra a conversão dos gentios

Naqueles dias, ¹os apóstolos e os irmãos, que viviam na Judeia, souberam que também os pagãos haviam acolhido a Palavra de Deus. ²Quando Pedro subiu a Jerusalém, os fiéis de origem judaica começaram a discutir com ele, dizendo: ³"Tu entraste na casa de pagãos e comeste com eles!"

⁴Então, Pedro começou a contar-lhes, ponto por ponto, o que havia acontecido: ⁵"Eu estava na cidade de Jope e, ao fazer oração, entrei em êxtase e tive a seguinte visão: vi uma coisa parecida com uma grande toalha que, sustentada pelas quatro pontas, descia do céu e chegava até junto de mim. ⁶Olhei atentamente e vi dentro dela quadrúpedes da terra, animais selvagens, répteis e aves do céu. ⁷Depois ouvi uma voz que me dizia: 'Levanta-te, Pedro, mata e come.' ⁸Eu respondi: 'De modo nenhum, Senhor! Porque jamais entrou coisa profana e impura na minha boca'. ⁹A voz me disse pela segunda vez: 'Não chames impuro o que Deus purificou'. ¹⁰Isso repetiu-se por três vezes. Depois a coisa foi novamente levantada para o céu. ¹¹Nesse momento, três homens se apresentaram na casa em que nos encontrávamos. Tinham sido enviados de Cesareia, à minha procura. ¹²O Espírito me disse que eu fosse com eles sem hesitar. Os seis irmãos que estão aqui me acompanharam e nós entramos na casa daquele homem. ¹³Então ele nos contou que tinha visto um anjo apresentar-se em sua casa e dizer: 'Manda alguém a Jope para chamar Simão, conhecido como Pedro. ¹⁴"Ele te falará de acontecimentos que trazem a salvação para ti e para toda a tua família'. ¹⁵Logo que comecei a falar, o Espírito Santo

desceu sobre eles, da mesma forma que desceu sobre nós no princípio. ¹⁶Então eu me lembrei do que o Senhor havia dito: 'João batizou com água, mas vós sereis batizados no Espírito Santo'. ¹⁷Deus concedeu a eles o mesmo dom que deu a nós que acreditamos no Senhor Jesus Cristo. Quem seria eu para me opor à ação de Deus?"

¹⁸Ao ouvirem isso, os fiéis de origem judaica se acalmaram e glorificavam a Deus, dizendo: "Também aos pagãos Deus concedeu a conversão que leva para a vida!"

Responsório   Lc 22,32; Mt 16,17b
R. Eu roguei por ti, ó Pedro, que tua fé não desfaleça;
 * Quando estiveres convertido, fortalece os teus irmãos.
V. Não foi a carne nem o sangue, que te revelaram isto, mas sim meu Pai celeste. * Quando.

Segunda leitura
Dos Sermões de São Leão Magno, papa
    (Sermo 4 de Natali ipsius, 2-3: PL 54,149-151) (Séc. V)

*A Igreja de Cristo
ergue-se na firmeza da fé do apóstolo Pedro*

Dentre todos os homens do mundo, Pedro foi o único escolhido para estar à frente de todos os povos chamados à fé, de todos os apóstolos e de todos os padres da Igreja. Embora no povo de Deus haja muitos sacerdotes e pastores, na verdade, Pedro é o verdadeiro guia de todos aqueles que têm Cristo como chefe supremo. Deus dignou-se conceder a este homem, caríssimos filhos, uma grande e admirável participação no seu poder. E se ele quis que os outros chefes da Igreja tivessem com Pedro algo em comum, foi por intermédio do mesmo Pedro que isso lhes foi concedido.

A todos os apóstolos o Senhor pergunta qual a opinião que os homens têm a seu respeito; e a resposta de todos revela de modo unânime as hesitações da ignorância humana.

Mas, quando procura saber o pensamento dos discípulos, o primeiro a reconhecer o Senhor é o primeiro na dignidade apostólica. Tendo ele dito: *Tu és Cristo, o Filho do Deus vivo,* Jesus lhe respondeu: *Feliz és tu, Simão, filho de Jonas, porque não foi um ser humano que te revelou isso, mas o meu Pai que está no céu* (Mt 16,16-17). Quer dizer, és feliz, porque o meu Pai te ensinou, e a opinião humana não te iludiu, mas a inspiração do céu te instruiu; não foi um ser humano que me revelou a ti, mas sim aquele de quem sou o Filho unigênito.

Por isso eu te digo, acrescentou, como o Pai te manifestou a minha divindade, também eu te revelo a tua dignidade: *Tu és Pedro* (Mt 16,18). Isto significa que eu sou a pedra inquebrantável, *a pedra principal que de dois povos faço um só* (cf. Ef 2,20.14), o fundamento sobre o qual ninguém pode colocar outro. Todavia, tu também és pedra, porque és solidário com a minha força. Desse modo, o poder que me é próprio por prerrogativa pessoal, te será dado pela participação comigo.

E sobre esta pedra construirei a minha Igreja, e o poder do inferno nunca poderá vencê-la (Mt 16,18). Sobre esta fortaleza, construirei um templo eterno. A minha Igreja, destinada a elevar-se até ao céu, deverá apoiar-se sobre a solidez da fé de Pedro.

O poder do inferno não impedirá esse testemunho, os grilhões da morte não o prenderão; porque essa palavra é palavra de vida. E assim como conduz aos céus os que a proclamam, também precipita no inferno os que a negam. Por isso, foi dito a São Pedro: *Eu te darei as chaves do Reino dos Céus: tudo o que ligares na terra será ligado nos céus; tudo o que desligares na terra, será desligado nos céus* (Mt 16,19).

Na verdade, o direito de exercer esse poder passou também para os outros apóstolos, e o dispositivo desse decreto atingiu todos os príncipes da Igreja. Mas não é sem razão que é confiado a um só o que é comunicado a todos: O poder é dado a Pedro de modo singular, porque a sua dignidade é superior à de todos os que governam a Igreja.

Responsório   Cf. Mt 16,19
R. Pedro, eu te conhecia, já bem antes de chamar-te
   do teu barco junto ao lago, e de ti fiz o pastor
   do rebanho que é meu povo.
 * A ti eu confiei as chaves do meu Reino.
V. O que ligares na terra, será ligado nos céus;
   na terra o que desligares, nos céus será desligado.
 * A ti eu.

HINO Te Deum, p. 589.

Oração

Concedei, ó Deus todo-poderoso, que nada nos possa abalar, pois edificastes a vossa Igreja sobre aquela pedra que foi a profissão de fé do apóstolo Pedro. Por nosso Senhor Jesus Cristo, vosso Filho, na unidade do Espírito Santo.

Laudes

Hino

>   Pedro, que rompes algemas
>   pelo poder do Senhor,
>   de toda a Igreja és mestre,
>   de mil rebanhos pastor:
>   protege, pois, cada ovelha,
>   retém do lobo o furor.
>
>   O que tu ligas na terra,
>   o céu ligado retém:
>   o que na terra desligas,
>   o céu desliga também.
>   Ao Deus trino que te assiste,
>   louvemos como convém!

Ant. 1 Jesus disse a Simão: Não tenhas medo!
De homens tu serás um pescador!

Salmos e cântico do domingo da I Semana, p. 626.

Ant. 2 Tu és o Cristo, o Filho do Deus vivo!
Tu és feliz, Simão Pedro, és feliz!

Ant. 3 O Senhor disse a Pedro:
Hei de dar-te as chaves do Reino dos Céus.

Leitura breve
At 15,7b-9

Deus me escolheu, do vosso meio, para que os pagãos ouvissem de minha boca a palavra do Evangelho e acreditassem. Ora, Deus, que conhece os corações, testemunhou a favor deles, dando-lhes o Espírito Santo como o deu a nós. E não fez nenhuma distinção entre nós e eles, purificando o coração deles mediante a fé.

Responsório breve

R. Fareis deles os chefes
 * Por toda a terra. R. Fareis.
V. Lembrarão vosso nome, Senhor, para sempre.
 * Por toda. Glória ao Pai. R. Fareis deles.

Cântico evangélico, ant.

Disse o Senhor a Simão Pedro:
eu pedi em teu favor, que tua fé não desfaleça.
Quando estiveres convertido, fortalece os teus irmãos.

Preces

Irmãos caríssimos, tendo recebido dos apóstolos a herança celeste, agradeçamos a Deus, nosso Pai, por todos os seus dons; e aclamemos:

R. O coro dos apóstolos vos louva, Senhor!

Louvor a vós, Senhor, pela mesa do vosso Corpo e Sangue que recebemos por intermédio dos apóstolos;

– por ela somos alimentados e vivemos. R.

Louvor a vós, Senhor, pela mesa de vossa Palavra, preparada para nós pelos apóstolos;
– por ela recebemos luz e alegria. R.

Louvor a vós, Senhor, por vossa santa Igreja, edificada sobre o fundamento dos apóstolos;
– com ela formamos um só Corpo. R.

Louvor a vós, Senhor, pelos sacramentos do Batismo e da Penitência que confiastes aos apóstolos;
– por eles somos lavados de todo pecado. R.

(intenções livres)

Pai nosso...

Oração

Concedei, ó Deus todo-poderoso, que nada nos possa abalar, pois edificastes a vossa Igreja sobre aquela pedra que foi a profissão de fé do apóstolo Pedro. Por nosso Senhor Jesus Cristo, vosso Filho, na unidade do Espírito Santo.

Hora Média

Antífonas e salmos do dia de semana corrente.

Oração das Nove Horas

Leitura breve — Is 22,22

Eu o farei portar aos ombros a chave da casa de Davi; ele abrirá, e ninguém poderá fechar; ele fechará, e ninguém poderá abrir.

V. Em toda a **ter**ra se es**pa**lha o seu a**nún**cio,
R. E sua **voz**, pelos con**fins** do uni**ver**so.

Oração das Doze Horas

Leitura breve — 1Pd 5,1-2a

Exorto aos presbíteros que estão entre vós, eu, presbítero como eles, testemunha dos sofrimentos de Cristo e participante da glória que será revelada: Sede pastores do rebanho de Deus, confiado a vós.

V. Eles guar**dav**am os pre**cei**tos
R. E as **or**dens do Se**nhor**.

Oração das Quinze Horas

Nos salmos graduais, em lugar do Salmo 125(126), pode dizer-se o Salmo 128(129), p. 1119.

Leitura breve   2Pd 1,16
Não foi seguindo fábulas habilmente inventadas que vos demos a conhecer o poder e a vinda de nosso Senhor Jesus Cristo, mas sim, por termos sido testemunhas oculares da sua majestade.

V. Ale**grai**-vos e exul**tai**, diz o Se**nhor**,
R. Pois no **céu** estão ins**cri**tos vossos **no**mes!
Oração como nas Laudes.

Vésperas
Hino

"Pescador de homens te faço!"
Ouviste, ó Pedro, de Deus:
redes e remos deixando,
ganhaste as chaves dos céus.

Negando Cristo três vezes,
três vezes clamas amor:
então, de todo o rebanho,
tornas-te mestre e pastor.

Ó Pedro, és pedra da Igreja,
que sobre ti se constrói,
que vence as forças do inferno,
e quais grãos de Cristo nos mói.

Quando no mar afundavas,
o Salvador deu-te as mãos:

com as palavras da vida
confirma agora os irmãos.

Pés para o alto apontando,
foste pregado na cruz:
cajado que une o rebanho,
barca que a todos conduz.

Ao Cristo Rei demos glória,
rendamos nosso louvor;
voltando à terra, ele encontre
um só rebanho e pastor.

Ant. 1 Tu me **amas**, Simão **Pedro**?
Ó **Senhor**, tu sabes **tudo**, tu bem **sabes** que eu te **amo**!
Apas**cen**ta os meus cor**dei**ros.

Salmos e cântico do Comum dos apóstolos, p. 1558.

Ant. 2 Pedro no **cárcere** era guar**da**do.
E a **Igreja** sem ces**sar** rezava a Deus por **ele**.

Ant. 3 Tu és **Pedro**, e **so**bre esta **pedra**
eu **irei** construir minha **Igreja**.

Leitura breve   1Pd 1,3-5
Bendito seja Deus, Pai de nosso Senhor Jesus Cristo. Em sua grande misericórdia, pela ressurreição de Jesus Cristo dentre os mortos, ele nos fez nascer de novo, para uma esperança viva, para uma herança incorruptível, que não estraga, que não se mancha nem murcha, e que é reservada para vós nos céus. Graças à fé, e pelo poder de Deus, vós fostes guardados para a salvação que deve manifestar-se nos últimos tempos.

Responsório breve
R. Anunci**ai** entre as na**ções**
  * A **glória** do Se**nhor**. R. Anunci**ai**.
V. E as **suas** maravilhas entre os **po**vos do univ**er**so.
  * A **glória**. Glória ao **Pai**. R. Anunci**ai**.

Cântico evangélico, ant.
És pastor das ovelhas de Cristo, dos apóstolos o chefe;
a ti foram entregues as chaves do Reino dos Céus.

Preces
Irmãos, edificados sobre o fundamento dos apóstolos, roguemos a Deus Pai todo-poderoso em favor de seu povo santo; e digamos:

R. **Lembrai-vos, Senhor, da vossa Igreja!**

Vós quisestes, ó Pai, que o vosso Filho, ressuscitado dos mortos, aparecesse em primeiro lugar aos apóstolos;
– fazei de nós testemunhas do vosso Filho até os confins da terra. R.

Vós, que enviastes vosso Filho ao mundo para evangelizar os pobres,
– fazei que o Evangelho seja pregado a toda criatura. R.

Vós, que enviastes vosso Filho para semear a Palavra do Reino,
– concedei-nos colher na alegria os frutos da Palavra semeada com o nosso trabalho. R.

Vós, que enviastes vosso Filho para reconciliar o mundo convosco pelo seu sangue,
– fazei que todos nós colaboremos na obra da reconciliação entre os homens. R.

(intenções livres)

Vós, que glorificastes vosso Filho à vossa direita nos céus,
– recebei no Reino da felicidade eterna os nossos irmãos e irmãs falecidos. R.

Pai nosso...

Oração
Concedei, ó Deus todo-poderoso, que nada nos possa abalar, pois edificastes a vossa Igreja sobre aquela pedra que foi a

profissão de fé do apóstolo Pedro. Por nosso Senhor Jesus Cristo, vosso Filho, na unidade do Espírito Santo.

23 de fevereiro

SÃO POLICARPO, BISPO E MÁRTIR

Memória

Policarpo, discípulo dos Apóstolos e bispo de Esmirna, deu hospedagem a Inácio de Antioquia; esteve em Roma para tratar com o papa Aniceto da questão relativa à data da Páscoa. Sofreu o martírio cerca do ano 155, queimado vivo no estádio da cidade.

Do Comum de um mártir, p. 1591, ou dos pastores: para bispos, p. 1617.

Ofício das Leituras

Segunda leitura
Da Carta da Igreja de Esmirna sobre o martírio de São Policarpo

(Cap. 13,2 – 15,3: Funk 1,29 7- 299)   (Séc. II)

Como um sacrifício perfeito e agradável

Quando a fogueira ficou pronta, Policarpo desfez-se de todas as vestes e desatou o cinto; tentou desamarrar as sandálias, o que há muito não fazia; pois os fiéis sempre se apressavam em ajudá-lo, desejando tocar-lhe o corpo, no qual muito antes do martírio já brilhava o esplendor da santidade de sua vida.

Rapidamente cercaram-no com o material trazido para a fogueira. Quando os algozes quiseram pregá-lo ao poste, ele disse: "Deixai-me livre. Quem me dá forças para suportar o fogo, também me concederá que fique imóvel no meio das chamas sem necessitar deste vosso cuidado". Assim não o pregaram mas limitaram-se a amarrá-lo.

Amarrado com as mãos para trás, Policarpo era como um cordeiro escolhido, tirado de um grande rebanho para o sacrifício, uma vítima agradável preparada para Deus. Levantando os olhos ao céu, ele disse:

"Senhor Deus todo-poderoso, Pai do vosso amado e bendito Filho Jesus Cristo, por quem vos conhecemos, Deus dos anjos e dos poderes celestiais, de toda a criação e de todos os justos que vivem diante de vós, eu vos bendigo porque neste dia e nesta hora, incluído no número dos mártires, me julgastes digno de tomar parte no cálice de vosso Cristo e ressuscitar em corpo e alma para a vida eterna, na incorruptibilidade, por meio do Espírito Santo. Recebei-me hoje, entre eles, na vossa presença, como um sacrifício perfeito e agradável; e o que me havíeis preparado e revelado, realizai-o agora, Deus de verdade e retidão.

Por isso e por todas as coisas, eu vos louvo, bendigo e glorifico por meio do eterno e celeste Pontífice Jesus Cristo, vosso amado Filho. Por ele e com ele seja dada toda glória a vós, na unidade do Espírito Santo, agora e pelos séculos futuros. Amém".

Depois de ter dito "Amém" e de ter terminado a oração, os algozes atearam o fogo e levantou-se uma grande labareda.

Então nós, a quem foi dado contemplar, vimos um milagre – pois para anunciá-lo aos outros é que fomos poupados: – o fogo tomou a forma de uma abóbada, como a vela de um barco batida pelo vento, e envolveu o corpo do mártir por todos os lados; ele estava no meio, não como carne queimada, mas como um pão que é cozido ou o ouro e a prata incandescente na fornalha. E sentimos um odor de tanta suavidade que parecia se estar queimando incenso ou outro perfume precioso.

Responsório   Ap 2,8-9a10a

R. Escreve ao **an**jo da **I**greja de Es**mir**na:
    Assim diz o Pri**mei**ro e o **Úl**timo,
    o **que** estava **mor**to e agora **vi**ve.

Conheço as provações que suportastes,
conheço tua pobreza, mas és rico.
* Permanece fiel até à morte e a coroa da vida eu te darei.
V. Não temas ante o que irás sofrer;
o demônio irá lançar alguns de vós
no cárcere a fim de vos provar. * Permanece.

Laudes

Cântico evangélico, ant.

Há oitenta e seis anos que eu sirvo a Cristo,
e nunca ele fez algum mal para mim;
como posso, então, maldizer o meu Rei,
meu Senhor e Salvador?

Oração

Ó Deus, criador de todas as coisas, que colocastes o bispo São Policarpo nas fileiras dos vossos mártires, concedei-nos, por sua intercessão, participar com ele do cálice de Cristo, e ressuscitar para a vida eterna. Por nosso Senhor Jesus Cristo, vosso Filho, na unidade do Espírito Santo.

Vésperas

Cântico evangélico, ant.

Bendito sejais, Senhor onipotente,
que me destes a beber do cálice de Cristo
e me destes esta graça de tornar-me vosso mártir!

MARÇO

4 de março

SÃO CASIMIRO

Memória

Filho do rei da Polônia, nasceu em 1458. Praticou de modo excelente as virtudes cristãs, principalmente a castidade e a bondade para com os pobres. Tinha um grande zelo pela propagação da fé e uma singular devoção à sagrada Eucaristia e a Nossa Senhora. Morreu vítima de tuberculose, em 1484.

Do Comum dos santos homens, p. 1682.

Ofício das Leituras

Segunda leitura

Da Vida de São Casimiro, escrita por um autor quase contemporâneo
 (Cap. 2-3, Acta Sanctorum Martii 1,347-348)

Dispôs de seus tesouros segundo os preceitos do Altíssimo

Uma caridade quase inacreditável, não fingida mas sincera, inflamava o coração de Casimiro no amor de Deus todo-poderoso, pela ação do Espírito divino. E de tal modo este amor transbordava espontaneamente para com o próximo, que não havia alegria maior, nada lhe era tão agradável quanto dar o que era seu e entregar-se inteiramente aos pobres de Cristo, aos peregrinos, aos doentes, aos prisioneiros e aos sofredores.

Para as viúvas, órfãos e oprimidos não era apenas tutor e defensor: era pai, filho e irmão.

Seria necessário escrever uma longa história, se quiséssemos narrar uma por uma as obras de caridade com que demonstrava seu amor para com Deus e os homens.

Dificilmente se poderá descrever ou imaginar o seu amor pela justiça, a sua temperança, a sua prudência, a sua constância e fortaleza de ânimo. E tudo isso, justamente naquela idade da juventude em que os homens costumam ser mais impetuosos e inclinados para o mal.

Lembrava diariamente ao pai o dever de governar com justiça o reino e povos que lhe estavam submetidos. E se, às vezes, ocorria que, por descuido ou fraqueza humana, alguma coisa era negligenciada no governo, nunca deixava de chamar com delicadeza a atenção do rei.

Abraçava e defendia como suas as causas dos pobres e infelizes; por isso o povo se pôs a chamá-lo "defensor dos pobres". Apesar de filho do rei e de ascendência nobre, nunca se mostrou orgulhoso, no trato ou nas palavras, com qualquer pessoa, por mais humilde e pequena que fosse.

Sempre preferiu estar no meio dos humildes e pobres de coração – dos quais é o Reino dos Céus – a se ver entre os ilustres e poderosos deste mundo. Nunca ambicionou nem aceitou o poder, mesmo quando o pai lhe ofereceu. Temia, na verdade, que seu ânimo fosse ferido pelo aguilhão das riquezas, que nosso Senhor Jesus Cristo chamava de espinhos, ou pudesse ser contaminado pelo contágio das coisas terrenas.

Todos os de casa, seus camareiros e secretários, homens de grande valor, dos quais alguns ainda vivem, que o conheciam por dentro e por fora, afirmam e testemunham que ele viveu e se conservou virgem até o fim de seus dias.

Responsório   Eclo 29,14; 1Tm 6,11b

R. Põe tua riqueza nos preceitos do Altíssimo,
 * E te será mais proveitoso do que o ouro.
V. Segue a justiça, a piedade e a fé,
   a caridade, a paciência e a mansidão. * E te será.

Oração

Ó Deus todo-poderoso, a quem servir é reinar, dai-nos, pela intercessão de São Casimiro, a graça de vos servir com retidão e santidade. Por nosso Senhor, Jesus Cristo, vosso Filho, na unidade do Espírito Santo.

7 de março

SANTAS PERPÉTUA E FELICIDADE, MÁRTIRES

Memória

Sofreram o martírio em Cartago, no ano 203, durante a perseguição de Setímio Severo. Conserva-se ainda uma bela narração da sua morte, escrita em parte pelos próprios confessores da fé cartagineses e em parte por um escritor contemporâneo.

Do Comum de vários mártires, p. 1568.

Ofício das Leituras

Leitura
Da narração do martírio dos santos Mártires de Cartago
(Cap. 18.20-21: edit. van Beek, Noviomagi, 1936, pp. 42.46-52)
(Séc. III)

Chamados e escolhidos para a glória do Senhor

Despontou o dia da vitória dos mártires. Saíram do cárcere e entraram no anfiteatro, como se fossem para o céu, de rosto radiante e sereno; e se algum tinha a fisionomia alterada, era de alegria e não de medo.

Perpétua foi a primeira a ser lançada aos ares por uma vaca brava e caiu de costas. Levantou-se imediatamente e, vendo Felicidade caída por terra, aproximou-se, deu-lhe a mão e ergueu-a. Ficaram ambas de pé. Saciada a crueldade do povo, foram reconduzidas à porta chamada Sanavivária. Ali, Perpétua foi recebida por um catecúmeno chamado Rústico, que permanecia sempre a seu lado. E como que despertando do sono (até esse momento estivera em êxtase do espírito), começou a olhar ao redor e, para espanto de todos, perguntou: "Quando é que seremos expostas àquela vaca?" Ao lhe responderem que já tinha acontecido, não quis acreditar, e só se convenceu quando viu no corpo e nas suas vestes a marca dos ferimentos recebidos. Depois, chamando para junto de si seu irmão e aquele catecúmeno, disse-lhes: "Permanecei firmes na fé, e amai-vos uns aos outros; não vos escandalizeis com os nossos sofrimentos".

Por sua vez, Sáturo, em outra porta do anfiteatro, animava o soldado Pudente com estas palavras: "Até este momento, tal como te havia afirmado e predito, não fui ainda ferido por nenhuma fera. Mas agora, crê de todo o coração: vou avançar de novo para ali, e com uma só dentada de leopardo morrerei". E imediatamente, já no fim do espetáculo, foi lançado a um leopardo; este, com uma só dentada, lhe derramou tanto sangue, que o povo, sem saber o que dizia, dando testemunho do seu segundo batismo, aclamava: "Foste lavado, estás salvo! Foste lavado, estás salvo!" Realmente estava salvo quem deste modo foi lavado.

Então Sáturo disse ao soldado Pudente: "Adeus! Lembra-te da fé e de mim; que estas coisas não te perturbem, mas te confirmem". Pediu-lhe depois o anel que trazia no dedo e, mergulhando-o na ferida, devolveu-o como uma herança, deixando-lhe como penhor e lembrança do sangue. Em seguida, já esgotado, foi deitado com os outros no lugar de costume para o golpe de misericórdia.

O povo, no entanto, exigia em alta voz que fossem levados para o meio do anfiteatro aqueles que iam receber o golpe final; pois queriam ver com os próprios olhos, cúmplices do homicídio, a espada penetrar nos corpos das vítimas. Os mártires levantaram-se espontaneamente e foram para onde o povo queria; depois deram uns aos outros o ósculo santo, para coroarem o martírio com este rito de paz.

Todos receberam o golpe da espada, imóveis e em silêncio; especialmente Sáturo, que fora o primeiro a subir e o primeiro a entregar a alma. Até o último instante ia confortando Perpétua. E esta, que desejava ainda experimentar maior dor, exultou ao sentir o golpe em seus ossos, puxando ela própria para sua garganta a mão indecisa do gladiador inexperiente.

Talvez esta mulher de tanto valor, temida pelo espírito do mal, não tivesse podido ser morta de outra maneira senão querendo ela própria.

Oh mártires cheios de força e ventura! Verdadeiramente fostes chamados e escolhidos para a glória de nosso Senhor Jesus Cristo!

Responsório   Rm 8,34b-35.37

R. Cristo Jesus está sentado à direita de Deus Pai
e por nós intercede.
* Quem, portanto, poderá nos separar do amor de Cristo?
Será tribulação, perseguição, ou então, angústia,
ou fome, ou nudez, ou perigo, ou espada?
V. Mas em todas essas coisas somos mais que vencedores
por Jesus que nos amou. * Quem, portanto.

Oração

Ó Deus, pelo vosso amor, as mártires Perpétua e Felicidade resistiram aos perseguidores e superaram as torturas do martírio; concedei-nos, por sua intercessão, crescer constantemente em vossa caridade. Por nosso Senhor Jesus Cristo, vosso Filho, na unidade do Espírito Santo.

8 de março

SÃO JOÃO DE DEUS, RELIGIOSO

Nasceu em Portugal no ano de 1495. Depois de uma vida cheia de perigos na carreira militar, o seu desejo de perfeição levou-o a entregar-se inteiramente ao serviço dos doentes. Fundou em Granada (Espanha) um hospital e associou à sua obra um grupo de companheiros que mais tarde constituíram a Ordem Hospitalar de São João de Deus. Distinguiu-se principalmente na caridade para com os pobres e os doentes. Morreu nesta mesma cidade, em 1550.

Do Comum dos santos homens: para religiosos, p. 1731, ou para aqueles que exerceram obras de misericórdia, p. 1737.

Ofício das Leituras

Segunda leitura
Das Cartas de São João de Deus, religioso

(Archiv. gen. Ord. Hospit., Quaderno: De las cartas..., ff° 23^v -24^r :27^{rv}; O. Marços, Cartas y escritos de Nuestro Glorioso Padre San Juan de Dios, Madrid, 1935, pp. 18-19; 48-50)
(Séc. XVI)

Cristo é fiel e tudo providencia

Se considerarmos atentamente a misericórdia de Deus, nunca deixaremos de fazer o bem de que formos capazes. Com efeito, se damos aos pobres, por amor de Deus, aquilo que ele próprio nos dá, promete-nos o cêntuplo na felicidade eterna. Que paga generosa, que lucro feliz! Quem não daria a este excelente mercador tudo o que possui, se ele cuida de nossos interesses e, com braços abertos, pede insistentemente que nos convertamos a ele, que choremos os nossos pecados, e tenhamos caridade para conosco e para com o próximo? Porque assim como a água apaga o fogo, caridade apaga o pecado.

Vêm aqui tantos pobres, que até eu me espanto como é possível sustentar a todos; mas Jesus Cristo tudo providencia e a todos alimenta. Vêm muitos pobres à casa de Deus, porque a cidade de Granada é grande e muito fria, sobretudo agora que estamos no inverno. Entre todos – doentes e sadios, gente de serviço e peregrinos – há aqui mais de cento e dez pessoas. Como esta casa é geral, recebe doentes de toda espécie e condição: aleijados, mancos, leprosos, mudos, loucos, paralíticos, ulcerosos, alguns já muito idosos e outros ainda muito crianças. E ainda inúmeros peregrinos e viajantes, que aqui chegam e encontram fogo, água, sal e vasilhas para cozinhar os alimentos. De tudo isto não se recebe pagamento algum; Cristo, porém, a tudo provê.

Por esse motivo, vivo endividado e prisioneiro por amor de Jesus Cristo. Vendo-me tão sobrecarregado de dívidas, já nem ouso sair de casa por causa dos débitos que me prendem. Mas vendo tantos pobres e tantos irmãos e próximos meus sofrer para além de suas forças e serem oprimidos por tantas aflições no corpo ou na alma, sinto profunda tristeza por não poder socorrê-los. Todavia, confio em Cristo, que conhece meu coração. Por isso digo: *Maldito o homem que confia no homem* (Jr 17,5), e não somente em Cristo; porque dos homens tu hás de ser separado, quer queiras ou não; mas Cristo é fiel e permanece para sempre. Cristo tudo providencia. A ele demos graças sem cessar. Amém.

Responsório — Cf. Is 58,7-8

R. Re**par**te o teu **pão** com o fa**min**to,
recebe em tua **ca**sa os sem **te**to;
* E tua **luz** vai levan**tar**-se como a au**ro**ra,
caminha**rá** tua jus**ti**ça à tua **fren**te.
V. Quando **vês** o teu ir**mão** necessi**ta**do,
não o des**prez**es, mas es**ten**de-lhe a **mão**. * E tua.

Oração

Ó Deus, que enchestes de misericórdia o coração de São João de Deus, fazei que, praticando as boas obras de caridade, nos encontremos entre os escolhidos quando chegar o vosso Reino. Por nosso Senhor Jesus Cristo, vosso Filho, na unidade do Espírito Santo.

9 de março

SANTA FRANCISCA ROMANA, RELIGIOSA

Nasceu em Roma, no ano de 1384. Casou-se muito jovem e teve três filhos. Viveu numa época de grandes calamidades; ajudou com seus bens os pobres e dedicou-se ao serviço dos doentes. Foi admirável na sua atividade em favor dos indigentes e na prática das virtudes, especialmente na humildade e na paciência. Em 1425, fundou a Congregação das Oblatas, sob a regra de São Bento. Morreu em 1440.

Do Comum das santas mulheres: para religiosas, p. 1731.

Ofício das Leituras

Segunda leitura
Da Vida de Santa Francisca Romana, escrita por Maria Magdalena Anguillaria, superiora das Oblatas de Tor de'Specchi

(Cap. 6-7: Acta Sanctorum Martii 2, *188-*189

A paciência de Santa Francisca

Deus pôs à prova a paciência de Francisca não apenas nos bens exteriores de sua fortuna, mas quis experimentá-la em seu próprio corpo, por meio de graves e frequentes doenças, com que foi atingida, como já se disse e se dirá em seguida. Mesmo assim, nunca se notou nela o menor gesto de impaciência ou qualquer atitude de desagrado pelo tratamento que, às vezes com certa falta de habilidade, lhe tinha sido ministrado.

Francisca mostrou sua coragem na morte prematura dos filhos, que amava com grande ternura. Aceitava a vontade divina com ânimo sempre tranquilo, dando graças por tudo o que lhe acontecia. Com igual constância, suportou os caluniadores e as más línguas que criticavam seu modo de vida. Jamais demonstrou a menor aversão por estas pessoas que pensavam e falavam mal dela e do que lhe dizia respeito. Mas, pagando o mal com o bem, costumava rezar continuamente a Deus por elas.

Contudo, Deus não a escolheu para ser santa somente para si, mas para fazer reverter em proveito espiritual e corporal do próximo os dons que recebera da graça divina. Por isso, era dotada de grande amabilidade a ponto de que todo aquele que tivesse ocasião de tratar com ela, imediatamente se sentia cativado por sua bondade e estima, e se tornava dócil à sua vontade. Havia em suas palavras tanta eficácia de força divina, que com breves palavras levantava o ânimo dos aflitos e angustiados, sossegava os inquietos, acalmava os encolerizados, reconciliava os inimigos, extinguia ódios inveterados e rancores, e muitas vezes impediu a vingança premeditada. Com uma palavra, era capaz de refrear qualquer paixão humana e de conduzir as pessoas aonde queria.

Por isso, de toda parte recorriam a Francisca como a uma proteção segura, e ninguém saía de perto dela sem ser consolado; no entanto, com toda franqueza, repreendia também os pecados e censurava sem temor tudo o que era ofensivo e desagradável a Deus.

Grassavam em Roma várias epidemias, mortais e contagiosas. Desprezando o perigo do contágio, a santa não hesitava também nessas ocasiões em mostrar o seu coração cheio de misericórdia para com os infelizes e necessitados de auxílio alheio. Depois de encontrar os doentes, primeiro persuadia-os a unirem suas dores à paixão de Cristo; depois, socorria-os com uma assistência assídua, exortando-os a aceitarem de bom grado aquele sofrimento da mão de Deus e a suportá-los por amor daquele que em primeiro lugar tanto sofrera por eles.

Francisca não se limitava a tratar os doentes que podia agasalhar em sua casa, mas ia à sua procura em casebres e hospitais públicos onde se abrigavam. Quando os encontrava, saciava-lhes a sede, arrumava os leitos e tratava de suas feridas; e por pior que fosse o mau cheiro e maior a repugnância que lhe inspiravam, imensa era a dedicação e a caridade com que deles cuidava. Costumava também ir ao Campo Santo, levando alimentos e finas iguarias, para distribuir entre os mais necessitados; de volta para casa, recolhia e trazia roupas usadas e pobres trapos cheios de sujeira; lavava-os cuidadosamente e consertava-os; depois, como se fossem servir ao seu Senhor, dobrava-os com cuidado e guardava no meio de perfumes.

Durante trinta anos, Francisca prestou este serviço aos enfermos e nos hospitais; quando ainda morava em casa de seu marido, visitava com frequência os hospitais de Santa Maria e de Santa Cecília, no Transtévere, o do Espírito Santo, em Sássia, e ainda outro no Campo Santo. Durante o período de contágio não era apenas difícil encontrar médicos que curassem os corpos, mas também sacerdotes para administrarem os remédios necessários às almas. Ela mesma ia procurá-los e levá-los àqueles que já estavam preparados para receber os sacramentos da penitência e da Eucaristia. Para conseguir isto mais facilmente, sustentava à própria custa um sacerdote, que ia aos referidos hospitais visitar os doentes que ela lhe indicava.

Responsório   Cf. Rt 3,10a.11b; cf. Jt 13,19a

R. És bendita de **Deus**!
 * Todos sabem que és virtuosa mulher.
V. O Senhor, de tal modo, tornou grande teu nome,
   que não mais cessará teu louvor entre os povos.
   * Todos sabem.

Oração

Ó Deus, que nos destes em Santa Francisca Romana admirável modelo de esposa e de monja, fazei-nos sempre fiéis ao vosso serviço, para que possamos reconhecer e seguir a vossa vontade em todas as circunstâncias da vida. Por nosso Senhor Jesus Cristo, vosso Filho, na unidade do Espírito Santo.

MAIO

12 de maio

SÃO NEREU E SANTO AQUILES, MÁRTIRES

Eram soldados adscritos ao tribunal militar. Convertidos à fé cristã, abandonaram o exército. Por isso, foram condenados à morte provavelmente no tempo de Diocleciano. Seu sepulcro conserva-se no cemitério da via Ardeatina, onde há uma basílica edificada em sua honra.

Do Comum de vários mártires, p. 1568.

Ofício das Leituras

Segunda leitura
Dos Comentários sobre os Salmos, de Santo Agostinho, bispo

(Ps. 61,4: CCL 39,773-775) (Séc. V)

Os sofrimentos de Cristo não são apenas de Cristo

Jesus Cristo é um só homem, com sua cabeça e seu corpo: salvador do corpo e membros do corpo são dois numa só carne, numa só voz, numa só paixão; e quando passar o tempo da iniquidade, num só descanso. Por isso, os sofrimentos de Cristo não são apenas de Cristo, ou melhor, os sofrimentos de Cristo não são senão de Cristo.

Se pensas em Cristo como cabeça e corpo, os sofrimentos de Cristo são apenas de Cristo; se, porém, pensas em Cristo só como cabeça, os sofrimentos de Cristo não são apenas de Cristo. Com efeito, se os sofrimentos de Cristo só atingem a Cristo, isto é, apenas a cabeça, como pode dizer um de seus membros, o apóstolo Paulo: *Procuro completar na minha carne o que falta das tribulações de Cristo?* (Cl 1,24).

Se, pois, és membro de Cristo – quem quer que sejas tu que ouves estas palavras, ou mesmo que não as ouça (no entanto ouves se és membro de Cristo) – tudo quanto sofreres por parte daqueles que não são membros de Cristo, é o que faltava às tribulações de Cristo.

Por isso se diz que faltava. Tu vens encher a medida, mas não a fazes transbordar. Tu sofres apenas o que faltava da tua parte na paixão total de Cristo, que sofreu como nossa cabeça e sofre ainda em seus membros, quer dizer, em nós mesmos.

Assim como numa sociedade civil, ou "república", cada um paga conforme as suas posses o que lhe compete, também cada um de nós contribui para esta comunidade, na medida de suas possibilidades, com uma espécie de quota de sofrimentos. A liquidação total dos sofrimentos de todos só se dará quando chegar o fim do mundo.

Portanto, irmãos, não julgueis que todos os justos que sofreram perseguições dos iníquos, mesmo aqueles que foram enviados antes da vinda do Senhor para anunciar sua chegada, não pertenciam aos membros de Cristo. Longe de vós pensar que não pertença aos membros de Cristo quem faz parte da cidade que tem Cristo como rei.

Pois toda esta cidade fala, desde o sangue do justo Abel até o sangue de Zacarias. E a partir de então, desde o sangue de João Batista, é uma só cidade que fala através do sangue dos apóstolos, do sangue dos mártires, do sangue dos fiéis em Cristo.

Responsório — Ap 21,4; 7,16 (Is 49,10)

R. O **Senhor** enxuga**rá** de seus **olhos** toda **lá**grima;
   nunca **mais** haverá **mor**te, nem cla**mor**, nem luto ou **dor**,
 * Pois pas**sou** o tempo an**ti**go. Ale**lu**ia.
V. Nunca **mais** sentirão **fo**me, nunca **mais** sentirão **se**de,
   nem o **sol** os queima**rá**, nem al**gum** calor ar**den**te.
 * Pois pas**sou**.

Oração

Ó Deus, ao proclamarmos o glorioso testemunho dos mártires São Nereu e Santo Aquiles, concedei-nos experimentar em nossa vida sua intercessão junto de vós. Por nosso Senhor Jesus Cristo, vosso Filho, na unidade do Espírito Santo.

No mesmo dia 12 de maio

SÃO PANCRÁCIO, MÁRTIR

Sofreu o martírio em Roma, provavelmente na perseguição de Diocleciano. O seu sepulcro conserva-se na via Aurélia, e sobre ele o papa Símaco edificou uma igreja.

Do Comum de um mártir, p. 1591.

Ofício das Leituras

Segunda leitura
Dos Sermões de São Bernardo, abade
(Sermo 17 in psalmum Qui habitat, 4,6: Opera omnia 4,489-491) (Séc. XII)

A seu lado eu estarei em suas dores

A seu lado eu estarei em suas dores (Sl 90,15), diz Deus. E eu neste meio-tempo que outra coisa desejarei? *Para mim só há um bem: é estar com Deus,* e não somente isto, mas também *colocar o meu refúgio no Senhor* (Sl 72,28). Porque, diz ele, *hei de livrá-lo e de glória coroá-lo* (Sl 90,15).

A seu lado eu estarei em suas dores. Minhas delícias são estar com os filhos dos homens (cf. Pr 8,31). É o Emanuel, o *Deus conosco*. Desceu para estar perto dos que têm o coração atribulado, para estar conosco na tribulação. E estará conosco quando *formos arrebatados nas nuvens para o encontro com o Senhor, nos ares. E assim estaremos sempre com o Senhor* (1Ts 4,17).

Mas para conseguirmos isso, empenhemo-nos em tê-lo conosco, para que seja nosso companheiro de caminhada aquele que nos conduzirá à pátria; ou melhor, que seja agora nosso caminho aquele que há de ser nossa pátria.

É melhor para mim, Senhor, ser atribulado, contanto que estejas comigo, do que reinar sem ti, banquetear-me sem ti, ser glorificado sem ti. É melhor para mim, Senhor, abraçar-te na tribulação, ter-te comigo no meio do fogo, do que estar sem ti, ainda que fosse no céu: *Para mim, o que há no céu fora de ti? Se estou contigo, nada mais me atrai na terra* (Sl 72,25). *A fornalha prova o ouro, e a tribulação prova os homens justos* (cf. Pr 17,3). Aí, Senhor, estás com eles; aí estás no meio daqueles que se reúnem em teu nome, como outrora estiveste com os três jovens no meio do fogo.

Por que tememos, por que hesitamos, por que fugimos desta fornalha? O fogo é forte, mas o Senhor está ao nosso lado em nossas dores. Se *Deus é por nós, quem será contra nós?* **(Rm 8,31).** E também se é ele quem nos liberta, quem poderá arrancar-nos de suas mãos? Enfim, se é ele quem glorifica, quem poderá privar-nos desta glória? Se é ele quem glorifica, quem poderá humilhar-nos?

Vou conceder-lhe vida longa e dias plenos (Sl 90,16). É como se dissesse mais claramente: Sei o que ele deseja, sei do que tem sede, sei o de que gosta. Não é o ouro ou a prata que lhe agrada, nem o prazer nem a sabedoria nem qualquer dignidade do mundo. Tudo isto considera como perda, tudo isto despreza e considera como lixo. Despojou-se inteiramente de si mesmo e não suporta preocupar-se com coisas que sabe não poderem satisfazê-lo. Não ignora à imagem de quem foi criado e de que grandeza é capaz, nem aceita agora uma vantagem pequena que venha a privá-lo de tão grande riqueza.

Por isso, *vou conceder-lhe vida longa e dias plenos,* ao homem que só a verdadeira luz pode satisfazer, só a luz eterna pode saciar; porque aquela vida longa não tem fim, aquela claridade não tem ocaso, aquela saciedade não cansa.

Responsório

R. Este **santo** lu**tou** até à **morte**
   pela **lei** de seu **Deus** e não te**meu**
   as pa**la**vras e ameaças dos mal**vados**,
 * Pois se apoi**ou** sobre a **Ro**cha que é **Cris**to. Ale**luia**.
V. As tenta**ções** deste **mun**do supe**rou**
   e ao **Reino** dos **Céus** feliz che**gou**. * Pois se apoi**ou**.

Oração

Alegre-se, ó Deus, a vossa Igreja, apoiada nos méritos de São Pancrácio e, por suas preces gloriosas, permaneça em vosso serviço e goze tranquilidade constante. Por nosso Senhor Jesus Cristo, vosso Filho, na unidade do Espírito Santo.

14 de maio

SÃO MATIAS, APÓSTOLO

Festa

Foi escolhido para completar o grupo dos Doze, em substituição de Judas, para ser, como os outros Apóstolos, testemunha da ressurreição do Senhor, como se lê nos Atos dos Apóstolos (1, 15-26).

Do Comum dos apóstolos, p. 1549, exceto o seguinte:

Ofício das Leituras

Hino

São Matias, és agora
testemunha do Senhor,
como apóstolo chamado
em lugar do traidor.

Do perdão de Deus descrendo,
Judas veio a se enforcar;
como o salmo anunciara,
passe a outro o seu lugar.

Por proposta de São Pedro,
que preside à reunião,
lançam sorte, e eis teu nome!
Quão sublime vocação!

E a tal ponto te consagras
em levar ao mundo a luz,
que proclamas com teu sangue
o Evangelho de Jesus.

Dá que todos nesta vida
percorramos com amor
o caminho revelado
pela graça do Senhor.

Uno e Trino, Deus derrame
sobre nós a sua luz:
conquistemos a coroa,
abraçando a nossa cruz!

Segunda leitura

Das Homilias sobre os Atos dos Apóstolos, de São João Crisóstomo, bispo

(Hom. 3,1.2.3: PG 60,33-36.38)   (Séc. IV)

Mostra-nos, Senhor, quem escolheste

Naqueles dias, Pedro levantou-se no meio dos irmãos e disse (At 1,15). Pedro, a quem Cristo tinha confiado o rebanho, movido pelo fervor do seu zelo e porque era o primeiro do grupo apostólico, foi o primeiro a tomar a palavra: *Irmãos, é preciso escolher dentre nós* (cf. At 1,22). Ouve a opinião de todos, a fim de que o escolhido seja bem aceito, evitando a inveja que poderia surgir. Pois, estas coisas, com frequência, são origem de grandes males.

Mas Pedro não tinha autoridade para escolher por si só? É claro que tinha. Mas absteve-se, para não demonstrar favoritismo. Além disso, ainda não tinha recebido o Espírito Santo. *Então eles apresentaram dois homens: José, chamado Barsabás, que tinha o apelido de Justo, e Matias* (At 1,23). Não foi Pedro que os apresentou, mas todos. O que ele fez foi aconselhar esta eleição, mostrando que a iniciativa não era sua, mas fora anteriormente anunciada pela profecia. Sua intervenção nesse caso foi interpretar a profecia e não impor um preceito.

E continua: *É preciso dentre os homens que nos acompanharam* (cf. At 1,21). Repara como se empenha em que tenham sido testemunhas oculares; embora o Espírito Santo devesse ainda vir sobre eles, dá a isso grande importância.

Dentre os homens que nos acompanharam durante todo o tempo em que o Senhor Jesus vivia no meio de nós, a começar pelo batismo de João (At 1,21-22). Refere-se àqueles que conviveram com Jesus, e não aos que eram apenas discípulos. De fato, eram muitos os que o seguiam desde o princípio. Vê como diz o evangelho: *Era um dos dois que ouviram as palavras de João e seguiram Jesus* (Jo 1,40).

Durante todo o tempo em que o Senhor Jesus vivia no meio de nós, a começar pelo batismo de João. Com razão assinala este ponto de partida, já que ninguém conhecia por experiência o que antes se passara, mas foram ensinados pelo Espírito Santo.

Até ao dia em que foi elevado ao céu. Agora, é preciso que um deles se junte a nós para ser testemunha da sua ressurreição (At 1,22). Não disse: "testemunha de tudo o mais", porém, *testemunha de sua ressurreição.* Na verdade, seria mais digno de fé quem pudesse testemunhar: "Aquele que vimos comer e beber e que foi crucificado, foi esse que ressuscitou". Não interessava ser testemunha do tempo anterior nem do seguinte nem dos milagres, mas simplesmente da ressurreição. Porque todos os outros fatos eram manifestos e públicos; só a ressurreição tinha acontecido secretamente e só eles a conheciam.

E rezaram juntos, dizendo: *Senhor, tu conheces o coração de todos. Mostra-nos* (At 1,24). Tu, nós não. Com acerto o invocam como aquele que conhece os corações, pois a eleição deveria ser feita por ele e não por mais ninguém. Assim falavam com toda a confiança, porque a eleição era absolutamente necessária. Não disseram: "Escolhe", mas: *Mostra-nos quem escolheste* (At 1,24). Bem sabiam que tudo está predestinado por Deus. *Então tiraram a sorte entre os dois* (At 1,26). Ainda não se julgavam dignos de fazer por si mesmos a eleição; por isso, desejaram ser esclarecidos por algum sinal.

Responsório   At 1,24.25b.26

R. Ó Senhor, que conheceis o coração de cada um,
   Mostrai quem escolhestes para, neste ministério
   e apostolado, ocupar o lugar que foi de Judas.
V. Depois, lançaram sortes sobre os dois,
   vindo a sorte recair sobre Matias,
   que aos onze Apóstolos juntou-se, desde então.
   * Mostrai.

HINO Te Deum, p. 589.

Oração como nas Laudes.

Laudes

Cântico evangélico, ant.
Entre aqueles que viveram estes anos com Jesus,
um se inclua em nosso número
e se torne testemunha do Senhor ressuscitado.

Oração

Ó Deus, que associastes São Matias ao colégio apostólico, concedei por sua intercessão, que, fruindo da alegria de vosso amor, mereçamos ser contados entre os eleitos. Por

nosso Senhor Jesus Cristo, vosso Filho, na unidade do Espírito Santo.

Hora Média

Salmos do dia de semana corrente, com a Antífona do Tempo. Leitura breve do Comum dos apóstolos, p. 1556. Oração como nas Laudes.

Vésperas

Cântico evangélico, ant.
Não fostes **vós** que me esco**lhestes**, mas sim **eu** vos esco**lhi** e vos **dei** esta miss**ão** de produ**zir**des muito **fru**to, e o vosso **fru**to perma**ne**ça.

18 de maio

SÃO JOÃO I, PAPA E MÁRTIR

Nasceu na Toscana e foi eleito bispo da Igreja de Roma, em 523. O rei Teodorico enviou-o a Constantinopla como seu delegado junto ao imperador Justino; ao regressar, Teodorico, descontente com o resultado de sua missão diplomática, mandou prendê-lo e encarcerar em Ravena, onde morreu, em 526.

Do Comum de um mártir, p. 1591, ou dos pastores: para papas, p. 1617.

Ofício das Leituras

Segunda leitura
Das Cartas de São João de Ávila, presbítero
(Carta aos amigos, 58: Opera omnia, edit. B.A.C. 1,533-534)
(Séc. XVI)

Que a vida de Jesus seja manifestada em nossos corpos
Bendito seja o Deus e Pai de nosso Senhor Jesus Cristo, Pai das misericórdias e Deus de toda consolação. Ele nos consola em todas as nossas aflições, para que, com a

consolação que nós mesmos recebemos de Deus, possamos consolar os que se acham em toda e qualquer aflição. Pois, à medida que os sofrimentos de Cristo crescem para nós, cresce também a nossa consolação por Cristo (2Cor 1,3-5).

Estas palavras são do apóstolo Paulo. Por três vezes foi batido com varas, cinco vezes açoitado, uma vez apedrejado até ser deixado como morto; foi perseguido por todo tipo de gente e atormentado por toda espécie de flagelos e sofrimentos, não uma ou duas vezes, mas, como ele mesmo diz em outro lugar: *Somos continuamente entregues à morte, por causa de Jesus, para que também a vida de Jesus seja manifestada em nossos corpos* (2Cor 4,1).

Em todas essas tribulações não murmura nem se queixa de Deus, como costumam fazer os fracos; não se entristece, como aqueles que amam a glória e o prazer; não roga a Deus que o livre dos sofrimentos, como os que não o conhecem e, por isso, recusam deles compartilhar; não os julga pouca coisa, como quem não lhes dá valor; mas, pondo de lado toda ignorância e fraqueza, bendiz a Deus no meio destas aflições e agradece a quem lhas dá. Reconhece nelas não pequena mercê e considera-se feliz por poder sofrer algo, em honra daquele que tantas ignomínias suportou para libertar-nos dos vexames a que estávamos sujeitos pelo pecado. Por seu Espírito e pela adoção de filhos de Deus, ele nos cobriu de beleza e de honra, dando-nos também o penhor e a garantia de gozarmos com ele e por ele no céu.

Oh! irmãos meus, muito queridos! Abra Deus os vossos olhos para que vejais quanta recompensa existe para nós naquilo que o mundo despreza; quanta honra recebemos ao sermos desonrados por buscarmos a glória de Deus; quanta glória nos está reservada por causa da humilhação presente; como são carinhosos e amigos os braços que Deus nos abre para receber os que foram feridos nos combates por sua causa; sem dúvida, a doçura desses braços é incomparavelmente maior do que todo o mel que os esforços deste mundo podem dar. E se algum entendimento há em nós, havemos de desejar ardentemente esses braços; pois quem não deseja aquele que é a plenitude do amor, senão quem não sabe verdadeiramente o que é desejar?

Pois bem, se vos agradam aquelas festas e se as desejais ver e gozar, tende por certo que não há caminho mais seguro do que o sofrimento. É este o caminho por onde passaram Cristo e todos os seus. Ele o chama caminho estreito, mas é o que conduz diretamente à vida. Ensina-nos também que, se queremos chegar aonde ele está, devemos seguir o mesmo caminho que percorreu. Não convém que, tendo o Filho de Deus passado pelo caminho da ignomínia, sigam os filhos dos homens pelo caminho das honras; porque *o discípulo não está acima do mestre, nem o servo acima do seu senhor* (Mt 10,24).

Queira Deus que neste mundo a nossa alma não encontre outro descanso nem escolha outra vida que não sejam os sofrimentos da cruz do Senhor.

Responsório 2Cor 11,16

R. De fato, nós, embora estando vivos,
   por Jesus somos entregues sempre à morte,
 * Para que, também, a vida do Senhor
   se manifeste em nossa carne.
V. Embora o nosso homem exterior vá perecendo,
   o homem interior se renova dia a dia. * Para que.

Oração

Ó Deus, recompensa dos justos, que consagrastes este dia com o martírio do papa João I, ouvi as preces do vosso povo e concedei que, celebrando seus méritos, imitemos sua constância na fé. Por nosso Senhor Jesus Cristo, vosso Filho, na unidade do Espírito Santo.

20 de maio
SÃO BERNARDINO DE SENA, PRESBÍTERO

Nasceu em Massa Marítima, na Toscana (Itália), em 1380; entrou na Ordem dos Frades Menores, e foi ordenado presbítero. Percorreu toda a Itália, exercendo o ministério da pregação com grande proveito para as almas. Divulgou a devoção ao Santíssimo Nome de Jesus, e teve um papel importante na promoção dos estudos e da disciplina religiosa de sua Ordem, tendo também escrito alguns tratados teológicos. Morreu em Áquila no ano 1444.

Do Comum dos pastores: para presbíteros, p. 1617, ou dos santos homens: para religiosos, p. 1731.

Ofício das Leituras

Segunda leitura
Dos Sermões de São Bernardino de Sena, presbítero
(Sermo 49, De glorioso Nomine Iesu Christi, cap. 2: Opera omnia, 4,505-506)   (Séc. XV)

O nome de Jesus é a luz dos pregadores

O nome de Jesus é a luz dos pregadores porque ilumina com o seu esplendor os que anunciam e os que ouvem a sua palavra. Por que razão a luz da fé se difundiu no mundo inteiro tão rápida e ardentemente, senão porque foi pregado este nome? Não foi também pela luz e suavidade do nome de Jesus que Deus nos *chamou para a sua luz maravilhosa?* (1Pd 2,9). Com razão diz o Apóstolo aos que foram iluminados e nesta luz veem a luz: *Outrora éreis trevas, mas agora sois luz no Senhor. Vivei como filhos da luz* (Ef 5,8).

Portanto, é necessário proclamar este nome para que a sua luz não fique oculta, mas resplandeça. Entretanto, ele não deve ser pregado com o coração impuro ou com a boca profanada; deve ser guardado e proferido por meio de um vaso escolhido.

Por isso, diz o Senhor, referindo-se ao Apóstolo: *Este homem é para mim um vaso escolhido para anunciar o meu nome aos pagãos, aos reis e ao povo de Israel* (cf. At 9,15). Um *vaso escolhido,* diz o Senhor, onde se expõe uma bebida de agradável sabor, para que o brilho e o esplendor dos vasos preciosos provoquem o desejo de beber: *para anunciar* – acrescenta – *o meu nome.*

Com efeito, para limpar os campos se queimam com o fogo os espinheiros secos e inúteis; aos primeiros raios do sol nascente, as trevas desaparecem, e os ladrões, os noctívagos e os arrombadores de casas desaparecem. Da mesma forma, quando Paulo pregava aos povos – semelhante a um forte estrondo de trovão ou à irrupção de um violento incêndio mais luminoso que o nascer do sol – desaparecia a falta de fé, morria a falsidade e resplandecia a verdade, à semelhança da cera que se derrete ao calor de um fogo ardente.

Ele levava o nome de Jesus a toda parte por meio de suas palavras, cartas, milagres e exemplos. De fato, *continuamente* louvava *o nome* de Jesus e *cantava-lhe hinos de ação de graças* (Eclo 51,15; Ef 5,19-20).

O Apóstolo também apresentava este nome como uma luz *aos pagãos, aos reis e ao povo de Israel,* iluminava as nações e proclamava por toda parte: *A noite já vai adiantada, o dia vem chegando: despojemo-nos das ações das trevas e vistamos as armas da luz. Procedamos honestamente, como em pleno dia* (Rm 13,12-13). E mostrava a todos a lâmpada que arde e ilumina sobre o candelabro, anunciando em todo lugar a *Jesus Cristo crucificado* (1Cor 2,2).

Assim, a Igreja, esposa de Cristo, sempre apoiada em seu testemunho, alegra-se com o Profeta, dizendo: *Deus, vós me ensinastes desde a minha juventude, e até hoje canto as vossas maravilhas* (Sl 70,17), isto é, continuamente. Também o mesmo Profeta a isto nos exorta: *Cantai ao Senhor*

Deus e bendizei seu santo nome! Dia após dia anunciai sua salvação (Sl 95,2), quer dizer, Jesus, o Salvador.

Responsório   Eclo 51,15ab; Sl 9,3

R. Louva**rei** continua**men**te o vosso **no**me
 * E o canta**rei** com grati**dão** em meus lou**vo**res.
V. Em **vós** exulta**rei** de ale**gria**,
  canta**rei** ao vosso **no**me, Deus Al**tís**simo. * E o canta**rei**.

Oração

Ó Deus, que destes ao presbítero São Bernardino de Sena ardente amor pelo nome de Jesus, acendei sempre em nossos corações a chama da vossa caridade. Por nosso Senhor Jesus Cristo, vosso Filho, na unidade do Espírito Santo.

25 de maio

SÃO BEDA, O VENERÁVEL, PRESBÍTERO E DOUTOR DA IGREJA

Nasceu no território do mosteiro beneditino de Wearmouth (Inglaterra), em 673; foi educado por São Bento Biscop e ingressou no referido mosteiro, onde recebeu a ordenação de presbítero. Desempenhou o seu ministério dedicando-se ao ensino e à atividade literária. Escreveu obras de cunho teológico e histórico, seguindo a tradição dos Santos Padres e explicando a Sagrada Escritura. Morreu em 735.

Do Comum dos doutores da Igreja, p.1644, ou dos santos homens: para religiosos, p. 1731.

Ofício das Leituras

Segunda leitura
Da Carta de Cutberto, sobre a morte de São Beda, o Venerável

(Nn. 4-6: PL 90,64-66)   (Séc. VIII)

Desejo de ver a Cristo

Ao chegar a terça-feira antes da Ascensão do Senhor, Beda começou a respirar com mais dificuldade e apareceu um pequeno tumor em seu pé. Mas, durante todo aquele dia, ensinou e ditou as suas lições com boa disposição. A certa altura, entre outras coisas, disse: "Aprendei depressa; não sei por quanto tempo ainda viverei e se dentro em breve o meu Criador virá me buscar". Parecia-nos que ele sabia perfeitamente quando iria morrer; tanto assim que passou a noite acordado e em ação de graças.

Raiando a manhã, isto é, na quarta-feira, ordenou que escrevêssemos com diligência a lição começada; assim fizemos até às nove horas. A partir desta hora, fizemos a procissão com as relíquias dos santos, como mandava o costume do dia. Um de nós, porém, ficou com ele, e disse-lhe: "Querido mestre, ainda falta um capítulo do livro que estavas ditando. Seria difícil pedir-te para continuar?" Ele respondeu: "Não, não custa nada; toma a tua pena e tinta, e escreve sem demora". E assim fez o discípulo.

Às três horas da tarde, disse-me: "Tenho em meu pequeno baú algumas coisas de estimação: pimenta, lenços e incenso. Vai depressa chamar os presbíteros do nosso mosteiro para que distribua entre eles os presentinhos que Deus me deu". Quando todos chegaram, falou-lhes, exortando a cada um e pedindo-lhes que celebrassem missas por ele e rezassem por sua alma; o que lhe prometeram de boa vontade.

Todos choravam e lamentavam, principalmente por lhe ouvirem manifestar a persuasão de que não veriam mais por muito tempo o seu rosto neste mundo. No entanto, alegraram-se quando lhes disse: "Chegou o tempo, se assim aprouver a meu Criador, de voltar para aquele que me deu a vida, me criou e me formou do nada quando eu não existia. Vivi muito tempo, e o misericordioso Juiz teve especial cuidado com a minha vida. *Aproxima-se o momento de minha partida* (2Tm 4,6), pois *tenho o desejo de partir para estar com*

Cristo (Fl 1,23). Na verdade, minha alma deseja ver a Cristo, meu rei, na sua glória". E disse muitas outras coisas, para nossa edificação, conservando a sua alegria de sempre até à noitinha.

O jovem Wilberto, já mencionado, disse: "Querido mestre, ainda me falta escrever uma só frase". Respondeu ele: "Escreve depressa". Pouco depois disse o jovem: "Agora a frase está terminada". "Disseste bem, – continuou Beda – *tudo está consumado* (Jo 19,30). Agora, segura-me a cabeça com tuas mãos, porque me dá muita alegria sentar-me voltado para o lugar santo, onde costumava rezar; assim também agora, sentado, quero invocar meu Pai".

E colocado no chão de sua cela, cantou: "Glória ao Pai e ao Filho e ao Espírito Santo". Ao dizer o nome do Espírito Santo, exalou o último suspiro. Pela grande devoção com que se consagrou aos louvores de Deus na terra, bem devemos crer que partiu para a felicidade das alegrias do céu.

Responsório

R. Por todo o **tem**po de minha **vi**da no mos**tei**ro
dedi**quei**-me a medi**tar** as Escri**tu**ras:
e em **mei**o à obser**vân**cia regu**lar**,
e ao **can**to na I**gre**ja, cada **di**a,
 * Foi-me **sem**pre agra**dá**vel e su**a**ve
apren**der** ou ensi**nar** ou escre**ver**.

V. Quem prati**car** e ensi**nar** os manda**men**tos,
no **Rei**no dos **Céus** há de ser **gran**de. * Foi-me **sem**pre.

Oração

Ó Deus, que iluminais a vossa Igreja com a erudição do vosso presbítero São Beda, o Venerável, concedei-nos sempre a luz da sua sabedoria e o apoio de seus méritos. Por nosso Senhor Jesus Cristo, vosso Filho, na unidade do Espírito Santo.

No mesmo dia 25 de maio

SÃO GREGÓRIO VII, PAPA

Hildebrando nasceu na Toscana (Itália), cerca do ano 1028; foi educado em Roma e abraçou a vida monástica. Por diversas vezes foi legado dos papas de seu tempo para auxiliar na reforma da Igreja. Em 1073, eleito para a cátedra de São Pedro, com o nome de Gregório VII, continuou corajosamente a reforma começada. Muito combatido, principalmente pelo rei Henrique IV, foi desterrado para Salerno, onde morreu, em 1085.

Do Comum dos pastores: para papas, p. 1617.

Ofício das Leituras

Segunda leitura
Das Cartas de São Gregório VII, papa
(Ep. 64 extra Registrum: PL 148,709-710) (Séc. XI)

A Igreja livre, casta, católica

Em nome do Senhor Jesus, que nos remiu com sua morte, nós vos pedimos e suplicamos que procureis diligentemente informar-vos acerca do motivo e do modo como sofremos tribulações e angústias da parte dos inimigos da religião cristã.

Desde que, por disposição divina, a Mãe Igreja me colocou no trono apostólico, apesar de sentir-me indigno e contra a minha vontade – Deus é testemunha! – procurei com o máximo empenho que a santa Igreja, esposa de Deus, senhora e mãe nossa, voltando à primitiva beleza que lhe é própria, permanecesse livre, casta e católica. Mas como isso desagrada muitíssimo ao antigo inimigo, este armou seus sequazes contra nós, para que tudo sucedesse ao contrário.

Por isso, fez ele tanto mal contra nós, ou antes, contra a Sé Apostólica, como ainda não pudera fazê-lo, desde os tempos do imperador Constantino Magno. Nem é de admirar muito, porque, quanto mais o tempo passa, tanto mais ele se esforça para extinguir a religião cristã.

Agora, pois, meus caríssimos irmãos, ouvi com muita atenção o que vos digo. Todos os que no mundo inteiro têm o nome de cristãos e conhecem verdadeiramente a fé cristã, sabem e creem que São Pedro, o príncipe dos apóstolos, é o pai de todos os cristãos e o primeiro pastor, depois de Cristo, e que a santa Igreja Romana é a mãe e mestra de todas as Igrejas.

Se, portanto, acreditais nestas coisas e as afirmais sem hesitação, eu, vosso humilde irmão e indigno mestre, rogo-vos e recomendo-vos pelo amor de Deus onipotente, que ajudeis e socorrais este vosso pai e esta vossa mãe, se desejais alcançar por seu intermédio a absolvição de todos os pecados, a bênção e a graça, neste mundo e no outro.

Deus onipotente, de quem procedem todos os bens, sempre ilumine a vossa alma e a fecunde com o seu amor e o amor do próximo. Assim, pela vossa constante dedicação, mereceis a recompensa de São Pedro, vosso pai na fé, e da Igreja, vossa mãe, e chegareis sem temor à sua companhia. Amém.

Responsório   Eclo 45,3; Sl 77(78),70a.71bc
R. O Senhor glorificou-o perante os poderosos
   e deu-lhe suas ordens diante de seu povo;
 * E mostrou-lhe sua glória.
V. O Senhor o escolheu para guiar a Israel
   que escolheu por sua herança. * E mostrou-lhe.

Oração
Concedei-nos, ó Deus, o espírito de fortaleza e a sede de justiça que animaram o papa São Gregório VII, para que vossa Igreja rejeite o mal, pratique a justiça e viva em perfeita caridade. Por nosso Senhor Jesus Cristo, vosso Filho, na unidade do Espírito Santo.

No mesmo dia 25 de maio

SANTA MARIA MADALENA DE PAZZI, VIRGEM

Nasceu em Florença (Itália), no ano 1566. Teve uma piedosa educação e entrou na Ordem das Carmelitas; levou uma vida oculta de oração e abnegação, rezando assiduamente pela reforma da Igreja e dirigindo suas irmãs religiosas no caminho da perfeição. Recebeu de Deus muitos dons extraordinários. Morreu em 1607.

Do Comum das virgens, p. 1658, ou das santas mulheres: para religiosas, p. 1731.

Ofício das Leituras

Segunda leitura

Dos Escritos sobre a Revelação e a Provação, de Santa Maria Madalena de Pazzi, virgem

(Mss. III, 186.264; *N*, 716: Opere di S. M. Maddalena de' Pazzi, Firenze, 1965, 4, pp. 200.269; 6, p. 194)

(Séc. XVI)

Vem, Espírito Santo

Verdadeiramente és admirável, ó Verbo de Deus, no Espírito Santo, fazendo com que ele se infunda de tal modo na alma, que ela se una a Deus, conheça a Deus, e em nada se alegre fora de Deus.

O Espírito Santo vem à alma, marcando-a com o precioso selo do sangue do Verbo, ou seja, do Cordeiro imolado. Mais ainda, é esse mesmo sangue que o incita a vir, embora o próprio Espírito já por si tenha esse desejo.

O Espírito que assim deseja é em si a substância do Pai e do Verbo; procede da essência do Pai e da vontade do Verbo; vem como fonte que se difunde na alma, e a alma nele mergulha toda. Assim como dois rios, confluindo, de tal modo se misturam que o menor perde o nome e recebe o do maior, do mesmo modo age este Espírito divino, quando vem à alma, para com ela se unir. É preciso, pois, que a alma, por ser menor, perca seu nome e o ceda ao Espírito Santo; e deve fazer isto transformando-se de tal maneira no Espírito que se torne com ele uma só coisa.

Este Espírito, porém, distribuidor dos tesouros que estão no coração do Pai e guarda dos segredos entre o Pai e o Filho, derrama-se com tanta suavidade na alma, que não se percebe sua chegada e, pela sua grandeza, poucos o apreciam.

Por sua densidade e sua leveza, entra em todos os lugares que estão aptos e preparados para recebê-lo. Na sua palavra frequente, como também no seu profundo silêncio, é ouvido por todos; com o ímpeto do amor, ele, imóvel e mobilíssimo, penetra em todos os corações.

Não ficas, Espírito Santo, no Pai, imóvel, nem no Verbo; contudo, sempre estás no Pai e no Verbo e em ti mesmo, e também em todos os espíritos e criaturas bem-aventuradas. Estás ligado à criatura por estreitos laços de parentesco, por causa do sangue derramado pelo Verbo unigênito que, pela veemência do amor, se fez irmão de sua criatura. Repousas nas criaturas que se predispõem com pureza a receber em si, pela comunicação de teus dons, a tua própria presença. Repousas nas almas que acolhem em si os efeitos do sangue do Verbo e se tornam habitação digna de ti.

Vem, Espírito Santo. Venha a unidade do Pai e do bem-querer do Verbo. Tu, Espírito da Verdade, és o prêmio dos santos, o refrigério dos corações, a luz das trevas, a riqueza dos pobres, o tesouro dos que amam, a saciedade dos famintos, o alívio dos peregrinos; tu és, enfim, aquele que contém em si todos os tesouros.

Vem, tu que, descendo em Maria, realizaste a encarnação do Verbo, e realiza em nós, pela graça, o que nela realizaste pela graça e pela natureza.

Vem, tu que és o alimento de todo pensamento casto, a fonte de toda clemência, a plenitude de toda pureza.

Vem e transforma tudo o que em nós é obstáculo para sermos plenamente transformados em ti.

Responsório 1Cor 2,9-10a
R. Os olhos não viram, os ouvidos não ouviram
e nem suspeitou a mente humana,
*O que Deus preparou para aqueles que o amam.
V. Deus, porém, revelou-nos pelo Espírito Santo.
*O que Deus.

Oração

Ó Deus, que amais a virgindade e cumulastes de graças a Santa Maria Madalena de Pazzi, abrasada de amor por vós, fazei que, celebrando hoje sua festa, imitemos seus exemplos de caridade e pureza. Por nosso Senhor Jesus Cristo, vosso Filho, na unidade do Espírito Santo.

26 de maio

SÃO FILIPE NÉRI, PRESBÍTERO

Memória

Nasceu em Florença (Itália), em 1515. Indo para Roma, aí começou a dedicar-se ao apostolado da juventude, e estabeleceu uma associação em favor dos doentes pobres, levando uma vida de grande perfeição cristã. Foi ordenado presbítero em 1551 e fundou o Oratório que tinha por finalidade dedicar-se à instrução espiritual, ao canto e às obras de caridade. Notabilizou-se sobretudo por seu amor ao próximo, pela sua simplicidade evangélica e pela sua alegria no serviço de Deus. Morreu em 1595.

Do Comum dos pastores, p. 1617, ou dos santos homens: para religiosos, p. 1731.

Ofício das Leituras

Segunda leitura
Dos Sermões de Santo Agostinho, bispo
(Sermo 171,1-3.5: PL 38,933-935)   (Séc. V)

Alegrai-vos sempre no Senhor

O Apóstolo manda que nos alegremos, mas no Senhor, não no mundo. Pois afirma a Escritura: *A amizade com o mundo é inimizade com Deus* (Tg 4,4). Assim como um homem não pode servir a dois senhores, da mesma forma ninguém pode alegrar-se ao mesmo tempo no mundo e no Senhor.

Vença, portanto, a alegria no Senhor, até que termine a alegria no mundo. Cresça sempre a alegria no Senhor; a alegria no mundo diminua até acabar totalmente. Não se quer dizer com isso que não devamos alegrar-nos, enquanto estamos neste mundo; mas que, mesmo vivendo nele, já nos alegremos no Senhor.

No entanto, pode alguém observar: Eu estou no mundo; então, se me alegro, alegro-me onde estou. E daí? Por estares no mundo, não estás no Senhor? Escuta o mesmo Apóstolo, que falando aos atenienses, nos Atos dos Apóstolos, dizia a respeito de Deus e do Senhor, nosso Criador: *Nele vivemos, nos movemos e existimos* (At 17,28). Ora, quem está em toda parte, onde é que não está? Não foi para isto que fomos advertidos? *O Senhor está próximo! Não vos inquieteis com coisa alguma* (Fl 4,5-6).

Eis uma realidade admirável: aquele que subiu acima de todos os céus, está próximo dos que vivem na terra. Quem está tão longe e perto ao mesmo tempo, senão aquele que por misericórdia se tornou tão próximo de nós?

Na verdade, todo o gênero humano está representado naquele homem que jazia semimorto no caminho, abandonado pelos ladrões. Desprezaram-no, ao passar, o sacerdote e o levita; mas o samaritano, que também passava por ali, aproximou-se para tratar dele e prestar-lhe socorro. O Imortal e Justo, embora estivesse longe de nós, mortais e pecadores, desceu até nós. Quem antes estava longe, quis ficar perto de nós.

Ele *não nos trata como exigem nossas faltas* (Sl 102,10), porque somos filhos. Como podemos provar isto? O Filho único morreu por nós para deixar de ser único. Aquele que morreu só, não quis ficar só. O Unigênito de Deus fez nascer muitos filhos de Deus. Comprou irmãos para si com seu sangue. Quis ser condenado para nos justificar; vendido, para nos resgatar; injuriado, para nos honrar; morto, para nos dar a vida.

Portanto, irmãos, *alegrai-vos no Senhor* (Fl 4,4) e não no mundo; isto é, alegrai-vos com a verdade, não com a iniquidade; alegrai-vos na esperança da eternidade, não nas flores da vaidade. Alegrai-vos assim onde quer que estejais e em todo o tempo que viverdes neste mundo. *O Senhor está próximo! Não vos inquieteis com coisa alguma.*

Responsório   2Cor 13,11; Rm 15,13a

R. Alegrai-vos, meus irmãos, procurai a perfeição;
   animai-vos uns aos outros, tende paz e harmonia,
 *E o Deus da paz e do amor convosco estará.
V. Que o Deus da esperança vos cumule de alegria
   e de paz em vossa fé. *E o Deus.

Oração

Ó Deus, que não cessais de elevar à glória da santidade os vossos servos fiéis e prudentes, concedei que nos inflame o fogo do Espírito Santo que ardia no coração de São Filipe Néri. Por nosso Senhor Jesus Cristo, vosso Filho, na unidade do Espírito Santo.

27 de maio

SANTO AGOSTINHO DE CANTUÁRIA, BISPO

Era do mosteiro de Santo André, em Roma, quando foi enviado por São Gregório Magno, em 597, à Inglaterra, para pregar o evangelho. Foi bem recebido e ajudado pelo rei Etelberto. Eleito bispo de Cantuária, converteu muitos à fé cristã e fundou várias Igrejas, principalmente no reino de Kent. Morreu a 26 de maio, cerca do ano 605.

Do Comum dos pastores: para bispos, p. 1617.

Ofício das Leituras

Segunda leitura
Das Cartas de São Gregório Magno, papa
      (Lib. 9,36: MGH, 1899, Epistolae, 2,305-306)
                                              (Séc. VI)

A nação dos anglos foi iluminada pela luz da santa fé

Glória a Deus no mais alto dos céus, e paz na terra aos homens por ele amados (Lc 2,14), porque Cristo, o grão de trigo, caiu na terra e morreu para não reinar sozinho no céu. Por sua morte nós vivemos, por sua fraqueza nos fortalecemos, por sua paixão nos libertamos da nossa. Por seu amor, procuramos na Grã-Bretanha irmãos que desconhecíamos; por sua bondade, encontramos aqueles que procurávamos sem conhecer.

Quem será capaz de expressar a enorme alegria que encheu o coração de todos os fiéis, pelo fato de a nação dos anglos, repelindo as trevas do erro, ter sido iluminada pela luz da santa fé? É à ação da graça de Deus todo-poderoso e ao teu ministério, irmão, que devemos isto. Agora com grande fidelidade de espírito calcam aos pés os ídolos que antes adoravam com insensato temor; com pureza de coração, já se prosternam diante de Deus todo-poderoso; obedecendo às normas da santa pregação, abandonam as obras do pecado e aceitam de boa mente os mandamentos de Deus para chegarem a compreendê-lo melhor; inclinam-se profundamente em oração para que o espírito não fique preso à terra. De quem é esta obra? É daquele que disse: *Meu Pai trabalha sempre, portanto também eu trabalho* (Jo 5,17).

Cristo, para mostrar que o mundo não se converte com a sabedoria dos homens mas com o seu poder, escolheu como seus pregadores, para enviar ao mundo, homens iletrados. O mesmo fez também agora com a nação dos anglos, pois se dignou realizar prodígios por meio de fracos instrumentos. Mas nesta graça celestial, irmão caríssimo, há muito para nos alegrarmos e também muito para temermos.

Bem sei que o Deus todo-poderoso realizou grandes milagres por meio do teu amor para com esse povo que ele quis escolher. Mas esta graça do céu deve ser para ti causa de alegria e de temor. De alegria, sem dúvida, por veres como as almas dos anglos são conduzidas, por meio dos milagres exteriores até à graça interior; e de temor para que, à vista dos milagres que se realizam, tua fraqueza não se exalte até à presunção, e, enquanto exteriormente és honrado, não caias interiormente na vanglória.

Devemos lembrar-nos de que os discípulos, ao voltarem da pregação cheios de alegria, quando disseram ao divino mestre: *Senhor, até os demônios nos obedecem por causa do teu nome* (Lc 10,17), ouviram como resposta: *Não vos alegreis porque os espíritos vos obedecem. Antes, ficai alegres porque vossos nomes estão escritos no céu* (Lc 10,20).

Responsório   Fl 3,17; 4,9; 1Cor 1,10a
R. Sede **meus** imitado**res**, meus ir**mãos**,
   e obser**vai** os que ca**min**ham de a**cor**do
   com o mo**de**lo, que vós **ten**des em mim **mes**mo.
 * Prati**cai** o que apren**des**tes e her**das**tes,
   o que ou**vis**tes e em **mim** pudestes **ver**,
   e con**vos**co es**ta**rá o Deus da **paz**.
V. Eu vos **pe**ço pelo **no**me de Jesus
   que guar**deis** a harmo**ni**a entre **vós**! * Prati**cai**.

Oração

Ó Deus, que conduzistes ao Evangelho os povos da Inglaterra pela pregação do bispo Santo Agostinho, concedei que os frutos do seu trabalho permaneçam na vossa Igreja com perene fecundidade. Por nosso Senhor Jesus Cristo, vosso Filho, na unidade do Espírito Santo.

31 de maio

VISITAÇÃO DE NOSSA SENHORA

Festa

Do Comum de Nossa Senhora, p. 1507, exceto o seguinte:

Invitatório

R. Louvemos a **nos**so Se**nhor**, feste**je**mos a **Vir**gem Ma**ri**a, na **fes**ta da Visita**ção**.

Salmo invitatório como no Ordinário, p. 583.

Ofício das Leituras

Hino

Vem, ó Senhora nossa,
visita-nos, Maria,
que a casa de Isabel
encheste de alegria.

Vem, doce Mãe da Igreja,
vem visitar teu povo,
por nossas culpas roga,
fazendo tudo novo.

Vem, ó do mar Estrela,
de paz nos manda um raio;
perfuma a nossa vida,
suave flor de maio.

Vem ver os teus fiéis,
já prontos para a luta;
renova as suas forças:
não tombem na labuta.

Vem, Mãe da humanidade,
guiar passos errantes:
na mesma estrada um dia
sigamos exultantes.

Vem logo, e louvaremos
contigo o Pai e o Filho;
do Espírito tenhamos,
por teu amor, o auxílio.

Primeira leitura
Do Cântico dos Cânticos   2,8-14; 8,6-7

A vinda do amado

²,⁸É a voz do meu amado!
Eis que ele vem
saltando pelos montes,
pulando sobre as colinas.
⁹O meu amado parece uma gazela,
ou um cervo ainda novo.
Eis que ele está de pé atrás de nossa parede,
espiando pelas janelas,
observando através das grades.
¹⁰O meu amado me fala dizendo:
"Levanta-te, minha amada,
minha rola, formosa minha, e vem!
¹¹O inverno já passou,
as chuvas pararam e já se foram.
¹²No campo aparecem as flores,
chegou o tempo das canções,
a rola já faz ouvir
seu canto em nossa terra.
¹³Da figueira brotam os primeiros frutos,
soltam perfume as vinhas em flor.
Levanta-te, minha amada,
formosa minha, e vem!
¹⁴Minha rola, que moras nas fendas da rocha,
no esconderijo escarpado,
mostra-me teu rosto,
deixa-me ouvir tua voz!
Pois a tua voz é tão doce,

e gracioso o teu semblante".

⁸,⁶Grava-me como um selo em teu coração,
como um selo em teu braço!
Porque o amor é forte como a morte
e a paixão é cruel como a morada dos mortos;
suas faíscas são de fogo,
uma labareda divina.
⁷Águas torrenciais jamais apagarão o amor,
nem rios poderão afogá-lo.
Se alguém oferecesse todas as riquezas de sua casa
para comprar o amor,
seria tratado com desprezo.

Responsório   Lc 1,41b-43.44

R. Isabel ficou cheia do Espírito Santo
   e ela exclamou em alta voz:
   És bendita entre todas as mulheres
   e bendito é o fruto do teu ventre!
 * Não mereço esta honra, que a Mãe do Senhor,
   do meu Deus, venha a mim!
V. Quando ouvi ressoar tua voz, ao saudar-me,
   o menino saltou de alegria, em meu seio. * Não mereço.

Segunda leitura

Das Homilias de São Beda, o Venerável, presbítero
           (Lib. 1,4: CCL 122,25-26.30)   (Séc. VIII)

Maria engrandece o Senhor que age nela

Minha alma engrandece o Senhor e exulta meu espírito em Deus, meu *Salvador* (Lc 1,46). Com estas palavras, Maria reconhece, em primeiro lugar, os dons que lhe foram especialmente concedidos; em seguida, enumera os benefícios universais com que Deus favorece continuamente o gênero humano.

Engrandece o Senhor a alma daquele que consagra todos os sentimentos da sua vida interior ao louvor e ao serviço de

Deus; e, pela observância dos mandamentos, revela pensar sempre no poder da majestade divina.

Exulta em Deus, seu Salvador, o espírito daquele que se alegra apenas na lembrança de seu Criador, de quem espera a salvação eterna.

Embora estas palavras se apliquem a todas as almas santas, adquirem contudo a mais plena ressonância ao serem proferidas pela santa Mãe de Deus. Ela, por singular privilégio, amava com perfeito amor espiritual aquele cuja concepção corporal em seu seio era a causa de sua alegria.

Com toda razão pôde ela exultar em Jesus, seu Salvador, com júbilo singular, mais do que todos os outros santos, porque sabia que o autor da salvação eterna havia de nascer de sua carne por um nascimento temporal; e sendo uma só e mesma pessoa, havia de ser ao mesmo tempo seu Filho e seu Senhor.

O Poderoso fez em mim maravilhas, e santo é o seu nome! (Lc 1,49). Maria nada atribui a seus méritos, mas reconhece toda a sua grandeza como dom daquele que, sendo por essência poderoso e grande, costuma transformar os seus fiéis, pequenos e fracos, em fortes e grandes.

Logo acrescentou: *E santo é o seu nome!* Exorta assim os que a ouviam, ou melhor, ensinava a todos os que viessem a conhecer suas palavras, que pela fé em Deus e pela invocação do seu nome, também eles poderiam participar da santidade divina e da verdadeira salvação. É o que diz o Profeta: *Então, todo aquele que invocar o nome do Senhor, será salvo* (Jl 3,5). É precisamente este o nome a que Maria se refere ao dizer: *Exulta meu espírito em Deus, meu Salvador.*

Por isso, se introduziu na liturgia da santa Igreja o costume belo e salutar de cantarem todos, diariamente, este hino na salmodia vespertina. Assim, que o espírito dos fiéis, recordando frequentemente o mistério da encarnação do Senhor, se entregue com generosidade ao serviço divino e, lembrando-se constantemente dos exemplos da Mãe de Deus, se confirme na verdadeira santidade. E pareceu muito oportuno que isto se fizesse na hora das Vésperas, para que nossa mente fatigada e distraída ao longo do dia por pensamentos diversos, encontre o recolhimento e a paz de espírito ao aproximar-se o tempo do repouso.

Responsório   Lc 1,45-46; Sl 65(66),16

R. És fe**liz** porque **cres**te, Ma**ri**a,
   pois em **ti**, a **Pa**lavra de **Deus**
   vai cum**prir**-se con**for**me ele **dis**se.
   Ma**ri**a, en**tão**, excla**mou**:
 * A minh'**al**ma engran**de**ce o Se**nhor**.
V. Todos **vós** que a Deus te**meis**, vinde escu**tar**:
   Vou con**tar**-vos todo o **bem**, que ele me **fez**!
   * A minh'**al**ma.

HINO Te Deum, p. 589.

Oração como nas Laudes.

Laudes

Hino

Vem, Mãe Virgem gloriosa,
visitar-nos, como a João,
com o dom do Santo Espírito
na terrena habitação.

Vem, trazendo o Pequenino
para o mundo nele crer.
A razão dos teus louvores,
possam todos conhecer.

Aos ouvidos da Igreja
soe tua saudação,
e ao ouvi-la, se levante,
com intensa exultação,

percebendo que contigo
chega o Cristo, o Salvador,
desejado pelos povos
como Guia e bom Pastor.

Ergue os olhos, ó Maria,
para o povo dos cristãos.
Para aqueles que procuram
traze auxílio e proteção.

Esperança verdadeira,
alegria dos mortais,
nosso Porto, vem levar-nos
às mansões celestiais.

Mãe, contigo nossas almas
engrandecem o Senhor,
que dos homens e dos anjos
te fez digna do louvor.

Ant. 1 Levantou-se Maria e dirigiu-se depressa
a uma cidade de Judá, na região montanhosa.

Salmos e cântico do domingo da I Semana, p. 626.

Ant. 2 Quando ouviu Isabel a saudação de Maria,
o menino saltou de alegria em seu seio,
e Isabel ficou cheia do Espírito Santo.

Ant. 3 És feliz porque creste, Maria,
pois em ti a Palavra de Deus vai cumprir-se.

Leitura breve — Jl 2,27- 3,1

Sabereis que eu estou no meio de Israel e que eu sou o Senhor, vosso Deus, e que não há outro; e nunca mais deixarei meu povo envergonhado. Acontecerá, depois disto, que derramarei o meu espírito sobre todo o ser humano, e vossos filhos e filhas profetizarão.

Responsório breve

R. O Senhor a escolheu,
 * Entre todas preferida. R. O Senhor.
V. O Senhor a fez morar em sua santa habitação.
 * Entre todas. Glória ao Pai. R. O Senhor.

Cântico evangélico, ant.

Quando ouviu Isabel a saudação de Maria,
exclamou em voz alta: Não mereço esta honra
que a Mãe do Senhor, do meu Deus, venha a mim!

Preces

Celebremos nosso Salvador, que se dignou nascer da Virgem Maria; e peçamos:

R. **Senhor, que a vossa Mãe interceda por nós!**

Sol de justiça, a quem a Virgem Imaculada precedeu como aurora resplandecente,
– concedei que caminhemos sempre à luz da vossa visitação. R.

Palavra eterna, que ensinastes vossa Mãe a escolher a melhor parte,
– ajudai-nos a imitá-la buscando o alimento da vida eterna. R.

Salvador do mundo, que pelos méritos da redenção preservastes a vossa Mãe de toda a mancha de pecado,
– livrai-nos também de todo pecado. R.

Redentor nosso, que fizestes da Imaculada Virgem Maria o tabernáculo puríssimo da vossa presença e o sacrário do Espírito Santo,
– fazei de nós templos vivos do vosso Espírito. R.

(intenções livres)

Pai nosso...

Oração

Ó Deus todo-poderoso, que inspirastes à Virgem Maria sua visita a Isabel, levando no seio o vosso Filho, fazei-nos dóceis ao Espírito Santo, para cantar com ela o vosso louvor. Por nosso Senhor Jesus Cristo, vosso Filho, na unidade do Espírito Santo.

Hora Média

Antífonas e salmos do dia de semana corrente. Na salmodia complementar, em lugar do Salmo 121(122), pode-se dizer o Salmo 128(129), p. 1119, e em lugar do Salmo 126(127), o 130(131), p. 738.

Oração das Nove Horas

Leitura breve — Jt 13,18-19

Ó filha, tu és bendita pelo Deus Altíssimo, mais que todas as mulheres da terra! E bendito é o Senhor Deus, que criou o céu e a terra, e te levou a decepar a cabeça do chefe de nossos inimigos! Porque nunca o teu louvor se afastará do coração dos homens, que se lembrarão do poder de Deus para sempre.

V. Felizes os que **ouvem** a **Palavra** do **Senhor**.
R. Felizes os que a **vivem** e a praticam cada **dia**.

Oração das Doze Horas

Leitura breve — Tb 12,6b

Bendizei a Deus e dai-lhe graças, diante de todos os viventes, pelos benefícios que vos concedeu. Bendizei e cantai o seu nome.

V. Felizes en**tra**nhas da **Vir**gem **Mari**a,
R. Que trou**xe**ram o **Filho** de **Deus**, Pai et**er**no.

31 de maio

Oração das Quinze Horas

Leitura breve   Sb 7,27b-28

A sabedoria, sendo única, tudo pode; permanecendo imutável, renova tudo; e comunicando-se às almas santas de geração em geração, forma os amigos de Deus e os profetas. Pois Deus ama tão-somente aquele que vive com a Sabedoria.

V. És bendita entre todas as mulheres da terra.
R. E bendito é o fruto que nasceu do teu ventre.

Oração como nas Laudes.

Vésperas

Hino

Eis que apressada sobes a montanha,
ó Virgem que o Senhor por Mãe escolhe!
Outra mãe vais servir, já tão idosa,
que nos braços te acolhe.

Mal ouve a tua voz, sente em seu seio
a alegria do filho que se agita,
e então, Mãe do Senhor já te saúda,
entre todas bendita.

E bendita tu mesma te proclamas,
prorrompendo num hino de vitória,
onde ao sopro do Espírito engrandeces
a Deus, Senhor da História.

Contigo se alegrando, todo o povo
exulta e canta pela terra inteira,
de Deus, ó Mãe e Filha, Escrava, e Esposa,
dos homens Medianeira!

Trazendo o Cristo, quantos dons nos trazes,
ó Virgem que nos tiras da orfandade!
Ao Deus Trino contigo engrandecemos,
ó Mãe da Humanidade!

Ant. 1 Então Maria entrou na **casa** de Zaca**ri**as
e sau**dou** a sua **pri**ma Isa**bel**.

Salmos e cântico do Comum de Nossa Senhora, p. 1524.

Ant. 2 Quando ou**vi** resso**ar** tua **voz** ao sau**dar**-me,
o me**ni**no sal**tou** de ale**gri**a em meu **sei**o.

Ant. 3 És ben**di**ta entre **to**das as mu**lhe**res da **ter**ra,
e ben**di**to é o **fru**to que nas**ceu** do teu **ven**tre.

Leitura breve 1Pd 5,5b-7

Revesti-vos todos de humildade no relacionamento mútuo, porque Deus resiste aos soberbos, mas dá a sua graça aos humildes. Rebaixai-vos, pois, humildemente, sob a poderosa mão de Deus, para que, na hora oportuna, ele vos exalte. Lançai sobre ele toda a vossa preocupação, pois é ele quem cuida de vós.

Responsório breve

R. Maria, alegra-te, ó **cheia** de **gra**ça;
  * O Se**nhor** é con**ti**go! R. Maria.
V. És ben**di**ta entre **to**das as mu**lhe**res da **ter**ra
  e ben**di**to é o **fru**to que nas**ceu** do teu **ven**tre!
    * O Se**nhor**. Glória ao **Pai**. R. Maria.

Cântico evangélico, ant.

Dora**van**te as gera**ções** hão de cha**mar**-me de ben**di**ta,
porque o Se**nhor** voltou os **o**lhos
para a humil**da**de de sua **ser**va.

Preces

Proclamemos a grandeza de Deus Pai todo-poderoso: Ele quis que Maria, Mãe de seu Filho, fosse celebrada por todas as gerações. Peçamos humildemente:

R. **Cheia de graça, intercedei por nós!**

31 de maio

Vós, que nos destes Maria por Mãe, concedei, por sua intercessão, saúde aos doentes, consolo aos tristes, perdão aos pecadores,
– e a todos a salvação e a paz. R.

Fazei, Senhor, que a vossa Igreja seja, na caridade, um só coração e uma só alma,
– e que todos os fiéis perseverem unânimes na oração com Maria, Mãe de Jesus. R.

Vós, que fizestes de Maria a Mãe da misericórdia,
– concedei a todos os que estão em perigo sentirem o seu amor materno. R.

Vós, que confiastes a Maria a missão de mãe de família no lar de Jesus e José,
– fazei que, por sua intercessão, todas as mães vivam em família o amor e a santidade. R.

(intenções livres)

Vós, que coroastes Maria como rainha do céu,
– fazei que nossos irmãos e irmãs falecidos se alegrem eternamente em vosso Reino, na companhia dos santos. R.

Pai nosso...

Oração

Ó Deus todo-poderoso, que inspirastes à Virgem Maria sua visita a Isabel, levando no seio o vosso Filho, fazei-nos dóceis ao Espírito Santo, para cantar com ela o vosso louvor. Por nosso Senhor Jesus Cristo, vosso Filho, na unidade do Espírito Santo.

Sábado depois do 2º Domingo
depois de Pentecostes

IMACULADO CORAÇÃO DA VIRGEM MARIA

Memória

Do Comum de Nossa Senhora, p. 1507, exceto o seguinte:

Ofício das Leituras

Segunda leitura
Dos Sermões de São Lourenço Justiniano, bispo

(Sermo 8, in festo Purificationis B.M.V.:
Opera 2, Venetiis 1751,38-39)

Maria conservava tudo em seu coração

Maria refletia consigo mesma em tudo quanto tinha conhecido, através do que lia, escutava e via; assim, progredia de modo admirável na fé, na sabedoria e em méritos, e sua alma se inflamava cada vez mais com o fogo da caridade! O conhecimento sempre mais profundo dos mistérios celestes a enchia de alegria, fazia-lhe sentir a fecundidade do Espírito, a atraía para Deus e a confirmava na sua humildade. Tais são os efeitos da graça divina: eleva do mais humilde ao mais excelso e vai transformando a alma de claridade em claridade.

Feliz o coração da Virgem que, pela luz do Espírito que nela habitava, sempre e em tudo obedecia à vontade do Verbo de Deus. Não se deixava guiar pelo seu próprio sentimento ou inclinação, mas realizava, na sua atitude exterior, as insinuações internas da sabedoria inspiradas na fé. De fato, convinha que a Sabedoria de Deus, ao edificar a Igreja para ser o templo de sua morada, apresentasse Maria Santíssima como modelo de cumprimento da lei, de purificação da alma, de verdadeira humildade e de sacrifício espiritual.

Imita-a tu, ó alma fiel! Se queres purificar-te espiritualmente e conseguir tirar as manchas do pecado, entra no templo do teu coração. Aí Deus olha mais para a intenção do que para a exterioridade de tudo quanto fazemos. Por isso, quer elevemos nosso espírito à contemplação, a fim de repousarmos em Deus, quer nos exercitemos na prática das virtudes para sermos úteis ao próximo com as nossas boas obras, façamos uma ou outra coisa de maneira que só a caridade de Cristo nos impulsione. É este o sacrifício perfeito da purificação espiritual, que não se oferece em templo feito por mão humana, mas no templo do coração onde Cristo Senhor entra com alegria.

Responsório

R. Virgem **santa** e imacu**lada**, eu não **sei** com que lou**vo**res po**derei** engrande**cer**-vos.
* Pois **aque**le a quem os **céus** não pu**de**ram abran**ger**, repou**sou** em vosso **seio**.
V. Sois ben**di**ta entre as mul**he**res e ben**di**to é o **fru**to, que nas**ceu** de vosso **ven**tre. * Pois **aque**le.

Oração como nas Laudes.

Laudes

Cântico evangélico, ant.

Meu cor**ação** e minha **car**ne reju**bi**lam
e e**xul**tam de a**le**gria no Deus **vi**vo.

Oração

Ó Deus, que preparastes morada digna do Espírito Santo no Imaculado Coração de Maria, concedei que por sua intercessão nos tornemos um templo da vossa glória. Por nosso Senhor Jesus Cristo, vosso Filho, na unidade do Espírito Santo.

JUNHO

1º de junho

SÃO JUSTINO, MÁRTIR

Memória

Justino, filósofo e mártir, nasceu no princípio do século II, em Flávia Neápolis (Nablus), na Samaria, de família pagã. Tendo-se convertido à fé cristã, escreveu diversas obras em defesa do cristianismo; mas se conservam apenas as duas *Apologias* e o *Diálogo com Trifão*. Abriu uma escola de filosofia em Roma, onde mantinha debates públicos. Sofreu o martírio, juntamente com seus companheiros, no tempo de Marco Aurélio, cerca do ano 165.

Do Comum de um mártir, p. 1591.

Ofício das Leituras

Segunda leitura
Das Atas do martírio dos santos Justino e seus companheiros

(Cap. 1-5: cf. PG 6, 1566-1571)   (Séc. II)

Abracei a verdadeira doutrina dos cristãos

Aqueles homens santos foram presos e conduzidos ao prefeito de Roma, chamado Rústico. Estando eles diante do tribunal, o prefeito Rústico disse a Justino: "Em primeiro lugar, manifesta tua fé nos deuses e obedece aos imperadores". Justino respondeu: "Não podemos ser acusados nem presos, só pelo fato de obedecermos aos mandamentos de Jesus Cristo, nosso Salvador".

Rústico indagou: "Que doutrinas professas?" E Justino: "Na verdade, procurei conhecer todas as doutrinas, mas acabei por abraçar a verdadeira doutrina dos cristãos, embora ela não seja aceita por aqueles que vivem no erro".

O prefeito Rústico prosseguiu: "E tu aceitas esta doutrina, grande miserável?" Respondeu Justino: "Sim, pois a sigo como verdade absoluta".

O prefeito indagou: "Que verdade é esta?" Justino explicou: "Adoramos o Deus dos cristãos, a quem consideramos como único criador, desde o princípio, artífice de toda a criação, das coisas visíveis e invisíveis: adoramos também o Senhor Jesus Cristo, Filho de Deus, que os profetas anunciaram vir para o gênero humano como mensageiro da salvação e mestre da boa doutrina. E eu, um simples homem, considero insignificante tudo o que estou dizendo para exprimir a sua infinita divindade, mas reconheço o valor das profecias que previamente anunciaram aquele que afirmei ser o Filho de Deus. Sei que eram inspirados por Deus os profetas que vaticinaram a sua vinda entre os homens".

Rústico perguntou: "Então, tu és cristão?" Justino afirmou: "Sim, sou cristão".

O prefeito disse a Justino: "Ouve, tu que és tido por sábio e julgas conhecer a verdadeira doutrina: se fores flagelado e decapitado, estás convencido de que subirás ao céu?" Disse Justino: "Espero entrar naquela morada, se tiver de sofrer o que dizes. Pois sei que para todos os que viverem santamente está reservada a recompensa de Deus até o fim do mundo inteiro".

O prefeito Rústico continuou: "Então, tu supões que hás de subir ao céu para receber algum prêmio em retribuição?" Justino respondeu-lhe: "Não suponho, tenho a maior certeza".

O prefeito Rústico declarou: "Basta, deixemos isso e vamos à questão que importa, da qual não podemos fugir e é urgente. Aproximai-vos e todos juntos sacrificai aos deuses". Justino respondeu: "Ninguém de bom senso abandona a piedade para cair na impiedade".

O prefeito Rústico insistiu: "Se não fizerdes o que vos foi ordenado, sereis torturados sem compaixão". Justino disse: "Desejamos e esperamos chegar à salvação através dos tormentos que sofrermos por amor de nosso Senhor Jesus Cristo. O sofrimento nos garante a salvação e nos dá confiança perante o tribunal de nosso Senhor e Salvador, que é universal e mais terrível que o teu".

O mesmo também disseram os outros mártires: "Faze o que quiseres; nós somos cristãos e não sacrificaremos aos ídolos".

O prefeito Rústico pronunciou então a sentença: "Os que não quiseram sacrificar aos deuses e obedecer ordem do imperador, depois de flagelados, sejam conduzidos para sofrer a pena capital, segundo a norma das leis". Glorificando a Deus, os santos mártires saíram para o local determinado, onde foram decapitados e consumaram o martírio proclamando a fé no Salvador.

Responsório   Cf. At 20,21.24; Rm 1,16
R. Ao **dar** meu teste**mu**nho de **fé** em Jesus **Cristo**,
   Senhor **nos**so, nada **te**mo,
 * Nem **dou** tanto **valor** à **mi**nha própria **vida**,
   con**tan**to que eu **leve** a bom **termo** minha car**reira**
   e o ministério da palavra que, de **Cristo**, recebi:
   dar teste**mu**nho do Evangelho da **graça** do Se**nhor**.
V. Não me envergonho do Evangelho;
   pois **é** o poder de **Deus** para sal**var** todo o que **crê**,
   pri**mei**ro, o ju**deu** e de**pois**, também o **grego**. * Nem **dou**.

Laudes

Cântico evangélico, ant.
Em toda a **nos**sa ofe**ren**da, damos lou**vor** ao Cria**dor**
por seu **Filho** Jesus **Cristo** e o Es**pí**rito **Divino**.

Oração

Ó Deus, que destes ao mártir São Justino um profundo conhecimento de Cristo pela loucura da cruz, concedei-nos, por sua intercessão, repelir os erros que nos cercam e permanecer firmes na fé. Por nosso Senhor Jesus Cristo, vosso Filho, na unidade do Espírito Santo.

Vésperas

Cântico evangélico, ant.
De repente se acendeu na minh'alma um fogo ardente;
fui tomado pelo amor aos profetas e aos homens
que de Cristo são amigos.

2 de junho

SANTOS MARCELINO E PEDRO, MÁRTIRES

O martírio dos dois, sofrido durante a perseguição de Diocleciano, é atestado pelo papa São Dâmaso que obteve essa informação do próprio carrasco. Foram decapitados num bosque, mas seus corpos foram transladados e sepultados no cemitério *Ad duas lauros*, na via Labicana. Sobre o sepulcro de ambos foi construída uma basílica depois que a Igreja obteve a paz.

Do Comum de vários mártires, p. 1568.

Ofício das Leituras

Segunda leitura
Da Exortação ao martírio, de Orígenes, presbítero
(Nn. 41-42: PG 11,618-619)   (Séc. III)

Aqueles que participam dos sofrimentos de Cristo, participarão também da consolação que ele dará

Se *passamos da morte para a vida* (1Jo 3,14), ao passarmos da infidelidade para a fé, não nos admiremos se o mundo nos odeia. Com efeito, quem não tiver passado da morte para a vida, mas permanecer na morte, não pode amar aqueles que abandonaram a tenebrosa morada da morte, para entrar na morada feita de pedras vivas, onde brilha a luz da vida.

Jesus *deu a sua vida por nós* (1Jo 3,16); portanto, também nós devemos dar a vida, não digo por ele, mas por nós, quero dizer, por aqueles que serão construídos, edificados, com o nosso martírio.

Chegou o tempo, cristãos, de nos gloriarmos. Eis o que está escrito: *E não só isso, pois nos gloriamos também de nossas tribulações, sabendo que a tribulação gera a constância, a constância leva a uma virtude provada, a virtude provada desabrocha em esperança; e a esperança não decepciona. Porque o amor de Deus foi derramado em nossos corações pelo Espírito Santo* (Rm 5,3-5).

Se, *à medida que os sofrimentos de Cristo crescem para nós, cresce também a nossa consolação por Cristo* (2Cor 1,5), acolhamos com entusiasmo os sofrimentos de Cristo; e que eles sejam muitos em nós, se desejamos realmente obter a grande consolação reservada para todos os que choram. Talvez ela não seja igual medida para todos. Pois se assim fosse, não estaria escrito: *à medida que os sofrimentos de Cristo crescem em nós, cresce também a nossa consolação.*

Aqueles que participam dos sofrimentos de Cristo, participarão também da consolação que ele dará em proporção aos sofrimentos suportados por seu amor. É o que nos ensina aquele que afirmava cheio de confiança: *Assim como participais dos sofrimentos, participareis também da consolação* (cf. 2Cor 1,7).

Da mesma forma Deus fala através do Profeta: *No momento favorável, eu te ouvi e no dia da salvação, eu te socorri* (cf. Is 49,8; 2Cor 6,2). Haverá, por acaso, tempo mais favorável do que esta hora, quando por causa do nosso amor a Deus em Cristo somos publicamente levados prisioneiros neste mundo, porém, mais como vencedores do que como vencidos?

Na verdade, os mártires de Cristo, unidos a ele, destroçam os principados e as potestades, e com Cristo triunfam sobre eles. Deste modo, tendo participado de seus sofrimentos, também participam dos merecimentos que ele alcançou com a sua coragem heroica. Que outro dia de salvação haverá tão verdadeiro como aquele em que deste modo partireis da terra?

Rogo-vos, porém, que *não deis a ninguém motivo de escândalo, para que o nosso ministério não seja desacreditado; mas em tudo comportai-vos como ministros de Deus, com grande paciência* (cf. 2Cor 6,3-4), dizendo: *E agora, Senhor, que mais espero? Só em vós eu coloquei minha esperança!* (Sl 38,8).

Responsório   Ef 6,12.14a.13

R. Nossa **lu**ta não é **con**tra a **car**ne e o **san**gue,
   mas **con**tra os princi**pa**dos e **con**tra as potes**ta**des,
   contra os es**pí**ritos do **mal** nos es**pa**ços celesti**ais**.
 * Fi**cai**, portanto, a**ler**tas e cin**gi** os vossos **rins**
   com a ver**da**de, ale**lu**ia.
V. Reves**ti**-vos da arma**du**ra de **Deus**
   para po**der**des resis**tir** no dia **mau**
   e de **to**do o comba**te** sair **fir**mes. * Fi**cai**, portanto.

Oração

Ó Deus, que nos destes o apoio e a proteção do glorioso martírio dos santos Marcelino e Pedro, fazei que seu exemplo nos anime e sua oração nos sustente. Por nosso Senhor Jesus Cristo, vosso Filho, na unidade do Espírito Santo.

3 de junho

SÃO CARLOS LWANGA E SEUS COMPANHEIROS, MÁRTIRES

Memória

Entre os anos 1885 e 1887, muitos cristãos foram condenados à morte, em Uganda, por ordem do rei Mwanga, em ódio da religião.

Alguns deles exerciam cargos no próprio palácio real, outros estavam a serviço do próprio rei. Entre eles distinguem-se Carlos Lwanga e seus vinte e um companheiros, pela sua inquebrantável adesão à fé católica. Uns foram decapitados e outros queimados vivos, por não terem consentido nos desejos impuros do rei.

Do Comum de vários mártires, p. 1568.

Ofício das Leituras

Segunda leitura
Da Homilia do papa Paulo VI, pronunciada na canonização dos mártires de Uganda

(AAS 56 [1964],905-906) (Séc. XX)

A glória dos mártires, sinal de nova vida

Estes mártires africanos acrescentam ao rol dos vencedores, chamado Martirológio, uma página ao mesmo tempo trágica e grandiosa. É uma página verdadeiramente digna de figurar ao lado das célebres narrações da antiga África. No tempo em que vivemos, por causa da pouca fé, julgávamos que nunca mais elas viriam a ter semelhante continuação.

Quem poderia imaginar, por exemplo, que àquelas Atas tão comovedoras dos mártires de Cíli, dos mártires de Cartago, dos mártires "Massa Candida" de Útica comemorados por Santo Agostinho e Prudêncio, dos mártires do Egito tão louvados por São João Crisóstomo, dos mártires da perseguição dos vândalos, viriam em nossos tempos juntar-se novas páginas de história não menos valorosas nem menos brilhantes?

Quem teria podido pressentir que, às grandes figuras históricas dos santos mártires e confessores africanos bem conhecidos, como Cipriano, Felicidade e Perpétua e o grande Agostinho, haveríamos de um dia associar Carlos Lwanga, Matias Mulimba Kalemba, nomes tão caros para nós, e os seus vinte companheiros? E não querendo também esquecer os outros que, professando a religião anglicana, sofreram a morte pelo nome de Cristo.

Estes mártires africanos dão, sem dúvida, início a uma nova era. Oxalá não seja ela de perseguições e lutas religiosas, mas de renovação cristã e cívica!

Na realidade, a África, orvalhada pelo sangue destes mártires, os primeiros desta nova era (e queira Deus que sejam os últimos – tão grande e precioso é o seu holocausto!), a África, agora sim, renasce livre e independente.

O ato criminoso que os vitimou é tão cruel e significativo, que apresenta fatores suficientes e claros para a formação moral de um povo novo e para a fundação de uma nova tradição espiritual. E também para exprimirem e promoverem a passagem de uma cultura simples e rudimentar – não desprovida de magníficos valores humanos, mas contaminada e enfraquecida, como se fosse escrava de si mesma – a uma civilização aberta às mais altas manifestações da inteligência humana e às mais elevadas formas de vida social.

Responsório

R. Ao lu**tar**mos pela **fé**, Deus nos **vê**, os anjos **o**lham
e o **Cris**to nos con**tem**pla.
 * Quanta **hon**ra e ale**gri**a comba**ter**, vendo-nos **Deus**,
e a co**ro**a rece**ber** do Juiz, que é Jesus **Cris**to.
V. Concen**tre**mos nossas **for**ças, para a **lu**ta prepa**re**mo-nos
com a **men**te pura e **for**te, doação, fé e co**ra**gem.
 * Quanta **hon**ra.

Oração

Ó Deus, que fizestes do sangue dos mártires semente de novos cristãos, concedei que o campo da vossa Igreja, regado pelo sangue de São Carlos e seus companheiros, produza sempre abundante colheita. Por nosso Senhor Jesus Cristo, vosso Filho, na unidade do Espírito Santo.

5 de junho

SÃO BONIFÁCIO, BISPO E MÁRTIR

Memória

Nasceu na Inglaterra, cerca de 673. Fez a profissão religiosa e viveu no mosteiro de Exeter. Em 719 partiu para a Alemanha, a fim de pregar o evangelho, obtendo excelentes resultados. Ordenado bispo, governou a Igreja de Mogúncia e, com a ajuda de vários colaboradores, fundou e restaurou diversas Igrejas na Baviera, na Turíngia e na Francônia. Realizou concílios e promulgou leis. Quando evangelizava os frisões, foi assassinado por pagãos em 754. Seu corpo foi sepultado no mosteiro de Fulda.

Do Comum de um mártir, p. 1591, ou dos pastores: para bispos, p. 1617.

Ofício das Leituras

Segunda leitura
Das Cartas de São Bonifácio, bispo e mártir
(Ep. 78: MGH, Epistolae, 3,352.354)   (Séc. VIII)

Pastor solícito, vigilante sobre o rebanho de Cristo

A Igreja é como uma grande barca que navega pelo mar deste mundo. Sacudida nesta vida pelas diversas ondas das tentações, não deve ser abandonada a si mesma, mas governada.

Na Igreja primitiva temos o exemplo de Clemente, Cornélio e muitos outros na cidade de Roma, de Cipriano em Cartago, de Atanásio em Alexandria. Sob o reinado dos imperadores pagãos, eles governaram a barca de Cristo, ou melhor, a sua caríssima esposa, que é a Igreja, ensinando-a, defendendo-a, trabalhando e sofrendo até ao derramamento de sangue.

Ao pensar neles e noutros semelhantes, fico apavorado; *o temor e o tremor me penetram* e o pavor dos meus pecados *me envolve e deprime!* (Sl 54,6); gostaria muito de abandonar inteiramente o leme da Igreja, se encontrasse igual precedente nos Padres ou na Sagrada Escritura.

Mas não sendo assim, e dado que a verdade pode ser contestada mas nunca vencida nem enganada, nossa alma fatigada se refugia nas palavras de Salomão: *Confia no Senhor com todo o teu coração, e não te fies em tua própria inteligência; em todos os teus caminhos, reconhece-o, e ele conduzirá teus passos* (Pr 3,5-6). E noutro lugar: *O nome do Senhor é uma torre fortíssima. Nela se refugia o justo e será salvo* (cf. Pr 18,10).

Permaneçamos firmes na justiça e preparemos nossas almas para a provação; suportemos as demoras de Deus, e lhe digamos: *Vós fostes um refúgio para nós, Senhor, de geração em geração* (Sl 89,1).

Confiemos naquele que colocou sobre nós este fardo. Por não podermos carregá-lo sozinhos, carreguemo-lo com o auxílio daquele que é onipotente e nos diz: *O meu jugo é suave e o meu fardo é leve* (Mt 11,30).

Fiquemos firmes no combate, no dia do Senhor, porque vieram sobre nós *dias de angústia e de tribulação* (cf. Sl 118,143). Se Deus assim quiser *morramos pelas santas leis de nossos pais* (cf. 1Mc 2,50), a fim de merecermos alcançar junto com eles a herança eterna.

Não sejamos cães mudos, não sejamos sentinelas caladas, não sejamos mercenários que fogem dos lobos, mas pastores solícitos, vigilantes sobre o rebanho de Cristo. Enquanto Deus nos der forças, preguemos toda a doutrina do Senhor ao grande e ao pequeno, ao rico e ao pobre, e todas as classes e idades, oportuna e inoportunamente, tal como São Gregório escreveu em sua Regra Pastoral.

Responsório   1Ts 2,8; Gl 4,19

R. É tão **gran**de o a**fe**to que **te**nho por **vós**,
   que te**ri**a vos **da**do não **só** o Evan**ge**lho,
   mas a**té** minha **vi**da,

* Pois é **tan**to o a**fe**to, que eu **te**nho por **vós**.
V. Meus **fi**lhinhos, de **no**vo por **vós**
eu **so**fro as **do**res do **par**to,
até **Cris**to for**mar**-se em **vós**. * Pois é **tan**to.

Oração

Interceda por nós, ó Deus, o mártir São Bonifácio, para que guardemos fielmente e proclamemos em nossas obras a fé que ele ensinou com a sua palavra e testemunhou com o seu sangue. Por nosso Senhor Jesus Cristo, vosso Filho, na unidade do Espírito Santo.

6 de junho
SÃO NORBERTO, BISPO

Nasceu na Renânia, cerca do ano 1080. Era cônego da Igreja de Xanten e, tendo abandonado a vida mundana, abraçou o ideal religioso e foi ordenado presbítero em 1115. Na sua vida apostólica dedicou-se ao ministério da pregação, particularmente na França e na Alemanha. Juntamente com outros companheiros fundou a Ordem Premonstratense e organizou os seus primeiros mosteiros. Eleito bispo de Magdeburgo em 1126, empenhou-se com entusiasmo na reforma da vida cristã e na propagação do Evangelho entre as populações pagãs da vizinhança. Morreu em 1134.

Do Comum dos pastores: para bispos, p. 1617.

Ofício das Leituras

Segunda leitura
Da Vida de São Norberto, bispo

(As palavras colocadas entre aspas são tiradas da Vida de São Norberto, escrita por um cônego regular premonstratense, seu contemporâneo: PL 170, 1262.1269.1294.1295; Litterae Apostolicae ab Innocentio II ad S. Norbertum II non. iun. 1133 sub plumbo datae: Acta Sanctorum, 21, in Appendice, p. 50)

Grande entre os grandes e pequeno entre os pequenos

Norberto foi um dos mais eficazes colaboradores da reforma gregoriana. Queria primeiramente que o clero fosse convenientemente preparado, dedicado a um ideal de vida autenticamente evangélica e apostólica, casto e pobre; um clero que possuísse "ao mesmo tempo a veste e a beleza do homem novo: aquela pelo hábito religioso, esta pela dignidade do sacerdócio", e que procurassem sempre "seguir as Sagradas Escrituras e ter Cristo por seu guia". Costumava recomendar três coisas: "decoro no altar e nos ofícios divinos; correção das faltas e negligências no Capítulo conventual; cuidado e hospitalidade para com os pobres".

Ao lado dos sacerdotes, que no mosteiro faziam as vezes dos apóstolos, agregou, a exemplo da Igreja primitiva, tamanha quantidade de fiéis leigos, homens e mulheres, que muitos afirmavam jamais ter alguém conquistado para Cristo, desde os tempos apostólicos, tantos imitadores na vida de perfeição, e em tão pouco tempo.

Tendo sido nomeado bispo, chamou os irmãos de sua Ordem para converter à fé a região da Lusácia; e procurou reformar o clero de sua diocese, apesar da oposição e agitação do povo.

A sua maior preocupação foi consolidar e aumentar a harmonia entre a Sé Apostólica e o Império, salvaguardada, porém, a liberdade quanto às nomeações eclesiásticas. Por tal motivo, o Papa Inocêncio II escreveu-lhe: "A Sé Apostólica se congratula contigo, filho dedicadíssimo, de todo o coração". E o imperador o nomeou chanceler do Império.

Tudo ele conseguiu movido pela fé mais intrépida. Dizia-se: "Em Norberto brilha a fé, como em Bernardo de Claraval a caridade"; além disso, distinguia-se pela afabilidade no trato: "sendo grande entre os grandes e pequeno entre os pequenos, mostrava-se amável para com todos".

Enfim, era dotado de grande eloquência: contemplando e meditando assiduamente as realidades divinas, pregava com o maior desassombro "a Palavra de Deus cheia de fogo, que queimava os vícios, estimulava as virtudes e enriquecia as almas bem dispostas com a sua sabedoria".

Responsório   2Tm 4,2.5; cf. At 20,28

R. Proclama em todo o **tempo** a **Pa**lavra do **Se**nhor!
persuade, repreende e exorta com coragem,
com saber e paciência.
* Suporta o sofrimento e faze o trabalho
de um bom evangelista.
V. Vigiai todo o rebanho que o Espírito Divino
confiou-vos, como bispos, para cuidar como pastores
da Igreja do Senhor. * Suporta.

Oração

Ó Deus, que fizestes do bispo São Norberto fiel ministro da vossa Igreja pela oração e zelo pastoral, concedei por suas preces que o vosso povo encontre sempre pastores segundo o vosso coração, que o alimentem para a vida eterna. Por nosso Senhor Jesus Cristo, vosso Filho, na unidade do Espírito Santo.

8 de junho

SANTO EFRÉM, DIÁCONO E DOUTOR DA IGREJA

Nasceu em Nísibe, cerca de 306, de família cristã. Exerceu o ofício de diácono, para o qual fora ordenado, em sua cidade natal e em Edessa, onde fundou uma escola teológica. Sua vida de intensa ascese não o impediu de se consagrar ao ministério da pregação e de escrever diversas obras para combater os erros do seu tempo. Morreu em 373.

Do Comum dos doutores da Igreja, p. 1644.

Ofício das Leituras

Segunda leitura
Dos Sermões de Santo Efrém, diácono
(Sermo 3, De fine et admonitione, 2,4-5: ed. Lamy, 3,216-222)
(Séc. IV)

A economia divina é imagem do mundo espiritual

Fazei resplandecer, Senhor, o dia radioso do vosso conhecimento e dissipai da nossa mente as trevas noturnas, para que, iluminada, ela vos sirva renovada e pura. O nascer do sol indica aos mortais o início dos seus trabalhos; preparai, Senhor, a morada da nossa alma, para que nela permaneça o esplendor daquele dia que não conhece fim. Concedei, Senhor, que contemplemos em nós mesmos a vida da ressurreição e que nada consiga afastar o nosso espírito de vossas alegrias. Imprimi, Senhor, em nossos corações o sinal daquele dia que não se rege pelo movimento do sol, infundindo-nos uma constante orientação para vós.

Diariamente vos abraçamos nos sacramentos e vos recebemos em nosso corpo; tornai-nos dignos de sentir em nós mesmos a ressurreição que esperamos. Com a graça do batismo, conservamos escondido em nosso corpo o tesouro que nos destes, tesouro que aumenta na mesa dos vossos sacramentos; fazei-nos viver sempre na alegria da vossa graça. Possuímos em nós, Senhor, o memorial que recebemos de vossa mesa espiritual; concedei-nos a graça de possuirmos, na renovação futura, a realidade plena que ele nos recorda.

Nós vos pedimos que, através daquela beleza espiritual que a vossa vontade imortal faz resplandecer até nas criaturas mortais, nos leveis a compreender retamente a beleza da nossa própria dignidade.

A vossa crucifixão, ó Salvador dos homens, foi o termo da vossa vida corpórea; concedei-nos que, pela crucifixão do nosso espírito, alcancemos o penhor da vida espiritual.

Vossa ressurreição, ó Jesus, faça crescer em nós o homem espiritual; e os sinais dos vossos sacramentos sejam para nós um espelho para conhecê-lo. Vossa economia divina, ó Salvador dos homens, é imagem do mundo espiritual; dai--nos correr nele como homens espirituais.

Não priveis, Senhor, a nossa mente da vossa revelação espiritual, e não afasteis de nossos membros o calor da vossa suavidade. A natureza mortal, que se oculta em nosso corpo, leva-nos à corrupção da morte; infundi em nossos corações o vosso amor espiritual, para que afaste de nós os efeitos da mortalidade. Concedei, Senhor, que caminhemos velozmente para a nossa pátria celeste e, como Moisés no alto monte, possamos contemplá-la desde já através da revelação.

Responsório — Eclo 47,10-11.12cd

R. Louvou o Senhor **Deus** de **to**do o cora**ção**
e amou a **Deus** que o cri**ou**.
* Ante o al**tar** pôs os can**tor**es
e fez sua**ves** melo**di**as para seus **can**tos.
V. Para lou**var** desde a man**hã** o nome **san**to do Se**nhor**
e engrande**cer**-lhe a santi**da**de. *Ante o al**tar**.

Oração

Infundi, ó Deus, em nossos corações o Espírito Santo que inspirava ao diácono Efrém cantar os vossos mistérios e consagrar-se inteiramente ao vosso serviço. Por nosso Senhor Jesus Cristo, vosso Filho, na unidade do Espírito Santo.

9 de junho

SÃO JOSÉ DE ANCHIETA, PRESBÍTERO

Memória

Nasceu a 19 de março de 1534 em Tenerife, nas Ilhas Canárias. Tendo entrado na Companhia de Jesus, foi enviado às missões do

Brasil. Ordenado sacerdote, dedicou toda a sua vida à evangelização das plagas brasileiras. Escreveu na língua dos indígenas uma gramática e, depois, um catecismo. Foi agraciado com o epíteto de "apóstolo do Brasil". Faleceu a 9 de junho de 1597.

Do Comum dos pastores: para presbíteros, p. 1617, ou dos santos homens: para religiosos, p. 1731.

Ofício das Leituras

Segunda leitura
Das Cartas de São José de Anchieta ao Prepósito-Geral Diego Láyñez
(Carta de 1º de junho de 1560; cf. Serafim da Silva Leite, SJ, Cartas dos primeiros jesuítas do Brasil, vol. 3, (1558-1563), São Paulo 1954, p. 253-255) (Séc. XVI)

Nada é árduo aos que têm por fim
somente a honra de Deus e a salvação das almas

De outros muitos poderia contar, máxime escravos, dos quais uns morrem batizados de pouco, outros já há dias que o foram; acabando sua confissão vão para o Senhor. Pelo que, quase sem cessar, andamos visitando várias povoações, assim de Índios como de Portugueses, sem fazer caso das calmas, chuvas ou grandes enchentes de rios, e muitas vezes de noite por bosques mui escuros a socorrermos aos enfermos, não sem grande trabalho, assim pela aspereza dos caminhos, como pela incomodidade do tempo, máxime sendo tantas estas povoações e tão longe umas das outras, que não somos bastantes a acudir tão várias necessidades, como ocorrem, nem mesmo que fôramos muito mais, não poderíamos bastar. Ajunta-se a isto, que nós outros que socorremos as necessidades dos outros, muitas vezes estamos mal dispostos e, fatigados de dores, desfalecemos no caminho, de maneira que apenas o podemos acabar; assim que não menos parecem ter necessidade de ajuda os médicos que os mesmos enfermos. Mas nada é árduo aos que têm por fim somente a honra de Deus e a salvação das almas, pelas quais não duvidarão dar a vida. Muitas vezes nos levantamos do sono, ora para os enfermos, ora para os que morrem.

Hei me detido em contar os que morrem, porque aquele se há de julgar verdadeiro fruto que permanece até o fim; porque dos vivos não ousarei contar nada, por ser tanta a inconstância em muitos, que não se pode nem se deve prometer deles coisa que haja muito de durar. *Mas bem aventurados aqueles que morrem no Senhor* (Ap 14,13), os quais livres das perigosas águas deste mudável mar, abraçada a fé e os mandamentos do Senhor, são transladados à vida, soltos das prisões da morte, e assim os bem-aventurados êxitos destes nos dão tanta consolação, que pode mitigar a dor que recebemos da malícia dos vivos. E contudo trabalhamos com muita diligência em sua doutrina, os admoestamos em públicas predicações e particulares práticas, que perseverem no que têm aprendido. Confessam-se e comungam muitos cada domingo; vêm também de outros lugares onde estão dispersados a ouvir as Missas e confessar-se.

Responsório   Cf. 1Cor 9,19; 1Ts 2,9; 1Cor 4,15

R. De **to**dos fiz-me **ser**vo, a **fim** de conquis**tar**
  o maior **nú**mero pos**sí**vel de segui**do**res de Je**sus**.
 * Labu**ta**mos noite e **dia**, a **fim** de procla**mar**mos
  o Evangelho do Se**nhor**.
V. **A**inda que ti**vés**seis educa**do**res nume**ro**sos,
  não te**rí**eis muitos **pais**, pois **eu**, pelo Evan**ge**lho,
  vos ge**rei** em Jesus **Cris**to. * Labu**ta**mos.

Laudes

Cântico evangélico, ant.

Ide ao **mun**do e ensi**nai** a **to**dos os **po**vos,
bati**zan**do-os em **no**me do **Pai** e do Filho
e do Es**pí**rito **San**to.

Oração

Derramai, Senhor, sobre nós a vossa graça, a fim de que, a exemplo de São José de Anchieta, apóstolo do Brasil, sirvamos fielmente ao Evangelho, tornando-nos tudo para todos, e nos esforcemos em ganhar para vós nossos irmãos no amor de Cristo. Que convosco vive e reina, na unidade do Espírito Santo.

Vésperas

Cântico evangélico, ant.
Virão **mui**tos do Orien**te** e do Ociden**te**
sentar-se à **me**sa com Abra**ão** no Reino e**ter**no.

11 de junho

SÃO BARNABÉ, APÓSTOLO

Memória

Era natural da ilha de Chipre e foi um dos primeiros fiéis de Jerusalém. Pregou o Evangelho em Antioquia e acompanhou São Paulo em sua primeira viagem apostólica. Tomou parte no Concílio de Jerusalém. Voltando à sua pátria para pregar o Evangelho, aí morreu.

Invitatório

R. Adoremos o Es**pí**rito de **Deus**
que nos **fa**la nos pro**fe**tas e dou**to**res.

Salmo invitatório como no Ordinário, p. 583.

Ofício das Leituras

Hino

Do Apóstolo companheiro,
grande auxílio em seu labor,
sobe a ti, do mundo inteiro,
nossa súplica e louvor.

Boa-nova anunciaram
os arautos do Senhor:
pela terra ressoaram
a verdade, a paz, o amor.

Com São Paulo em Antioquia,
recebendo igual missão,
tu levaste a ele Marcos
tendo a Lucas por irmão.

Que as palavras esparzidas,
dando seus frutos de luz,
sejam todas recolhidas,
nos celeiros de Jesus.

Com os Apóstolos sentado,
julgarás todo mortal;
cubra então nosso pecado
teu clarão celestial.

À Trindade celebremos,
e peçamos que nos céus
com os Apóstolos cantemos
o louvor do único Deus.

Segunda leitura

Dos Tratados sobre o Evangelho de São Mateus, de São Cromácio, bispo

(Tract. 5,1.3-4; CCL 9,405-407) (Séc. IV)

Vós sois a luz do mundo

Vós sois a luz do mundo. Não pode ficar escondida uma cidade construída sobre um monte. Ninguém acende uma lâmpada e a coloca debaixo de uma vasilha, mas sim num candeeiro, onde ela brilha para todos os que estão em casa (Mt 5,14-15). O Senhor chamou seus discípulos de sal da terra, porque eles deviam dar um novo sabor, por meio da sabedoria celeste, aos corações dos homens que o demônio tornara insensatos. E também os chamou de luz do mundo porque, iluminados por ele, verdadeira e eterna luz, tornaram-se também eles luz que brilha nas trevas.

O Senhor é o sol da justiça; é, por conseguinte, com toda razão que chama seus discípulos luz do mundo; pois é por meio deles que irradia sobre o mundo inteiro a luz do seu próprio conhecimento. Com efeito, eles afugentaram dos corações dos homens as trevas do erro, manifestando a luz da verdade.

Iluminados por eles, também nós passamos das trevas para a luz, como afirma o Apóstolo: *Outrora éreis trevas, mas agora sois luz no Senhor. Vivei como filhos da luz* (Ef 5,8). E noutra passagem: *Todos vós sois filhos da luz e filhos do dia. Não somos da noite nem das trevas* (1Ts 5,5). Com razão diz também São João numa epístola sua: *Deus é luz* (1Jo 1,5); e quem permanece em Deus está na luz, da mesma forma como ele próprio está na luz. Portanto, uma vez que temos a felicidade de estar libertos das trevas do erro, devemos caminhar sempre na luz, como filhos da luz. A esse propósito, diz ainda o Apóstolo: *Vós brilhais como astros no universo. Conservai com firmeza a palavra da vida* (Fl 1,15-16).

Se não procedemos assim, ocultaremos e obscureceremos com o véu da nossa infidelidade, para prejuízo tanto nosso como dos outros, uma luz tão útil e necessária.

Eis o motivo por que incorreu em merecido castigo aquele servo que, recebendo o talento para dar juros no céu, preferiu escondê-lo a depositá-lo no banco.

Assim, aquela lâmpada resplandecente, que foi acesa para nossa salvação, deve sempre brilhar em nós. Pois temos a lâmpada dos mandamentos de Deus e da graça espiritual a que se refere Davi: *Vosso mandamento é uma luz para os meus passos, é uma lâmpada em meu caminho* (cf. Sl 118,105). E Salomão também diz acerca dela: *O preceito da lei é uma lâmpada* (cf. Pr 6,23).

Por isso, não devemos ocultar esta lâmpada da lei e da fé, mas colocá-la sempre no candelabro da Igreja para a salvação de todos. Então gozaremos da luz da própria verdade e serão iluminados todos os que creem.

Responsório
At 11,23-24

R. Chegando Barnabé a Antioquia,
e vendo a graça do Senhor, ficou alegre,
*Pois era um homem bom, cheio de fé,
cheio do Espírito Divino.
V. A todos exortava que ficassem fiéis
ao Senhor com lealdade. *Pois era.

Oração como nas Laudes.

Laudes

Hino

Celebramos a bela vitória
do discípulo fiel, Barnabé,
que foi digno de grande coroa,
padecendo por causa da fé.

Deixa as lidas do campo, animado
pela fé que opera no amor,
para ver florescer novo povo
de cristãos, consagrado ao Senhor.

Vai contente à procura de Paulo,
companheiro na fé, no dever,
e com ele, ao aceno do Espírito,
muitas plagas irá percorrer.

Para si coisa alguma conserva,
e atrai a muitos a Cristo Jesus,
até ser consagrado no sangue
e empunhar uma palma de luz.

Pela prece do servo fiel,
dai, ó Deus, que sigamos também
os caminhos da graça e da vida
e no céu vos louvemos. Amém.

Leitura breve 1Cor 15,1-2a.3-4

Irmãos, quero lembrar-vos o evangelho que vos preguei e que recebestes, e no qual estais firmes. Por ele sois salvos, se o estais guardando tal qual ele vos foi pregado por mim. Com efeito, transmiti-vos, em primeiro lugar, aquilo que eu mesmo tinha recebido, a saber: que Cristo morreu por nossos pecados, segundo as Escrituras; que foi sepultado; que, ao terceiro dia, ressuscitou, segundo as Escrituras.

Responsório breve

R. Eles contaram as grandezas
 * Do Senhor e seu poder. R. Eles contaram.
V. E as suas maravilhas que por nós realizou.
  * Do Senhor. Glória ao Pai. R. Eles contaram.

Cântico evangélico, ant.

Barnabé conduziu Paulo à Igreja de Antioquia,
e ali anunciaram a Palavra do Senhor
a uma grande multidão. Aleluia.

Preces

Invoquemos nosso Salvador que, destruindo a morte, iluminou a vida por meio do Evangelho; e peçamos humildemente:

R. **Confirmai a vossa Igreja na fé e na caridade!**

Fizestes resplandecer admiravelmente a vossa Igreja por meio de santos e insignes doutores;
– que os cristãos se alegrem sempre com o mesmo esplendor. R.

Quando os santos pastores vos suplicavam, a exemplo de Moisés, perdoastes os pecados do povo;
– por intercessão deles, santificai a vossa Igreja mediante uma contínua purificação. R.

Tendo-os escolhido entre seus irmãos, consagrastes vossos santos enviando sobre eles o vosso Espírito;
– que o mesmo Espírito Santo inspire aqueles que governam vosso povo. R.

Sois vós a herança dos santos pastores;
— concedei que nenhum daqueles que foram resgatados pelo vosso sangue fique longe de vós.
R. Confirmai a vossa Igreja na fé e na caridade!

(intenções livres)

Pai nosso...

Oração

Ó Deus, que designastes São Barnabé, cheio de fé e do Espírito Santo, para converter as nações, fazei que a vossa Igreja anuncie por palavras e atos o Evangelho de Cristo que ele proclamou intrepidamente. Por nosso Senhor Jesus Cristo, vosso Filho, na unidade do Espírito Santo.

Hora Média

Oração das Nove Horas

Leitura breve   Rm 1,16-17

Eu não me envergonho do Evangelho, pois ele é uma força salvadora de Deus para todo aquele que crê, primeiro para o judeu, mas também para o grego. Nele, com efeito, a justiça de Deus se revela da fé para a fé, como está escrito: O justo viverá pela fé.

V. Em toda a **terra** se es**pa**lha o seu a**nún**cio.
R. E sua **voz**, pelos con**fins** do universo.

Oração das Doze Horas

Leitura breve   1Ts 2,2b-4

Encontramos em Deus a coragem de vos anunciar o evangelho, em meio a grandes lutas. A nossa exortação não se baseia no erro, na ambiguidade ou no desejo de enganar. Ao contrário, uma vez que Deus nos achou dignos para que nos confiasse o evangelho, falamos não para agradar aos homens, mas a Deus.

V. Eles guardavam os preceitos,
R. E as ordens do Senhor.

Oração das Quinze Horas

Leitura breve　　　　　　　　　　　　　　　2Tm 1,8b-9
Sofre comigo pelo Evangelho, fortificado pelo poder de Deus. Deus nos salvou e nos chamou com uma vocação santa, não devido às nossas obras, mas em virtude do seu desígnio e da sua graça, que nos foi dada em Cristo Jesus.

V. Alegrai-vos, diz o Senhor,
R. Pois no céu estão inscritos vossos nomes!

Oração como nas Laudes.

Vésperas

HINO Celebramos a bela vitória, como nas Laudes, p. 1352.

Leitura breve　　　　　　　　　　　　　　　Cl 1,3-6a
Damos graças a Deus, Pai de nosso Senhor Jesus Cristo, sempre rezando por vós, pois ouvimos acerca da vossa fé em Cristo Jesus e do amor que mostrais para com todos os santos, animados pela esperança na posse do céu. Disso já ouvistes falar no Evangelho, cuja palavra de verdade chegou até vós. E como no mundo inteiro, assim também entre vós ela está produzindo frutos.

Responsório breve
R. Anunciai, entre as nações,
　* A glória do Senhor. R. Anunciai.
V. E entre os povos do universo, as suas maravilhas.
　* A glória. Glória ao Pai. R. Anunciai.

Cântico evangélico, ant.
A assembleia se calou
e escutou atentamente a Paulo e Barnabé,
que narravam os prodígios e os sinais que Deus fizera
entre os gentios por meio deles.

Preces

Oremos a Deus Pai, fonte de toda luz, que nos chamou à verdadeira fé por meio do Evangelho de seu Filho; e peçamos em favor do seu povo santo, dizendo:

R. **Lembrai-vos, Senhor, da vossa Igreja!**

Deus Pai, que ressuscitastes dos mortos vosso Filho, o grande Pastor das ovelhas,
– fazei de nós testemunhas do vosso Filho até os confins da terra. R.

Vós, que enviastes vosso Filho ao mundo para evangelizar os pobres,
– fazei que o Evangelho seja pregado a toda criatura. R.

Vós, que enviastes vosso Filho para semear a Palavra do Reino,
– concedei-nos colher na alegria os frutos da Palavra semeada com o nosso trabalho. R.

Vós, que enviastes vosso Filho para reconciliar o mundo convosco pelo seu sangue,
– fazei que todos nós colaboremos na obra de reconciliação de toda a humanidade. R.

(intenções livres)

Vós, que glorificastes vosso Filho à vossa direita nos céus,
– recebei no Reino da felicidade eterna os nossos irmãos e irmãs falecidos. R.

Pai nosso...

Oração

Ó Deus, que designastes São Barnabé, cheio de fé e do Espírito Santo, para converter as nações, fazei que a vossa Igreja anuncie por palavras e atos o Evangelho de Cristo que ele proclamou intrepidamente. Por nosso Senhor Jesus Cristo, vosso Filho, na unidade do Espírito Santo.

13 de junho

SANTO ANTÔNIO DE PÁDUA (LISBOA), PRESBÍTERO E DOUTOR DA IGREJA

Memória

Nasceu em Lisboa (Portugal), no final do século XII. Foi recebido entre os Cônegos Regulares de Santo Agostinho, mas pouco depois de sua ordenação sacerdotal transferiu-se para a Ordem dos Frades Menores com a intenção de dedicar-se à propagação da fé entre os povos da África. Foi entretanto na França e na Itália que ele exerceu com excelentes frutos o ministério da pregação, convertendo muitos hereges. Foi o primeiro professor de teologia na sua Ordem. Escreveu vários sermões, cheios de doutrina e de unção espiritual. Morreu em Pádua no ano de 1231.

Do Comum dos pastores: para presbíteros, p. 1617, ou, dos doutores da Igreja, p. 1644, ou, dos santos homens: para religiosos, p. 1731.

Ofício das Leituras

Segunda leitura
Dos Sermões de Santo Antônio de Pádua, presbítero
(I. 226) (Séc. XII)

A palavra é viva quando são as obras que falam

Quem está repleto do Espírito Santo fala várias línguas. As várias línguas são os vários testemunhos sobre Cristo, a saber: a humildade, a pobreza, a paciência e a obediência; falamos estas línguas quando os outros as veem em nós mesmos. A palavra é viva quando são as obras que falam. Cessem, portanto, os discursos e falem as obras. Estamos saturados de palavras, mas vazios de obras. Por este motivo o Senhor nos amaldiçoa, como amaldiçoou a figueira em que não encontrara frutos, mas apenas folhas. Diz São Gregório: "Há uma lei para o pregador: que faça o que prega". Em vão pregará o conhecimento da lei quem destrói a doutrina por suas obras.

Os apóstolos, entretanto, *falavam conforme o Espírito Santo os inspirava* (cf. At 2,4). Feliz de quem fala conforme o Espírito Santo lhe inspira e não conforme suas ideias! Pois há alguns que falam movidos pelo próprio espírito e, usando as palavras dos outros, apresentam-nas como suas, atribuindo-as a si mesmos. Destes e de outros semelhantes, diz o Senhor por meio do profeta Jeremias: *Terão de se haver comigo os profetas que roubam um do outro as minhas palavras. Terão de se haver comigo os profetas, diz o Senhor, que usam suas línguas para proferir oráculos. Eis que terão de haver-se comigo os profetas que profetizam sonhos mentirosos, diz o Senhor, que os contam, e seduzem o meu povo com suas mentiras e seus enganos. Mas eu não os enviei, não lhes dei ordens, e não são de nenhuma utilidade para este povo – oráculo do Senhor* (Jr 23,30-32).

Falemos, portanto, conforme a linguagem que o Espírito Santo nos conceder; e peçamos-lhe humilde e devotamente que derrame sobre nós a sua graça, a fim de podermos celebrar o dia de Pentecostes com a perfeição dos cinco sentidos e na observância do decálogo. Que sejamos repletos de um profundo espírito de contrição e nos inflamemos com essas línguas de fogo que são os louvores divinos. Desse modo, ardentes e iluminados pelos esplendores da santidade, mereceremos ver o Deus Uno e Trino.

Responsório Cf. Os 14,6b; Sl 91(92), 13; Eclo 24,4a

R. O **jus**to como o **lí**rio brota**rá**

* E flori**rá** ante o Se**nhor**, eterna**men**te.

V. Será louvado na assem**bleia** dos **elei**tos.

* E flori**rá**.

Oração

Deus eterno e todo-poderoso, que destes Santo Antônio ao vosso povo como insigne pregador e intercessor em todas as necessidades, fazei-nos, por seu auxílio, seguir os ensinamentos da vida cristã, e sentir a vossa ajuda em todas as provações. Por nosso Senhor Jesus Cristo, vosso Filho, na unidade do Espírito Santo.

19 de junho
SÃO ROMUALDO, ABADE

Nasceu em Ravena (Itália), nos meados do século X. Tendo abraçado a vida eremítica, por muitos anos percorreu vários lugares em busca de solidão, edificando pequeninos mosteiros. Lutou valorosamente contra o relaxamento de costumes dos monges de seu tempo, enquanto, por sua parte, progredia com empenho no caminho da santidade pelo perfeito exercício das virtudes. Morreu por volta de 1027.

Do Comum dos santos homens: para religiosos, p. 1731.

Ofício das Leituras

Segunda leitura
Da Vida de São Romualdo, escrita por São Pedro Damião
(Cap. 31 e 69: PL 144,982-983.1005-1006) (Séc. XI)

Renunciando a si mesmo e seguindo a Cristo

Romualdo passou três anos nas vizinhanças da cidade de Parenzo. No primeiro ano, construiu um mosteiro e colocou nele uma comunidade de irmãos com seu abade; nos dois anos seguintes, aí permaneceu enclausurado. Nesse lugar, a vontade divina o elevou a tão alto grau de perfeição que, inspirado pelo Espírito Santo, previu acontecimentos futuros e, com a luz da inteligência, pôde compreender muitos mistérios ocultos do Antigo e do Novo Testamento.

Era frequentemente tão arrebatado pela contemplação da divindade que se desfazia em lágrimas e, ardendo no fogo do amor divino, tinha expressões como esta: "Jesus, meu amado Jesus, para mim mais doce do que o mel, desejo inefável, doçura dos santos, suavidade dos anjos". Estes e outros sentimentos de alegria profunda a que era movido pela ação do Espírito Santo, nós não somos capazes de exprimir com palavras humanas.

Em qualquer lugar que o santo varão decidisse morar, sua primeira providência era fazer uma cela com um altar. Em seguida, fechando-se nela, isolava-se de toda a gente. Depois de ter vivido em vários lugares, sentindo que se aproximava o fim de sua vida, voltou ao mosteiro que construíra em Val di Castro. Aí, esperando como certa a morte iminente, mandou construir uma cela com oratório, para nela se recolher e guardar silêncio até o fim.

Acabada a construção dessa ermida, com mente lúcida, dispôs-se imediatamente para nela se recolher. No entanto, seu estado começou a se agravar não tanto pela doença mas devido ao peso dos anos. E assim, certo dia, sentiu que lhe faltavam as forças e aumentava a fadiga causada pelas enfermidades. Ao pôr do sol, ordenou aos dois irmãos que ali se achavam que saíssem e fechassem a porta da cela; e que voltassem de madrugada, a fim de cantarem juntos o ofício das Laudes. Preocupados com seu estado de saúde, os irmãos saíram a contragosto mas não foram descansar; ficaram junto da cela, observando aquele tesouro de valor inestimável, temendo que, de um momento para outro, seu mestre pudesse morrer. Permanecendo por ali e passando algum tempo, escutando com atenção, deram-se conta de que não havia qualquer movimento do corpo nem o menor ressonar. Convencidos do que havia acontecido, empurraram a porta, entraram depressa e acenderam a luz. Encontraram o corpo santo de Romualdo caído no chão e deitado de costas; a alma santa já tinha partido para o céu. Ali jazia ele, como pedra preciosa caída do céu e abandonada, para ser novamente colocada, com todas as honras, no tesouro do rei supremo.

Responsório
Dt 2,7; 8,5b

R. O **Senhor** te abençoou e o trabalho de tuas **mão**s;
vig**iou** sobre teus **pass**os, cami**nhan**do no des**ert**o,
tantos **an**os em seg**ui**da.
* O **Senhor** contigo esteve, coisa alg**uma** te fal**tou**.
V. Como um **pai** educa o **fi**lho, o **Senhor** te edu**cou**.
* O **Senhor**.

Oração

Ó Deus, que por São Romualdo renovastes na vossa Igreja a vida eremítica, concedei-nos renunciar a nós mesmos e, seguindo o Cristo, chegar com alegria ao Reino celeste. Por nosso Senhor Jesus Cristo, vosso Filho, na unidade do Espírito Santo.

21 de junho

SÃO LUÍS GONZAGA, RELIGIOSO

Memória

Nasceu em 1568 perto de Mântua, na Lombardia (Itália), filho dos príncipes de Castiglione. Sua mãe educou-o cristãmente e, desde cedo, manifestou grande desejo de abraçar a vida religiosa. Renunciando ao principado em favor de seu irmão, ingressou na Companhia de Jesus, em Roma. Durante os estudos de teologia, ocupando-se com o serviço dos doentes nos hospitais, contraiu uma doença que o levou à morte em 1591.

Do Comum dos santos homens: para religiosos, p. 1731.

Ofício das Leituras

Segunda leitura

Da Carta escrita por São Luís Gonzaga à sua mãe.
(Acta Sanctorum, Iunii, 5,578)   (Séc. XVI)

Cantarei eternamente as misericórdias do Senhor

Ilustríssima senhora, peço que recebas a graça do Espírito Santo e a sua perpétua consolação. Quando recebi tua carta, ainda me encontrava nesta região dos mortos. Mas agora, espero ir em breve louvar a Deus para sempre na terra dos vivos. Pensava mesmo que a esta hora já teria dado esse passo. Se é caridade, como diz São Paulo, *chorar com os que choram e alegrar-se com os que se alegram* (cf. Rm 12,15), é preciso, mãe ilustríssima, que te alegres profundamente porque, por teus méritos, Deus me chama à verdadeira felicidade e me dá a certeza de jamais me afastar do seu temor.

Na verdade, ilustríssima senhora, confesso-te que me perco e arrebato quando considero, na sua profundeza, a bondade divina. Ela é semelhante a um mar sem fundo nem limites, que me chama ao descanso eterno por um tão breve e pequeno trabalho; que me convida e chama ao céu para aí me dar àquele bem supremo que tão negligentemente procurei, e me promete o fruto daquelas lágrimas que tão parcamente derramei.

Por conseguinte, ilustríssima senhora, considera bem e toma cuidado em não ofender a infinita bondade de Deus. Isto aconteceria se chorasses como morto aquele que vai viver perante a face de Deus e que, com sua intercessão, poderá auxiliar-te incomparavelmente mais do que nesta vida. Esta separação não será longa; no céu nos tornaremos a ver. Lá, unidos ao autor da nossa salvação, seremos repletos das alegrias imortais, louvando-o com todas as forças da nossa alma e cantando eternamente as suas misericórdias. Se Deus toma de nós aquilo que havia emprestado, assim procede com a única intenção de colocá-lo em lugar mais seguro e fora de perigo, e nos dar aqueles bens que desejamos dele receber.

Disse tudo isto, ilustríssima senhora, para ceder ao desejo que tenho de que tu e toda a minha família considereis minha partida como um feliz benefício. Que a tua bênção materna me acompanhe na travessia deste mar, até alcançar a margem onde estão todas as minhas esperanças. Escrevo isto com alegria para dar-te a conhecer que nada me é bastante para manifestar com mais evidência o amor e a reverência que te devo, como um filho à sua mãe.

Responsório   Sl 40(41),13; 83(84),11bc

R. Vós, Se**nhor**, me ha**veis** de guar**dar** são e **sal**vo
 * E me **pôr** para **sem**pre na **vos**sa presença.
V. Prefiro es**tar** no limi**ar** de vossa **ca**sa,
 a hospe**dar**-me na man**são** dos peca**do**res.
 * E me **pôr**.

Oração

Ó Deus, fonte dos dons celestes, reunistes no jovem Luís Gonzaga a prática da penitência e a admirável pureza de vida. Concedei-nos, por seus méritos e preces, imitá-lo na penitência, se não o seguimos na inocência. Por nosso Senhor Jesus Cristo, vosso Filho, na unidade o Espírito Santo.

22 de junho
SÃO PAULINO DE NOLA, BISPO

Nasceu em Bordéus (França), em 335. Dedicou-se à carreira política, casou-se e teve um filho. Desejando levar uma vida mais austera, recebeu o batismo e, renunciando a todos os seus bens, em 393 abraçou a vida monástica, indo estabelecer-se em Nola, na Campânia (Itália). Sagrado bispo da cidade, promoveu o culto de São Félix, ajudou os peregrinos e empenhou-se com generosidade em aliviar as necessidades do seu tempo. Compôs uma coleção de poemas, notáveis pela elegância de estilo. Morreu em 431.

Do Comum dos pastores: para bispos, p. 1617.

Ofício das Leituras

Segunda leitura
Das Cartas de São Paulino de Nola, bispo
 (Epist. 3 ad Alypium, 1.5.6: CSEL 29,13-14.17-18)
(Séc. IV)

Em toda parte Deus dá o seu amor
aos que lhe pertencem, por meio do Espírito Santo

É verdadeira caridade, é perfeito amor, o sentimento que demonstraste para com minha humilde pessoa, ó homem realmente santo, justamente abençoado e muito amado. Por intermédio de Juliano, um dos meus amigos, que regressava de Cartago, recebi tua carta. Ela trouxe até mim a luz da tua santidade; por ela mais reconheci do que conheci a tua caridade para comigo. Porque esta caridade procede daquele que desde a origem do mundo nos predestinou para si; nele fomos criados antes de nascer; *ele mesmo nos fez e somos seus* (Sl 99,3), ele que fez tudo quanto havia de existir. Formados, pois, pela sua presciência e ação, ficamos unidos antes mesmo de nos conhecermos, pelos laços da caridade, num mesmo sentimento e na unidade da fé ou na fé da unidade. Assim, antes ainda de nos vermos pessoalmente, já nos conhecemos por revelação do Espírito Santo.

Por isso me felicito e me glorio no Senhor que, sendo o mesmo e único, em toda parte dá o seu amor aos que lhe pertencem, por meio do Espírito Santo. Este amor foi derramado pelo mesmo Espírito em todo ser humano e é semelhante à torrente impetuosa de um rio que alegra a sua cidade. Nela fostes merecidamente colocado pela Sé Apostólica como chefe espiritual de seus cidadãos, *com os nobres do seu povo* (Sl 112,8). Eu também, que estava prostrado por terra, fui erguido por ela para tomar parte no mesmo ministério que o teu. Mais me alegra, porém, aquela graça que o Senhor me fez ao preparar um lugar para mim no íntimo do teu coração e conceder-me a tua amizade. Assim, posso me gloriar com toda confiança no teu amor, que tão empenhadamente me mostraste com estes serviços, e que me obriga a corresponder com amor semelhante.

Para que nada ignores a meu respeito, fica sabendo que fui por muito tempo um pobre pecador; e que, se fui retirado das trevas e da sombra da morte recebendo o sopro da vida, se pus as mãos no arado e comecei a carregar a cruz do Senhor, preciso todavia do auxílio de tuas preces para perseverar até o fim. Será uma recompensa que irá juntar-se a teus méritos, se me ajudares, com esta intercessão, a carregar o meu fardo. Pois o santo que ajuda a quem trabalha – não ouso chamar-te simplesmente de irmão – *será exaltado como uma grande cidade.*

Enviamos à tua santidade um pão em sinal de unidade, que é também símbolo da indivisível Trindade. Digna-te aceitá-lo como uma bênção.

Responsório
Eclo 31,8.11a.10cd

R. Feliz aquele **ri**co que, sem **man**cha, foi a**cha**do,
que não **foi** atrás do **ou**ro e não **pôs** sua espe**ran**ça
no di**nhei**ro e nos te**sou**ros.
 * Por **is**so estão seus **bens** apoiados no Se**nhor**.
V. Ele **pô**de vio**lar** a lei de **Deus** e não vio**lou**;
ele **pô**de, igual**men**te, fazer o **mal** e não o **fez**.
 * Por **is**so.

Oração

Ó Deus, que fizestes brilhar no bispo São Paulino de Nola o amor à pobreza e o zelo pastoral, concedei que, celebrando os seus méritos, imitemos sua caridade. Por nosso Senhor Jesus Cristo, vosso Filho, na unidade do Espírito Santo.

SÃO JOÃO FISHER, BISPO, E SANTO TOMÁS MORE, MÁRTIRES

No mesmo dia 22 de junho

João Fisher nasceu em 1469. Fez seus estudos em Cambridge (Inglaterra) e foi ordenado sacerdote. Eleito bispo de Rochester, viveu com muita austeridade e tornou-se ótimo pastor, visitando com frequência seus fiéis. Escreveu também diversas obras contra os erros de seu tempo.

Tomás More nasceu em 1477 e fez seus estudos em Oxford. Tendo contraído matrimônio, teve um filho e três filhas. Ocupou o cargo de chanceler do reino. Escreveu diversos livros sobre a arte de governar e em defesa da religião.

Ambos foram decapitados em 1535 por ordem do rei Henrique VIII, por terem se recusado a ceder na questão da anulação do seu casamento: João Fisher a 22 de junho e Tomás More a 6 de julho. Enquanto estava preso, o bispo João Fisher foi criado cardeal da Santa Romana Igreja pelo papa Paulo III.

Do Comum de vários mártires, p. 1568.

Ofício das Leituras

Segunda leitura

Da Carta, de Santo Tomás More à sua filha Margarida, escrita na prisão

(The English Works of Sir Thomas More, London, 1557, p. 1454) (Séc. XV)

Com total esperança e confiança entrego-me inteiramente a Deus

Embora tenha plena consciência, minha Margarida, de que os pecados de minha vida passada mereçam justamente que Deus me abandone, contudo, nunca deixarei de sempre confiar na sua imensa bondade e esperar com toda a minha alma. Até agora, a sua santíssima graça me deu forças para tudo desprezar, do íntimo do coração – riquezas, rendimentos e a própria vida – ao invés de jurar contra a voz da minha consciência. Foi Deus que, com bondade, levou o rei a me privar apenas da liberdade. Com isto, Sua Majestade, ao invés de me fazer mal, concedeu-me, para proveito espiritual de minha alma – assim espero – um benefício maior do que todas aquelas honras e bens com que antes me cumulava. Espero que esta mesma graça mova o espírito do rei a não ordenar contra mim nada de mais grave, ou me dê sempre forças para que tudo suporte, com paciência, fortaleza e boa vontade, por mais pesado que seja.

Minha paciência unida aos méritos da atrocíssima paixão do Senhor (infinitamente acima, no mérito e no modo, de tudo quanto eu venha a padecer), aliviará as penas que mereço no purgatório. E, graças à bondade divina, aumentará também um pouco a minha recompensa no céu.

Não quero, minha Margarida, desconfiar da bondade de Deus, por mais débil e fraco que me sinta. Ao contrário, se no meio do terror e da aflição, eu me vir em perigo de cair, lembrar-me-ei de São Pedro que, a uma simples rajada de vento, começou a afundar por causa da sua pouca fé, e farei o mesmo que ele. Gritarei por Cristo: *Senhor, salva-me!* (cf. Mt 14,30). Espero que ele me estenda a mão e me segure, sem deixar que eu me afogue.

Mas, se permitir que me comporte à semelhança de Pedro, a ponto de me precipitar e cair inteiramente, jurando e abjurando – que Deus em sua misericórdia afaste para bem longe de mim tal infelicidade, pois esta me trará mais prejuízo do que vantagem – mesmo assim continuarei a esperar que o Senhor olhe para mim com olhos cheios de misericórdia, como olhou para Pedro. Espero então que ele me levante de novo para que eu volte a defender a verdade, e alivie a minha consciência. Hei de suportar com coragem o castigo e a vergonha da primeira negação.

Enfim, minha Margarida, estou absolutamente convencido de que, sem culpa minha, Deus não me abandonará. Por isto, com total esperança e confiança entrego-me inteiramente a ele. Se, por causa de meus pecados, Deus permitir que eu pereça, ao menos em mim sua justiça será louvada. Espero, no entanto, e espero com toda a certeza, que sua clementíssima bondade guardará fielmente a minha alma e fará que em mim brilhe mais a sua misericórdia do que sua justiça.

Fica, pois, tranquila, minha filha, e não te preocupes com o que possa me acontecer neste mundo. Nada poderá acontecer que Deus não queira. E tudo quanto ele quer, mesmo que nos pareça mau, é, na verdade, realmente ótimo.

Responsório

R. Os **már**tires de **Cris**to, no **meio** dos tor**men**tos,
    olhan**do** para os **céus**, diziam supli**can**tes:
  * Aju**dai**-nos, ó Senhor, a **fim** de que levemos,
    vossa **obra** até o **fim**, sem a **man**cha do pecado.
V. Vol**tai** os vossos **olhos** e **vede** a vossa **obra**.
  * Aju**dai**-nos.

Oração

Ó Deus, que coroastes no martírio a profissão da verdadeira fé, concedei que, fortificados pela intercessão de São João Fisher e Santo Tomás More, confirmemos com o testemunho da nossa vida a fé que professamos com os lábios. Por nosso Senhor Jesus Cristo, vosso Filho, na unidade do Espírito Santo.

24 de junho

NASCIMENTO DE SÃO JOÃO BATISTA

Solenidade

I Vésperas

Hino

Doce, sonoro, ressoe o canto,
minha garganta faça o pregão.
Solta-me a língua, lava-me a culpa,
ó São João!

Anjo no templo, do céu descendo,
teu nascimento ao pai comunica,
de tua vida preclara fala,
teu nome explica.

Súbito mudo teu pai se torna,
pois da promessa, incréu, duvida:
apenas nasces, renascer fazes
a voz perdida.

Da mãe no seio, calado ainda,
o Rei pressentes num outro vulto.
E à mãe revelas o alto mistério
do Deus oculto.

Louvor ao Pai, ao Filho unigênito,
e a vós, Espírito, honra também:
dos dois provindes, com eles sois
um Deus. Amém.

Ant. 1 Isabel deu à luz um grande homem:
João Batista, o precursor do Salvador.

Salmos e cântico do Comum dos santos homens, p. 1677.

Ant. 2 Do ventre de uma estéril anciã
nasceu João, o Precursor de Jesus Cristo.

Ant. 3 Entre aqueles que nasceram de mulher
não surgiu ninguém maior que João Batista.

Leitura breve   At 13,22-25
Conforme prometera, da descendência de Davi Deus fez surgir para Israel um Salvador, que é Jesus. Antes que ele chegasse, João pregou um batismo de conversão para todo o povo de Israel. Estando para terminar sua missão, João declarou: Eu não sou aquele que pensais que eu seja! Mas vede: depois de mim vem aquele, do qual nem mereço desamarrar as sandálias.

Responsório breve
R. Preparai o caminho do Senhor,
  * As estradas de Deus endireitai! R. Preparai.
V. Aquele que vem depois de mim,
  bem antes de mim já existia.
  * As estradas. Glória ao Pai. R. Preparai.

Cântico evangélico, ant.
Entrou Zacarias no templo de Deus,
e o anjo Gabriel apareceu-lhe
à direita do altar do incenso.

Preces
João Batista foi escolhido por Deus para anunciar à humanidade a chegada do Reino de Cristo. Por isso, oremos com alegria, dizendo:

R. Dirigi, Senhor, os nossos passos no caminho da paz!

Vós, que chamastes João Batista desde o ventre materno para preparar os caminhos de vosso Filho,
– chamai-nos para seguir o Senhor com a mesma fidelidade com que João o precedeu.   R.

Assim como destes a João Batista a graça de reconhecer o Cordeiro de Deus, fazei que vossa Igreja também o anuncie,
– e que os homens e as mulheres do nosso tempo o reconheçam.   R.

Vós, que inspirastes a vosso profeta ser necessário ele diminuir para que Cristo crescesse,
– ensinai-nos a ceder lugar aos outros, para que vossa presença se manifeste em cada um de nós. R.

Vós, que quisestes proclamar a justiça mediante o martírio de João,
– tornai-nos testemunhas incansáveis da vossa verdade. R.

(intenções livres)

Lembrai-vos de todos aqueles que já partiram desta vida,
– recebei-os no Reino da luz e da paz. R.

Pai nosso...

Oração

Ó Deus, que suscitastes São João Batista, a fim de preparar para o Senhor um povo perfeito, concedei à vossa Igreja as alegrias espirituais e dirigi nossos passos no caminho da salvação e da paz. Por nosso Senhor Jesus Cristo, vosso Filho, na unidade do Espírito Santo.

Invitatório

R. O Cordeiro de Deus,
   a quem João indicou com grande alegria,
   oh! vinde, adoremos!

Salmo invitatório como no Ordinário, p. 583.

Ofício das Leituras

Hino

Dos tumultos humanos fugiste,
no deserto te foste esconder,
para a vida guardar reservada
da ganância da posse e do ter.

O camelo te deu roupa austera,
das ovelhas com lã te cingiste;

e com leite, bebida modesta,
gafanhotos e mel te nutriste.

Os profetas cantaram apenas
o profeta futuro, o Esperado;
tu, porém, vais à frente, mostrando
quem do mundo apaga o pecado.

Entre os homens nascidos na terra,
não se encontra um mais santo que João.
O que lava o pecado do mundo
ele, em água, o lavou no Jordão.

O louvor da cidade celeste
a vós, Deus Uno e Trino convém,
e nós, servos humildes, pedimos
piedade aos remidos. Amém.

Ant. 1 O **Senhor** me cha**mou** desde o **meu** nasci**men**to,
desde o **seio** ma**ter**no se lem**brou** do meu **nome**.

Salmos do Comum dos santos homens, p. 1683.

Ant. 2 Deus tor**nou** minha **boca** uma es**pada** afi**ada**,
co**briu**-me com a **sombra** de sua **mão** protetora.

Ant. 3 Foi **este** o teste**munho** que **João** deu do Se**nhor**:
O que vi**rá** depois de **mim**, já exis**ti**a antes de **mim**.

V. **João** veio **dar** teste**munho** da **Luz**,
R. A **fim** de que **to**dos acredi**tas**sem por **ele**.

Primeira leitura
Do Livro do Profeta Jeremias   1,4-10.17-19

A vocação do profeta

⁴Foi-me dirigida a Palavra do Senhor, dizendo:
⁵"Antes de formar-te no ventre materno, eu te conheci;
antes de saíres do seio de tua mãe,
eu te consagrei e te fiz profeta das nações".
⁶Disse eu: "Ah! Senhor Deus,
eu não sei falar, sou muito novo".

⁷Disse-me o Senhor:
"Não digas que és muito novo;
a todos a quem eu te enviar, irás,
e tudo que eu te mandar dizer, dirás.
⁸Não tenhas medo deles,
pois estou contigo para defender-te",
diz o Senhor.
⁹O Senhor estendeu a mão, tocou-me a boca e disse-me:
"Eis que ponho minhas palavras em tua boca.
¹⁰Eu te constituí hoje sobre povos e reinos
com poder para extirpar e destruir,
devastar e derrubar,
construir e plantar.
¹⁷Vamos, põe a roupa e o cinto,
levanta-te e comunica-lhes
tudo que eu te mandar dizer:
não tenhas medo,
senão, eu te farei tremer na presença deles.
¹⁸Com efeito, eu te transformarei hoje
numa cidade fortificada,
numa coluna de ferro,
num muro de bronze
contra todo o mundo,
frente aos reis de Judá e seus príncipes,
aos sacerdotes e ao povo da terra;
¹⁹eles farão guerra contra ti, mas não prevalecerão,
porque eu estou contigo
para defender-te", diz o Senhor.

Responsório
Jr 1,5.9b.10a

R. Antes que **eu** te for**mas**se, no **ven**tre ma**ter**no,
eu **te** conhe**ci** e antes que **tu**
saísses do **sei**o, eu **te** consa**grei**.
* E te cons**tituí** pro**fe**ta às na**ções**.

V. Eis que **ponho** em tua **boca** as **minhas palavras,**
constituo-te **hoje** sobre **povos** e **reinos.**
* E te **constituí** profeta às **nações.**

Segunda leitura
Dos Sermões de Santo Agostinho, bispo
(Sermo 293,1-3: PL 38,1327-1328) (Séc. V)

Voz do que clama no deserto

A Igreja celebra o nascimento de João como um acontecimento sagrado. Dentre os nossos antepassados, não há nenhum cujo nascimento seja celebrado solenemente. Celebramos o de João, celebramos também o de Cristo: tal fato tem, sem dúvida, uma explicação. E se não a soubermos dar tão bem, como exige a importância desta solenidade, pelo menos meditemos nela mais frutuosa e profundamente. João nasce de uma anciã estéril; Cristo nasce de uma jovem virgem.

O pai de João não acredita que ele possa nascer e fica mudo; Maria acredita, e Cristo é concebido pela fé. Eis o assunto que quisemos meditar e prometemos tratar. E se não formos capazes de perscrutar toda a profundeza de tão grande mistério, por falta de aptidão ou de tempo, aquele que fala dentro de vós, mesmo em nossa ausência, vos ensinará melhor. Nele pensais com amor filial, a ele recebestes no coração, dele vos tornastes templos.

João apareceu, pois, como ponto de encontro entre os dois Testamentos, o antigo e o novo. O próprio Senhor o chama de limite quando diz: *A lei e os profetas até João Batista* (Lc 16,16). Ele representa o antigo e anuncia o novo. Porque representa o Antigo Testamento, nasce de pais idosos; porque anuncia o Novo Testamento, é declarado profeta ainda estando nas entranhas da mãe. Na verdade, antes mesmo de nascer, exultou de alegria no ventre materno, à chegada de Maria. Antes de nascer, já é designado; revela-se de quem seria o precursor, antes de ser visto por ele. Tudo isto são coisas divinas, que ultrapassam a limitação humana. Por fim, nasce. Recebe o nome e solta-se a língua do pai. Relacionemos o acontecido com o simbolismo de todos estes fatos.

Zacarias emudece e perde a voz até o nascimento de João, o precursor do Senhor; só então recupera a voz. Que significa o silêncio de Zacarias? Não seria o sentido da profecia que, antes da pregação de Cristo, estava, de certo modo, velado, oculto, fechado? Mas com a vinda daquele a quem elas se referiam, tudo se abre e torna-se claro. O fato de Zacarias recuperar a voz no nascimento de João tem o mesmo significado que o rasgar-se o véu do templo, quando Cristo morreu na cruz. Se João se anunciasse a si mesmo, Zacarias não abriria a boca. Solta-se a língua, porque nasce aquele que é a voz. Com efeito, quando João já anunciava o Senhor, perguntaram-lhe: *Quem és tu?* (Jo 1,19). E ele respondeu: *Eu sou a voz do que clama no deserto* (Jo 1,23). João é a voz; o Senhor, porém, *no princípio era a Palavra* (Jo 1,1). João é a voz no tempo; Cristo é, desde o princípio, a Palavra eterna.

Responsório Lc 1,76-77

R. Serás **profeta** do Al**tíss**imo, ó me**ni**no,
 * Pois i**rás** andando à **fren**te do **Se**nhor
 para apl**ai**nar e prep**ar**ar os seus cam**i**nhos.
V. Anunci**an**do a seu **po**vo a salv**ação**
 que está na remi**ssão** dos seus pe**ca**dos.
 * Pois i**rás**.

HINO Te Deum, p. 589.

Oração como nas I Vésperas, p. 1371, ou nas Laudes, p. 1378.

Laudes

Hino

Logo ao nasceres não trazes mancha,
João Batista, severo asceta,
Mártir potente, do ermo amigo,
grande profeta.

De trinta frutos uns se coroam;
a fronte de outros o dobro cinge.
Tua coroa, dando três voltas,
os cem atinge.

Assim cingido de tanto mérito,
retira as pedras do nosso peito,
torto caminho, chão de alto e baixo,
torna direito.

Faze que um dia, purificados,
vindo a visita do Redentor,
possa em noss'alma, que preparaste,
seus passos pôr.

A vós, Deus Único, o céu celebra,
Trino em pessoas canta também.
Mas nós na terra, impuros, pedimos
perdão. Amém.

Ant. 1 Será **João** o seu **no**me
e o **seu** nasci**men**to vai tra**zer**-te ale**gri**a
e a **mui**tos tam**bém**.

Salmos e cântico do domingo da I Semana, p. 626.

Ant. 2 Com o espírito e a **for**ça de Elias,
ele **i**rá à sua **fren**te prepa**rar**
um **po**vo conver**ti**do para **Deus**.

Ant. 3 Serás profeta do Altíssimo, ó Me**ni**no,
pois i**rás** andando à **fren**te do Se**nhor**
para apla**inar** e prepa**rar** os seus ca**mi**nhos.

Leitura breve
Ml 3,23-24

Eis que eu vos enviarei o profeta Elias, antes que venha o dia do Senhor, dia grande e terrível; o coração dos pais há de voltar-se para os filhos, e o coração dos filhos para seus pais, para que eu não intervenha, ferindo de maldição a vossa terra.

Responsório breve

R. Será **gran**de aos **o**lhos de **Deus**,
Será **chei**o do Espírito **San**to. R. Será **gran**de.
V. Ele irá prepa**rar** para **Deus** um **po**vo vol**ta**do ao Se**nhor**.
* Será **chei**o. Glória ao **Pai**. R. Será **gran**de.

Cântico evangélico, ant.

Profeti**zan**do, Zaca**ri**as excla**mou**:
Bendito **se**ja o Senhor **Deus** de Israel! †

Preces

Invoquemos a Cristo, que enviou João Batista como precursor, para preparar os seus caminhos; e digamos com toda confiança:

R. **Cristo, sol nascente, iluminai os nossos caminhos!**

Vós fizestes João Batista exultar de alegria no seio de Isabel;
– fazei que sempre nos alegremos com a vossa vinda a este mundo. R.

Vós nos indicastes o caminho da penitência pela palavra e pela vida de João Batista;
– convertei os nossos corações aos mandamentos do vosso Reino. R.

Vós quisestes ser anunciado pela voz de um homem;
– enviai pelo mundo inteiro mensageiros do vosso evangelho. R.

Vós quisestes ser batizado por João no rio Jordão, para que se cumprisse toda a justiça;
– fazei-nos trabalhar com empenho para estabelecer a justiça do vosso Reino.
R. **Cristo, sol nascente, iluminai os nossos caminhos!**

(intenções livres)

Pai nosso...

Oração

Ó Deus, que suscitastes São João Batista, a fim de preparar para o Senhor um povo perfeito, concedei à vossa Igreja as alegrias espirituais e dirigi nossos passos no caminho da salvação e da paz. Por nosso Senhor Jesus Cristo, vosso Filho, na unidade do Espírito Santo.

Hora Média

Salmos graduais, p. 1178. Sendo domingo, salmos do domingo da I Semana, p. 630.

Oração das Nove Horas

Ant. Será grande aos olhos de Deus,
　　será cheio do Espírito Santo
　　mesmo ainda no seio materno.

Leitura breve　　　　　　　　　　　　　　　　　　Is 49,1
Nações marinhas, ouvi-me, povos distantes, prestai atenção: o Senhor chamou-me antes de eu nascer, desde o ventre de minha mãe ele tinha na mente o meu nome.

V. Vi o Espírito descer e pousar sobre ele.
R. É este o que batiza no Espírito Santo.

Oração das Doze Horas

Ant. Quando ouvi ressoar tua voz ao saudar-me,
　　o menino saltou de alegria em meu seio. Aleluia.

Leitura breve
Cf. Is 49,5a.6b

Diz-me o Senhor, ele que me preparou desde o nascimento para ser seu Servo: eu te farei luz das nações, para que minha salvação chegue até aos confins da terra.

V. O Senhor me chamou desde o meu nascimento.
R. Desde o seio materno se lembrou do meu nome.

Oração das Quinze Horas

Ant. Este menino será grande aos olhos do Senhor,
 pois a mão do Senhor com ele estará.

Leitura breve
Is 49,47b

Os reis te verão e se levantarão, os potentados igualmente, e te adorarão por causa do Senhor, que é fiel, por causa do Santo de Israel, que te escolheu.

V. Depositei minha palavra em tua boca.
R. Sobre reinos e nações te coloquei.

Oração como nas Laudes.

II Vésperas

HINO Doce, sonoro, como nas I Vésperas, p. 1369.

Ant. 1 Houve um homem enviado por Deus,
 e João era seu nome.

Salmos e cântico do Comum dos santos homens, p. 1700.

Ant. 2 João veio dar testemunho da Verdade.

Ant. 3 João foi um facho que arde e ilumina.

Leitura breve
At 13,23-25

Conforme prometera, da descendência de Davi Deus fez surgir para Israel um Salvador, que é Jesus. Antes que ele chegasse, João pregou um batismo de conversão para todo o povo de Israel. Estando para terminar sua missão, João declarou: Eu não sou aquele que pensais que eu seja! Mas vede: depois de mim vem aquele, do qual nem mereço desamarrar as sandálias.

Responsório breve

V. Preparai o caminho do Senhor,
  * As estradas de Deus endireitai! R. Preparai.
V. Aquele que vem depois de mim,
   bem antes de mim já existia
  * As estradas. Glória ao Pai. R. Preparai.

Cântico evangélico, ant.

O menino que nasceu é mais do que um profeta;
falou dele o Salvador:
Entre aqueles que nasceram de mulher
não surgiu ninguém maior que João Batista.

Preces

João Batista foi escolhido por Deus para anunciar à humanidade a chegada do Reino de Cristo. Por isso, oremos com alegria, dizendo:

R. **Dirigi, Senhor, os nossos passos no caminho da paz!**

Vós, que chamastes João Batista desde o ventre materno para preparar os caminhos de vosso Filho,
– chamai-nos para seguir o Senhor com a mesma fidelidade com que João o precedeu. R.

Assim como destes a João Batista a graça de reconhecer o Cordeiro de Deus, fazei que vossa Igreja também o anuncie,
– e que os homens e as mulheres do nosso tempo o reconheçam. R.

Vós, que inspirastes a vosso profeta ser necessário ele diminuir para que Cristo crescesse,
– ensinai-nos a ceder lugar aos outros, para que vossa presença se manifeste em cada um de nós. R.

Vós, que quisestes proclamar a justiça mediante o martírio de João,
– tornai-nos testemunhas incansáveis da vossa verdade. R.

(intenções livres)

Lembrai-vos de todos aqueles que já partiram desta vida,
– e recebei-os no Reino da luz e da paz.   R.
Pai nosso...

Oração
Ó Deus, que suscitastes São João Batista, a fim de preparar para o Senhor um povo perfeito, concedei à vossa Igreja as alegrias espirituais e dirigi nossos passos no caminho da salvação e da paz. Por nosso Senhor Jesus Cristo, vosso Filho, na unidade do Espírito Santo.

27 de junho

SÃO CIRILO DE ALEXANDRIA, BISPO E DOUTOR DA IGREJA

Nasceu em 370 e levou vida monástica. Ordenado sacerdote, acompanhou seu tio, bispo de Alexandria, de quem foi sucessor no episcopado, em 412. Combateu energicamente as doutrinas de Nestório e teve um importante desempenho no Concílio de Éfeso. Escreveu muitas obras de grande erudição para explicar e defender a fé católica. Morreu em 444.

Do Comum dos pastores: para bispos, p. 1617, e dos doutores da Igreja, p. 1644.

Ofício das Leituras

Segunda leitura
Das Cartas de São Cirilo de Alexandria, bispo
(Epist. 1: PG 77,14-18.27-30)   (Séc. IV)

Defensor da maternidade divina da Virgem Maria

Causa-me profunda admiração haver alguns que duvidam em dar à Virgem Santíssima o título de Mãe de Deus. Realmente, se nosso Senhor Jesus Cristo é Deus, por que motivo não pode ser chamada de Mãe de Deus a Virgem Santíssima que o gerou? Esta verdade nos foi transmitida pelos discípulos do Senhor, embora não usassem esta expressão. Assim fomos também instruídos pelos Santos Padres. Em particular, Santo Atanásio, nosso pai na fé, de ilustre memória, na terceira parte do livro que escreveu sobre a santa e consubstancial Trindade, dá frequentemente à Virgem Santíssima o título de Mãe de Deus.

Vejo-me obrigado a citar aqui suas palavras, que têm o seguinte teor: "A Sagrada Escritura, como tantas vezes fizemos notar, tem por finalidade e característica afirmar de Cristo Salvador estas duas coisas: que ele é Deus e nunca deixou de o ser, visto que é a Palavra do Pai, seu esplendor e sabedoria; e também que nestes últimos tempos, por causa de nós, se fez homem, assumindo um corpo da Virgem Maria, Mãe de Deus".

E continua mais adiante: "Houve muitos que já nasceram santos e livres de todo pecado. Por exemplo: Jeremias foi santificado desde o seio materno; também João, antes de ser dado à luz, exultou de alegria ao ouvir a voz de Maria Mãe de Deus". Estas palavras são de um homem inteiramente digno de lhe darmos crédito, sem receio, e a quem podemos seguir com toda segurança. Com efeito, ele jamais pronunciou uma só palavra que fosse contrária às Sagradas Escrituras.

De fato, a Escritura, verdadeiramente inspirada por Deus, afirma que a Palavra de Deus se fez carne, quer dizer, uniu-se à carne dotada de alma racional. Portanto, a Palavra de Deus assumiu a descendência de Abraão e, formando para si um corpo vindo de uma mulher, tornou-se participante da carne e do sangue. Assim, já não é somente Deus mas homem também, semelhante a nós, em virtude da sua união com a nossa natureza.

Por conseguinte, o Emanuel, Deus-conosco, possui duas realidades, isto é, a divindade e a humanidade. Todavia, é um só Senhor Jesus Cristo, único e verdadeiro Filho por natureza, ainda que ao mesmo tempo Deus e homem. Não é apenas um homem divinizado, igual àqueles que pela graça se tornam participantes da natureza divina; mas é verdadeiro Deus que, para nossa salvação, se tornou visível em forma humana, conforme Paulo testemunha com as seguintes palavras: *Quando se completou o tempo previsto, Deus enviou seu Filho, nascido de uma mulher, nascido sujeito à Lei, a fim de resgatar os que estavam sujeitos à Lei e para que todos recebêssemos a filiação adotiva* (Gl 4,4-5).

Responsório

R. Este **ho**mem reali**zou** em sua **vi**da
grandes **fei**tos na pre**sen**ça do Se**nhor**
e toda a **ter**ra se en**cheu** de sua dou**tri**na.
* Seja ele para **nós** interces**sor**
na presença do Se**nhor** e nosso **Deus**.
V. É **es**te o sacer**do**te do Se**nhor**
que medi**tou** os seus pre**cei**tos dia e **noi**te.
* Seja ele.

Oração

Ó Deus, que suscitastes em Alexandria o bispo São Cirilo para proclamar Maria Mãe de Deus, dai, aos que professam a maternidade divina, serem salvos pela encarnação do vosso Filho. Que convosco vive e reina, na unidade do Espírito Santo.

28 de junho

SANTO IRINEU, BISPO E MÁRTIR

Memória

Nasceu por volta do ano 130 e foi educado em Esmirna. Foi discípulo de São Policarpo, bispo desta cidade. No ano de 177, era presbítero em Lião (França) e, pouco tempo depois, foi nomeado bispo da mesma cidade. Escreveu diversas obras para defender a fé católica contra os erros dos gnósticos. Segundo a tradição, recebeu a coroa do martírio cerca do ano 200.

Do Comum de um mártir, p. 1591, ou, dos pastores: para bispos, p. 1617.

Ofício das Leituras

Segunda leitura

Do Tratado contra as heresias, de Santo Ireneu, bispo
(Lib. 4,20,5-7: Sch 100, 640-642.644-648)   (Séc. II)

*A glória de Deus é o homem vivo;
e a vida do homem é a visão de Deus*

O esplendor de Deus dá a vida. Consequentemente, os que veem a Deus recebem a vida. Por isso, aquele que é inacessível, incompreensível e invisível, torna-se compreensível e acessível para os homens, a fim de dar a vida aos que o alcançam e veem. Assim como viver sem a vida é impossível, sem a participação de Deus não há vida. Participar de Deus consiste em vê-lo e gozar da sua bondade. Por conseguinte, os homens hão de ver a Deus para poderem viver. Por esta visão tornam-se imortais e se elevam até ele. Como já disse, estas coisas foram anunciadas pelos profetas de modo figurado: que Deus seria visto pelos homens que possuem seu Espírito e aguardam sem cessar sua vinda. Assim também diz Moisés no Deuteronômio: *Nesse dia veremos que Deus pode falar ao homem, sem que este deixe de viver* (cf. Dt 5,24).

Deus, que realiza tudo em todos, é inacessível e inefável, quanto ao seu poder e à sua grandeza, para os seres por ele criados. Mas não é de modo algum desconhecido, pois todos sabemos, por meio do seu Verbo, que há um só Deus Pai que contém todas as coisas e dá existência a todas elas, como está escrito no Evangelho: *A Deus, ninguém jamais viu. Mas o Unigênito de Deus, que está na intimidade do Pai, ele no-lo deu a conhecer* (Jo 1,18).

Portanto, quem desde o princípio nos dá a conhecer o Pai é o Filho, que desde o princípio está com o Pai. As visões proféticas, a diversidade de carismas, os ministérios, a glorificação do Pai, tudo isto, como uma sinfonia bem composta e harmoniosa, ele manifestou aos homens, no tempo próprio, para seu proveito. Porque onde há composição, há harmonia; onde há harmonia, tudo acontece no tempo próprio; e quando tudo acontece no tempo próprio, há proveito.

Por esta razão, o Verbo se tornou o administrador da graça do Pai para proveito dos homens. Em favor deles, pôs em prática o seu plano: mostrar Deus ao homem e apresentar o homem a Deus. No entanto, conservou a invisibilidade do Pai: desta forma o homem não desprezaria a Deus e seria sempre estimulado a progredir. Ao mesmo tempo, mostrou também, por diversos modos, que Deus é visível aos homens, para não acontecer que, privado totalmente de Deus, o homem chegasse a perder a própria existência. Pois a glória de Deus é o homem vivo, e a vida do homem é a visão de Deus. Com efeito, se a manifestação de Deus, através da criação dá a vida a todos os seres da terra, muito mais a manifestação do Pai, por meio do Verbo, dá a vida a todos os que veem a Deus.

Responsório   Ml 2,6; Sl 88(89),22
R. A doutrina da verdade estava em sua boca
e não se encontrou falsidade nos seus lábios;
 * Em paz e retidão comigo caminhou.
V. Estará sempre com ele minha mão onipotente
e meu braço poderoso há de ser a sua força.
 * Em paz.

Laudes

Cântico evangélico, ant.
Honrando seu nome, "Irineu" dedicou sua vida à paz
e lutou pela paz das Igrejas.

Oração

Ó Deus, vós concedestes ao bispo Santo Irineu firmar a verdadeira doutrina e a paz da Igreja; pela intercessão de vosso servo, renovai em nós a fé e a caridade, para que nos apliquemos constantemente em alimentar a união e a concórdia. Por nosso Senhor Jesus Cristo, vosso Filho, na unidade do Espírito Santo.

Vésperas

Cântico evangélico, ant.
Por seu **Deus**, Santo Iri**neu** lu**tou** até à **mor**te;
supe**rou** as prova**ções**, pois Je**sus** foi sua **for**ça.

29 de junho

SÃO PEDRO E SÃO PAULO, APÓSTOLOS

Solenidade

I Vésperas

Hino

Ó áurea luz, ó esplendor de rosa,
o azul vestis de sangue e de fulgor,
quando, tombando, os príncipes sagrados,
abrem do céu a porta ao pecador.

Doutor das gentes e do Céu Porteiro,
luzeiros sois, Juízes das Nações;
um pela espada, o outro pela cruz,
sobem do céu às eternais mansões.

Ó feliz Roma, por precioso sangue
cingida assim de púrpura e nobreza;
não por ti mesma, mas por tal martírio,
o mundo inteiro excedes em beleza.

Dupla oliveira, Pedro, Paulo viestes
na eterna Roma uma fronde erguer:
numa só fé e caridade acesos,
após a morte, dai-nos reviver!

Dê-se à Trindade sempiterna glória,
honra, poder e júbilo também;
pois na Unidade tudo e a todos rege,
agora e sempre, eternamente. Amém.

Ant. 1 Tu és o **Cris**to, o **F**ilho do Deus **v**ivo!
Tu és fe**liz**, ó Si**mão**, filho de **Jo**nas!

Salmos e cântico do Comum dos apóstolos, p. 1546.

Ant. 2 Tu és **P**edro, e **so**bre esta **pe**dra
eu **i**rei constru**ir** a minha **I**greja.

Ant. 3 São **Pau**lo, A**pós**tolo das **Gen**tes,
vós **sois** instru**men**to escolhido,
prega**dor** da ver**da**de em todo o **mun**do.

Leitura breve
Rm 1,1-3a.7

Paulo, servo de Jesus Cristo, apóstolo por vocação, escolhido para o Evangelho de Deus, que pelos profetas havia prometido, nas Escrituras, e que diz respeito a seu Filho: A vós todos que morais em Roma, amados de Deus e santos por vocação, graça e paz da parte de Deus, nosso Pai, e de nosso Senhor, Jesus Cristo.

Responsório breve

R. Os A**pós**tolos, com **gran**de co**ra**gem,
   * Anunciavam a Pala**v**ra de **Deus**. R. Os A**pós**tolos.
V. Testemu**nha**vam a res**surrei**ção
   de **Nos**so Se**nhor** Jesus **Cris**to.
   * Anunciavam. Glória ao **Pai**. R. Os A**pós**tolos.

Cântico evangélico, ant.

Glorio**s**os A**pós**tolos de **Cris**to,
como em **vi**da os **u**niu grande a**fe**to,
assim na **mor**te não fi**ca**ram sepa**ra**dos.

Preces

Oremos a Cristo, que edificou sua Igreja sobre o alicerce dos apóstolos e dos profetas; e digamos com fé:

R. **Socorrei, Senhor, o vosso povo!**

Vós, que chamastes o pescador Simão para dele fazerdes pescador de homens,
— continuai chamando operários para que levem a vossa salvação à humanidade inteira. R.

Vós, que acalmastes a tempestade do mar para que a barca dos discípulos não afundasse,
— defendei a vossa Igreja de toda perturbação e fortalecei o Santo Padre. R.

Bom Pastor que, depois da ressurreição, reunistes ao redor de Pedro o rebanho que estava disperso,
– congregai o vosso povo num só rebanho e sob um só pastor.
R.

Vós, que enviastes o apóstolo Paulo para evangelizar as nações pagãs,
– fazei que a palavra da salvação seja pregada a toda criatura.
R.
(intenções livres)

Vós, que entregastes à Igreja as chaves do Reino dos Céus,
– abri as portas do céu a todos aqueles que, durante a vida, confiaram na vossa misericórdia. R.
Pai nosso...

Oração
Ó Deus, que hoje nos concedeis a alegria de festejar São Pedro e São Paulo, concedei à vossa Igreja seguir em tudo os ensinamentos destes Apóstolos que nos deram as primícias da fé. Por nosso Senhor Jesus Cristo, vosso Filho, na unidade do Espírito Santo.

Invitatório
R. Ao Se**nhor**, Rei dos A**pós**tolos, **vin**de ado**re**mos.
Salmo invitatório como no Ordinário, p. 583.

Ofício das Leituras
Hino
A festa dos Apóstolos
alegra todo o mundo
até os seus extremos,
com júbilo profundo.

Louvamos Pedro e Paulo,
por Cristo consagrados
colunas das Igrejas
no sangue derramado.

São duas oliveiras
diante do Senhor,
brilhantes candelabros
de esplêndido fulgor.

Do céu luzeiros claros,
desatam todo laço
de culpa, abrindo aos santos
de Deus o eterno Paço.

Ao Pai louvor e glória
nos tempos sem fronteiras.
Império a vós, ó Filho,
beleza verdadeira.

Poder ao Santo Espírito,
Amor e Sumo Bem.
Louvores à Trindade
nos séculos. Amém.

Ant. 1 Se me amas, Simão Pedro, apascenta minhas ovelhas.

Salmos do Comum dos apóstolos, p. 1550.

Ant. 2 Para mim viver é Cristo e morrer é uma vantagem; minha glória é a cruz do Senhor Cristo Jesus.

Ant. 3 Senhor, se és tu mesmo,
ordena que eu caminhe
ao teu encontro sobre as águas.

V. A Palavra do Senhor permanece eternamente;
R. E esta é a palavra que vos foi anunciada.

Primeira leitura

Da Carta de São Paulo aos Gálatas 1,15-2,10

Encontro de Pedro e Paulo

Irmãos: ^{1,15}Quando aquele que me separou desde o ventre materno e me chamou por sua graça ¹⁶se dignou revelar-me o seu Filho, para que eu o pregasse entre os pagãos, não consultei carne nem sangue ¹⁷nem subi, logo, a Jerusalém para estar com os que eram apóstolos antes de mim. Pelo contrário, parti para a Arábia e, depois, voltei ainda a Damasco.

¹⁸Três anos mais tarde, fui a Jerusalém para conhecer Cefas e fiquei com ele quinze dias. ¹⁹E não estive com nenhum outro apóstolo, a não ser Tiago, o irmão do Senhor. ²⁰Escrevendo estas coisas, afirmo diante de Deus que não estou mentindo. ²¹Depois, fui para as regiões da Síria e da Cilícia. ²²Ainda não era pessoalmente conhecido das Igrejas da Judeia que estão em Cristo. ²³Apenas tinham ouvido dizer que "aquele que, antes, nos perseguia, está agora pregando a fé que, antes, procurava destruir". ²⁴E glorificavam a Deus por minha causa.

^{2,1}Quatorze anos mais tarde, subi, de novo, a Jerusalém, com Barnabé, levando também Tito comigo. ²Fui lá, por causa de uma revelação. Expus-lhes o evangelho que tenho pregado entre os pagãos, o que fiz em particular aos líderes da Igreja, para não acontecer estivesse eu correndo em vão ou tivesse corrido em vão. ³Mas nem Tito, meu companheiro, embora pagão, foi obrigado a circuncidar-se, ⁴e isso, não obstante a presença de falsos irmãos, intrusos, que sorrateiramente se introduziram entre nós, para espionar a liberdade que temos em Cristo Jesus, com o fim de nos escravizarem. ⁵A essas pessoas não fizemos concessão, nem por um momento, para que a verdade do evangelho continuasse íntegra, no vosso meio.

⁶Quanto aos líderes da Igreja – o que tenham sido outrora não me interessa; Deus não faz acepção de pessoas – eles não me impuseram nada de novo. ⁷Pelo contrário, viram que a evangelização dos pagãos foi confiada a mim, como a Pedro foi confiada a evangelização dos judeus. ⁸De fato,

aquele que preparou Pedro para o apostolado entre os judeus preparou-me também a mim para o apostolado entre os pagãos. ⁹Reconhecendo a graça que me foi dada, Tiago, Cefas e João, considerados as colunas da Igreja, deram-nos a mão, a mim e a Barnabé, como sinal de nossa comunhão recíproca. Assim ficou confirmado que nós iríamos aos pagãos e eles iriam aos judeus. ¹⁰O que nos recomendaram foi somente que nos lembrássemos dos pobres. E isso procurei fazer sempre, com toda a solicitude.

Responsório   Mt 16,18-19

R. Eu te **di**go: Tu és **P**edro
e nesta **pe**dra eu **i**rei constru**i**r minha **I**gre**j**a
e as **por**tas do in**fer**no nunca **hão** de vencê-la.
* Hei de **dar**-te as **cha**ves do **Rei**no dos **Céus**.
V. O que li**ga**res na **ter**ra será li**ga**do nos **céus**;
e o que na **ter**ra desli**ga**res, nos **céus**, igual**men**te,
será **desligado**. * Hei de **dar**-te.

Segunda leitura

Dos Sermões de Santo Agostinho, bispo
(Sermo 295,1-2.4.7-8: PL 38, 1348-1352)   (Séc. V)

Estes mártires viram o que pregaram

O martírio dos santos apóstolos Pedro e Paulo consagrou para nós este dia. Não falamos de mártires desconhecidos. *Sua voz ressoa e se espalha em toda a terra, chega aos confins do mundo a sua palavra* (Sl 18,5). Estes mártires viram o que pregaram, seguiram a justiça, proclamaram a verdade, morreram pela verdade.

São Pedro, o primeiro dos apóstolos, que amava Cristo ardentemente, mereceu escutar: *Por isso eu te digo que tu és Pedro* (Mt 16,19). Antes, ele havia dito: *Tu és o Messias, o Filho do Deus vivo* (Mt 16,16). E Cristo retorquiu: *Por isso eu te digo que tu és Pedro e sobre esta pedra construirei minha Igreja* (Mt 16,18). Sobre esta pedra construirei a fé que haverás de proclamar. Sobre a afirmação que fizeste: *Tu és o Messias, o Filho do Deus vivo,* construirei a minha Igreja. Porque tu és Pedro. Pedro vem de pedra; não é pedra que vem de Pedro. Pedro vem de pedra, como cristão vem de Cristo.

Como sabeis, o Senhor Jesus, antes de sua paixão, escolheu alguns discípulos, aos quais deu o nome de apóstolos. Dentre estes, somente Pedro mereceu representar em toda parte a personalidade da Igreja inteira. Porque sozinho representava a Igreja inteira, mereceu ouvir estas palavras: *Eu te darei as chaves do Reino dos Céus* (Mt 16,19). Na verdade, quem recebeu estas chaves não foi um único homem, mas a Igreja una. Assim manifesta-se a superioridade de Pedro, que representava a universalidade e a unidade da Igreja, quando lhe foi dito: *Eu te darei.* A ele era atribuído pessoalmente o que a todos foi dado. Com efeito, para que saibais que a Igreja recebeu as chaves do Reino dos Céus, ouvi o que, em outra passagem, o Senhor diz a todos os seus apóstolos: *Recebei o Espírito Santo.* E em seguida: *A quem perdoardes os pecados, eles serão perdoados; a quem os não perdoardes, eles lhes serão retidos* (Jo 20,22-23).

No mesmo sentido, também depois da ressurreição, o Senhor entregou a Pedro a responsabilidade de apascentar suas ovelhas. Não que dentre os outros discípulos só ele merecesse pastorear as ovelhas do Senhor; mas quando Cristo fala a um só, quer, deste modo, insistir na unidade da Igreja. E dirigiu-se a Pedro, de preferência aos outros, porque, entre os apóstolos, Pedro é o primeiro.

Não fiques triste, ó apóstolo! Responde uma vez, responde uma segunda, responde uma terceira vez. Vença por três vezes a tua profissão de amor, já que por três vezes o temor venceu a tua presunção. Desliga por três vezes o que por três vezes ligaste. Desliga por amor o que ligaste por temor. E assim, o Senhor confiou suas ovelhas a Pedro, uma, duas e três vezes.

Num só dia celebramos o martírio dos dois apóstolos. Na realidade, os dois eram como um só. Embora tenham sido martirizados em dias diferentes, deram o mesmo testemunho. Pedro foi à frente; Paulo o seguiu. Celebramos o dia festivo consagrado para nós pelo sangue dos apóstolos. Amemos a fé, a vida, os trabalhos, os sofrimentos, os testemunhos e as pregações destes dois apóstolos.

Responsório

R. Apóstolo **Paulo**, pregador da verdade
e doutor dos gentios.
 * Mereceis, na verdade, ser glorificado.
V. Pelo vosso ministério os povos todos conheceram
a graça do Senhor. * Mereceis.

HINO Te Deum, p. 589.

Oração como nas I Vésperas, p. 1389 ou nas Laudes, p. 1397.

Laudes

Hino

A paixão dos Apóstolos
este dia sagrou,
o triunfo de Pedro
para nós revelou,
e a coroa de Paulo
até aos céus exaltou.

A vitória da morte
os uniu, como irmãos
consagrados no sangue,
verdadeira oblação;
pela fé coroados,
ao Senhor louvarão.

Pedro foi o primeiro
por Jesus consagrado;
Paulo, arauto por graça,

vaso eleito chamado,
pela fé se igualava
ao que tem o Primado.

Com os pés para o alto
foi Simão levantado
sobre a cruz do martírio,
como o Mestre, elevado,
recordando a Palavra
que ele tinha falado.

Em tão nobre triunfo,
Roma foi elevada
ao mais alto dos cumes,
em tal sangue fundada;
por tão nobres profetas
a Jesus consagrada.

Para cá vem o mundo,
e se encontram os crentes,
feita centro dos povos,
nova mãe dos viventes,
como sede escolhida
pelo Mestre das gentes.

Redentor, vos pedimos
que possamos também
conviver com tais santos,
junto a vós, Sumo Bem,
e cantar vossa glória
pelos séculos. Amém.

Ant. 1 Sei em **quem** eu colo**quei** a minha **fé**,
e estou **cer**to que ele **tem** poder di**vi**no
para guar**dar** até o **fim** o meu de**pó**sito,
que o Se**nhor**, justo **Juiz**, me confi**ou**.

Salmos e cântico do domingo da I Semana, p. 626.

Ant. 2 A sua **graça** para **mim** não foi in**ú**til;
está co**mi**go e para **sem**pre fica**rá**.

Ant. 3 Com**ba**ti o bom com**ba**te, termi**nei** minha car**rei**ra,
conser**vei** a minha **fé**.

Leitura breve   1Pd 4,13-14

Caríssimos, alegrai-vos por participar dos sofrimentos de Cristo, para que possais também exultar de alegria na revelação da sua glória. Se sofreis injúrias por causa do nome de Cristo, sois felizes, pois o Espírito da glória, o Espírito de Deus repousa sobre vós.

Responsório breve

R. Por **Cris**to entregaram suas **vi**das,
 * Pelo **no**me de Je**sus**, Nosso Se**nhor**. R. Por **Cris**to.
V. Saíram exul**tan**tes do Si**né**drio,
 por ter **si**do achados **dig**nos de so**frer**. * Pelo **no**me.
 Glória ao Pai. R. Por Cristo.

Cântico evangélico, ant.

Disse **Pe**dro a Je**sus**:
A **quem** nós i**re**mos, Se**nhor** Jesus **Cris**to?
Só **tu** tens pa**la**vras de **vi**da eterna.
Nós **cre**mos, sa**ben**do que **és** o Se**nhor**,
que **tu** és o **Cris**to, o **Fi**lho de **Deus**!

Preces

Oremos a Cristo, que edificou sua Igreja sobre o alicerce dos apóstolos e dos profetas; e digamos com fé:

R. **Favorecei, Senhor, a vossa Igreja!**

Vós, que rezastes por Pedro para que sua fé não desfalecesse,
– confirmai na fé a vossa Igreja. R.

Vós, que, depois da ressurreição, aparecestes a Simão Pedro e vos revelastes a Paulo,
– iluminai nossa inteligência, para proclamarmos que estais vivo no meio de nós. R.

Vós, que escolhestes o apóstolo Paulo para anunciar o vosso nome aos povos pagãos,
— tornai-nos verdadeiros pregadores do vosso evangelho. R.

Vós, que, na vossa misericórdia, perdoastes as negações de Pedro,
— perdoai também as nossas faltas. R.

Pai nosso...

Oração

Ó Deus, que hoje nos concedeis a alegria de festejar São Pedro e São Paulo, concedei à vossa Igreja seguir em tudo os ensinamentos destes Apóstolos que nos deram as primícias da fé. Por nosso Senhor Jesus Cristo, vosso Filho, na unidade do Espírito Santo.

Hora Média

Salmos graduais, p. 1178. Se for domingo, salmos do domingo da I Semana, p. 630.

Oração das Nove Horas

Ant. Simão **Pedro** ainda fa**la**va,
 quando **vei**o o Es**pí**rito **San**to
 sobre **to**dos que o es**ta**vam ou**vin**do;
 e falavam em **lín**guas di**ver**sas,
 can**tan**do lou**vo**res a **Deus**.

Leitura breve — At 15,7b-9

Deus me escolheu para que os pagãos ouvissem de minha boca a palavra do Evangelho e acreditassem. Ora, Deus, que conhece os corações, testemunhou a favor deles, dando-lhes o Espírito Santo como o deu a nós. E não fez nenhuma distinção entre nós e eles, purificando o coração deles mediante a fé.

V. Em toda a terra se espalha o seu anúncio.
R. E sua voz, pelos confins do universo.

Oração das Doze Horas

Ant. Subiu Pedro ao terraço para orar,
quando era por volta da hora sexta.

Leitura breve   Gl 1,15-16a.17b-18a

Quando aquele que me separou desde o ventre materno e me chamou por sua graça se dignou revelar-me o seu Filho, para que eu o pregasse entre os pagãos, parti para a Arábia e, depois, voltei ainda a Damasco. Três anos mais tarde, fui a Jerusalém para conhecer Cefas.

V. Guardavam os preceitos
R. E as ordens do Senhor.

Oração das Quinze Horas

Ant. João e Pedro subiram ao templo,
quando era a oração da hora nona.

Leitura breve   2Cor 4,13-14

Sustentados pelo mesmo espírito de fé, conforme o que está escrito: Eu creio e, por isso, falei, nós também cremos e, por isso, falamos, certos de que aquele que ressuscitou o Senhor Jesus nos ressuscitará também com Jesus e nos colocará ao seu lado, juntamente convosco.

V. Alegrai-vos e exultai, diz o Senhor,
R. Pois no céu estão inscritos vossos nomes.

Oração como nas Laudes.

II Vésperas

Hino

Roma feliz, tornada cor de púrpura
destes heróis no sangue tão fecundo,
não por teus méritos, mas por estes santos,
que golpeaste com a cruz e a espada,
em formosura excedes todo o mundo.

E vós agora, gloriosos mártires,
heróis invictos da mansão de Deus,
Pedro feliz, e Paulo flor do mundo,
do mal livrai-nos pela vossa prece
e conduzi-nos para os altos céus.

Glória a Deus Pai nos infinitos séculos,
honra e império, ó Filho, a vós também,
poder, beleza ao vosso Santo Espírito,
laço de amor unindo o Pai e o Filho.
Glória à Trindade para sempre. Amém.

Ant. 1 Eu roguei por ti, ó Pedro,
que tua fé não desfaleça.
Quando estiveres convertido,
fortalece os teus irmãos.

Salmos e cântico do Comum dos apóstolos, p. 1558.

Ant. 2 De boa mente me glorio nas fraquezas,
para que a força do Senhor habite em mim.

Ant. 3 És pastor das ovelhas de Cristo, dos apóstolos chefe;
a ti foram entregues as chaves do Reino dos Céus.

Leitura breve 1Cor 15,3-5.8

Transmiti-vos, em primeiro lugar, aquilo que eu mesmo tinha recebido, a saber: que Cristo morreu por nossos pecados, segundo as Escrituras; que foi sepultado; que, ao terceiro dia, ressuscitou, segundo as Escrituras; e que apareceu a Cefas e, depois, aos Doze. Por último, apareceu também a mim.

Responsório breve

R. Os **Após**tolos, com **gran**de co**ra**gem,
  * Anunci**a**vam a Pala**v**ra de **Deus**. R. Os A**pós**tolos.
V. Testemu**nha**vam a **ressurreição**
   de **Nos**so Se**nhor** Jesus **Cris**to.
  * Anunci**a**vam. Glória ao **Pai**. R. Os A**pós**tolos.

Cântico evangélico, ant.

Se**nhor**, o A**pós**tolo **Pe**dro,
e **Pau**lo, o dou**tor** das na**ções**,
transmi**ti**ram a **nós** vossa **lei**.

Preces

Oremos a Cristo, que edificou sua Igreja sobre o alicerce dos apóstolos e dos profetas; e digamos com fé:

R. **Socorrei, Senhor, o vosso povo!**

Vós, que chamastes o pescador Simão para dele fazerdes pescador de homens,
– continuai chamando operários para que levem a vossa salvação à humanidade inteira. R.

Vós, que acalmastes a tempestade do mar para que a barca dos discípulos não afundasse,
– defendei a vossa Igreja de toda perturbação e fortalecei o Santo Padre. R.

Bom Pastor que, depois da ressurreição, reunistes ao redor de Pedro o rebanho que estava disperso,
– congregai o vosso povo num só rebanho e sob um só pastor. R.

Vós, que enviastes o apóstolo Paulo para evangelizar as nações pagãs,
– fazei que a palavra da salvação seja pregada a toda criatura. R.

(intenções livres)

Vós, que entregastes à Igreja as chaves do Reino dos Céus,
– abri as portas do céu a todos aqueles que, durante a vida, confiaram na vossa misericórdia. R.
Pai nosso...

Oração

Ó Deus, que hoje nos concedeis a alegria de festejar São Pedro e São Paulo, concedei à vossa Igreja seguir em tudo os ensinamentos destes Apóstolos que nos deram as primícias da fé. Por nosso Senhor Jesus Cristo, vosso Filho, na unidade do Espírito Santo.

30 de junho

SANTOS PROTOMÁRTIRES DA IGREJA DE ROMA

Na primeira perseguição contra a Igreja, desencadeada pelo imperador Nero, depois do incêndio da cidade de Roma no ano 64, muitos cristãos foram martirizados com atrozes tormentos. Este fato é testemunhado pelo escritor pagão Tácito *(Annales 15,44)* e por São Clemente, bispo de Roma, na sua Carta aos Coríntios (cap. 5-6).

Do Comum de vários mártires, p. 1568.

Ofício das Leituras

Segunda leitura
Da Carta aos Coríntios, de São Clemente I, papa
(Cap. 5, 1-7,4: Funk 1, 67-71) (Séc. I)

Sofreram vítimas de um ódio iníquo,
tornando-se para nós um magnífico exemplo de fidelidade

Deixemos de lado os exemplos dos antigos e falemos dos nossos atletas mais recentes. Apresentemos os generosos exemplos de nosso tempo. Vítimas do fanatismo e da inveja, aqueles que eram as maiores e mais santas colunas da Igreja, sofreram perseguição e lutaram até à morte.

Tenhamos diante dos olhos os bons apóstolos. Por causa de um fanatismo iníquo, Pedro teve de suportar duros tormentos, não uma ou duas vezes, mas muitas; e depois de sofrer o martírio, passou para o lugar que merecia na glória. Por invejas e rivalidades, Paulo obteve o prêmio da paciência: sete vezes foi lançado na prisão, foi exilado e apedrejado, tornou-se pregoeiro da Palavra no Oriente e no Ocidente, alcançando assim uma notável reputação por causa da sua fé. Depois de ensinar ao mundo inteiro o caminho da justiça e de chegar até os confins do Ocidente, sofreu o martírio que lhe infligiram as autoridades. Partiu, pois, deste mundo para o lugar santo, deixando-nos um perfeito exemplo de paciência.

A estes homens, mestres de vida santa, juntou-se uma grande multidão de eleitos que, vítimas de um ódio iníquo sofreram muitos suplícios e tormentos, tornando-se, desta forma, para nós um magnífico exemplo de fidelidade. Vítimas do mesmo ódio, mulheres foram perseguidas, como Danaides e Dirceia. Suportando graves e terríveis torturas, correram até o fim a difícil corrida da fé, e mesmo sendo fracas de corpo, receberam o nobre prêmio da vitória. O fanatismo dos perseguidores separou as esposas dos maridos, alterando o que disse nosso pai Adão: *É osso dos meus ossos e carne de minha carne* (cf. Gn 2,23). Rivalidades e rixas destruíram grandes cidades e fizeram desaparecer povos numerosos.

Escrevemos isto, caríssimos, não apenas para vos recordar os deveres que tendes, mas também para nos alertarmos a nós próprios. Pois nos encontramos na mesma arena e combatemos o mesmo combate. Deixemos as preocupações inúteis e os vãos cuidados, e voltemo-nos para a gloriosa e venerável regra da nossa tradição. Consideremos o que é belo, o que é bom, o que é agradável ao nosso Criador. Fixemos atentamente o olhar no sangue de Cristo e compreendamos quanto é precioso aos olhos de Deus seu Pai esse sangue que, derramado para nossa salvação, ofereceu ao mundo inteiro a graça da penitência.

Responsório — Cf. Ap 7,14
R. Pela **cau**sa do **Senhor** entregaram os seus **cor**pos
   às **tor**turas do mar**tí**rio.
 * Me**re**ceram rece**ber** co**ro**as imor**tais**.
V. São **es**tes que vieram de um **gran**de so**fri**mento
   e la**va**ram suas **ves**tes no **san**gue do Cor**dei**ro.
 * Me**re**ceram.

Laudes

Cântico evangélico, ant.
A **gran**de multi**dão** dos **már**tires de **Cris**to
persis**ti**a no a**mor** e na fra**ter**na uni**ão**,
pois a **e**les ani**ma**va a mesma **fé** e o mesmo es**pí**rito.

Oração
Ó Deus, que consagrastes com o sangue dos mártires os fecundos primórdios da Igreja de Roma, dai que sua coragem no combate nos obtenha uma força inabalável e a alegria da vitória. Por nosso Senhor Jesus Cristo, vosso Filho, na unidade do Espírito Santo.

Vésperas

Cântico evangélico, ant.
A**ma**ram a **Cris**to na **vi**da, imi**ta**ram o **Cris**to na **mor**te,
reina**rão** para **sem**pre com **e**le.

JULHO

3 de julho

SÃO TOMÉ, APÓSTOLO

Festa

Tomé tornou-se conhecido entre os apóstolos principalmente por sua incredulidade que desapareceu diante do Cristo ressuscitado; e com isso proclamou a fé pascal da Igreja: "Meu Senhor e meu Deus!" Nada de certo se sabe sobre sua vida, além dos indícios fornecidos pelo Evangelho. É de tradição ter ele evangelizado os povos da Índia. Desde o século VI comemora-se a 3 de julho a trasladação de seu corpo para Edessa.

Do Comum dos apóstolos, p. 1549, exceto o seguinte:

Ofício das Leituras

Segunda leitura

Das Homilias sobre os Evangelhos, de São Gregório Magno, papa.

(Hom. 25,7-9: PL 76, 1201-1202)   (Séc. VI)

Meu Senhor e meu Deus!

Tomé, chamado Dídimo, que era um dos doze, não estava com eles quando Jesus veio (Jo 20,24). Era o único discípulo que estava ausente. Ao voltar, ouviu o que acontecera, mas negou-se a acreditar. Veio de novo o Senhor, e mostrou seu lado ao discípulo incrédulo para que o pudesse apalpar; mostrou-lhe as mãos e, mostrando-lhe também a cicatriz de suas chagas, curou a chaga daquela falta de fé. Que pensais, irmãos caríssimos, de tudo isto? Pensais ter acontecido por acaso que aquele discípulo estivesse ausente naquela ocasião, que, ao voltar, ouvisse contar, que, ao ouvir, duvidasse, que, ao duvidar, apalpasse, e que, ao apalpar, acreditasse?

Nada disso aconteceu por acaso, mas por disposição da providência divina. A clemência do alto agiu de modo admirável a fim de que, ao apalpar as chagas do corpo de seu mestre, aquele discípulo que duvidara curasse as chagas da nossa falta de fé. A incredulidade de Tomé foi mais proveitosa para a nossa fé do que a fé dos discípulos que acreditaram logo. Pois, enquanto ele é reconduzido à fé porque pôde apalpar, o nosso espírito, pondo de lado toda dúvida, confirma-se na fé. Deste modo, o discípulo que duvidou e apalpou tornou-se testemunha da verdade da ressurreição.

Tomé apalpou e exclamou: *Meu Senhor e meu Deus!* Jesus lhe disse: *Acreditaste, porque me viste?* (Jo 20,28-29). Ora, como diz o apóstolo Paulo: *A fé é um modo de já possuir o que ainda se espera, a convicção acerca de realidades que não se veem* (Hb 11,1). Logo, está claro que a fé é a prova daquelas realidades que não podem ser vistas. De fato, as coisas que podemos ver não são objeto de fé, e sim de conhecimento direto. Então, se Tomé viu e apalpou, por qual razão o Senhor lhe disse: *Acreditaste, porque me viste?* É que ele viu uma coisa e acreditou noutra. A divindade não podia ser vista por um mortal. Ele viu a humanidade de Jesus e proclamou a fé na sua divindade, exclamando: *Meu Senhor e meu Deus!* Por conseguinte, tendo visto, acreditou. Vendo um verdadeiro homem, proclamou que ele era Deus, a quem não podia ver.

Alegra-nos imensamente o que vem a seguir: *Bem aventurados os que creram sem ter visto* (Jo 20,29). Não resta dúvida de que esta frase se refere especialmente a nós. Pois não vimos o Senhor em sua humanidade, mas o possuímos em nosso espírito. É a nós que ela se refere, desde que as obras acompanhem nossa fé. Com efeito, quem crê verdadeiramente, realiza por suas ações a fé que professa. Mas, pelo contrário, a respeito daqueles que têm fé apenas de boca, eis o que diz São Paulo: *Fazem profissão de conhecer a Deus, mas negam-no com a sua prática* (Tt 1,16). É o que leva também São Tiago a afirmar: *A fé, sem obras, é morta* (Tg 2,26).

Responsório
1Jo 1,2.1.3a

R. A vida revelou-se e nós a temos visto
   e dela damos testemunho.
 * A vida eterna anunciamos,
   que estava junto ao Pai e a nós se revelou.
V. O que viram nossos olhos e apalparam nossas mãos
   com respeito à Palavra, a Palavra, que é a vida,
   o que vimos e ouvimos a vós anunciamos.
   * A vida eterna.

HINO Te Deum, p. 589.

Oração como nas Laudes.

Laudes

Hino

Tu fulguras qual luzeiro
entre os doze, São Tomé;
oh! recebe prazenteiro
o louvor de nossa fé!

O Senhor te fez sentar
sobre um trono só de luz.
O amor levou-te a dar
tua vida por Jesus.

Relataram os irmãos
que o Senhor tornara à vida;
queres vê-lo e, com as mãos,
apalpar suas feridas.

Que alegria quando o viste
redivivo em seu fulgor;
e com fé o adoraste
como Deus e teu Senhor.

Entre nós, que não o vemos,
nossa fé por ti floresça,
e o amor com que o buscamos
dia a dia sempre cresça.

Seja ao Cristo honra e vitória!
Que a teus rogos ele dê
vê-lo vivo em sua glória
a quem anda à luz da fé!

Ant. 1 E disse-lhe Tomé:
Senhor, não sabemos aonde tu vais,
e como podemos saber o caminho?
Jesus respondeu:
Eu sou o Caminho, a Verdade e a Vida.

Salmos e cântico do domingo da I Semana, p. 626.

Ant. 2 Tomé, que também é chamado de Dídimo,
não estava com eles quando veio Jesus.
Disseram a ele: Nós vimos Jesus. Aleluia.

Ant. 3 Com teu dedo vem tocar as minhas mãos,
coloca a tua mão no lado aberto,
e não sejas um incrédulo, Tomé,
mas tenhas fé, aleluia, aleluia.

Leitura breve
Ef 2,19-22

Já não sois mais estrangeiros nem migrantes, mas concidadãos dos santos. Sois da família de Deus. Vós fostes integrados no edifício que tem como fundamento os apóstolos e os profetas, e o próprio Jesus Cristo como pedra principal. É nele que toda a construção se ajusta e se eleva para formar um templo santo no Senhor. E vós também sois integrados nesta construção, para vos tornardes morada de Deus pelo Espírito.

Responsório breve
R. Fareis **deles** os **chefes**
 * Por **toda** a **ter**ra. R. Fareis.
V. **Lembrarão** vosso **nome**, Se**nhor**, para **sempre**.
 * Por **toda**. Glória ao **Pai**. R. Fareis.

Cântico evangélico, ant.
Acredi**taste**, To**mé**, porque me **viste**.
Fe**lizes** os que **creem** sem ter **visto**! Ale**luia**.

PRECES do Comum dos apóstolos, p. 1555.

Oração
Deus todo-poderoso, concedei-nos celebrar com alegria a festa do apóstolo São Tomé, para que sejamos sempre sustentados por sua proteção e tenhamos a vida pela fé no Cristo que ele reconheceu como Senhor. Que convosco vive e reina, na unidade do Espírito Santo.

Vésperas

Hino, salmos e cântico do Comum dos apóstolos, p. 1557.

Antífonas como nas Laudes, p. 1407.

Leitura breve
Ef 4,11-13

Foi Cristo quem instituiu alguns como apóstolos, outros como profetas, outros ainda como evangelistas, outros, enfim, como pastores e mestres. Assim, ele capacitou os santos para o ministério, para edificar o corpo de Cristo, até que cheguemos todos juntos à unidade da fé e do conhecimento do Filho de Deus, ao estado do homem perfeito e à estatura de Cristo em sua plenitude.

Responsório breve
R. Anunci**ai** entre as na**ções**
 * A **glória** do Se**nhor**. R. Anunciai.
V. E as **suas** maravilhas entre os **povos** do univer**so**.
 * A **glória**. Glória ao **Pai**. R. Anunciai.

4 de julho

Cântico evangélico, ant.
Coloquei os meus dedos na fenda dos cravos,
coloquei minhas mãos em seu lado aberto
e exclamei: Meu Senhor e meu Deus, aleluia!
PRECES do Comum dos apóstolos, p. 1561.

Oração

Deus todo-poderoso, concedei-nos celebrar com alegria a festa do apóstolo São Tomé, para que sejamos sempre sustentados por sua proteção e tenhamos a vida pela fé no Cristo que ele reconheceu como Senhor. Que convosco vive e reina, na unidade do Espírito Santo.

4 de julho

SANTA ISABEL DE PORTUGAL

Filha dos reis de Aragão, nasceu em 1271. Ainda muito jovem, foi dada em casamento ao rei de Portugal com quem teve dois filhos. Dedicou-se de modo particular à oração e às obras de misericórdia, e suportou muitas tristezas e dificuldades com grande fortaleza de ânimo. Depois da morte do marido, distribuiu os bens entre os pobres e tomou o hábito da Ordem Terceira de São Francisco. Morreu em 1336, quando intermediava um acordo de paz entre seu filho e seu genro.

Do Comum das santas mulheres: para aquelas que se dedicaram às obras de caridade, p. 1737.

Ofício das Leituras

Segunda leitura
Do Sermão atribuído a São Pedro Crisólogo, bispo
(De pace: PL 52,347-348)   (Séc. IV)

Bem-aventurados os que promovem a paz

Diz o evangelista: *Bem-aventurados os que promovem a paz, porque serão chamados filhos de Deus* (Mt 5,9). De fato, as virtudes cristãs florescem, naquele que vive a concórdia da paz cristã; e só merecem o nome de filhos de Deus aqueles que promovem a paz.

É a paz, caríssimos, que liberta o homem da sua condição de escravo e lhe dá um nome nobre; que muda a sua condição perante Deus, transformando-o de servo em filho, de escravo em homem livre. A paz entre os irmãos é a realização da vontade de Deus, a alegria de Cristo, a perfeição da santidade, a norma da justiça, a mestra da doutrina, a guarda dos bons costumes e a louvável disciplina em todas as coisas. A paz é a recomendação das nossas orações, o caminho mais fácil e eficaz para as nossas súplicas, a realização perfeita de todos os nossos desejos. A paz é a mãe do amor, o vínculo da concórdia e o claro indício da pureza de coração, capaz de pedir a Deus tudo o que quer; pede tudo quanto quer e recebe tudo o que pede. A paz deve ser garantida pelos mandamentos do rei. É o que diz Cristo nosso Senhor: *Deixo-vos a paz, a minha paz vos dou* (Jo 14,27). O que quer dizer: Deixei-vos em paz, em paz quero vos encontrar. Ao partir deste mundo, ele quis dar aquilo que deseja encontrar em todos quando voltar.

É um mandamento do céu conservar esta paz que Cristo nos deu. Uma só palavra resume o que ele desejou na despedida: que ao voltar, encontre o que deixou. Plantar e enraizar a paz é obra de Deus; arrancá-la totalmente é coisa do inimigo. Pois, assim como o amor fraterno vem de Deus, assim o ódio vem do demônio. Então devemos condenar o ódio, porque está escrito: *Todo aquele que odeia seu irmão é um homicida* (1Jo 4,7); consequentemente, quem não tem caridade também não possui a Deus.

Irmãos, pratiquemos os mandamentos; são eles que nos dão a vida. Que a nossa fraternidade se mantenha unida pelos laços de uma paz profunda: que ela se fortaleça mediante o vínculo salutar do amor recíproco que cobre uma multidão de pecados. Que este amor fraterno seja a nossa maior aspiração, pois ele pode nos dar todo bem e toda recompensa. A paz deve ser conservada mais do que todas as virtudes, porque onde existe paz, Deus aí está.

Amai a paz e em tudo encontrareis tranquilidade. Desta maneira, a paz será para nós um prêmio, para vós uma alegria. E a Igreja de Deus, fundada na unidade da paz, se manterá fiel aos ensinamentos de Cristo.

Responsório   Is 58,7-8
R. Reparte o teu **pão** com o fa**min**to,
   recebe em tua **ca**sa os sem **te**to;
 * E tua **luz** vai levan**tar**-se como a au**ro**ra;
   caminhará tua justiça à tua **fren**te.
V. Quando **vês** o teu ir**mão** necessi**ta**do,
   não o des**pre**zes, mas esten**de**-lhe a **mão**.
 * E tua **luz**.

Oração

Ó Deus, autor da paz e da caridade, que destes a Santa Isabel de Portugal a graça de reconciliar os desunidos, concedei-nos, por sua intercessão, trabalhar pela paz, para que possamos ser chamados filhos de Deus. Por nosso Senhor Jesus Cristo, vosso Filho, na unidade do Espírito Santo.

5 de julho

SANTO ANTÔNIO MARIA ZACARIA, PRESBÍTERO

Nasceu em Cremona, na Lombardia, em 1502; estudou medicina em Pádua e, recebido o sacerdócio, fundou a Congregação dos Clérigos de São Paulo, ou Barnabitas, que muito trabalhou pela reforma dos costumes dos fiéis. Morreu em 1539.

Do Comum dos pastores: para presbíteros, p. 1617, ou dos santos homens: para educadores, p. 1742, ou para religiosos, p. 1731.

Ofício das Leituras

Segunda leitura

De um Sermão de Santo Antônio Maria Zacaria, presbítero, a seus confrades

(J. A. Gabutio, História Congregationis Clericorum Regularum S. Pauli, 1,8) (Séc. XVI)

Discípulo do apóstolo Paulo

Nós somos os tolos por causa de Cristo (1Cor 4,10), dizia de si, dos demais apóstolos e de todos os que professam a doutrina cristã e apostólica, o nosso santo guia e santíssimo patrono. Mas isto não é para admirar ou temer, irmãos caríssimos, pois *o discípulo não está acima do mestre, nem o servo acima do seu senhor* (Mt 10,24). Quanto aos que se opõem a nós, devemos ter compaixão e amá-los, ao invés de detestá-los e odiá-los; pois fazem mal a si mesmos e atraem o bem sobre nós; contribuem para alcançarmos a coroa da glória eterna, ao passo que, sobre si, provocam a ira de Deus. E mais ainda: devemos rezar por eles, e não nos deixarmos vencer pelo mal, mas vencer o mal pelo bem, amontoando atos de piedade como *brasas acesas de caridade em cima de suas cabeças* (cf. Rm 12,20-21), como ensina nosso apóstolo. Desta maneira, vendo a nossa paciência e mansidão, convertam-se a melhores sentimentos e se inflamem no amor de Deus.

Apesar da nossa indignidade, Deus nos escolheu do mundo por sua misericórdia a fim de que, entregues ao seu serviço, vamos progredindo cada vez mais na virtude; e pela nossa paciência, possamos produzir abundantes frutos de caridade. Assim, alegremo-nos não apenas na esperança da glória dos filhos de Deus, mas também nas tribulações.

Considerai a vossa vocação (cf. 1Cor 1,26), caríssimos irmãos. Se quisermos examiná-la com atenção, veremos facilmente o que ela exige de nós: já que começamos a seguir, embora de longe, os passos dos apóstolos e dos outros soldados de Cristo, não recusemos também participar dos seus sofrimentos. *Empenhemo-nos com perseverança no combate que nos é proposto, com os olhos em Jesus, que em nós começa e completa a obra da fé* (Hb 12,1-2).

Nós que escolhemos um tão grande apóstolo como guia e pai, e fazemos profissão de imitá-lo, esforcemo-nos para que a nossa vida seja expressão da sua doutrina e do seu exemplo. Pois não seria conveniente que, sob as ordens de tão insigne chefe, fôssemos soldados covardes e desertores, ou que sejam indignos os filhos de um tão ilustre pai.

Responsório   Cf. At 20,21.24; Rm 1,16a

R. Ao **dar** meu teste**mu**nho de **fé** em Jesus **Cris**to,
   Senhor **nos**so, nada **te**mo,
 * Nem **dou** tanto va**lor** à **mi**nha própria **vi**da,
   con**tan**to que eu **le**ve a bom **ter**mo minha car**rei**ra
   e o minis**té**rio da pa**la**vra que, de **Cris**to, rece**bi**:
   dar tes**te**munho do Evangelho da **gra**ça do Se**nhor**.
V. Não me envergonho do Evangelho;
   pois é o poder de **Deus** para sal**var** todo o que **crê**,
   pri**mei**ro, o ju**deu** e de**pois**, também o **gre**go.
 * Nem **dou**.

Oração

Concedei-nos, ó Deus, aquele incomparável conhecimento de Jesus Cristo que destes ao apóstolo São Paulo, e que inspirou Santo Antônio Maria Zacaria, ao anunciar constantemente em vossa Igreja a palavra da salvação. Por nosso Senhor Jesus Cristo, vosso Filho, na unidade do Espírito Santo.

6 de julho

SANTA MARIA GORETTI, VIRGEM E MÁRTIR

Nasceu em Corinaldo, na Itália, em 1890, de família pobre. Sua meninice, passada nas proximidades de Netuno, foi dura, auxiliando a mãe nos cuidados da casa; sendo piedosa por índole, era assídua na oração. Em 1902, para defender sua castidade contra um agressor, preferiu morrer a desonrar-se e foi coberta de punhaladas.

Do Comum de um(a) mártir, p1591, ou das virgens, p1658.

Ofício das Leituras

Segunda leitura
Da Homilia pronunciada na canonização de Santa Maria Goretti por Pio XII, papa
(AAS 42[1950],581-582) (Séc. XX)

Não temerei mal algum, porque tu estás comigo

Todos conhecem o terrível combate que esta virgem indefesa teve de travar. Contra ela, levantou-se subitamente uma tremenda e cega tempestade que tentou manchar e violar sua candura angélica. Mas, ao ver-se em meio a tão grave situação, ela poderia ter repetido ao divino Redentor as palavras daquele livrinho de ouro, *A Imitação de Cristo:* "Ainda que eu seja tentada e provada por muitas tribulações, não temerei mal algum; contanto que a vossa graça esteja comigo. Ela é minha força; ela me aconselha e ajuda. É mais poderosa do que todos os inimigos". Por isso, protegida pela graça celeste, à qual correspondeu com uma vontade forte e generosa, entregou a sua vida, mas não perdeu a glória da virgindade.

Na vida desta humilde mocinha, que esboçamos com leves traços, pode-se ver um espetáculo não apenas digno do céu, mas digno também de ser admirado e respeitado pelas pessoas do nosso tempo. Aprendam os pais e mães de família como é necessário educar com retidão, santidade e firmeza os filhos que Deus lhes deu, e formá-los na obediência aos preceitos da religião católica; de tal modo que, se sua virtude for submetida a dura prova, possam superá-la, saindo dela vencedores, sem feridas e sem manchas, íntegros e incontaminados, com a ajuda da graça divina.

Aprenda a alegre infância, aprenda a ardorosa juventude a não cair tristemente nos volúveis e vazios prazeres da paixão, a não ceder perante as seduções do vício; mas, pelo contrário, a lutar com entusiasmo, mesmo em situações difíceis e espinhosas, para alcançar aquela perfeição cristã de bons costumes. Todos nós podemos atingir de certo modo tal perfeição, com a força de vontade, ajudada pela graça divina, por meio do esforço, do trabalho e da oração.

De fato, nem todos somos chamados a sofrer o martírio; mas todos somos chamados a praticar as virtudes cristãs. A virtude, porém, requer energia; mesmo sem atingir as alturas da fortaleza desta angélica menina, nem por isso obriga menos a um cuidado contínuo e muito atento, que deve ser sempre mantido por nós até o fim da vida. Por isso, semelhante esforço bem pode ser considerado um martírio lento e constante. A isto nos convidam as palavras de Jesus Cristo: *O Reino dos Céus sofre violência, e são os violentos que o conquistam* (Mt 11,12).

Esforcemo-nos todos por alcançar este objetivo, confiados na graça do céu. Sirva-nos de estímulo a santa virgem e mártir Maria Goretti. Que ela, da mansão celeste, onde goza da felicidade eterna, interceda por nós junto ao divino Redentor, a fim de que todos, nas condições de vida que são as nossas, sigamos os seus gloriosos passos com generosidade, vontade firme e obras de virtude.

Responsório

R. Virgem de **Cris**to, como é **gran**de tua be**le**za!
 * Do Se**nhor** tu mere**ces**te rece**ber**
   a co**ro**a da per**pé**tua virgin**da**de.
V. Nada **po**de arreba**tar**-te a grande **gló**ria
   da **tua** virgin**da**de consag**ra**da,
   nem sepa**rar**-te do **amor** de Jesus **Cris**to.
   * Do Se**nhor**.

Oração

Ó Deus, fonte de inocência e pureza, que ornastes Maria Goretti, ainda adolescente, com a graça do martírio e a coroastes no combate pela virgindade, dai-nos, por sua intercessão, guardar sempre os vossos mandamentos. Por nosso Senhor Jesus Cristo, vosso Filho, na unidade do Espírito Santo.

11 de julho

SÃO BENTO, ABADE

Memória

Nasceu em Núrcia, na Úmbria (Itália), por volta do ano 480; estudou em Roma; começou a praticar vida eremítica em Subiaco, onde reuniu um grupo de discípulos, indo mais tarde para Montecassino. Aí fundou um célebre mosteiro e escreveu a Regra que, difundida em muitos países, lhe valeu o título de patriarca do monaquismo do Ocidente. Morreu a 21 de março de 547. Contudo, desde fins do século VIII, sua memória começou a ser celebrada em muitas regiões no dia de hoje.

Do Comum dos santos homens: para religiosos, p. 1731, exceto o seguinte:

Ofício das Leituras

HINO Entre as coroas, como nas Vésperas, p. 1419. Oração como nas Laudes.

Segunda leitura

Da Regra de São Bento, abade
   (Prologus, 4-22; cap. 72,1-12: CSEL 75,2-5.162-163)
                                                    (Séc. VI)

Nada absolutamente prefiram a Cristo

   Antes de tudo, quando quiseres realizar algo de bom, pede a Deus com oração muito insistente que seja plenamente realizado por ele. Pois já tendo se dignado contar-nos entre o número de seus filhos, que ele nunca venha a entristecer-se por causa de nossas más ações. Assim, devemos em todo tempo pôr a seu serviço os bens que nos concedeu, para não acontecer que, como pai irado, venha a deserdar seus filhos; ou também, qual Senhor temível, irritado com os nossos pecados nos entregue ao castigo eterno, como péssimos servos que o não quiseram seguir para a glória.

Levantemo-nos, enfim, pois a Escritura nos desperta dizendo: *Já é hora de levantarmos do sono* (cf. Rm 13,11). Com os olhos abertos para a luz deífica e os ouvidos atentos, ouçamos a exortação que a voz divina nos dirige todos os dias: *Oxalá, ouvísseis hoje a sua voz: não fecheis os corações* (Sl 94,8); e ainda: *Quem tem ouvidos, ouça o que o Espírito diz às Igrejas* (Ap 2,7).

E o que diz ele? *Meus filhos, vinde agora e escutai-me: vou ensinar-vos o temor do Senhor* (Sl 33,12). *Correi, enquanto tendes a luz da vida, para que as trevas não vos alcancem* (cf. Jo 12,35).

Procurando o Senhor o seu operário na multidão do povo ao qual dirige estas palavras, diz ainda: *Qual o homem que não ama sua vida, procurando ser feliz todos os dias?* (Sl 33,13). E se tu, ao ouvires este convite, responderes: *Eu*, dir-te-á Deus: *Se queres possuir a verdadeira e perpétua vida, afasta a tua língua da maldade, e teus lábios, de palavras mentirosas. Evita o mal e faze o bem, procura a paz e vai com ela em seu caminho* (Sl 33,14-15). E quando fizeres isto, então meus olhos estarão sobre ti e meus ouvidos atentos às tuas preces; e antes mesmo que me invoques, eu te direi: *Eis-me aqui* (Is 58,9).

Que há de mais doce para nós, caríssimos irmãos, do que esta voz do Senhor que nos convida? Vede como o Senhor, na sua bondade, nos mostra o caminho da vida!

Cingidos, pois, os nossos rins com a fé e a prática das boas ações, guiados pelo evangelho, trilhemos os seus caminhos, a fim de merecermos ver aquele *que nos chama a seu Reino* (cf. 1Ts 2,12). Se queremos habitar na tenda real do acampamento desse Reino, é preciso correr pelo caminho das boas ações; de outra forma, nunca chegaremos lá.

Assim como há um zelo mau de amargura, que afasta de Deus e conduz ao inferno, assim também há um zelo bom, que separa dos vícios e conduz a Deus. É este zelo que os monges devem pôr em prática com amor ferventíssimo, isto é, *antecipem-se uns aos outros em atenções recíprocas* (cf. Rm 12,10). Tolerem pacientissimamente as suas fraquezas, físicas ou morais; rivalizem em prestar mútua obediência; ninguém procure o que julga útil para si, mas sobretudo o que o é para o outro; ponham em ação castamente a caridade fraterna; temam a Deus com amor; amem o seu abade com sincera e humilde caridade; nada absolutamente prefiram a Cristo; e que ele nos conduza todos juntos para a vida eterna.

Responsório
R. São **Ben**to abando**nou** sua **ca**sa e os bens pa**ter**nos,
   dese**jan**do agra**dar** ao Senhor **Deus**, unica**men**te,
   procu**rou** um novo estilo de **vi**da e santi**da**de.
 * E sozinho, sob o **olhar** do su**pre**mo Vigi**lan**te,
   se encon**trou** consigo **mes**mo.
V. Por isso ele se afas**tou**, conscienteme**men**te igno**ran**te
   e in**dou**to sabia**men**te. * E **so**zinho.
Oração como nas Laudes.

Laudes
Hino

Legislador, doutor prudente e venerável,
que sobre o mundo em altos méritos brilhais,
vinde de novo, ó São Bento, completá-lo,
com a fulgente luz de Cristo o clareai.

Por vós floriu algo de novo, admirável,
unindo os povos em real fraternidade.
Artista e mestre em decifrar as leis sagradas,
fazei cumpri-las com igual suavidade.

Livres e escravos, através da nova regra,
fazeis discípulos de Jesus pela oração.
E o trabalho, sustentado pela prece,
uniu a todos em um mesmo coração.

Guia fraterno, auxiliai todos os povos
a trabalharem, se ajudando mutuamente
na construção da paz feliz e dos seus frutos,
usufruindo dos seus dons eternamente.

Glória a Deus Pai e a seu Filho Unigênito,
e honra à Chama do divino Resplendor,
de cuja graça e glória eterna vós fizestes
razão primeira e objeto de louvor.

Cântico evangélico, ant.

Houve um **ho**mem vene**rá**vel por sua **vi**da
que foi "**Ben**to" pela **gra**ça e pelo **no**me.

Oração

Ó Deus, que fizestes o abade São Bento preclaro mestre na escola do vosso serviço, concedei que, nada preferindo ao vosso amor, corramos de coração dilatado no caminho dos vossos mandamentos. Por nosso Senhor Jesus Cristo, vosso Filho, na unidade do Espírito Santo.

Vésperas

Hino

Entre as coroas dadas pelo alto,
cujo louvor celebra o nosso canto
glorioso brilhas por merecer tanto,
grande São Bento!

Ainda jovem, te orna a santidade,
do mundo o gozo nada te roubou,
murcha a teus olhos deste mundo a flor,
olhas o alto.

Pátria e família deixas pela fuga,
e na floresta buscas teu sustento.
Ali rediges belo ensinamento
de vida santa.

Obediência à lei de Cristo ensinas
aos reis e povos, tudo o que lhe agrada.
Por tua prece, a nossa tenha entrada
aos bens do céu.

Glória a Deus Pai e ao Filho Unigênito,
e ao Santo Espírito honra e adoração.
Graças a ele, fulge o teu clarão
no céu. Amém.

Cântico evangélico, ant.

Sobre **este** desce a **bênç**ão do Senhor
e a recom**pen**sa de seu **Deus** e Salva**dor**,
porque **esta** é a ge**ração** dos que o pro**cu**ram.

Oração como nas Laudes.

13 de julho

SANTO HENRIQUE

Nasceu na Baviera em 973; sucedeu a seu pai no governo do ducado e mais tarde foi eleito imperador. Distinguiu-se por seu zelo em promover a reforma da vida da Igreja e a atividade missionária. Fundou vários bispados e enriqueceu mosteiros. Morreu em 1024 e foi canonizado pelo papa Eugênio III, em 1146.

Do Comum dos santos homens, p. 1682.

é semelhante a nós pela sua humanidade, e superior a nós pela sua divindade. De fato, se não fosse verdadeiro Deus, não nos traria o remédio; se não fosse verdadeiro homem, não nos serviria de exemplo.

Por isso, quando o Senhor nasceu, os anjos cantaram cheios de alegria: *Glória a Deus no mais alto dos céus, e* anunciaram *paz na terra aos homens por ele amados* (Lc 2,14). Eles veem, efetivamente, a Jerusalém celeste ser construída pelos povos do mundo inteiro. Por tão inefável prodígio da bondade divina, qual não deve ser a alegria da nossa humilde condição humana, se até os sublimes coros dos anjos se rejubilam?

Responsório

R. Recordemos a excelsa memória
de Maria, a Virgem gloriosa;
Deus olhou para a sua humildade.
*Ao anúncio do anjo de Deus,
concebeu a Jesus, Salvador.
V. Cantemos a glória de Cristo,
festejando este dia sagrado
da Mãe admirável de Deus. *Ao anúncio

Laudes

Cântico evangélico, ant.

Busquei sabedoria com toda a minha alma,
e a pedi na oração;
em mim ela cresceu como a uva temporã.

Oração

Venha, ó Deus, em nosso auxílio a gloriosa intercessão de Nossa Senhora do Carmo, para que possamos, sob sua proteção, subir ao monte que é Cristo. Que convosco vive e reina, na unidade do Espírito Santo.

Hora Média
Salmos do dia de semana corrente.

Vésperas

Cântico evangélico, ant.
Maria ouvia, meditava **e guarda**va
a Palavra de Deus no seu coração.

17 de julho
BEM-AVENTURADO INÁCIO DE AZEVEDO, PRESBÍTERO, E SEUS COMPANHEIROS, MÁRTIRES

Memória

Inácio de Azevedo nasceu no Porto (Portugal), de família ilustre, em 1526 ou 1527; entrou na Companhia de Jesus em 1548 e foi ordenado sacerdote em 1553. Mais tarde partiu para o Brasil, a fim de se consagrar ao apostolado missionário. Tendo voltado à pátria, conseguiu recrutar numerosos colaboradores para a sua obra evangelizadora e empreendeu a viagem de regresso; mas, interceptados ao largo das ilhas Canárias pelos corsários anticatólicos, ali sofreu o martírio no dia 15 de julho de 1570. Os trinta e nove companheiros que iam na mesma nau (trinta e um portugueses e oito espanhóis) foram também martirizados no mesmo dia ou no dia seguinte. Foram beatificados pelo papa Pio IX em 1854.

Do Comum de vários mártires, p. 1568.

Ofício das Leituras

Segunda leitura
Das Homilias de São João Crisóstomo, bispo
(Hom. De gloria in tribulationibus, 2.4;
PG 51, 158-159.162-164)　　(Séc. IV)

Os sofrimentos e a glória dos mártires

Consideremos a sabedoria de Paulo. Que diz ele? *Eu entendo que os sofrimentos do tempo presente nem merecem ser comparados com a glória que deve ser revelada em nós*

deste mundo. Por nosso Senhor Jesus Cristo, vosso Filho, na unidade do Espírito Santo.

14 de julho

SÃO CAMILO DE LELLIS, PRESBÍTERO

Nasceu em Chieti, nos Abruzos (Itália), em 1550; seguiu primeiramente a carreira militar e, quando se converteu, consagrou-se ao cuidado dos enfermos. Terminados os estudos e ordenado sacerdote, fundou uma Congregação destinada a construir hospitais e atender os doentes. Morreu em Roma, no ano 1614.

Do Comum dos santos homens: para aqueles que se dedicaram às obras de caridade, p. 1737.

Ofício das Leituras

Segunda leitura
Da Vida de São Camilo, escrita por um companheiro seu
(S. Cicatelli, Vita del P. Camillo de Lellis, Viterbo, 1615)
(Séc. XVII)

Servindo o Senhor nos irmãos

Começarei pela santa caridade, raiz de todas as virtudes e dom familiar a Camilo mais do que qualquer outro. Ele vivia sempre inflamado pelo fogo desta santa virtude, não só para com Deus, mas também para com o próximo, especialmente os doentes. Bastava vê-los para que se enchesse de ternura e se comovesse no mais íntimo do coração, a tal ponto que esquecia completamente todas as delícias, prazeres e afetos terrenos. Quando tratava de algum doente, parecia doar-se com tanto amor e compaixão que, de bom grado, tomaria sobre si toda doença, para aliviar-lhe as dores ou curar as enfermidades.

Contemplava nos doentes, com tão sentida emoção, a pessoa de Cristo que, muitas vezes, quando lhes dava de comer, pensando serem outros cristos, chegava a pedir-lhes a graça e o perdão dos pecados. Mantinha-se diante deles com tanto respeito, como se estivesse realmente na presença do Senhor. De nada falava com mais frequência e com mais fervor do que da santa caridade. O seu desejo era imprimi-la no coração de todos os homens.

Para incutir em seus irmãos religiosos esta santa virtude, costumava recordar-lhes aquelas dulcíssimas palavras de Jesus Cristo: *Eu estava doente e cuidastes de mim* (Mt 25,36). Parecia que ele tinha estas palavras verdadeiramente gravadas em seu coração, tal era a frequência com que as dizia e repetia.

Camilo era um homem de tão grande caridade, que tinha piedade e compaixão não somente dos doentes e moribundos, mas também, de modo geral, de todos os outros pobres e miseráveis. Seu coração era tão cheio de bondade para com os indigentes, que costumava dizer: "Ainda que não se encontrassem pobres no mundo, os homens deveriam andar a procurá-los e desenterrá-los, para lhes fazerem o bem e praticar a misericórdia para com eles".

Responsório 1Ts 5,14b.15b.18b; Rm 15,7

R. Amparai os que são **fra**cos, bus**cai** constante**men**te
o bem dos **ou**tros e de **to**dos.
* Pois **es**ta é a vontade de **Deus** para con**vos**co,
em Jesus **Cris**to, Senhor **nos**so.
V. Aco**lhei**-vos mutua**men**te, como o Se**nhor** vos aco**lheu**
para a **gló**ria de Deus **Pai**. * Pois **es**ta.

Oração

Ó Deus, que inspirastes a São Camilo de Lellis extraordinária caridade para com os enfermos, dai-nos o vosso espírito de amor, para que, servindo-vos em nossos irmãos e irmãs, possamos partir tranquilos ao vosso encontro na hora de nossa morte. Por nosso Senhor Jesus Cristo, vosso Filho, na unidade do Espírito Santo.

15 de julho

SÃO BOAVENTURA, BISPO E DOUTOR DA IGREJA

Memória

Nasceu por volta de 1218, em Bagnorégio, na Etrúria (Itália). Estudou filosofia e teologia em Paris e, obtida a láurea de doutor, ensinou as mesmas disciplinas, com grande aproveitamento, aos seus irmãos da Ordem dos Frades Menores. Eleito ministro geral da Ordem, governou-a com prudência e sabedoria. Foi nomeado bispo de Albano e criado cardeal. Morreu em Lião (França), no ano de 1274. Escreveu muitas obras filosóficas e teológicas.

Do Comum dos pastores: para bispos, p. 1617, e dos doutores da Igreja, p. 1644.

Ofício das Leituras

Segunda leitura

Do Opúsculo Itinerário da mente para Deus, de São Boaventura, bispo

(Cap. 7,1.2.4.6; Opera omnia, 5,312-313)   (Séc. XII)

A sabedoria mística revelada pelo Espírito Santo

Cristo é o caminho e a porta. Cristo é a escada e o veículo, o *propiciatório colocado sobre a arca de Deus* (cf. Ex 26,34) *e o mistério desde sempre escondido* (Ef 3,9). Quem olha para este propiciatório, com o rosto totalmente voltado para ele, contemplando-o suspenso na cruz, com fé, esperança e caridade, com devoção, admiração e alegria, com veneração, louvor e júbilo, realiza com ele a *páscoa*, isto é, a passagem. E assim, por meio do lenho da cruz, atravessa o mar Vermelho, saindo do Egito e entrando no deserto, onde saboreia o maná escondido. Descansa também no túmulo com Cristo, parecendo exteriormente morto, mas experimentando, tanto quanto é possível à sua condição de peregrino, aquilo que foi dito pelo próprio Cristo ao ladrão que o reconhecera: *Ainda hoje estarás comigo no Paraíso* (Lc 23,43).

Nesta passagem, se for perfeita, é preciso deixar todas as operações intelectuais, e que o ápice de todo o afeto seja transferido e transformado em Deus. Estamos diante de uma realidade mística e profundíssima: ninguém a conhece, a não ser quem a recebe; ninguém a recebe, se não a deseja; nem a deseja, se não for inflamado, até à medula, pelo fogo do Espírito Santo, que Cristo enviou ao mundo. Por isso, o Apóstolo diz que essa sabedoria mística é revelada pelo Espírito Santo (cf. 1Cor 2,13).

Se, portanto, queres saber como isso acontece, interroga a graça, e não a ciência; o desejo, e não a inteligência; o gemido da oração, e não o estudo dos livros; o esposo, e não o professor; Deus, e não o homem; a escuridão, e não a claridade. Não interrogues a luz, mas o fogo que tudo inflama e transfere para Deus, com unções suavíssimas e afetos ardentíssimos. Esse fogo é Deus; a sua fornalha está em Jerusalém. Cristo acendeu-a no calor da sua ardentíssima paixão. Verdadeiramente, só pode suportá-la quem diz: *Minha alma prefere ser sufocada, e os meus ossos a morte* (cf. Jó 7,15). Quem ama esta morte pode ver a Deus porque, sem dúvida alguma, é verdade: *O homem não pode ver-me e viver* (Ex 33,20). Morramos, pois, e entremos na escuridão; imponhamos silêncio às preocupações, paixões e fantasias. Com Cristo crucificado, passemos *deste mundo para o Pai* (cf. Jo 13,1), a fim de podermos dizer com o apóstolo Filipe, quando o Pai se manifestar a nós: *Isso nos basta* (Jo 14,8); ouvirmos com São Paulo: *Basta-te a minha graça* (2Cor 12,9); e exultar com Davi, exclamando: *Mesmo que o corpo e o coração vão se gastando, Deus é minha parte e minha herança para sempre!* (Sl 72,26). *Bendito seja Deus para sempre! E que todo o povo diga: Amém! Amém!* (cf. Sl 105,48).

Responsório
1Jo 3,24; Eclo 1,9a.10ab

R. Quem **guar**da os preceitos de **Deus**,
em **Deus** permanece e Deus **ne**le.
* Sabemos que em **nós** permanece,
pelo Espírito que ele nos **deu**.
V. Deus cri**ou** pelo Espírito **San**to,
e espa**lhou** sobre **to**das as **coi**sas
a sabedoria divina. * Sabemos.

Oração

Concedei-nos, Pai todo-poderoso, que, celebrando a festa de São Boaventura, aproveitemos seus preclaros ensinamentos e imitemos sua ardente caridade. Por nosso Senhor Jesus Cristo, vosso Filho, na unidade do Espírito Santo.

16 de julho

NOSSA SENHORA DO CARMO

Festa

A Sagrada Escritura celebra a beleza do Carmelo, onde o profeta Elias defendeu a pureza da fé de Israel no Deus vivo. No século XII, alguns eremitas foram viver nesse monte e, mais tarde, constituíram uma Ordem de vida contemplativa sob o patrocínio da Santa Mãe de Deus, Maria.

Do Comum de Nossa Senhora, p. 1507, exceto o seguinte:

Ofício das Leituras

Segunda leitura

Dos Sermões, de São Leão Magno, papa
(Sermo 1 In Nativitate Domini, 2.3: PL 54,191-192)   (Séc. V)

Maria concebeu primeiro em seu espírito,
e depois em seu corpo

Uma virgem da descendência real de Davi foi escolhida para a sagrada maternidade; iria conceber um filho, Deus e homem, primeiro em seu espírito, e depois em seu corpo. E para evitar que, desconhecendo o desígnio de Deus, ela se perturbasse perante efeitos tão inesperados, ficou sabendo, no colóquio com o anjo, que era obra do Espírito Santo o que nela se realizaria. Maria, pois, acreditou que, estando para ser em breve Mãe de Deus, sua pureza não sofreria dano algum. Como duvidaria desta concepção tão original, aquela a quem é prometida a eficácia do poder do Altíssimo? A sua fé e confiança são ainda confirmadas pelo testemunho de um milagre anterior: a inesperada fecundidade de Isabel. De fato, quem tornou uma estéril capaz de conceber, pode também fazer com que uma virgem conceba.

Portanto, a Palavra de Deus, que é Deus, o Filho de Deus, que *no princípio estava com Deus, por quem tudo foi feito e sem ela nada se fez* (cf. Jo 1,2-3), a fim de libertar o homem da morte eterna, se fez homem. Desceu para assumir a nossa humildade, sem diminuir a sua majestade. Permanecendo o que era e assumindo o que não era, uniu a verdadeira condição de escravo à condição segundo a qual ele é igual a Deus; realizou assim entre as duas naturezas uma aliança tão admirável que, nem a inferior foi absorvida por esta glorificação, nem a superior foi diminuída por esta elevação.

Desta forma, conservando-se a perfeita propriedade das duas naturezas que subsistem em uma só pessoa, a humildade é assumida pela majestade, a fraqueza pela força, a mortalidade pela eternidade. Para pagar a dívida contraída pela nossa condição pecadora, a natureza invulnerável uniu-se à natureza passível; e a realidade de verdadeiro Deus e verdadeiro homem associa-se na única pessoa do Senhor. Por conseguinte, aquele que é *um só mediador entre Deus e os homens* (1Tm 2,5), como exigia a nossa salvação, morreu segundo a natureza humana e ressuscitou segundo a natureza divina. Com razão, pois, o nascimento do Salvador conservou intacta a integridade virginal de sua mãe; ela salvaguardou a pureza, dando à luz a Verdade.

Tal era, caríssimos filhos, o nascimento que convinha a Cristo, poder e sabedoria de Deus. Por este nascimento, ele

(Rm 8,18). Por que, exclama, me falais das feridas, dos tormentos, dos altares, dos algozes, dos suplícios, da fome, do exílio, das privações, dos grilhões e das algemas? Ainda que invoqueis todas as coisas que atormentam os homens, nada podeis mencionar que esteja à altura daqueles prêmios, daquelas coroas, daquelas recompensas. Pois as provações cessam com a vida presente, ao passo que a recompensa é imortal, permanecendo para sempre.

Também isto insinuava o Apóstolo em outro lugar, quando dizia: *O que no presente é insignificante e momentânea tribulação* (cf. 2Cor 4,17). Ele diminuía a quantidade pela qualidade, e alivia a dureza pelo breve espaço de tempo. Como as tribulações que então sofriam eram penosas e duras por natureza, Paulo se serve de sua brevidade para diminuir-lhe a dureza, dizendo: *O que no presente é insignificante e momentânea tribulação, acarreta para nós uma glória eterna e incomensurável. E isso acontece, porque voltamos os nossos olhares para as coisas invisíveis e não para as coisas visíveis. Pois o que é visível é passageiro, mas o que é invisível é eterno* (cf. 2Cor 4,17-18).

Vede como é grande a glória que acompanha a tribulação! Vós mesmos sois testemunhas do que dizemos. Antes mesmo que os mártires tenham recebido as recompensas, os prêmios, as coroas, enquanto ainda se vão transformando em pó e cinza, já acorremos com entusiasmo para honrá-los, convocando uma assembleia espiritual, proclamando o seu triunfo, exaltando o sangue que derramaram, os tormentos, os golpes, as aflições e as angústias que sofreram. Assim, as próprias tribulações são para eles uma fonte de glória, mesmo antes da recompensa final.

Tendo refletido sobre estas coisas, irmãos caríssimos, suportemos generosamente todas as adversidades que sobrevierem. Se Deus as permite, é porque são úteis para nós. Não percamos a esperança nem a coragem, prostrados pelo peso dos sofrimentos, mas resistamos com fortaleza e demos graças a Deus pelos benefícios que nos concedeu. Deste modo, depois de gozarmos dos seus dons na vida presente, alcançaremos os bens da vida futura, pela graça, misericórdia e bondade de nosso Senhor Jesus Cristo. A ele pertencem a glória e o poder, com o Espírito Santo, agora e sempre e pelos séculos. Amém.

Responsório
Sb 3,1-4

R. As **al**mas dos **jus**tos es**tão** prote**gi**das
nas **mãos** do **Se**nhor.
O tor**men**to da **mor**te não **há** de atingi-los.
* Aos **olhos** dos **to**los es**tão** como mor**tos**,
mas re**pou**sam em **paz**.
V. Se aos **olhos** dos **ho**mens sofreram tor**men**tos,
sua espe**ran**ça era **ple**na de vida imor**tal**.
*Aos **olhos**.

Oração

Ó Deus, que escolhestes Inácio de Azevedo e seus trinta e nove companheiros para regarem com seu sangue as primeiras sementes do Evangelho lançadas na Terra de Santa Cruz, concedei-nos professar constantemente, para vossa maior glória, a fé que recebemos de nossos antepassados. Por nosso Senhor Jesus Cristo, vosso Filho, na unidade do Espírito Santo.

21 de julho

SÃO LOURENÇO DE BRÍNDISI, PRESBÍTERO E DOUTOR DA IGREJA

Nasceu em 1559; recebido entre os frades capuchinhos, ensinou teologia aos confrades e exerceu grandes cargos. Como pregador assíduo e eficaz, percorreu a Europa; também escreveu obras para a exposição da fé. Morreu em Lisboa em 1619.

Do Comum dos pastores: para presbíteros, p. 1617, e dos doutores da Igreja, p. 1644.

Ofício das Leituras

Segunda leitura

Dos Sermões de São Lourenço de Bríndisi, presbítero
(Sermo Quadragesimalis 2: Opera Omnia 5,1, nn. 48.50,52)
(Séc. XVI)

A pregação é múnus apostólico

Para mantermos a vida espiritual, que nos é comum com os anjos do céu e os espíritos divinos, feitos eles e nós à imagem e semelhança de Deus, é necessário, sem dúvida, o pão da graça do Espírito Santo e da caridade de Deus. Mas a graça e a caridade sem a fé são nulas, porque sem fé é impossível agradar a Deus. E a fé também não nasce sem a pregação da Palavra de Deus: *A fé vem pelo ouvido, pela audição da Palavra de Deus* (cf. Rm 10,17). Por conseguinte, a pregação da Palavra de Deus é necessária para a vida espiritual, assim como semear o é para manter a vida corporal.

Por isto Cristo diz: *Sai o que semeia a semear sua semente* (Lc 8,5). Sai o que semeia, o pregoeiro da justiça; este pregoeiro lemos ser às vezes Deus que de viva voz dá do céu a todo o povo no deserto a lei da justiça; às vezes, um anjo do Senhor, que no *Lugar do pranto* censura o povo pela transgressão da lei divina e, ouvindo a advertência do anjo, todos os filhos de Israel de coração contrito elevaram a voz chorando com veemência; também Moisés pregou a todo o povo a lei do Senhor, nos campos de Moab, como se lê no Deuteronômio. Em seguida, veio Cristo, Deus e homem, para anunciar a Palavra do Senhor e enviou para isto os apóstolos, assim como enviara antes os profetas.

Portanto, a pregação é múnus apostólico, angélico, cristão, divino. A Palavra de Deus possui imenso valor, por ser como que o tesouro de todos os bens. Pois daí vêm a fé, a esperança, a caridade, daí todas as virtudes, todos os dons do Espírito Santo, todas as bem-aventuranças evangélicas, todas as boas obras, os méritos todos da vida, toda a glória do paraíso: *Acolhei a palavra inserida que pode salvar vossas almas* (Tg 1,21).

A Palavra de Deus é luz para a inteligência, fogo para a vontade para que o homem possa conhecer e amar a Deus; para o homem interior, que no Espírito de Deus vive pela graça, é pão e água; porém pão mais doce que o mel e o favo; água melhor que o vinho e o leite. É tesouro espiritual de méritos para a alma, por isto diz-se ouro e pedra preciosíssima. É martelo contra a dura obstinação do coração nos vícios e contra a carne, o mundo e o demônio, espada que mata todo pecado.

Responsório
R. Ao lu**tar**mos pela **fé**, Deus nos **vê**,
os **anjos** olham e o **Cristo** nos con**tem**pla.
* Quanta **honra** e ale**gria** comba**ter**, vendo-nos **Deus**,
e a co**roa** rece**ber** do Juiz, que é Jesus **Cristo**.
V. Concen**tre**mos nossas **for**ças,
para a **lu**ta preparemo-nos
com a **men**te pura e **for**te, doa**ção**, fé e co**ra**gem.
* Quanta **honra**.

Oração
Ó Deus, que, para a vossa glória e a salvação da humanidade, destes a São Lourenço de Bríndisi o espírito de conselho e fortaleza, concedei-nos, pelo mesmo espírito, conhecer o que devemos praticar e, por suas preces, realizá-lo. Por nosso Senhor Jesus Cristo, vosso Filho, na unidade do Espírito Santo.

22 de julho

SANTA MARIA MADALENA

Memória

É mencionada entre os discípulos de Cristo, esteve presente ao pé da cruz e mereceu ser a primeira a ver o Redentor ressuscitado na madrugada do dia de Páscoa (Mc 16,9). Seu culto difundiu-se na Igreja ocidental, sobretudo a partir do século XII.

Do Comum das santas mulheres, p1710, exceto o seguinte:

Ofício das Leituras

HINO Ó estrela feliz, como nas Vésperas, p.1439.

Segunda leitura

Das Homilias sobre os evangelhos, de São Gregório Magno, papa

(Hom. 25,1-2.4-5: PL 76,1189-1193)   (Séc. VI)

Sentia o desejo ardente de encontrar a Cristo,
que julgava ter sido roubado

Maria Madalena, tendo ido ao sepulcro, não encontrou o corpo do Senhor. Julgando que fora roubado, foi avisar aos discípulos. Estes vieram também ao sepulcro, viram e acreditaram no que a mulher lhes dissera. Sobre eles está escrito logo em seguida: *Os discípulos voltaram então para casa* (Jo 20,10). E depois acrescenta-se: *Entretanto, Maria estava do lado de fora do túmulo, chorando* (Jo 20,11).

Este fato leva-nos a considerar quão forte era o amor que inflamava o espírito dessa mulher, que não se afastava do túmulo do Senhor, mesmo depois de os discípulos terem ido embora. Procurava a quem não encontrara, chorava enquanto buscava e, abrasada no fogo do seu amor, sentia a ardente saudade daquele que julgava ter sido roubado. Por isso, só ela o viu então, porque só ela o ficou procurando. Na verdade, a eficácia das boas obras está na perseverança, como afirma também a voz da Verdade: *Quem perseverar até o fim, esse será salvo* (Mt 10,22).

Ela começou a procurar e não encontrou nada; continuou a procurar, e conseguiu encontrar. Os desejos foram aumentando com a espera, e fizeram com que chegasse a encontrar. Pois os desejos santos crescem com a demora; mas se diminuem com o adiamento, não são desejos autênticos. Quem experimentou este amor ardente, pôde alcançar a verdade. Por isso afirmou Davi: *Minha alma tem sede de Deus, e deseja o Deus vivo. Quando terei a alegria de ver a face de Deus?* (Sl 41,3). Também a Igreja diz no Cântico dos Cânticos: *Estou ferida de amor* (Ct 5,8). E ainda: *Minha alma desfalece* (cf. Ct 5,6).

Mulher, por que choras? A quem procuras? (Jo 20,15). É interrogada sobre o motivo de sua dor, para que aumente o seu desejo e, mencionando o nome de quem procurava, se inflame ainda mais o seu amor por ele.

Então Jesus disse: Maria (Jo 20,16). Depois de tê-la tratado pelo nome comum de *mulher* sem que ela o tenha reconhecido, chama-a pelo próprio nome. Foi como se lhe dissesse abertamente: *Reconhece aquele por quem és reconhecida. Não é entre outros, de maneira geral, que te conheço, mas especialmente a ti.* Maria, chamada pelo próprio nome, reconhece quem lhe falou; e imediatamente exclama: *Rabuni, que quer dizer Mestre* (Jo 20,16). Era ele a quem Maria Madalena procurava exteriormente; entretanto, era ele que a impelia interiormente a procurá-lo.

Responsório
R. Voltando do **túmulo**, onde estava Jesus,
    Maria Madalena anunciou aos discípulos:
    Eu **vi** o Senhor.
  * Bem feliz é aquela que foi digna de ser
    a primeira a dar a notícia da vida do Ressuscitado.

V. Há **mui**to cho**ran**do, ela **viu** quem bus**ca**va,
anunci**ou** a quem **viu**. * Bem fe**liz**.

Laudes

Hino

Luminosa, a aurora desperta
e o triunfo de Cristo anuncia.
Tu, porém, amorosa, procuras
ver e ungir o seu Corpo, ó Maria.

Quando o buscas, correndo ansiosa,
vês o anjo envolvido em luz forte;
ele diz que o Senhor está vivo
e quebrou as cadeias da morte.

Mas amor tão intenso prepara
para ti recompensa maior:
crês falar com algum jardineiro,
quando escutas a voz do Senhor.

Estiveste de pé junto à cruz,
com a Virgem das Dores unida;
testemunha e primeira enviada
és agora do Mestre da vida.

Bela flor de Mágdala, ferida
pelo amor da divina verdade,
faze arder o fiel coração
com o fogo de tal caridade.

Dai-nos, Cristo, imitarmos Maria
em amor tão intenso, também,
para um dia nos céus entoarmos
vossa glória nos séculos. Amém.

Ant. 1 No **dia** pri**mei**ro da se**ma**na,
Maria Madalena veio **ce**do,
quando a**in**da estava bem es**cu**ro,
para **ver** a sepul**tu**ra de Je**sus**.

Salmos e cântico do domingo da I Semana, p. 626.

Ant. 2 Meu coração arde no peito,
quero ver o meu Senhor!
Eu procuro e não encontro
o lugar onde o puseram. Aleluia.

Ant. 3 Chorando, Maria inclinou-se
e olhou para dentro do túmulo;
viu dois anjos vestidos de branco. Aleluia.

Leitura breve   Rm 12,1-2
Pela misericórdia de Deus, eu vos exorto, irmãos, a vos oferecerdes em sacrifício vivo, santo e agradável a Deus: Este é o vosso culto espiritual. Não vos conformeis com o mundo, mas transformai-vos, renovando vossa maneira de pensar e de julgar, para que possais distinguir o que é da vontade de Deus, isto é, o que é bom, o que lhe agrada, o que é perfeito.

Responsório breve
R. Já não chores, Maria:
  * O Senhor ressurgiu. R. Já não chores.
V. Anuncia aos irmãos: * O Senhor.
   Glória ao Pai. R. Já não chores.

Cântico evangélico, ant.
Na manhã do dia da Páscoa, o Senhor ressuscitou
e apareceu primeiramente a Maria Madalena. Aleluia.

PRECES do Comum das santas mulheres, p. 1721, ou do dia de semana.

Oração
Ó Deus, o vosso Filho confiou a Maria Madalena o primeiro anúncio da alegria pascal; dai-nos, por suas preces e a seu exemplo, anunciar também que o Cristo vive e contemplá-lo

na glória de seu Reino. Por nosso Senhor Jesus Cristo, vosso Filho, na unidade do Espírito Santo.

Vésperas

Hino

Ó estrela feliz de Mágdala,
para ti nosso culto e louvor,
Jesus Cristo te uniu a si mesmo
por estreita aliança de amor.

Seu poder ele em ti revelou,
repelindo as potências do mal.
E na fé te ligaste ao Senhor
pelos laços de amor sem igual.

O amor te impeliu a segui-lo
com vibrante e fiel gratidão.
Em cuidados se fez manifesta
a ternura do teu coração.

Tu ficaste de pé com Maria
junto ao Cristo pendente da Cruz.
Com aromas ungiste seu corpo,
que verás ressurgido na luz.

Testemunha primeira, tu foste
anunciar que Jesus ressurgiu.
Guia o povo na Páscoa nascido
nos caminhos que Cristo seguiu.

Honra, glória e louvor à Trindade,
cujo amor fez prodígios em ti.
Contemplemos também sua face,
quando o dia da glória surgir.

Ant. 1 Jesus **disse** a Maria:
Mulher, por que **choras**? A **quem** tu pro**curas**?

Salmos e cântico do Comum das santas mulheres, p. 1725.

Ant. 2 Levaram o meu Se**nhor** e não **sei** onde o puseram.

Ant. 3 Jesus **dis**se: Ma**ri**a!
Ela **dis**se: Ra**bbo**ni! Traduzido: Ó **Mes**tre!

Leitura breve   Rm 8,28-30

Sabemos que tudo contribui para o bem daqueles que amam a Deus, daqueles que são chamados para a salvação, de acordo com o projeto de Deus. Pois aqueles que Deus contemplou com seu amor desde sempre, a esses ele predestinou a serem conformes à imagem de seu Filho, para que este seja o primogênito numa multidão de irmãos. E aqueles que Deus predestinou, também os chamou. E aos que chamou, também os tornou justos; e aos que tornou justos, também os glorificou.

Responsório breve

R. Já não **cho**res, Maria:
 * O Se**nhor** ressur**giu**. R. Já não **cho**res.
V. Anun**cia** aos ir**mãos**: * O Se**nhor**.
 Glória ao **Pai**. R. Já não **cho**res.

Cântico evangélico, ant.

Ma**ri**a anunci**ou** aos dis**cí**pulos: Eu **vi** o Se**nhor**, ale**lui**a!
PRECES como nas Vésperas do Comum das santas mulheres, p. 1728, ou do dia de semana.

Oração como nas Laudes.

23 de julho

SANTA BRÍGIDA, RELIGIOSA

Em 1303 nasceu na Suécia; ainda muito jovem, foi dada em casamento; teve oito filhos que educou com esmero. Ingressando na Ordem Terceira de São Francisco, depois da morte do marido intensificou sua vida ascética, embora vivendo no mundo. Fundou então uma ordem religiosa e, indo para Roma, tornou-se para todos exemplo de grandes virtudes. Por penitência, fez peregrinações; escreveu muitas obras em que falava de assuntos místicos, dos quais tinha muita experiência. Morreu em Roma em 1373.

Do Comum das santas mulheres: para religiosas, p. 1731.

Ofício das Leituras

Segunda leitura
Das Orações, atribuídas a Santa Brígida
>(Oratio 2: Revelationum S. Birgittae libri, 2,
>   Romae 1628, p. 408-410)   (Séc. XIV)

Elevação da mente ao Cristo salvador

Bendito sejas tu, Senhor meu, Jesus Cristo, que com antecedência predisseste tua morte, e na última ceia maravilhosamente consagraste em teu precioso corpo o pão material; aos apóstolos o entregaste por amor em memória de tua digníssima paixão e, lavando-lhes humildemente os pés com tuas mãos preciosas, demonstraste a máxima humildade.

Honra a ti, meu Senhor, Jesus Cristo que, no temor do sofrimento e da morte, fizeste correr de teu corpo inocente sangue como suor, e, mesmo assim, realizaste até o fim nossa redenção, objeto de teu desejo, e deste modo revelaste de modo claríssimo a caridade que tens pelo gênero humano. Bendito sejas tu, Senhor meu, Jesus Cristo, que foste levado a Caifás, e tu, o juiz de todos, permitiste a humilhação de seres entregue ao julgamento de Pilatos.

Glória a ti, Senhor meu, Jesus Cristo, pelas zombarias que suportaste quando, revestido de púrpura, coroado de agudíssimos espinhos, permaneceste de pé; e sofreste em tua gloriosa face ser cuspido, ter os olhos vendados e com a máxima paciência ser duramente batido no rosto e no peito pelas infelizes mãos dos perversos.

Louvor a ti, Senhor meu, Jesus Cristo, que te deixaste ser atado à coluna, flagelado desumanamente e coberto de sangue, ser conduzido a Pilatos e mostrando-te qual cordeiro inocente.

Honra a ti, Senhor meu, Jesus Cristo, que, ensanguentado em todo o teu corpo, foste condenado à morte de cruz, e a carregaste com dores em teus sagrados ombros; conduzido com fúria ao lugar da paixão, despojado das vestes, assim quiseste ser pregado no lenho da cruz.

Honra perpétua a ti, Senhor Jesus Cristo, que, em tanta angústia, humildemente olhaste com teus benignos olhos amorosos tua excelente mãe, que nunca pecou nem jamais consentiu no mínimo pecado; e, consolando-a, a entregaste a teu discípulo para ser fielmente protegida.

Bênção eterna a ti, Senhor meu, Jesus Cristo, que, na agonia da morte, deste a todos os pecadores a esperança do perdão, quando ao ladrão voltado para ti prometeste misericordiosamente a glória do paraíso.

Louvor eterno a ti, Senhor meu, Jesus Cristo, por todas as horas em que na cruz suportaste as máximas amarguras e angústias por nós, pecadores; pois as dores agudíssimas nascidas de tuas chagas penetravam barbaramente em tua bem-aventurada alma e atravessavam cruelmente teu sacratíssimo coração, até que com um grito rendeste o espírito e, de cabeça inclinada, o entregaste humildemente às mãos de Deus, teu Pai; e então morto, ficaste com teu corpo todo frio.

Bendito sejas tu, meu Senhor Jesus Cristo, que com teu precioso sangue e morte sacratíssima remiste nossas almas e as levaste em tua misericórdia deste exílio para a vida eterna.

Glória a ti, meu Senhor, Jesus Cristo, que quiseste que teu bendito corpo fosse descido da cruz por teus amigos e reclinado nas mãos de tua mãe dolorosa; e aceitaste ser envolto por ela em lençóis, depositado no sepulcro e ali ser guardado por soldados.

Honra sempiterna a ti, meu Senhor, Jesus Cristo, que ressuscitaste ao terceiro dia e àqueles que escolheste te manifestaste; depois de quarenta dias, subiste ao céu à vista de muitos, e lá colocaste honrosamente teus amigos que havias libertado dos infernos.

Júbilo e louvor eterno a ti, Senhor Jesus Cristo, que enviaste o Espírito Santo aos corações dos discípulos e neles aumentaste o imenso amor divino.

Bendito sejas tu, louvável e glorioso pelos séculos, meu Senhor Jesus, que te assentas no trono em teu Reino dos Céus, na glória de tua divindade, vivendo no corpo com todos os santíssimos membros que recebeste da carne da Virgem. E deste modo, voltarás no dia do juízo para julgar as almas de todos os vivos e mortos; que vives e reinas com o Pai e o Espírito Santo pelos séculos. Amém.

Responsório — Cf. Ap 1,5.6a; Ef 5,2a

R. Jesus **Cris**to nos **amou** e do pe**ca**do nos la**vou**,
   em seu **san**gue derra**ma**do.
 * Ele **fez** de nós um **Rei**no, constitu**iu**-nos sacer**do**tes,
   para ser**vir** a Deus, seu **Pai**.
V. Cami**nhai** na cari**da**de, como **Cris**to nos **amou**
   e por **nós** se entre**gou**, como o**fer**ta e sacri**fí**cio.
 * Ele **fez**.

Oração

Senhor nosso Deus, que revelastes a Santa Brígida os mistérios celestes, quando meditava a Paixão do vosso Filho, concedei-nos exultar de alegria na revelação de vossa glória. Por nosso Senhor Jesus Cristo, vosso Filho, na unidade do Espírito Santo.

25 de julho

SÃO TIAGO, APÓSTOLO

Festa

Nasceu em Betsaida; era filho de Zebedeu e irmão do apóstolo João. Esteve presente aos principais milagres realizados por Cristo. Foi morto por Herodes, cerca do ano 42. É venerado com grande devoção em Compostela (Espanha), onde se ergue uma célebre basílica dedicada a seu nome.

Do Comum dos apóstolos, p.1549, exceto o seguinte:

Ofício das Leituras

Segunda leitura

Das Homilias sobre Mateus, de São João Crisóstomo, bispo
(Hom. 65,2-4: PG 58,619-622)   (Séc. IV)

Participantes da paixão de Cristo

Os filhos de Zebedeu pedem a Cristo: *Deixa-nos sentar um à tua direita e outro, à tua esquerda* (Mc 10,37). Que resposta lhes dá o Senhor? Para mostrar que no seu pedido nada havia de espiritual, e se soubessem o que pediam não teriam ousado fazê-lo, diz: *Não sabeis o que estais pedindo* (Mt 20,22), isto é, não sabeis como é grande, admirável e superior aos próprios poderes celestes aquilo que pedis. Depois acrescenta: *Por acaso podeis beber o cálice que eu vou beber?* (Mt 20,22). É como se lhes dissesse: "Vós me falais de honras e de coroas; eu, porém, de combates e de suores. Não é este o tempo das recompensas, nem é agora que minha glória há de se manifestar. Mas a vida presente é de morte violenta, de guerra e de perigos".

Reparai como o Senhor os atrai e exorta, pelo modo de interrogar. Não perguntou: "Podeis suportar os suplícios? podeis derramar vosso sangue? Mas indagou: *Por acaso podeis beber o cálice?* E para os estimular, ainda acrescentou: *que eu vou beber?* Assim falava para que, em união com ele, se tornassem mais decididos. Chama sua paixão de *batismo,* para dar a entender que os sofrimentos haviam de trazer uma grande purificação para o mundo inteiro. Então os dois discípulos lhe disseram: *Podemos* (Mt 20,22). Prometem imediatamente, cheios de fervor, sem perceber o alcance do que dizem, mas com a esperança de obter o que pediam.

Que afirma o Senhor? *De fato, vós bebereis do meu cálice* (Mt 20,23), *e sereis batizados com o batismo com que eu devo ser batizado* (Mc 10,39). Grandes são os bens que lhes anuncia, a saber: "Sereis dignos de receber o martírio e sofrereis comigo; terminareis a vida com morte violenta e assim participareis da minha paixão". *Mas não depende de mim conceder o lugar à minha direita ou à minha esquerda. Meu Pai é quem dará esses lugares àqueles para os quais ele os preparou* (Mt 20,23). Somente depois de lhes ter levantado os ânimos e de tê-los tornado capazes de superar a tristeza é que corrigiu o pedido que fizeram.

Então os outros dez discípulos ficaram irritados contra os dois irmãos (Mt 20,24). Vedes como todos eles eram imperfeitos, tanto os que tentavam ficar acima dos outros, como os dez que tinham inveja dos dois? Mas, como já tive ocasião de dizer, observai-os mais tarde e vereis como estão livres de todos esses sentimentos. Prestai atenção como o mesmo apóstolo João, que se adianta agora por este motivo, cederá sempre o primeiro lugar a Pedro, quer para usar da palavra, quer para fazer milagres, conforme se lê nos Atos dos Apóstolos. Tiago, porém, não viveu muito mais tempo. Desde o princípio, pondo de parte toda aspiração humana, elevou-se a tão grande santidade que bem depressa recebeu a coroa do martírio.

Responsório   Sl 18(19),5

R. São **estes** que vive**ndo** neste **mun**do,
  plant**a**ram a **I**gre**j**a com seu **san**gue.

* Beberam o **cálice** de **Cristo**
e se tornaram amigos de **Deus**.
V. Em toda a **terra** se espalha o seu **anún**cio
e sua **voz**, pelos con**fins** do universo. * Beberam.

HINO Te Deum, p. 589.

Oração como nas Laudes.

Laudes

Hino

Ó São Tiago, vos trazemos
um canto alegre de louvor.
Da simples arte de pescar,
Jesus aos cimos vos levou.

Ao seu chamado obedecendo,
com vosso irmão tudo deixastes
e do seu Nome e do seu Verbo,
ardente arauto vos tornastes.

Ó testemunha fulgurante
da mão direita do Senhor,
vedes no monte a glória eterna,
no horto vedes a sua dor.

E quando a taça do martírio
chamou por vós, pronto atendestes,
como primeiro entre os apóstolos
pelo Senhor dela bebestes.

Fiel discípulo de Cristo,
da luz do céu semeador,
iluminai os corações
pela esperança, fé e amor.

Dai-nos seguir com prontidão
a Jesus Cristo e seus preceitos,
para podermos, junto a vós,
cantar-lhe o hino dos eleitos.

25 de julho

Ant. 1 Caminhando Jesus, viu Tiago e João,
os irmãos Zebedeus, e também os chamou.

Salmos e cântico do domingo da I Semana, p. 626.

Ant. 2 E logo deixando o pai e as redes, seguiram Jesus.

Ant. 3 Bebereis do meu cálice que eu devo beber,
recebereis o batismo que vou receber.

Leitura breve — Ef 2,19-22

Já não sois mais estrangeiros nem migrantes, mas concidadãos dos santos. Sois da família de Deus. Vós fostes integrados no edifício que tem como fundamento os apóstolos e os profetas, e o próprio Jesus Cristo como pedra principal. É nele que toda a construção se ajusta e se eleva para formar um templo santo no Senhor. E vós também sois integrados nesta construção, para vos tornardes morada de Deus pelo Espírito.

Responsório breve

R. Fareis deles os chefes
 * Por toda a terra. R. Fareis.
V. Lembrarão vosso nome, Senhor, para sempre.
 * Por toda. Glória ao Pai. R. Fareis.

Cântico evangélico, ant.

Jesus tomou a Pedro e os irmãos João e Tiago
e os levou a um alto monte,
e ali, diante deles, ficou transfigurado.

PRECES do Comum dos apóstolos, p. 1555.

Oração

Deus eterno e todo-poderoso, que pelo sangue de São Tiago consagrastes as primícias dos trabalhos dos Apóstolos, concedei que a vossa Igreja seja confirmada pelo seu testemunho e sustentada pela sua proteção. Por nosso Senhor Jesus Cristo, vosso Filho, na unidade do Espírito Santo.

Vésperas

HINO do Comum dos apóstolos, p. 1557.

Ant. 1 Jesus tomou consigo a Pedro, Tiago e João,
e começou a entristecer-se e a ficar angustiado.

Salmos e cântico do Comum dos apóstolos, p. 1558.

Ant. 2 Jesus então falou e disse a eles:
Orai e vigiai aqui comigo,
a fim de não cairdes em tentação.

Ant. 3 Apoderou-se o rei Herodes
de alguns membros da Igreja
a fim de maltratá-los.
E mandou matar à espada Tiago, irmão de João.

Leitura breve — Ef 4,11-13

Foi Cristo quem instituiu alguns como apóstolos, outros como profetas, outros ainda como evangelistas, outros, enfim, como pastores e mestres. Assim, ele capacitou os santos para o ministério, para edificar o corpo de Cristo, até que cheguemos todos juntos à unidade da fé e do conhecimento do Filho de Deus, ao estado do homem perfeito e à estatura de Cristo em sua plenitude.

Responsório breve

R. Anunciai entre as nações
 * A glória do Senhor. R. Anunciai.
V. E as suas maravilhas entre os povos do universo.
 *A glória. Glória ao Pai. R. Anunciai.

Cântico evangélico, ant.

Quem quiser ser o maior, seja o vosso servidor.
Quem quiser ser o primeiro, seja o escravo entre todos.

PRECES do Comum dos apóstolos, p. 1561.

Oração como nas Laudes.

26 de julho

SÃO JOAQUIM E SANT'ANA, PAIS DE NOSSA SENHORA

Memória

Segundo uma antiga tradição, já conhecida no século II, assim eram chamados os pais da Santíssima Virgem Maria. O culto a Sant'Ana, prestado no Oriente desde o século VI, difundiu-se pelo Ocidente no século X. Mais recentemente, São Joaquim passou também a ser venerado.

Do Comum dos santos homens, p. 1682, exceto o seguinte:

Ofício das Leituras

HINO Enquanto uma coroa, como nas Vésperas, p. 1452.

Segunda leitura
Dos Sermões de São João Damasceno, bispo
(Orat. 6, in Nativitatem B. Mariae V., 2.4.5.6: PG 96, 663.667.670) (Séc. VIII)

Vós os conhecereis pelos seus frutos

Estava determinado que a Virgem Mãe de Deus iria nascer de Ana. Por isso, a natureza não ousou antecipar o germe da graça, mas permaneceu sem dar o próprio fruto até que a graça produzisse o seu. De fato, convinha que fosse primogênita aquela de quem nasceria o primogênito de toda a criação, *no qual todas as coisas têm a sua consistência* (cf. Cl 1,17).

Ó casal feliz, Joaquim e Ana! A vós toda a criação se sente devedora. Pois foi por vosso intermédio que a criatura ofereceu ao Criador o mais valioso de todos os dons, isto é, a mãe pura, a única que era digna do Criador.

Alegra-te, Ana *estéril, que nunca foste mãe, exulta e regozija-te, tu que nunca deste à luz* (Is 54,1). Rejubila-te, Joaquim, porque de tua filha *nasceu para nós um menino, foi-nos dado um filho; o nome que lhe foi dado é: Anjo do grande conselho,* salvação do mundo inteiro, *Deus forte* (Cf. Is 9,5). Este menino é Deus.

Ó casal feliz, Joaquim e Ana, sem qualquer mancha! Sereis conhecidos pelo fruto de vossas entranhas, como disse o Senhor certa vez: *Vós os conhecereis pelos seus frutos* (Mt 7,16). Estabelecestes o vosso modo de viver da maneira mais agradável a Deus e digno daquela que de vós nasceu. Na vossa casta e santa convivência educastes a pérola da virgindade, aquela que havia de ser virgem antes do parto, virgem no parto e continuaria virgem depois do parto; aquela que, de maneira única, conservaria sempre a virgindade, tanto em seu corpo como em seu coração.

Ó castíssimo casal, Joaquim e Ana! Conservando a castidade prescrita pela lei natural, alcançastes de Deus aquilo que supera a natureza: gerastes para o mundo a mãe de Deus, que foi mãe sem a participação de homem algum. Levando, ao longo de vossa existência, uma vida santa e piedosa, gerastes uma filha que é superior aos anjos e agora é rainha dos anjos.

Ó formosíssima e dulcíssima jovem! Ó filha de Adão e Mãe de Deus! Felizes o pai e a mãe que te geraram! Felizes os braços que te carregaram e os lábios que te beijaram castamente, ou seja, unicamente os lábios de teus pais, para que sempre e em tudo conservasses a perfeita virgindade! *Aclamai o Senhor Deus, ó terra inteira, alegrai-vos, exultai e cantai salmos* (cf. Sl 97,4-5). Levantai vossa voz; clamai e não tenhais medo.

Responsório   Cf. Lc 2,37.38; 7,16

R. Noite e dia eles serviam ao Senhor
  e imploravam com jejuns e orações,
 * Aguardando a redenção de Israel.
V. Rogavam ao Senhor, Deus de seus pais,
  que viesse o seu povo visitar. * Aguardando.

Oração como nas Laudes.

Laudes

Hino

A estrela d'alva já brilha,
já nova aurora reluz,
o sol nascente vem vindo
e banha o mundo de luz.

Cristo é o sol da justiça.
Maria, aurora radiante.
Da lei a treva expulsando,
ó Ana, vais adiante.

Ana, fecunda raiz,
que de Jessé germinou,
produz o ramo florido
do qual o Cristo brotou.

Mãe da Mãe santa de Cristo,
e tu, Joaquim, santo pai,
pelas grandezas da Filha,
nosso pedido escutai.

Louvor a vós, Jesus Cristo,
que de uma Virgem nascestes.
Louvor ao Pai e ao Espírito,
lá nas alturas celestes.

Leitura breve   Is 55,3

Inclinai vosso ouvido e vinde a mim, ouvi e tereis vida; farei convosco um pacto eterno, manterei fielmente as graças concedidas a Davi.

Responsório breve

R. Pelo **amor** do cora**ção** de nosso **Deus**,
 * Visi**tou**-nos o Se**nhor**, o Sol nas**cen**te. R. Pelo **amor**.
V. Fez sur**gir** a Jesus **Cris**to, o Salva**dor**,
    descen**den**te da fa**mí**lia de Da**vi**. * Visi**tou**-nos.
Glória ao **Pai**. R. Pelo **amor**.

Cântico evangélico, ant.

Bendito seja o Senhor Deus de Israel,
que fez surgir um poderoso Salvador
na casa de Davi, seu servidor!

PRECES do Comum dos santos homens, p. 1695, ou do dia de semana.

Oração

Senhor Deus de nossos pais, que concedestes a São Joaquim e Sant'Ana a graça de darem a vida à Mãe de vosso Filho Jesus, fazei que, pela intercessão de ambos, alcancemos a salvação prometida a vosso povo. Por nosso Senhor Jesus Cristo, vosso Filho, na unidade do Espírito Santo.

Vésperas

Hino

Enquanto uma coroa em tua honra
celebra o teu louvor festivamente,
recebe, São Joaquim, pai venerável,
a voz dos corações em prece ardente.

Dos reis antepassados és linhagem:
Davi e Abraão, és deles filho.
Mas é por tua filha, a Soberana
do mundo, que adquires maior brilho.

Assim, a tua prole abençoada,
nascida de Sant'Ana em belo dia,
dos pais, todos os votos realiza
e traz ao mundo triste a alegria.

Louvor ao Pai do Filho incriado.
A vós, Filho de Deus, louvor também.
Igual louvor a vós, Espírito Santo,
agora e pelos séculos. Amém.

Leitura breve Rm 9,4-5

Eles são israelitas. A eles pertencem a filiação adotiva, a glória, as alianças, as leis, o culto, as promessas e também os patriarcas. Deles é que descende, quanto à sua humanidade, Cristo, o qual está acima de todos – Deus bendito para sempre! – Amém!

Responsório breve

R. Acolhe Israel, seu servi**dor**,
 * Fi**el** ao seu a**mor**. R. Acolhe.
V. Como havia prome**ti**do a nossos **pais**. * Fi**el**.
 Glória ao **Pai**. R. Acolhe.

Cântico evangélico, ant.

A i**lus**tre lin**ha**gem de Jes**sé**
produ**ziu** o re**ben**to mais for**mo**so,
do qual sur**giu** a linda **flor** mais perfu**mo**sa.

PRECES do Comum dos santos homens, p. 1703, ou do dia de semana.

Oração como nas Laudes.

29 de julho

SANTA MARTA

Memória

Era irmã de Maria e de Lázaro. Quando recebia o Senhor em sua casa de Betânia, servia-o com muita solicitude. Com suas preces, obteve a ressurreição do irmão.

Do Comum das santas mulheres, p. 1710, exceto o seguinte:

Ofício das Leituras

HINO Ó Santa Marta, como nas Vésperas, p. 1457.

Segunda leitura
Dos Sermões de Santo Agostinho, bispo
(Sermo 103, 1-2.6: PL 38, 613.615) (Séc. V)

Felizes os que mereceram receber a Cristo em sua casa

As palavras de nosso Senhor Jesus Cristo nos advertem que, em meio à multiplicidade das ocupações deste mundo, devemos aspirar a um único fim. Aspiramos porque estamos a caminho e não em morada permanente; ainda em viagem e não na pátria definitiva; ainda no tempo do desejo e não na posse plena. Mas devemos aspirar, sem preguiça e sem desânimo, a fim de podermos um dia chegar ao fim.

Marta e Maria eram irmãs, não apenas irmãs de sangue, mas também pelos sentimentos religiosos. Ambas estavam unidas ao Senhor; ambas, em perfeita harmonia, serviam ao Senhor corporalmente presente. Marta o recebeu como costumam ser recebidos os peregrinos. No entanto, era a serva que recebia o seu Senhor; uma doente que acolhia o Salvador; uma criatura que hospedava o Criador. Recebeu o Senhor para lhe dar o alimento corporal, ela que precisava do alimento espiritual. O Senhor quis tomar a forma de servo e, nesta condição, ser alimentado pelos servos, por condescendência, não por necessidade. Também foi por condescendência que se apresentou para ser alimentado. Pois tinha assumido um corpo que lhe fazia sentir fome e sede.

Portanto, o Senhor foi recebido como hóspede, ele que *veio para o que era seu, e os seus não o acolheram. Mas, a todos que o receberam, deu-lhes capacidade de se tornarem filhos de Deus* (Jo 1,11-12). Adotou os servos e os fez irmãos; remiu os cativos e os fez co-herdeiros. Que ninguém dentre vós ouse dizer: *Felizes os que mereceram receber a Cristo em sua casa!* Não te entristeças, não te lamentes por teres nascido num tempo em que já não podes ver o Senhor corporalmente. Ele não te privou desta honra, pois afirmou: *Todas as vezes que fizestes isso a um dos menores de meus irmãos, foi a mim que o fizestes* (Mt 25,40).

Aliás, Marta, permite-me dizer-te: Bendita sejas pelo teu bom serviço! Buscas o descanso como recompensa pelo teu trabalho. Agora estás ocupada com muitos serviços, queres alimentar os corpos que são mortais, embora sejam de pessoas santas. Mas, quando chegares à outra pátria, acaso encontrarás peregrinos para hospedar? Encontrarás um faminto para repartires com ele o pão? Um sedento para dares de beber? Um doente para visitar? Um desunido para reconciliar? Um morto para sepultar?

Lá não haverá nada disso. Então o que haverá? O que Maria escolheu: lá seremos alimentados, não alimentaremos. Lá se cumprirá com perfeição e em plenitude o que Maria escolheu aqui: daquela mesa farta, ela recolhia as migalhas da Palavra do Senhor. Queres realmente saber o que há de acontecer lá? É o próprio Senhor quem diz a respeito de seus servos: *Em verdade eu vos digo: ele mesmo vai fazê-los sentar-se à mesa e, passando, os servirá* (Lc 12,37).

Responsório   Jo 12,3

R. Convi**da**ram a Je**sus** para uma **cei**a,
   em Be**tâ**nia, onde **Lá**zaro mo**ra**va,
   a quem Je**sus** ressusci**ta**ra dentre os **mor**tos.
 * E **Mar**ta ser**vi**a os con**vi**vas.
V. Tomando **qua**se meio **li**tro de **bál**samo,
   Ma**ri**a ungiu os **pés** de Je**sus**. * E **Mar**ta.

Oração como nas Laudes.

Laudes

Hino

Santa Marta de Betânia,
hospedeira do Senhor,
hoje o Povo da Aliança
canta um hino em teu louvor.

Tua casa foi o abrigo
onde o Mestre repousou.
No calor de um lar amigo,
ele as forças renovou.

Pão e vinho lhe serviste,
quando tua irmã, Maria,
vida eterna em alimento
dos seus lábios recebia.

Reclamaste a sua ausência
junto a Lázaro doente,
proclamando assim a fé
no seu verbo onipotente.

Dele escutas a promessa:
Teu irmão ressurgirá.
E proclamas: Tu és o Cristo,
Deus conosco em ti está.

No milagre testemunhas
seu poder e seu amor:
teu irmão retorna à vida,
à Palavra do Senhor.

Que possamos caminhar
com Jesus, na fé ardente,
e contigo contemplar
sua face eternamente.

Cântico evangélico, ant.

Disse **Mar**ta a Je**sus**: Eu **crei**o que és o **Cris**to,
o **Fi**lho do Deus **vi**vo, que vieste a este **mun**do.

Oração

Pai todo-poderoso, cujo Filho quis hospedar-se em casa de Marta, concedei por sua intercessão que, servindo fielmente a Cristo em nossos irmãos e irmãs, sejamos recebidos por vós em vossa casa. Por nosso Senhor Jesus Cristo, vosso Filho, na unidade do Espírito Santo.

Vésperas

Hino

Ó Santa Marta, mulher feliz,
nós vos queremos felicitar.
Vós merecestes receber Cristo
por muitas vezes em vosso lar.

Vós recebestes tão grande Hóspede
com mil cuidados, nosso Senhor,
em muitas coisas sempre solícita
e impelida por terno amor.

Enquanto alegre servis a Cristo,
Maria e Lázaro, vossos irmãos,
podem atentos receber dele
a graça e vida por refeição.

Enquanto a vossa feliz irmã
com seus aromas a Cristo ungia,
serviço extremo vós dedicastes
a Quem à morte se dirigia.

Ó hospedeira feliz do Mestre,
nos corações acendei o amor,
para que sejam eternamente
lares amigos para o Senhor.

Seja à Trindade eterna glória!
E no céu queira nos hospedar
para convosco, no lar celeste,
louvor perene sem fim cantar.

Cântico evangélico, ant.
Jesus amava **Mar**ta, Ma**ri**a, sua ir**mã**,
e **Lá**zaro, seu ir**mão**.
Oração como nas Laudes.

30 de julho

SÃO PEDRO CRISÓLOGO, BISPO
E DOUTOR DA IGREJA

Nasceu por volta do ano 380, em Forum de Cornélio (Ímola), na Emília, e ali fez parte de seu clero. Em 424, eleito bispo de Ravena, instruiu por sermões e atos seu rebanho, ao qual se dedicou sem medida. Morreu pelo ano de 450.

Do Comum dos pastores: para bispos, p. 1617, e dos doutores da Igreja, p. 1644.

Ofício das Leituras

Segunda leitura
Dos Sermões de São Pedro Crisólogo, bispo
(Sermo 148: PL 52, 596-598) (Séc. V)

O mistério da encarnação

Se uma virgem concebe, virgem dá à luz e permanece virgem; isto não é costume, mas um sinal; não é normal, mas virtude, é o Criador, não a natureza; não é comum, mas único; é divino, não humano. Que Cristo nascesse não veio de uma necessidade, mas de seu poder; foi o mistério da piedade, a reparação da salvação humana. Quem, sem nascimento, fez o homem da argila intacta, nascendo, fez um homem, de um corpo intacto. As mãos que se dignaram pegar no barro para nos plasmar, também se dignaram assumir a carne para nossa recriação. Por conseguinte, se o Criador se encontra em sua criatura, se Deus está na carne, é honra para a criatura, não é injúria para o Criador.

Homem, por que és tão vil a teus olhos, tu que és tão precioso para Deus? Por que, tão honrado por Deus, te desonras a ti mesmo deste modo? Por que indagas donde foste feito e não te preocupas para o que foste feito? Esta casa do mundo que vês, não foi toda ela feita para ti? A luz que te foi dada afasta as trevas que te cercam; por tua causa, foi regulada a noite, medido o dia; para ti o céu, com os vários fulgores do sol, da lua, das estrelas, se irradia, para ti a terra se embeleza de flores, de bosques, de frutos; para ti foi criada no ar, nos campos, na água, linda multidão formada de animais estupendos, para que a triste solidão não perturbasse a alegria do novo mundo.

O Criador ainda imagina algo mais para tua honra: põe em ti sua imagem, para que a imagem visível torne presente na terra o invisível Criador; e te colocou no mundo como seu representante, para que tão vasto domínio do universo não fosse lesado por esse representante do Senhor. Aquilo que por si mesmo fez em ti, Deus, com clemência assumiu em si; e quis ser verdadeiramente visto no homem, em quem antes apenas aparecia em imagem. Concedeu que fosse a realidade quem antes recebera ser a semelhança.

Nasce, portanto, Cristo, a fim de por seu nascimento tornar de novo íntegra a natureza; aceita a infância, sujeita-se a ser nutrido, cresce pelo passar dos anos, para renovar a idade una, perfeita e eterna, que ele mesmo fizera; traz em si o homem, de forma a não mais poder cair; a quem fizera terreno, fá-lo celeste; ao animado apenas pelo espírito humano, vivifica pelo espírito divino; e assim leva-o todo para Deus, de modo que nada de pecado, de morte, de sofrimento, de dores, tudo de terreno, nada reste, pelo dom de nosso Senhor Jesus Cristo, que com o Pai vive e reina na unidade do Espírito Santo, Deus, agora e sempre pelos séculos infinitos. Amém.

Responsório   Cf. 1Pd 2,4a.5a; Sl 117(118),22b

R. Aproxi**mai**-vos do Se**nhor**, a Pedra **viva**,
 * E quais **ou**tras pedras **vi**vas, também **vós**,
 constru**í**-vos como **ca**sa espiritu**al**;
 dedi**cai**-vos a um **san**to sacer**dó**cio,
 ofere**cen**do sacrifícios espiritu**ais**
 agra**dá**veis a Deus **Pai**, por Jesus **Cris**to.

V. A **pe**dra, que os pe**drei**ros rejei**ta**ram,
 tor**nou**-se agora a **pe**dra angu**lar**.
 * E quais **ou**tras.

Oração

Ó Deus, que fizestes do bispo São Pedro Crisólogo egrégio pregador do vosso Verbo encarnado, concedei-nos por suas preces meditar sempre os mistérios da salvação e anunciá-los em nossa vida. Por nosso Senhor Jesus Cristo, vosso Filho na unidade do Espírito Santo.

31 de julho

SANTO INÁCIO DE LOIOLA, PRESBÍTERO

Memória

Nasceu em Loiola na Cantábria (Espanha), em 1491; viveu primeiramente na corte e seguiu a carreira militar. Depois, consagrando-se totalmente ao Senhor, estudou teologia em Paris, onde reuniu os primeiros companheiros com quem mais tarde fundou, em Roma, a Companhia de Jesus. Exerceu intensa atividade apostólica não apenas com seus escritos, mas formando discípulos que muito contribuíram para a reforma da Igreja. Morreu em Roma no ano de 1556.

Do Comum dos pastores: para presbíteros, p. 1617, ou dos santos homens: para religiosos, p. 1731.

Ofício das Leituras

Segunda leitura

Da Narrativa autobiográfica de Santo Inácio, recolhida de viva voz pelo Padre Luís Gonçalves da Câmara

(Cap. 1,5-9: Acta Sanctorum Iulii, 7 [1868],647)

(Séc. XVI)

Provai os espíritos a ver se são de Deus

Inácio gostava muito de ler livros mundanos e romances que narravam supostos feitos heroicos de homens ilustres. Assim que se sentiu melhor, pediu que lhe dessem alguns deles, para passar o tempo. Mas não se tendo encontrado naquela casa nenhum livro deste gênero, deram-lhe um que tinha por título *A vida de Cristo* e outro chamado *Florilégio dos Santos,* ambos escritos na língua pátria.

Com a leitura frequente desses livros, nasceu-lhe um certo gosto pelos fatos que eles narravam. Mas, quando deixava de lado essas leituras, entregava seu espírito a lembranças do que lera outrora; por vezes ficava absorto nas coisas do mundo, em que antes costumava pensar.

Em meio a tudo isto, estava a divina providência que, através dessas novas leituras, ia dissipando os outros pensamentos. Assim, ao ler a vida de Cristo nosso Senhor e dos santos, punha-se a pensar e a dizer consigo próprio: "E se eu fizesse o mesmo que fez São Francisco e o que fez São Domingos?" E refletia longamente em coisas como estas. Mas sobrevinham-lhe depois outros pensamentos vazios e mundanos, como acima se falou, que também se prolongavam por muito tempo. Permaneceu nesta alternância de pensamentos durante um tempo bastante longo.

Contudo, nestas considerações, havia uma diferença: quando se entretinha nos pensamentos mundanos, sentia imenso prazer; mas, ao deixá-los por cansaço, ficava triste e árido de espírito. Ao contrário, quando pensava em seguir os rigores praticados pelos santos, não apenas se enchia de satisfação, enquanto os revolvia no pensamento, mas também ficava alegre depois de os deixar.

No entanto, ele não percebia nem avaliava esta diferença, até o dia em que se lhe abriram os olhos da alma, e começou a admirar-se desta referida diferença. Compreendeu por experiência própria que um gênero de pensamentos lhe trazia tristeza, e o outro, alegria. Foi esta a primeira conclusão que tirou das coisas divinas. Mais tarde, quando fez os Exercícios Espirituais, começou tomando por base esta experiência, para compreender o que ensinou sobre o discernimento dos espíritos.

Responsório   1Pd 4,11.8a

R. Se alguém **fala**, que **sejam** palavras de **Deus**;
  se alguém **serve**, que **seja** com a **força** de **Deus**,
 * Para que em **todas** as **coisas**
  Deus **seja** louvado, através de Jesus.
V. Mas **acima** de **tudo** tende **amor** dura**douro**
  de **uns** para os **outros**. * Para que.

Laudes

Hino

Nosso canto celebre a Inácio,
de um exército de heróis comandante,
general que os soldados anima
com palavras e atos, constante.

O amor de Jesus, Cristo Rei,
sobre ele obteve vitória.
Depois disso, a sua alegria
foi buscar para Deus maior glória.

Ele aos seus companheiros reunido
num exército aguerrido e valente,
os direitos de Cristo defende
e dissipa as trevas da mente.

Pelo Espírito Santo inspirado
este grande e prudente doutor,
discernindo os caminhos do Reino,
salvação para o mundo indicou.

Desejando que a Igreja estendesse
os seus ramos a muitas nações,
aos rincões mais distantes da terra
os seus sócios envia às missões.

Seja glória e louvor à Trindade,
que nos dê imitarmos também
seu exemplo, buscando valentes,
maior glória de Deus sempre. Amém.

Cântico evangélico, ant.
Oxalá eu possa **ter** uma pro**fun**da experi**ência**
do **Se**nhor e do po**der** de **sua** ressurrei**ção**,
e asso**ciar**-me à sua Pai**xão**.

Oração
Ó Deus, que suscitastes em vossa Igreja Santo Inácio de Loiola para propagar a maior glória do vosso nome, fazei que, auxiliados por ele, imitemos seu combate na terra, para partilharmos no céu sua vitória. Por nosso Senhor Jesus Cristo, vosso Filho, na unidade do Espírito Santo.

Vésperas

HINO Nosso canto, como nas Laudes, p. 1462.

Cântico evangélico, ant.
Que pro**vei**to tem o **ho**mem,
se **ga**nhar o mundo in**tei**ro, mas per**der** a sua **vi**da?

AGOSTO

1º de agosto

SANTO AFONSO MARIA DE LIGÓRIO, BISPO E DOUTOR DA IGREJA

Memória

Nasceu em Nápoles em 1696; obteve o doutorado em Direito civil e eclesiástico, recebeu a ordenação sacerdotal e fundou a Congregação do Santíssimo Redentor. Com a finalidade de incrementar a vida cristã entre o povo, dedicou-se à pregação e escreveu vários livros, sobretudo de teologia moral, matéria na qual é considerado insigne mestre. Foi eleito bispo de Sant'Agata dei Goti, mas renunciou ao cargo pouco depois e morreu junto dos seus, em Nocera dei Pagani, na Campânia em 1787.

Do Comum dos pastores: para bispos, p. 1617, e dos doutores da Igreja, p. 1644.

Ofício das Leituras

Segunda leitura

Das Obras de Santo Afonso Maria de Ligório, bispo

(Tract. de praxi amandi Iesum Christum, edit. latina, Romae, 1909, pp. 9-14)   (Séc. XVII)

Sobre o amor a Jesus Cristo

Toda santidade e perfeição consiste no amor a Jesus Cristo, nosso Deus, nosso sumo bem e nosso redentor. É a caridade que une e conserva todas as virtudes que tornam o homem perfeito.

Será que Deus não merece todo o nosso amor? Ele nos amou desde toda a eternidade. "Lembra-te, ó homem – assim nos fala –, que fui eu o primeiro a te amar. Tu ainda não estavas no mundo, o mundo nem mesmo existia, e eu já te amava. Desde que sou Deus, eu te amo".

Deus, sabendo que o homem se deixa cativar com os benefícios, quis atraí-los ao seu amor por meio de seus dons.

Eis por que disse: "Quero atrair os homens ao meu amor com os mesmos laços com que eles se deixam prender, isto é, com os laços do amor". Tais precisamente têm sido todos os dons feitos por Deus ao homem. Deu-lhe uma alma dotada, à sua imagem, de memória, inteligência e vontade; deu-lhe um corpo provido de sentidos; para ele criou também o céu e a terra com toda a multidão de seres; por amor do homem criou tudo isso, para que todas as criaturas servissem ao homem, e o homem, em agradecimento por tantos benefícios, o amasse.

Mas Deus não se contentou em dar-nos tão belas criaturas. Para conquistar todo o nosso amor, foi ao ponto de dar-se a si mesmo totalmente a nós. O Pai eterno chegou ao extremo de nos dar seu único Filho. Vendo-nos a todos mortos pelo pecado e privados de sua graça, que fez ele? Movido pelo imenso, ou melhor – como diz o Apóstolo –, pelo seu demasiado amor, enviou seu amado Filho, para nos justificar e nos restituir a vida que havíamos perdido pelo pecado.

Ao dar-nos o Filho, a quem não poupou para nos poupar, deu-nos com ele todos os bens: a graça, a caridade e o paraíso. E porque todos estes bens são certamente menores do que o Filho, *Deus, que não poupou a seu próprio Filho, mas o entregou por todos nós, como não nos daria tudo junto com ele?* (Rm 8,32).

Responsório   Sl 144(145),19-20a; 1Jo 3,9a
R. O Senhor cumpre os desejos dos que o temem,
   ele escuta seus clamores e os salva.
 * O Senhor guarda todo aquele que o ama.
V. Todo aquele que é nascido de Deus,
   não vive cometendo pecados;
   pois fica nele a divina semente.
   * O Senhor.

Oração

Ó Deus, que suscitais continuamente em vossa Igreja novos exemplos de virtude, dai-nos seguir de tal modo os passos do bispo Santo Afonso no zelo pela salvação de todos, que alcancemos com ele a recompensa celeste. Por nosso Senhor Jesus Cristo, vosso Filho, na unidade do Espírito Santo.

2 de agosto

SANTO EUSÉBIO DE VERCELLI, BISPO

Nasceu na Sardenha, no princípio do século IV. Fazia parte do clero de Roma quando, em 345, foi eleito primeiro bispo de Vercelli. Propagou a religião cristã por meio da pregação e introduziu a vida monástica na sua diocese. Por causa da fé católica, foi exilado pelo imperador Constâncio, e suportou muitos sofrimentos. Tendo regressado à pátria, combateu valorosamente, para restaurar a fé, contra os arianos. Morreu em Vercelli, em 371.

Do Comum dos pastores: para bispos, p. 1617.

Ofício das Leituras

Segunda leitura
Das Cartas de Santo Eusébio de Vercelli, bispo
(Epist. 2 1,3-2,3; 10,1-11,1: CCL 9, 104-105.109)
(Séc. IV)

Completei a carreira, guardei a fé

Irmãos caríssimos, fui informado de que vos encontrais bem, como é meu desejo; e à semelhança do que aconteceu com Habacuc, quando foi levado pelo anjo até onde estava Daniel, imaginei ter ido até vós, como se tivesse subitamente atravessado a grande distância que nos separa.

Ao receber as cartas de cada um de vós e ao ler nelas os bons sentimentos e o amor que tendes por mim, as lágrimas se misturaram à alegria; e, embora ávido de ler o que escrevestes, meu espírito foi dominado pelo pranto. Não posso evitar nem a alegria nem as lágrimas. Pois, sendo elas fontes do mesmo sentimento de saudade, querem sobrepor-se uma à outra, para manifestar a intensidade do amor. Vivendo assim durante vários dias, imaginava-me conversando convosco, e esquecia os sofrimentos passados. Fui então inundado pela lembrança da vossa alegria, da vossa fé inabalável, do vosso amor, dos frutos que destes; e assim, mergulhado em tantos e tão grandes bens, era como se já não mais estivesse no exílio, mas em vossa companhia.

Alegro-me, portanto, irmãos caríssimos, por causa da vossa fé; alegro-me pela vossa salvação alcançada com a fé; alegro-me pelos frutos que dais, não apenas para os que estão perto, mas também para os que estão longe. Quando o agricultor se dedica ao cultivo de uma boa árvore que dá frutos, ela não está, por conseguinte, sujeita a ser cortada pelo machado e lançada na fogueira. Da mesma forma, eu quero e desejo, não somente dedicar-me totalmente ao vosso serviço, mas até dar a vida por vossa salvação.

Aliás, foi com dificuldade que consegui escrever esta carta; pedia constantemente a Deus que contivesse os guardas por mais algumas horas. Assim ele permitiu que o diácono vos pudesse levar, mais do que uma carta de saudações, notícias sobre o meu sofrimento. Por isso, rogo-vos instantemente que guardeis a fé com todo cuidado, mantenhais a concórdia, pratiqueis a oração e lembrai-vos sempre de mim. Que o Senhor se digne libertar a sua Igreja que sofre por todo o mundo; e que também eu, livre da presente tribulação, possa novamente alegrar-me convosco.

Também vos peço e rogo, pela misericórdia de Deus, que cada um encontre correspondida nesta carta a sua saudação pessoal. Porque, obrigado pelas circunstâncias, não pude escrever a cada um, como costumava fazer. Nesta carta, dirijo-me a todos vós, irmãos, e também às santas irmãs, filhos e filhas, fiéis de ambos os sexos e de todas as idades. Contentai-vos com esta simples saudação e dignai-vos também saudar em meu nome aqueles que são de fora e me concedem sua amizade.

Responsório   Lc 12,35-36a; Mt 24,42

R. Estai de prontidão, cingi os vossos **rins**
e trazei em vossas **mãos** as lâmpadas acesas.
 * E sede semelhantes a empregados, que esperam
voltar o seu senhor das festas nupciais.
V. Portanto, vigiai, pois **não** sabeis o **dia**
em que o Senhor há de chegar. * E sede.

Oração

Fazei-nos, Senhor nosso Deus, proclamar a divindade de Cristo imitando a firmeza do bispo Santo Eusébio, para que, perseverando na fé que ele ensinou, possamos participar da vida do vosso Filho. Que convosco vive e reina, na unidade do Espírito Santo.

4 de agosto

SÃO JOÃO MARIA VIANNEY, PRESBÍTERO

Memória

Nasceu em Lião (França) no ano de 1786. Depois de superar muitas dificuldades, pôde ser ordenado sacerdote. Tendo-lhe sido confiada a paróquia de Ars, na diocese de Belley, o santo nela promoveu admiravelmente a vida cristã, através de uma pregação eficaz, com a mortificação, a oração e a caridade. Revelou especiais qualidades na administração do sacramento da penitência; por isso, acorriam fiéis de todas as partes para receber os santos conselhos que dava. Morreu em 1859.

Do Comum dos pastores: para presbíteros, p. 1617.

Ofício das Leituras

Segunda leitura

Do Catecismo de São João Maria Vianney, presbítero
(Catéchisme sur la prière: A. Monnin, Esprit du Curé d'Ars, Paris 1899, pp. 87-89)   (Séc. XIX)

A mais bela profissão do homem é rezar e amar

Prestai atenção, meus filhinhos: o tesouro do cristão não está na terra, mas nos céus. Por isso, o nosso pensamento deve estar voltado para onde está o nosso tesouro. Esta é a mais bela profissão do homem: rezar e amar. Se rezais e amais, eis aí a felicidade do homem sobre a terra.

A oração nada mais é do que a união com Deus. Quando alguém tem o coração puro e unido a Deus, sente em si mesmo uma suavidade e doçura que inebria, e uma luz maravilhosa que o envolve. Nesta íntima união, Deus e a alma são como dois pedaços de cera, fundidos num só, de tal modo que ninguém pode mais separar. Como é bela esta união de Deus com sua pequenina criatura! É uma felicidade impossível de se compreender.

Nós nos havíamos tornado indignos de rezar. Deus, porém, na sua bondade, permitiu-nos falar com ele. Nossa oração é o incenso que mais lhe agrada.

Meus filhinhos, o vosso coração é por demais pequeno, mas a oração o dilata e torna capaz de amar a Deus. A oração faz saborear antecipadamente a felicidade do céu; é como o mel que se derrama sobre a alma e faz com que tudo nos seja doce. Na oração bem feita, os sofrimentos desaparecem, como a neve que se derrete sob os raios do sol.

Outro benefício que nos é dado pela oração: o tempo passa tão depressa e com tanta satisfação para o homem, que nem se percebe sua duração. Escutai: certa vez, quando eu era pároco em Bresse, tive que percorrer grandes distâncias para substituir quase todos os meus colegas que estavam doentes; nessas intermináveis caminhadas, rezava ao bom Senhor e – podeis crer! – o tempo não me parecia longo.

Há pessoas que mergulham profundamente na oração, como peixes na água, porque estão inteiramente entregues a Deus. Não há divisões em seus corações. Ó como eu amo estas almas generosas! São Francisco de Assis e Santa Clara viam nosso Senhor e conversavam com ele do mesmo modo como nós conversamos uns com os outros.

Nós, ao invés, quantas vezes entramos na Igreja sem saber o que iremos pedir. E, no entanto, sempre que vamos ter com alguém, sabemos perfeitamente o motivo por que vamos. Há até mesmo pessoas que parecem falar com Deus deste modo: "Só tenho duas palavras para vos dizer e logo ficar livre de vós...". Muitas vezes penso nisto: quando vamos adorar a Deus, podemos alcançar tudo o que desejamos, se o pedirmos com fé viva e coração puro.

Responsório
2Cor 4,17; 1Cor 2,9

R. Nossa **tribulação** momen**tâ**nea e **l**eve
  * Pro**duz** para **nós** eterno **p**eso de **glória**,
  que **não** tem me**di**da.

V. Não há **o**lhos que **vi**ram, nem ou**vi**dos ou**vi**ram,
  nem ja**mais** pene**trou** em **men**te hu**ma**na
  o que **Deus** prepa**rou** para **aque**les que o **a**mam.
  * Pro**duz**.

Oração

Deus de poder e misericórdia, que tornastes São João Maria Vianney um pároco admirável por sua solicitude pastoral, dai-nos, por sua intercessão e exemplo, conquistar no amor de Cristo os irmãos e irmãs para vós e alcançar com eles a glória eterna. Por nosso Senhor Jesus Cristo, vosso Filho, na unidade do Espírito Santo.

5 de agosto

DEDICAÇÃO DA BASÍLICA DE SANTA MARIA MAIOR

Depois do Concílio de Éfeso (431), em que a Mãe de Jesus foi proclamada Mãe de Deus, o papa Sixto III (432-440) erigiu em Roma, no monte Esquilino, uma basílica dedicada à Santa Mãe de Deus, chamada mais tarde Santa Maria Maior. É esta a mais antiga Igreja do Ocidente dedicada à Santíssima Virgem.

Do Comum de Nossa Senhora, p. 1507, exceto o seguinte:

Ofício das Leituras

Segunda leitura
Da Homilia pronunciada no Concílio de Éfeso por São Cirilo de Alexandria, bispo

(Hom. 4: PG 77, 991.995-996) (Séc. V)

Louvor de Maria, Mãe de Deus

Contemplo esta assembleia de homens santos, alegres e exultantes que, convidados pela santa e sempre Virgem Maria e Mãe de Deus, prontamente acorreram para cá. Embora oprimido por uma grande tristeza, a vista dos santos padres aqui reunidos encheu-me de júbilo. Neste momento, vemos realizar-se entre nós aquelas doces palavras do salmista Davi: *Vede como é bom, como é suave os irmãos viverem juntos bem unidos!* (Sl 132,1).

Salve, ó mística e santa Trindade, que nos reunistes a todos nós nesta igreja de Santa Maria, Mãe de Deus.

Salve, ó Maria, Mãe de Deus, venerável tesouro do mundo inteiro, lâmpada inextinguível, coroa da virgindade, cetro da verdadeira doutrina, templo indestrutível, morada daquele que lugar algum pode conter, virgem e mãe, por meio de quem é proclamado *bendito* nos santos evangelhos *o que vem em nome do Senhor* (Mt 21,9).

Salve, ó Maria, tu que trouxeste em teu sagrado seio virginal o Imenso e Incompreensível; por ti, é glorificada e adorada a Santíssima Trindade; por ti, se festeja e é adorada no universo a cruz preciosa; por ti, exultam os céus; por ti, se alegram os anjos e arcanjos; por ti, são postos em fuga os demônios; por ti, cai do céu o diabo tentador; por ti, é elevada ao céu a criatura decaída; por ti, todo o gênero humano, sujeito à insensatez dos ídolos, chega ao conhecimento da verdade; por ti, o santo batismo purifica os que creem; por ti, recebemos o óleo da alegria; por ti, são fundadas Igrejas em toda a terra; por ti, as nações são conduzidas à conversão.

E que mais direi? Por Maria, o Filho Unigênito de Deus veio *iluminar os que jazem nas trevas e nas sombras da morte* (Lc 1,77); por ela, os profetas anunciaram as coisas futuras; por ela, os apóstolos proclamaram aos povos a salvação; por ela, os mortos ressuscitam; por ela, reinam os reis em nome da Santíssima Trindade.

Quem dentre os homens é capaz de celebrar dignamente a Maria, merecedora de todo louvor? Ela é mãe e virgem. Que coisa admirável! Este milagre me deixa extasiado. Quem jamais ouviu dizer que o construtor fosse impedido de habitar no templo que ele próprio construiu? Quem se humilhou tanto a ponto de escolher uma escrava para ser sua própria mãe?

Eis que tudo exulta de alegria! Reverenciemos e adoremos a divina Unidade, com santo temor veneremos a indivisível Trindade, ao celebrar com louvores a sempre Virgem Maria! Ela é o templo santo de Deus, que é seu Filho e esposo imaculado. A ele a glória pelos séculos dos séculos. Amém.

Responsório　　　　　　　　　　　　　　Cf. Lc 1,48-49

R. Co**migo** ale**grai**-vos, todos **vós** que a Deus te**meis**
porque **sen**do peque**ni**na, agra**dei** ao Deus Al**tís**simo,
* E ge**rei** o Deus e **ho**mem, trazendo-o no meu **ven**tre.

V. Doravante as gerações hão de chamar-me de bendita,
pois olhou o Poderoso para a sua humilde serva.
* E gerei.

Laudes

Cântico evangélico, ant.

Mãe de **Deus**, a mais **santa**, sempre **Vir**gem **Maria**:
És ben**di**ta entre **to**das as mu**lhe**res da **te**rra,
e ben**di**to é o **fru**to que nas**ceu** do teu **ven**tre!

Oração

Perdoai, Senhor, os nossos pecados, e como não vos podemos agradar por nossos atos, sejamos salvos pela intercessão da Virgem Maria, Mãe de Deus. Por nosso Senhor Jesus Cristo, vosso Filho, na unidade do Espírito Santo.

Vésperas

Cântico evangélico, ant.

Santa Ma**ria**, Mãe de **Deus**, rogai por **nós**, peca**do**res,
agora e na **ho**ra de **nos**sa morte. A**mém**.

COMUNS

As antífonas do Cântico evangélico indicadas para as I Vésperas das solenidades podem também ser ditas nas Vésperas das memórias dos Santos.

COMUM DA DEDICAÇÃO DE UMA IGREJA

I Vésperas

HINO, Jerusalém gloriosa, como nas II Vésperas, p. 1495.

Salmodia

Ant. 1 Jerusalém está em festa:
ruas e praças rejubilam de alegria, aleluia.

Salmo 146(147A)

= ¹ Louvai o Senhor Deus, porque ele é bom, †
cantai ao nosso Deus, porque é suave: *
ele é digno de louvor, ele o merece!

– ² O Senhor reconstruiu Jerusalém, *
e os dispersos de Israel juntou de novo;

– ³ ele conforta os corações despedaçados, *
ele enfaixa suas feridas e as cura;

– ⁴ fixa o número de todas as estrelas *
e chama a cada uma por seu nome.

– ⁵ É grande e onipotente o nosso Deus, *
seu saber não tem medidas nem limites.

– ⁶ O Senhor Deus é o amparo dos humildes, *
mas dobra até o chão os que são ímpios.

– ⁷ Entoai, cantai a Deus ação de graças, *
tocai para o Senhor em vossas harpas!

– ⁸ Ele reveste todo o céu com densas nuvens, *
e a chuva para a terra ele prepara;

– faz crescer a verde relva sobre os montes *
e as plantas que são úteis para o homem;

– ⁹ ele dá aos animais seu alimento, *
e ao corvo e aos seus filhotes que o invocam.

–¹⁰ Não é a força do cavalo que lhe agrada, *
nem se deleita com os músculos do homem,

— ¹¹mas **agra**dam ao Senhor os que o respeitam, *
  os que con**fi**am, esperando em seu amor!

Ant. Jerusa**lém** está em **fes**ta:
  ruas e **pra**ças reju**bi**lam de ale**gri**a, ale**lui**a.

Ant. 2 O Se**nhor** refor**çou** as tuas **por**tas
  e os teus **fi**lhos em teu **sei**o aben**ço**ou.

Salmo 147(147B)

— ¹²Glori**fi**ca o Se**nhor**, Jerusa**lém**! *
  Ó Si**ão**, canta louvores ao teu Deus!
— ¹³Pois refor**çou** com segurança as tuas portas, *
  e os teus **fi**lhos em teu seio aben**ço**ou;
— ¹⁴a **paz** em teus limites garantiu *
  e te **dá** como alimento a flor do trigo.
— ¹⁵Ele en**vi**a suas ordens para a terra, *
  e a pa**la**vra que ele diz corre veloz;
— ¹⁶ele **faz** cair a neve como lã *
  e es**pa**lha a geada como cinza.
— ¹⁷Como de **pão** lança as migalhas do granizo, *
  a seu **fri**o as águas ficam congeladas.
— ¹⁸Ele en**vi**a sua palavra e as derrete, *
  sopra o **ven**to e de novo as águas correm.
— ¹⁹Anuncia a Jacó sua palavra, *
  seus pre**cei**tos e suas leis a Israel.
— ²⁰Nenhum **po**vo recebeu tanto carinho, *
  a nenhum **ou**tro revelou os seus preceitos.

Ant. O Se**nhor** refor**çou** as tuas **por**tas
  e os teus **fi**lhos em teu **sei**o aben**ço**ou.

Ant. 3 Os **san**tos se alegram na Cidade do Senhor;
  os **an**jos cantam **hi**nos de lou**vor** ante seu **tro**no.
  Aleluia.

No cântico seguinte dizem-se os Aleluias entre parênteses somente quando se canta; na recitação, basta dizer os Aleluias no começo, entre as estrofes e no fim.

Cântico   Cf. Ap 19,1-2.5-7

= Aleluia, (Aleluia!).
¹ Ao nosso **Deus** a salva**ção**, *
honra, **gló**ria e poder! (Aleluia!).
– ² Pois são ver**da**de e justiça *
os juízos do Senhor.

R. Aleluia, (Aleluia!).

= Ale**lui**a, (Aleluia!).
⁵ Cele**brai** o nosso Deus, *
servi**do**res do Senhor! (Aleluia!).
– E vós **to**dos que o temeis, *
vós os **gran**des e os pequenos!

R. Aleluia, (Aleluia!).

= Aleluia, (Aleluia!).
⁶ De seu **Rei**no tomou posse *
nosso **Deus** onipotente! (Aleluia!).
– ⁷ Exultemos de alegria, *
demos **gló**ria ao nosso Deus!

R. Aleluia, (Aleluia!).

= Aleluia, (Aleluia!).
Eis que as **núp**cias do Cordeiro *
redivivo se aproximam! (Aleluia!).
– Sua Es**po**sa se enfeitou, *
se ves**tiu** de linho puro.

R. Aleluia, (Aleluia!).

Ant. Os **san**tos se alegram na Ci**da**de do **Senhor**;
os **an**jos cantam **hi**nos de lou**vor** ante seu **tro**no.
Ale**lui**a.

Leitura breve — Ef 2,19-22

Já não sois mais estrangeiros nem migrantes, mas concidadãos dos santos. Sois da família de Deus. Vós fostes integrados no edifício que tem como fundamento os apóstolos e os profetas, e o próprio Jesus Cristo como pedra principal. É nele que toda a construção se ajusta e se eleva para formar um templo santo no Senhor. E vós também sois integrados nesta construção, para vos tornardes morada de Deus pelo Espírito.

Responsório breve

R. Refulge, ó Senhor, * A santidade em vossa casa.
  R. Refulge.
V. Pelos séculos dos séculos. * A santidade.
  Glória ao Pai. R. Refulge.

Cântico evangélico, ant.

Alegrai-vos com Sião e exultai por sua causa,
todos vós que a amais.

Preces

Oremos a nosso Salvador, que entregou a vida para reunir num só povo os filhos de Deus dispersos; e digamos:

R. **Lembrai-vos, Senhor, da vossa Igreja!**

Senhor Jesus, que edificastes a vossa casa sobre a rocha firme,
— consolidai e robustecei a fé e a esperança de vossa Igreja. R.

Senhor Jesus, de cujo lado aberto jorraram sangue e água,
— renovai a vossa Igreja pelos sacramentos da nova e eterna aliança. R.

Senhor Jesus, que estais no meio daqueles que se reúnem em vosso nome,
— escutai a oração de toda a vossa Igreja. R.

Senhor Jesus, que vindes com o Pai morar naqueles que vos amam,
– tornai a vossa Igreja perfeita na caridade. R.
(intenções livres)

Senhor Jesus, que nunca rejeitais quem se aproxima de vós,
– fazei entrar na casa do Pai todos os que já morreram. R.
Pai nosso...

Oração

Na própria igreja dedicada:
Ó Deus, que nos fazeis reviver cada ano a dedicação desta igreja, ouvi as preces do vosso povo, e concedei que celebremos neste lugar um culto perfeito e alcancemos a plena salvação. Por nosso Senhor Jesus Cristo, vosso Filho, na unidade do Espírito Santo.

Em outra igreja:
Ó Deus, que edificais o vosso templo eterno com pedras vivas e escolhidas, difundi na vossa Igreja o Espírito que lhe destes, para que o vosso povo cresça sempre mais construindo a Jerusalém celeste. Por nosso Senhor Jesus Cristo, vosso Filho, na unidade do Espírito Santo.

Ou:
Ó Deus, que chamastes Igreja o vosso povo, concedei aos que se reúnem em vosso nome temer-vos, amar-vos e seguir-vos, até alcançar, guiados por vós, as promessas eternas. Por nosso Senhor Jesus Cristo, vosso Filho, na unidade do Espírito Santo.

Invitatório

R. **Igre**ja, Es**po**sa de **Cris**to, a**cla**ma e **lou**va o Se**nhor**.
Ou:
R. Ado**re**mos Jesus **Cris**to, que **a**ma a sua **Igre**ja.
Salmo invitatório como no Ordinário, p. 583.

Ofício das Leituras

Hino

Senhor Jesus, a quem tudo pertence,
mas aceitais dos homens os presentes:
um lugar santo hoje vos dedicaram,
por isso nós exultamos contentes.

Salve o lugar, Senhor, que foi chamado
Casa do Rei, porta de umbrais celestes,
por onde sobe a Deus todo o seu povo,
como a Escada que a Jacó vós destes!

Eis o lugar, Senhor, onde os fiéis
cantando acorrem neste vosso dia,
para buscar na fonte a vida eterna
e oferecer no altar a Eucaristia!

Ó Deus, volvei a nós um rosto amigo
e com carinho guardai vosso povo,
que hoje celebra o templo consagrado,
cantando em vossa honra um canto novo.

Louvor a vós, ó Pai, e glória ao Filho,
que foi na terra o templo verdadeiro,
e nos mandou o Espírito divino
que faz um templo vivo ao povo inteiro.

Salmodia

Ant. 1 Ó **por**tas, levan**tai** vossos front**ões**!
Ele**vai**-vos bem mais **al**to, antigas **por**tas!

Quando o salmo seguinte é usado no Invitatório, diz-se, em seu lugar, o salmo 94(95), à p. 583.

Salmo 23(24)

— ¹Ao Se**nhor** pertence a **ter**ra e o que ela en**cer**ra, *
o mundo in**tei**ro com os seres que o povoam;
— ²porque **el**e a tornou firme sobre os mares, *
e sobre as **ág**uas a mantém inabalável. —

— ³"Quem subirá até o monte do Senhor, *
quem ficará em sua santa habitação?"
= ⁴"Quem tem mãos puras e inocente coração, †
quem não dirige sua mente para o crime, *
nem jura falso para o dano de seu próximo.
— ⁵ Sobre este desce a bênção do Senhor *
e a recompensa de seu Deus e Salvador".
— ⁶"É assim a geração dos que o procuram, *
e do Deus de Israel buscam a face".
= ⁷"Ó portas, levantai vossos frontões! †
Elevai-vos bem mais alto, antigas portas, *
a fim de que o Rei da glória possa entrar!"
= ⁸ Dizei-nos: "Quem é este Rei da glória?" †
"É o Senhor, o valoroso, o onipotente, *
o Senhor, o poderoso nas batalhas!"
= ⁹"Ó portas, levantai vossos frontões! †
Elevai-vos bem mais alto, antigas portas, *
a fim de que o Rei da glória possa entrar!"
=¹⁰Dizei-nos: "Quem é este Rei da glória?" †
"O Rei da glória é o Senhor onipotente, *
o Rei da glória é o Senhor Deus do universo!"

Ant. Ó portas, levantai vossos frontões!
Elevai-vos bem mais alto, antigas portas!

Ant. 2 Quão amável, ó Senhor, é vossa casa! †

Salmo 83(84)

— ² Quão amável, ó Senhor, é vossa casa, *
† quanto a amo, Senhor Deus do universo!
— ³ Minha alma desfalece de saudades *
e anseia pelos átrios do Senhor!
— Meu coração e minha carne rejubilam *
e exultam de alegria no Deus vivo! —

= ⁴Mesmo o pardal encontra abrigo em vossa casa, †
   e a andorinha aí prepara o seu ninho, *
   para nele seus filhotes colocar:
− Vossos altares, ó Senhor Deus do universo! *
   vossos altares, ó meu Rei e meu Senhor!
− ⁵Felizes os que habitam vossa casa; *
   para sempre haverão de vos louvar!
− ⁶Felizes os que em vós têm sua força, *
   e se decidem a partir quais peregrinos!
= ⁷Quando passam pelo vale da aridez, †
   o transformam numa fonte borbulhante, *
   pois a chuva o vestirá com suas bênçãos.
− ⁸Caminharão com ardor sempre crescente *
   e hão de ver o Deus dos deuses em Sião.
− ⁹Deus do universo, escutai minha oração! *
   Inclinai, Deus de Jacó, o vosso ouvido!
− ¹⁰Olhai, ó Deus, que sois a nossa proteção, *
   vede a face do eleito, vosso Ungido!
− ¹¹Na verdade, um só dia em vosso templo *
   vale mais do que milhares fora dele!
− Prefiro estar no limiar de vossa casa, *
   a hospedar-me na mansão dos pecadores!
− ¹²O Senhor Deus é como um sol, é um escudo, *
   e largamente distribui a graça e a glória.
− O Senhor nunca recusa bem algum *
   àqueles que caminham na justiça.
− ¹³Ó Senhor, Deus poderoso do universo, *
   feliz quem põe em vós sua esperança!

Ant. Quão amável, ó Senhor, é vossa casa!
Ant. 3 Dizem coisas gloriosas da Cidade do Senhor.

Salmo 86(87)

– ¹ O Senhor ama a cidade *
que fundou no Monte santo;
– ² ama as portas de Sião *
mais que as casas de Jacó.
– ³ Dizem coisas gloriosas *
da Cidade do Senhor:
– ⁴ "Lembro o Egito e Babilônia *
entre os meus veneradores.
= Na Filisteia ou em Tiro †
ou no país da Etiópia, *
este ou aquele ali nasceu".
= ⁵ De Sião, porém, se diz: †
"Nasceu nela todo homem; *
Deus é sua segurança".
= ⁶ Deus anota no seu livro, †
onde inscreve os povos todos: *
"Foi ali que estes nasceram".
– ⁷ E por isso todos juntos *
a cantar se alegrarão;
– e, dançando, exclamarão: *
"Estão em ti as nossas fontes!"

Ant. Dizem coisas gloriosas da Cidade do Senhor.
V. Eu me volto reverente ao vosso templo.
R. E adoro com respeito o vosso nome.

Primeira leitura
Da Primeira Carta de São Pedro   2,1-17

Como pedras vivas, entrai na edificação

Caríssimos: ¹Despojai-vos de toda maldade, mentira e hipocrisia, e de toda inveja e calúnia. ²Como criancinhas recém-nascidas, desejai o leite legítimo e puro, que vos vai

fazer crescer na salvação. ³Pois já provastes que o Senhor é bom. ⁴Aproximai-vos do Senhor, pedra viva, rejeitada pelos homens, mas escolhida e honrosa aos olhos de Deus. ⁵Do mesmo modo, também vós, como pedras vivas, formai um edifício espiritual, um sacerdócio santo, a fim de oferecerdes sacrifícios espirituais, agradáveis a Deus, por Jesus Cristo. ⁶Com efeito, nas Escrituras se lê:
"Eis que ponho em Sião uma pedra angular,
escolhida e magnífica;
quem nela confiar, não será confundido".

⁷A vós, portanto, que tendes fé, cabe a honra. Mas para os que não creem,
"a pedra que os construtores rejeitaram
tornou-se a pedra angular,
⁸pedra de tropeço e rocha que faz cair". Nela tropeçam os que não acolhem a Palavra; esse é o destino deles.

⁹Mas vós sois a raça escolhida, o sacerdócio do Reino, a nação santa, o povo que ele conquistou para proclamar as obras admiráveis daquele que vos chamou das trevas para a sua luz maravilhosa. ¹⁰Vós sois aqueles que "antes não eram povo, agora porém são povo de Deus; os que não eram objeto de misericórdia, agora porém alcançaram misericórdia".

¹¹Amados, eu vos exorto como a estrangeiros e migrantes: afastai-vos das humanas paixões, que fazem guerra contra vós mesmos. ¹²Tende bom procedimento no meio dos gentios. Deste modo, mesmo caluniando-vos, como se fôsseis malfeitores, eles poderão observar a vossa boa atuação e glorificar a Deus, no dia de sua visitação.

¹³Sede submissos a toda autoridade humana, por amor ao Senhor, quer ao imperador, como soberano, ¹⁴quer aos governadores, que por ordem de Deus castigam os malfeitores e premiam os que fazem o bem. ¹⁵Pois a vontade de Deus é precisamente esta: que, fazendo o bem, caleis a ignorância dos insensatos. ¹⁶Conduzi-vos como pessoas livres, mas sem usar a liberdade como pretexto para o mal. Pelo contrário, sede servidores de Deus.

¹⁷Honrai a todos, e amai os irmãos. Tende temor de Deus, e honrai o rei.

Responsório   Cf. Tb 13,16; Ap 21,19-21
R. Todas tuas muralhas são de pedras preciosas.
 * E as torres de Sião serão reconstruídas
   com gemas reluzentes.
V. As portas de Sião serão reconstruídas
   com safiras e esmeraldas
   e todas suas muralhas, com pedras preciosas.
 * E as torres.

Segunda leitura
Das Homilias sobre o Livro de Josué, de Orígenes, presbítero

(Homilia 9,1-2: PG 12,871-872)   (Séc. III)

Como pedras vivas, constituímos a casa e o altar de Deus

Todos nós, que cremos no Cristo Jesus, somos chamados *pedras vivas,* segundo as palavras das Escrituras: *Também vós, como pedras vivas, formai um edifício espiritual, um sacerdócio santo, a fim de oferecerdes sacrifícios espirituais, agradáveis a Deus, por Jesus Cristo* (1Pd 2,5).

Ora, quando se trata de pedras de construção, sabemos que primeiro são colocadas nos alicerces as mais sólidas e resistentes, para que possamos com segurança colocar-lhes em cima todo o peso do edifício; do mesmo modo, também entre as pedras vivas algumas são colocadas nos alicerces do edifício espiritual. Quais são essas pedras vivas colocadas nos alicerces? *São os apóstolos e os profetas,* como ensina São Paulo: *Vós fostes integrados no edifício que tem como fundamento os apóstolos e os profetas, e o próprio Jesus Cristo, nosso Senhor, como pedra principal* (Ef 2,20).

Tu que me ouves, para melhor participares da construção deste edifício e seres uma das pedras mais próximas do alicerce, fica sabendo ser o próprio Cristo o alicerce do edifício que estamos descrevendo. Assim se exprime o apóstolo Paulo: *Ninguém pode colocar outro alicerce diferente do que aí está, já colocado: Jesus Cristo* (1Cor 3,11). Felizes, pois, aqueles que vão se tornando edifícios religiosos e santos sobre tão nobre alicerce!

Todavia, neste edifício que é a Igreja, também é necessário um altar. Por isso julgo que todos dentre vós, *pedras vivas,* preparados e dispostos para se dedicarem à oração, a fim de oferecer a Deus dia e noite o sacrifício de suas preces e súplicas, sois as pedras com que Jesus edifica o altar.

Considera, portanto, a nobreza dessas pedras do altar: *Como prescreveu o legislador Moisés,* diz a Escritura, *que se construa o altar com pedras inteiras, não talhadas pelo ferro.* Que pedras inteiras e intocadas são estas? Talvez os santos Apóstolos, formando em conjunto um só altar por sua unanimidade e concórdia. De fato, narra-se que *todos eles perseveravam na oração em comum* (At 1,14), e, tomando a palavra, disseram: *Senhor, tu conheces os corações de todos* (At 1,24).

Os que assim podiam orar, num só coração, numa só voz e num só espírito, são realmente dignos de construir um só altar, sobre o qual Jesus ofereça seu sacrifício ao Pai.

Também devemos nos esforçar por ter a mesma linguagem e os mesmos sentimentos, nada fazendo por espírito de contenda ou vanglória. Permanecendo unidos no mesmo modo de sentir e pensar, certamente nos tornaremos pedras dignas do altar.

Responsório   Cf. Is 2,2.3; Sl 125(126),6

R. A **ca**sa do **Se**nhor foi construída
no mais **al**to, sobre o **cu**me das mon**tan**has
e eleva**da** muito **a**cima das co**li**nas.
* Para **e**la acorre**rão** todas as **gen**tes,
di**zen**do: Honra e **gló**ria a vós, Se**nhor**!

V. **Cantan**do de ale**gria** voltar**ão**, carre**gan**do os seus **feix**es.
 * Para **ela**.

Ou:

Dos Sermões de Santo Agostinho, bispo
 Sermão 336, 1. 6: PL 38 [edit. 1861], 1471-1472.1475)
(Séc. V)
Edificação e dedicação da casa de Deus em nós

A solenidade que nos reúne é a dedicação de uma casa de oração. Realmente, esta é a casa de nossas orações; mas a casa de Deus somos nós. Se nós é que somos a casa de Deus, continuemos construindo neste mundo, para sermos consagrados no fim dos tempos. O edifício, ou melhor, a construção exige trabalho, mas a consagração realiza-se com alegria.

O que acontecia aqui, enquanto esta casa estava sendo erguida, é o que acontece agora quando se reúnem os que creem em Cristo. Com efeito, ao abraçarem a fé, foram como a madeira cortada na floresta e as pedras talhadas nos montes; ao serem catequizados, batizados e instruídos, foram lavrados, acertados e aplainados pelas mãos dos carpinteiros e construtores.

Contudo, esses materiais não constroem a casa do Senhor senão quando são unidos pela caridade. Se estas madeiras e pedras não se encaixassem ordenadamente, não se entrelaçassem pacificamente e, por assim dizer, não se amassem mutuamente, ninguém poderia entrar aqui. Mas, quando vês em qualquer construção pedras e madeiras formando um todo bem ajustado, então podes entrar nela sem temer que desabe.

Querendo, pois, o Cristo Senhor entrar e habitar em nós, dizia como se estivesse construindo: *Eu vos dou um novo mandamento: que vos ameis uns aos outros* (Jo 13,34). Disse: *Eu vos dou um novo mandamento.* Vós éreis velhos, deitados em vossas ruínas, sem condições de serdes uma casa para mim. Portanto, para vos levantardes da velhice de vossas ruínas, *amai-vos uns aos outros.*

Considere vossa caridade que esta casa ainda está sendo construída no mundo inteiro, como foi predito e prometido. Depois do cativeiro, quando se edificava o Templo, dizia-se num salmo: *Cantai ao Senhor Deus um canto novo, cantai ao Senhor Deus, ó terra inteira* (Sl 95,1). Ao canto novo do salmo corresponde o *mandamento novo* do Senhor. Que há, em verdade, num canto novo senão um amor novo? Cantar é próprio de quem ama! A voz deste cantor é a paixão de um amor sagrado.

O que vemos aqui, materialmente, nas paredes, sucede espiritualmente em vosso íntimo; e o que vemos realizado com perfeição na pedra e madeira, também se realize em vossos corpos, pela graça de Deus.

Acima de tudo, portanto, demos graças ao Senhor nosso Deus, de quem procedem toda boa dádiva e todo dom perfeito, e louvemos sua bondade com toda a alegria do coração. Para que esta casa de oração fosse construída, ele iluminou o espírito dos fiéis, despertou-lhes o afeto, deu-lhes a sua ajuda, inspirou os que ainda não a queriam a querê-la, levando a termo os esforços de sua boa vontade. E deste modo Deus, *que realiza* nos seus *tanto o querer como o fazer, conforme o seu desígnio benevolente* (Fl 2,13), começou e concluiu tudo isto.

Responsório Sl 83(84),2-3.5

R. Quão **amável**, ó S**en**hor, é **vossa casa,**
   Quanto a **amo,** Senhor **Deus** do uni**ver**so!
 * **Minha alma** desfalece de sau**da**des
   e an**seia** pelos **á**trios do S**en**hor!
V. **Felizes** os que ha**bi**tam vossa **casa,**
   para **sempre** have**rão** de vos lou**var**.* Minha **alma.**

HINO Te Deum, p. 589.

Oração como nas Laudes.

Laudes

Hino

Do Pai eterno talhado,
Jesus, à terra baixado
tornou-se pedra angular;
na qual o povo escolhido
e o das nações convertido
vão afinal se encontrar.

Eis que a Deus é consagrada
para ser sua morada
triunfal Jerusalém,
onde em louvor ao Deus trino
sobem dos homens o hino,
os Aleluias e o Amém.

No vosso altar reluzente
permanecei Deus, presente,
sempre a escutar nossa voz;
acolhei todo pedido,
acalmai todo gemido
dos que recorrem a vós.

Sejamos nós pedras vivas,
umas das outras cativas,
que ninguém possa abalar;
com vossos santos um dia,
a exultar de alegria
no céu possamos reinar.

Ant. 1 Minha **ca**sa é **ca**sa de ora**ção**.

Salmos e cântico do domingo da I Semana, p. 626.

Ant. 2 Sede ben**di**to, Senhor **Deus** de nossos **pais**,
no templo **san**to onde re**ful**ge a vossa **glória**!

Ant. 3 Lou**vai** o Se**nhor** na assem**bleia** dos **san**tos!

Leitura breve
Is 56,7

Eu os conduzirei ao meu santo monte e os alegrarei em minha casa de oração; aceitarei com agrado em meu altar seus holocaustos e vítimas, pois minha casa será chamada casa de oração para todos os povos.

Responsório breve
R. **Gran**de é o **Senhor**, * E muito **dig**no de lou**vor**.
   R. **Gran**de.
V. No Monte **san**to, na ci**da**de onde ele **mo**ra.
   * E muito **dig**no. Glória ao **Pai**. R. **Gran**de.

Cântico evangélico, ant.
Za**queu**, desce de**pres**sa,
porque **ho**je vou ficar em tua **ca**sa!
Ele des**ceu** rapida**men**te
e o rece**beu** com ale**gria** em sua **ca**sa.
Hoje en**trou** a salva**ção** nesta **ca**sa.

Preces
Como pedras vivas, edificadas sobre Cristo, pedra angular, peçamos cheios de fé a Deus Pai todo-poderoso em favor de sua amada Igreja; e digamos:

R. **Esta é a casa de Deus e a porta do céu!**

Pai do céu, que sois o agricultor da vinha que Cristo plantou na terra, purificai, guardai e fazei crescer a vossa Igreja,
– para que, sob o vosso olhar, ela se espalhe por toda a terra.
R.

Pastor eterno, protegei e aumentai o vosso rebanho,
– para que todas as ovelhas se congreguem na unidade, sob um só pastor, Jesus Cristo, vosso Filho.
R.

Semeador providente, semeai a palavra em vosso campo,
– para que dê frutos abundantes para a vida eterna.
R.

Sábio construtor, santificai a Igreja, vossa casa e vossa família,
— para que ela apareça no mundo como cidade celeste, Jerusalém nova e Esposa sem mancha. R.

(intenções livres)

Pai nosso...

Oração

Na própria igreja dedicada:

Ó Deus, que nos fazeis reviver cada ano a dedicação desta igreja, ouvi as preces do vosso povo, e concedei que celebremos neste lugar um culto perfeito e alcancemos a plena salvação. Por nosso Senhor Jesus Cristo, vosso Filho, na unidade do Espírito Santo.

Em outra igreja:

Ó Deus, que edificais o vosso templo eterno com pedras vivas e escolhidas, infundi na vossa Igreja o Espírito que lhe destes, para que o vosso povo cresça sempre mais construindo a Jerusalém celeste. Por nosso Senhor Jesus Cristo, vosso Filho, na unidade do Espírito Santo.

Ou:

Ó Deus, que chamastes Igreja o vosso povo, concedei aos que se reúnem em vosso nome temer-vos, amar-vos e seguir-vos, até alcançar, guiados por vós, as promessas eternas. Por nosso Senhor Jesus Cristo, vosso Filho, na unidade do Espírito Santo.

Hora Média

Oração das Nove Horas

Ant. A santa **Igre**ja é o **tem**plo do **Se**nhor,
é a constru**ção**, é a planta**ção** que Deus cul**ti**va.

Nos salmos graduais da Salmodia complementar, em lugar do Salmo 121(122), pode-se dizer o Salmo 128(129), à p. 1119.

Leitura breve 1Cor 3,16-17

Acaso não sabeis que sois santuário de Deus e que o Espírito de Deus mora em vós? Se alguém destruir o santuário de Deus, Deus o destruirá, pois o santuário de Deus é santo, e vós sois esse santuário.

V. Se**nhor**, eu amo a **ca**sa onde habi**tais**.
R. E o lu**gar** em que re**si**de a vossa **glória**.

Oração das Doze Horas

Ant. Re**fulge** a santi**da**de em vossa **ca**sa
 pelos **sé**culos dos **sé**culos, Se**nhor**!

Leitura breve 2Cor 6,16

Vós sois templo do Deus vivo, como disse o próprio Deus: Eu habitarei no meio deles e andarei entre eles. Serei o seu Deus e eles serão o meu povo.

V. **Rogai** que viva em **paz** Jerusa**lém**.
R. E em segu**ran**ça os que te **a**mam.

Oração das Quinze Horas

Ant. Eis a **Ca**sa do Se**nhor** solida**men**te edifi**ca**da,
 cons**truí**da sobre a **ro**cha.

Leitura breve Jr 7,2b.4-5a.7a

Ouvi a Palavra do Senhor, todos vós, que entrais por estas portas para adorar o Senhor. Não ponhais vossa confiança em palavras mentirosas, dizendo: "É o templo do Senhor, o templo do Senhor, o templo do Senhor!" Mas, se melhorardes vossa conduta e vossas obras, então eu vos farei habitar neste lugar.

Ou: Ag 6a.7.9

Isto diz o Senhor dos exércitos: Sacudirei todos os povos, e começarão a chegar tesouros de todas as nações, hei de encher de esplendor esta casa, diz o Senhor dos exércitos. O

esplendor desta nova casa será maior que o da primeira, diz
o Senhor dos exércitos; e, neste lugar, estabelecerei a paz,
diz o Senhor dos exércitos.

V. En**trai** por suas **por**tas dando gra**ças**.
R. E em seus **á**trios com **hi**nos de lou**vor**!
Oração como nas Laudes.

II Vésperas

Hino

Jerusalém gloriosa,
visão bendita de paz,
de pedras vivas erguida,
por entre os astros brilhais
qual noiva, de anjos cingida,
que seu caminho perfaz.

Já vem do céu preparada
para o festim nupcial,
e ao Senhor será dada
no esplendor virginal.
As suas praças e muros
são do mais puro metal.

Pérolas brilham nas portas
desta cidade sem par,
e pela força dos méritos
vem no seu seio habitar
quem pelo nome de Cristo
soube sofrer e lutar.

Ásperas pedras, talhadas
por um perito no ofício,
com marteladas polidas,
constroem todo o edifício,
umas às outras unidas,
sem qualquer fenda ou orifício.

Ao Pai louvor seja dado,
ao Filho glória também,
com o Espírito sagrado
que dum e doutro provém.
Honra e poder são devidos
aos Três nos séculos. Amém.

Salmodia

Ant. 1 O Senhor tornou santa a sua morada:
  Quem a pode abalar? Ele habita em seu meio.

Salmo 45(46)

– ²O Senhor para nós é refúgio e vigor, *
  sempre pronto, mostrou-se um socorro na angústia;
– ³Assim não temremos, se a terra estremece, *
  se os montes desabam, caindo nos mares,
– ⁴se as águas trovejam e as ondas se agitam, *
  se, em feroz tempestade, as montanhas se abalam:

– ⁵Os braços de um rio vêm trazer alegria *
  à Cidade de Deus, à morada do Altíssimo.
– ⁶Quem a pode abalar? Deus está no seu meio! *
  Já bem antes da aurora, ele vem ajudá-la.
– ⁷Os povos se agitam, os reinos desabam; *
  troveja sua voz e a terra estremece.

– ⁸Conosco está o Senhor do universo! *
  O nosso refúgio é o Deus de Jacó!

– ⁹Vinde ver, contemplai os prodígios de Deus *
  e a obra estupenda que fez no universo:
=¹⁰reprime as guerras na face da terra, †
  ele quebra os arcos, as lanças destrói *
  e queima no fogo os escudos e as armas:
– ¹¹"Parai e sabei, conhecei que eu sou Deus, *
  que domino as nações, que domino a terra!" –

— ¹²Conosco está o Senhor do universo! *
   O nosso refúgio é o Deus de Jacó!

Ant. O Senhor tornou santa a sua morada:
   Quem a pode abalar? Ele habita em seu meio.

Ant. 2 Alegres iremos à casa de Deus!

Salmo 121(122)

— ¹Que alegria, quando ouvi que me disseram: *
   "Vamos à casa do Senhor!"
— ²E agora nossos pés já se detêm, *
   Jerusalém, em tuas portas.
— ³Jerusalém, cidade bem edificada *
   num conjunto harmonioso;
— ⁴para lá sobem as tribos de Israel, *
   as tribos do Senhor.
— Para louvar, segundo a lei de Israel, *
   o nome do Senhor.
— ⁵A sede da justiça lá está *
   e o trono de Davi.
— ⁶Rogai que viva em paz Jerusalém, *
   e em segurança os que te amam!
— ⁷Que a paz habite dentro de teus muros, *
   tranquilidade em teus palácios!
— ⁸Por amor a meus irmãos e meus amigos, *
   peço: "A paz esteja em ti!"
— ⁹Pelo amor que tenho à casa do Senhor, *
   eu te desejo todo bem!

Ant. Alegres iremos à casa de Deus!

Ant. 3 Santos todos de Deus, entoai seu louvor!

No cântico seguinte dizem-se os Aleluias entre parênteses somente quando se canta; na recitação, basta dizer os Aleluias no começo, entre as estrofes e no fim.

Cântico Cf. Ap 19,1-7

= Aleluia, (Aleluia!).
¹ Ao nosso **Deus** a salva**ção**, *
honra, **gló**ria e poder! (Aleluia!).
− ² Pois são ver**da**de e justiça *
os juízos do Senhor.

R. Aleluia, (Aleluia!).

= Aleluia, (Aleluia!).
⁵ Celebrai o nosso Deus, *
servidores do Senhor! (Aleluia!).
− E vós **to**dos que o temeis, *
vós os **gran**des e os pequenos!

R. Aleluia, (Aleluia!).

= Aleluia, (Aleluia!).
⁶ De seu **Reino** tomou posse *
nosso **Deus** onipotente! (Aleluia!).
− ⁷ Exul**te**mos de alegria, *
demos **gló**ria ao nosso Deus!

R. Aleluia, (Aleluia!).

= Aleluia, (Aleluia!).
Eis que as **núp**cias do Cordeiro *
redivivo se aproximam! (Aleluia!).
− Sua Es**po**sa se enfeitou, *
se ves**tiu** de linho puro.

R. Ale**lu**ia, (Ale**lu**ia!).

Ant. Santos **to**dos de **Deus**, entoai seu louvor!

Leitura breve Ap 21,1a.2-3.27

Vi a cidade santa, a nova Jerusalém, que descia do céu, de junto de Deus, vestida qual esposa enfeitada para o seu marido. Então, ouvi uma voz forte que saía do trono e dizia: Esta é a morada de Deus entre os homens. Deus vai morar no meio deles. Eles serão o seu povo, e o próprio Deus estará com eles. Não vi templo na cidade, pois o seu Templo é o próprio Senhor, o Deus Todo-poderoso, e o Cordeiro. Nunca mais entrará nela o que é impuro, nem alguém que pratica a abominação e a mentira. Entrarão nela somente os que estão inscritos no livro da vida do Cordeiro.

Responsório breve

R. Felizes, ó Se**nhor**, * Os que ha**bi**tam vossa **ca**sa!
   R. Felizes.
V. Para **sem**pre have**rão** de vos lou**var**. * Os que ha**bi**tam.
   Glória ao **Pai**. R. Felizes.

Cântico evangélico, ant.

O Se**nhor** santifi**cou** sua mo**ra**da;
pois a**qui** o seu **no**me é invo**ca**do,
e **Deus** se faz pre**sen**te em nosso **mei**o.

Preces

Oremos a nosso Salvador, que entregou sua vida para reunir num só povo os filhos de Deus dispersos; e digamos:

R. **Lembrai-vos, Senhor, da vossa Igreja!**

Senhor Jesus, que edificastes a vossa casa sobre a rocha firme,
— consolidai e robustecei a fé e a esperança de vossa Igreja.
R.

Senhor Jesus, de cujo lado aberto jorraram sangue e água,
— renovai a vossa Igreja pelos sacramentos da nova e eterna aliança. R.

Senhor Jesus, que estais no meio daqueles que se reúnem em vosso nome,
— escutai a oração de toda a vossa Igreja. R.

Senhor Jesus, que vindes com o Pai morar naqueles que vos amam,
— tornai a vossa Igreja perfeita na caridade. R.

(intenções livres)

Senhor Jesus, que nunca rejeitais quem se aproxima de vós,
– fazei entrar na casa do Pai todos os que já morreram.
R. **Lembrai-vos, Senhor, da vossa Igreja!**
Pai nosso...

Oração

Na própria igreja dedicada:

Ó Deus, que nos fazeis reviver cada ano a dedicação desta igreja, ouvi as preces do vosso povo, e concedei que celebremos neste lugar um culto perfeito e alcancemos a plena salvação. Por nosso Senhor Jesus Cristo, vosso Filho, na unidade do Espírito Santo.

Em outra igreja:

Ó Deus, que edificais o vosso templo eterno com pedras vivas e escolhidas, difundi na vossa Igreja o Espírito que lhe destes, para que o vosso povo cresça sempre mais construindo a Jerusalém celeste. Por nosso Senhor Jesus Cristo, vosso Filho, na unidade do Espírito Santo.

Ou:

Ó Deus, que chamastes Igreja o vosso povo, concedei aos que se reúnem em vosso nome temer-vos, amar-vos e seguir-vos, até alcançar, guiados por vós, as promessas eternas. Por nosso Senhor Jesus Cristo, vosso Filho, na unidade do Espírito Santo.

COMUM DE NOSSA SENHORA

I Vésperas

Hino

Maria, Mãe dos mortais,
as nossas preces acolhes;
escuta, pois, nossos ais,
e sempre, sempre nos olhes.

Vem socorrer, se do crime
o laço vil nos envolve.
Com tua mão que redime
a nossa culpa dissolve.

Vem socorrer, se do mundo
o brilho vão nos seduz
a abandonar num segundo
a estrada que ao céu conduz.

Vem socorrer, quando a alma
e o corpo a doença prostrar.
Vejamos com doce calma
a eternidade chegar.

Tenham teus filhos, na morte,
tua assistência materna.
E seja assim nossa sorte,
o prêmio da Vida eterna.

Jesus, ao Pai seja glória.
Seja ao Espírito também.
E a Vós, ó Rei da vitória,
Filho da Virgem. Amém.

Salmodia

Ant. 1 Bendita se**jais**, ó **Virgem Maria**;
   trou**xes**tes no **ven**tre a Quem **fez** o univer**so**!

Salmo 112(113)

– ¹Louvai, louvai, ó servos do Senhor, *
  louvai, louvai o nome do Senhor!
– ²Bendito seja o nome do Senhor, *
  agora e por toda a eternidade!
– ³Do nascer do sol até o seu ocaso, *
  louvado seja o nome do Senhor!
– ⁴O Senhor está acima das nações, *
  sua glória vai além dos altos céus.
= ⁵Quem pode comparar-se ao nosso Deus, †
  ao Senhor, que no alto céu tem o seu trono *
  ⁶e se inclina para olhar o céu e a terra?
– ⁷Levanta da poeira o indigente *
  e do lixo ele retira o pobrezinho,
– ⁸para fazê-lo assentar-se com os nobres, *
  assentar-se com os nobres do seu povo.
– ⁹Faz a estéril, mãe feliz em sua casa, *
  vivendo rodeada de seus filhos.

Ant. Bendita sejais, ó Virgem Maria;
  trouxestes no ventre a Quem fez o universo!

Ant. 2 Vós destes a vida a Quem vos criou,
  e Virgem sereis para sempre, ó Maria.

Salmo 147(147B)

– ¹²Glorifica o Senhor, Jerusalém! *
  Ó Sião, canta louvores ao teu Deus!
– ¹³Pois reforçou com segurança as tuas portas, *
  e os teus filhos em teu seio abençoou;
– ¹⁴a paz em teus limites garantiu *
  e te dá como alimento a flor do trigo.
– ¹⁵Ele envia suas ordens para a terra, *
  e a palavra que ele diz corre veloz;

— ¹⁶ele **faz** cair a neve como lã *
e es**pa**lha a geada como cinza.

— ¹⁷Como de **pão** lança as migalhas do granizo, *
a seu **fri**o as águas ficam congeladas.

— ¹⁸Ele en**vi**a sua palavra e as derrete, *
sopra o **ven**to e de novo as águas correm.

— ¹⁹Anun**ci**a a Jacó sua palavra, *
seus pre**cei**tos e suas leis a Israel.

— ²⁰Nenhum **po**vo recebeu tanto carinho, *
a nenhum **ou**tro revelou os seus preceitos.

Ant. Vós **des**tes a **vi**da a **Quem** vos cri**ou**,
e **Vir**gem se**reis** para **sem**pre, ó **Ma**ria.

Ant. 3 Sois ben**di**ta por **Deus** entre **to**das, Maria,
pois de **vós** rece**be**mos o **Fru**to da **Vi**da.

Cântico   Ef 1,3-10

— ³Ben**di**to e lou**va**do seja **Deus**, *
o **Pai** de Jesus Cristo, Senhor nosso,

— que do alto **céu** nos abençoou em Jesus Cristo *
com **bên**ção espiritual de toda sorte!

(**R.** Ben**di**to sejais **vós**, nosso **Pai**,
que **nos** abençoastes em **Cristo!**)

— ⁴Foi em **Cristo** que Deus Pai nos escolheu, *
já bem **an**tes de o mundo ser criado,

— para que **fôs**semos, perante a sua face, *
sem **má**cula e santos pelo amor.   (**R.**)

= ⁵Por **li**vre decisão de sua vontade, †
predesti**nou**-nos, através de Jesus Cristo, *
a sermos **ne**le os seus filhos adotivos,

— ⁶para o lou**vor** e para a glória de sua graça, *
que em seu **Fi**lho bem-amado nos doou.   (**R.**)

— ⁷É **ne**le que nós temos redenção, *
dos pe**ca**dos remissão pelo seu sangue.

= Sua **graça** transbordante e inesgotável †
  ⁸ Deus der**ra**ma sobre nós com abundância, *
  de sa**ber** e inteligência nos dotando.   (R.)
– ⁹ E as**sim**, ele nos deu a conhecer *
  o mis**té**rio de seu plano e sua vontade,
– que propu**se**ra em seu querer benevolente, *
  ¹⁰ na pleni**tu**de dos tempos realizar:
– o de**sí**gnio de, em Cristo, reunir *
  todas as **coi**sas: as da terra e as do céu.   (R.)

Ant. Sois ben**di**ta por **Deus** entre **to**das, Maria,
     pois de **vós** rece**be**mos o **Fru**to da **Vi**da.

Leitura breve   Gl 4,4-5

Quando se completou o tempo previsto, Deus enviou o seu Filho, nascido de uma mulher, nascido sujeito à Lei, a fim de resgatar os que eram sujeitos à Lei e para que todos recebêssemos a filiação adotiva.

Responsório breve

R. Depois do **par**to, ó **Ma**ria, * Virgem **per**mane**ces**tes.
   R. Depois do **par**to.
V. Rogai por **nós**, Mãe de **Deus**! * Virgem.
   Glória ao **Pai**. R. Depois do **par**to.

Cântico evangélico, ant.

O Pode**ro**so fez em **mim** mara**vi**lhas
e o**lhou** para a humil**da**de de sua **ser**va.

Ou:

Dora**van**te as gera**ções** hão de cha**mar**-me de ben**di**ta, por que o **Senhor** voltou os **o**lhos para a humil**da**de de sua **ser**va.

Preces

Proclamemos a grandeza de Deus Pai todo-poderoso: Ele quis que Maria, Mãe de seu Filho, fosse celebrada por todas as gerações. Peçamos humildemente:

R. Cheia de graça, intercedei por nós!

Deus, autor de tantas maravilhas, que fizestes a Imaculada Virgem Maria participar em corpo e alma da glória celeste de Cristo,
– conduzi para a mesma glória os corações de vossos filhos. R.

Vós, que nos destes Maria por Mãe, concedei, por sua intercessão, saúde aos doentes, consolo aos tristes, perdão aos pecadores,
– e a todos a salvação e a paz. R.

Vós, que fizestes de Maria a cheia de graça,
– concedei a todos a abundância da vossa graça. R.

Fazei, Senhor, que a vossa Igreja seja, na caridade, um só coração e uma só alma,
– e que todos os fiéis perseverem unânimes na oração com Maria, Mãe de Jesus. R.

(intenções livres)

Vós, que coroastes Maria como rainha do céu,
– fazei que nossos irmãos falecidos se alegrem eternamente em vosso Reino, na companhia dos santos. R.

Ou:

Proclamemos a grandeza de Deus Pai todo-poderoso! Ele quis que Maria, Mãe de seu Filho, fosse celebrada por todas as gerações. Peçamos humildemente:

R. Cheia de graça, intercedei por nós!

Vós, que fizestes de Maria a Mãe da misericórdia,
– concedei a todos os que estão em perigo sentirem o seu amor materno. R.

Vós, que confiastes a Maria a missão de mãe de família no lar de Jesus e José,
– fazei que, por sua intercessão, todas as mães vivam em família o amor e a santidade. R.

Vós, que destes a Maria força para ficar de pé junto à cruz, e a enchestes de alegria com a ressurreição de vosso Filho,
— socorrei os atribulados e confortai-os na esperança.
R. **Cheia de graça, intercedei por nós!**

Vós, que fizestes de Maria a serva fiel e atenta à vossa palavra,
— fazei de nós, por sua intercessão, servos e discípulos de vosso Filho. R.

(intenções livres)

Vós, que coroastes Maria como rainha do céu,
— fazei que nossos irmãos falecidos se alegrem eternamente em vosso Reino, na companhia dos santos. R.

Pai nosso...

Oração

Não havendo oração própria, diz-se uma das seguintes:

Senhor nosso Deus, concedei-nos sempre saúde de alma e corpo, e fazei que, pela intercessão da Virgem Maria, libertos das tristezas presentes, gozemos as alegrias eternas. Por nosso Senhor Jesus Cristo, vosso Filho, na unidade do Espírito Santo.

Ou:

Perdoai, ó Deus, os pecados dos vossos filhos e filhas, e salvai-nos pela intercessão da Virgem Maria, uma vez que não podemos agradar-vos apenas com os nossos méritos. Por nosso Senhor Jesus Cristo, vosso Filho, na unidade do Espírito Santo.

Ou:

Ó Deus de misericórdia, socorrei a nossa fraqueza e concedei-nos ressurgir dos nossos pecados pela intercessão da Mãe de Jesus Cristo, cuja memória hoje celebramos. Por nosso Senhor Jesus Cristo, vosso Filho, na unidade do Espírito Santo.

Ou:

Valha-nos, ó Deus, a intercessão da sempre Virgem Maria, para que, livres de todos os perigos, vivamos em vossa paz. Por nosso Senhor Jesus Cristo, vosso Filho, na unidade do Espírito Santo.

Ou:

Fazei, ó Deus, que, ao celebrarmos a memória da Virgem Maria, possamos também, por sua intercessão, participar da plenitude da vossa graça. Por nosso Senhor Jesus Cristo, vosso Filho, na unidade do Espírito Santo.

Ou:

Ó Deus todo-poderoso, pela intercessão de Maria, nossa Mãe, socorrei os fiéis que se alegram com a sua proteção, livrando-os de todo mal neste mundo e dando-lhes a alegria do céu. Por nosso Senhor Jesus Cristo, vosso Filho, na unidade do Espírito Santo.

Invitatório

R. Vinde, adoremos o **Cris**to Je**sus**,
   Filho ben**di**to da **Vir**gem Ma**ri**a!

Ou:

R. Louvemos a **nos**so Se**nhor**,
   feste**je**mos a **Vir**gem Ma**ri**a!

Salmo invitatório como no Ordinário, p. 583.

Ofício das Leituras

Hino

    Aquele a quem adoram
    o céu, a terra, o mar,
    o que governa o mundo,
    na Virgem vem morar.

    A lua, o sol e os astros
    o servem, sem cessar.

Mas ele vem no seio
da Virgem se ocultar.

Feliz, ó Mãe, que abrigas
na arca do teu seio
o Autor de toda a vida,
que vive em nosso meio.

Feliz chamou-te o Anjo,
o Espírito em ti gerou
dos povos o Esperado,
que o mundo transformou.

Louvor a vós, Jesus,
nascido de Maria,
ao Pai e ao Espírito
agora e todo o dia.

Salmodia

Ant. 1 Desceu a **bênção do Senhor** sobre **Maria**,
e a recom**pen**sa de **Deus**, seu Salva**dor**.

Quando o salmo seguinte é usado no Invitatório, diz-se, em seu lugar, o salmo 94(95), à p. 583.

Salmo 23(24)

— ¹Ao Se**nhor** pertence a **ter**ra e o que ela en**cer**ra, *
  o mundo in**tei**ro com os seres que o povoam;
— ²porque **e**le a tornou firme sobre os mares, *
  e sobre as **á**guas a mantém inabalável.
— ³"Quem subi**rá** até o monte do Senhor, *
  quem fica**rá** em sua santa habitação?"
= ⁴"Quem tem mãos **pu**ras e inocente coração, †
  quem não di**ri**ge sua mente para o crime, *
  nem jura **fal**so para o dano de seu próximo.
— ⁵Sobre **es**te desce a bênção do Senhor *
  e a recom**pen**sa de seu Deus e Salvador".

– ⁶ "É assim a geração dos que o procuram, *
e do **Deus** de Israel buscam a face".
= ⁷ "Ó **por**tas, levantai vossos frontões! †
Ele**vai**-vos bem mais alto, antigas portas, *
a fim de **que** o Rei da glória possa entrar!"
= ⁸ Di**zei**-nos: "Quem é este Rei da glória?" †
"É o Se**nhor**, o valoroso, o onipotente, *
o Se**nhor**, o poderoso nas batalhas!"
= ⁹ "Ó **por**tas, levantai vossos frontões! †
Ele**vai**-vos bem mais alto, antigas portas, *
a fim de **que** o Rei da glória possa entrar!"
=¹⁰ Di**zei**-nos: "Quem é este Rei da glória?" †
"O Rei da **gló**ria é o Senhor onipotente, *
o Rei da **gló**ria é o Senhor Deus do universo!"

Ant. Desceu a **bên**ção do Se**nhor** sobre Ma**ri**a,
e a recom**pen**sa de **Deus**, seu Salva**dor**.

Ant. 2 O Se**nhor** santifi**cou** sua mo**ra**da.

Salmo 45(46),

– ² O Se**nhor** para **nós** é re**fú**gio e vi**gor**, *
sempre **pron**to, mostrou-se um so**cor**ro na angústia;
– ³ As**sim** não tememos, se a **ter**ra estremece, *
se os **mon**tes desabam, ca**in**do nos mares,
– ⁴ se as **á**guas trovejam e as **on**das se agitam, *
se, em fe**roz** tempestade, as mon**ta**nhas se abalam:
– ⁵ Os **bra**ços de um rio vêm tra**zer** alegria *
à Ci**da**de de Deus, à mo**ra**da do Altíssimo.
– ⁶ Quem a **po**de abalar? Deus es**tá** no seu meio! *
Já bem **an**tes da aurora, ele **vem** ajudá-la.
– ⁷ Os **po**vos se agitam, os **rei**nos desabam; *
trove**ja** sua voz e a **ter**ra estremece. –

– ⁸**Conosco está o Senhor** do universo! *
   O **nos**so refúgio é o **Deus** de Jacó!
– ⁹Vinde **ver**, contemplai os prod**í**gios de Deus *
   e a **o**bra estupenda que **fez** no universo:
= re**pri**me as guerras na **face** da terra, †
   ¹⁰ele **quebra** os arcos, as **lanças** destrói *
   e **queima** no fogo os escu**dos** e as armas:
– ¹¹"**Parai** e sabei, conhe**cei** que eu sou Deus, *
   que do**mi**no as nações, que do**mi**no a terra!"
– ¹²**Conosco está** o **Senhor** do uni**ver**so! *
   O **nos**so refúgio é o **Deus** de Jacó!

Ant. O Se**nhor** santifi**cou** sua mo**ra**da.

Ant. 3 Dizem **coi**sas glori**o**sas sobre **vós**, Virgem Ma**ri**a.

Salmo 86(87)

– ¹O **Senhor** ama a ci**da**de *
   que fun**dou** no Monte santo;
– ²**a**ma as **por**tas de Sião *
   mais que as **ca**sas de Jacó.
– ³Dizem **coi**sas gloriosas *
   da Ci**da**de do Senhor:
– ⁴"**Lem**bro o E**gi**to e Babilônia *
   entre os **meus** veneradores.
= Na Filis**tei**a ou em Tiro †
   ou no país da Etiópia, *
   este ou a**que**le ali nasceu.
= ⁵De Sião, porém, se diz: †
   "**Nas**ceu **ne**la todo homem; *
   Deus é **sua** segu**ran**ça".
= ⁶Deus a**no**ta no seu livro, †
   onde ins**cre**ve os povos todos: *
   "Foi ali que estes nasceram". –

– ⁷ E por isso todos juntos *
a cantar se alegrarão;
– e, dançando, exclamarão: *
"Estão em ti as nossas fontes!"

Ant. Dizem coisas gloriosas sobre vós, Virgem Maria.
V. Maria guardava no seu coração.
R. As palavras e os fatos, e neles pensava.

Primeira leitura
Do Livro do Profeta Isaías   7,10-14; 8,10c;11,1-9

Emanuel, o rei pacífico

Naqueles dias: ⁷,¹⁰ O Senhor falou com Acaz, dizendo: ¹¹ "Pede ao Senhor teu Deus que te faça ver um sinal, quer provenha da profundeza da terra, quer venha das alturas do céu". ¹² Mas Acaz respondeu: ''Não pedirei nem tentarei o Senhor''. ¹³ Disse o profeta: "Ouvi então, vós, casa de Davi será que achais pouco incomodar os homens e passais a incomodar até o meu Deus? ¹⁴ Pois bem, o próprio Senhor vos dará um sinal. Eis que uma virgem conceberá e dará à luz um filho, e lhe porá o nome de Emanuel; ⁸,¹⁰ porque Deus está conosco.
¹¹,¹ Nascerá uma haste do tronco de Jessé
e, a partir da raiz, surgirá o rebento de uma flor;
² sobre ele repousará o Espírito do Senhor:
Espírito de sabedoria e discernimento,
Espírito de conselho e fortaleza,
Espírito de ciência e temor de Deus;
³ no temor do Senhor encontra ele seu prazer.
Ele não julgará pelas aparências que vê
nem decidirá somente por ouvir dizer;
⁴ mas trará justiça para os humildes
e uma ordem justa para os homens pacíficos;
fustigará a terra com a força da sua palavra
e destruirá o mau com o sopro dos lábios.

⁵Cingirá a cintura com a correia da justiça
e as costas com a faixa da fidelidade.
⁶O lobo e o cordeiro viverão juntos
e o leopardo deitar-se-á ao lado do cabrito;
o bezerro e o leão comerão juntos
e até mesmo uma criança poderá tangê-los.
⁷A vaca e o urso pastarão lado a lado,
enquanto suas crias descansam juntas;
o leão comerá palha como o boi;
⁸a criança de peito vai brincar
em cima do buraco da cobra venenosa;
e o menino desmamado
não temerá pôr a mão na toca da serpente.
⁹Não haverá danos nem mortes
por todo o meu santo monte:
a terra estará tão repleta do saber do Senhor
quanto as águas que cobrem o mar.

Responsório — Cf. Is 7,14; 9,6.7

R. Eis que a **Vir**gem concebe**rá** e da**rá** à luz um **fi**lho;
 * O seu **no**me há de **ser**: Maravi**lho**so e Deus **for**te.
V. Sobre o **tro**no de Da**vi** e **so**bre o seu **rei**no
 a **paz** não terá **fim**. * O seu **no**me.

Ou:

Da Carta de São Paulo aos Gálatas 3,22-4,7

Pela fé somos filhos e herdeiros de Deus

Irmãos: ³,²²A Escritura pôs todos e tudo sob o jugo do pecado, a fim de que, pela fé em Jesus Cristo, se cumprisse a promessa em favor dos que creem.

²³Antes que se inaugurasse o regime da fé, nós éramos guardados, como prisioneiros, sob o jugo da Lei. Éramos guardados para o regime da fé, que estava para ser revelado. ²⁴Assim, a Lei foi como um pedagogo que nos conduziu até Cristo, para que fôssemos justificados pela fé. ²⁵Mas, uma

vez inaugurado o regime da fé, já não estamos na dependência desse pedagogo. ²⁶Com efeito, vós todos sois filhos de Deus pela fé em Jesus Cristo. ²⁷Vós todos que fostes batizados em Cristo vos revestistes de Cristo. ²⁸O que vale não é mais ser judeu nem grego, nem escravo nem livre, nem homem nem mulher, pois todos vós sois um só, em Jesus Cristo. ²⁹Sendo de Cristo, sois então descendência de Abraão, herdeiros segundo a promessa.

⁴,¹Enquanto o herdeiro é menor de idade, ele não se diferencia em nada de um escravo, embora já seja dono de todos os bens. ²É que ele depende de tutores e curadores até à data marcada pelo pai. ³Assim, nós também, quando éramos menores, estávamos escravizados aos elementos do mundo. ⁴Quando se completou o tempo previsto, Deus enviou o seu Filho, nascido de uma mulher, nascido sujeito à Lei, ⁵a fim de resgatar os que eram sujeitos à Lei e para que todos recebêssemos a filiação adotiva. ⁶E porque sois filhos, Deus enviou aos nossos corações o Espírito do seu Filho, que clama: Abá – ó Pai! ⁷Assim já não és mais escravo, mas filho; e se és filho, és também herdeiro: tudo isso, por graça de Deus.

Responsório　　　　Cf. Gl 4,4-5; Ef 2,4; Rm 8,3

R. A plenitude dos tempos já chegou:
　Deus enviou o seu Filho à nossa terra,
　duma Virgem nascido sob a lei;
 * Para salvar os que estavam sob a lei.
V. Pelo amor infinito, com que Deus nos amou,
　enviou-nos seu Filho numa carne semelhante
　à carne do pecado. * Para salvar.

Segunda leitura

Dos Sermões de São Sofrônio, bispo
(Oratio 2, In sanctissimae Deiparae Annuntiatione, 21-22.26:
PG 87,3. 3250) (Séc. VII)

Por meio de Maria, a bênção do Pai iluminou os homens

Ave, cheia de graça, o Senhor é convosco (Lc 1,28). Que pode haver de mais sublime que esta alegria, ó Virgem Mãe? Que pode haver de mais excelente que esta graça com a qual somente vós fostes por Deus cumulada? Que de mais jubiloso e esplêndido se pode imaginar? Tudo está longe do milagre que em vós se contempla, muito aquém de vossa graça. As maiores perfeições, comparadas convosco, ocupam um plano secundário, possuem um brilho bem inferior.

O Senhor é contigo. Quem ousará competir convosco? Deus nasceu de vós. Haverá alguém que não se reconheça inferior a vós, e, ainda mais, não vos conceda alegremente a primazia e a superioridade? Por isso, contemplando vossas eminentes prerrogativas, que superam as de todas as criaturas, aclamo-vos com o maior entusiasmo: *Ave, cheia de graça, o Senhor é convosco.* Sois, portanto, a fonte da alegria dos homens, até dos anjos!

Na verdade, *bendita sois vós entre as mulheres* (Lc 1,42), pois transformastes em bênção a maldição de Eva, fazendo com que Adão, abatido pela maldição, fosse por vós erguido e abençoado.

Na verdade, bendita sois vós entre as mulheres, porque a bênção do Pai iluminou os homens por meio de vós, livrando-os da antiga maldição.

Na verdade, bendita sois vós entre as mulheres, porque até os teus antepassados encontraram em vós a salvação, pois destes à luz o Salvador que obteve para eles a salvação eterna.

Na verdade, bendita sois vós entre as mulheres, pois, sem contribuição do homem, produzistes o fruto que trouxe a bênção para toda a terra, redimindo-a da maldição que só produzia espinhos.

Na verdade, bendita sois vós entre as mulheres, porque, embora simples mulher, vos tornastes verdadeiramente Mãe de Deus. Se aquele que nasceu de vós é realmente Deus feito homem, sereis com razão chamada Mãe de Deus, dando verdadeiramente à luz aquele que é Deus.

Vós guardais o próprio Deus no claustro do vosso seio; ele habita em vós segundo a natureza humana e sai de vós como um esposo, trazendo para todos os homens a alegria e a luz divina.

Em vós, ó Virgem, como um céu puríssimo e resplandecente, Deus *armou a sua tenda, de ti sairá como um esposo do quarto nupcial* (cf. Sl 18,5.6.). Imitando a corrida do atleta, ele percorrerá o caminho da sua vida trazendo a salvação para todos os viventes; indo de um extremo a outro do céu, tudo encherá com o calor divino e sua luz vivificante.

Responsório

R. Bendita, na verdade, sois **vós** entre as **mu**lheres,
 pois de **E**va a maldi**ção** em bên**ção** transfor**mas**tes:
 * Por **vós** brilhou aos **ho**mens a **bên**ção de Deus **Pai**.
V. Por **vós** a salva**ção** che**gou** a vossos **pais**.
 * Por **vós** brilhou.

Ou:

Dos Sermões de Santo Elredo, abade

(Sermo 20, In Nativitate beatae Nariae: PL 195,322-324)

(Séc. XII)

Maria, nossa Mãe

Aproximemo-nos da esposa do Senhor, aproximemo-nos de sua Mãe, aproximemo-nos de sua ótima serva. Tudo isto é Maria!

Mas que faremos? Que presentes lhe ofereceremos? E se pudéssemos, ao menos, dar-lhe de volta o que por justiça lhe devemos! Nós lhe devemos honra, nós lhe devemos serviço, nós lhe devemos amor, nós lhe devemos louvor. Honra, porque é a Mãe de nosso Senhor. Quem não honra a mãe, sem dúvida alguma, despreza o filho. E a Escritura diz: *Honra teu pai e tua mãe* (Dt 5,16).

Então, irmãos, que diremos? Não é ela nossa mãe? Sim, ela é verdadeiramente nossa mãe. Por ela nascemos, não para o mundo mas para Deus.

Como credes e sabeis, estávamos todos mergulhados na morte, na velhice, nas trevas, na miséria. Na morte, porque perdêramos o Senhor; na velhice, porque estávamos submetidos à corrupção; nas trevas, porque desprezávamos a luz da sabedoria. Deste modo, a morte nos surpreendeu de cheio.

Todavia, como Cristo nasceu de Maria, a vida que por ela nos vem supera de muito a que nos veio por Eva. Em lugar da velhice, recuperamos a juventude; em vez da corrupção, a incorruptibilidade; a luz, em lugar das trevas.

Ela é nossa mãe, mãe da nossa vida, mãe da nossa incorruptibilidade, mãe da nossa luz. O Apóstolo diz, a respeito de nosso Senhor: *ele se tornou para nós, da parte de Deus: sabedoria, justiça, santificação e libertação* (1Cor 1,30).

Sendo mãe de Cristo, ela é, portanto, mãe de nossa sabedoria, de nossa justiça, de nossa santificação, de nossa libertação. Assim é mais nossa mãe do que a mãe do nosso corpo. Dela provindo, é nobre o nosso nascimento; porque vem dela nossa santificação, nossa sabedoria, nossa justiça, santificação e libertação.

Diz a Escritura: *Louvai o Senhor em seus santos* (Sl 150,1). Se nosso Senhor deve ser louvado nos santos, por meio dos quais realiza prodígios e milagres, quanto mais não deve ser louvado em Maria, na qual se fez homem, aquele que é admirável acima de todas as maravilhas!

Responsório
R. Sois feliz, Virgem Maria; e mereceis todo louvor;
 * Pois de **vós** se leva**ntou** o Sol bri**lhan**te da justiça,
   que é o **Cris**to, nosso **Deus**, pelo **qual** nós fomos **sal**vos.
V. Celebremos com muita alegria vossa festa, ó Virgem
   Maria. * Pois de **vós**.

Ou:

Da Constituição dogmática *Lumen gentium* sobre a Igreja, do Concílio Vaticano II

(N. 61-62)   (Séc. XX)

A maternidade de Maria na economia da graça

A Santíssima Virgem, predestinada desde toda a eternidade por disposição da divina Providência a ser Mãe de Deus com a encarnação do Verbo divino, foi nesta terra a sublime mãe do Redentor, mais do que ninguém sua generosa companheira e humilde serva do Senhor. Ela concebeu, gerou, alimentou a Cristo, apresentou-o ao Pai no templo, sofreu com seu Filho que morria na cruz. Assim, cooperou de modo absolutamente singular – pela obediência, pela fé, pela esperança e pela caridade ardente – na obra do Salvador para restaurar a vida sobrenatural das almas. Por tudo isto, ela se tornou nossa mãe na ordem da graça.

A maternidade de Maria, na economia da graça, perdura sem cessar, a partir do consentimento que prestou fielmente na Anunciação, que manteve sem vacilar ao pé da cruz, até à consumação final de todos os eleitos. De fato, depois de elevada ao céu, não abandonou esta missão salvífica, mas por sua múltipla intercessão continua a obter-nos os dons da salvação eterna.

Com seu amor de mãe, cuida dos irmãos de seu Filho, que ainda peregrinam rodeados de perigos e dificuldades, até que sejam conduzidos à pátria feliz. Por isso, a bem-aventurada Virgem Maria é invocada na Igreja, com os títulos de Advogada, Auxiliadora, Amparo, Medianeira. Isto, porém, deve ser entendido de tal modo que nada tire nem acrescente à dignidade e eficácia de Cristo, o único Mediador.

Com efeito, nenhuma criatura jamais pode ser colocada no mesmo plano que o Verbo Encarnado e Redentor. Mas, assim como o sacerdócio de Cristo é participado de vários modos, seja pelos ministros, seja pelo povo fiel, e como a bondade de Deus, única, se difunde realmente em medida diversa nas suas criaturas, assim também a única mediação do Redentor não exclui mas suscita nas criaturas uma cooperação múltipla que participa de uma única fonte.

A Igreja não hesita em atribuir a Maria uma função assim subordinada. Pois sempre a experimenta de novo e a recomenda ao coração dos fiéis para que, apoiados nesta proteção materna, se unam mais intimamente ao Mediador e Salvador.

Responsório Cf. Lc 1,42

R. Virgem **san**ta e imacu**la**da,
   eu não **sei** com que louvores pode**rei** engrande**cer**-vos!
   * Pois A**que**le a quem os **céus** não pu**de**ram abran**ger**,
   repou**sou** em vosso **sei**o.
V. Sois ben**di**ta entre as mu**lhe**res
   e ben**di**to é o **Fru**to, que nas**ceu** de vosso **ven**tre.
   * Pois A**que**le.

Nas solenidades e festas se diz o HINO Te Deum, p. 589.

Oração como nas Laudes.

Laudes

Hino

Senhora gloriosa,
bem mais que o sol brilhais.
O Deus que vos criou
ao seio amamentais.

O que Eva destruiu,
no Filho recriais;
do céu abris a porta
e os tristes abrigais.

Da luz brilhante porta,
sois pórtico do Rei.
Da Virgem veio a vida.
Remidos, bendizei!

Ao Pai e ao Espírito,
poder, louvor, vitória,
e ao Filho, que gerastes
e vos vestiu de glória.

Ant. 1 Bendita sejais, ó Virgem Maria,
por vós veio ao mundo o Deus Salvador!
Da glória feliz do Senhor onde estais
rogai junto ao Filho por nós, vossos filhos!

Salmos e cântico do domingo da I Semana, p. 626.

Ant. 2 Sois a glória de Sião, a alegria de Israel
e a flor da humanidade!

Ant. 3 Exultai e alegrai-vos, ó Virgem Maria,
pois trouxestes o Cristo Jesus Salvador!

Leitura breve   Cf. Is 61,10

Exulto de alegria no Senhor e minh'alma regozija-se em meu Deus; ele me vestiu com as vestes da salvação, envolveu-me com o manto da justiça e adornou-me qual noiva com suas joias.

Responsório breve

R. O Senhor a escolheu,
 * Entre todas preferida. R. O Senhor.
V. O Senhor a fez morar em sua santa habitação.
 * Entre todas. Glória ao Pai. R. O Senhor.

Cântico evangélico, ant.

A porta do céu foi fechada por Eva;
por Maria ela abriu-se aos homens de novo.

Preces

Celebremos nosso Salvador, que se dignou nascer da Virgem Maria; e peçamos:

R. Senhor, que a vossa Mãe interceda por nós!

Sol de justiça, a quem a Virgem Imaculada precedeu como aurora resplandecente,
– concedei que caminhemos sempre à luz da vossa presença.
R.

Palavra eterna do Pai, que escolhestes Maria como arca incorruptível para vossa morada,
– livrai-nos da corrupção do pecado. R.

Salvador do mundo, que tivestes vossa Mãe junto à cruz,
– concedei-nos, por sua intercessão, a graça de participar generosamente nos vossos sofrimentos. R.

Jesus de bondade, que pregado na cruz, destes Maria por Mãe a João,
– fazei que vivamos também como seus filhos. R.

(intenções livres)

Ou:

Celebremos nosso Salvador, que se dignou nascer da Virgem Maria; e peçamos:

R. Senhor, que a vossa Mãe interceda por nós!

Salvador do mundo, que pelos méritos da redenção preservastes a vossa Mãe de toda a mancha de pecado,
– livrai-nos também de todo pecado. R.

Redentor nosso, que fizestes da Imaculada Virgem Maria o tabernáculo puríssimo da vossa presença e o sacrário do Espírito Santo,
– fazei de nós templos vivos do vosso Espírito. R.

Palavra eterna, que ensinastes vossa Mãe a escolher a melhor parte,
– ajudai-nos a imitá-la buscando o alimento da vida eterna. R.

Rei dos reis, que quisestes ter vossa Mãe convosco no céu em corpo e alma,
– fazei que aspiremos sempre aos bens do alto. R.

Senhor do céu e da terra, que colocastes Maria como rainha à vossa direita,
– dai-nos a alegria de participar um dia com ela da mesma glória. R.

(intenções livres)

Pai nosso...

Oração

Não havendo oração própria, diz-se uma das seguintes:

Senhor nosso Deus, concedei-nos sempre saúde de alma e corpo, e fazei que, pela intercessão da Virgem Maria, libertos das tristezas presentes, gozemos as alegrias eternas. Por nosso Senhor Jesus Cristo, vosso Filho, na unidade do Espírito Santo.

Ou:

Perdoai, ó Deus, os pecados dos vossos filhos e filhas, e salvai-nos pela intercessão da Virgem Maria, uma vez que não podemos agradar-vos apenas com os nossos méritos. Por nosso Senhor Jesus Cristo, vosso Filho, na unidade do Espírito Santo.

Ou:

Ó Deus de misericórdia, socorrei a nossa fraqueza e concedei-nos ressurgir dos nossos pecados pela intercessão da Mãe de Jesus Cristo, cuja memória hoje celebramos. Por nosso Senhor Jesus Cristo, vosso Filho, na unidade do Espírito Santo.

Ou:

Valha-nos, ó Deus, a intercessão da sempre Virgem Maria, para que, livres de todos os perigos, vivamos em vossa paz. Por nosso Senhor Jesus Cristo, vosso Filho, na unidade do Espírito Santo.

Ou:

Fazei, ó Deus, que, ao celebrarmos a memória da Virgem Maria, possamos também, por sua intercessão, participar da plenitude da vossa graça. Por nosso Senhor Jesus Cristo, vosso Filho, na unidade do Espírito Santo.

Ou:

Ó Deus todo-poderoso, pela intercessão de Maria, nossa Mãe, socorrei os fiéis que se alegram com a sua proteção, livrando-os de todo mal neste mundo e dando-lhes a alegria do céu. Por nosso Senhor Jesus Cristo, vosso Filho, na unidade do Espírito Santo.

Hora Média

Nos salmos graduais da Salmodia complementar, em lugar do salmo 121(122), pode-se dizer o salmo 128(129), à p. 1119, e em lugar do salmo 126(127), o salmo 130(131), à p. 738.

Oração das Nove Horas

Ant. Todos eles estavam unidos,
 perseverando em comum oração
 com Maria, a Mãe de Jesus.

Leitura breve — Sf 3,14.15b

Canta de alegria, cidade de Sião; rejubila, povo de Israel! Alegra-te e exulta de todo o coração, cidade de Jerusalém! O rei de Israel é o Senhor, ele está no meio de ti.

V. Felizes os que ouvem a Palavra do Senhor
R. Felizes os que a vivem e a praticam cada dia.

Oração das Doze Horas

Ant. A Mãe de Jesus disse a eles:
   Fazei tudo o que ele disser

Leitura breve — Zc 9,9

Exulta, cidade de Sião! Rejubila, cidade de Jerusalém. Eis que vem teu rei ao teu encontro; ele é justo, ele salva.

V. Felizes as entranhas da Virgem Maria,
R. Que nos trouxeram o Filho de Deus, Pai eterno!

Oração das Quinze Horas

Ant. Na Cruz, o Senhor disse à Mãe:
   Mulher, eis aqui o teu filho!
   E a João: Eis aqui tua Mãe!

Leitura breve — Jt 13,18-19

Ó filha, tu és bendita pelo Deus Altíssimo, mais que todas as mulheres da terra! E bendito é o Senhor Deus, que criou o céu e a terra, e te levou a decepar a cabeça do chefe de nossos inimigos! Porque nunca o teu louvor se afastará do coração dos homens, que se lembrarão do poder de Deus para sempre.

V. És bendita entre todas as mulheres da terra
R. E bendito é o fruto que nasceu do teu ventre.
Oração como nas Laudes.

Comum de Nossa Senhora

II Vésperas

Hino

Ave, do mar Estrela,
bendita Mãe de Deus,
fecunda e sempre Virgem,
portal feliz dos céus.

Ouvindo aquele Ave
do anjo Gabriel
mudando de Eva o nome,
trazei-nos paz do céu.

Ao cego iluminai,
ao réu livrai também;
de todo mal guardai-nos
e dai-nos todo o bem.

Mostrai ser nossa Mãe,
levando a nossa voz
a Quem, por nós nascido,
dignou-se vir de vós.

Suave mais que todas,
ó Virgem sem igual,
fazei-nos mansos, puros,
guardai-nos contra o mal.

Oh! dai-nos vida pura,
guiai-nos para a luz,
e um dia, ao vosso lado,
possamos ver Jesus.

Louvor a Deus, o Pai,
e ao Filho, Sumo Bem,
com seu Divino Espírito
agora e sempre. Amém.

Salmodia

Ant. 1 **Maria**, alegra-te, ó **cheia** de **graça**,
o Se**nhor** é contigo!

Salmo 121(122)

- ¹Que alegria, quando ouvi que me disseram: *
  "Vamos à casa do Senhor!"
- ²E agora nossos pés já se detêm, *
  Jerusalém, em tuas portas.
- ³Jerusalém, cidade bem edificada *
  num conjunto harmonioso;
- ⁴para lá sobem as tribos de Israel, *
  as tribos do Senhor.
- Para louvar, segundo a lei de Israel, *
  o nome do Senhor.
- ⁵A sede da justiça lá está *
  e o trono de Davi.
- ⁶Rogai que viva em paz Jerusalém, *
  e em segurança os que te amam!
- ⁷Que a paz habite dentro de teus muros, *
  tranquilidade em teus palácios!
- ⁸Por amor a meus irmãos e meus amigos, *
  peço: "A paz esteja em ti!"
- ⁹Pelo amor que tenho à casa do Senhor, *
  eu te desejo todo bem!

Ant. 1 Maria, alegra-te, ó cheia de graça,
o Senhor é contigo!

Ant. 2 Eis a serva do Senhor:
realize-se em mim a Palavra do Senhor.

Salmo 126(127)

- ¹Se o Senhor não construir a nossa casa, *
  em vão trabalharão seus construtores;
- se o Senhor não vigiar nossa cidade, *
  em vão vigiarão as sentinelas! –

– ² É in**ú**til levantar de madrugada, *
  ou à **noi**te retardar vosso repouso,
– para ga**nhar** o pão sofrido do trabalho, *
  que a seus **ama**dos Deus concede enquanto dormem.
– ³ Os **fi**lhos são a bênção do Senhor, *
  o **fru**to das entranhas, sua dádiva.
– ⁴ Como **fle**chas que um guerreiro tem na mão, *
  são os **fi**lhos de um casal de esposos jovens.
– ⁵ Fe**liz** aquele pai que com tais flechas *
  con**se**gue abastecer a sua aljava!
– Não se**rá** envergonhado ao enfrentar *
  seus ini**mi**gos junto às portas da cidade.

Ant. Eis a **ser**va do Se**nhor**:
  realize-se em **mim** a Palavra do Se**nhor**.

Ant. 3 És ben**di**ta entre **to**das as mu**lhe**res da **terra**,
  e ben**di**to é o **fru**to que nas**ceu** do teu **ven**tre!

Cântico — Ef 1,3-10

– ³ Bendito e lou**va**do seja **Deus**, *
  o **Pai** de Jesus Cristo, Senhor nosso,
– que do alto **céu** nos abençoou em Jesus Cristo *
  com **bên**ção espiritual de toda sorte!

(R. Ben**di**to sejais **vós**, nosso **Pai**,
  que **nos** abençoastes em **Cris**to!)

– ⁴ Foi em **Cris**to que Deus Pai nos escolheu, *
  já bem **an**tes de o mundo ser criado,
– para que **fôs**semos, perante a sua face, *
  sem **má**cula e santos pelo amor.   (R.)

= ⁵ Por **li**vre decisão de sua vontade, †
  predesti**nou**-nos, através de Jesus Cristo, *
  a sermos **ne**le os seus filhos adotivos,
– ⁶ para o lou**vor** e para a glória de sua graça, *
  que em seu **Fi**lho bem-amado nos doou.   (R.)

– ⁷É **ne**le que nós temos redenção, *
dos peca**dos** remissão pelo seu sangue.
= Sua **graça** transbordante e inesgotável †
⁸Deus der**ra**ma sobre nós com abundância, *
de sa**ber** e inteligência nos dotando. (R.)

– ⁹E as**sim**, ele nos deu a conhecer *
o mis**té**rio de seu plano e sua vontade,
– que propu**se**ra em seu querer benevolente, *
¹⁰na pleni**tu**de dos tempos realizar:
– o de**síg**nio de, em Cristo, reunir *
todas as **coi**sas: as da terra e as do céu. (R.)

Ant. És bendita entre **to**das as mul**he**res da **te**rra,
e bendi**to** é o **fru**to que nas**ceu** do teu **ven**tre!

Leitura breve Gl 4,4-5

Quando se completou o tempo previsto, Deus enviou o seu Filho, nascido de uma mulher, nascido sujeito à Lei, a fim de resgatar os que eram sujeitos à Lei e para que todos recebêssemos a filiação adotiva.

Responsório breve

R. **Ma**ria, alegra-te, ó **cheia** de **gra**ça;
  * O Se**nhor** é contigo! R. Maria.
V. És bendita entre **to**das as mul**he**res da **te**rra
  e bendi**to** é o **fru**to que nas**ceu** do teu **ven**tre!
  * O Se**nhor**. Glória ao **Pai**. R. Maria.

Cântico evangélico, ant.

É fe**liz** porque **cres**te, Ma**ri**a,
pois em **ti** a Pa**la**vra de **Deus**
vai cum**prir**-se confor**me** ele **dis**se.

Preces

Proclamemos a grandeza de Deus Pai todo-poderoso: Ele quis que Maria, Mãe de seu Filho, fosse celebrada por todas as gerações. Peçamos humildemente:

R. Cheia de graça, intercedei por nós!

Deus, autor de tantas maravilhas, que fizestes a Imaculada Virgem Maria participar em corpo e alma da glória celeste de Cristo,
– conduzi para a mesma glória os corações de vossos filhos e filhas. R.

Vós, que nos destes Maria por Mãe, concedei, por sua intercessão, saúde aos doentes, consolo aos tristes, perdão aos pecadores,
– e a todos a salvação e a paz. R.

Vós, que fizestes de Maria a cheia de graça,
– concedei a todos a abundância da vossa graça. R.

Fazei, Senhor, que a vossa Igreja seja, na caridade, um só coração e uma só alma,
– e que todos os fiéis perseverem unânimes na oração com Maria, Mãe de Jesus. R.

(intenções livres)

Vós, que coroastes Maria como rainha do céu,
– fazei que nossos irmãos e irmãs falecidos se alegrem eternamente em vosso Reino, na companhia dos santos. R.

Ou:

Proclamemos a grandeza de Deus Pai todo-poderoso! Ele quis que Maria, Mãe de seu Filho, fosse celebrada por todas as gerações. Peçamos humildemente:

R. Cheia de graça, intercedei por nós!

Vós, que fizestes de Maria a Mãe da misericórdia,
– concedei a todos os que estão em perigo sentirem o seu amor materno. R.

Vós, que confiastes a Maria a missão de mãe de família no lar de Jesus e José,
– fazei que, por sua intercessão, todas as mães vivam em família o amor e a santidade. R.

Vós, que destes a Maria força para ficar de pé junto à cruz, e a enchestes de alegria com a ressurreição de vosso Filho,
– socorrei os atribulados e confortai-os na esperança. R.

Vós, que fizestes de Maria a serva fiel e atenta à vossa palavra,
– fazei de nós, por sua intercessão, servos e discípulos de vosso Filho. R.

(intenções livres)

Vós, que coroastes Maria como rainha do céu,
– fazei que nossos irmãos e irmãs falecidos se alegrem eternamente em vosso Reino, na companhia dos santos. R.

Pai nosso...

Oração

Não havendo oração própria, diz-se uma das seguintes:

Senhor nosso Deus, concedei-nos sempre saúde de alma e corpo, e fazei que, pela intercessão da Virgem Maria, libertos das tristezas presentes, gozemos as alegrias eternas. Por nosso Senhor Jesus Cristo, vosso Filho, na unidade do Espírito Santo.

Ou:

Perdoai, ó Deus, os pecados dos vossos filhos e filhas, e salvai-nos pela intercessão da Virgem Maria, uma vez que não podemos agradar-vos apenas com os nossos méritos. Por nosso Senhor Jesus Cristo, vosso Filho, na unidade do Espírito Santo.

Ou:

Ó Deus de misericórdia, socorrei a nossa fraqueza e concedei-nos ressurgir dos nossos pecados pela intercessão da Mãe de Jesus Cristo, cuja memória hoje celebramos. Por nosso Senhor Jesus Cristo, vosso Filho, na unidade do Espírito Santo.

Ou:

Valha-nos, ó Deus, a intercessão da sempre Virgem Maria, para que, livres de todos os perigos, vivamos em vossa paz. Por nosso Senhor Jesus Cristo, vosso Filho, na unidade do Espírito Santo.

Ou:

Fazei, ó Deus, que, ao celebrarmos a memória da Virgem Maria, possamos também, por sua intercessão, participar da plenitude da vossa graça. Por nosso Senhor Jesus Cristo, vosso Filho, na unidade do Espírito Santo.

Ou:

Ó Deus todo-poderoso, pela intercessão de Maria, nossa Mãe, socorrei os fiéis que se alegram com a sua proteção, livrando-os de todo mal neste mundo e dando-lhes a alegria do céu. Por nosso Senhor Jesus Cristo, vosso Filho, na unidade do Espírito Santo.

MEMÓRIA DE SANTA MARIA NO SÁBADO

Nos sábados do Tempo Comum, sendo permitida a celebração de memória facultativa, pode-se fazer, com o mesmo rito, a memória de Santa Maria no Sábado.

Invitatório

R. Vinde, adoremos o **Cristo** Je**sus**,
   Filho ben**di**to da **Vir**gem Ma**ria**!

Ou:

R. Lou**ve**mos a **nos**so Se**nhor**,
   sau**de**mos a **Vir**gem Ma**ria**!

Salmo invitatório como no Ordinário, p. 583.

Ofício das Leituras

Hino

    Aquele a quem adoram
    o céu, a terra, o mar,
    o que governa o mundo,
    na Virgem vem morar.

    A lua, o sol e os astros
    o servem, sem cessar.
    Mas ele vem no seio
    da Virgem se ocultar.

    Feliz, ó Mãe, que abrigas
    na arca do teu seio
    Autor de toda a vida,
    que vive em nosso meio.

    Feliz chamou-te o Anjo,
    Espírito em ti gerou
    dos povos o Esperado,
    que o mundo transformou.

Louvor a vós, Jesus,
nascido de Maria,
ao Pai e ao Espírito
agora e todo o dia.

Ou:

Do vosso Filho, ó filha,
ó Mãe e Virgem pura,
sublime e mais humilde
que toda criatura!

Em seu conselho eterno,
Deus viu vossa beleza,
ó glória e esplendor
da nossa natureza,

a qual se fez tão nobre
que o seu supremo Autor,
de modo admirável,
um corpo em vós tomou.

No seio duma Virgem
revive, em fogo, o Amor.
Na terra a flor celeste
germina ao seu calor.

Ao Pai louvor, e ao Filho
da vossa virgindade,
que vos vestiu, no Espírito,
de graça e santidade.

Ou ainda: Maria, Mãe dos mortais, como nas I Vésperas do Comum de Nossa Senhora, p. 1501.

Antífonas, salmos, versículo e primeira leitura com seu responsório, do sábado corrente.

Segunda leitura

A segunda leitura se toma, à escolha, do Comum de Nossa Senhora, p. 1514, das que seguem, ou do sábado corrente, com seus respectivos responsórios.

Dos Sermões de São Proclo, bispo de Constantinopla
(De Nativitate Domini, 1-2:PG65,843-846) (Séc. V)

O Amigo do homem, fez-se homem nascendo da Virgem

Alegrem-se os céus nas alturas, e que as nuvens façam chover a justiça, porque o Senhor se compadeceu de seu povo (cf. Is 45,8). *Alegrem-se os céus nas alturas* porque, quando eles foram criados no princípio, Adão foi igualmente formado da terra virgem pelo Criador. Tornou-se assim amigo e familiar de Deus. *Alegrem-se os céus nas alturas* porque agora, pela encarnação de Nosso Senhor, a terra foi santificada, e o gênero humano libertado dos sacrifícios idolátricos.

Que as nuvens façam chover a justiça, porque hoje o pecado de Eva foi apagado e perdoado pela pureza da Virgem Maria e pelo Deus e homem que dela nasceu. Hoje Adão, passada a antiga condenação, foi libertado daquela horrível e tenebrosa sentença.

Cristo nasceu da Virgem, dela recebendo a natureza humana, conforme a livre disposição da Providência divina: *A Palavra se fez carne e habitou entre nós* (Jo 1,14); deste modo, a Virgem se tornou Mãe de Deus. Ela é Virgem e Mãe porque gerou a Palavra encarnada sem participação de homem. Conservou, porém, a virgindade, a fim de pôr em relevo o nascimento miraculoso daquele que assim determinara que fosse. Ela é mãe da Palavra divina segundo a substância da natureza humana. Nela, a Palavra se fez homem, nela, realizou a união das duas naturezas e, por ela, foi dada ao mundo, segundo a sabedoria e a vontade daquele que opera prodígios. Como diz São Paulo: *Dos Israelitas é que Cristo descende, quanto à sua humanidade* (cf. Rm 9,5).

Com efeito, ele foi, é e será sempre o mesmo. Todavia, se fez homem por causa de nós. Aquele que ama o homem, se fez homem, o que antes não era. Mas se fez homem, permanecendo ao mesmo tempo Deus, sem mudança de espécie alguma. Fez-se, portanto, semelhante a mim por causa de mim. Fez-se o que não era, conservando, no entanto, o que era. Finalmente, se fez homem para que, tomando seus os nossos sofrimentos, nos tomasse capazes da adoção de filhos, e nos concedesse o Reino. Que sejamos dignos desse Reino pela graça e a misericórdia do Senhor Jesus Cristo. A ele, juntamente com orai e o Espírito Santo, sejam dados glória, honra e poder, agora e sempre e pelos séculos dos séculos. Amém.

Responsório   Cf. Sl 71(72),6.19; Ap 21,3

R. Virá do **al**to, como o or**val**ho sobre a **rel**va.
 * Toda **ter**ra se enche**rá** de sua **gló**ria.
V. Eis a**qui** a habita**ção** de **Deus**, em meio aos **ho**mens, e com eles mora**rá**, e o próprio **Deus** será seu **Deus**.
 *Toda a **ter**ra.

Ou:

Dos Sermões de São Guerrico, abade
(Sermo 1 in Assumptione beatae Mariae: PL 185,187-189)
(Séc. XII)

Maria, Mãe de Cristo e Mãe dos cristãos

Maria deu à luz um Filho único. Assim como ele é Filho único de seu Pai nos céus, é também Filho único de sua mãe na terra. Ora, essa única Virgem Mãe, que possui a glória de ter dado à luz o Filho único de Deus Pai, abraça este mesmo Filho em todos os seus membros. Não se envergonha de ser chamada mãe de todos aqueles nos quais vê a Cristo já formado ou em formação.

A antiga Eva, que deixou aos filhos a sentença de morte ainda antes de verem a luz do dia, foi mais madrasta do que mãe. Chamam-na *mãe de todos os viventes;* mas verifica-se, com mais verdade, que ela foi a origem da morte para os que vivem, a mãe dos que morrem, pois o seu ato de gerar não foi outra coisa senão propagar a morte. E já que Eva não correspondeu fielmente ao significado do seu nome, Maria realizou este mistério. Como a Igreja, da qual é figura, Maria é a Mãe de todos os que renascem para a vida. Ela é verdadeiramente a mãe da Vida pela qual todos vivem; ao gerar a Vida, de certo modo ela regenerou todos os que hão de viver por ela.

A santa mãe de Cristo, que se reconhece mãe dos cristãos em virtude desse mistério, mostra-se também sua mãe pelo cuidado e amor que tem por eles. Não é insensível para com os filhos, como se não fossem seus; suas entranhas, fecundadas uma só vez mas nunca estéreis, jamais se cansam de dar à luz frutos de piedade.

Se o Apóstolo, servo de Cristo, uma e outra vez dá à luz filhos pelos seus cuidados e ardente piedade, *até Cristo ser formado neles* (cf. Gl 4,19), quanto mais a própria mãe de Cristo! E Paulo, de fato, os gerou, pregando-lhes a palavra da verdade pela qual foram regenerados; Maria, porém, gerou-os de modo muito mais divino e santo, ao dar à luz a própria Palavra. Louvo realmente em São Paulo o ministério da pregação; porém admiro e venero muito mais em Maria o mistério da geração.

Observa, agora, se os filhos também não parecem reconhecer a sua mãe. Impelidos como que por um certo natural afeto de piedade, recorrem imediatamente à invocação do seu nome em todas as necessidades e perigos, como crianças no colo da mãe. Por isso, julgo, não sem motivo, que é destes filhos que o Profeta fala quando faz esta promessa: *Os teus filhos habitarão em ti* (cf. Sl 101,29). Ressalve-se, no entanto, a interpretação que atribui principalmente à Igreja esta profecia.

Agora vivemos, na verdade, sob o amparo da mãe do Altíssimo, habitamos sob a sua proteção e como que à sombra de suas asas. Mais tarde, seremos acalentados no seu regaço com a participação na sua glória. Então ressoará, numa só voz, a aclamação dos filhos que se "alegram e se congratulam com sua mãe: *Todos juntos a cantar nos alegramos, pois em ti está a nossa morada* (cf. Sl 86,7), santa mãe de Deus!

Responsório   Mt 1,20.21; Mq 5,4-5

R. O que em Maria foi gerado é do Espírito Santo.
 * Pois ele salvará o seu povo dos pecados.
V. Será grande em toda a terra, será ele a nossa paz.
 * Pois ele.

Ou:

Das Homilias de São João Crisóstomo, bispo

(De coemeterio et de cruce, 2: PG 49,396) (Séc. IV)

Adão e Cristo, Eva e Maria

Viste que vitória admirável? Viste os magníficos prodígios da cruz? Posso dizer-te alguma coisa ainda mais admirável? Ouve o modo como se deu a vitória e então ficarás sumamente maravilhado. Cristo venceu o diabo valendo-se dos mesmos meios com que este tinha vencido: e, tomando as mesmas armas que ele tinha usado, derrotou-o. Ouve como o fez.

A virgem, o lenho e a morte foram os sinais de nossa derrota. A virgem era Eva, pois ainda não conhecera homem; o lenho era a árvore; a morte, o castigo de Adão. E eis que de novo a virgem, o lenho e a morte, que foram sinais da nossa derrota, se tomaram sinais de nossa vitória. Com efeito, em vez de Eva está Maria; em vez da árvore da ciência do bem e do mal, o lenho da cruz; em vez da morte de Adão, a morte de Cristo.

Vês como o demônio foi vencido pelos mesmos meios com que vencera? Na árvore, ele fez Adão cair; na árvore, Cristo derrotou o demônio. A primeira árvore conduzia à região dos mortos; mas a segunda fez voltar até mesmo os que haviam descido para lá. O primeiro homem, já vencido e nu, se escondera entre as árvores; Cristo, porém, vitorioso, se mostra a todos, também nu, do alto de um lenho. A primeira morte condenou os que nasceram depois dela; mas esta morte ressuscitou até mesmo aqueles que nasceram antes dela. *Quem contará os grandes feitos do Senhor?* (Sl 105,2). Por uma morte, nos tornamos imortais: são estes os magníficos prodígios da cruz.

Compreendeste a vitória? Compreendeste o modo da vitória? Ouve agora como esta vitória foi alcançada, sem o nosso trabalho e suor. Nós não ensanguentamos as armas, não estivemos no combate, não fomos feridos nem vimos a luta; no entanto, alcançamos a vitória. O combate foi do Senhor e a coroa foi nossa. Ora, como a vitória também é nossa, imitemos os soldados e cantemos hoje, com vozes alegres, os louvores e cânticos da vitória. Digamos, louvando o Senhor: *A morte foi tragada pela vitória. Ó morte, onde está a tua vitória? Onde está o teu aguilhão?* (1Cor 15,54-55).

Todas estas coisas maravilhosas nos foram obtidas pela cruz. A cruz é um troféu erguido contra os demônios, uma espada levantada contra o pecado, espada com a qual Cristo traspassou a serpente; a cruz é a vontade do Pai, a glória do seu Filho unigênito, a exultação do Espírito Santo, a honra dos anjos, a segurança da Igreja, o regozijo de Paulo, a fortaleza dos santos, a luz da terra inteira.

Responsório

R. Por vontade do Senhor,
   que nos renova na antiga honra,
 * Como o espinho gera a rosa, assim nasceu Maria de Eva.
V. Para a falta por virtude ser coberta inteiramente
   e a culpa pela graça. * Como o espinho.

Ou:
Da Constituição dogmática *Lumen gentium* sobre a Igreja, do Concílio Vaticano II

(N. 63-65) (Séc. XX)

Maria, figura da Igreja

A Santíssima Virgem Maria está intimamente relacionada com a Igreja, em virtude da graça da divina maternidade e da missão pela qual está unida a seu Filho redentor. E ainda em virtude de suas singulares graças e prerrogativas. A Mãe de Deus é figura da Igreja, como já ensinava Santo Ambrósio, quer dizer, na ordem da fé, da caridade e da perfeita união com Cristo.

No mistério da Igreja, também chamada com razão mãe e virgem, a Santíssima Virgem Maria ocupa um lugar eminente e singular como modelo de virgem e de mãe. Por sua fé e obediência, ela gerou na terra o próprio Filho de Deus Pai, sem conhecer homem, mas pelo poder do Espírito Santo. Como nova Eva, acreditou sem hesitar, não na antiga serpente, mas na mensagem de Deus. Por isso, deu à luz o Filho a quem Deus constituiu *primogênito numa multidão de irmãos* (cf. Rm 8,29), isto é, entre os fiéis em cuja geração e formação ela coopera com amor de mãe.

A Igreja, contemplando a santidade misteriosa de Maria, imitando a sua caridade e cumprindo fielmente a vontade do Pai, torna-se também mãe, mediante a Palavra de Deus recebida na fé. Na verdade, pela pregação e pelo batismo gera, para a vida nova e imortal, os filhos concebidos do Espírito Santo e nascidos de Deus. Ela é também a virgem que, com integridade e pureza, guarda a palavra dada ao Esposo. Imitando a mãe do seu Senhor, pela virtude do Espírito Santo, conserva virginalmente íntegra a fé, sólida a esperança, sincera a caridade.

Enquanto na Santíssima Virgem a Igreja já alcançou essa perfeição que a toma *sem mancha nem ruga* (Ef 5,27), os cristãos ainda se esforçam por crescer em santidade, vencendo o pecado. Por isso elevam seus olhos a Maria que refulge para toda a comunidade dos eleitos como modelo de virtudes. Meditando piedosamente sobre Maria e contemplando-a à luz da Palavra que se fez homem, a Igreja vai penetrando, com reverência e mais profundamente, no sublime mistério da encarnação, assemelhando-se cada vez mais ao seu Esposo.

Maria, cooperando intimamente na história da salvação, reúne em si e reflete, de certo modo, as maiores exigências da fé. Quando proclamada e cultuada, ela conduz os fiéis para o seu Filho, para o sacrifício do Filho e para o amor do Pai. E a Igreja, por sua vez, buscando a glória de Cristo, torna-se sempre mais semelhante à Excelsa Figura que a representa, progredindo continuamente na fé, na esperança e na caridade, procurando e cumprindo em tudo a vontade divina.

Por isso, também na sua atividade apostólica, a Igreja se volta para aquela que gerou a Cristo, concebido do Espírito Santo e nascido da Virgem, a fim de que, por meio da Igreja, ele também nasça e cresça nos corações dos fiéis. A Virgem, durante a vida, foi modelo daquele amor materno do qual devem estar animados todos que colaboram na missão apostólica da Igreja para a redenção dos homens.

Responsório

R. A salv**ação** apare**ceu** para **to**dos os que **cre**em
por Ma**ria**, sempre vir**gem**,
 * cuja **vi**da é uma **luz** para **to**das as I**gre**jas.
V. Cele**bre**mos com fer**vor** a me**mó**ria de Ma**ria**,
a **Vir**gem ventu**ro**sa. * Cuja **vi**da.

Pode-se tomar também, à escolha, a segunda leitura da memória do Imaculado Coração de Maria, p. 1330, ou do dia 16 de julho, p. 1427.

Oração como nas Laudes, p. 1544-1545.

Laudes

Hino

Senhora gloriosa,
bem mais que o sol brilhais.
O Deus que vos criou
ao seio amamentais.

O que Eva destruiu,
no Filho recriais;
do céu abris a porta
e os tristes abrigais.

Da luz brilhante porta,
sois pórtico do Rei.
Da Virgem veio a vida.
Remidos, bendizei!

Ao Pai e ao Espírito,
poder, louvor, vitória,
e ao Filho, que gerastes
e vos vestiu de glória.

Ou:

Da caridade Estrela fúlgida
para os celestes habitantes,
para os mortais és da esperança
a fonte de águas borbulhantes.

Nobre Senhora, és poderosa
do Filho sobre o coração;
por ti, quem ora, confiante,
dele consegue a salvação.

Tua bondade não apenas
atende à voz dos suplicantes,
mas se antecipa, carinhosa,
aos seus desejos hesitantes.

Misericórdia é o teu nome,
suma grandeza em ti fulgura.

Com água viva de bondade,
sacias toda a criatura.

Glória a Deus Pai e ao Santo Espírito,
glória ao teu Filho Redentor,
que te envolveram com o manto
da sua graça e seu amor.

Ou ainda: Ave, do mar Estrela, como nas II Vésperas do Comum de Nossa Senhora, p. 1524.

Antífonas e salmos do sábado corrente.

Pode-se escolher uma das seguintes leituras breves com seu responsório breve.

Leitura breve   Gl 4,4-5
Quando se completou o tempo previsto, Deus enviou o seu Filho, nascido de uma mulher, nascido sujeito à Lei, a fim de resgatar os que eram sujeitos à Lei e para que todos recebêssemos a filiação adotiva.

Responsório breve
R. Depois do **par**to, ó **Maria**, * Virgem **per**man**ec**estes.
  R. Depois do **par**to.
V. Rogai por **nós**, Mãe de **Deus**! * Virgem.
  Glória ao **Pai**. R. Depois do **par**to.

Ou: Cf. Is 61,10
Exulto de alegria no Senhor e minh'alma regozija-se em meu Deus; ele me vestiu com as vestes da salvação, envolveu-me com o manto da justiça, qual noiva com suas joias.

Responsório breve
R. O S**e**n**hor** a esc**olheu**,
 * Entre **to**das prefe**ri**da. R. O S**e**n**hor**.
V. O S**e**n**hor** a fez mo**rar** em sua **san**ta habita**ção**.
 * Entre **to**das. Glória ao **Pai**. R. O S**e**n**hor**.

Ou: Ap 12,1

Apareceu no céu um grande sinal: uma mulher vestida de sol, tendo a lua debaixo dos pés e sobre a cabeça uma coroa de doze estrelas.

Responsório breve

R. Maria, alegra-te, ó **cheia** de **graça**;
 * O **Senhor** é contigo! R. **Maria**.
V. És bendita entre **todas** as **mulheres** da **terra**
   e bendito é o **fruto** que nasceu do teu **ventre**!
 * O **Senhor**. Glória ao **Pai**. R. **Maria**.

Cântico evangélico, ant.

Pode-se escolher uma das seguintes antífonas:

1 Celebremos devotamente a memória da Virgem **Santa**, para que ela rogue por **nós** junto ao **Cristo Senhor Jesus**.

2 Ó **Maria**, sempre **virgem**, Mãe de **Deus**, sois bendita do **Senhor**, o Deus Altíssimo, entre **todas** as **mulheres** sobre a **terra**!

3 Nossa **vida** perdida por **vós** nos é **dada**, ó **Virgem** sem **mancha**!
Pois do **céu** concebestes o **Filho** de **Deus**, e destes ao **mundo** Jesus Salvador.

4 Maria, alegra-te, ó **cheia** de **graça**.
O **Senhor** é contigo,
és bendita entre **todas** as **mulheres** da **terra**!

5 Virgem **santa** e imaculada, eu não **sei** com que **louvores** poderei engrandecer-vos!
Pois de **vós** nós recebemos Jesus **Cristo**, o Redentor.

6 Sois a **glória** de **Sião**, a alegria de **Israel** e a **flor** da humanidade!

Preces

Celebremos nosso Salvador, que se dignou nascer da Virgem Maria; e peçamos:
R. **Senhor, que a vossa Mãe interceda por nós!**

Sol de justiça, a quem a Virgem Imaculada precedeu como aurora resplandecente,
– concedei que caminhemos sempre à luz da vossa presença.
R.

Palavra eterna do Pai, que escolhestes Maria como arca incorruptível para vossa morada,
– livrai-nos da corrupção do pecado. R.

Salvador do mundo, que tivestes vossa Mãe junto à cruz,
– concedei-nos, por sua intercessão, a graça de participar generosamente nos vossos sofrimentos. R.

Jesus de bondade, que, pregado na cruz, destes Maria por Mãe a João,
– fazei que vivamos também como seus filhos. R.

(intenções livres)

Ou:

Celebremos nosso Salvador, que se dignou nascer da Virgem Maria; e peçamos:
R. **Senhor, que a vossa Mãe interceda por nós!**

Salvador do mundo, que pelos méritos da redenção preservastes a vossa Mãe de toda a mancha de pecado,
– livrai-nos também de todo pecado. R.

Redentor nosso, que fizestes da Imaculada Virgem Maria o tabernáculo puríssimo da vossa presença e o sacrário do Espírito Santo,
– fazei de nós templos vivos do vosso Espírito. R.

Palavra eterna, que ensinastes vossa Mãe a escolher a melhor parte,

—ajudai-nos a imitá-la buscando o alimento da vida eterna.
R. **Senhor, que a vossa Mãe interceda por nós!**

Rei dos reis, que quisestes ter vossa Mãe convosco no céu em corpo e alma,
—fazei que aspiremos sempre aos bens do alto. R.

Senhor do céu e da terra, que colocastes Maria como rainha à vossa direita,
—dai-nos a alegria de participar um dia com ela da mesma glória. R.

(intenções livres)

Pai nosso...

Oração

Diz-se, à escolha, uma das orações seguintes:

1 Senhor nosso Deus, concedei-nos sempre saúde de alma e corpo, e fazei que, pela intercessão da Virgem Maria, libertos das tristezas presentes, gozemos as alegrias eternas. Por nosso Senhor Jesus Cristo, vosso Filho, na unidade do Espírito Santo.

2 Perdoai, ó Deus, os pecados dos vossos filhos e filhas, e salvai-nos pela intercessão da Virgem Maria, uma vez que não podemos agradar-vos apenas com os nossos méritos. Por nosso Senhor Jesus Cristo, vosso Filho, na unidade do Espírito Santo.

3 Ó Deus de misericórdia, socorrei a nossa fraqueza e concedei-nos ressurgir dos nossos pecados pela intercessão da Mãe de Jesus Cristo, cuja memória hoje celebramos. Por nosso Senhor Jesus Cristo, vosso Filho, na unidade do Espírito Santo.

4 Valha-nos, ó Deus, a intercessão da sempre Virgem Maria, para que, livres de todos os perigos, vivamos em vossa paz. Por nosso Senhor Jesus Cristo, vosso Filho, na unidade do Espírito Santo.

5 Fazei, ó Deus, que, ao celebrarmos a memória da Virgem Maria, possamos também, por sua intercessão, participar da plenitude da vossa graça. Por nosso Senhor Jesus Cristo, vosso Filho, na unidade do Espírito Santo.

6 Ó Deus todo-poderoso, pela intercessão de Maria, nossa Mãe, socorrei os fiéis que se alegram com a sua proteção, livrando-os de todo mal neste mundo e dando-lhes a alegria do céu. Por nosso Senhor Jesus Cristo, vosso Filho, na unidade do Espírito Santo.

COMUM DOS APÓSTOLOS

I Vésperas

HINO Exulte o céu, como nas II Vésperas, p. 1557.

Salmodia

Ant. 1 Jesus chamou os seus discípulos,
escolheu doze dentre eles
e lhes deu o nome de Apóstolos.

Salmo 116(117)

– ¹Cantai louvores ao Senhor, todas as gentes, *
povos todos, festejai-o!
– ²Pois comprovado é seu amor para conosco, *
para sempre ele é fiel!

Ant. Jesus chamou os seus discípulos,
escolheu doze dentre eles
e lhes deu o nome de Apóstolos.

Ant. 2 Deixando suas redes, seguiram o Senhor.

Salmo 147(147 B)

– ¹²Glorifica o Senhor, Jerusalém! *
Ó Sião, canta louvores ao teu Deus!
– ¹³Pois reforçou com segurança as tuas portas, *
e os teus filhos em teu seio abençoou;
– ¹⁴a paz em teus limites garantiu *
e te dá como alimento a flor do trigo.
– ¹⁵Ele envia suas ordens para a terra, *
e a palavra que ele diz corre veloz;
– ¹⁶ele faz cair a neve como lã *
e espalha a geada como cinza.
– ¹⁷Como de pão lança as migalhas do granizo, *
a seu frio as águas ficam congeladas.

—¹⁸ Ele envia sua palavra e as derrete, *
  sopra o vento e de novo as águas correm.
—¹⁹ Anuncia a Jacó sua palavra, *
  seus preceitos e suas leis a Israel.
—²⁰ Nenhum povo recebeu tanto carinho, *
  a nenhum outro revelou os seus preceitos.

Ant. Deixando suas redes, seguiram o Senhor.

Ant. 3 Vós sois os meus amigos, pois guardastes meu amor.

Cântico   Ef 1,3-10

—³ Bendito e louvado seja Deus, *
  o Pai de Jesus Cristo, Senhor nosso,
— que do alto céu nos abençoou em Jesus Cristo *
  com bênção espiritual de toda sorte!

(R. Bendito sejais vós, nosso Pai,
  que nos abençoastes em Cristo!)

—⁴ Foi em Cristo que Deus Pai nos escolheu, *
  já bem antes de o mundo ser criado,
— para que fôssemos, perante a sua face, *
  sem mácula e santos pelo amor. (R.)

=⁵ Por livre decisão de sua vontade, †
  predestinou-nos, através de Jesus Cristo, *
  a sermos nele os seus filhos adotivos,
—⁶ para o louvor e para a glória de sua graça, *
  que em seu Filho bem-amado nos doou. (R.)

—⁷ É nele que nós temos redenção, *
  dos pecados remissão pelo seu sangue.
= Sua graça transbordante e inesgotável †
  ⁸ Deus derrama sobre nós com abundância, *
  de saber e inteligência nos dotando. (R.)

—⁹ E assim, ele nos deu a conhecer *
  o mistério de seu plano e sua vontade,

– que propusera em seu querer benevolente, *
   ¹⁰na plenitude dos tempos realizar:
– o desígnio de, em Cristo, reunir *
   todas as **coi**sas: as da terra e as do céu.   (R.)

Ant. Vós **sois** os meus **ami**gos, pois guar**das**tes meu **amor**.

Leitura breve — At 2,42-45

Todos eram perseverantes em ouvir o ensinamento dos apóstolos, na comunhão fraterna, na fração do pão e nas orações. E todos estavam cheios de temor por causa dos numerosos prodígios e sinais que os apóstolos realizavam. Todos os que abraçavam a fé viviam unidos e colocavam tudo em comum; vendiam suas propriedades e seus bens e repartiam o dinheiro entre todos, conforme a necessidade de cada um.

Responsório breve — Jo 13,35

R. Nisto **to**dos sabe**rão**
  * Que vós **sois** os meus dis**cí**pulos. R. Nisto **to**dos.
V. Se uns aos **ou**tros vos a**mar**des. * Que vós **sois**.
  Glória ao **Pai**. R. Nisto **to**dos.

Cântico evangélico, ant.

Não fostes **vós** que me esco**lhes**tes,
mas, sim, **eu** vos esco**lhi** e vos **dei** esta mis**são**:
de produ**zir**des muito **fru**to e o vosso **fru**to permaneça.

Preces

Irmãos, edificados sobre o fundamento dos apóstolos, roguemos a Deus Pai todo-poderoso em favor de seu povo santo; e digamos:

R. **Lembrai-vos, Senhor, da vossa Igreja!**

Vós quisestes, ó Pai, que o vosso Filho, ressuscitado dos mortos, aparecesse em primeiro lugar aos apóstolos;
–fazei de nós testemunhas do vosso Filho até os confins da terra.   R.

Vós, que enviastes vosso Filho ao mundo para evangelizar os pobres,
– fazei que o Evangelho seja pregado a toda criatura. R.

Vós, que enviastes vosso Filho para semear a Palavra do Reino,
– concedei-nos colher na alegria os frutos da Palavra semeada com o nosso trabalho. R.

Vós, que enviastes vosso Filho para reconciliar o mundo convosco pelo seu sangue,
– fazei que todos nós colaboremos na obra da reconciliação de toda a humanidade. R.

(intenções livres)

Vós, que glorificastes vosso Filho à vossa direita nos céus,
– recebei no Reino da felicidade eterna os nossos irmãos e irmãs falecidos. R.

Pai nosso...

Oração como no Próprio dos Santos.

Invitatório

R. Ao Senhor, Rei dos Apóstolos, vinde, adoremos.

Salmo invitatório como no Ordinário, p. 583.

Ofício das Leituras

Hino

Do supremo Rei na corte
sois ministros, que Jesus
instruiu e fez Apóstolos,
sal da terra e sua luz.

A feliz Jerusalém,
cuja lâmpada é o Cordeiro,
vos possui, quais joias raras,
fundamento verdadeiro.

A Igreja vos celebra
como esposa do Senhor.
Vossa voz a trouxe à vida,
vosso sangue a consagrou.

Quando os tempos terminarem
e o Juiz vier julgar,
sobre tronos gloriosos
havereis de vos sentar.

Sem cessar, a vossa prece
nos dê força e proteção.
Das sementes que espalhastes
brote a flor e nasça o grão.

Glória a Cristo, que de vós
fez do Pai os enviados,
e vos deu o seu Espírito,
por quem fostes consagrados.

Salmodia

Ant. 1 Em toda a terra se espalha o seu anúncio,
e sua voz pelos confins do universo.

Salmo 18(19) A

— ²Os céus proclamam a glória do Senhor, *
  e o firmamento, a obra de suas mãos;
— ³o dia ao dia transmite esta mensagem, *
  a noite à noite publica esta notícia.
— ⁴Não são discursos nem frases ou palavras, *
  nem são vozes que possam ser ouvidas;
— ⁵seu som ressoa e se espalha em toda a terra, *
  chega aos confins do universo a sua voz.
— ⁶Armou no alto uma tenda para o sol; *
  ele desponta no céu e se levanta
— como um esposo do quarto nupcial, *
  como um herói exultante em seu caminho.

– ⁷ De um ex**tr**emo do céu põe-se a correr *
  e vai tra**ç**an**do** o seu rastro luminoso,
– até que **pos**sa chegar ao outro extremo, *
  e nada **po**de fugir ao seu calor.
Ant. Em toda a **ter**ra se es**pa**lha o seu a**nún**cio,
  e sua **voz** pelos con**fins** do univer**so**.
Ant. 2 Procla**ma**ram as **o**bras de **Deus**
  e enten**de**ram seus **gran**des prodígios.

Salmo 63(64)

– ² Ó Deus, ou**vi** a minha **voz**, o meu la**men**to! *
  Salvai-me a **vi**da do inimigo aterrador!
– ³ Prote**gei**-me das intrigas dos perversos *
  e do tu**mul**to dos obreiros da maldade!
– ⁴ Eles a**fi**am suas línguas como espadas, *
  lançam pa**la**vras venenosas como flechas,
– ⁵ para fe**rir** os inocentes às ocultas *
  e atin**gi**-los de repente, sem temor.
– ⁶ Uns aos **ou**tros se encorajam para o mal *
  e com**bi**nam às ocultas, traiçoeiros,
– onde **pôr** as armadilhas preparadas, *
  comen**tan**do entre si: "Quem nos verá?"
– ⁷ Eles **tra**mam e disfarçam os seus crimes. *
  É um a**bis**mo o coração de cada homem!
– ⁸ Deus, po**rém**, os ferirá com suas flechas, *
  e cai**rão** todos feridos, de repente.
– ⁹ Sua **lín**gua os levará à perdição, *
  e quem os **vir** meneará sua cabeça;
– ¹⁰ com te**mor** proclamará a ação de Deus, *
  e tira**rá** uma lição de sua obra.
= ¹¹ O homem **jus**to há de alegrar-se no Senhor †
  e junto **d**ele encontrará o seu refúgio, *
  e os de **re**to coração triunfarão.

Ant. Proclamaram as obras de Deus
e entenderam seus grandes prodígios.

Ant. 3 Anunciaram a justiça do Senhor,
todos os povos podem ver a sua glória.

Salmo 96(97)

− ¹Deus é Rei! Exulte a terra de alegria, *
e as ilhas numerosas rejubilem!
− ²Treva e nuvem o rodeiam no seu trono, *
que se apoia na justiça e no direito.
− ³Vai um fogo caminhando à sua frente *
e devora ao redor seus inimigos.
− ⁴Seus relâmpagos clareiam toda a terra; *
toda a terra, ao contemplá-los, estremece.
− ⁵As montanhas se derretem como cera *
ante a face do Senhor de toda a terra;
− ⁶e assim proclama o céu sua justiça, *
todos os povos podem ver a sua glória.
= ⁷"Os que adoram as estátuas se envergonhem †
e os que põem a sua glória nos seus ídolos; *
aos pés de Deus vêm se prostrar todos os deuses!"
= ⁸Sião escuta transbordante de alegria, †
e exultam as cidades de Judá, *
porque são justos, ó Senhor, vossos juízos!
= ⁹Porque vós sois o Altíssimo, Senhor, †
muito acima do universo que criastes, *
e de muito superais todos os deuses.
= ¹⁰O Senhor ama os que detestam a maldade, †
ele protege seus fiéis e suas vidas, *
e da mão dos pecadores os liberta.
− ¹¹Uma luz já se levanta para os justos, *
e a alegria, para os retos corações.

– ¹²Homens **jus**tos, alegrai-vos no Senhor, *
celeb**rai** e bendizei seu santo nome!

Ant. Anunci**a**ram a justi**ça** do Se**nhor**,
todos os **po**vos podem **ver** a sua **gló**ria.

V. Eles con**ta**ram as gran**de**zas do Se**nhor** e seu po**der**.
R. E as **su**as maravi**lhas** que por **nós** reali**zou**.

Primeira leitura

Da Primeira Carta de São Paulo aos Coríntios   4,1-16

Sejamos imitadores do Apóstolo, como ele o foi de Cristo

Irmãos: ¹Que todo o mundo nos considere como servidores de Cristo e administradores dos mistérios de Deus. ²A este respeito, o que se exige dos administradores é que sejam fiéis. ³Quanto a mim, pouco me importa ser julgado por vós ou por algum tribunal humano. Nem eu me julgo a mim mesmo. ⁴É verdade que a minha consciência não me acusa de nada. Mas não é por isso que eu posso ser considerado justo. ⁵Quem me julga é o Senhor. Portanto, não queirais julgar antes do tempo. Aguardai que o Senhor venha. Ele iluminará o que estiver escondido nas trevas e manifestará os projetos dos corações. Então, cada um receberá de Deus o louvor que tiver merecido.

⁶Irmãos, apliquei essa doutrina a mim e a Apolo, por causa de vós, para que o nosso exemplo vos ensine a não vos inchar de orgulho, tomando o partido de um contra outro, e a "não ir além daquilo que está escrito". ⁷Com efeito, quem é que te faz melhor que os outros? O que tens que não tenhas recebido? Mas, se recebeste tudo que tens, por que, então, te glorias, como se não o tivesses recebido?

⁸Vós já estais saciados! Já vos enriquecestes! Sem nós, já começastes a reinar! Oxalá estivésseis mesmo reinando, para nós também reinarmos convosco! ⁹Na verdade, parece-me que Deus nos apresentou, a nós apóstolos, em último lugar, como pessoas condenadas à morte. Tornamo-nos um

espetáculo para o mundo, para os anjos e os homens. ¹⁰Nós somos os tolos por causa de Cristo, vós, porém, os sábios nas coisas de Cristo. Nós somos os fracos; vós, os fortes. Vós sois tratados com toda a estima e atenção, e nós, com todo o desprezo. ¹¹Até à presente hora, padecemos fome, sede e nudez; somos esbofeteados e vivemos errantes; ¹²fadigamo-nos, trabalhando com as nossas mãos; somos injuriados, e abençoamos; somos perseguidos, e suportamos; ¹³somos caluniados, e exortamos. Tornamo-nos como que o lixo do mundo, a escória do universo, até ao presente.

¹⁴Escrevo-vos tudo isto, não com a intenção de vos envergonhar, mas para vos admoestar como meus filhos queridos. ¹⁵De fato, mesmo que tivésseis dez mil educadores na vida em Cristo, não tendes muitos pais. Pois fui eu que, pelo anúncio do Evangelho, vos gerei em Jesus Cristo. ¹⁶Portanto, eu vos peço, sede meus imitadores.

Responsório   Jo 15,15; Mt 13,11.16

R. Não vos **chamo** mais meus **servos**,
    mas vos **chamo** meus **amigos**,
 * Pois vos **dei** a conhecer tudo **quanto** ouvi do **Pai**.
V. A **vós** foi conce**dido** conhecer
    os mistérios do **Reino** dos **Céus**;
    fe**lizes** vossos **o**lhos porque **v**eem,
    felizes os ouvidos porque **ou**vem. * Pois vos **dei**.

SEGUNDA LEITURA: como no Próprio dos Santos.

Nas solenidades e festas se diz o HINO Te Deum, p. 589.

Oração como no Próprio dos Santos.

Laudes

HINO como no Próprio dos Santos.

Ant. 1 O **meu** manda**men**to é **este**:
     amai-vos como **eu** vos a**mei**!

Salmos e cântico do domingo da I Semana, p. 626.

Ant. 2 Não há maior prova de amor,
que dar a vida pelo amigo.

Ant. 3 Vós sereis os meus amigos,
se seguirdes meus preceitos.

Leitura breve   Ef 2,19-22

Já não sois mais estrangeiros nem migrantes, mas concidadãos dos santos. Sois da família de Deus. Vós fostes integrados no edifício que tem como fundamento os apóstolos e os profetas, e o próprio Jesus Cristo como pedra principal. É nele que toda a construção se ajusta e se eleva para formar um templo santo no Senhor. E vós também sois integrados nesta construção, para vos tomardes morada de Deus pelo Espírito.

Responsório breve

R. Fareis deles os chefes
  * Por toda a terra. R. Fareis.
V. Lembrarão vosso nome, Senhor, para sempre.
  * Por toda. Glória ao Pai. R. Fareis deles.

Cântico evangélico, ant.

Jerusalém, ó cidade celeste,
teus alicerces são os doze Apóstolos,
tua luz, teu fulgor é o Cordeiro!

Preces

Irmãos caríssimos, tendo recebido dos apóstolos a herança celeste, agradeçamos a Deus, nosso Pai, todos os seus dons; e aclamemos:

R. **O coro dos apóstolos vos louva, Senhor!**

Louvor a vós, Senhor, pela mesa do vosso Corpo e Sangue
que recebemos por intermédio dos apóstolos;
— por ela somos alimentados e vivemos.   R.

Louvor a vós, Senhor, pela mesa de vossa Palavra, preparada para nós pelos apóstolos;
– por ela recebemos luz e alegria. R.

R. O coro dos apóstolos vos louva, Senhor!

Louvor a vós, Senhor, por vossa santa Igreja, edificada sobre o fundamento dos apóstolos;
– com ela formamos um só Corpo. R.

Louvor a vós, Senhor, pelos sacramentos do batismo e da penitência que confiastes aos apóstolos;
– por eles somos lavados de todo pecado. R.

(intenções livres)

Pai nosso...
Oração como no Próprio dos Santos.

Hora Média

Oração das Nove Horas

Ant. O Evangelho do **Rei**no anunci**ai**!
   Dai de **gra**ça o que de **gra**ça rece**bes**tes.

Leitura breve   2Cor 5,19b-20
Deus colocou em nós a palavra da reconciliação. Somos, pois, embaixadores de Cristo, e é Deus mesmo que exorta através de nós. Em nome de Cristo, nós vos suplicamos: deixai-vos reconciliar com Deus.

V. Em toda a **ter**ra se es**pa**lha o seu a**nún**cio.
R. E sua **voz** pelos con**fins** do uni**ver**so

Oração das Doze Horas

Ant. Eis que **eu** estou con**vos**co em **to**dos os **di**as
   a**té** o fim do **mun**do, é o que **diz** o Se**nhor**.

Leitura breve   At 5,12a.14
Muitos sinais e maravilhas eram realizados entre o povo pelas mãos dos apóstolos. Crescia sempre mais o número

dos que aderiam ao Senhor pela fé; era uma multidão de homens e mulheres.

V. Eles guar**da**vam os pre**cei**tos.
R. E as **or**dens do Se**nhor.**

Oração das Quinze Horas

Ant. É na **vos**sa cons**tân**cia que salva**reis** vossas **vi**das

Nos salmos graduais, em lugar do Salmo 125(126), pode-se dizer o Salmo 128(129), à p. 1119.

Leitura breve At 5,41-42

Os apóstolos saíram do Conselho, muito contentes, por terem sido considerados dignos de injúrias, por causa do nome de Jesus. E cada dia, no Templo e pelas casas, não cessavam de ensinar e anunciar o evangelho de Jesus Cristo.

V. Ale**grai**-vos e exul**tai**, diz o Se**nhor.**
R. Pois no **céu** estão ins**cri**tos vossos **no**mes!

Oração como no Próprio dos Santos.

II Vésperas

Hino

> Exulte o céu com louvores,
> e a terra cante vitória:
> Dos enviados de Cristo
> os astros narram a glória.
>
> Ó vós, juízes dos tempos,
> luz verdadeira do mundo,
> dos corações que suplicam
> ouvi o grito profundo.
>
> Dizendo só uma palavra,
> os céus fechais ou abris.
> Mandai que sejam desfeitos
> de nossa culpa os ardis.

À vossa voz obedecem
enfermidade e saúde.
Sarai nossa alma tão frágil
e dai-nos paz e virtude.

E quando o Cristo vier
no fim dos tempos julgar,
das alegrias eternas
possamos nós partilhar.

Louvor e glória ao Deus vivo,
que em vós nos deu sua luz,
o Evangelho da vida
que para o céu nos conduz.

Salmodia
Ant. 1 Vós ficastes a meu lado quando veio a provação.

Salmo 115(116 B)

— ^{10} Guardei a minha fé, mesmo dizendo: *
  "É demais o sofrimento em minha vida!"
— ^{11} Confiei, quando dizia na aflição: *
  "Todo homem é mentiroso! Todo homem!"
— ^{12} Que poderei retribuir ao Senhor Deus *
  por tudo aquilo que ele fez em meu favor?
— ^{13} Elevo o cálice da minha salvação, *
  invocando o nome santo do Senhor.
— ^{14} Vou cumprir minhas promessas ao Senhor *
  na presença de seu povo reunido.
— ^{15} É sentida por demais pelo Senhor *
  a morte de seus santos, seus amigos.
= ^{16} Eis que sou o vosso servo, ó Senhor, †
  vosso servo que nasceu de vossa serva; *
  mas me quebrastes os grilhões da escravidão! —

– ¹⁷Por isso o**fer**to um sacrifício de louvor, *
  invo**can**do o nome santo do Senhor.
– ¹⁸Vou cum**prir** minhas promessas ao Senhor *
  na pre**sen**ça de seu povo reunido;
– ¹⁹nos **á**trios da casa do Senhor, *
  em teu **mei**o, ó cidade de Sião!

Ant. Vós fi**cas**tes a meu **la**do quando **vei**o a pro**va**ção.

Ant. 2 Eu es**tou** em vosso **mei**o como a**que**le que vos **ser**ve.

Salmo 125(126)

– ¹Quando o Se**nhor** recondu**ziu** nossos **cativos**, *
  pare**cía**mos so**nhar**;
– ²en**cheu**-se de sorriso nossa boca, *
  nossos **lá**bios, de canções.
– Entre os gen**ti**os se dizia: "Maravilhas *
  fez com **el**es o Senhor!"
– ³Sim, mara**vi**lhas fez conosco o Senhor, *
  exul**te**mos de alegria!
– ⁴Mu**dai** a nossa sorte, ó Senhor, *
  como tor**ren**tes no deserto.
– ⁵Os que **lan**çam as sementes entre lágrimas, *
  ceifa**rão** com alegria.
– ⁶Cho**ran**do de tristeza sairão, *
  espa**lhan**do suas sementes;
– can**tan**do de alegria voltarão, *
  carre**gan**do os seus feixes!

Ant. Eu es**tou** em vosso **mei**o como a**que**le que vos **ser**ve.

Ant. 3 Não vos **cha**mo mais meus **ser**vos,
  mas vos **cha**mo meus a**mi**gos,
  pois vos **dei** a conhe**cer**
  o que o **Pai** me reve**lou**.

Cântico Ef 1,3-10

— ³ Bendito e louvado seja **Deus**, *
   o **Pai** de Jesus Cristo, Senhor nosso,
— que do alto **céu** nos abençoou em Jesus Cristo *
   com **bên**ção espiritual de toda sorte!

(R. Bendito sejais **vós**, nosso **Pai**,
   que **nos** abençoastes em **Cris**to!)

— ⁴ Foi em **Cris**to que Deus Pai nos escolheu, *
   já bem **an**tes de o mundo ser criado,
— para que **fôs**semos, perante a sua face, *
   sem **má**cula e santos pelo amor.   (R.)

= ⁵ Por **li**vre decisão de sua vontade, †
   predesti**nou**-nos, através de Jesus Cristo, *
   a sermos **ne**le os seus filhos adotivos,
— ⁶ para o lou**vor** e para a glória de sua graça, *
   que em seu **Fi**lho bem-amado nos doou.   (R.)

— ⁷ É **ne**le que nós temos redenção, *
   dos pe**ca**dos remissão pelo seu sangue.
= Sua **gra**ça transbordante e inesgotável †
   ⁸ Deus der**ra**ma sobre nós com abundância, *
   de sa**ber** e inteligência nos dotando.   (R.)

— ⁹ E as**sim**, ele nos deu a conhecer *
   o mis**té**rio de seu plano e sua vontade,
— que propusera em seu querer benevolente, *
   ¹⁰ na pleni**tu**de dos tempos realizar:
— o de**sí**gnio de, em Cristo, reunir *
   todas as **coi**sas: as da terra e as do céu.   (R)

Ant. Não vos **cha**mo mais meus **ser**vos,
   mas vos **cha**mo meus a**mi**gos,
   pois vos **dei** a conhe**cer**
   o que o **Pai** me reve**lou**.

Leitura breve
Ef 4,11-13

Cristo instituiu alguns como apóstolos, outros como profetas, outros ainda como evangelistas, outros, enfim, como pastores e mestres. Assim, ele capacitou os santos para o ministério, para edificar o corpo de Cristo, até que cheguemos todos juntos à unidade da fé e do conhecimento do Filho de Deus, ao estado do homem perfeito e à estatura de Cristo em sua plenitude.

Responsório breve

R. **Anunciai** entre as **nações**
 * A **glória** do Se**nhor**. R. Anunci**ai**.
V. E as **su**as mara**vi**lhas entre os **po**vos do uni**ver**so.
 * A **gló**ria. Glória ao **Pai**. R. Anunci**ai**.

Cântico evangélico, ant.

Quando o **Fi**lho do **Ho**mem, na **no**va cria**ção**,
vier em sua **gló**ria, com **e**le reina**reis**
e em vossos **tro**nos julga**reis** as doze **tri**bos de Isra**el**.

Preces

Irmãos, edificados sobre o fundamento dos apóstolos, roguemos a Deus Pai todo-poderoso em favor de seu povo santo; e digamos:

R. **Lembrai-vos, Senhor, da vossa Igreja!**

Vós quisestes, ó Pai, que o vosso Filho, ressuscitado dos mortos, aparecesse em primeiro lugar aos apóstolos;
— fazei de nós testemunhas do vosso Filho até os confins da terra. R.

Vós, que enviastes vosso Filho ao mundo para evangelizar os pobres,
— fazei que o Evangelho seja pregado a toda criatura. R.

Vós, que enviastes vosso Filho para semear a Palavra do Reino,
– concedei-nos colher na alegria os frutos da Palavra semeada com o nosso trabalho.
R. **Lembrai-vos, Senhor, da vossa Igreja!**
Vós, que enviastes vosso Filho para reconciliar o mundo convosco pelo seu sangue,
– fazei que todos nós colaboremos na obra da reconciliação de toda a humanidade. R.

(intenções livres)

Vós, que glorificastes vosso Filho à vossa direita nos céus,
– recebei no Reino da felicidade eterna os nossos irmãos e irmãs falecidos. R.
Pai nosso...
Oração como no Próprio dos Santos.

COMUM DOS MÁRTIRES

PARA VÁRIOS MÁRTIRES

I Vésperas

HINO Dos que partilham a glória, como nas II Vésperas, p. 1580.

Salmodia
Ant. 1 **Violência** e tor**tu**ra so**fre**ram os **mártires**: teste**mu**nhas de **Cris**to até a vi**tó**ria.

Salmo 117(118)

I

– ¹Dai **graças** ao **Se**nhor, porque ele é **bom**! *
  "E**ter**na é a sua miseri**cór**dia!"
– ²A **ca**sa de Israel agora o diga: *
  "E**ter**na é a sua miseri**cór**dia!"
– ³A **ca**sa de Aarão agora o diga: *
  "E**ter**na é a sua miseri**cór**dia!"
– ⁴Os que **te**mem o Senhor agora o digam: *
  "E**ter**na é a sua miseri**cór**dia!"
– ⁵Na minha an**gús**tia eu clamei pelo Senhor, *
  e o Se**nhor** me atendeu e libertou!
– ⁶O Se**nhor** está comigo, nada temo; *
  o que **po**de contra mim um ser humano?
– ⁷O Se**nhor** está comigo, é o meu auxílio, *
  hei de **ver** meus inimigos humilhados.
– ⁸É me**lhor** buscar refúgio no Senhor *
  do que **pôr** no ser humano a esperança;
– ⁹é me**lhor** buscar refúgio no Senhor *
  do que con**tar** com os poderosos deste mundo!"
– ¹⁰Povos pa**gãos** me rodearam todos eles, *
  mas em **no**me do Senhor os derrotei;

—¹¹ de todo lado todos eles me cercaram, *
mas em nome do Senhor os derrotei;
=¹² como um enxame de abelhas me atacaram, †
como um fogo de espinhos me queimaram, *
mas em nome do Senhor os derrotei.
—¹³ Empurraram-me, tentando derrubar-me, *
mas veio o Senhor em meu socorro.
—¹⁴ O Senhor é minha força e o meu canto, *
e tornou-se para mim o Salvador.
—¹⁵ "Clamores de alegria e de vitória *
ressoem pelas tendas dos fiéis.
=¹⁶ A mão direita do Senhor fez maravilhas, †
a mão direita do Senhor me levantou, *
a mão direita do Senhor fez maravilhas!"
—¹⁷ Não morrerei, mas, ao contrário, viverei *
para cantar as grandes obras do Senhor!
—¹⁸ O Senhor severamente me provou, *
mas não me abandonou às mãos da morte.

Ant. Violência e tortura sofreram os **mártires**:
testemunhas de Cristo até a vitória.

Ant. 2 Triunfaram os santos e entraram no **Reino**;
receberam de Deus a coroa de glória.

II

—¹⁹ Abri-me vós, abri-me as portas da justiça; *
quero entrar para dar graças ao Senhor!
—²⁰ "Sim, esta é a porta do Senhor, *
por ela só os justos entrarão!"
—²¹ Dou-vos graças, ó Senhor, porque me ouvistes *
e vos tornastes para mim o Salvador!
—²² "A pedra que os pedreiros rejeitaram *
tornou-se agora a pedra angular.

— ²³Pelo Se**nhor** é que foi feito tudo isso: *
  Que mara**vi**lhas ele fez a nossos olhos!
— ²⁴Este é o **dia** que o Senhor fez para nós, *
  ale**gre**mo-nos e nele exultemos!
— ²⁵Ó Se**nhor**, dai-nos a vossa salvação, *
  ó Se**nhor**, dai-nos também prosperidade!"
— ²⁶Ben**di**to seja, em nome do Senhor, *
  a**que**le que em seus átrios vai entrando!
— Desta **ca**sa do Senhor vos bendizemos. *
  ²⁷Que o Se**nhor** e nosso Deus nos ilumine!
— Empu**nhai** ramos nas mãos, formai cortejo, *
  aproxi**mai**-vos do altar, até bem perto!
— ²⁸Vós sois meu **Deus**, eu vos bendigo e agradeço! *
  Vós sois meu **Deus**, eu vos exalto com louvores!
— ²⁹Dai **gra**ças ao Senhor, porque ele é bom! *
  "E**ter**na é a sua misericórdia!"

Ant. Triun**fa**ram os **san**tos e en**tra**ram no **Rei**no;
  rece**be**ram de **Deus** a co**roa** de **gló**ria.

Ant. 3 Os **már**tires, **mor**tos por **Cris**to,
  vivem **sem**pre com **e**le nos **céus**,

Cântico   1Pd 2,21-24

= ²¹O **Cris**to por **nós** pade**ceu**, †
  dei**xou**-nos o exemplo a seguir. *
  Si**ga**mos, portanto, seus passos!
— ²²**Pe**cado nenhum cometeu, *
  nem **hou**ve engano em seus lábios.
(R. Por suas **cha**gas nós **fo**mos cu**ra**dos.)
= ²³In**sul**tado, ele não insultava; †
  ao so**frer** e ao ser maltratado, *
  ele **não** ameaçava vingança;
— entre**ga**va, porém, sua causa *.
  À**que**le que é justo juiz.   (R.)

—²⁴Carregou sobre si nossas culpas *
em seu **cor**po, no lenho da cruz,
= para que, **mor**tos aos nossos pecados, †
na jus**ti**ça de Deus nós vivamos. *
Por suas **cha**gas nós fomos curados.   (R.)

Ant. Os **már**tires, **mor**tos por **Cris**to,
vivem **sem**pre com ele nos **céus**.

Leitura breve   Rm 8,35.37-39

Quem nos separará do amor de Cristo? Tribulação? Angústia? Perseguição? Fome? Nudez? Perigo? Espada? Mas, em tudo isso, somos mais que vencedores, graças àquele que nos amou! Tenho a certeza que nem a morte, nem a vida, nem os anjos, nem os poderes celestiais, nem o presente nem o futuro, nem as forças cósmicas, nem a altura, nem a profundeza, nem outra criatura qualquer será capaz de nos separar do amor de Deus por nós, manifestado em Cristo Jesus, nosso Senhor.

Responsório breve

R. As **al**mas dos **jus**tos
 * Estão prote**gi**das nas **mãos** do Se**nhor**. R. As **al**mas.
V. O tor**men**to da **mor**te não **há** de tocá-las.
 * Estão protegidas. Glória ao **Pai**. R. As **al**mas.

Cântico evangélico, ant.

O **Rei**no dos **Céus** vos per**ten**ce,
pois **des**tes a **vi**da por **Cris**to;
la**vas**tes as **ves**tes no **san**gue
e che**gas**tes ao **prê**mio da **gló**ria.

Preces

Nesta hora em que o Rei dos mártires ofereceu sua vida na última Ceia e a entregou na cruz, demos-lhe graças, dizendo:

R. **Nós vos louvamos e bendizemos, Senhor!**

Nós vos agradecemos, ó Salvador, fonte e exemplo de todo martírio, porque nos amastes até o fim: R.
Porque viestes chamar os pecadores arrependidos para o prêmio da vida eterna: R.
Porque destes à vossa Igreja, como sacrifício para a remissão dos pecados, o Sangue da nova e eterna Aliança: R.
Porque a vossa graça nos mantém até hoje perseverantes na fé: R.

(intenções livres)

Porque associastes à vossa morte, neste dia, muitos de nossos irmãos e irmãs: R.
Pai nosso...

Oração

Não havendo oração própria, diz-se uma das seguintes:

Deus todo-poderoso, que destes aos santos N. e N. a graça de sofrer pelo Cristo, ajudai também a nossa fraqueza, para que possamos viver firmes em nossa fé, como eles não hesitaram em morrer por vosso amor. Por nosso Senhor Jesus Cristo, vosso Filho, na unidade do Espírito Santo.

Ou:

Ó Deus, ao comemorarmos todos os anos a paixão dos mártires N. e N., dai-nos a alegria de ver atendidas as nossas preces, para imitarmos sua firmeza na fé. Por nosso Senhor Jesus Cristo, vosso Filho, na unidade do Espírito Santo.

Para virgens mártires:

Ó Deus, que hoje nos alegrais com a comemoração de vossas Santas N. e N., concedei que sejamos ajudados pelos seus méritos e iluminados pelos seus exemplos de castidade e fortaleza. Por nosso Senhor Jesus Cristo, vosso Filho, na unidade do Espírito Santo.

Para santas mulheres:
Ó Deus, cuja força se manifesta na fraqueza, fazei que, ao celebrarmos a glória das Santas N. e N., que de vós receberam a força para vencer, obtenhamos, por sua intercessão, a graça da vitória. Por nosso Senhor Jesus Cristo, vosso Filho, na unidade do Espírito Santo.

Invitatório

R. Ao **Senhor**, Rei dos **már**tires, **vin**de ado**re**mos!
Salmo invitatório como no Ordinário, p. 583.

Ofício das Leituras

Hino

> Rei glorioso do mártir,
> sois a coroa e o troféu,
> pois desprezando esta terra,
> procura apenas o céu.

> Que o coração inclinando,
> possais ouvir nossa voz;
> vossos heróis celebrando,
> supliquem eles por nós!

> Se pela morte venceram,
> mostrando tão grande amor,
> vençamos nós pela vida
> de santidade e louvor.

> A vós, Deus uno, Deus trino,
> sobe hoje nosso louvor,
> pelos heróis que imitaram
> a própria cruz do Senhor.

Salmodia

Ant. 1 Até à **mor**te fi**éis** ao Se**nhor**,
derra**ma**ram seu **san**gue por **Cris**to
e alcan**ça**ram o **prê**mio e**ter**no

Salmo 2

– ¹Por que os **po**vos agi**ta**dos se re**vol**tam? *
 por que **tra**mam as nações projetos vãos?
= ²Por que os **reis** de toda a terra se reúnem, †
 e cons**pi**ram os governos todos juntos *
 contra o **Deus** onipotente e o seu Ungido?
– ³"Vamos que**brar** suas correntes", dizem eles, *
 "e lan**çar** longe de nós o seu domínio!"
– ⁴Ri-se **de**les o que mora lá nos céus; *
 zomba **de**les o Senhor onipotente.
– ⁵Ele, en**tão**, em sua ira os ameaça, *
 e em seu fu**ror** os faz tremer, quando lhes diz:
– ⁶"Fui eu **mes**mo que escolhi este meu Rei, *
 e em Si**ão**, meu monte santo, o consagrei!"
= ⁷O de**cre**to do Senhor promulgarei, †
 foi as**sim** que me falou o Senhor Deus: *
 "Tu és meu **Filho**, e eu hoje te gerei!
= ⁸Podes pe**dir**-me, e em resposta eu te darei †
 por tua he**ran**ça os povos todos e as nações, *
 e há de **ser** a terra inteira o teu domínio.
– ⁹Com cetro **fér**reo haverás de dominá-los, *
 e que**brá**-los como um vaso de argila!"
–¹⁰E a**go**ra, poderosos, entendei; *
 sobe**ra**nos, aprendei esta lição:
–¹¹Com te**mor** servi a Deus, rendei-lhe glória *
 e pres**tai**-lhe homenagem com respeito!
–¹²Se o irri**tais**, perecereis pelo caminho, *
 pois de**pres**sa se acende a sua ira!
– Fe**li**zes hão de ser todos aqueles *
 que **põem** sua esperança no Senhor!

Ant. Até à **mor**te fi**éis** ao Se**nhor**,
 derra**ma**ram seu **san**gue por **Cris**to
 e alcan**ça**ram o **prê**mio e**ter**no.

Ant. 2 Os **jus**tos vive**rão** eterna**men**te,
e a **sua** recom**pen**sa é o Se**nhor**.

Salmo 32(33)

I

– ¹Ó **jus**tos, ale**grai**-vos no Se**nhor**! *
Aos **re**tos fica bem glorificá-lo.
– ²Dai **gra**ças ao Senhor ao som da harpa, *
na **li**ra de dez cordas celebrai-o!
– ³**Can**tai para o Senhor um canto novo, *
com **ar**te sustentai a louvação!
– ⁴Pois **re**ta é a Palavra do Senhor, *
e **tu**do o que ele faz merece fé.
– ⁵Deus **a**ma o direito e a justiça, *
trans**bor**da em toda a terra a sua graça.
– ⁶A Palavra do Senhor criou os céus, *
e o **so**pro de seus lábios, as estrelas.
– ⁷Como num **o**dre junta as águas do oceano, *
e man**tém** no seu limite as grandes águas.
– ⁸**A**dore ao Senhor a terra inteira, *
e o res**pei**tem os que habitam o universo!
– ⁹Ele fa**lou** e toda a terra foi criada, *
ele orde**nou** e as coisas todas existiram.
– ¹⁰O Se**nhor** desfaz os planos das nações *
e os pro**je**tos que os povos se propõem.
= ¹¹Mas os de**síg**nios do Senhor são para sempre, †
e os pensa**men**tos que ele traz no coração, *
de gera**ção** em geração, vão perdurar.

Ant. Os **jus**tos vive**rão** eterna**men**te,
e a **sua** recom**pen**sa é o Se**nhor**.

Ant. 3 Vós lu**tas**tes por **mim** sobre a **ter**ra:
    rece**bei**, meus a**mi**gos, o **prê**mio!

II

— ¹² Feliz o **po**vo cujo **Deus** é o **Se**nhor, *
    e a na**ção** que escolheu por sua herança!
— ¹³ Dos altos **céus** o Senhor olha e observa; *
    ele se in**cli**na para olhar todos os homens.
— ¹⁴ Ele con**tem**pla do lugar onde reside *
    e vê a **to**dos os que habitam sobre a terra.
— ¹⁵ Ele for**mou** o coração de cada um *
    e por **to**dos os seus atos se interessa.
— ¹⁶ Um rei não **ven**ce pela força do exército, *
    nem o guer**rei**ro escapará por seu vigor.
— ¹⁷ Não são ca**va**los que garantem a vitória; *
    nin**guém** se salvará por sua força.
— ¹⁸ Mas o Se**nhor** pousa o olhar sobre os que o temem, *
    e que con**fi**am esperando em seu amor,
— ¹⁹ para da **mor**te libertar as suas vidas *
    e alimen**tá**-los quando é tempo de penúria.
— ²⁰ No Se**nhor** nós esperamos confiantes, *
    porque **e**le é nosso auxílio e proteção!
— ²¹ Por isso o **nos**so coração se alegra nele, *
    seu santo **no**me é nossa única esperança.
— ²² Sobre **nós** venha, Senhor, a vossa graça, *
    da mesma **for**ma que em vós nós esperamos!

Ant. Vós lu**tas**tes por **mim** sobre a **ter**ra:
    rece**bei**, meus a**mi**gos, o **prê**mio!

V. No Se**nhor** nós esperamos confi**an**tes.
R. Porque **e**le é nosso auxílio e prote**ção**.

Primeira leitura
Da Carta de São Paulo aos Romanos 8,18-39

*Nada nos pode separar do amor de Deus,
que está em Cristo Jesus*

Irmãos: ¹⁸Eu entendo que os sofrimentos do tempo presente nem merecem ser comparados com a glória que deve ser revelada em nós.

¹⁹De fato, toda a criação está esperando ansiosamente o momento de se revelarem os filhos de Deus. ²⁰Pois a criação ficou sujeita à vaidade, não por sua livre vontade, mas por sua dependência daquele que a sujeitou; ²¹também ela espera ser libertada da escravidão da corrupção e, assim, participar da liberdade e da glória dos filhos de Deus. ²²Com efeito, sabemos que toda a criação, até ao tempo presente, está gemendo como que em dores de parto. ²³E não somente ela, mas nós também, que temos os primeiros frutos do Espírito, estamos interiormente gemendo, aguardando a adoção filial e a libertação para o nosso corpo. ²⁴Pois já fomos salvos, mas na esperança. Ora, o objeto da esperança não é aquilo que a gente está vendo; como pode alguém esperar o que já vê? ²⁵Mas se esperamos o que não vemos, é porque o estamos aguardando mediante a perseverança.

²⁶Também o Espírito vem em socorro da nossa fraqueza. Pois nós não sabemos o que pedir, nem como pedir; é o próprio Espírito que intercede em nosso favor, com gemidos inefáveis. ²⁷E aquele que penetra o íntimo dos corações sabe qual é a intenção do Espírito. Pois é sempre segundo Deus que o Espírito intercede em favor dos santos.

²⁸Sabemos que tudo contribui para o bem daqueles que amam a Deus, daqueles que são chamados para a salvação, de acordo com o projeto de Deus. ²⁹Pois aqueles que Deus contemplou com seu amor desde sempre, a esses ele predestinou a serem conformes à imagem de seu Filho, para que este seja o primogênito numa multidão de irmãos. ³⁰E aqueles que Deus predestinou, também os chamou. E aos que

chamou, também os tornou justos; e aos que tornou justos, também os glorificou.

³¹ De pois disto, que vos resta dizer? Se Deus é por nós, quem será contra nós? ³² De us que não poupou seu próprio filho, mas o entregou por todos nós, como não nos daria tudo junto com ele? ³³ Quem acusará os escolhidos de Deus? Deus, que os declara justos? ³⁴ Quem condenará? Jesus Cris to, que morreu, mais ainda, que ressuscitou, e está, à direita de Deus, intercedendo por nós?

³⁵ Quem nos separará do amor de Cristo? Tribulação? Angústia? Perseguição? Fome? Nudez? Perigo? Espada? ³⁶ Pois é assim que está escrito:
"Por tua causa somos entregues à morte, o dia todo;
fomos tidos como ovelhas destinadas ao matadouro".

³⁷ Mas, em tudo isso, somos mais que vencedores, graças àquele que nos amou! ³⁸ Tenho a certeza de que nem a morte, nem a vida, nem os anjos, nem os poderes celestiais, nem o presente nem o futuro, nem as forças cósmicas, ³⁹ nem a altura, nem a profundeza, nem outra criatura qualquer será capaz de nos separar do amor de Deus por nós, manifestado em Cristo Jesus, nosso Senhor.

Responsório   Mt 5,44-4 5.48; Lc 6,17

R. Amai os **vos**sos ini**mi**gos, diz J**esus**,
    orai por **quem** vos cal**u**nia e per**segu**e,
 * E sereis **fi**lhos do **vos**so Pai ce**les**te.
V. Sede per**fei**tos como o **vos**so Pai ce**les**te é per**fei**to.
 * E sereis.

Segunda leitura
Das Cartas de São Cipriano, bispo e mártir
(Ep. 6, 1-2: CSEL 3, 480-482)   (Séc. III)

Todos os que desejamos alcançar as promessas do Senhor, devemos imitá-lo em tudo

Eu vos saúdo, irmãos caríssimos, ansioso por gozar da vossa presença, se o lugar onde estou me permitisse ir até vós. Que me poderia acontecer de mais desejável e alegre que estar junto a vós neste momento, para apertar essas mãos, puras e inocentes, que, por fidelidade ao Senhor, recusaram os sacrifícios sacrílegos?

Que haveria para mim de mais agradável e sublime que beijar agora os vossos lábios que proclamaram glória do Senhor, como também ser visto por vossos olhos que, desprezando o mundo, se tornaram dignos de contemplar a Deus?

Mas, como não me é dada essa alegria, eu vos envio esta carta, que me substituirá ante os vossos olhos e ouvidos. Por ela vos felicito e ao mesmo tempo exorto a perseverardes fortes e inabaláveis na proclamação da glória celeste. Uma vez no caminho da graça do Senhor, deveis prosseguir com espírito forte até conquistardes a coroa, tendo o Senhor como protetor e guia, pois ele disse: *Eis que eu estou convosco todos os dias até o fim do mundo* (Mt 28,20).

Ó cárcere feliz, iluminado pela vossa presença! Ó cárcere feliz, que leva para o céu os homens de Deus! Ó trevas mais luminosas que o próprio sol e mais brilhantes que a luz deste mundo, onde estão agora colocados os templos de Deus, que são os vossos corpos santificados pela proclamação da fé!

Nada mais ocupe agora vossas mentes e corações, senão os preceitos divinos e os mandamentos celestes, pelos quais o Espírito Santo sempre vos animou a suportar os sofrimentos. Ninguém pense na morte mas na imortalidade, nem no sofrimento passageiro, mas na glória eterna. Pois está escrito: *É preciosa aos olhos do Senhor a morte dos seus justos* (Sl 115,15). E também: *É um sacrifício agradável a Deus um espírito que sofre; Deus não desprezará um coração contrito e humilhado* (Sl 50,19).

E ainda em outro lugar fala a Escritura divina dos tormentos que consagram os mártires de Deus e os santificam pelas provações dos sofrimentos: *Embora tenham su-*

portado tormentos diante dos homens, sua esperança está cheia de imortalidade. Julgarão as nações e dominarão os povos, e o Senhor reinará sobre eles para sempre (Sb 3,4.8).

Assim, quando vos lembrais de que ides julgar e reinar com o Cristo Senhor, a alegria é que deve prevalecer em vós, superando os suplícios presentes pela exultação futura. Bem sabeis que, desde o princípio, a justiça está em luta com o mundo: logo na origem da humanidade, o justo Abel foi assassinado, como depois dele todos os justos, profetas e apóstolos enviados por Deus.

A todos eles o Senhor quis dar a si mesmo como exemplo, ensinando que só aqueles que seguissem o seu caminho poderiam entrar em seu Reino: *Quem ama a sua vida neste mundo, perdê-la-á. E quem odeia a sua vida neste mundo, conservá-la-á para a vida eterna* (Jo 12,25). E ainda: *Não temais os que matam os corpos, não podem, contudo, matar a alma; temei antes aquele que pode matar na geena a alma e o corpo* (Mt 10,28).

São Paulo também nos exorta a imitar em tudo o Senhor, se desejamos alcançar as suas recompensas. Diz ele: *Somos filhos de Deus. E, se somos filhos, somos também herdeiros – herdeiros de Deus e co-herdeiros de Cristo; se realmente sofremos com ele, é para sermos também glorificados com ele* (Rm 8,17).

Responsório

R. Ao lu**tar**mos pela **fé**, Deus nos **vê**, os anjos **olham**
   e o **Cris**to nos con**tem**pla.
 * Quanta **hon**ra e ale**gria** comba**ter**, vendo-nos **Deus**,
   e a co**roa** rece**ber** do **Ju**iz, que é Jesus **Cristo**.
V. Concen**tre**mos nossas **for**ças, para a **lu**ta prepa**re**mo-nos
   com a **men**te pura e **for**te, doa**ção**, fé e co**ra**gem.
 * Quanta **hon**ra.

Nas solenidades e festas se diz o HINO Te Deum, p. 589.

Oração como nas Laudes.

Laudes

Hino

De Cristo o dom eterno,
dos mártires vitória,
alegres celebremos
com cânticos de glória.

São príncipes da Igreja,
na luta triunfaram.
Do mundo sendo luzes,
à glória já chegaram.

Venceram os terrores,
as penas desprezaram.
Na morte coroados,
à luz feliz chegaram.

Por ímpios torturados,
seu sangue derramaram.
Mas, firmes pela fé,
na vida eterna entraram.

Invictos na esperança,
guardando a fé constantes,
no pleno amor de Cristo
já reinam triunfantes.

Já têm no Pai a glória,
no Espírito a energia,
e exultam pelo Filho,
repletos de alegria.

Pedimos, Redentor,
unidos ser também
dos mártires à glória
no vosso Reino. Amém.

Ant. 1 Os **már**tires de **Cris**to, em seus tor**men**tos,
contem**pla**vam os **céus** e suplica**vam**:
Ó Se**nhor**, dai-nos a **for**ça nesta **ho**ra!

Salmos e cântico do domingo da I Semana, p. 626.

Ant. 2 Espíritos celestes e santos do Senhor,
cantai com alegria um hino ao nosso Deus. Aleluia.

Ant. 3 Vós mártires todos em coro,
louvai o Senhor nas alturas!

Leitura breve 2Cor 1,3-5
Bendito seja o Deus e Pai de nosso Senhor Jesus Cristo, o Pai das misericórdias e Deus de toda consolação. Ele nos consola em todas as nossas aflições, para que, com a consolação que nós mesmos recebemos de Deus, possamos consolar os que se acham em toda e qualquer aflição. Pois, à medida que os sofrimentos de Cristo crescem para nós, cresce também a nossa consolação por Cristo.

Responsório breve
R. Os santos e os justos
 * Viverão eternamente. R. Os santos.
V. E a sua recompensa é o Senhor. * Viverão.
 Glória ao Pai. R. Os santos.

Cântico evangélico, ant.
Felizes de vós, os perseguidos
por causa da justiça do Senhor,
porque o Reino dos Céus há de ser vosso!

Preces
Irmãos e irmãs, celebremos nosso Salvador, a Testemunha fiel, nos mártires que deram a vida pela Palavra de Deus; e digamos:

R. **Com vosso sangue nos remistes, Senhor!**

Por intercessão de vossos mártires que abraçaram livremente a morte para testemunharem a sua fé,
– dai-nos, Senhor, a verdadeira liberdade de espírito.   R.

Por intercessão de vossos mártires, que proclamaram a fé derramando o próprio sangue,
—dai-nos, Senhor, pureza e constância na fé.
R. **Com vosso sangue nos remistes, Senhor!**

Por intercessão de vossos mártires que, carregando a cruz, seguiram vossos passos,
—dai-nos, Senhor, suportar com coragem as dificuldades da vida. R.

Por intercessão de vossos mártires, que lavaram suas vestes no sangue do Cordeiro,
—dai-nos, Senhor, vencer todas as ciladas da carne e do mundo. R.

(intenções livres)

Pai nosso...

Oração

Não havendo oração própria, diz-se uma das seguintes:

Deus todo-poderoso, que destes aos santos N. e N. a graça de sofrer pelo Cristo, ajudai também a nossa fraqueza, para que possamos viver firmes em nossa fé, como eles não hesitaram em morrer por vosso amor. Por nosso Senhor Jesus Cristo, vosso Filho, na unidade do Espírito Santo.

Ou:

Ó Deus, ao comemorarmos todos os anos a paixão dos mártires N. e N, dai-nos a alegria de ver atendidas as nossas preces, para imitarmos sua firmeza na fé. Por nosso Senhor Jesus Cristo, vosso Filho, na unidade do Espírito Santo.

Para virgens mártires:

Ó Deus, que hoje nos alegrais com a comemoração de vossas Santas N. e N, concedei que sejamos ajudados pelos seus m ritos e iluminados pelos seus exemplos de castidade e fortaleza. Por nosso Senhor Jesus Cristo, vosso Filho, na unidade do Espírito Santo.

Para santas mulheres:

Ó Deus, cuja força se manifesta na fraqueza, fazei que, ao celebrarmos a glória das Santas N. e N., que de vós receberam a força para vencer, obtenhamos, por sua intercessão, a graça da vitória. Por nosso Senhor Jesus Cristo, vosso Filho, na unidade do Espírito Santo.

Hora Média

Oração das Nove Horas

Ant. Na dureza do combate, o Senhor lhes deu vitória,
    pois mais forte do que tudo, é a força do amor.

Leitura breve   1Pd 5,10-11

Depois de terdes sofrido um pouco, o Deus de toda a graça, que vos chamou para a sua glória eterna, em Cristo, vos restabelecerá e vos tornará firmes, fortes e seguros. A ele pertence o poder, pelos séculos dos séculos. Amém.

V. Os santos que esperaram no Senhor,
R. Encontraram sua força no seu Deus.

Oração das Doze Horas

Ant. Vós lhes destes, ó Senhor, um nome santo e glorioso
    e a coroa de justiça.

Leitura breve   Cf. Hb 11,33

Os santos, pela fé, conquistaram reinos, praticaram a justiça, foram contemplados com promessas em Cristo Jesus nosso Senhor.

V. Vossa tristeza brevemente
R. Vai mudar-se em alegria.

Oração das Quinze Horas

Ant. Chorando de tristeza sairão,
    espalhando suas sementes.

Leitura breve
Sb 3,1-2a.3b

A vida dos justos está nas mãos de Deus, e nenhum tormento os atingirá. Aos olhos dos insensatos parecem ter morrido; mas eles estão em paz.

V. Cantando de alegria, voltarão,
R. Carregando os seus feixes.

Oração como nas Laudes.

II Vésperas

Hino

Dos que partilham a glória dos santos,
queremos juntos cantar os louvores
e celebrar as ações gloriosas
da nobre estirpe de tais vencedores.

Temeu o mundo e os (as) lançou na prisão,
por desprezarem os seus atrativos
como de terra sem água e sem flores,
e vos seguiram, Jesus, Rei dos vivos.

Por vós, contenda feroz enfrentaram
sem murmurar, nem queixar-se de ofensa,
de coração silencioso e espírito
bem consciente, em fiel paciência.

Que verbo ou voz poderá descrever
o prêmio eterno que aos mártires dais?
Louros vermelhos, brilhantes de sangue,
são seus ornatos, troféus imortais.

A vós, ó Deus Uno e Trino, pedimos:
dai-nos a paz, a ventura e o bem,
lavai a culpa, afastai todo o mal.
Vós que reinais pelos séculos. Amém.

Salmodia

Ant. 1 Os **cor**pos dos **san**tos repou**sam** na **paz**;
vive**rão** para **sem**pre seus **no**mes na **gló**ria.

Salmo 114(116 A)

— ¹ Eu **a**mo o Se**nhor**, porque **ou**ve *
o **gri**to da minha oração.
— ² Incli**nou** para mim seu ouvido, *
no **di**a em que eu o invoquei.
— ³ Pren**di**am-me as cordas da morte, *
aper**ta**vam-me os laços do abismo;
= inva**di**am-me angústia e tristeza: †
⁴ eu en**tão** invoquei o Senhor: *
"Sal**vai**, ó Senhor, minha vida!"
— ⁵ O Se**nhor** é justiça e bondade, *
nosso **Deus** é amor-compaixão.
— ⁶ É o Se**nhor** quem defende os humildes: *
eu es**ta**va oprimido, e salvou-me.
— ⁷ Ó minh'**al**ma, retorna à tua paz, *
o Se**nhor** é quem cuida de ti!
= ⁸ Liber**tou** minha vida da morte, †
enxu**gou** de meus olhos o pranto *
e liv**rou** os meus pés do tropeço.
— ⁹ Anda**rei** na presença de Deus, *
junto a **e**le na terra dos vivos.

Ant. Os **cor**pos dos **san**tos repou**sam** na **paz**;
vive**rão** para **sem**pre seus **no**mes na **gló**ria.

Ant. 2 Fi**éis** teste**mu**nhas são **es**tes
pois **de**ram por **Deus** suas **vi**das.

Salmo 115(116 B)

—¹⁰ Guar**dei** a minha **fé**, mesmo dizendo: *
"É de**mais** o sofrimento em minha vida!"

— ¹¹Confiei, quando dizia na aflição: *
 "Todo homem é mentiroso! Todo homem!"
— ¹²Que poderei retribuir ao Senhor Deus *
 por tudo aquilo que ele fez em meu favor?
— ¹³Elevo o cálice da minha salvação, *
 invocando o nome santo do Senhor.
— ¹⁴Vou cumprir minhas promessas ao Senhor *
 na presença de seu povo reunido.
— ¹⁵É sentida por demais pelo Senhor *
 a morte de seus santos, seus amigos.
= ¹⁶Eis que sou o vosso servo, ó Senhor, †
 vosso servo que nasceu de vossa serva; *
 mas me quebrastes os grilhões da escravidão!
— ¹⁷Por isso oferto um sacrifício de louvor, *
 invocando o nome santo do Senhor.
— ¹⁸Vou cumprir minhas promessas ao Senhor *
 na presença de seu povo reunido;
— ¹⁹nos átrios da casa do Senhor, *
 em teu meio, ó cidade de Sião!

Ant. Fiéis testemunhas são estes
 pois deram por Deus suas vidas.

Ant. 3 Eis os mártires fortes e fiéis;
 pela Aliança do Senhor deram a vida,
 lavando as vestes no sangue do Cordeiro.

Cântico Ap 4,11; 5,9.10.12

— ⁴,¹¹Vós sois digno, Senhor nosso Deus, *
 de receber honra, glória e poder!
(R. Poder, honra e glória ao Cordeiro de Deus!)
= ⁵,⁹Porque todas as coisas criastes, †
 é por vossa vontade que existem, *
 e subsistem porque vós mandais. (R.)

II Vésperas

= Vós sois **dig**no, Senhor nosso Deus, †
   de o **liv**ro nas mãos receber *
   e de **abrir** suas folhas lacradas! (R.)
– Porque **fos**tes por nós imolado; *
   para **Deus** nos remiu vosso sangue
– dentre **to**das as tribos e línguas, *
   dentre os **po**vos da terra e nações. (R.)
= ¹⁰ Pois fi**zes**tes de nós, para Deus, †
   sacer**do**tes e povo de reis, *
   e i**re**mos reinar sobre a terra. (R.)
= ¹² O Cor**dei**ro imolado é digno †
   de rece**ber** honra, glória e poder, *
   sabedo**ri**a, louvor, divindade! (R.)

Ant. Eis os **már**tires **for**tes e fi**éis**;
   pela Aliança do Se**nhor** deram a **vi**da,
   lavando as **ves**tes no **san**gue do Cordeiro.

Leitura breve 1Pd 4,13-14

Alegrai-vos por participar dos sofrimentos de Cristo, para que possais também exultar de alegria na revelação da sua glória. Se sofreis injúrias por causa do nome de Cristo, sois felizes, pois o Espírito da glória, o Espírito de Deus, repousa sobre vós.

Responsório breve

R. Regozi**jai**-vos no Se**nhor**,
  * Ó **jus**tos, exul**tai**! R. Regozi**jai**-vos.
V. Corações **re**tos, alegr**ai**-vos! * Ó **jus**tos.
   Glória ao **Pai**. R. Regozi**jai**-vos.

Cântico evangélico, ant.

Alegrem-se nos **céus** os a**mi**gos do Se**nhor**,
que se**gui**ram os seus **pas**sos;
derramaram o seu **san**gue por a**mor** a Jesus **Cris**to,
e com **e**le reinarão.

Preces

Nesta hora em que o Rei dos mártires ofereceu sua vida na última Ceia e a entregou na cruz, demos-lhe graças, dizendo:

R. **Nós vos louvamos e bendizemos, Senhor!**

Nós vos agradecemos, ó Salvador, fonte e exemplo de todo martírio, porque nos amastes até o fim: R.

Porque viestes chamar os pecadores arrependidos para o prêmio da vida eterna: R.

Porque destes à vossa Igreja, como sacrifício para a remissão dos pecados, o Sangue da nova e eterna Aliança: R.

Porque a vossa graça nos mantém até hoje perseverantes na fé: R.

(intenções livres)

Porque associastes à vossa morte, neste dia, muitos de nossos irmãos e irmãs: R.

Pai nosso...

Oração

Não havendo oração própria, diz-se uma das seguintes:

Deus todo-poderoso, que destes aos santos N. e N. a graça de sofrer pelo Cristo, ajudai também a nossa fraqueza, para que possamos viver firmes em nossa fé, como eles não hesitaram em morrer por vosso amor. Por nosso Senhor Jesus Cristo, vosso Filho, na unidade do Espírito Santo.

Ou:

Ó Deus, ao comemorarmos todos os anos a paixão dos mártires N. e N., dai-nos a alegria de ver atendidas as nossas preces, para imitarmos sua firmeza na fé. Por nosso Senhor Jesus Cristo, vosso Filho, na unidade do Espírito Santo.

Para virgens mártires:

Ó Deus, que hoje nos alegrais com a comemoração de vossas Santas N. e N, concedei que sejamos ajudados pelos seus méritos e iluminados pelos seus exemplos de castidade e fortaleza. Por nosso Senhor Jesus Cristo, vosso Filho, na unidade do Espírito Santo.

Para santas mulheres:

Ó Deus, cuja força se manifesta na fraqueza, fazei que, ao celebrarmos a glória das Santas N. e N., que de vós receberam a força para vencer, obtenhamos, por sua intercessão, a graça da vitória. Por nosso Senhor Jesus Cristo, vosso Filho, na unidade do Espírito Santo.

PARA UM (A) MÁRTIR

I Vésperas

HINO Ó Deus, dos vossos heróis, p. 1605, ou Da Mãe Autor, p. 1606, como nas II Vésperas.

Salmodia
Ant. 1 Quem de **mim** der testemunho ante os **homens**,
  darei **dele** o testemunho ante meu **Pai**.

Salmo 117(118)

I

– ¹Dai **graças** ao Senhor, porque ele é **bom**! *
 "Eterna é a sua misericórdia!"
– ²A **ca**sa de Israel agora o diga: *
 "Eterna é a sua misericórdia!"
– ³A **ca**sa de Aarão agora o diga: *
 "Eterna é a sua misericórdia!"
– ⁴Os que **te**mem o Senhor agora o digam: *
 "Eterna é a sua misericórdia!"
– ⁵Na minha an**gús**tia eu clamei pelo Senhor, *
 e o Se**nhor** me atendeu e libertou!
– ⁶O Se**nhor** está comigo, nada temo; *
 o que **po**de contra mim um ser humano?
– ⁷O Se**nhor** está comigo, é o meu auxílio, *
 hei de **ver** meus inimigos humilhados.
– ⁸É me**lhor** buscar refúgio no Senhor *
 do que **pôr** no ser humano a esperança;
– ⁹é me**lhor** buscar refúgio no Senhor *
 do que con**tar** com os poderosos deste mundo!"
– ¹⁰Povos pa**gãos** me rodearam todos eles, *
 mas em **no**me do Senhor os derrotei;
– ¹¹de todo **la**do todos eles me cercaram, *
 mas em **no**me do Senhor os derrotei; –

= ¹²como um enxame de abelhas me atacaram, †
  como um fogo de espinhos me queimaram, *
  mas em nome do Senhor os derrotei.
— ¹³Empurraram-me, tentando derrubar-me, *
  mas veio o Senhor em meu socorro.
— ¹⁴O Senhor é minha força e o meu canto, *
  e tornou-se para mim o Salvador.
— ¹⁵"Clamores de alegria e de vitória *
  ressoem pelas tendas dos fiéis.
= ¹⁶A mão direita do Senhor fez maravilhas, †
  a mão direita do Senhor me levantou, *
  a mão direita do Senhor fez maravilhas!"
— ¹⁷Não morrerei, mas, ao contrário, viverei *
  para cantar as grandes obras do Senhor!
— ¹⁸O Senhor severamente me provou, *
  mas não me abandonou às mãos da morte.

Ant. Quem de mim der testemunho ante os homens,
  darei dele o testemunho ante meu Pai.

Ant. 2 Quem me segue não caminha em meio às trevas,
  mas terá a luz da vida, diz Jesus.

II

— ¹⁹Abri-me vós, abri-me as portas da justiça; *
  quero entrar para dar graças ao Senhor!
— ²⁰"Sim, esta é a porta do Senhor, *
  por ela só os justos entrarão!"
— ²¹Dou-vos graças, ó Senhor, porque me ouvistes *
  e vos tornastes para mim o Salvador!
— ²²"A pedra que os pedreiros rejeitaram *
  tornou-se agora a pedra angular.
— ²³Pelo Senhor é que foi feito tudo isso: *
  Que maravilhas ele fez a nossos olhos!
— ²⁴Este é o dia que o Senhor fez para nós, *
  alegremo-nos e nele exultemos!

— ²⁵ Ó Se**nhor**, dai-nos a vossa salvação, *
   ó Se**nhor**, dai-nos também prosperidade!"
— ²⁶ Ben**di**to seja, em nome do Senhor, *
   a**que**le que em seus átrios vai entrando!
— Desta **ca**sa do Senhor vos bendizemos. *
   ²⁷ Que o Se**nhor** e nosso Deus nos ilumine!
— Empu**nhai** ramos nas mãos, formai cortejo, *
   aproxi**mai**-vos do altar, até bem perto!
— ²⁸ Vós sois meu **Deus**, eu vos bendigo e agradeço! *
   Vós sois meu **Deus**, eu vos exalto com louvores!
— ²⁹ Dai **gra**ças ao Senhor, porque ele é bom! *
   "E**ter**na é a sua misericórdia!"

Ant. Quem me **se**gue não ca**mi**nha em meio às **tre**vas,
   mas te**rá** a luz da **vi**da, diz Jesus.

Ant. 3 Como são **gran**des em **nós** os sofri**men**tos de **Cris**to,
   assim, por ele, é **gran**de o consolo que **te**mos.

Cântico   1Pd 2,21-24

= ²¹ O **Cris**to por **nós** pade**ceu**, †
   dei**xou**-nos o exemplo a seguir. *
   Sigamos, portanto, seus passos!
— ²² Pecado nenhum cometeu, *
   nem **hou**ve engano em seus lábios.

(R. Por suas **cha**gas nós **fo**mos cu**ra**dos.)

= ²³ Insultado, ele não insultava; †
   ao so**frer** e ao ser maltratado, *
   ele **não** ameaçava vingança;
— entre**ga**va, porém, sua causa *.
   Àquele que é justo juiz. (R.)
— ²⁴ Carregou sobre si nossas culpas *
   em seu **cor**po, no lenho da cruz,

= para que, **mor**tos aos nossos pecados, †
   na justi**ça** de Deus nós vivamos. *
   Por suas **cha**gas nós fomos curados. (R.)

Ant. Como são **gran**des em **nós** os sofri**men**tos de **Cris**to, assim, por ele, é **gran**de o con**so**lo que **te**mos.

Leitura breve — Rm 8,35.37-39

Quem nos separará do amor de Cristo? Tribulação? Angústia? Perseguição? Fome? Nudez? Perigo? Espada? Mas, em tudo isso, somos mais que vencedores, graças àquele que nos amou! Tenho a certeza que nem a morte, nem a vida, nem os anjos, nem os poderes celestiais, nem o presente nem o futuro, nem as forças cósmicas, nem a altura, nem a profundeza, nem outra criatura qualquer será capaz de nos separar do amor de Deus por nós, manifestado em Cristo Jesus, nosso Senhor.

Responsório breve

Para um santo mártir:

R. De esplen**dor** e de gló**ria**,
   * Ó Se**nhor**, o coro**as**tes. R. De esplen**dor**.
V. Vossas **o**bras aos **pés** lhe pu**ses**tes, Se**nhor**.
   * Ó Se**nhor**. Glória ao **Pai**. R. De esplen**dor**.

Para uma santa mártir:

R. O Se**nhor** a esco**lheu**,
   * Entre **to**das prefe**ri**da. R. O Se**nhor**.
V. O Se**nhor** a fez mo**rar** em sua **san**ta habita**ção**.
   * Entre **to**das. Glória ao **Pai**. R. O Se**nhor**.

Cântico evangélico, ant.

Para um santo mártir:

Por seu **Deus**, São (Sto.) N. lu**tou** até à **mor**te;
supe**rou** as prova**ções**, pois Jesus foi sua **for**ça.

Comum de um(a) mártir

Para uma santa mártir:
**Santa N. foi forte no Senhor;
jamais a sua luz haverá de se apagar.**

Preces

Nesta hora em que o Rei dos mártires ofereceu sua vida na última Ceia e a entregou na cruz, demos-lhe graças, dizendo:

R. **Nós vos louvamos e bendizemos, Senhor!**

Nós vos agradecemos, ó Salvador, fonte e exemplo de todo martírio, porque nos amastes até o fim: R.

Porque viestes chamar os pecadores arrependidos para o prêmio da vida eterna: R.

Porque destes à vossa Igreja, como sacrifício para a remissão dos pecados, o Sangue da nova e eterna Aliança: R.

Porque a vossa graça nos mantém até hoje perseverantes na fé: R.

(intenções livres)

Porque associastes à vossa morte, neste dia, muitos de nossos irmãos: R.

Pai nosso...

Oração

Não havendo oração própria, diz-se uma das seguintes:

Deus onipotente e misericordioso, destes a são (sto.) N. superar as torturas do martírio. Concedei que, celebrando o dia do seu triunfo, passemos invictos por entre as ciladas do inimigo, graças à vossa proteção. Por nosso Senhor Jesus Cristo, vosso Filho, na unidade do Espírito Santo.

Ou:

Deus eterno e todo-poderoso, que destes a são (sto.) N. a graça de lutar pela justiça até a morte, concedei-nos, por sua intercessão, suportar por vosso amor as adversidades, e correr ao encontro de vós que sois a nossa vida. Por nosso

Senhor Jesus Cristo, vosso Filho, na unidade do Espírito Santo.

Para uma virgem mártir:

Ó Deus, que hoje nos alegrais com a comemoração de Santa N., concedei que sejamos ajudados pelos seus méritos e iluminados pelos seus exemplos de castidade e fortaleza. Por nosso Senhor Jesus Cristo, vosso Filho, na unidade do Espírito Santo.

Para uma santa mulher:

Ó Deus, cuja força se manifesta na fraqueza, fazei que, ao celebrarmos a glória de Santa N., que de vós recebeu a força para vencer, obtenhamos, por sua intercessão, a graça da vitória. Por nosso Senhor Jesus Cristo, vosso Filho, na unidade do Espírito Santo.

Invitatório

R. Ao Se**nhor**, Rei dos **már**tires, **vinde**, adoremos.

Salmo invitatório como no Ordinário, p. 583.

Ofício das Leituras

Hino

Santo (a) mártir, sê propício (a)
no teu dia de esplendor,
em que cinges a coroa,
o troféu de vencedor (a).

Este dia sobre as trevas
deste mundo te elevou,
e, juiz e algoz vencendo,
todo (a) a Cristo te entregou.

Entre os anjos ora brilhas,
testemunha inquebrantável,
com as vestes que lavaste
no teu sangue venerável.

Junto a Cristo, sê agora
poderoso(a) intercessor(a);
ouça ele as nossas Preces
e perdoe ao pecador.

Desce a nós por um momento,
de Jesus traze o perdão,
e os que gemem sob o fardo
grande alívio sentirão.

A Deus Pai, ao Filho Único
e ao Espírito, a vitória.
Deus te orna com coroa
na mansão da sua glória.

Para uma virgem mártir:

Ó Cristo, flor dos vales,
de todo bem origem,
com palmas de martírio
ornastes vossa virgem.

Prudente, forte, sábia,
professa a fé em vós
por quem aceita, impávida,
a pena mais atroz.

O príncipe do mundo
por vós, Senhor, venceu.
Vencendo o bom combate,
ganhou os bens do céu.

Bondoso Redentor,
por sua intercessão,
uni-nos, de alma pura,
à virgem, como irmãos.

Jesus, da Virgem Filho,
louvor a vós convém,
ao Pai e ao Santo Espírito
agora e sempre. Amém.

Salmodia

Ant. 1 Vós sereis odiados por meu nome;
quem for fiel até o fim há de ser salvo.

Salmo 2

— ¹Por que os povos agitados se revoltam? *
Por que tramam as nações projetos vãos?
= ²Por que os reis de toda a terra se reúnem, †
e conspiram os governos todos juntos *
contra o Deus onipotente e o seu Ungido?
— ³"Vamos quebrar suas correntes", dizem eles, *
"e lançar longe de nós o seu domínio!"
— ⁴Ri-se deles o que mora lá nos céus; *
zomba deles o Senhor onipotente..
— ⁵Ele, então, em sua ira os ameaça, *
e em seu furor os faz tremer, quando lhes diz:
— ⁶"Fui eu mesmo que escolhi este meu Rei, *
e em Sião, meu monte santo, o consagrei!"
= ⁷O decreto do Senhor promulgarei, †
foi assim que me falou o Senhor Deus: *
"Tu és meu Filho, e eu hoje te gerei!
= ⁸Podes pedir-me, e em resposta eu te darei †
por tua herança os povos todos e as nações, *
e há de ser a terra inteira o teu domínio.
— ⁹Com cetro férreo haverás de dominá-los, *
e quebrá-los como um vaso de argila!"
— ¹⁰E agora, poderosos, entendei; *
soberanos, aprendei esta lição:
— ¹¹Com temor servi a Deus, rendei-lhe glória *
e prestai-lhe homenagem com respeito!
— ¹²Se o irritais, perecereis pelo caminho, *
pois depressa se acende a sua ira!

– Felizes hão de ser todos aqueles *
 que **põem** sua esperança no Senhor!

Ant. Vós se**reis** odiados por meu **nome**;
 quem for fi**el** até o **fim** há de ser **sal**vo.

Ant. 2 Os sofri**men**tos desta **vi**da aqui na **ter**ra
 não se com**par**am com a **gló**ria que te**re**mos.

Salmo 10(11)

= ¹ No Se**nhor** encontro **abrigo**; †
 como, en**tão**, podeis dizer-me: *
 "Voa aos **montes**, passarinho!
– ² Eis os **ím**pios de arcos tensos, *
 pondo as **fle**chas sobre as cordas,
– e alve**jan**do em meio à noite *
 os de **re**to coração!
= ³ Quando os **pró**prios fundamentos †
 do uni**ver**so se abalaram, *
 o que **po**de ainda o justo?"
– ⁴ Deus es**tá** no templo santo, *
 e no **céu** tem o seu trono;
– volta os **o**lhos para o mundo, *
 seu o**lhar** penetra os homens.
– ⁵ Exa**mi**na o justo e o ímpio, *
 e de**tes**ta o que ama o mal.
= ⁶ Sobre os **maus** fará chover †
 fogo, enxofre e vento ardente, *
 como **par**te de seu cálice.
– ⁷ Porque **jus**to é nosso Deus, *
 o Se**nhor** ama a justiça.
– Quem tem **re**to coração *
 há de **ver** a sua face.

Ant. Os sofri**men**tos desta **vi**da aqui na **ter**ra
 não se com**par**am com a **gló**ria que te**re**mos.

Ant. 3 Deus provou os seus eleitos como o ouro no crisol, e aceitou seu sacrifício.

Salmo 16(17)

- ¹Ó Senhor, ouvi a minha justa causa, *
  escutai-me e atendei o meu clamor!
- Inclinai o vosso ouvido à minha prece, *
  pois não existe falsidade nos meus lábios!
- ²De vossa face é que me venha o julgamento, *
  pois vossos olhos sabem ver o que é justo.
= ³Provai meu coração durante a noite, †
  visitai-o, examinai-o pelo fogo, *
  mas em mim não achareis iniquidade.
- ⁴Não cometi nenhum pecado por palavras, *
  como é costume acontecer em meio aos homens.
- Seguindo as palavras que dissestes, *
  andei sempre nos caminhos da Aliança.
- ⁵Os meus passos eu firmei na vossa estrada, *
  e por isso os meus pés não vacilaram.
- ⁶Eu vos chamo, ó meu Deus, porque me ouvis, *
  inclinai o vosso ouvido e escutai-me!
= ⁷Mostrai-me vosso amor maravilhoso, †
  vós que salvais e libertais do inimigo *
  quem procura a proteção junto de vós.
- ⁸Protegei-me qual dos olhos a pupila *
  e guardai-me, à proteção de vossas asas,
- ⁹longe dos ímpios violentos que me oprimem, *
  dos inimigos furiosos que me cercam.
- ¹⁰A abundância lhes fechou o coração, *
  em sua boca há só palavras orgulhosas.
- ¹¹Os seus passos me perseguem, já me cercam, *
  voltam seus olhos contra mim: vão derrubar-me,
- ¹²como um leão impaciente pela presa, *
  um leãozinho espreitando de emboscada.

—¹³ Levantai-vos, ó Senhor, contra o malvado, *
com vossa espada abatei-o e libertai-me!
—¹⁴ Com vosso **braço** defendei-me desses homens, *
que já encontram nesta vida a recompensa.

= Saciais com vossos bens o ventre deles, †
e seus **fi**lhos também hão de saciar-se *
e ainda as **so**bras deixarão aos descendentes.

—¹⁵ Mas eu ve**rei**, justificado, a vossa face *
e ao desper**tar** me saciará vossa presença.

Ant. Deus pro**vou** os seus **ei**leitos como o **ouro** no cri**sol**,
e acei**tou** seu sacrifício.

V. Tribula**ção** e sofri**men**to me assal**taram**.
R. Minhas de**lí**cias são os **vos**sos manda**mentos**.

Primeira leitura

Da Segunda Carta de São Paulo aos Coríntios   4,7-5,8

Nas tribulações manifesta-se a força de Cristo

Irmãos: ⁴'²Trazemos esse tesouro em vasos de barro, para que todos reconheçam que este poder extraordinário vem de Deus e não de nós. ⁸Somos afligidos de todos os lados, mas não vencidos pela angústia; postos entre os maiores apuros, mas sem perder a esperança; ⁹perseguidos, mas não desamparados; derrubados, mas não aniquilados; ¹⁰por toda parte e sempre levamos em nós mesmos os sofrimentos mortais de Jesus, para que também a vida de Jesus seja manifestada em nossos corpos. ¹¹De fato, nós, os vivos, somos continuamente entregues à morte, por causa de Jesus, para que também a vida de Jesus seja manifestada em nossa natureza mortal. ¹²Assim, a morte age em nós, enquanto a vida age em vós.

¹³Mas, sustentados pelo mesmo espírito de fé, conforme o que está escrito: "Eu creio e, por isso, falei", nós também cremos e, por isso, falamos, ¹⁴certos de que aquele que ressuscitou o Senhor Jesus nos ressuscitará também com

Jesus e nos colocará ao seu lado, juntamente convosco. [15]E tudo isso é por causa de vós, para que a abundância da graça em um número maior de pessoas faça crescer a ação de graças para a glória de Deus. [16]Por isso, não desanimamos. Mesmo se o nosso homem exterior se vai arruinando, o nosso homem interior, pelo contrário, vai-se renovando, dia a dia. [17]Com efeito, o volume insignificante de uma tribulação momentânea acarreta para nós uma glória eterna e incomensurável. [18]E isso acontece, porque voltamos os nossos olhares para as coisas invisíveis e não para as coisas visíveis. Pois o que é visível é passageiro, mas o que é invisível é eterno.

[5,1]De fato, sabemos que, se a tenda em que moramos neste mundo for destruída, Deus nos dá uma outra moradia no céu que não é obra de mãos humanas, mas que é eterna. [2]Aliás, é por isso que nós gememos, suspirando por ser revestidos com a nossa habitação celeste; [3]revestidos,- digo, se, naturalmente, formos encontrados ainda vestidos e não despidos. [4]Sim, nós que moramos na tenda do corpo estamos oprimidos e gememos, porque, na verdade, não queremos ser despojados, mas queremos ser revestidos, de modo que o que é mortal, em nós, seja absorvido pela vida. [5]E aquele que nos fez para esse fim é Deus, que nos deu o Espírito como penhor.

[6]Estamos sempre cheios de confiança e bem lembrados de que, enquanto moramos no corpo, somos peregrinos longe do Senhor; [7]pois caminhamos na fé e não na visão clara. [8]Mas estamos cheios de confiança e preferimos deixar a moradia do nosso corpo, para ir morar junto do Senhor.

Responsório   Mt 5,11.12a.10
R. Felizes quando a **vós** insul**ta**rem, perse**gui**rem
   e, cal**ú**nias profe**rin**do, dis**se**rem todo **mal**
   contra **vós** por minha **cau**sa.

* **Alegrai**-vos e exul**tai**,
    pois a **vos**sa recom**pen**sa no **céu** é muito **gran**de.
V. Felizes os que **são** perse**gui**dos
    por **cau**sa da justiça do **Senhor**,
    porque o **Reino** dos **Céus** há de ser **deles**. * Alegrai-
    -vos.

Segunda leitura
Dos Sermões de Santo Agostinho, bispo
(Sermo 329, In natali martyrum: PL 38, 1454-1456)

(Séc. V)

*A preciosa morte dos mártires
comprada com o preço da morte de Cristo*

Pelos feitos tão gloriosos dos mártires, que fazem a Igreja florescer por toda parte, constatamos com nossos próprios olhos quanto é verdadeiro o que cantamos: *É preciosa aos olhos do Senhor a morte de seus santos* (Sl 115,15); preciosa a nossos olhos, como aos olhos daquele por cujo nome se sofreu. Mas o preço destas mortes foi a morte de um só. Quantas mortes não terá comprado a morte de um só? Se não morresse, seria como o grão de trigo que não frutifica. Ouvistes suas palavras quando se aproximava da paixão, isto é, quando se aproximava da nossa redenção: *Se o grão de trigo, caindo em terra, não morrer, ficará sozinho; se, porém, morrer, produzirá muito fruto* (Jo 12,24).

Ele fez realmente na cruz um grande negócio. Aí foi aberta a bolsa do nosso preço: quando seu lado foi aberto pela lança do perseguidor, derramou-se o preço do mundo inteiro.

Foram comprados fiéis e mártires; mas a fé dos mártires suportou uma prova: testemunho disso é o sangue derramado. Retribuíram d que lhes fora pago e realizaram as palavras de São João: *Assim como Cristo deu a sua vida por nós, também nós devemos dar a vida pelos irmãos* (1Jo 3,16).

E noutro lugar se diz: *Se te sentas a uma grande mesa, observa com atenção o que te servem, porque também tu deves preparar coisa igual* (cf. Pr 23,1-4 –Vulg.). A grande mesa é aquela em que as iguarias são o próprio Senhor da mesa! Ninguém alimenta os convivas com a própria pessoa; isto faz o Cristo Senhor. Ele é quem convida, ele é o alimento e a bebida. Os mártires, pois, reconheceram o que comeram e beberam, para retribuírem coisa igual.

Mas como retribuiriam, se aquele que foi o primeiro a pagar não lhes desse com que retribuir? Que nos sugere, então, o salmo que cantamos? *É preciosa aos olhos do Senhor a morte de seus santos.*

Nele, o homem refletiu quanto recebeu de Deus; ponderou os numerosos benefícios da graça do Onipotente que o criou; que o procurou quando estava perdido; que o perdoou quando o encontrou; que o ajudou quando lutava com poucas forças; que não se afastou dele quando estava em perigo; que o coroou quando venceu; e que se lhe deu, ele mesmo, como prêmio. Considerou tudo isto e exclamou: *Que pode rei retribuir ao Senhor por tudo aquilo que fez em meu favor? Elevarei o cálice da minha salvação* (Sl 115,12-13).

Que cálice é este? O cálice da paixão, amargo mas salutar; cálice que, se o médico não o bebesse antes, o doente recearia tocar. Ele próprio é este cálice; reconhecemo-lo nos lábios de Cristo ao dizer: *Pai, se for possível,* afaste-se de mim este cálice (Mt 26,39).

Deste mesmo cálice disseram os mártires: *Elevarei o cálice da salvação e invocarei o nome do Senhor.* Não tens medo que para isso te faltem as forças? Não, respondes. Por quê? Porque *invocarei o nome do Senhor.* Como poderiam os mártires vencer, se não vencesse neles aquele que disse: *Alegrai-vos, porque eu venci o mundo?* (Jo 16,33). O soberano dos céus dirigia-lhes o espírito e a palavra; através deles, derrotava o demônio na terra e coroava os mártires no céu. Óh! ditosos os que assim beberam deste cálice! Terminaram as dores e receberam as honras.

Portanto, prestai atenção, caríssimos: o que não podeis ver com os olhos, meditai-o com a mente e o coração, e vede como *é preciosa aos olhos do Senhor a morte de seus santos.*

Responsório   2Tm 4,7-8; Fl 3,8-10
R. Combati o bom combate, terminei minha carreira, conservei a minha fé;
  * Só me resta receber a coroa da justiça (T.P. Aleluia).
V. Quis perder todas as coisas, para o Cristo conquistar e partilhar seus sofrimentos, sendo igual na morte a ele.
  * Só me resta.

Nas solenidades e festas se diz o HINO Te Deum, p. 589.

Oração como nas Laudes.

Laudes

Hino

  Ó mártir de Deus, que seguindo
  o Filho divino, com amor,
  venceste o poder inimigo
  e gozas no céu, vencedor:

  Na graça da tua oração,
  das culpas apaga o sinal,
  afasta o desgosto da vida,
  afasta o contágio do mal.

  Desfeitos os laços do corpo,
  triunfas com Cristo nos céus:
  Dos laços do mundo nos livra
  por causa do Filho de Deus.

  Louvor a Deus Pai com o Filho,
  e ao Sopro de vida também.
  Os Três, com coroa de glória,
  no céu te cingiram. Amém.

Para uma virgem mártir:

Do casto sois modelo,
do mártir, fortaleza;
a ambos dais o prêmio:
ouvi-nos com presteza.

Louvamos esta virgem
tão grande e de alma forte,
por duas palmas nobre,
feliz por dupla sorte.

Fiel no testemunho,
do algoz o braço armou,
e a vós, na confiança,
o espírito entregou.

Vencendo assim as chagas
e o seu perseguidor,
e o mundo lisonjeiro,
a fé nos ensinou.

Por sua intercessão,
as culpas perdoai.
E, livres do pecado,
na graça nos guardai.

Jesus, da Virgem Filho,
louvor a vós convém,
ao Pai e ao Espírito
nos séculos. Amém.

Ant. 1 Vosso a**mor** vale **mais** do que a **vi**da,
e por **is**so meus **lá**bios vos **lou**vam

Salmos e cântico do domingo da I Semana, p. 626.

Ant. 2 Vós, **már**tires de **Deus**, bendi**zei**-o para **sem**pre!

Ant. 3 Eu fa**rei** do vence**dor** uma co**lu**na no meu **tem**plo

Leitura breve
2Cor 1,3-5

Bendito seja o Deus e Pai de nosso Senhor Jesus Cristo, o Pai das misericórdias e Deus de toda consolação. Ele nos consola em todas as nossas aflições, para que, com a consolação que nós mesmos recebemos de Deus, possamos consolar os que se acham em toda e qualquer aflição. Pois, à medida que os sofrimentos de Cristo crescem para nós, cresce também a nossa consolação por Cristo.

Responsório breve

R. O **Se**nhor é minha **for**ça,
 * Ele **é** o meu **can**to. R. O **Se**nhor.
V. E tor**nou**-se para **mim** o Salva**dor**. * Ele **é**.
 Glória ao **Pai**. R. O **Se**nhor.

Cântico evangélico, ant.

Quem per**der** a sua **vi**da neste **mun**do,
vai guar**dá**-la eterna**men**te para os **céus**.

Preces

Irmãos, celebremos nosso Salvador, a Testemunha fiel, nos mártires que deram a vida pela Palavra de Deus; e digamos:
R. **Com vosso sangue nos remistes, Senhor!**

Por intercessão de vossos mártires que abraçaram livremente a morte para testemunharem a sua fé,
—dai-nos, Senhor, a verdadeira liberdade de espírito. R.

Por intercessão de vossos mártires, que proclamaram a fé, derramando o próprio sangue,
—dai-nos, Senhor, pureza e constância na fé. R.

Por intercessão de vossos mártires que, carregando a cruz, seguiram vossos passos,
—dai-nos, Senhor, suportar com coragem as dificuldades da vida. R.

Por intercessão de vossos mártires, que lavaram suas vestes no sangue do Cordeiro,
– dai-nos, Senhor, vencer todas as ciladas da carne e do mundo. R.

(intenções livres)

Pai nosso...

Oração

Não havendo oração própria, diz-se uma das seguintes:

Deus onipotente e misericordioso, destes a São (Sto.) N. superar as torturas do martírio. Concedei que, celebrando o dia do seu triunfo, passemos invictos por entre as ciladas do inimigo, graças à vossa proteção. Por nosso Senhor Jesus Cristo, vosso Filho, na unidade do Espírito Santo.

Ou:

Deus eterno e todo-poderoso, que destes a São (Sto.) N. a graça de lutar pela justiça até a morte, concedei-nos, por sua intercessão, suportar por vosso amor as adversidades, e correr ao encontro de vós que sois a nossa vida. Por nosso Senhor Jesus Cristo, vosso Filho, na unidade do Espírito Santo.

Para uma virgem mártir:

Ó Deus, que hoje nos alegrais com a comemoração de Santa N., concedei que sejamos ajudados pelos seus méritos e iluminados pelos seus exemplos de castidade e fortaleza. Por nosso Senhor Jesus Cristo, vosso Filho, na unidade do Espírito Santo.

Para uma santa mulher:

Ó Deus, cuja força se manifesta na fraqueza, fazei que, ao celebrarmos a glória de Santa N., que de vós recebeu a força para vencer, obtenhamos, por sua intercessão, a graça da vitória. Por nosso Senhor Jesus Cristo, vosso Filho, na unidade do Espírito Santo.

Hora Média

Oração das Nove Horas

Ant. Na dureza do combate, o Senhor lhe deu vitória,
pois mais forte do que tudo é a força do amor.

Leitura breve   1Pd 5,10-11

Depois de terdes sofrido um pouco, o Deus de toda a graça, que vos chamou para a sua glória eterna, em Cristo, vos restabelecerá e vos tornará firmes, fortes e seguros. A ele pertence o poder, pelos séculos dos séculos. Amém.

V. O Senhor o (a) revestiu de alegria.
R. E lhe deu uma coroa de triunfo.

Oração das Doze Horas

Ant. Vós lhe destes, ó Senhor, um nome santo e glorioso,
e a coroa da justiça.

Leitura breve   Tg 1,12

Feliz o homem que suporta a provação. Porque, uma vez provado, receberá a coroa da vida, que o Senhor prometeu àqueles que o amam.

V. O Senhor está comigo, nada temo.
R. Que poderia contra mim um ser mortal?

Oração das Quinze Horas

Ant. Chorando de tristeza, sairão
espalhando suas sementes.

Leitura breve   Sb 3,1-2a.3b

A vida dos justos está nas mãos de Deus, e nenhum tormento os atingirá. Aos olhos dos insensatos parecem ter morrido; mas eles estão em paz.

V. Cantando de alegria, voltarão,
R. Carregando os seus feixes.

Oração como nas Laudes

II Vésperas

Hino

Ó Deus, dos vossos heróis
coroa, prêmio e destino,
livrai do peso da culpa
quem canta ao(à) mártir um hino.

Seus lábios deram a prova
da fé do seu coração.
Seguindo a Cristo, o encontra
do sangue pela efusão.

Do mundo a vã alegria
julgou fugaz, transitória,
chegando assim, jubiloso(a),
ao gozo eterno da glória.

Passou por duros tormentos
com força e muito valor.
Por vós vertendo seu sangue,
possui os dons do Senhor.

Ó Deus dos fortes, rogamos:
por essa imensa vitória,
livrai da culpa os cativos,
mostrando em nós vossa glória,

para podermos, no céu,
com ele (ela) o prêmio gozar
e, para sempre felizes,
vossos louvores cantar.

Louvor e glória a Deus Pai,
com o seu Filho também,
e o Divino Paráclito
agora e sempre. Amém.

Para uma virgem mártir:

Da Mãe Autor, da Virgem Filho,
que a Virgem trouxe e deu à luz,
ouvi os cantos da vitória
de outra virgem, ó Jesus.

Por dupla sorte contemplada,
sua fraqueza superou:
na virgindade vos seguindo,
por vós seu sangue derramou.

Sem temer a morte nem suplícios,
em duras penas mereceu,
pelo seu sangue derramado,
subir radiante para o céu.

Ó Deus santíssimo, atendei-nos
por sua prece e intercessão.
E os corações purificados
glória sem fim vos cantarão.

Salmodia

Ant. 1 Quem qui**ser** me se**guir** renun**cie** a si **mes**mo,
e, to**man**do sua **cruz**, acom**pa**nhe meus **pas**sos.

Salmo 114(116 A)

– ¹Eu **a**mo o Se**nhor**, porque **ou**ve *
  o **gri**to da minha oração.
– ²Incli**nou** para mim seu ouvido, *
  no **di**a em que eu o invoquei.
– ³Pren**di**am-me as cordas da morte, *
  aper**ta**vam-me os laços do abismo;
= inva**di**am-me angústia e tristeza: †
  ⁴eu en**tão** invoquei o Senhor: *
  "Sal**vai**, ó Senhor, minha vida!"
– ⁵O Se**nhor** é justiça e bondade, *
  nosso **Deus** é amor-compaixão.

– ⁶ É o Senhor quem defende os humildes: *
   eu estava oprimido, e salvou-me.
– ⁷ Ó minh'alma, retorna à tua paz, *
   o Senhor é quem cuida de ti!
= ⁸ Libertou minha vida da morte, †
   enxugou de meus olhos o pranto *
   e livrou os meus pés do tropeço.
– ⁹ Andarei na presença de Deus, *
   junto a ele na terra dos vivos.

Ant. Quem quiser me seguir renuncie a si mesmo,
   e tomando sua cruz, acompanhe meus passos.

Ant. 2 Se alguém me servir, o meu Pai o honrará.

Salmo 115(116 B)

– ¹⁰ Guardei a minha fé, mesmo dizendo: *
   "É demais o sofrimento em minha vida!"
– ¹¹ Confiei, quando dizia na aflição: *
   "Todo homem é mentiroso! Todo homem!"
– ¹² Que poderei retribuir ao Senhor Deus *
   por tudo aquilo que ele fez em meu favor?
– ¹³ Elevo o cálice da minha salvação, *
   invocando o nome santo do Senhor.
– ¹⁴ Vou cumprir minhas promessas ao Senhor *
   na presença de seu povo reunido.
– ¹⁵ É sentida por demais pelo Senhor *
   a morte de seus santos, seus amigos.
= ¹⁶ Eis que sou o vosso servo, ó Senhor, †
   vosso servo que nasceu de vossa serva; *
   mas me quebrastes os grilhões da escravidão!
– ¹⁷ Por isso oferto um sacrifício de louvor, *
   invocando o nome santo do Senhor.
– ¹⁸ Vou cumprir minhas promessas ao Senhor *
   na presença de seu povo reunido;

— ¹⁹nos **átrios** da casa do Senhor, *
  em teu **meio**, ó cidade de Sião!
Ant. Se al**guém** me ser**vir**, o meu **Pai** o honra**rá**.
Ant. 3 Quem per**der** sua **vida** por **mim**
  vai guar**dá**-la nos para **sempre**

      Cântico Ap 4,11; 5,9.10.12

— ⁴,¹¹Vós sois **digno**, Se**nhor** nosso **Deus**, *
  de rece**ber** honra, glória e poder!
(R. **Poder**, honra e **glória** ao Cor**deiro** de **Deus**!)

= ⁵,⁹Porque **todas** as coisas criastes, †
  é por **vossa** vontade que existem, *
  e sub**sis**tem porque vós mandais.   (R.)

= Vós sois **digno**, Senhor nosso Deus, †
  de o **livro** nas mãos receber *
  e de **abrir** suas folhas lacradas!   (R.)

— Porque **fostes** por nós imolado; *
  para **Deus** nos remiu vosso sangue
— dentre **todas** as tribos e línguas, *
  dentre os **povos** da terra e nações.   (R.)

= ¹⁰Pois fi**zestes** de nós, para Deus, †
  sacer**dotes** e povo de reis, *
  e i**remos** reinar sobre a terra.   (R.)

= ¹²O Cor**deiro** imolado é digno †
  de rece**ber** honra, glória e poder, *
  sabe**doria**, louvor, divindade!   (R.)

Ant. Quem per**der** sua **vida** por **mim**
  vai guar**dá**-la nos **céus** para **sempre**

Leitura breve   1Pd 4,13-14

Alegrai-vos, caríssimos, por participar dos sofrimentos de Cristo, para que possais também exultar de alegria na revelação da sua glória. Se sofreis injúrias por causa do nome de Cristo, sois felizes, pois o Espírito da glória, o Espírito de Deus repousa sobre vós.

Responsório breve

R. Na verdade, ó Senhor, vós nos provastes,
  * Mas finalmente vós nos destes um alívio. R. Na verdade.
V. Depurastes-nos no fogo como a prata.* Mas finalmente.
  Glória ao Pai. R. Na verdade.

Cântico evangélico, ant.

O **Reino** celeste é a morada dos santos,
sua **paz** para sempre.

Preces

Nesta hora em que o Rei dos mártires ofereceu sua vida na última Ceia e a entregou na cruz, demos-lhe graças, dizendo:

R. **Nós vos louvamos e bendizemos, Senhor!**

Nós vos agradecemos, ó Salvador, fonte e exemplo de todo martírio, porque nos amastes até o fim: R.

Porque viestes chamar os pecadores arrependidos para o prêmio da vida eterna: R.

Porque destes à vossa Igreja, como sacrifício para a remissão dos pecados, o Sangue da nova e eterna Aliança: R.

Porque a vossa graça nos mantém até hoje perseverantes na fé: R.

(intenções livres)

Porque associastes à vossa morte, neste dia, muitos de nossos irmãos e irmãs: R.

Pai nosso...

Oração

Não havendo oração própria, diz-se uma das seguintes:

Deus onipotente e misericordioso, destes a São (Sto.) N. superar as torturas do martírio. Concedei que, celebrando o dia do seu triunfo, passemos invictos por entre as ciladas do inimigo, graças à vossa proteção. Por nosso Senhor Jesus Cristo, vosso Filho, na unidade do Espírito Santo.

Ou:

Deus eterno e todo-poderoso, que destes a São (Sto.) N. a graça de lutar pela justiça até a morte, concedei-nos, por sua intercessão, suportar por vosso amor as adversidades, e correr ao encontro de vós que sois a nossa vida. Por nosso Senhor Jesus Cristo, vosso Filho, na unidade do Espírito Santo.

Para uma virgem mártir:

Ó Deus, que hoje nos alegrais com a comemoração de Santa N., concedei que sejamos ajudados pelos seus méritos e iluminados pelos seus exemplos de castidade e fortaleza. Por nosso Senhor Jesus Cristo, vosso Filho, na unidade do Espírito Santo.

Para uma santa mulher:

Ó Deus, cuja força se manifesta na fraqueza, fazei que, ao celebrarmos a glória de Santa N., que de vós recebeu a força para vencer, obtenhamos, por sua intercessão, a graça da vitória. Por nosso Senhor Jesus Cristo, vosso Filho, na unidade do Espírito Santo.

COMUM DOS PASTORES

I Vésperas

HINO Claro espelho, p. 1637, ou Trouxe o ano, p. 1638, como nas II Vésperas.

Salmodia

Ant. 1 Hei de **dar**-vos pastores que **sejam**
 se**gun**do o **meu** cora**ção**;
 sabia**men**te have**rão** de gui**ar**-vos.

Salmo 112(113)

— ¹Lou**vai**, louvai, ó **ser**vos do Se**nhor**, *
 lou**vai**, louvai o nome do Senhor!
— ²Ben**di**to seja o nome do Senhor, *
 a**go**ra e por toda a eternidade!
— ³Do nas**cer** do sol até o seu ocaso, *
 lou**va**do seja o nome do Senhor!
— ⁴O Se**nhor** está acima das nações, *
 sua **gló**ria vai além dos altos céus.
= ⁵**Quem po**de comparar-se ao nosso Deus, †
 ao Se**nhor**, que no alto céu tem o seu trono *
 ⁶e se in**cli**na para olhar o céu e a terra?
— ⁷Le**van**ta da poeira o indigente *
 e do **li**xo ele retira o pobrezinho,
— ⁸para fazê-lo assentar-se com os nobres, *
 assen**tar**-se com os nobres do seu povo.
— ⁹Faz a es**té**ril, mãe feliz em sua casa, *
 vi**ven**do rodeada de seus filhos.

Ant. Hei de **dar**-vos pastores que **sejam**
 se**gun**do o **meu** cora**ção**;
 sabia**men**te have**rão** de gui**ar**-vos.

Ant. 2 Eu serei o Bom Pastor de meu rebanho:
procurarei a ovelha extraviada,
trarei de volta a perdida e afastada.

Salmo 145(146)

= ¹Bendize, minh'alma, ao Senhor! †
²Bendirei ao Senhor toda a vida, *
cantarei ao meu Deus sem cessar!
– ³Não ponhais vossa fé nos que mandam, *
não há homem que possa salvar.
– ⁴Ao faltar-lhe o respiro ele volta †
para a terra de onde saiu; *
nesse dia seus planos perecem.
= ⁵É feliz todo homem que busca †
seu auxílio no Deus de Jacó, *
e que põe no Senhor a esperança.
– ⁶O Senhor fez o céu e a terra, *
fez o mar e o que neles existe.
– O Senhor é fiel para sempre, *
⁷faz justiça aos que são oprimidos;
– ele dá alimento aos famintos, *
é o Senhor quem liberta os cativos.
= ⁸O Senhor abre os olhos aos cegos, †
o Senhor faz erguer-se o caído, *
o Senhor ama aquele que é justo.
= ⁹É o Senhor quem protege o estrangeiro, †
quem ampara a viúva e o órfão, *
mas confunde os caminhos dos maus.
= ¹⁰O Senhor reinará para sempre! †
Ó Sião, o teu Deus reinará *
para sempre e por todos os séculos!

Ant. Eu serei o Bom Pastor de meu rebanho:
procurarei a ovelha extraviada,
trarei de volta a perdida e afastada.

Ant. 3 O Bom Pastor deu a vida pelas suas ovelhas.

Cântico   Ef 1,3-10

– ³ Bendito e louvado seja **Deus**, *
  o **Pai** de Jesus Cristo, Senhor nosso,
– que do alto **céu** nos abençoou em Jesus Cristo *
  com **bênção** espiritual de toda sorte!

(R. Bendito sejais **vós**, nosso **Pai**,
  que **nos** abençoastes em Cristo!)

– ⁴ Foi em **Cris**to que Deus Pai nos escolheu, *
  já bem **an**tes de o mundo ser criado,
– para que **fôs**semos, perante a sua face, *
  sem **má**cula e santos pelo amor.   (R.)

= ⁵ Por **li**vre decisão de sua vontade, †
  predesti**nou**-nos, através de Jesus Cristo, *
  a sermos **ne**le os seus filhos adotivos,
– ⁶ para o lou**vor** e para a glória de sua graça, *
  que em seu **Fi**lho bem-amado nos doou.   (R.)

– ⁷ É **ne**le que nós temos redenção, *
  dos pe**ca**dos remissão pelo seu sangue.
= Sua **gra**ça transbordante e inesgotável †
  ⁸ Deus de**rra**ma sobre nós com abundância, *
  de sa**ber** e inteligência nos dotando.   (R.)

– ⁹ E as**sim**, ele nos deu a conhecer *
  o mis**té**rio de seu plano e sua vontade,
– que propusera em seu querer benevolente, *
  ¹⁰ na pleni**tu**de dos tempos realizar:
– o de**síg**nio de, em Cristo, reunir *
  todas as **coi**sas: as da terra e as do céu.   (R.)

Ant. O Bom Pastor deu a vida pelas suas ovelhas.

Leitura breve
1Pd 5,1-4

Exorto aos presbíteros que estão entre vós, eu, presbítero como eles, testemunha dos sofrimentos de Cristo e participante da glória que será revelada: Sede pastores do rebanho de Deus, confiado a vós; cuidai dele, não por coação, mas de coração generoso; não por torpe ganância, mas livremente; não como dominadores daqueles que vos foram confiados, mas, antes, como modelos do rebanho. Assim, quando aparecer o pastor supremo, recebereis a coroa permanente da glória.

Responsório breve

R. Sacer**dotes** do Se**nhor**,
*Bendi**zei** o Se**nhor**. R. Sacer**dotes**.
V. Vós, **san**tos e hu**mil**des de cora**ção**, louvai a **Deus**.
*Bendi**zei**. Glória ao **Pai**. R. Sacer**dotes**.

Cântico evangélico, ant.

Para um papa ou bispo:

Sacer**dote** do Al**tís**simo, e**xem**plo de vir**tude**,
bom pas**tor** do povo **san**to, agra**das**tes ao Se**nhor**.

Para um presbítero:

Fiz-me **tu**do para **to**dos, para **se**rem todos **sal**vos.

Preces

Rendamos a devida glória a Cristo, constituído Pontífice em favor dos homens nas suas relações com Deus; e lhe peçamos humildemente:

R. **Senhor, salvai o vosso povo!**

Fizestes resplandecer admiravelmente a vossa Igreja por meio de santos e insignes Pastores;
– que os cristãos se alegrem sempre com o mesmo esplendor.
R.

Quando os santos Pastores vos suplicavam, a exemplo de Moisés, perdoastes os pecados do povo;
– por intercessão deles, santificai a vossa Igreja mediante uma contínua purificação. R.

Tendo-os escolhido entre seus irmãos, consagrastes vossos santos, enviando sobre eles o vosso Espírito;
– que o mesmo Espírito Santo inspire aqueles que governam vosso povo. R.

Sois vós a herança dos santos Pastores;
– concedei que nenhum daqueles que foram resgatados pelo vosso sangue fique longe de vós. R.

(intenções livres)

Por meio dos Pastores da Igreja, dais a vida eterna a vossas ovelhas, e não permitis que ninguém as arrebate de vossas mãos;
– salvai os que adormeceram em vós, pelos quais destes a vida. R.

Pai nosso...

Oração

Não havendo oração própria, diz-se uma das seguintes:

Para um papa:

Deus eterno e todo-poderoso, quisestes que São (Sto.) N. governasse todo o vosso povo, servindo-o pela palavra e pelo exemplo. Guardai, por suas preces, os pastores de vossa Igreja e as ovelhas a eles confiadas, guiando-os no caminho da salvação eterna. Por nosso Senhor Jesus Cristo, vosso Filho, na unidade do Espírito Santo.

Para um bispo:

Ó Deus, que aos vossos pastores associastes São (Sto.) N. , animado de ardente caridade e da fé que vence o mundo, dai-nos, por sua intercessão, perseverar na caridade e na fé, para participarmos de sua glória. Por nosso Senhor Jesus Cristo, vosso Filho, na unidade do Espírito Santo.

Para um fundador de Igreja:

Ó Deus, que pela pregação de São (Sto.) N. chamastes os nossos pais à luz do Evangelho, fazei-nos, por sua intercessão, crescer continuamente na graça e no conhecimento de nosso Senhor Jesus Cristo. Que convosco vive e reina, na unidade do Espírito Santo.

Para um pastor:

Ó Deus, luz dos que creem e pastor de nossas almas, que colocastes São (Sto.) N. à frente da vossa Igreja, para formar os fiéis pela palavra e pelo exemplo, concedei-nos, por sua intercessão, guardar a fé que ensinou pela palavra e seguir o caminho que mostrou com sua vida. Por nosso Senhor Jesus Cristo, vosso Filho, na unidade do Espírito Santo.

Ou:

Ó Deus, que enriquecestes São (Sto.) N. com o espírito de verdade e de amor para apascentar o vosso povo, concedei-nos, celebrando sua festa, seguir sempre mais o seu exemplo, sustentados por sua intercessão. Por nosso Senhor Jesus Cristo, vosso Filho, na unidade do Espírito Santo.

Para um missionário:

Ó Pai, pela vossa misericórdia, São (Sto.) N. anunciou as insondáveis riquezas de Cristo. Concedei-nos, por sua intercessão, crescer no vosso conhecimento e viver na vossa presença segundo o Evangelho, frutificando em boas obras. Por nosso Senhor Jesus Cristo, vosso Filho, na unidade do Espírito Santo.

Invitatório

R. A Jesus **Cris**to, o Bom Pas**tor**,
   oh! vinde, **to**dos, ado**re**mos.

Salmo invitatório como no Ordinário, p. 583.

Ofício das Leituras

Hino

Para um pastor:

Cristo Pastor, modelo dos pastores,
comemorando a festa deste Santo,
a multidão fiel e jubilosa,
vosso louvor celebra neste canto.

Para um papa:

Vossas ovelhas, que a São Pedro destes
para guardar, formando um só rebanho,
ele as regeu, por vossa escolha ungido,
e as protegeu contra qualquer estranho.

Para um bispo:

O vosso Espírito ungiu o forte atleta
pelo dom íntimo duma unção de amor;
tornando-o apto para a dura luta,
do povo santo o fez fiel pastor.

Para um presbítero:

Feito por Deus ministro e sacerdote,
associado ao vosso dom perfeito,
bom despenseiro, foi por vós chamado
a presidir o vosso povo eleito.

Do seu rebanho foi pastor e exemplo,
ao pobre alívio e para os cegos luz,
pai carinhoso, tudo para todos,
seguindo em tudo o Bom Pastor Jesus.

Cristo, que aos santos dais nos céus o prêmio,
com vossa glória os coroando assim,
dai-nos seguir os passos deste mestre
e ter um dia um semelhante fim.

Justo louvor ao Sumo Pai cantemos,
e a vós, Jesus, Eterno Rei, também.
Honra e poder ao vosso Santo Espírito
no mundo inteiro, agora e sempre. Amém.

Para diversos pastores:

> Ao celebrarmos, fiéis, este culto,
> dos sacerdotes na festa solene,
> em vossa honra os louvores ressoem,
> Cristo Jesus, sacerdote supremo!
>
> Por vosso dom, nossos padres puderam
> guiar os povos nas sendas da luz
> e lhes mostrar os caminhos da vida,
> como um pastor que o rebanho conduz.
>
> Nem a desgraça logrou demovê-los
> de se manterem constantes na fé.
> A esperança dos prêmios futuros
> dava-lhes força a lutarem de pé.
>
> Após os frágeis trabalhos da vida,
> tendo fielmente cumprido a missão,
> têm os seus tronos na pátria celeste,
> e paz profunda sem fim fruirão.
>
> Honra suprema, louvores e glória
> a vós, ó Deus, Rei dos reis, sejam dadas.
> Que vos celebrem, por todos os séculos,
> todas as coisas que foram criadas.

Salmodia

Ant. 1 Quem quiser ser o primeiro, seja o servo, seja o último.

Salmo 20(21),2-8.14

— ² Ó Senhor, em vossa força o rei se alegra; *
quanto exulta de alegria em vosso auxílio!
— ³ O que sonhou seu coração, lhe concedestes; *
não recusastes os pedidos de seus lábios.
— ⁴ Com bênção generosa o preparastes; *
de ouro puro coroastes sua fronte.
— ⁵ A vida ele pediu e vós lhe destes *
longos dias, vida longa pelos séculos. —

— ⁶É **gran**de a sua glória em vosso auxílio; *
de esplen**dor** e majestade o revestistes.
— ⁷Transfor**mas**tes o seu nome numa bênção, *
e o co**bris**tes de alegria em vossa face.
— ⁸Por **isso** o rei confia no Senhor, *
e por **seu** amor fiel não cairá.
— ¹⁴Levan**tai**-vos com poder, ó Senhor Deus, *
e canta**re**mos celebrando a vossa força!

Ant. Quem qui**ser** ser o pri**mei**ro,
seja o **ser**vo, seja o **úl**timo.

Ant. 2 Quando vi**er** o su**pre**mo **Pas**tor de nossas **al**mas,
recebe**reis** a co**ro**a de **gló**ria impere**cí**vel.

Salmo 91 (92)

I

— ²**Co**mo é **bom** agrade**cer**mos ao Se**nhor** *
e cantar **sal**mos de louvor ao Deus Altíssimo!
— ³Anunci**ar** pela manhã vossa bondade, *
e o **vos**so amor fiel, a noite inteira,
— ⁴ao som da **li**ra de dez cordas e da harpa, *
com **can**to acompanhado ao som da cítara.
— ⁵Pois me ale**gras**tes, ó Senhor, com vossos feitos, *
e reju**bi**lo de alegria em vossas obras.
— ⁶Quão i**men**sas, ó Senhor, são vossas obras, *
quão pro**fun**dos são os vossos pensamentos!
— ⁷Só o **ho**mem insensato não entende, *
só o es**tul**to não percebe nada disso!
— ⁸Mesmo que os **ím**pios floresçam como a erva, *
ou pros**pe**rem igualmente os malfeitores,
— são desti**na**dos a perder-se para sempre. *
⁹Vós, po**rém**, sois o Excelso eternamente!

Ant. Quando vi**er** o su**pre**mo **Pas**tor de nossas **al**mas,
recebe**reis** a co**ro**a de **gló**ria impere**cí**vel.

Ant. 3 Servo **bom** e fi**el**,
   vem en**tr**ar na ale**gri**a de Je**s**us, teu Se**nhor**.

II

=¹⁰Eis que os **vos**sos ini**mi**gos, ó Se**nhor**, †
   eis que os **vos**sos inimigos vão perder-se, *
   e os malfei**to**res serão todos dispersados.

—¹¹Vós me **des**tes toda a força de um touro, *
   e sobre **mim** um óleo puro derramastes;

—¹²triun**fan**te, posso olhar meus inimigos, *
   vitori**o**so, escuto a voz de seus gemidos.

—¹³O **jus**to crescerá como a palmeira, *
   flori**rá** igual ao cedro que há no Líbano;

—¹⁴na **ca**sa do Senhor estão plantados, *
   nos **á**trios de meu Deus florescerão.

—¹⁵Mesmo no **tem**po da velhice darão frutos, *
   cheios de **sei**va e de folhas verdejantes;

—¹⁶e di**rão**: "É justo mesmo o Senhor Deus: *
   meu Ro**che**do, não existe nele o mal!"

Ant. Servo **bom** e fi**el**,
   vem en**tr**ar na ale**gri**a de Je**s**us, teu Se**nhor**.

V. Ouvi**rás** uma pa**la**vra de meus **lá**bios.
R. E have**rás** de transmi**tir**-lhes em meu **no**me.

Primeira leitura

Para um papa ou um bispo:

Da Carta de São Paulo a Tito   1,7-11; 2,1-8

*Doutrina do apóstolo sobre as qualidades
e deveres dos bispos*

Caríssimo: ¹,⁷É preciso que o bispo seja irrepreensível, como administrador posto por Deus. Não seja arrogante nem irascível nem dado ao vinho nem turbulento nem cobiçoso de lucros desonestos, ⁸mas hospitaleiro, amigo do bem, ponderado, justo, piedoso, continente, ⁹firmemente empenhado no ensino fiel da doutrina, de sorte que seja capaz de exortar com sã doutrina e refutar os contraditores.

¹⁰Há ainda muitos insubordinados, faladores e enganadores, principalmente entre os circuncidados. ¹¹É preciso calar-lhes a boca, porque transtornam famílias inteiras, ensinando o que não convém, movidos por ganância vergonhosa.

²,¹O teu ensino, porém, seja conforme à sã doutrina.

²Os mais velhos sejam sóbrios, ponderados, prudentes, fortes na fé, na caridade, na paciência.

³Assim também as mulheres idosas observem uma conduta santa, não sejam caluniadoras nem escravas do vinho, mas mestras do bem. ⁴Saibam ensinar as jovens a amarem seus maridos, a cuidarem dos filhos, ⁵a serem prudentes, castas, boas donas de casa, dóceis para os maridos, bondosas, para que a Palavra de Deus não seja difamada.

⁶Exorta igualmente os jovens a serem moderados ⁷e mostra-te em tudo exemplo de boas obras, de integridade na doutrina, de ponderação, ⁸de palavra sã e irrepreensível, para que os adversários se confundam, não tendo nada de mal para dizer de nós.

Responsório At 20,28; 1Cor 4,2

R. Vigi**ai** todo o re**ba**nho,
que o Es**pí**rito Di**vi**no confi**ou**-vos como **bis**pos
 * Para cui**dar**, como pas**to**res, da Igreja do Se**nhor**,
que **e**le adqui**riu** pelo **san**gue de seu **Fi**lho.
V. A**qui**lo que se es**pe**ra de um ad**mi**nistra**dor**,
é que **se**ja ele fi**el**. * Para cui**dar**.

Para um presbítero:

Da Primeira Carta de São Pedro 5,1-11

Deveres dos pastores e dos fiéis

¹Exorto aos presbíteros que estão entre vós, eu, presbítero como eles, testemunha dos sofrimentos de Cristo e participante da glória que será revelada: ²Sede pastores do

rebanho de Deus, confiado a vós; cuidai dele, não por coação, mas de coração generoso; não por torpe ganância, mas livremente; ³não como dominadores daqueles que vos foram confiados, mas antes, como modelos do rebanho. ⁴Assim, quando aparecer o pastor supremo, recebereis a coroa permanente da glória.

⁵Igualmente vós, jovens, sede submissos aos mais velhos. Revesti-vos todos de humildade no relacionamento mútuo, porque
Deus resiste aos soberbos,
mas dá a sua graça aos humildes.

⁶Rebaixai-vos, pois, humildemente, sob a poderosa mão de Deus, para que, na hora oportuna, ele vos exalte. ⁷Lançai sobre ele toda a vossa preocupação, pois é ele quem cuida de vós. ⁸Sede sóbrios e vigilantes. O vosso adversário, o diabo, rodeia como um leão a rugir, procurando a quem devorar. ⁹Resisti-lhe, firmes na fé, certos de que iguais sofrimentos atingem também os vossos irmãos pelo mundo afora.

¹⁰Depois de terdes sofrido um pouco, o Deus de toda a graça, que vos chamou para a sua glória eterna, em Cristo, vos restabelecerá e vos tornará firmes, fortes e seguros. ¹¹A ele pertence o poder, pelos séculos dos séculos. Amém.

Responsório   1Cor 4,1-2; Pr 20,6

R. Considerem-nos os homens servidores do Senhor
    e administradores dos mistérios de Deus.
* Aquilo que se espera de um administrador
    é que seja ele fiel.
V. Muitos se dizem "homens de bem";
    mas onde está o homem fiel? * Aquilo.

Segunda leitura
Para um papa:
Dos Sermões de São Leão Magno, papa
(Sermo 3 de natali ipsius, 2-3: PL 54, 145-146)(Séc. V)

Permanece o que Cristo instituiu na pessoa de Pedro

Se nos sentimos, caros fiéis, fracos e lentos no cumprimento das obrigações do nosso cargo, quando desejamos proceder com entusiasmo e coragem, somos impedidos pela fragilidade de nossa condição. Gozamos, porém, da incessante proteção do onipotente e eterno Sacerdote que, semelhante a nós e igual ao Pai, fez a divindade descer até à condição humana, elevando o homem à condição divina. Alegramo-nos, então, com justiça e santidade pelo que ele estabeleceu: pois, embora tendo delegado a muitos pastores o cuidado de suas ovelhas, nunca abandonou ele próprio a guarda do seu rebanho.

Desta principal e eterna vigilância, vem-nos também a proteção do Apóstolo Pedro. De modo algum ele abandona a sua obra, como igualmente a solidez do alicerce sobre o qual se ergue o edifício de toda a Igreja, jamais abalado pelo peso do tempo que sobre ele repousa.

Perene é a solidez daquela fé que foi louvada no Príncipe dos Apóstolos. E, assim como permanece o que Pedro acreditou acerca de Cristo, igualmente permanece o que Cristo instituiu na pessoa de Pedro. Permanece, portanto, o que a verdade dispôs: Pedro, fiel à fortaleza da pedra que recebeu, não abandona o leme da Igreja a ele confiado.

Realmente, ele foi de tal modo colocado acima dos demais que, pelos nomes simbólicos que recebeu, podemos avaliar a sua união com Cristo. Com efeito, é chamado pedra, é declarado fundamento, é constituído porteiro do Reino celeste, é designado juiz do que se deve ligar e desligar, permanecendo até nos céus a decisão de seus julgamentos.

Ele desempenha agora com maior plenitude e poder as funções que lhe foram confiadas, realizando tudo o que lhe compete naquele e com aquele por quem é glorificado.

Se, por conseguinte, fazemos e discernimos algo corretamente, se alguma coisa obtemos da misericórdia de Deus em nossas súplicas diárias, é graças às obras e aos méritos daquele cujo poder continua vivo e cuja autoridade fulgura nesta cátedra que é sua.

Eis o que foi obtido, irmãos caríssimos, mediante aquela profissão de fé, inspirada por Deus Pai ao coração do Apóstolo. Ultrapassando todas as incertezas das opiniões humanas, obteve a solidez da pedra que força alguma jamais poderá abalar.

Em verdade, na Igreja inteira, Pedro proclama todos os dias: *Tu és o Cristo, o Filho do Deus vivo* (Mt 16,16). E toda língua que glorifica o Senhor é movida pelo ensinamento desta palavra.

Responsório   Mt 16,18; Sl 47(48),9

R. Jesus **dis**se, em se**gui**da, a Si**mão**:
   Tu és **Pe**dro e **so**bre esta **pe**dra
   eu i**rei** constru**ir** minha **I**greja.
 * E as **por**tas do Inferno não i**rão** derrotá-la.
V. Deus fun**dou** sua ci**da**de e se**rá** para **sem**pre.
 * E as **por**tas.

Para um fundador de Igreja:
Do Tratado de Santo Hilário, bispo, sobre o Salmo 126

(Nn. 7-10: PL 9,696 -697)   (Séc. IV)

Deus constrói e vigia sua cidade

Se o Senhor não construir a casa, em vão trabalharão seus construtores (Sl 126,1). *Vós sois o templo de Deus e o Espírito de Deus mora em vós* (cf. 1Cor 3,16). A casa a que se refere o salmo é o templo de Deus, repleto dos seus ensinamentos e do seu poder, digno de ser habitado pela santidade do seu coração. Sobre este templo assim testemunhava o profeta: *Santo é o vosso templo, admirável pela sua justiça* (cf. Sl 64,5-6). A santidade, a justiça e o equilíbrio humano são um templo para Deus.

Esta casa, portanto, deve ser construída por Deus. Se for construída pelo trabalho dos homens, não resistirá, nem se manterá seguindo as doutrinas do mundo, nem lhe bastarão os cuidados de nossa vigilância e solicitude.

Deve ser construída de outro modo, guardada de maneira diferente, não alicerçada sobre a terra fofa ou sobre a areia movediça, mas sobre os profetas e os apóstolos.

Crescerá com pedras vivas, apoiadas na pedra angular, edificada pela progressiva comunhão dos seus membros até atingir a estatura do homem perfeito e a medida do Corpo de Cristo. Seu adorno serão o esplendor e a beleza das graças espirituais.

Edificada assim por Deus, isto é, pelos seus ensinamentos, não sofrerá ruína. Mas se multiplicará em muitas outras, segundo as diversas construções realizadas em nós, seus fiéis, para ornato e crescimento da cidade santa.

O Senhor já era o guarda vigilante desta cidade ao proteger Abrão peregrino, ao preservar !saque da imolação, ao enriquecer seu servo Jacó, ao exaltar José vendido como escravo, ao fortalecer Moisés contra o Faraó, ao escolher Josué para a conquista da terra, ao livrar Davi de todos os perigos, ao conceder a Salomão o dom da sabedoria, ao inspirar os profetas, ao arrebatar Elias, ao escolher Eliseu, ao alimentar Daniel, ao salvar os três jovens da fornalha ardente juntando-se a eles. Como, também, quando por um anjo revela a José que iria nascer da Virgem, quando protege Maria, quando envia João como precursor, quando escolhe os apóstolos, quando ora por eles, dizendo: *Pai santo, guarda-os; quando eu estava com eles, guardava-os em teu nome* (Jo 17,11.12). Enfim, é ainda o guarda vigilante quando, depois da Paixão, nos promete a sua eterna proteção, nestes termos: *Eis que estarei convosco todos os dias, até o fim do mundo* (Mt 28,20).

É ele quem guarda eternamente aquela bem-aventurada e santa cidade que, formada por muitos e presente em cada um, constitui a cidade de Deus. Esta cidade deve ser construída pelo Senhor, para que cresça até à perfeição. Pois, o começo de um edifício não é ainda o seu término, mas pela contínua construção atinge-se a perfeição final.

Responsório   1Pd 2,4-5; Sl 117(118),22

R. Aproxi**mai**-vos do Se**nh**or, a Pedra **vi**va.
 * E quais **ou**tras pedras **vi**vas, também **vós**,
   cons**truí**-vos como **ca**sa espiritu**al**;
   dedi**cai**-vos a um **san**to sacer**dó**cio,
   ofere**cen**do sacrifícios espiritu**ais**,
   agra**dá**veis a Deus **Pai**, por Jesus **Cris**to.
V. A **pe**dra, que os pe**drei**ros rejei**ta**ram,
   tor**nou**-se agora a **pe**dra an**gu**lar. * E quais **ou**tras.

Ou, especialmente para um bispo:

Dos Sermões de São Fulgêncio de Ruspe, bispo
         (Sermo 1, 2-3: CCL 91 A, 889-890)   (Séc. VI)

O administrador fiel e prudente

Pergunta o Senhor, querendo determinar melhor o papel dos servos que colocou à frente do seu povo: *Quem é o administrador fiel e prudente que o senhor vai colocar à frente de sua família para dar a medida de trigo a todos na hora certa? Feliz o servo que o senhor, ao chegar, encontrar agindo assim!* (Lc 12,42-43).

Irmãos, quem é este senhor? Sem dúvida, o Cristo, que disse aos seus discípulos: *Vós me chamais Mestre e Senhor, e dizeis bem, pois eu o sou* (Jo 13,13).

E qual a família deste senhor? Evidentemente aquela que o Senhor resgatou das mãos do inimigo e colocou sob o seu poder. Esta família é a santa Igreja católica, que se faz presente por toda a terra com extraordinária fecundidade, gloriando-se de ter sido resgatada pelo sangue precioso do seu Senhor. *O Filho do Homem,* como ele disse, *não veio para ser servido, mas para servir e dar a sua vida como resgate em favor de muitos* (Mt 20,28).

Ele é também o bom pastor que deu a vida por suas ovelhas. O rebanho do bom pastor é, portanto, a própria família do Redentor.

Mas quem é o administrador que deve ser fiel e ao mesmo tempo prudente? Mostra-nos o Apóstolo Paulo, quando diz, falando de si e de seus companheiros: *Que todo o mundo nos considere como servidores de Cristo e administradores dos mistérios de Deus. A este respeito, o que se exige dos administradores é que sejam fiéis* (1Cor 4,1-2).

Para que nenhum de nós julgue que somente os Apóstolos foram constituídos administradores, e, negligenciando o dever da milícia espiritual, venha a adormecer como servo preguiçoso, infiel e imprudente, o mesmo Apóstolo afirma que os bispos também são administradores: *É preciso que o bispo, como administrador da casa de Deus, seja irrepreensível!* (Tt 1,7).

Somos, pois, servos do pai de família, somos administradores da casa do Senhor; e recebemos a medida de trigo que havemos de dar-vos.

Se queremos saber qual é essa medida de trigo, também o santo Apóstolo Paulo no-lo indica, dizendo: *Conforme a medida da fé que Deus repartiu a cada um* (Rm 12,3).

Ao que Cristo chama medida de trigo, Paulo chama medida da fé, para reconhecermos que não há outro trigo espiritual senão o venerável mistério da fé cristã. Esta medida de trigo é que vos damos em nome do Senhor todas as vezes que, iluminados pelo dom da graça espiritual, ensinamos de acordo com a regra da verdadeira fé. E vós recebeis dos administradores da casa do Senhor essa medida de trigo sempre que ouvis dos servos de Deus a palavra da verdade.

Responsório   Mt 25,21.20

R. Muito **bem**, servo **bom** e fi**el**,
porque **fos**te fi**el** sobre o **pou**co,
sobre o **mui**to te **co**lo**ca**rei:
* Vem en**trar** na ale**gri**a de **Deus!**
V. Confi**as**tes-me **cin**co ta**len**tos;
eis a**qui,** eu lu**crei** outros **cin**co. * Vem en**trar**.

Para um presbítero:

Do Decreto *Presbyterorum ordinis* sobre o ministério e a vida dos presbíteros, do Concílio Vaticano II

(N. 12)   (Séc. XX)

A vocação dos presbíteros à perfeição

Pelo sacramento da Ordem, os presbíteros são configurados com Cristo sacerdote, na qualidade de ministros da Cabeça, para construir e edificar todo o seu corpo que é a Igreja; como cooperadores da ordem episcopal. De fato, já pela consagração do batismo receberam, como todos os cristãos, o sinal e o dom de tão grande vocação e graça para que, apesar da fraqueza humana, possam e devam procurar a perfeição, segundo a Palavra do Senhor: *Sede perfeitos como o vosso Pai celeste é perfeito* (Mt 5,48).

Os sacerdotes, porém, estão obrigados por especial motivo a atingir tal perfeição, uma vez que, consagrados a Deus de modo novo pela recepção do sacramento da Ordem, se transformaram em instrumentos vivos de Cristo, eterno Sacerdote, a fim de poderem continuar através dos tempos sua obra admirável que reuniu com suma eficiência toda a fanulia humana.

Como, pois, cada sacerdote, a seu modo, faz as vezes da própria pessoa de Cristo, é também enriquecido por uma graça especial, para que, no serviço dos homens a ele confiados e de todo o povo de Deus, possa alcançar melhor a perfeição daquele a quem representa, e para que veja a fraqueza do homem carnal curada pela santidade daquele que por nós se fez Pontífice *santo, inocente, sem mancha, separado dos pecadores* (Hb 7,26).

Cristo, a quem o Pai santificou, ou melhor, consagrou e enviou ao mundo, *se entregou por nós, para nos resgatar de toda a maldade e purificar para si um povo que lhe pertença e que se dedique a praticar o bem* (Tt 2,1), e assim, pela Paixão, entrou na sua glória. De modo semelhante, os presbíteros, consagrados pela unção do Espírito Santo e enviados por Cristo, mortificam em si mesmos as obras da carne e dedicam-se totalmente ao serviço dos homens, e assim podem progredir na santidade pela qual foram enriquecidos em Cristo, até atingirem a estatura do homem perfeito.

Deste modo, exercendo o ministério do Espírito e da justiça, se forem dóceis ao Espírito de Cristo que os vivifica e dirige, firmam-se na vida espiritual. Pelas próprias ações sagradas de cada dia, como também por todo o seu ministério, exercido em comunhão com o bispo e com os outros presbíteros, eles mesmos se orientam para a perfeição da vida.

A santidade dos presbíteros, por sua vez, contribui muitíssimo para o desempenho frutuoso do próprio ministério; pois, embora a graça divina possa realizar a obra da salvação também por meio de ministros indignos, contudo Deus prefere, segundo a lei ordinária, manifestar as suas maravilhas através daqueles que, dóceis ao impulso e direção do Espírito Santo, pela sua íntima união com Cristo e santidade de vida, podem dizer com o Apóstolo: *Eu vivo, mas não eu, é Cristo que vive em mim* (Gl 2,20).

Responsório   1Ts 2,8; Gl 4,19

R. É tão **gran**de o a**fe**to que **te**nho por **vós**,
   que te**ri**a vos **da**do não **só** o Evan**ge**lho,
   mas a**té** minha **vi**da,

* Pois é **tan**to o a**fe**to, que eu **ten**ho por **vós**.
V. Meus **fi**l**hin**hos, de **no**vo por **vós**
eu **so**fro as **do**res do **par**to,
até **Cris**to for**mar**-se em **vós**. * Pois é **tan**to.

Para um missionário:
Do Decreto *Ad gentes* sobre a atividade missionária da Igreja, do Concílio Vaticano II

(N. 4-5) (Séc. XX)

Ide e fazei discípulos meus todos os povos

O Senhor Jesus, antes de entregar livremente a sua vida pelo mundo, dispôs de tal forma o ministério apostólico e prometeu o Espírito Santo, que ambos ficaram associados na obra da salvação, a se realizar sempre e em toda parte.

É o Espírito Santo que, no decurso dos tempos, unifica a Igreja inteira, na comunhão e no ministério, dotando-a com diversos dons hierárquicos e carismáticos, vivificando as instituições eclesiásticas, como alma delas, e infundindo nos corações dos fiéis o mesmo espírito da missão que movia o próprio Cristo. Por vezes, chega a antecipar visivelmente a ação apostólica; e a acompanha e dirige incessantemente e de vários modos.

O Senhor Jesus, desde o início, *chamou a si os que ele quis e designou Doze, para que ficassem com ele e para enviá-los a pregar* (Mc 3,13-14). Desta maneira, os apóstolos foram as sementes do novo Israel e ao mesmo tempo a origem da hierarquia sagrada.

Depois de ter, por sua morte e ressurreição, realizado de uma vez por todas em si mesmo os mistérios da nossa salvação e da renovação de todas as coisas, o Senhor recebeu todo o poder no céu e na terra; e, antes de subir ao céu, fundou a sua Igreja como sacramento da salvação, e enviou os apóstolos pelo mundo inteiro tal como ele havia sido enviado pelo Pai, ordenando-lhes: *Ide e fazei discípulos meus todos os povos, batizando-os em nome do Pai e do Filho e do Espírito Santo, e ensinando-os a observar tudo o que vos ordenei!* (Mt 28,19-20).

A partir de então, compete à Igreja o dever de propagar a fé e a salvação trazidas por Cristo, seja em virtude do mandamento expresso, transmitido pelos apóstolos ao colégio dos bispos, assistidos pelos presbíteros, em união com o sucessor de Pedro e supremo Pastor da Igreja; seja em virtude da vida que Cristo infunde em seus membros.

Portanto, a missão da Igreja se realiza quando, obediente ao preceito de Cristo e movida pela graça e pela caridade do Espírito Santo, ela se torna plenamente presente a todos os homens e povos; sua finalidade é de conduzi-los, pelo exemplo da vida e pela pregação, pelos sacramentos e outros meios da graça, à fé, à liberdade e à paz de Cristo. Deste modo, abre-se diante deles o caminho firme e seguro para participarem totalmente no mistério de Cristo.

Responsório   Mc 16,15-16; Jo 3,5

R. Ide por **to**do o **mun**do, a **to**dos pregai o Evangelho;
  * Quem **crer** e acei**tar** o **ba**tismo de **Cris**to,
  este **há** de ser **sal**vo.
V. Quem **não** renas**cer** da **á**gua e do Es**pí**rito,
  não **po**de en**trar** no **Rei**no de **Deus**. * Quem **crer**.

Nas solenidades e festas diz-se o HINO Te Deum, p. 589.

Oração como nas Laudes.

Laudes

Hino

Para um pastor:

> Hoje cantamos o triunfo
> do guia sábio e bom pastor;
> que já reina entre os eleitos
> a testemunha do Senhor.

Para um papa:
> Sentado à cátedra de Pedro,
> de imensa grei mestre e pastor,
> abriu do Reino eterno a porta,
> guardando as chaves do Senhor.

Para um bispo:
> Foi sacerdote, guia e mestre
> do povo santo do Senhor.
> Como prelado e como sábio,
> da vida o dom lhe preparou.

Para um presbítero:
> Foi guia e mestre mui brilhante,
> da vida santa deu lição;
> buscou a Deus ser agradável,
> mantendo puro o coração.

Oremos para que, bondoso,
peça perdão para os faltosos,
e sua prece nos conduza
do céu aos cumes luminosos.

Poder, louvor, honra e glória
ao Deus eterno e verdadeiro,
que, em suas leis, rege e sustenta,
governa e guia o mundo inteiro.

Para vários pastores:
Estes felizes sacerdotes
e consagrados ao Senhor,
a Deus o povo consagraram,
pastoreando-o com amor.

Guardando as bênçãos recebidas,
cingindo os rins de fortaleza,
sempre constantes, mantiveram
nas mãos as lâmpadas acesas.

Quando o Senhor bateu à porta,
eles, de pé e vigilantes,
foram correndo ao seu encontro,
e o receberam exultantes.

A vós, louvor e glória eterna,
sumo esplendor da Divindade
e Rei dos reis, agora e sempre,
hoje e por toda a eternidade.

Ant. 1 Vós sois a luz do mundo.
Não se pode esconder uma cidade situada
sobre o cimo da montanha.

Salmos e cântico do domingo da I Semana, p. 626.

Ant. 2 Brilhe aos homens vossa luz;
vendo eles vossas obras,
deem glória ao Pai celeste.

Ant. 3 A Palavra do Senhor é viva e eficaz;
é cortante e penetrante como espada de dois gumes

Leitura breve   Hb 13,7-9a

Lembrai-vos de vossos dirigentes, que vos pregaram a Palavra de Deus, e, considerando o fim de sua vida, imitai-lhes a fé. Jesus Cristo é o mesmo, ontem e hoje e por toda a eternidade. Não vos deixeis enganar por qualquer espécie de doutrina estranha.

Responsório breve

R. Colocastes sentinelas
 * Vigiando vosso povo. R. Colocastes.
V. Anunciam, dia e noite, vosso nome, ó Senhor.
 * Vigiando. Glória ao Pai. R. Colocastes.

Cântico evangélico, ant.
Não sois vós que falareis,
é o Espírito do Pai que em vós há de falar.

Preces

Agradeçamos a Cristo, o bom Pastor que deu a vida por suas ovelhas; e lhe peçamos:

R. **Apascentai, Senhor, o vosso rebanho!**

Cristo, quisestes mostrar vosso amor e misericórdia nos santos pastores;
— por meio deles, sede sempre misericordioso para conosco. R.

Através dos vossos representantes na terra; continuais a ser o Pastor das nossas almas;
— não vos canseis de nos dirigir por intermédio de nossos pastores. R.

Em vossos santos, que guiam os povos, sois o médico dos corpos e das almas;
— não cesseis de exercer para conosco o ministério da vida e da santidade. R.

Pela sabedoria e caridade dos santos, instruístes o vosso rebanho;
— guiados pelos nossos pastores, fazei-nos crescer na santidade. R.

(intenções livres)

Pai nosso...

Oração

Não havendo oração própria, diz-se uma das seguintes:

Para um papa:

Deus eterno e todo-poderoso, quisestes que São (Sto.) N. governasse todo o vosso povo, servindo-o pela palavra e pelo exemplo. Guardai, por suas preces, os pastores de vossa Igreja e as ovelhas a eles confiadas, guiando-os no caminho da salvação eterna. Por nosso Senhor Jesus Cristo, vosso Filho, na unidade do Espírito Santo.

Para um bispo:

Ó Deus, que aos vossos pastores associastes São (Sto.) N., animado de ardente caridade e da fé que vence o mundo, dai-nos, por sua intercessão, perseverar na caridade e na fé, para participarmos de sua glória. Por nosso Senhor Jesus Cristo, vosso Filho, na unidade do Espírito Santo.

Para um fundador de Igreja:

Ó Deus, que pela pregação de São (Sto.) N. chamastes os nossos pais à luz do Evangelho, fazei-nos, por sua intercessão, crescer continuamente na graça e no conhecimento de nosso Senhor Jesus Cristo. Que convosco vive e reina, na unidade do Espírito Santo.

Para um pastor:

Ó Deus, luz dos que creem e pastor de nossas almas, que colocastes São (Sto.) N. à frente da vossa Igreja, para formar os fiéis pela palavra e pelo exemplo, concedei-nos, por sua intercessão, guardar a fé que ensinou pela palavra e seguir o caminho que mostrou com sua vida. Por nosso Senhor Jesus Cristo, vosso Filho, na unidade do Espírito Santo.

Ou:

Ó Deus, que enriquecestes São (Sto.) N. com o espírito de verdade e de amor para apascentar o vosso povo, concedei nos, celebrando sua festa, seguir sempre mais o seu exemplo, sustentados por sua intercessão. Por nosso Senhor Jesus Cristo, vosso Filho, na unidade do Espírito Santo.

Para um missionário:

Ó Pai, pela vossa misericórdia, São (Sto.) N. anunciou as insondáveis riquezas de Cristo. Concedei-nos, por sua inter cessão, crescer no vosso conhecimento e viver na vossa presença segundo o Evangelho, frutificando em boas obras. Por nosso Senhor Jesus Cristo, vosso Filho, na unidade do Espírito Santo.

Hora Média

Oração das Nove Horas

Ant. Como **tu** me enviaste ao **mun**do,
também **eu** os envio, ó **Pai**.

Leitura breve   1Tm 4,16

Cuida de ti mesmo e daquilo que ensinas. Mostra-te perseverante. Assim te salvarás a ti mesmo e também àqueles que te escutam.

V. O **Senhor** esco**lheu** o seu **ser**vo.
R. Para se**r** o pas**tor** de seu **po**vo.

Oração das Doze Horas

Ant. Quem vos re**ce**be, a mim re**ce**be;
quem me re**ce**be, ao Pai re**ce**be.

Leitura breve   1Tm 1,12

Agradeço àquele que me deu força, Cristo Jesus, nosso Senhor, a confiança que teve em mim ao designar-me para o seu serviço.

V. Eu **não** me envergo**nh**o do Evangelho.
R. É a **força** de **Deus** para sal**var**-nos.

Oração das Quinze Horas

Ant. Nós **so**mos aju**dan**tes do Se**nhor** na sua I**gre**ja;
vós **sois** a constru**ção** e a planta**ção** que Deus cultiva.

Leitura breve   1Tm 3,13

Os que exercem bem o ministério, recebem uma posição de estima e muita liberdade para falar da fé em Cristo Jesus.

V. Se o Se**nhor** não constru**ir** a nossa **ca**sa,
R. Em **vão** trabalha**rão** seus construtores.

Oração como nas Laudes.

II Vésperas

Hino

Para um pastor:

Claro espelho de virtude,
homem santo, bom pastor,
ouve o hino que, em ti, louva
os prodígios do Senhor,

que, Pontífice perpétuo,
os mortais a Deus uniu,
e, por nova Aliança,
nova paz nos garantiu.

Previdente, ele te fez
do seu dom o servidor,
para dar ao Pai a glória
e a seu povo vida e amor.

Para um papa:

Tendo em mãos do céu as chaves,
governastes com amor
o rebanho de São Pedro
nos caminhos do Senhor.

Para um bispo:

Consagrado pelo Espírito,
que de força te vestiu,
deste o pão da salvação
às ovelhas do redil.

Para um presbítero:

Atingindo alto cume
por palavras e por vida,
doutor foste e sacerdote,
hóstia a Deus oferecida.

Não te esqueças, pede a Deus,
tu que ao céu foste elevado:
que as ovelhas busquem todas
do Pastor o verde prado.

Glória à Trina Divindade,
que, num servo tão fiel,
recompensa os ministérios
com o júbilo do céu.

Para vários pastores:

Trouxe o ano novamente,
uma data de alegria.
Os pastores das ovelhas
celebramos neste dia.

No cuidado do rebanho
não se poupam ao labor
e às pastagens verdejantes
o conduzem com amor.

Para longe os lobos tangem,
lançam fora o ladrão vil,
alimentam as ovelhas,
nunca deixam o redil.

Ó pastores dos rebanhos,
hoje em glória triunfal,
para nós pedi a graça
ante o justo tribunal.

Cristo, eterno Rei Pastor,
glória a vós e ao Pai também,
com o Espírito Paráclito
pelos séculos. Amém.

Salmodia

Ant. 1 Sou ministro do Evangelho pela graça do Senhor.

Salmo 14(15)

– ¹ "Senhor, quem morará em vossa casa *
  e em vosso Monte santo habitará?"
– ² É aquele que caminha sem pecado *
  e pratica a justiça fielmente;
– que pensa a verdade no seu íntimo *
  ³ e não solta em calúnias sua língua;
– que em nada prejudica o seu irmão, *
  nem cobre de insultos seu vizinho;
– ⁴ que não dá valor algum ao homem ímpio, *
  mas honra os que respeitam o Senhor;
– que sustenta o que jurou, mesmo com dano; *
  ⁵ não empresta o seu dinheiro com usura,
– nem se deixa subornar contra o inocente. *
  Jamais vacilará quem vive assim!

Ant. Sou ministro do Evangelho pela graça do Senhor.
Ant. 2 Eis o servo fiel e prudente,
  a quem Deus confiou sua família.

Salmo 111(112)

– ¹ Feliz o homem que respeita o Senhor *
  e que ama com carinho a sua lei!
– ² Sua descendência será forte sobre a terra, *
  abençoada a geração dos homens retos!
– ³ Haverá glória e riqueza em sua casa, *
  e permanece para sempre o bem que fez.
– ⁴ Ele é correto, generoso e compassivo, *
  como luz brilha nas trevas para os justos.
– ⁵ Feliz o homem caridoso e prestativo, *
  que resolve seus negócios com justiça.
– ⁶ Porque jamais vacilará o homem reto, *
  sua lembrança permanece eternamente! –

– ⁷Ele não teme receber notícias más: *
  confiando em Deus, seu coração está seguro.
– ⁸Seu coração está tranquilo e nada teme, *
  e confusos há de ver seus inimigos.
= ⁹Ele reparte com os pobres os seus bens, †
  permanece para sempre o bem que fez, *
  e crescerão a sua glória e seu poder.
= ¹⁰O ímpio, vendo isso, se enfurece, †
  range os dentes e de inveja se consome; *
  mas os desejos do malvado dão em nada.

Ant. Eis o servo fiel e prudente,
  a quem Deus confiou sua família.

Ant. 3 Minhas ovelhas ouvirão a minha voz,
  e haverá um só rebanho e um só pastor.

Cântico   Ap 15,3-4

– ³Como são grandes e admiráveis vossas obras, *
  ó Senhor e nosso Deus onipotente!
– Vossos caminhos são verdade, são justiça, *
  ó Rei dos povos todos do universo!

(R. São grandes vossas obras, ó Senhor!)

= ⁴Quem, Senhor, não haveria de temer-vos, †
  e quem não honraria o vosso nome? *
  Pois somente vós, Senhor, é que sois santo!   (R.)

= As nações todas hão de vir perante vós, †
  e prostradas haverão de adorar-vos, *
  pois vossas justas decisões são manifestas.   (R.)

Ant. Minhas ovelhas ouvirão a minha voz,
  e haverá um só rebanho e um só pastor.

Leitura breve   1Pd 5,1-4

Exorto aos presbíteros que estão entre vós, eu, presbítero como eles, testemunha dos sofrimentos de Cristo e participante da glória que será revelada: Sede pastores do rebanho de Deus, confiado a vós; cuidai dele, não por coação, mas decoração generoso; não por torpe ganância, mas livremente; não como dominadores daqueles que vos foram confiados, mas, antes, como modelos do rebanho. Assim, quando aparecer o pastor supremo, recebereis a coroa permanente da glória.

Responsório breve

R. Eis o amigo dos irmãos,
 * Que intercede pelo povo. R. Eis o amigo.
V. Dedicou a sua vida em favor de seus irmãos.
 * Que intercede. Glória ao Pai. R. Eis o amigo.

Cântico evangélico, ant.

Eis o servo fiel e prudente,
a quem Deus confiou sua família,
para dar-lhes o pão a seu tempo

Ou:

Eu te dou graças, ó Cristo, Bom Pastor,
que me guiaste à glória do teu Reino!
O rebanho que a mim confiaste
esteja aqui onde estou na tua glória!

Preces

Rendamos a devida glória a Cristo, constituído Pontífice em favor dos homens nas suas relações com Deus; e lhe peçamos humildemente:

R. **Senhor, salvai o vosso povo!**

Fizestes resplandecer admiravelmente a vossa Igreja por meio de santos e insignes Pastores;
– que os cristãos se alegrem sempre com o mesmo esplendor.
R.

Quando os santos Pastores vos suplicavam, a exemplo de Moisés, perdoastes os pecados do povo;

—por intercessão deles, santificai a vossa Igreja mediante uma contínua purificação.

R. **Senhor, salvai o vosso povo!**

Tendo-os escolhido entre seus irmãos, consagrastes vossos santos, enviando sobre eles o vosso Espírito;
— que o mesmo Espírito Santo inspire aqueles que governam vosso povo. R.

Sois vós a herança dos santos Pastores;
— concedei que nenhum daqueles que foram resgatados pelo vosso sangue fique longe de vós. R.

(intenções livres)

Por meio dos Pastores da Igreja, dais a vida eterna a vossas ovelhas, e não permitis que ninguém as arrebate de vossas mãos;
— salvai os que adormeceram em vós, pelos quais destes a vida. R.

Pai nosso...

Oração

Não havendo oração própria, diz-se uma das seguintes:

Para um papa:

Deus eterno e todo-poderoso, quisestes que São (Sto.) N. governasse todo o vosso povo, servindo-o pela palavra e pelo exemplo. Guardai, por suas preces, os pastores de vossa Igreja e as ovelhas a eles confiadas, guiando-os no caminho da salvação eterna. Por nosso Senhor Jesus Cristo, vosso Filho, na unidade do Espírito Santo.

Para um bispo:

Ó Deus, que aos vossos pastores associastes São (Sto.) N., animado de ardente caridade e da fé que vence o mundo, dai-nos, por sua intercessão, perseverar na caridade e na fé, para participarmos de sua glória. Por nosso Senhor Jesus Cristo, vosso Filho, na unidade do Espírito Santo.

Para um fundador de Igreja:

Ó Deus, que pela pregação de São (Sto.) N. chamastes os nossos pais à luz do Evangelho, fazei-nos, por sua intercessão, crescer continuamente na graça e no conhecimento de nosso Senhor Jesus Cristo. Que convosco vive e reina, na unidade do Espírito Santo.

Para um pastor:

Ó Deus, luz dos que creem e pastor de nossas almas, que colocastes São (Sto.) N. à frente da vossa Igreja, para formar os fiéis pela palavra e pelo exemplo, concedei-nos, por sua intercessão, guardar a fé que ensinou pela palavra e seguir o caminho que mostrou com sua vida. Por nosso Senhor Jesus Cristo, vosso Filho, na unidade do Espírito Santo.

Ou:

Ó Deus, que enriquecestes São (Sto.) N. com o espírito de verdade e de amor para apascentar o vosso povo, concedei nos, celebrando sua festa, seguir sempre mais o seu exemplo, sustentados por sua intercessão. Por nosso Senhor Jesus Cristo, vosso Filho, na unidade do Espírito Santo.

Para um missionário:

Ó Pai, pela vossa misericórdia, São (Sto.) N. anunciou as insondáveis riquezas de Cristo. Concedei-nos, por sua inter cessão, crescer no vosso conhecimento e viver na vossa presença segundo o Evangelho, frutificando em boas obras. Por nosso Senhor Jesus Cristo, vosso Filho, na unidade do Espírito Santo.

COMUM DOS DOUTORES DA IGREJA

Do Comum dos pastores, p. 1611, exceto o que segue:

I Vésperas

HINO Eterno Sol, como nas II Vésperas, p. 1651.

Leitura breve — Tg 3,17-18

A sabedoria que vem do alto é, antes de tudo, pura, depois pacífica, modesta, conciliadora, cheia de misericórdia e de bons frutos, sem parcialidade e sem fingimento. O fruto da justiça é semeado na paz, para aqueles que promovem a paz.

Responsório breve

R. O **jus**to * Tem nos **lá**bios o que é **sá**bio. R. O **jus**to.
V. Sua **lín**gua tem palavras de justiça. * Tem nos **lá**bios.
   Glória ao **Pai.** R. O **jus**to.

Cântico evangélico, ant.

Quem vi**ver** e ensi**nar** o Evangelho,
será **gran**de no meu **Rei**no, diz Je**sus**.

Oração

Não havendo oração própria, diz-se a seguinte:

Ó Deus, que marcastes pela vossa doutrina a vida de São (Sto.) N., concedei-nos, por sua intercessão, que sejamos fiéis à mesma doutrina, e a proclamemos em nossas ações. Por nosso Senhor Jesus Cristo, vosso Filho, na unidade do Espírito Santo.

Invitatório

R. A Sa**be**doria e**ter**na, oh **vin**de, adoremos.

Salmo invitatório como no Ordinário, p. 583.

Ofício das Leituras

HINO Eterno Sol, como nas II Vésperas, p. 1651.

Primeira leitura

Do Livro do Eclesiástico 39,1b-14

O sábio, versado nas Escrituras

¹ᵇO sábio busca a sabedoria de todos os antigos
e dedica o seu tempo às profecias.
²Conserva as narrações dos homens célebres,
penetra na sutileza das parábolas.
³Investiga o sentido oculto dos provérbios,
deleita-se com os segredos das parábolas.
⁴Presta serviços no meio dos grandes
e apresenta-se diante dos que governam.
⁵Percorre as terras dos povos estrangeiros,
experimentando o que é bom e mal entre os homens.
⁶Empenha bem cedo o coração,
a dirigir-se ao Senhor que o criou,
elevando suas orações ao Altíssimo.
⁷Abre a sua boca para rezar
e pede perdão pelos próprios pecados.
⁸E se o Senhor, em sua grandeza, quiser,
ele será repleto do espírito de inteligência.
⁹Fará chover as palavras da sua sabedoria,
e em sua oração dará graças ao Senhor.
¹⁰Conservará retos o seu conselho e a sua ciência,
e aprofundará os segredos divinos.
¹¹Ensinará publicamente a instrução recebida
e se gloriará na Lei da Aliança do Senhor.
¹²Muitos louvarão a sua sabedoria,
a qual jamais será esquecida.
¹³Sua lembrança nunca se apagará,
e seu nome vai ser recordado de geração em geração.
¹⁴As nações hão de proclamar a sua sabedoria
e a assembleia celebrará o seu louvor.

Responsório
Cf. Eclo 15,5-6

R. No **mei**o da assem**blei**a fa**lou** palavras **sá**bias.
 * Deus o en**cheu** com seu Es**pí**rito de sa**ber** e inteli**gên**cia.
V. Guardou te**sou**ros para **e**le de ale**gri**a e de **jú**bilo.
 * Deus o en**cheu**.

Segunda leitura
Do "Espelho da Fé", de Guilherme, Abade do Mosteiro de Saint-Thierry

(PL 180,384) (Séc. XII)

No Espírito Santo é que devemos procurar a compreensão das verdades da fé

Tu, alma fiel, quando as verdades da fé te apresentarem mistérios demasiado profundos para a tua natureza vacilante, dize, depois de ouvi-los, não por espírito de contradição, mas com desejo de obedecer: Como podem acontecer tais coisas?

Que a tua pergunta se transforme em oração, em amor, em piedade, em humilde propósito. Que ela não perscrute a majestade de Deus no que tem de mais elevado, mas procure a salvação pelos meios que ele estabeleceu para nos salvar. Então te responderá o Anjo do Grande Conselho: *Quando vier o Paráclito, que eu vos enviarei da parte do Pai, ele vos ensinará tudo e vos conduzirá à plena verdade* (cf. Jo 14,26; 16,13). Porque *ninguém conhece o que se passa no coração do homem senão o espírito do homem que está nele, assim também, ninguém conhece o que existe em Deus, a não ser o Espírito de Deus* (1Cor 2,11).

Apressa-te, pois, em te tornares participante do Espírito Santo. Ao ser invocado, torna-se presente; e, se já estivesse presente, não seria invocado. Quando é invocado, vem e traz consigo a abundância das bênçãos divinas. É a corrente impetuosa do rio que alegra a cidade de Deus.

Quando ele chegar, se te encontrar humilde e tranquilo, cheio de reverência perante as palavras de Deus, repousará em ti e te revelará o que Deus Pai oculta aos sábios e prudentes deste mundo. Começará a brilhar para ti aquilo tudo que a Sabedoria pôde ensinar na terra aos seus discípulos, mas que eles não puderam compreender, enquanto não veio o Espírito da verdade, que lhes ensinaria toda a verdade.

Para se receber e aprender esta verdade, é inútil esperar da boca de um homem o que só se pode receber e aprender da boca da própria Verdade. Pois é ela mesma que afirma: *Deus é Espírito* (Jo 4,24).

Assim como é necessário que seus adoradores o adorem em espírito e verdade, também os que desejam compreendê-lo ou conhecê-lo devem procurar somente no Espírito Santo a compreensão da fé e o sentido daquela verdade pura e simples.

Em meio às trevas e à ignorância desta vida, o Espírito Santo é luz que ilumina os que têm espírito de pobreza, é caridade que os atrai, é suavidade que os conforta, é caminho do homem para Deus; é o amor de quem ama, é devoção, é piedade.

É o Espírito Santo que, ao fazer os fiéis crescerem na fé, lhes revela a justiça de Deus, lhes dá graça sobre graça e comunica-lhes a iluminação interior da fé que receberam pela pregação.

Responsório Mt 13,52; cf. Pr 14,33

R. Todo **mestre** da **lei** que se **torna** dis**cí**pulo
do **Reino** dos **Céus,**
 * É como um **pai** de fa**mí**lia:
do seu te**souro** ele **tira** o **no**vo e o **ve**lho.
V. No cora**ção** do pru**den**te es**tá** a sabe**do**ria
e ela **há** de ensi**nar** à**que**les que a ig**no**ram.* É como.

Ou:

Da Constituição dogmática *Dei Verbum* sobre a Revelação divina, do Concílio Vaticano II

(N. 7-8) (séc. XX)

A transmissão da revelação divina

Cristo Senhor, em quem se consuma toda a revelação do Deus altíssimo, ordenou aos apóstolos que o Evangelho, prometido antes pelos profetas, cumprido por ele e promulgado por sua própria boca, fosse pregado por eles a todos os homens como fonte de toda a verdade salvadora e de toda regra moral, comunicando-lhes assim os dons divinos.

Esta determinação foi fielmente cumprida, tanto pelos apóstolos que, pela pregação oral, pelo exemplo de suas vidas e pelas instituições por eles criadas, transmitiram aquelas realidades que tinham recebido por inspiração do Espírito Santo; como também por aqueles apóstolos ou pessoas da comunidade apostólica que, sob a inspiração do mesmo Espírito Santo, escreveram a mensagem da salvação.

Mas, para que o Evangelho se conservasse sempre inalterado e vivo na Igreja, os apóstolos deixaram como seus sucessores os bispos, transmitindo-lhes sua própria função de ensinar. Ora, aquilo que os apóstolos transmitiram, compreende tudo quanto é necessário para que o povo de Deus viva santamente e aumente a sua fé; e assim a Igreja, em sua doutrina, vida e culto, perpetua e transmite a todas as gerações tudo o que ela é, tudo o que ela crê.

Esta Tradição, oriunda dos apóstolos, progride na Igreja sob a assistência do Espírito Santo: com efeito, cresce o conhecimento tanto das realidades como das palavras transmitidas, seja pela contemplação e estudo dos que creem, que as meditam em seu coração, seja pela íntima compreensão que experimentam das coisas espirituais, seja pela pregação daqueles que, com a sucessão do episcopado, receberam o carisma seguro da verdade. A Igreja, pois, no decorrer dos século s, tende continuamente para a plenitude da verdade divina, até que nela se cumpram as palavras de Deus.

O ensinamento dos santos Padres testemunha a presença vivificante desta Tradição cujas riquezas passam para a prática da Igreja que crê e ora.

Por esta mesma Tradição, a Igreja conhece o Cânon completo dos Livros Sagrados, compreende ainda mais pro fundamente as próprias Sagradas Escrituras e as faz sem cessar atuantes; desta forma, o Deus que falou outrora mantém um permanente diálogo com a Esposa do seu amado Filho; e o Espírito Santo, pelo qual a voz viva do Evangelho ressoa na Igreja e, através dela, no mundo, conduz os que creem à verdade plena e faz com que a palavra de Cristo habite neles em toda a sua riqueza.

Responsório 1Pd 1,25; Lc 1,2

R. A Palavra do Senhor permanece eternamente;
 * E esta é a palavra que vos foi anunciada.
V. Assim como transmitiram as primeiras testemunhas
 e em seguida se tornaram os ministros da palavra.
 * E esta.

Nas solenidades e festas diz-se o HINO Te Deum, p. 589.

Oração como nas Laudes.

Laudes

Hino

Doutor eterno, vos louvamos, Cristo
que revelais a salvação aos povos.
Só vós, Senhor, tendes palavras vivas
que nos dão vida e geram homens novos.

Nós proclamamos, Bom pastor do orbe,
que vós, do alto, confirmais a Esposa

e suas palavras, pelas quais, constante,
está no mundo como luz radiosa.

Também nos destes refulgentes servos,
que resplandecem como estrelas de ouro,
e nos explicam a doutrina santa
da vida eterna, singular tesouro.

Por isso, ó Mestre, a vossa glória soa,
pois dos doutores pela voz nos dais
maravilhosos bens do Santo Espírito,
mostrando a luz com que no céu brilhais.

Implore o justo, celebrado agora,
que o vosso povo possa andar também
pelos caminhos de uma luz crescente,
até vos ver na plena luz. Amém.

Leitura breve
Sb 7,13-14

Aprendi a Sabedoria sem maldade e reparto-a sem inveja; não escondo a sua riqueza. É um tesouro inesgotável para os homens; os que a adquirem atraem a amizade de Deus, porque recomendados pelos dons da instrução.

Responsório breve

R. Que os **po**vos da **ter**ra pro**cla**mem
 * A sabe**do**ria dos **san**tos. R. Que os **po**vos.
V. E a I**gre**ja anun**ci**e, can**tan**do,
   os lou**vo**res que **e**les me**re**cem. * A sabe**do**ria.
Glória ao **Pai**. R. Que os **po**vos.

Cântico evangélico, ant.

Quem é **sá**bio brilha**rá** como **luz** no firma**men**to;
quem ensina à multi**dão** os ca**mi**nhos da jus**ti**ça,
fulgi**rá** como as es**tre**las pelos **sé**culos e**ter**nos.

Oração

Não havendo oração própria, diz-se a seguinte:

Ó Deus que marcastes pela vossa doutrina a vida de São (Sto.) N., concedei-nos, por sua intercessão, que sejamos fiéis à mesma doutrina, e a proclamemos em nossas ações. Por nosso Senhor Jesus Cristo, vosso Filho, na unidade do Espírito Santo.

II Vésperas

Hino

Eterno Sol, que envolveis
a criação de esplendor,
a vós, Luz pura das mentes,
dos corações o louvor.

Pelo poder do Espírito,
lâmpadas vivas brilharam.
Da salvação os caminhos
a todo o mundo apontaram.

Por estes servos da graça
fulgiu com novo esplendor
o que a palavra proclama
e que a razão demonstrou.

Tem parte em suas coroas,
pela doutrina mais pura,
este varão que louvamos
e como estrela fulgura.

Por seu auxílio pedimos:
dai-nos, ó Deus, caminhar
na direção da verdade
e assim a vós alcançar.

Ouvi-nos, Pai piedoso,
e vós, ó Filho, também,
com o Espírito Santo,
Rei para sempre. Amém.

Leitura breve   Tg 3,17-18

A sabedoria que vem do alto é, antes de tudo, pura, depois pacífica, modesta, conciliadora, cheia de misericórdia e de bons frutos, sem parcialidade e sem fingimento. O fruto da justiça é semeado na paz, para aqueles que promovem a paz.

Responsório breve
R. No **meio** da assem**bleia**
  * **Fa**lou palavras **sá**bias. R. No **meio**.
V. Deus o en**cheu** com seu Es**pí**rito de sa**ber** e inteli**gên**cia.
  * **Fa**lou. Glória ao **Pai**. R. No **meio**.

Cântico evangélico, ant.
Ó **mes**tre da Ver**da**de! Ó **luz** da santa **I**gre**ja**!
São (Sto.) N., cumpri**dor** da lei di**vi**na,
ro**gai** por nós a **Cris**to.

Oração
Não havendo oração própria, diz-se a seguinte:
Ó Deus que marcastes pela vossa doutrina a vida de São (Sto.) N., concedei-nos, por sua intercessão, que sejamos fiéis à mesma doutrina, e a proclamemos em nossas ações. Por nosso Senhor Jesus Cristo, vosso Filho, na unidade do Espírito Santo.

COMUM DAS VIRGENS

I Vésperas

HINO Jesus, coroa das virgens, como nas II Vésperas, p. 1671.

Salmodia

Ant. 1 Vinde, filhas, ao encontro do Senhor,
e sobre vós há de brilhar a sua luz.

Salmo 112(113)

– ¹Louvai, louvai, ó servos do Senhor, *
louvai, louvai o nome do Senhor!
– ²Bendito seja o nome do Senhor, *
agora e por toda a eternidade!
– ³Do nascer do sol até o seu ocaso, *
louvado seja o nome do Senhor!
– ⁴O Senhor está acima das nações, *
sua glória vai além dos altos céus.
= ⁵Quem pode comparar-se ao nosso Deus, †
ao Senhor, que no alto céu tem o seu trono *
⁶e se inclina para olhar o céu e a terra?
– ⁷Levanta da poeira o indigente *
e do lixo ele retira o pobrezinho,
– ⁸para fazê-lo assentar-se com os nobres, *
assentar-se com os nobres do seu povo.
– ⁹Faz a estéril, mãe feliz em sua casa, *
vivendo rodeada de seus filhos.

Ant. Vinde, filhas, ao encontro do Senhor,
e sobre vós há de brilhar a sua luz.

Ant. 2 De todo o coração vos seguiremos,
com respeito procurando a vossa face;
ó Senhor, não seja vã nossa esperança!

Salmo 147(147B)

—¹² Glorifica o Senhor, Jerusalém! *
   Ó Sião, canta louvores ao teu Deus!
—¹³ Pois reforçou com segurança as tuas portas, *
   e os teus filhos em teu seio abençoou;
—¹⁴ a paz em teus limites garantiu *
   e te dá como alimento a flor do trigo.
—¹⁵ Ele envia suas ordens para a terra, *
   e a palavra que ele diz corre veloz;
—¹⁶ ele faz cair a neve como lã *
   e espalha a geada como cinza.
—¹⁷ Como de pão lança as migalhas do granizo, *
   a seu frio as águas ficam congeladas.
—¹⁸ Ele envia sua palavra e as derrete, *
   sopra o vento e de novo as águas correm.
—¹⁹ Anuncia a Jacó sua palavra, *
   seus preceitos e suas leis a Israel.
—²⁰ Nenhum povo recebeu tanto carinho, *
   a nenhum outro revelou os seus preceitos.

Ant. De todo o coração vos seguiremos,
   com respeito procurando a vossa face;
   ó Senhor, não seja vã nossa esperança!

Ant. 3 Alegrai-vos, ó virgens de Cristo,
   no gozo das bodas eternas!

Cântico   Ef 1,3-10

— ³ Bendito e louvado seja Deus, *
   o Pai de Jesus Cristo, Senhor nosso,
—   que do alto céu nos abençoou em Jesus Cristo *
   com bênção espiritual de toda sorte!
(R. Bendito sejais vós, nosso Pai,
   que nos abençoastes em Cristo!)

I Vésperas

— ⁴Foi em **Cris**to que Deus Pai nos escolheu, *
  já bem **an**tes de o mundo ser criado,
— para que **fôs**semos, perante a sua face, *
  sem **má**cula e santos pelo amor. (R.)
= ⁵Por **li**vre decisão de sua vontade, †
  predesti**nou**-nos, através de Jesus Cristo, *
  a sermos **ne**le os seus filhos adotivos,
— ⁶para o lou**vor** e para a glória de sua graça, *
  que em seu **Fi**lho bem-amado nos doou. (R.)
— ⁷É **ne**le que nós temos redenção, *
  dos pe**ca**dos remissão pelo seu sangue.
= Sua **gra**ça transbordante e inesgotável †
  ⁸Deus der**ra**ma sobre nós com abundância, *
  de sa**ber** e inteligência nos dotando. (R.)
— ⁹E as**sim**, ele nos deu a conhecer *
  o mis**té**rio de seu plano e sua vontade,
— que propu**se**ra em seu querer benevolente, *
  ¹⁰na pleni**tu**de dos tempos realizar:
— o de**síg**nio de, em Cristo, reunir *
  todas as **coi**sas: as da terra e as do céu. (R.)

Ant. Alegrai-vos, ó **vir**gens de **Cris**to,
  no **go**zo das **bo**das e**ter**nas!

Leitura breve   1Cor 7,32b.34a
O homem não casado é solícito pelas coisas do Senhor e procura agradar ao Senhor. Do mesmo modo, a mulher não casada e a jovem solteira têm zelo pelas coisas do Senhor e procuram ser santas de corpo e espírito.

Responsório breve
R. O Se**nhor** é minha he**ran**ça,
 * É a **par**te que esco**lhi**. R. O Se**nhor**.
V. O Se**nhor** é muito **bom** para **quem** confia **ne**le.
 * É a **par**te. Glória ao **Pai**. R. O Se**nhor**.

Cântico evangélico, ant.

Para uma virgem e mártir:
A virgem fiel, hóstia pura ofertada,
já segue o Cordeiro por nós imolado.

Para uma virgem:
A virgem prudente que estava aguardando,
com lâmpada acesa, o Esposo chegar,
com ele entrou para as bodas eternas.

Para várias virgens:
Virgens prudentes, vigilantes,
preparai as vossas lâmpadas;
o Esposo está chegando: ide logo ao seu encontro!

Preces

Com alegria, celebremos a Cristo, que louvou quem guarda a virgindade por causa do Reino dos Céus; e lhe peçamos:

R. **Jesus, rei das virgens, ouvi-nos!**

Cristo, que chamastes à vossa presença de único Esposo a Igreja como virgem casta,
– tornai-a santa e imaculada. R.

Cristo, ao vosso encontro as santas virgens saíram com lâmpadas acesas;
– não permitais que venha a faltar o óleo da fidelidade nas lâmpadas de vossas servas consagradas. R.

Senhor, em vós a Igreja virgem guardou sempre uma fé íntegra e pura;
– concedei a todos os cristãos a integridade e a pureza da fé.
R.

Dais ao vosso povo regozijar-se com a festa da santa virgem N.;
– que ele possa alegrar-se com a sua intercessão. R.

(intenções livres)

Recebestes as santas virgens para a ceia de vossas núpcias eternas;
— admiti com bondade no banquete celeste os nossos irmãos e irmãs falecidos. R.

Pai nosso...

Oração

Não havendo oração própria, diz-se uma das seguintes:

Ó Deus, que prometestes habitar nos corações puros, dai-nos, pela intercessão da virgem Santa N., viver de tal modo, que possais fazer em nós vossa morada. Por nosso Senhor Jesus Cristo, vosso Filho, na unidade do Espírito Santo.

Ou:

Atendei, ó Deus, nossa oração para que, recordando as virtudes da virgem Santa N., mereçamos permanecer e crescer sempre mais no vosso amor. Por nosso Senhor Jesus Cristo, vosso Filho, na unidade do Espírito Santo.

Para várias virgens:

Ó Deus, mostrai-nos sempre mais a vossa misericórdia, e, ao celebrarmos com alegria a festa das virgens Santa N. e Santa N., concedei-nos também o seu eterno convívio. Por nosso Senhor Jesus Cristo, vosso Filho, na unidade do Espírito Santo.

Invitatório

R. Ao Se**nhor**, Rei das **vir**gens, oh **vin**de ado**re**mos

Ou:

R. Ado**re**mos o Cor**dei**ro,
 a quem as **vir**gens sempre **se**guem.

Salmo invitatório como no Ordinário, p. 583.

Ofício das Leituras

Hino

Para uma virgem:
O mais suave dos hinos
entoe o povo de Deus,
pois eis que hoje uma virgem
subiu à glória dos céus.

No exílio ainda da terra,
já se entregava ao louvor;
agora, junta-se aos santos
nos mesmos hinos de amor.

A frágil carne domando,
rosa entre espinhos floriu;
calcando as pompas do mundo,
do Cristo os passos seguiu.

As suas preces ouvindo,
Jesus nos dê sua mão,
sempre a guiar nossos passos
para a celeste mansão.

Ao Pai e ao Espírito unido,
nós te adoramos, Jesus:
caminho estreito e seguro
que à vida eterna conduz.

Para várias virgens:
Das santas virgens de Cristo
cantemos hoje o louvor;
de coração puro e casto
seguiram sempre o Senhor.

Da castidade sois lírio,
ó Rei das virgens, Jesus;
afastai longe o inimigo
que para o mal nos seduz.

Nos corações que são castos
reinais, Cordeiro de Deus;
dai o perdão do pecado,
livrai das culpas os réus.

Orando, graças vos damos.
Em sendas retas guiai-nos
dai-nos a graça que salva,
sede indulgente, escutai-nos.

A vós, nascido da Virgem,
glória e louvor, Sumo Bem,
com vosso Pai e o Espírito
agora e sempre. Amém.

Salmodia

Ant. 1 Virgem **sábia** e vigi**lante**, já bri**lhais** na eterna **glória** com Je**sus**, o eterno **Verbo**, vosso Es**poso** imacu**lado**.

Salmo 18(19)A

– ²Os céus pro**cla**mam a **gló**ria do Se**nhor**, *
 e o firma**men**to, a obra de suas mãos;
– ³o dia ao **dia** transmite esta mensagem, *
 a noite à **noi**te publica esta notícia.
– ⁴Não são dis**cur**sos nem frases ou palavras, *
 nem são **vo**zes que possam ser ouvidas;
– ⁵seu som res**soa** e se espalha em toda a terra, *
 chega aos con**fins** do universo a sua voz.
– ⁶Armou no **al**to uma tenda para o sol; *
 ele des**pon**ta no céu e se levanta
– como um es**po**so do quarto nupcial, *
 como um he**rói** exultante em seu caminho.
– ⁷De um ex**tre**mo do céu põe-se a correr *
 e vai tra**çan**do o seu rastro luminoso,
– até que **pos**sa chegar ao outro extremo, *
 e nada **po**de fugir ao seu calor.

Ant. Virgem **sábia** e vigi**lante**, já bri**lhais** na eterna **glória**
com Je**sus**, o eterno **Verbo**, vosso Es**po**so imacu**lado**.

Ant. 2 Todo o **amor** eu consa**grei**
a Jesus **Cris**to, meu Se**nhor**;
e o prefe**ri** aos bens do **mun**do e à **gló**ria desta **terra**.

Salmo 44(45)

I

= ²Trans**bor**da um poema do **meu** cora**ção**; †
vou can**tar**-vos, ó Rei, esta **minha** canção; *
minha **lín**gua é qual pena de um **ágil** escriba.

= ³Sois tão **belo**, o mais belo entre os **filhos** dos homens! †
Vossos **lábios** espalham a **graça**, o encanto, *
porque **Deus**, para sempre, vos **deu** sua bênção.

– ⁴Le**vai** vossa espada de **glória** no flanco, *
he**rói** valoroso, no **vos**so esplendor;

– ⁵sa**í** para a luta no **car**ro de guerra *
em de**fe**sa da fé, da jus**tiça** e verdade!

= Vossa **mão** vos ensine va**len**tes proezas, †
⁶vossas **flechas** agudas a**batam** os povos *
e **fi**ram no seu cora**ção** o inimigo!

= ⁷Vosso **trono**, ó Deus, é e**terno**, é sem fim; †
vosso **cetro** real é si**nal** de justiça: *
⁸Vós a**mais** a justiça e odi**ais** a maldade.

= É por **isso** que Deus vos un**giu** com seu óleo, †
deu-vos **mais** alegria que aos **vos**sos amigos. *
⁹Vossas **vestes** exalam preciosos perfumes.

– De e**búr**neos palácios os **sons** vos deleitam. *
¹⁰As **filhas** de reis vêm ao **vos**so encontro,

– e à **vos**sa direita se en**contra** a rainha *
com **veste** esplendente de **ouro** de Ofir.

Ant. Todo o **amor** eu consa**grei** a Jesus **Cristo**, meu Se**nhor**;
e o prefe**ri** aos bens do **mun**do e à **glória** desta **terra**.

Ant. 3 O **Rei** se encan**tou** com a **vos**sa be**le**za;
prest**ai**-lhe home**na**gem: é o **vos**so Se**nhor**!

II

– ¹¹Escu**tai**, minha **fi**lha, o**lhai**, ouvi **is**to: *
"Esque**cei** vosso povo e a **ca**sa paterna!
– ¹²Que o **Rei** se encante com **vos**sa beleza! *
Prest**ai**-lhe homenagem: é **vos**so Senhor!
– ¹³O **po**vo de Tiro vos **traz** seus presentes, *
os **gran**des do povo vos **pe**dem favores.
– ¹⁴Majes**to**sa, a princesa re**al** vem chegando, *
ves**ti**da de ricos bro**ca**dos de ouro.
– ¹⁵Em **ves**tes vistosas ao **Rei** se dirige, *
e as **vir**gens amigas lhe **for**mam cortejo;
– ¹⁶entre **can**tos de festa e com **gran**de alegria, *
ingres**sam**, então, no pa**lá**cio real".
– ¹⁷Deixa**reis** vossos pais, mas te**reis** muitos filhos; *
fareis **de**les os reis sobe**ra**nos da terra.
– ¹⁸Canta**rei** vosso nome de i**da**de em idade, *
para **sem**pre haverão de louvar-vos os povos!

Ant. O **Rei** se encan**tou** com a **vos**sa be**le**za;
prest**ai**-lhe home**na**gem: é o **vos**so Se**nhor**!

V. O caminho da vida me ensi**nais**.
R. Delícia e**ter**na e a**legria** ao vosso **la**do

Primeira leitura
Da Primeira Carta de São Paulo aos Coríntios   7,25-40

A virgindade cristã

Irmãos: ²⁵A respeito das pessoas solteiras, não tenho nenhum mandamento do Senhor. Mas, como alguém que, por misericórdia de Deus, merece confiança, dou uma opinião: ²⁶Penso que, em razão das angústias presentes, é vantajoso não se casar, é bom cada qual estar assim. ²⁷Estás ligado a uma mulher? Não procures desligar-te. Não estás ligado a nenhuma mulher? Não procures ligar-te. ²⁸Se, porém, casares, não pecas. E, se a virgem se casar, não peca. Mas as pessoas casadas terão as tribulações da vida matrimonial; e eu gostaria de poupar-vos isso. ²⁹Eu digo, irmãos: o tempo está abreviado. Então, que, doravante, os que têm mulher vivam como se não tivessem mulher; ³⁰e os que choram, como se não chorassem, e os que estão alegres, como se não estivessem alegres, e os que fazem compras, como se não possuíssem adquirindo coisa alguma; ³¹e os que usam do mundo, como se dele não estivessem gozando. Pois a figura deste mundo passa. ³²Eu gostaria que estivésseis livres de preocupações. O homem não casado é solícito pelas coisas do Senhor e procura agradar ao Senhor. ³³O casado preocupa-se com as coisas do mundo e procura agradar à sua mulher ³⁴e, assim, está dividido. Do mesmo modo, a mulher não casada e a jovem solteira têm zelo pelas coisas do Senhor e procuram ser santas de corpo e espírito. Mas a que se casou preocupa-se com as coisas do mundo e procura agradar ao seu marido. ³⁵Digo isto para o vosso próprio bem e não para vos armar um laço. O que eu desejo é levar-vos ao que é melhor, permanecendo junto ao Senhor, sem outras preocupações.

³⁶Se alguém, transbordando de paixão, acha que não vai poder respeitar sua noiva, e que as coisas devem seguir o seu curso, faça o que quiser; não peca; que se casem. ³⁷Quem, ao contrário, por uma firme convicção, sem constrangimento, mas por livre vontade, resolve respeitar a sua noiva, fará bem. ³⁸Portanto, quem se casa com sua noiva faz bem, e quem não se casa procede melhor.

³⁹A mulher está ligada ao marido enquanto ele vive; uma vez que o marido faleça, ela fica livre de casar com quem quiser, mas só no Senhor. ⁴⁰Mais feliz será ela se permanecer assim, conforme meu conselho. Pois também creio ter o Espírito de Deus.

Responsório

R. O **Rei** se encan**tou** com a **tua** beleza, que ele cri**ou**;
  *É teu **Deus**, é teu **Rei**, teu Se**nhor**, teu Es**poso**.
V. Rece**beste** o **do**te de **Deus**, teu Esposo:
  reden**ção**, santi**da**de, enfeites e **joias**. * É teu **Deus**.

Segunda leitura

Do Tratado sobre a conduta das virgens, de São Cipriano, bispo e mártir

(Nn. 3-4. 22.23: CSEL 3,189-190.202-204) (Séc. III)

Quanto mais a virgindade cresce em número, mais aumenta a alegria da mãe-Igreja

Dirijo agora minha palavra às virgens, com tanto mais solicitude quanto maior é a sua glória. Elas são a flor da árvore da Igreja, beleza e ornamento da graça espiritual, fonte de alegria, obra perfeita e incorruptível de louvor e de honra, refletindo em santidade a imagem de Deus, a mais ilustre porção do rebanho de Cristo.

Por causa das virgens se alegra a mãe-Igreja, que nelas manifesta sua gloriosa fecundidade, crescendo com o número delas sua alegria materna.

É a elas que dirigimos a palavra, exortando-as mais com o afeto que nos inspiram do que com a autoridade do nosso cargo. Conscientes da nossa pequenez e humildade, não pretendemos arvorar-nos em censor, mas demonstrar a solicitude de pastor, prevenindo-vos contra as possíveis ciladas do demônio.

Não é inútil esta precaução nem vão o temor que visam o caminho da salvação, garantindo as orientações de vida que vêm do Senhor; a fim de que aquelas que se consagraram a Cristo e renunciaram aos desejos carnais se entreguem a Deus de corpo e alma, levando a bom termo seu propósito, merecedor de uma grande recompensa. E não queiram enfeitar-se ou agradar a ninguém que não seja o Senhor, de quem esperam o prêmio da virgindade.

Conservai, ó virgens, conservai o que começastes a ser. Conservai o que sereis. Grande recompensa é a vossa, magnífico o prêmio da virtude, máximo o galardão da castidade. Já começastes a ser o que seremos um dia. Já adquiristes neste mundo a glória da ressurreição; passais pelo mundo sem contagiar-vos por ele; perseverando castas e virgens, sois como os anjos de Deus. Guardai firme e fielmente a vossa virgindade, sem quebrar os vossos propósitos, não buscando adornar-vos com joias ou vestes, mas com os enfeites da virtude.

Ouvi a voz do Apóstolo, chamado pelo Senhor vaso de eleição, que ele enviou a proclamar os mandamentos divinos: *O primeiro homem,* disse ele, *tirado da terra, é terrestre; o segundo homem vem do céu. Como foi o homem terrestre, assim também são as pessoas terrestres; e como é o homem celeste, assim também vão ser as pessoas celestes. E como já refletimos a imagem do homem terrestre, assim também refletiremos a imagem do homem celeste* (1Cor 15,47-49). É esta a imagem que a virgindade revela: a integridade, a santidade e a verdade.

Responsório   1Cor 7,34; Sl 72(73),26
R. A **mu**lher, tanto a **viú**va como a **vir**gem,
  * Cuida das **coi**sas do Se**nhor,** para ser **san**ta,
   assim no **cor**po **co**mo no es**pí**rito.
V. O Se**nhor** é minha he**ran**ça, é a **par**te que esco**lhi**.
  * Cuida.

Ou:
Do Decreto *Perfectae caritatis* sobre a renovação da vida religiosa, do Concílio Vaticano II

(N. 1.5.6.12)   (Séc. XX)

A Igreja segue seu único esposo

Desde os primórdios da Igreja, existiram homens e mulheres que pela prática dos conselhos evangélicos se propuseram seguir a Cristo com maior liberdade e imitá-lo mais de perto, levando, cada qual a seu modo, uma vida consagrada a Deus. Muitos dentre eles, movidos pelo Espírito Santo, ou passaram a vida na solidão ou fundaram famílias religiosas, que a Igreja de boa vontade acolheu e aprovou com sua autoridade. Assim surgiu, por desígnio de Deus, uma admirável variedade de comunidades religiosas, que muito contribuiu para que a Igreja não apenas esteja *qualificada para toda boa obra* (cf. 2Tm 3,17) e preparada para o exercício do seu ministério, *para edificar o Corpo de Cristo* (cf. Ef 4,12), mas também, enriquecida com os vários dons de seus filhos, se apresente *qual esposa enfeitada para o seu marido* (Ap 21,1) e, através dela, se manifeste *a multiforme sabedoria de Deus* (Ef 3,10).

Em tão grande variedade de dons, todos os que são chamados à prática dos conselhos evangélicos, e os professam com fidelidade, consagram-se de maneira especial ao Senhor, seguindo a Cristo que, sendo virgem e pobre, redimiu e santificou os homens pela obediência *até a morte de cruz* (cf. Fl 2,8). Movidos assim pela caridade que o Espírito Santo derramou em seus corações, vivem cada vez mais para Cristo e para *o seu corpo, isto é, a Igreja* (Cl 1,24). Por conseguinte, quanto mais fervorosamente se unem a Cristo, por essa doação de si mesmos que abrange a vida toda, tanto mais se enriquece a vida da Igreja e mais vigorosamente fecundo se torna seu apostolado.

Os membros de cada instituto recordem antes de mais nada que, pela profissão dos conselhos evangélicos, responderam a um chamado divino, de forma que não apenas morrendo para o pecado, mas também renunciando ao mundo, vivam exclusivamente para Deus. Colocaram toda a sua vida ao serviço de Deus, o que constitui uma consagração especial, que está intimamente radicada na consagração do batismo e a exprime mais plenamente.

Os que professam os conselhos evangélicos, acima de tudo, busquem e amem a Deus, que primeiro nos amou; e procurem em todas as circunstâncias cultivar a vida escondida com Cristo em Deus, da qual deriva e recebe estímulo o amor do próximo para a salvação do mundo e a edificação da Igreja. É também esta caridade que anima e dirige a própria prática dos conselhos evangélicos.

A caridade que os religiosos professam *por causa do Reino dos Céus* (Mt 19,12) deve ser considerada como um precioso dom da graça. Liberta de modo singular o coração do homem para que se inflame mais na caridade para com Deus e para com todos os homens; por isso ela é um sinal peculiar dos bens celestes e um meio eficacíssimo para levar os religiosos a se dedicarem generosamente ao serviço de Deus e às obras de apostolado. Assim, eles dão testemunho, perante todos os fiéis cristãos, daquela admirável união estabelecida por Deus e que há de manifestar-se plenamente na vida futura, pela qual a Igreja tem a Cristo como seu único Esposo.

Responsório

R. Virgem de **Cris**to, como é **gran**de a tua be**le**za!
  * Do Se**nhor** tu mere**ces**te rece**ber**
    a co**ro**a da per**pé**tua virgin**da**de.
V. Nada **po**de arreba**tar**-te a grande **gló**ria
    da **tua** virgin**da**de consa**gra**da,
    nem sepa**rar**-te do **a**mor de Jesus **Cris**to. * Do Se**nhor**.

Nas solenidades e festas diz-se o HINO Te Deum, p. 589.

Oração como nas Laudes.

Laudes

Hino

Para uma virgem:

Com tua lâmpada acesa,
viste chegar o Senhor:
do Esposo sentas-te à mesa,
cheia de graça e esplendor.

Para uma eterna aliança,
põe-te no dedo um anel;
cessam a fé e a esperança:
Belém se torna Betel.

Dá que aprendamos contigo
ter sempre os olhos nos céus:
calcar o mundo inimigo,
buscar a glória de Deus.

Jesus nos dê, por Maria,
que como Mãe te acolheu,
tê-lo na terra por guia,
ao caminhar para o céu.

Ao Pai e ao Espírito glória,
ao Filho o mesmo louvor,
pois virginal é a vitória
da que desposa o Senhor.

Para várias virgens: HINO Jesus, coroa das virgens, como nas II Vésperas, p. 1671.

Ant. 1 Eu me decido livremente pelo Cristo
com ardente coração eu quero amá-lo
e desejo estar com ele para sempre.

Salmos e cântico do domingo da I Semana, p. 626.

Ant. 2 Bendizei o Senhor, santas virgens,
que vos chama ao amor indiviso
e coroa em vós os seus dons!

Ant. 3 Exultem os fiéis em sua glória,
pois a carne e o sangue superaram
e alcançaram a vitória sobre o mundo

Leitura breve Ct 8,7

Águas torrenciais jamais apagarão o amor, nem rios poderão afogá-lo. Se alguém oferecesse todas as riquezas de sua casa para comprar o amor, seria tratado com desprezo.

Responsório breve

R. Senhor, é vossa face que eu procuro.
  * Meu coração fala convosco confiante. R. Senhor.
V. Senhor, não me escondais a vossa face! * Meu coração.
   Glória ao Pai. R. Senhor.

Cântico evangélico, ant.

Para uma virgem e mártir:
Tomastes vossa cruz como o Cristo, ó santa virgem.
Na virgindade e no martírio imitastes vosso Esposo.

Para uma virgem:
A virgem prudente entrou para as bodas
e vive com Cristo na glória celeste.
Como o sol, ela brilha entre os coros das virgens.

Para várias virgens:
Santas virgens do Senhor, bendizei-o para sempre!

Preces

Glorifiquemos a Cristo, esposo e prêmio das virgens; e lhe supliquemos com fé:

R. **Jesus, prêmio das virgens, ouvi-nos!**

Cristo, amado pelas santas virgens como único Esposo,
– concedei que nada nos separe do vosso amor.   R.

Coroastes Maria, como Rainha das virgens;
– concedei-nos, por sua intercessão, que vos sirvamos sempre de coração puro.   R.

Por intercessão de vossas servas, que a vós se consagraram de todo o coração para serem santas de corpo e de alma;
– concedei que jamais a instável figura deste mundo nos afaste de vós. R.

Senhor Jesus, esposo por cuja vinda as virgens prudentes esperaram sem desanimar;
– concedei que vos aguardemos vigilantes na esperança. R.

Por intercessão de Santa N., uma das virgens sábias e prudentes,
– concedei-nos sabedoria e uma vida sem mancha. R.

(intenções livres)

Pai nosso...

Oração

Não havendo oração própria, diz-se uma das seguintes:

Ó Deus, que prometestes habitar nos corações puros, dai-nos, pela intercessão da virgem Santa N., viver de tal modo, que possais fazer em nós vossa morada. Por nosso Senhor Jesus Cristo, vosso Filho, na unidade do Espírito Santo.

Ou:

Atendei, ó Deus, nossa oração para que, recordando as virtudes da virgem Santa N., mereçamos permanecer e crescer sempre mais no vosso amor. Por nosso Senhor Jesus Cristo, vosso Filho, na unidade do Espírito Santo.

Para várias virgens:

Ó Deus, mostrai-nos sempre mais a vossa misericórdia, e, ao celebrarmos com alegria a festa das virgens Santa N. e Santa N., concedei-nos também o seu eterno convívio. Por nosso Senhor Jesus Cristo, vosso Filho, na unidade do Espírito Santo.

Hora Média

Nos salmos graduais, em lugar do Salmo 121(122) pode-se dizer o Salmo 128(129), à p. 1119; e, em lugar do Salmo 126(127), o Salmo 130(131), à p. 738.

Oração das Nove Horas

Ant. Para **mim**, só há um **bem**: é estar com **Deus**,
 é colo**car** o meu re**fú**gio no **Senhor**.

Leitura breve — Sb 8,21a

Compreendi que só poderia obter a Sabedoria, se Deus me concedesse; e já era sinal de inteligência saber a origem desta graça.

V. Eis a **vir**gem previ**den**te e vigi**lan**te em alta **noi**te.
R. O Se**nhor** a encon**trou** com sua **lâm**pada a**ce**sa.

Oração das Doze Horas

Ant. Susten**tai**-me e vive**rei** como dis**ses**tes;
 não po**deis** decepcio**nar** minha espe**ran**ça!

Leitura breve — 1Cor 7,25

A respeito das pessoas solteiras, não tenho nenhum mandamento do Senhor. Mas, como alguém que, por misericórdia de Deus, merece confiança, dou uma opinião.

V. Eis a **vir**gem previ**den**te e vigi**lan**te em alta **noi**te.
R. **Vai**, com **suas** compa**nhei**ras, ao en**con**tro do Se**nhor**.

Oração das Quinze Horas

Ant. Como é **be**la em seu ful**gor** uma **cas**ta gera**ção**!

Leitura breve — Ap 19,6 b.7

O Senhor, nosso Deus, o Todo-poderoso passou a reinar. Fiquemos alegres e contentes, e demos glória a Deus, porque chegou o tempo das núpcias do Cordeiro. Sua esposa já se preparou.

V. Encon**trei** o grande a**mor** da minha **vi**da
R. Vou guar**dá**-lo para **sem**pre junto a **mim**!

Oração como nas Laudes

II Vésperas

Hino

Jesus, coroa das virgens,
por Virgem Mãe concebido,
perdoai os nossos pecados,
atendei o nosso pedido!

Por entre as virgens passando,
entre alvos lírios pousais,
e a todas elas saudando
o prêmio eterno entregais.

Por toda a parte onde fordes,
as virgens seguem cantando,
e os mais suaves louvores
vão pelo céu ressoando.

Nós vos pedimos a graça
de um coração sem pecado,
qual diamante sem jaça,
por vosso amor transformado.

Ao Pai e ao Espírito unido,
vos adoramos, ó Filho:
por Virgem Mãe concebido,
das virgens todas auxílio.

Salmodia

Ant. 1 Consa**grei**-me total**mente**
a vós, Se**nhor** divino Es**po**so!
Agora **vou** ao vosso en**con**tro,
tendo a**ce**sa a minha **lâm**pada

Salmo 121(122)

– 1 Que ale**gri**a, quando ou**vi** que me **dis**seram: *
"Vamos à **ca**sa do Se**nhor**!"
– 2 E **agora** nossos pés já se de**têm**, *
Jerusa**lém**, em tuas portas. –

– ³Jerusalém, cidade bem edificada *
 num conjunto harmonioso;
– ⁴para **lá** sobem as tribos de Israel, *
 as **tri**bos do Senhor.
– Para lou**var**, segundo a lei de Israel, *
 o **no**me do Senhor.
– ⁵A **se**de da justiça lá está *
 e o **tro**no de Davi.
– ⁶Ro**gai** que viva em paz Jerusalém, *
 e em segu**ran**ça os que te amam!
– ⁷Que a **paz** habite dentro de teus muros, *
 tranquili**da**de em teus palácios!
– ⁸Por **amor** a meus irmãos e meus amigos, *
 peço: "A **paz** esteja em ti!"
– ⁹Pelo a**mor** que tenho à casa do Senhor, *
 eu te de**se**jo todo bem!

Ant. Consa**grei**-me total**men**te
 a vós, Se**nhor** divino Es**po**so!
 Agora **vou** ao vosso en**con**tro,
 tendo a**ce**sa a minha **lâm**pada.

Ant. 2 Felizes os **pu**ros em **seu** cora**ção**,
 porque eles ve**rão** o seu **Deus** face a **fa**ce.

Salmo 126(127)

– ¹Se o Se**nhor** não constru**ir** a nossa **ca**sa, *
 em **vão** trabalharão seus construtores;
– Se o Se**nhor** não vigiar nossa cidade, *
 em **vão** vigiarão as sentinelas!
– ²É in**ú**til levantar de madrugada, *
 ou à **noi**te retardar vosso repouso,
– para ga**nhar** o pão sofrido do trabalho, *
 que a seus a**ma**dos Deus concede enquanto dormem. –

– ³ Os **fi**lhos são a bênção do Senhor, *
   o **fru**to das entranhas, sua dádiva.
– ⁴ Como **fle**chas que um guerreiro tem na mão, *
   são os **fi**lhos de um casal de esposos jovens.
– ⁵ F**eliz** aquele pai que com tais flechas *
   con**se**gue abastecer a sua aljava!
– Não se**rá** envergonhado ao enfrentar *
   seus ini**mi**gos junto às portas da cidade.

Ant. F**eli**zes os **pu**ros em **seu** cora**ção**,
   porque **e**les ve**rão** o seu **Deus** face a **fa**ce.

Ant. 3 A **mi**nha firm**e**za é a **for**ça de **Cris**to;
   o **meu** funda**men**to é a **Pe**dra ang**ular**

Cântico   Ef 1,3-10

– ³ Ben**di**to e lou**va**do seja **Deus**, *
   o **Pai** de Jesus Cristo, Senhor nosso,
– que do alto **céu** nos abençoou em Jesus Cristo *
   com **bên**ção espiritual de toda sorte!

(R. Ben**di**to sejais **vós**, nosso **Pai**,
   que **nos** abençoastes em **Cris**to!)

– ⁴ Foi em **Cris**to que Deus Pai nos escolheu, *
   já bem **an**tes de o mundo ser criado,
– para que **fôs**semos, perante a sua face, *
   sem **má**cula e santos pelo amor.   (R.)

= ⁵ Por **li**vre decisão de sua vontade, †
   predesti**nou**-nos, através de Jesus Cristo, *
   a sermos **ne**le os seus filhos adotivos,
– ⁶ para o lou**vor** e para a glória de sua graça, *
   que em seu **Fi**lho bem-amado nos doou.   (R.)

– ⁷ É **ne**le que nós temos redenção, *
   dos pe**ca**dos remissão pelo seu sangue.

= Sua **graça** transbordante e inesgotável †
⁸Deus de**rra**ma sobre nós com abundância, *
de sa**ber** e inteligência nos dotando. (R.)

– ⁹E as**sim**, ele nos deu a conhecer *
o mis**té**rio de seu plano e sua vontade,
– que propusera em seu querer benevolente, *
¹⁰na pleni**tu**de dos tempos realizar:
– o de**síg**nio de, em Cristo, reunir *
todas as **coi**sas: as da terra e as do céu. (R)

Ant. A **mi**nha fir**me**za é a **for**ça de **Cris**to;
o **meu** funda**men**to é a **Pe**dra angu**lar**

Leitura breve   1Cor 7,32b.34a

O homem não casado é solícito pelas coisas do Senhor e procura agradar ao Senhor. Do mesmo modo, a mulher não casada e a jovem solteira têm zelo pelas coisas do Senhor e procuram ser santas de corpo e espírito.

Responsório breve

R. As **vir**gens a**mi**gas ao **Rei** se di**ri**gem,
 * Entre **can**tos de **fes**ta e com **gran**de ale**gri**a.
 R. As virgens.
V. In**gres**sam, en**tão**, no pa**lá**cio do **Rei.** * Entre **can**tos.
 Glória ao **Pai.** R. As **vir**gens.

Cântico evangélico, ant.

Para uma virgem mártir:
Duas vi**tó**rias cele**bre**mos neste **mes**mo sacri**fí**cio:
a virgin**da**de consa**gra**da e a **gló**ria do martírio.

Para uma virgem:
Oh! **vin**de, es**po**sa de **Cris**to, rece**bei** a co**ro**a da **gló**ria
que o Se**nhor** prepa**rou** para **sem**pre.

Para várias virgens:
E **es**ta a gera**ção** dos que pro**cu**ram o Se**nhor;**
dos que **bus**cam vossa **fa**ce, nosso **Deus** onipo**ten**te.

Preces

Com alegria, celebremos a Cristo, que louvou quem guarda a virgindade por causa do Reino dos Céus; e lhe peçamos:
R. **Jesus, rei das virgens, ouvi-nos!**

Cristo, que chamastes à vossa presença de único Esposo a Igreja como virgem casta,
– tornai-a santa e imaculada. R.

Cristo, ao vosso encontro as santas virgens saíram com lâmpadas acesas;
– não permitais que venha a faltar o óleo da fidelidade nas lâmpadas de vossas servas consagradas. R.

Senhor, em vós a Igreja virgem guardou sempre uma fé íntegra e pura;
– concedei a todos os cristãos a integridade e a pureza da fé. R.

Dais ao vosso povo regozijar-se com a festa da santa virgem N.;
– que ele possa sempre alegrar-se com a sua intercessão. R.

(intenções livres)

Recebestes as santas virgens para a ceia de vossas núpcias eternas;
– admiti com bondade no banquete celeste os nossos irmãos e irmãs falecidos. R.

Pai nosso...

Oração

Não havendo oração própria, diz-se uma das seguintes:

Ó Deus, que prometestes habitar nos corações puros, dai-nos, pela intercessão da virgem Santa N., viver de tal modo, que possais fazer em nós vossa morada. Por nosso Senhor Jesus Cristo, vosso Filho, na unidade do Espírito Santo.

Ou:

Atendei, ó Deus, nossa oração para que, recordando as virtudes da virgem Santa N, mereçamos permanecer e crescer sempre mais no vosso amor. Por nosso Senhor Jesus Cristo, vosso Filho, na unidade do Espírito Santo.

Para várias virgens:

Ó Deus, mostrai-nos sempre mais a vossa misericórdia, e, ao celebrarmos com alegria a festa das virgens Santa N. e Santa N, concedei-nos também o seu eterno convívio. Por nosso Senhor Jesus Cristo, vosso Filho, na unidade do Espírito Santo.

COMUM DOS SANTOS HOMENS

I Vésperas

HINO Ó Jesus, Redentor nosso, ou Celebremos os servos de Cristo, como nas II Vésperas, p. 1698-1699.

Salmodia

Ant. 1 Santos todos do Senhor,
cantai um hino ao nosso Deus!

Salmo 112(113)

– ¹ Louvai, louvai, ó servos do Senhor, *
louvai, louvai o nome do Senhor!
– ² Bendito seja o nome do Senhor, *
agora e por toda a eternidade!
– ³ Do nascer do sol até o seu ocaso, *
louvado seja o nome do Senhor!
– ⁴ O Senhor está acima das nações, *
sua glória vai além dos altos céus.
= ⁵ Quem pode comparar-se ao nosso Deus, †
ao Senhor, que no alto céu tem o seu trono *
⁶ e se inclina para olhar o céu e a terra?
– ⁷ Levanta da poeira o indigente *
e do lixo ele retira o pobrezinho,
– ⁸ para fazê-lo assentar-se com os nobres, *
assentar-se com os nobres do seu povo.
– ⁹ Faz a estéril, mãe feliz em sua casa, *
vivendo rodeada de seus filhos.

Ant. Santos todos do Senhor,
cantai um hino ao nosso Deus!

Ant. 2 Felizes os famintos e sedentos de justiça:
serão todos saciados

Salmo 145(146)

= ¹Bendize, minh'alma, ao Senhor! †
²Bendirei ao Senhor toda a vida, *
cantarei ao meu Deus sem cessar!

– ³Não ponhais vossa fé nos que mandam, *
não há homem que possa salvar.

= ⁴Ao faltar-lhe o respiro ele volta †
para a terra de onde saiu; *
nesse dia seus planos perecem.

= ⁵É feliz todo homem que busca †
seu auxílio no Deus de Jacó, *
e que põe no Senhor a esperança.

– ⁶O Senhor fez o céu e a terra, *
fez o mar e o que neles existe.

– O Senhor é fiel para sempre, *
⁷faz justiça aos que são oprimidos;

– ele dá alimento aos famintos, *
é o Senhor quem liberta os cativos.

= ⁸O Senhor abre os olhos aos cegos, †
o Senhor faz erguer-se o caído, *
o Senhor ama aquele que é justo.

= ⁹É o Senhor quem protege o estrangeiro, †
quem ampara a viúva e o órfão, *
mas confunde os caminhos dos maus.

= ¹⁰O Senhor reinará para sempre! †
Ó Sião, o teu Deus reinará *
para sempre e por todos os séculos!

Ant. Felizes os famintos e sedentos de justiça:
serão todos saciados.

Ant. 3 Bendito seja Deus, que nos chamou a sermos santos
e sem mancha pelo amor!

Cântico — Ef 1,3-10

– ³ Bendito e louvado seja **Deus**, *
o **Pai** de Jesus Cristo, Senhor nosso,
– que do alto **céu** nos abençoou em Jesus Cristo *
com **bên**ção espiritual de toda sorte!

(R. Bendito sejais **vós**, nosso **Pai**,
que **nos** abençoastes em **Cristo**!)

– ⁴ Foi em **Cristo** que Deus Pai nos escolheu, *
já bem **an**tes de o mundo ser criado,
– para que **fôs**semos, perante a sua face, *
sem **má**cula e santos pelo amor. (R.)

=⁵ Por **li**vre decisão de sua vontade, †
predesti**nou**-nos, através de Jesus Cristo, *
a sermos **ne**le os seus filhos adotivos,
– ⁶ para o lou**vor** e para a glória de sua graça, *
que em seu **Fi**lho bem-amado nos doou. (R.)

– ⁷ É **ne**le que nós temos redenção, *
dos pe**ca**dos remissão pelo seu sangue.
= Sua **gra**ça transbordante e inesgotável †
⁸ Deus der**ra**ma sobre nós com abundância, *
de sa**ber** e inteligência nos dotando. (R.)

– ⁹ E as**sim**, ele nos deu a conhecer *
o mis**té**rio de seu plano e sua vontade,
– que propu**se**ra em seu querer benevolente, *
¹⁰ na pleni**tu**de dos tempos realizar:
– o de**sí**gnio de, em Cristo, reunir *
todas as **coi**sas: as da terra e as do céu. (R)

Ant. Bendito seja **Deus**, que nos cha**mou** a sermos **san**tos
e sem **man**cha pelo a**mor**!

Leitura breve — Fl 3,7-8

As coisas que eram vantagens para mim, considerei-as como perda, por causa de Cristo. Na verdade, considero tudo como perda diante da vantagem suprema que consiste em conhecer a Cristo Jesus, meu Senhor. Por causa dele eu perdi tudo, considero tudo como lixo, para ganhar Cristo e ser encontrado unido a ele.

Responsório breve

R. O Se**nhor** amou seu **santo**.
 * E o or**nou** com sua **glória**. R. O Se**nhor**.
V. O Se**nhor** o reves**tiu** com o **man**to da vitória.
 * E o or**nou**. Glória ao **Pai**. R. O Se**nhor**.

Cântico evangélico, ant.

Para um santo:
O homem **sábio** e previ**dente**
constru**iu** a sua **ca**sa sobre a **ro**cha inaba**lá**vel.

Para vários santos:
Os **o**lhos do Se**nhor** estão vol**ta**dos
aos que es**pe**ram confi**an**do em seu **a**mor.

Preces

Peçamos a Deus Pai, fonte de toda a santidade, que, pela intercessão e exemplo dos santos, nos conduza a uma vida mais perfeita; e digamos:

R. **Fazei-nos santos, porque vós sois santo!**

Pai santo, que nos destes a graça de nos chamarmos e sermos realmente vossos filhos,
— fazei que a santa Igreja proclame as vossas maravilhas por toda a terra.   R.

Pai santo, inspirai os vossos servos a viver dignamente, segundo a vossa vontade,
— e ajudai-nos a dar abundantes frutos de boas obras.   R.

Pai santo, que nos reconciliastes convosco por meio de Cristo,
— conservai-nos na unidade por amor de vosso nome.   R.

Pai santo, que nos convidastes para tomar parte no banquete celeste,
— pela comunhão do pão descido do céu, dai-nos alcançar a perfeição da caridade. R.

(intenções livres)

Pai santo, perdoai as faltas de todos os pecadores,
— e acolhei na luz da vossa face todos os que morreram. R.

Pai nosso...

Oração

Não havendo oração própria, diz-se uma das seguintes:

Ó Deus, só vós sois santo e sem vós ninguém pode ser bom. Pela intercessão de São (Sto.) N., dai-nos viver de tal modo, que não sejamos despojados da vossa glória. Por nosso Senhor Jesus Cristo, vosso Filho, na unidade do Espírito Santo.

Ou:

Ó Deus, que o exemplo de vossos santos nos leve a uma vida mais perfeita e, celebrando a memória de São (Sto.) N., imitemos constantemente suas ações. Por nosso Senhor Jesus Cristo, vosso Filho, na unidade do Espírito Santo.

Para vários santos:

Deus eterno e todo-poderoso, que pela glorificação dos santos continuais manifestando o vosso amor por nós, concedei que sejamos ajudados por sua intercessão e animados pelo seu exemplo, na imitação fiel do vosso Filho. Que convosco vive e reina, na unidade do Espírito Santo.

Para um santo religioso:

Ó Deus, concedei-nos, pelas preces de São (Sto.) N., a quem destes perseverar na imitação de Cristo pobre e humilde, seguir a nossa vocação com fidelidade e chegar àquela perfeição que nos propusestes em vosso Filho. Que convosco vive e reina, na unidade do Espírito Santo.

Para um santo que se dedicou às obras de caridade:

Ó Pai, como ensinastes à vossa Igreja que todos os mandamentos se resumem em amar a Deus e ao próximo, concedei-nos, a exemplo de São (Sto.) N., praticar obras de caridade, para sermos contados entre os benditos do vosso Reino. Por nosso Senhor Jesus Cristo, na unidade do Espírito Santo.

Para um santo educador:

Ó Deus, que suscitastes São (Sto.) N. na vossa Igreja, para mostrar ao próximo o caminho da salvação, concedei-nos seguir também o Cristo, nosso Mestre, e chegar até vós com nossos irmãos. Por nosso Senhor Jesus Cristo, vosso Filho, na unidade do Espírito Santo.

Invitatório

R. **Adoremos o Senhor, admirável nos seus santos.**

Ou:

R. **Na festa de São (Sto.) N., celebremos o Senhor.**

Salmo invitatório como no Ordinário, p. 583.

Ofício das Leituras

Hino

Para um santo:

Ó Jesus, Redentor nosso,
coroais os vossos santos;
ouvi hoje, compassivo,
nossas preces, nossos cantos.

Hoje, o santo confessor
vosso nome fez brilhar,
e a Igreja, anualmente,
vem seus feitos celebrar.

Caminhou com passo firme
pela vida transitória,

e seguiu a vossa estrada
que nos leva para a glória.

Desprendendo o coração
de alegrias passageiras,
frui agora, junto aos anjos,
as delícias verdadeiras.

O perdão de nossas culpas
nos alcance a sua prece.
Nos seus passos conduzi-nos
para a luz que não perece.

Glória a Cristo, Rei clemente,
e a Deus Pai louvor também.
Honra e graças ao Espírito
pelos séculos. Amém.

Para vários santos: HINO Celebremos os servos de Cristo, p. 1699.

Salmodia

Ant. 1 **A vida ele pediu,** e vós lhe **destes;**
de esplen**dor** e majes**ta**de o reves**tistes**

Salmo 20(21),2-8.14

– ²Ó Se**nhor**, em vossa **força** o rei se **alegra;** *
  quanto e**xul**ta de alegria em vosso auxílio!
– ³O que so**nhou** seu coração, lhe concede**stes;** *
  não recu**sas**tes os pedidos de seus lábios.
– ⁴Com **bên**ção generosa o preparastes; *
  de ouro **puro** coroastes sua fronte.
– ⁵A **vida** ele pediu e vós lhe destes *
  longos **dias**, vida longa pelos séculos.
– ⁶É **gran**de a sua glória em vosso auxílio; *
  de esplen**dor** e majestade o revestistes.
– ⁷Transfor**mas**tes o seu nome numa bênção, *
  e o co**bris**tes de alegria em vossa face. –

— ⁸Por **isso** o rei confia no Senhor, *
  e por **seu** amor fiel não cairá.
— ¹⁴Levan**tai**-vos com poder, ó Senhor Deus, *
  e canta**re**mos celebrando a vossa força!

Ant. A **vi**da ele pe**diu**, e vós lhe **des**tes;
  de esplen**dor** e majes**ta**de o reves**tis**tes

Ant. 2 O caminho do **jus**to é uma **luz** a bri**lhar:**
  vai cres**cen**do da au**ro**ra até o **dia** mais **ple**no

Salmo 91(92)
I

— ²Como é **bom** agrade**cer**mos ao Se**nhor** *
  e cantar **sal**mos de louvor ao Deus Altíssimo!
— ³Anunci**ar** pela manhã vossa bondade, *
  e o **vos**so amor fiel, a noite inteira,
— ⁴ao som da **li**ra de dez cordas e da harpa, *
  com **can**to acompanhado ao som da cítara.
— ⁵Pois me ale**gras**tes, ó Senhor, com vossos feitos, *
  e reju**bi**lo de alegria em vossas obras.
— ⁶Quão i**men**sas, ó Senhor, são vossas obras, *
  quão pro**fun**dos são os vossos pensamentos!
— ⁷Só o **ho**mem insensato não entende, *
  só o es**tul**to não percebe nada disso!
— ⁸Mesmo que os **ím**pios floresçam como a erva, *
  ou prosperem igualmente os malfeitores,
— são desti**na**dos a perder-se para sempre. *
  ⁹Vós, porém, sois o Excelso eternamente!

Ant. O caminho do **jus**to é uma **luz** a bri**lhar:**
  vai cres**cen**do da au**ro**ra até o **dia** mais **ple**no.

Ant. 3 O homem **jus**to cresce**rá** como a pal**mei**ra,
  flori**rá** igual ao **ce**dro que há no **Lí**bano.

II

= ¹⁰Eis que os **vos**sos ini**mi**gos, ó Se**nhor**, †
  eis que os **vos**sos inimigos vão perder-se, *
  e os malfei**to**res serão todos dispersados.
– ¹¹Vós me **des**tes toda a força de um touro, *
  e sobre **mim** um óleo puro derramastes;
– ¹²triun**fan**te, posso olhar meus inimigos, *
  vitorioso, escuto a voz de seus gemidos.
– ¹³O **jus**to crescerá como a palmeira, *
  flori**rá** igual ao cedro que há no Líbano;
– ¹⁴na **ca**sa do Senhor estão plantados, *
  nos **á**trios de meu Deus florescerão.
– ¹⁵Mesmo no **tem**po da velhice darão frutos, *
  cheios de **sei**va e de folhas verdejantes;
– ¹⁶e di**rão**: "É justo mesmo o Senhor Deus: *
  meu Ro**che**do, não existe nele o mal!"

Ant. O homem **jus**to cres**ce**rá como a pal**mei**ra,
  flori**rá** igual ao **ce**dro que há no **Lí**bano.

V. O Se**nhor** conduz o **jus**to em seu ca**mi**nho.
R. E lhe revela os se**gre**dos do seu **Rei**no.

Primeira leitura

Da Carta de São Paulo aos Colossenses   3,1-17

A vossa vida está escondida, com Cristo, em Deus

Irmãos: ¹Se ressuscitastes com Cristo, esforçai-vos por alcançar as coisas do alto, onde está Cristo, sentado à direita de Deus; ²aspirai às coisas celestes e não às coisas terrestres. ³Pois vós morrestes, e a vossa vida está escondida, com Cristo, em Deus. ⁴Quando Cristo, vossa vida, aparecer em seu triunfo, então vós aparecereis também com ele, revestidos de glória.

⁵Portanto, fazei morrer o que em vós pertence à terra: imoralidade, impureza, paixão, maus desejos e a cobiça, que

é idolatria. ⁶Tais coisas provocam a ira de Deus contra os que lhe resistem. ⁷Antigamente vós estáveis enredados por estas coisas e vos deixastes dominar por elas. ⁸Agora, porém, abandonai tudo isso: ira, irritação, maldade, blasfêmia, palavras indecentes, que saem dos vossos lábios. ⁹Não mintais uns aos outros. Já vos despojastes do homem velho e da sua maneira de agir ¹⁰e vos revestistes do homem novo, que se renova segundo a imagem do seu Criador, em ordem ao conhecimento. ¹¹Aí não se faz distinção entre grego e judeu, circunciso e incircunciso, inculto, selvagem, escravo e livre, mas Cristo é tudo em todos.

¹²Vós sois amados por Deus, sois os seus santos eleitos. Por isso, revesti-vos de sincera misericórdia, bondade, humildade, mansidão e paciência, ¹³suportando-vos uns aos outros e perdoando-vos mutuamente, se um tiver queixa contra o outro. Como o Senhor vos perdoou, assim perdoai-vos também. ¹⁴Mas, sobretudo, amai-vos uns aos outros, pois o amor é o vínculo da perfeição. ¹⁵Que a paz de Cristo reine em vossos corações, à qual fostes chamados como membros de um só corpo. E sede agradecidos.

¹⁶Que a palavra de Cristo, com toda a sua riqueza, habite em vós. Ensinai e admoestai-vos uns aos outros com toda a sabedoria. Do fundo dos vossos corações, cantai a Deus salmos, hinos e cânticos espirituais, em ação de graças. ¹⁷Tudo o que fizerdes, em palavras ou obras, seja feito em nome do Senhor Jesus Cristo. Por meio dele dai graças a Deus, o Pai.

Responsório   Gl 3,27-28; Ef 4,24
R. No **Cris**to bati**z**ados, reves**ti**mo-nos de **Cris**to.
   Já não **há** judeu nem **grego**,
 * Todos **nós** somos um **só** em Jesus **Cris**to, Senhor **nosso**.
V. Reves**ti**-vos do homem **novo** que, à **i**magem do **Se**nhor,
   foi criado na jus**ti**ça e santi**da**de verda**dei**ra. * Todos **nós**.

Ou:

Da Carta de São Paulo aos Romanos 12,1-21

A vida cristã é culto espiritual

¹Pela misericórdia de Deus, eu vos exorto, irmãos, a vos oferecerdes em sacrifício vivo santo e agradável a Deus: Este é o vosso culto espiritual. ²Não vos conformeis com o mundo, mas transformai-vos, renovando vossa maneira de pensar e de julgar, para que possais distinguir o que é da vontade de Deus, isto é, o que é bom, o que lhe agrada o que é perfeito.

³Pela graça que me foi dada, recomendo a cada um de vós: Ninguém faça de si uma ideia muito elevada, mas tenha de si uma justa estima ditada pela sabedoria, conforme a medida da fé que Deus repartiu a cada um. ⁴Como, num só corpo, temos muitos membros, cada qual com uma função diferente, ⁵assim nós, embora muitos, somos em Cristo um só corpo e todos membros uns dos outros. ⁶Temos dons diferentes, de acordo com a graça dada a cada um de nós: se é a profecia, exerçamo-la em harmonia com a fé; ⁷se é o serviço, pratiquemos o serviço; ⁸se é o dom de ensinar, consagremo-nos ao ensino; se é o dom de exortar, exortemos. Quem distribui donativos, faça-o com simplicidade; quem preside, presida com solicitude; quem se dedica a obras de misericórdia, faça-o com alegria.

⁹O amor seja sincero. Detestai o mal, apegai-vos ao bem. ¹⁰Que o amor fraterno vos una uns aos outros com terna afeição, prevenindo-vos com atenções recíprocas. ¹¹Sede zelosos e diligentes, fervorosos de espírito, servindo sempre ao Senhor, ¹²alegres por causa da esperança, fortes nas tribulações, perseverantes na oração. ¹³Socorrei os santos em suas necessidades, persisti na prática da hospitalidade. ¹⁴Abençoai os que vos perseguem, abençoai e não amaldiçoeis. ¹⁵Alegrai-vos com os que se alegram, chorai com os que choram. ¹⁶Mantende um bom entendimento uns com os

outros; não vos deixeis levar pelo gosto de grandeza, mas acomodai-vos às coisas humildes. Não presumais de vossa sabedoria.

¹⁷Não pagueis a ninguém o mal com o mal. Antecipai-vos na prática do bem perante todos. ¹⁸Na medida do possível e enquanto depender de vós, vivei em paz com todo o mundo. ¹⁹Caríssimos, não vos vingueis de ninguém. Porém, confiai vossas questões à justiça divina. Pois está escrito: "É a mim que pertence fazer justiça; darei a cada um o que merecer – diz o Senhor". ²⁰Mas, se teu inimigo estiver com fome, dá-lhe de comer; se estiver com sede, dá-lhe de beber. Procedendo assim, estarás amontoando brasas em cima de sua cabeça. ²¹Não te deixes vencer pelo mal, mas vence o mal com o bem.

Responsório   Rm 12,2; Ef 4,23-24
R. Renovai a vossa mente,
 * A fim de discernirdes a vontade do Senhor,
   aquilo que é bom, agradável e perfeito.
V. Renovai-vos, transformando
   vossa mente e vosso espírito;
   revesti-vos do homem novo. * A fim.

Para um santo que viveu no Matrimônio:
Da Carta de São Paulo aos Efésios   5,21-32

Santidade do Matrimônio cristão

Irmãos: ²¹Vós que temeis a Cristo, sede solícitos uns para com os outros.
²²As mulheres sejam submissas aos seus maridos como ao Senhor. ²³Pois o marido é a cabeça da mulher, do mesmo modo que Cristo é a cabeça da Igreja, ele, o Salvador do seu Corpo. ²⁴Mas como a Igreja é solícita por Cristo, sejam as mulheres solícitas em tudo pelos seus maridos.

⁲⁵Maridos, amai as vossas mulheres, como o Cristo amou a Igreja e se entregou por ela. ²⁶Ele quis assim tomá-la santa, purificando-a com o banho da água unida à Palavra. ²⁷Ele quis apresentá-la a si mesmo esplêndida, sem mancha nem ruga, nem defeito algum, mas santa e irrepreensível. ²⁸Assim é que o marido deve amar a sua mulher, como ao seu próprio corpo. Aquele que ama a sua mulher ama-se a si mesmo. ²⁹Ninguém jamais odiou a sua própria carne. Ao contrário, alimenta-a e cerca-a de cuidados, como o Cristo faz com a sua Igreja; ³⁰e nós somos membros do seu corpo! ³¹Por isso o homem deixará seu pai e sua mãe e se unirá à sua mulher, e os dois serão uma só carne. ³²Este mistério é grande, e eu o interpreto em relação a Cristo e à Igreja.

Responsório   1Pd 1,13.15; Lv 11,44

R. Meus amados, assumi a disciplina interior,
   à imagem do Deus santo, que em Cristo vos chamou:
 * Sede santos também vós em todo o vosso proceder.
V. Sou o Senhor e vosso Deus: Sede santos, pois sou santo.
 * Sede.

Segunda leitura

Das Homílias sobre os Atos dos Apóstolos, de São João Crisóstomo, bispo

(Homilia 20,4: PG 60,162-164)   (Séc. IV)

A luz do cristão não pode permanecer escondida

Nada mais frio do que um cristão que não se preocupa com a salvação dos outros.

Não podes, aqui, alegar tua pobreza, pois aquela viúva que deu ao templo as duas pequenas moedas te acusaria. Também Pedro dizia: *Não tenho ouro nem prata* (At 3,6). E Paulo era tão pobre que muitas vezes passou fome e lhe faltava o alimento necessário.

Não podes justificar-te por tua condição humilde, pois esses dois apóstolos também eram humildes, de origem modesta. Não podes pretextar ignorância, pois eles também não eram letrados. Não podes objetar ser doente; também Timóteo poderia fazer o mesmo, pois sofria de frequentes enfermidades.

Cada um de nós tem a possibilidade de ajudar ao próximo, se quiser cumprir os seus deveres.

Não vedes como as árvores que não produzem frutos são vigorosas, bonitas, copadas, esbeltas e altas? No entanto, se tivéssemos um pomar, preferiríamos, em vez delas, romãzeiras e oliveiras carregadas. Aquelas árvores estão no jardim para ornamento, não para alimento; e se rendem alguma coisa, é pouco.

Assim são as pessoas que só se interessam pelo que é seu. Nem sequer podem comparar-se com estas últimas árvores, mas só merecem censura; ao passo que as árvores sem fruto servem para a construção e o reparo das coisas. Semelhantes a elas eram as virgens imprudentes da parábola: castas, belas e disciplinadas; mas não eram úteis a ninguém e foram lançadas ao fogo. Assim acontece também aos que não alimentam o Corpo de Cristo.

Repara que nenhum deles é acusado de pecado como impureza, juramento falso ou qualquer culpa, mas só de não ter ajudado ninguém. Tal era aquele que enterrou o talento recebido: levou vida irrepreensível, mas não foi útil aos outros.

Como, pergunto eu, pode ser cristão um homem desses? Se o fermento misturado à farinha não fizer crescer a massa, terá sido fermento verdadeiro? Se o perfume não espalhar sua fragrância, ainda o chamaremos perfume?

Não digas que és incapaz de influenciar os outros. Se fores cristão, é impossível que não o faças! Se não há contradições na natureza, também é certo o que afirmamos: é natural que o cristão exerça influência sobre seus semelhantes.

Não ofendas a Deus. Se disseres que o sol não é capaz de brilhar, injurias; se disseres que um cristão não pode ser útil a ninguém, é a Deus que ofendes e o chamas mentiroso. Pois, é mais fácil o sol deixar de aquecer ou brilhar que um cristão não irradiar a sua luz; ou a luz se transformar em trevas.

Não digas ser impossível o que é possível. Não ofendas a Deus. Se orientarmos bem a nossa vida, tudo o que dissemos acontecerá normalmente. A luz do cristão não pode permanecer escondida. Não pode ocultar-se lâmpada tão luminosa.

Responsório   Ef 5,8-9; Mt 5,14.16

R. Vós, **agora**, sois **luz** no Se**nhor**;
caminhai como filhos da **luz**.
* São **fru**tos da **luz** toda es**pé**cie de bon**dade**,
justiça e verdade
V. Vós **sois** a luz do **mun**do: brilhe aos **ho**mens vossa **luz**.
* São **fru**tos.

Ou:

Dos Sermões de Santo Agostinho, bispo

(Sermão 96,1.4.9: PL 38, 584.586.588)   (Séc. V)

A vocação universal à santidade

Se alguém quer me seguir, renuncie a si mesmo, tome a sua cruz e me siga (Mt 16,24). Parece dura e pesada a ordem do Senhor; quem quiser segui-lo, tem de renunciar a si mesmo. Mas não é duro nem pesado o que ordena, pois ele próprio nos ajuda a cumprir seu preceito.

Como é verdade o que lhe dizem no salmo: *Seguindo as palavras de vossos lábios, percorri duros caminhos* (Sl 16,4), também é verdade o que ele nos disse: *O meu jugo é suave e o meu fardo leve* (Mt 11,30). A caridade torna leve tudo quanto é duro no preceito.

Que significa: *Tome a sua cruz?* Quer dizer: suporte tudo o que custa, e então me siga. Na verdade, quem começar a seguir meus exemplos e preceitos, encontrará muitos que o critiquem, que o impeçam, que tentem dissuadi-lo, mesmo entre os que parecem discípulos de Cristo. Andavam com Cristo os que proibiam os cegos de clamar por ele. Tu, portanto, no meio de ameaças, de carinhos ou proibições, sejam quais forem, se quiseres seguir a Cristo, transforma tudo em cruz: suporta, carrega e não sucumbas!

Estamos num mundo santo, bom, reconciliado, salvo, ou melhor, em vias de salvação, mas desde já salvo em esperança – *pois já fomos salvos, mas na esperança* (Rm 8,24). Com efeito, neste mundo, que é a Igreja, seguidora fiel de Cristo, disse ele a todos: *Se alguém quer me seguir, renuncie a si mesmo* (Mt 16,24).

Esta palavra não deve ser ouvida como dirigida apenas às virgens e não às esposas; nem só para as viúvas e não para as casadas; nem só para os monges e não para os maridos; nem só para os clérigos e não para os leigos. Pois toda a Igreja, todo o corpo, todos os seus membros, diferentes e distribuídos segundo suas próprias tarefas, devem seguir o Cristo.

Siga-o toda a Igreja que é uma só, siga-o a pomba, siga-o a esposa, redimida e dotada pelo sangue do Esposo. Nela encontra lugar tanto a integridade das virgens como a castidade das viúvas e o pudor dos casais.

Estes membros, que nela encontram seu lugar, sigam o Cristo, cada um segundo a sua vocação, posição ou medida. Renunciem a si mesmos, isto é, não se vangloriem; tomem a sua cruz, quer dizer, suportem no mundo, por amor de Cristo, tudo o que lançarem contra eles. Amem o único que não ilude, o único que não é enganado nem engana; amem no, porque é verdade aquilo que promete. Como suas promessas tardam, a fé vacila. Mas sê constante, perseverante, paciente, suporta a demora, e terás tomado a cruz.

Responsório

R. Este **san**to reali**zou gran**des pro**dí**gios
na pre**sen**ça do **Se**nhor e dos ir**mãos**
e de **to**do o coração louvou a **Deus.**
 * Que ele **pe**ça junto a **Deus** por nossas **cul**pas
V. Tribu**tou** a Deus um **cul**to verda**dei**ro,
no **bem** permane**ceu**, fugiu do **mal**. * Que ele.

Nas solenidades e festas diz-se o HINO Te Deum, p. 589.

Oração como nas Laudes.

Laudes

Hino

Para um santo:

Jesus, coroa celeste,
Jesus, verdade sem véu,
ao servo que hoje cantamos
destes o prêmio do céu.

Dai que por nós interceda
em fraternal comunhão,
e nossas faltas consigam
misericórdia e perdão.

Bens e honrarias da terra
sem valor ele julgou;
vãs alegrias deixando,
só as do céu abraçou.

Que sois, Jesus, Rei supremo,
jamais cessou de afirmar;
com seu fiel testemunho
soube o demônio esmagar.

Cheio de fé e virtude,
os seus instintos domou.
e a recompensa divina,
servo fiel, conquistou.

A vós, Deus uno, Deus trino,
sobe hoje nosso louvor,
ao celebrarmos o servo
de quem Jesus é o Senhor.

Para vários santos:

Ó fiéis seguidores de Cristo,
a alegria da glória feliz,
como prêmio do vosso martírio,
para sempre no céu possuís.

Escutai, com ouvidos benignos,
os louvores que a vós entoamos.
Nós, ainda exilados da Pátria,
vossa glória, num hino, cantamos.

Pelo amor de Jesus impelidos,
dura cruz sobre os ombros levastes.
Pressurosos, ardentes de amor
e submissos, a fé preservastes.

Desprezastes o ardil do demônio
e os enganos do mundo também.
Testemunhas de Cristo na vida,
vós subistes dos astros além.

E agora, na glória celeste,
sede atentos à voz da oração
dos que querem seguir vossos passos
e vos clamam com seu coração.

Glória seja à Divina Trindade
para que nos conduza também
pela ajuda e as preces dos mártires
às moradas celestes. Amém.

Ant. 1 O Se**nhor** lhe deu a **glória**
e, em seu **Rei**no, um grande **no**me.

Salmos e cântico do domingo da I Semana, p. 626.

Ant. 2 Vós, **ser**vos do Se**nhor**, bendi**zei**-o para **sem**pre!

Ant. 3 Exultem os fiéis em sua glória,
  e cantando se levantem de seus leitos.

Leitura breve   Rm 12,1-2
Pela misericórdia de Deus, eu vos exorto, irmãos, a vos oferecerdes em sacrifício vivo, santo e agradável a Deus: Este é o vosso culto espiritual. Não vos conformeis com o mundo, mas transformai-vos, renovando vossa maneira de pensar e de julgar, para que possais distinguir o que é da vontade de Deus, isto é, o que é bom, o que lhe agrada, o que é perfeito.

Responsório breve
R. Ele **tem** o cora**ção**
  * Na **lei** do seu Se**nhor**. R. Ele **tem**.
V. Os seus **passos** não vacilam. * Na **lei**.
  Glória ao **Pai**. R. Ele **tem**.

Para vários santos homens:
R. Os **jus**tos se a**le**gram
  * na pre**sen**ça do Se**nhor**. R. Os **jus**tos.
V. Rejubilam satis**fei**tos, e e**xul**tam de ale**gria**.
  * Na pre**sen**ça. Glória ao **Pai**. R. Os **jus**tos.

Cântico evangélico, ant.
Quem pra**ti**ca a ver**da**de, se **põe** junto à **luz**;
e suas **obras** de **fi**lho de **Deus** se revelam

Para vários santos:
Fe**li**zes a**que**les que **bus**cam a **paz**!
Fe**li**zes os **pu**ros em **seu** cora**ção**,
porque **eles** ve**rão** o seu **Deus** face a **face**.

Preces
Glorifiquemos, irmãos, a Cristo, nosso Deus, pedindo-lhe que nos ensine a servi-lo em santidade e justiça diante dele enquanto perdurarem nossos dias; e aclamemos:

R. **Senhor, só vós sois santo!**

Senhor Jesus, que quisestes ser igual a nós em tudo, menos no pecado,
– tende piedade de nós. R.

Senhor Jesus, que nos chamastes à perfeição da caridade,
– santificai-nos sempre mais. R.

Senhor Jesus, que nos mandastes ser sal da terra e luz do mundo,
– iluminai a nossa vida. R.

Senhor Jesus, que viestes ao mundo para servir e não para ser servido,
– ensinai-nos a vos servir humildemente em nossos irmãos e irmãs. R.

Senhor Jesus, esplendor da glória do Pai e perfeita imagem do ser divino,
– dai-nos contemplar a vossa face na glória eterna. R.

(intenções livres)

Pai nosso...

Oração

Não havendo oração própria, diz-se uma das seguintes:

Ó Deus, só vós sois santo e sem vós ninguém pode ser bom. Pela intercessão de São (Sto.) N., dai-nos viver de tal modo, que não sejamos despojados da vossa glória. Por nosso Senhor Jesus Cristo, vosso Filho, na unidade do Espírito Santo.

Ou:

Ó Deus, que o exemplo de vossos santos nos leve a uma vida mais perfeita e, celebrando a memória de São (Sto.) N., imitemos constantemente suas ações. Por nosso Senhor Jesus Cristo, vosso Filho, na unidade do Espírito Santo.

Para vários santos:

Deus eterno e todo-poderoso, que pela glorificação dos santos continuais manifestando o vosso amor por nós, concedei que sejamos ajudados por sua intercessão e animados pelo seu exemplo, na imitação fiel do vosso Filho. Que convosco vive e reina, na unidade do Espírito Santo.

Para um santo religioso:

Ó Deus, concedei-nos, pelas preces de São (Sto.) N., a quem destes perseverar na imitação de Cristo pobre e humilde, seguir a nossa vocação com fidelidade e chegar àquela perfeição que nos propusestes em vosso Filho. Que convosco vive e reina, na unidade do Espírito Santo.

Para um santo que se dedicou às obras de caridade:

Ó Pai, como ensinastes à vossa Igreja que todos os mandamentos se resumem em amar a Deus e ao próximo, concedei-nos, a exemplo de São (Sto.) N., praticar obras de caridade, para sermos contados entre os benditos do vosso Reino. Por nosso Senhor Jesus Cristo, na unidade do Espírito Santo.

Para um santo educador:

Ó Deus, que suscitastes São (Sto.) N. na vossa Igreja, para mostrar ao próximo o caminho da salvação, concedei-nos seguir também o Cristo, nosso Mestre, e chegar até vós com nossos irmãos. Por nosso Senhor Jesus Cristo, vosso Filho, na unidade do Espírito Santo.

Hora Média

Oração das Nove Horas

Ant. Quem observa a Lei de Cristo é perfeito em seu amor.

Leitura breve   Gl 6,7b-8

O que o homem tiver semeado, é isso que vai colher. Quem semeia na sua própria carne, da carne colherá corrupção. Quem semeia no espírito, do espírito colherá a vida eterna.

V. Deus dirige os humildes na justiça.
R. E aos pobres ele ensina o seu caminho.

Oração das Doze Horas

Ant. Quem fizer a vontade do **Pai**,
   no **Rei**no dos **Céus** entrará.

Leitura breve   1Cor 9,26-27b
Eu corro, mas não à toa. Eu luto, mas não como quem dá murros no ar. Trato duramente o meu corpo e o subjugo, para não acontecer que, depois de ter proclamado a boa-nova aos outros, eu mesmo seja reprovado.

V. É feliz, ó Se**nhor**, quem for**mais**,
R. E edu**cais** nos caminhos da **Lei**.

Oração das Quinze Horas

Ant. Nin**guém** jamais **viu**, ó **Se**nhor,
   o **prê**mio que **vós** prepa**ras**tes
   para a**que**les que es**pe**ram em **vós**.

Leitura breve   Fl 4,8.9b
Irmãos, ocupai-vos com tudo o que é verdadeiro, respeitável, justo, puro, amável, honroso, tudo o que é virtude ou de qualquer modo mereça louvor. Assim o Deus da paz estará convosco.

V. E**xul**tem os que em **vós** se refu**gi**am,
R. Pois con**vos**co habita**rão** eterna**men**te!

Oração como nas Laudes.

II Vésperas

Hino

Para um santo:
   Ó Jesus, Redentor nosso,
   coroais os vossos santos;
   ouvi hoje, compassivo,
   nossas preces, nossos cantos.

Hoje, o santo confessor
vosso nome fez brilhar,
e a Igreja, anualmente,
vem seus feitos celebrar.

Caminhou com passo firme
pela vida transitória,
e seguiu a vossa estrada
que nos leva para a glória.

Desprendendo o coração
de alegrias passageiras,
frui agora, junto aos anjos,
as delícias verdadeiras.

O perdão de nossas culpas
nos alcance a sua prece.
Nos seus passos conduzi-nos
para a luz que não perece.

Glória a Cristo, Rei clemente,
e a Deus Pai louvor também.
Honra e graças ao Espírito
pelos séculos. Amém.

Para vários santos:

Celebremos os servos de Cristo
de fé simples e santas ações;
hoje a terra, se unindo às alturas,
faz subir seu louvor em canções.

Caminharam isentos de culpa,
puros, mansos, humildes e castos;
suas almas, partindo da terra,
livres voam e sobem aos astros.

Rejubilam no céu, protegendo
o infeliz e seu pranto enxugando,
dão aos corpos doentes saúde,
as feridas das almas curando.

Nosso canto celebra os louvores
dos fiéis servidores de Deus;
queiram eles nos dar sua ajuda
e guiar-nos também para os céus.

Ao Deus Uno beleza e poder
e louvor nas alturas convém.
Glória Àquele que rege o Universo
e o conduz por leis sábias. Amém.

Salmodia

Ant. 1 Superou as provações e triunfou:
glória eterna seja a ele tributada.

Salmo 14(15)

— ¹"Senhor, quem morará em vossa casa *
e em vosso Monte santo habitará?"
— ²É aquele que caminha sem pecado *
e pratica a justiça fielmente;
— que pensa a verdade no seu íntimo *
³e não solta em calúnias sua língua;
— que em nada prejudica o seu irmão, *
nem cobre de insultos seu vizinho;
— ⁴que não dá valor algum ao homem ímpio, *
mas honra os que respeitam o Senhor;
— que sustenta o que jurou, mesmo com dano; *
⁵não empresta o seu dinheiro com usura,
— nem se deixa subornar contra o inocente. *
Jamais vacilará quem vive assim!

Ant. Superou as provações e triunfou:
glória eterna seja a ele tributada.

Ant. 2 Deus manifesta em seus santos sua graça e seu amor,
e protege os seus eleitos.

Salmo 111(112)

— ¹ Feliz o **ho**mem que res**pei**ta o Se**nhor** *
   e que **a**ma com carinho a sua lei!
— ² Sua descen**dên**cia será forte sobre a terra, *
   abençoada a geração dos homens retos!
— ³ Haverá **gló**ria e riqueza em sua casa, *
   e perma**ne**ce para sempre o bem que fez.
— ⁴ Ele é cor**re**to, generoso e compassivo, *
   como **luz** brilha nas trevas para os justos.
— ⁵ Feliz o **ho**mem caridoso e prestativo, *
   que re**sol**ve seus negócios com justiça.
— ⁶ Porque ja**mais** vacilará o homem reto, *
   sua lem**bran**ça permanece eternamente!
— ⁷ Ele não **te**me receber notícias más: *
   confiando em **Deus**, seu coração está seguro.
— ⁸ Seu cora**ção** está tranquilo e nada teme, *
   e con**fu**sos há de ver seus inimigos.
= ⁹ Ele re**par**te com os pobres os seus bens, †
   perma**ne**ce para sempre o bem que fez, *
   e cresce**rão** a sua glória e seu poder.
= ¹⁰ O **ím**pio, vendo isso, se enfurece, †
   range os **den**tes e de inveja se consome; *
   mas os de**se**jos do malvado dão em nada.

Ant. Deus mani**fes**ta em seus **san**tos sua **gra**ça e seu a**mor,**
   e pro**te**ge os seus e**lei**tos.

Ant. 3 Os **san**tos canta**vam** um **cân**tico **no**vo
   À**que**le que es**tá** em seu **tro**no, e ao Cor**dei**ro;
   na **ter**ra in**tei**ra resso**a**vam suas **vo**zes.

Cântico
Ap 15,3-4

— ³ Como são **gran**des e admi**rá**veis vossas **o**bras, *
   ó Se**nhor** e nosso Deus onipotente!

— Vossos caminhos são verdade, são justiça, *
ó **Rei** dos povos todos do universo!

(R. São **gran**des vossas **obras**, ó Se**nhor**!)

= ⁴Quem, Se**nhor**, não haveria de temer-vos, †
e **quem** não honraria o vosso nome? *
Pois so**men**te vós, Senhor, é que sois santo! (R.)

= As nações **to**das hão de vir perante vós †
e prostra**das** haverão de adorar-vos, *
pois vossas **jus**tas decisões são manifestas. (R.)

Ant. Os **san**tos canta**vam** um **cân**tico **no**vo
Àquele que está em seu **tro**no, e ao Cor**dei**ro;
na **ter**ra in**tei**ra ressoavam suas **vo**zes.

Leitura breve   Rm 8,28-30

Sabemos que tudo contribui para o bem daqueles que amam a Deus, daqueles que são chamados para a salvação, de acordo com o projeto de Deus. Pois aqueles que Deus contemplou com seu amor desde sempre, a esses ele predestinou a serem conformes à imagem de seu Filho, para que este seja o primogênito numa multidão de irmãos. E aqueles que Deus predestinou, também os chamou. E aos que chamou, também os tornou justos; e aos que tornou justos, também os glorificou.

Responsório breve

R. É **jus**to o nosso **Deus,** * Ele ama a justiça. R. É **jus**to.
V. Quem tem **re**to cora**ção** há de **ver** a sua face. * Ele ama.
Glória ao **Pai.** R. É **jus**to.

Cântico evangélico, ant.

Servo **bom** e fiel,
vem en**trar** na ale**gri**a de Jesus, teu Se**nhor**!

Para vários santos:
Fiéis até à **morte**,
receberam do Senhor a coroa da justiça.

Preces

Peçamos a Deus Pai, fonte de toda a santidade, que, pela intercessão e exemplo dos santos, nos conduza a uma vida mais perfeita; e digamos:

R. **Fazei-nos santos, porque vós sois santo!**

Pai santo, que nos destes a graça de nos chamarmos e sermos realmente vossos filhos,
– fazei que a santa Igreja proclame as vossas maravilhas por toda a terra. R.

Pai santo, inspirai os vossos servos a viver dignamente, segundo a vossa vontade,
– e ajudai-nos a dar abundantes frutos de boas obras. R.

Pai santo, que nos reconciliastes convosco por meio de Cristo,
– conservai-nos na unidade por amor de vosso nome. R.

Pai santo, que nos convidastes para tomar parte no banquete celeste,
– pela comunhão do pão descido do céu, dai-nos alcançar a perfeição da caridade. R.

(intenções livres)

Pai santo, perdoai as faltas de todos os pecadores,
– e acolhei na luz da vossa face todos os que morreram. R.

Pai nosso...

Oração

Não havendo oração própria, diz-se uma das seguintes:

Ó Deus, só vós sois santo e sem vós ninguém pode ser bom. Pela intercessão de São (Sto.) N., dai-nos viver de tal modo, que não sejamos despojados da vossa glória. Por nosso Senhor Jesus Cristo, vosso Filho, na unidade do Espírito Santo.

Ou:

Ó Deus, que o exemplo de vossos santos nos leve a uma vida mais perfeita e, celebrando a memória de São (Sto.) N., imitemos constantemente suas ações. Por nosso Senhor Jesus Cristo, vosso Filho, na unidade do Espírito Santo.

Para vários santos:

Deus eterno e todo-poderoso, que pela glorificação dos santos continuais manifestando o vosso amor por nós, concedei que sejamos ajudados por sua intercessão e animados pelo seu exemplo, na imitação fiel do vosso Filho. Que convosco vive e reina, na unidade do Espírito Santo.

Para um santo religioso:

Ó Deus, concedei-nos, pelas preces de São (Sto.) N., a quem destes perseverar na imitação de Cristo pobre e humilde, seguir a nossa vocação com fidelidade e chegar àquela perfeição que nos propusestes em vosso Filho. Que convosco vive e reina, na unidade do Espírito Santo.

Para um santo que se dedicou às obras de caridade:

Ó Pai, como ensinastes à vossa Igreja que todos os mandamentos se resumem em amar a Deus e ao próximo, concedei-nos, a exemplo de São (Sto.) N., praticar obras de caridade, para sermos contados entre os benditos do vosso Reino. Por nosso Senhor Jesus Cristo, na unidade do Espírito Santo.

Para um santo educador:

Ó Deus, que suscitastes São (Sto.) N. na vossa Igreja, para mostrar ao próximo o caminho da salvação, concedei-nos seguir também o Cristo, nosso Mestre, e chegar até vós com nossos irmãos. Por nosso Senhor Jesus Cristo, vosso Filho, na unidade do Espírito Santo.

COMUM DAS SANTAS MULHERES

I Vésperas

HINO, Louvor à mulher forte, ou Ó Cristo, autor dos seres, como nas II Vésperas, p. 1724.

Salmodia

Ant. 1 Bendito seja o nome do Senhor,
que em suas santas revelou o seu amor!

Salmo 112(113)

– ¹ Louvai, louvai, ó servos do Senhor, *
 louvai, louvai o nome do Senhor!
– ² Bendito seja o nome do Senhor, *
 agora e por toda a eternidade!
– ³ Do nascer do sol até o seu ocaso, *
 louvado seja o nome do Senhor!
– ⁴ O Senhor está acima das nações, *
 sua glória vai além dos altos céus.
= ⁵ Quem pode comparar-se ao nosso Deus, †
 ao Senhor, que no alto céu tem o seu trono *
 ⁶ e se inclina para olhar o céu e a terra?
– ⁷ Levanta da poeira o indigente *
 e do lixo ele retira o pobrezinho,
– ⁸ para fazê-lo assentar-se com os nobres, *
 assentar-se com os nobres do seu povo.
– ⁹ Faz a estéril, mãe feliz em sua casa, *
 vivendo rodeada de seus filhos.

Ant. Bendito seja o nome do Senhor,
que em suas santas revelou o seu amor!

Ant. 2 Glorifica o Senhor, Jerusalém,
que os teus filhos em teu seio abençoou.

Salmo 147(147 B)

— ¹²Glorifica o Senhor, Jerusalém! *
   Ó Sião, canta louvores ao teu Deus!
— ¹³Pois reforçou com segurança as tuas portas, *
   e os teus filhos em teu seio abençoou;
— ¹⁴a paz em teus limites garantiu *
   e te dá como alimento a flor do trigo.
— ¹⁵Ele envia suas ordens para a terra, *
   e a palavra que ele diz corre veloz;
— ¹⁶ele faz cair a neve como lã *
   e espalha a geada como cinza.
— ¹⁷Como de pão lança as migalhas do granizo, *
   a seu frio as águas ficam congeladas.
— ¹⁸Ele envia sua palavra e as derrete, *
   sopra o vento e de novo as águas correm.
— ¹⁹Anuncia a Jacó sua palavra, *
   seus preceitos e suas leis a Israel.
— ²⁰Nenhum povo recebeu tanto carinho, *
   a nenhum outro revelou os seus preceitos.

Ant. Glorifica o Senhor, Jerusalém,
   que os teus filhos em teu seio abençoou.

Ant. 3 O Senhor se agradou muito de ti,
   e serás a alegria do teu Deus.

Cântico — Ef 1,3-10

— ³Bendito e louvado seja Deus, *
   o Pai de Jesus Cristo, Senhor nosso,
— que do alto céu nos abençoou em Jesus Cristo *
   com bênção espiritual de toda sorte!

(R. Bendito sejais vós, nosso Pai,
   que nos abençoastes em Cristo!)

— ⁴Foi em Cristo que Deus Pai nos escolheu, *
   já bem antes de o mundo ser criado,

— para que **fôssemos**, perante a sua face, *
sem **má**cula e santos pelo amor. (R.)

= ⁵ Por **li**vre decisão de sua vontade, †
prede**sti**nou-nos, através de Jesus Cristo, *
a sermos **ne**le os seus filhos adotivos,

— ⁶ para o lou**vor** e para a glória de sua graça, *
que em seu **Fi**lho bem-amado nos doou. (R.)

— ⁷ É **ne**le que nós temos redenção, *
dos pe**ca**dos remissão pelo seu sangue.

= Sua **gra**ça transbordante e inesgotável †
⁸ Deus de**rra**ma sobre nós com abundância, *
de sa**ber** e inteligência nos dotando. (R.)

— ⁹ E as**sim**, ele nos deu a conhecer *
o mis**té**rio de seu plano e sua vontade,

— que pro**pu**sera em seu querer benevolente, *
¹⁰ na pleni**tu**de dos tempos realizar:

— o de**síg**nio de, em Cristo, reunir *
todas as **coi**sas: as da terra e as do céu. (R.)

Ant. O **Se**nhor se agra**dou** muito de **ti**,
e se**rás** a ale**gri**a do teu **Deus**.

Leitura breve
Fl 3,7-8

Estas coisas, que eram vantagens para mim, considerei-as como perda, por causa de Cristo. Na verdade, considero tudo como perda diante da vantagem suprema que consiste em conhecer a Cristo Jesus, meu Senhor. Por causa dele eu perdi tudo. Considero tudo como lixo, para ganhar Cristo e ser encontrado unido a ele.

Responsório breve
R. **Exul**to de alegria
 * Em **vos**so grande **amor**. R. **Exul**to.
V. Pois **olhas**tes, ó Senhor, para as **mi**nhas afli**ções**.
 * Em **vos**so. Glória ao **Pai**. R. **Exul**to.

Cântico evangélico, ant.

A vós o **fru**to e a co**lhei**ta que plan**ta**ram vossas **mãos!**
E, nas **nos**sas assem**blei**as, o lou**vor** tão mere**ci**do!

Para várias santas:

Glori**ai**-vos em seu **no**me que é **san**to,
e**xul**te o cora**ção** que busca a **Deus!**

Preces

Por intercessão das santas mulheres, peçamos ao Senhor em favor da Igreja; e digamos:

R. **Lembrai-vos, Senhor, da vossa Igreja!**

Por intercessão das santas mártires, que venceram a morte do corpo com o vigor do espírito,
— concedei à vossa Igreja a fortaleza nas provações. R.

Por intercessão das santas casadas, que progrediram em graça na vida matrimonial,
— concedei à vossa Igreja a fecundidade apostólica. R.

Por intercessão das santas viúvas, que superaram e santificaram sua solidão mediante a oração e a hospitalidade,
— concedei à vossa Igreja que manifeste perante o mundo o mistério da vossa caridade. R.

Por intercessão das santas mães, que geraram filhos para o Reino de Deus e para a sociedade humana,
— concedei à vossa Igreja que transmita a vida divina e a salvação a toda a humanidade. R.

(intenções livres)

Por intercessão de todas as santas mulheres, que já mereceram contemplar a luz da vossa face,
— concedei aos irmãos e irmãs falecidos de vossa Igreja a eterna alegria da mesma visão. R.

Pai nosso...

Oração

Não havendo oração própria, diz-se uma das seguintes:
Ó Deus, que nos alegrais cada ano com a festa de Santa N., fazei-nos, venerando sua memória, seguir o exemplo de sua vida. Por nosso Senhor Jesus Cristo, vosso Filho, na unidade do Espírito Santo.

Ou:
Concedei-nos, ó Deus, a sabedoria e o amor que inspirastes à vossa filha Santa N., para que, seguindo seu exemplo de fidelidade, nos dediquemos ao vosso serviço, e vos agrademos pela fé e pelas obras. Por nosso Senhor Jesus Cristo, vosso Filho, na unidade do Espírito Santo.

Para várias santas mulheres:
Ó Deus todo-poderoso, pelas preces das Santas N. e N., que nos deixaram em suas vidas um exemplo admirável, concedei-nos os auxílios celestes. Por nosso Senhor Jesus Cristo, vosso Filho, na unidade do Espírito Santo.

Para uma santa religiosa:
Ó Deus, concedei-nos, pelas preces de Santa N., a quem destes perseverar na imitação do Cristo pobre e humilde, seguir a nossa vocação com fidelidade e chegar àquela perfeição que nos propusestes em vosso Filho. Que convosco vive e reina, na unidade do Espírito Santo.

Para uma santa que se dedicou às obras de caridade:
Ó Pai, como ensinastes à vossa Igreja que todos os mandamentos se resumem em amar a Deus e ao próximo, concedei-nos, a exemplo de Santa N., praticar obras de caridade, para sermos contados entre os benditos do vosso Reino. Por nosso Senhor Jesus Cristo, vosso Filho, na unidade do Espírito Santo.

Para uma santa educadora:
Ó Deus, que suscitastes Santa N. na vossa Igreja para mostrar ao próximo o caminho da salvação, concedei-nos seguir

também o Cristo, nosso Mestre, e chegar até vós com nossos irmãos. Por nosso Senhor Jesus Cristo, vosso Filho, na unidade do Espírito Santo.

Invitatório

R. Adoremos o Se**nhor**, admi**rá**vel nos seus **san**tos.
Ou:

R. Na **fes**ta de Santa N, cele**bre**mos o Se**nhor**!
Salmo invitatório como no Ordinário, p. 583.

Ofício das Leituras

Hino

Para uma santa mulher:
>Esta louvável mulher,
>por suas obras honrada,
>já com os anjos triunfa
>pelas virtudes ornada.
>
>A Deus orava com lágrimas
>e com fiel coração,
>entre jejuns e vigílias,
>fiel à santa oração.
>
>Do mundo a glória pisou,
>firmando a mente no bem.
>E, na perfeita justiça,
>dos céus subiu mais além.
>
>Em sua casa ela fez
>brilhar as santas ações.
>Seu prêmio agora recebe
>de Deus nas altas mansões.
>
>Honra, poder, majestade
>ao Uno e Trino Senhor.
>Ouvindo as preces da santa,
>nos una aos santos no Amor.

Para várias santas mulheres:
>   Estas louváveis mulheres,
>   por suas obras honradas,
>   já com os anjos triunfam
>   pelas virtudes ornadas.
>
>   A Deus oravam com lágrimas
>   e com fiel coração,
>   entre jejuns e vigílias,
>   fiéis à santa oração.
>
>   Do mundo a glória pisaram,
>   firmando a mente no bem.
>   E, na perfeita justiça,
>   dos céus subiram além.
>
>   Em sua casa fizeram
>   brilhar as santas ações.
>   Seu prêmio agora recebem
>   de Deus nas altas mansões.
>
>   Honra, poder, majestade
>   ao Uno e Trino Senhor.
>   Ouvindo as preces das santas,
>   nos una aos santos no Amor.

Salmodia
Ant. 1 **Palavras sábias proferiram os seus lábios,
e sua língua obedeceu à lei do amor.**

Salmo 18(19)A

— ² Os céus pro**cla**mam a **gló**ria do Se**nhor**, *
   e o firma**men**to, a obra de suas mãos;
— ³ o dia ao **dia** transmite esta mensagem, *
   a noite à **noi**te publica esta notícia.
— ⁴ Não são dis**cur**sos nem frases ou palavras, *
   nem são **vo**zes que possam ser ouvidas;
— ⁵ seu som res**so**a e se espalha em toda a terra, *
   chega aos con**fins** do universo a sua voz. —

– ⁶Armou no **al**to uma tenda para o sol; *
ele despo**n**ta no céu e se levanta
– como um espo**s**o do quarto nupcial, *
como um he**rói** exultante em seu caminho.
– ⁷De um ex**tre**mo do céu põe-se a correr *
e vai tra**çan**do o seu rastro luminoso,
– até que **pos**sa chegar ao outro extremo, *
e nada **po**de fugir ao seu calor.

Ant. Palavras **sá**bias proferiram os seus **lá**bios,
e sua **lín**gua obede**ceu** à lei do **a**mor.

Ant. 2 As **san**tas mulheres em **Deus** confiaram
e a **e**le cantaram em **seu** cora**ção**.

Salmo 44(45)

I

= ²Transbor**da** um poema do **meu** cora**ção**; †
vou can**tar**-vos, ó Rei, esta **mi**nha canção; *
minha **lín**gua é qual pena de um **á**gil escriba.

= ³Sois tão **be**lo, o mais belo entre os **fi**lhos dos homens! †
Vossos **lá**bios espalham a **gra**ça, o encanto, *
porque **Deus**, para sempre, vos **deu** sua bênção.

– ⁴Le**vai** vossa espada de **gló**ria no flanco, *
he**rói** valoroso, no **vos**so esplendor;
– ⁵saí para a luta no **car**ro de guerra *
em de**fe**sa da fé, da jus**ti**ça e verdade!

= Vossa **mão** vos ensine va**len**tes proezas, †
⁶vossas **fle**chas agudas a**ba**tam os povos *
e **fi**ram no seu cora**ção** o inimigo!

= ⁷Vosso **tro**no, ó Deus, é e**ter**no, é sem fim; †
vosso **ce**tro real é si**nal** de justiça: *
⁸Vós a**mais** a justiça e odi**ais** a maldade. –

= É por isso que Deus vos ungiu com seu óleo, †
  deu-vos mais alegria que aos vossos amigos. *
  ⁹Vossas vestes exalam preciosos perfumes.
– De ebúrneos palácios os sons vos deleitam. *
  ¹⁰As filhas de reis vêm ao vosso encontro,
– e à vossa direita se encontra a rainha *
  com veste esplendente de ouro de Ofir.

Ant. As santas mulheres em Deus confiaram
  e a ele cantaram em seu coração.

Ant. 3 Na celeste mansão, do Senhor se aproximam
  entre cantos de festa e com grande alegria

II

–¹¹Escutai, minha filha, olhai, ouvi isto: *
  "Esquecei vosso povo e a casa paterna!
–¹²Que o Rei se encante com vossa beleza! *
  Prestai-lhe homenagem: é vosso Senhor!
–¹³O povo de Tiro vos traz seus presentes, *
  os grandes do povo vos pedem favores.
–¹⁴Majestosa, a princesa real vem chegando, *
  vestida de ricos brocados de ouro.
–¹⁵Em vestes vistosas ao Rei se dirige, *
  e as virgens amigas lhe formam cortejo;
–¹⁶entre cantos de festa e com grande alegria, *
  ingressam, então, no palácio real".
–¹⁷Deixareis vossos pais, mas tereis muitos filhos; *
  fareis deles os reis soberanos da terra.
–¹⁸Cantarei vosso nome de idade em idade, *
  para sempre haverão de louvar-vos os povos!

Ant. Na celeste mansão, do Senhor se aproximam
  entre cantos de festa e com grande alegria.

V. Que vos agrade o cantar dos meus lábios.
R. Que ele chegue até vós, meu Rochedo e meu Redentor!

Primeira leitura

Toma-se a leitura mais apropriada dentre as que se encontram no Comum dos santos homens, p. 1685-1689.

Ou, para uma santa que viveu no Matrimônio:

Do Livro dos Provérbios 31,10-31

A mulher que teme a Deus

¹⁰Uma mulher forte, quem a encontrará?
Ela vale muito mais do que as joias.
¹¹Seu marido confia nela plenamente,
e não terá falta de recursos.
¹²Ela lhe dá só alegria e nenhum desgosto,
todos os dias de sua vida.
¹³Procura lã e linho,
e com habilidade trabalham as suas mãos.
¹⁴É semelhante ao navio do mercador
que importa de longe a provisão.
¹⁵Ela se levanta, anda de noite,
para alimentar a família e dar ordens às empregadas.
¹⁶Examina um terreno e o compra,
e com o ganho das suas mãos planta uma vinha.
¹⁷Cinge a cintura com firmeza,
e redobra a força dos seus braços.
¹⁸Sabe que os negócios vão bem,
e de noite sua lâmpada não se apaga.
¹⁹Estende a mão para a roca
e seus dedos seguram o fuso.
²⁰Abre suas mãos ao necessitado
e estende suas mãos ao pobre.
²¹Se neva, não teme pela casa,
porque todos os criados vestem roupas forradas.
²²Tece roupas para o seu uso,
e veste-se de linho e púrpura.
²³Seu marido é respeitado, no tribunal,
quando se assenta entre os anciãos da cidade.

²⁴Fabrica tecidos para vender,
e fornece cinturões ao comerciante.
²⁵Fortaleza e dignidade são seus adornos
e sorri diante do futuro.
²⁶Abre a boca com sabedoria,
e sua língua ensina com bondade.
²⁷Supervisiona o andamento da sua casa,
e não come o pão na ociosidade.
²⁸Seus filhos levantam-se para felicitá-la,
seu marido, para fazer-lhe elogios:
²⁹"Muitas mulheres são fortes,
tu, porém, a todas ultrapassas!"
³⁰O encanto é enganador e a beleza é passageira;
a mulher que teme ao Senhor, essa sim, merece louvor.
³¹Proclamem o êxito de suas mãos,
e na praça louvem-na as suas obras!

Responsório   Cf. Pr 31,17.18; cf. Sl 45(46),6
R. Eis **aqui** a mu**lher** que é per**feita**,
   reves**tida** da **força** de **Deus.**
 * Sua **luz** não se a**paga** de **noite**.
V. O Se**nhor** a sustenta com a **luz** de sua **face**.
   Quem a **po**de aba**lar**? Deus **está** junto a **ela**.
 * Sua **luz.**

Ou outra para uma santa que viveu no Matrimônio:

Da Primeira Carta de São Pedro   3,1-6.8-17
Santificai em vossos corações o Senhor Jesus Cristo

¹Esposas, submetei-vos aos vossos maridos. Assim, os que ainda não obedecem à Palavra poderão ser conquistados, mesmo sem discursos, pelo comportamento de suas esposas, ²ao observarem a sua conduta casta e respeitosa. ³O vosso adorno não consista em coisas externas, tais como

cabelos trançados, joias de ouro, vestidos luxuosos, ⁴mas na personalidade que se esconde no vosso coração, marcada pela estabilidade de um espírito suave e sereno, coisa pre ciosa diante de Deus. ⁵Era assim que se adornavam, outrora, as santas mulheres que colocavam sua esperança em Deus: eram submissas aos seus maridos. ⁶Deste modo, Sara obedeceu a Abraão chamando-o seu senhor. Vós vos tornareis filhas de Sara, se praticardes o bem, sem vos deixardes intimidar por ninguém.

⁸Finalmente, sede todos unânimes, compassivos, fraternos, misericordiosos e humildes. ⁹Não pagueis o mal com o mal, nem ofensa com ofensa. Ao contrário, abençoai, porque para isto fostes chamados: para serdes herdeiros da bênção.

¹⁰De fato, quem quer amar a vida
e ver dias felizes,
guarde a sua língua do mal
e seus lábios de falar mentiras.
¹¹Afaste-se do mal e faça o bem,
busque a paz e procure segui-la.
¹²Pois os olhos do Senhor repousam nos justos
e seus ouvidos estão atentos à sua prece,
mas o rosto do Senhor volta-se contra os malfeitores.

¹³Ora quem é que vos fará mal, se vos esforçais para fazer o bem? ¹⁴Mas também, se tiverdes que sofrer por causa da justiça, sereis felizes. Não tenhais medo de suas intimidações, nem vos deixeis perturbar. ¹⁵Antes, santificai em vossos corações o Senhor Jesus Cristo, e estai sempre prontos a dar razão da vossa esperança a todo aquele que vo-la pedir. ¹⁶Fazei-o, porém, com mansidão e respeito e com boa consciência. Então, se em alguma coisa fordes difamados, ficarão com vergonha aqueles que ultrajam o vosso bom procedimento em Cristo. ¹⁷Pois será melhor sofrer praticando o bem, se esta for a vontade de Deus, do que praticando o mal.

Responsório   Fl 2,2.3.4; 1Ts 5,14-15

R. Tende a**mor,** conside**ra**ndo cada **um**
 aos **ou**tros superi**o**res a si **mes**mo.
 *Não cui**da**ndo cada **um** só da**qui**lo que é **seu,**
 mas tam**bém** do que é dos **ou**tros.
V. Ampa**rai** os que são **fra**cos, sede com **to**dos paci**en**tes,
 bus**cai** constante**men**te o bem dos **ou**tros e de **to**dos.
 *Não cui**da**ndo.

Segunda leitura
Toma-se a leitura mais apropriada dentre as que se encontram no Comum dos santos homens, p. 1689-1692.

Ou, para uma santa que viveu no Matrimônio:

Da Alocução do papa Pio XII a um grupo de recém-casados
    (Discorsi e Radiomessaggi, 11 mart. 1942: 3,385-390)
                                      (Séc. XX)

A esposa, o sol da família

   A família tem o brilho de um sol que lhe é próprio; a esposa. Ouvi o que a Sagrada Escritura afirma e sente a respeito dela: *A graça da mulher dedicada é a delícia do marido. Mulher santa e pudica é graça primorosa. Como o sol que se levanta nas alturas do Senhor, assim o encanto da boa esposa na casa bem-ordenada* (Eclo 26,16.19.21).
   Realmente, a esposa e mãe é o sol da família. É sol por sua generosidade e dedicação, pela disponibilidade constante e pela delicadeza e atenção em relação a tudo quanto possa tornar agradável a vida do marido e dos filhos. Irradia luz e calor do espírito. Costuma-se dizer que a vida de um casal será harmoniosa quando cada cônjuge, desde o começo, procura não a sua felicidade, mas a do outro. Todavia, este nobre sentimento e propósito, embora pertença a ambos,

constitui principalmente uma virtude da mulher. Por natureza, ela é dotada de sentimentos maternos e de uma sabedoria e prudência de coração que a faz responder com alegria às contrariedades; quando ofendida, inspira dignidade e respeito, à semelhança do sol que ao raiar alegra a manhã coberta pelo nevoeiro e, quando se põe, tinge as nuvens com seus raios dourados.

A esposa é o sol da família pela limpidez do seu olhar e o calor da sua palavra. Com seu olhar e sua palavra penetra suavemente nas almas, acalmando-as e conseguindo afastá-las do tumulto das paixões. Traz o marido de volta à alegria do convívio familiar e lhe restitui a boa disposição, depois de um dia de trabalho ininterrupto e muitas vezes esgotante, seja nos escritórios ou no campo, ou ainda nas absorventes atividades do comércio ou da indústria.

A esposa é o sol da família por sua natural e serena sinceridade, sua digna simplicidade, seu distinto porte cristão; e ainda pela retidão do espírito, sem dissipação, e pela fina compostura com que se apresenta, veste e adorna, mostrando-se ao mesmo tempo reservada e amável. Sentimentos delicados, agradáveis expressões do rosto, silêncio e sorriso sem malícia e um condescendente sinal de cabeça: tudo isso lhe dá a beleza de uma flor rara mas simples que, ao desabrochar, se abre para receber e refletir as cores do sol.

Ah, se pudésseis compreender como são profundos os sentimentos de amor e de gratidão que desperta e grava no coração do pai e dos filhos semelhante perfil de esposa e de mãe!

Responsório　　　　　　　　　　　　　Eclo 26,16.19.21

R. A **graça** da mu**lher**, que **é** dedi**ca**da, **alegra** o seu ma**rido**.

* **Graça** sobre **graça** é a mu**lher**, que é sen**sata** e virtu**osa**.

V. Como o **sol** que se le**van**ta no hori**zon**te
   e re**ful**ge nas al**tu**ras,
   as**sim** são as vir**tu**des da **mul**her,
   orna**men**to de sua **ca**sa. * **Graça.**

Nas solenidades e festas diz-se o HINO Te Deum, p. 589.
Oração como nas Laudes.

Laudes

Hino

Para uma santa mulher:
   Na nobre serva de Cristo
   com grande esplendor brilhou
   da mulher forte a beleza,
   que a Santa Bíblia cantou.

   Viveu a fé, a esperança
   e a caridade integral,
   raiz das obras perfeitas
   de puro amor fraternal.

   Por suas preces movido,
   Jesus, salvai os culpados,
   e assim a vós louvaremos
   de corações renovados.

   Glória e poder a Deus Pai,
   do qual o mundo provém,
   a vós, ó Cristo, e ao Espírito,
   agora e sempre. Amém.

Para várias santas mulheres:
   Nas nobres servas de Cristo
   com grande esplendor brilhou
   da mulher forte a beleza,
   que a Santa Bíblia cantou.

   Não teve o mundo em seus laços
   as que só Deus procuraram,

e o odor de Jesus Cristo
por toda parte espalharam.

A alma e o corpo domando
pelo jejum e a oração,
os bens que passam deixaram
por uma eterna mansão.

Louvor e poder a Deus Pai,
que o mundo inteiro governa
e reserva para os seus
a glória da vida eterna.

Ant. 1 Minh'**al**ma se a**gar**ra em **vós**,
com po**der** vossa **mão** me sus**ten**ta.

Salmos e cântico do domingo da I Semana, p. 626.

Ant. 2 A **mão** do Se**nhor** vos dá **for**ça,
vós se**reis** para **sem**pre ben**di**ta!

Ant. 3 E**xul**to de ale**gri**a pelo **vos**so grande a**mor**!

Leitura breve   Rm 12,1-2

Pela misericórdia de Deus, eu vos exorto, irmãos, a vos oferecerdes em sacrifício vivo, santo e agradável a Deus: Este é o vosso culto espiritual. Não vos conformeis com o mundo, mas transformai-vos, renovando vossa maneira de pensar e de julgar, para que possais distinguir o que é da vontade de Deus, isto é, o que é bom, o que lhe agrada, o que é perfeito.

Responsório breve

R. O Se**nhor** a sus**ten**ta
 * Com a **luz** de sua **fa**ce. R. O Se**nhor**.
V. Quem a **po**de aba**lar**? Deus es**tá** junto a **e**la.
 * Com a **luz**. Glória ao **Pai.** R. O Se**nhor**.

Para várias santas mulheres:

R. Os **jus**tos se a**le**gram
 * na pre**sen**ça do Se**nhor**. R. Os **jus**tos.

V. Rejubilam satisfeitos, e exultam de alegria.
   * Na presença. Glória ao **Pai**. R. Os **jus**tos.

Cântico evangélico, ant.

O **Reino** dos **Céus** é semelhante
ao comprador de raras pérolas preciosas;
quando encontra a mais bela entre todas,
vende tudo o que possui para comprá-la.

Preces

Juntamente com todas as santas mulheres, louvemos, irmãos, nosso Salvador; e peçamos:

R. **Vinde, Senhor Jesus!**

Senhor Jesus, que perdoastes à mulher pecadora todos os seus pecados porque ela muito amou,
– perdoai-nos também os nossos muitos pecados. R.

Senhor Jesus, a quem as santas mulheres serviam em vossas jornadas,
– concedei-nos seguir fielmente os vossos passos. R.

Senhor Jesus, Mestre a quem Maria escutava, enquanto Marta vos servia;
– concedei-nos também vos servirmos na fé e na caridade.
R.

Senhor Jesus, que chamastes irmão, irmã e mãe a todos aqueles que cumprem a vontade do Pai,
– fazei que sempre vos agrademos em palavras e ações. R.

(intenções livres)

Pai nosso...

Oração

Não havendo oração própria, diz-se uma das seguintes:

Ó Deus, que nos alegrais cada ano com a festa de Santa N., fazei-nos, venerando sua memória, seguir o exemplo de sua vida. Por nosso Senhor Jesus Cristo, vosso Filho, na unidade do Espírito Santo.

Ou:

Concedei-nos, ó Deus, a sabedoria e o amor que inspirastes à vossa filha Santa N., para que, seguindo seu exemplo de fidelidade, nos dediquemos ao vosso serviço, e vos agrademos pela fé e pelas obras. Por nosso Senhor Jesus Cristo, vosso Filho, na unidade do Espírito Santo.

Para várias santas mulheres:

Ó Deus todo-poderoso, pelas preces das Santas N. e N., que nos deixaram em suas vidas um exemplo admirável, concedei-nos os auxílios celestes. Por nosso Senhor Jesus Cristo, vosso Filho, na unidade do Espírito Santo.

Para uma santa religiosa:

Ó Deus, concedei-nos, pelas preces de Santa N., a quem destes perseverar na imitação do Cristo pobre e humilde, seguir a nossa vocação com fidelidade e chegar àquela perfeição que nos propusestes em vosso Filho. Que convosco vive e reina, na unidade do Espírito Santo.

Para uma santa que se dedicou às obras de caridade:

Ó Pai, como ensinastes à vossa Igreja que todos os mandamentos se resumem em amar a Deus e ao próximo, concedei-nos, a exemplo de Santa N., praticar obras de caridade, para sermos contados entre os benditos do vosso Reino. Por nosso Senhor Jesus Cristo, vosso Filho, na unidade do Espírito Santo.

Para uma santa educadora:

Ó Deus, que suscitastes Santa N. na vossa Igreja, para mostrar ao próximo o caminho da salvação, concedei-nos seguir também o Cristo, nosso Mestre, e chegar até vós com nossos irmãos. Por nosso Senhor Jesus Cristo, vosso Filho, na unidade do Espírito Santo.

Hora Média

Nos Salmos graduais, em lugar do Salmo 121(122), pode-se dizer o Salmo 128(129), à p. 1119, e, em lugar do Salmo 126(127), o Salmo 130 (131), à p. 738.

Oração das Nove Horas

Ant. Derramarei meu Espírito sobre meus servos e servas.

Leitura breve   Gl 6,7b-8

O que o homem tiver semeado, é isso que vai colher. Quem semeia na sua própria carne colherá corrupção; Quem semeia no espírito, do espírito colherá a vida eterna.

V. Feliz o homem sem pecado em seu caminho
R. Que na Lei do Senhor Deus vai progredindo

Oração das Doze Horas

Ant. Meu coração e minha carne rejubilam
    e exultam de alegria no Deus vivo.

Leitura breve   1Cor 9,26-27a

Por isso, eu corro, mas não à toa. Eu luto, mas não como quem dá murros no ar. Trato duramente o meu corpo e o subjugo.

V. Encontrei o grande amor da minha vida.
R. Vou guardá-lo para sempre junto a mim

Oração das Quinze Horas

Ant. Eu sou toda do Senhor, e o Senhor é todo meu.

Leitura breve   Fl 4,8.9b

Quanto ao mais, irmãos, ocupai-vos com tudo o que é verdadeiro, respeitável, justo, puro, amável, honroso, tudo o que é virtude ou de qualquer modo mereça louvor. Assim o Deus da paz estará convosco.

V. Eu quero cantar os meus hinos a Deus.
R. Desejo trilhar o caminho do bem.

Oração como nas Laudes.

II Vésperas

Hino

Para uma santa mulher:

Louvor à mulher forte,
firme de coração.
Em glória e santidade
refulge o seu clarão.

Calcando aos pés o mundo
das coisas transitórias,
por santo amor ferida,
caminha para a glória.

Domina por jejuns
da carne a rebeldia.
O pão da prece nutre
sua alma de alegria.

Só vós fazeis prodígios,
ó Cristo, Rei dos fortes.
A prece desta santa
na luta nos conforte.

Jesus, a vós a glória!
A nós guiai também,
com vossa humilde serva,
à vida eterna. Amém.

Para várias santas mulheres:

Ó Cristo, autor dos seres,
que a tudo governais,
daqueles que vos louvam
as culpas apagais.

Guardais em vasos frágeis
as pedras preciosas.
Mulheres muito fracas
tornastes valorosas.

Sensíveis, delicadas,
mas fortes pelo amor,
recebem a coroa
no Reino do Senhor.

Ao Pai e ao Filho glória,
e ao seu Amor também,
poder, louvor, vitória
agora e sempre. Amém.

Salmodia

Ant. 1 Vossa **ser**va, ó Se**nhor**,
exul**tou** de ale**gri**a pela **vos**sa salva**ção**.

Salmo 121(122)

— ¹Que ale**gri**a, quando ou**vi** que me dis**se**ram: *
"Vamos à **ca**sa do Se**nhor**!"
— ²E a**go**ra nossos pés já se detêm, *
Jerusa**lém**, em tuas portas.
— ³Jerusa**lém**, cidade bem edificada *
num con**jun**to harmonioso;
— ⁴para **lá** sobem as tribos de Israel, *
as **tri**bos do Senhor.
— Para lou**var**, segundo a lei de Israel, *
o **no**me do Senhor.
— ⁵A **se**de da justiça lá está *
e o **tro**no de Davi.
— ⁶Ro**gai** que viva em paz Jerusalém, *
e em segu**ran**ça os que te amam!
— ⁷Que a **paz** habite dentro de teus muros, *
tranquili**da**de em teus palácios!
— ⁸Por a**mor** a meus irmãos e meus amigos, *
peço: "A **paz** esteja em ti!"
— ⁹Pelo a**mor** que tenho à casa do Senhor, *
eu te desejo todo bem!

Ant. Vossa **serva**, ó **Senhor**,
    exul**tou** de ale**gri**a pela **vossa** salva**ção**.

Ant. 2 Como ali**cerce** sobre a **rocha** inaba**lá**vel,
    foi a Pala**v**ra do **Senhor** em sua **vida**.

Salmo 126(127)

– ¹Se o **Senhor** não constru**ir** a nossa **casa**, *
    em **vão** trabalharão seus construtores;
– se o **Senhor** não vigiar nossa cidade, *
    em **vão** vigiarão as sentinelas!
– ²É in**ú**til levantar de madrugada, *
    ou à **noi**te retardar vosso repouso,
– para ga**nhar** o pão sofrido do trabalho, *
    que a seus **ama**dos Deus concede enquanto dormem.
– ³Os **fi**lhos são a bênção do Senhor, *
    o **fru**to das entranhas, sua dádiva.
– ⁴Como flechas que um guerreiro tem na mão, *
    são os **fi**lhos de um casal de esposos jovens.
– ⁵Fe**liz** aquele pai que com tais flechas *
    consegue abastecer a sua aljava!
– Não se**rá** envergonhado ao enfrentar *
    seus ini**mi**gos junto às portas da cidade.

Ant. Como ali**cerce** sobre a **rocha** inaba**lá**vel,
    foi a Pala**v**ra do **Senhor** em sua **vida**.

Ant. 3 A **mão** do Senhor vos dá **força**.
    vós se**reis** para **sempre** ben**di**ta!

Cântico   Ef 1,3-10

– ³Ben**di**to e louva**do** seja **Deus**, *
    o **Pai** de Jesus Cristo, Senhor nosso,
– que do alto **céu** nos abençoou em Jesus Cristo *
    com **bên**ção espiritual de toda sorte!

(R. **Bendi**to sejais **vós**, nosso **Pai**,
  que **nos** abençoastes em **Cristo**!)

– ⁴Foi em **Cris**to que Deus Pai nos escolheu, *
  já bem **an**tes de o mundo ser criado,
– para que **fôs**semos, perante a sua face, *
  sem **má**cula e santos pelo amor. (R.)

= ⁵Por **li**vre decisão de sua vontade, †
  predesti**nou**-nos, através de Jesus Cristo, *
  a sermos **ne**le os seus filhos adotivos,
– ⁶para o lou**vor** e para a glória de sua graça, *
  que em seu **Fi**lho bem-amado nos doou. (R.)

– ⁷É **ne**le que nós temos redenção, *
  dos pe**ca**dos remissão pelo seu sangue.
= Sua **gra**ça transbordante e inesgotável †
  ⁸Deus derra**ma** sobre nós com abundância, *
  de sa**ber** e inteligência nos dotando. (R.)

– ⁹E as**sim**, ele nos deu a conhecer *
  o mis**té**rio de seu plano e sua vontade,
– que propusera em seu querer benevolente, *
  ¹⁰na pleni**tu**de dos tempos realizar:
– o de**síg**nio de, em Cristo, reunir *
  todas as **coi**sas: as da terra e as do céu. (R.)

Ant. A **mão** do Senhor vos dá **for**ça.
  vós se**reis** para **sem**pre bendita!

Leitura breve   Rm 8,28-30
Sabemos que tudo contribui para o bem daqueles que amam a Deus, daqueles que são chamados para a salvação, de acordo com o projeto de Deus. Pois aqueles que Deus contemplou com seu amor desde sempre, a esses ele predestinou a serem conformes à imagem de seu Filho, para que este seja o primogênito numa multidão de irmãos. E aqueles que Deus predestinou, também os chamou. E aos que cha-

mou, também os tomou justos; e aos que tornou justos, também os glorificou.

Responsório breve

R. O Senhor a escolheu,
 * Entre todas preferida. R. O Senhor.
V. O Senhor a fez morar em sua santa habitação.
 * Entre todas. Glória ao Pai. R. O Senhor.

Cântico evangélico, ant.

Exulta no Senhor meu coração
e minh'alma se eleva para Deus,
porque me alegro com a vossa salvação.

Preces

Por intercessão das santas mulheres, peçamos ao Senhor em favor da Igreja; e digamos:

R. **Lembrai-vos, Senhor, da vossa Igreja!**

Por intercessão das santas mártires, que venceram a morte do corpo com o vigor do espírito,
– concedei à vossa Igreja a fortaleza nas provações. R.

Por intercessão das santas casadas, que progrediram em graça na vida matrimonial,
– concedei à vossa Igreja a fecundidade apostólica. R.

Por intercessão das santas viúvas, que superaram e santificaram sua solidão mediante a oração e a hospitalidade,
– concedei à vossa Igreja que manifeste perante o mundo o mistério da vossa caridade. R.

Por intercessão das santas mães, que geraram filhos para o Reino de Deus e para a sociedade humana,
– concedei à vossa Igreja que transmita a vida divina e a salvação a toda a humanidade. R.

(intenções livres)

Por intercessão de todas as santas mulheres, que já mereceram contemplar a luz da vossa face,
– concedei aos irmãos e irmãs falecidos de vossa Igreja a eterna alegria da mesma visão. R.

Pai nosso...

Oração
Não havendo oração própria, diz-se uma das seguintes:
Ó Deus, que nos alegrais cada ano com a festa de Santa N., fazei-nos, venerando sua memória, seguir o exemplo de sua vida. Por nosso Senhor Jesus Cristo, vosso Filho, na unidade do Espírito Santo.

Ou:

Concedei-nos, ó Deus, a sabedoria e o amor que inspirastes à vossa filha Santa N., para que, seguindo seu exemplo de fidelidade, nos dediquemos ao vosso serviço, e vos agrademos pela fé e pelas obras. Por nosso Senhor Jesus Cristo, vosso Filho, na unidade do Espírito Santo.

Para várias santas mulheres :
Ó Deus todo-poderoso, pelas preces das Santas N. e N., que nos deixaram em suas vidas um exemplo admirável, concedei-nos os auxílios celestes. Por nosso Senhor Jesus Cristo, vosso Filho, na unidade do Espírito Santo.

Para uma santa religiosa:
Ó Deus, concedei-nos, pelas preces de Santa N., a quem destes perseverar na imitação do Cristo pobre e humilde, seguir a nossa vocação com fidelidade e chegar àquela perfeição que nos propusestes em vosso Filho. Que convosco vive e reina, na unidade do Espírito Santo.

Para uma santa que se dedicou às obras de caridade:
Ó Pai, como ensinastes à vossa Igreja que todos os mandamentos se resumem em amar a Deus e ao próximo, concedei-nos, a exemplo de Santa N., praticar obras de caridade, para sermos contados entre os benditos do vosso Reino. Por

nosso Senhor Jesus Cristo, vosso Filho, na unidade do Espírito Santo.

Para uma santa educadora:
Ó Deus, que suscitastes Santa N. na vossa Igreja, para mostrar ao próximo o caminho da salvação, concedei-nos seguir também o Cristo, nosso Mestre, e chegar até vós com nossos irmãos. Por nosso Senhor Jesus Cristo, vosso Filho, na unidade do Espírito Santo.

PARA SANTOS RELIGIOSOS E SANTAS RELIGIOSAS

Do Comum dos santos homens, p. 1677, ou das santas mulheres, 1705, exceto:

I Vésperas

HINO, Senhor, a vós cantamos, como nas II Vésperas, p. 1736.
Cântico evangélico, ant.
Quem **não** renunci**ar** a tudo **a**qu**i**lo que poss**ui**,
não pode **ser** o meu dis**cí**pulo.

Para um santo religioso:
Sobre **es**te desce a **bên**ção do Se**nhor**
e a recom**pen**sa de seu **Deus** e Salva**dor**;
porque **es**ta é a ge**ra**ção dos que o pro**cu**ram.

Uma santa religiosa:
O Se**nhor** a despo**sou** com seu **a**mor sempre fi**el**.

Oração

Não havendo oração própria, diz-se uma das seguintes:
Ó Deus, concedei-nos, pelas preces de São (Santa) N., a quem destes perseverar na imitação do Cristo pobre e humilde, seguir a nossa vocação com fidelidade e chegar àquela perfeição que nos propusestes em vosso Filho. Que convosco vive e reina, na unidade do Espírito Santo.

Para um santo abade:

Ó Deus, que nos destes no Santo abade N., um testemunho de perfeição evangélica, fazei-nos, em meio às agitações deste mundo, fixar os corações nos bens eternos. Por nosso Senhor Jesus Cristo, vosso Filho, na unidade do Espírito Santo.

Invitatório

R. Adoremos o Se**nhor**, admi**rá**vel nos seus **san**tos.
Ou:
R. Na **fes**ta de São (Sto. Sta.) N., cele**bre**mos o Se**nhor**
Salmo invitatório como no Ordinário, p. 583.

Ofício das Leituras

HINO Senhor, a vós cantamos, como nas II Vésperas, p. 1736.

Primeira leitura
Da Carta de São Paulo aos Filipenses 3,7-4,1.4-9

Alegrai-vos sempre no Senhor

Irmãos: ³,⁷Essas coisas, que eram vantagens para mim, considerei-as como perda, por causa de Cristo. ⁸Na verdade, considero tudo como perda diante da vantagem suprema que consiste em conhecer a Cristo Jesus, meu Senhor. Por causa dele eu perdi tudo. Considero tudo como lixo, para ganhar Cristo e ser encontrado unido a ele, ⁹não com minha justiça provinda da Lei, mas com a justiça por meio da fé em Cristo, a justiça que vem de Deus, na base da fé. ¹⁰Esta consiste em conhecer a Cristo, experimentar a força da sua ressurreição, ficar em comunhão com os seus sofrimentos, tornando-me semelhante a ele na sua morte, ¹¹para ver se alcanço a ressurreição dentre os mortos. ¹²Não que já tenha recebido tudo isso, ou que já seja perfeito. Mas corro para alcançá-lo, visto que já fui alcançado por Cristo Jesus.

¹³Irmãos, eu não julgo já tê-lo alcançado. Uma coisa, porém, eu faço: esquecendo o que fica para trás, eu me lanço para o que está na frente. ¹⁴Corro direto para a meta, rumo ao prêmio, que, do alto, Deus me chama a receber em Cristo Jesus.

¹⁵É assim que, enquanto perfeitos, devemos sentir e pensar. E se tiverdes um outro modo de sentir, Deus vos revelará o seu pensamento a esse respeito. ¹⁶Entretanto, onde quer que já tenhamos chegado, caminhemos na mesma direção.

¹⁷Sede meus imitadores, irmãos, e observai os que vivem de acordo com o exemplo que nós damos. ¹⁸Já vos disse muitas vezes, e agora o repito, chorando: há muitos por aí que se comportam como inimigos da cruz de Cristo. ¹⁹O fim deles é a perdição, o deus deles é o estômago, a glória deles está no que é vergonhoso e só pensam nas coisas terrenas. ²⁰Nós, porém, somos cidadãos do céu. De lá aguardamos o nosso Salvador, o Senhor, Jesus Cristo. ²¹Ele transformará o nosso corpo humilhado e o tornará semelhante ao seu corpo glorioso, com o poder que tem de sujeitar a si todas as coisas.

⁴,¹Assim, meus irmãos, a quem quero bem e dos quais sinto saudade, minha alegria, minha coroa, meus amigos, continuai firmes no Senhor.

⁴Alegrai-vos sempre no Senhor; eu repito, alegrai-vos. ⁵Que a vossa bondade seja conhecida de todos os homens! O Senhor está próximo! ⁶Não vos inquieteis com coisa alguma, mas apresentai as vossas necessidades a Deus, em orações e súplicas, acompanhadas de ação de graças. ⁷E a paz de Deus, que ultrapassa todo o entendimento, guardará os vossos corações e pensamentos em Cristo Jesus.

⁸Quanto ao mais, irmãos, ocupai-vos com tudo o que é verdadeiro, respeitável, justo, puro, amável, honroso, tudo o que é virtude ou de qualquer modo mereça louvor. ⁹Praticai o que aprendestes e recebestes de mim, ou que de mim vistes e ouvistes. Assim o Deus da paz estará convosco.

Responsório   Lc 12,35-36a; Mt 24,42

R. Estai de prontidão, cingi os vossos rins
e trazei em vossas mãos as lâmpadas acesas.
* E sede semelhantes a empregados, que esperam voltar o seu senhor das festas nupciais.
V. Portanto, vigiai, pois não sabeis o dia em que o Senhor há de chegar. * E sede.

Para uma monja:

Responsório   Sl 44(45);2

R. Desprezei o poder terrestre e toda pompa deste mundo, por causa do amor por Jesus, o meu Senhor,
* A quem eu vi, a quem amei e em quem acreditei.
V. Transborda um poema do meu coração: vou cantar-vos, ó Rei, esta minha canção.
* A quem eu vi.

Segunda leitura

Das Homilias sobre os Evangelhos, de São Gregório Magno, papa

    (Lib. 2, hom. 36,11-13: PL 76, 1272-1274)   (Séc. V)

No mundo, mas não do mundo

Desejaria exortar-vos a deixar tudo, mas não me atrevo. Se não podeis deixar as coisas do mundo, fazei uso delas de tal; modo que não vos prendam a ele, possuindo os bens terrenos sem deixar que vos possuam. Tudo o que possuís esteja sob o domínio do vosso espírito, para que não fiqueis presos pelo amor das coisas terrenas, sendo por elas dominados.

Usemos as coisas temporais, mas desejemos as eternas. As coisas temporais sejam simples ajuda para a caminhada, mas as eternas, o termo do vosso peregrinar. Tudo o que se passa neste mundo seja considerado como acessório. Que o olhar do nosso espírito se volte para frente, fixando-nos firmemente nos bens futuros que esperamos alcançar.

Extirpemos radicalmente os vícios, não só das nossas ações mas também dos pensamentos. Que o prazer da carne, o ardor da cobiça e o fogo da ambição não nos afastem da Ceia do Senhor! Até as coisas boas que realizamos no mundo, não nos apeguemos a elas, de modo que as coisas agradáveis sirvam ao nosso corpo sem prejudicar o nosso coração.

Por isso, irmãos, não ousamos dizer-vos que deixeis tudo. Entretanto, se o quiserdes, mesmo possuindo-as, deixareis todas as coisas se tiverdes o coração voltado para o alto. Pois quem põe a serviço da vida todas as coisas necessárias, sem ser por elas dominado, usa do mundo como se dele não usasse. Tais coisas estão ao seu serviço, mas sem perturbar o propósito de quem aspira às do alto. Os que assim procedem têm à sua disposição tudo o que é terreno, não como objeto de sua ambição, mas de sua utilidade. Por conseguinte, nada detenha o desejo do vosso espírito, nenhuma afeição vos prenda a este mundo.

Se amarmos o que é bom, deleite-se o nosso espírito com bens ainda melhores, isto é, os bens celestes. Se tememos o mal, ponhamos diante dos olhos os males eternos. Desse modo, contemplando na eternidade o que mais devemos amar e o que mais devemos temer, não nos deixaremos prender ao que existe na terra.

Para assim procedermos, contamos com o auxílio do Mediador entre Deus e os homens. Por meio dele logo obteremos tudo, se amarmos realmente aquele que, sendo Deus, vive e reina com o Pai e o Espírito Santo, pelos séculos dos séculos. Amém.

Responsório 1Cor 7,29.30.31; 2,12

R. Meus **irmãos**, o tempo é **breve**.
 Os que se **alegrem** sejam, **pois**,
 como se **não** se alegrassem;
 os que usam deste **mun**do, como se **dele** não **usas**sem,
 * Porque **passa** a aparência perecível deste **mun**do.
V. Nós, porém, não recebemos o espírito do mundo.
 * Porque **passa**.

Nas solenidades e festas diz-se o HINO Te Deum, p. 589.

Oração como nas Laudes.

Laudes

Hino

Jesus Cristo, ternura de Deus,
por quem somos votados ao Pai,
pelos ternos acenos do Espírito,
nossas almas na graça guiais.

Aos nascidos do Deus verdadeiro,
pela água na fonte lavados,
quereis ver darem frutos de graça,
pelo amor com que foram amados.

Vós chamais, e os chamados acorrem,
deixam tudo, ao fulgor desta luz,
e vos seguem, em busca do Pai,
pelos régios caminhos da cruz.

Este(a) santo(a), com todas as forças,
quis a vós se unir pelo amor.
Da virtude as mais altas montanhas
procurou escalar com ardor.

A Deus Pai, e a Jesus, Cristo Rei,
e ao Espírito, perene louvor.
Cem por um dais, ó Deus, para o pobre
que deu pouco, porém, com amor.

Cântico evangélico, ant.

Quem **faz** a vonta**de** do meu **Pai,**
é meu ir**mão,** minha ir**mã** e minha **mãe**.

Ou:

O Se**nhor** é a minha he**ran**ça,
ele é **bom** pra quem o **bus**ca

Oração

Não havendo oração própria, diz-se uma das seguintes:

Ó Deus, concedei-nos, pelas preces de São (Santa) N., a quem destes perseverar na imitação do Cristo pobre e humilde, seguir a nossa vocação com fidelidade e chegar àquela perfeição que nos propusestes em vosso Filho. Que convosco vive e reina, na unidade do Espírito Santo.

Para um santo abade:

Ó Deus, que nos destes no Santo abade N., um testemunho de perfeição evangélica, fazei-nos, em meio às agitações deste mundo, fixar os corações nos bens eternos. Por nosso Senhor Jesus Cristo, vosso Filho, na unidade do Espírito Santo.

II Vésperas

Hino

Senhor, a vós cantamos
um hino de louvor,
louvando o(a) vosso(a) santo(a)
perfeito(a) servidor(a).

Fiel seguiu a Cristo,
deixando as alegrias,
riquezas e prazeres
que o mundo oferecia.

Humilde, obediente,
a vós se consagrou;
do corpo a castidade
por Cristo conservou.

Buscou a vossa glória,
unido(a) a vós somente,
com todo o ser entregue
do amor ao fogo ardente.

A vós na terra preso(a)
por grande caridade,

no céu, feliz, triunfa
por toda a eternidade.

Seguindo o seu exemplo,
possamos caminhar
e um dia, a vós, Trindade,
louvor sem fim cantar.

Cântico evangélico, ant.
Vós que **tu**do aban**do**nastes e me se**gui**stes,
rece**be**reis cem vezes **mais** e a vida e**ter**na.
Ou:

Onde, **uni**dos os ir**mãos**, louvam a **Deus**,
ali tam**bém**, o Se**nhor** dá sua **bên**ção.
Oração como nas Laudes.

PARA OS SANTOS E AS SANTAS QUE SE DEDICARAM ÀS OBRAS DE CARIDADE

Do Comum dos santos homens, p. 1677, ou das santas mulheres p. 1705, exceto:

I Vésperas

Cântico evangélico, ant.
Será fe**liz** quem ama o **po**bre:
quem crê em **Deus**, ama seu **pró**ximo.
Oração como nas Laudes.

Ofício das Leituras

Primeira leitura
Da Primeira Carta de São Paulo aos Coríntios 12,31-13,13

A excelência da caridade

Irmãos: [12,31] Aspirai aos dons mais elevados. Eu vou ainda mostrar-vos um caminho incomparavelmente superior.

¹³,¹Se eu falasse todas as línguas, as dos homens e as dos anjos, mas não tivesse caridade, eu seria como um bronze que soa ou um címbalo que retine. ²Se eu tivesse o dom da profecia, se conhecesse todos os mistérios e toda a ciência, se tivesse toda a fé, a ponto de transportar montanhas, mas se não tivesse caridade, eu não seria nada.

³Se eu gastasse todos os meus bens para sustento dos pobres, se entregasse o meu corpo às chamas, mas não tivesse caridade, isso de nada me serviria.

⁴A caridade é paciente, é benigna; não é invejosa, não é vaidosa, não se ensoberbece; ⁵não faz nada de inconveniente, não é interesseira, não se encoleriza, não guarda rancor; ⁶não se alegra com a iniquidade, mas regozija-se com a verdade. ⁷Suporta tudo, crê tudo, espera tudo, desculpa tudo.

⁸A caridade não acabará nunca. As profecias desaparecerão, as línguas cessarão, a ciência desaparecerá. ⁹Com efeito, o nosso conhecimento é limitado e a nossa profecia é imperfeita. ¹⁰Mas, quando vier o que é perfeito, desaparecerá o que é imperfeito. ¹¹Quando eu era criança, falava como criança, pensava como criança, raciocinava como criança. Quando me tornei adulto, rejeitei o que era próprio de criança. ¹²Agora nós vemos num espelho, confusamente, mas, então, veremos face a face. Agora, conheço apenas de modo imperfeito, mas, então, conhecerei como sou conhecido.

¹³Atualmente permanecem estas três coisas: fé, esperança, caridade. Mas a maior delas é a caridade.

Responsório 1Jo 4,16.7

R. Conhecemos e **cremos** no **amor**,
que **Deus** mani**fes**ta por **nós**.
* Pois **quem** perma**ne**ce no **amor**,
em **Deus** perma**ne**ce e Deus **nele**.
V. Amemo-nos, **pois**, uns aos **outros**,
porque o **amor** vem de **Deus**. * Pois **quem**.

Segunda leitura

Das Homilias sobre a Carta aos Romanos, de São João Crisóstomo, bispo

(Homilia 15, 6: PG 60, 547-548)   (Séc. IV)

Cristo quer a misericórdia

Deus entregou o seu Filho, e tu nem sequer dás pão àquele que por ti foi entregue e morto.

O Pai, por teu amor, não poupou seu verdadeiro Filho; tu, ao contrário, vendo-o desfalecer de fome, não o socorres, mas te aproprias do que é dele só para teu próprio benefício.

Haverá maior iniquidade? Por tua causa foi entregue, por tua causa morreu, por tua causa anda faminto. O que tu deres é dele e para teu lucro, mas nem assim lhe dás nada.

Não serão mais insensíveis que as pedras aqueles que, apossando-se de tantas coisas, permanecem na sua diabólica desumanidade? Não bastou a Cristo sofrer a cruz e a morte, mas quis também ser pobre e peregrino, errante e nu, ser lançado na prisão e suportar o cansaço, tudo isso para te chamar.

Se não me rebribuis o que sofri por ti, compadece-te ao menos da minha pobreza. Se não queres compadecer-te da pobreza, comovam-te ao menos meus sofrimentos ou a prisão. Se nem estas coisas te inspiram sentimentos de humanidade, atende à insignificância do meu pedido. Não te peço nada de suntuoso, mas pão, teto e uma palavra de conforto.

Se depois disto permaneces ainda inflexível, decide tornar-te melhor ao menos por causa do Reino dos Céus, ao menos por causa do que prometi. Mas nenhuma destas coisas te convence?

Se te comoves naturalmente ao ver um nu, lembra-te da nudez que sofri na cruz por tua causa. Se não aceitares aquele motivo, aceita ao menos este: ainda estou pobre e nu.

Estive outrora preso por tua causa, e agora de novo, para que, movido por aqueles e estes grilhões, tenhas por mim algum sentimento de compaixão. Jejuei por causa de ti e ainda passo fome por tua causa: tive sede quando estava suspenso na cruz e ainda tenho sede na pessoa dos pobres; a fim de que esta ou aquela razão possam atrair-te a mim e tornar-te misericordioso para tua salvação.

Rogo-te, pois, cumulado que foste por mil benefícios, que por tua vez me pagues. Não o exijo como de um devedor, mas quero recompensar-te como a um doador. Pelo pouco que me deres, dar-te-ei o Reino.

Não te digo: "Põe fim à minha pobreza"; nem: "Cumula-me de riquezas, embora que por ti esteja pobre". Só te peço pão, roupa e esmola.

Se fui lançado na prisão, não te obrigo a me libertares e a retirar-me as algemas. Peço somente que venhas visitar o que está preso por tua causa. Isto será bastante para que eu te dê o céu. Embora eu te haja libertado de pesadíssimos grilhões, dar-me-ei por satisfeito se vieres visitar-me em minha prisão.

Na realidade eu poderia, mesmo sem nada disso, dar-te o prêmio; mas quero ser teu devedor para que, com a coroa, te seja dado também o meu afeto.

Responsório Mt 25,35.40; Pr 19,17

R. Eu tive **fome** e me **des**tes de co**mer;**
   eu tive **se**de e me **des**tes de be**ber;**
   eu não **ti**nha onde mo**rar** e me aco**lhes**tes.
  * Em ver**da**de, o que fi**zes**tes ao me**nor** dos meus ir**mãos,**
   foi a **mim** que o fi**zes**tes.
V. Quem dá ao **pobre** empresta a **Deus.** * Em ver**da**de.

Nas solenidades e festas diz-se o HINO Te Deum, p. 589.

Oração como nas Laudes.

Laudes

Cântico evangélico, ant.
Nisto **to**dos saber**ão** que vós **sois** os meus dis**cí**pulos:
se uns aos **ou**tros vos a**mar**des.

Oração

Não havendo oração própria, diz-se a seguinte:
Ó Pai, como ensinastes à vossa Igreja que todos os mandamentos se resumem em amar a Deus e ao próximo, concedei-nos, a exemplo de São (Santa) N., praticar obras de caridade, para sermos contados entre os benditos do vosso Reino. Por nosso Senhor Jesus Cristo, vosso Filho, na unidade do Espírito Santo.

II Vésperas

Cântico evangélico, ant.
O que fi**zes**tes ao me**nor** dos meus ir**mãos**
foi a mim **mes**mo que o fi**zes**tes, diz Je**sus.**
Vinde, ben**di**tos do meu **Pai,** e rece**bei** o Reino e**ter**no
pre**pa**rado para **vós** desde o i**ní**cio do uni**ver**so!

PARA SANTOS E SANTAS EDUCADORES

Do Comum dos santos homens, p. 1677, ou das santas mulheres p. 1705, exceto:

I Vésperas

Cântico evangélico, ant.
Escuta, **fi**lho, as pa**la**vras de teu **pai,**
e não es**que**ças os conselhos de tua **mãe;**
sempre **tra**ze-os bem **jun**to ao cora**ção**.

Oração como nas Laudes.

Ofício das Leituras

Segunda leitura
Das Homilias sobre o Evangelho de São Mateus, de São João Crisóstomo, bispo
(Hom. 59: PG 58,580.584) (Séc. IV)

Devemos visar o verdadeiro bem das crianças

Quando o Senhor disse: *Os seus anjos veem a face do meu Pai* (Mt 18,12); *Para isso eu vim* (cf. Jo 12,27) e: *Esta é a vontade de meu Pai* (Jo 6,40), pretendia estimular o zelo dos responsáveis pela educação das crianças.

Notemos com que baluartes as cercou, ameaçando com terríveis castigos aqueles que as escandalizam, prometendo grandes recompensas aos que a elas se dedicam, e confirmando estes ensinamentos com o próprio exemplo de seu Pai. Imitemo-lo também nós, não poupando nenhum esforço, por mais leve ou pesado que seja, em favor de nossos irmãos. Pois, quando se trata de servir pequenos e pobres, por muito que nos custe ajudá-los, devemos suportar tudo pela sua salvação, mesmo que seja necessário transpor montanhas e precipícios. Na verdade, o interesse de Deus por uma alma é tão grande, que *nem sequer poupou seu próprio Filho* (Rm 8,36). Por isso, peço-vos que, ao sair bem cedo de casa, tenhais como objetivo e preocupação dominante salvar o irmão que esteja em perigo.

Nada há de mais precioso que uma alma! *Pois, de que adianta ao homem ganhar o mundo inteiro, se perde a própria alma?* (cf. Mc 8,36). Mas o amor ao dinheiro, pervertendo e corrompendo tudo, extingue o temor de Deus e apodera-se de nós como o tirano que invade uma fortaleza. É o que nos leva a descuidarmos da salvação dos nossos filhos e da nossa, preocupando-nos apenas em amontoar riquezas que deixaremos a outros, estes a seus descendentes e assim por diante, tornando-nos então transmissores e não possuidores de dinheiro e bens. Que loucura! Será que os filhos valem menos que os escravos? Corrigimos os escravos, embora não seja por amor mas por conveniência própria; os filhos, porém, veem-se privados desta providência: são tidos por nós em menor apreço que os escravos.

E por que falo de escravos? Cuidamos menos dos filhos que dos próprios animais, demonstrando mais solicitude pelos jumentos e cavalos. Se alguém possui um animal, terá todo cuidado em arranjar-lhe um excelente tratador, que não seja desonesto nem ladrão, beberrão ou ignorante do seu ofício. No entanto, tratando-se de dar ao filho um educador, aceitamos o primeiro que apareça, sem critério algum. E, no entanto, não existe arte mais importante do que a educação!

Qual é a arte que se pode comparar com a que tem por finalidade dirigir a alma e formar o espírito e o caráter de um jovem? Quem possui qualidades para isso, deve consagrar-se a essa missão com maior empenho do que qualquer pintor ou escultor. Mas, isso não nos preocupa: só queremos que aprenda a falar bem e seja capaz de adquirir riquezas. Se queremos que aprenda a língua, não é tanto para que saiba exprimir-se bem, mas para que possa ganhar dinheiro. Se fosse possível enriquecer sem a necessidade deste aprendizado, não nos importaríamos com ele...

Estais vendo como é grande a tirania do dinheiro? Como invade e arrasta os homens para onde quer, como escravos algemados? Mas que proveito tiraremos nós com tantas recriminações? Ataco com palavras a tirania do dinheiro, mas, na prática, é ele que domina. Apesar disso, não cessaremos de persegui-la com palavras. Se conseguir alguma coisa com este sermão, sairemos ganhando eu e vós. Mas se vos obstinardes em vossos propósitos, ao menos terei cumprido o meu dever.

Deus vos livre desse mal e me conceda a graça de poder um dia gloriar-me por vossa causa. A ele a glória e o império pelos séculos dos séculos. Amém.

Para santos e santas educadores

Responsório   Cf. Pr 23,26; 1,9; 5,1

R. Meu **filho**, entrega a **mim** teu cora**ção**
e teus **o**lhos obser**v**em meus ca**min**hos,
* Porque **is**to servi**rá** para o teu **bem**.
V. Meu **filho**, ouve **bem** os meus conselhos
e escu**ta** este **ho**mem experi**en**te. * Porque **is**to.

Nas solenidades e festas diz-se o HINO Te Deum, p. 589.

Laudes

Cântico evangélico, ant.

Quem tem **a**mor no cora**ção** para os pe**que**nos,
sabe gui**ar** e ensi**nar** como um pas**tor**.

Oração

Não havendo oração própria, diz-se a seguinte:

Ó Deus, que suscitastes São (Sto. Sta.) N. na vossa Igreja, para mostrar ao próximo o caminho da salvação, concedei--nos seguir também o Cristo, nosso Mestre, e chegar até vós com nossos irmãos. Por nosso Senhor Jesus Cristo, vosso Filho, na unidade do Espírito Santo.

II Vésperas

Cântico evangélico, ant.

Deixai vir a **mim** as crian**cin**has,
pois **de**las é o **Rei**no do meu **Pai**.

ANTÍFONAS
PARA O *BENEDICTUS* E O *MAGNIFICAT*

As antífonas do Cântico evangélico indicadas para as I Vésperas das solenidades, podem também ser ditas nas Vésperas das memórias dos santos.

Comum da Dedicação de uma igreja

I Vésperas:
Alegrai-vos com Sião e exultai por sua causa
todos vós que a amais.

Laudes:
Zaqueu, desce depressa, porque hoje vou ficar em tua casa!
Ele desceu rapidamente
e o recebeu com alegria em sua casa.
Hoje entrou a salvação nesta casa.

II Vésperas:
O Senhor santificou sua morada:
pois aqui o seu nome é invocado,
e Deus se faz presente em nosso meio.

Comum de Nossa Senhora

I Vésperas:
O Poderoso fez em mim maravilhas
e olhou para a humildade de sua serva.

Ou:
Doravante as gerações hão de chamar-me de bendita,
porque o Senhor voltou os olhos
para a humildade de sua serva.

Laudes:
A porta do céu foi fechada por Eva;
por Maria ela abriu-se aos homens de novo.

II Vésperas:
És feliz porque creste, Maria,
pois em ti a Palavra de Deus
vai cumprir-se conforme ele disse.

Comum dos Apóstolos

I Vésperas:
Não fostes vós que me escolhestes,
mas, sim, eu vos escolhi e vos dei esta missão:
de produzirdes muito fruto e o vosso fruto permaneça.

Laudes:

Jerusalém, ó cidade celeste,
teus alicerces são os doze Apóstolos,
tua luz, teu fulgor é o Cordeiro!

II Vésperas:

Quando o Filho do Homem, na nova criação,
vier em sua glória, com ele reinareis
e em vossos tronos julgareis as doze tribos de Israel

Comum de vários Mártires

I Vésperas:
O Reino dos Céus vos pertence,
pois destes a vida por Cristo;
lavastes as vestes no sangue
e chegastes ao prêmio da glória.

Laudes:

Felizes de vós, os perseguidos
por causa da justiça do Senhor,
porque o Reino dos Céus há de ser vosso!

II Vésperas:

Alegrem-se nos céus os amigos do Senhor,
que seguiram os seus passos;

derramaram o seu **san**gue por a**mor** a Jesus **Cristo**,
e com ele reina**rão**.

Comum de um (a) Mártir

I Vésperas:
Para um santo mártir:
Por seu **Deus**, São (Sto.) N. lu**tou** até à **mor**te;
sup**erou** as prova**ções**, pois Jesus foi sua **força**.
Para uma santa mártir:
Santa N. foi **forte** no Se**nhor**;
ja**mais** a sua **luz** haverá de se apa**gar**.

Laudes:
Quem per**der** a sua **vi**da neste **mun**do,
vai guar**dá**-la eterna**men**te para os **céus**.

II Vésperas:
O **Rei**no celeste é a morada dos **san**tos,
sua **paz** para **sempre**.

Comum dos Pastores

I Vésperas:
Para um papa ou bispo:
Sacer**do**te do Al**tís**simo, e**xem**plo de virtude,
bom pas**tor** do povo **san**to, agra**das**te ao Se**nhor**.
Para um presbítero:
Fiz-me **tu**do para **to**dos, para serem todos sal**vos**.

Laudes:
Não sois **vós** que fala**reis**,
é o Es**pí**rito do **Pai** que em **vós** há de fa**lar**.

II Vésperas:
Eis o **ser**vo fiel e pru**den**te,
a quem **Deus** confi**ou** sua fa**mí**lia,
para **dar**-lhe o **pão** a seu **tempo**.

Ou:

Eu te dou **graças**, ó **Cris**to, Bom Pas**tor**,
que me guiaste à **gló**ria do teu **Reino**!
O Rebanho que a **mim** tu confiaste
esteja a**qui** onde es**tou** na tua **gló**ria!

Comum dos Doutores da Igreja

I Vésperas:
Quem vi**ver** e ensi**nar** o Evangelho,
será **gran**de no meu **Reino**, diz Jesus.

Laudes:
Quem é **sá**bio brilhará como **luz** no firma**men**to;
quem ensina à multi**dão** os caminhos da justiça,
fulgi**rá** como as estrelas pelos **sé**culos e**ter**nos.

II Vésperas:
Ó **mes**tre da Ver**da**de! Ó **luz** da santa I**gre**ja!
São (Sto.) N., cumpri**dor** da lei divina,
ro**gai** por nós a **Cris**to.

Comum das Virgens

I Vésperas:
Para uma virgem e mártir:

A **vir**gem fi**el**, hóstia **pu**ra ofer**ta**da,
já **se**gue o Cordeiro por **nós** imo**la**do.

Para uma virgem:

A **vir**gem pru**den**te que esta**va** aguar**dan**do,
com **lâm**pada a**ce**sa, o Es**po**so che**gar**,
com ele en**trou** para as **bo**das e**ter**nas.

Para várias virgens:

Virgens pru**den**tes, vigi**lan**tes,
prepa**rai** as vossas **lâm**padas;
o Es**po**so está che**gan**do; ide **lo**go ao seu en**con**tro!

Laudes:

Para uma virgem e mártir:

Tomastes vossa cruz como o Cristo, ó santa virgem.
Na virgindade e no martírio imitastes vosso Esposo.

Para uma virgem:

A virgem prudente entrou para as bodas
e vive com Cristo na glória celeste.
Como o sol, ela brilha entre os coros das virgens.

Para várias virgens:

Santas virgens do Senhor, bendizei-o para sempre.

II Vésperas:

Para uma virgem e mártir:

Duas vitórias celebramos neste mesmo sacrifício:
a virgindade consagrada e a glória do martírio.

Para uma virgem:

Oh vinde, esposa de Cristo,
recebei a coroa da glória
que o Senhor preparou para sempre.

Para várias virgens:

É esta a geração dos que procuram o Senhor;
dos que buscam vossa face, nosso Deus onipotente.

Comum dos Santos Homens

I Vésperas:

Para um santo:

O homem sábio e previdente
construiu a sua casa sobre a rocha inabalável.

Para vários santos:

Os olhos do Senhor estão voltados
aos que esperam confiando em seu amor.

Laudes:

Para um santo:
Quem pratica a verdade, se **põe** junto à **luz**;
e suas **obras** de filho de **Deus** se revelam.

Para vários santos:
Fe**lizes** a**que**les que **bus**cam a **paz**!
Fe**lizes** os **pu**ros em **seu** co**ra**ção,
porque **eles** ve**rão** o seu **Deus** face a **face**.

II Vésperas:

Para um santo:
Servo **bom** e fi**el**,
vem en**trar** na ale**gria** de Jesus, teu Se**nhor**!

Para vários santos:
Fi**éis** até à **morte**,
rece**be**ram do Se**nhor** a co**roa** da justiça.

Comum das Santas Mulheres

I Vésperas:

Para uma santa:
A vós o **fru**to e a co**lhei**ta, que plan**ta**ram vossas **mãos**!
E, nas **nos**sas as**sem**blei**as**, o lou**vor** tão mere**ci**do!

Para várias santas:
Glori**ai**-vos em seu **no**me que é **san**to,
e**xul**te o co**ra**ção que busca a **Deus**!

Laudes:
O **Rei**no dos **Céus** é seme**lhan**te
ao compra**dor** de raras **pé**rolas preciosas;
quando en**con**tra a mais **be**la entre **to**das,
vende **tu**do o que pos**sui** para com**prá**-la.

II Vésperas:
E**xul**ta no Se**nhor** meu co**ra**ção

e minh'**al**ma se el**e**va para **Deus**,
porque me al**e**gro com a **vo**ssa salva**ção**.

Para Santos e Santas Religiosos

I Vésperas:
Quem **não** renunci**ar** a tudo **aqui**lo que poss**ui**,
não pode **ser** o meu discípulo.
Ou, para um religioso:

Sobre **es**te desce a **bên**ção do Se**nhor**
e a recomp**en**sa de seu **Deus** e Salv**ador**;
porque **es**ta é a gera**ção** dos que o proc**uram**.
Para uma religiosa :
O Se**nhor** a despos**ou**, com seu **amor** sempre **fiel**.

Laudes:
Quem **faz** a vontade do meu **Pai**,
é meu ir**mão**, minha ir**mã** e minha **mãe**.
Ou:

O Se**nhor** é a minha her**ança**,
ele é **bom** para quem o **busca**.

II Vésperas:

Vós que **tu**do abandon**astes** e me seg**uistes**,
recebe**reis** cem vezes **mais** e a vida et**erna**.
Ou:

Onde, un**idos**, os ir**mãos** louvam a **Deus**,
ali tamb**ém** o Se**nhor** dá sua **bên**ção.

Para os Santos e as Santas
que se dedicaram às obras de caridade

I Vésperas:
Será fel**iz** quem ama o **pobre**;
quem crê em **Deus**, ama seu **pró**ximo.

Laudes:
Nisto **todos** saber**ão** que vós **sois** meus discípulos:
se uns aos **outros** vos amar**des**.

II Vésperas:
O que fiz**estes** ao me**nor** dos meus ir**mãos**
foi a mim **mes**mo que o fizestes, diz Jesus.
Vinde, bend**itos** do meu **Pai**, e rece**bei** o Reino e**terno**
prepa**ra**do para **vós** desde o iní**cio** do univer**so**!

Para os Santos e Santas educadores

I Vésperas:
Escuta, **filho**, as palavras de teu **pai**,
e não esque**ças** os conselhos de tua **mãe:**
sempre **tra**ze-os bem **jun**to ao cora**ção**!

Laudes:
Quem tem a**mor** no cora**ção** para os pe**quenos**,
sabe gui**ar** e ensi**nar** como um pas**tor**.

II Vésperas:
Deixai vir a **mim** as criancinhas,
pois **delas** é o **Reino** do meu **Pai**.

OFÍCIO DOS FIÉIS DEFUNTOS

As Orações devem ser adaptadas de acordo com o gênero e número.

OFÍCIO DOS FIÉIS DEFUNTOS

OFÍCIO DOS FIÉIS DEFUNTOS

Invitatório

R. Adoremos o Senhor: para ele todos vivem.
Salmo invitatório como no Ordinário, p. 583.

Ofício das Leituras

Hino

Fonte única da vida,
que nos séculos viveis,
aos mortais e réus da culpa
vosso olhar, ó Deus, volvei.

Pai, ao homem pecador
dais a morte em punição,
para o pó voltar ao pó,
submetendo-o à expiação.

Mas a vida, que inspirastes
por um sopro, permanece
como germe imperecível
dum viver que não fenece.

A esperança nos consola:
nossa vida brotará.
O primeiro a ressurgir,
Cristo, a vós nos levará.

Tenha(m) vida em vosso Reino
vosso(a,s) servo(a,s), que Jesus,
consagrou no Santo Espírito
e o(a,s) guiou da fé à luz.

Ó Princípio e Fim de tudo,
ao chegar a nossa hora,
conduzi-nos para o Reino
onde brilha a eterna aurora.

Salmodia

Ant. 1 Do pó da terra me formastes
e de carne me vestistes:
no fim dos dias, ó Senhor,
meu Redentor, ressuscitai me!

Salmo 39(40),2-14.17-18

I

— ² Esperando, esperei no Senhor, *
e inclinando-se, ouviu meu clamor.
— ³ Retirou-me da cova da morte*
e de um charco de lodo e de lama.
— Colocou os meus pés sobre a rocha, *
devolveu a firmeza a meus passos.
— ⁴ Canto novo ele pôs em meus lábios, *
um poema em louvor ao Senhor.
— Muitos vejam, respeitem, adorem *
e esperem em Deus, confiantes.
= ⁵ É feliz quem a Deus se confia; †
quem não segue os que adoram os ídolos *
e se perdem por falsos caminhos.
— ⁶ Quão imensos, Senhor, vossos feitos!*
Maravilhas fizestes por nós!
— Quem a vós poderá comparar-se *
nos desígnios a nosso respeito?
— Eu quisera, Senhor, publicá-los, *
mas são tantos! Quem pode contá-los?
— ⁷ Sacrifício e ablação não quisestes, *
mas abristes, Senhor, meus ouvidos;
= não pedistes ofertas nem vítimas, †
holocaustos por nossos pecados. *
⁸ E então eu vos disse: "Eis que venho!" –

= Sobre **mim** está escrito no livro: †
⁹"Com pra**zer** faço a vossa vontade, *
guardo em **meu** coração vossa lei!"

– Glória ao **Pai** e ao **Fi**lho e ao Es**pí**rito **San**to. *
Como **e**ra no prin**cí**pio, a**go**ra e sempre. **Amém.**

Diz-se o Glória ao Pai no fim de todos os salmos e cânticos.

Ant. Do pó da **ter**ra me for**mas**tes e de **car**ne me ves**tis**tes:
no fim dos **di**as, ó Se**nhor**,
meu Reden**tor**, ressusci**tai**-me!

Ant. 2 Dig**nai**-vos, Se**nhor**, liber**tar**-me,
vinde **lo**go, Se**nhor**, soco**rrer**-me!

II

= Boas-**no**vas de **vos**sa Justi**ça** †
anunci**ei** numa grande assembleia; *
vós sa**beis**: não fechei os meus lábios!

= ¹⁰Procla**mei** toda a vossa justiça, †
sem retê-la no meu coração; *
vosso au**xí**lio e lealdade narrei.

– ¹¹Não ca**lei** vossa graça e verdade *
na pre**sen**ça da grande assembleia.

– ¹²Não ne**gueis** para mim vosso amor! *
Vossa **gra**ça e verdade me guardem!

= ¹³Pois des**gra**ças sem conta me cercam, †
minhas **cul**pas me agarram, me prendem, *
e as**sim** já nem posso enxergar.

= Meus pe**ca**dos são mais numerosos †
que os ca**be**los da minha cabeça: *
desfa**le**ço e me foge o alento!

– ¹⁴Dig**nai**-vos, Senhor, libertar-me, *
vinde **lo**go, Senhor, socorrer-me!

– ¹⁷Mas se a**le**gre e em vós rejubile *
todo **ser** que vos busca, Senhor!

— Digam **sem**pre: "É grande o Senhor!" *
   os que **bus**cam em vós seu auxílio.
= ¹⁸Eu sou **po**bre, infeliz, desvalido, †
   porém, **guar**da o Senhor minha vida, *
   e por **mim** se desdobra em carinho.
— Vós me **sois** salvação e auxílio: *
   vinde **lo**go, Senhor, não tardeis!

Ant. Dig**nai**-vos, Se**nhor**, liber**tar**-me,
       vinde **lo**go, Se**nhor**, socorrer-me!

Ant. 3 Do Deus **vi**vo tem **se**de a minh'**al**ma.
       Quando i**rei** contem**plar** sua **fa**ce?

Salmo 41(42)

— ²As**sim** como a **cor**ça sus**pi**ra *
   pelas **á**guas cor**ren**tes,
— sus**pi**ra igualmente minh'alma *
   por **vós**, ó meu Deus!
— ³Minha **al**ma tem sede de Deus, *
   e de**se**ja o Deus vivo.
— Quando te**rei** a alegria de ver *
   a **fa**ce de Deus?
— ⁴O meu **pran**to é o meu alimento *
   de **di**a e de noite,
— en**quan**to insistentes repetem: *
   "Onde está o teu Deus?"
— ⁵Re**cor**do saudoso o tempo *
   em que **ia** com o povo.
— Peregrino e feliz caminhando *
   para a **ca**sa de Deus,
— entre **gri**tos, louvor e alegria *
   da multi**dão** jubilosa.
— ⁶Por **que** te entristeces, minh'alma, *
   a ge**mer** no meu peito?

— Espera em **Deus**! Louvarei novamente *
  o meu **Deus** Salvador!
— ⁷Minh'**al**ma está agora abatida, *
  e en**tão** penso em vós,
— do Jordão e das terras do Hermon *
  e do **mon**te Misar.
— ⁸Como o a**bis**mo atrai outro abismo *
  ao fra**gor** das cascatas,
— vossas **on**das e vossas torrentes *
  sobre **mim** se lançaram.
— ⁹Que o Se**nhor** me conceda de dia *
  sua **gra**ça benigna
— e de **noi**te, cantando, eu bendigo *
  ao meu **Deus**, minha vida.
— ¹⁰Digo a **Deus**: "Vós que sois meu amparo, *
  por **que** me esqueceis?
— Por que **an**do tão triste e abatido *
  pela opres**são** do inimigo?"
— ¹¹Os meus **os**sos se quebram de dor, *
  ao insul**tar**-me o inimigo;
— ao dizer cada dia de novo: *
  "Onde está o teu Deus?"
— ¹²Por **que** te entristeces, minh'alma, *
  a ge**mer** no meu peito?
— Espera em **Deus**! Louvarei novamente *
  o meu **Deus** Salvador!

Ant. Do Deus **vi**vo tem **se**de a minh'**al**ma.
  Quando i**rei** contem**plar** sua **fa**ce?

V. Como é **gran**de, ó Se**nhor**, o vosso a**mor**!
R. Vossa Pala**vra** me devol**va** a minha **vi**da!

Primeira leitura
Da Primeira Carta de São Paulo aos Coríntios 15,12-34

A ressurreição de Cristo, esperança dos fiéis

Irmãos: ¹²Se se prega que Cristo ressuscitou dos mortos, como podem alguns dizer entre vós que não há ressurreição dos mortos? ¹³Se não há ressurreição dos mortos, então Cristo não ressuscitou. ¹⁴E se Cristo não ressuscitou, a nossa pregação é vã e a vossa fé é vã também. ¹⁵Nesse caso, nós seríamos testemunhas mentirosas de Deus, porque teríamos atestado – contra Deus – que ele ressuscitou Cristo, quando, de fato, ele não o teria ressuscitado – se é verdade que os mortos não ressuscitam. ¹⁶Pois, se os mortos não ressuscitam, então Cristo também não ressuscitou. ¹⁷E se Cristo não ressuscitou, a vossa fé não tem nenhum valor e ainda estais nos vossos pecados. ¹⁸Então, também os que morreram em Cristo pereceram. ¹⁹Se é para esta vida que pusemos a nossa esperança em Cristo, nós somos – de todos os homens – os mais dignos de compaixão.

²⁰Mas, na realidade, Cristo ressuscitou dos mortos como primícias dos que morreram. ²¹Com efeito, por um homem veio a morte e é também por um homem que vem a ressurreição dos mortos. ²²Como em Adão todos morrem, assim também em Cristo todos reviverão. ²³Porém, cada qual segundo uma ordem determinada: em primeiro lugar, Cristo, como primícias; depois, os que pertencem a Cristo, por ocasião da sua vinda. ²⁴A seguir, será o fim, quando ele entregar a realeza a Deus-Pai, depois de destruir todo o principado e todo o poder e força. ²⁵Pois é preciso que ele reine até que todos os seus inimigos estejam debaixo de seus pés. ²⁶O último inimigo a ser destruído é a morte. ²⁷Com efeito, "Deus pôs tudo debaixo de seus pés". Mas, quando ele disser: 'Tudo está submetido", é claro que estará excluído dessa submissão aquele que submeteu tudo a Cristo. ²⁸E, quando todas as coisas estiverem submetidas a ele, então o

próprio Filho se submeterá àquele que lhe submeteu todas as coisas, para que Deus seja tudo em todos.

²⁹De outro modo, o que pretendem aqueles que batizam em favor dos mortos? Se os mortos realmente não ressuscitam, por que se batizam por eles? ³⁰E nós, por que nos expomos a perigos a toda hora? ³¹Cada dia, irmãos, me exponho à morte, tão certo como sois a minha glória em Jesus Cristo, nosso Senhor. ³²Se foi por intenção humana que combati com feras em Éfeso, o que me aproveita isso? Se os mortos não ressuscitam, comamos e bebamos porque amanhã morreremos. ³³Não vos enganeis: "As más companhias corrompem os bons costumes". ³⁴Caí em vós, como é justo, e não pequeis porque alguns vivem na ignorância de Deus. Para vossa vergonha é que digo.

Responsório 1Cor 15,25-26; cf. Ap 20,13.14

R. É preciso que ele reine até que tenha colocado
   debaixo de seus pés seus inimigos, todos eles,
 * A morte há de ser o seu último inimigo,
   a ser exterminado.
V. A morte e o seu reino devolverão todos os mortos
   e a morte e o seu reino serão precipitados
   no lago incandescente. * A morte.

Ou:

Da Primeira Carta de São Paulo aos Coríntios 15,35-57

Ressurreição dos mortos e vinda do Senhor

Irmãos: ³⁵Alguém perguntará: como ressuscitam os mortos? ³⁶Insensato! O que semeias, não nasce sem antes morrer. ³⁷E, quando semeias, não semeias o corpo da planta, que há de nascer, mas o simples grão, como o trigo, ou de alguma outra planta. ³⁸E Deus lhe dá o corpo segundo quis, a cada uma das sementes o próprio corpo. ³⁹Não é toda carne a mesma carne, senão que uma é a carne dos homens, outra a do gado, outra a das aves e outra a dos peixes. ⁴⁰E há corpos celestes e corpos terrestres, e um é o resplendor dos corpos celestes e outro o dos terrestres. ⁴¹Um é o resplendor do sol, outro o da lua e outro o das estrelas, e uma estrela difere da outra no brilho. ⁴²Pois assim será também a ressurreição dos mortos. ⁴³Semeia-se em ignomínia, e ressuscita-se em glória. Semeia-se em fraqueza, e ressuscita-se em vigor. ⁴⁴Semeia-se um corpo animal, e ressuscita-se um corpo espiritual.

Se há um corpo animal, há também um espiritual. ⁴⁵Por isso está escrito: o primeiro homem, Adão, "foi um ser vivo". O segundo Adão é um espírito vivificante. ⁴⁶Veio primeiro não o homem espiritual, mas o homem natural; depois é que veio o homem espiritual. ⁴⁷O primeiro homem, tirado da terra, é terrestre; o segundo homem vem do céu. ⁴⁸Como foi o homem terrestre, assim também são as pessoas terrestres; e como é o homem celeste, assim também vão ser as pessoas celestes. ⁴⁹Como já refletimos a imagem do homem terrestre, assim também refletiremos a imagem do homem celeste.

⁵⁰Mas isto vos digo, irmãos: a carne e o sangue não podem possuir o Reino de Deus, nem a corrupção herdará a incorrupção. ⁵¹Eu vos comunico um mistério: Nem todos nós morreremos, mas todos nós seremos transformados. ⁵²Num instante, num abrir e fechar de olhos, ao soar da trombeta final – pois a trombeta soará – não só os mortos ressuscitarão incorruptíveis, mas nós também seremos transformados. ⁵³Pois é preciso que este ser corruptível se vista de incorruptibilidade; é preciso que este ser mortal se vista de imortalidade. ⁵⁴E quando este ser corruptível estiver vestido de incorruptibilidade e este ser mortal estiver vestido de imortalidade, então estará cumprida a palavra da Escritura: "A morte foi tragada pela vitória". ⁵⁵Ó morte, onde está a tua vitória? Onde está o teu aguilhão? ⁵⁶O aguilhão da morte é o pecado, e a força do pecado é a Lei. ⁵⁷Graças sejam dadas a Deus que nos dá a vitória pelo Senhor nosso, Jesus Cristo.

Responsório Cf. Jó 19,25.26.27

R. Eu **creio** que **vive** o meu **Redentor**
e no **último dia** do **pó** me ergue**rei**,
* Em minha **car**ne eu ve**rei** o meu **Deus**, meu Salva**dor**.
V. Eu **mesmo** o ve**rei**, ve**rei** o Senhor,
com **meus** próprios **olhos**. * Em minha.

Ou:

Da Segunda Carta de São Paulo aos Coríntios 4,16-5,10

Quando for destruída esta nossa morada terrestre, receberemos no céu uma habitação eterna

Irmãos: ⁴,¹⁶Mesmo se o nosso homem exterior se vai arruinando, o nosso homem interior, pelo contrário, vai-se renovando, dia a dia. ¹⁷Com efeito, o volume insignificante de uma tribulação momentânea acarreta para nós uma glória eterna e incomensurável. ¹⁸E isso acontece, porque voltamos os nossos olhares para as coisas invisíveis e não para as coisas visíveis. Pois o que é visível é passageiro, mas o que é invisível é eterno.

⁵,¹De fato, sabemos que, se a tenda em que moramos neste mundo for destruída, Deus nos dá uma outra moradia no céu que não é obra de mãos humanas, mas que é eterna. ²Aliás, é por isso que nós gememos, suspirando por ser revestidos com a nossa habitação celeste; ³revestidos, digo, se, naturalmente, formos encontrados ainda vestidos e não despidos. ⁴Sim, nós que moramos na tenda do corpo estamos oprimidos e gememos, porque, na verdade, não queremos ser despojados, mas queremos ser revestidos, de modo que o que é mortal, em nós, seja absorvido pela vida. ⁵E aquele que nos fez para esse fim é Deus, que nos deu o Espírito como penhor.

⁶Estamos sempre cheios de confiança e bem lembrados de que, enquanto moramos no corpo, somos peregrinos longe do Senhor; ⁷pois caminhamos na fé e não na visão

clara. ⁸Mas estamos cheios de confiança e preferimos deixar a moradia do nosso corpo, para ir morar junto do Senhor. ⁹Por isso, também nos empenhamos em ser agradáveis a ele, quer estejamos no corpo, quer já tenhamos deixado essa morada. ¹⁰Aliás, todos nós temos de comparecer às claras perante o tribunal de Cristo, para cada um receber a devida recompensa – prêmio ou castigo – do que tiver feito ao longo de sua vida corporal.

Responsório   Cf. Sl 50(51),5
R. Senhor, não me julgueis por minhas obras;
   não fiz nada de bom perante vós;
   por isso peço à vossa Majestade:
  * Apagai o meu pecado, ó meu Deus!
V. Do meu pecado todo inteiro, me lavai,
   e apagai completamente a minha culpa. * Apagai.

Segunda leitura
Dos Sermões de Santo Anastácio de Antioquia, bispo
(Oratio 5, de Resurrectione Christi, 6-7.9:
PG 89, 1358-1359. 1361-1362)   (Séc. VI)

Cristo transformará o nosso corpo corruptível

Cristo morreu e ressuscitou para ser o Senhor dos mortos e dos vivos (Rm 14,9). *Deus, porém, não é Deus dos mortos, mas dos vivos* (Mt 22,32). Por isso, os mortos, que têm por Senhor aquele que vive, já não são mortos, mas vivos; a vida se apossou deles para que vivam sem nenhum temor da morte, à semelhança de *Cristo* que, *ressuscitado dos mortos, não morre mais* (Rm 6,9).

Assim, ressuscitados e libertos da corrupção, não mais sofrerão a morte, mas participarão da ressurreição de Cristo, como Cristo participou da morte que sofreram.

Se ele desceu à terra, até então uma prisão perpétua, foi para *arrombar as portas de bronze e quebrar as trancas de ferro* (cf. Is 45,2; Sl 106,16), a fim de atrair-nos a si, livrando da corrupção a nossa vida e convertendo em liberdade a nossa escravidão.

Se este plano da salvação ainda não se realizou – pois os homens continuam a morrer e os corpos a decompor-se – ninguém veja nisso um obstáculo para a fé. Com efeito, já recebemos o penhor de todos os bens prometidos, quando Cristo levou consigo para o alto as primícias de nossa natureza e já estamos sentados com ele nas alturas, como afirma São Paulo: *Ressuscitou-nos com Cristo e nos fez sentar com ele nos céus* (Ef 2,6).

Alcançaremos a consumação quando vier o tempo marcado pelo Pai; então deixaremos de ser crianças e atingiremos *o estado do homem perfeito* (Ef 4,13). Pois o Pai dos séculos quer que o dom que nos foi outorgado seja mantido firmemente e não abolido pela infantilidade do nosso coração.

Não é necessário demonstrar a ressurreição espiritual do Corpo do Senhor, uma vez que São Paulo, falando da ressurreição dos corpos, afirma claramente: *Semeia-se um corpo animal e ressuscita um corpo espiritual* (1Cor 15,44); quer dizer, ele ressuscita transfigurado como o de Cristo, que nos precedeu com sua gloriosa transfiguração.

O Apóstolo bem sabia o que dizia, ao explicar a sorte que espera toda a humanidade, graças à ação de Cristo, que *transformará o nosso corpo humilhado e o tornará semelhante ao seu corpo glorioso* (Fl 3,21).

Se portanto a transfiguração consiste em que o corpo se torne espiritual, isso significa que ele se tornará semelhante ao corpo glorioso de Cristo, que ressuscitou com um corpo espiritual; este não é senão o corpo que foi *semeado na ignomínia* (lCor 15,43), mas transformado depois em corpo glorioso.

Por este motivo, tendo Cristo elevado para junto do Pai as primícias da nossa natureza, leva também consigo todo o universo. Foi o que prometeu ao dizer: *Quando eu for elevado da terra, atrairei todos a mim* (Jo 12,32).

Responsório　　　　　　　　　Jo 5,28-29; 1Cor 15,52
R. Os que **dor**mem nos se**pul**cros ouvi**rão** a minha **voz;**
　* E os que tiverem feito o **mal,** ressurgi**rão** para o juízo;
　os que tiverem feito o **bem,** para a **v**ida imor**tal.**
V. Num ins**tan**te, num **abrir** e fechar **d'olhos,**
　ao **to**que da trom**be**ta derra**dei**ra. * E os que ti**ver**em.

Ou:
Das Cartas de São Bráulio de Saragoça, bispo
　　　(Epist. 19: PL 80, 665-666)　　　(Séc. VII)
Cristo ressuscitado é a esperança de todos os que creem

　Cristo, esperança de todos os que creem, ao dizer: *O nosso amigo Lázaro dorme* (Jo 11,11), chama adormecidos e não mortos os que partem deste mundo.
　Também o santo Apóstolo Paulo não quer que nos entristeçamos a respeito dos que já adormeceram, porque a fé nos assegura que todos os que creem no Cristo, segundo a palavra do Evangelho, não morrerão para sempre. Sabemos, pela fé, que ele não está morto e nós também não morreremos. Com efeito, o *Senhor mesmo, quando for dada a ordem, à voz do arcanjo e ao som da trombeta divina, descerá do céu e os que nele tiverem morrido ressuscitarão* (cf. 1Ts 4,16).
　Que a esperança da ressurreição nos anime, pois os que perdemos neste mundo tornaremos a vê-los no outro; basta para isso crermos no Senhor com verdadeira fé, obedecendo aos seus mandamentos. Para ele, todo-poderoso, é mais fácil despertar os mortos que acordarmos nós os que dormem. Dizemos estas coisas e, no entanto, levados não sei por que sentimento, desfazemo-nos em lágrimas e a saudade nos perturba a fé. Como é miserável a condição humana e nossa vida sem Cristo torna-se sem sentido!
　Ó morte, que separas os casados e, tão dura e cruelmente, separas também os amigos! Mas teu poder já está esma-

gado! Teu domínio impiedoso foi aniquilado por aquele que te ameaçou com o brado de Oseias: *Ó morte, eu serei a tua morte!* (Os 13,14 Vulg.). Nós também podemos desafiar-te com as palavras do Apóstolo: *Ó morte, onde está a tua vitória? Onde está o teu aguilhão?* (1Cor 15,55).

Quem te venceu nos resgatou, ele que entregou sua amada vida às mãos dos ímpios, para fazer dos ímpios seus amigos. São inúmeras e várias as expressões da Sagrada Escritura que nos podem consolar a todos. Basta-nos, porém, a esperança da ressurreição e termos os olhos fixos na glória de nosso Redentor. Pela fé já nos consideramos ressuscitados com ele, conforme diz o Apóstolo: *Se morremos com Cristo, cremos que também viveremos com ele* (Rm 6,8).

Já não nos pertencemos, mas somos daquele que nos redimiu. Nossa vontade deve sempre depender da sua. Por isso dizemos ao rezar: *Seja feita a vossa vontade* (Mt 6,10). Pela mesma razão, devemos dizer como Jó, quando choramos alguém que morreu: *O Senhor deu, o Senhor tirou; bendito seja o nome do Senhor* (Jó 1,21). Façamos nossas estas palavras dele, a fim de que, aceitando como ele a vontade do Senhor, alcancemos um dia semelhante recompensa.

Responsório   1Ts 4,13-14; Jr 22,10

R. **Irmãos,** não fiqueis **tristes** por **aque**les que mor**re**ram como **fa**zem os de**mais**, que não **têm** espe**ran**ça.
 * Se **cre**mos que Je**sus** mor**reu** e ressur**giu**, também **cre**mos que **aque**les que mor**re**ram em Je**sus**, Deus **há** de conduzi-los para a **sua** compa**nhia**.
V. Não cho**reis** por quem mor**reu**, nem fa**çais**, como os pa**gãos**, lamenta**ções** desespe**ra**das. * Se **cre**mos.

Oração como nas Laudes.

Laudes

Hino

Ressurreição e vida nossa,
Cristo, esperança do perdão.
quando nos fere a dor da morte,
a vós se volta o coração.

Também na cruz a grande angústia
da morte humana vós provastes
quando, inclinando a vossa fronte,
ao Pai o espírito entregastes.

Ó Bom Pastor, em vossos ombros
vós carregastes nossa dor.
Destes a nós morrer convosco
do Pai no seio acolhedor.

Braços abertos, vós pendestes,
e vosso peito transpassado
atrai a si os que carregam
da morte o fardo tão pesado.

Quebrando as portas dos infernos,
do céu o Reino nos abris;
dai força agora aos sofredores,
dai-lhes enfim vida feliz.

O (a,s) nosso (a,s) irmão (ã,s), que no (s) seu (s) corpo (s)
dorme (m) na paz do vosso amor,
por vós esteja (m) vigilante (s)
para entoar vosso louvor.

Salmodia
Ant. 1 Os **os**sos humi**lha**dos, no Se**nhor** exulta**rão**.

Salmo 50(51)

— ³Tende pie**da**de, ó meu **Deus**, miseri**cór**dia! *
Na imensi**dão** de vosso amor, purificai-me!

– ⁴ Lavai-me todo inteiro do pecado, *
e apagai completamente a minha culpa!
– ⁵ Eu reconheço toda a minha iniquidade, *
o meu pecado está sempre à minha frente.
– ⁶ Foi contra **vós**, só contra vós, que eu pequei, *
e prati**quei** o que é mau aos vossos olhos!
– Mostrais as**sim** quanto sois justo na sentença, *
e quanto é **re**to o julgamento que fazeis.
– ⁷ Vede, Se**nhor**, que eu nasci na iniquidade *
e peca**dor** já minha mãe me concebeu.
– ⁸ Mas vós a**mais** os corações que são sinceros, *
na intimi**da**de me ensinais sabedoria.
– ⁹ Asper**gi**-me e serei puro do pecado, *
e mais **bran**co do que a neve ficarei.
– ¹⁰ Fazei-me ou**vir** cantos de festa e de alegria, *
e exulta**rão** estes meus ossos que esmagastes.
– ¹¹ Desvi**ai** o vosso olhar dos meus pecados *
e apa**gai** todas as minhas transgressões!
– ¹² Criai em **mim** um coração que seja puro, *
dai-me de **no**vo um espírito decidido.
– ¹³ Ó Se**nhor**, não me afasteis de vossa face, *
nem reti**reis** de mim o vosso Santo Espírito!
– ¹⁴ Dai-me de **no**vo a alegria de ser salvo *
e confir**mai**-me com espírito generoso!
– ¹⁵ Ensina**rei** vosso caminho aos pecadores, *
e para **vós** se voltarão os transviados.
– ¹⁶ Da **mor**te como pena, libertai-me, *
e minha **lín**gua exaltará vossa justiça!
– ¹⁷ Abri meus **lá**bios, ó Senhor, para cantar, *
e minha **bo**ca anunciará vosso louvor!
– ¹⁸ Pois não **são** de vosso agrado os sacrifícios, *
e, se o**fer**to um holocausto, o rejeitais.

– ¹⁹Meu sacrifício é minha alma penitente, *
   não desprezeis um coração arrependido!
– ²⁰Sede benigno com Sião, por vossa graça, *
   reconstruí Jerusalém e os seus muros!
– ²¹E aceitareis o verdadeiro sacrifício, *
   os holocaustos e oblações em vosso altar!

Ant. Os ossos humilhados, no Senhor exultarão.

Ant. 2 Das portas do abismo, livrai-me, Senhor!

Cântico   Is 38,10-14.17-20

– ¹⁰Eu dizia: "É necessário que eu me vá *
   no apogeu de minha vida e de meus dias;
– para a mansão triste dos mortos descerei, *
   sem viver o que me resta dos meus anos".
= ¹¹Eu dizia: "Não verei o Senhor Deus †
   sobre a terra dos viventes nunca mais; *
   nunca mais verei um homem neste mundo!"
– ¹²Minha morada foi à força arrebatada, *
   desarmada como a tenda de um pastor.
– Qual tecelão, eu ia tecendo a minha vida, *
   mas agora foi cortada a sua trama.
– ¹³Vou me acabando de manhã até à tarde, *
   passo a noite a gemer até a aurora.
– Como um leão que me tritura os ossos todos, *
   assim eu vou me consumindo dia e noite.
– ¹⁴O meu grito é semelhante ao da andorinha, *
   o meu gemido se parece ao da rolinha.
– Os meus olhos já se cansam de elevar-se, *
   de pedir-vos: "Socorrei-me, Senhor Deus!"
– ¹⁷Mas vós livrastes minha vida do sepulcro, *
   e lançastes para trás os meus pecados.

—¹⁸ Pois a mansão triste dos mortos não vos louva, *
nem a morte poderá agradecer-vos;
— para quem desce à sepultura é terminada *
a esperança em vosso amor sempre fiel.
—¹⁹ Só os vivos é que podem vos louvar, *
como hoje eu vos louvo agradecido.
— O pai há de contar para seus filhos *
vossa verdade e vosso amor sempre fiel.
=²⁰ Senhor, salvai-me! Vinde logo em meu auxílio, †
e a vida inteira cantaremos nossos salmos, *
agradecendo ao Senhor em sua casa.

Ant. Das portas do abismo, livrai-me, Senhor!
Ant. 3 Bendirei o Senhor toda a vida.

Salmo 145(146)

=¹ Bendize, minh'alma, ao Senhor! †
² Bendirei ao Senhor toda a vida, *
cantarei ao meu Deus sem cessar!
—³ Não ponhais vossa fé nos que mandam, *
não há homem que possa salvar.
=⁴ Ao faltar-lhe o respiro ele volta †
para a terra de onde saiu; *
nesse dia seus planos perecem.
=⁵ É feliz todo homem que busca †
seu auxílio no Deus de Jacó, *
e que põe no Senhor a esperança.
—⁶ O Senhor fez o céu e a terra, *
fez o mar e o que neles existe.
— O Senhor é fiel para sempre, *
⁷ faz justiça aos que são oprimidos;
— ele dá alimento aos famintos, *
é o Senhor quem liberta os cativos.

= ⁸O Senhor abre os olhos aos cegos, †
  o Senhor faz erguer-se o caído, *
  o Senhor ama aquele que é justo.
= ⁹É o Senhor quem protege o estrangeiro, †
  quem ampara a viúva e o órfão, *
  mas confunde os caminhos dos maus.
= ¹⁰O Senhor reinará para sempre! †
  Ó Sião, o teu Deus reinará *
  para sempre e por todos os séculos!

Ant. Bendirei o Senhor toda a vida.

Ou:
Ant. 3 Tudo o que vive e respira, louve a **Deus!**

Salmo 150

– ¹Louvai o Senhor **Deus** no santuário, *
  louvai-o no alto céu de seu poder!
– ²Louvai-o por seus feitos grandiosos, *
  louvai-o em sua grandeza majestosa!
– ³Louvai-o com o toque da trombeta, *
  louvai-o com a harpa e com a cítara!
– ⁴Louvai-o com a dança e o tambor, *
  louvai-o com as cordas e as flautas!
– ⁵Louvai-o com os címbalos sonoros, *
  louvai-o com os címbalos de júbilo!
– Louve a **Deus** tudo o que vive e que respira, *
  tudo cante os louvores do Senhor!

Ant. Tudo o que vive e respira, louve a **Deus!**

Leitura breve   1Ts 4,14

Se Jesus morreu e ressuscitou – e esta é a nossa fé – de modo semelhante Deus trará de volta, com Cristo, os que através dele entraram no sono da morte.

Responsório breve

R. Eu vos ex**al**to,
 * Ó Se**nhor**, pois me li**vras**tes! R. Eu vos ex**al**to.
V. Transfor**mas**tes o meu **pran**to em uma **fes**ta. * Ó Se**nhor**.
 Glória ao **Pai**. R. Eu vos ex**al**to.

Cântico evangélico, ant.

Eu **sou** a ressurrei**ção**, eu sou a **vi**da, diz Je**sus**.
Quem crê em **mim**, mesmo de**pois** de ter mor**ri**do, vive**rá**;
e quem **vi**ve e crê em **mim**, não morre**rá** eterna**men**te.

Preces

Oremos a Deus Pai todo-poderoso, que ressuscitou Jesus Cristo dentre os mortos e dará vida também aos nossos corpos mortais; e aclamemos:

R. **Dai-nos, Senhor, a vida em Cristo!**

Pai santo, fazei que nós, sepultados pelo batismo na morte com vosso Filho e com ele ressuscitados, vivamos uma vida nova;
– para que, depois da nossa morte, vivamos para sempre em Cristo. R.

Pai de bondade, que nos destes o pão vivo descido do céu, como alimento das almas,
– fazei-nos alcançar a vida eterna e ressuscitar no último dia. R.

Senhor, que enviastes um anjo para confortar vosso Filho em sua agonia,
– fazei-nos sentir o conforto da esperança na hora de nossa morte. R.

Vós, que salvastes os três jovens da fornalha ardente,
– libertai as almas do castigo que sofrem por seus pecados. R.

Deus dos vivos e dos mortos, que ressuscitastes Jesus Cristo do sepulcro,

—ressuscitai também os defuntos e dai-nos um lugar junto deles na vossa glória.
R. **Dai-nos, Senhor, a vida em Cristo!**
Pai nosso...

(intenções livres)

Oração

Pode-se dizer uma das seguintes orações:

Ouvi, ó Pai, as nossas preces para que, ao afirmarmos nossa fé na ressurreição do vosso Filho, se confirme também nossa esperança na ressurreição de vosso servo N. Por nosso Senhor Jesus Cristo, vosso Filho, na unidade do Espírito Santo.

Ou:

Ó Deus, glória dos fiéis e vida dos justos, que nos remistes pela morte e ressurreição do vosso Filho, concedei a vosso servo N. que, tendo professado o mistério da nossa ressurreição, mereça alegrar-se na eterna felicidade. Por nosso Senhor Jesus Cristo, vosso Filho, na unidade do Espírito Santo.

Ou:

Ó Deus, inclinai vosso ouvido às nossas preces, ao implorarmos vossa misericórdia para com vosso filho N. Vós, que o unistes na terra ao vosso povo, colocai-o no Reino da luz e da paz e concedei-lhe o convívio dos vossos santos. Por nosso Senhor Jesus Cristo, vosso Filho, na unidade do Espírito Santo.

Para vários defuntos:

Ó Deus, fizestes o vosso Filho único vencer a morte e subir ao céu. Concedei a vossos Filhos N. e N. superar a mortalidade desta vida e contemplar eternamente a vós, Criador e Redentor de todos. Por nosso Senhor Jesus Cristo, vosso Filho, na unidade do Espírito Santo.

Pelos irmãos, parentes e benfeitores:

Ó Deus, que perdoais os homens e desejais salvá-los, concedei aos irmãos, parentes e benfeitores de nossa comunidade que partiram deste mundo, participar da vida eterna por intercessão da Virgem Maria e de todos os Santos. Por nosso Senhor Jesus Cristo, vosso Filho, na unidade do Espírito Santo.

Ou à escolha, no Missal Romano.

Hora Média

Hino

Quando se rezam as três Horas menores, pode-se distribuir o hino em 3 partes: na Oração das Nove: primeira, quarta e quinta estrofes; na Oração das Doze: segunda, quarta e quinta estrofes; na Oração das Quinze: terceira, quarta e quinta estrofes.

1. Vós que por Lázaro chorastes
   junto às irmãs, e compassivo,
   Onipotente, o devolvestes
   aos seus cuidados, redivivo.

2. Pelos culpados implorastes,
   compadecido, a indulgência,
   e ao companheiro de suplício
   destes palavras da clemência,

3. Agonizante, ao discípulo
   por sua mãe destes Maria,
   para os fiéis terem tal mãe
   presente à última agonia.

4. Cristo Senhor, à vossa herança,
   por vosso sangue redimida,
   concedei ver a dor da morte
   mudar-se em gozo e nova vida.

5. Chamai o(a,s) servo(a,s) que partiu (partiram)
   para onde a morte foi vencida.

Um hino eterno ele (a,s) vos cante (m),
Cristo Jesus, Senhor da vida.

Salmodia

Oração das Nove Horas

Ant. Vol**tai**-vos, Se**nhor**, para **mim**,
e **vin**de sal**var** minha **vi**da!

Oração das Doze Horas

Ant. Cu**rai**-me, Se**nhor**, pois pe**quei** contra **vós**!

Oração das Quinze Horas

Ant. Por vosso **no**me, sal**vai**-me, Se**nhor**!
Por vossa **for**ça, meu **Deus,** liber**tai**-me!

Salmo 69(70)

— ²Vinde, ó **Deus**, em meu auxílio, sem de**mo**ra, *
apres**sai**-vos, ó Senhor, em socorrer-me!
— ³Que **se**jam confundidos e humilhados *
os que pro**cu**ram acabar com minha vida!
— Que **vol**tem para trás envergonhados *
os que se a**le**gram com os males que eu padeço!
— ⁴Que se re**ti**rem, humilhados, para longe, *
todos a**que**les que me dizem: "É bem feito!"
— ⁵Mas se a**le**grem e em vós se rejubilem *
todos a**que**les que procuram encontrar-vos;
— e re**pi**tam todo dia: "Deus é grande!" *
os que **bus**cam vosso auxílio e salvação.
— ⁶Quanto a **mim**, eu sou um pobre e infeliz: *
socor**rei**-me sem demora, ó meu Deus!
— Sois meu **Deus** libertador e meu auxílio: *
não tar**deis** em socorrer-me, ó Senhor!

Salmo 84(85)

– ²Favorecestes, ó Senhor, a vossa terra, *
 libertastes os cativos de Jacó.
– ³Perdoastes o pecado ao vosso povo, *
 encobristes toda a falta cometida;
– ⁴retirastes a ameaça que fizestes, *
 acalmastes o furor de vossa ira.
– ⁵Renovai-nos, nosso Deus e Salvador, *
 esquecei a vossa mágoa contra nós!
– ⁶Ficareis eternamente irritado? *
 Guardareis a vossa ira pelos séculos?
– ⁷Não vireis restituir a nossa vida, *
 para que em vós se rejubile o vosso povo?
– ⁸Mostrai-nos, ó Senhor, vossa bondade, *
 concedei-nos também vossa salvação!
– ⁹Quero ouvir o que o Senhor irá falar: *
 é a paz que ele vai anunciar;
– a paz para o seu povo e seus amigos, *
 para os que voltam ao Senhor seu coração.
– ¹⁰Está perto a salvação dos que o temem, *
 e a glória habitará em nossa terra.
– ¹¹A verdade e o amor se encontrarão, *
 a justiça e a paz se abraçarão;
– ¹²da terra brotará a fidelidade, *
 e a justiça olhará dos altos céus.
– ¹³O Senhor nos dará tudo o que é bom, *
 e a nossa terra nos dará suas colheitas;
– ¹⁴a justiça andará na sua frente *
 e a salvação há de seguir os passos seus.

Salmo 85(86)

– ¹Inclinai, ó Senhor, vosso ouvido, *
 escutai, pois sou pobre e infeliz!

= ² Protegei-me, que sou vosso amigo, †
  e salvai vosso servo, meu Deus, *
  que espera e confia em vós!
– ³ Piedade de mim, ó Senhor, *
  porque clamo por vós todo o dia!
– ⁴ Animai e alegrai vosso servo, *
  pois a vós eu elevo a minh'alma.
– ⁵ Ó Senhor, vós sois bom e clemente, *
  sois perdão para quem vos invoca.
– ⁶ Escutai, ó Senhor, minha prece, *
  o lamento da minha oração!
– ⁷ No meu dia de angústia eu vos chamo, *
  porque sei que me haveis de escutar.
– ⁸ Não existe entre os deuses nenhum *
  que convosco se possa igualar;
– não existe outra obra no mundo *
  comparável às vossas, Senhor!
– ⁹ As nações que criastes virão *
  adorar e louvar vosso nome.
– ¹⁰ Sois tão grande e fazeis maravilhas: *
  vós somente sois Deus e Senhor!
– ¹¹ Ensinai-me os vossos caminhos, *
  e na vossa verdade andarei;
– meu coração orientai para vós: *
  que respeite, Senhor, vosso nome!
– ¹² Dou-vos graças com toda a minh'alma, *
  sem cessar louvarei vosso nome!
– ¹³ Vosso amor para mim foi imenso, *
  retirai-me do abismo da morte!
= ¹⁴ Contra mim se levantam soberbos, †
  e malvados me querem matar; *
  não vos levam em conta, Senhor! –

– ¹⁵Vós, porém, sois clemente e fiel, *
  sois **amor**, paciência e perdão.
= ¹⁶Tende **pena** e olhai para mim! †
  Confir**mai** com vigor vosso servo, *
  de vossa **ser**va o filho salvai.
– ¹⁷Conce**dei**-me um sinal que me prove *
  a verda**de** do vosso amor.
– O ini**mi**go humilhado verá *
  que me **des**tes ajuda e consolo.

Nas outras Horas se diz a Salmodia complementar das séries II e III, p. 1180.

Oração das Nove Horas

Ant. Vol**tai**-vos, Se**nhor**, para **mim**,
  e **vin**de salvar minha **vi**da!

Leitura breve   Jó 19,25-26

Eu sei que o meu redentor está vivo e que, por último, se levantará sobre o pó; e depois que tiverem destruído esta minha pele, na minha carne verei a Deus.

Ou: 2Mc 7,9b

O Rei do universo nos ressuscitará para uma vida eterna, a nós que morremos por suas leis.

V. Por **que** te entristeces, minh'alma, a cho**rar**?
R. Espera em **Deus**: ainda **hei** de louvá-lo!

Oração das Doze Horas

Ant. Cu**rai**-me, Se**nhor**, pois pe**quei** contra **vós**!

Leitura breve   Sb 1,13-14a.15

Deus não fez a morte, nem tem prazer com a destruição dos vivos. Ele criou todas as coisas para existirem. Pois a justiça é imortal.

V. No vale tenebroso nenhum **mal** eu teme**rei**,
R. Porque **vós**, ó meu Se**nhor**, Bom Pas**tor**, estais co**migo**!

Oração das Quinze Horas

Ant. Por vosso **no**me, sal**vai**-me, Se**nhor**!
Por vossa **força**, meu **Deus,** liber**tai**-me!

Leitura breve   Is 25,8

O Senhor Deus eliminará para sempre a morte e enxugará as lágrimas de todas as faces e acabará com a desonra do seu povo em toda a terra, o Senhor o disse.

V. Escu**tai**, ó Senhor **Deus,** minha ora**ção**!
R. Toda **car**ne há de vol**tar** para o Se**nhor**.

Oração como nas Laudes.

Vésperas

Hino

Cristo, Rei de poder infinito,
para dar toda a glória a Deus Pai,
e honra a nós, os perdidos outrora,
as cadeias da morte quebrais.

Assumindo dos homens as dores,
enfrentastes a dor derradeira
e, morrendo, vencestes a morte,
pela qual a serpente vencera.

Do sepulcro surgindo mais forte
no fulgor do mistério pascal,
para a vida chamais novamente
quem morreu para a culpa fatal.

Concedei-nos a vida da graça,
para que, ao voltar como Esposo,
nos acheis com a lâmpada acesa,
prontos para o festim glorioso.

Recebei-nos, sereno Juiz,
no descanso e na luz da verdade,
nós, que a fé, o amor, a esperança
sempre uniram à Santa Trindade.

Este(a,s) servo(a,s), liberto(a,s) do corpo,
que suspira(m) por vós, Sumo Bem,
recebei nas celestes moradas
para sempre a louvar-vos. Amém.

Salmodia

Ant. 1 O Senhor te guardará de todo o **mal**:
   Ele **mes**mo vai cui**dar** da tua **vi**da!

Salmo 120(121)

– ¹Eu le**van**to os meus **o**lhos para os **mon**tes: *
   de **on**de pode vir o meu socorro?
– ²"Do Se**nhor** é que me vem o meu socorro, *
   do Se**nhor** que fez o céu e fez a terra!"
– ³Ele não **dei**xa tropeçarem os meus pés, *
   e não **dor**me quem te guarda e te vigia.
– ⁴Oh! **não**! ele não dorme nem cochila, *
   a**que**le que é o guarda de Israel!
– ⁵O Se**nhor** é o teu guarda, o teu vigia, *
   é uma **som**bra protetora à tua direita.
– ⁶Não vai fe**rir**-te o sol durante o dia, *
   nem a **lua** através de toda a noite.
– ⁷O Se**nhor** te guardará de todo o mal, *
   ele **mes**mo vai cuidar da tua vida!
– ⁸Deus te **guar**da na partida e na chegada. *
   Ele te **guar**da desde agora e para sempre!

Ant. O Se**nhor** te guarda**rá** de todo o **mal**:
   Ele **mes**mo vai cui**dar** da tua **vi**da!

Ant. 2 Se le**var**des em **con**ta nossas **fal**tas,
   ó Se**nhor**, quem pode**ri**a se sal**var**?

Salmo 129(130)

— ¹Das profundezas eu clamo a vós, Senhor, *
²escutai a minha voz!
— Vossos ouvidos estejam bem atentos *
ao clamor da minha prece!
— ³Se levardes em conta nossas faltas, *
quem haverá de subsistir?
— ⁴Mas em vós se encontra o perdão, *
eu vos temo e em vós espero.
— ⁵No Senhor ponho a minha esperança, *
espero em sua palavra.
— ⁶A minh'alma espera no Senhor *
mais que o vigia pela aurora.
— ⁷Espere Israel pelo Senhor *
mais que o vigia pela aurora!
— Pois no Senhor se encontra toda graça *
e copiosa redenção.
— ⁸Ele vem libertar a Israel *
de toda a sua culpa.

Ant. Se levardes em conta nossas faltas,
ó Senhor, quem poderia se salvar?

Ant. 3 Como o Pai ressuscita e dá a vida,
assim o Filho dá a vida aos que o amam.

Cântico   Fl 2,6-11

= ⁶Embora fosse de divina condição, †
Cristo Jesus não se apegou ciosamente *
a ser igual em natureza a Deus Pai.

(R. Jesus Cristo é Senhor para a glória de Deus Pai!)

= ⁷Porém esvaziou-se de sua glória †
e assumiu a condição de um escravo, *
fazendo-se aos homens semelhante.   (R.)

= Reconhecido exteriormente como homem, †
⁸humilhou-se, obedecendo até à morte, *
até à morte humilhante numa cruz. (R.)

= ⁹Por isso **Deus** o exaltou sobremaneira †
e deu-lhe o nome mais excelso, mais sublime, *
e elevado muito acima de outro nome. (R.)

=¹⁰Para que perante o nome de Jesus †
se dobre reverente todo joelho, *
seja nos céus, seja na terra ou nos abismos. (R.)

=¹¹E toda língua reconheça, confessando, †
para a glória de Deus Pai e seu louvor: *
"Na verdade Jesus Cristo é o Senhor!" (R.)

Ant. Como o **Pai** ressuscita e dá a vida,
assim o **Filho** dá a vida aos que o amam.

Leitura breve   1Cor 15,55-57

Ó morte, onde está a tua vitória? Onde está o teu aguilhão? O aguilhão da morte é o pecado, e a força do pecado é a Lei. Graças sejam dadas a Deus que nos dá a vitória pelo Senhor nosso, Jesus Cristo.

Responsório breve

R. **Senhor**, eu ponho em **vós** minha esperança:
  * Que eu não fique envergonhado eternamente!
  R. **Senhor**.
V. Vosso amor me faz saltar de alegria. * Que eu não fique.
  Glória ao **Pai**. R. **Senhor**.

Ou:

R. Ó **Senhor**, em vosso amor,
  * Dai a eles vossa **luz**! R. Ó **Senhor**.
V. Vós vireis para julgar os vivos e os mortos.
  * Dai a eles. Glória ao **Pai**. R. Ó **Senhor**.

Cântico evangélico, ant.

Todo aquele que o **Pai** me entregou,
há de vir até mim, diz Jesus;
e a quem vem até mim, nunca irei rejeitar.

Preces

Oremos a Cristo nosso Senhor, que nos deu a esperança de transformar o nosso pobre corpo à semelhança do seu corpo glorioso; e o aclamemos:

R. Senhor, sois nossa vida e ressurreição!

Cristo, Filho do Deus vivo, que ressuscitastes vosso amigo Lázaro dentre os mortos,
– ressuscitai para a vida e para a glória os defuntos remidos com o vosso sangue. R.

Cristo, consolador dos aflitos, que na morte de Lázaro, do jovem de Naim e da filha de Jairo, acorrestes compassivo a enxugar as lágrimas de seus parentes e amigos,
– consolai também agora os que choram a morte dos seus entes queridos. R.

Cristo, Salvador dos homens, destruí em nosso corpo mortal o domínio do pecado, pelo qual merecemos a morte;
– para que em vós alcancemos a vida eterna. R.

Cristo, Redentor do mundo, olhai com bondade para aqueles que não vos conhecem e vivem sem esperança;
– para que também eles acreditem na ressurreição dos mortos e na vida futura. R.

Vós, que, ao curar o cego de nascença, lhe destes a alegria de poder ver o vosso rosto,
– revelai o esplendor da vossa face aos defuntos que ainda não chegaram à luz da glória. R.

(intenções livres)

Vós, que permitis a destruição da nossa morada terrestre,
– concedei-nos a eterna morada no Reino dos Céus. R.

Pai nosso...

Oração

Pode-se dizer uma das seguintes orações:

Ouvi, ó Pai, as nossas preces para que, ao afirmarmos nossa fé na ressurreição do vosso Filho, se confirme também nossa esperança na ressurreição de vosso servo N. Por nosso Senhor Jesus Cristo, vosso Filho, na unidade do Espírito Santo.

Ou:

Ó Deus, glória dos fiéis e vida dos justos, que nos remistes pela morte e ressurreição do vosso Filho, concedei a vosso servo N. que, tendo professado o mistério da nossa ressurreição, mereça alegrar-se na eterna felicidade. Por nosso Senhor Jesus Cristo, vosso Filho, na unidade do Espírito Santo.

Ou:

Ó Deus, inclinai vosso ouvido às nossas preces, ao implorarmos vossa misericórdia para com vosso filho N. Vós, que o unistes na terra ao vosso povo, colocai-o no Reino da luz e da paz e concedei-lhe o convívio dos vossos santos. Por nosso Senhor Jesus Cristo, vosso Filho, na unidade do Espírito Santo.

Para vários defuntos:

Ó Deus, fizestes o vosso Filho único vencer a morte e subir ao céu. Concedei a vossos filhos N. e N. superar a mortalidade desta vida e contemplar eternamente a vós, Criador e Redentor de todos. Por nosso Senhor Jesus Cristo, vosso Filho, na unidade do Espírito Santo.

Pelos irmãos, parentes e benfeitores:

Ó Deus, que perdoais os homens e desejais salvá-los, concedei aos irmãos, parentes e benfeitores de nossa comunidade que partiram deste mundo, participar da vida eterna por intercessão da Virgem Maria e de todos os Santos. Por nosso Senhor Jesus Cristo, vosso Filho, na unidade do Espírito Santo.

Ou à escolha, no Missal Romano.

Completas

Tudo como no Domingo, p. 1162.

APÊNDICE

APPENDICE

I
CÂNTICOS E EVANGELHOS PARA AS VIGÍLIAS

Aqueles que, segundo a tradição, desejarem prolongar a celebração da Vigília dos domingos, solenidades e festas, celebrem primeiramente o Ofício das Leituras; depois das duas leituras acrescentem os cânticos e o Evangelho indicados adiante. Nas festas do Senhor que ocorrem no domingo, pode-se dizer o Evangelho do domingo corrente, como adiante se indica, ou da festa; neste caso toma-se o Evangelho do Lecionário da Missa.

Se parecer oportuno, pode-se fazer uma homilia sobre o Evangelho. Depois, canta-se o A vós, ó Deus (Te Deum), diz-se a oração e conclui-se a Hora como no Ordinário.

PRÓPRIO DO TEMPO

Tempo Comum

Cânticos

Ant. Sede o nosso braço forte, ó Senhor, cada manhã,
e no tempo da aflição sede a nossa salvação!

Cântico I — Is 33,2-10

Oração confiante na infelicidade

Em Cristo todos os tesouros da sabedoria e do conhecimento estão ocultos (Cl 2,3).

= ² Senhor, tende piedade, pois em vós nós esperamos! †
Sede o nosso braço forte em todas as manhãs, *
e no tempo da aflição, sede a nossa salvação!

— ³ Ao ouvir vosso trovão, os povos todos põem-se em fuga *
e quando vos ergueis, se dispersam as nações:

— ⁴ Vosso despojo é amontoado, como se ajuntam as lagartas; *
todos se atiram sobre ele, feito vorazes gafanhotos. —

– ⁵Sublime é o Senhor, pois, habita nas alturas; *
   assegura a Sião o direito e a justiça.
= ⁶Haverá, Jerusalém, segurança nos teus dias, †
   abundante salvação, sabedoria e ciência; *
   respeitar o Senhor Deus será a glória do teu povo!
– ⁷Eis, de Sião, "Lareira de Deus", seus heróis a lamentar*
   e da paz os mensageiros a chorar amargamente.
= ⁸Estão desertos os caminhos, ninguém passa pelas ruas, †
   a aliança foi rompida, as cidades desprezadas *
   e não mais se considera o respeito pelo homem.
– ⁹A terra está de luto e abatida desfalece; *
   o Líbano esmorece e definha de vergonha.
– Sarom já se tornou semelhante a um deserto, *
   e Basã e o Carmelo já perderam seu verdor!
–¹⁰Mas, agora, eu me erguerei, é o que fala o Senhor, *
   vou levantar-me, neste instante, serei, agora, exaltado.

Cântico II   Is 33,13-16
Deus julgará com justiça

A promessa é para vós e vossos filhos, e para todos aqueles que estão longe (At 2,39).

–¹³Vós que estais longe, escutai o que eu fiz! *
   Vós que estais perto, conhecei o meu poder!
–¹⁴Os pecadores em Sião se apavoraram, *
   e abateu-se sobre os ímpios o terror:
– "Quem ficará junto do fogo que devora? *
   Ou quem de vós suportará a eterna chama?"
–¹⁵É aquele que caminha na justiça, *
   diz a verdade e não engana o semelhante;
– o que despreza um benefício extorquido *
   e recusa um presente que suborna;
– o que fecha o seu ouvido à voz do crime *
   e cerra os olhos para o mal não contemplar. –

—¹⁶ Esse **ho**mem morará sobre as alturas, *
e seu ref**ú**gio há de ser a rocha firme.
— O seu **pão** não haverá de lhe faltar, *
e a **á**gua lhe será assegurada.

Cântico III   Eclo 36,14-19

Oração pelo povo de Deus

A vida eterna é esta: que te conheçam a ti, o único Deus verdadeiro, e a Jesus Cristo, a quem enviaste (Jo 17,3)

=¹⁴ **Ten**de **pe**na e compai**xão** do vosso **po**vo,†
de Isra**el** a quem fizestes primogênito *
e a quem cha**mas**tes com o vosso próprio nome!
—¹⁵ Apie**dai**-vos de Sião, vossa cidade, *
o lu**gar** santificado onde habitais!
—¹⁶ En**chei** Jerusalém com vossos feitos, *
e o vosso **po**vo, com a luz de vossa glória!
—¹⁷ Dai teste**mu**nho em favor dos que são vossos, *
que são **vos**sas criaturas desde o início!
—¹⁸ **Fa**zei que se realizem as palavras, *
que em vosso **no**me os profetas proferiram.
— Dai recompen**sa** aos que a vós se confiaram, *
para os pro**fe**tas serem tidos verdadeiros.
= Ou**vi** as orações dos vossos servos, †
¹⁹ conforme a **bên**ção de Aarão ao vosso povo *
e conduzi-nos no caminho da justiça,
— para que **sai**bam os que habitam toda a terra, *
que sois o **Deus**, que contemplais todos os séculos.

Ant. Sede o **nos**so braço **for**te, ó **Se**nhor, cada ma**nhã**,
e no **tem**po da afli**ção** sede a **nos**sa salva**ção**!

Evangelhos

Em seguida, lê-se o Evangelho da Ressurreição, de acordo com a série dominical seguinte:

I	Dom. 1, 9, 17, 25, 33	Mt 28,1-10.16-20	p.1801.
II	Dom. 2, 10, 18, 26	Mc 16,1-20	p.1792.
III	Dom. 3, 11, 19, 27	Lc 24,1-12	p.1793.
IV	Dom. 4, 12, 20, 28	Lc 24,13-35	p.1794.
V	Dom. 5, 13, 21, 29	Lc 24,35-53	p.1796.
VI	Dom. 6, 14, 22, 30	Jo 20,1-18	p.1797.
VII	Dom. 7, 15, 23, 31	Jo 20,19-31	p.1798.
VIII	Dom. 8, 16, 24, 32	Jo 21,1-14	p.1800.

2º e 10º DOMINGOS DO Tempo Comum

Leitura do Evangelho de Jesus Cristo segundo Marcos

16,1-20

Jesus de Nazaré, que foi crucificado, ressuscitou

¹Quando passou o sábado, Maria Madalena e Maria, a mãe de Tiago, e Salomé, compraram perfumes para ungir o corpo de Jesus. ²E bem cedo, no primeiro dia da semana, ao nascer do sol, elas foram ao túmulo. ³E diziam entre si: "Quem rolará para nós a pedra da entrada do túmulo?" ⁴Era uma pedra muito grande. Mas, quando olharam, viram que a pedra já tinha sido retirada. ⁵Entraram, então, no túmulo e viram um jovem, sentado do lado direito, vestido de branco. E ficaram muito assustadas. ⁶Mas o jovem lhes disse: "Não vos assusteis! Vós procurais Jesus de Nazaré, que foi crucificado? Ele ressuscitou. Não está aqui. Vede o lugar onde o puseram. ⁷Ide, dizei a seus discípulos e a Pedro que ele irá à vossa frente, na Galileia. Lá vós" o vereis, como ele mesmo tinha dito;" ⁸Elas saíram do túmulo e fugiram, pois estavam tomadas de temor e espanto. E não disseram nada a ninguém porque tinham medo.

⁹Depois de ressuscitar, na madrugada do primeiro dia após o sábado, Jesus apareceu primeiro a Maria Madalena, da qual havia. expulsado sete demônios. ¹⁰Ela foi anunciar

isso aos seguidores de Jesus, que estavam de luto e chorando. ¹¹Quando ouviram que ele estava vivo e fora visto por ela, não quiseram acreditar. ¹²Em seguida, Jesus apareceu a dois deles, com outra aparência, enquanto estavam indo para o campo. ¹³Eles também voltaram e anunciaram isso aos outros. Também a estes não deram crédito.

¹⁴Por fim, Jesus apareceu aos onze discípulos enquanto estavam comendo, repreendeu-os por causa da falta de fé e pela dureza de coração, porque não tinham acreditado naqueles que o tinham visto ressuscitado. ¹⁵E disse-lhes: "Ide pelo mundo inteiro e anunciai o Evangelho a toda criatura! ¹⁶Quem crer e for batizado será salvo. Quem não crer será condenado. ¹⁷Os sinais que acompanharão aqueles que crerem serão estes: expulsarão demônios em meu nome, falarão novas línguas; ¹⁸se pegarem em serpentes ou beberem algum veneno mortal não lhes fará mal algum; quando impuserem as mãos sobre os doentes, eles ficarão curados".

¹⁹Depois de falar com os discípulos, o Senhor Jesus foi levado ao céu, e sentou-se à direita de Deus.

²⁰Os discípulos então saíram e pregaram por toda parte. O Senhor os ajudava e confirmava sua palavra por meio dos sinais que a acompanhavam.

HINO Te Deum, p. 589. Oração como no Próprio: no 2º Domingo, p. 67; no 10º Domingo, p. 286.

Conclusão da Hora como no Ordinário.

3º e 11º DOMINGO DO Tempo Comum

Leitura do Evangelho de Jesus Cristo segundo Lucas

24,1-12

Por que estais procurando entre os mortos aquele que está vivo?

¹No primeiro dia da semana, bem de madrugada, as mulheres foram ao túmulo de Jesus, levando os perfumes

que haviam preparado. ²Elas encontraram a pedra do túmulo removida. ³Mas, ao entrar, não encontraram o corpo do Senhor Jesus ⁴e ficaram sem saber o que estava acontecendo. Nisso, dois homens com roupas brilhantes pararam perto delas. ⁵Tomadas de medo, elas olhavam para o chão, mas os dois homens disseram: "Por que estais procurando entre os mortos aquele que está vivo? ⁶Ele não está aqui. Ressuscitou! Lembrai-vos do que ele vos falou, quando ainda estava na Galileia: ⁷'O Filho do Homem deve ser entregue nas mãos dos pecadores, ser crucificado e ressuscitar ao terceiro dia'." ⁸Então as mulheres se lembraram das palavras de Jesus. ⁹Voltaram do túmulo e anunciaram tudo isso aos Onze e a todos os outros. ¹⁰Eram Maria Madalena, Joana e Maria, mãe de Tiago. Também as outras mulheres que estavam com elas contaram essas coisas aos apóstolos. ¹¹Mas eles acharam que tudo isso era desvario, e não acreditaram. ¹²Pedro, no entanto, levantou-se e correu ao túmulo. Olhou para dentro e viu apenas os lençóis. Então voltou para casa, admirado com o que havia acontecido.

HINO Te Deum, p. 589. Oração como no Próprio: no 3º Domingo, p. 95; no 11º Domingo, p. 317.

Conclusão da Hora como no Ordinário.

4º e 12º DOMINGOS DO Tempo Comum
Leitura do Evangelho de Jesus Cristo segundo Lucas
24,13-35

Fica conosco, pois já é tarde

¹³Naquele mesmo dia, o primeiro da semana, dois dos discípulos de Jesus iam para um povoado, chamado Emaús, distante onze quilômetros de Jerusalém. ¹⁴Conversavam sobre todas as coisas que tinham acontecido. ¹⁵Enquanto conversavam e discutiam, o próprio Jesus se aproximou e começou a caminhar com eles. ¹⁶Os discípulos, porém, esta-

vam como que cegos, e não o reconheceram. ¹⁷Então Jesus perguntou: "O que ides conversando pelo caminho?" Eles pararam, com o rosto triste, ¹⁸e um deles, chamado Cléofas, lhe disse: "Tu és o único peregrino em Jerusalém que não sabe o que lá aconteceu nestes últimos dias?" ¹⁹Ele perguntou: "O que foi?" Os discípulos responderam: "O que aconteceu com Jesus, o Nazareno, que foi um profeta poderoso em obras e palavras, diante de Deus e diante de todo o povo. ²⁰Nossos sumos sacerdotes e nossos chefes o entregaram para ser condenado à morte e o crucificaram. ²¹Nós esperávamos que ele fosse libertar Israel, mas, apesar de tudo isso, já faz três dias que todas essas coisas aconteceram! ²²É verdade que algumas mulheres do nosso grupo nos deram um susto. Elas foram de madrugada ao túmulo ²³e não encontraram o corpo dele. Então voltaram, dizendo que tinham visto anjos e que estes afirmaram que Jesus está vivo. ²⁴Alguns dos nossos foram ao túmulo e encontraram as coisas como as mulheres tinham dito. A ele, porém, ninguém o viu."

²⁵Então Jesus lhes disse: "Como sois sem inteligência e lentos para crer em tudo o que os profetas falaram! ²⁶Será que o Cristo não devia sofrer tudo isso para entrar na sua glória?" ²⁷E, começando por Moisés e passando pelos Profetas, explicava aos discípulos todas as passagens da Escritura que falavam a respeito dele. ²⁸Quando chegaram perto do povoado para onde iam, Jesus fez de conta que ia mais adiante. ²⁹Eles, porém, insistiram com Jesus, dizendo: "Fica conosco, pois já é tarde e a noite vem chegando!" Jesus entrou para ficar com eles. ³⁰Quando se sentou à mesa com eles, tomou o pão, rezou a bênção, partiu-o e lhes distribuía. ³¹Nisso os olhos dos discípulos se abriram e ele reconheceram Jesus. Jesus, porém, desapareceu da frente deles. ³²Então um disse ao outro: "Não estava ardendo o nosso coração quando ele nos falava pelo caminho, e nos explicava as Escrituras?" ³³Naquela mesma hora, eles se levantaram

e voltaram para Jerusalém onde encontraram os Onze reunidos com os outros. ³⁴E estes confirmaram: "Realmente, o Senhor ressuscitou e apareceu a Simão!"

HINO Te Deum, p. 589. Oração como no Próprio: no 4º Domingo, p. 123; no 12º Domingo, p. 348.

Conclusão da Hora como no Ordinário.

5º e 13º DOMINGOS DO Tempo Comum

Leitura do Evangelho de Jesus Cristo segundo Lucas

24,35-53

Era preciso que o Cristo sofresse e ressurgisse dos mortos

Naquele tempo: ³⁵os discípulos contaram o que tinha acontecido no caminho, e como tinham reconhecido Jesus ao partir o pão.

³⁶Ainda estavam falando, quando o próprio Jesus apareceu no meio deles e lhes disse: "A paz esteja convosco!" ³⁷Eles ficaram assustados e cheios de medo, pensando que estavam vendo um fantasma. ³⁸Mas Jesus disse: "Por que estais preocupados, e por que tendes dúvidas no coração? ³⁹Vede minhas mãos e meus pés: sou eu mesmo! Tocai em mim e vede! Um fantasma não tem carne, nem ossos, como estais vendo que eu tenho." ⁴⁰E dizendo isso, Jesus mostrou-lhes as mãos e os pés. ⁴¹Mas eles ainda não podiam acreditar, porque estavam muito alegres e surpresos. Então Jesus disse: 'Tendes aqui alguma coisa para comer?" ⁴²Deram-lhe um pedaço de peixe assado. ⁴³Ele o tomou e comeu diante deles.

⁴⁴Depois disse-lhes: "São estas as coisas que vos falei quando ainda estava convosco: era preciso que se cumprisse tudo o que está escrito sobre mim na Lei de Moisés, nos Profetas e nos Salmos." ⁴⁵Então Jesus abriu a inteligência dos discípulos para entenderem as Escrituras, ⁴⁶e lhes disse: "Assim está escrito: O Cristo sofrerá e ressuscitará dos

mortos ao terceiro dia [47] e no seu nome, serão anunciados a conversão e o perdão dos pecados a todas as nações, começando por Jerusalém. [48] Vós sereis testemunhas de tudo isso. [49] Eu enviarei sobre vós aquele que meu Pai prometeu. Por isso, permanecei na cidade, até que sejais revestidos da força do alto".

[50] Então Jesus levou-os para fora, até perto de Betânia. Ali ergueu as mãos e abençoou-os [51] Enquanto os abençoava, afastou-se deles e foi levado para o céu. [52] Eles o adoraram. Em seguida voltaram para Jerusalém, com grande alegria. [53] E estavam sempre no Templo, bendizendo a Deus.

HINO Te Deum, p. 589. Oração como no Próprio: no 5º Domingo, p. 148; no 13º Domingo, p. 377.

Conclusão da Hora como no Ordinário.

6º e 14º DOMINGOS DO Tempo Comum
Leitura do Evangelho de Jesus Cristo segundo João

20,1-18

Ele devia ressuscitar dos mortos

[1] No primeiro dia da semana, Maria Madalena foi ao túmulo de Jesus, bem de madrugada, quando ainda estava escuro, e viu que a pedra tinha sido retirada do túmulo. [2] Então ela saiu correndo e foi encontrar Simão Pedro e o outro discípulo, aquele que Jesus amava, e lhes disse: "Tiraram o Senhor do túmulo, e não sabemos onde o colocaram." [3] Saíram, então, Pedro e o outro discípulo e foram ao túmulo. [4] Os dois corriam juntos, mas o outro discípulo correu mais depressa que Pedro e chegou primeiro ao túmulo. [5] Olhando para dentro, viu as faixas de linho no chão, mas não entrou. [6] Chegou também Simão Pedro, que vinha correndo atrás, e entrou no túmulo. Viu as faixas de linho deitadas no chão [7] e o pano que tinha estado sobre a cabeça de Jesus, não posto com as faixas, más enrolado num lugar à parte. [8] Então entrou também o outro discípulo, que tinha

chegado primeiro ao túmulo. Ele viu, e acreditou. ⁹De fato, eles ainda não tinham compreendido a Escritura, segundo a qual ele devia ressuscitar dos mortos. ¹⁰Os discípulos voltaram então para casa.

¹¹Entretanto, Maria estava do lado de fora do túmulo, chorando. Enquanto chorava, inclinou-se e olhou para dentro do túmulo. ¹²Viu, então, dois anjos vestidos de branco, sentados onde tinha sido posto o corpo de Jesus, um à cabeceira e outro aos pés. ¹³Os anjos perguntaram: "Mulher, por que choras?" Ela respondeu: "Levaram o meu Senhor e não sei onde o colocaram". ¹⁴Tendo dito isto, Maria voltou-se para trás e viu Jesus, de pé. Mas não sabia que era Jesus. ¹⁵Jesus perguntou-lhe: "Mulher, por que choras? A quem procuras?" Pensando que era o jardineiro, Maria disse: "Senhor, se foste tu que o levaste dize-me onde o colocaste, e eu o irei buscar". ¹⁶Então Jesus disse: "Maria!" Ela voltou-se e exclamou, em hebraico: "Rabuni" (que quer dizer: Mestre). ¹⁷Jesus disse: "Não me segures. Ainda não subi para junto do Pai. Mas vai dizer aos meus irmãos: subo para junto do meu Pai e vosso Pai, meu Deus e vosso Deus". ¹⁸Então Maria Madalena foi anunciar aos discípulos: "Eu vi o Senhor!", e contou o que Jesus lhe tinha dito.

HINO Te Deum, p. 589. Oração como no Próprio: no 6º Domingo, p. 175; no 14º Domingo, p. 407.

Conclusão da Hora como no Ordinário.

7º e 15º DOMINGOS DO Tempo Comum
Leitura do Evangelho de Jesus Cristo segundo João

20,19-31

Oito dias depois Jesus entrou

¹⁹Ao anoitecer daquele dia, o primeiro da semana, estando fechadas, por medo dos judeus, as portas do lugar onde os discípulos se encontravam, Jesus entrou e, pondo-se no meio deles, disse: "A paz esteja convosco". ²⁰Depois destas

palavras, mostrou-lhes as mãos e o lado. Então os discípulos se alegraram por verem o Senhor. [21] Novamente, Jesus disse: "A paz esteja convosco. Como o Pai me enviou, também eu vos envio". [22] E depois de ter dito isto, soprou sobre eles e disse: "Recebei o Espírito Santo. [23] A quem perdoardes os pecados, eles lhes serão perdoados; a quem os não perdoardes, eles lhes serão retidos".

[24] Tomé, chamado Dídimo, que era um dos doze, não estava com eles quando Jesus veio. [25] Os outros discípulos contaram-lhe depois: "Vimos o Senhor!" Mas Tomé disse-lhes: "Se eu não vir a marca dos pregos em suas mãos, se eu não puser o dedo nas marcas dos pregos e não puser a mão no seu lado, não acreditarei".

[26] Oito dias depois, encontravam-se os discípulos novamente reunidos em casa, e Tomé estava com eles. Estando fechadas as portas, Jesus entrou, pôs-se no meio deles e disse: "A paz esteja convosco". [27] Depois disse a Tomé: "Põe o teu dedo aqui e olha as minhas mãos. Estende a tua mão e coloca-a no meu lado. E não sejas incrédulo, mas fiel". [28] Tomé respondeu: "Meu Senhor e meu Deus!" [29] Jesus lhe disse: "Acreditaste, porque me viste? Bem-aventurados os que creram sem terem visto!"

[30] Jesus realizou muitos outros sinais diante dos discípulos, que não estão escritos neste livro. [31] Mas estes foram escritos para que acrediteis que Jesus é o Cristo, o Filho de Deus, e para que, crendo, tenhais a vida em seu nome.

HINO Te Deum, p. 589. Oração como no Próprio: no 7º Domingo, p. 202; no 15º Domingo, p. 436.

Conclusão da Hora como no Ordinário.

8º e 16º DOMINGOS DO Tempo Comum
Leitura do Evangelho de Jesus Cristo segundo João
21,1-14

*Jesus aproximou-se, tomou o pão e distribuiu-o por eles.
E fez a mesma coisa com o peixe*

Naquele tempo, ¹Jesus apareceu de novo aos discípulos, à beira do mar de Tiberíades. A aparição foi assim: ²Estavam juntos Simão Pedro, Tomé, chamado Dídimo, Natanael de Caná da Galileia, os filhos de Zebedeu e outros dois discípulos de Jesus. ³Simão Pedro disse a eles: "Eu vou pescar". Eles disseram: "Também vamos contigo". Saíram e entraram na barca, mas não pescaram nada naquela noite.

⁴Já tinha amanhecido, e Jesus estava de pé na margem. Mas os discípulos não sabiam que era Jesus. ⁵Então Jesus disse: "Moços, tendes alguma coisa para comer?" Responderam: "Não". ⁶Jesus disse-lhes: "Lançai a rede à direita da barca, e achareis." Lançaram pois a rede e não conseguiam puxá-la para fora, por causa da quantidade de peixes. ⁷Então, o discípulo a quem Jesus amava disse a Pedro: "É o Senhor!" Simão Pedro, ouvindo dizer que era o Senhor, vestiu sua roupa, pois estava nu, e atirou-se ao mar. ⁸Os outros discípulos vieram com a barca, arrastando a rede com os peixes. Na verdade, não estavam longe da terra, mas somente a cerca de cem metros.

⁹Logo que pisaram a terra, viram brasas acesas, com peixe em cima, e pão. ¹⁰Jesus disse-lhes: "Trazei alguns dos peixes que apanhastes". ¹¹Então Simão Pedro subiu ao barco e arrastou a rede para a terra. Estava cheia de cento e cinquenta e três grandes peixes; e apesar de tantos peixes, a rede não se rompeu. ¹²Jesus disse-lhes: "Vinde comer". Nenhum dos discípulos se atrevia a perguntar quem era ele, pois sabiam que era o Senhor.

¹³Jesus aproximou-se, tomou o pão e distribuiu-o por eles. E fez a mesma coisa com o peixe. ¹⁴Esta foi a terceira

vez que Jesus, ressuscitado dos mortos, apareceu aos discípulos.

HINO Te Deum, p. 589. Oração como no Próprio: no 8º Domingo, p. 231; no 16º Domingo, p. 467.

Conclusão da Hora como no Ordinário.

9º e 17º DOMINGOS DO TEMPO COMUM

Leitura do Evangelho de Jesus Cristo segundo Mateus
28,1-10.16-20

Ele ressuscitou dos mortos e vai à vossa frente para a Galileia

¹Depois do sábado, ao amanhecer do primeiro dia da semana, Maria Madalena e a outra Maria foram ver o sepulcro. ²De repente, houve um grande tremor de terra: o anjo do Senhor desceu do céu e, aproximando-se, retirou a pedra e sentou-se nela. ³Sua aparência era como um relâmpago, e suas vestes eram brancas como a neve. ⁴Os guardas ficaram com tanto medo do anjo, que tremeram, e ficaram como mortos. ⁵Então o anjo disse às mulheres: "Não tenhais medo! Sei que procurais Jesus, que foi crucificado. ⁶Ele não está aqui! Ressuscitou, como havia dito! Vinde ver o lugar em que ele estava. ⁷Ide depressa contar aos discípulos que ele ressuscitou dos mortos, e que vai à vossa frente para a Galileia. Lá vós o vereis. É o que tenho a dizer-vos."

⁸As mulheres partiram depressa do sepulcro. Estavam com medo, mas correram com grande alegria, para dar a notícia aos discípulos. ⁹De repente, Jesus foi ao encontro delas, e disse: "Alegrai-vos!" As mulheres aproximaram-se, e prostraram-se diante de Jesus, abraçando seus pés. ¹⁰Então Jesus disse a elas: "Não tenhais medo. Ide anunciar aos meus irmãos que se dirijam para a Galileia. Lá eles me verão."

¹⁶Os onze discípulos foram para a Galileia, ao monte que Jesus lhes tinha indicado. ¹⁷Quando viram Jesus, prostraram-

se diante dele. Ainda assim alguns duvidaram. [18]Então Jesus aproximou-se e falou: "Toda a autoridade me foi dada no céu e sobre a terra. [19]Portanto, ide e fazei discípulos meus todos os povos, batizando-os em nome do Pai e do Filho e do Espírito Santo, [20]e ensinando-os a observar tudo o que vos ordenei! Eis que eu estarei convosco todos os dias, até ao fim do mundo".

HINO Te Deum, p. 589. Oração como no Próprio: no 9º Domingo, p. 260; no 17º Domingo, p. 493.

Conclusão da Hora como no Ordinário.

SOLENIDADES DO SENHOR DURANTE O TEMPO COMUM

Domingo depois de Pentecostes

SANTÍSSIMA TRINDADE

Ant. A **Deus**, Pai e **Filho**, glória e louv**or** sempi**ter**no
e igual**men**te, ao Pará**cli**to, por **to**dos os **sé**culos.

Cânticos como no Próprio do Tempo Comum, p. 1789. Evangelho da solenidade, não proclamado neste ano na Missa.

HINO Te Deum, p. 589. Oração como no Próprio, p. 533.

Conclusão da Hora como no Ordinário.

Quinta-feira depois da Santíssima Trindade

SANTÍSSIMO SACRAMENTO DO CORPO E SANGUE DE CRISTO

Cânticos

Ant. Minha **car**ne é c**o**mida, o meu **san**gue é be**bi**da.
Quem co**mer** minha **car**ne e meu **san**gue be**ber**,
tem a **vi**da e**ter**na, é o que **diz** o Senhor.

Cântico I Pr 9,1-6.10-12

A Sabedoria convida os pequenos à sua mesa

Certo homem deu uma grande ceia e convidou a muitos (Lc 14,16)

– ¹ A sabed**o**ria constru**iu** a sua **ca**sa, *
   ta**lhou** e erigiu sete colunas;
– ² sacrifi**cou**, em holocausto, suas vítimas, *
   o seu **vi**nho misturou e pôs a mesa.
= ³ Envi**ou** suas criadas, que clamassem †
   dos **pon**tos elevados da cidade; *
   ⁴ "Quem for **sim**ples e ingênuo, venha aqui!" –

= Ela **diz** aos insensatos, igualmente: †
⁵"Vinde a**qui**, e o meu pão saboreai, *
bebei o **vi**nho que para vós já misturei!
– ⁶Dei**xai** a insensatez e vivereis, *
e an**dai** pelo caminho da inteligência!"
– ¹⁰Respei**tar** ao Senhor Deus é condição, *
para al**guém** sabedoria alcançar.
– Pru**dên**cia, somente, se obtém, *
se do **Santo** alguém houver conhecimento.
– ¹¹É por **mim** que os teus dias serão muitos, *
e os **a**nos da tua vida serão longos.
= ¹²Se fores **sá**bio, o serás para o teu bem; †
se de **tu**do te tornares zombador, *
tu **mes**mo sofrerás as consequências.

Cântico II   Jr 31,10-14

A felicidade do povo libertado

O Cordeiro estava de pé sobre o monte Sion. Com ele, os cento e quarenta e quatro mil (Ap 14,1)

– ¹⁰Ouvi, nações, a pa**la**vra do Se**nhor** *
e anunci**ai**-a nas ilhas mais distantes:
– "Quem disper**sou** Israel, vai congregá-lo, *
e o guarda**rá** qual pastor a seu rebanho!"
– ¹¹Pois, na ver**da**de, o Senhor remiu Jacó *
e o liber**tou** do poder do prepotente.
= ¹²Vol**tarão** para o monte de Sião, †
entre brados e cantos de alegria *
aflui**rão** para as bênçãos do Senhor:
– para o **tri**go, o vinho novo e o azeite; *
para o **ga**do, os cordeirinhos e as ovelhas.
– Terão a **al**ma qual jardim bem irrigado, *
de sede e **fo**me nunca mais hão de sofrer. –

—¹³ Então a **vir**gem dançará alegremente, *
  também o **jo**vem e o velho exultarão;
— muda**rei** em alegria o seu luto, *
  serei con**so**lo e conforto após a guerra.
—¹⁴ Sacia**rei** os sacerdotes de delícias, *
  e meu **po**vo há de fartar-se de meus bens!

Cântico III   Sb 16,20-21.26; 17,1a

Com alimento dos anjos o Senhor nutriu o seu povo

O pão de Deus é o que desce do céu e dá vida ao mundo
(Jo 6,33)

—²⁰ Alimen**tas**tes, Se**nhor**, vosso **po**vo *
  com ali**men**to dos **an**jos;
— um **pão** preparado, de graça,
  do **céu** enviastes.
— Ele **to**da delícia continha, *
  ao **gos**to de todos.
—²¹ O sus**ten**to que dáveis, mostrava *
  a **vos**sa doçura,
— a **vos**sa doçura com a qual *
  vossos **fi**lhos tratais.
— Adap**ta**va-se ao gosto de todos, *
  os que o sa**bo**reavam;
— mu**da**va-se ele naquilo, *
  que cada **um** desejava.
—²⁶ Para **que** vossos filhos amados *
  apren**des**sem, Senhor,
— que **não** são os frutos diversos, *
  que ali**men**tam o homem,
— mas que é a **vos**sa palavra, Senhor, *
  que sustenta os que creem.
—¹⁷,¹ᵃ Os **vos**sos juízos são grandes *
  e inson**dá**veis, Senhor!

Ant. Minha **carne** é co**mi**da, o meu **san**gue é be**bi**da.
Quem co**mer** minha **carne** e meu **sangue** be**ber**,
tem a **vi**da e**ter**na, é o que **diz** o Se**nhor**.

Evangelho da solenidade, que não é proclamado neste ano na Missa.

HINO Te Deum, p. 589. Oração como no Próprio, p. 554.

Conclusão da Hora como no Ordinário.

Sexta-feira após o 2º Domingo depois de Pentecostes

SAGRADO CORAÇÃO DE JESUS

Cânticos

Ant. Meu Salva**dor** é o Se**nhor**, com lealda**de** agi**rei**,
pois para **mim** se tor**nou** salva**ção**, ale**lui**a.

Cântico I   Is 12,1-6
Exultação do povo redimido
Se alguém tem sede, venha a mim e beba (Jo 7,37)

— ¹Dou-vos **gra**ças, ó Se**nhor**, porque, es**tan**do irri**ta**do, *
  acal**mou**-se a vossa ira e en**fim** me conso**las**tes.
— ²Eis o **Deus**, meu Salvador, eu con**fi**o e nada temo; *
  o Se**nhor** é minha força, meu lou**vor** e salvação.
— ³Com ale**gri**a bebereis no manancial da salvação, *
  ⁴e di**reis** naquele dia: "Dai louvores ao Senhor,
— invo**cai** seu santo nome, anunci**ai** suas maravilhas, *
  entre os **po**vos proclamai que seu **no**me é o mais sublime.
— ⁵Louvai can**tan**do ao nosso Deus, que fez pro**dí**gios e portentos, *
  publi**cai** em toda a terra suas **gran**des maravilhas!
— ⁶Exul**tai** cantando alegres, habi**tan**tes de Sião, *
  porque é **gran**de em vosso meio o Deus **San**to de Israel!"

Cântico II   1Sm 2,1-5

Os humildes se alegram em Deus

Saciou de bens os famintos (Lc 1,53)

– ¹ **Exulta** no **Senhor** meu cora**ção**,*
    e se **el**eva a minha fronte no meu Deus;
– minha **bo**ca desafia os meus rivais *
    porque me **al**egro com a vossa salvação.
– ² Não há **san**to como é santo o nosso Deus, *
    ninguém é **for**te à semelhança do Senhor!
– ³ Não **falei** tantas palavras orgulhosas, *
    nem profiram arrogâncias vossos lábios!
– Pois o Se**nhor** é o nosso Deus que tudo sabe. *
    Ele co**nhe**ce os pensamentos mais ocultos.
– ⁴ O arco dos **for**tes foi dobrado, foi quebrado, *
    mas os **fra**cos se vestiram de vigor.
– ⁵ Os saci**a**dos se empregaram por um pão, *
    mas os **po**bres e os famintos se fartaram.
– Muitas **ve**zes deu à luz a que era estéril, *
    mas a **mãe** de muitos filhos definhou.

Cântico III   1Sm 2,6-10

Deus exalta os pobres

Depôs os poderosos de seu trono e exaltou os humildes (Lc 1,52)

– ⁶ É o Se**nhor** quem dá a **mor**te e dá a **vi**da, *
    faz descer à sepultura e faz voltar;
– ⁷ é o Se**nhor** quem faz o pobre e faz o rico, *
– é o Se**nhor** quem nos humilha e nos exalta.
– ⁸ O Se**nhor** ergue do pó o homem fraco,*
    e do **li**xo ele retira o indigente,
– para fa**zê**-los assentar-se com os nobres *
    num lu**gar** de muita honra e distinção. –

- As colunas desta terra lhe pertencem, *
  e sobre elas assentou o universo.
- ⁹Ele vela sobre os passos de seus santos, *
  mas os ímpios se extraviam pelas trevas.
- ¹⁰Ninguém triunfa se apoiando em suas forças; *
  os inimigos do Senhor serão vencidos;
- sobre eles faz troar o seu trovão, *
  o Senhor julga os confins de toda a terra.
- O Senhor dará a seu Rei a realeza *
  e exaltará o seu Ungido com poder.

Ant. Meu Salvador é o Senhor, com lealdade agirei,
pois, para mim se tornou salvação, aleluia.

O Evangelho da solenidade que não é proclamado neste ano na Missa.

HINO Te Deum, p. 589. Oração como no Próprio, p. 575. Conclusão da Hora como no Ordinário.

PRÓPRIO DOS SANTOS

2 de fevereiro

APRESENTAÇÃO DO SENHOR

Cânticos

Ant. Alegra-te e louva, ó Filha de Sião,
eis que venho a ti, para morar em tua casa,
é o que diz o Senhor.

Cântico I   Is 9,1-6

Anunciação do Príncipe da paz

O sol nascente das alturas nos visitará, para alumiar os que jazem nas trevas e na sombra da morte (Lc 1,78.79)

– ¹O povo que vagava, em meio às trevas, *
viu uma luz de grande brilho;
– aos que na sombra da morte estão deitados, *
uma luz resplandeceu.
– ²Tornastes este povo numeroso *
e a alegria lhe aumentastes.
– Como aqueles que se alegram na colheita, *
perante vós se rejubilam;
– Como exultam os guerreiros vencedores *
na partilha dos despojos.
– ³Porque o jugo que pesava sobre eles *
por vós mesmo foi quebrado
– e a vara que feria os seus ombros, *
como no dia de Madian.
– ⁴Pois toda bota com que marcha o guerreiro, *
no tumulto da batalha,
– e toda veste ensanguentada, entre chamas, *
de pasto ao fogo hão de servir. –

– ⁵ Pois nas**ceu** um menino para nós, *
e um **fi**lho nos foi dado.
– Ele **tem** sobre os seus ombros o domínio *
e seu **no**me há de ser:
– "Admi**rá**vel", "Conselheiro" e "Deus forte", *
"Pai e**ter**no" e "Rei da paz";
– ⁶ Seu rei**na**do sempre mais se estenderá *
e a **paz** não terá fim.
– Sobre o **tro**no de Davi se assentará *
e sobre **e**le reinará,
– a **fim** de reerguê-lo e firmá-lo*
no di**rei**to e na justiça
– Isto, o **ze**lo do Senhor do universo *
have**rá** de realizar.

Cântico II   Is 26,1-4.7-9.12

Justiça e paz em Jerusalém

Esta é a morada de Deus entre os homens. Deus vai morar no meio deles (Ap 21,3)

– ¹ Nossa ci**da**de inven**cí**vel é Si**ão**, *
sua mu**ral**ha e sua trincheira é o Salvador.
– ² Abri as **por**tas, para que entre um povo justo, *
um povo **re**to que ficou sempre fiel.
– ³ Seu cora**ção** está bem firme e guarda a paz, *
guarda a **paz,** porque em vós tem confiança.
– ⁴ Tende **sem**pre confiança no Senhor, *
pois é **e**le nossa eterna fortaleza!
– ⁷ O ca**mi**nho do homem justo é plano e reto, *
porque **vós** o preparais e aplainais;
– ⁸ foi trilhan**do** esse caminho de justiça *
que em **vós** sempre esperamos, ó Senhor!
– Vossa lem**bran**ça e vosso nome, ó Senhor, *
são o de**se**jo e a saudade de noss'alma!

– ⁹Durante a **noi**te a minha alma vos deseja, *
e meu espírito vos busca desde a aurora.
– Quando os **vos**sos julgamentos se cumprirem, *
aprend**erão** todos os homens a justiça.
– ¹²Ó **Senhor** e nosso Deus, dai-nos a paz, *
pois **agis**tes sempre em tudo o que fizemos!

Cântico III   Is 66,10-14a

Consolação e alegria na Cidade Santa

A Jerusalém do alto é livre, e esta é a nossa Mãe (Gl 4,26)

= ¹⁰Ale**grai**-vos com Sião †
e exul**tai** por sua causa, *
todos **vós** que a amais;
– tomai **par**te no seu júbilo, *
todos **vós** que a lamentais!
= ¹¹Pode**reis** alimentar-vos, †
saci**ar-vos** com fartura *
com seu **leite** que consola;
– podereis deliciar-vos *
nas ri**quezas** de sua glória.
= ¹²Pois as**sim** fala o Senhor: †
"Vou **fazer** correr a paz *
para **e**la como um rio,
– e as ri**que**zas das nações *
qual tor**ren**te a transbordar.
= Vós se**reis** amamentados †
e ao **co**lo carregados *
e afagados com carícias;
– ¹³como a **mãe** consola o filho, *
em **Sião** vou consolar-vos.
= ¹⁴Tudo **isso** vós vereis, †
e os **vos**sos corações *
de ale**gria** pulsarão;

— vossos **mem**bros, como plantas, *
   toma**rão** novo vigor.

Ant. Alegra-te e **lou**va, ó **Fi**lha de Sião,
   eis que **ve**nho a **ti**, para mo**rar** em tua **ca**sa,
   é o que **diz** o Se**nhor**.

Evangelho como na Missa no Natal do Senhor: Jo 1,1-18, ou, à escolha, da Missa do dia de semana da Quarta-feira da 2ª Semana do Tempo Pascal: Jo 3;16-21. Se a festa ocorrer em domingo, pode-se proclamar o Evangelho do domingo corrente, como indicado acima.

HINO Te Deum, p. 589. Oração como no Próprio, p. 1240.

Conclusão da Hora como no Ordinário.

24 de junho

NASCIMENTO DE SÃO JOÃO BATISTA

Ant. Reis hão de **ver** e sobe**ra**nos se ergue**rão**,
   para ado**rar** o Senhor **Deus** que te esco**lheu**.

Cânticos como no Comum dos Santos, p. 1823.

Evangelho como na Missa na vigília: Lc 1,5-17, ou, à escolha, da Missa do dia 3 de janeiro: Jo 1,29-34, ou do dia 12 de janeiro: Jo 3,22-30.

HINO Te Deum, p. 589. Oração como no Próprio, p. 1371, ou p. 1378.

Conclusão da Hora como no Ordinário.

29 de junho

SÃO PEDRO E SÃO PAULO, APÓSTOLOS

Ant. Uma **fé** insepa**rá**vel e um sofri**men**to seme**lhan**te
   à vida e**ter**na os le**va**ram,
   pois consa**gra**ram sua **dou**trina
   pela **mor**te no martírio.

Cânticos como no Comum dos Apóstolos, p. 1819.

Evangelho como na Missa na vigília: Jo 21,15-19, ou, à escolha, da Missa do 5º Domingo do Tempo Comum, ano C: Lc 5,1-11, ou do sábado da 3ª Semana do Tempo Pascal: Jo 6,61-70.

HINO Te Deum, p. 589. Oração como no Próprio, p. 1389, ou p. 1397.

Conclusão da Hora como no Ordinário.

COMUNS

Na Dedicação de uma igreja ou nos Comuns dos Santos, toma-se o Evangelho dentre os que não são proclamados na Missa.

COMUM DA DEDICAÇÃO DE UMA IGREJA

Cânticos

Ant. Sois bendito, ó Senhor, no vosso templo glorioso, construído para a glória e o louvor do vosso nome. Aleluia.

Cântico I   Tb 13,8-11.13-14ab.15-16ab

A glória futura de Jerusalém

Vós vos aproximastes do monte Sião e da cidade do Deus vivo (Hb 12,22)

— ⁸ Dai graças ao Senhor, vós todos, seus eleitos; *
celebrai dias de festa e rendei-lhe homenagem.

— ⁹ Jerusalém, cidade santa, o Senhor te castigou, *
por teu mau procedimento, pelo mal que praticaste.

— ¹⁰ Dá louvor ao teu Senhor, pelas tuas boas obras, *
para que ele, novamente, arme, em ti, a sua tenda.

— Reúna em ti os deportados, alegrando-os, sem fim! *
ame em ti todo infeliz pelos séculos sem fim!

= ¹¹ Resplenderás, qual luz brilhante, até os extremos desta terra; †
virão a ti nações de longe, dos lugares mais distantes, *
invocando o santo nome, trazendo dons ao Rei do céu.

— Em ti se alegrarão as gerações das gerações *
e o nome da Eleita durará por todo o sempre.

— ¹³ Então, te alegrarás pelos filhos dos teus justos, *
todos unidos, bendizendo ao Senhor, o Rei eterno. —

— ¹⁴Haverão de ser ditosos todos **quan**tos que te amam, *
encon**tran**do em tua paz sua **gran**de alegria.
= ¹⁵Ó minh'**al**ma, vem bendizer ao Se**nhor**, o grande Rei, †
¹⁶pois se**rá** reconstruída sua **ca**sa em Sião, *
que para **sem**pre há de ficar pelos **sé**culos, sem fim.

Cântico II
Is 2,2-3

Todos os povos virão à casa do Senhor

Os reis da terra levarão sua glória e a honra à cidade santa de Jerusalém (Ap 21,24)

— ²Eis que **vai** aconte**cer** no fim dos **tem**pos, *
que o **mon**te onde está a casa do Senhor
— será er**gui**do muito acima de outros montes, *
e ele**va**do bem mais alto que as colinas.
— Para **e**le acorrerão todas as gentes, *
³muitos **po**vos chegarão ali dizendo:
— "Vinde, su**ba**mos a montanha do Senhor, *
vamos à **ca**sa do Senhor Deus de Israel,
— para que **e**le nos ensine seus caminhos, *
e tri**lhe**mos todos nós suas veredas.
— Pois de Sião a sua Lei há de sair, *
Jerusa**lém** espalhará sua Palavra".

Cântico III
Jr 7,2-7

Corrigi vossa conduta
e vos farei habitar neste lugar

Vai primeiro reconciliar-te com teu irmão. Só então vai apresentar a tua oferta (Mt 5,24).

— ²Escu**tai** a palavra do Se**nhor**, *
todos **vós**, de Judá que aqui entrais
— por estas **por**tas, a fim de adorar *
ao Se**nhor** e prostrar-vos diante dele. –

= ³ Assim **fala** o Senhor, Deus do universo: †
  "Cor**rigi** vossa vida e conduta, *
  e a**qui** vos farei sempre morar!
= ⁴ Não conf**ieis** em palavras mentirosas, †
  repe**tindo**: É o templo do Senhor! *
  É o **templo**, é o templo do Senhor!'
– ⁵ Se, po**rém**, corrigirdes vossa vida *
  e emen**dar**des o vosso proceder,
– se entre **vós** praticardes a justiça, *
  se o estran**geiro**, igualmente, respeitardes,
– ⁶ não opri**mir**des o órfão e a viúva, *
  nem dis**ser**des calúnia contra o próximo,
= nem o **sangue** inocente derramardes, †
  nem cor**rer**des atrás de falsos deuses, *
  para a **vos**sa desgraça e perdição,
= ⁷ neste lu**gar**, vos farei sempre morar, †
  na **terra** que dei a vossos pais, *
  desde **sem**pre e por toda a eternidade!"

Ant. Sois ben**dito**, ó Se**nhor,** no vosso **templo** glorioso,
   construído para a **glória** e lou**vor** do vosso **nome**!
   Ale**lu**ia

Evangelho do Comum, tirado do Lecionário da Missa.

HINO Te Deum, p. 589. Oração, p. 1481.

Conclusão da Hora como no Ordinário.

COMUM DE NOSSA SENHORA

Cânticos

Ant. Alegra-te, ó **Vir**gem Ma**ria**,
   mere**ces**te trazer o Mes**sias**,
   Cria**dor** do alto **céu** e da **terra**,
   pois **des**te à **luz** Jesus **Cristo**,
   Salva**dor** deste **mun**do, ale**lu**ia!

Cântico I — Is 61,10-62,3

A alegria do profeta sobre a nova Jerusalém

Vi a cidade santa, a nova Jerusalém... vestida qual esposa enfeitada para o seu marido (Ap 21,2).

— ⁶¹,¹⁰ Eu **exul**to de ale**gri**a no Se**nhor**, *
 e minh'**al**ma rejubila no meu Deus.
— Pois me envol**veu** de salvação, qual uma veste, *
 e com o **man**to da justiça me cobriu,
— como o **noi**vo que coloca o diadema, *
 como a **noi**va que se enfeita com suas joias.
— ¹¹ Como a **ter**ra faz brotar os seus rebentos *
 e o jar**dim** faz germinar suas sementes,
— o Senhor **Deus** fará brotar sua justiça *
 e o lou**vor** perante todas as nações.
— ⁶²,¹ Por ti, Si**ão**, não haverei de me calar, *
 nem por **ti**, Jerusalém, terei sossego,
— até que **bri**lhe a tua justiça como aurora *
 e a **tu**a salvação como um farol.
— ² Então os **po**vos hão de ver tua justiça, *
 e os **reis** de toda terra, a tua glória;
— todos **e**les te darão um nome novo: *
 enunciado pelos lábios do Senhor.
— ³ Serás co**ro**a esplendorosa em sua mão, *
 diadema **ré**gio entre as mãos do teu Senhor.

Cântico II — Is 62,4-7

A glória da nova Jerusalém

Esta é a morada de Deus entre os homens. Deus vai morar no meio deles (Ap 21,3).

— ⁴Nunca **mais** te chama**rão** "Desamparada", *
 nem se di**rá** de tua terra "Abandonada";
— mas have**rão** de te chamar "Minha querida", *
 e se di**rá** de tua terra "Desposada".

– Porque o **Senhor** se agradou muito de ti, *
e tua **ter**ra há de ter o seu esposo.
– ⁵Como um **jo**vem que desposa a bem-amada, *
assim tam**bém**, teu Construtor vai desposar-te;
– como a es**po**sa é a alegria do esposo, *
serás, as**sim**, a alegria de teu Deus.
– ⁶Jerusa**lém**, sobre teus muros postei guardas; *
nem de **dia**, nem de noite, hão de calar-se.
– Não vos ca**leis**, vós que ao Senhor fazeis lembrar-se, *
⁷não descan**seis** nem deis a ele algum descanso,
– até que **te**nha restaurado a Sião, *
e, na **ter**ra, a tenha feito afamada!

Cântico III — Eclo 39,17-21
Como são admiráveis as vossas obras, ó Senhor!

Graças sejam dadas a Deus que por meio de nós vai espalhando o odor do seu conhecimento (2Cor 2,14).

– ¹⁷Ouvi-me e escu**tai**, rebentos **san**tos, *
desabro**chai** como a roseira, junto ao rio!
– ¹⁸Como in**cen**so, exalai suave aroma, *
¹⁹como o **lí**rio, florescei e perfumai!
– Ento**ai** os vossos cantos de Louvor, *
bendi**zei** por vossas obras ao Senhor!
– ²⁰O **no**me do Senhor engrandecei, *
glorifi**cai**-o com a voz dos vossos lábios!
= Com a **mú**sica e ao som de vossas harpas, †
e, à **gui**sa de louvor, assim dizei; *
²¹"Todas as **o**bras do Senhor são excelentes!"

Alegra-te, ó **Vir**gem Maria,
mere**ces**te trazer o Messias,
Cria**dor** do alto **céu** e da **ter**ra,
pois **des**te à **luz** Jesus **Cris**to,
Salva**dor** deste **mun**do, ale**lui**a!

Evangelho do Comum, do Lecionário da Missa.
HINO Te Deum, p. 589. Oração como no Próprio.
Conclusão da Hora como no Ordinário.

COMUM DOS APÓSTOLOS

Cânticos

Ant. **Ale**grai-vos pri**mei**ro,
   por**que** vossos **no**mes no **céu** estão escri**tos**.

Cântico I   Is 61,6-9
Aliança do Senhor com seus servos

Deus nos tornou capazes de exercer o ministério de uma aliança nova (2Cor 3,6)

— ⁶Sacer**do**tes do S**enhor** sereis cha**ma**dos, *
   de Deus mi**nis**tros há de ser o vosso nome.
— As ri**que**zas das nações desfrutareis, *
   have**reis** de gloriar-vos em sua glória.
— ⁷Por vossa **du**pla humilhação e ignomínia *
   recebe**reis**, com alegria, dupla honra.
— Em vossa **ter**ra havereis de possuir *
   o **do**bro e a alegria, para sempre!
— ⁸Porque **eu**, vosso Senhor, amo a justiça *
   e de**tes**to a iniquidade que há no roubo;
— eu lhes da**rei** a recompensa, fielmente, *
   farei com **e**les uma eterna Aliança.
— ⁹Entre as na**ções**, a sua raça será célebre, *
   os seus **fi**lhos, conhecidos entre os povos.
— Ao vê-los, todos reconhecerão, *
   que são a **ra**ça abençoada do Senhor.

Cântico II — Sb 3,7-9
A glória futura dos justos

Os justos brilharão como o sol no Reino de seu Pai (Mt 13,43).

— ⁷ Os justos brilharão e serão como centelhas *
que se alastram velozmente através da palha seca.
— ⁸ Aos povos julgarão e às nações dominarão, *
o Senhor há de reinar sobre eles, para sempre.
= ⁹ Os que nele confiarem, a verdade entenderão †
e com ele, no amor, viverão os seus fiéis, *
pois merecem seus eleitos sua graça e compaixão.

Cântico III — Sb 10,17-21
Deus, Guia do seu povo à salvação

Todos aqueles que saíram vitoriosos do confronto com a besta, entoavam o cântico de Moisés, o servo de Deus e o cântico do Cordeiro (Ap 15,2.3).

¹⁷ O Senhor deu a seus santos o prêmio dos trabalhos †
na sua vida conduziu-os por caminhos admiráveis, *
pois de dia lhes foi sombra e, de noite, luz dos astros.
—¹⁸ O Senhor os fez passar através do mar Vermelho *
e os fez atravessar águas muito violentas;
—¹⁹ porém, seus inimigos no mar, os afogou *
e do fundo dos abismos para a praia os lançou.
=²⁰ Sendo os ímpios despojados, os justos celebraram, †
com louvores, vosso nome que é santo, ó Senhor *
e louvaram, todos juntos, vossa mão que os protegera.
—²¹ Pois abriu a sabedoria a boca do que é mudo *
e soltou, em eloquência, a língua dos pequenos.

Ant. Alegrai-vos, primeiro,
porque vossos nomes no céu estão escritos.

Evangelho do Comum dos Pastores ou, à escolha, da Missa da Sexta-feira da 2ª Semana do Tempo Comum: Mc 3,13-19.

HINO Te Deum, p. 589. Oração como no Próprio.

Conclusão da Hora como no Ordinário.

COMUM DOS MÁRTIRES

I. Para vários mártires

Cânticos

Ant. O Senhor enxugará toda lágrima dos santos;
nunca mais haverá morte,
nem clamor, nem luto ou dor,
pois passou o tempo antigo.

Cântico I — Sb 3,1-6
As almas dos justos estão na mão de Deus

Felizes os mortos, os que desde agora morrem unidos ao Senhor. Que eles descansem de suas fadigas (Ap 14,13).

— ¹As almas dos justos 'stão na mão do Senhor *
 e o tormento da morte não há de atingi-los.
— ²Aos olhos dos tolos são tidos por mortos, *
 e o seu desenlace parece desgraça.
= A sua partida do nosso convívio †
 ³é tida, igualmente, por destruição, *
 porém, na verdade, na paz estão eles.
— ⁴Se aos olhos dos homens sofreram tormentos, *
 sua esperança era plena de vida imortal.
— ⁵Provados em pouco, terão muitos bens, *
 pois Deus os provou e achou dignos de si.
= ⁶Como ouro os provou no calor da fornalha, †
 como grande holocausto junto a si os acolheu: *
 no dia da Vinda terão vida nova.

Cântico II   Sb 3,7-9
A glória futura dos justos

Os justos brilharão como o sol no Reino de seu Pai (Mt 13,43).

– ⁷ Os justos brilharão e serão como centelhas *
  que se alastram velozmente através da palha seca.
– ⁸ Aos povos julgarão e às nações dominarão, *
  o Senhor há de reinar sobre eles, para sempre.
= ⁹ Os que nele confiarem, a verdade entenderão †
  e com ele, no amor, viverão os seus fiéis, *
  pois, merecem seus eleitos sua graça e compaixão.

Cântico III   Sb 10,17-21
Deus, Guia do seu povo à salvação

Todos aqueles que saíram vitoriosos do confronto com a besta, entoavam o cântico de Moisés, o servo de Deus e o cântico do Cordeiro (Ap 15,2.3).

¹⁷ O Senhor deu a seus santos o prêmio dos trabalhos †
  na sua vida conduziu-os por caminhos admiráveis, *
  pois de dia lhes foi sombra e, de noite, luz dos astros.
– ¹⁸ O Senhor os fez passar através do mar Vermelho *
  e os fez atravessar águas muito violentas;
– ¹⁹ porém, seus inimigos no mar, os afogou *
  e do fundo dos abismos para a praia os lançou.
= ²⁰ Sendo os ímpios despojados, os justos celebraram, †
  com louvores, vosso nome que é santo, ó Senhor *
  e louvaram, todos juntos, vossa mão que os protegera.
– ²¹ Pois abriu a sabedoria a boca do que é mudo *
  e soltou, em eloquência, a língua dos pequenos.

Ant. O Senhor enxugará toda lágrima dos santos;
  nunca mais haverá morte,
  nem clamor, nem luto ou dor,
  pois passou o tempo antigo.

Evangelho do Comum, do Lecionário da Missa.

HINO Te Deum, p. 589. Oração como no Próprio.

Conclusão da Hora como no Ordinário.

II. Para um(a) mártir

Ant. **Completo** em minha **car**ne o que **fal**ta aos so**fri**men**tos**
de **Cris**to por seu **Cor**po, por seu **Cor**po que é a I**gre**ja.

Cânticos como adiante, do Comum de um(a) Santo(a).

Evangelho do Comum, do Lecionário da Missa.

HINO Te Deum, p. 589. Oração como no Próprio.

Conclusão da Hora como no Ordinário.

COMUM DE UM SANTO OU DE UMA SANTA OU DE VÁRIOS SANTOS OU SANTAS

Cânticos

Para um santo, uma santa ou vários santos ou santas:

Ant. Vossas **cin**turas estejam cin**gi**das,
tende a**ce**sas nas **mãos** vossas **lâm**padas!

Para uma santa virgem :

Ant. No **mei**o da **noi**te ou**viu**-se um cla**mor**:
Vem che**gan**do o es**po**so, sa**í**-lhe ao en**con**tro.

Cântico I Jr 17,7-8

Feliz quem confia no Senhor

Felizes são aqueles que ouvem a palavra de Deus e a põem em prática (Lc 11,28).

– ⁷**Ben**dito quem confia no Se**nhor** *
e **ne**le deposita a esperança!

– ⁸É como a **ár**vore plantada junto às águas, *
que es**ten**de suas raízes ao ribeiro.

– Não **te**me, quando chega o tempo quente: *
suas **fo**lhas continuam verdejantes.

– Não se inquieta com a seca de um ano, *
nem deixa de dar fruto em tempo algum.

Cântico II   Eclo 14,22; 15,3.4.6b
Felicidade do Sábio

A sabedoria foi justificada por todos os seus filhos (Lc 7,35).

= ²² Feliz é quem se aplica à sabedoria, †
quem no coração medita nos seus segredos e caminhos *
e que com inteligência reflete e raciocina.

–¹⁵,³ Com o pão da prudência ela há de nutri-lo *
e o saciará com a água do conhecimento.

– Ela o sustentará, para ele não vacilar, *
⁴ nela confiará e não será envergonhado.

– Ela o exaltará entre todos os outros *
⁶ᵇ e um nome indelével do Senhor herdará.

Cântico III   Eclo 31,8-11
Feliz quem não correu atrás de ouro

Fazei bolsas que não se esraguem no céu (Lc 12,33).

– ⁸ Feliz é todo aquele, *
que sem mancha foi achado,
= que não correu atrás de ouro, †
nem colocou sua esperança *
no dinheiro e nas riquezas!

– ⁹ Quem é ele? E o louvaremos, *
pois, fez prodígios em sua vida!

=¹⁰ Quem foi tentado pelo ouro †
– e perfeito foi achado, *
glória eterna há de alcançar.

– Ele podia transgredir *
a lei, mas não o fez;

— fazer o **mal** ele podia, *
  mas **não** o praticou;
=¹¹ seus bens se**rão** consolidados †
  e a assem**blei**a dos eleitos *
  louva**rá** seus benefícios.

Para um santo, uma santa ou vários santos ou santas:

Ant. Vossas cin**tu**ras estejam cin**gi**das,
  tende a**ce**sas nas **mãos** vossas **lâm**padas

Para uma santa virgem:

Ant. No **meio** da **noi**te ou**viu**-se um **clamor**:
  Vem che**gan**do o esposo, saí-lhe ao en**con**tro!

Evangelho do Comum, do Lecionário da Missa.

HINO Te Deum, p. 589. Oração como no Próprio.

Conclusão da Hora como no Ordinário.

II

FÓRMULAS MAIS BREVES
PARA AS PRECES NAS VÉSPERAS

Estas preces mais breves podem ser usadas em lugar daquelas indicadas. Se oportuno, pode citar-se o nome da(s) pessoa(s) por quem se quer rezar.

Domingo

Rezemos a Deus, que cuida de todas as suas criaturas, e digamos com sincera humildade:

R. **Senhor, tende piedade do vosso povo!**

Guardai a Igreja.
Protegei nosso Papa N.
Sede o apoio de nosso Bispo N.
Salvai vosso povo.
Defendei a paz.
Esclarecei aqueles que não têm fé.
Dirigi os governantes dos povos.
Socorrei os pobres.
Consolai os atribulados.
Apiedai-vos dos órfãos.
Acolhei com bondade os falecidos.

Segunda-feira

Rezemos a Deus, que cuida de todas as suas criaturas, e digamos com sincera humildade:

R. **Visitai vosso povo, Senhor!**

Congregai na unidade a vossa Igreja.
Conservai o nosso Papa N.
Protegei o nosso Bispo N.
Dirigi os missionários.
Revesti de justiça os sacerdotes.

Santificai os religiosos.
Destruí as inimizades.
Fortalecei as crianças com vossa graça.
Dai aos jovens progredir na sabedoria.
Sustentai e consolai os anciãos.
Cumulai de dons nossos amigos.
Reuni aos santos os nossos falecidos.

Terça-feira

Rezemos a Deus, que cuida de todas as suas criaturas, e digamos com sincera humildade:

R. **Atendei-nos, Senhor!**

Lembrai-vos de vossa Igreja.
Defendei nosso Papa N.
Auxiliai nosso Bispo N.
Dai progresso verdadeiro à nossa cidade.
Retribuí aos nossos benfeitores com as vossas graças.
Conservai na concórdia os casados.
Dai discernimento aos noivos.
Concedei trabalho aos desempregados.
Sede o apoio aos necessitados.
Defendei aqueles que sofrem perseguição.
Reconduzi ao bom caminho todos os que erram.
Levai os falecidos para a glória eterna.

Quarta-feira

Rezemos a Deus, que cuida de todas as suas criaturas, e digamos com sincera humildade:

R. **Salvai vosso povo, Senhor!**

Concedei à vossa Igreja uma eterna juventude.
Cumulai nosso Papa N. com vossos dons.
Auxiliai o nosso Bispo N.
Conservai as nações na paz.
Habitai em cada moradia.

Lembrai-vos de nossa comunidade.
Incentivai a justiça.
Concedei aos lavradores boas colheitas.
Acompanhai os viajantes.
Favorecei os artesãos.
Ajudai as viúvas.
Concedei aos falecidos a vida eterna.

Quinta-feira

Rezemos a Deus, que cuida de todas as suas criaturas, e digamos com sincera humildade:
R. **Esperamos em vós, Senhor!**
Concedei que a vossa Igreja cresça sempre na unidade.
Dai vigor ao nosso Papa N.
Iluminai o nosso Bispo N.
Chamai operários para a vossa messe.
Cumulai de bênçãos nossos parentes e amigos.
Curai os enfermos.
Visitai os agonizantes.
Fazei os exilados voltarem à pátria.
Afastai de nós as calamidades.
Concedei-nos clima propício.
Moderai as chuvas.
Dai o repouso eterno aos falecidos.

Sexta-feira

Rezemos a Deus, que cuida de todas as suas criaturas, e digamos com sincera humildade:
R. **Confiamos em vós, Senhor!**
Levai a vossa Igreja à perfeição.
Protegei o nosso Papa N.
Confortai o nosso Bispo N.
Assisti os Bispos do mundo inteiro.
Ajudai os que não têm casa.

Reconfortai os famintos.
Iluminai os cegos.
Consolai os idosos.
Fortalecei as virgens consagradas.
Chamai os judeus à nova aliança.
Enchei de prudência os legisladores.
Dai coragem aos que são tentados.
Concedei aos falecidos a luz eterna.

Sábado

Rezemos a Deus, que cuida de todas as suas criaturas, e digamos com sincera humildade:

R. **Socorrei vosso povo, Senhor!**

Que o gênero humano chegue à unidade por meio de vossa Igreja.
Protegei o nosso Papa N.
Auxiliai com a vossa bênção o nosso Bispo N.
Guiai pela vossa mão os sacerdotes.
Santificai os leigos.
Cuidai dos operários.
Fazei que os ricos usem suas riquezas com retidão.
Guardai os fracos.
Libertai os prisioneiros.
Afastai de nós os terremotos.
Preservai-nos da morte repentina.
Concedei aos falecidos verem a vossa face.

II
FÓRMULAS FACULTATIVAS INTRODUTÓRIAS AO PAI-NOSSO

1. E agora digamos juntos a oração que o Cristo Senhor nos ensinou: *Pai nosso...*

2. Nossa prece prossigamos, implorando a vinda do Reino de Deus: *Pai nosso...*

3. Recolhamos agora nossos louvores e pedidos com as palavras do próprio Cristo, e digamos: *Pai nosso...*

4. Confirmemos agora nossos louvores e pedidos pela oração do Senhor: *Pai nosso...*

5. Mais uma vez louvemos a Deus e roguemos com as mesmas palavras de Cristo: *Pai nosso...*

(Invocações dirigidas a Cristo)

6. Lembrai-vos de nós, Senhor, quando vierdes em vosso Reino e ensinai-nos a dizer: *Pai nosso...*

7. E agora, obedientes à vontade de nosso Senhor, Jesus Cristo, ousamos dizer: Pai nosso...

8. E agora, cumprindo a ordem do Senhor, digamos: *Pai nosso...*

9. Atentos ao modelo de oração dado por Cristo, nosso Senhor, digamos: *Pai nosso...*

10. Digamos agora, todos juntos, a oração que Cristo nos entregou como modelo de toda oração: *Pai nosso...*

IV

FÓRMULAS DE BÊNÇÃO
PARA LAUDES E VÉSPERAS

O diácono ou, na falta dele, o próprio sacerdote diz o convite com estas ou outras palavras: Inclinai-vos para receber a bênção. Em seguida, o sacerdote estende as mãos sobre o povo, profere as bênçãos, e, ao terminar, todos aclamam: Amém.

I. Nas celebrações do tempo

1. Tempo comum, I
(Bênção de Aarão: Nm 6,24-26)

Deus vos abençoe e vos guarde.
R. Amém.

Ele vos mostre a sua face
e se compadeça de vós.
R. Amém.

Volva para vós o seu olhar
e vos dê a sua paz.
R. Amém.

* Abençoe-vos Deus todo-poderoso,
Pai e Filho † e Espírito Santo.
R. Amém.

* Em vez desta fórmula final, pode-se usar o texto seguinte:

E a bênção de Deus todo-poderoso,
Pai e Filho † e Espírito Santo,
desça sobre vós
e permaneça para sempre.
R. Amém.

2. Tempo comum, II (Fl 4,7)

A paz de Deus, que supera todo entendimento,
guarde vossos corações e vossas mentes
no conhecimento e no amor de Deus,
e de seu Filho, nosso Senhor Jesus Cristo.
R. Amém.

Abençoe-vos Deus todo-poderoso,
Pai e Filho ✝ e Espírito Santo.
R. Amém.

3. Tempo comum, III

Deus todo-poderoso vos abençoe na sua bondade
e infunda em vós a sabedoria da salvação.
R. Amém.

Sempre vos alimente com os ensinamentos da fé
e vos faça perseverar nas boas obras.
R. Amém.

Oriente para ele os vossos passos,
e vos mostre o caminho da caridade e da paz.
R. Amém.

Abençoe-vos Deus todo-poderoso,
Pai e Filho ✝ e Espírito Santo.
R. Amém.

4. Tempo comum, IV

Que o Deus de toda consolação
disponha na sua paz os vossos dias
e vos conceda as suas bênçãos.
R. Amém.

Sempre vos liberte de todos os perigos
e confirme os vossos corações em seu amor.
R. Amém.

E assim, ricos em esperança, fé e caridade,
possais viver praticando o bem
e chegar felizes à vida eterna.
R. Amém.

Abençoe-vos Deus todo-poderoso,
Pai e Filho † e Espírito Santo.
R. Amém.

5. Tempo comum, V
Que Deus todo-poderoso
vos livre sempre de toda adversidade
e derrame sobre vós as suas bênçãos.
R. Amém.

Tome os vossos corações atentos à sua palavra,
a fim de que transbordeis de alegria divina.
R. Amém.

Assim, abraçando o bem e a justiça,
possais correr sempre
pelo caminho dos mandamentos divinos
e tornar-vos co-herdeiros dos santos.
R. Amém.

Abençoe-vos Deus todo-poderoso,
Pai e Filho † e Espírito Santo.
R. Amém.

II. Nas celebrações dos santos

6. Nossa Senhora
O Deus de bondade,
que pelo Filho da Virgem Maria.
quis salvar a todos,
vos enriqueça com sua bênção.
R. Amém.

Seja-vos dado sentir sempre e por toda parte
a proteção da Virgem,
por quem recebestes o autor da vida.
R. Amém.

E vós, que vos reunistes hoje para celebrar sua solenidade,
possais colher a alegria espiritual e o prêmio eterno.
R. Amém.

Abençoe-vos Deus todo-poderoso,
Pai e Filho † e Espírito Santo.
R. Amém.

7. Santos Apóstolos

Deus, que vos firmou na fé apostólica,
vos abençoe pelos méritos e a intercessão
dos santos Apóstolos N. e N. (do santo Apóstolo N.).
R. Amém.

Aquele que vos quis instruir
pela doutrina e exemplo dos Apóstolos
vos torne, por sua proteção,
testemunhas da verdade para todos.
R. Amém.

Pela intercessão dos Apóstolos,
que vos deram por sua doutrina a firmeza da fé,
possais chegar à pátria eterna.
R. Amém.

Abençoe-vos Deus todo-poderoso,
Pai e Filho † e Espírito Santo.
R. Amém.

8. Todos os Santos

Deus, glória e exultação dos Santos
que hoje celebrais solenemente,
vos abençoe para sempre.
R. Amém.

Livres por sua intercessão dos males presentes,
e inspirados pelo exemplo de suas vidas,
possais colocar-vos constantemente
a serviço de Deus e dos irmãos.
R. Amém.

E assim, com todos eles,
vos seja dado gozar a alegria da verdadeira pátria,
onde a Igreja reúne os seus filhos e filhas aos santos
para a paz eterna.
R. Amém.

Abençoe-vos Deus todo-poderoso,
Pai e Filho † e Espírito Santo.
R. Amém.

III. Outras bênçãos

9. Dedicação de uma igreja

Que Deus, o Senhor do céu e da terra,
reunindo-vos hoje
para a dedicação (o aniversário da dedicação)
de sua casa,
vos cubra com as bênçãos do céu.
R. Amém.

Reunindo em Cristo os filhos dispersos,
faça de vós os seus templos
e morada do Espírito Santo.
R. Amém.

E assim, plenamente purificados,
possais ser habitação de Deus
e herdar, com todos os santos,
a felicidade eterna.
R. Amém.

Abençoe-vos Deus todo-poderoso,
Pai e Filho † e Espírito Santo,
R. Amém.

10. No Ofício dos fiéis defuntos

O Deus de toda consolação vos dê a sua bênção,
ele que na sua bondade criou o ser humano
e deu aos que creem em seu Filho ressuscitado
a esperança da ressurreição.
R. Amém.

Deus nos conceda o perdão dos pecados,
e a todos os que morreram, a paz e a luz eterna.
R. Amém.

E a todos nós, crendo que Cristo
ressuscitou dentre os mortos,
vivamos eternamente com ele.
R. Amém.

Abençoe-vos Deus todo-poderoso,
Pai e Filho † e Espírito Santo,
R. Amém.

V
FÓRMULAS DO ATO PENITENCIAL NAS COMPLETAS

1. Após breve silêncio, todos juntos confessam, dizendo:

Confesso a Deus todo-poderoso
e a vós, irmãos (e irmãs),
que pequei muitas vezes
por pensamentos e palavras,
atos e omissões

e batendo no peito, dizem:

por minha culpa, minha tão grande culpa.

Em seguida, continuam:

E peço à Virgem Maria,
aos anjos e santos,
e a vós, irmãos (e irmãs),
que rogueis por mim a Deus, nosso Senhor.

Segue-se a absolvição de quem preside:

Deus todo-poderoso tenha compaixão de nós,
perdoe os nossos pecados
e nos conduza à vida eterna.

Todos:

Amém.

2. Ou quem preside diz:

Tende compaixão de nós, Senhor.

Todos respondem:

Porque somos pecadores.

Quem preside:

Manifestai, Senhor, a vossa misericórdia.

Todos:

E dai-nos a vossa salvação.

Segue-se a absolvição de quem preside:

Deus todo-poderoso tenha compaixão de nós,
perdoe os nossos pecados
e nos conduza à vida eterna.

Todos:

Amém.

3. Ou: Quem preside ou outra pessoa designada propõe as seguintes invocações ou outras semelhantes com Kyrie eléison (Senhor, tende piedade de nós):

Senhor,
que viestes salvar os corações arrependidos,
tende piedade de nós.

Todos:

Senhor, tende piedade de nós (Kyrie eléison).

Quem preside:

Cristo,
que viestes chamar os pecadores,
tende piedade de nós.

Todos:

Cristo, tende piedade de nós (Christe eléison).

O que preside:

Senhor,
que intercedeis por nós junto do Pai,
tende piedade de nós.

Todos:

Senhor, tende piedade de nós (Kyrie eléison).

Segue-se a absolvição de quem preside:

Deus todo-poderoso tenha compaixão de nós,
perdoe os nossos pecados
e nos conduza à vida eterna.

Todos:

Amém.

VI

HINOS

Aprovados pela Conferência Nacional dos Bispos do Brasil

A. SANTÍSSIMA TRINDADE

1.
Ó Trindade, vos louvamos,
vos louvamos pela vossa comunhão!
que esta mesa favoreça,
favoreça nossa comunicação!

Contra toda tentação
da ganância e do poder,
nossas bocas gritem juntas
a Palavra do viver.

Na montanha, com Jesus,
no encontro com o Pai,
recebemos a mensagem:
Ide ao mundo e o transformai!

Deus nos fala na história
e nos chama à conversão:
vamos ser palavras vivas
proclamando a salvação.

Vamos juntos festejar
cada volta de um irmão
e o amor que nos acolhe,
restaurando a comunhão!

Comunica quem transmite
a verdade e a paz,
quem semeia a esperança
e o perdão que nos refaz.

B. SANTÍSSIMO SACRAMENTO

2.
E todos repartiam o pão
E não havia necessitados entre eles.

Nossos irmãos repartiam os seus bens,
fraternalmente, tinham tudo em comum;
e era grande a alegria, a união,
no dia a dia e ao partir o pão.

Hoje, de novo, a Palavra nos reúne,
e com a mesma união e alegria,
vamos, na Ceia do Senhor, partir o Pão,
para depois repartir com nosso irmão.

3.
Eu quis comer esta ceia agora,
pois vou morrer, já chegou minha hora:
Tomai, comei,
é meu Corpo e meu Sangue que dou,
Vivei no amor:
Eu vou preparar a Ceia na casa do Pai.

Comei o pão: é meu corpo imolado
por vós: perdão para todo pecado.

E vai nascer do meu sangue a esperança,
o amor, a paz: uma nova Aliança.

Eu vou partir, deixo o meu testamento:
Vivei no amor: Eis o meu mandamento.

Irei ao Pai: sinto a vossa tristeza;
Porém, no céu, vos preparo outra mesa.

De Deus virá o Espírito Santo,
Que vou mandar pra enxugar vosso pranto

Eu vou, mas vós me vereis novamente;
Estais em mim e eu em vós estou presente.

Crerá em mim e estará na verdade,
quem vir cristãos, na perfeita unidade.

4.

Adoro-Te, escondido, Deus presente,
Sob o Pão e o Vinho, Deus vivente!
A Ti me sujeito, de todo coração
E Te contemplando, com elevação!

Por olhos, tato, gosto, não Te apuro,
Mas somente o ouvido, crê seguro,
Tudo o que disse o Filho de Deus,
Cuja Palavra traz selo dos céus!

Na Cruz se escondia Tua divindade
Mas aqui também a humanidade,
Em ambas, porém, confiante e crente,
Peço o que pediu o ladrão penitente.

Ver-Te as chagas, qual Tomé, não Te peço,
Mas meu Deus e meu Senhor Te confesso!
Faze-me em Ti crer, sempre e sempre mais,
Esperança e caridade ter até demais!

Ó memorial da Tua morte,
Pão Vivo que dá vida e a eterna sorte.
Possa a minha mente só de Ti viver,
E que docemente goze o Teu saber.

Divo Pelicano, Jesus-Salvador,
Lava-me em Teu Sangue, grande pecador:
Dele uma só gota, pode bem salvar,
Mais que o mundo inteiro de qualquer pecar!

Jesus, que, velado, agora eu vejo,
Peço satisfaças meu maior desejo:
Ver-Te face a face, toda eternidade,
Lá da Tua glória, na felicidade! Amém!

C. SAGRADO CORAÇÃO DE JESUS

5.

Jesus, eu irei te louvar pela vida,
Jesus, eu irei te anunciar para sempre aos irmãos.
Pois só tu és a paz e o amor dos cristãos,
Jesus, eu irei te louvar pela vida.

Jesus, eu irei te cantar pela vida,
Jesus, eu quisera meu amor fosse o eco de meu Deus.
E vivendo na terra e crescendo teu Reino,
Jesus, eu irei te cantar pela vida.

Jesus, eu irei te servir pela vida.
Jesus, dando a ti meu viver, meu sofrer, meu amor.
Pela luta em favor da justiça e da paz,
Jesus, eu irei te servir pela vida.

Jesus, eu irei te levar pela vida,
Jesus, a viver teu mistério pascal que é amor.
Pois teu corpo e teu sangue por mim entregaste,
Jesus, eu irei te levar pela vida.

D. TEMPO COMUM

6.

Ainda que eu fale
as línguas dos homens,
ainda que eu fale
a língua dos anjos,
serei como bronze,
que soa em vão:
se eu não tenho amor,
amor aos irmãos.

**O amor é paciente
e tudo crê.
É compassivo; não tem rancor.
Não se alegra co'a injustiça**

**e com o mal, tudo suporta,
é dom total.**

Ainda que eu tenha
vigor de profeta,
e o dom da ciência
firmeza na fé.
Ainda que eu possa
transpor as montanhas,
se eu não tenho amor,
de nada adianta.

Ainda que eu doe
meus bens para os pobres,
que deixe meu corpo
em chamas arder,
será como sonhos,
será tudo em vão:
se eu não tenho amor,
amor aos irmãos.

7.
Em coro a Deus louvemos, eterno é seu amor.
Pois Deus é admirável, eterno é seu amor.
(Na recitação, omite-se o refrão)

Por nós fez maravilhas, louvemos o Senhor.

Criou o céu e a terra, eterno é seu amor.
Criou o sol e a lua, eterno é seu amor.

Fez águas, nuvens, chuvas, eterno é seu amor.
Fez pedras, terras, montes, eterno é seu amor.

Distribuiu a vida, eterno é seu amor.
Na planta, peixe e ave, eterno é seu amor.

E fez à sua imagem, eterno é seu amor.
Deus vai à nossa frente, eterno é seu amor.

E quando nós pecamos, eterno é seu amor.
Perdoa e fortalece, eterno é seu amor.

8.

O povo de Deus no deserto andava,
mas à sua frente alguém caminhava.
O povo de Deus era rico de nada,
só tinha esperança e o pó da estrada.

**Também sou teu povo, Senhor,
e estou nesta estrada.
Somente a tua graça
me basta e mais nada.**

O povo de Deus, também, vacilava,
às vezes custava a crer no amor.
O povo de Deus chorando rezava,
pedia perdão e recomeçava.

**Também sou teu povo, Senhor,
e estou nesta estrada.
Perdoa se, às vezes,
não creio em mais nada.**

O povo de Deus, também, teve fome.
E tu lhe mandaste o pão lá do céu.
O povo de Deus cantando deu graças,
provou teu amor, teu amor que não passa.

**Também sou teu povo, Senhor,
e estou nesta estrada.
Tu és alimento
nesta caminhada.**

O povo de Deus ao longe avistou
a terra querida que o amor preparou.
O povo de Deus corria e cantava
e nos seus louvores teu poder proclamava.

**Também sou teu povo, Senhor,
e estou nesta estrada,
cada dia mais perto
da terra esperada.**

9.

Quando o Espírito de Deus soprou,
O mundo inteiro se iluminou!
A esperança deste chão brotou
E um povo novo deu-se as mãos e caminhou!

Lutar e crer, vencer a dor,
Louvar ao Criador!
Justiça e paz hão de reinar
E viva o amor!

Quando Jesus a terra visitou,
A boa-nova da justiça anunciou.
O cego viu, o surdo escutou
E os oprimidos das correntes libertou.

Nosso poder está na união,
O mundo novo vem de Deus e dos irmãos.
Vamos lutando contra a divisão
E preparando a festa da libertação!

Cidade e campo se transformarão,
Jovens unidos na esperança gritarão.
A força nova é o poder do amor,
Nossa fraqueza é força em Deus libertador.

10.

(S) Vem e eu mostrarei
que o meu caminho te leva ao Pai,
guiarei os passos teus
e junto a ti hei de seguir.

(T) Sim, eu irei e saberei
como chegar ao fim, de onde vim
aonde vou: por onde irás,
irei também.

(S) Vem, e eu te direi
o que ainda estás a procurar.

A verdade é como o sol
e invadirá teu coração.

(T)Sim, eu irei e aprenderei
minha razão de ser.
Eu creio em ti que crês em mim
e à tua luz verei a luz.

(S)Vem e eu te farei
da minha vida participar.
Viverás em mim aqui;
viver em mim é o bem maior.

(T)Sim, eu irei e viverei
a vida inteira assim.
Eternidade é na verdade
o amor vivendo sempre em nós.

(S)Vem, que a terra espera
quem possa e queira realizar
com amor a construção
de um mundo novo muito melhor.

(T)Sim, eu irei e levarei
teu nome aos meus irmãos.
Iremos nós e o teu amor
vai construir enfim a paz.

E. COMUM DA DEDICAÇÃO DE UMA IGREJA

11.

Deus vos salve, casa santa,
Deus vos salve, casa santa,
Onde Deus fez a morada, ai, ai, ai, ai
Onde Deus fez a morada, ai ai!

Abri caminho para aquele,
que avança no deserto,
o seu nome é Senhor:
exultai diante dele!

Nosso Deus é que nos salva,
é um Deus Libertador,
o Senhor, só o Senhor
nos poderá livrar da morte.

Contemplamos, ó Senhor,
vosso cortejo que desfila,
é a entrada do meu Deus,
do meu Rei, no santuário.

Em seu templo ele é temível
e a seu povo dá poder,
bendito seja o Senhor Deus,
agora e sempre. Amém, amém!

F. FESTAS DE NOSSA SENHORA

12.
Ave, cheia de graça, ave, cheia de amor!
Salve, ó mãe de Jesus, a ti nosso canto
e nosso louvor!

Mãe do teu Senhor, rogai
Mãe do Salvador, rogai
Do Libertador, rogai por nós!
Mãe dos oprimidos, rogai
Mãe dos perseguidos, rogai
Dos desvalidos, rogai por nós!

Mãe do boia-fria, rogai
Causa da alegria, rogai
Mãe das mães, Maria, rogai por nós!
Mãe dos humilhados, rogai
Dos martirizados, rogai
Marginalizados, rogai por nós!

Mãe dos despejados, rogai
Dos abandonados, rogai
Dos desempregados, rogai por nós!

Mãe dos pecadores, rogai
Dos agricultores, rogai
Santos e doutores, rogai por nós!

Mãe do céu clemente, rogai
Mãe dos doentes, rogai
Do menor carente, rogai por nós!
Mãe dos operários, rogai
Dos presidiários, rogai
Dos sem-salários, rogai por nós!

13.
Ave Maria, Mãe do Salvador,
viva esperança do povo sofredor.
Face materna, sinal do nosso Deus,
vem orientar os homens, filhos teus!
Maria, Mãe da Igreja,
Rainha universal,
modelo de virtude,
liberta-nos do mal.
Ensina a ser fiel
o povo do Senhor,
que o mundo se transforme
num Reino de Amor!

Humilde serva, vem nos ensinar
por onde ir e como caminhar,
servindo a Deus e, também, o nosso irmão,
como resposta à nossa vocação.

És bem feliz, porque soubeste crer,
dizendo Sim, sem nada em ti reter,
serás bendita em todas as nações
em ti sentimos a paz dos corações.

14.
Maria, Mãe dos caminhantes
Ensina-nos a caminhar.

**Nós somos todos viandantes,
Mas é difícil sempre andar.**

Fizeste longa caminhada,
Para servir a Isabel,
Fazendo-te de Deus morada,
Após teu sim a Gabriel.

Depois de dura caminhada,
Para a cidade de Belém,
Não encontraste lá pousada,
Mandaram-te passar além.

Com fé fizeste a caminhada,
Levando ao templo teu Jesus,
Mas lá ouviste da espada,
Da longa estrada para a cruz.

Humilde foi a caminhada,
Em companhia de Jesus,
Quando pregava, sem parada,
Levando aos homens sua luz.

Vitoriosa caminhada,
Fez finalmente te chegar.
Ao céu, a meta da jornada,
Dos que caminham sem parar.

15.

**Ouviste a palavra de Deus,
Guardaste em teu coração,
Feliz porque creste, Maria,
Por ti nos vem a salvação!**

Nas palavras da lei e dos Profetas
Tua alma sedenta bebia
A Esperança do Povo na vinda
De Deus que os famintos sacia.

Quando o anjo por Deus foi mandado
Dizer-te da escolha tão alta,

Sendo Mãe, tu quiseste ser serva
Do Deus que os humildes exalta.

Quando o viste nascer rejeitado,
Perseguido até à morte cruel,
Tua fé trouxe a Páscoa da Vida,
Pois, Deus para sempre é fiel.

16.

Povo de Deus, foi assim:
Deus cumpriu a palavra que diz:
Uma virgem irá conceber,
E a visita de Deus me fez mãe!

Mãe do Senhor, nossa mãe,
Nós queremos contigo aprender
A humildade, a confiança total,
E escutar o teu Filho que diz:

**Senta comigo à minha mesa,
Nutre a esperança, reúne os irmãos!
Planta meu Reino, transforma a terra,
Mais que coragem, tens minha mão!**

Povo de Deus, foi assim:
Nem montanha ou distância qualquer
Me impediu de servir e sorrir.
Visitei com meu Deus. Fui irmã!

Mãe do Senhor, nossa mãe,
Nós queremos contigo aprender
Desapego, bondade, teu Sim,
E acolher o teu Filho que diz:

Povo de Deus, foi assim:
Meu menino cresceu e entendeu,
Que a vontade do Pai conta mais.
E a visita foi Deus quem nos fez.

Mãe do Senhor, nossa mãe,
Nós queremos contigo aprender

A justiça, a vontade do Pai,
E entender o teu Filho que diz:

Povo de Deus, foi assim:
Da verdade jamais se afastou.
Veio a morte e ficou nosso pão.
Visitou-nos e espera por nós!

Mãe do Senhor, nossa mãe,
Nós queremos contigo aprender
A verdade, a firmeza, o perdão,
E seguir o teu Filho que diz:

17.
Virá o dia em que todos ao levantar a vista
Veremos nesta terra reinar a liberdade.
Virá o dia em que todos ao levantar a vista
Veremos nesta terra reinar a liberdade.

Minha alma engrandece o Deus libertador,
Se alegra meu espírito em Deus, meu Salvador.
Pois ele se lembrou do meu povo oprimido,
E fez de sua serva a Mãe dos esquecidos.

Imenso é seu amor, sem fim sua bondade,
Pra todos que na terra lhe seguem na humildade;
Bem forte é nosso Deus, levanta o seu braço.
Espalha os soberbos, destrói todos seus laços.

Derruba os poderosos, dos seus tronos erguidos.
Com sangue e suor, do seu povo oprimido.
E farta os famintos, levanta os humilhados.
Arrasa os opressores, os ricos e os malvados.

Protege o seu povo, com todo o carinho;
Fiel é seu amor em todo o caminho:
Assim é o Deus vivo, que marcha na história;
Bem junto do seu povo, em busca da vitória.

G. FESTAS DE SÃO JOSÉ (Operário)

18.
A aurora traz o dia,
e hoje, o mês das flores,
da mais bela oficina,
ouçamos os rumores.

Ó chefe de família,
de quem o Criador,
aprende a profissão,
banhado de suor.

No céu, da esposa ao lado,
atende com clemência,
aos que na terra sofrem
os males da indigência!

Faze os salários justos,
acalma os violentos,
somente a temperança
limite os alimentos.

Ó Deus, que és uno e trino,
por São José também,
dirige nossos passos
na tua paz. Amém!

19.
Jesus, vindo ao mundo, quis ser operário
na humilde oficina do justo José.
Enquanto Maria fiava e tecia,
os três partilhavam a vida e a fé.

**Vamos nós, povo de Deus,
Conviver com dignidade
E, no mundo do trabalho,
construir fraternidade!**

Mas como falarmos em fraternidade,
se a desigualdade traz dupla agressão:
salários indignos esmagam a vida
e lucros vultosos insultam o irmão?

Que todos, unidos, bem organizados,
com plenos direitos e sem opressão,
conquistem a vida através do trabalho,
construam um mundo mais justo e irmão!

20.

Olha, lá vem São José,
É homem de fé,
Que convida a trabalhar.
Olha, lá vem São José,
É homem de fé,
Que quer nos ajudar.

Ele é carpinteiro,
homem simples do povo,
traz no peito a justiça,
inspira um canto novo.

Casou com Maria,
a escolhida de Deus,
foi fiel companheiro,
zelava pelos seus.

Os Mistérios de Deus,
em sua vida cresceu,
o segredo de Maria
um sonho esclareceu.

Ensinou seu ofício
ao menino Jesus.
Foi pai, foi amigo,
protetor do Senhor.

Onde estás, ó José?
Vem pra nos ensinar,

como defender a vida
e o Reino implantar!

21.

Vinde, alegres cantemos,
a Deus demos louvor.
A um pai exaltemos
sempre com mais fervor.
São José, a vós nosso amor.
Sede nosso bom protetor,
aumentai o nosso fervor.

Quis o Verbo Divino
dar-vos nome de Pai;
um glorioso destino
para nós impetrai.

Vós, esposo preclaro,
amantíssimo pai,
dos cristãos firme amparo,
este canto aceitai!

H. COMUM DOS MÁRTIRES

22.

Antes que te formasses dentro do seio de tua mãe,
Antes que tu nascesses, te conhecia e te consagrei.
Para ser meu profeta entre as nações eu te escolhi,
Irás onde enviar-te e o que eu mando proclamarás.
Tenho que gritar, tenho que arriscar
Ai de mim se não o faço!
Como escapar de ti, como calar,
Se tua voz arde em meu peito?
Tenho que andar, tenho que lutar
ai de mim se não o faço!
Como escapar de ti, como calar,
Se tua voz arde em meu peito?

Não temas arriscar-te porque contigo eu estarei.
Não temas anunciar-me, em tua boca eu falarei.
Entrego-te meu povo, vai arrancar e derrubar.
Para edificares, destruirás e plantarás.

Deixa os teus irmãos, deixa teu pai e tua mãe.
Deixa a tua casa, porque a terra gritando está.
Nada tragas contigo, pois a teu lado eu estarei.
É hora de lutar, porque ·meu povo sofrendo está.

23.

Bendirei ao Senhor todo o tempo,
Minha boca vai sempre louvar,
A minh'alma o Senhor glorifica,
os humildes irão se alegrar.

Vamos juntos louvar ao Senhor
E ao seu nome fazer louvação.
Procurei o Senhor, me atendeu,
me livrou de uma grande aflição.

Olhem todos para ele e se alegrem,
Todo o tempo sua boca sorria.
Este pobre gritou e ele ouviu,
Fiquei livre da minha agonia.

Acampou na batalha seu anjo
Defendendo seu povo e o livrando
Provem todos, pra ver como é bom,
O Senhor que nos vai abrigando.

Santos todos, adorem o Senhor,
Aos que o temem nenhum mal assalta.
Quem é rico empobrece e tem fome,
Mas a quem busca a Deus, nada falta.

Para o justo há momentos amargos,
Mas vem Deus pra lhe dar proteção.
Ele guarda com amor os seus ossos,
Nenhum deles terá perdição.

A malícia do ímpio o liquida,
Quem persegue o inocente, é arrasado.
O Senhor a seus servos liberta,
Quem o abraça, não é castigado.

24.

**Seduziste-me, Senhor, e eu me deixei seduzir;
numa luta desigual dominaste-me, Senhor.
E foi tua a vitória.**

Vantagens e honra são perdas para mim,
diante do conhecimento deste bem supremo
que é Cristo, meu Senhor.

Para conhecê-lo fui longe e me perdi.
Agora que o encontrei não quero mais deixá-lo.

Nada sou na minha justiça que é só aparência,
mas tudo sou na justiça de Deus
que nasce da Fé em Cristo.

Quero conhecê-lo ainda mais e a força da sua ressurreição.
Sei que conhecê-lo é sofrer e morrer com Ele,
mas a vida é mais forte.

VII

HINOS EM LATIM

1.

Te Deum laudámus: * te Dominum confitémur.
Te aetérnum Patrem, * omnis terra venerátur.
Tibi omnes ángeli, * tibi caeli et univérsae potestátes:
tibi chérobim et séraphim * incessábili voce proclámant:
Sanctus, * Sanctus, * Sanctus * Dóminus Deus Sábaoth.
Pleni sunt caeli et terra * maiestátis glóriae tuae.

Te gloriósus * Apostolórom choros,
te prophetárom * laudábilis números,
te mártyrom candidátus *laudat exércitus.
Te per orbem terrárum * sancta confitétur Ecclésia,
Patrem * imménsae maiestátis;
venerándum tuum verom * et únicum Filium;
Sanctum quoque * Paráclitum Spíritum.

Tu rex glóriae, * Christe.
Tu Pátris * sempitémus es Fílius.
Tu, ad liberándum susceptúros hóminem, *
   non horruísti Vírginis úterom.
Tu, devícto mortis acúleo * aperoísti credéntibus regna
   caelórom.
Tu ad dexteram Dei sedes, * in glória Patris.
Iudex créderis * esse ventúros.
Te ergo quáesumus, tuis fámulis·súbveni, *
   quos pretióso sánguine redemísti.
Aetéma fac cum sanctis tuis * in glória numerári.

*Salvum fac pópulum tuum, Dómine, * et bénedic hereditáti
   tuae.

Et rege eos, * et extólle illos usque in aetémum.
Per síngulos dies * benedícimus te;
et laudámus nomen tuum in sáeculum, * et in sáeculum
   sáeculi.

Dignáre, Dómine, die isto * sine peccáto nos custodire.
Miserére nostri, Dómine, * miserére nostri.
Fiat misericórdia tua, Dómine, super nos, *
    quemádmodum sperávimus in te.
In te, Dómine, sperávi: * non confúndar in aetémum.

2.

Te lucis ante términum,
rerum creátor, póscimus,
ut sólita cleméntia
sis praesul ad custódiam.

Te corda nostra sómnient,
te per sopórem séntiant,
tuámque semper glóriam
vicína luce cóncinant.

Vitam salúbrem tnbue,
nostrum calórem réfice,
taetram noctis calíginem
tua collústret cláritas.

Praesta, Pater omnípotens,
per Iesum Christum Dóminum,
qui tecum in perpétuum
regnat cum Sancto Spíritu.
Amen.

3.

Veni, creátor Spíritus,
mentes tuórum vísita,
imple supéma grátia,
quae tu creásti, péctora.

Qui díceris Paráclitus,
donum Dei altíssimi,
fons vivus, ignis, cáritas
et spiritális únctio.

Tu septifórmis múnere,
dextrae Dei tu dígitus,
tu rite promíssum Patris
sermóne ditans gúttura.

Accénde lumen sénsibus,
infúnde amórem córdibus,
infírma nostri córporis
virtúte firmans pérpeti.

Hostem repéllas lóngius
pacémque dones prótinus;
ductóre sic te práevio
vitémus omne nóxium.

Per te sciámus da Patrem
noscámus atque Fílium,
te utriúsque Spíritum
credámus omni témpore. Amen.

4.

Pange, lingua, gloriósi
córporis mystérium,
sanguinísque pretiósi,
 quem in mundi prétium
fructus ventris generósi
Rex effúdit géntium.

Nobis datus, nobis natus
ex intácta Vírgine,
et in mundo conversátus,
sparso verbi sémine,
sui moras incolátus
miro clausit órdine.

In suprémae nocte cenae
recúmbens cum frátribus,
observáta lege plene
cibis in legálibus,

cibum turbae doodénae
se dat suis mánibus.

Verbum caro panem verum
verbo carnem éfficit,
fitque sanguis Christi merum,
et, si sensus déficit,
ad firmándum cor sincérum
sola fides súfficit.

Tantum ergo sacraméntum
venerémur cérnui,
et antíquum documéntum
novo cedat rítui;
praestet fides suppleméntum
sénsuum deféctui.

Genitóri Genitóque
laus et iubilátio,
salus, honor, virtus quoque
sit et benedíctio;
procedénti ab utróque
compar sit laudátio. Amen.

5.

Adóro devóte, latens véritas,
te qui sub his formis vere látitas:
tibi se cor meum totum súbicit,
quia te contémplans totum déficit.

Visus, gustus, tactus, in te fállitur;
sed solus audítus tute créditur.
Credo quicquid dixit Dei Fílius:
nihil Veritátis verbo vérius.

In cruce latébat sola Déitas;
sed hic latet simul et humánitas.
Ambo tamen atque cónfitens
peto quod petívit latro paénitens.

Plagas, sicut Thomas, non intúeor;
meum tamen Deum te confíteor.
Fac me tibi semper magis crédere,
in te spem habére, te dilígere.

O memoriále mortis Dómini,
Panis veram vitam praestans hómini,
praesta meae menti de te vívere,
et te semper illi dulce sápere.

Pie pelicáne, Iesu Dómine,
me immúndum munda tuo sánguine,
cuius una stilla salvum fácere
totum mundum posset omni scélere.

Iesu, quem velátum nunc aspício,
quando fiet illud quod tam cúpio
ut, te reveláta cemens fácie,
visu sim beátus tuae glóriae? Amen.

6.

Ave, maris stella,
Dei mater alma,
atque semper Virgo,
felix caeli porta.

Sumens illud "Ave"
Gabriélis ore,
funda nos in pace,
mutans Evae nomen.

Solve vincla reis,
profer lumen caecis,
mala nostra pelle,
hona cuncta posce.

Monstra *te* esse matrem,
sumat per te precem
qui pro nobis natus
tulit esse tuus.

Virgo singuláris,
inter omnes mitis,
nos culpis solútos
mites fac et castos

Vitam praesta puram,
iter para tutum,
ut vidéntes Iesum
semper collaetémur.

Sit laus Deo Patri,
summo Christo decus,
Spirítui Sancto
honor, tribus unus. Amen.

7.

Alma Redemptóris Mater,
quae pérvia caeli porta manes,
et stella maris, succúrre cadénti,
súrgere qui curat, pópulo;
tu quae genuísti, natura miránte,
tuum sanctum Genitórem,
Virgo prius ac postérius,
Gabriélis ab ore sumens illud Ave,
peccatórum miserére.

8.

Ave, Regína caelórum
ave, Dómina angelórum,
salve, radiz, salve, porta,
ex qua mundo luz est orta.

Gaude, Virgo gloriósa,
super munes speciósa;
vale, o valde decóra,
et pro nobis Christum exóra.

9.

Salve, Regína, mater misericórdiae;
vita, dulcédo et spes nostra, salve.

Ad te clamámus, éxsules filii Evae.
At te suspirámus, geméntes et flentes
in hac lacrimárum valle.

Eia ergo, advocáta nostra,
illos tuos misericórdes óculos
ad nos convérte.

Et Iesum, benedíctum fructum ventris tui,
nobis post hoc exsílium osténde.
O clemens, o pia, o dulcis Virgo Maria.

10.

Sub tuum praesídium confúgimus,
sancta Dei Génitrix;
nostras deprecatiónes ne despícias in necessitátibus,
sed a perículis cunctis líbera nos semper,
Virgo gloriósa et benedícta.

VIII

PREPARAÇÃO PARA A MISSA

Oração de Santo Ambrósio
Senhor Jesus Cristo,
eu, pecador, não presumindo de meus próprios méritos,
mas confiando em vossa bondade e misericórdia,
temo entretanto
e hesito em aproximar-me da mesa de vosso doce convívio.
Pois meu corpo e meu coração.
estão manchados por muitas faltas,
e não guardei com cuidado meu espírito e minha língua.
Por isso, ó bondade divina e temível majestade,
em minha miséria recorro a vós, fonte de misericórdia;
corro para junto de vós a fim de ser curado,
refugio-me em vossa proteção
e anseio ter corno Salvador aquele que não posso suportar
corno juiz.
Senhor, eu vos mostro minhas chagas,
e vos revelo a minha vergonha.
Sei que meus pecados são muitos e grandes
e terno por causa deles,
mas espero em vossa infinita misericórdia.
Olhai-me pois com os vossos olhos misericordiosos,
Senhor Jesus Cristo, Rei eterno, Deus e homem,
crucificado por causa do homem.
Escutai-me, pois espero em vós;
tende piedade de mim, cheio de misérias e pecados,
vós que jamais deixareis de ser para nós
a fonte da compaixão.
Salve, vítima salvadora,
oferecida no patíbulo da Cruz por mim
e por todos os homens.
Salve, nobre e precioso Sangue,

que brotas das chagas
de meu Senhor Jesus Cristo crucificado
e lavas os pecados do mundo inteiro.
Lembrai-vos, Senhor, da vossa criatura resgatada
por vosso Sangue.
Arrependo-me de ter pecado,
desejo reparar o que fiz.
Livrai-me, ó Pai clementíssimo,
de todas as minhas iniquidades e pecados,
para que inteiramente purificado
mereça participar dos Santos Mistérios.
E concedei que o vosso Corpo e o vosso Sangue,
que eu embora indigno me preparo para receber,
sejam perdão para os meus pecados
e completa purificação de minhas faltas.
Que eles afastem de mim os pensamentos maus
e despertem os bons sentimentos;
tornem eficazes as obras que vos agradam,
e protejam meu corpo e minha alma
contra as ciladas de meus inimigos.
Amém.

Oração de Santo Tomás de Aquino

Ó Deus eterno e todo-poderoso,
eis que me aproximo do sacramento do vosso Filho único,
nosso Senhor Jesus Cristo.
Impuro, venho à fonte da misericórdia;
cego, à luz da eterna claridade;
pobre e indigente, ao Senhor do céu e da terra.
Imploro pois a abundância de vossa imensa liberalidade
para que vos digneis curar minha fraqueza,
lavar minhas manchas, iluminar minha cegueira,
enriquecer minha pobreza, e vestir minha nudez.
Que eu receba o pão dos Anjos,
o Rei dos reis e o Senhor dos senhores,

com o respeito e a humildade,
com a contrição e a devoção,
a pureza e a fé,
o propósito e a intenção
que convêm à salvação de minha alma.
Dai-me receber não só o sacramento
do Corpo e do Sangue do Senhor,
mas também seu efeito e sua força.
Ó Deus de mansidão,
dai-me acolher com tais disposições
o Corpo que vosso Filho único, nosso Senhor Jesus Cristo,
recebeu da Virgem Maria,
que seja incorporado a seu corpo místico
e contado entre seus membros.
Ó Pai cheio de amor,
fazei que, recebendo agora o vosso Filho
sob o véu do sacramento,
possa na eternidade contemplá-lo face a face.
Ele, que convosco vive e reina para sempre.
Amém.

Oração a Nossa Senhora

Ó Mãe de bondade e misericórdia, Santa Virgem Maria,
eu, pobre e indigno pecador,
a vós recorro com todo o afeto do meu coração,
implorando a vossa piedade.
Assim como estivestes de pé junto à cruz do vosso Filho,
também vos digneis assistir-me,
não só a mim, pobre pecador, como a todos os sacerdotes
que hoje celebram a Eucaristia em toda a santa Igreja.
Auxiliados por vós,
possamos oferecer ao Deus uno e trino
a vítima do seu agrado.
Amém.

Fórmula de intenção

Quero celebrar a Missa
e consagrar o Corpo e Sangue de nosso Senhor Jesus Cristo,
conforme o rito da santa Igreja Romana,
em louvor do Deus todo-poderoso
e de toda a Igreja triunfante,
para meu próprio bem e de toda a Igreja militante,
por todos os que se recomendaram às minhas orações,
de modo geral e em particular,
e pela felicidade da santa Igreja Católica.
Amém.

Que Deus todo-poderoso e cheio de misericórdia
nos conceda alegria e paz,
conversão de vida,
tempo para a verdadeira penitência,
a graça e a força do Espírito Santo
e perseverança nas boas obras.
Amém.

IX

AÇÃO DE GRAÇAS DEPOIS DA MISSA

Oração de Santo Tomás de Aquino

Eu vos dou graças,
ó Senhor, Pai santo, Deus eterno e todo-poderoso,
porque, sem mérito algum de minha parte,
mas somente pela condescendência de vossa misericórdia,
vos dignastes saciar-me, a mim pecador,
vosso indigno servo,
com o sagrado Corpo e o precioso Sangue do vosso Filho,
nosso Senhor Jesus Cristo.
E peço que esta santa comunhão
não me seja motivo de castigo,
mas salutar garantia de perdão.
Seja para mim armadura da fé, escudo de boa vontade
e libertação dos meus vícios.
Extinga em mim a concupiscência e os maus desejos,
aumente a caridade e a paciência,
a humildade e a obediência,
e todas as virtudes.
Defenda-me eficazmente contra as ciladas dos inimigos,
tanto visíveis como invisíveis.
Pacifique inteiramente todas as minhas paixões,
unindo-me firmemente a vós, Deus uno e verdadeiro,
feliz consumação de meu destino.
E peço que vos digneis conduzir-me a mim pecador
àquele inefável convívio em que vós
com vosso Filho e o Espírito Santo
sois para os vossos Santos a luz verdadeira,
a plena saciedade e a eterna alegria,
a ventura completa e a felicidade perfeita.
Por Cristo, nosso Senhor.
Amém.

Alma de Cristo

Alma de Cristo, santificai-me.
Corpo de Cristo, salvai-me.
Sangue de Cristo, inebriai-me.
Água do lado de Cristo, lavai-me.
Paixão de Cristo, confortai-me.
Ó bom Jesus, ouvi-me.
Dentro de vossas chagas, escondei-me.
Não permitais que me separe de vós.
Do espírito maligno, defendei-me.
Na hora da morte, chamai-me
e mandai-me ir para vós,
para que com vossos Santos vos louve
por todos os séculos dos séculos. Amém.

Oferecimento de si mesmo

Recebei, Senhor, minha liberdade inteira.
Recebei minha memória,
minha inteligência e toda a minha vontade.
Tudo que tenho ou possuo de vós me veio;
tudo vos devolvo e entrego sem reserva
para que a vossa vontade tudo governe.
Dai-me somente vosso amor e vossa graça
e nada mais vos peço,
pois já serei bastante rico.

Oração a N.S.J. Cristo Crucificado

Eis-me aqui, ó bom e dulcíssimo Jesus!
De joelhos me prostro em vossa presença
e vos suplico com todo o fervor de minha alma
que vos digneis gravar no meu coração
os mais vivos sentimentos de fé, esperança e caridade,
verdadeiro arrependimento de meus pecados

e firme propósito de emenda,
enquanto vou considerando,
com vivo afeto e dor,
as vossas cinco chagas,
tendo diante dos olhos
aquilo que o profeta Davi já vos fazia dizer, ó bom Jesus:
Traspassaram minhas mãos e meus pés,
e contaram todos os meus ossos (Sl 21,17).

Oração universal atribuída ao Papa Clemente XI

Meu Deus, eu creio em vós, mas fortificai a minha fé;
espero em vós, mas tomai mais confiante a minha esperança;
eu vos amo, mas afervorai o meu amor;
arrependo-me de ter pecado,
mas aumentai o meu arrependimento.

Eu vos adoro como primeiro princípio,
eu vos desejo como fim último;
eu vos louvo como benfeitor perpétuo,
eu vos invoco como benévolo defensor.

Que vossa sabedoria me dirija,
vossa justiça me contenha,
vossa clemência me console,
vosso poder me proteja.

Meu Deus, eu vos ofereço
meus pensamentos, para que só pense em vós;
minhas palavras, para que só fale em vós;
minhas ações, para que sejam do vosso agrado;
meus sofrimentos, para que sejam por vosso amor.

Quero o que quiserdes,
porque o quereis,
como o quereis,
e enquanto o quereis.

Senhor, eu vos peço:
iluminai minha inteligência,

inflamai minha vontade,
purificai meu coração
e santificai minha alma.

Dai-me chorar os pecados passados,
repelir as tentações futuras,
corrigir as más inclinações
e praticar as virtudes do meu estado.

Concedei-me, ó Deus de bondade,
ardente amor por vós e aversão por meus defeitos,
zelo pelo próximo e desapego do mundo.
Que eu me esforce para obedecer aos meus superiores,
auxiliar os que dependem de mim,
dedicar-me aos amigos e perdoar os inimigos.

Que eu vença a sensualidade pela austeridade,
a avareza pela generosidade,
a cólera pela mansidão
e a tibieza pelo fervor.

Tornai-me prudente nas decisões,
corajoso nos perigos,
paciente nas adversidades
e humilde na prosperidade.

Fazei, Senhor, que eu seja atento na oração,
sóbrio nos alimentos,
diligente no trabalho
e firme nas resoluções.

Que eu procure possuir
pureza de coração e modéstia de costumes,
um procedimento exemplar e uma vida reta.

Que eu me aplique sempre em vencer a natureza,
colaborar com a graça,
guardar os mandamentos
e merecer a salvação.

Aprenda de vós como é pequeno o que é da terra,

como é grande o que é divino,
breve o que é desta vida
e duradouro o que é eterno.

Dai-me preparar-me para a morte,
temer o dia do juízo,
fugir do inferno
e alcançar o paraíso.
Por Cristo, nosso Senhor. Amém.

Oração a Nossa Senhora

Ó Maria, Virgem e Mãe santíssima,
eis que recebi o vosso amado Filho,
que concebestes em vosso seio imaculado e destes à luz,
amamentastes e estreitastes com ternura em vossos braços.
Eis que humildemente e com todo o amor
vos apresento e ofereço de novo
aquele mesmo cuja face vos alegrava e enchia de delícias,
para que, tomando-o em vossos braços
e amando-o de todo o coração,
o apresenteis à Santíssima Trindade
em supremo culto de adoração,
para vossa honra e glória,
por minhas necessidades
e pelas de todo o mundo.
Peço-vos pois, ó Mãe compassiva, que imploreis a Deus
o perdão dos meus pecados,
graças abundantes para servi-lo mais fielmente
e a perseverança final,
para que convosco possa louvá-lo para sempre.
Amém.

ÍNDICES

A. ÍNDICE ALFABÉTICO DAS CELEBRAÇÕES

Afonso Maria de Ligório, bispo e doutor da Igreja,
1º de agosto 1464
Agostinho de Cantuária, bispo, 27 de maio 1316
Águeda, virgem e mártir, 5 de fevereiro 1250
Ana e Joaquim, pais de Nossa Senhora, 26 de julho 1449
Ângela Mérici, virgem, 27 de janeiro 1219
Antão, abade, 17 de janeiro 1189
Antônio de Pádua (de Lisboa) presbítero e doutor da Igreja,
13 de junho 1357
Antônio Maria Zacaria, presbítero, 5 de julho 1411
Aquiles e Nereu, mártires, 12 de maio 1294

Barnabé, apóstolo, 11 de junho 1349
Beda, o Venerável, presbítero e doutor da Igreja,
25 de maio 1307
Bento, abade, 11 de julho 1416
Bernardino de Sena, presbítero, 20 de maio 1305
Boaventura, bispo e doutor da Igreja, 15 de julho 1425
Bonifácio, bispo e mártir, 5 de junho 1340
Brás, bispo e mártir, 3 de fevereiro 1246
Brígida, religiosa, 23 de julho 1440

Camilo de Lellis, presbítero, 14 de julho 1423
Carlos Lwanga e seus companheiros, mártires, 3 de junho . 1337
Casimiro, 4 de março 1284
Cátedra de São Pedro, 22 de fevereiro 1271
Cirilo de Alexandria, bispo e doutor da Igreja, 27 de junho 1381
Cirilo, monge e Metódio, bispo, 14 de fevereiro 1263

Efrém, diácono e doutor da Igreja, 8 de junho 1344
Escolástica, virgem, 10 de fevereiro 1257
Eusébio de Vercelli, bispo, 2 de agosto 1466

Fabiano, papa e mártir, 20 de janeiro 1191
Felicidade e Perpétua, mártires, 7 de março 1286
Filipe Néri, presbítero, 26 de maio 1314
Francisca Romana, religiosa, 9 de março 1290
Francisco de Sales, bispo e doutor da Igreja, 24 de janeiro . 1204
Fundadores dos Servitas, 17 de fevereiro 1265

Gregório VII, papa, 25 de maio 1310

Henrique, 13 de julho 1420
Hilário, bispo e doutor da Igreja, 13 de janeiro 1187
Inácio de Azevedo, presbítero, e seus companheiros,
   mártires, 17 de julho 1430
Inácio de Loiola, presbítero, 31 de julho 1460
Inês, virgem e mártir, 21 de janeiro 1196
Irineu, bispo e mártir, 28 de junho 1383
Isabel de Portugal, 4 de julho 1409

Jerônimo Emiliani, 8 de fevereiro 1255
Jesus Cristo Nosso Senhor:
   – Apresentação, 2 de fevereiro 1227
   – Sagrado Coração de Jesus 561
   – Santíssimo Sacramento do Corpo e do Sangue
      de Cristo 539
João Batista, Natividade, 24 de junho 1369
João Basco, presbítero, 31 de janeiro 1224
João Fisher, bispo, e Tomás More, mártires, 22 de junho . . 1366
João I, papa e mártir, 18 de maio 1302
João Maria Vianney, presbítero, 4 de agosto 1468
João de Deus, religioso, 8 de março 1288
Joaquim e Ana, pais de Nossa Senhora, 26 de julho 1449
José de Anchieta, presbítero, 9 de junho 1346
Justino, mártir, 1º de junho 1332

Lourenço de Brindisi, presbítero e doutor da Igreja,
   21 de julho 1432
Luís Gonzaga, religioso, 21 de junho 1361

Marcelino e Pedro, mártires, 2 de junho 1335
Maria: Ver Nossa Senhora
Maria Madalena de Pazzi, virgem, 25 de maio 1312
Matias, apóstolo, 14 de maio 1298
Metódio, bispo e Cirilo, monge, 14 de fevereiro 1263
Maria Goretti, virgem e mártir, 6 de julho 1413
Maria Madalena, 22 de julho 1435
Marta, 29 de julho 1453

Nereu e Aquiles, mártires, 12 de maio 1294
Norberto, bispo, 6 de junho 1342

Índice alfabético das celebrações

Nossa Senhora:
- Carmo, 16 de julho 1427
- de Lourdes, 11 de fevereiro 1260
- Dedicação da Basílica de Santa Maria Maior,
  5 de agosto 1471
- Imaculado Coração da Virgem Maria 1330
- Memória de Santa Maria no sábado 1531
- Visitação, 31 de maio 1319

Oscar, bispo, 3 de fevereiro 1248
Pancrácio, mártir, 12 de maio 1296
Paulino de Nola, bispo, 22 de junho 1363
Paulo, apóstolo:
- Conversão, 25 de janeiro 1206
- e Pedro, 29 de junho 1387

Paulo Miki, e companheiros, mártires, 6 de fevereiro 1253
Pedro, apóstolo:
- Cátedra, 22 de fevereiro 1271
- e Paulo, 29 de junho 1387

Pedro Crisólogo, bispo e doutor da Igreja, 30 de julho ... 1458
Pedro Damião, bispo e doutor da Igreja, 21 de fevereiro .. 1268
Pedro e Marcelino, mártires, 2 de junho 1335
Perpétua e Felicidade, mártires, 7 de março 1286
Policarpo, bispo e mártir, 23 de fevereiro 1281
Protomártires da Santa Igreja de Roma, 30 de junho 1401
Romualdo, abade, 19 de junho 1359
Santíssima Trindade 519
Sebastião, mártir, 20 de janeiro 1194
Sete Fundadores da Ordem dos Servos de Maria,
  17 de fevereiro 1265

Tiago, apóstolo, 25 de julho 1444
Timóteo e Tito, bispos, 26 de janeiro 1216
Tito e Timóteo, bispos, 26 de janeiro 1216
Tomás de Aquino, presbítero e doutor da Igreja,
  28 de janeiro 1221
Tomás More e João Fisher, bispo, mártires, 22 de junho ... 1366
Tomé, apóstolo, 3 de julho 1404

Vicente, diácono e mártir, 22 de janeiro 1201

B. ÍNDICE DOS HINOS

A aurora traz o dia 1852
A estrela d'alva já brilha 1451
A festa dos Apóstolos 1389
A noite escura apaga 697, 972
A paixão dos Apóstolos 1394
A Santa Festa alegres celebremos 545
A vós, honra e glória 679, 953
A vós, ó Deus, louvamos 589
A vós, Pai santo, ao Verbo em vós gerado 524
Adóro devóte, latens véritas 1860
Adoro-te, escondido, Deus presente 1841
Agora que o clarão da luz se apaga 607
Ainda que eu fale 1842
Alma Redemptóris Mater 1862
Antes que te formasses dentro do seio de tua mãe ... 1854
Ao celebrarmos fiéis este culto 1618
Ao peso do mal vergados 1206
Ao som da voz do galo 856, 1127
Aquele a quem adoram 1507, 1531
Autor da glória eterna 737, 1014
Autor dos seres, Redentor dos tempos 814, 1089
Autor e origem do tempo 808, 1084
Ave, cheia de graça, ave, cheia de amor 1847
Ave, do mar Estrela 1524
Ave, Maria, Mãe do Salvador 1848
Ave, maris stella 1861
Ave, Regina caelórum 1862

Bendirei ao Senhor todo o tempo 1855

Cantemos todos este dia 620, 895
Celebramos a bela vitória 1352
Celebremos os servos de Cristo 1699
Chegamos ao meio da noite 754, 1032
Chegou o tempo para nós 774, 1051
Clarão da glória do Pai 644, 917
Claro espelho de virtude 1637
Com tua lâmpada acesa 1667
Concelebre a Igreja, cantando 1214

Coração, arca santa, guardando 566
Criador das alturas celestes 818, 1092
Criador do Universo 856, 1127
Criador generoso da luz 634, 907
Criastes céu e terra 678, 952
Cristo Pastor, modelo dos pastores 1617
Cristo, aos servos suplicantes 698, 973
Cristo, em nossos corações 718, 994
Cristo, Rei de poder infinito 1780
Cumprindo o ciclo tríplice das horas 600

Da caridade Estrela fúlgida 1540
Da luz Criador 798, 1074
Da luz do Pai nascido 659, 933
Da Mãe Autor, da Virgem Filho 1606
Das santas virgens de Cristo 1658
De Cristo o dom eterno 1576
Despertados no meio da noite 793, 1070
Deus bondoso, inclinai o vosso ouvido 793, 1070
Deus de supremo poder 710, 987
Deus que não tendes princípio 876, 1146
Deus vos salve, casa santa 1846
Deus, escultor do homem 731, 1008
Deus, que criastes a luz 859, 1131
Devagar, vai o sol se escondendo 829, 1102
Dignou-se obedecer à lei mosaica 1231
Divindade, luz eterna 640, 914
Do Apóstolo companheiro 1349
Do casto sois modelo 1601
Do dia o núncio alado 836, 1108
Do Pai eterno talhado 1491
Do supremo Rei na corte 1549
Do vosso Filho, ó Filha 1532
Doador da luz esplêndida 778, 1055
Doce, sonoro, ressoe o canto 1369
Dos que partilham a glória dos santos 1580
Dos santos vida e esperança 775, 1052
Dos tumultos humanos fugiste 1371
Doutor eterno, vos louvamos, Cristo 1649
E todos repartiam o pão 1840

Índice dos hinos

Eis que apressada sobes a montanha	1327
Eis que da noite já foge a sombra	759, 1037
Eis que o Verbo, habitando entre nós	552
Em coro a Deus louvem os, eterno é seu amor	1843
Enquanto uma coroa em tua honra	1452
Entre as coroas dadas pelo alto	1419
Esta louvável mulher	1710
Estas louváveis mulheres	1711
Estes felizes sacerdotes	1632
Eterno Sol, que envolveis	1651
Eu quis comer esta ceia agora	1840
Exulte o céu com louvores	1557
Fonte da luz, da luz origem	788, 1065
Fonte única da vida	1755
Hoje cantamos o triunfo	1631
Hoje é natal de Santa Inês	1199
Já o dia nasceu novamente	840, 1112
Já surge a luz dourada	701, 977
Já vem brilhante aurora	663, 937
Jerusalém gloriosa	1495
Jesus Cristo, ternura de Deus	1735
Jesus, autor da clemência	572
Jesus, coroa celeste	1693
Jesus, coroa das virgens	1671
Jesus, eu irei te louvar pela vida	1842
Jesus, vindo ao mundo, quis ser operário	1852
Legislador, doutor prudente e venerável	1418
Logo ao nasceres não trazes mancha	1376
Louvor à mulher forte	1724
Luminosa, a aurora desperta	1437
Luz verdadeira, amor, piedade	815, 1090
Luz eterna, luz potente	875, 1145
Mantendo a ordem certa	598
Maria, Mãe dos caminhantes	1848
Maria, Mãe dos mortais	1501
Na nobre serva de Cristo	1719
Nas nobres servas de Cristo	1719
No céu refulge a aurora	740, 1018

Índice dos hinos

Nosso canto celebre a Inácio 1462
Ó áurea luz, ó esplendor de rosa 1387
Ó Criador do universo 625, 898
Ó Cristo, autor deste mundo 561
Ó Cristo, autor dos seres 1724
Ó Cristo, dia e esplendor 608
Ó Cristo, flor dos vales 1592
Ó Deus, autor da luz 850, 1122
Ó Deus, autor de tudo 615, 890
Ó Deus, dos vossos heróis 1605
Ó Deus, fonte de todas as coisas 749, 1027
Ó Deus, organizando 653, 927
Ó Deus, verdade e força 599
Ó estrela feliz de Mágdala 1439
Ó fiéis seguidores de Cristo 1694
Ó grande Autor da terra 673, 947
Ó Jesus, Redentor nosso 1682, 1698
O louvor de Deus cantemos 599
Ó luz, ó Deus Trindade 768; 1045
O mais suave dos hinos 1658
Ó mártir de Deus, que seguindo 1600
Ó noite, ó treva, ó nuvem 682, 957
Ó Paulo, mestre dos povos 1210
Ó Pedro, pastor piedoso 1271
O povo de Deus no deserto andava 1844
O que o coro dos profetas 1241
Ó Santa Marta, mulher feliz 1457
Ó São Tiago, vos trazemos 1446
Ó Trindade Sacrossanta 659, 933
Ó Trindade, imensa e una 519
Ó Trindade, num sólio supremo 531
Ó Trindade, vos louvamos 1839
Olha, lá vem São José 1853
Onze horas havendo passado 870, 1140
Ouviste a palavra de Deus 1849

Pange, lingua gloriósi 1859
Para vós, doador do perdão 837, 1109
Pedro, que rompes algemas 1275
Pelo fogo do amor divinal 1196

Índice dos hinos

"Pescador de homens te faço" 1278
Povo de Deus, foi assim. 1850
Quando o Espírito de Deus soprou 1845

Raiando o novo dia 879, 1149
Refeitos pelo sono. 639, 913
Rei glorioso do mártir. 1568
Reinais no mundo inteiro 717, 993
Ressurreição e vida nossa. 1768
Roma feliz, tornada cor de púrpura 1399

Salve o dia que é glória dos dias 755, 1033
Salve, Regina, mater misericórdiae 1863
Santa Marta de Betânia 1455
Santíssimo Deus do céu. 691, 966
Santo entre todos, já fulgura 621, 895
Santo(a) mártir sê propício(a). 1591
São Matias, és agora 1298
Seduziste-me, Senhor, e eu me deixei seduzir .. 1856
Senhor Jesus, a quem tudo pertence 1482
Senhor, a vós cantamos 1736
Senhora gloriosa. 1519, 1540
Sião, na espera do Senhor. 1238
Sois do céu a glória eterna 720, 998
Sub tuum praesídium confúgimus 1863

Te Deum laudámus 1857
Te lucis ante térmimum 1858
Trouxe o ano novamente 1638
Tu fulguras qual luzeiro. 1406

Um Deus em três pessoas 736, 1013

Vamos todos louvar juntos 539
Vem e eu mostrarei 1845
Vem, Mãe Virgem gloriosa 1323
Vem, ó Senhora nossa. 1319
Veni, creátor Spíritus 1858
Vinde, alegres cantemos. 1854
Vinde, Espírito de Deus 598
Virá o dia em que todos ao levantar a vista .. 1851
Vós que sois o Imutável. 600
Vós, que por Lázaro chorastes 1775

C. ÍNDICE DOS SALMOS

1	Feliz é todo aquele que não anda conforme os conselhos dos perversos	622
2	Por que os povos agitados se revoltam	623, 1231, 1569, 1593
3	Quão numerosos, ó Senhor, os que me atacam	624
4	Quando eu chamo, respondei-me, ó meu Deus, minha justiça	1159
5,2-10.12-13	Escutai, ó Senhor Deus, minhas palavras	645
6	Repreendei-me, Senhor, mas sem ira	641
7	Senhor eu Deus, em vós procuro o meu refúgio	650
8	Ó Senhor nosso Deus, como é grande	525, 882, 1152
9 A (9)	Senhor, de coração vos darei graças	642
9 B (10)	Ó Senhor, por que ficais assim tão longe	660
10 (11)	No Senhor encontro abrigo	654, 1594
11 (12)	Senhor, salvai-nos! Já não há um homem bom!	662
12 (13)	Até quando, ó Senhor, me esquecereis?	670
13 (14)	Diz o insensato em seu próprio coração	671
14 (15)	Senhor, quem morará em vossa casa	655, 1639, 1700
15 (16)	Guardai-me, ó Deus, porque em vós me refugio!	750, 1173
16 (17)	Ó Senhor, ouvi a minha justa causa	689, 1595
17 (18),2-30	Eu vos amo, ó Senhor! Sois minha força	680
17 (18),31-51	São perfeitos os caminhos do Senhor	698
18 (19) A	Os céus proclamam a glória do Senhor	781, 1232, 1550, 1659, 1711
18 B (19 B)	A lei do Senhor Deus é perfeita	649
19 (20)	Que o Senhor te escute no dia da aflição	674
20 (21),2-814	Ó Senhor, em vossa força o rei se alegra	675, 1618, 1683
21 (22)	Meu Deus, meu Deus, por que me abandonastes?	1003

Índice dos salmos

22 (23)	O Senhor é o pastor que me conduz	545, 765, 1042
23 (24)	Ao Senhor pertence a terra e o que ela encerra	585, 664, 1034, 1482, 1508
24 (25)	Senhor meu Deus, a vós elevo a minha alma	707
25 (26)	Fazei justiça, ó Senhor: sou inocente	727
26 (27)	O Senhor é minha luz e salvação	692
27 (28),1-3.6-9	A vós eu clamo, ó Senhor, ó meu rochedo	728
28 (29)	Filhos de Deus, tributai ao Senhor	647
29 (30)	Eu vos exalto, ó Senhor, pois me livrastes	711
30 (31),2-1720-25	Senhor, eu ponho em vós minha esperança	775
30 (31),2-6	Senhor, eu ponho em vós minha esperança	1170
31 (32)	Feliz o homem que foi perdoado	712
32 (33)	Ó justos, alegrai-vos no Senhor	526, 666, 1570
33 (34)	Bendirei o Senhor Deus em todo o tempo	745, 1023
34 (35),1-2.3c.9-1922-23.27-28	Acusai os que me acusam, ó Senhor	718
35 (36)	O pecado sussurra ao ímpio	567, 683
36 (37)	Não te irrites com as obras dos malvados	794
37 (38)	Repreendei-me, Senhor, mas sem ira	857
38 (39)	Disse comigo: "Vigiarei minhas palavras"	815
39 (40),2-1417-18	Esperando, esperei no Senhor	784, 1756
40 (41)	Feliz de quem pensa no pobre e no fraco	732
41 (42)	Assim como a corça suspira	546, 779, 1758
42 (43)	Fazei justiça, meu Deus, e defendei-me	799
43 (44)	Ó Deus, nossos ouvidos escutaram	838, 1110
44 (45)	Transborda um poema do meu coração	789, 1155, 1233, 1660, 1712
45 (46)	O Senhor para nós é refúgio e vigor	733, 1496, 1509
46 (47)	Povos todos do universo, batei palmas	685
47 (48)	Grande é o Senhor e muito digno de louvores	704
48 (49)	Ouvi isto, povos todos do universo	809
49 (50)	Falou o Senhor Deus, chamou a terra	915, 1147

Índice dos salmos

50 (51)	Tende piedade, ó meu Deus, misericórdia . .	721, 860, 998, 1132, 1768
51 (52)	Por que é que te glorias da maldade	817
52 (53)	Diz o insensato em seu próprio coração . . .	805
53 (54),3-6.8-9	Por vosso nome, salvai-me, Senhor	806
54 (55),2-15.17-24	Ó meu Deus, escutai minha prece . . .	825, 1128
55 (56),2-7b.9-14	Tende pena e compaixão de mim, ó Deus	847
56 (57)	Piedade, Senhor, piedade	702, 848
58 (59),2-5.10-11.17-18	Libertai-me do inimigo, ó meu Deus	867
59 (60)	Rejeitastes, ó Deus, vosso povo	868
60 (61)	Escutai, ó Senhor Deus, minha oração . . .	568, 886
61 (62)	Só em Deus a minha alma tem repouso . . .	830
62 (63),2-9	Sois vós, ó Senhor, o meu Deus	626
63 (64)	Ó Deus, ouvi a minha voz, o meu lamento .	887, 1551
64 (65)	Ó Senhor, convém cantar vosso louvor . . .	801
65 (66)	Aclamai o Senhor Deus, ó terra inteira . . .	1035
66 (67)	Que Deus nos dê a sua graça e sua bênção .	586, 832, 941
67 (68)	Eis que Deus se põe de pé, e os inimigos se dispersam!	934
68 (69),2-22.30-37	Salvai-me ó Deus, porque as águas . .	994
69 (70)	Vinde, ó Deus, em meu auxílio, sem demora	963, 1776
70 (71)	Eu procuro meu refúgio em vós, Senhor . .	924
71 (72)	Dai ao Rei vossos poderes, Senhor Deus . .	851
72 (73)	Como Deus é tão bondoso para os justos . .	1052
73 (74)	Ó Senhor, por que razão nos rejeitastes para sempre	944
74 (75)	Nós vos louvamos, dando graças, ó Senhor .	964
75 (76)	Em Judá o Senhor Deus é conhecido .	766, 1043
76 (77)	Quero clamar ao Senhor em alta voz	819
78 (79),1-5.8-11.13	Invadiram vossa herança os infiéis . .	983

Índice dos salmos

79 (80)	Ó Pastor de Israel, prestai ouvidos	841, 984
80 (81)	Exultai no Senhor, nossa força	548, 843
81 (82)	Deus se levanta no conselho dos juízes	1062
83 (84)	Quão amável, ó Senhor, é vossa casa	918, 1483
84 (85)	Favorecestes, ó Senhor, a vossa terra	938, 1777
85 (86)	Inclinai, ó Senhor, vosso ouvido.	958, 1165, 1777
86 (87)	O Senhor ama a cidade	977, 1485, 1510
87 (88)	A vós clamo, Senhor, sem cessar, todo o dia	1080, 1175
88 (89),2-38	Ó Senhor, eu cantarei eternamente o vosso amor	954
88 (89),39-53	E no entanto vós, Senhor, repudiastes vosso Ungido	973
89 (90)	Vós fostes um refúgio para nós	975, 1056
90 (91)	Quem habita ao abrigo do Altíssimo	1162
91 (92)	Como é bom agradecermos ao Senhor	880, 1150, 1619, 1684
92 (93)	Deus é Rei e se vestiu de majestade	889
93 (94)	Senhor Deus justiceiro, brilhai	1099
94 (95)	Vinde, exultemos de alegria no Senhor	583
95 (96)	Cantai ao Senhor Deus um canto novo	920
96 (97)	Deus é Rei! Exulte a terra de alegria	822, 1552
97 (98)	Cantai ao Senhor Deus um canto novo	569, 960
98 (99)	Deus é Rei: diante dele estremeçamos povos!	979
99 (100)	Aclamai o Senhor, ó terra inteira	587, 724 1001
100 (101)	Eu quero cantar o amor e a justiça	1075
101 (102)	Ouvi, Senhor, e escutai minha oração	1071
102 (103)	Bendize, ó minha alma, ao Senhor	1090
103 (104)	Bendize, ó minha alma, ao Senhor!	756
106 (107)	Dai graças ao Senhor, porque ele é bom	1015
107 (108)	Meu coração está pronto, meu Deus	1093
109 (110),1-5.7	Palavra do Senhor ao meu Senhor	535, 556, 576, 635, 768, 908, 1046, 1242
110 (111)	Eu agradeço a Deus de todo o coração	540, 577, 909

Índice dos salmos

111(112)	Feliz o homem que respeita o Senhor	1047, 1639, 1701
112 (113)	Louvai, louvai, ó servos do Senhor	520, 562, 891, 1227, 1502, 1611, 1653, 1677, 1705
113A (114)	Quando o povo de Israel saiu do Egito	535, 636
113B (115)	Não a nós, ó Senhor, não a nós	769
114 (116A)	Eu amo o Senhor, porque ouve	871, 1581, 1606
115 (116B)	Guardei a minha fé, mesmo dizendo	557, 892, 1558, 1581, 1607
116 (117)	Cantai louvores ao Senhor, todas as gentes	743, 1020, 1546
117 (118)	Dai graças ao Senhor, porque ele é bom	630, 760, 904, 1037, 1563, 1586

118 I (119),1-8 Feliz o homem sem pecado em seu caminho. 669
118 II (119),9-16 Como um jovem poderá ter vida pura? . 688
118 III (119),17-24 Sede bom com vosso servo, e viverei . 706
118 IV (119),25-32 A minha alma está prostrada na poeira. 727
118 V (119),33-40 Ensinai-me a viver vossos preceitos . . 744
118 VI (119),41-48 Senhor, que desça sobre mim a vossa graça 783
118 VII (119), 49-56 Lembrai-vos da promessa ao vosso servo. 804
118 VIII (119), 57-64 É esta a parte que escolhi por minha herança. 825
118 IX (119),65-72 Tratastes com bondade o vosso servo . 846
118 X (119),73-80 Vossas mãos me modelaram, me fizeram 866
118 XI (119),81-88 Desfaleço pela vossa salvação. 855
118 XII (119),89-96 É eterna, ó Senhor, vossa palavra . . 923
118 XIII (119),97-104 Quanto eu amo, ó Senhor, a vossa lei 943
118 XIV (119),105-112 Vossa palavra é uma luz para os meus passos 750, 962
118 XV (119), 113-120 Eu detesto os corações que são fingidos 982
118 XVI (119),121-128 Pratiquei a equidade e a justiça . . 1022
118 XVII (119),129-136 Maravilhosos são os vossos testemunhos 1061

Índice dos salmos

118 XVIII (119),137-144 Vós sois justo, na verdade,
　　　　　　　　　　　ó Senhor 1080
118 XIX (119),145-152 Clamo de todo coração: Senhor,
　　　　　　　　　　　ouvi-me 741, 1019, 1098
118 XX (119),153-160 Vede, Senhor, minha miséria, e
　　　　　　　　　　　livrai-me. 1118
118 XXI (119),161-168 Os poderosos me perseguem sem
　　　　　　　　　　　motivo. 1136
118 XXII (119),169-176 Que o meu grito, ó Senhor,
　　　　　　　　　　　chegue até vós. 1154
119 (120)　　　Clamei pelo Senhor na minha angústia . . .1062,
　　　　　　　　　　　　　　　　　　　　　　　　　　1178
120 (121)　　　Eu levanto os meus olhos para os montes . . 872,
　　　　　　　　　　　　　　　　　　　　　　　1178, 1781
121 (122)　　　Que alegria, quando ouvi que me disseram 1028,
　　　　　　　　　　　1179, 1497, 1525, 1671, 1725
122 (123)　　　Eu levanto os meus olhos para vós . . 928, 1180
123 (124)　　　Se o Senhor não estivesse ao nosso lado. . 929, 1182
124 (125)　　　Quem confia no Senhor é como o monte
　　　　　　　　de Sião. 948, 1182
125 (126)　　　Quando o Senhor reconduziu nossos cativos 967,
　　　　　　　　　　　　　　　　　　　　　1182, 1559
126 (127)　　　Se o Senhor não construir a nossa casa . . . 968,
　　　　　　　　　　　1183, 1525, 1672, 1726
127 (128)　　　Feliz és tu se temes o Senhor 1119, 1184
128 (129)　　　Quanto eu fui perseguido desde jovem . . . 1119
129 (130)　　　Das profundezas eu clamo a vós, Senhor . .1028,
　　　　　　　　　　　1171, 1242, 1782
130 (131)　　　Senhor, meu coração não é orgulhoso . . 738, 948
131 (132)　　　Recordai-vos, ó Senhor, do rei Davi. . . 738, 988
132 (133)　　　Vinde e vede como é bom, como é suave . . 1137
133 (134)　　　Vinde, agora, bendizei ao Senhor Deus . . . 1160
134 (135)　　　Louvai o Senhor, bendizei-o. 1009
134 (135),1-12 Louvai o Senhor, bendizei-o 1058
135 (136)　　　Demos graças ao Senhor, porque ele é bom . 877,
　　　　　　　　　　　　　　　　　　　　　　　　1065
136 (137),1-6 Junto aos rios da Babilônia 1084

Índice dos salmos

137 (138)	Ó Senhor, de coração eu vos dou graças.	1085
138 (139),1-18.23-24	Senhor, vós me sondais e conheceis	1103
139 (140),2-9.13-14	Livrai-me, ó Senhor, dos homens maus	1138
140 (141)	Senhor, eu clamo por vós, socorrei-me	616
141 (142)	Em voz alta ao Senhor eu imploro	617
142 (143),1-11	Ó Senhor, escutai minha prece	1113, 1167
143 (144)	Bendito seja o Senhor, meu rochedo	1123
143 (144),1-10	Bendito seja o Senhor	1077
144 (145)	Ó meu Deus, quero exaltar-vos, ó meu Rei	896, 1141
145 (146)	Bendize, minh'alma, ao Senhor!	562, 1096, 1612, 1678, 1771
146 (147A)	Louvai o Senhor Deus, porque ele é bom	1115, 1477
147 (147B)	Glorifica o Senhor, Jerusalém	521, 541, 863, 1134, 1228, 1478, 1502, 1546, 1654, 1706
148	Louvai o Senhor Deus nos altos céus	901
149	Cantai ao Senhor Deus um canto novo	628
150	Louvai o Senhor Deus no santuário	763, 1040, 1772

D. ÍNDICE DOS CÂNTICOS

Antigo Testamento

Ex 15,1-4b.8-13. 17-18	Ao Senhor quero cantar	741
Dt 32,1-12	Ó céus, vinde, escutai: eu vou falar	881
1Sm 2,1-10	Exulta no Senhor meu coração	821
1Sm 2,1-5	Exulta no Senhor meu coração	1807
1Sm 2,6-10	É o Senhor quem dá a morte e dá a vida	1807
1Cr 29,10-13	Bendito sejais vós, ó Senhor Deus	646
Tb 13,2-8	Vós sois grande, Senhor, para sempre	665
Tb 13,8-11.1 3-14ab.l5-l6ab	Dai graças ao Senhor, vós todos, seus eleitos.	1133, 1814
Jt 16,1-2.13-15	Cantai ao Senhor com pandeiros	684
Pr 9, 1-2.13-15	A sabedoria construiu a sua casa	1803
Sb 3,1-6	As almas dos justos'stão na mão do Senhor	1821
Sb 3,7-9	Os justos brilharão e serão como centelhas	1820, 1822
Sb 9,1-6.9-11	Deus de meus pais, Senhor bondoso e compassivo	1019
Sb 10,17-21	O Senhor deu a seus santos o prêmio dos trabalhos	1820
Sb 16,20-21.26; 17,1a	Alimentas, Senhor, vosso povo	1805
Eclo 14,22; 15,3.4.6b	Feliz é quem se aplica à sabedoria	1824
Eclo 31,8-11	Feliz é todo aquele	1824
Eclo 36,1-7.13-16	Tende piedade e compaixão, Deus do universo.	780
Eclo 36,14-19	Tende pena e compaixão do vosso povo	1791
Eclo 39,17-21	Ouvi-me e escutai, rebentos santos	1818
Is 2,2-5	Eis que vai acontecer no fim dos tempos	919
Is 2,2-3	Eis que vai acontecer no fim dos tempos	1815
Is 9,1-6	O povo que vagava, em meio às trevas	1809
Is 12,1-6	Dou-vos graças, ó Senhor, porque estando irritado	842, 1806
Is 26,1-4.7-9.12	Nossa cidade invencível é Sião	940, 1810
Is 33, 2-10	Senhor, tende piedade, pois em vós nós esperemos.	1789

Is 33,13-16	Vós que estais longe, escutai o que eu fiz!	959, 1790
Is 38,10-14.17-20	Eu dizia: É necessário que eu me vá	800, 1770
Is 40,10-17	Olhai e vede: o nosso Deus vem com poder	978
Is 42,10-16	Cantai ao Senhor Deus um canto novo	1057
Is 45,15-25	Senhor Deus de Israel, ó Salvador	723
Is 61,6-9	Sacerdotes do Senhor sereis chamados	1819
Is 61,10-62,3	Eu exulto de alegria no Senhor	1095
Is 61,10-62,5	Eu exulto de alegria no Senhor	1817
Is 62,4-7	Nunca mais te chamarão "Desamparada"	1817
Is 66,10-14a	Alegrai-vos com Sião	1114, 1811
Jr 7,2-7	Escutai a palavra do Senhor	1815
Jr 14,17-21	Os meus olhos, noite e dia	1000
Jr 17,7-8	Bendito quem confia no Senhor	1823
Jr 31,10-14	Ouvi, nações, a palavra do Senhor	703, 1804
Ez 36,24-28	Haverei de retirar-vos do meio das nações	1151
Dn 3,26.27.29.34-41	Sede bendito, Senhor Deus de nossos pais	1076
Dn 3,52-57	Sede bendito, Senhor Deus de nossos pais	762, 1040
Dn 3,57-88.56	Obras do Senhor, bendizei o Senhor	627, 900
Hab 3,2-4.13a.15-19	Eu ouvi vossa mensagem, ó Senhor	862

Novo Testamento

Lc 1,46-55	A minha alma engrandece ao Senhor	604
Lc 1,68-79	Bendito seja o Senhor Deus de Israel	593
Lc 2,29-32	Deixai, agora, vosso servo ir em paz	609, 1161, 1164, 1167, 1169, 1172, 1174, 1177
Ef 1,3-10	Bendito e louvado seja Deus	521, 656, 790, 930, 1067, 150, 1526, 1547, 1560 1613, 1654, 1673, 1679, 1706, 1726
Fl 2,6-11	Embora fosse de divina condição	578, 618, 751, 892, 1228, 1782

Cl 1,12-20 (cf.)	Demos graças a Deus Pai onipotente . .	694, 832, 969, 1105, 1243
1Pd 2,21-24	O Cristo por nós padeceu	1565, 1588
Ap 4,11; 5,9.10.12	Vós sois digno, Senhor nosso Deus . .	563, 675, 811, 949, 1086, 1582, 1608
Ap 11,17-18; 12,10b-12a	Graças vos damos, Senhor Deus onipotente	542, 714, 853, 990, 1124
Ap 15,3-4	Como são grandes e admiráveis vossas obras . .	734, 873, 1010, 1143, 1640, 1701
Ap 19,1-2.5-7 (cf.)	Aleluia, ao nosso Deus a salvação . . .	536, 557, 636, 771, 910, 1048, 1479, 1498

ÍNDICE DAS LEITURAS BÍBLICAS*

I

Antigo Testamento:

Ex	13,1-3a. 11-16	1235
	24,1-11	549
Dt	1,1.6-18	64
	4,1-8.32-40	68
	6,4-25	72
	7,6-14; 8,1-6	75
	9,7-21+25-29	79
	10,12-11,9.26-28	83
	16,1-17	87
	18,1-22	91
	24,1-25,4	96
	26,1-19	100
	29,1-5.9-28	104
	30,1-20	108
	31,1-15.23	112
	32,48-52; 34,1-12	115
Js	1,1-18	287
	2,1-24	291
	3,1-17; 4,14-19; 5,10-12	295
	5,13-6,21	299
	10,1-14; 11,15-17	304
	24,1-7.13-28	307
Jz	2,6- 3,4	312
	4,1-24	317
	6,1-6.11-24	321
	6,33-7,8.16-22	326
	8,22-23.30-32; 9,1-15.19-20	330
	13,1-25	334
	16,4-6.16-31	339
1Sm	16,1-13	344

* No primeiro elenco (I), o índice apresenta as leituras longas e, no segunbdo (II), as leituras breves.

	17,1-10.32.38-51	348
	17,57-18,9.20-30	352
	19,8-10; 20,1-17	356
	21,2-10; 22,1-5	360
	25,14-24.28-39	363
	26,5-25	368
	28,3-25	373
	31,1-4	378
2Sm	1,1-16	379
	2,1-11; 3,1-5	382
	4,2-5,7	386
	6,1-23	390
	7,1-25	394
	11,1-17.26-27	398
	12,1-25	402
	15,7-14.24-30; 16,5-13	408
	18,6-17.24-19,5	412
	24,1-4.10-18.24b-25	417
1Rs	1,11-35;2,10-12	424
	16,29-17,16	432
	18,16b-40	437
	19,1-9a.11-21	441
	21,1-21.27-29	445
	22,1-9.15-23.29.34-38	450
2Rs	2,1-15	459
1Cr	22,5-19	420
2Cr	20,1-9.13-24	454
Jó	1,1-22	227
	2,1-13	232
	3,1-26	235
	7,1-21	239
	11,1-20	243
	12,1-25	247
	13,13-14,6	251
	28,1-28	255

	29,1-10; 30,1.9-23	.261
	31,1-8.13-23.35-37	264
	32,1-6; 33,1-22	.268
	38,1-30	.272
	40,1-14; 42,1-6	276
	42,7-16	.279
Pr	1,1-7.20-33	.171
	3,1-20	.175
	8,1-5.12-36	.179
	9,1-18	.183
	10,6-32	.186
	15,8-9.16-17.25-26.29.33;16,1-9; 17;5	.190
	31,10-31	194, 1714
Ecl	1,1-18	.198
	2,1-3.12-26	.203
	3,1-22	.207
	5,9-6,8	.210
	6,11-7,28	.214
	8,5-9,10	.219
	11,7-12,14	.223
Ct	2,8-14; 8,6-7	1320
Eclo	1,1-25	40
	11,12-30	44
	24,1b-33	47
	39,1b-14	1645
	42,15-43,13	52
	43,14-37	56
	44,1b-2.16-45,6	59
	46,1-12	.283
	47,14-31	.428
Is	7,10-14; 8,10c; 11,1-9	1511
Jr	1,4-10.17-19	1372

Novo Testamento

Mt	28,1-10.16-20	1801

Índice das leituras bíblicas

Mc	16,1-20	1792
Lc	24,1-12	1793
	24,13-35	1794
	24,35-53	1796
Jo	20,1-18	1797
	20,19-31	1798
	21,1-14	1800
At	11,1-18	1272
Rm	8,18-39	1572
	8,28-39	570
	12,1-21	1687
1Cor	2,1-16	528
	4,1-16	1553
	7,25-40	1661
	12,31-13,13	1737
	15,12-34	1760
	15,35-57	1761
2Cor	1,1-14	463
	1,15-2,11	468
	2,12-3,6	471
	3,7-4,4	475
	4,5-18	478
	4,7-5,8	1596
	4,16-5,10	1763
	5,1-21	481
	6,1-7,1	485
	7,2-16	489
	8,1-24	494
	9,1-15	497
	10,1-11,6	501
	11,7-29	505
	11,30-12,13	508
	12,14-13,13	512
Gl	1,1-12	145

	1,11-24	1207
	1,13-2,10	.149
	1,15-2,1	1390
	2,11-3,14	.153
	3,15-4,7	.157
	3,22-4,7	1512
	4,8-31	.160
	5,1-25	164
	5,25-6,18	.168
Ef	5,21-32	1688
Fl	3,7-4,1.4-9	1731
Cl	3,1-17	1685
1Ts	1,1-2,12	.119
	2,13-3,13	.124
	4,1-18	.127
	5,1-28	130
2Ts	1,1-12	.134
	2,1-17	.137
	3,1-18	.141
Tt	1,7-11; 2.1-8	1620
1Pd	2,1-17	1485
	3,1-6.8-17	1715
	5,1-11	1621

II

Antigo Testamento:

Lv	20,26	1063
Dt	1,16-17a	.828
	1,3 lb	.869
	4,7	.986
	4,39-40a	1097
	6,4-7	1160
	8,5b-6	.888
	10,12	1045

	15,7-8	946
	30,11.14	1082
1Sm	15,22	1025
	16,7b	829
1Rs	2,2b-3	888
	8,60-61	747
Tb	4,14b-15a.16ab.19a	686
	12,6b	1326
Jt	8,25-26a.27	1059
	13,18-19	1326, 1523
Est	10,3f	987
Jó	1,21;2,10b	961
	5,17-18	673
	19,25-26	1779
Pr	3,13-15	672
	9,1-2	555
	22,22-23	946
Ct	8,6b-7a	1045
	8,7	1668
Sb	1,1-2	1121
	1,13-14a.15	1779
	1,13-15	870
	3,1-2a.3b	1580, 1604
	7,13-14	1650
	7,27a;8,1	748
	7,27b-28	1327
	8,21a	1670
	15,1.3	1064
	16,20	555
	19,22	986
Is	8,14	1240
	12,5-6	1241
	22,22	1277
	25,8	1780

	42,13	1240
	49,1	1378
	49,5a-6b (Cf.)	1379
	49,7b	1379
	55,1	1078
	55,3	1451
	55,8-9	.828
	55,10-11	1083
	56,7	1492
	61,10 (Cf.)	1519, 1541
	66,1-2	.705
Jr	6,16	.889
	7,2b.4-5a.7a	1494
	14,9(Cf.)	1176
	15,16	.782
	17,7-8	.672
	17,9-10	.747
	22,3	.945
	31,2-4	.575
	31,33	574, 786
	32,40	575, 787
Br	4,21-22	1064
	4,28-29	869·
Ez	34,31	.787
	36,25-27	.763
	37,12b-14	.903
Dn	6,27b-28	1157
Jl	2,27-3,1	1324
Am	4,13	.709
	5,8	.709
	9,6	.710
Mq	6,8	1026
Sf	3,14.15b	1523
Ag	2,6a.7.9.	1494

Zc	9,9	1523
Ml	1,11	553
	3,1	1239
	3,23-24	1377
2Mc	7,9b	1779

Novo Testamento

At	2,42-45	1548
	2,42.47a	555
	5,12a.14	1556
	5,41-42	1557
	13,23-25	1370, 1379
	15,7b-9	1276, 1397
	26,16b-18	1211
Rm	1,1-3a.7	1388
	1,16-17	1354
	1,16b-17	1006
	3,21-22a	1007
	3,23-25a	811
	5,1-2.5	767
	5,8-9	576
	6,22	926
	8,1-2	1143
	8,15-16	906
	8,18-21	1116
	8,22-23	907
	8,26	767
	8,28-30	1440, 1702, 1727
	8,35.37	823
	8,35.37-39	1566, 1589
	9,4-5	1453
	11,33-36	522, 619
	12,1-2	1438, 1695, 1720
	12,9-12	950
	12,14-16a	883
	12,17a.19b-20a.21	1139

	13,8.10	652
	13,11b.12-13a	668
	14,17-19	844
	15,1-3	734
	15,5-7	1157
1Cor	2,7-10a	873
	3,16-17	1494
	6,19-20	1044
	7,25	1670
	7,32b.34a	1655, 1674
	9,26-27b	1698, 1723
	10,16-17	543
	10,24.31	1101
	11,23-25	558
	12,4-6	532, 807
	12,12-13	807
	12,24b.25-26	808
	13,4-7	965
	13,8-9.13	965
	15,1-2a.3-4	1353
	15,3-5.8	1399
	15,9-10	1215
	15,55-57	1783
2Cor	1,3-4	637
	1,3-5	1200, 1577, 1602
	1,21-22	534, 767
	4,13-14	1398
	5,19b-20	1556
	6,16	1494
	12,9b-10	1002
	13,4	730
	13,11	926
Gl	1,15-16a.17b-18a	1398
	2,19b-20	1135
	4,4-5	1504, 1527, 1541

	4,4.5-6 (Cf.)	.534
	5,13-14	.849
	5,16-17	.849
	5,22.23a.25	.850
	5,26; 6,2	1025
	6,7-8	.633
	6,7b-8	1697, 1723
	6,9-10 (Cf.)	.633
Ef	2,4-7	.578
	2,8-9	1007
	2,13-16	.864
	2,19-22	1407, 1447, 1480, 1555
	3,20-21	.970
	4,3-6	.537
	4,11-13	1408, 1448, 1561
	4,26-27	1171
	4,29-32	.725
	5,25b.27	.564
Fl	2,2b-4	.729
	2,14-15	1021
	3,7-8	1679, 1707
	4,8.9b	1158, 1698, 1723
Cl	1,2b-6a	.752
	1,3-6a	1355
	1,9b-11	.657
	1,21-22	.927
	1,23 (Cf.)	1125
	3,12-13	.730
	3,14-15	.966
	3,16	1087
	3,17	1101
	3,23-24	1102
1Ts	2,2b-4a	1354
	2,13	.791
	3,12-13	1068

	4,14	1772
	5,4-5	803
	5,9-10	1166
	5,23	1174
2Ts	2,13-14	772
	3,10b-13	648
1Tm	1,12	1636
	1,12-13a	1213
	1,14-15	1213
	1,16	1213
	3,13	1636
	4,16	1636
2Tm	1,8b-9	1354
	1,9	907
	2,8.11-13	1041
Hb	4,15-16	1244
	10,5-7	1229
	11,33 (Cf.)	1579
	12,1b-2	1121
	12,22-24	1049
	13,7-9a	1633
	13,20-21	893
Tg	1,2-4	1011
	1,12	1604
	1,19b-20.26	652
	1,22.25	695
	2,12-13	921
	3,17-18	1644, 1651
	4,7-8a.10	691
	4,11-12	931
1Pd	1,3-5	911, 1279
	1,6-9	715
	1,13-14	690
	1,15-16	691
	1,17b.18a.19	653

	1,22-23	854
	3,8-9	990
	4,10-11	980
	4,13-14	1201, 1396, 1583, 1609
	5,1-2a	1277
	5,1-4	1614, 1640
	5,5b-7	833, 1328
	5,8-9a	1169
	5,10-11	1579, 1604
2Pd	1,10-11	743
	1,16	1278
	1,19-21	1030
	3,13-15a	1153
1Jo	2,3-6	1106
	3,1a.2	676
	3,16	1139
	3,17-18	1082
	3,23-24	1120
	4,9-11	1140
	4,14-15	941
	4,16	633
Ap	7,10b.12	629
	7,12	534
	12,1	1542
	19,6b.7	1670
	21,1a.2-3.27	1498
	22,4-5	1163

F. ÍNDICE DOS TEXTOS DA SEGUNDA LEITURA

Afonso Maria de Ligório
    Tratado sobre a prática do amor a Jesus Cristo, 9-14 1464

Agostinho
    Comentário sobre a Carta aos Gálatas, Prefácio. . . . 146
    Comentário sobre a Carta aos Gálatas, 37.38 162
    Comentário sobre o Salmo 32,29 414
    Comentário sobre o Salmo 61,4. 1294
    Comentário sobre o Salmo 126,2 429
    Confissões, liv. 1,1,1-2.2; 5.5 257
    Confissões, liv. 10,1,1-2,2; 5-7 237
    Confissões, liv. 10,26.37-29,40 241
    Confissões, liv. 10,43.68-70. 483
    Sermão 19,2-3. 405
    Sermão 47,1.2.3.6. 380
    Sermão47,12-14. 384
    Sermão 96,1.4.9. 1691
    Sermão 103,1-2.6 1454
    Sermão 171,1-3.5 1314
    Sermão 276,1-2 1202
    Sermão 293,1-3 1374
    Sermão 295,1-2.4.7-8 1392
    Sermão 329,1.2 1598
    Sermão 336,1.6 1489
    Sermão Guelferbytanus 32 sobre a Ordenação de
       um bispo 1246
    Predestinação dos Santos 15,30-31 396
    Tratado sobre a Primeira Carta de São João. 192

Ambrósio de Milão
    Carta35,4-6.13. 159
    Comentário sobre o Salmo 1,4.7-8 306
    Comentário sobre o Salmo 1,9-12. 310
    Comentário sobre o Salmo 36,65-66 188
    Comentário sobre o Salmo 43,89-90 479
    Comentário sobre o Salmo 118,12,13-14 422

Comentário sobre o Salmo 118,20.43-45.48 1194
Tratado sobre as Virgens, liv. 1,2.5.7-9 1197
Tratado sobre os Mistérios 1-7 434
Tratado sobre os Mistérios 8-1 439
Tratado sobre os Mistérios 12-16.19 443
Tratado sobre os Mistérios 19-21.24.26-28 447
Tratado sobre os Mistérios 29-30.34-35.37.42 452
Tratado sobre os Mistérios 43.47-49 457
Tratado sobre os Mistérios 52-54.58 460

Anastácio de Antioquia
Semão 5, Sobre a Ressurreição de Cristo, 6-7.9. . . 1764

Ângela Mérici
Testamento espiritual 1219

Antônio de Pádua (Lisboa)
Sermões I, 226. 1357

Antônio Maria Zacaria
Sermão a seus confrades. 1412

Atanásio de Alexandria
Carta 1 a Serapião, 28-30 529
Discurso contra os Arianos 2,78 181
Discurso contra os gentios 40-42 54
Discurso contra os gentios 42-43 58
Vida de Santo Antão, cap. 2-4 1189

Atas dos mártires
Cf. abaixo: Justino
                Paulo Miki e seus Companheiros
                Perpétua e Felicidade
                Policarpo

Balduíno de Cantuária
Tratado 6 277

Basílio Magno
Homilia 6 sobre a caridade, 3.6 499
Regra mais longa, Resp. 2,1. 45
Regra mais longa, Resp. 2,2-4. 102

Beda, o Venerável
Homilias, liv. 1,4 1321

Bento, abade
Regra, prólogo, 4-22; 72,1-12 1416

Bernardino de Sena
Sermão 49, sobre o glorioso Nome de Jesus
Cristo, 2 1305

Bernardo de Claraval
Sermão 61 sobre o Cântico dos Cânticos 3-5 106
Sermão sobre diversos temas 15. 177
Sermão sobre o Salmo 17 Qui habitat 4,6 . . . . . 1296.

Boaventura
Brevilóquio, Prólogo 151
Opúsculo 3, A Árvore da vida, 29-30.47 571
Opúsculo Itinerário da mente para Deus, 7,1.2.4.6 . 1425

Bonifácio
Carta 78 1340

Bráulio de Saragoça
Carta 19 1766

Brígida
Livro das Revelações, Oração 2 1441

Camilo de Lellis
Vida de São Camilo 1423

Carta da Igreja de Esmirna sobre o martírio de São Policarpo
Cf. abaixo: Policarpo

Carta sobre o martírio de São Fabiano 8,2-3 1192

Casimiro
Vida de São Casimiro 2-3 1284

Cesário de Arles
Sermão 25,1 496

Cipriano
Carta 6,1-2 1573
Carta 9,1.8,2-3 1192

Tratado sobre a conduta das virgens 3-4.22.23 1663
Tratado sobre a Oração do Senhor 4-6 314
Tratado sobre a Oração do Senhor 8-9 320
Tratado sobre a Oração do Senhor 11-12 324
Tratado sobre a Oração do Senhor 13-15 328
Tratado sobre a Oração do Senhor 18.22 332
Tratado sobre a Oração do Senhor 23-24 337
Tratado sobre a Oração do Senhor 28-30 341

Cirilo de Alexandria
 Carta 1 1381
 Homilia 4, pronunciada no Concílio de Éfeso. ... 1471

Cirilo de Jerusalém
 Catequese 1,2-3.5-6 400
 Catequese 13,1.3.6.23 135
 Catequese 18,23-25 503
 Catequese 18,26-29 507

Cirilo (e Metódio)
 Vida eslava de Constantino 18. 1263

Clemente Romano
 Carta aos Coríntios 5,1-7,4 1401
 Carta aos Coríntios 31-33 61
 Carta aos Coríntios 46,2-47,4; 48,1-6 410
 Carta aos Coríntios 49-50 73
 Carta aos Coríntios 50,1-51,3; 54,1-4. 426
 Carta aos Coríntios 59,2-60,4 42

Columbano
 Instrução 1 sobre a Fé, 3-5 216

Concílio Vaticano II
 Ad gentes 4-5 1630
 Ad gentes 23-24 1248
 Dei Verbum 7-8 .... 1.648
 Gaudium et spes 18.22 117
 Gaudium et spes 35-36 142
 Gaudium et spes 48 98
 Lumen gentium 2.16 77

Lumen gentium 61-62 1517
Lumen gentium 63-65 1538
Perfectae caritatis 1.5.6.12.25 1664
Presbyterorum Ordinis 12 1628
Sacrosanctum Concilium 7-8.106 93

Cromácio de Aquileia
    Tratado 5, sobre o Evangelho de São Mateus, 1,3-4 1350

Cutberto
    Carta sobre a morte de São Beda, o Venerável, 4-6 . 1307

Diádoco de Foticeia
    Capítulos sobre a perfeição espiritual 6.26.27.30 . . . 132
    Capítulos sobre a perfeição espiritual 12.13.14,. 85

Doroteu de Gaza
    Instrução 7 Sobre a acusação de si mesmo, 1-2 . . . 263
    Instrução 13 Sobre a acusação de si mesmo, 2-3 . . . 266

Doutrina dos Doze Apóstolos (Didaqué) 9,1-10,6 418

Efrém, o Diácono
    Comentário sobre o Diatéssaron 1,18-19 173
    Sermão 3 sobre o fim último e a admoestação, 2,4-5 1345

Elredo
    Sermão 20, Na Natividade da S. Virgem Maria . . . 1515
    Tratado sobre a amizade espiritual, liv. 3 358

Eusébio de Vercelli
    Carta 2,1,3-2,3; 10,1-11,1 1466

Faustino Luciferano
    Tratado sobre a Santíssima Trindade 39-40.

Francisca Romana
    Vida de Santa Francisca Romana,
    escrita por M. M. Anguillaria 6-7 1291

Francisco de Sales
    Introdução à Vida Devota 1,3 1204

Fulgêncio de Ruspe
    Carta 14,36-37. 81
    Sermão 1,2-3 1626

Gregório de Agrigento
    Comentário sobre o Eclesiastes 8,6 221
    Comentário sobre o Eclesiastes 10,2 225

Gregório de Nissa
    Homilia sobre o Eclesiastes 5 205
    Homilia sobre o Eclesiastes 6 209
    Sermão 6 sobre as bem-aventuranças 362
    Sermão 6 sobre as bem-aventuranças 366
    Sermão 6 sobre as bem-aventuranças 371
    Tratado sobre a verdadeira imagem do cristão 351
    Tratado sobre a verdadeira imagem do cristão 354

Gregório Magno
    Cartas, liv. 11,36 1317
    Diálogos, liv. 2,33 1258
    Homilias sobre os Evangelhos 25,1-2.4 1435
    Homilias sobre os Evangelhos 25,7-9 1404
    Homilias sobre os Evangelhos 2,36,11-13 1733
    Livros "Moralia" sobre Jó, liv. 1,2.36 229
    Livros "Moralia" sobre Jó, liv. 3,15-16 233
    Livros "Moralia" sobre Jó, liv. 10,7-8.10 245
    Livros "Moralia" sobre Jó, liv. 10,47-48 249
    Livros "Moralia" sobre Jó, liv. 23,23-24 270
    Livros "Moralia" sobre Jó, liv. 29,2-4 274

Gregório VII, papa
    Carta 64, fora do Registro 1310

Guerrico d'Igny
    Sermão 1 na Assunção da Virgem Maria 1534

Guilherme, Abade de Saint-Thierry
    Espelho da Fé 1646

Henrique
    Vida de Santo Henrique 1421

Hilário de Poitiers
    Tratado sobre a Trindade, liv. 1,37-38 1187
    Tratado sobre o Salmo 126,7-10 1624

Índice dos textos da segunda leitura

(Pseudo-Hilário)
    Tratado sobre o Salmo 132 125

Homilias
    Autor espiritual do século IV, 18,7-11. 139

Imitação de Cristo
    Liv. 2,1,1-6. 476

Inácio de Antioquia
    Carta aos Efésios 2,2-5,2 66
    Carta aos Efésios 13-18, 1 70
    Carta aos Esmirnenses, Introdução; 1-4 121
    Carta aos Magnésios 1,1-5,2 465
    Carta aos Magnésios 6,1-9,2 469
    Carta aos Magnésios 10,1-15 473
    Carta aos Romanos, Introdução, 1,1-2,2 285
    Carta aos Romanos 3,1-5,3 289
    Carta aos Romanos 6,1-9,3 293
    Carta a Policarpo, Introdução; 1,1-4,3. 510
    Carta a Policarpo 5,1-8,1.3 514

Inácio de Loiola
    Narrativa autobiográfica (L. Conçalves) 1,5-9 . . . 1460

Irineu de Lião
    Tratado contra as heresias, lib. 3,19,1.3-20,1 129
    Tratado contra as heresias, lib. 4,6,3.5.6.7 50
    Tratado contra as heresias, lib. 4,18, 1-2.4.5 89
    Tratado contra as heresias, lib. 4,20,5-7 1384

Isaac, Abade do Mosteiro de Stella
    Sermão 31 169

Jerônimo
    Comentário sobre o Eclesiastes
    Homilia aos neófitos sobre o Salmo 41 392

Jerônimo Emiliani
    Carta aos confrades, 1535 1255

João Bosco
    Carta . . . . 1225.

Índice dos textos da segunda leitura

João Crisóstomo
    Homilia 2 sobre o elogio de São Paulo 1208
    Homilia 2 sobre o elogio de São Paulo 1217
    Homilia sobre Carta aos Romanos 15,6. 1739
    Homilia sobre a glória nas tribulações 2.4 1430
    Homilia sobre a Segunda Carta aos Coríntios 13,1-2.. 486
    Homilia sobre a Segunda Carta aos Coríntios 14,1-2.. 491
    Homilia sobre o Evangelho de São Mateus 59 . . . 1742
    Homilia sobre o Evangelho de Mateus 65,2-4 . . . 1444
    Homilia 2 sobre o cemitério e sobre a cruz 1536
    Homilia sobre os Atos dos Apóstolos 3,1.2.3. 1299
    Homilia sobre os Atos dos Apóstolos 20,4 1689

João Damasceno
    Sermão na Natividade da B. V. M., 6,2.4.5.6 1449

João de Ávila
    Carta aos Amigos 58 1302

João de Deus
    Cartas, 23-24.27. 1289

João Fisher
    Comentário sobre o Salmo 101 114

João Maria Vianney
    Catecismo 1469

João, o Pequeno, de Nápoles
    Sermão 7. 110

José de Anchieta
    Carta ao Prepósito-Geral, 1560 1347

Justino, Mártir
    Atas do martírio de São Justino 1-5 1332

Leão Magno
    Sermão no Natal do Senhor 1,2.3 1427
    Sermão no Natal do Senhor 7,2.6 166
    Sermão no aniversário da própria Ordenação, 3,2-3 1623
    Sermão no aniversário da própria Ordenação, 4,2-3 1273

Lourenço de Bríndisi
    Sermão quaresmal 2,48.50.52 1433

Índice dos textos da segunda leitura

Lourenço Justiniano
    Sermão 8, na festa da Purificação da B. V. M.. . . . 1330

Luís Gonzaga
    Carta dirigida a sua mãe 1361

Maria Bernarda Soubirous
    Carta ao Pe. Gondrand, 1861 1260

Maria Madalena de Pazzi
    Escritos sobre a Revelação e a Provação 1312

Máximo, o Confessor
    Capítulos sobre a Caridade, cent. 1, 1,4-5.16-17.23-24.
    26-28.30-40 200

Metódio da Sicília
    Sermão na festa de Santa Águeda 1250

Norberto
    Vida de São Norberto 1342

Orígenes
    Exortação ao martírio 41-42. 1335
    Homilia sobre o Gênesis 8,6.8.9 155
    Homilia sobre o Livro de Josué 4,1 298
    Homilia sobre o Livro de Josué 6,4 302
    Homilia sobre o Livro de Josué 9,1-2 1487

Paulino de Nola
    Carta 3 a Alípio, 1.5.6 1364

Paulo Miki e seus Companheiros
    História do martírio 1253

Paulo VI, papa
    Homilia pronunciada em Manila, 1970 376
    Homilia pronunciada na canonização dos mártires
    de Uganda 1338

Pedro Crisólogo
    Sermão 148 1458

(Pseudo-Crisólogo)
    Sermão sobre a paz 1409

Pedro Damião
    Carta, liv. 8,6. 1269
    Vida de São Romualdo 31 e 69 1359

Perpétua e Felicidade
    Narração do martírio dos santos Mártires
    de Cartago 18,20-21. 1286

Pio XII, papa
    Alocução a um grupo de recém-casados, 1942   195, 1717
    Homilia na canonização de Santa Maria Goretti . . 1414

Policarpo de Esmirna
    Carta da Igreja de Esmirna sobre o martírio de
    São Policarpo 13,2-15,3 1281

Proclo de Constantinopla
    Sermão sobre o Natal do Senhor, 1-2 1533

Procópio de Gaza
    Comentário sobre o Livro dos Provérbios 9. 184

Sete Fundadores da O.S.M. (Servitas)
    Legenda sobre a origem da Ordem, 1.3.5.6.9.11 . . 1266

Sofrônio
    Sermão 2 na Anunciação da Santíssima
    Mãe de Deus 21-22.26. 1514
    Sermão 3 sobre a "Hypapante", 6.7 1236

Teresa de Jesus
    Tratado sobre o Caminho da Perfeição 30,1-5 388

Tomás de Aquino
    Comentário sobre João 280
    Conferência 6 sobre o Creio. 1222
    Opúsculo 57, na festa do Corpo de Cristo,
    preleção 1-4 550

Tomás More
Carta à sua filha Margarida. 1366

Zenão de Verona
    Tratado 15,2 252

G. ÍNDICE DE SIGLAS
I. Siglas dos livros da Bíblia

Ab	Livro do Profeta Abdias
Ag	Livro do Profeta Ageu
Am	Livro do Profeta Amós
Ap	Apocalipse de São João
At	Atos dos Apóstolos
Br	Livro do Profeta Baruc
Cl	Epístola de São Paulo aos Colossenses
1Cor	Primeira Carta de São Paulo aos Coríntios
2Cor	Segunda Carta de São Paulo aos Coríntios
1Cr	Primeiro Livro das Crônicas
2Cr	Segundo Livro das Crônicas
Ct	Cântico dos Cânticos
Dn	Livro do Profeta Daniel
Dt	Livro do Deuteronômio
Ecl	Livro do Eclesiastes (Qohelet)
Eclo	Livro do Eclesiástico (Sirácida)
Ef	Carta de São Paulo aos Efésios
Esd	Livro de Esdras
Est	Livro de Ester
Ex	Livro do Êxodo
Ez	Livro do Profeta Ezequiel
Fl	Carta de São Paulo aos Filipenses
Fm	Carta de São Paulo a Filêmon
Gl	Carta de São Paulo aos Gálatas
Gn	Livro do Gênesis
Hab	Livro do Profeta Habacuc
Hb	Carta aos Hebreus
Is	Livro do Profeta Isaías
Jd	Carta de São Judas
Jl	Livro do Profeta Joel
Jn	Livro do Profeta Jonas
Jó	Livro de Jó
Jo	Evangelho segundo João
1Jo	Primeira Carta de São João
2Jo	Segunda Carta de São João

3Jo	Terceira Carta de São João
Jr	Livro do Profeta Jeremias
Js	Livro de Josué
Jt	Livro de Judite
Jz	Livro dos Juízes
Lc	Evangelho segundo Lucas
Lm	Lamentações
Lv	Livro Levítico
Mc	Evangelho segundo Marcos
1Mc	Primeiro Livro dos Macabeus
2Mc	Segundo Livro dos Macabeus
Ml	Livro do Profeta Malaquias
Mq	Livro do Profeta Miqueias
Mt	Evangelho segundo Mateus
Na	Livro do Profeta Naum
Ne	Livro de Neemias
Nm	Livro dos Números
Os	Livro do Profeta Oseias
1Pd	Primeira Carta de São Pedro
2Pd	Segunda Carta de São Pedro
Pr	Livro dos Provérbios
Rm	Carta de São Paulo aos Romanos
1Rs	Primeiro Livro dos Reis
2Rs	Segundo Livro dos Reis
Rt	Livro de Rute
Sb	Livro da Sabedoria
Sf	Livro do Profeta Sofonias
Sl	Livro dos Salmos
1Sm	Primeiro Livro de Samuel
2Sm	Segundo Livro de Samuel
Tb	Livro de Tobias
Tg	Carta de São Tiago
1Tm	Primeira Carta de São Paulo a Timóteo
2Tm	Segunda Carta de São Paulo a Timóteo
1Ts	Primeira Carta de São Paulo aos Tessalonicenses
2Ts	Segunda Carta de São Paulo aos Tessalonicenses
Tt	Carta de São Paulo a Tito
Zc	Livro do Profeta Zacarias

II. Escritos dos Padres da Igreja

AAS	*Acta Apostolicae Sedis*
B.A.C.	Biblioteca de Autores Cristianos (Barcelona)
CCL	*Corpus Christianorum Latinorum* (Brepols, Turnhout)
CSEL	Corpus Scriptorum E,cclesiastico rum Latinorum (Viena)
MGH	*Monumenta Germaniae Historica* (Hannover)
PG	*Patrologia Graeca*
PL	*Patrologia Latina*
PLS	*Patrologia Latina Supplementum*
PS	*Patrologia Syriaca*
SCh	*Sources chrétiennes* (Le Cerf, Paris)

H. ÍNDICE GERAL

Decreto da Sagrada Congregação para o Culto Divino
   (11 de abril de 1971) 9
Decreto da Congregação para o Culto Divino
   (7 de abril de 1985). 10
Tabela dos Dias Litúrgicos 13
Tabela Temporária das Celebrações móveis 16
Calendário Romano Geral .19

Próprio do Tempo
   Orações dominicais e cotidianas 33
   1ª Semana do Tempo Comum 40
   2ª Semana do Tempo Comum 64
   3ª Semana do Tempo Comum 91
   4ª Semana do Tempo Comum 119
   5ª Semana do Tempo Comum 145
   6ª Semana do Tempo Comum 171
   7ª Semana do Tempo Comum 198
   8ª Semana do Tempo Comum 227
   9ª Semana do Tempo Comum 255
   10ª Semana do Tempo Comum 283
   11ª Semana do Tempo Comum. 312
   12ª Semana do Tempo Comum 344
   13ª Semana do Tempo Comum. 373
   14ª Semana do Tempo Comum. 402
   15ª Semana do Tempo Comum 432
   16ª Semana do Tempo Comum. 463
   17ª Semana do Tempo Comum. 489

Solenidades do Senhor durante o Tempo Comum
   Domingo depois de Pentecostes: Santíssima Trindade . 519
   Quinta-feira depois da Santíssima Trindade: Santíssimo
      Sacramento do Corpo e Sangue de Cristo 539
   Sexta-feira após o 2º Domingo depois de Pentecostes
      Sagrado Coração de Jesus 561

Ordinário 581

Saltério
   I Semana 615

Índice geral

II Semana 749
III Semana 890
IV Semana 1027
Completas 1159
Salmodia complementar 1178

Próprio dos Santos
Janeiro 1187
Fevereiro 1227
Março 1284
Maio 1294
Junho 1332
Julho 1404
Agosto 1464

Comuns
Comum da Dedicação de uma igreja 1477
Comum de Nossa Senhora 1501
Comum dos Apóstolos 1546
Comum dos Mártires
    Para vários mártires 1563
    Para um(a) mártir 1586
Comum dos Pastores 1611
Comum dos Doutores da Igreja 1644
Comum das Virgens 1653
Comum dos Santos Homens 1677
Comum das Santas Mulheres 1705
    Para Santos e Santas Religiosos 1730
    Para os Santos e as Santas que se dedicaram
      às obras de misericórdia 1737
    Para Santos e Santas educadores 1741
Antífonas para o *Benedictus* e o *Magnificat* 1745

Ofício dos Fiéis Defuntos 1753

Apêndice
I. Cânticos e Evangelhos para as Vigílias 1789
    Próprio do Tempo
      Tempo Comum 1789

Índice geral

    Solenidades do Senhor 1803
   Próprio dos Santos 1809
   Comuns 1814
II. Fórmulas mais breves para as Preces
nas Vésperas 1826
III. Fórmulas facultativas introdutórias
ao Pai-nosso 1830
IV. Fórmulas de bênção para Laudes
e Vésperas 1831
V. Fórmulas do Ato penitencial nas
Completas 1837
VI. Hinos aprovados pela CNBB para a L. H.
   A. Santíssima Trindade. 1839
   B. Santíssimo Sacramento 1840
   C. Sagrado Coração de Jesus. 1842
   D. Tempo Comum 1842
   E. Comum da dedicação de uma igreja 1846
   F. Festas de Nossa Senhora. 1847
   G. Festas de São José (Operário). 1852
   H. Comum dos mártires 1854
VII. Hinos em Latim 1857
VIII. Preparação para a Missa 1864
IX. Ação de graças depois da Missa 1868

Índices:

   A. Índice alfabético das Celebrações. 1874
   B. Índice dos Hinos 1877
   C. Índice dos Salmos 1882
   D. Índice dos Cânticos 1889
   E. Índice das Leituras bíblicas
      I. Leituras longas 1892
      II. Leituras breves 1896
   F. Índice dos Textos da Segunda leitura 1904
   G. Índice de Siglas
      I. Siglas dos Livros da Bíblia 1914
      II. Escritos dos Padres da Igreja 1916
H. Índice Geral 1917

Impressão e acabamento
Paulus Gráfica

PARA AS SOLENIDADES E FESTAS

Laudes

Salmos e cântico do domingo da I Semana

Salmo 62(63),2-9

Sede de Deus

– ²Sois **vós**, ó Se**nhor**, o meu **Deus**! *
  Desde a au**ro**ra, ansioso, vos busco!
= A minh'**al**ma tem sede de vós, †
  minha **car**ne também vos deseja, *
  como **ter**ra sedenta e sem água!
– ³Venho, as**sim**, contemplar-vos no templo, *
  para **ver** vossa glória e poder.
– ⁴Vosso a**mor** vale mais do que a vida: *
  e, por **is**so, meus lábios vos louvam.
– ⁵Quero, **pois**, vos louvar pela vida, *
  e ele**var** para vós minhas mãos!
– ⁶A minh'**al**ma será saciada, *
  como em **gran**de banquete de festa;
– cantar**á** a alegria em meus lábios, *
  ao can**tar** para vós meu louvor!
= ⁷Penso em **vós** no meu leito, de noite, *
  nas vi**gí**lias suspiro por vós!
– ⁸Para **mim** fostes sempre um socorro; *
  de vossas **a**sas, à sombra, eu exulto!
– ⁹Minha **al**ma se agarra em vós; *
  com po**der** vossa mão me sustenta.

Cântico   Dn 3,57-88.56

Louvor das criaturas ao Senhor

–⁵⁷**O**bras do Senhor, bendi**zei** o Senhor, *
  lou**vai**-o e exaltai-o pelos **sé**culos sem fim!

—⁵⁸**Céus** do Senhor, bendi**zei** o Senhor! *
⁵⁹**An**jos do Senhor, bendi**zei** o Senhor!

(R. Lou**vai**-o e exal**tai**-o pelos **séculos** sem **fim**!
Ou:
R. A Ele **glória** e lou**vor** eterna**men**te!)

—⁶⁰**Á**guas do alto céu, bendi**zei** o Senhor! *
⁶¹**Potên**cias do Senhor, bendi**zei** o Senhor!
—⁶²**Lua** e sol, bendi**zei** o Senhor! *
⁶³**As**tros e estrelas, bendi**zei** o Senhor! (R.)

—⁶⁴**Chu**vas e orvalhos, bendi**zei** o Senhor! *
⁶⁵**Bri**sas e ventos, bendi**zei** o Senhor!
—⁶⁶**Fo**go e calor, bendi**zei** o Senhor! *
⁶⁷**Frio** e ardor, bendi**zei** o Senhor! (R.)

—⁶⁸**Or**valhos e garoas, bendi**zei** o Senhor! *
⁶⁹**Gea**da e frio, bendi**zei** o Senhor!
—⁷⁰**Ge**los e neves, bendi**zei** o Senhor! *
⁷¹**Noi**tes e dias, bendi**zei** o Senhor! (R.)

—⁷²**Lu**zes e trevas, bendi**zei** o Senhor! *
⁷³**Rai**os e nuvens, bendi**zei** o Senhor
—⁷⁴**I**lhas e terra, bendi**zei** o Senhor! *
Lou**vai**-o e exal**tai**-o pelos **séculos** sem fim! (R.)

—⁷⁵**Mon**tes e colinas, bendi**zei** o Senhor! *
⁷⁶**Plan**tas da terra, bendi**zei** o Senhor!

—⁷⁷**Ma**res e rios, bendi**zei** o Senhor! *
⁷⁸**Fon**tes e nascentes, bendi**zei** o Senhor! (R.)

—⁷⁹**Ba**leias e peixes, bendi**zei** o Senhor! *
⁸⁰**Pás**saros do céu, bendi**zei** o Senhor!
—⁸¹**Fe**ras e rebanhos, bendi**zei** o Senhor! *
⁸²**Fi**lhos dos homens, bendi**zei** o Senhor! (R.)

—⁸³**Fi**lhos de Israel, bendi**zei** o Senhor! *
Lou**vai**-o e exal**tai**-o pelos **séculos** sem fim!

– ⁸⁴Sacerdotes do Senhor, bendizei o Senhor! *
⁸⁵Servos do Senhor, bendizei o Senhor! (R.)
– ⁸⁶Almas dos justos, bendizei o Senhor! *
⁸⁷Santos e humildes, bendizei o Senhor!
– ⁸⁸Jovens Misael, Ananias e Azarias, *
louvai-o e exaltai-o pelos séculos sem fim! (R.)
– Ao **Pai** e ao Filho e ao Espírito Santo *
louvemos e exaltemos pelos séculos sem fim!
– ⁵⁶Bendito sois, Senhor, no firmamento dos céus! *
Sois digno de louvor e de glória eternamente! (R.)

No fim desse cântico não se diz Glória ao Pai.

Salmo 149
A alegria e o louvor dos santos

– ¹Cantai ao Senhor **Deus** um canto **n**o**v**o, *
e o seu louv**or** na assembleia dos fiéis!
– ²Alegre-se Israel em Quem o fez, *
e Si**ão** se rejubile no seu Rei!
– ³Com **dan**ças glorifiquem o seu nome, *
toquem **har**pa e tambor em sua honra!

– ⁴Porque, de **fa**to, o Senhor ama seu povo *
e cor**o**a com vitória os seus humildes.
– ⁵Exultem os fiéis por sua glória, *
e can**tan**do se levantem de seus leitos,
– ⁶com louv**or**es do Senhor em sua boca *
e espa**d**as de dois gumes em sua mão,

– ⁷para exer**cer** sua vingança entre as nações *
e infli**gir** o seu castigo entre os povos,
– ⁸colo**can**do nas algemas os seus reis, *
e seus **n**obres entre ferros e correntes,
– ⁹para apli**car**-lhes a sentença já escrita: *
Eis a **gló**ria para todos os seus santos.

Ofício das Leituras

Hino Te Deum (A vós,
ó Deus)
A vós, ó Deus, louvamos;
a vós, Senhor, cantamos.
A vós, Eterno Pai,
adora toda a terra.

A vós cantam os anjos,
os céus e seus poderes:
Sois Santo, Santo, Santo,
Senhor, Deus do universo!

Proclamam céus e terra
a vossa imensa glória.
A vós celebra o coro
glorioso dos Apóstolos,
Vos louva dos Profetas
a nobre multidão
e o luminoso exército
dos vossos santos Mártires.

A vós, por toda a terra,
proclama a Santa Igreja,
ó Pai onipotente,
de imensa majestade,
e adora, juntamente,
o vosso Filho único,
Deus vivo e verdadeiro,
e ao vosso Santo Espírito.

Ó Cristo, Rei da glória,
do Pai eterno Filho,
nascestes duma Virgem,
a fim de nos salvar.
Sofrendo vós a morte,
da morte triunfastes,
abrindo aos que têm fé
dos céus o Reino eterno.

Sentastes à direita
de Deus, do Pai na glória.
Nós cremos que, de novo,
vireis como juiz.

Portanto, vos pedimos:
salvai os vossos servos,
que vós, Senhor, remistes
com sangue precioso.
Fazei-nos ser contados,
Senhor, vos suplicamos,
em meio a vossos santos
na vossa eterna glória.

(A parte que se segue pode ser omitida, se for oportuno).

Salvai o vosso povo,
Senhor, abençoai-o.
Regei-nos e guardai-nos
até a vida eterna.

Senhor, em cada dia,
fiéis, vos bendizemos,
louvamos vosso nome
agora e pelos séculos.
Dignai-vos, neste dia,
guardar-nos do pecado.
Senhor, tende piedade
de nós, que a vós clamamos.
Que desça sobre nós,
Senhor, a vossa graça,
porque em vós pusemos
a nossa confiança.
Fazei que eu, para sempre,
não seja envergonhado:
Em vós, Senhor, confio,
sois vós minha esperança!